U0930087

安徽财政年鉴

(2019)

安徽省财政厅 编

全国百佳图书出版单位
APGTIME 时代出版
时代出版传媒股份有限公司
安徽人民出版社

图书在版编目(CIP)数据

安徽财政年鉴. 2019 / 安徽省财政厅编. —合肥:安徽人民出版社, 2019. 10

ISBN 978－7－212－10658－4

Ⅰ. ①安… Ⅱ. ①安… Ⅲ. ①地方财政－安徽－2019－年鉴 Ⅳ. ①F812. 754－54

中国版本图书馆 CIP 数据核字(2019)第 206133 号

安徽财政年鉴(2019)

安徽省财政厅 编

出 版 人:徐 敏

责任编辑:汪双琴

责任印制:董 亮

装帧设计:熙宇文化

出版发行:时代出版传媒股份有限公司 http://www. press－mart. com

安徽人民出版社 http://www. ahpeople. com

地 址:合肥市政务文化新区翡翠路 1118 号出版传媒广场八楼 **邮编**:230071

电 话:0551－63533258 0551－635[illegible](传真)

印 制:安徽财印有限责任公司

开本:889 mm×1194 mm 1/16 **内文印张**:32. 75 **彩插印张**:4. 75 **字数**:1012 千

版次:2019 年 10 月第 1 版 2019 年 10 月第 1 次印刷

ISBN 978－7－212－10658－4 **定价**:260. 00 元

编辑说明

一、《安徽财政年鉴》是由安徽省财政厅主办，旨在及时记载全省财政发展轨迹，系统反映财政改革情况，全面展示财政精神风貌，大力弘扬财政文化的综合性文献资料年刊。

二、《安徽财政年鉴(2019)》详实记载了2018年全省各级财政部门深入学习贯彻习近平新时代中国特色社会主义思想和党的十九大精神，聚力增效实施积极的财政政策，统筹支持稳增长、促改革、调结构、惠民生、防风险，为全省经济社会稳定健康发展提供坚实财政保障的工作概况。

三、本卷采取分类编辑法，全书主体内容按篇目、栏目、条目三个层次编排。篇目排在内扉页；栏目名称通栏排；条目标题加【】，为黑体字。部分内容为文章体或资料体，未按三个层次编排。

四、本卷根据2018年全省财政工作情况，共分财经文献、全省财政工作、市县(区)财政工作、财政工作大事、财经规章、财经统计、财政机构人员等7个篇目。

五、本卷主体资料时限为2018年1月1日至12月31日，部分篇目资料时间适当上溯或下延。

六、本卷力求图文并茂，用文字和图片客观记载全省财政事业改革发展情况。全书共100余万字，选登400余幅图片。

七、本卷在编纂过程中，受到了省财政厅党组的高度重视和精心指导，得到了财政厅各处室单位、各市县(区)财政部门的大力支持和广大联络员的积极配合，在此一并表示感谢。

八、由于时间紧迫、编纂水平有限，疏漏和不妥之处在所难免，敬请广大读者批评指正。

《安徽财政年鉴》编辑部

二〇一九年九月

《安徽财政年鉴》编辑委员会

（2019年9月）

《安徽财政年鉴》编辑部

主　　编　胡锡萍

副 主 编　叶翠青　朱克俊　范　勇

编辑校对　万　勇　张深友　余卫民　汪文志　董　岚

高　伟　黄　坤　杨思雅　林丽君

美术编辑　汪晶晶

通联人员（按姓氏笔划排列）

1. 省财政厅处室单位

王　林　王亚栋　王光杰　王克法　方立建　卢晓丹　叶　翔　叶伐朋

田　飞　代云霄　朱乐磊　刘　恒　江　腾　孙春美　孙朝松　李红波

李昌鹏　李道兵　杨玉林　杨作华　汪振明　张　铭　陈　晋　金　烨

周　游　周剑峰　项军宁　侯正华　侯洪玮　曹自云　韩晓峰　童　艳

谢　勇　谢　峰

2. 市县财政部门

孙立宏　严　峰　宋德良　张　明　张　琦　范宗豹　林　浩　郑海良

赵　辰　赵雪蕾　段馥传　侯　卫　夏序平　徐甜甜　郭建平　董明辉

程佳晨　谢喜亮

领导关怀支持

1月21日晚，省委书记李锦斌、省长李国英等省领导在省人大会议中心查阅2018年省级部门预算草案

5月19日，省委常委、常务副省长邓向阳出席省财政厅举办的2018年全省市县政府领导干部财政改革和财政政策培训班

5月9-10日，财政部副部长刘伟率队，实地调研考察合肥市黑臭水体治理和黄山市新安江流域上下游横向生态补偿

统筹财政运行

3月9日，全国人大代表、省财政厅党组书记、厅长罗建国在第十三届全国人大一次会议安徽代表团全体会议上，就预算报告审议作了题为《聚力增效积极财政政策，更好发挥财政职能作用》的大会发言

3月5日，省财政厅组织全厅干部职工集中收看第十三届全国人民代表大会第一次会议开幕会，聆听《政府工作报告》

11月22日，受省政府委托，省财政厅厅长向省十三届人大常委会第六次会议作2017年度国有资产管理情况的综合报告及2017年度金融企业国有资产的专项报告

1月3日，省财政厅召开全省财政工作视频会议，部署2018年财政工作

1月3日，省财政厅召开市财政局长座谈会，研判财政形势，研究谋划2018年财政重点工作

促进经济发展

省财政厅党组研究部署支持经济发展各项工作

12月7日，省财政厅党组书记、厅长罗建国在长丰县实地调研，了解中小微企业服务平台建设等情况

4月11日，中国财政科学研究院院长刘尚希，省财政厅党组成员、副厅长朱长才在中建材蚌埠玻璃工业设计研究院调研企业成本负担情况

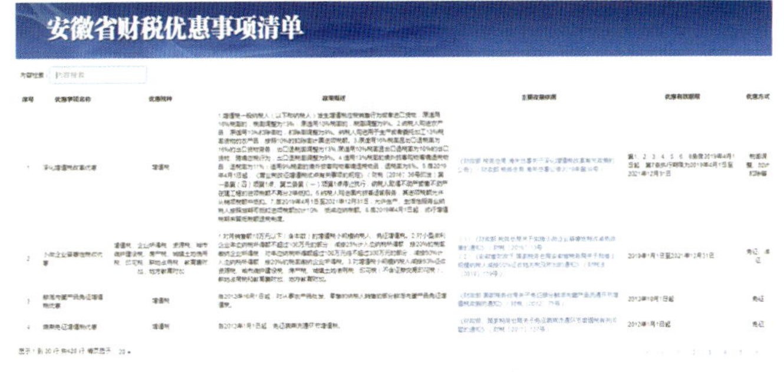

安徽省财税优惠事项清单

5月份，我省公布财税优惠事项清单

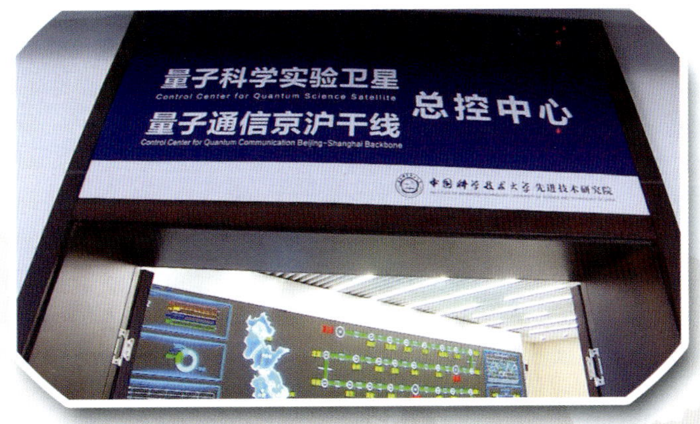

省财政安排“三重一创”建设专项引导资金60亿元，培育壮大新兴产业，助推实体经济高质量发展

保障社会民生

11月15日，省财政厅召开党组理论学习中心组学习扩大会议，开展《习近平扶贫论述摘编》专题学习研讨

1月26日，根据省“两会”工作安排，省政府新闻办召开“民生改善”新闻发布会

8月23日，省财政厅党组书记、厅长罗建国率队参加省广播电台《政风行风热线》栏目现场直播活动，围绕“坚持以人民为中心，做好财政民生工作”主题，与听众朋友们交流互动

5月16日，省财政厅副厅长胡锡萍在合肥市庐阳区双岗街道社区服务中心调研“智慧医疗”工作

5月8日，省财政厅党组成员、驻厅纪检监察组组长项中胜在颍东区吴寨村开展扶贫调研

全省各地认真实施民生工程

2018年，我省累计拨付中央及省级就业补助资金21.3亿元，深入推进各项就业创业工作开展

服务乡村振兴

9月下旬，省财政厅举办2018年全省乡镇财政所长岗位培训班

省财政统筹整合30亿元，安排地方政府债券资金额度5亿元，争取中央财政17亿元，保障全省各地“四好农村路”建设

省财政会同有关部门加大财政资金支持力度，开展农村电商全覆盖等工作

省财政投入村级组织保障资金34.9亿元，夯实农村基层组织建设

我省充分发挥各级财政投入主导作用，足额安排专项资金推进美丽乡村建设

省财政统筹资金30亿元支持农业产业发展，加速推进农业产业化

协调区域发展

省财政每年专项安排大别山革命老区补助资金2.2亿元。图为4月1日，省财政厅党组书记、厅长罗建国在金寨县调研财政支持革命老区工作

省财政安排5.8亿元，支持皖北三市九县工业园区基础设施或重大项目贷款贴息

省财政连续5年每年安排5亿元，以“借转补”和“以奖代补”的方式支持特色小镇建设

省财政统筹安排资金，加大国省干线公路建设和维修保障支持力度，支持黄杭、庐铜等铁路建设、水运基础设施建设和民航事业发展

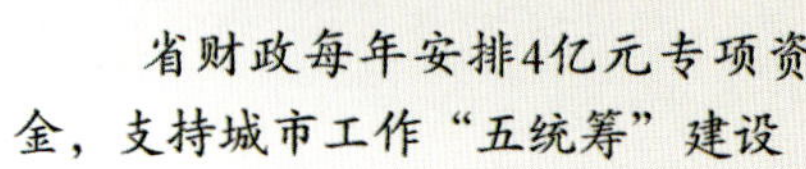

省财政每年安排4亿元专项资金，支持城市工作“五统筹”建设

支持生态建设

4月2日，我省开出首张环保税税票。省财政厅党组成员、副厅长孟照红出席开票仪式

9月1日，省财政厅党组成员、副厅长王召远调研了解滁河生态补偿工作

1月24日，省财政厅、省环保厅召集安庆、池州、铜陵、芜湖、马鞍山沿江五市政府在合肥签署长江流域地表水断面生态补偿协议

财政支持大气污染防治

财政支持实施农村环境“三大革命”

我省出台财政林业增绿增效行动综合奖补资金管理办法，采取因素法分配资金，支持林业增绿增效行动

2018年，皖浙两省经过多轮会商，正式签署《关于新安江流域上下游横向生态补偿的协议》

加强财政管理

7月23日，财政部会计司司长高一斌一行来皖召开驻皖全国人大代表政协委员座谈会，听取代表委员对财政工作的意见建议

5月22日，省财政厅召开全省2019年预算编制工作视频会议

5月7日，省财政厅党组成员、副厅长朱艾勇在安徽医科大学调研财政资金使用与管理情况

省财政厅积极学习贯彻实施《宪法》，全面推进法治财政建设

10月19日，省财政厅组织对2019年省级部门预算项目进行评审论证

我省加大政府采购监管力度，全面推进政府采购信息公开

安徽省统一公共支付平台引入银联、支付宝、微信等便捷支付

深化财政党建

省财政厅开展系列专题学习研讨

2月26日，省财政厅召开全省财政反腐倡廉工作视频会

11月2日，省财政厅召开推进财政全面从严治党和党风廉政建设工作座谈会

7月1日，省财政厅党组中心组成员赴绩溪县开展“党史教育日”和廉政警示教育活动

省财政厅党组书记、厅长罗建国走访部分处室党支部，查找短板不足，听取意见建议

9月20日，省直机关工委组织部分省直单位基层党组织负责同志来财政厅实地观摩学习党建工作

7月10日，厅领导带队，赴人行合肥中心支行联合开展“庆‘七一’红色经典诵读会”主题党日活动

树立财政风尚

省财政厅代表队朗诵反映沈浩先进事迹作品《永远的红手印》并荣获“2018安徽省读书朗诵电视大奖赛”第一名。省委常委、省委宣传部部长虞爱华为获奖选手颁奖

4月3日，省财政厅召开党建与文明创建专题报告会，邀请省直机关工委书记钱桂仑到会作报告

省财政厅厅领导与全省财政系统先进工作者及先进集体代表合影

省财政厅王锐同志获评“全国五一劳动奖章”“全省先进工作者”“全省优秀共产党员”“全省优秀选派第一书记标兵”“省直机关五一劳动奖章”

省财政厅谢勇同志荣获安徽省“崇义友善好青年”称号

省财政厅举办拔河比赛

省财政厅认真组织参加省直机关第八届运动会，荣获团体一等奖、优秀组织奖、体育道德风尚奖

合肥市

8月7日，财政部驻安徽专员办监察专员江乐森一行调研合肥财政工作

5月8日，财政部经建司在合肥调研指导小微企业创新创业工作

5月9日，市财政局在“四送一服”电视电话会上宣讲财税政策

3月13日，市财政局召开全市财政系统2017年工作总结暨2018年工作动员会议

6月27日，市委常委、常务副市长罗云峰在市财政局帮扶村——肥西县山南镇长庄村调研

5月28日，市财政局党组书记、局长黄永强在肥西县山南镇长庄村调研，并看望选派驻村第一书记

7月25日，合肥市2019年市级部门预算编制工作会议召开

市财政局组织开展慰问困难党员活动

肥东县

和谐人居——八斗镇新农村

一事一议财政奖补项目——乡村道路

县财政局开展"不忘初心、牢记使命"主题党日活动

美好乡村建设——八斗镇徽风皖韵特色风情街

农业综合开发——张集乡高标准农田

民生工程——大中型秸秆沼气集中供气工程

肥西县

11月1日，县财政局党组书记、局长胡昌勇向合肥市民生工程调研组汇报肥西县“四好农村路”建设情况

2018年，肥西县财政收入完88.22亿元，同比增长9%，位居全省61个县（市）级第一。图为肥西县城鸟瞰图

花岗镇绿溪洲现代农业示范区

畅通农村道路助力乡村振兴——修葺一新的官高路

长丰县

开展“党费日”缴纳党费主题活动

邀请县政协、审计等单位专家对全县重点项目进行绩效评价

组织财政干部开展户外拓展训练

县民生办组织开展义诊活动

县财政局党员干部和结对贫困户田间拾稻穗

县财政局女职工参加全县健身舞大赛

庐江县

开展全面预算绩效管理业务培训

认真开展财政纪检监察工作

开展财政资金专项管理培训

举办财政干部夜校讲座

开展“八一”慰问活动

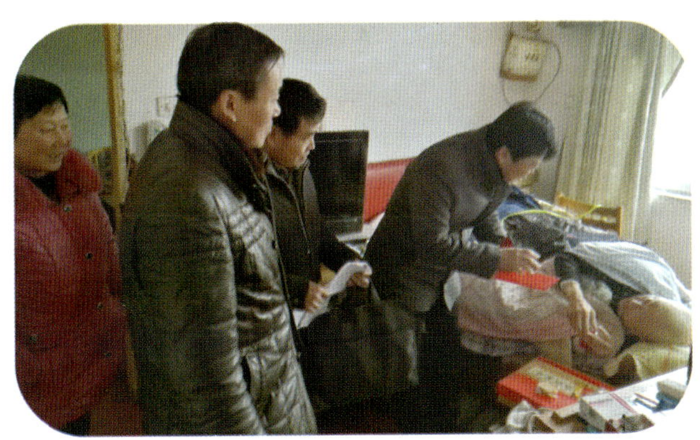
慰问老干部

组织“三八”节活动

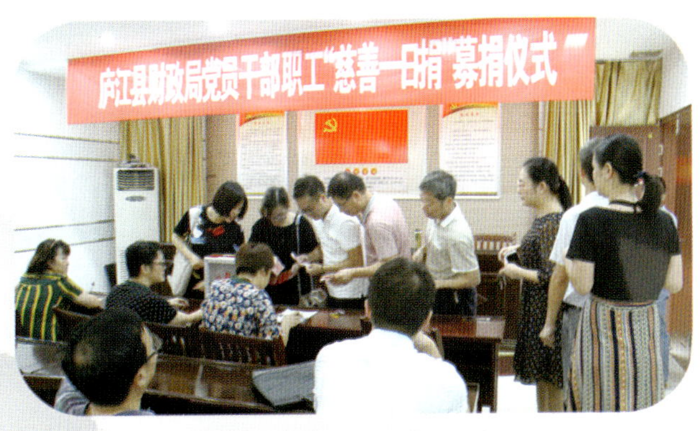

开展“慈善一日捐”活动

巢湖市

美丽乡村建设——庙岗乡方集市供销社拆除后建成的牌坊

水利薄弱环节治理——义城圩义城站完工后的2.2公里进水渠道生态护坡

巢湖市图书馆在市中心爱巢广场建立书香巢湖·爱巢阅读点

农村生活垃圾治理——苏湾镇坊集村设置垃圾分类收集亭

中旱镇高标准农田项目

合肥市瑶海区

举办全区财务人员培训班

在税务局举办全区个体税收委托代征业务培训

赴金寨县红军广场开展爱国主义教育活动

开展瑶海区民生工程“社情民意直通车”活动

开展“党群齐奉献，清洁美家园”周末大扫除活动

举办瑶海区2018年金融论坛暨企业与金融资本对接会

合肥市庐阳区

9月14日，合肥市委常委、副市长赵兵让一行到庐阳区财政局调研第三批合肥市依法行政示范单位创建工作

区财政局举办以“资本+转型”为主题的庐阳区2018年多层次资本市场发展论坛暨第三季庐阳融创项目资本对接会

区财政局举办以“新时代 新技术 新动能”为主题的2018年第一季庐阳融创项目资本对接会暨金融服务中小企业洽谈会

农村道路畅通工程项目修建的崔岗西环道

三孝口街道举办民生工程文艺汇演

老旧小区整治提升民生获得感

开展就业扶持

合肥市蜀山区

举办中行·蜀山资本市场座谈会

举办财务人员政府会计准则制度业务培训班

井岗镇食品快检室工作人员正在进行食品检测

改造后的小庙中学校舍

合肥蜀山公共资源交易项目管理有限公司成立

开展民生工程知识有奖竞答

整治后的汇林阁小区健身广场

改造后的小庙镇潺塘水库迎水坡护坡

合肥市包河区

7月3日，包河区金融产业联合会成立

滨湖世纪社区上线一体化智慧服务平台，着力打造“智慧民生”服务圈

9月14日，中国（合肥）金融外包峰会在包河区举办

实施家庭医生签约服务民生工程

推进农村环境三大革命

对农村文化建设进行专项补助

合肥市高新区

区工委书记、管委会主任宋道军率队调研新安银行

京沪苏三地投资代表团集中考察合肥高新区

9月28日，高新区与交通银行安徽省分行签署战略合作协议

10月份，高新区制作的民生工程动漫小视频正式上线

8月8日，合肥高新创业园金融服务联盟成立

淮北市

4月26日，全市民生工作会议召开，层层签订目标责任书。市委副书记、市长戴启远出席会议。

5月27日，启动民生工程集中宣传月活动，市财政局（国资局）局长徐涛现场上开放式党课

中国财经报记者采访淮北市十八大以来民生工作改革发展情况。

市财政局开展财政政策法规宣传活动

群众将民生工程标识拼图贴上标识墙

亳州市（一）

市财政局党组书记、局长张传宾带队到涡阳县义门镇李元行政村、袁楼行政村开展脱贫攻坚驻村调研

市委组织部、市财政局在市委党校举办全市扶贫项目资金绩效工作培训班

市财政局组织参加民生工程政策宣传月集中宣传活动

市财政局举办全市财政干部暨市直单位财会人员培训班

市财政局以“坚定讲看齐、提振精气神、强化执行力”为主题召开“讲严立”警示教育工作务虚会议

亳州市（二）

市财政局组织开展“不忘初心、牢记使命”微型党课比赛

经开区财政局到下辖管理区检查业务工作

经开区财政局开展内审工作

涡阳县财政局组织党员干部参加义务植树活动

涡阳县加快推进城乡公交一体化，一元公交直达乡镇

涡阳县扎实推进老旧小区改造民生工程

亳州市谯城区

举办财政干部春季培训班

重学习，抓党建，强业务

参加综合治理工作宣传

参加宪法宣传日活动

宿州市

举办全市财政工作会议暨财政财务培训班

召开全市财政管理暨市级部门预算编制工作会议

开展“六一”慰问捐赠活动

开展文明创建活动，引导文明出行

开展主题党日活动

黑臭水体治理项目

砀山县

全市财政支持贫困县
退出工作现场会议召开

召开市民生工程调度会

扶贫工厂施工现场

“四好农村路”建设——县级公路周刘玄路

举办迎七一诗歌朗诵比赛

美丽乡村建设工程——吴庙中心村

秸秆综合利用提升民生工程——秸秆还田现场

资产收益扶贫基地——唐寨镇侯口村双孢菇大棚

资产收益扶贫项目分红现场

萧县

12月25日，财政部国库司监督检查处处长薛虓乾一行在萧县调研财政扶贫资金动态监控平台建设运行情况

县财政局党组书记、局长曹红看望慰问财政局离休老干部

组织乡镇财政所长在张庄寨镇财政所现场观摩财政建设情况

全市财政系统资产收益扶贫民生工程观摩会参会人员现场参观葡萄种植资产收益项目

看望慰问结对帮扶复退老兵

县财政局邀请中青年书法家赴帮扶村开展送春联活动

开展关爱留守儿童活动

灵璧县

“四好农村路”建设——虞姬乡美丽乡村道路

城市老旧小区整治——光明小区改造后的墙面焕然一新

美丽乡村建设工程——冯庙镇大陈村

农业综合开发项目

泗县

召开“四送一服”工作推进会

实施新型职业农民培训民生工程

实施公共文化场馆免费开放民生工程

实施美丽乡村建设民生工程

实施农村环境“三大革命”民生工程

实施城市老旧小区整治民生工程

实施校舍维修改造民生工程

宿州市埇桥区

3月9日，埇桥区财政局党委成立，图为揭牌仪式

4月3日，区直机关党的工作会议在区财政局召开

举办党务干部培训班

组织学习《中国共产党纪律处分条例》

召开严肃财经纪律加强财政收支管理专项整治工作推进会

组织开展志愿者活动——到社区清理小广告

组织参加全区学习贯彻党的十九大精神合唱比赛

开展红色主题教育活动

蚌埠市（一）

市财政局召开"讲忠诚、严纪律、立政德"专题警示教育动员大会，局党组书记、局长叶斌上专题党课

市财政局组织财政系统行政执法资格考试

市财政局组织党员干部瞻仰烈士陵园

市财政局举办第六届职工运动会

市财政局组织开展政府会计制度培训

市财政局组织初级会计资格考试

蚌埠市（二）

在学校开展义务教育保障机制宣传

民生工程督查——滨湖幼儿园建设

民生工程实施——对脑瘫儿童进行听力语言康复训练

民生工程实施——怀远县老旧小区改造阳光花园项目竣工

民生工程实施——怀远县第三幼儿园建设

蚌埠市（三）

固镇县完成食品安全民生工程

民生工程督查——龙子湖区老旧小区改造

蚌山区开展城乡居民基本养老保险业务培训会

淮上区开展“送戏进万村”活动

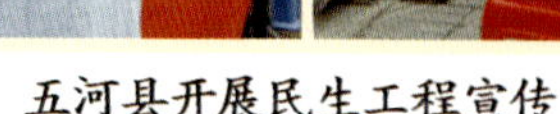
五河县开展民生工程宣传

建设完成的五河县
武桥镇老张贫困村道路

民生工程督查——五河县农村电子商务服务站

阜南县

县财政局领导班子入户走访慰问帮扶贫困户

功能完善的民生工程项目——农民文化健身广场

开展形式多样的民生工程政策宣传活动

便民高效的阜南县国库集中支付中心服务窗口

组织财政干部开展庆“七一”重温入党誓词活动

阜阳市颍东区

区财政局党组书记、局长任俊喜以普通党员身份参加局第一支部组织生活会

《中国财经报》记者在颍东区开展财政支持脱贫攻坚工作专题采访

区财政局开展“相约春天，健康徒步行”文明志愿者活动

支持岳家湖公园建设，改善人居环境

支持瓦大红旗扶贫农场建设，壮大贫困村集体经济实力，促进贫困人口增收

淮南市

市财政局党组书记、局长张瑞昌赴田家庵区开展“四送一服”进民企活动

走访贫困户

调研环保项目

指导非公企业党建工作

农村饮水安全工程——凤台县设立的水源地保护标志

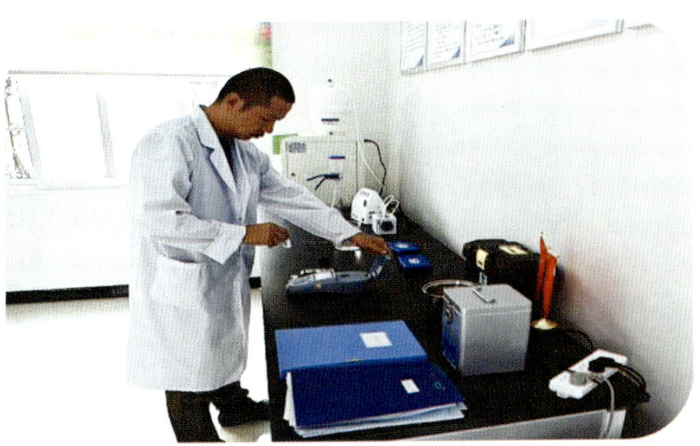

工作人员每天检测水质

滁州市

滁宁城际铁路开工

召开市财政局机关党员大会

市财政局在市人民广场宣传宪法

每月为过“政治生日”的党员发放“政治生日卡”

召开专题会议研究扶贫工作

组织财政干部职工赴滁州市看守所开展廉政警示教育

天长市

安徽省“美丽乡村”建设示范村——金集镇井亭村

开展残疾儿童免费体检活动

开展爱心妈妈结对帮扶农村留守儿童活动

推进4000户农村厕所改造

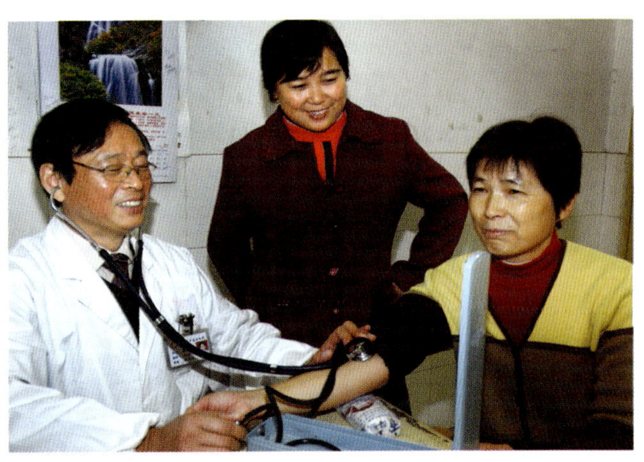

开展签约医生上门送健康活动

明光市

资产收益扶贫项目——张八岭镇柴郢村股民分红

举办第七届“民生杯”文艺调演

民生枣子甜在心

新型职业农民喜摘小瓜蒌

鸡头果丰收乐农家

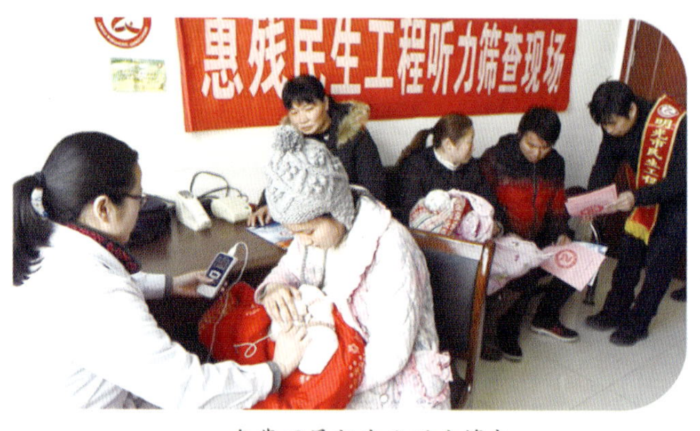

免费开展新生儿听力筛查

学前教育促进工程——自来桥镇幼儿园

美丽乡村建设工程——明西街道

六安市

全市预算编制暨民生工作会召开

市财政局（国资委）举办学习贯彻党的十九大精神专题讲座

市财政局赴金寨县燕子河镇张畈村开展扶贫调研

市委统战部、市财政局（国资委）联合承办六安市第49期道德讲堂总堂

市财政局联合省财政厅部分处室赴金寨县接受革命传统教育

马鞍山市

市财政局局长吴斌察看含山县第四幼儿园建设项目

市国资委副主任陈陆林察看水利薄弱环节治理三年行动项目

市财政局副局长董清华察看当涂县电子商务公共服务中心

市财政局副局长胡振华察看民生工程宣传展板

市财政局总会计师钱世军察看雨山街道养老服务指导中心

开展民生工程宣传

召开2019年全市预算编制工作会议

当涂县

开展"讲忠诚、严纪律、立政德"专题警示教育

召开庆祝中国共产党97周年党员大会

举办主题党日法纪讲座

开展三八妇女节插花活动

民生工程项目——新扩建的团结街幼儿园

实施电商振兴乡村提升工程

当涂县美丽乡村——湖阳镇

含山县

开展民生工程集中宣传月活动

庆祝中国共产党成立70周年

接受县委巡察组巡察

开展十九大知识测试

召开老干部座谈会

开展资产收益扶贫项目评审

含山县“电子商务进农村”平台

和县

举办全县财政干部春训班

召开全县财政预算编制工作暨地方政府隐性债务统计监测系统培训会议

县财政局党总支换届选举

开展电子商务进农村知识培训

开展民生工程集中宣传

召开基层党建标准化推进会

获多项表彰

芜湖市

市委书记潘朝晖调研指导市财政局“讲重作”专题警示教育“回头看”工作

市委第五巡察组进驻市财政局开展巡察工作

市财政安排资金1.1亿元打造的政务文化中心绿廊绿化工程

市财政局调研员周庆华向媒体通报全市民生工程实施进展情况

芜湖市鸠江区

实施裕溪河治理工程

完成5个老旧小区整治

完成农村地区校舍维修2250平方米

投资715万元新建鸠兹幼儿园

完成农村道路畅通工程45.8公里

义务教育阶段学校零收费

宣城市（一）

调研基层财政工作

调研基层财政党的建设和党风廉政建设工作

开展党的十九大精神集中轮训

深入企业走访调研，开展“四送一服”

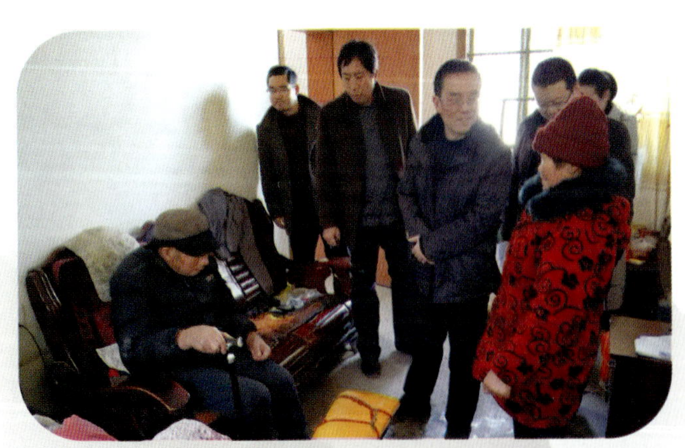

走访慰问困难群众

宣城市（二）

开展迎国庆徒步健身，丰富职工业余活动

组织女同志参观现代农业综合开发示范区

开展“缅怀革命先烈，弘扬烈士精神”主题活动

开展党组织联建庆“六一”活动

开展民生工程政策宣传

开展文明创建志愿活动

郎溪县

走访调研非公企业党建工作

开展志愿者服务活动

在扶贫联系村开展扶贫培训

开展警示教育

开展庆三八登山活动

开展红色教育，重温入党誓词

走访农民专业合作社

宁国市

开展民生工程集中宣传周活动

赴仙霞镇盘樟村支部开展党员活动日活动

举办“七一”主题晚会

微权力治理工作展示

港口镇小流域治理项目茶园作业道工程

打造港口“茶香慢城”特色小镇

泾县

组团参加泾县首届全民健身运动会

组织志愿者参加2018查济油菜花马拉松赛志愿服务

举办新旧会计制度衔接培训会

开展道德讲堂暨好人交流活动

开展新入职人员岗前培训

桃花潭中路改造PPP项目

慰问环卫工人

绩溪县

开展三八妇女节联谊活动

专题学习党的十九大精神

开展写春联送民生政策进万家活动

开展廉政宣传教育

县财政局志愿服务队风采

开展扶贫爱心募捐活动

资产扶贫收益项目分红

开展联点共建进社区活动

旌德县

举办银企对接会，共签约8家企业

开展扶贫项目认领和扶贫认捐活动

开展“千名干部进万家”大走访活动

县财政局党组联合县纪监委驻政府办纪检监察组对三溪镇财政分局开展巡察

开展政策性农业保险宣传

走访慰问局离退休老干部、遗属、军属、困难职工、困难户

宣城市宣州区

组织召开全区财政暨民生工程工作会议

区财政局局长汪成清在朱桥乡与人大代表现场沟通人大建议情况

召开"讲严立"专题警示教育推进会

组织学习《习近平扶贫论述摘编》

全市首家"爱心超市"在财政大力倡议下成立

在宪法日组织普法宣传

组织《宪法》知识测试

开展党性教育活动

铜陵市

走访帮扶村困难党员

在全省财政预算监管工作会议上作交流发言

发布民生工程建设成果

召开2018年度财政专项资金新闻发布会

财政干部参与抗雪救灾

老旧小区整治项目

池州市

开展革命传统教育

重温入党誓词

财政支持民营经济发展

推进“水清、岸绿、产业优”生态环境治理

财政支持打好脱贫攻坚战

财政支持美丽乡村建设

财政支持海绵城市建设

安庆市（一）

市财政局开展以“学习贯彻宪法，维护宪法权威”为主题的宪法宣讲会

市财政局勇夺市直机关第十套广播体操表演赛二等奖

市财政局组织女职工开展“参观美丽乡村，建设美好家园”主题活动

市财政局党组成员、副局长华鹏飞接受安庆广播电视台“聚焦高质量，争当排头兵”解放思想电视访谈

怀宁县召开全县财政系统工作会议

怀宁县着力打造石牌戏曲特色小镇

安庆市（二）

怀宁县独秀乡村振兴示范区

怀宁县规模化的蓝莓基地

8月28日，潜山市财政局挂牌

潜山市黄铺镇南塘美丽乡村示范点

望江县财政局赴帮扶结对村开展扶贫夜校活动

望江县财政局赴廉政警示教育基地接受廉政教育

安庆市（三）

望江县财政局开展“不忘初心跟党走，牢记使命勇担当”主题演讲活动

望江县财政局开展法纪教育主题党日活动

望江县财政局深入社区开展解放思想大讨论活动

大观区举办“政银担”合作签约会

大观区举办普惠金融要素对接会

黄山市（一）

常务副市长刘孝华督查农村清洁工程管养

市人大副主任叶正军视察民生工程

市财政局局长汪德宝率队赴金川乡长源村走访调研

市财政局召开2018年春训大会

第二十七届海峡两岸珠心算通信比赛开赛

生态美超市运营

市财政局第三支部与民革市直二支部共建扶贫活动

市财政局举办第四届趣味运动会

黄山市（二）

市财政局开展“宪法学习周”活动

市财政局开展消防演练

市财政局开展“讲忠诚、严纪律、立政德”专题警示教育

市财政局荣获全市扫黑除恶专题知识竞赛二等奖

歙县财政支持蓝田桃源田园综合体建设

歙县财政支持打造全域旅游

休宁县

到敬老院开展献爱心志愿服务活动

拍摄“法治财政我们在路上”微电影

县财政局荣获休宁县首届职工工间操大赛二等奖

休宁县城区环境整治进店入户暨新安江保护启动仪式

祁门县

阊江生态补偿方案座谈会在祁门县召开

县财政局把党支部建设延伸到重点项目工地

召开农业信贷担保"劝耕贷"工作推进会

各乡镇各种形式开展民生工程宣讲

举办民生工程政策进社区暨智力比赛

祁门县第一家"民生超市"在小路口镇揭牌营业

召开农村安全饮水民生工程管护现场会

黟县

召开全县财政系统工作会议

参加喜迎十九大图片展

重温入党誓词

开展农业保险转型升级情况调研

开展学雷锋见行动志愿服务活动

慰问留守儿童

举办民生杯广场舞大赛

组织参观改革开放40周年展

黄山市屯溪区

开展“缅怀先烈，继承革命传统”红色教育活动

开展工程类民生工程专项督查

开展民生工程宣传进校园活动

参加全区三八妇女节活动

开展民生工程巡演

奕棋镇占川河护岸工程

黄山市黄山区

集中开展理论学习

开展财政业务培训

部署文明创建工作

开展党员红色教育活动

开展扶贫帮扶共建活动

开展志愿者服务活动

黄山市徽州区

部署财政党风廉政建设工作

开展八一慰问活动

开展民生工程宣传

在富溪村开展扶贫日活动

召开年度财政工作会议

开展红色教育

开展扫黑除恶专题宣传

广德县

县财政局党组书记、局长陈智勇率队在郎溪县财政局学习考察涉农资金整合工作

组织开展红色教育

县财政局成立巡察组，深入东亭财政所开展巡察

开展部门预算编制业务培训

革命老区惠民项目——东亭乡高峰村道路建设辅助工程友情岁月家庭牧场段道路

深入网格开展文明创建工作

宿松县

就业扶持工程——就业招聘及高校毕业生就业见习对接会

义务教育经费保障——高岭中心小学食堂楼

农村文化建设专项补助——复兴镇太极协会文化活动

"四好农村路"建设——下仓至九成公路九成段

美丽乡村建设工程——复兴镇王营村美好乡村建设点

资产收益扶贫工程——陈汉乡库南村羊肚菌生产基地

水利薄弱环节治理三年行动——复兴镇老岸社区水利工程

目　录

财经文献篇

省委省政府重要财经文献

省人大重要财经文献

全省财政工作重要文献

全省财政工作篇

全省财政工作综述

财政改革40周年

处室单位工作概述

市县财政工作篇

合肥市财政工作综述

淮北市财政工作综述

亳州市财政工作综述

宿州市财政工作综述

蚌埠市财政工作综述

阜阳市财政工作综述

淮南市财政工作综述

滁州市财政工作综述

安庆市财政工作综述

黄山市财政工作综述

广德县财政工作概述

宿松县财政工作概述

财政工作大事篇

省财政厅全面深化改革工作大事记

省财政厅处室单位工作大事记

市县财政部门工作大事记

财经规章篇

规范性文件

财经统计篇

全省财经统计资料

各市县(区)财经统计资料

财政机构人员篇

省财政厅机构人员

各市财政系统机构人员

全省财政系统职工统计

财经文献篇

省委省政府重要财经文献

安徽省人民政府关于2018年实施33项民生工程的通知

（皖政〔2018〕26号）

各市、县人民政府，省政府各部门、各直属机构：

为全面贯彻落实习近平新时代中国特色社会主义思想和党的十九大精神，认真落实省第十次党代会和省委十届六次全会决策部署，精准对接群众需求，务实推进民生工作，进一步提高保障改善民生水平，不断满足人民日益增长的美好生活需要，省政府决定，2018年实施33项民生工程。现将有关事项通知如下：

一、新增6项民生工程

（一）学前教育促进工程。围绕“幼有所育”，通过在全省新建、改扩建公办幼儿园，开展幼儿资助和幼师培训，促进学前教育快速发展。

（二）电商振兴乡村提升工程。围绕实施“乡村振兴战略”，推进电商进农村全覆盖，对验收通过的电商服务中心、物流配送中心和站点建设合格县进行补助，奖补农村电商先进县、特色电商小镇和电商示范村，安排资金支持推动农产品上行等，鼓励农民就业创业，培育新型农业经营主体，拓宽增收渠道。

（三）智慧医疗与家庭医生签约服务。围绕实施“健康中国”战略和“健康安徽2030”规划纲要，通过开展“智医助理”工程等试点，家庭医生对辖区内签约居民提供约定的基本公共卫生服务、基本医疗服务和健康综合服务等，提升基层医疗卫生水平。

（四）农村环境“三大革命”。围绕建设“美丽中国”和打造生态文明建设安徽样板，结合美丽乡村建设，全面推进农村厕所、垃圾、污水专项整治，努力建设绿色江淮美好家园。

（五）党建引领扶贫工程。围绕“坚决打赢脱贫攻坚战”，以加强党的建设为引领，以帮扶项目和帮扶干部为重点，通过安排贫困村及虽已出列但发展基础薄弱村的集体经济项目发展经费、加强帮扶经费保障，推动脱贫攻坚高质量开展。

（六）资产收益扶贫工程。深入实施精准扶贫精准脱贫方略，支持县级在不改变资金用途的情况下，将财政专项扶贫资金和其他财政涉农资金投入设施农业、养殖、乡村旅游、电子商务等形成的资产折股量化，按照“保底收益＋按股分红”模式实现资产收益。加强风险防控、跟踪问效和动态调整。

二、合并实施1项民生工程

原农村低保、特困人员供养及无着人员救助、残疾人生活和护理补贴、医疗救助4项合并为困难人员救助工程。通过整合，原有民生工程基本内容未改变，项目数减少3项。

三、完善1项民生工程

根据中央要求，增加职业病防治内容，将原妇幼健康和计生特扶,调整为妇幼健康、计生特扶和职业病防治。

四、调整3项民生工程

原提升农村基层党建与服务经费保障任务已完成,后续相关工作纳入党建引领扶贫工程;原小型水利工程改造提升已完成,原农村住房保险试点已实现山区库区全覆盖,不再列为民生工程。通过上述调整,项目数减少3项。

五、继续实施25项民生工程

继续实施农村饮水安全巩固提升、“四好农村路”建设、农村危房改造、健康脱贫兜底“351”和“180”工程、贫困地区义务教育学生营养改善、贫困残疾人康复、城乡困难群体法律援助、美丽乡村建设、政策性农业保险、技工大省技能培训工程、就业扶持工程、城乡居民基本医疗保险、城乡居民大病保险、城乡居民基本养老保险、社会养老服务体系建设、医疗卫生人才能力提升、义务教育经费保障机制工程、高校中职和普通高中家庭经济困难学生资助、公共文化场馆开放、农村文化建设专项补助、水利薄弱环节治理三年行动、秸秆综合利用提升工程、农产品食品安全、棚户区改造、城市老旧小区整治等25个项目。

六、工作要求

民生工程是我省民生工作和社会建设的重要品牌和主要抓手,各地、各部门要聚焦“七有”目标,坚守底线、突出重点、完善制度、引导预期,补齐民生短板,让人民群众有更多获得感、幸福感、安全感。

(一)统筹安排。各地要树牢正确政绩观,注重科学规划,突出高质量要求,坚持实事求是、从实际出发,既尽力而为、又量力而行,认真对接省定项目,结合财力和基层实际,加强统筹、从严把关本级民生工程,力戒好高骛远、寅吃卯粮、靠拖欠搞建设,切实把好事办好、实事办实。

(二)突出重点。将民生工程与脱贫攻坚、基层基本公共服务功能建设相结合,在精心实施33项民生工程基础上,重点抓好“四好农村路”、电商振兴乡村提升工程、智慧医疗与家庭医生签约服务等“一路、一网、一院”建设,不断提升保障改善民生的质量和水平。

(三)精准推进。注重精准实施,抓好工程类项目设计、施工、验收各环节监督,做好补助类项目评议、公示、发放等各方面工作,打造群众满意的精品工程。注重精准管控,加强跟踪评估、过程管理和建后管养,严防急功冒进、层层加码,推动民生工程提质增效。

(四)多元供给。严格落实财政资金筹集渠道,保障预算安排及时足额到位。推动人人尽责、人人享有,积极探索市场导向、多元供给模式,依法合规引导撬动社会资本等参与建设管理,多渠道增加民生保障供给。

(五)严格考核。健全完善政府目标管理考核、社会组织第三方评估、社情民意调查等体系,抓好督导考核和绩效评价,坚持问题导向,强化结果运用,确保各项民生政策落地见效。

(六)压实责任。省财政厅承担民生工程牵头抓总职责,各项目省直主管单位履行主管职责,市、县人民政府履行主体职责,形成层层压实责任、级级落实责任的工作格局,确保民生工程真正成为“民心工程”“德政工程”。

安徽省人民政府关于探索建立涉农资金统筹整合长效机制的实施意见

(皖政〔2018〕53号)

各市、县人民政府,省政府各部门、各直属机构:

为贯彻落实《国务院关于探索建立涉农资金统筹整合长效机制的意见》(国发〔2017〕54号)精神,进一步做好我省涉农资金统筹整合工作,现提出如下实施意见。

一、总体要求

(一)指导思想。以习近平新时代中国特色社会主义思想为指导,全面贯彻落实党的十九大和十九届二中、三中全会精神,深入贯彻落实习近平总书记视察安徽重要讲话精神,认真落实党中央、国务院及省委、省政府决策部署,统筹推进“五位一体”总体布局和协调推进“四个全面”战略布局,坚持稳中求进工作总基调,牢固树立和贯彻落实创新、协调、绿色、开放、共享的发展理念,遵循国家“三农”工作方针政策,紧紧围绕实施乡村振兴战略,将涉农资金统筹整合作为深化财税体制改革和政府投资体制改革的重要内容,优化财政支农投入供给,加强财政支农政策指导,理顺涉农资金管理体系,创新涉农资金使用管理机制,改革完善农村投融资体制,切实提升财政支农政策效果和支农资金使用效益。

（二）基本原则。坚持问题导向。针对当前涉农资金管理和统筹整合工作中面临的矛盾和问题，进一步优化政策设计，创新体制机制，完善政策措施，不断提高涉农资金使用效益。支持国家和省扶贫开发工作重点县把专项扶贫资金、相关涉农资金和社会帮扶资金捆绑集中使用。

坚持简政放权。深入推进涉农领域"放管服"改革，进一步推动省、市涉农部门下放项目审批权限，为县级统筹整合涉农资金创造条件。加强事中事后监管，依法依规、有序有效推进涉农资金统筹整合。

坚持统筹协调。建立激励约束机制，充分调动各方积极性，促进省级政策指导和市、县自主统筹的有机结合，推进合理划分农业领域省以下财政事权和支出责任。明晰部门职责关系，充分依靠行业主管部门的专业优势，汇聚各级各部门改革合力。

坚持分类施策。按照专项转移支付和基建投资（即预算内投资，下同）管理的职责分工，在省、市、县等层级分类有序推进涉农资金统筹整合，对行业内涉农资金在预算编制环节进行源头整合，行业间涉农资金主要在预算执行环节进行统筹，加强行业内涉农资金整合与行业间涉农资金统筹的衔接配合。

（三）主要目标。根据国家统一部署，2018 年实现农业发展领域行业内涉农专项转移支付的统筹整合。到 2019 年，基本实现农业发展领域行业间涉农专项转移支付和涉农基建投资的分类统筹整合。到 2020 年，构建形成农业发展领域权责匹配、相互协调、上下联动、步调一致的涉农资金（涉农专项转移支付和涉农基建投资）统筹整合长效机制，并根据农业领域省以下财政事权和支出责任划分改革以及转移支付制度改革，适时调整完善。

二、推进行业内涉农资金整合

（四）归并设置涉农资金专项。省级涉农资金以党中央、国务院有关决策部署和相关法律法规以及省委、省政府有关决策部署为依据，根据预算法等相关规定按程序设立。进一步完善现行涉农资金管理体系，按照涉农专项转移支付和涉农基建投资两大类，对行业内交叉重复的省级涉农资金予以清理整合。省级层面构建涉农资金管理体系，其中涉农专项转移支付以农业产业发展、农业改革发展、动物疫病防控、林业资源管理与生态保护修复、森林防火与病虫害防治、现代林业发展、水利发展、土地整治、农业综合开发、小型水库移民扶助资金等大专项为主体，涉农基建投资以水利建设、农业综合生产能力等大专项为主体。

对清理归并整合后的涉农资金，由行业主管部门会同财政、发展改革部门合理确定政策内容、支出方向、绩效目标等，不断优化支出结构，集中财力保重点、办大事。行业主管部门要加强涉农资金集中统一管理，坚决杜绝资金在部门内部分散设置、多头管理、结构固化等现象发生。（省财政厅、省发展改革委、省国土资源厅、省水利厅、省农委、省林业厅等负责，2019 年基本完成并逐步完善）

（五）合理设定任务清单。省级涉农资金在建立大专项的基础上，实行"大专项 + 任务清单"管理模式。专项转移支付、基建投资两大类的任务清单，分别由省财政厅、省发展改革委会同有关部门衔接平衡。任务清单区分约束性任务和指导性任务，约束性任务主要包括党中央、国务院及省委、省政府明确要求的涉及民生的重大事项、重大规划任务、新设试点任务以及应急救灾类、对农民（林农）直接补贴类等。其他任务为指导性任务，明确支出方向、工作目标和主要任务，不限定具体项目。专项转移支付的任务清单由行业主管部门会同财政部门根据各项涉农资金应当保障的政策内容科学确定，并根据形势任务变化情况分年度调整，随下年度部门预算编制同步报送同级财政部门，作为预算安排的重要依据。

根据任务清单赋予市、县不同的统筹整合权力，约束性任务资金定向使用，不得统筹整合。指导性任务资金允许市、县在完成约束性任务的前提下，根据当地"三农"发展需要，区分轻重缓急，在同一大专项内调剂使用。对年度执行中发生的新增支出需求，各级财政、行业主管部门要首先通过统筹调剂现有涉农专项资金以及按程序调整项目任务清单的方式解决。（省财政厅、省发展改革委、省国土资源厅、省水利厅、省农委、省林业厅等负责，2019 年基本完成并逐步完善）

（六）同步下达资金与任务清单。省财政厅、省发展改革委按照专项转移支付、基建投资管理的职责分工，分别会同有关部门统筹考虑任务清单中各项任务的性质，不断完善涉农资金分配指标体系，按照因素法、项目法等方式分配中央下达我省的涉农转移支付资金以及省级涉农资金。加强资金分配与任务清单的衔接匹配，确保资金投入与任务相统一。

省级行业主管部门在研究涉农资金分配意见时,应同步细化分县(市、区)的任务清单,实现涉农资金和任务清单集中同步下达。对未按规定时间下达任务清单的,切块资金可由市、县政府统筹安排使用。市、县有关部门要组织完成约束性任务,因地制宜统筹安排指导性任务,制定任务实施方案和资金使用方案,分别报省级行业主管部门和省财政厅、省发展改革委备案。(省财政厅、省发展改革委、省国土资源厅、省水利厅、省农委、省林业厅,各市、县人民政府等负责,2019 年基本完成并逐步完善)

(七)建立与整合相适应的绩效评价制度。进一步调整完善涉农资金绩效评价制度,健全完善科学全面的绩效评价指标体系,逐步由单项任务绩效考核向行业综合绩效考核转变。强化绩效评价结果运用,逐步建立以绩效评价结果为导向的涉农资金大专项和任务清单设置机制及资金分配机制。涉农大专项资金的绩效目标分年度确定,由行业主管部门随下年度部门预算编制同步报送同级财政部门,作为预算安排和绩效评价的重要依据。省级财政部门根据预算绩效评价总体安排,每年组织或委托第三方评估机构选取部分涉农专项转移支付资金进行总体评价,评价结果与下年度该专项资金预算安排挂钩。省级行业主管部门负责对市、县项目实施和涉农资金使用情况进行绩效评价,评价结果与转移支付资金分配结果挂钩。省发展改革委会同相关部门对涉农基建投资项目进行绩效评价。省财政厅、省发展改革委会同相关部门对各地涉农资金的统筹整合总体情况进行绩效评价,对工作成效突出的地方在资金安排上予以适当倾斜。(省财政厅、省发展改革委、省国土资源厅、省水利厅、省农委、省林业厅等负责,2019 年基本完成并逐步完善)

三、推进行业间涉农资金统筹

(八)充分发挥规划引领作用。各市、县人民政府要摸清涉农资金底数,根据财政收支形势等情况编制三年滚动财政规划和投资计划,并与国民经济和社会发展五年规划纲要及相关涉农专项规划进行衔接。县级人民政府要因地制宜搭建相关涉农资金统筹整合平台,如支持农村一二三产业融合发展、推进适度规模经营、扶持小农户生产、农业科技推广模式创新等,认真编制建设发展规划和资金统筹整合方案,逐步实现平台规划统一布局、项目分片分步实施、资金分年分级落实,以重大平台规划引领涉农资金统筹使用和集中投入。(各市、县人民政府负责,2018 年起持续推进)

(九)加强性质相同、用途相近的涉农资金统筹使用。针对多个部门安排的性质相同、用途相近的涉农资金,如各类支持高标准农田建设、农民培训的资金等,加大预算执行环节的统筹协调力度。有关部门要建立会商机制,统一建设、奖补或补助标准,加强指导服务,为市、县推进涉农资金统筹整合创造条件。市、县在确保完成目标任务的前提下,可将各级财政安排的性质相同、用途相近的涉农资金纳入同一资金池,统一设计方案、统一资金拨付、统一组织实施、统一考核验收,形成政策合力,提升资金使用效益。省财政和发展改革部门要会同有关部门及时总结市、县在预算执行环节的统筹经验,进一步明确职责分工和资金用途,推动实现同一工作事项按照部门职责分工由一个行业部门统筹负责。(省财政厅、省发展改革委、省国土资源厅、省水利厅、省农委、省林业厅,各市、县人民政府等负责,2018 年起持续推进)

(十)促进功能互补、用途衔接的涉农资金集中投入。支持市、县人民政府围绕改革任务、优势区域、重点项目等,按照"渠道不乱、用途不变、集中投入、各负其责、各记其功、形成合力"的原则,统筹安排各类功能互补、用途衔接的涉农资金。充分发挥市、县特别是县级涉农资金统筹整合的主体作用,挖掘亮点典型,总结推广经验,自下而上完善涉农资金统筹整合体制机制。(省财政厅、省发展改革委、省国土资源厅、省水利厅、省农委、省林业厅,各市、县人民政府等负责,2018 年起持续推进)

四、改革完善涉农资金管理体制机制

(十一)加强管理制度体系建设。继续对涉农资金管理制度进行清理、修订和完善,建立与统筹整合相适应的管理制度体系,做到每一项涉农资金对应一个资金管理办法。行业主管部门要加强项目管理制度与涉农资金统筹整合工作的衔接,充分考虑开展涉农资金统筹整合对项目实施和资金管理的新要求,为统筹整合工作营造更加宽松的政策环境。任何部门、单位不得干预县级依法依规开展涉农资金统筹整合工作,县级按规定统筹整合使用涉农资金的,审计、财政及行业主管部门在各类监督检查中不作为违规违纪问题处理。切实加强制度培训和执行工作,确保涉农资金统筹整合取得实效。(省财政厅、省发展改革委、省国土资源厅、省水利厅、省农委、省林业厅、省审计厅,各市、县人民政府等负责,2019年基本完成并逐步完善)

(十二)进一步下放审批权限。有关部门要按照简政放权、放管结合、优化服务改革的总体要求,进一步下放涉农项目审批权限,推动涉农资金管理方式由项目管理向任务管理转变,除有明确规定外,涉农项目审批权限下放到市、县,省级行业主管部门主要负责业务指导和管理监督,赋予市、县相机施策和统筹资金的自主权。强化市、县人民政府特别是县级人民政府统筹使用涉农资金的主体责任,不断提高项目决策的自主性和科学性。(省财政厅、省发展改革委、省国土资源厅、省水利厅、省农委、省林业厅,各市、县人民政府等负责,2018年起持续推进)

(十三)充实涉农资金项目库。依据国家和省"三农"工作方针政策和相关规划,编制政府投资项目三年滚动计划,加强各类涉农项目储备。完善项目论证、评审等工作流程,对相关项目库内项目实施动态管理。加强财政、发展改革和行业部门之间,省和市、县之间,年度之间项目库的衔接,归并重复设置的涉农项目。加快资金安排进度,适当简化、整合项目报建手续,健全完善考核措施,确保项目发挥效益。根据项目性质,采取"资金改股金、拨款改股权、无偿改有偿"以及投资补助、民办公助、贷款贴息等方式予以支持,不断提升涉农项目的公众参与度。(省财政厅、省发展改革委、省国土资源厅、省水利厅、省农委、省林业厅,各市、县人民政府等负责,2018年起持续推进)

(十四)加强涉农资金监管。各级财政、发展改革和行业主管部门要建立健全涉农资金全过程监管体系,形成权责明确、有效制衡、齐抓共管的监管格局,防止借统筹整合名义挪用涉农资金。探索建立第三方评估体系,通过竞争择优的方式选择专家学者、研究机构等对涉农资金政策进行评估。完善决策程序,健全决策责任追究制度,对违反涉农资金统筹整合相关制度规定、造成涉农资金重大损失的,要对相关责任人予以问责。要加强涉农资金审计监督,严肃查处违纪违法违规行为,及时追回被骗取、冒领、挤占、截留、挪用的涉农资金,依纪依法追究相关单位和责任人的责任。加强信用监管,对严重失信主体探索建立联合惩戒机制。(省财政厅、省发展改革委、省审计厅、省国土资源厅、省水利厅、省农委、省林业厅,各市、县人民政府等负责,2018年起持续推进)

(十五)加大信息公开公示力度。全面推进信息公开,健全公告公示制度。市、县人民政府及有关部门在涉农资金统筹整合方案决策前要听取各方意见。涉农大专项资金管理办法、资金规模、扶持范围、分配结果等应按规定向社会公开,实行省级公开财政支农政策、资金规模和分配结果,县级公开资金来源、扶持范围、建设和补助标准、项目审批程序和结果等,乡镇公示项目实施进度、实施结果和补助对象等的三级公示制度。利用互联网、大数据等信息化手段,探索实行"互联网+监管"新模式。推动县级建立统一的涉农资金信息公开网络平台。建立健全村务监督机制,继续完善行政村公告公示制度。(省财政厅、省发展改革委、省国土资源厅、省水利厅、省农委、省林业厅,各市、县人民政府等负责,2018年起持续推进)

五、保障措施

(十六)加强组织领导。省涉农资金统筹整合领导小组要及时研究协调有关重大问题,市、县人民政府要成立相应领导组织,把涉农资金统筹整合工作摆在突出位置,切实承担主体责任,为推进统筹整合工作提供组织保障。建立政府统一领导、相关部门参与的涉农资金统筹整合领导小组及办公室,统一思想认识,加大协调力度,制定实施方案,狠抓工作落实。(各市、县人民政府负责,2018年基本建成并持续加强领导)

(十七)加强部门协同。各有关部门要加强沟通配合,为推进涉农资金统筹整合工作提供机制保障。财政、发展改革部门要以资金、规划和任务清单管理为抓手,指导和支持涉农资金统筹整合。行业主管部门要科学设置、细化分解任务清单,做好任务落实和考核评价等工作。(省财政厅、省发展改革委、省国土资源厅、省水利厅、省农委、省林业厅,各市、县人民政府等负责,2019年基本完成并逐步完善)

(十八)鼓励探索创新。贫困县涉农资金统筹整合试点在试点期内,继续按相关规定实施。鼓励各地根据行业内资金整合与行业间资金统筹的工作思路,因地制宜开展多层级、多形式的涉农资金统筹整合,突破现有管理制度规定的,应按管理权限和程序报批或申请授权。在开展涉农资金统筹整合中涉及财政专项扶贫资金时,要遵循精准使用的原则,不得用于非建档立卡贫困户和非扶贫领域。市级人民政府可参照“大专项+任务清单”管理模式,在预算编制环节合理设置本级涉农资金大专项,探索实施任务清单差别化管理。(省财政厅、省发展改革委、省扶贫办、省国土资源厅、省水利厅、省农委、省林业厅,各市、县人民政府等负责,2018年起持续推进)

(十九)加强舆论宣传。认真总结和推广各地、各有关部门在涉农资金统筹整合中的好经验、好做法,加强信息报送和政策宣传,注重宣传的引导性和时效性,努力营造全社会关心、支持涉农资金统筹整合的新局面。(省财政厅、省发展改革委、省国土资源厅、省水利厅、省农委、省林业厅,各市、县人民政府等负责,2018年起持续推进)

(二十)细化分解落实任务。各市、县人民政府和省有关部门要根据本实施意见,制定本地本部门贯彻落实方案,进一步细化推进涉农资金统筹整合的工作目标和政策措施。各地各有关部门贯彻落实方案,报省涉农资金统筹整合领导小组办公室备案。(省财政厅、省发展改革委、省国土资源厅、省水利厅、省农委、省林业厅,各市、县人民政府等负责,2018年9月底前完成)

安徽省人民政府关于印发安徽省划转部分国有资本充实社保基金实施方案的通知

(皖政〔2018〕56号)

各市、县人民政府,省政府各部门、各直属机构:

现将《安徽省划转部分国有资本充实社保基金实施方案》印发给你们,请认真贯彻执行。

安徽省划转部分国有资本充实社保基金实施方案

根据《国务院关于印发划转部分国有资本充实社保基金实施方案的通知》(国发〔2017〕49号)要求,结合我省实际,现就划转部分国有资本充实社保基金制定如下实施方案。

一、指导思想

以习近平新时代中国特色社会主义思想为指导,全面贯彻落实党的十九大和十九届二中、三中全会精神,深入贯彻落实习近平总书记视察安徽重要讲话精神,按照党中央、国务院决策部署,根据《中共中央·国务院关于深化国有企业改革的指导意见》《中共安徽省委?安徽省人民政府关于进一步深化国有企业改革的实施意见》和基本养老保险制度改革有关要求,在推动国有企业深化改革的同时,通过划转部分国有资本充实社保基金,使人民群众共享国有企业发展成果,增进民生福祉,促进改革和完善基本养老保险制度,实现代际公平,增强制度的可持续性,为决胜全面建成小康社会、全面建设现代化五大发展美好安徽提供有力支撑。

二、基本原则

(一)坚持目标引领,与基本养老保险制度改革目标紧密结合。基本养老保险制度改革是系统工程,应统筹兼顾,考虑长远,力求在公共财政适度支持的情况下实现精算平衡。划转部分国有资本,基本目标是弥补因实施视同缴费年限政策形成的企业职工基本养老保险基金缺口,促进建立更加公平、更可持续的养老保险制度。

(二)坚持系统规划,与深化国有企业改革目标紧密结合。统筹考虑划转部分国有资本的目标、企业职工基本养老保险基金缺口成因、国有资本现状和企业发展需要,科学界定划转范围,合理确定划转比例。

(三)坚持立足长远,与弥补企业职工基本养老保险基金缺口的目标相结合。通过划转实现国有资本多元化持有,但不改变国有资本属性。划转承接主体作为财务投资者,管理运营所划入的国有资本,建立国有资本划转和企业职工基本养老保险基金缺口逐步弥补相结合的运行机制。

(四)坚持独立运营,与社保基金多渠道筹集的政策目标相结合。划转的国有资本具有充实社保基金的特定用途和政策目标,运营收益根据基本养老保险基金的支出需要上缴,专项用于弥补企业职工基本养老保险基金缺口。划转的国有资本应集中持有,独立运行,单独核算,接受考核和监督。

三、划转范围、对象、比例和承接主体

(一)划转范围。将我省国有及国有控股大中型企业、金融机构纳入划转范围。公益类企业、文化企业、政策性和开发性金融机构以及国务院另有规定的除外。

（二）划转对象。企业集团已完成公司制改革的，直接划转企业集团股权；企业集团未完成公司制改革的，抓紧推进改革，改制后按要求划转企业集团股权；同时，探索划转未完成公司制改革的企业集团所属一级子公司股权。

（三）划转比例。首先以弥补企业职工基本养老保险制度转轨时期因企业职工享受视同缴费年限政策形成的企业职工基本养老保险基金缺口为基本目标，划转比例统一为企业国有股权的10%。今后，结合基本养老保险制度改革及可持续发展要求，若需进一步划转，再作研究。

（四）承接主体。划转的国有股权是基本养老保险基金的重要组成部分。我省划转的企业国有股权，由安徽省国有资产运营有限公司（以下简称承接主体）专户管理。市、县不再设立承接主体。

四、划转程序

（一）按照我省企业国有股权划转的部署和步骤安排，国有资产监督管理机构负责提出本机构所监管企业拟划转股权的建议方案，由同级财政部门会同有关部门审核确认。其中，省国资委监管的省属企业，由省财政厅会同省人力资源社会保障厅、省国资委审核确认；其他符合条件的省属企业由省财政厅会同省人力资源社会保障厅审核确认。

本方案所称国有资产监督管理机构，是指代表地方人民政府履行出资人职责的部门（机构）、负责监督管理行政事业单位所办企业国有资产和有关金融类企业国有资产的财政部门。

（二）根据经审核确认的划转方案，国有资产监督管理机构具体办理企业国有股权的划出手续，承接主体相应办理股权划入手续，并对划入的国有股权设立专门账户管理。

（三）划转对象涉及多个国有股东的，由第一大股东的国有资产监督管理机构负责对国有股东身份和应划转股权进行初审，提交同级财政部门确认。国有股东分别属于中央和地方管理的，按第一大股东的产权归属关系，将应划转的国有股权统一划转至社保基金会或我省承接主体。

（四）划转上市公司国有股权的，国有资产监督管理机构应同时向中国证券登记结算有限责任公司送达国有股转持通知，并抄送承接主体。

（五）国有股权划转至承接主体后，相关企业应及时进行账务调整，并按规定做好国有资产产权变动登记工作。国有股权划出方应当就划转事项通知本企业债权人。涉及上市公司股份权益变动的，相关企业需按照证券监管有关规定，履行信息披露义务。

（六）国有资产监督管理机构负责向同级财政部门提供年度划转任务执行情况，财政部门逐级汇总后报上级财政部门，并会同人力资源社会保障、国有资产监督管理等部门（机构）上报同级人民政府。省财政厅汇总全省情况后按规定上报财政部，并会同省人力资源社会保障厅、省国资委、承接主体等上报省人民政府。

五、承接主体对国有资本的管理

（一）资本管理。承接主体作为财务投资者，享有所划入国有股权的收益权和处置权，不干预企业日常生产经营管理，一般不向企业派出董事。必要时，经批准可向企业派出董事。

对划入的国有股权，承接主体原则上应履行3年以上的禁售期义务，并应承继原持股主体的其他限售义务。在禁售期内，如划转涉及的相关企业上市，应承继原持股主体的禁售期义务。

（二）收益管理。对划入的国有股权，承接主体的收益主要来源于股权分红。除国家规定须保持国有特殊持股比例或要求的企业外，承接主体经批准也可以通过国有资本运作获取收益。

六、划转步骤

按照试点先行、分级组织、稳步推进的原则开展划转工作。

第一步，在学习借鉴中央和试点省份试点经验的基础上，根据国家统一部署，适时选择部分省属企业开展划转试点工作。

第二步，在总结试点经验的基础上，分批划转其他符合条件的省属企业国有股权。各市、县人民政府根据省统一部署，负责组织实施本地区地方国有企业的国有股权划转工作。

七、配套措施

（一）自本方案印发之日起，划转范围内企业实施重大重组，改制上市，或改组组建国有资本投资、运营公司等涉及国有股权变动的改革事项，企业改革方案应与国有资本划转方案统筹考虑。

（二）探索建立对划转国有股权的合理分红机

制。承接主体持有的股权分红和运作收益,专项用于弥补企业职工基本养老保险基金缺口,不纳入国有资本经营预算管理。每年6月底前,承接主体应将上年度国有资本收益和分红情况报送省级财政、人力资源社会保障部门。

(三)承接主体持有的国有资本收益,由省级财政部门统筹考虑基本养老保险基金的支出需要和国有资本收益状况,适时实施收缴,专项用于弥补企业职工基本养老保险基金缺口。

国有资本运作管理办法和地方财政对收缴资金的具体使用办法等另行制定。

(四)自本方案印发之日起,此前发布的有关规定与本方案规定不一致的,按本方案规定执行。

八、组织实施

划转部分国有资本充实社保基金,是基本养老保险制度改革和国有企业改革的重要组成部分,是保障和改善民生的重要举措。省国有企业改革领导小组要加强统筹协调、督促落实。省财政厅、省人力资源社会保障厅、省国资委等部门(机构)要各司其职,密切配合,出台配套制度办法,加强对本方案执行的支持和指导,做好方案实施的监督评估工作。安徽证监局要加强对上市公司国有股权划转工作的支持、指导和监督。各有关部门和机构要高度重视划转工作,统筹规划,周密安排,落实责任,有序实施。各市、县人民政府对本地区划转工作负总责,按照本方案要求抓好贯彻落实,确保按要求完成划转目标任务。

安徽省人民政府关于进一步降低企业成本的实施意见

(皖政〔2018〕82号)

各市、县人民政府,省政府各部门、各直属机构:

为深入贯彻党的十九大精神,全面落实中央及省委深入推进供给侧结构性改革的决策部署,促进实体经济持续健康发展,现就进一步降低企业成本提出以下实施意见:

一、降低制度性交易成本

1. 开展政府权责清单动态调整,持续精简行政审批事项。深化“放管服”改革,统筹推进“证照分离”“多证合一”改革,大力推动“照后减证”。推动全省统一的政务服务事项标准化清单建设,深入开展“减证便民”行动,大力推行审批服务集中办理。推进“互联网+政务服务”,加快实现“一网通办”。(责任单位:省编制、政务公开、工商、法制等部门,各市、县人民政府)

2. 压缩企业开办时间,2018年底前,全省将企业开办环节压减为企业设立登记、公章刻制、发票申领3个环节,将企业开办时间压缩至3个工作日以内。推行企业登记全程电子化,开展企业名称登记管理改革,实行企业名称自主申报。将公章刻制备案纳入“多证合一”改革,申请人可自选公章制作单位。对已领取加载统一社会信用代码营业执照的企业不再单独进行税务登记、不再单独核发社保登记证,压缩发票申领和参保登记时间。(责任单位:省工商、公安、税务、人力资源社会保障等部门)

3. 清理规范涉企保证金,严格执行涉企保证金目录清单。(责任单位:省经济和信息化、人力资源社会保障、财政、物价、住房城乡建设等部门)

4. 优化消防审批和备案受理程序,自受理之日起15日内出具书面审核意见。对具有防火性要求的建筑构件、建筑材料、装修材料(包含阻燃PVC管),仅需建设单位提供出厂检验合格证明或具有法定资质的检验机构检验合格证明(依法实行强制性认证的消防产品,新研制的尚未制定国家标准、行业标准的消防产品除外)。(责任单位:省消防等部门)

二、降低企业人工成本

5. 继续执行阶段性降低社会保险费率政策,延长阶段性降低费率的期限至2019年4月30日。(责任单位:省人力资源社会保障、财政、税务等部门)

6. 落实国家有关政策,工伤保险费率以现行费率为基础下调50%。继续扩大稳岗补贴政策受惠面,对裁员率低于上年度省城镇登记失业率的企业,按企业及其职工上年度实际缴纳失业保险费总额的50%发放稳岗补贴;对列入国家化解过剩产能计划的煤炭、钢铁企业,稳岗补贴裁员率标准放宽至10%,并按其入库内部退养职工人数给予增补稳岗补贴。(责任单位:省人力资源社会保障、财政、税务等部门)

三、降低企业税费负担

7. 全面执行国家调整增值税税率政策,对纳税人设立的营业账簿,按万分之五税率贴花的资金账簿减半征收印花税,对按件贴花5元的其他账簿免征

印花税。(责任单位:省税务等部门)

8. 落实国家有关政策,对企业在2018年1月1日至2020年12月31日间新购进的设备、器具,单位价值不超过500万元的,允许一次性计入当期成本费用在计算应纳税所得额时扣除,不再分年度计算折旧。将享受减半征收企业所得税优惠政策的小微企业年应纳税所得额上限,从50万元提高到100万元。(责任单位:省税务等部门)

9. 落实国家相关政策,对企业委托境外进行研发活动所发生的费用,按照费用实际发生额的80%计入委托方的委托境外研发费用。委托境外研发费用不超过境内符合条件的研发费用三分之二的部分,可以按规定在企业所得税前加计扣除;对当年具备高新技术企业和科技型中小企业资格的企业,其具备资格年度之前5个年度发生的尚未弥补完的亏损,准予结转以后年度弥补,最长结转年限由5年延长至10年;将一般企业的职工教育经费税前扣除比例与高新技术企业的比例统一,从2.5%提高至8%。(责任单位:省税务等部门)

10. 落实国家有关政策,将企业研发费用加计扣除比例提高到75%的政策由科技型中小企业扩大至所有企业(国家限制的除外)。(责任单位:省税务等部门)

11. 落实国家有关政策,2019年12月31日之前,对物流企业承租用于大宗商品仓储设施的土地,减按所属土地等级适用税额标准的50%计征城镇土地使用税。(责任单位:省财政、税务、国土资源等部门,各市、县人民政府)

12. 落实国家有关政策,自2018年7月1日至2021年6月30日,对购置挂车减半征收车辆购置税。(责任单位:省财政、税务等部门,各市、县人民政府)

13. 进一步清理规范行业协会、商会和第三方评估组织收费,全面加快行业协会与行政机关脱钩。行业协会一律不得利用主管部门有关规定强制企业入会、不得以评比表彰、评审达标等名义违规收费。会费档次较多、标准过高的,要调整会费档次、降低会费标准,鼓励会费结余较多的行业协会商会主动减免会员企业会费。(责任单位:省发展改革、民政等部门)

四、降低企业财务成本

14. 继续执行政策性融资担保业务费率不超过1.2%的规定,延长期限至2020年底。(责任单位:省财政、金融管理等部门,省担保集团、省农业信贷担保公司)

五、降低企业用能成本

15. 继续推进电力直接交易,鼓励企业通过双边洽谈或集合竞价等方式参与电力直接交易,全年直接交易电量增加到580亿度。(责任单位:省能源等部门,省电力公司)

16. 落实国家有关政策,完善我省峰谷分时电价政策,下调大工业、一般工商业及其他用电类别高峰时段电价上浮幅度。(责任单位:省物价等部门,省电力公司)

17. 落实国家有关政策,将我省一般工商业及其他用电类别与大工业用电类别统一合并为工商业及其他用电类别,315千伏安及以上的原一般工商业用户可自愿选择执行合并后的工商业单一制或两部制目录电价;降低工商业及其他用电类别中单一制和两部制目录电价、输配电价。(责任单位:省物价等部门,省电力公司)

18. 进一步降低企业用气成本,落实降低淮北支线、亳州支线、颍上支线、江北联络线、六安支线、铜陵支线等短途管道运输价格政策,继续开展天然气年度成本审核,确保天然气短输价格水平稳中有降。(责任单位:省物价、能源等部门,各市、县人民政府,省能源集团公司、省天然气开发股份有限公司)

六、降低企业用地成本

19. 各市、县人民政府在国家规定的土地使用税税额幅度范围内,重新优化土地使用税等级范围,降低土地使用税征收标准。(责任单位:省税务、国土资源等部门,各市、县人民政府)

七、降低企业物流成本

20. 将持有安徽交通卡的货运车辆享受通行费八五折优惠期限延长至2020年底。清理对进出港(场)企业收取的机场货站操作费和安检费等收费,对马鞍山、芜湖、铜陵、池州、安庆水运口岸集装箱货物和厢式货柜车运输货物查验通过的外贸企业,免除企业吊装、移位、仓储费用。(责任单位:省交通运输、物价、财政、口岸管理、海关等部门,省交控集团公司)

各地、各有关部门自本实施意见下发之日起1个月内制定具体实施办法并认真抓好落实。省政府督查室要会同省经济和信息化、财政、物价等部门加强跟踪督查,并委托第三方对实施效果进行评估。

安徽省人民政府办公厅关于转发省财政厅、省扶贫办、省发展改革委安徽省扶贫项目资金绩效管理办法的通知

(皖政办〔2018〕33号)

各市、县人民政府,省政府各部门、各直属机构:

省财政厅、省扶贫办、省发展改革委《安徽省扶贫项目资金绩效管理办法》已经省政府同意,现转发给你们,请认真贯彻执行。

安徽省扶贫项目资金绩效管理办法

第一章 总 则

第一条 为深入学习贯彻习近平新时代中国特色社会主义思想和党的十九大精神,落实《中共中央国务院关于打赢脱贫攻坚战的决定》和《中华人民共和国预算法》要求,根据《国务院办公厅关于转发财政部、国务院扶贫办、国家发展改革委扶贫项目资金绩效管理办法的通知》(国办发〔2018〕35号)和《安徽省人民政府关于全面推进预算绩效管理的意见》(皖政〔2011〕115号)等精神,结合我省实际,制定本办法。

第二条 本办法所称扶贫项目资金,是指各级政府及其相关部门为如期实现脱贫目标,支持脱贫攻坚项目(含个人和家庭的补助项目)的各类财政资金,包括全部或者部分用于产业扶贫、易地扶贫搬迁、就业扶贫、危房改造、教育扶贫、健康扶贫、生态扶贫、基本医疗、社会救助、农村基础设施建设以及光伏扶贫、旅游扶贫、文化扶贫等项目资金。

第三条 扶贫项目资金绩效管理应当遵循以下原则:

(一)目标导向,注重效果。在关注扶贫项目资金投入和使用过程的同时,强化目标管理,更加注重精准脱贫绩效目标的实现程度,聚焦提高脱贫质量和减贫效果。

(二)统一部署,分工负责。贯彻国家统一部署,各级政府分级负责,各相关部门各负其责、各司其职,强化资金使用部门和单位的绩效管理主体责任。

(三)全面系统,公开公正。全面实施绩效管理,贯穿财政扶贫资金预算管理的各个环节,涵盖扶贫项目资金实施的事前、事中、事后全过程。绩效管理遵循真实、客观、公正要求,依法公开并接受监督。

(四)全程跟踪,创新管理。对扶贫项目资金实施全过程绩效跟踪,实行资金使用部门和单位自我管理和外部监管相结合,赋予基层精准施策更大自主权。

(五)压实责任,减轻负担。资金使用部门和单位承担绩效管理主体责任,具体落实到项目负责人。严禁层层组织和多头重复评价检查,避免增加基层迎评迎检负担。

第四条 绩效管理的主要依据:

(一)国家相关法律、法规和规章制度;

(二)各级政府制定的国民经济与社会发展规划,脱贫攻坚规划等;

(三)财政部门的预算绩效管理制度、财政扶贫资金管理办法、扶贫项目管理办法等;

(四)相关行业政策、行业标准及专业技术规范;

(五)扶贫资金使用部门和单位申请预算时提出的绩效目标及其他相关材料,财政部门预算批复,财政部门和预算部门年度预算执行情况,年度决算报告等;

(六)人大审查结果报告、审计报告及决定、财政监督检查报告;

(七)其他相关资料。

第二章 职责分工

第五条 省财政厅、省扶贫办、省发展改革委统筹负责全省扶贫项目资金绩效管理工作。

第六条 省直有关部门应当切实督促本行业实施扶贫项目资金绩效管理,牢固树立绩效管理理念,加强脱贫效果监管。

省财政厅会同有关部门,在省扶贫开发领导小组的统一领导下,加强对市县扶贫项目资金绩效管理工作的指导和培训。

市县级财政部门应当会同有关部门依照职责,对扶贫项目资金相关预算的编制、执行、决算实施全过程绩效管理。

第三章 绩效目标管理

第七条 按照“谁申请资金，谁设定目标”的原则，绩效目标由有关部门和资金使用单位设定。市县级有关部门和资金使用单位应在本级扶贫开发领导小组的统一领导下，在编制年度部门预算、单位预算时，根据中央、省级和本地区预算编制规定和要求、脱贫攻坚规划等，科学合理测算扶贫项目资金需求，设定扶贫项目资金绩效目标。

省直有关部门和资金使用单位应在省扶贫开发领导小组的领导下，在编制年度部门预算、单位预算时，根据中央、省级预算编制规定和要求、脱贫攻坚规划等，科学合理测算扶贫项目资金需求，设定扶贫项目资金绩效目标。

扶贫项目资金绩效目标应作为预算安排的重要依据，并细化量化为绩效指标。一级指标主要包括产出指标、效益指标和满意度指标。二级指标主要包括数量指标、质量指标、时效指标、成本指标，以及经济效益指标、社会效益指标、生态效益指标、可持续影响指标和服务对象满意度指标等。三级指标由有关部门和资金使用单位细化量化设立。绩效目标应与资金使用部门和单位的工作职责、脱贫攻坚任务紧密相关，做到指向明确、具体细化、合理可行。

市县级有关部门和资金使用单位未按照要求设定绩效目标的项目，原则上不得纳入扶贫项目库，不得申请相关预算。

第八条 有关部门按照预算编制要求对其所属资金使用单位报送的绩效目标进行审核，提出审核意见并反馈给所属单位。所属单位根据审核意见对相关绩效目标进行修改完善，重新提交上级部门审核，审核通过后按要求报送本级财政部门。

市县级财政部门依据国家相关政策、脱贫攻坚规划等，对有关部门编报的扶贫项目资金绩效目标进行审核，具体包括项目的必要性和可行性、绩效目标与脱贫目标的相关性、绩效指标的合理性和可衡量性、与资金的匹配性等内容。审核未通过的，不得安排相关预算。审核通过并安排预算的，有关部门应当将扶贫项目资金绩效目标报送本级扶贫开发领导小组备案，并编入本部门预算依法予以公开。

省财政厅依据国家相关政策、脱贫攻坚规划等，对省直有关部门编报的扶贫项目资金绩效目标进行审核，具体包括项目的必要性和可行性、绩效目标与脱贫目标的相关性、绩效指标的合理性和可衡量性、与资金的匹配性等内容。审核未通过的，不安排相关预算。审核通过并安排预算的，省直有关部门应当将扶贫项目资金绩效目标报送省扶贫开发领导小组备案，并编入本部门预算依法予以公开。

第九条 按照“谁批复预算，谁批复目标”的原则，各级财政部门应当按照规定将相关扶贫项目资金绩效目标随部门预算一同批复至有关部门。有关部门应当将相关扶贫项目资金绩效目标随资金使用单位预算一同批复。

扶贫项目资金绩效目标批复后，原则上不作调整。预算执行中因特殊原因确需调整的，应当按照绩效目标管理要求办理。扶贫项目及相关预算需要变更的，应当按照规定程序同步调整绩效目标。

市县级财政部门应当将批复的扶贫项目资金绩效目标按照规定程序报送省财政厅和省扶贫办备案（涉及预算内投资的事项，还应报送省发展改革委，下同）。省直有关部门和资金使用单位将批复的扶贫项目资金绩效目标按照规定报送省财政厅和省扶贫办备案。省财政厅汇总本地区扶贫项目资金绩效目标后应当及时报送财政部驻安徽财政监察专员办事处。

第四章 绩效目标执行监控

第十条 预算执行中，市县级有关部门应当建立扶贫项目资金绩效目标执行监控机制，组织资金使用单位定期对预算和绩效目标执行情况进行跟踪分析，并向本级财政和扶贫部门报送绩效目标执行监控结果。扶贫项目资金实际执行与预期绩效目标发生偏离时，及时予以纠正。

省直有关部门应当建立扶贫项目资金绩效目标执行监控机制，组织资金使用单位定期对预算和绩效目标执行情况进行跟踪分析，并向省财政厅和省扶贫办报送绩效目标执行监控结果。扶贫项目资金实际执行与预期绩效目标发生偏离时，及时予以纠正。

第十一条 市县级财政部门应当加强对市县有关部门和资金使用单位的监控结果应用。发现问题的，及时予以处理；问题严重的，及时收回或暂缓拨付财政资金。

省财政厅应当加强对省直有关部门和资金使用单位的监控结果应用。发现问题的，及时予以处理；问题严重的，及时收回或暂缓拨付财政资金。

第十二条 市县级财政部门要充分利用相关动

态监控信息系统,开展绩效目标执行监控。市县级财政部门负责将扶贫项目资金绩效目标及指标嵌入系统,市县级资金使用单位负责在线填报扶贫项目资金使用情况和绩效目标执行情况并上传相关证明资料,省财政厅和财政部驻安徽财政监察专员办事处负责实时监控。

省财政厅应当充分利用相关动态监控信息系统,开展绩效目标执行监控,并负责将省直有关部门扶贫项目资金绩效目标及指标嵌入系统。省直资金使用单位负责在线填报扶贫项目资金使用情况和绩效目标执行情况并上传相关证明资料,省财政厅和财政部驻安徽财政监察专员办事处负责实时监控。

第五章　绩效评价

第十三条　年度预算执行终了,市县级有关部门和省直有关部门应当组织资金使用单位全面开展绩效自评,填报绩效目标完成情况,对未完成目标的分析原因并提出下一步改进措施。

资金使用部门应当将绩效自评结果及时报送本级财政和扶贫部门。

财政部门会同本级审计部门对扶贫项目资金绩效自评结果进行抽查。

绩效自评结果和抽查结果应当作为有关部门和单位改进管理、调整财政支出方向和安排以后年度预算的重要依据。

第十四条　各级财政和扶贫部门根据需要,可以对扶贫重点项目和重点区域资金使用情况组织开展绩效评价,并将评价结果及时反馈有关部门和单位,要求其对发现的问题进行整改。

各级财政和扶贫部门的绩效评价结果作为以后年度财政资金分配的重要依据。

省扶贫开发领导小组将扶贫项目资金绩效管理情况纳入市县扶贫工作考核内容。

市县级财政部门应当将绩效评价结果编入本级决算并依法予以公开,省财政厅将省直有关部门和资金使用单位的绩效评价结果编入本级决算并依法予以公开。资金使用部门应当将绩效自评结果编入本部门决算并依法予以公开。

第十五条　按照“谁用款、谁负责”的原则,对在预算编制和执行过程中,由于种种原因导致预算绩效管理未达到相关要求,致使财政资金配置和执行绩效未能达到预期目标或规定标准的,责令限期整改。对整改不到位或不进行整改的,视情暂缓或停止拨款、调整项目计划、收回财政资金。对实际绩效严重偏离绩效目标或造成重大损失的,严肃追究相关责任人员责任。

第十六条　扶贫项目资金绩效管理中存在滥用职权、玩忽职守、徇私舞弊等违法违规行为的,按照《中华人民共和国预算法》《财政违法行为处罚处分条例》等法律法规规定追究相关部门和人员责任。涉嫌犯罪的,依法移送司法机关处理。

第六章　附　则

第十七条　本办法自印发之日起施行。

安徽省人民政府办公厅关于印发贯彻落实基本公共服务领域共同财政事权改革划分中央、省级与市以下支出责任实施方案的通知

(皖政办〔2018〕34号)

各市、县人民政府,省政府各部门、各直属机构:

《贯彻落实基本公共服务领域共同财政事权改革划分中央、省级与市以下支出责任实施方案》已经省政府同意,现印发给你们,请认真贯彻执行。

贯彻落实基本公共服务领域共同财政事权改革划分中央、省级与市以下支出责任实施方案

为贯彻落实《国务院办公厅关于印发基本公共服务领域中央与地方共同财政事权和支出责任划分改革方案的通知》(国办发〔2018〕6号)精神,结合我省实际,现就基本公共服务领域中央、省级与市以下共同财政事权和支出责任划分改革制定如下方案:

一、总体要求

(一)坚决贯彻中央决策部署。高举中国特色社会主义伟大旗帜,以习近平新时代中国特色社会主义思想为指导,全面贯彻落实党的十九大精神,深入贯彻落实习近平总书记视察安徽重要讲话精神,坚持稳中求进工作总基调,坚持新发展理念,紧扣社会主要矛盾变化,按照高质量发展的要求,统筹推进“五位一体”总体布局和协调推进“四个全面”战略布局,全面落实党中央、国务院及省委、省政府关于推进财政事权和支出责任划分改革的决策部署,积极

推进基本公共服务领域省以下共同财政事权和支出责任划分改革，进一步提高省以下各级政府提供基本公共服务的能力和水平。

(二)坚决落实中央改革任务。贯彻落实中央统一领导、地方组织落实的制度要求，按照加快建立现代财政制度，建立权责清晰、财力协调、区域均衡的省以下财政关系的要求，遵循相关法律法规规定，科学界定省以下权责，确定基本公共服务领域共同财政事权范围，落实基本公共服务保障国家基础标准，规范省以下支出责任分担方式，加大基本公共服务投入，加快推进基本公共服务均等化，织密扎牢民生保障网，不断满足人民日益增长的美好生活需要。

(三)坚决完成中央改革目标。按照中央改革部署，统筹考虑我省实际，根据各项基本公共服务事项的重要性、受益范围和均等化程度等因素，结合省以下财政体制，合理划分省以下各级政府的支出责任，加强省级统筹，适当增加和上移省级支出责任。通过基本公共服务领域共同财政事权和支出责任划分改革，力争到2020年，逐步建立起权责清晰、财力协调、标准合理、保障有力的基本公共服务制度体系和保障机制。

二、基本原则

——坚持以人民为中心。从解决人民最关心最直接最现实的利益问题入手，根据中央统一部署，首先将教育、医疗卫生、社会保障等领域中与人直接相关的主要基本公共服务事项明确为中央、省级与市以下共同财政事权，并合理划分支出责任，同时完善相关转移支付制度，确保更好地为人民群众提供基本公共服务。

——坚持财政事权划分由中央决定。落实中央决策、地方落实的机制。基本公共服务领域共同财政事权范围、支出责任分担方式、国家基础标准由中央确定；明确省以下政府职责，充分发挥市以下政府区域管理优势和积极性，保障政策落实。

——坚持保障标准全面落实。既要尽力而为，加快推进基本公共服务均等化，全面落实国家基础标准，逐步提高保障水平；又要量力而行，兼顾各级财政承受能力，不超越经济社会发展阶段，兜牢基本民生保障底线。

——坚持差别化分担。充分考虑我省各地经济社会发展不平衡、基本公共服务成本和财力差异较大的实际情况，省级承担的支出责任要有所区别，体现向困难地区倾斜，并根据中央统一部署，逐步规范、适当简化基本公共服务领域共同财政事权支出责任的分担方式。

——坚持积极稳妥推进。基本公共服务领域共同财政事权和支出责任划分是一个动态调整、不断完善的过程，既要全面贯彻中央决策部署，加强顶层设计，明确改革路径和方式，又要加强与各领域管理体制改革的衔接，在管理体制和相关政策比较明确、支出责任分担机制相对稳定的民生领域首先实现突破。

三、主要内容

(一)明确基本公共服务领域中央、省级与市以下共同财政事权范围。

根据《国务院关于推进中央与地方财政事权和支出责任划分改革的指导意见》(国发〔2016〕49号)，结合《国务院关于印发"十三五"推进基本公共服务均等化规划的通知》(国发〔2017〕9号)，中央将涉及人民群众基本生活和发展需要、现有管理体制和政策比较清晰、由中央与地方共同承担支出责任、以人员或家庭为补助对象或分配依据、需要优先和重点保障的主要基本公共服务事项，首先纳入中央与地方共同财政事权范围。为全面贯彻落实中央改革部署，结合《安徽省人民政府关于推进省以下财政事权和支出责任划分改革的实施意见》(皖政〔2017〕83号)精神，将已经明确为中央与地方共同财政事权的八大类18项基本公共服务项目，首先纳入中央、省级与市以下共同财政事权范围：一是义务教育，包括公用经费保障、免费提供教科书、家庭经济困难学生生活补助、贫困地区学生营养膳食补助4项；二是学生资助，包括中等职业教育国家助学金、中等职业教育免学费补助、普通高中教育国家助学金、普通高中教育免学杂费补助4项；三是基本就业服务，包括基本公共就业服务1项；四是基本养老保险，包括城乡居民基本养老保险补助1项；五是基本医疗保障，包括城乡居民基本医疗保险补助、医疗救助2项；六是基本卫生计生，包括基本公共卫生服务、计划生育扶助保障2项；七是基本生活救助，包括困难群众救助、受灾人员救助、残疾人服务3项；八是基本住房保障，包括城乡保障性安居工程1项。

已在国发〔2016〕49号、国发〔2017〕9号、皖政〔2017〕83号文件中明确但暂未纳入上述范围的基本公共文化服务等事项，在分领域财政事权和支出责任划分改革中,对中央明确的地方财政事权或中央与地方共同财政事权,根据事权属性分别明确为省级财政事权、市以下财政事权或省级与市以下共同财政事权。基本公共服务领域共同财政事权范围,随着经济社会发展和相关领域管理体制改革相应进行调整。

(二)落实基本公共服务保障国家基础标准。

国家基础标准由中央制定和调整,保障人民群众基本生活和发展需要,兼顾财力可能,并根据经济社会发展逐步提高,所需资金按中央、省确定的支出责任分担方式负担。全面落实中央制定的义务教育公用经费保障、免费提供教科书、家庭经济困难学生生活补助、贫困地区学生营养膳食补助、中等职业教育国家助学金、城乡居民基本养老保险补助、城乡居民基本医疗保险补助、基本公共卫生服务、计划生育扶助保障9项基本公共服务保障的国家基础标准。在此基础上,省以下各级因地制宜制定高于国家基础标准的,应事先按程序报上级备案后执行,高出部分所需资金按支出责任负担。对困难群众救助等其余9项不易或暂不具备条件制定国家基础标准的事项,在国家基础标准制定前,省以下各级可结合实际制定标准。法律法规或党中央、国务院另有规定的,从其规定。

(三)规范基本公共服务领域中央、省级与市以下共同财政事权的支出责任分担方式。

根据中央与地方共同财政事权的支出责任分担方式,综合考虑全省经济社会发展总体格局、各项基本公共服务的不同属性以及财力实际状况,基本公共服务领域共同财政事权的支出责任主要实行中央、省级与市以下按比例分担,并保持基本稳定。具体明确和规范如下:

一是中等职业教育国家助学金、中等职业教育免学费补助、普通高中教育国家助学金、普通高中教育免学杂费补助、城乡居民基本医疗保险补助、基本公共卫生服务、计划生育扶助保障7个事项,按规定实行分档分担办法,中央与我省按6:4分担,省以下承担部分分担方式和比例具体如下:第一档省级承担100%,对计划生育扶助保障和比照实施西部大开发有关政策县城乡居民基本医疗保险新增补助,由省级全额承担。第二档省级承担75%,对非比照实施西部大开发有关政策县城乡居民基本医疗保险新增补助,由省级补助75%。第三档省级承担50%,对基本公共卫生服务、市本级城乡居民基本医疗保险补助部分(省属高校补助政策不变),由省级补助50%。第四档根据财政供给渠道承担,包括中等职业教育国家助学金、中等职业教育免学费补助、普通高中教育国家助学金、普通高中教育免学杂费补助,即省级财政供给的学校由省级承担,市级财政供给的学校由市级承担,县级财政供给的学校由县级承担(省级对县级、民办学校补助政策不变)。按照保持现有财力格局总体稳定的原则,改革推进中涉及的支出基数划转,按预算管理有关规定办理。

二是义务教育公用经费保障等6个按比例分担、按项目分担或按标准定额补助的事项,暂按现行政策执行,具体如下:义务教育公用经费保障,中央与我省按6:4分担,省以下承担部分省与市县分担比例为,农村地区比照实施西部大开发有关政策县和加快皖北地区发展政策县为8:2,其他县区为6:4;城市地区8个地改市(含县改区)按5:5比例分担,其余8个市(含市辖区)由市(含市辖区)承担。免费提供教科书,免费提供国家规定课程教科书和免费为小学一年级新生提供正版学生字典所需经费,由中央财政承担。家庭经济困难学生生活补助,由中央与市县按5: 5分担。贫困地区学生营养膳食补助,国家试点所需经费,由中央财政承担;我省试点所需经费,中央财政给予生均定额奖补,省以下承担部分,省与市县按4:1分担。城乡居民基本养老保险补助,中央确定的基础养老金标准部分,由中央承担;省级提标部分,省与市县按5:5分担;市县自行提标部分,由市县承担;参保缴费补贴省级补助20元/人/年,市县补助不低于10元/人/年;丧葬补助由市县承担。受灾人员救助,对遭受重特大自然灾害的市县,省级在中央补助基础上按规定的补助标准以及受灾人口等因素给予适当补助,灾害救助所需其余资金由市县财政承担。

三是基本公共就业服务、医疗救助、困难群众救助、残疾人服务、城乡保障性安居工程5个事项,根据有关规定,中央、省级分担比例主要依据各地财力状况、保障对象数量、工作实际以及中央财政补助情况等因素确定,不足部分由市县财政承担。

对上述共同财政事权支出责任市以下承担部分,由市县通过自有财力和中央、省级转移支付统筹安排。中央、省级加大均衡性转移支付力度,促进地区间财力均衡。党中央、国务院及省委、省政府明确规定比照享受相关区域政策的地区继续按相关规定执行。

（四）调整完善转移支付制度。按照党中央、国务院统一部署，在一般性转移支付下设立共同财政事权分类分档转移支付，原则上将改革前一般性转移支付和专项转移支付安排的基本公共服务领域共同财政事权事项，统一纳入共同财政事权分类分档转移支付，完整反映和切实履行中央、省级承担的基本公共服务领域共同财政事权的支出责任。

（五）落实市以下支出责任。省级财政要加强对市以下共同财政事权和支出责任划分改革的指导。对市以下承担的基本公共服务领域共同财政事权的支出责任，需要进一步划分的，市级政府要结合实际，合理划分市以下各级政府支出责任。县级政府要将自有财力和上级转移支付优先用于基本公共服务，承担提供基本公共服务的组织落实责任；上级政府要通过调整收入划分、加大转移支付力度，增强县级政府基本公共服务保障能力。

四、配套措施

（一）明确部门管理职责。省级财政在落实省级承担的支出责任、做好资金保障的同时，要切实加强对市县财政履行支出责任的指导和监督。省有关部门要按照要求积极推动相关基本公共服务领域管理体制改革，调整完善制度政策，指导和督促市县落实相关服务标准。市县财政要确保承担的支出责任落实到位。市县有关部门要认真执行相关政策，履行好提供基本公共服务的职责。

（二）加强基本公共服务项目预算管理。省级财政结合中央转移支付情况，根据国家基础标准、分担比例等因素，优先足额安排共同财政事权分类分档转移支付。各级财政要加强预算项目储备机制建设，强化预算公开评审，完整、规范、合理编制基本公共服务项目预算，保证资金及时下达和拨付，完善基本公共服务项目预算管理流程，加大预算公开力度。

（三）加强基本公共服务大数据运用。按照党中央、国务院统一部署，财政及相关部门要建立规范的数据采集制度，统一数据标准，落实基本公共服务大数据平台建设要求，收集汇总各项基本公共服务相关数据，实现信息共享，为测算分配转移支付资金、落实各方责任、实现基本公共服务便利可及提供技术支撑。

（四）强化监督检查和绩效管理。各地、各有关部门要加强对基本公共服务事项基础标准落实、基础数据真实性、资金管理使用规范性、服务便利可及性等方面的监督检查，保证支出责任落实。按照“谁使用、谁负责”的原则，对基本公共服务项目全面实施绩效管理，不断提高资金使用效益和基本公共服务质量。

五、实施时间

本方案自2019年1月1日起实施。

（附件略）

安徽省人民政府办公厅关于进一步调整优化结构提高教育经费使用效益的实施意见

（皖政办〔2018〕52号）

各市、县人民政府，省政府各部门、各直属机构：

党中央、国务院及省委、省政府高度重视教育工作，始终把教育放在优先发展的战略位置。近年来，我省财政性教育经费支出持续增长，投入机制逐步健全，支出结构不断优化，有力推动了教育事业全面发展。但还存在教育经费多渠道筹集的体制不健全，一些地方经费使用“重硬件轻软件、重支出轻绩效”，监督管理有待进一步强化等问题。为全面加强我省教育经费投入使用管理，加快推进教育现代化，办好人民满意的教育，根据《国务院办公厅关于进一步调整优化结构提高教育经费使用效益的意见》（国办发〔2018〕82号）精神，经省政府同意，现就进一步调整优化结构、提高教育经费使用效益提出如下实施意见。

一、总体要求

（一）指导思想。以习近平新时代中国特色社会主义思想为指导，全面贯彻党的十九大和十九届二中、三中全会和全国教育大会精神，坚持以人民为中心，落实新发展理念，牢牢把握社会主义初级阶段的基本国情和安徽省情，坚定不移把教育放在优先位置，妥善处理转变预算安排方式与优先发展教育的关系，改革完善教育经费投入使用管理体制机制，以调整优化结构为主线，突出抓重点、补短板、强弱项，着力解决教育发展不平衡不充分问题，切实提高教育资源配置效率和使用效益，促进公平而有质量的教育发展。

(二)基本原则。坚持优先保障,加大投入。调整优化财政支出结构,优先落实教育投入,确保一般公共预算教育支出逐年只增不减,确保在校学生生均一般公共预算教育支出逐年只增不减。在继续保持财政教育投入强度的同时,积极扩大社会投入。

坚持尽力而为,量力而行。紧紧抓住人民群众最关心最直接最现实的问题,在幼有所育、学有所教、弱有所扶上不断取得新进展,努力让每个孩子都能享有公平而有质量的教育。不提脱离实际难以实现的目标,不作脱离财力难以兑现的承诺,不搞"寅吃卯粮"的工程,合理引导社会预期。

坚持统筹兼顾,突出重点。围绕立德树人根本任务和提高教育质量战略主题,统筹近期发展任务和中长期发展目标,统筹城乡、区域以及各级各类教育发展,统筹条件改善和质量提升,优化教育资源配置。坚持"保基本、补短板、促公平、提质量",经费使用进一步向贫困地区和薄弱环节倾斜,把有限资金用在刀刃上。

坚持深化改革,提高绩效。落实教育领域中央与地方财政事权和支出责任划分改革要求,巩固完善以政府投入为主、多渠道筹集教育经费的体制。充分发挥财政教育经费的政策引导作用,推动深化教育体制机制改革和新时代教师队伍建设改革。全面实施预算绩效管理,健全激励和约束机制,鼓励各地结合实际先行先试,创新管理方式,加强经费监管。

二、完善教育经费投入机制

(三)持续保障财政投入。合理划分教育领域政府间财政事权和支出责任,进一步完善教育转移支付制度。各级人民政府要按照"两个只增不减"要求,更多通过政策设计、制度设计、标准设计带动投入,落实财政教育支出责任。落实国家教育标准体系要求,科学核定基本办学成本,全面建立生均拨款制度。到2020年,制定各级学校生均经费基本标准和生均财政拨款基本标准,并建立健全动态调整机制。(牵头单位:省财政厅;配合单位:省教育厅,省人力资源社会保障厅,各市、县人民政府)(县级人民政府包含县级市、区人民政府,下同)

(四)鼓励扩大社会投入。支持社会力量兴办教育,逐步提高教育经费总投入中社会投入所占比重。各级人民政府要完善政府补贴、政府购买服务、基金奖励、捐资激励、土地划拨等政策制度,依法落实税费减免政策,引导社会力量加大教育投入。完善社会捐赠收入财政配比政策,积极探索高等学校社会捐赠收入财政配比政策,按规定落实公益性捐赠税收优惠政策,发挥各级教育基金会作用,吸引社会捐赠。完善非义务教育培养成本分担机制,按照规定的管理权限和属地化管理原则,综合考虑经济发展状况、培养成本和群众承受能力等因素,合理确定学费(保育教育费)、住宿费标准,建立与拨款、资助水平等相适应的收费标准动态调整机制。自费来华留学生学费标准由学校自主确定。(牵头单位:省教育厅;配合单位:省发展改革委,省财政厅,省自然资源厅,各市、县人民政府)

三、优化教育经费使用结构

(五)科学规划教育经费支出。各地要加强教育事业发展规划与中期财政规划的统筹衔接。中期财政规划要充分考虑教育经费需求。教育事业发展规划要合理确定阶段性目标和任务,及时调整超越发展阶段、违背教育规律、不可持续的政策。中小学校和职业院校建设要合理布局,防止出现"空壳学校"。高等学校不得擅自举债建设。严格执行义务教育法,坚持实行九年义务教育制度,严禁随意扩大免费教育政策实施范围。(牵头单位:省教育厅;配合单位:省发展改革委,省财政厅,各市、县人民政府)

(六)重点保障义务教育均衡发展。始终坚持把义务教育作为教育投入的重中之重,切实落实政府责任。进一步提高全省特别是贫困地区义务教育巩固水平,加大教育扶贫力度,为彻底摆脱贫困奠定基础。巩固完善城乡统一、重在农村的义务教育经费保障机制。落实对农村不足100人的小规模学校按100人拨付公用经费和对寄宿制学校按寄宿生年生均200元标准增加公用经费补助政策,单独核定并落实义务教育阶段特殊教育学校和随班就读残疾学生公用经费,确保经费落实到学校(教学点),确保学校正常运转。制定乡村小规模学校和寄宿制学校办学标准,全面加强乡村小规模学校和乡镇寄宿制学校建设,提升乡村学校办学水平,振兴乡村教育。推动建立以城带乡、整体推进、城乡一体、均衡发展的义务教育发展机制,着力解决人民群众关心的控辍保学、"大班额"、随迁子女就学、家庭无法正常履行教育和监护责任的农村留守儿童入校寄宿等突出问题。(牵头单位:省教育厅;配合单位:省财政厅,各市、县人民政府)

（七）不断提高教师队伍建设保障水平。各级人民政府要将教师队伍建设作为教育投入重点予以优先保障，鼓励吸引优秀人才从事教育事业，努力使教师成为最受社会尊重的职业。财政教育经费要优先保障中小学教职工工资发放，推动落实城乡统一的中小学教职工编制标准。各地要严格规范教师编制管理，对符合条件的非在编教师要加快入编，并实行同工同酬。各地要完善中小学教师培训经费保障机制，统筹实施中小学及幼儿园教师国家和省级培训计划，不断提升教师专业素质能力。健全中小学教师工资长效联动机制，核定绩效工资总量时统筹考虑当地公务员工资收入水平，实现与当地公务员工资收入同步调整，确保中小学教师平均工资收入水平不低于或高于当地公务员平均工资收入水平，使教师能够安心在岗从教。实行财政转移支付与中小学教师待遇优先保障政策落实挂钩，财政教育经费要优先保障中小学教师待遇，重点落实义务教育阶段教师工资收入政策。持续巩固我省中小学特别是义务教育阶段教师工资待遇问题整改成果，已达到要求的地区要防止问题反弹。严格按照现行政策规定落实集中连片特困地区乡村教师生活补助政策，在核定的绩效工资总量内，教育主管部门要合理统筹，对农村学校特别是条件艰苦学校给予适当倾斜。加强教师周转房建设，提高乡村教师工作生活保障水平，引导优秀教师到农村任教。各地要根据幼儿园规模，创新方式方法，合理配备保教保育人员，按照岗位确定工资标准，逐步解决同工不同酬问题。支持职业院校“双师型”教师队伍建设，落实编内聘用兼职教师支持政策。实施高校编制周转池制度，为引进高层次教学和科研人才提供编制保障。支持加强特殊教育学校教师队伍建设，重视开展随班就读教学能力、康复训练和职业技能培训。（牵头单位：省教育厅；配合单位：省编办，省财政厅，省人力资源社会保障厅，省住房城乡建设厅，各市、县人民政府）

（八）着力补齐教育发展短板。在重点保障义务教育的前提下，优化支出结构，积极支持扩大普惠性学前教育资源、普及高中阶段教育、发展现代职业教育。加快制定公办幼儿园生均财政拨款标准、普惠性民办幼儿园财政补助政策，逐步提高学前教育财政支持水平，多渠道增加普惠性学前教育资源供给。严格落实公办普通高中生均公用经费财政拨款标准，加大对普通高中急需的教育教学条件的改善力度。逐步提高中职学校、高职院校生均财政拨款水平，完善政府、行业、企业及其他社会力量依法筹集经费的机制，出台校企合作促进办法，鼓励企业举办或参与举办职业教育，推进职业院校和企业通过共同育人、合作研究、共建机构、共享资源等方式实施合作。支持发展面向农村的职业教育，服务乡村振兴战略。（牵头单位：省教育厅；配合单位：省财政厅，省人力资源社会保障厅，各市、县人民政府）

财政教育经费着力向贫困地区和建档立卡等家庭经济困难学生倾斜。聚焦行蓄洪区、深度贫困县和革命老区等贫困地区，以义务教育为重点，实施教育脱贫攻坚行动。加大省财政相关转移支付力度，存量资金优先保障、增量资金更多用于支持贫困地区发展教育和贫困家庭子女接受教育，推动实现建档立卡贫困人口教育基本公共服务全覆盖。进一步健全学生资助制度，完善学生资助管理办法，提高资助精准度，优先保障建档立卡贫困家庭学生需要，实现应助尽助。强化资助育人理念，构建资助育人质量提升体系。（牵头单位：省教育厅；配合单位：省财政厅，省扶贫办，各市、县人民政府）

（九）聚焦服务国家和省重大战略。完善高校预算拨款制度，加快推进一流学科专业和地方高水平大学建设，推动实现高等教育内涵式发展，培养造就一大批适应国家经济社会发展需要的高层次、卓越拔尖人才。加快培养服务区域和产业发展的高水平、应用型人才，更好服务区域协调发展战略。深化高校科研体制改革，完善科研稳定支持机制，落实高校高层次人才引进和培育政策，健全高校高层次人才激励及配套服务机制，建立科研服务“绿色通道”，为科研活动顺利开展提供便利。改革高校所属企业体制，推动产学研深度融合，促进科技成果转化，更好服务创新驱动发展战略。统筹出国留学和来华留学经费资助政策，实施“留学安徽”项目，开展与“一带一路”沿线国家、俄罗斯伏尔加河沿岸联邦区等教育交流与合作活动，支持推进共建“一带一路”教育行动，优化教育对外开放布局。（牵头单位：省教育厅；配合单位：省科技厅，省财政厅，省人力资源社会保障厅，省外办，各市、县人民政府）

（十）持续加大教育教学改革投入。各地要在改善必要办学条件的同时，加大课程改革、教学改革、教材建设等方面的投入力度，促进育人方式转型，着力提升教育教学质量。确保义务教育公用经费、教研活动、教学改革试验等方面投入,推动实现义务教育优质资源均衡。支持健全幼儿园保教质量评估监管体系,促进幼儿身心健康成长。支持普通高中课程改革与高考综合改革协同推进,促进学生全面而有个性的发展。支持改善职业教育实训实习条件,多途径、多形式建设一批开放共享的省级实训实习基地,推广现代学徒制和企业新型学徒制,推动德技并修、工学结合的育人机制建设。支持高校优化学科专业结构,加快急需紧缺专业建设,创新人才培养机制,推进创新创业教育。支持教育信息化平台和资源建设,加强在线课堂常态化教学应用,推进智慧学校建设,促进信息技术与教育教学深度融合,实现优质资源共享。(牵头单位:省教育厅;配合单位:省财政厅,省人力资源社会保障厅,各市、县人民政府)

四、科学管理使用教育经费

(十一)全面落实管理责任。强化省级政府教育经费统筹权,按照重大教育项目资金安排落实脱贫攻坚和加强基层基本公共服务功能建设有关要求,加大对贫困地区、行蓄洪区和革命老区倾斜支持力度。按照深化“放管服”改革的要求,进一步简政放权,落实各级各类学校经费使用自主权。各级人民政府要建立健全“谁使用、谁负责”的教育经费使用管理责任体系,结合当地教育发展实际,调整优化财政教育支出结构,统筹教育经费保障重点项目支出,切实提高教育经费使用效益。教育部门和学校是教育经费的直接使用者、管理者,在教育经费使用管理中负有主体责任,要会同相关部门科学规划事业发展和经费使用,依法依规、合理有效使用教育经费。财政部门要按规定落实国家和省财政教育投入等政策,优先保障教育支出,加强预算管理和财政监督。发展改革部门要优先规划教育发展,依法加强成本监审。人力资源社会保障部门要优先保障学校教职工配备,落实完善教师待遇政策。(牵头单位:省教育厅;配合单位:省发展改革委,省财政厅,省人力资源社会保障厅,各市、县人民政府)

(十二)全面改进管理方式。以监审、监控、监督为着力点,建立全覆盖、全过程、全方位的教育经费监管体系。健全预算审核机制,加强预算安排事前绩效评估。逐步扩大项目支出预算评审范围。加强预算执行事中监控,硬化预算执行约束,从严控制预算调剂事项,健全经济活动内部控制体系,实施大额资金流动全过程监控,有效防控经济风险。加强预决算事后监督,各级人民政府、教育部门和学校要按照预算法要求,全面推进教育部门预决算公开。加强各级教育经费执行情况统计公告。教育经费使用管理情况纳入教育督导范围。加强教育内部审计监督,提高审计质量,强化审计结果运用,推动完善内部治理。推进经济责任审计党政同责同审,实现领导干部经济责任审计全覆盖。鼓励各地探索建立中小学校长任期经济责任审计制度。(牵头单位:省教育厅;配合单位:省财政厅,省审计厅,省统计局,各市、县人民政府)

(十三)全面提高使用绩效。各级教育部门和学校要牢固树立“花钱必问效、无效必问责”的理念,全面设置部门和单位整体绩效目标、政策及项目绩效目标,逐步将绩效管理范围覆盖所有财政教育资金,并深度融入预算编制、执行、监督全过程,完善细化可操作可检查的绩效管理措施办法,建立健全体现教育行业特点的绩效管理体系。强化预算绩效目标管理,紧密结合教育事业发展,优化绩效目标设置,完善绩效目标随同预算批复下达机制。开展绩效目标执行监控,对绩效目标实现程度和预算执行进度实行“双监控”,及时纠正偏差。通过自评和外部评价相结合的方式,对预算执行情况开展绩效评价。坚持财政教育资金用到哪里、绩效评价就跟踪到哪里,加强动态绩效评价,及时削减低效无效资金。强化绩效评价结果应用,加大绩效信息公开力度,主动向同级人大报告,向社会公开,自觉接受人大和社会各界监督。将绩效目标执行情况和绩效评价结果作为完善政策、编制预算、优化结构、改进管理的重要依据,作为领导干部考核的重要内容。坚持厉行勤俭节约办教育,严禁形象工程、政绩工程,严禁超标准建设豪华学校,每一笔教育经费都要用到关键处。(牵头单位:省教育厅;配合单位:省委组织部,省财政厅,各市、县人民政府)

(十四)全面增强管理能力。各级教育部门和学校要加强对财务工作的领导,进一步强化服务意识,提升服务能力和水平,全面增强依法理财、科学理财本领。落实完善资金分配、使用和预算管理、国有资产管理、科研经费管理等制度体系,提高精细化管理水平。充分利用现代信息技术,实现即时动态监管。完善教育财务管理干部队伍定期培训制度,实现全员轮训,增强专业化管理本领。加强学校财会、审计和资产管理人员配备，推动落实并探索创新高等学校总会计师委派制度，研究开展省属本科高校总会计师委派试点工作，加强学生资助、经费监管、基金会等队伍建设。（牵头单位：省教育厅；配合单位：省委组织部，省财政厅，省审计厅，各市、县人民政府）

五、加强组织实施

（十五）加强组织领导。各地要进一步巩固财政教育投入成果，健全工作机制，落实职责分工，加强统筹协调，形成工作合力，认真落实完善教育经费投入机制、优化教育经费使用结构、科学管理使用教育经费等各项任务，切实提高教育经费使用效益。各地要制定具体实施方案，细化分解任务，明确时间节点，层层压实责任，确保工作成效。（牵头单位：省教育厅；配合单位：省财政厅，各市、县人民政府）

（十六）加强监管问责。各地要加大对财政教育经费投入使用管理情况的督查监管力度，定期向上级教育、财政、人力资源社会保障等相关部门报送落实情况。对使用过程中发现的问题，抓好整改问责。对违反财经纪律的行为，依纪依规严肃处理。有违法行为的，按照相关法律法规进行处罚，构成犯罪的，依法追究刑事责任。（牵头单位：省教育厅；配合单位：省财政厅，省人力资源社会保障厅，各市、县人民政府）

安徽省人民政府办公厅关于印发安徽省医疗卫生领域财政事权和支出责任划分改革实施方案的通知

（皖政办〔2018〕55号）

各市、县人民政府，省政府各部门、各直属机构：

《安徽省医疗卫生领域财政事权和支出责任划分改革实施方案》已经省委、省政府同意，现印发给你们，请认真贯彻执行。

安徽省医疗卫生领域财政事权和支出责任划分改革实施方案

为全面贯彻落实党的十九大精神，深入实施健康安徽战略，根据《国务院办公厅关于印发医疗卫生领域中央与地方财政事权和支出责任划分改革方案的通知》（国办发〔2018〕67号）、《安徽省人民政府关于推进省以下财政事权和支出责任划分改革的实施意见》（皖政〔2017〕83号）等精神，现就我省医疗卫生领域财政事权和支出责任划分改革，制定如下实施方案：

一、总体要求

（一）指导思想

以习近平新时代中国特色社会主义思想为指导，全面贯彻落实党的十九大和十九届二中、三中全会精神，深入贯彻落实习近平总书记视察安徽重要讲话精神，坚持稳中求进工作总基调，坚持新发展理念，紧扣社会主要矛盾变化，按照高质量发展的要求，统筹推进“五位一体”总体布局和协调推进“四个全面”战略布局，认真落实党中央、国务院及省委、省政府关于推进财政事权和支出责任划分改革的决策部署，积极推进我省医疗卫生领域财政事权和支出责任划分改革，为全面建成小康社会、建设现代化五大发展美好安徽提供坚强的健康支撑。

（二）目标任务

全面贯彻落实健康中国战略，深入实施健康安徽战略，坚持把人民健康放在优先发展的战略地位，围绕全生命周期的卫生健康服务，建立医疗卫生领域可持续的投入保障长效机制并平稳运行。全面贯彻落实财政事权中央决定的根本原则，按照中央统一领导、地方组织实施的制度要求，顺应现代财政制度改革方向，形成中央领导、权责清晰、依法规范、运转高效的医疗卫生领域财政事权和支出责任划分模式。全面贯彻中央深化医药卫生体制综合改革的决策部署，始终把公益性写在医疗卫生事业旗帜上，在分级诊疗、现代医院管理、全民医保、药品供应保障、综合监管等方面，建立更加成熟定型的基本医疗卫生制度，提高我省基本医疗卫生服务的供给效率和服务水平。

（三）基本原则

——坚持政府主导和全民共建共享相结合。科学界定政府、社会和个人投入责任，强化政府在提供基本医疗卫生服务中的主导地位，完善政府投入机制并逐步加大投入；坚持政府主导与发挥市场机制相结合，通过政府购买服务等方式提高投入效益；强化全民健康共建共享，从供给侧和需求侧两端发力，实现人人参与、人人尽力、人人享有。

——坚持权责匹配和事权适度上移相衔接。遵循财政事权和支出责任划分的一般规律，按照“谁的财政事权谁承担支出责任”的原则,科学划分医疗卫生领域财政权责关系,实现各级政府间权、责、利相统一,调动各级政府干事创业积极性。贯彻落实适度强化中央财政事权和支出责任的精神,以全省性或跨区域的公共卫生服务为重点,适度强化省级财政事权和支出责任。

——坚持全面覆盖和聚焦改革重点相统一。按照“大健康”“大卫生”新理念,坚持财政权责划分全覆盖,形成医疗卫生领域全面完整的财政权责划分体系。坚持问题导向,聚焦公共卫生、医疗保障、计划生育、能力建设等方面的重点难点,合理界定各级政府的财政事权和支出责任,推动卫生健康项目资金整合,提高财政权责划分的针对性和科学性。

——坚持稳妥推进和分类精准施策相协调。保持我省财政事权和支出责任框架总体稳定,坚持积极稳妥、精准分类,对中央划分明确的事权,坚决贯彻;对现行划分较为科学可行的事项,予以确认;对现行划分不够科学但改革条件成熟的事项,予以调整;对尚不具备改革条件的事项,暂时延续现行格局,视情适时调整;对改革中新增的事项,按规定及时明确。

二、主要内容

从公共卫生、医疗保障、计划生育、能力建设四个方面,划分我省医疗卫生领域财政事权和支出责任。

(一)公共卫生方面

主要包括基本公共卫生服务、重大公共卫生服务、地方公共卫生服务、突发疫情应急救治与处置等事项。

1. 基本公共卫生服务。主要包括健康教育、预防接种、重点人群健康管理等原基本公共卫生服务内容,以及从原重大公共卫生和计划生育项目中划入的妇幼卫生、老年健康服务、医养结合、卫生应急、孕前检查等内容。其中,原基本公共卫生服务的项目内容、资金、使用主体等保持相对独立和稳定,按照相应的服务规范组织实施;新划入基本公共卫生服务的项目在省级指导下由各地结合实际自主安排,资金不限于基层医疗卫生机构使用。基本公共卫生服务明确为中央、省级与市以下共同财政事权,由中央、省级与市县财政共同承担支出责任。具体分担办法为:对国家制定的补助基础标准部分,中央财政对我省按60%给予补助,其中对我省比照实施西部大开发有关政策县按80%给予补助;省与市县财政分别按20%、20%予以配套,其中我省比照实施西部大开发有关政策县不需配套。省原则上执行国家基础标准,市以下自行提标部分由同级财政承担支出责任。今后如遇国家调整补助标准、责任分担等补助政策,省将根据国家规定及时研究调整(下同)。

2. 重大公共卫生服务。全国性或跨区域的重大传染病防控等重大公共卫生服务,主要包括纳入国家免疫规划的常规免疫及国家确定的群体性预防接种和重点人群应急接种所需疫苗和注射器购置,艾滋病、结核病、血吸虫病、包虫病防控,精神心理疾病综合管理,重大慢性病防控管理模式和适宜技术探索等内容,为中央财政事权,由中央财政承担支出责任。

3. 地方公共卫生服务。全省性或跨市域的重大传染病防控等地方公共卫生服务,主要包括国家免疫规划冷链建设,一类疫苗接种工作补助及接种异常反应补偿,艾滋病、结核病、血吸虫病等地方性重大传染病防治,重症精神障碍及沿淮肿瘤防治等内容,划分为省级财政事权,由省级财政承担支出责任。市域内重大传染病防控等公共卫生服务划分为市以下财政事权,由市县财政承担支出责任。

4. 突发疫情应急救治与处置。全省性或跨市域的突发疫情等公共卫生事件的应急救治和疫情处置,主要包括人感染禽流感等流行性疾病、自然灾害衍生的重大疾病疫情等方面的应急处置,划分为省级与市以下共同财政事权,由省级与市县财政共同承担支出责任。省级财政根据应急响应等级、危及人群范围、疫情受害程度、危害波及地域等情况安排并分配转移支付资金,由疫情发生地财政据实安排补助资金。市域内或危害程度较低的突发疫情应急救治与处置,划分为市以下财政事权,由市县财政承担支出责任。

(二)医疗保障方面

主要包括城乡居民基本医疗保险补助、医疗救助等事项。

1. 城乡居民基本医疗保险补助。根据年度筹资标准,对城乡居民参加基本医疗保险予以缴费补助,明确为中央、省级与市以下共同财政事权,由中央、省级与市县财政共同承担支出责任,具体分担办法为:对国家制定的指导性补助标准部分,中央财政对我省按60%给予补助,其中对我省比照实施西部大开发有关政策县按80%给予补助;省级与市县财政分别按30%、10%予以配套,其中我省比照实施西部大开发有关政策县不需配套。对大学生参保的补助标准部分,中央财政对部属高校生全额承担,对地方高校生按60%给予补助,其中省属高校生由省级财政按40%予以配套、市属高校生由省级与市级财政分别按20%、20%予以配套。

2. 医疗救助。包括城乡医疗救助和疾病应急救助,划分为中央、省级与市以下共同财政事权,由中央、省级与市县财政共同承担支出责任。省级财政根据救助需求和财力状况等因素统筹安排资金(含政府性基金),并统筹中央财政补助资金,通过因素系数法分配转移支付资金或疾病应急救助基金,市县财政按规定安排补助资金。

(三)计划生育方面

主要包括农村部分计划生育家庭奖励扶助、计划生育家庭特别扶助、计划生育家庭补助、婚前健康检查、计划生育管理服务等事项。

1. 计划生育家庭奖励扶助。对只生育一个独生子女或两个女孩的符合条件的农村部分计划生育家庭给予奖励扶助,明确为中央、省级与市以下共同财政事权,由中央、省级与市县财政共同承担支出责任。具体分担办法为:对国家制定的补助基础标准部分,中央财政对我省按60%给予补助,其中对我省比照实施西部大开发有关政策县按80%给予补助,省级财政分别按40%、20%予以配套,市县财政不需配套。对奖励扶助的省级提标部分,由省级财政承担支出责任;对奖励扶助的市县提标部分,由市县财政承担支出责任。

2. 计划生育家庭特别扶助。对城乡独生子女伤残(三级以上)、死亡后未再生育或合法收养子女的符合条件的计划生育家庭给予特别扶助,明确为中央、省级与市以下共同财政事权,中央、省级与市县财政共同承担支出责任,参照计划生育家庭奖励扶助分担办法执行。

3. 计划生育家庭补助。对省级或市以下所属职能部门、国有企事业单位依法落实独生子女保健费政策,根据其隶属关系、单位性质及财政供给政策给予保障或补助,分别划分为省级财政事权或市以下财政事权,由同级财政承担支出责任,同级财政根据单位性质、财政供给政策给予保障或补助。现阶段,省级财政根据补助需求、财力状况等因素统筹安排预算资金,按照人口规模及结构、人均可用财力、人均卫生投入、目标考核等因素和一定的系数权重分配转移支付资金,市县财政据实安排补助资金。

4. 婚前健康检查。对在结婚登记前免费为符合条件的男女双方提供的健康检查服务给予补助,划分为省级与市以下共同财政事权,由省级与市县财政共同承担支出责任。省级根据服务标准及物价部门核定的价格制定补助标准,由省级与市县财政各按50%、50%分担。

5. 计划生育管理服务。包括计划生育"四项手术"、孕环检技术服务及其他管理服务事项,划分市以下财政事权,由市县财政承担支出责任。省级财政暂按现行政策给予适当补助。

(四)能力建设方面

主要包括医疗卫生机构改革和发展建设、卫生健康能力提升、卫生健康管理事务、医疗保障能力建设、中医药事业传承与发展等事项。

1. 医疗卫生机构改革和发展建设。国家对医疗卫生机构(包括符合区域卫生规划的公立医院、专业公共卫生机构和计划生育服务机构等)改革和发展建设的补助,按其隶属关系分别明确为中央财政事权、省级财政事权或市以下财政事权,由同级财政承担支出责任。中央所属医疗卫生机构承担省级或市以下政府委托的公共卫生、紧急救治、援外、支农、支边等任务的,由省级或市县财政给予合理补助。符合区域卫生规划的省级或市以下政府所属医疗卫生机构改革和发展建设划分为省级财政事权或市以下财政事权,由同级财政承担支出责任;省级或市以下政府所属医疗卫生机构承担上级财政事权任务的,由上级财政给予合理补助。深化医药卫生体制改革期间,省财政统筹中央财政补助资金和省级预算相关资金,对推进公立医院综合改革、支持公立医院事业发展及存量债务化解管理、实施国家基本药物制度、深化基层医药卫生体制综合改革及政府购买村医基本医疗卫生服务、提升困难地区服务能力等按规定给予补助。积极完善公立医院政府投入政策,落实省级与市县政府办医责任,制定完善公立医院政府投入机制意见。鼓励和引导社会资本举办医疗机构或医养结合机构,中央、省级与市县财政按规定落实相关补助政策。

2. 卫生健康能力提升。主要包括卫生健康人才队伍建设、重点学科发展等内容。国家根据战略规划统一组织实施的卫生健康人才队伍建设、重点学科发展等项目明确为中央、省级与市以下共同财政事权,由中央、省级与市县财政共同承担支出责任。省根据规定统一组织实施的卫生健康能力提升项目,划分为省级与市以下共同财政事权,由省级与市县财政共同承担支出责任。市以下自主组织实施的能力提升项目划分为市以下财政事权,由市县财政承担支出责任。对中央和省级财政承担支出责任的项目,省级财政统筹中央补助资金和省级预算安排资金,根据工作任务量、补助标准、绩效考核等情况分配转移支付资金。

3. 卫生健康管理事务。主要包括战略规划、综合监管、宣传引导、健康促进、基本药物和短缺药品监测、重大健康危害因素和重大疾病监测、妇幼卫生监测等内容,按照承担职责的相关职能部门隶属关系分别明确为中央财政事权、省级财政事权或市以下财政事权,由同级财政承担支出责任。

4. 医疗保障能力建设。主要包括战略规划、综合监管、宣传引导、经办服务能力提升(包括政府购买商业保险机构经办服务)、信息化建设、人才队伍建设等内容,按照承担职责的相关职能部门及其所属机构隶属关系分别明确为中央财政事权、省级财政事权或市以下财政事权,由同级财政承担支出责任。在深化医药卫生体制改革期间,省级财政统筹中央补助资金和省级预算相关资金对医疗保障能力建设按规定给予补助。

5. 中医药事业传承与发展。主要包括国家统一组织实施中医药临床优势培育、中医药传承与创新、中医药传统知识保护与挖掘、中医药"治未病"技术规范与推广等内容,明确为中央、省级与市以下共同财政事权,由中央、省级与市县财政共同承担支出责任。省级按规定统一组织实施的中医药事业传承与发展事项,划分为省级与市以下共同财政事权,由省级与市县财政共同承担支出责任。市以下自主组织实施的中医药事业传承与发展项目划分为市以下财政事权,由市县财政承担支出责任。对中央和省级财政承担支出责任的项目,省级财政统筹中央补助资金和省级预算相关资金,根据工作任务量、补助标准、财力状况、绩效考核等因素分配转移支付资金。

医疗卫生领域其他未列事项,按照改革的总体要求和事项特点具体确定财政事权和支出责任。党中央、国务院明确规定比照享受相关区域政策的地区继续按相关规定执行。基本建设支出按国家及我省有关规定执行,其中符合规划的公立医院基本建设支出按《安徽省人民政府办公厅关于加强公立医院债务化解及管理工作的意见》(皖政办〔2017〕5号)执行。健康脱贫"351""180"工程、智慧医疗等财政事项,维持现行划分格局,按现行政策要求落实经费保障责任。我省涉及军队、国有和集体企事业单位等主体举办的医疗卫生机构,按照现行体制和相关领域改革要求落实经费保障责任。

明确为中央财政事权且确需委托省级或市以下行使的事项,以及划分为省级财政事权且确需委托市以下行使的事项,由受委托方在委托范围内以委托单位名义行使职权,承担相应的法律责任,并接受委托单位监督。共同财政事权的事项中明确由国家制定的补助基础标准的事项,省级或市以下政府可以在确保国家基础标准全部落实到位的前提下合理增加保障内容或提高保障标准,增支部分由同级财政按规定承担,省级原则执行国家基本标准。

对于不易或暂不具备条件统一制定国家基础标准的事项,根据中央提出的原则要求和设立的绩效目标,由省级或省级授权市以下自主制定标准,中央财政给予适当补助。市以下政府制定出台地区标准时要充分考虑区域间基本医疗卫生服务的公平性、当地经济社会发展水平和财政承受能力,确保财政可持续。共同财政事权事项中,当地标准高于上级基础标准的,需事先按程序报上级备案后执行,其中:中央和地方共同财政事权事项需按程序逐级报国家有关部门备案、省级与市以下共同财政事权事项需按程序逐级报省级有关部门备案。各级政府出台涉及重大政策调整等事项的,需事先按程序报中央有关部门备案后执行。

按照保持现行财力格局总体稳定的原则,医疗卫生领域财政事权和支出责任划分改革中涉及到各级财政支出基数的划转事宜,按预算管理有关规定办理。

三、保障措施

医疗卫生领域财政事权和支出责任划分是财政事权和支出责任划分改革的重要内容,各地、各部门要高度重视,强化领导,细化措施,硬化责任,确保落地。

(一)强化联动保障,协同推进相关领域改革

医疗卫生领域财政事权和支出责任划分改革,

是一项系统联动性工程，要与深化医药卫生体制综合改革、基本医疗保险管理体制机制改革、公立医院综合改革、基层医药卫生体制综合改革、机关事业单位养老保险制度改革等紧密结合，统筹实施、联动推进、综合施策，形成医疗卫生领域各项改革协同互动、协调共进、协力发展的良性局面。

（二）强化机制保障，细化市及以下责任分担

市级政府要根据本实施方案和当地财政体制，细化医疗卫生领域市以下政府间的财政事权和支出责任，完善市以下责任分担机制，明确市级政府在推进市域内基本医疗卫生服务均等化中的职责，加大对市域内困难地区的转移支付力度，将适宜由更高一级政府承担的基本医疗卫生服务支出责任上移，逐步减轻基层政府支出压力。

（三）强化预算保障，严格落实财政支出责任

各地要按照确定的支出责任合理安排财政预算，根据“谁使用、谁负责”的原则和全面绩效管理的要求，严格落实各级财政支出责任，保障基本医疗卫生服务有效供给。对市以下政府合理制定保障标准、落实支出责任存在的收支缺口，除符合区域卫生规划的医疗卫生机构基本建设等资本性支出可通过依法发行地方政府债券方式安排外，主要通过上级政府一般性转移支付给予弥补。省级财政将加大对困难地区的均衡性转移支付力度，促进基本医疗卫生服务均等化。

（四）强化法治保障，及时修订完善相关制度

各地、各部门要根据本实施方案，在全面系统梳理基础上，按照“废、改、立”并举原则，抓紧修订完善相关项目管理及资金管理办法等制度；要加强法治化、规范化建设，积极推动以地方性法规、政府规章等形式对医疗卫生领域财政权责划分的相关制度予以规范，确保行政权力在法律和制度的框架内运行。

（五）强化宣传保障，有力营造良好舆论氛围

各地、各部门要创新宣传方式，大力宣传医疗卫生领域财政事权和支出责任划分改革的必要性和重要性，深入解读改革内容，合理引导社会舆论，积极回应社会关切，为各项改革政策落地营造良好的社会环境和舆论氛围。

四、实施时间

本方案自2019年1月1日起实施，此前规定与本方案不一致的，以本方案为准，具体由省财政厅会同相关部门负责解释。

（附件略）

省人大重要财经文献

在省十三届人大二次会议闭幕会上的讲话

李锦斌

各位代表,同志们:

省十三届人大二次会议,在全体代表和与会同志的共同努力下,圆满完成了各项议程,即将胜利闭幕。这是一次高举伟大旗帜、坚决做到“两个维护”的大会,是一次凝聚人心、鼓舞士气的大会,是一次民主团结、求实创新的大会,是一次推进新时代改革开放、推动安徽高质量发展的大会。

会议期间,各位代表坚持正确方向,牢记神圣使命,依法履职尽责,不负人民重托,展现了新时代人大代表的新风貌新担当新作为。会议审议批准的省政府工作报告和其他各项报告,深入贯彻落实中央及省委决策部署,凝聚着全体代表的集体智慧,反映了全省人民的共同意愿,是做好今年工作的重要指导性文件。会议依法作出了关于设立省人大社会建设委员会和内务司法委员会更名的决定,表决通过了省人大有关专门委员会组成人员名单。大会取得丰硕成果,开得圆满成功,必将极大地鼓舞7000万江淮儿女更加紧密地团结在以习近平同志为核心的党中央周围,更加积极主动地投身全面建成小康社会的伟大实践!

各位代表,同志们!回首过去的一年,我们充满收获的喜悦和胜利的豪情。一年来,全省上下坚持以习近平新时代中国特色社会主义思想为指引,深入落实习近平总书记视察安徽重要讲话精神,改革创新,真抓实干,圆满完成了全年目标任务,主要经济指标增幅好于预期、快于全国、位于前列,现代化五大发展美好安徽建设迈出了坚实步伐。

各位代表,同志们!展望新的一年,我们满怀昂扬的斗志和必胜的信心。今年是大庆之年,是落实之年,我们要以坚如磐石的信心、只争朝夕的劲头、坚韧不拔的毅力继续奔跑、追梦前行,以永不懈怠的精神状态和一往无前的奋斗姿态一起拼搏、一起奋斗,为全面建成小康社会收官打下决定性基础,以优异成绩迎接新中国成立70周年!

——我们要以优异成绩迎接新中国成立70周年,必须坚持党的全面领导、坚决做到“两个维护”。坚决做到“两个维护”,是我们党的政治命脉,是时代的需要、事业的需要,是亿万中华儿女的幸福和期望所系。要坚定不移高举伟大旗帜,继续在学懂弄通做实习近平新时代中国特色社会主义思想上下功夫,扎实开展“不忘初心、牢记使命”主题教育,努力掌握贯穿其中的马克思主义立场、观点、方法,做到学思用贯通、知信行统一。要坚定不移加强党的政治建设,认真落实《新形势下党内政治生活若干准则》，全面贯彻民主集中制，严守政治纪律、政治规矩，始终在思想上政治上行动上同以习近平同志为核心的党中央保持高度一致。要坚定不移落实党中央决策部署，坚持在大局下定位、大局下行动，紧密结合实际创造性开展工作，确保党中央政令畅通，推动习近平总书记重要指示批示精神和党中央决策部署在安徽落地生根。

——我们要以优异成绩迎接新中国成立70周年，必须坚持高质量发展、加快建设现代化经济体系。毫不动摇坚持发展是硬道理、发展应该是科学发展和高质量发展的战略思想，坚持稳中求进工作总基调，坚持新发展理念，坚持以供给侧结构性改革为主线，高质量推进五大发展行动，贯彻落实"巩固、增强、提升、畅通"八字方针，推动经济发展行稳致远。要聚焦打好三大"攻坚战"，持续深化政府隐性债务"四清四实"专项整治，守住不发生系统性金融风险的底线；坚持把大别山等革命老区脱贫攻坚摆在首位重点，增强落实党中央脱贫攻坚方针政策的精准度，高质量完成9个贫困县摘帽、64个贫困村出列、40万左右贫困人口脱贫的年度减贫任务，确保如期打赢脱贫攻坚战；坚决打赢蓝天保卫战、打好柴油货车污染治理、长江保护修复、水源地保护、巢湖综合治理、城市黑臭水体治理、农业农村污染治理等重点战役，加快建设绿色江淮美好家园。要聚焦下好创新"先手棋"，统筹推进"四个一"创新主平台和"一室一中心"建设，集中力量实施科技创新攻尖计划，全力争创量子和能源国家实验室，积极争创国家科技成果转移转化示范区，推动质量变革、效率变革、动力变革。要聚焦推动形成"大市场"，多渠道扩大供给，发挥投资对优化供给结构的关键性作用，围绕"铁公机"、"电气水"、公共服务、生态环保等基础领域，以及人工智能、工业互联网、物联网等新型基础设施，尽快谋划储备和实施一批重大项目，为高质量发展提供有力市场支撑。要聚焦乡村振兴"总抓手"，坚持农业农村优先发展，加快推进农业现代化，持续推进厕所、垃圾、污水农村环境整治"三大革命"，扎实推进村庄清洁、畜禽养殖废弃物资源化利用、村庄规划编制"三大行动"，真正让农业强起来、农村美起来、农民富起来。

——我们要以优异成绩迎接新中国成立70周年，必须坚持改革不停顿、开放不止步。改革开放是党和人民大踏步赶上时代的重要法宝，必须大力弘扬敢为人先、改革创新的小岗精神，推动新时代改革开放走得更稳、走得更远。要在国家级改革试点上争当先锋，坚持刀刃向内、敢于自我革命，深入推进农业农村、新型城镇化、医药卫生体制、司法体制等国家级改革试点，大胆探索、先行先试，力争推出更多可复制、可推广的安徽经验。要在重点领域改革攻坚上创建样板，以重点突破带动整体攻坚，扎实抓好国资国企、财税金融、林长制、流域生态补偿机制等关键环节改革，在完善产权制度、要素市场化配置、简政放权、科技体制、军民融合等方面推出一批触及体制机制障碍、管用见效的改革举措。要在全方位扩大开放上勇立潮头，深度融入"一带一路"、长三角一体化发展等国家战略，全面展开长三角科技创新共同体和产业合作示范基地规划工作，全力办好2019世界制造业大会等重大展会活动，着力打造内陆开放新高地。

——我们要以优异成绩迎接新中国成立70周年，必须坚持以人民为中心的发展思想、满足人民群众对美好生活的新期待。始终牢记共产党人的初心和使命，把人民利益摆在至高无上的地位，努力让全省人民有更多、更直接、更实在的获得感、幸福感、安全感。要把稳定就业摆在突出位置，大力实施更加积极的就业政策，着力抓好高校毕业生、退役军人、下岗转岗职工、农民工、就业困难人员等重点群体就业工作，提升广大劳动者的就业能力。要把基本民生列为优先选项，深入实施33项民生工程，推进基层基本公共服务功能建设，做到财力再紧张、民生支出一分都不能少，时间再有限、民生工作一天都不能拖，条件再困难、对群众的承诺一点折扣都不能打。要把维护稳定作为重中之重，坚持共建共治共享，创新拓展社会治理格局，持续深化平安安徽建设，纵深推进扫黑除恶专项斗争，深入开展"铸安行动"，努力实现安全发展、稳定发展、和谐发展。

——我们要以优异成绩迎接新中国成立70周年，必须坚持"三严三实"、纵深推进全面从严治党。全面落实新时代党的建设总要求，坚持以政治建设为统领，坚持严字当头、全面从严、一严到底，坚决破除形式主义官僚主义，持续净化优化政治生态。要抓班子抓队伍，全面贯彻新时代党的组织路线，坚持党管干部原则，坚持好干部标准，更加注重德才兼备，更加注重公道正派，更加注重广开贤路，更加注重严管厚爱，更加注重实干为要，着力打造忠诚干净担当的高素质干部队伍。要强基层强基础,牢固树立大抓基层的鲜明导向,以提升组织力为重点,突出政治功能,深入实施抓农村基层党建促脱贫攻坚、促乡村振兴"一抓双促"工程,扎实推进城市社区抓党建、抓治理、抓服务、增强基层党组织政治功能"三抓一增强"工程,推动基层党组织建设全面加强、全面过硬。要倡清风倡清廉,严格执行中央八项规定精神和我省实施细则,巩固深化"讲忠诚、严纪律、立政德"专题警示教育成果,扎实开展以"严规矩、强监督、转作风"为主要内容的形式主义、官僚主义集中整治专项行动,深入推动"三查三问"监督机制建设,巩固发展反腐败斗争压倒性胜利。要勇担当勇作为,全面贯彻习近平总书记"三个区分开来"要求,认真落实中办《关于进一步激励广大干部新时代新担当新作为的意见》和我省实施意见,建立健全容错纠错机制,该容的大胆容错,不该容的坚决不容,切实把广大干部的精气神引导凝聚到干事创业上来。

各位代表,同志们!人民代表大会制度是我国的根本政治制度。我们要全面、持续、深入地学习贯彻习近平总书记关于坚持和完善人民代表大会制度的重要思想,坚定不移走中国特色社会主义政治发展道路,坚持党的领导、人民当家作主、依法治国有机统一,自觉把人大各项工作紧紧扣在贯彻落实党中央重大决策部署上来,紧紧扣在回应人民群众重大关切上来,紧紧扣在厉行法治、推进全面依法治省上来,奋力开创新时代我省人大工作新局面。

人大代表作为国家权力机关组成人员,责任重大、使命光荣。要始终牢记肩负的政治责任和法定职责,模范遵守宪法法律,优先执行代表职务,不断提高履职能力。要带头学习宣传贯彻本次大会精神,接地气、察民情、聚民智,为实现大会确定的目标任务作出积极贡献。

各位代表,同志们!习近平总书记指出,"新时代属于每一个人,每一个人都是新时代的见证者、开创者、建设者"。让我们更加紧密地团结在以习近平同志为核心的党中央周围,不忘初心、牢记使命,砥砺奋进、拼搏奋斗,为全面建设现代化五大发展美好安徽、奋力谱写伟大"中国梦"的安徽篇章而不懈奋斗!

2019 年政府工作报告

——2019 年 1 月 14 日在安徽省第十三届人民代表大会第二次会议上

省人民政府省长　李国英

各位代表:

现在,我代表省人民政府,向大会报告政府工作,请予审议,并请省政协各位委员提出意见。

一、2018 年工作回顾

刚刚过去的 2018 年,是全面贯彻党的十九大精神的开局之年。全省人民在党中央、国务院及中共安徽省委的坚强领导下,坚持以习近平新时代中国特色社会主义思想为指导,坚持稳中求进工作总基调,按照高质量发展要求,有效应对外部环境深刻变化,改革创新,攻坚克难,奋力拼搏,较好完成省十三届人大一次会议确定的主要目标任务,现代化五大发展美好安徽建设迈出了新的步伐。

——经济运行总体平稳、稳中有进。预计全省生产总值 2.97 万亿元、增长 8% 以上。财政收入 5363 亿元、增长 10.4%。固定资产投资增长 11.5% 以上,社会消费品零售总额增长 11.5%,进出口总额增长 17%。规模以上工业增加值增长 9.2%、企业利润增长 15%,经济发展质量和效益持续提高。

——科技创新实现重大突破。13 个项目获 2018 年度国家科技奖。聚变堆主机关键系统综合研究设施启动建设,中国科大全球首次实现 18 个光量子比特纠缠,国内首款完全自主知识产权的量子计算机控制系统在合肥诞生,全超导托卡马克装置首次实现等离子体电子温度 1 亿度,业界实际运算性能最高的数字信号处理器——"魂芯二号 A"研制成功,世界唯一让机器达到真人说话水平的语音合成系统在科大讯飞实现,一大批重大源头创新成果不断涌现。

——结构调整取得积极进展。高新技术产业增加值、战略性新兴产业产值分别增长 13.9% 和 16.3%,战略性新兴产业产值占规模以上工业比重达 29.4%。世界最薄 0.12 毫米电子触控玻璃成功下线,工业机器人产量突破 1 万台,新能源汽车产销量突破 12 万辆、占全国 13%,CA20 型飞机样机首飞成功,维信诺第六代柔性显示器生产线开工建设,一大批新产业、新业态、新模式加速成长。

——脱贫攻坚连战连捷。预计18个贫困县摘帽,725个贫困村出列、72.6万贫困人口脱贫的年度目标如期实现,贫困发生率由上年的2.22%降至0.93%。

——生态环境质量明显改善。全省PM2.5平均浓度49微克/立方米、下降12.5%,优良天数比例71%、提高4.3个百分点。国家考核断面水质优良比例75.2%、提高3.5个百分点,城市黑臭水体消除比例82.7%。单位生产总值能耗下降5%,节能减排年度目标任务全面完成。

——人民生活水平进一步提高。农村常住居民人均可支配收入增长9.6%、达13983元,缩小了与全国平均水平的差距。城镇常住居民人均可支配收入34393元、增长8.7%,高于全国增幅。新开工保障性安居工程29.42万套,基本建成29.17万套,农村危房改造16.75万户。覆盖城乡居民的社会保障体系不断完善。

一年来,主要做了以下工作:

(一)深入推进供给侧结构性改革,保持经济平稳健康发展

面对新的经济下行压力,坚持从供给侧发力,全面落实中央"六稳"工作要求,完善支持实体经济发展政策,常态化开展"四送一服"双千工程,有针对性解决突出矛盾和问题,确保经济运行在合理区间。退出煤炭产能690万吨,压减生铁粗钢产能228万吨,有序处置省属"僵尸企业"58户。新增贷款4278.8亿元,直接融资5771.6亿元,新增境内外上市公司7家、"新三板"挂牌企业26家、省股权托管交易中心挂牌企业1127家。房地产市场总体稳定。减轻实体经济负担1303亿元。新开工亿元以上重点项目2545个、建成1518个。引江济淮工程全面展开,水利薄弱环节建设扎实推进。昌景黄高铁安徽段、新汴河航道整治工程开工建设,杭黄高铁、庐铜铁路、滁淮高速、广宁高速建成运营。建成"四好农村路"扩面延伸工程2万公里,3年7.2万公里农村道路畅通工程提前完成,农村电网低电压问题基本消除,所有行政村实现通光纤、通4G网络。树牢"为自己人办事就是办自己事"的观念,制定实施大力促进民营经济发展若干意见,新增小微企业银行贷款1506.7亿元,减免小微企业税费65.2亿元。民间投资增长18%以上,规模以上民营工业增加值增长10.3%,民营企业数量首次突破百万户、达112.8万户,民营经济在又一个发展春天迸发出更强的创造活力。

(二)持续加强创新驱动,培育高质量发展新动能

依托"四个一"创新主平台,进一步下好创新"先手棋"。研发经费支出占生产总值比重达2.1%,高新技术企业达4710家,创新能力连续7年位居全国第一方阵。量子信息与量子科技创新研究院一期工程开工建设,天地信息网络(安徽)研究院成立,合肥综合性国家科学中心建设取得新进展。省级合肥滨湖科学城正式挂牌。10个安徽省实验室和10个安徽省技术创新中心组建运行,深部煤矿采动响应与灾害防控国家重点实验室获批建设,省科技融资担保机构完成组建,新建省级科技企业孵化器23个、众创空间47个。成功举办首届大院大所合作暨科技成果对接会,与中国工程院共建中国工程科技发展战略安徽研究院等项目启动实施。芜湖、马鞍山市入列国家创新型试点城市,界首、宁国、巢湖市入选全国首批创新型县(市),淮南高新区升格为国家高新技术开发区。分类推进人才评价机制改革,实施新时代"江淮英才计划",引进扶持50个高层次科技人才团队。

制造强省建设和数字经济发展取得明显成效。出台支持数字经济、机器人、集成电路、现代医疗医药等产业发展政策,实施新一代人工智能发展、中国声谷建设、新材料产业发展等规划。合肥智能语音入选国家先进制造业集群培育试点。第三批13个重大新兴产业工程、17个重大新兴产业专项启动建设。"数字江淮"中心挂牌运行,1500个企业实施"皖企登云"计划,"智慧+"应用试点示范向多领域拓展,合肥、芜湖、马鞍山市入选数字经济百强城市。工业技术改造投资增长30%以上。现代服务业加快发展,旅游总收入增长16.8%,限额以上网上商品零售额增长36.1%,快递业务量突破11亿件、增长30%。农村电商全覆盖加快推进,农村产品网络销售额突破400亿元、增长50%以上。设立省军民融合产业投资基金,国家军民融合创新示范区创建工作加快推进。

(三)大力实施乡村振兴和区域协调发展战略,提升发展整体效能

农业农村现代化建设扎实推进。粮食总产801.5亿斤,实现"十五连丰"。基本完成粮食生产功能

区、重要农产品生产保护区划定。优质专用粮面积1455万亩,稻渔综合种养面积160万亩、增长77.8%。农产品加工业产值增长7.6%,“三品一标”农产品净增1114个。培训新型职业农民4.7万人。开展农村集体资产股份合作制改革、“三变”改革的村分别达5856个和3752个,累计分红1.2亿元。完成114.9万户农村厕所改造,农村生活垃圾无害化处理率达66%,建成247个乡镇政府驻地污水处理设施,农村人居环境明显改善。建成817个省级美丽乡村中心村。

深度融入国家区域总体战略,“一圈两带三区”联动发展机制加快构建。积极推动长三角区域更高质量一体化发展,贯通长三角省际“断头路”2条、开工建设4条,合肥、芜湖、宣城市加入G60科创走廊,长三角产业合作示范基地规划编制、港口群协同发展、异地就医门诊费用直接结算试点等工作顺利推进。水清岸绿产业优美丽长江(安徽)经济带建设全面展开,淮河生态经济带发展规划获批实施。100万农业转移人口落户城镇,4个省级特色小镇入围全国最美特色小镇50强。制定实施县域经济振兴支持政策,县域经济发展取得新成效。

(四)全面深化改革开放,持续增强发展动力活力

在改革开放40周年重要节点,以更大力度推动重点改革落地见效。举办庆祝改革开放40周年科技创新成果展。深化“放管服”改革,“证照分离”改革全面推开,“一网、一门、一次”改革取得突出成效,权责清单制度和编制周转池制度不断完善,“减证便民”省市县三级申请材料分别精简51.9%、57.7%和56.2%,企业开办时间压缩至3个工作日以内,省级网上可办事项达96.14%、市县达99.93%。“四最”营商环境的打造激发了市场活力的源泉,全年新登记注册企业29.46万户、增长27.23%,新登记市场主体突破80万户,市场主体突破400万户、达445.1万户。淮北矿业主业资产成功上市,开展华安证券和叉车集团规范董事会建设和职业经理人制度试点,海螺集团与国贸集团实现重组,省属企业“三供一业”分离移交基本完成。省港航集团组建运行,终结了我省港口资源长期“小散弱”的格局,打开了我省港航事业发展的广阔前景。

全面扩大开放迈出新步伐。有效克服中美经贸摩擦影响,积极稳存量、促增量,进出口总额首次突破600亿美元,高新技术和机电产品出口额分别增长34%、25%,对“一带一路”沿线贸易和投资分别增长9%和1倍以上。积极参加首届中国国际进口博览会,组织2463家企业采购,成交额居全国前列。实际利用外资170亿美元、增长7%。对省级及以上开发区进行优化整合。马鞍山综保区和合肥空港、安庆(皖西南)、皖东南保税物流中心封关运行。侨梦苑建设加快推进。成功举办世界制造业大会,构建了世界制造业发展的高端交流平台,共签约合同类项目436个,投资总额4471亿元。国际友城关系深入发展,成功举办美国马里兰州“中国安徽周”活动。与德国、俄罗斯等国以及非洲的开放合作持续深入,侨务、对台、港澳工作取得新进展。

(五)坚决打好三大攻坚战,全力抓重点补短板强弱项

扎实开展金融机构不良资产压降、非法违规金融活动打击、互联网金融风险专项整治、政府隐性债务“四清四实”专项整治等行动,重点领域个案重大风险得到稳妥处置,政府存量债务置换全面完成,守住了不发生系统性金融风险的底线。

聚焦精准,尽锐出战,圆满完成年度脱贫目标。实施“四带一自”产业扶贫、“三有一网”点位扶贫、“三业一岗”就业扶贫等模式,到村、到户产业扶贫项目覆盖率分别达100%和98.71%,建设就业扶贫驿站607个、扶贫车间1303个,开发公益岗位12.43万个,吸纳10.22万贫困人口就业。完成1.99万贫困人口易地扶贫搬迁。全面落实“351”“180”健康脱贫政策,贫困人口综合医保实际补偿比90.48%。以补齐基础设施和基本公共服务短板为重点,加大对大别山等革命老区、皖北地区、行蓄洪区等深度贫困重点区域支持力度。编制实施淮河行蓄洪区安全建设规划,完成115个庄台综合整治。

全面打好污染防治攻坚战。化肥、农药使用量实现零增长,秸秆综合利用率、畜禽养殖废弃物资源化利用率分别达88%和78.6%。新增可再生能源发电装机305万千瓦。新安江流域生态补偿机制试点经验全面推广,空气质量、地表水断面生态补偿机制建立运行,生态环境损害赔偿制度初步建立,河(湖)长制深入推行,林长制率先全面推开。加强环境执法,排查清理“散乱污”企业13399家,开发区、自然保护区、风景名胜区涉生态环保问题得到有效整治,固体废物非法转移倾倒问题得到遏止。

（六）着力加强社会建设，不断满足人民群众美好生活需要

持续改善义务教育薄弱学校基本办学条件，提前完成五年任务。新建、改扩建公办幼儿园402所。首批364所智慧示范学校和实验学校加快推进，金寨县智慧学校建设试点取得成效。大力提升高等教育质量，中国科学技术大学世界一流大学建设和合肥工业大学、安徽大学一流学科建设深入推进。率先出台全面深化新时代教师队伍建设改革的实施意见，实行财政转移支付与中小学教师待遇优先保障政策落实挂钩，教师待遇得到有效保障。开展"2+N"常态化就业招聘活动，深入推进就业援助、援企稳岗、再就业帮扶等专项行动，城镇新增就业70.5万人，超额完成年度目标任务，城镇登记失业率2.83%，城镇调查失业率预计维持在5%以下水平。居民消费价格涨幅2%。健康安徽建设取得新进展，县域医共体实现全覆盖，家庭医生签约服务全面推行，创新实施基本公共卫生服务"两卡制"试点，公立医院综合改革效果评价考核居全国第2位。企业和机关事业单位退休人员基本养老金同步调整，城乡居民基础养老金最低标准提高50%，城乡居民医保财政补助标准提高到每人每年490元，城乡统筹社会救助体系、多层次养老服务体系加快构建。文化事业繁荣发展，五级公共文化服务体系不断完善，文化遗产保护利用取得新成绩，文化产业增加值突破千亿元。诗集《九章》荣获鲁迅文学奖诗歌奖，舞剧《大禹》荣获中国舞蹈荷花奖。入列"中国好人榜"总数连续11年居全国首位。哲学社会科学、参事文史、档案方志等工作继续加强。成功举办第十四届省运会、第七届省残运会和第八届省少数民族运动会，全民健身广泛开展。

社会治理格局进一步完善。建成市县乡村社会服务管理信息化平台。开展安全生产攻坚行动，加强重点领域安全隐患整治，建成高速公路全程视频监控管理系统、恶劣气象条件监测预警系统，安全生产形势总体稳定。深入开展食品药品安全专项整治。严密防控非洲猪瘟疫情。扎实开展"深督导、重化解、促落实"专项行动，妥善处置各类信访突出问题，信访总量进一步下降。开展"守护平安-2018铁拳行动"，加快以"雪亮工程"为重点的立体化信息化社会治安防控体系建设，扫黑除恶专项斗争深入推进，人民群众安全感进一步提升。民族宗教、妇女儿童、老龄、残疾人、红十字等事业实现新发展，援藏援疆、气象、地震、防灾减灾等工作取得新进步。

全力支持新时代改革强军，支持保障国防和军队现代化建设，退役军人服务管理、国防教育、国防动员、人民防空、双拥优抚安置工作进一步加强，军政军民更加团结，驻皖部队和民兵预备役人员为全省改革发展稳定大局作出了重要贡献。

过去一年，也是政府大力度推进自身改革、着力提高履职能力的一年。省政府机构改革任务基本完成，机构、职能、编制和运行保障得到优化提升。深入开展宪法学习宣传活动，完成新一届省政府法律顾问聘任，严格执行合法性、合规性以及公平竞争审查规定，严格落实重大决策公众参与、风险评估等机制，法治政府建设进一步加强。提请省人大常委会审议地方性法规25件，制定修改废止省政府规章12件，全省办理行政复议案件7587件。自觉接受人大监督，依法执行人大决议决定，办理省人大代表建议933件。主动接受政协民主监督，开展各类民主协商9项，办理省政协委员提案903件。坚持不懈推进党风廉政建设和反腐败斗争，加强审计监督，全面排查整治形式主义、官僚主义突出问题，锲而不舍纠正"四风"，营造了风清气正的良好政治生态。

各位代表！

过去一年，我们经历了严峻的困难和挑战，成绩来之不易。在习近平新时代中国特色社会主义思想科学指引下，全省人民以永不懈怠的精神状态和一往无前的奋斗姿态，凝心聚力，埋头苦干，各级各方面以尽职尽责的担当，顽强拼搏，砥砺奋进，为全省经济持续健康发展和社会大局稳定作出了积极贡献。在此，我代表省人民政府，向在各个岗位上辛勤工作的全省人民，向给予政府工作大力支持的人大代表和政协委员，向各民主党派、工商联、各人民团体和社会各界人士，向驻皖解放军指战员、武警官兵、政法公安干警和消防救援队伍指战员，向关心支持安徽改革发展的中央各部门、兄弟省市区、港澳台同胞、海外侨胞和国际友人，表示衷心的感谢！

我们必须清醒地看到，我省经济社会发展还存在不少问题。产业结构不优、新旧动能接续转换不足，特别是科技创新能力和先进科研成果转化水平与塑造更多依靠创新驱动的引领型发展不适应，发展质量和效益还不够高。金融和实体经济的良性循环尚未形成，实体经济特别是民营企业和中小微企

业融资难融资贵问题未能根本缓解。营商环境有待进一步优化,实现让市场主体创新、创业、发展愉快尚需破除更多体制机制障碍。区域分化态势仍在持续,实现平衡和协调发展尚需付出艰苦努力。基础设施、基本公共服务等领域存在不少短板,在教育、就业、收入、医疗、养老、住房等方面,与人民群众对美好生活的向往和期盼尚有不小差距,影响社会稳定的突出矛盾有待进一步解决。政府运用法治思维和法治方式解决问题、推动工作的能力有待进一步增强,政策制定和落实水平亟需进一步提高,一些干部身上形式主义、官僚主义作风仍不同程度存在,个别领域不正之风和腐败现象仍有发生。我们要直面问题和挑战,以对人民高度负责的精神,以不畏艰难的勇气、坚韧不拔的意志,全力以赴做好政府工作,决不辜负全省人民的重托!

二、2019 年经济社会发展总体思路和目标要求

2019 年是新中国成立 70 周年,是全面建成小康社会关键之年。

今年,我国发展面临的外部环境更为复杂严峻,我省经济运行下行压力进一步加大,结构调整阵痛也会进一步加剧,必须做好应对更加困难局面的准备。同时更应当看到,我国发展仍处于并将长期处于重要战略机遇期,我省经济发展健康稳定的基本面没有改变,支撑高质量发展的要素条件没有改变,长期稳中向好的总体势头没有改变。深化改革开放的新举措正在释放巨大红利,稳中求进的新政策正在彰显积极效应,科技革命和产业变革的新浪潮正在孕育强大动能,长江三角洲区域一体化发展的国家战略正赋予安徽发展更广阔的前景,拥有良好改革传统、创新基因、科研能力、发展条件的江淮大地,必将呈现更足的发展韧性,迸发更强的创造活力。我们要把握大势,坚定信心,充分用好国家战略、宏观政策、创新驱动、市场倒逼、开放发展等机遇,奋力开创安徽高质量发展和现代化建设新局面。

我们要坚持以习近平新时代中国特色社会主义思想为指导,全面贯彻党的十九大和十九届二中、三中全会精神,深入贯彻落实习近平总书记视察安徽重要讲话精神,全面贯彻落实中央经济工作会议及省委经济工作会议精神,统筹推进"五位一体"总体布局,协调推进"四个全面"战略布局,牢牢把握并全面用好重要战略机遇期,坚持稳中求进工作总基调,坚持新发展理念,坚持推动高质量发展,坚持以供给侧结构性改革为主线,坚持深化市场化改革、扩大高水平开放,高质量推进五大发展行动,加快建设现代化经济体系,继续打好三大攻坚战,着力激发微观主体活力,统筹推进稳增长、促改革、调结构、惠民生、防风险工作,保持经济运行在合理区间,进一步稳就业、稳金融、稳外贸、稳外资、稳投资、稳预期,提振市场信心,增强人民群众获得感、幸福感、安全感,保持经济持续健康发展和社会大局稳定,为全面建成小康社会收官打下决定性基础,加快建设现代化五大发展美好安徽,以优异成绩庆祝中华人民共和国成立 70 周年。

今年发展的主要预期目标是:全省生产总值增长 7.5% ~8%,财政收入增长与经济增长同步,固定资产投资增长 10%,社会消费品零售总额增长 11%左右,进出口总额增长高于全国平均水平,城镇新增就业 63 万人以上,城镇调查失业率 5.5%左右,居民消费价格涨幅 3%左右;城镇常住居民人均可支配收入增长与经济增长同步,农村常住居民人均可支配收入增长 9%左右;金融财政风险有效防控,9 个贫困县摘帽、64 个贫困村出列、40 万贫困人口脱贫,生态环境进一步改善,单位生产总值能耗降低 3%左右。

做好今年政府工作,要把握好以下几点。

一是贯彻"八字方针"管总要求,坚定不移推动经济高质量发展。坚持以供给侧结构性改革为主线不动摇,在"巩固、增强、提升、畅通"上下功夫,注重以"破、立、降"并举巩固"三去一降一补"成果,注重以市场化改革和法治化营商环境增强微观主体活力,注重利用技术创新和规模效应提升产业链水平,注重以加快建设现代市场体系畅通经济循环,全面提升经济发展质量和效益。

二是打好"三大攻坚战",坚决突破全面建成小康社会的重大关口。全面建成小康社会收官在即,必须把打好防范化解重大风险、精准脱贫、污染防治三大攻坚战看得更重、摆得更前、抓得更紧,针对突出问题,加固底板,增强薄板,拉长短板,为如期全面建成小康社会夯实基础、赢得主动。

三是下好创新"先手棋",着力塑造更多依靠创新驱动的引领型发展。充分利用创新基因优势,大力推动科技创新、产业创新、企业创新、产品创新、市场创新。强化企业为主体、市场为导向、产学研深度融合的技术创新体系,强化科研院所和高等院校科技创新基础作用,强化企业技术创新主体作用,强化创新人才队伍建设,为高质量发展注入源源不断的新动能。

四是发扬敢为人先精神,努力在新一轮改革开放中展现新作为。与时俱进争当击楫中流的改革先锋,创出一批走在前列的改革品牌,尤其要在构建现代市场体系上深化改革,在形成金融与实体经济良性循环上加大力度,在打造营商环境上争创一流,以改革开放新突破带来社会生产力大跃升。

五是统筹实施区域协调发展重大战略,加快培植安徽发展新优势。立足于打造内陆开放新高地、培育高质量发展重要动力源,全面融入长江三角洲区域一体化发展国家战略,强化与“一带一路”建设、长江经济带发展战略协同,以国家战略引领全省各区域更高质量发展,努力把战略机遇转化为发展优势。

六是坚持民生优先,切实办好事关群众利益的实事要事。坚持在发展中保障和改善民生,坚持尽力而为、量力而行、完善制度、守住底线,切实解决群众反映强烈的突出问题,进一步提升基本公共服务供给能力和平安安徽建设水平,让全省人民生活一年更比一年好!

三、2019 年重点工作

根据党中央、国务院及中共安徽省委作出的决策部署,结合当前形势,今年要着力抓好以下重点工作。

(一)奋力打好三大攻坚战

打好防范化解重大风险攻坚战。坚持结构性去杠杆的基本思路,建立健全地方金融监管体系。继续推进地方金融机构不良资产压降行动,加强债券市场违约风险防控。稳步提升上市公司质量,防范化解退市风险。稳妥推进国有企业去杠杆,加快市场化、法治化债转股。整治互联网金融风险,坚决遏制非法集资。规范政府举债融资机制,强化对融资平台、产业投资基金、PPP 项目规范化管理,妥善化解政府隐性债务风险。

打好精准脱贫攻坚战。坚持把提高脱贫质量放在首位,把大别山等革命老区脱贫攻坚作为首重,扎实推进脱贫攻坚“十大工程”,织密扎牢“两不愁三保障”网底,抓好中央脱贫攻坚专项巡视反馈问题整改,确保完成年度脱贫任务。省级财政专项扶贫资金增量部分全部用于贫困革命老区县、深度贫困县。统筹脱贫攻坚与可持续发展,加快包括脱贫攻坚在内的淮河行蓄洪区安全建设,实施现有庄台、保庄圩综合整治,建设低洼地居住人口和庄台超容量人口迁建工程。抓好产业扶贫、就业扶贫项目,特色种养业项目覆盖到 75% 具备条件的贫困户,帮扶 3 万贫困人口就业。完成易地扶贫搬迁 2000 人,做到搬得出、稳得住、能发展。全面完成贫困户危房改造任务。构建防止返贫、稳定脱贫长效机制,统筹推进贫困村与非贫困村脱贫攻坚,对收入水平略高于建档立卡贫困户的群体,制定专门扶持政策。

打好污染防治攻坚战。推进工业企业大气污染综合治理、柴油货车污染专项整治和扬尘污染防治,全面整治“散乱污”企业,完成 126 万千瓦以上煤电机组节能升级改造,推进煤炭消费减量替代,确保 PM2.5 平均浓度达到国家考核要求。加快重点污染河流、湖泊治理,整治集中式饮用水水源保护区环境问题,实施城市污水处理提质增效三年行动,城市黑臭水体消除比例达 90% 以上,加大农村黑臭水体治理力度。深入开展沿江化工污染治理、长江干流岸线利用项目清理等专项行动,统筹源头治理和入河排污口整治,长江流域国家考核断面水质优良比例达 80%。大力推进巢湖综合治理,突出抓好入湖河流污染治理,系统推进雨污分流、截污纳管、达标处理、生态补水、湿地净化等工程,努力让入湖河流水清岸绿、鱼翔浅底。强化土壤污染管控和修复,严厉打击固体废物和危险废物非法转移倾倒行为,加快建设再生资源回收利用和无害化处理体系。健全河(湖)长制、林长制,拓展生态补偿范围,实施生态环境损害赔偿制度。大力开展“四旁四边四创”国土绿化提升行动,完成造林 120 万亩。深化开发区、自然保护区、风景名胜区涉生态环保问题整治,坚决守住生态保护红线。持续推进中央环保督察及“回头看”反馈问题整改,切实解决群众反映突出的环保问题,让全省人民享有更多青山碧水的美丽、蓝天白云的幸福!

(二)大力推动制造业高质量发展

推进企业优胜劣汰和传统制造业改造升级。稳妥处置“僵尸企业”,退出煤炭过剩产能 165 万吨,推动更多产能过剩行业加快出清。实施制造企业创新能力提升工程,培育省级制造业创新中心 6 个、企业技术中心 100 个,打造一批“专精特新”隐形冠军。实施亿元以上重点技改项目 1000 项,深化工业节能和清洁生产改造,推动传统制造业智能化、网络化升级，推广应用工业机器人5000台以上，培育智能工厂20个、数字化车间100个。加快构建绿色制造体系，推行绿色施工、绿色建造。深化工业精品提升行动，推动企业实施先进标准、加强品牌建设，让安徽制造畅行全国、走向世界。

推动战略性新兴产业集群发展。以提升产业链水平为目标，以规模化发展为导向，打造"三重一创"升级版，加快构建特色鲜明、链条完整的现代产业体系。扩大智能家电、电子信息、新能源汽车、工业机器人等产业优势，提升关键核心技术水平，加强补链型、延链型项目建设，加快形成具有国际竞争力的产业集群。开拓新材料、现代医疗医药、环保技术装备等产业潜力，加强重点企业培育和重点产品开发，不断提升产业规模和配套能力。启动第四批重大新兴产业工程、专项建设。促进先进制造业和现代服务业深度融合，大力发展技术服务、工业设计、供应链物流、人力资源培训等生产性服务业。推进服务型制造专项行动，推行大规模个性化定制、网络化协同制造等新模式，培育一批示范企业和平台。

加快发展人工智能产业和数字经济。加快"数字江淮"中心建设，完善基础数据统一、资源共享开放的平台功能。建设超级计算中心。扩大4G网络覆盖面，加快5G商用步伐。打牢资源型数字经济基础，推动大数据产业集聚发展，支持云计算大数据生产应用中心、大数据存储基地建设。提升技术型数字经济水平，开展"建芯固屏强终端"行动，加快智能机器人研发、智能终端创新。推进"中国声谷"规模化、市场化、产业化发展，打造世界级人工智能及智能语音产业集群。拓展融合型数字经济领域，打造一批工业互联网平台，实现5000家企业与云资源深度对接。扩大"智慧+"应用试点示范，让数字经济更广泛地融入生产、服务和生活。

(三)全面提升创新能力和效率

推深做实"四个一"创新主平台。以合肥滨湖科学城为依托，全力推进合肥综合性国家科学中心建设。推进量子信息科学国家实验室创建，抓好合肥先进光源、大气环境立体探测实验研究设施等大科学装置预研。深化合芜蚌国家自主创新示范区建设，完成系统推进全面创新改革试验任务，扩大安徽省实验室、安徽省技术创新中心布局，加强国家级研发机构创建，支持争创国家创新型城市、县(市)、乡镇。实施500项科技重大专项和重点研发计划项目。聚焦信息、能源、健康、环境等领域，在脑科学与疾病、靶向药物、纳米材料、新能源等方面集中力量开展科技攻关，努力取得一批突破性成果。

提升科技成果转化水平。深化技术和产业、平台和企业、金融和资本、制度和政策四大创新支撑体系建设。加强技术转移和科技成果转化通道建设，建设省知识产权对接交易平台、军民科技协同创新平台。加强全生命周期创新链建设，支持开展科技成果前期孵化，新建一批高质量众创空间、科技孵化器、加速器，培育引进一批市场化、专业化科技中介服务机构和技术经理人队伍。健全政府采购制度，加大对重大装备和关键产品的支持，完善首台套、首批次政策，发挥省科技成果转化引导基金作用，落实技术型服务增值税减免政策。

汇聚更多创新人才。深入实施新时代"江淮英才计划"，培养引进一批科技领军人才和高水平创新团队。深入推进技工大省建设，造就更多"江淮杰出工匠"。实施更积极、更开放、更有效的人才政策，落实科研人员股权激励政策，深化科技项目评审、人才评价、机构评估改革，加强知识产权保护和运用，完善人才服务保障体系，营造尊才爱才、宜业宜居的人才发展环境。

深入推动开发区创新升级。实施开发区创新能力提升、特色产业做强、龙头企业培育专项行动，提升创新资源集聚功能。支持布局建设新型研发机构，鼓励企业、天使投资人、风投机构参与开发区创新创业服务平台建设，开展10个智慧园区试点。依法向开发区下放经济管理权限，探索"一园多区""跨区托管"方式，支持有条件的开发区创建国家级开发区和国际合作产业园，增强开发区创新活力。

(四)着力开拓内需潜力

完善促进消费的体制机制，增强消费对经济发展的基础性作用。促进实物消费提档升级，优化物流设施空间布局，完善城乡快递服务网络，大力发展社区商业，推动传统商业综合体创新转型。推进服务消费提质扩容，加快发展文化、旅游、教育、育幼、养老、医疗、体育等服务业。以项目建设为主体，以行业监管和市场营销为两翼，深入推进旅游强省建设"五个一批"工程，创建19个国家全域旅游示范区，打造一批文化旅游名县、特色村镇、领军企业和新业态品牌。扩大信息消费，培育网络消费、定制消费、智能消费等新热点，发展商业新模式、新业态和现代供应链。

加强重点领域和薄弱环节建设，充分发挥投资对优化供给结构的关键性作用。开工建设合肥—新沂高铁和巢湖—马鞍山、淮北—宿州—蚌埠城际铁路，加快推进滁州—南京城际铁路建设，开通运营商合杭高铁合肥以北段、郑阜高铁，新增高铁运营里程400公里。开工合肥—六安—大顾店高速公路改扩建项目，完成合宁、合安、芜合高速190公里八车道改扩建，建成池州长江公路大桥，推进G3铜陵长江公铁大桥、合肥—周口高速公路寿县—颍上段前期工作。开工合肥新桥机场改扩建项目，推进阜阳、安庆、池州机场改扩建和芜宣机场、庐江通用机场建设，加快新建亳州、蚌埠、宿州、滁州机场和迁建黄山机场前期工作。引江济淮主体工程完成投资160亿元，开工建设怀洪新河洼地治理工程、30座重点易涝地区排涝泵站、50个中小河流治理和390座小型水库加固项目。开工建设阜阳华润电厂二期，基本建成宣城—黄山天然气干线。推进"光网城市"建设，全面完成城市光纤化改造。推动项目审批流程优化和标准化，对新上重大优质项目实行用地优先保障，全面提高项目建设工作效率。

（五）深入实施乡村振兴战略

抓好农业生产特别是粮食生产。坚持农业农村优先发展，落实藏粮于地、藏粮于技战略，稳定粮食产量。实施粮食生产功能区和重要农产品生产保护区建管护行动，新增高标准农田360万亩以上。坚持"农地姓农"，彻底整治"大棚房"问题。推进优质粮食工程，优化粮经比例，增加优质绿色重要农产品有效供给，新增稻渔综合种养面积100万亩，培育"三品一标"农产品300个。毫不松懈抓好非洲猪瘟疫情防控，保护生猪基础产能，推行养殖业"规模养殖、集中屠宰、冷链运输、冰鲜上市"新模式。

大力发展乡村产业，优化升级农村电商。以农业农村资源为依托的二、三产业要尽量留在农村，整个农业产业链的增值收益、就业岗位要尽量留给农民。深化农产品加工业提升行动，新增产值超50亿元农产品加工示范园区5个。持续推进秸秆综合利用和畜禽养殖废弃物资源化利用，综合利用率分别达89%和79%以上。培育发展观光农业、休闲农业、创意农业，创建国家农村产业融合发展示范园2个。实施"互联网+"农产品出村工程，推进县域快递企业集聚和业务整合，提升行政村快递通达率、投送频次和网点快递收发兼容度，新增农村电商经营主体5000个以上，农村产品网络销售额突破500亿元。

改善农村人居环境。学习浙江"千万工程"经验，全面推进以"三大革命""三大行动"为重点的人居环境整治。改造农村厕所70万户，建设200个乡镇政府驻地及1200个中心村污水处理设施，农村生活垃圾无害化处理率达68%。建设800个以上省级美丽乡村中心村。建成"四好农村路"扩面延伸工程2.5万公里。农村自来水普及率提高到83%。完善农村配电网和农业生产配套供电设施，加快光纤网络向自然村延伸。打造乡村综合服务平台，推动县乡政务服务向行政村延伸。繁荣乡村文化，深化文明村镇创建。提升现代乡村治理能力，扩大农村社区建设试点。我们要硬件软件一起抓，干部群众同心干，让农民家园一天一天美起来！

深化农村改革。以土地制度改革为牵引推进农村改革，深入推进农村土地"三权分置"制度改革，充分运用农村承包地确权成果，深化土地经营权抵押贷款试点。创新农业经营方式，加强面向小农户的社会化服务，培训新型职业农民4万人，规范提升一批农业产业化联合体。巩固农村土地征收、集体经营性建设用地入市、宅基地制度改革试点成果。深化供销社综合改革。深入推进农村集体产权制度改革和"三变"改革，开展改革的村分别达40%、30%，让沉睡的农村集体资产焕发出勃勃生机。

（六）实施长三角区域一体化发展战略，推动区域协调发展

加快长三角更高质量一体化发展。深度参与长江三角洲区域一体化发展国家战略规划纲要编制，制定安徽实施方案。推进长三角科技创新共同体和产业合作示范基地建设。推动G60科创走廊宣芜合段建设，打造实体化科创合作示范平台。加快基础设施、公共服务、市场监管一体化进程，推进世界级机场群、城际轨道圈、国省干支线、油气管网统一规划和建设。深化大气、水环境污染联防联治，共建生态廊道和生态屏障。办好长三角地区主要领导座谈会。

推进美丽长江（安徽）经济带和淮河生态经济带建设。落实全面打造水清岸绿产业优美丽长江（安徽）经济带实施意见，统筹生态环境保护和经济发展，统筹破除旧动能和培育新动能，实施生态修复和环境保护工程，加快企业进园区，推动传统产业高端

化转型,突出加强现代制造业体系和综合交通运输体系建设,加快打造成为生态优先、绿色发展的黄金经济带。实施淮河生态经济带建设安徽方案,搞好与淮海经济区建设规划衔接,编制绿色生态廊道、产业发展、基础设施网络、公共服务等专项规划,实施一批流域环境综合治理、淮河绿色廊道建设、大别山生态保育、水资源保护、矿山生态恢复治理等重大工程,启动一批现代农业、先进制造业、高速铁路、高等级航道等重大项目,加快发展特色鲜明、布局合理、生态友好的现代特色产业。

统筹推进区域联动发展。推动合肥都市圈更高质量一体化发展,加快建设合淮产业走廊、合六经济走廊。深入推进皖南国际文化旅游示范区建设,培育壮大绿色主导产业集群。加大对大别山等革命老区振兴发展支持,建设一批“补血”“造血”项目,促进适应性产业和特色经济做大做强。推进资源型城市转型发展,加快城区老工业区、独立工矿区改造和采煤沉陷区综合治理。落实“多规合一”,启动全省国土空间规划编制。建立完善区域合作互助机制,深化合作园区共建。

加快县域经济振兴。启动县域特色产业集群(基地)建设。推动县域与高校、科研院所、知名企业战略合作全覆盖,支持引导县域在大中城市设立异地创新中心,促进更多创新成果落地转化。引导中小企业发展基金向县域倾斜。创建国家级农民工返乡创业试点(示范)县,新建省级农民工返乡创业示范园50个、农村劳动力转移就业实训基地15个。

(七)持续深化市场化改革,大力促进民营经济发展

深化国资国企改革。推进混合所有制改革,做强做优做大国有资本。加快省属企业集团整体上市、核心子公司首发上市,加大省属企业兼并重组力度,完成5户省属企业规范董事会建设。推进国有资本投资、运营公司改革试点。加快省港航集团运营发展,全面落实港口品牌、规划、运营、建设一体化发展措施,做大做强港航主业和临港经济。

深化财税金融改革。推进省以下相关领域财政事权和支出责任划分改革,完善省对下转移支付制度。稳妥推进社会保险费和非税收入征管职责划转。积极发展民营银行和社区银行,推进农村信用社管理体制改革,拓展提升新型政银担业务,推动“劝耕贷”提质放量增效,加大对科技创新、“三农”和中小微企业等融资支持。培育壮大上市挂牌企业后备资源。设立省股权托管交易中心科创板,扩大挂牌企业规模,积极对接上交所科创板。支持优质企业发行专项公司债。鼓励私募股权投资基金发展,完善省级股权投资基金体系,提高投资效率和效益。

全面改善民营经济发展环境。实施民营经济上台阶行动计划,破除民营经济发展障碍,支持民营企业发展壮大。落实更大规模减税和更明显降费政策,降低企业社保缴费比例,清理、精简涉及民间投资管理的行政审批事项和涉企收费,加快清零涉企行政事业性收费。大力解决民营企业融资难融资贵问题,拓宽民营企业融资途径,提高小微企业贷款不良率容忍度,设立10亿元民营经济发展专项资金、100亿元以上民营企业纾困救助基金,用好总规模200亿元的中小企业发展基金,到2020年,民营企业贷款增加2000亿元、新型政银担业务增加1000亿元。营造公平竞争环境,在市场准入、审批许可、经营运行、招投标等方面,打破各种各样的“卷帘门”“玻璃门”“旋转门”,支持民营企业参与盘活政府性存量资产、参与国有企业混合所有制改革。完善政策执行方式,去产能、去杠杆对各类所有制企业执行同样标准,在微观执法过程中坚决不搞“一刀切”。保护企业家人身和财产安全,强化企业维权服务,全面清理拖欠民营企业中小企业账款。关心支持新一代民营企业家成长,弘扬企业家精神,开展百家优秀民营企业和百名优秀民营企业家评选表彰。我们一定以更大力度为民营经济清障护航,让民营经济走向更广阔的舞台!

(八)全面推进高水平对外开放

着力稳外贸稳外资。积极应对中美经贸摩擦影响,加强多元化市场开拓,优化出口产品结构,扩大进口规模。加快市、县外贸平台公司发展,稳定和拓展外贸资源,大力开拓“一带一路”沿线及非洲等新兴市场。精心组织参加第二届中国国际进口博览会,加强制造装备和关键零部件进口。推进中国(合肥)跨境电商综合试验区和省级产业园区建设,支持企业建设“海外仓”,跨境电商交易额增长50%。推行产融结合的招商新模式和第三方机构招商,面向全球开展产业链招商。深化皖德、皖俄交流合作,加快境外经贸合作区建设,推进国际产能和装备制造合作项目,更好带动对外贸易和投资。

加快大通道大平台建设。加大“合新欧”国际货

运班列运行密度和辐射面，推进出海新通道建设，提升重点机场国际航运能力。深化口岸建设，强化“区港联动”，支持铜陵（皖中南）保税物流中心（B 型）、安庆综合保税区申创，进一步提升海关特殊监管区域辐射带动效应。办好 2019 世界制造业大会，努力取得更多更好成果。精心组织中国（芜湖）科普产品博览交易会、第一届长三角一体化创新成果展、科技创新成果博览交易会、中国（合肥）国际家用电器暨消费电子博览会，全面提升展会能级。加快复制推广自贸区改革试点经验，推动更宽领域开放。积极开展与京津冀、粤港澳大湾区合作，加强对台和侨务工作，深入发展国际友城关系，不断扩大安徽“朋友圈”。

（九）切实保障改善民生

进一步稳定和扩大就业。实施更加积极的就业政策，重点抓好高校毕业生、农民工、退役军人等群体就业，动态消除零就业家庭。继续实施面向贫困地区、行蓄洪区的定点招工计划。完善失业保险基金稳岗补贴等政策，对结构调整中的下岗人员，多渠道、多方式提供就业培训和服务。实施重点地区就业援助计划，支持省内有组织调剂就业。推进“2 + N”常态化就业招聘活动，打造全天候互联网创业就业平台。深入开展“创业江淮”行动，实施技工大省技能培训工程，实现创业就业良性循环。

办好公平优质教育。启动实施安徽教育现代化 2035。推动学前教育深化改革规范发展，新建、改扩建公办幼儿园 500 所以上，普惠性幼儿园、公办幼儿园覆盖率分别达 75% 和 45%。推动义务教育优质均衡发展，加快消除城镇学校大班额，进一步解决中小学生课外负担重问题。进一步推进智慧学校建设，运用信息化手段使乡村特别是偏僻乡村获得更多优质教育资源。加快普及高中阶段教育，推进多样化、特色化发展。实施现代职业教育质量提升工程，深化产教融合、校企合作。加快中德教育合作示范基地建设。促进高等教育内涵式发展，大力支持高校“双一流”建设。办好特殊教育、网络教育和继续教育，鼓励社会力量兴办教育。开展德智体美劳全面育人质量评价试点。加强师德师风建设，完善落实中小学教师待遇保障机制，在全社会营造尊师重教氛围，让广大教师安心从教、热心从教。

推进健康安徽建设。完善县域医共体模式，探索建立紧密型城市医联体，推进分级诊疗、双向转诊，推广基本公共卫生服务“两卡制”。开展基层医疗卫生机构服务能力提升行动，创建家庭医生签约服务示范点，探索医防融合新模式。完善医药集中采购机制，把更多救命救急的好药纳入医保。全面推开医保管理新体制，统一城乡居民基本医疗保障待遇，推进按病种付费为主的支付方式改革。加快推广“智医助理”，今年项目应用再增加 50 个县（市、区）。探索建立基层智慧医疗标准规范，为全面推开打好基础。建设国家健康医疗大数据区域中心。实施中医药传承创新工程，推进现代中药产业集聚发展基地建设，支持社会办医，发展大健康产业。广泛开展全民健身活动，加快发展体育产业。

做好社会保障工作。完善养老保险省级统筹，建立城乡居民养老保险待遇确定和基础养老金正常调整机制，加快养老护理体系建设，城市养老服务“三级中心”覆盖率达 60%。推进工伤保险省级统筹。健全城乡低保制度，完善临时救助办法，落实残疾儿童康复救助制度和孤儿基本生活保障制度，提升特困人员供养机构护理能力。构建和谐劳动关系，加强欠薪源头治理，保障农民工工资支付。完善住房市场体系和保障体系，加快构建房地产市场平稳健康发展长效机制。新开工保障性安居工程 21.45万套，基本建成 10.19 万套。抓好已经在城镇就业的农业转移人口落户工作。

推动文化繁荣发展。加强社会主义核心价值观建设，深入开展群众性精神文明创建，倡导全民阅读，提高公民科学素质，褒扬道德模范、身边好人。加快建设省文化馆新馆，建成开放省美术馆，推进公共文化服务体系示范区创建，完善县级公共图书馆、文化馆总分馆制。加强文化遗产保护传承，实施革命文物保护利用工程，推进国家考古遗址公园建设。创新发展哲学社会科学，繁荣文艺创作，大力发展新闻出版、广播影视、参事文史、档案方志等事业。加强新媒体建设，培育数字文化、创意文化等新业态。组织庆祝新中国成立 70 周年文艺作品创作及展演展映，办好第十二届安徽省艺术节。

继续实施 33 项民生工程，其中新增社会养老服务体系和养老智慧化建设、就业创业促进工程等项目，健全民生工程精准实施、精细管理长效机制。

（十）扎实推进平安安徽建设

推动社会治理创新。推广新时代“枫桥经验”，完善基层网格管理和指挥平台，推进基层审批服务执法力量整合。加强县乡村三级综治中心建设。推进智慧城管平台建设,提升城市管理精细化水平。开展国家级社区治理和服务创新试验区建设,深化"三社联动"等社区治理改革,扩大智慧社区试点,构建开放的社区服务综合体。深化公共法律服务平台建设与运用,加大全民普法力度。推进社会信用体系建设。加强预防和化解社会矛盾机制建设,持续推进信访"三无"县乡村"联建、联创、联评"活动,创新信访工作方式,依法及时就地解决群众合理诉求。加强妇女、儿童权益保护,发展残疾人、红十字等事业。促进民族团结、宗教和睦。进一步做好援藏援疆工作。

加强安全生产监管。推进安全生产"铸安"行动常态化实效化,深化重点行业领域专项治理、事故隐患排查治理,坚决遏制重特大事故。健全和落实安全风险管控"六项机制",建成危险化学品、消防、地质灾害、城市管网等领域安全监测信息系统。推行"两客一危"车辆动态监控管理,落实公交车驾驶安全保护措施。完善安全生产行政执法与刑事司法衔接制度。

完善公共安全体系。深入推进扫黑除恶专项斗争,持续开展"守护平安"系列行动,完善立体化信息化社会治安防控体系,构建"智慧皖警"大数据实战应用体系,加强网络安全系统设施建设,依法打击和惩治黄赌毒、电信网络诈骗等违法犯罪活动。推进平安乡镇(街道)、平安村庄(社区)建设。实施食品药品质量安全提升行动,深化分级监管,落实全程质量追溯机制,运用互联网、大数据提升监管效能。实施防汛抗旱水利提升、地质灾害综合治理、应急救援中心建设等工程,完善应急预案体系,加强应急演练和救援力量建设,提升综合防灾减灾救灾能力。加强气象、水文、地震等工作。

巩固军政军民团结。深入贯彻习近平强军思想,大力支持国防和军队建设改革。完善军民融合体制机制,积极创建国家军民融合创新示范区。强化退役军人管理保障,落实优抚安置政策,完善待遇保障体系,夯实服务管理基础。完善新时代国防动员体系,扎实做好全民国防教育、人民防空工作,使军政军民团结始终坚如磐石。

(十一)加强法治政府效能政府建设

树牢"四个意识",坚定"四个自信",坚决做到"两个维护",以政治建设为统领,以机构改革为动力,全面加强政府自身建设,全面提高政府履职能力和水平。

转变职能,全面提升施政本领。深入推进政府机构改革,完成市县政府机构改革,统筹推进承担行政职能事业单位改革,大幅减少政府对资源的直接配置,提高事中事后监管水平。建设学习型政府,推动政府工作人员提升专业能力、弘扬专业精神,提高政策研究和制定能力,善于结合实际创造性开展工作。强化互联网思维,推进管理创新,善用信息化手段感知社会态势、畅通沟通渠道、辅助决策施政、方便群众办事。

有效治理,深入推进依法行政。完善学习宪法法律制度,严格政府重大事项决策程序,提高政府决策科学化、民主化、法治化水平。加强和规范行政诉讼案件行政机关负责人出庭应诉工作。深化综合行政执法改革,整合执法队伍和资源,着力解决重复执法问题。加强对行政权力的制约和监督,全面推进政务公开,自觉接受人大监督、政协民主监督、舆论监督和社会各方面监督,认真听取人大代表、政协委员、民主党派、工商联、无党派人士和各人民团体的意见,让人民监督权力,让权力在阳光下运行。

优化服务,打造一流营商环境。持续推进"放管服"改革,扩大"证照分离"改革成果,全面推行"双随机、一公开"市场监管,常态化推进"四送一服"双千工程,健全企业家参与涉企政策制定机制。深化"互联网+政务服务",深入推动政务服务"一网、一门、一次"改革,做优"皖事通"平台,让企业和群众办事像"网购"一样方便。抓好第四次全国经济普查,做实数据、摸清家底。着力消除营商环境痛点,深入开展营商环境评价,真正把安徽打造成为审批事项最少、办事效率最高、投资环境最优、市场主体和人民群众获得感最强的省份之一。

狠抓落实,切实做到勤政廉政。坚持崇尚实干、力戒空谈,让改革发展稳定各项决策部署真正落下去,让惠及百姓的各项工作全面实起来。激励新时代新担当新作为,旗帜鲜明为担当干事者撑腰,对懒政怠政者问责。坚决整治"四风"问题特别是形式主义、官僚主义,坚持问题导向,深入基层群众,大兴调研之风,在基层创造中找到破解难题的办法和路径。认真履行全面从严治党主体责任和"一岗双责",支持纪检监察机关依规依纪依法履行职责,推进审计全覆盖和审计结果运用,坚决惩治各类腐败行为,严肃查处侵害群众利益的突出问题，让清正廉洁成为干部的自觉追求，让干事创业在江淮大地蔚然成风。

各位代表！

实干书写精彩答卷，奋斗开创幸福未来。让我们更加紧密地团结在以习近平同志为核心的党中央周围，在中共安徽省委的坚强领导下，不忘初心、牢记使命，同心协力、苦干实干，为决胜全面建成小康社会，加快建设现代化五大发展美好安徽而努力奋斗！

关于安徽省2017年决算的报告

——2018年7月25日在安徽省第十三届人民代表大会常务委员会第四次会议上

省财政厅厅长　罗建国

安徽省人民代表大会常务委员会：

受省人民政府委托，向省十三届人大常委会报告2017年全省决算报告和全省决算草案，请审查。

2017年，全省各级各部门，坚持以习近平新时代中国特色社会主义思想为指导，全面贯彻党的十九大精神，深入贯彻落实习近平总书记视察安徽重要讲话精神，在省委、省政府正确领导和省人大依法监督下，坚持稳中求进工作总基调，坚持新发展理念，积极发挥财政职能作用，扎实推进稳增长、促改革、调结构、惠民生、防风险，保持了经济平稳健康发展和社会和谐稳定，较好地完成了省十二届人大七次会议确定的目标任务，全省决算情况较好。根据《中华人民共和国预算法》第七十九条规定，重点报告以下内容：

一、2017年全省决算情况

（一）一般公共预算收支决算情况。2017年，全省财政收入完成4858亿元，为年初汇编预算数的103%，比上年（下同）增长11.1%。其中：地方一般公共预算收入完成2812.4亿元，为预算的101.3%，同口径增长7.9%；加中央补助收入2921亿元，债务等收入1529.5亿元，收入总量为7262.9亿元。全省一般公共预算支出完成6204亿元，为预算的98.6%，增长12.3%；加债务还本等支出970.6亿元，支出总量为7174.6亿元。收支总量相抵，结转下年88.3亿元，结转资金占全省财政支出的1.4%，低于财政部规定的上限7.6个百分点。与今年1月份向省人代会报告的2017年预算执行数相比，全省地方一般公共预算收入没有变化，一般公共预算支出增加1.8亿元，主要是市县决算整理期依规增加了支出。

在全面落实减税降费政策的情况下，全省财政收支运行总体平稳、稳中向好、好于预期，反映了我省经济发展质量和效益持续提升。一是收入质量稳步提升。地方一般公共预算收入中税收占比70.1%，较上年提高0.6个百分点，连续多年居中部省份前列。二是支出结构持续优化。全省一般性支出预算压减5%以上，“三公”经费下降5.4%，腾出更多财力用于经济发展和民生改善。三是财政管理再创佳绩。我省2017年度财政管理工作绩效考核居全国第4位，获国务院通报表扬，奖励资金1.1亿元；全国扶贫开发工作成效考核和财政专项扶贫资金绩效评价中，我省位居“好”等次，合计获中央财政奖励资金5.1亿元。

2017年，省级地方一般公共预算收入完成274.7亿元，为预算的104%，增长9.3%；加中央补助收入2921亿元，债务等收入1043.6亿元，收入总量为4239.3亿元。省级一般公共预算支出完成784.9亿元，为预算的95.1%，增长21.6%；加补助市县支出2547亿元，债务还本等支出866.7亿元，支出总量为4198.6亿元。收支总量相抵，结转下年40.7亿元。省级一般公共预算收支决算数与执行数持平。

2017年省级一般公共预算平衡情况

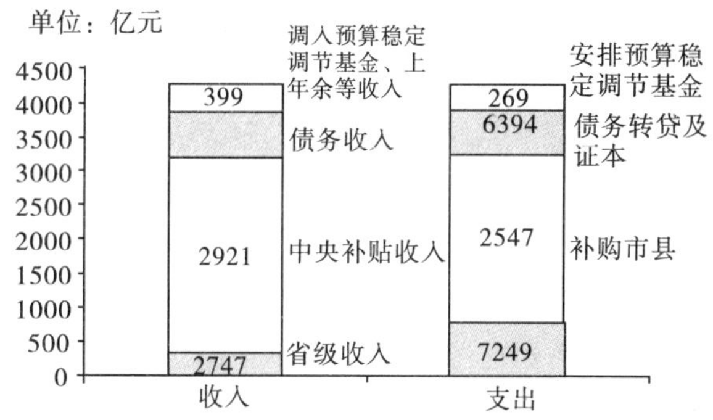

从省级收支决算具体情况看：

1.税收返还和转移支付情况。2017年，中央下达我省税收返还和转移支付资金2921亿元，增长11.9%，持续保持较快增长。一是税收返还317.5亿元，增加63.5亿元，增长25%。二是转移支付2603.5亿元，增加246.5亿元，增长10.4%。其中，一般性转移支付1705.1亿元，增加125.1亿元，增长7.9%，一般性转移支付中均衡性转移支付达到733.9

亿元;专项转移支付898.4亿元,增加121.4亿元,增长15.6%。

2017年,在省级收支矛盾较大的情况下,省财政进一步加大对市县支持力度,省对市县税收返还和转移支付合计2547亿元,增长14.1%。一是税收返还214.5亿元,增加59.2亿元,增长38.1%。二是转移支付2332.5亿元,增加255.5亿元,增长12.3%。其中,一般性转移支付1399.1亿元,增加166.4亿元,增长13.5%;专项转移支付933.4亿元,增加89.3亿元,增长10.6%,省对下转移支付结构持续优化。

2.政府债务规模结构情况。经财政部核定,并报经省人大常委会批准同意,2017年末我省地方政府债务限额为6622.1亿元。截至2017年底,决算反映的全省政府债务余额5823.4亿元,债务率为58.2%,比财政部确定的风险警戒值100%低近42个百分点;负债率21.2%,比国际通用参考警戒值60%低近39个百分点。综合判断,我省政府债务规模基本适度,债务风险总体可控。

3.权责发生制列支情况。2017年省级财政权责发生制核算列支资金27.9亿元,列支内容主要是部分高校和预算单位基本建设资金。对于上述资金,省财政厅将督促预算单位和部门依法依规加快执行,尽快发挥资金效益。

4.预备费使用情况。2017年省级预备费预算8亿元,实际支出0.7亿元,主要用于增加省级财政扶贫专项资金,剩余资金全部转入预算稳定调节基金。

5.“三公”经费决算情况。2017年省本级“三公”经费财政拨款支出合计2.3亿元,比预算数减少1亿元。其中,因公出国(境)经费0.2亿元,减少0.1亿元;公务用车购置及运行费1.6亿元,减少0.3亿元;公务接待费0.5亿元,减少0.6亿元。

(二)政府性基金预算收支决算情况。2017年,省级政府性基金收入22.7亿元,为预算的113.9%,增长9.1%,主要是彩票收入增加;加专项债务收入817.1亿元,中央补助收入等39.1亿元,收入总量为878.9亿元。省级本年安排支出11.8亿元,为预算的66.5%,主要是政府性基金支出预算数包括年度执行中的超收收入,且超收收入按规定需结转下年使用,增长107.1%;加地方政府专项债务转贷支出817.1亿元、补助市县39亿元、调出资金5亿元,支出总量为872.9亿元。收支总量相抵,结转下年6亿元,主要是彩票销售系统建设等政府采购项目需跨年度实施。省级政府性基金收支决算数与执行数持平。

(三)国有资本经营预算收支决算情况。2017年,省级国有资本经营收入14.3亿元,为预算的128.8%,扣除股权转让收入同口径下降17.8%,主要是弥补以前年度亏损后省属企业应交利润下降;加中央“三供一业”等补助收入12.9亿元、上年结转收入3.6亿元,收入总量为30.8亿元。省级本年安排支出9.4亿元,为预算的88.6%,下降41.2%,主要是部分资金需待项目验收审计后据实结算;加补助市县等17.6亿元,支出总量为27亿元。收支总量相抵,结转下年3.8亿元。省级国有资本经营收支决算数与执行数持平。

(四)社会保险基金预算收支决算情况。2017年,省级社会保险基金预算收入213.2亿元,为预算的74.5%,下降12.2%,主要是落实国家减税降费政策,养老保险单位缴费费率由20%降到19%、失业保险单位缴费费率由1%降到0.5%;加上年结余收入677.4亿元,收入总量为890.6亿元。省级本年安排支出143.1亿元,为预算的67%,主要是按财政部规定机关事业单位养老保险预算数包含了自2014年10月1日起至2017年末全部应参保单位的数据,而决算数仅为实际参保单位的当年发生数,增长11.6%。收支总量相抵,累计结余747.5亿元,社会保险基金运行情况良好。与今年1月份向省人代会报告的2017年预算执行数相比,社保基金预算收入减少4.8亿元,主要是社保降费使市县上解省级调剂金收入减少;支出增加1.8亿元,主要是机关事业单位养老保险改革增加有关支出。

上述收支决算数已经省政府审计部门审计,详见决算草案。

二、2017年全省预算执行成效

(一)聚焦积极财政政策落实,促进经济平稳健康发展。全面落实减税降费政策,省级设立的涉企行政事业性收费全部取消,全省全年减免税费987.1亿元,其中减税920.3亿元,增长38.9%。通过省级预算安排、争取中央支持,累计下达444.6亿元,支持水利、公路、地方铁路、水运、民航及引江济淮、海绵城市、地下管廊等基础设施建设。发行地方政府债券1462.1亿元,保障在建和新建重点项目资金需求。依法依规积极推广PPP模式,截至2017年底,纳入财政部PPP综合信息平台管理库项目259个，总投资2706亿元，项目落地率74.5%，居全国第2位；国家级贫困县PPP项目覆盖率达到100%，居全国第1位。积极缓解中小微企业融资难、融资贵，持续推进政策性融资担保体系建设，为11.2万户中小微企业提供融资担保1822.6亿元，帮助1.5万户企业周转资金749.3亿元。落实促进经济高质量发展要求，积极筹措资金，支持“中国声谷”建设和农村电商发展，引导云计算、大数据、互联网等新兴产业发展，促进军民融合发展，推动产业结构优化升级。

（二）聚焦供给侧结构性改革，推动构建现代化经济体系。完善化解过剩产能省级专项奖补资金政策，强化去产能职工分流安置资金监管，推进化解煤炭、生铁、粗钢过剩产能。着力增加农业产业化投入，推进高标准农田、国家现代农业产业园、灾后水利薄弱环节和农业基础设施建设。聚焦促进乡村振兴发展，支持村级集体经济试点、农村综合性改革试点、农村公共服务和村级组织建设。创新财政支持方式，省级统筹资金支持“三重一创”、“四个一”创新主平台建设等，塑造更多依靠创新驱动的引领型发展。推动大通道大平台大通关建设，合肥、芜湖综合保税区和蚌埠保税物流中心顺利运行，马鞍山综合保税区、安庆保税物流中心加快建设，皖东南（广德）保税物流中心获批建设，外贸发展环境不断优化。

（三）聚焦基本民生保障，提升人民群众获得感。坚持以人民为中心的发展思想，落实33项民生工程牵头责任，邀请人大代表、政协委员视察，强化资金管理，加强项目调度，全省各级财政投入民生工程资金940.6亿元，增长13.9%，解决了一批群众关心关注的切身利益问题。大幅增加专项扶贫资金投入，全省财政专项扶贫资金达118.6亿元，增长22.8%。建立扶贫资金按月通报、季度约谈和绩效挂钩三项机制，加快财政扶贫资金拨付，全面下放资金项目审批权。支持贫困县公益性项目建设，对中央预算内投资原由县级承担的配套资金由省级全额予以保障。统筹推进教育、科技、文化、医疗卫生和养老等社会事业发展，全省退休人员基本养老金月人均增加143元，基本公共卫生服务经费提高到年人均50元，城乡居民医保财政补助提高到年人均450元，省市县乡基本公共文化设施实现全覆盖。全省惠农“一卡通”发放各类涉农补贴285.7亿元，农村低保标准和扶贫标准实现“两线合一”。贯彻落实就业优先战略和积极就业政策，通过购买公益性岗位、支持实施技能培训和现代技工教育等，保障重点群体稳定就业创业。

（四）聚焦生态环境改善，支持打造生态文明建设安徽样板。多渠道筹措资金支持美丽乡村建设，一体化推进农村环境专项整治“三大革命”，改善农村人居环境。推进秸秆禁烧和综合利用奖补，落实提前淘汰黄标车补助政策，支持全省绿色建筑示范项目、绿色生态城市建设。支持重点生态功能区和“三河一湖一园一区”建设，加快推进长江、巢湖、淮河等重点流域水污染防治，加大退耕还林还湖力度，支持山水林田湖生态保护修复工程试点。健全大别山水环境生态补偿机制，实施生态补偿项目184个，带动社会投入40亿元。健全新安江流域综合治理和生态补偿机制，带动试点项目投资120.6亿元，跨省生态补偿机制试点政策取得阶段性成效。支持全面推行河长制、林长制，建立林业增绿增效行动综合奖补机制，有力推动生态强省建设。

（五）聚焦财政作风责任，促进财政政策落实到位。落实全面从严治党，深入推进“两学一做”学习教育常态化制度化、“讲重作”专题教育和专题警示教育，持续加强财政思想政治建设、党风廉政建设和作风效能建设。落实创优“四最”营商环境要求，深化财政“放管服”改革，简化政府采购计划申报和资金支付流程，规范政府采购管理，积极参与“四送一服”双千工程。组织开展财政扶贫资金集中检查等专项工作，深入开展会计监督，进一步严肃财经纪律。建立“马上就办”财政工作制度，强化省市县财政工作“一盘棋”，加强与预算部门会商联动，一体化提升财政财务管理水平。

2017年全省一般公共预算支出情况

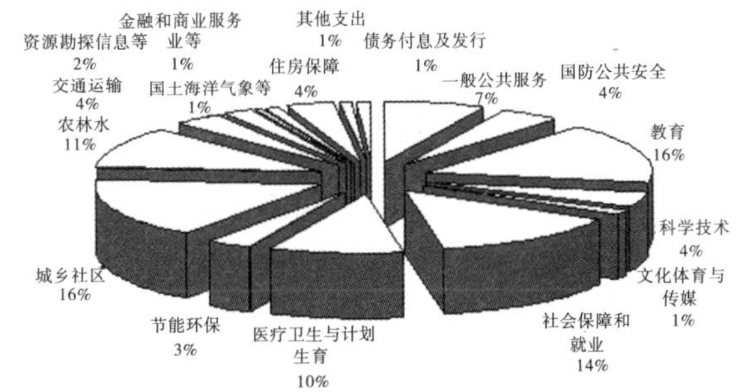

三、落实省人大常委会决算决议情况

2017年7月，省十二届人大常委会第三十九次会议通过关于批准安徽省2016年省级决算的决议。一年来，财政部门认真落实决议要求，主动适应经济发展新常态,有效实施积极财政政策,深入推进财税体制改革,切实加强财政预算管理,取得新的成效。

(一)继续规范预算管理。预算体系进一步衔接,新增建设用地有偿使用费转入一般公共预算管理,国有资本经营预算调入一般公共预算比例达19%,政府性基金结转规模超过当年收入30%的部分调入一般公共预算统筹使用。预算执行进一步加快,从编制和执行双向用力,建立省级预算项目储备机制,实行预算执行通报、考核和预算编制三项挂钩机制,确保省级部门预算一经批复即可执行、资金下达即可使用。严格执行省人代会批准的省级预算项目,无大事、要事、急事一般不追加,按规定提请省人大常委会审查和批准预算调整。深化部门决算编制改革试点,规范细化支出经济分类科目编制,向省人大报告重点支出项目绩效情况,公开重点项目绩效评价结果。

(二)着力防控债务风险。出台规范地方政府举债融资行为的通知,建立健全债务审计和问责机制,将政府债务的举借、管理和使用情况纳入对市、县政府和有关部门主要负责人的经济责任审计范围,加大对违法违规举债的监督检查力度。按规定公开地方政府债务管理情况、债券信用评级报告、债券发行兑付制度、发行结果以及还本付息等相关信息。

(三)深入推进财税改革。稳步实施营改增改革试点,做好环境保护税开征准备,积极健全地方税体系。出台省以下财政事权和支出责任划分改革实施意见,明确改革总体要求、主要内容、推进步骤和市县要求。继续优化转移支付结构,省对下专项转移支付压减到115项,省对下一般性转移支付占比提高到60%。启动预算联网监督系统建设,开展市级预算联网监督试点,建成省级预算联网监督系统并上线运行。

(四)扎实抓好审计整改。出台财政部门落实审计监督全覆盖的意见,健全审计整改实施方案、整改责任清单、整改问题清单,推动财政审计整改制度化规范化。强化审计成果运用,进一步细化政府性基金预算编制,加快专项转移支付资金下达。建立财政系统审计重要问题及整改情况统计报送制度,及时掌握财政系统审计问题整改情况,一体化推进省市县审计整改落实工作。形成年度预算执行审计整改情况报告,全面反映整改措施及意见采纳情况。及时向省人大和审计部门报告审计整改落实及审计意见吸收采纳情况,主动接受监督。

一年来,财政改革发展取得良好成效。省级预算执行和其他财政收支审计结果表明,2017年省级预算执行和其他财政收支总体情况较好。但我们也清醒地认识到,在财政管理和运行中还存在一些困难和问题。如在经济下行压力较大的形势下,财政收入增速有限与支出刚性增长之间的矛盾加大;部分领域专项资金整合管理不到位,政府采购支出进度仍需加快,财政绩效管理有待进一步加强;少数部门的决算意识还需强化,决算编制质量有待进一步提升;局部地区隐性债务风险不容忽视等等。对此,我们将高度重视,采取措施,努力加以改进。

四、下一步财政重点工作

2018年,我们认真贯彻落实省委经济工作会议和省十三届人大一次会议精神,围绕推动高质量发展,实施积极财政政策,财政运行平稳有序,支出结构持续优化,重点领域保障有力,促进了经济社会持续健康发展。下一步,重点做好以下工作:

(一)坚持深化财税改革。深化预算管理改革,围绕全面规范透明推进预算公开,围绕标准科学推进项目支出标准体系建设,围绕约束有力规范预算管理。调整优化财政支出结构,切实保障脱贫攻坚、污染防治、民生改善、乡村振兴、长江经济带发展等重点支出。按照中央及省里部署,健全地方税体系,分领域推进省以下财政事权和支出责任划分改革,推动建立权责清晰、财力协调、区域均衡的省以下财政体制。

(二)坚持规范债务管理。健全以政府债券为主体的政府举债融资机制,全部完成政府存量债务置换,推进政府专项债券改革。落实“四清四实”要求,全面开展隐性债务清理和梳理工作,依法依规、积极稳妥做好分步分类分级化解工作。

(三)坚持提升资金绩效。突出绩效导向,将绩效理念和方法深度融入预算编制、执行和监督的全过程,完善绩效公开、报告和问责制度,落实主体责任,实现预算和绩效管理一体化。创新财政支持方式,推进“资金改基金、拨款改股权、无偿改有偿”,有效发挥财政资金引导撬动作用。

(四)坚持全面从严治党。坚决贯彻新时代党的建设总要求,把政治建设摆在首位,深入推进“两学一做”学习教育常态化制度化,认真开展“不忘初心、牢记使命”主题教育,扎实开展“讲忠诚、严纪律、立政德”专题警示教育,驰而不息整治“四风”问题,激励财政干部作为,推动全面从严治党向纵深发展。

依法加强财政管理,更好发挥财政职能作用,对于促进经济社会发展意义重大。我们将全面贯彻省委、省政府各项决策部署,认真落实本次会议审议意见,强化责任担当,积极主动作为,持续推进财政改革发展各项工作,为决胜全面建成小康社会、加快建设现代化五大发展美好安徽作出积极贡献!

(夏 波)

关于安徽省2018年预算执行情况和2019年预算草案的报告

——2019年1月14日在安徽省第十三届人民代表大会第二次会议上

省财政厅

各位代表:

受省人民政府委托,向大会报告安徽省2018年预算执行情况和2019年预算草案,请予审议,并请省政协各位委员提出意见。

一、落实省十三届人大一次会议预算审查决议情况

2018年,全省各级财政部门坚持以习近平新时代中国特色社会主义思想为指导,坚持稳中求进工作总基调,按照高质量发展要求,认真落实省十三届人大一次会议决议要求,充分发挥财政职能作用,全面深化财税体制改革,倾力保障改善民生福祉,促进了全省经济持续健康发展和社会大局稳定。

(一)实施积极财政政策,助推经济高质量发展

有效减轻企业税费负担。全面落实减税政策,全年减税1103.2亿元,较上年(下同)增长19.9%。落实降低增值税税率、统一增值税小规模纳税人标准、部分行业实行增值税留抵退税三项政策,进一步降低增值税纳税人税负。研发费用加计扣除比例提高至75%的范围扩大至所有企业,将小型微利企业年应纳税所得额上限由50万元提高到100万元。省级设立的涉企行政事业性收费项目实现清零,减少收费约14亿元。落实阶段性降低社会保险费率政策,为参保单位减轻养老及其他社会保险缴费负担29.2亿元。

优化民营经济营商环境。全面落实促进民营经济发展若干意见,出台财政贯彻实施意见,及时公开财税优惠事项清单以及行政事业性收费和政府性基金目录清单。常态化推进“四送一服”双千工程,健全财政部门服务民营企业非公经济制度,支持引导各地帮助民营企业解决实际困难。支持商事制度改革,落实公平竞争审查要求,积极营造良好市场环境。

积极缓解小微企业融资难题。安排专项资金实施融资担保业务风险补偿,为12.7万户小微民营企业提供融资担保1372亿元。支持政策性担保机构执行不高于1.2%的优惠担保费率,减轻小微民营企业融资成本。安排续贷过桥资金,带动市县投入,对小微民营企业提供临时性资金支持,帮助近万户企业周转资金505.6亿元。加快推进全省农业担保体系建设,为5908户农业适度规模经营主体提供担保贷款24.3亿元,“劝耕贷”业务实现农业县全覆盖。投入16.3亿元,推动政策性农业保险“增品、提标、扩面”,全省投保大宗农作物和森林保险1.4亿亩,提供风险保障535亿元。

支持普惠金融服务实体经济发展。争取世界银行贷款3.2亿美元,支持养老服务体系建设和农村公路提升改造。兑现普惠金融发展资金7.8亿元,继续实施县域金融机构涉农贷款增量奖励、新型农村金融机构定向费用补贴和创业担保贷款贴息奖补等政策,引导县域金融机构发放贷款约2000亿元。实施上市(挂牌)奖励政策,鼓励企业上市融资。落实新增金融机构奖励政策,支持新设分支机构36个、总部性金融机构1个,促进地方金融体系发展。

(二)聚焦创新驱动发展战略,支持现代化经济体系建设

支持深化供给侧结构性改革。下达专项奖补资金19.9亿元,落实钢铁、煤炭行业化解过剩产能人员安置等奖补政策。安排“三重一创”建设专项引导资金60亿元,支持第三批13个重大新兴产业工程、17个重大新兴产业专项启动建设。投入资金31.7亿元,支持设立种子投资、“三重一创”产业发展、中小企业(专精特新)发展等母基金,打造规模1000亿元省级股权投资基金体系。

推进制造业高质量发展。下达制造强省建设资金24.9亿元,重点支持数字经济、机器人、集成电路、现代医疗医药等产业发展,支持新一代人工智能发展、中国声谷建设、新材料产业发展等规划实施。拨

付军民融合深度发展专项资金，支持军民融合重点产业化项目实施，支持推进国家军民融合创新示范区创建工作。

支持促进对外开放发展。落实开放发展战略，拨付外经贸资金3.8亿元，兑现国家进口贴息、出口信用保险、主体培育、对外投资合作等政策，突出支持外贸新业态新模式、市场开拓和主体孵化培育。支持海关特殊监管区域扩能升级，马鞍山综合保税区和合肥空港、安庆(皖西南)、皖东南保税物流中心封关运行。支持成功举办世界制造业大会。

支持加强创新能力建设。聚焦“四个一”创新主平台建设，大幅提高省科技奖奖励标准，完善财政科技资源配置机制。安排创新型省份建设专项资金13亿元，保障兑现科技创新若干政策，聚焦基础研究和应用基础研究，支持10个省实验室和10个省技术创新中心组建运行。支持开展全面创新改革试验，兑现高新技术企业认定奖励政策，引导企业加大研发投入。落实与国内外重点科研院所高校合作政策，支持大院大所在我省设立研发机构、分支机构或研发总部。扩大高校院所科研项目资金管理自主权和财务自主权，促进科技成果转移转化。

全面落实人才政策。完善人才经费保障机制，安排各类人才专项资金4.9亿元，全面落实合肥综合性国家科学中心人才建设、新时代“江淮英才计划”等政策，加大高层次、高尖端、紧缺型及战略性新兴产业人才的引进和培养力度。深入推进技工大省建设，统筹新技工系统培养、名师带高徒、职业培训等资金8.9亿元，健全技能人才培养财政机制。

(三)着力补齐短板，不断增进群众福祉

支持打好精准脱贫攻坚战。加大财政专项扶贫资金投入力度，全省投入资金121.3亿元，增长25.6%，其中，省级和省以上安排54.3亿元，落实打赢脱贫攻坚战三年行动部署，支持推进脱贫攻坚“十大工程”。整合涉农资金105.4亿元、债券资金31亿元、存量资金12.8亿元，支持贫困地区产业发展和基础设施建设。完善财政支持政策，加大对大别山等革命老区、皖北地区、行蓄洪区等深度贫困重点区域支持力度。大幅度提高迁建补助标准，加快推进淮河行蓄洪区居民迁建。大力推进资产收益扶贫，带动2097个贫困村集体年均增收3.8万元，带动52.5万贫困人口人均增收479元。建立扶贫资金动态监控平台，健全资金监管长效机制，提升扶贫资金绩效。

持续加大财政民生投入。全面落实以人民为中心的发展思想，精准对接群众需求，聚焦普惠性、基础性、兜底性民生建设，新增学前教育、智慧医疗与家庭医生签约服务、农村环境“三大革命”等6项民生工程，全省财政投入民生工程资金1067.3亿元，增长13.5%。强化资金筹措管理，加强项目跟踪调度，强化建后管养，推动民生工程规范化、长效化实施，33项民生工程全部完成，解决了一批群众关心关注的急事难事。

加强基层基本公共服务功能建设。聚焦8大类25项具体任务，出台财政支持保障基层基本公共服务功能建设实施意见，建立健全公共财政保障机制，加大各级财政基本公共服务投入。省级增加一般性转移支付规模和比例，提高市县财政基本公共服务保障能力。在此基础上，下达91.7亿元，对贫困县区予以重点支持，全力推进基本公共服务均等化。

支持平安安徽建设。加强和创新社会治理，支持市县乡村四级社会服务管理信息化系统建设。支持公安大数据中心和“雪亮工程”建设。加大安全生产资金保障力度，支持道路交通、地质灾害领域安全防控检测信息系统建设。支持推进扫黑除恶专项斗争，不断完善社会治安防控体系。支持实施地质灾害工程治理和地质灾害点搬迁避让项目，提升灾害防御能力。

(四)支持实施乡村振兴战略，促进区域更加协调发展

完善财政支农投入政策。探索建立涉农资金统筹整合长效机制，支持推动农业高质量发展。“一卡通”发放惠农补贴资金312.2亿元，覆盖21大类100小项涉农项目，各项惠农政策有效落地。拨付5亿元支持农业产业化发展基金建设运营，撬动金融和社会资本支持农业企业做大做强。安排1.6亿元，全面落实农村电商全覆盖奖补政策，争取国家电子商务进农村综合示范，支持实施电商振兴乡村提升工程。

完善农业支持保护体系。下达30.3亿元，支持保障我省粮食产业发展，深入推进优质粮食工程。拨付72亿元，落实耕地地力保护补贴政策，受益农户1175万户，户均增加转移性收入613元。拨付补贴资金14.4亿元，启动实施稻谷补贴政策，支持稳定我省稻谷生产能力，引导增加绿色优质稻谷供给，切实保障稻谷种植收益基本稳定。

统筹推进农村综合改革。大力推进农村“三变”改革、农村集体资产股份合作制改革。投入5.8亿元,带动村集体和社会投入2.4亿元,开展扶持村级集体经济发展试点。拨付1.3亿元,支持国家农村综合性改革试点试验。省级安排13.2亿元,支持提升农村基层党组织服务群众能力。投入19亿元,全面实施“一事一议”财政奖补,带动村集体组织投入、农民筹资、社会捐赠等2.9亿元,支持8116个村级公益事业项目建设。

支持实施区域协调发展战略。全面对接长三角地区一体化发展政策,统筹推进“一圈两带三区”建设,省级下达专项资金22.4亿元,支持皖北、皖江和南北共建产业园区发展。下达各类转移支付资金278亿元,增长11.4%,支持大别山革命老区补齐基础设施和基本公共服务短板。下达生态功能区、资源枯竭城市转移支付28.7亿元,促进区域经济可持续发展。建立水清岸绿产业优美丽长江(安徽)经济带建设财政资金投入机制,拨付8亿元,支持长江经济带生态保护修复等重点项目实施。安排2.4亿元,对皖南全域旅游示范区、大黄山国家公园予以奖助,支持旅游强省“五个一批”工程建设。

支持新型城镇化建设。下达奖励资金17.1亿元,支持提高农业转移人口基本公共服务保障能力,引导农业转移人口举家进城落户。落实县域经济振兴支持政策,支持新型城镇化试点省建设。安排3.2亿元,落实取消贫困县国家安排的公益性建设项目县级配套政策。安排城市工作“五统筹”专项资金4亿元,重点支持城市污水处理管网建设改造、城市设计试点。统筹4.4亿元,支持合肥市地下综合管廊试点和池州市海绵城市试点建设。

(五)深化财税体制改革,加快构建现代财政制度

分领域推进省以下财政事权和支出责任划分改革。出台基本公共服务领域共同财政事权和支出责任划分改革实施方案,明确教育、社会保障等八个领域18项基本公共服务事项财政支出责任,配套出台医疗卫生领域财政事权和支出责任划分改革实施方案,确保更好地为群众提供基本公共服务。完善转移支付制度,设立共同财政事权分类分档转移支付,进一步减少专项转移支付,省对市县一般性转移支付规模占比较上年提高1.9个百分点。开征环境保护税,明确省与市县收入归属,积极健全地方税体系。

深入推进预算管理改革。省级全面实行“大专项(大类别)+任务清单”预算编制管理方式,一个部门原则上只设置1个对下专项转移支付大专项,基本支出分类管理、项目支出整合归并,打破预算项目支出“只增不减”的固化格局。狠抓存量资金盘活,将部门结转结余资金消化情况与下年预算安排挂钩,全省一般公共预算结转结余86.1亿元,占财政支出1.3%,低于财政部规定上限7.7个百分点。全面完成权责发生制政府综合财务报告试点编制工作。

全面实施预算绩效管理。按照“花钱必问效、无效必问责”要求,健全绩效评价体系,省级重点绩效评价由项目拓展到部门整体支出和财政政策,对农村道路畅通工程等34个重点项目、2个部门整体支出、2项财政政策开展重点绩效评价,涵盖农业、教育、医疗卫生、社会保障、金融等重点领域和社会公众关注项目,涉及财政资金134.7亿元。强化绩效评价结果运用,将评价结果作为预算安排的重要参考依据。

统筹推进其他改革事项。做好省级机构改革资产管理和预算经费管理工作,加强涉改部门预算经费保障和财务管理,保障省级机构改革平稳有序推进。推进政府采购改革,简化采购审批程序,优化采购合同管理,提升政府采购效率。完成省级31个部门政府购买服务指导性目录编制工作,发布省级政府购买服务实施目录,实施政府购买服务项目5154个,涉及预算资金125亿元。落实国有金融资本管理改革要求,完善国有金融资本管理体制,加强国有金融机构财政财务监管。积极支持医药卫生体制改革。推进省以下法院检察院财物省级统一管理试点工作。

(六)完善财政预算制度,提高预算管理水平

政府预算体系进一步健全。省属商业一类国有独资企业国有资本收益收取比例由18%提高到20%,省级国有资本经营预算调入一般公共预算比例由20%提高到25%。制定预算稳定调节基金管理暂行办法,编制省级2019—2021年中期财政规划和部门三年滚动财政规划,加强预算项目储备与中期财政规划的衔接。加强省级政府性投资资金管理,规范省级预算单位资金存放。推进全省统一公共支付平台建设和非税收入电子化收缴,助力“互联网+政务服务”改革。

预算编制进一步科学。常态化提前召开预算编制工作会议,连续三年省市县乡四级一体部署预算编制工作。修订省级部门公用经费定额标准预算管理暂行办法,规范基本支出供给政策。优化部门预算草案文本格式和内容,增强规范性和可读性。省级构建集政策库、基础信息库、项目库、评审库为一体的“四库一平台”编制系统,推进预算编制管理规范化、科学化。

预决算公开进一步推进。拓展公开范围,细化公开内容,规范公开方式,在预决算批复后20日内,省级128个部门全部公开部门预决算,16个市105个县区有序公开预决算,省级政府预决算公开内容从27项增加到34项。创新预算公开评审论证,建立省级预算评审信息化系统,实现省对下专项转移支付和重点部门预算评审全覆盖,公开评审大专项40个,审减率29%;评审部门整体支出2个,涉及金额47亿元,预算安排21亿元,审减率55%,提高预算安排的科学性和公开度。

预算执行进一步规范。硬化预算约束,坚持先有预算后有支出,及时向省人大常委会报告预算调整方案。出台预算执行支出进度通报办法,建立省市县预算执行动态监控体系,对支出进度等情况按月通报,对排名靠后的市县督促整改。构建财政库款管理长效机制,确保财政资金安全稳健运行。在全国财政总决算、部门决算评比中,我省均获第一名。

主动接受人大依法监督和政协民主监督。认真落实法定事项报告、议案提案办理等机制,主动征求、广泛听取省人大代表、省政协委员意见建议,办理人大代表建议351件、政协委员提案306件,认真研究,并吸纳采纳。全面落实人大预算审查监督重点向支出预算和政策拓展要求,首次向省人大常委会报告国有资产管理情况,继续丰富省级预算联网监督内容,选择2个市开展市级试点,加强与人大预算信息网络联通。落实审计监督全覆盖要求,建立审计重要问题及整改情况统计报送制度,对省级预算执行和其他财政收支情况审计中发现的问题,会同相关预算部门全部整改到位。落实重大事项合法性审查机制,推进法治财政建设。

(七)完善政府举债融资机制,防范化解债务风险

完善以政府债券为主体的举债融资机制。全面完成2018年政府债券发行任务,全年发行政府债券2247.9亿元,是2015年我省启动自发自还债券工作以来发行额度最高的一年。其中,新增债券1003.6亿元、再融资债券274.5亿元、置换债券969.8亿元,全面完成存量政府债务置换工作。推进政府专项债券改革,充分发挥棚改、土储、收费公路等专项债券对经济社会发展的积极作用。

建立政府隐性债务管理体制机制。成立省防范化解政府隐性债务风险工作领导小组,全面加强对政府隐性债务管理工作的组织领导。制定防范化解地方政府隐性债务风险实施意见,全面落实地方政府隐性债务问责办法。按照“四清四实”要求,组织开展全省政府隐性债务清理统计,全面摸清政府隐性债务底数,推动各地结合实际制定了化解政府隐性债务风险实施方案,为坚决打赢防范化解重大风险攻坚战打下坚实基础。

加强政府债务限额管理和预算管理。经积极争取,中央分配我省2018年新增地方政府债务限额1007亿元,依规将一般债务纳入一般公共预算管理,专项债务纳入政府性基金预算管理。截至2018年底,全省政府债务余额6704.6亿元,债务限额7629.1亿元,债务余额低于债务限额,债务风险总体可控。

二、2018年预算执行情况

2018年,财政经济形势复杂、挑战严峻,在省委、省政府的坚强领导下,在省人大依法监督和省政协民主监督下,全省各级财政部门全面落实稳就业、稳金融、稳外贸、稳外资、稳投资、稳预期工作要求,坚持依法理财治税,积极培植涵养财源,持续加快资金拨付,财政运行稳中有进、好于预期,圆满完成省十三届人大一次会议确定的财政收入增幅高于经济增长目标,有力保障省委、省政府重大决策部署有效落实,为深入推进现代化五大发展美好安徽建设提供了有力支撑。

财政收入稳中提质。2018年,全省财政收入突破5000亿元,达到5363亿元,增长10.4%。其中:地方财政收入3049亿元,增长8.4%。地方财政收入中税收占比71.5%,较上年提高1.4个百分点,体现了经济运行的质量和效益。

支出结构持续优化。按照“保重点、控一般、促统筹、提绩效”要求,精打细算,深挖潜力,持续降低行政运行成本。根据财政部考核通报,我省一般公共预算支出进度一直保持全国前列。2018年,全省

财政支出完成6572亿元,增长5.9%。全省“三公”经费同口径下降4.8%,腾出更多资金,集中财力保障三大攻坚战、民生工程等,教育、科技、社保等重点支出增长快于全省平均。

支持方式不断创新。按照“资金改基金、拨款改股权、无偿改有偿”要求,通过补充资本金、投资成效奖励等形式,支持省级股权投资基金体系建设,发挥财政资金撬动作用,引导更多资金投向新兴产业等重点领域。深化政府与社会资本合作(PPP),纳入财政部PPP综合信息平台管理项目436个,总投资4779亿元,落地实施项目303个,位居全国第二。

倾斜基层更加有力。进一步加大对市县和基层财力支持力度,下放财政资金项目分配权。省财政对市县转移支付达到2456亿元,增长5.3%。市县财政支出占全省财政支出比重达到87.2%,市县政府统筹保障能力逐步提升。

绩效导向显著增强。财政支出政策更加注重绩效导向,更多采取奖补办法,建立省级预算安排与预算公开评审、预算执行考核、预算资金绩效挂钩机制,充分发挥预算绩效“指挥棒”作用,引导预算部门提升管理,激励各级财政部门主动作为。我省在财政部农村综合改革综合考核中,位居全国第二,获得农村综合性改革试点试验优秀档次;在全国财政管理工作绩效考核中再次获评优秀等次、位居第四,并获国务院通报表扬;在财政部县级财政管理绩效综合评价中位居全国第一,省政府发文通报表扬。

(一)一般公共预算

2018年,全省地方一般公共预算收入3049亿元,增长8.4%,加:中央税收返还317.5亿元、转移支付2764.5亿元、地方政府一般债务收入939.5亿元、调入资金等953.2亿元,收入合计8023.7亿元。全省一般公共预算支出6572亿元,增长5.9%,加:一般债务还本支出823.5亿元、调出资金等支出628.2亿元,支出合计8023.7亿元。

省级地方一般公共预算收入304.1亿元,增长10.7%。加:中央税收返还317.5亿元、转移支付2764.5亿元、地方政府一般债务收入939.5亿元、调入资金等收入368.3亿元,收入科目合计4693.9亿元。省级一般公共预算支出839.3亿元,增长6.9%。加:对市县税收返还216.1亿元、对市县转移支付2456亿元、一般债务还本支出14亿元、一般债务转贷市县支出842.5亿元、调出资金等支出326亿元,支出科目合计4693.9亿元。

2018年省级一般公共预算收支执行具体情况如下:

1.收入执行情况。主要是:增值税完成7.3亿元,为预算的104.6%。企业所得税完成139.8亿元,为预算的110.7%。个人所得税完成35.2亿元,为预算的107.9%。专项收入完成55.9亿元,为预算的125.6%。国有资源(资产)有偿使用收入完成32.7亿元,为预算的96.7%。图3:2018年全省地方一般公共预算收入构成情况

2.主要预算支出执行和政策落实情况。

——教育支出方面。省级支出126.7亿元,补助市县区137.8亿元,主要用于促进教育公平优先发展。统筹8.8亿元,推进实施第三期学前教育行动计划,扩大学前教育资源。统筹67.2亿元,推进实施城乡义务教育经费保障机制,实现“两免一补”和生均公用经费基准定额资金随学生流动可携带。统筹9.7亿元,实施贫困地区农村义务教育学校学生营养改善计划。统筹17.2亿元,支持贫困地区义务教育薄弱学校改善基本办学条件和智慧学校建设。统筹2.2亿元,重点支持国家困难地区普通高中学校校舍改扩建和附属设施建设。统筹26.4亿元,落实高校、中职和普通高中家庭经济困难学生资助政策。统筹13.2亿元,支持高职院校特色发展,提升教学水平。投入4.4亿元,支持各地中职学校改善办学条件。统筹6.8亿元,通过竞争性重点支持项目,支持推进地方高水平及应用型大学建设。统筹资金4.3亿元,落实全面深化新时代教师队伍建设改革实施意见,提升教师队伍能力素养和教学水平。建立财政转移支付与中小学教师待遇优先保障政策落实挂钩机制,充分调动市县政府优先保障教师待遇的积极性,教师待遇得到有效保障。

——科学技术支出方面。省级支出40.1亿元,专项补助市县区8.7亿元,主要用于支持创新驱动发展。省市投入60亿元支持合肥综合性国家科学中心建设,其中,投入30亿元,支持创建量子信息科学国家实验室;投入21.5亿元,支持离子运营中心建设;投入5.8亿元,支持聚变堆主机关键系统综合研究设施建设;投入资金2.5亿元,支持先进光源预研项目、类脑智能技术和应用国家工程实验室建设。拨付6亿元,支持设立省科技担保公司、设立省科技成果转化引导基金,提高科研人员科技成果转化收益比例,

提升我省科技成果转化能力和水平。

——文化体育与传媒支出方面。省级支出28.3亿元,专项补助市县区7.2亿元,主要用于支持增强文化产品服务供给。统筹资金4.6亿元,重点支持应急广播体系试点建设、贫困地区基层综合性文化服务中心示范建设、公共数字文化建设等项目。统筹3.5亿元,推动全省1790个公共文化场馆免费开放、50个大型体育场馆免费低收费开放、文化信息共享工程、送戏进万村、农村电影放映等。统筹2.2亿元,重点支持临涣城址城墙修缮、六安双墩一号汉墓遗址本体保护等85个国家级和64个省级重点文物保护项目,促进传统特色文化传承发展。安排省级文化强省资金2.3亿元,采取项目补贴、贷款贴息奖励等方式,推动文化事业和文化产业发展。安排专项资金,支持各地体育场馆设施建设和全民健身广泛开展。

——社会保障和就业支出方面。省级支出256.5亿元,补助市县区236.2亿元,主要用于支持多层次社会保障体系建设和高质量就业。统筹整合87.3亿元社会救助资金,推进低保与扶贫"两线合一"。提高农村低保人员基本生活待遇,全省农村低保标准年人均5840元,较上年增加1551元。拨付207亿元,落实城镇职工、城乡居民养老保险提标政策。拨付21.3亿元,支持就业扶持工程等政策落地。统筹资金2.5亿元,加快养老服务体系建设。下达3.3亿元,推进多层次康复服务体系建设。统筹23.8亿元,落实46万优抚对象基本生活和医疗保障等政策。

——医疗卫生和计划生育支出方面。省级支出17.3亿元,补助市县区339.9亿元,主要用于支持健康安徽建设。拨付城乡居民医保补助资金265亿元,将城乡居民医保人均财政补助标准由450元/年提高至490元/年,人均基本公共卫生服务财政补助标准由50元/年提高到55元/年。完善住院、门诊特殊(慢性)病、普通门诊统筹政策,实现政策范围内住院医疗费用基金补偿比例达到75%左右;提高大病保险报销比例,将合规大病保险报销提高至不低于50%。下达资金11亿元,支持公立医院债务化解和事业发展,支持推进公立医院综合改革。下达资金2.5亿元,支持落实健康脱贫"三保障一兜底一补充"综合医疗保障体系。拨付1亿元,支持建设覆盖全省的食品安全快速检测体系,加强食品药品抽检力度。

——节能环保支出方面。省级支出4.7亿元,补助市县区85.1亿元,主要用于支持打好污染防治攻坚战。统筹大气污染防治资金、秸秆禁烧和综合利用等资金15亿元,坚决打好蓝天保卫战。统筹15亿元,重点围绕长江、淮河和巢湖流域污染治理,生态良好湖泊环境保护以及城市黑臭水体整治等方面,坚决打好碧水保卫战。支持推进土壤污染治理与修复试点示范工作,坚决打好净土保卫战。签署第三轮新安江流域生态补偿协议,安排生态保护补偿类资金5亿元,实施新安江流域上下游横向生态补偿、大别山区水环境生态补偿、全省地表水断面生态补偿、全省空气质量生态补偿等政策,对各地生态环境状况实施奖优罚劣,提高各地绿色发展积极性。支持加强环保实验室升级改造、空气和水监测能力建设、环境保护信息化建设,提升环保执法监测监察水平。

——城乡社区支出方面。省级支出1.2亿元,专项补助市县区12.6亿元,主要用于支持城乡基础设施建设。安排资金7亿元,一体化推进农村环境"三大革命",支持完成114.9万户农村厕所改造、247个乡镇政府驻地污水设施建设,分类推进村(庄)台、保庄圩整治,支持农村环境整治。安排5亿元继续支持特色产业集聚发展基地建设,引导特色小镇健康发展。

——农林水支出方面。省级支出104亿元,补助市县区316.5亿元,主要用于支持农业农村现代化建设。统筹引江济淮资金84.9亿元,支持工程征地拆迁及主体工程建设。下达9.4亿元,支持农村饮水安全等重大水利工程建设。拨付省级水利建设资金12.4亿元,支持治淮和大中型水库等建设。拨付38.7亿元,加快灾后水利水毁修复与薄弱环节建设性治理,支持主要支流治理、中小河流治理、重点排涝能力建设、小型病险水库除险加固、基层防汛预警预报体系等建设。拨付14.4亿元,推进林长制改革,支持林业增绿增效行动、绿化提升行动、林业产业发展及特色产业扶贫、林业资源生态保护与修复。投入30.2亿元,实施农田水利"最后一公里"奖补政策,带动社会投入11.2亿元,完成财政专项资金治理面积331.9万亩。下达35.9亿元,支持429.2万亩高标准农田建设。投入4.8亿元,支持实施高效节水灌溉项目。下拨2.2亿元,扶持涉农企业和新型农业经营主体发展。下拨专项资金13.4亿元,带动市县财政投入36.3亿元,整合涉农资金42.9亿元,引导社会资金54.4亿元,积极支持美丽乡村建设,改善农村人居环境。

——交通运输支出方面。省级支出63.1亿元,专项补助市县区82.6亿元,主要用于支持交通基础设施建设。下达资金47亿元,支持“四好农村路”建设。统筹安排资金,加大国省干线公路建设和维修保障支持力度,支持黄杭、庐铜等铁路建设、水运基础设施建设和民航事业发展。

——住房保障支出方面。省级支出13.8亿元,专项补助市县区130.3亿元,主要用于支持城乡居民住房建设。支持棚户区改造和农村危房改造,落实城镇住房保障家庭租赁补贴政策,积极改善城镇住房困难家庭居住条件。

(二)政府性基金预算

省级政府性基金预算收入26.7亿元,加:专项债务收入1316.1亿元、上年结转收入6亿元、中央补助收入41.6亿元,收入合计1390.4亿元。预算支出28.8亿元,加:专项债务转贷支出1316.1亿元、补助市县支出34.8亿元、调出资金5.1亿元、结转下年5.6亿元,支出合计1390.4亿元。

(三)国有资本经营预算

省级国有资本经营预算收入24.1亿元,加:中央补助收入11.1亿元、上年结转收入3.8亿元,收入合计39亿元。预算支出8.6亿元,加:补助市县支出16.8亿元、调出资金4.8亿元、结转下年8.8亿元,支出合计39亿元。

(四)社会保险基金预算

省级社会保险基金预算收入383.4亿元,加:上年结转收入747.5亿元,收入合计1130.9亿元。预算支出262.2亿元,加结转下年868.7亿元,支出合计1130.9亿元。

以上预算执行情况,具体详见《安徽省2018年预算执行情况和2019年省级预算草案》。上述预算执行数字在决算编制汇总后,会有部分变化。

此外,为了做好将上级政府提前下达的转移支付预计数编入本级预算工作,2018年底提前下达市县2019年中央和省级转移支付1695亿元,由市县完整编入预算,便于市县提前安排使用资金,支持重点项目的资金需求。

2018年,我们坚决贯彻新时代党的建设总要求,把党的政治建设摆在首位,树牢“四个意识”,坚定“四个自信”,坚决做到“两个维护”,深入推进“两学一做”学习教育常态化制度化,扎实开展“讲严立”专题警示教育和“三查三问”。落实全面从严治党和党风廉政建设“两个责任”清单,驰而不息整治“四风”问题,持之以恒正风肃纪,推动全面从严治党向纵深发展。

各位代表!

2018年,全省财政运行总体平稳,财政改革持续加快,财政绩效成效显著,现代财政制度加快构建。这些成绩的取得,是习近平新时代中国特色社会主义思想的科学指引,是省委、省政府的坚强领导,是省人大的依法监督和省政协的民主监督,是各地各部门攻坚克难、共同努力的结果。同时,我们也清醒地认识到,财政运行中还存在一些不容忽视的问题,面临一些困难和挑战。主要是:受宏观经济形势影响,全省财政收入增速趋缓,财政重点支出刚性加大,财政收支矛盾将更加突出;区域财政发展不平衡,部分市县财源建设支撑力还不强,一些市县保工资、保运转、保基本民生压力加大;财政投入边界和市场主体责任还需进一步厘清等问题还比较突出,财政可持续发展难度加大;一些使用财政资金的部门和单位绩效观念和主体责任还需加强,“钱等项目”仍然存在,财政投入方式还需要进一步创新,财政资金使用绩效有待进一步提高;一些预算部门预决算公开的主体责任落实不到位,部分市县和预算部门公开还不够及时、完整、细化、规范,预决算公开工作还需进一步加强;少数市本级和县区债务率超过风险警戒值,防范地方政府性债务特别是隐性债务风险的压力较大,等等。针对这些问题,我们将采取有力措施,认真加以解决。

三、2019年预算草案

2019年是新中国成立70周年,是全面建成小康社会关键之年。外部环境复杂严峻,经济下行压力加大,全省财政收支矛盾更加突出。根据市县区预算汇编及经济增长预期目标、财税政策变化情况,2019年全省财政收入增长与经济增长同步。

(一)2019年预算编制的指导思想和基本原则

2019年预算编制的指导思想:

坚持以习近平新时代中国特色社会主义思想为指导,全面贯彻党的十九大和十九届二中、三中全会精神,深入贯彻落实习近平总书记视察安徽重要讲话精神,全面贯彻落实中央经济工作会议精神,认真落实省第十次党代会、省委十届七次全会和省委经济工作会议精神,坚持稳中求进工作总基调,坚持新发展理念,坚持推动高质量发展,坚持以供给侧结构性改革为主线,坚持深化市场化改革、扩大高水平开放,高质量推动五大发展行动,加快建设现代化经济体系,统筹推进稳增长、促改革、调结构、惠民生、防风险工作,认真落实稳就业、稳金融、稳外贸、稳外资、稳投资、稳预期工作要求,继续实施积极的财政政策,落实好更大规模的减税降费政策,继续支持打好三大攻坚战,着力激发微观主体活力,加快建立现代财政制度,提升财政服务保障水平,增强人民群众获得感、幸福感、安全感,为加快建设现代化五大发展美好安徽提供坚实财政支撑。

2019 年预算编制的基本原则:

按照"保重点、控一般、促统筹、提绩效"要求,坚持发展为上、民生为本、脱贫为先、平安为基,着力提高预算保障能力和管理水平。依法理财,规范预算行为。全面贯彻《预算法》等法律法规要求,认真落实人大有关决议精神,推动财政工作法治化、制度化和规范化。支持发展,强化预算保障。坚持发展为第一要务,调整优化财政支出结构,严控一般性支出,保障中央和省委、省政府重大决策部署有效落实。统筹兼顾,确保预算平衡。坚持量力而行、尽力而为,积极化解财政收支矛盾,统筹做好年度之间财力安排,加大对市县转移支付力度,确保财政持续平稳运行可持续。创新方式,提升预算绩效。把绩效管理摆在更加突出位置,注重预算绩效与预算编制的有机结合,更加有效配置财政资源,创新财政支持方式,最大限度发挥资金使用效益。

(二)2019 年全省预算收入和支出安排

2019 年,全省预算按一般公共预算、政府性基金预算、国有资本经营预算、社会保险基金预算等四本预算编制。具体如下:

1. 一般公共预算。

全省汇编地方一般公共预算收入 3149.3 亿元,加:中央税收返还 317.5 亿元、中央转移支付 2288 亿元、调入预算稳定调节基金等 623.2 亿元,收入合计 6378 亿元。全省地方一般公共预算支出 5732.2 亿元,加:一般债务还本支出 32.7 亿元、上解中央支出 23.1 亿元、调出资金等 590 亿元,支出合计 6378 亿元。

省级预算收入 308.9 亿元,加:中央税收返还 317.5 亿元、中央转移支付 2288 亿元、调入预算稳定调节基金等 365.7 亿元,收入合计 3280.1 亿元。省本级预算支出 714.5 亿元,减:省级预算提前下达市县(区)转移支付 47.2 亿元,加:中央提前下达转移支付列入省级预算 328.9 亿元,省级预算支出 996.2 亿元。加:对市县(区)税收返还 216.5 亿元、对市县(区)转移支付 2044.3 亿元、上解中央支出 23.1 亿元,支出合计 3280.1 亿元。

2. 政府性基金预算。

2019 年,全省汇编政府性基金预算收入 2673.6 亿元,加:上年结转收入 63.7 亿元、中央补助收入 23.5 亿元、调入资金 0.1 亿元,收入合计安排 2760.9 亿元。支出相应安排 2760.9 亿元,其中:本年支出 2593.5 亿元,调出资金 113.9 亿元,结转下年 41.1 亿元,专项债务还本支出 12.4 亿元。

2019 年,省级政府性基金预算收入 23.6 亿元,加:上年结转收入 5.6 亿元、中央补助收入 23.5 亿元,收入合计安排 52.7 亿元。支出安排 52.7 亿元,其中:本年支出 33.3 亿元,省对下转移支付 19.3 亿元,结转下年 0.1 亿元。

3. 国有资本经营预算。

2019 年,全省汇编国有资本经营预算收入 50.5 亿元,加:上年结转收入 13.5 亿元,收入合计 64 亿元。支出相应安排 64 亿元,其中:本年支出 49.6 亿元,调出资金 14.4 亿元。

2019 年,省级国有资本经营预算收入 27.4 亿元,加:上年结转收入 8.8 亿元,收入合计 36.2 亿元。支出相应安排 36.2 亿元,国有企业资本金注入 16.1 亿元,调出资金 7 亿元,解决企业历史遗留问题及改革成本支出 12.4 亿元,金融国有资本经营预算支出 0.5 亿元,其他支出 0.2 亿元。

4. 社会保险基金预算。

2019 年,全省汇编社会保险基金预算收入 2636.9亿元,加:上年结转收入 2807.5 亿元,收入合计安排 5444.4 亿元。支出相应安排 5444.4 亿元,其中:本年支出 2267.2 亿元,结转下年 3177.2 亿元。

2019 年,省级社会保险基金预算收入 505.9 亿元,加:上年结转收入 868.7 亿元,收入合计安排 1374.6 亿元。支出安排 1374.6 亿元,其中:本年支出 343.7 亿元,结转下年 1030.9 亿元。

此外,根据十三届全国人大常委会第七次会议决定,各省要按照国务院批准的提前下达的新增政府债务限额编制预算，我们将财政部提前下达安徽省部分2019年新增债务限额619亿元（一般债务104亿元，专项债务515亿元）编入2019年预算，便于加快地方政府债券发行使用进度，保障重点项目资金需求，发挥政府债券资金对稳投资、扩内需、补短板的重要作用。其中：分配市县新增债务限额581亿元（一般债务66亿元，专项债务515亿元），省级留用新增债务限额38亿元（一般债务），依规安排有关支出。

以上省级预算具体安排详见《安徽省2018年预算执行情况和2019年省级预算草案》。

（三）2019年主要支出政策

1. 支持打好三大攻坚战。

支持打好防范化解重大风险攻坚战。加强政府债务动态监测，及时开展风险预警提示，督促指导高风险地区编制债务风险化解方案。严格执行地方政府债务限额管理和预算管理制度，新增地方政府债务限额规模适当向财政实力强、债务风险低的地区倾斜。积极争取中央财政对我省分配的新增专项债券规模有较大幅度增加，对预算安排的专项债券资金项目通过先行调度库款的办法，加快项目建设进度。积极稳妥化解存量隐性债务，建立奖惩机制，督促各地完成年度存量隐性债务化解任务，坚决遏制隐性债务增量。贯彻落实违规举借隐性债务问责办法，将防范化解隐性债务风险列入省政府重点督查事项，确保不发生系统性区域性财政金融风险。

支持打好精准脱贫攻坚战。重点围绕实现“两不愁三保障”，全面落实财政保障责任，用好跨省域补充耕地资金和城乡建设用地增减挂钩节余指标调剂资金，深入推进贫困县涉农资金整合，省级财政新增扶贫专项资金50%用于9个深度贫困县，50%用于贫困革命老区县。省对下相关转移支付资金、地方政府债券资金重点向深度贫困地区和特殊贫困群体倾斜。省级安排淮河行蓄洪区居民迁建资金，推进行蓄洪区安全建设工程，支持庄台、保庄圩综合整治。支持实施“四带一自”产业扶贫工程，拓宽产业扶贫之路。支持统筹推进贫困村与非贫困村脱贫攻坚，落实对收入水平略高于建档立卡贫困户群体的专门扶持政策，支持构建防止返贫、稳定脱贫长效机制。

支持打好污染防治攻坚战。全力落实打好污染防治攻坚战各项要求，聚焦打赢蓝天保卫战、柴油车货车污染治理、城市黑臭水体治理、水源地保护、农业农村污染治理等战役，加大投入力度。坚持生态优先、绿色发展，支持打造水清岸绿产业优美丽长江（安徽）经济带，支持深入开展沿江化工污染治理、长江干流岸线利用项目清理等专项行动。完善财政政策措施，支持淮河生态经济带建设安徽方案实施和重点任务落实。实施第三轮新安江流域生态补偿，完善大别山区水环境生态补偿机制，实施地表水断面生态补偿政策和空气质量生态补偿，支持健全河（湖）长制、林长制。

2. 支持经济高质量发展。

继续推进供给侧结构性改革。贯彻“巩固、增强、提升、畅通”方针，深入推进“三去一降一补”，推动更多产能过剩行业加快出清。落实债务处置、土地利用、职工安置、税费优惠等政策，支持推进“僵尸企业”专项整治，继续破除无效供给。支持深化国资国企改革，推进省属企业兼并重组。支持加快省港航集团运营发展，支持做强做优做大国有资本。规范并推进PPP项目实施，鼓励民间资本参与，提高公共服务供给质量。

支持制造业高质量发展。综合运用财政专项资金、投资基金等方式，重点支持电子信息、工业机器人、智能家电、新能源汽车、环保技术装备、现代医疗医药等产业发展，支持促进先进制造业和现代服务业深度融合，支持制造强省建设。省级继续安排“三重一创”建设专项引导资金，加快推进重大新兴产业基地建设，支持启动第四批重大新兴产业工程、专项建设，支持打造“三重一创”升级版，推动战略性新兴产业集群发展。支持推进重点技术改造项目，推动传统制造业改造升级。

支持数字经济与人工智能发展。支持加快“数字江淮”中心建设，支持完善基础数据统一、资源共享开发的平台功能。支持加快智能机器人研发、智能终端创新，提升数字型经济水平。统筹支持推进“中国声谷”规模化、市场化、产业化发展，支持打造世界级人工智能及智能语音产业集群。

支持开拓内需潜力。大力促进消费，加快文化、旅游、教育、育幼、养老、医疗等服务业发展。落实好个人所得税专项附加扣除政策。加强有效投资和基础设施建设，继续安排铁路、公路、航运等专项资金，加大交通、物流、市政基础设施等投资力度，支持补齐农村基础设施和公共服务设施建设短板。支持引江济淮、水利水毁修复与薄弱环节建设性治理等重点水利工程建设。

大力促进民营经济发展。省级设立民营经济发展专项资金,重点支持“专精特新”发展和融资服务体系建设等。继续实施融资担保风险代偿补偿、融资担保增量奖励、续贷过桥资金等政策,支持扩大担保规模,着力解决民营企业和小微企业融资难融资贵问题。兑现企业首发上市、债券融资、挂牌股权融资等奖励资金,鼓励直接融资。支持民营企业参与盘活政府性存量资产、参与国有企业混合所有制改革。加强财政政策合法性审查和公平竞争审查,营造公平竞争环境,支持更多优质企业发展。

3. 支持创新驱动发展战略。

支持推深做实“四个一”创新主平台。继续增加省级投入力度,以合肥滨湖科学城为依托,全力推进合肥综合性国家科学中心。支持深化合芜蚌国家自主创新示范区建设,支持完成系统推进全面创新改革试验任务,支持安徽省实验室、安徽省技术创新中心建设。支持科技重大专项和重点研发计划项目实施。

支持科技成果转化。建立促进科技成果转化的资金支持机制,充分发挥省科技成果转化引导基金和省级科技融资担保机构作用,支持科技成果在皖研发、转化和产业化。落实技术型服务增值税减免政策,完善省级财政科研项目资金管理政策,推进技术类无形资产管理试点,支持促进产学研用深度融合,打通全生命周期创新链。健全政府采购制度,加大对重大装备和关键产品的支持,把首台套政策落到实处。支持提升军民科技协同创新能力,推动军民技术成果双向转化。

支持汇聚更多创新人才。全面落实新时代“江淮英才计划”财政保障政策,支持培育高技能人才队伍,支持培养引进一批科技领军人才和高水平创新团队。落实科技成果“三权”下放、股权期权分红激励等政策,赋予创新团队和领军人才更大的人财物支配权,完善人才激励和分配机制。

支持推动对外开放发展。落实稳外贸稳外资工作部署,支持深化与“一带一路”沿线国家和地区合作。支持加快大通道大平台建设。支持办好第二届世界制造业大会。支持优化口岸营商环境,推动海关特殊监管区域加快发展。

4. 支持实施乡村振兴战略。

支持深化农业供给侧结构性改革。建立健全乡村振兴战略多元投入保障机制,加强涉农资金统筹整合。用好农业产业发展资金,发挥农业产业化发展基金作用,重点扶持龙头企业和优质项目、优势基地,支持提升培育家庭农场、农民合作社等新型农业经营主体可持续发展能力,支持解决小农户生产经营困难。支持农业科技创新,加快秸秆综合利用和畜禽废物利用。支持发展地方特色优势主导产业,巩固提升农村电商建设成果,促进农村一二三产业融合发展。

深化农村综合改革。落实村级组织运转经费保障机制。扶持村集体经济发展。支持农村土地“三权分置”制度改革,支持农村承包地确权登记成果运用。支持开展农村集体产权制度改革,持续推进农村“三变”改革。更好发挥一事一议财政奖补机制对农村公益事业的推动作用。开展农村综合性改革试点试验。

完善农业支持保护制度。支持推进粮食生产功能区和重要农产品生产保护区建设,完善农业补贴制度。健全农业信贷担保体系,深入推进玉米、大豆目标价格保险,完善“保险+期货”模式。

大力支持乡村建设。深入推进农村人居环境整治,支持乡村绿化、垃圾污水处理、厕所革命、村容村貌提升,持续推进美丽乡村建设。支持“四好农村路”、高标准农田、农村安全饮水工程等基础设施建设。

5. 推动区域协调发展。

贯彻实施长三角区域一体化发展战略。落实长三角洲区域一体化发展国家战略,积极贯彻安徽实施方案。支持加快基础设施、公共服务、市场监管一体化进程,深化大气、水环境污染联防联治。统筹支持推进长三角科技创新共同体和产业合作示范基地建设,打造实体化科创合作示范平台。

落实财政区域支持政策。全面落实省委、省政府各项区域财政政策,统筹推进合肥都市圈、美丽长江(安徽)经济带、淮河生态经济带、皖北地区、皖江承接产业转移示范区、皖南国际文化旅游示范区高质量发展。加大对大别山革命老区振兴发展支持力度,支持适应性产业和特色经济发展。支持推进资源型城市转型发展,加快城区老工业区、独立工矿区改造和采煤沉陷区综合治理。

支持加快县域经济振兴。安排省级奖励资金,落实开发区综合考核评价政策，增强开发区创新活力。继续落实城市工作“五统筹”要求，支持加强城市规划和统筹协调。加大农业转移人口市民化转移支付力度。支持一批特色产业集聚发展基地，支持引导建设特色小镇突出特色、健康发展，大力推进新型城镇化。

推进基层基本公共服务功能建设。落实省委、省政府基层基本公共服务功能建设要求，强化机制创新，不断加大投入，支持建立健全基本公共服务标准体系，推动县域特别是贫困县区和困难地区加快基本公共服务建设，切实补齐“双基”短板，有效提升基本公共服务保障水平。

支持深化平安安徽建设。支持加强和创新社会治理，支持重特大突发事件应急处置，加强自然灾害防治能力建设。支持扫黑除恶专项斗争，支持“智慧皖警”建设，推动构建立体化信息化社会治安防控体系。支持推进司法体制改革试点，加强法律援助工作，推动完善矛盾纠纷多元化解机制。支持深入开展“铸安”行动，强化食品药品监管，加强农产品质量安全追溯体系建设。

6. 提高保障和改善民生水平。

实施33项民生工程。坚持以人民为中心的发展思想，围绕“幼有所育、学有所教、劳有所得、病有所医、老有所养、住有所居、弱有所扶”，持续加大民生投入力度，扎实做好民生工作。新增就业创业促进工程等6项民生工程，加大资金投入，加强过程管理，提升工程实施绩效，推进解决重点民生问题，确保惠民政策落到实处。

支持发展公平优质教育。巩固落实城乡义务教育经费保障机制，改善贫困地区义务教育薄弱学校基本办学条件，支持推进智慧学校建设。支持消除城镇学校大班额，保障农民工随迁子女教育。落实公办幼儿园和普通高中生均公用经费财政拨款政策。进一步健全学生资助制度。深入实施现代职业教育质量提升计划，支持加快推进地方高水平及应用型大学建设。落实中小学教师待遇保障政策，支持加强教师队伍建设。支持引导社会力量，增加对学前教育、农村贫困地区儿童早期发展、职业教育等方面的投入。

加强就业和社会保障。支持实施更加积极的就业政策，继续安排就业补助资金，支持多渠道、多方式提供职业培训和就业服务，重点抓好高校毕业生、农民工、退役军人等群体就业，统筹做好就业创业工作。支持全面实施全民参保计划，按照国家统一部署，提高退休人员基本养老金标准，提高财政负担的城乡居民养老保险基础养老金最低标准水平，适时调整优抚补助标准，统筹支持城乡社会救助体系，支持开展居家和社区养老服务改革试点，支持推进养老服务体系建设。

推进健康安徽建设。持续深化医药卫生体制综合改革，稳妥推进公立医院债务化解，着力健全公立医院政府投入机制，按照国家部署做好城乡居民基本医疗保障财政补助、基本公共卫生服务经费提标工作，支持完善并突出县以下基层智慧医疗试点示范，支持加快发展中医药事业。支持广泛开展全面健身活动，加快体育产业发展。

完善住房保障机制。支持加快建立多主体供给、多渠道保障、租购并举的住房制度。继续推进保障性安居工程建设，支持新开工各类棚户区改造，加大对公共租赁住房及其配套基础设施建设的支持力度，将符合条件的新就业无房职工、外来务工人员纳入公共租赁住房保障范围。

推动文化繁荣兴盛。完善公共文化服务体系，深入实施文化惠民工程。继续支持博物馆、图书馆、文化馆等公益性文化设施向社会免费开放。加强文物保护利用和文化遗产保护传承。支持传统媒体和新兴媒体深度融合，支持新时代文明实践中心和县级融媒体中心建设，推动文化事业和文化产业发展。

四、2019年财政工作

2019年，全省各级财政部门将认真贯彻党中央、国务院及省委、省政府决策部署，全面落实好省十三届人大二次会议决议要求，加力提效实施积极的财政政策，全面落实减税降费政策，持续推进法治财政建设，运用市场化、法治化手段，努力提高财政保障能力和管理水平，全力保障省委、省政府各项决策部署有效落实，确保全年预算目标任务顺利完成。

（一）着力培育厚植财源建设

按照国务院部署，实施更大规模的减税降费，推进增值税等实质性减税，对小微企业和科技型初创企业实施普惠性税收免除，降低养老保险费率，稳定缴费方式，继续实施阶段性降低失业和工伤保险费率政策，有效降低企业成本负担。支持加快经济体制改革，充分发挥财政资金引导作用，支持推动开发区创新升级，提升开发区创新资源集聚功能，培育涵养税源。创新财政支持经济社会发展方式,突出政策引导和资金撬动,更多采取投资基金、政府与社会资本合作等方式,最大限度发挥财政资金使用效益。强化财政预期管理,依规平稳有序组织收入,确保财政收入增长稳预期、有质量、可持续。

(二)着力调整优化支出结构

牢固树立过紧日子思想,严格控制和压减一般性支出,从严安排"三公"经费预算,除刚性和重点项目支出外,按照国务院要求,各级按照不低于5%的幅度压减一般性支出,将更多的资金用于促进发展和保障改善民生。继续盘活财政存量资金。增加省对市县一般性转移支付,完善县级基本财力保障机制,增强困难地区和基层政府保工资、保运转、保基本民生和促发展能力。按照坚守底线、突出重点、完善制度、引导预期的要求,坚持尽力而为、量力而行,健全财政支出政策决策机制,加强重大项目财政可承受能力评估,清理规范过高承诺,集中财力保障重大政策、重大改革和重大项目落地。

(三)着力加强财政绩效管理

全面实施预算绩效管理,加强新增重大政策和项目预算审核与事前绩效评估,将审核与评估结果作为预算安排的重要参考依据。强化绩效目标管理,将绩效目标设置作为预算安排的前置条件,绩效目标与预算同步批复下达。加强绩效运行监控,强化部门预算绩效管理主体责任,确保绩效目标如期保质保量实现。开展预算执行情况绩效评价,健全绩效评价结果反馈制度和绩效问题整改责任制,将绩效评价结果与预算安排和政策调整挂钩。

(四)着力深化财税体制改革

按照中央统一部署,积极推进应急救援、自然资源等领域省以下财政事权和支出责任划分改革,加快推进其他分领域改革。健全地方税体系。持续推进预决算信息公开,拓展预算公开评审论证,清理整合规范专项资金,滚动编制中期财政规划,健全预算支出标准。规范地方政府举债融资机制,加快债券发行使用进度,更加有效发挥债券资金对优化供给结构、支持经济社会发展的重要作用。自觉接受审计监督,积极支持配合各项审计工作,抓好审计整改,加强审计结果运用,保障各项改革有序推进。

(五)着力接受人大依法监督和政协民主监督

认真落实《预算法》《安徽省预算审查监督条例》,主动接受人大依法监督和政协民主监督,加快推进法治财政建设。广泛听取、积极采纳省人大代表、省政协委员意见建议,努力提高人大代表建议和政协委员提案办理质量,不断改进财政工作。依法依规按时向省人大及省人大常委会报告有关财政事项,完善国有资产管理情况报告机制,贯彻落实人大预算审查监督重点向支出预算和政策拓展要求,完善各级预算联网监督机制,自觉在人大依法监督和政协民主监督下加强财政管理。

(六)着力全面加强财政从严治党

按照全面从严治党要求,纵深推进财政从严治党。深入贯彻中央八项规定及实施细则精神和省委实施细则,弘扬"马上就办、真抓实干"的优良作风。认真落实中办和省委进一步激励广大干部新时代新担当新作为的意见,加强纪律教育和监督管理,打造忠诚干净担当的财政队伍,为财政改革发展凝心聚力。

各位代表!

做好2019年财政工作任务繁重、使命光荣。我们将在省委、省政府的坚强领导下,在省人大的依法监督和省政协的民主监督下,认真落实省人民代表大会及省人大常委会的决议,坚定信心、锐意改革、担当作为、迎难而上,强化财政保障和政策支撑,为现代化五大发展美好安徽建设作出积极贡献,以优异的成绩庆祝中华人民共和国成立70周年!

(乔传宗)

全省财政工作重要文献

在全省财政工作视频会议上的讲话

省财政厅党组书记、厅长　罗建国

（2019 年 1 月 3 日）

同志们：

这次会议主要任务是，深入学习贯彻习近平新时代中国特色社会主义思想和党的十九大精神，贯彻落实省委经济工作会议及全国财政工作会议精神，总结 2018 年全省财政工作，研究部署 2019 年财政工作。2018 年 12 月 27—28 日，财政部召开全国财政工作会议。会前，李克强总理和韩正副总理作出重要批示，对 2018 年财政工作给予充分肯定，向广大财政干部职工表示慰问，对做好 2019 年财政工作提出指示要求。全国财政工作会议召开以后，省财政厅迅速向省委、省政府领导汇报会议精神以及贯彻落实的意见建议。省委、省政府对这次全省财政工作会议高度重视，会前，李锦斌书记、李国英省长和邓向阳常务副省长审阅了全国财政工作会议精神的汇报材料和我省贯彻意见，指示我们要把全省财政工作会议开好，并分别作出重要批示。国务院领导和省委、省政府领导的重要批示精神，既是对财政工作的充分肯定和信心鼓舞，更是对财政干部的殷切期望和责任鞭策，体现了对财政系统的重视、对财政工作的支持、对财政干部的关怀，为做好今年的财政工作提供了方向和遵循，鼓舞了干劲，振奋了精神，明确了路径。市县财政部门要及时向党委、政府主要领导汇报。我们要认真组织学习、切实领会精神、抓好贯彻落实。下面，我讲几点意见。

一、学习领会全国财政工作会议精神

刚刚闭幕的全国财政工作会议，是在全国财政系统庆祝改革开放 40 周年、学习贯彻中央经济工作会议精神的背景下召开的一次重要会议。刘昆部长的工作报告，深入贯彻习近平新时代中国特色社会主义思想和党的十九大精神，总结了成绩经验，分析了形势任务，梳理了问题瓶颈，明确了工作思路方法，财政部门户网站、中国财经报等已经作了专门报道，主要内容包括以下几个方面。

第一，深入学习贯彻习近平总书记重要指示批示精神，扎实推进财税体制改革。刘昆部长强调，要自觉从政治和全局的高度，充分认识习近平总书记重要指示批示的重大意义，在认真学习、深刻领会、狠抓落实上下功夫。健全工作机制，强化覆盖改革方案制定、政策配套、部署实施、督察落实等环节的全链条管理，保障改革工作规范高效推进。实化细化工作举措，强化目标导向和问题导向，加强调查研究，推动改革任务落实。

第二，积极发挥财政职能作用，促进实现 2018 年经济社会发展目标。刘昆部长充分肯定了 2018 年财政工作成绩。一是聚力增效实施积极的财政政策，

大力实施减税降费,预计全年为市场主体减负超过1.4万亿元,经济运行保持在合理区间。二是强化政策支持和资金保障,加强地方政府债务风险防控,大力支持脱贫攻坚,加大污染防治力度,推动三大攻坚战取得明显成效。三是支持深化供给侧结构性改革,推进科技创新能力建设,支持制造业转型升级,激发创新创业活力,落实“三去一降一补”重点任务,推动城乡区域协调发展,促进经济发展质量提高。四是坚持尽力而为、量力而行,实施更加积极的就业政策,完善社会保障制度体系,促进社会民生持续改善。五是深入推进依法理财,加快财政法制建设,强化管理基础工作,加强财政内部控制建设,财政管理水平继续提高。六是推动改善营商环境,深入推进国际财经合作。

第三,认真贯彻中央经济工作会议精神,扎实做好2019年财政工作。刘昆部长强调,要以习近平新时代中国特色社会主义思想为指导,全面贯彻党的十九大和十九届二中、三中全会及中央经济工作会议精神,重点做好十项财政工作。一是继续支持打好三大攻坚战。有效防范化解财政金融风险,加强地方政府隐性债务风险监测和应对,坚决遏制隐性债务增量,妥善处置隐性债务存量,严控法定专项债券风险隐患,2019年将大幅增加地方政府专项债券,部分地方政府债券额度指标已提前下达,要抓紧组织做好发行及项目实施准备,争取一季度加快发行。支持精准扶贫精准脱贫,继续强化财政投入保障,深入推进贫困县涉农资金整合试点,加快扶贫资金动态监控机制建设,推动做好脱贫攻坚与乡村振兴战略的衔接。支持打好污染防治攻坚战,聚焦打赢蓝天保卫战等七大标志性战役,加大投入力度。二是推动经济转型升级。聚焦突出短板和薄弱环节,大力支持制造业、民营经济和中小企业等发展,增强市场主体活力,提升经济创新力和竞争力。三是进一步释放内需潜力。立足培育发展国内市场,着力促消费、扩投资,发挥好内需对经济增长的支撑作用。四是促进区域协调发展。统筹落实好国家重大区域战略,健全区域互助和利益分享机制,进一步提升区域间基本公共服务均等化水平。五是贯彻实施乡村振兴战略。着力构建完善财政支持实施乡村振兴战略的政策体系和体制机制,推动农业高质量发展,大力支持乡村建设,深化农业农村改革。六是加强保障和改善民生。积极促进创业就业,支持发展公平优质教育,提高社会保障水平,强化民生兜底保障,促进文化事业发展。七是深化财税体制改革。加快财政体制改革,健全预算管理制度,完善税收制度,加快建立现代财政制度。八是确保地方财政可持续。合理安排收支预算,各地收入预算要实事求是、科学预测,与面临的宏观经济形势特别是本地经济社会发展实际相适应;支出预算要统筹兼顾、突出重点,坚持过紧日子,量力而行、精打细算,加强重大项目财政可承受能力评估,着力清理规范过高承诺、过度保障的支出政策。坚决兜住“三保”(保工资、保运转、保基本民生)底线,严格暂存暂付款管理,坚决防控债务风险。九是持续提升财政管理效能。全面实施预算绩效管理,夯实预算执行管理基础,完善国有资产和会计管理,充分发挥专员办作用。十是推进国际财经合作。

第四,以党的政治建设为统领,推动财政系统全面从严治党向纵深发展。刘昆部长强调,要突出党的政治建设统领作用,自觉落实好全面从严治党主体责任,切实加强对财政权力运行的制约和监督,持之以恒正风肃纪,建设忠诚干净担当的高素质财政干部队伍。

全国财政工作会议上,刘伟副部长在总结讲话中强调,要认真向党委政府主要负责同志汇报会议精神,结合各地实际抓好落实。要全面推进财税体制改革工作,切实抓好各项改革落地。切实加强和改进财政预期管理,做到财政可持续发展。做好岁末年初工作调度,2019年收入要“起好步”,做到均衡入库,把握节奏,确保真实。对县级财力“三保”问题要重视到位。按照财政部要求做好专项债券发行工作。认真做好服务全国“两会”代表工作。加强财政党风廉政建设。

二、2018年全省财政工作取得积极成效

2018年,全省各级财政部门深入学习贯彻习近平新时代中国特色社会主义思想和党的十九大精神,坚决贯彻落实省委、省政府的决策部署和财政部的工作安排,坚持稳中求进工作总基调,落实高质量发展要求,以支持五大发展行动计划为总抓手,聚力增效实施积极的财政政策,统筹支持稳增长、促改革、调结构、惠民生、防风险,财政收支运行总体平稳、稳中有进、好于预期,全省财政总收入完成5363亿元,增长10.4%;其中,地方财政收入3049亿元,增长8.4%,地方财政收入中税收占比71.5%,较上年提高1.4个百分点,收入质量进一步提升;全省财政支出6572亿元,增长5.9%,为全省经济持续健康发展和社会大局稳定提供了坚实的财政保障。

一是财政政策精准有效。大力实施减税降费,去年1-11月减税834.8亿元,省级涉企收费项目实现零收费,社保降费30.8亿元。发行2247.9亿元政府债券,累计完成存量债务置换3992亿元。落实促进经济高质量发展、民营经济发展等各项政策,运用股权投资、以奖代补、后奖补等方式,投入100多亿元支持"三重一创"、"四个一"创新主平台、制造强省等建设;完善财政区域发展政策,大力支持皖北、皖南、皖江、大别山区特别是贫困革命老区发展;2016年以来,累计拨付中央和省专项资金50.8亿元,全面兑现去产能奖补政策;出台并落实30项财政支持乡村振兴政策措施。强化财政金融政策协同,按照"资金改基金、拨款改股权、无偿改有偿"要求,安排专项资金,以补充资本金形式支持设立7支母基金,建立规模达1000亿元的省级股权投资基金体系;通过奖补、贴息、风险补偿等财政政策工具,支持政策性融资担保体系建设,推动农业信贷担保体系建设向基层延伸、覆盖80个县、实现农业县全覆盖,着力畅通金融服务实体经济和民营经济渠道。

二是财政资金保障有力。坚持"保重点、控一般、促统筹、提绩效",拨付33项民生工程资金1067.3亿元,全省专项扶贫资金达121.3亿元、增长25.6%,省级新增投入70亿元重点支持32个贫困县区基层基本公共服务功能建设,统筹安排37亿元支持环境保护和生态治理,全面建立全省流域水环境生态补偿机制,切实加大了对脱贫攻坚和污染防治等重点领域和关键环节的投入。财政保障能力的提升,得益于中央财政的大力支持;得益于省级加大对市县财政的倾斜支持,市县财政支出占全省财政支出的比重由2011年的82%提高到2017年的87.3%;得益于调整和优化支出结构,全省"三公"经费支出持续下降,腾出更多财力保工资、保运转、保基本民生,抓重点、补短板、强弱项;得益于财政支持方式的创新,通过公办民营、民办公助、政府购买服务、规范推广PPP等模式,支持引导社会力量、金融资本、基层资源共同兴办社会事业,纳入财政部PPP项目库项目436个、总投资4779亿元、落地率达69.5%,落地项目数和落地率均位居全国前列。

三是财政改革持续发力。坚持把改革作为财政工作的总要求和总引领,省委深改委赋予财政单独牵头或第一牵头的4项改革任务全面完成。健全基层基本公共服务功能建设财政保障机制,推进基本公共服务领域财政事权和支出责任划分改革,将与群众直接相关的18项基本公共服务事项明确为中央、省级与市以下共同财政事权,合理划分支出责任,同步完善相关转移支付制度,进一步理顺省市县财政关系。改革健全预算管理制度,制定预算稳定调节基金管理暂行办法,完善跨年度预算平衡机制;省级预算编制全面实行"大专项(大类别)+任务清单"方式,省对下专项转移支付项目由2018年的91项压缩到2019年的40项。落实营改增、环保税等政策,扎实推进税收制度改革。发挥财税改革在整体改革中的牵引和支撑作用,积极做好省级党政机构改革预算经费和资产管理等服务工作;推动建立国有资产管理情况报告制度,并首次代表省政府向省人大报告;统筹服务支持"三去一降一补"、国资国企、农业农村、医药卫生、资源环境、教育文化等重点领域改革。

四是财政管理绩效提升。预算管理更加科学,加强预期管理、实现财政收入有质量可持续,连续7年提前启动预算编制工作,省对下专项转移支付和重点部门预算评审实现全覆盖,编制中期财政规划和部门三年滚动财政规划,完善预算项目储备机制、存量资金定期清理机制,一般公共预算执行进度位居全国前列,严控预算追加,坚持做到"预算一年、一年预算"。债务管理更加严密,政府性债务全面实行预算管理和限额管理,健全债务风险应急处置和风险预警监测机制,落实"四清四实"要求,完成隐性债务清理摸底工作,规范政府举债行为,政府债务风险总体可控。绩效管理全面实施,制定我省预算绩效管理实施意见,对市县财政管理绩效实行考核激励,省级对34个重点项目、2个部门整体支出、2项财政政策进行重点绩效评价,强化评价结果运用。基础管理更加精细,贯彻落实《预算法》,法治财政建设全面推进,建立扶贫资金动态监控系统,推动财政内控制度落地,健全"三察三单"制度,严格约谈、问责和考核,依法理财水平不断提高。

五是财政党建纵深推进。坚决贯彻新时代党的建设总要求,深入推进"两学一做"学习教育常态化制度化,扎实开展"讲严立"专题警示教育和"三查三问",落实专题学习研讨和政策业务学习制度,及时学习重要会议精神、重大政策文件,加强财政政治生活、政治文化、政治生态建设。落实《中国共产党支部工作条例(试行)》,巩固拓展基层党组织标准化建设成果,坚持宽领域、一体化、分层次、分类别做好干部选拔任用和动态管理工作,加强干部日常监督管理,形成"不要找"的财政风气。落实中央八项规定及实施细则精神、省委《实施细则》,出台省财政厅党组《实施办法》,巩固拓展部门会商、结对共建、定点帮扶等作风建设成果,力戒形式主义、官僚主义。贯彻落实新修订的《中国共产党纪律处分条例》,制定落实全面从严治党和党风廉政建设"两个责任"任务清单,出台领导干部落实主体责任全程纪实暂行办法,创新开展"警示教育周"活动,修订出台厅党组巡察工作实施办法和工作规则,对处室单位开展政治巡察,推动廉洁理财。

同志们,过去的一年,财政工作取得的成绩来之不易。这得益于习近平新时代中国特色社会主义思想的科学指引,得益于省委、省政府的坚强领导和省人大的依法监督,得益于财政部的指导支持,得益于各级各部门的关心理解帮助,得益于全省财政系统的戮力同心、攻坚克难。在此,我代表财政厅党组向奋战在财政战线上的同志们表示衷心感谢并致以崇高敬意!

三、认识当前财政经济形势

2019 年,经济社会发展仍处于重要战略机遇期,但面临的环境更为复杂,不确定性更大,风险挑战更多,保持财政经济平稳运行的难度加大。对此,各级财政部门要有清醒的认识,科学、全面、辩证地看待当前面临的财政经济形势,做好充分地思想准备和工作准备,牢牢掌握财政工作主动权。

一是政策取向的新变化。中央经济工作会议明确提出,宏观政策要强化逆周期调节,积极的财政政策要加力提效,稳健的货币政策要松紧适度,结构性政策要强化体制机制建设,社会政策要强化兜底保障功能,聚焦主要矛盾,加强政策的协调和配合,把握好政策实施的节奏和力度。对此,我们要把准政策取向、吃透政策要义、抓好政策落实。一方面,要坚持以供给侧结构性改革为主线不动摇,认真落实"巩固、增强、提升、畅通"八字方针,坚决实施好积极的财政政策,抓好减税降费、优化财政支出结构、地方政府债务发行使用等重点任务,支持巩固"三去一降一补"成果、增强微观主体活力、提升产业链水平。另一方面,要加强财政政策与"六稳"政策的协调互动、确保宏观调控效果,加强财政政策与市场和社会机制的紧密结合、更好地发挥市场和政府的两个作用,加强省级财政政策与市县相关政策的上下联动、放大政策之间的叠加整体效果,进一步推动经济高质量发展。

二是收支运行的紧平衡。当前,经济长期向好的态势没有改变,但内需增长放缓、发展新动能依然不足、实体经济面临困难明显增多、市场预期总体偏弱、关键核心技术受制于人、区域发展分化态势仍在持续,经济下行压力加大将直接影响财政收入。同时,随着积极财政政策的"加力",一方面要实施更大规模的减税和推进更明显的降费,这将减少现期财政收入,加上去年年中出台的减税政策带来的翘尾因素,会对今年财政收入增长产生较大影响;另一方面要继续加力支出,保障发展、改革、民生以及社会稳定等各方面的支出刚性继续增强,财政收支矛盾将进一步加大。特别是我省财政对中央财政的依赖程度较高,中央财政收入增速大幅放缓,必然影响到对我省的转移支付,全省各级财政将面临较为突出的收支平衡压力。因此,各级财政部门既要认清、抓住、用好当前经济社会发展的重要战略机遇,坚定发展信心,谋深谋实举措,进一步履行好做大经济"蛋糕"、服务五大发展的财政责任;也要增强忧患意识,积极应对挑战,加强财政资金的统筹安排,确保财政可持续。

三是提质增效的紧迫性。质量效益是财政工作的生命线,在当前财政运行紧平衡的情况下,更加迫切地需要在提质增效上下功夫,进一步提高财政资金配置效率和使用效益。近年来,我省财政管理绩效始终位居全国前列,但仍然存在一些亟待解决的问题。预算绩效管理制度还不够完善,预算和绩效挂钩机制还不健全,绩效管理主体责任落实还不到位,预算约束还不强,财政资金仍存在碎片分散,还存在支出效益不好、政策效果不实,一些预算项目还存在只增不减的固化格局,预算执行"钱等项目"现象依然存在;一些地方深挖潜力、发挥比较优势、财源建设的效果还不佳,特别是一些开发区,与周边省份相比,亩均投资强度、亩均税收仍存在较大差距;财政投入方式还需创新,一些地方和部门仍习惯于传统的无偿补助,弱化与市场金融的结合,财政引导带动撬动市场作用还需要进一步增强,等等。对于这些问题,各级财政部门要以严的要求和实的举措,对标聚焦、查找整改,扎实推进预算绩效管理全方位、全过程、全覆盖,切实把有限的财力用在“刀刃”上。

四是财政风险防控的严峻性。财政稳是经济稳的重要体现,必须要始终重视和有效防范化解财政风险。从今年开始,我省进入债务还本付息的高峰期,加之全省土地出让金收入增长乏力,隐性债务的增量被严格禁止,市县政府融资渠道明显收窄,资金链条明显收紧,部分市本级和县区债务率超过风险警戒值,防范地方政府性债务特别是隐性债务风险的压力较大。一些地方优化结构保障“三保”的支出机制尚未完全建立,一些民生领域超越财力实际的现象仍然存在,民生保障承诺过高带来了财政不可持续的风险。一些地方库款资金月度间波动较大,暂存暂付款规模较高,财政支付的风险不容忽视。可以说,财政风险无处不在、无时不有,财政部门不仅仅是政府债务风险的牵头管理者,也是其他金融风险、企业风险的关联者,必须平衡好稳增长与防风险的关系,牢牢守住不发生系统性财政金融风险的底线,同时,把握好防风险的节奏和力度,避免相关措施同步趋紧,防止产生不良叠加效应,以风险防控的有效性保障财政运行的稳定性。

五是接受监督的约束性。财政工作联系面广、涉及领域多,又处在利益矛盾的焦点,社会各界高度关注。如今,按照《预算法》要求,人大监督越来越严格,人大预算审查监督重点向支出预算和政策拓展,实行预算联网监督,国有资产管理情况要向人大常委会报告;审计监督越来越常态化,预算执行和其他收支的监督检查职能也调整为审计部门承担;人民群众对财政政策的制定和出台、财政资金的分配和管理、预算信息的公开和透明,都更加关心关注。通过各类监督检查,也确实发现了一些违反财经纪律的问题,这些问题中有许多虽然责任主体和直接责任不在财政部门,但都涉及财政政策、财政资金、财政项目,将倒逼财政财务管理更加科学规范,这本质上是对财政工作最大的支持、最有力的促进。因此,各级财政部门要强化监督意识,积极做好联系服务人大代表、政协委员工作,自觉地接受人大依法监督、政协民主监督、审计监督、巡视巡察、社会舆论监督等各方面的监督,一方面,主动反映情况、听取建议、回应关切,营造更加优良的理财环境;另一方面,及时发现问题、剖析原因、抓好整改,进而完善制度、强化管理、深化改革,进一步推进依法理财、阳光理财、科学理财。

总之,财政面临的形势和问题、机遇和挑战相互交织,既是历史现实的,也是阶段长期的。各级财政部门要认清形势、正视困难,坚定信心、把握机遇,善于化危为机、转危为安,变困难为条件、变挑战为动力,进一步树牢辩证思维和底线思维、保持战略定力和工作定力、增强思想自觉和行动自觉。

四、扎实做好2019年财政工作

今年是新中国成立70周年,是全面建成小康社会关键之年,做好财政工作至关重要。全省各级财政部门要以习近平新时代中国特色社会主义思想为指导,全面贯彻党的十九大和十九届二中、三中全会精神,统筹推进“五位一体”总体布局,协调推进“四个全面”战略布局,全面贯彻“巩固、增强、提升、畅通”八字方针,认真落实省委、省政府决策部署,按照“保重点、控一般、促统筹、提绩效”要求,加力提效实施积极的财政政策,深化财税体制改革,推进现代财政制度建设,持续提高财政保障能力和管理水平,确保完成全年预算目标任务,为保持经济持续健康发展和社会大局稳定作出积极贡献。

一要深入学习贯彻习近平新时代中国特色社会主义思想,引领指导财政工作。要坚持和服从党对财政工作的领导,树牢“四个意识”,坚定“四个自信”,坚决践行“两个维护”,认真贯彻党中央重大决策部署,全面落实省委、省政府和财政部部署要求,始终用政治的视野、观念、标准、原则来谋划推动财政工作。要对标对表习近平新时代中国特色社会主义经济思想,深化对做好新形势下经济工作“五个必须”的规律性认识,坚持稳中求进工作总基调,坚持新发展理念,坚持推动高质量发展,坚持以供给侧结构性改革为主线,坚持深化市场化改革、扩大高水平开放,高质量推进五大发展行动计划,统筹推进稳增长、促改革、调结构、惠民生、防风险工作,认真落实“六稳”工作要求,真正做到学思用贯通、知信行统一。要增强组织意识、坚持组织原则,坚决贯彻执行民主集中制,做到集思广益,充分发挥各级财政部门党组把方向、管大局、保落实的作用,引导财政干部以党性为原则、以宗旨为己任,确保政令畅通、令行禁止。

二要加力提效实施积极的财政政策,服务高质量发展。要继续推进供给侧结构性改革。落实企业改制重组、去产能调结构等方面的税收优惠政策,用好财政专项奖补资金,加快“僵尸企业”处置,推动更多产能过剩行业加快出清。继续安排铁路、公路、航运等专项资金,支持补齐农村基础设施和公共服务设施建设短板。规范有序推进 PPP 项目实施,提高民间资本参与度。要支持制造业高质量发展。综合运用财政专项资金、政府投资基金等方式,支持推动传统产业加快转型升级,支持智能家电、集成电路、机器人等先进制造业集群发展,推动科技服务、现代金融等生产型服务业发展,助力“数字江淮”建设。落实固定资产加速折旧税收优惠政策和所得税优惠政策,支持制造业特别是高端装备行业发展。完善支持创新和绿色发展的政府采购政策。要大力促进民营经济发展。落实好中央和省各项减税降费政策,实质性降低民营企业负担。省级统筹新增 10 亿元专项资金,重点支持“专精特新”发展和融资服务体系建设,市县也要加大支持力度。继续实施融资担保风险代偿补偿、融资担保增量奖励、续贷过桥资金、担保等政策,缓解民营和小微企业融资难融资贵问题。加强财政政策合法性审查和公平竞争审查,推动建立公平开放透明的市场规则和法治化营商环境。要支持创新驱动发展战略。继续安排专项资金统筹支持推进“三重一创”、“四个一”创新主平台、“一室一中心”建设,支持实施科技攻关行动。充分发挥科技成果转化引导基金和省级科技融资担保机构作用,综合运用风险补偿、后补助、创投引导等手段,支持科技成果在皖研发、转化和产业化。狠抓财政科研项目资金管理改革等政策落地,支持实施“江淮英才计划”。要支持实施乡村振兴战略。健全乡村振兴战略多元投入保障机制,用好农业产业化发展资金和基金,巩固提升农村电商建设成果,促进农村一、二、三产业融合发展。深入推进以绿色生态为导向的农业补贴制度改革,稳步推进农村综合性改革试点试验。落实村级组织运转经费保障机制,扶持村集体经济发展。持续推进农村“三变”改革。发挥一事一议财政奖补机制对农村公益事业的推动作用。支持推进农村“三大革命”和人居环境整治,支持加强“四好农村路”建设,持续推进美丽乡村建设。

三要加大投入,服务脱贫攻坚和污染防治。要支持精准扶贫精准脱贫。围绕脱贫攻坚目标,继续强化财政投入保障,重点支持解决好“两不愁三保障”,加大贫困革命老区等深度贫困地区和特殊贫困群体的脱贫攻坚支持力度,省级财政专项扶贫资金增量部分 50% 用于贫困革命老区县,落实好产业、就业、健康、生态、教育等扶贫政策。深入推进贫困县涉农资金整合试点,促进扶贫资金精准投放、精准使用。加强扶贫资金动态监控机制建设,落实“两个一律”要求,省、市、县扶贫资金分配结果一律公开,乡村两级扶贫项目安排和资金使用情况一律公告公示。要支持污染防治。全力落实打好污染防治攻坚战各项要求,加大投入力度,支持打好蓝天保卫战、长江保护修复、水源地保护、巢湖综合治理、城市黑臭水体治理、农业农村污染治理等重点战役。认真实施第三轮新安江流域生态补偿,完善大别山区水环境生态补偿机制,实施地表水断面生态补偿和空气质量生态补偿,支持推深做实河(湖)长制、林长制。对美丽长江(安徽)经济带建设实施奖励,支持淮河生态经济带建设,有关市县要用好政策和资金,努力把好山好水保护好。

四要抓好基本民生保障,增进人民群众福祉。要继续实施好民生工程。坚持以人民为中心的发展思想,围绕“七有”目标,坚持尽力而为、量力而行,突出保基本、兜底线,持续加大投入,扎实做好民生工程各项工作和基本公共服务均等化建设。要积极促进就业创业。继续安排就业补助资金,调整失业保险基金、工业企业结构调整专项奖补资金的支出结构,支持多渠道、多方式提供职业培训和就业服务,统筹支持做好重点群体就业工作。要支持发展公平优质教育。巩固城乡统一、重在农村的义务教育经费保障机制,改善乡村学校办学条件。坚持公办民办并举,加大学前教育投入,扩大普惠性学前教育资源。支持普通中小学智慧学校示范建设,支持实施现代职业教育质量提升工程,推动产教融合。支持地方高水平及应用型大学建设。鼓励引导社会力量,增加对农村贫困地区儿童早期发展、职业教育等方面的投入。要强化社会政策兜底保障功能。注重雪中送炭,提高社会保险统筹层次,确保群众基本生活底线。按照国家部署,做好退休人员基本养老金标准调整工作,加快完善养老保险省级统筹。扩大划转国有资本充实社保基金实施范围。统筹推进社会救助体系建设,完善低保标准制定和调整办法。要推进健康安徽建设。持续深化医药卫生体制综合改革,继续支持公立医院债务化解,落实好国家提高基本医疗保险财政补助标准和提高基本公共卫生服务经费标准,支持推进医联体、县域医共体建设,支持智慧医疗特别是县级智慧医疗试点示范,支持发展中医药事业。要完善公共文化服务体系。深入实施文化惠民工程,推进文物保护利用和文化遗产保护传承。推动文化事业和文化产业发展。

五要全面深化财政改革,加快建立现代财政制度。要深化预算管理制度改革。健全预算支出标准,完善项目库管理制度,拓展预算公开评审论证。全面推进预算公开,细化实化约束机制,建立通报约谈制度,完善预决算公开与预算安排和转移支付分配挂钩机制,作为财政管理工作绩效考核重要内容,拓展公开范围和内容,提高预决算公开质量。进一步硬化预算约束,严控预算资金调剂事项,深入推进中期财政规划管理、盘活财政存量资金等改革,加快建立全面规范透明、标准科学、约束有力的预算制度。要深化财政体制和税收制度改革。积极推进应急救援、自然资源等领域省以下财政事权和支出责任划分改革。落实中央与地方收入划分改革要求,积极推进省以下收入划分改革。贯彻落实国家税制改革政策,加快健全地方税体系。进一步完善转移支付制度,探索设立共同财政事权转移支付,推进“大专项+任务清单”,增加省对市县一般性转移支付,进一步下放财政审批权限,增强困难地区和市县政府统筹保障能力。要全面实施预算绩效管理。树牢“花钱要有效、无效必问责”理念,以预算管理为抓手,全面实施绩效管理,将各级政府收支、部门和单位预算全面纳入绩效管理,并延伸到预算部门单位的最末梢,真正将预算绩效管理贯穿于预算编制、执行和政策制定全过程,推动预算和绩效管理一体化。坚持问题导向和目标引领,从核心绩效、全面绩效、整体绩效、项目绩效、分类绩效、分层绩效等多维度制定完善绩效管理制度,健全政策项目绩效审核、绩效评估及绩效评价结果与预算安排挂钩机制。进一步创新财政支持方式,更加注重运用股权投资、以奖代补、后补助、贴息等方式支持经济发展,推进政府购买服务,规范推广PPP模式,鼓励公办民营、民办公助兴办社会事业。要积极支持其他领域改革。加强财政政策保障,优化财政政策供给,支持保障党政机构改革、社会事业、国资国企、司法体制、生态环保等重点领域改革。

六要着力防控财政风险,保持财政可持续。要强化财政预期管理。今年全省财政收入增长的预期目标是与经济增长保持同步。各地要科学确定收入预算目标,既与面临的宏观经济形势和经济社会发展实际相适应,也与积极的财政政策相衔接。按照实事求是、把握规律、均衡运行的原则,依规平稳有序组织收入,坚持相机把控,加强财政收入分析和研判,避免财政收入增长大起大落,确保财政收入稳预期、有质量、可持续。加强财政支出管理,合理安排支出预算,着力加强财力统筹,主动应对税收较大幅度减少带来的财政支出压力,积极盘活存量、运用好预算稳定调节基金、加强预算体系统筹,量力而行、精打细算,加强重大项目财政可承受能力评估,清理规范过高承诺、过度保障的支出政策。要牢固树立过紧日子的思想,压减一般性支出,除重点和刚性支出外,其他一般性支出都要纳入压减范围,一律按不低于5%比例压减,预算在编和已经编好的,也要体现这一要求。要坚决守住“三保”底线。保工资、保运转、保基本民生,是财政运行的底线。目前,省以下财力下移特征明显,每年财力增量主要在市县,土地出让收入也在市县,并持续推进县级基本财力保障机制等,各级政府保障能力持续提升,落实“三保”政策财力较为充裕。市县财政要强化主体责任,建立“三保”预算安排审核、预算执行约束和监督问责的监控机制,安排预算不得留出硬缺口,执行预算不得出现挤占拖欠。要加强财政资金安全管理。严格暂存暂付款管理,坚决落实《预算法》要求,根据财权和事权以及本地财力实际情况安排支出,从源头规范、控制新增对外借款,严格权责发生制列支范围,规范财政存量资金和往来资金管理,继续做好暂付款项清理,全面梳理分析,制定清收计划,确定清收方式。完善资金安全风险管控机制,建立动态清理机制,继续清理整顿财政专户,强化预算单位银行账户管理,健全资金存放新机制,增强网络安全防御功能,保障财政资金安全高效运行。要坚决防范化解债务风险。严格执行地方政府债务限额管理和预算管理制度,健全政府债务风险评估和预警机制。坚决遏制隐性债务增量,严禁违法违规融资担保,稳妥化解隐性债务存量,加强隐性债务监控和应对,特别是要关注每个时间段即将到期的债务风险隐患,做好应对预案。中央将继续发行地方政府债券置换符合政策规定的债务,并鼓励金融机构与融资平台公司协调采取市场化方式,通过合适期限的金融工具应对到期存量债务风险,避免资金链断裂,我们要充分利用好这个政策。要严控法定专项债券风险,今年中央将新增专项债券8000亿元,相关额度已提前告知市县。对专项债券将实行全额规模管理,有关政府性基金预算必须首先用于到期债券还本付息,进一步健全项目控制机制,严格将专项债券与项目对应,合理扩大专项债券使用范围,允许使用财政库款提前开展专项债券对应项目建设。同时,要加快债券发行使用进度,特别是专项政府债券要提前谋划、做好与预算衔接,及早报批、及早使用,有效发挥债券资金对优化供给结构、支持经济社会发展的重要作用。

七要强化党建作风,推动财政全面从严治党向纵深发展。财政全面从严治党工作一刻也不能放松,永远在路上。全省各级财政部门党组要切实肩负起全面从严治党和党风廉政建设的主体责任,坚决贯彻新时代党的建设总要求,推动财政管党治党不断向纵深发展,为新时代财政改革发展提供坚强保证。要以党的政治建设为统领。旗帜鲜明讲政治,严格遵守"四个服从""五个必须"要求,坚决杜绝和反对"七个有之",坚定践行"两个维护",严格执行新形势下党内政治生活若干准则,严守政治纪律和政治规矩,持续加强财政政治生活、政治文化、政治生态建设,自觉强化政治责任,提高政治能力,保持斗争精神,增强斗争本领。要建强战斗堡垒。贯彻落实新时代党的组织路线,加强财政党的组织体系建设,深化财政部门党组自身建设,严格执行《中国共产党支部工作条例(试行)》,强化党支部政治功能,坚决执行民主集中制等党内制度,把全面从严治党落实到每个支部、每名党员,强化基层党组织在贯彻落实党的路线方针政策和重大决策部署方面的引领力、号召力和凝聚力。要持之以恒正风肃纪。严格落实中央八项规定及实施细则精神和省委实施细则,紧盯"四风"问题特别是形式主义、官僚主义的新动向新表现,驰而不息改进作风。认真贯彻落实新修订的《中国共产党纪律处分条例》,强化监督执纪问责,深化运用"四种形态"特别是在用好用活第一种形态上下功夫,让咬耳扯袖、红脸出汗成为常态,推动财政干部存戒惧、知敬畏、守底线。要持续加强反腐倡廉建设。时刻绷紧廉洁自律这根弦,深入开展理想信念教育、党风党纪教育、从政道德教育和廉政警示教育,严格遵守党章党规党纪和财经纪律,深入推进重点领域、重点环节、重点岗位以及"三重一大"等事项的廉政风险防控,推动财政内控制度落地,强化日常监督管理,注重家庭家教家风建设,做到廉洁理财、廉洁用权、廉洁齐家。要加强财政干部队伍建设。坚持"好干部"标准,坚持五湖四海、公道正派,坚持因岗择人、因事用人,严把德才标准,稳步推进重要岗位干部交流轮岗,进一步营造"不要找"的财政风气。加强学习和调查研究,强化教育培训,增强能力本领。加强对干部的激励关爱,健全容错纠错机制,激发财政干部干事创业热情。

同志们,今年财政工作任务艰巨、责任重大。我们要坚持以习近平新时代中国特色社会主义思想为指导,认真贯彻落实习近平新时代中国特色社会主义经济思想,在省委、省政府的坚强领导和省人大的依法监督下,在财政部的关心指导下,迎难而上、开拓进取,扎扎实实做好各项工作,更好地服务现代化五大发展美好安徽建设,以优异的成绩迎接中华人民共和国成立70周年!

在市财政局长座谈会上的讲话

省财政厅党组书记、厅长　罗建国

(2019年1月3日,根据录音整理)

今天上午,我们一起座谈交流,主要任务是深入学习贯彻习近平新时代中国特色社会主义思想和党的十九大精神,贯彻落实省委经济工作会议及全国财政工作会议精神,总结2018年全省财政工作,研判财政形势,分析困难问题,听取意见建议,研究做好2019年财政工作。刚才,16个市和2个直管县的财政局长介绍了工作情况、剖析了工作形势、提出了工作建议,讲得都很好。有的工作事项,我现场进行了解答;有的工作事项,相关处室单位要积极对接;有的工作事项,还要和财政部衔接。从大家发言来看,各位局长的精神状态是饱满的,各地财政工作的收获是满满的。回首一年来的工作,全省财政经历了不平凡的年景,取得了不平凡的成绩,全省财政收入5363亿元,同比增长10.4%;其中,地方财政收入3049亿元,增长8.4%;全省财政支出6572亿元,增长5.9%,财政运行总体平稳有序、客观实际、实事求是,省委、省政府和财政部是满意的。这些成绩是在省委省政府的坚强领导下、全省各级财政部门共同努力下取得的，可喜可贺，在此向付出艰辛努力的各位财政局长表示衷心的感谢！2019年，财政政策变化性更加明显，财政收入不确定性更加明显，财政支出刚性更加明显，财政部门随时会面对“风雨”甚至“暴风骤雨”的压力和风险，必须深入学习贯彻习近平新时代中国特色社会主义思想特别是习近平新时代中国特色社会主义经济思想，以及习近平总书记关于风险防范、脱贫攻坚、污染防治、深化改革、强化党建等方面重要论述，增强忧患意识、强化底线思维、坚持未雨绸缪，以历史的眼光、现实的眼力、长远的眼界，紧盯使命职责、紧盯形势任务、紧盯短板问题，做好充分的思想准备、工作准备和行动准备，守好“主阵地”、种好“责任田”，做到倾力服务市县、发力实体经济、尽力改善民生、着力推进改革、强力党建廉洁，加力提效实施积极的财政政策，充分发挥财政职能作用，为建设现代化五大发展美好安徽提供坚实保障，以优异的成绩迎接中华人民共和国成立70周年！对于2019年财政工作，下午视频会议将作具体部署，这里，我强调几点意见。

一、正视稳中多变，加强预期管理

从2014年开始，针对少数市县财政收入波动较大的问题，省领导就强调要加强财政收入预期管理，新修订的预算法也明确规定财政收入由任务改为预期。刚开始，预期管理存在收入预测难、工作协调难等，但是我们出台了一些规范的制度办法，明确了一条科学的路径，形成了有力有效的工作机制，克服了困难。当前，经济运行稳中有变、变中有忧，面临的环境更复杂，不确定性更大，风险挑战更多。中央经济工作会议明确提出，宏观政策要强化逆周期调节，积极的财政政策要加力提效，实施更大规模的减税和更加明显的降费等政策，财政政策取向发生新变化。在经济下行压力加大、实施更大规模减税降费政策等多重因素影响下，预计今年的财政收入增长将明显放缓，政策带来的不确定性也更强。要圆满完成全年的财政收入目标任务，加强财政收入预期管理显得尤为重要，一刻都不能放松。我们要进一步完善、创新、巩固、提高财政收入预期管理工作，按照实事求是、把握规律、均衡运行的原则，坚持相机把控，更加注重培育涵养壮大财源，完善财税库银联系协调工作机制，强化财政收入监测分析研判和入库管理，依规平稳有序组织收入，避免财政收入增长大起大落，确保财政收入稳预期、有质量、可持续。尤其是一把手，要树牢“老兵新传”的思想，亲自部署推进收入预期管理工作，做到抓而又实、抓而又紧、抓而有效。

二、坚持过紧日子，加强财力平衡

过紧日子是财政部门一直提倡的和永恒不变的传统。近年来，国家经济发展比较快，财政收入增长也比较快，财政综合实力有了大幅度提升，但经济社会发展还存在许多短板，以及发展不平衡不充分的矛盾，需要花钱的地方也还很多，财政支出增长刚性较强，同时，各级财政坚持“放水养鱼”、实施减税降费政策，财政收入增长明显放缓，收支平衡压力非常大，财政紧平衡运行的特征更加明显，这就要求我们更要坚持过紧日子。俗话说，吃不穷穿不穷，算计不到一世穷。目前，财政保障范围很广，既有基本支出、也有项目支出，既涉及短期的、也覆盖长期的，必须带头过紧日子，把账盘好算好，加强统筹安排，注重平衡财力，确保财政可持续。一方面，要坚持有保有压，调整优化支出结构，该保的支出必须保障好，该减的支出一定要减下来，大力压减一般性支出，严控“三公”经费预算，取消低效无效支出，整合多头重复支出，将有限财力用在“刀刃”上并发挥最大效应。另一方面，要量力而行、精打细算，加强重大项目财政可承受能力评估，每一笔开支必须算好用好、日清月结，月度要平衡、季度要平衡、年初要平衡、年中要平衡、年末要平衡，坚决不能出现硬缺口甚至挤占拖欠。

三、注重多措并举，加强重点保障

财政需要保障的领域很多，财政局长要有一本明白账，分清轻重缓急，集中财力保障重点领域和关键环节的投入，统筹支持做好发展、改革、稳定等各项工作。近年来，党中央国务院及省委省政府出台了一些刚性支出的政策，兑现这些政策，是省市县各级财政保障的重中之重，要抓紧抓常，及时足额落实政策要求。在此基础上，才能根据当地经济社会发展水平和财力可能，保障地方出台的政策和一些地方项目建设。这里，需要强调的是，保工资、保运转、保基本民生，是市县财政运行的底线。今年的全国财政工作会议特别强调要坚决兜住“三保”。中央及省财政将进一步完善县级基本财力保障机制，市级财政要强化主体责任，安排预算坚决不留缺口、预算执行不得挤占拖欠，严格国库暂付款管理，对于苗头性问题要高度重视并切实加以解决。要按照国家有关要求并严格落实中小学教师待遇与教育转移支付挂钩机制,大力调整优化财政教育支出结构,优先保证教师的工资性待遇,决不能出现类似义务教育教师工资待遇不落实的现象。要统筹好财政政策和资金,注重整合方向相同、作用相似的政策和资金,强化重点政策落实和资金使用的管理监督,提高政策资金的整体效果。要牢固树立市场意识,更多采取改革的办法,运用市场化、法治化手段,市场能够做的、交给市场去做,能够支持市场做的、支持市场去做,发挥好财政引导作用,撬动更多社会资本、金融资金、市场资源投入,对本级担保公司的监管、服务、支持、考核职责一定要履行到位,进一步完善运行机制、提高运行质量、防范运行风险,用活用好融资担保政策工具,支持服务经济高质量发展。

四、持续正风肃纪,加强党建引领

党的建设涵盖政治建设、思想建设、组织建设、作风建设、纪律建设、制度建设以及反腐倡廉建设,是做好财政工作的基础、根本和保障。在座的同志,既是局长、也是党组书记,要清醒地认识到党建工作的极端重要性,始终把党建工作摆上重要位置,自觉落实好"主体责任"和"一岗双责",做到党建业务两手抓、两手硬。要旗帜鲜明讲政治,强化政治理论武装,深入学习习近平新时代中国特色社会主义思想和党的十九大精神,树牢"四个意识"、坚定"四个自信"、强化"两个维护",做政治上的"明白人"。要夯实基层基础,按照党章、《中国共产党支部工作条例(试行)》规定,促进局机关党组织标准化提升,推动乡镇财政所设立党小组,在保证发展质量的前提下,积极吸纳新生力量、壮大党员队伍,发挥好财政各级党组织的发展力量、组织力量、作风力量。要驰而不息正作风,严格落实中央八项规定及实施细则精神和省委实施细则,坚持三严三实,密切关注"四风"问题新表现新动向,着力整治和杜绝财政政策、财政资金、财政管理中的形式主义、官僚主义,加强财政扶贫领域腐败和作风问题专项治理,全面推进乡镇和村级财务公开,做到规范化制度化常态化,接受群众和社会监督,坚决纠正侵害群众利益的行为。要始终把纪律规矩挺在前面,强化纪律教育,加强日常管理,大力支持纪检监察机构监督执纪问责,做到真管真严、敢管敢严、长管长严,推动财政干部不断增强廉政风险防控意识,严守法律、纪律和道德底线,确保财政工作和财政干部双安全。

2018 年成绩是显著的、光荣的,2019 年任务是繁重的、艰巨的。我们要以习近平新时代中国特色社会主义思想为指导,在省委、省政府的坚强领导下,坚持问题导向,始终居安思危,激发正能量,传递好声音,不停步、不松劲、不歇脚、不犹豫,以奋发有为的精神状态管好班子、带好队伍,推动上下一体、勠力同心,解决一切困难,克服各种险阻,把全省财政工作进一步推向前进。

全省财政工作篇

全省财政工作综述

2018 年全省财政工作综述

【概况】2018 年,在省委的坚强领导下,全省各级财政部门深入学习贯彻习近平新时代中国特色社会主义思想和党的十九大精神,认真贯彻落实省委常委会工作要点,坚持一心一意谋发展、聚精会神抓党建,聚力增效实施积极的财政政策,统筹支持稳增长、促改革、调结构、惠民生、防风险,为全省经济社会稳定健康发展提供坚实财政保障。全省财政总收入 5363 亿元,同比增长 10.4%;其中,地方财政收入 3049 亿元,增长 8.4%;全省财政支出 6572 亿元,增长5.9%,财政运行总体平稳、稳中有进。本省在 2016、2017 年度地方财政管理工作考核中连续获评优秀等次、在全国前 10 名中位居第 4;在全国 2017 年度县级财政管理绩效综合评价中位居第 1。省财政厅领导班子连续 3 年获评省委综合考核"好"等次,获 2017 年度省政府目标管理绩效考核通报表扬、排名位居第 1 位。

【深入学习贯彻习近平新时代中国特色社会主义思想】认真落实省委《深入学习贯彻习近平新时代中国特色社会主义思想若干规定》,把深入学习贯彻习近平新时代中国特色社会主义思想作为首要政治任务,坚持领导带头、深研细读、全面系统、问题导向、知行统一,切实在学懂弄通做实上下功夫,确保财政事业沿着正确的政治方向前进。

精心组织安排。制定并严格执行厅党组关于深入学习贯彻习近平新时代中国特色社会主义思想实施意见,把学习贯彻习近平新时代中国特色社会主义思想作为推进"两学一做"学习教育常态化制度化、"讲严立"专题警示教育、"三查三问"的重要内容,纳入厅党组中心组理论学习计划和全厅学习研讨主题,细化学习专题,精化学习内容,优化学习形式,固化学习体系。

深入学习领会。把学习习近平新时代中国特色社会主义思想与学习马克思主义基本原理结合起来,与学习贯彻党的十九大精神结合起来,与学习贯彻习近平总书记视察安徽重要讲话精神结合起来,发挥厅党组理论学习中心组示范带动作用,深入开展大学习、大宣讲、大培训、大调研、大落实,组织开展"坚持以习近平新时代中国特色社会主义思想为指导、加强财政党的政治建设""深入贯彻习近平新时代中国特色社会主义经济思想,认真履行财政职能,服务打好'三大攻坚战'"等专题研讨,厅党组推荐阅读《深刻认识提高党的建设质量的重要性》《幸福都是奋斗出来的》等文章,召开政策业务学习专题会议,学习党中央国务院、省委省政府及财政部等重大政策文件,引导财政干部树牢"四个意识"、坚定"四个自信"、坚决做到"两个维护"。

严格督查考核。把学习贯彻情况作为督查巡察、通报考核的重要内容,坚持综合督查和专项督查相结合、明察和暗访相结合,充分利用省委习近平新时代中国特色社会主义思想学习贯彻工作平台,加大厅领导、驻厅纪检监察组、人教处、机关党委、机关纪委等走访巡查力度,持续开展厅党组政治巡察,强化跟踪问效,同时,健全绩效考核机制,将学习贯彻情况纳入处室单位年度综合考核和干部年度考核重要内容,推动学习领会到位、贯彻落实到位。

【纵深推进财政全面从严治党】认真践行新时代党的建设总要求,持续推进财政政治建设、思想建设、组织建设、作风建设、纪律建设,将制度建设贯穿其中,深入推进反腐倡廉建设,做到一心一意谋发展、聚精会神抓党建、驰而不息转作风。

全面落实党建工作责任。认真执行《中国共产党党组工作条例(试行)》、省委实施细则和财政厅党组工作规则,坚决贯彻执行民主集中制,严格执行民主生活会、“三会一课”、领导干部双重组织生活、谈心谈话等制度,厅领导以普通党员身份参加支部活动55次。严格落实厅党组推进全面从严治党的实施意见和“两个责任”任务清单,制定厅直机关党建工作要点和“三个清单”,召开厅党建工作领导小组会议,半年向全厅干部通报机关党建情况,加强对党建工作的谋划、部署和推进。深入学习贯彻《中国共产党支部工作条例(试行)》,开展党支部书记抓基层党建述职评议考核,深化拓展基层党组织标准化建设成效,实施党支部建设提升行动,全厅37个处室单位党支部全部通过标准化建设达标验收。省财政厅作为省直机关唯一单位在长三角地区机关党建工作研讨会上作经验交流。

加强财政干部队伍建设。坚决贯彻落实“好干部”标准,严格执行干部选拔任用工作条例,认真落实“六选六不选”要求,坚持公道正派、五湖四海,坚持宽领域、一体化、分层次、分类别做好干部选拔任用和动态管理工作,加强干部日常监督管理,形成“不要找”的财政风气。出台厅党组关于进一步激励财政干部新时代新担当新作为的实施意见,组织召开青年工作、军转干部等专题座谈会,强化干部教育培训,面向基层实际、业务一线、困难矛盾,加强干部实践锻炼、内部挂职锻炼、选派基层锻炼管理,促进干部坚定信念、增强素质、端正作风。

持续优化财政作风。严格落实中央八项规定及其实施细则精神、省委《实施细则》和省财政厅党组《实施办法》,出台关于进一步提高财政调查研究实效的意见,组织开展以“查问题、出硬招、改彻底”为主要内容的财政作风大排查大调研活动,巩固拓展部门会商、结对共建、定点帮扶、联系基层、联系人大代表和政协委员等作风建设成果,常态开展效能作风明察暗访。牢固树立过紧日子的思想,带头严肃财经纪律,厉行勤俭节约,全厅“三公”经费同比下降4.2%。

坚守财政廉洁本色。制定全面从严治党和落实党风廉政建设“两个责任”任务清单,出台领导干部落实主体责任全程纪实暂行办法,组织召开全省财政反腐倡廉建设工作视频会议、全省财政系统廉政工作会议、厅反腐倡廉建设领导小组会议,及时传达学习贯彻中央及省委、省政府、省纪委监委和财政部党组有关精神,第一时间布置财政厅贯彻落实工作,强化反腐倡廉宣传教育,创新开展“警示教育周”活动,组织开展违规经商办企业专项整治“回头看”。全力支持驻厅纪检监察组履行监督执纪问责和监督调查处置职责,全厅党员干部签订党风廉政建设责任书,修订出台厅党组巡察工作实施办法和工作规则,对3个处室单位党支部开展政治巡察,实现厅领导走访处室单位常态化,制定厅直属机关纪律检查委员会工作规则(试行)、处室单位党支部运用监督执纪“四种形态”暂行办法,发挥机关纪委监督职能,推动依法理财、廉洁理财。

【促进经济高质量发展】认真落实省委、省政府关于五大发展行动计划、促进经济高质量发展的若干意见等政策措施,推动经济提质增效升级。

支持深化供给侧结构性改革。拨付专项奖补资金19.9亿元,落实钢铁、煤炭行业化解过剩产能人员安置等奖补政策。加大住房保障资金支持力度,及时下达棚户区改造补助资金68.5亿元,对纳入省政府批准的棚户区改造规划和年度计划的棚户区改造项目进行补助。采取设立基金、项目奖补等方式,拨付制造强省建设资金24.9亿元,支持发展高端制造、智能制造、精品制造、绿色制造、服务型制造。拨付省级电子商务发展专项资金1.6亿元,全面兑现农村电商全覆盖奖补政策。

全力支持创新型省份建设。安排“三重一创”建设专项引导资金60亿元,支持第三批13个重大新兴产业工程、17个重大新兴产业专项启动建设。聚焦“四个一”创新主平台建设,大幅提高省科技奖奖励标准,完善财政科技资源配置机制。省市投入60亿元支持合肥综合性国家科学中心建设。安排创新型省份建设专项资金13亿元,保障兑现科技创新若干政策,聚焦基础研究和应用基础研究,支持10个省实验室和10个省技术创新中心组建运行,支持设立科技成果转化基金和科技担保融资公司,为科技型中小微企业提供直接融资担保服务。扩大高校院所科研项目资金管理自主权和财务自主权,促进科技成果转移转化。

积极扩大有效投入。争取中央基建资金188.2亿元,重点支持引江济淮、农村饮水安全、住房保障以及生态文明建设等。依法依规发行地方政府债券2247.9亿元,发行规模创历史新高,圆满完成存量债务置换工作,支持保持基础设施领域补短板力度,充分发挥规范举债对全省经济社会发展的支持作用。规范推广PPP模式,截至2018年底,纳入财政部PPP项目库项目436个、总投资4779亿元、落地率达69.5%,落地项目数和落地率均位居全国前列。

支持实体经济和民营经济发展。全面落实结构性减税和普遍性降费政策,全省减税1103.2亿元,增长19.9%,省级设立的涉企行政事业性收费项目实现清零,减少收费约14亿元,落实阶段性降低社会保险费率政策,减轻参保单位养老及其他社会保险缴费负担29.2亿元。投入31.7亿元以补充资本金形式支持设立种子投资、中小企业(专精特新)发展等7只母基金,建立规模达1000亿元的省级股权投资基金体系。安排专项资金实施融资担保业务风险补偿,为12.7万户中小微民营企业提供融资担保1372亿元。安排续贷过桥资金,带动市县投入,对小微民营企业提供临时性资金支持,帮助近万户企业周转资金505.6亿元。落实新增金融机构、上市(挂牌)奖励等政策,支持新设分支机构36个、总部性金融机构1个,支持完成上市辅导备案、上市及挂牌融资企业66户。拨付外经贸资金3.8亿元,支持开放型经济发展,加快打造内陆开放新高地。常态化推进“四送一服”双千工程,健全财政部门服务民营企业非公经济制度,支持引导各地帮助民营企业解决实际困难。

【推进城乡区域协调发展】完善政策、整合资金,充分发挥财政资金的引导和撬动作用,全力支持协调发展、绿色发展。

支持实施乡村振兴战略。出台并落实30项财政支持乡村振兴政策措施,构建财政金融协调支农机制,强化政策集成、统筹整合、引导撬动,持续加大财政农业农村投入,继续安排5亿元支持农业产业化发展基金建设运营,推动农业信贷担保体系建设向基层一线延伸、覆盖80个县、实现农业县全覆盖。统筹投入30亿元,推动农村一二三产业融合发展。统筹安排47亿元支持农村“四好”道路畅通工程,下达38.7亿元推进灾后水利薄弱环节建设性治理行动计划,下达35.9亿元推进建设高标准基本农田429.2万亩,安排7亿元支持农村厕所、垃圾、污水专项整治“三大革命”,下拨专项资金13.4亿元,带动市县财政投入36.3亿元,整合涉农资金42.9亿元,引导社会资金54.4亿元,积极支持美丽乡村建设,改善农业发展支撑条件和农村人居环境。

支持打好污染防治攻坚战。统筹大气污染防治资金、秸秆禁烧和综合利用等资金15亿元,坚决打好蓝天保卫战。统筹15亿元,重点围绕长江、淮河和巢湖流域污染治理,生态良好湖泊环境保护以及城市黑臭水体整治等方面,坚决打好碧水保卫战。支持推进土壤污染治理与修复试点示范工作,坚决打好净土保卫战。拨付14.4亿元推进林长制改革。签署第三轮新安江流域生态补偿协议,安排生态保护补偿类资金5亿元,实施新安江流域上下游横向生态补偿、大别山区水环境生态补偿、全省地表水断面生态补偿、全省空气质量生态补偿等政策。建立水清岸绿产业优美丽长江(安徽)经济带建设财政资金投入机制,拨付8亿元支持长江经济带生态保护修复等重点项目实施。

促进区域均衡发展。落实“一圈一带三区”财政政策,省级下达专项资金22.4亿元,支持皖北、皖江和南北共建产业园区发展。下达各类转移支付资金278亿元,增长11.4%,支持大别山革命老区补齐基础设施和基本公共服务短板。下达生态功能区、资源枯竭城市转移支付28.7亿元,促进区域经济可持续发展。安排2.4亿元,支持旅游强省“五个一批”建设工程,对皖南示范区全域旅游示范区、大黄山国家公园予以补助。安排特色小镇、城市工作“五统筹”专项资金9亿元,下达奖励资金17.1亿元支持提高农业转移人口基本公共服务保障能力,安排3.2亿元落实取消贫困县国家安排的公益性建设项目县级配套政策,大力推进新型城镇化试点省建设。健全县级基本财力保障机制,开展“三保”调研督查,促进县域经济发展。

【全力保障和改善民生】坚持以人民为中心的发展思想,围绕“七有”目标,不断提升财政民生保障能力和水平。

持续加大财政民生投入。调整优化财政支出结构,压缩一般性开支,全省“三公”经费同口径下降4.8%,全省教育、就业、社保、医疗等重点民生支出增长较快。全省财政投入民生工程资金1067.3亿元,增长13.5%,强化资金筹措管理,加强项目跟踪调度,强化建后管养,推动民生工程规范化、长效化实施,33项民生工程全部完成。

支持打好精准脱贫攻坚战。严格落实专项扶贫资金与地方财政收入增量挂钩机制,全省专项扶贫资金达121.3亿元,增长25.6%,省级新增专项扶贫资金50%以上集中支持深度贫困县,加强扶贫项目资金绩效管理,建立扶贫资金动态监控系统,实现从预算安排到资金拨付、使用、支付、绩效考评全覆盖。在财政部财政专项扶贫资金绩效评价中本省再次位居“优秀”等次,获中央奖励1.1亿元。

促进公共服务均等化。出台财政支持保障基层基本公共服务功能建设的实施意见,建立健全公共财政保障机制,下达91.7亿元对贫困县区予以重点支持,推进基本公共服务均等化。拨付补助资金21.3亿元支持实施就业优先战略和更加积极的就业政策,深入推进各项就业创业工作。统筹67.2亿元落实城乡义务教育经费保障机制政策,建立公办幼儿园、普通高中生均公用经费财政拨款制度,实行财政转移支付与中小学教师待遇优先保障政策落实挂钩,支持教师队伍建设改革。启动医疗卫生领域财政事权和支出责任划分改革,拨付357.2亿元,重点支持推进健康安徽建设,支持深化医药卫生体制改革,有序推进公立医院债务化解,保障食品药品安全。

【深化财政重点改革】坚持把改革作为财政工作的总要求和总引领,召开11次厅改革领导小组会议,及时传达上级精神,细化分解重点任务,加强督促检查考核,省委深改委赋予财政单独牵头或第一牵头的4项改革任务全面完成。

推进预算管理制度改革。提前启动2019年预算编制工作,省对下专项转移支付和重点部门预算评审实现全覆盖,组织编制省级2019—2021年中期财政规划和部门三年滚动财政规划,健全预算支出标准体系,完善预算项目储备机制、存量资金定期清理机制,一般公共预算执行进度位居全国前列,严控预算追加,坚持做到“预算一年、一年预算”。全面实行“大专项(大类别)+任务清单”预算编制管理方式,省对下专项转移支付项目由2018年的91项压缩到2019年的40项。制定预算稳定调节基金管理暂行办法,完善跨年度预算平衡机制。推动建立国有资产管理情况报告制度,并首次代表省政府向省人大报告。

推进省以下财政体制改革。研究制定贯彻落实基本公共服务领域共同财政事权改革划分中央、省级与市以下支出责任实施方案,将18项基本公共服务事项明确为中央、省级与市以下共同财政事权,合理划分支出责任,完善相关转移支付制度,进一步理顺省市县财政关系。推进环境保护税收入划分改革,会同有关部门做好环境保护税有关预算管理工作,进一步完善省以下收入划分体制。

推进税收制度改革。落实营改增试点等改革政策,平稳推进环境保护税开征,落实综合与分类相结合的个人所得税制度,扎实开展城市维护建设税等立法调研,支持做好国税地税征管体制改革。

全面加强绩效管理。起草全面实施预算绩效管理的实施意见,出台省级部门预算绩效目标管理办法,重点绩效评价由项目拓展到部门整体支出和财政政策,对34个重点项目、2个部门整体支出、2个财政政策和管理评价开展重点绩效评价,在财政扶贫资金、社保资金等领域推动绩效评价结果与预算安排和资金分配挂钩。

防范化解政府债务风险。政府性债务全面实行预算管理和限额管理,健全债务风险应急处置和风险预警监测机制,研究制定加强隐性债务管理的实施意见、隐性债务化解实施方案,扎实开展“四清四实”专项整治,完成隐性债务清理摸底工作,加强债务风险预警和评估,政府债务风险总体可控。

2018年省财政厅全面深化改革工作综述

【概况】2018年,省财政厅坚持以习近平新时代中国特色社会主义思想为指导,全面贯彻党的十九大精神和习近平视察安徽重要讲话精神,认真贯彻落实中央和省委各项改革决策部署,加强组织领导,健全推进机制,狠抓改革落地,圆满完成财政改革任务。

【深入学习贯彻，亲力亲为抓好落实】一是及时传达学习。厅主要负责同志始终把财政改革抓在手上、扛在肩上，先后11次主持召开厅深改领导小组会议，第一时间学习中央深改委和省委深改委会议精神，学习习近平总书记全面深化改革重要论述，学习李锦斌书记重要讲话要求，学习中央和省委、省委改革办相关改革文件精神。同时，在厅党组中心组理论学习会、厅长办公会以及全省财政工作视频会等重要会议上，厅主要负责同志反复强调，具体部署，提出要求，推动全省财政干部不断提升改革政治站位，进一步坚定改革再出发的信心和决心。二是狠抓改革落地。厅主要负责同志亲自主持厅深改组会议研究部署，经常性利用周末时间带队调研谋划，逐一审核把关方案质量，审核签发改革文件材料，带队督察改革举措落实，真正做到全程负责、一抓到底。省委十届八次全会召开后，厅主要负责同志先后主持召开厅党组扩大会议、厅改革领导小组会议等学习中央和省委有关机构改革精神，担任厅机构改革领导小组组长，主持制定财政厅机构改革方案，研究制定下发做好财政机构改革有关工作通知，主动与相关单位协调职能调整、人员转隶等具体事宜，保证财政厅机构改革顺利推进。

【全面对标对表，如期完成改革任务】一是如期完成中央深改委部署任务。对于中央深改委会议审议通过且需要我省贯彻落实的关于探索涉农资金统筹整合长效机制的意见、划转部分国有资本充实社保基金实施意见、关于全面实施预算绩效管理等涉及财政的改革任务，第一时间与财政部对接，及时向省委、省政府汇报，严格按照时限要求草拟改革方案意见，相关改革文件先后经过省委深改委会议审议通过。二是如期完成省委深改委部署任务。按照省委深改委2018年度工作要点部署财政厅牵头承担的出台划转部分国有资本充实社保基金实施意见、深化预算和财政体制改革、健全以政府债券为主体的举债融资机制、探索建立涉农资金统筹整合长效机制等4项重点改革任务，厅主要负责同志负总责、分管厅领导具体抓，及时出台改革方案，制定改革任务分解表，建立改革台账，实施挂图作战，逐月开展盘点对账，4项财政改革任务圆满完成。

【聚焦重点难点，扎实开展督察问效】一是全面开展回头问效。按照《关于贯彻落实中改办发〔2018〕2号文件精神 深入推动改革督察工作的意见》（皖改办发〔2018〕2号）要求，对党的十八大以来中央及省委出台的涉及财政改革举措落实情况全面开展回头问效，全面梳理出党的十八届三中、四中、五中全会以及省委深改组2014至2017年工作要点中涉及财政的108项改革事项，列表细化分解到各项改革牵头责任处室单位，对相关表格逐一审核汇总，分别上报省相关专项小组和省委改革办。二是深入基层重点督察。修订印发《省财政厅全面深化改革工作督查办法》，制定重点改革督察计划，分解落实到牵头厅领导和牵头处室。厅主要负责同志牵头开展“建立以绿色生态为导向的农业补贴制度”重点督察，前往池州市、黄山市和石台县、祁门县督察改革举措落实情况，形成整改问题清单，向整改单位下发整改意见书。整改单位均按照时限要求，逐条制定整改措施，形成整改责任清单和措施清单，报送整改落实情况报告。

【健全沟通机制，总结报送改革信息】一是加强沟通联络。采取登门汇报、电话请示、微信联系等方式，主动与省委改革办和省经济与行政体制改革专项小组建立沟通对接机制，及时传达省委改革办和专项小组具体工作要求，加强对财政改革日常调度，切实做到月更新、季盘点、半年核查和年底对账销号。二是加强信息报送。认真总结报送财政改革经验做法和典型案例，《我省预算绩效管理改革成效显现》在省委改革工作简报第40期上刊发。2018年10月，中央改革办《改革情况交流》第60期专题刊发新安江流域生态补偿试点典型案例，李锦斌书记作重要批示。

（张小龙）

财政改革40周年

预算管理改革

【概况】1978 年,我国进入改革开放的新纪元,财税改革作为市场化改革宏观层面的突破口率先启动,党的十八届三中全会提出全面深化改革的总目标,并明确新一轮财税改革是全面深化改革的重点内容。历经 40 年探索和实践,预算管理制度作为公共财政制度的基础,预算改革作为新一轮财税改革的三大任务之一,预算管理理念不断更新,模式逐步完善,措施日益丰富,全面规范透明、标准科学、约束有力的预算制度进一步建立,推动着整体经济体制改革的不断完善,为促进国家治理体系和治理能力现代化奠定基础。

【预算体系更加完善】为进一步提高政府预算的完整性,实现"收入一个笼子、预算一个盘子",省财政厅不断改革完善政府预算体系,加大一般公共预算与政府性基金预算、国有资本经营预算、社会保险基金预算的统筹衔接,政府预算资金统筹能力显著增强,政府预算管理水平不断迈上新台阶。2000 年省级开始试编部门预算,2002 年积极推进部门预算改革,2005 年实现所有部门预算全部报送省人大审查。

推进政府性基金预算转列一般公共预算改革。政府预算包括一般公共预算、政府性基金预算、国有资本经营预算和社会保险基金预算。2015 年,将地方教育附加等 11 项政府性基金收支转列一般公共预算;2016 年,将政府住房基金、水土保持补偿费和无线电频率占用费 3 项政府性基金转列一般公共预算;2017 年,将新增建设用地土地有偿使用费 28 亿元转列一般公共预算,不断增强政府预算统筹能力。

加大政府性基金预算、国有资本经营预算与一般公共预算统筹衔接。加强预算编制衔接,政府性基金预算、国有资本经营预算安排的项目,一般公共预算减少安排或不再安排。加大资金统筹力度,2015 年,将国有资本经营预算超收收入调入一般公共预算统筹使用。2017 年,将政府性基金结转资金超过当年收入 30% 部分调入一般公共预算统筹使用,切实提高资金配置使用效益。

推进社会保险基金预算编制改革。2016 年,开始编制省级机关事业单位职工基本养老保险基金预算。2017 年,将省级城镇职工基本养老保险基金预算编制范围扩大到省级统筹部分,进一步提高省级社会保险基金预算编制的完整性和规范化。

【预算编制更加科学】为进一步提高预算编制的规范性和透明度,省财政从 2000 年起,大力推进部门预算编制管理改革,预算编制更加科学、合理、细化、透明。

拓展预算编制周期。从 2012 年起,每年人代会批复预算后一个月,即启动下一年度预算编制工作,给部门谋划预算编制留足时间,推动部门做实人员信息、编细支出预算、编准政府采购和购买服务等预算,改变“追加一年,一年追加”状况,推动实现“预算一年,一年预算”。

推进省市县预算编制一体。2013年,开始将预算编制会议召开到市级财政;2016年,进一步将预算编制会议召开到乡镇财政一级,促进省与市县做好预算政策、预算项目、预算资金对接,实现省市县乡四级预算编制工作整体推进。

健全支出标准体系。2006年,探索建立省级公用经费定额标准体系,对省级行政事业单位公用经费全面实行定额标准化管理。2011年,修订部分公用经费管理办法,对公用经费定额实行动态管理。2017年,出台《省级部门公用经费定额标准预算管理暂行办法》,完善以1个综合定额为主体,会议费、物业管理费、网络运行费、交通费、租赁费、水费、电费7个单项定额为补充的定额标准体系,合理保障部门履职需要。2016年出台推进项目支出标准建设文件,加快推进项目支出标准建设。

强化项目库管理改革。2005年,建设省级预算项目库,对部门申请的项目进行规范化、程序化管理。2017年,印发《关于建立健全省级预算项目储备机制的通知》,进一步加强省级预算项目库建设,建立项目申请、组织论证、申报备选、审核评审、确定储备、滚动管理6项程序,推进项目安排与预算执行考核、动态监控挂钩制度建设,使纳入项目库的项目一经批复,资金能立即拨付、项目能立即实施,项目安排的科学性、前瞻性和可执行性不断提高。

深化预算评审论证。2013年以来,在全国率先采取专家集中评审、网络评审、联合评审、第三方评审等多种方式,邀请人大代表、政协委员和相关专家学者,对部门申请的新增项目,人大审查、审计监督提出意见项目,以及其他资金数额较大、社会影响较深、专业技术性较强的项目进行事前评审论证,进一步提高预算安排的科学性和透明度。

【专项资金更加规范】针对省级部门项目数量较多、交叉重复、结构固化、难以统筹等问题,省财政不断探索创新项目预算编制管理方式,取得积极进展,资金配置使用更加聚焦聚力,有力保障党中央、国务院和省委、省政府决策部署的贯彻落实,以及部门依法履职需要。

推进专项资金改革。2013年,开展财政专项资金清理工作,采用取消、整合、创新支持方式和改列一般性转移支付四种方式,对省级专项资金项目进行全面清理,省级项目数量较上年减少20%。

推进专项转移支付改革。2014年,开展省级专项转移支付清理整合规范工作,采取压减一批、整合一批、改列一批方式全面清理整合规范省对下专项转移支付。持续清理整合规范专项转移支付,以清单形式全部对外公开。

推进“大专项+任务清单”改革。2018年,制定《关于2019年省级部门项目全面实行“大专项(大类别)+任务清单”预算编制管理方式的通知》,对省级部门项目全面实行“大专项(大类别)+任务清单”预算编制管理方式,加大省级部门项目清理整合力度,打破项目支出“只增不减”固化格局。

【预算公开持续推进】持续建章立制,2008年政府信息公开条例颁布以来,陆续出台预决算公开政策制度近30项,逐步形成以省委省政府推进预算公开实施意见为总领,以预算公开操作规程实施细则和预算公开工作方案为支撑的制度框架。

逐步一体公开。2011年,推进基层专项公开,涉及人民群众切身利益的64项民生专项资金纳入公开范围。2013年,省级42家政府部门预算和“三公”经费预算首次向社会公开。2014年,省级115家部门、16个市和105个县(区)全面公开预决算,提前1年完成财政部公开任务。2015年首次按支出经济分类公开政府和部门预算,2018年财政部门批复绩效目标项目全部公开。

坚持细化透明。按照“看得见”“看得懂”原则,坚持公开明细账明白账,支出按功能分类和经济分类双维度公开,专项资金目录清单、管理办法、分配结果等全过程公开,预算报表收支和说明同步公开。

监督保障公开。按照公开前有布置、公开中有跟踪、公开后有检查原则,坚持问题导向,认真制定预算公开检查方案,专门下发检查通知,围绕预算公开及时性、完整性、细化程度、规范性等,在省市县三级同步开展预算公开检查。认真对照预算公开检查发现的问题,加大整改力度,建立整改问题清单、责任清单,构建预算公开长效机制。上海财经大学公布的中国财政透明度报告反映,2017年度省级透明度居全国第4位。

【预算绩效不断提升】预算执行进一步加快,从编制和执行双向用力,建立省级预算项目储备机制,实行预算执行通报、考核和预算编制三项挂钩机制,确保省级部门预算一经批复即可执行、资金下达即可使用。

推进财政事权和支出责任划分改革。2017年，以省政府名义出台《关于推进省以下财政支出责任划分改革的实施意见》，促进各级政府更好地履职尽责。2018年，以省政府办公厅名义印发贯彻落实基本公共服务领域共同财政事权改革划分中央、省级与市以下支出责任实施方案，明确教育、社会保障等八个领域18项基本公共服务事项财政支出责任。出台财政支持保障基层基本公共服务功能建设的实施意见，以及资金管理办法。下达90.6亿元，支持基层基本公共服务建设。

落实盘活存量资金改革。严格预算约束，做到无大事要事急事一般不追加，基本实现“预算一年、一年预算”。2012年，以省政府文件名义出台省级财政结转结余资金管理办法，率先对当年使用不完的资金清理收回。省财政同步建立存量资金定期化、实时化、一体化清理机制，严控结转结余资金规模。

推进预算绩效管理改革。按照规定编制预算绩效目标并与部门预算同步批复，制定深入推进预算绩效管理等制度办法，将绩效管理覆盖到所有财政性资金。建立县级基本财力保障机制绩效评价机制，对市县的预算编制、财政收支、预算管理等进行综合评价，提升市县财政管理水平。

强化绩效评价结果运用。建立绩效评价结果与预算编制挂钩机制，将评价结果作为下年度预算安排的重要依据，优先考虑和重点支持绩效好的项目，削减乃至取消绩效较差或无绩效的项目，推进绩效评价结果公开，倒逼部门、市县重视绩效管理，提高资金配置使用绩效。2016年、2017年、2018年连续3个年度，安徽省财政管理工作绩效考核位居全国第四，获国务院通报表扬。在财政部对2017年度县级财政管理绩效综合评价中，安徽省平均得分位居全国第一，省政府专门印发《关于对省财政厅及庐江县等34个县(市)予以表扬的通报》，给予通报表扬。

【财政体制更加优化】按照激励市县发展的体制导向，安徽省形成管理层级较为扁平、收入划分较为清晰、财力下移特征明显、省级调控空间有限的财政管理体制。

管理层级扁平化改革。1994年分税制改革后，安徽省实行省管市、市管县的财政管理体制，2002年取消市从所属县集中财力的做法，2004年实行省直管县财政管理体。2018年，省管16个市、47个直管县；市管44个区和14个非直管县。

收入划分让利市县。1994年分税制改革后，除省属企业所得税作为省级固定收入外，其他全部按属地原则划归市县；2004年进一步调整和完善所得税收入分享改革，2015年中央全面推开营改增试点，调整增值税收入划分，中央分享50%，地方分享50%，原属市县的增值税，50%部分仍按属地由市县分享。目前，除所得税省级分享15%以外，省以下没有再层层划分和分享其他税种，财政收入划分相对清晰、简单。

补助倾斜困难地区。1994年分税制改革，与中央分享税制改革时新老体制双规并行相衔接，省对市以1993年为基期年，按市应上解省或省应补助的数额，作为各市体制上解(补助)基数，对上解市实行逐年递增上交，递增率5%。2002年起，又将相对固定的省对下农村税改转移支付、调资转移支付、结算补助等并入体制补助基数(市为定额补助基数)，同时，取消县级5%递增上交。目前，所有县均为体制补助县。

税收返还保障市县利益。1994年分税制改革后，对于增值税和消费税(简称“两税”)，省对各市、县按基数加增长返还，其中增长返还为上划“两税”增长率的1∶0.15(即“两税”增长返还省集中一半)。对于所得税，省按基数返还。2014年，省对市县消费税不再实行增量返还，改为以2014年消费税返还为基数，实行定额返还。2015年，全面推开营改增试点后调整省与市县增值税收入划分，以2014年为基数核定返还市县基数和上交基数。2018年，将环境保护税全部作为地方财政收入，实行省与市县按比例分享，省级分享50%，所在市县分享50%。

(周剑峰)

防范化解地方政府债务风险

【概况】2018年，安徽省按照《中华人民共和国预算法》和党中央、国务院关于加强地方政府性债务管理的有关要求，坚持“修明渠、堵暗道”，一手抓规范融资，一手抓风险防范，加快建立以政府债券为主体的地方政府举债融资机制，夯实将政府债务纳入预算管理的基础，对地方政府债务实行规模控制和风险预警，切实防范和化解财政金融风险。

【进一步健全工作机制】省委、省政府高度重视政府债务风险防控管理。1月,成立以省委书记、省长为组长的省防范化解政府隐性债务风险工作领导小组,加强对全省防范化解政府隐性债务风险工作的统一领导,防范化解政府隐性债务风险领导小组办公室设在省财政厅。以省委、省政府名义出台我省加强隐性债务管理的实施意见,为全面打赢防范化解重大风险攻坚战夯实制度基础。

【进一步强化限额约束】积极争取中央分配安徽省2018年新增地方政府债券额度,全省2018年新增政府债务限额1007亿元,比上年增长38.3%。按照因素法做好2018年新增债务限额分配工作,将预警结果和分配市县新增债券额度挂钩,对被风险预警和风险提示的分别按照分配额度的10%和5%进行扣减,同时,做好新增债券的预算调整工作,将依法举借的政府债务分门别类纳入预算管理。对政府债务余额超过限额的地区进行通报和约谈,要求超限额地区认真核实债务信息,积极筹资偿还债务,实时监控债务余额增减变化,确保债务余额不超过核定限额。

【进一步发挥资金效益】充分发挥地方政府债券融资的主渠道作用,全年累计发行政府债券2247.9亿元,发行规模创历史新高,其中发行新增债券1003.6亿元,主要用于支持脱贫攻坚、棚户区改造、土地储备、政府收费公路、农业基础设施、基层基本公共服务功能建设等项目或领域,为保持基础设施领域补短板力度提供强有力的支撑。在融得到的基础上,争取债券资金用得好。印发加强专项债券发行和资金使用管理的通知,督促市县财政部门及时拨付债券资金、项目主管部门和相关单位加快专项债券对应项目资金支出进度,尽早形成实物工作量,推动在建基础设施项目早见成效。

【进一步缓解偿债压力】印发《关于全面完成存量政府债务置换工作的通知》(财债〔2018〕601号),确保按时完成存量债务置换。加强分类指导,对能置换的抓紧置换,对工程款结算延期的根据工程进度开展置换,对无法置换的依规核销;明确完成时限,8月底发行最后一批置换债券,逾期不再置换,由原债务人依法承担偿债责任;依法依规处置,剩余无法置换的存量债务,以政府常务会议形式集体决策,对应的债务限额按照财政部相关规定处理。全年共计发行置换债券969.8亿元,2015年启动置换工作以来,累计置换存量政府债务3992亿元,实现将可以置换的存量债务全置换目标。将高息、短期债务置换成低息、长期债券,有力地缓解地方偿债压力,按安徽省政府债券平均发行利率3.9%和存量政府债务的平均融资成本10%测算,2018年安徽省发行债券一年可节约融资成本近140亿元,相当于2017年全省一般公共预算收入的增量规模。

【进一步严惩违规举债】认真贯彻落实隐性债务问责办法,印发《安徽省财政厅关于对池州经济技术开发区违法违规举债问题及整改落实情况的通报》(财债〔2018〕515号),追究相关责任人责任,督促指导各级政府进一步严格规范政府举债行为。全面开展隐性债务清理摸底工作,夯实隐性债务管理基础,各级党委、政府向上级立债务化解"军令状"。坚决贯彻落实财政部《关于进一步规范地方政府举债融资行为的通知》及《关于坚决制止地方以政府购买服务名义违法违规融资的通知》要求,推进融资平台公司市场化转型和融资,防止为专项建设基金项目提供本金回购、保底收益承诺等任何形式担保,规范推进PPP项目实施,严禁通过保底承诺、回购安排、明股实债等方式进行变相融资。

【进一步明确底线红线】严格执行《安徽省人民政府办公厅关于印发政府性债务风险应急处置预案的通知》(皖政办秘〔2017〕10号)要求,建立债务风险应急处置和风险预警监测工作机制。将政府债务管理纳入省政府对各市政府的目标责任考核,印发《安徽省政府性债务管理评分暂行规则》,从制度建设、预算监督、日常工作、风险管控等方面对各市县政府性债务管理情况进行评分,通过加强考核引导地方政府牢固树立债务风险意识,压实各级各部门的管理责任。

(韩晓峰)

全面实施预算绩效管理

【概况】2018年,省财政按照深化预算管理制度改革的要求,将预算绩效评价重点由项目评价逐步拓展到部门整体支出和政策、制度、管理等方面,进一步健全全过程预算绩效管理机制,努力实现预算绩效管理的常态化、规范化、制度化。

【推进预算绩效管理制度化规范化】积极贯彻落实党中央、国务院关于全面实施预算绩效管理的意见,研究起草我省《关于全面实施预算绩效管理的实施意见》,提请以省委、省政府名义出台。以省政府办公厅文件印发《安徽省扶贫项目资金绩效管理办法》,扭紧财政扶贫资金绩效管理的总开关。协调省直相关部门完成民生工程绩效评价办法的制定工作,实现制度全覆盖,增强标准一致性、项目可比性。制定印发《安徽省省级部门预算绩效目标管理暂行办法》,规范预算绩效目标管理,进一步提高省级部门预算绩效目标管理科学性、规范性和有效性。出台《关于印发市县财政管理工作绩效考核与激励办法》,构建科学规范的财政管理绩效评价体系,调动和激发市县财政部门的主动性和创造性。

【强化省级部门预算绩效目标管理】在省级部门预算编制过程中,项目支出绩效目标的设定、批复与部门预算实现同步申报、同步审核、同步批复和同步公开。加强绩效目标审核,引入第三方机构开展绩效目标集中审核,提高项目预算绩效目标管理的科学性、合理性和有效性。全面开展省级绩效目标执行监控工作,从事前事中促绩效水平提高。加强扶贫项目资金绩效目标管理,对市县绩效目标填报进行培训和指导,确保指标精简准确、合理可行,为财政扶贫资金动态监控打好基础。

【全面开展省级预算绩效评价工作】首次实现中央对地方专项转移支付绩效目标自评全覆盖,统筹组织省级主管部门和市县对2017年度通过中央一般公共预算安排的54项专项转移支付资金开展绩效自评,并选择城市公交车成品油补贴、文化产业发展专项资金两个项目进行审计抽查。强化部门单位主体责任,全方位推进省级部门项目支出和部门整体支出绩效自评。省财政厅从2017年财政预算中选择34个重点项目、2个部门整体支出评价、2个财政政策和管理评价和8个预算评审论证项目,涵盖农业、教育、医疗卫生、社会保障、金融等多个重点领域和社会公众重点关注的项目,涉及财政资金134.7亿元,其中民生工程项目12个,涉及财政资金88.7亿元。组织市县对政府新增债券资金使用情况进行绩效评价。

【深入推进绩效评价结果应用】对2018年省级财政重点绩效评价结果进行通报,反馈单位进行整改。选择部分社会关注度高、影响力大的民生项目和重点项目的绩效评价报告,通过省财政厅门户网站向社会公开,并通过省级预算联网监督系统向省人大常委会预算工委推送公开。在财政扶贫资金、社保资金等领域推动绩效评价结果与预算安排和资金分配挂钩,倒逼各级规范资金管理,提高资金使用绩效。

【整体推进全省预算绩效管理】抓业务培训。针对省级预算单位、财政部门,分层分类开展业务培训,提升工作人员业务能力。抓信息宣传。通过刊发文章、开辟绩效专栏等多种形式,大力宣传预算绩效管理理念做法,扩大社会影响。抓调查研究。采取座谈会等方式,组织市县财政部门交流管理体会,探讨工作难点和问题。通过调研,完成《市县预算绩效管理现状分析及发展思考》课题研究,形成课题报告,探索推进全省预算绩效管理工作上台阶。

服务司法体制改革

【构建政法经费保障新机制】2009年,安徽省贯彻落实全国政法经费保障体制改革精神,将省以下政法机关经费保障体制由原来的“分级管理、分级负担”改革为“明确责任、分类负担、收支脱钩、全额保障”的新体制,建立起完善的分项目、分区域、分部门政法经费保障机制。

经费投入不断加大。加强政法经费保障是深化司法体制改革和工作机制改革的重要内容之一。2009年实施政法经费保障体制改革当年,省对下基层政法机关补助资金总额比改革前翻两番,政法转移支付资金成为全省公共安全支出的关键性支撑。

资金管理严格规范。政法转移支付资金分配按照“因素法”计算,着力体现向基层、向困难地区和维稳任务重的地区倾斜。改革后县级公检法司部门的办案(业务)经费和业务装备经费人均增加2.5万元,市级人均增加1.3万元,彻底改善基层政法部门长期落后的办公办案条件。

保障标准逐步完善。建立经费保障标准是实现政法经费保障规范化的基础。从2005年起,安徽省陆续出台并修改完善县级公检法司机关公用经费保障标准,确定基层政法机关经费保障的最低标准、分档标准。2011年,安徽省出台县级公检法司机关业务装备配备实施标准,将政法机关基本的、必备的业务装备分年落实到位,并按照规划实施更新。两项标准的出台,有效保证政法机关履行职能基本的办公办案需求,并促进政法经费的科学化精细化管理。

支出结构不断优化。顺应时代发展潮流,优化政法经费投向,支持政法部门改变传统的办公办案模式,将现代信息科技与政法工作深度融合。近年来,重点保障"雪亮工程"、智慧法院、科技法庭、智慧检务、公共法律服务平台等一批重大项目建设,打造在全国有影响力的诉讼服务中心和减刑假释信息化建设平台,实现安徽政法机关信息化建设的跨越赶超。

【推进省以下法检两院财物省级统一管理】十八届三中全会《关于全面深化改革若干重大问题的决定》提出"改革司法管理体制,推动省以下地方法院、检察院人财物统一管理",是法检两院财物管理机制的一次根本性变革。自2014年安徽省被纳入全国第二批司法体制改革试点省份以来,全省各级财政部门牢固树立改革的大局观,认真贯彻落实中央、省委决策部署,积极参与司法体制改革试点,启动实施省以下法院检察院财物省级统一管理改革试点。

率先启动改革。将推进省以下法检两院财物省级统管作为财政支持司法改革的头等大事。2015年7月,在全省司法体制改革试点工作全面启动前,省财政先行启动首批司改试点单位财物省级统管工作,从2016年1月1日起,将合肥市、蚌埠市、安庆市中级人民法院、检察院和庐江县、蜀山区、怀远县、淮上区、怀宁县、迎江区法院、检察院18家首批试点单位财物正式纳入省级财政管理。

明晰改革思路。贯彻落实中央司法体制改革要求,改革后试点法院、检察院均作为省级财政部门一级预算单位,收支全部上划省级财政统一管理,向省级财政部门编报预算,预算资金通过国库集中支付系统拨付。

构建制度体系。建立以预算省级统管办法为统领,运行机制、业务流程、国有资产和非税收入4个省级统管办法为配套的"1+4"财政财务管理政策体系,为试点单位贯彻省级预算管理要求提供准确的政策和程序遵循。

创新管理机制。建立以省财政厅政法处为管理主体,省法院、省检察院分别各设立1个中心,具体承担省财政厅委托管理职责的"一处两中心"运行管理机制,有效解决"扁平化"管理所带来的点多、面广、管理半径过大的难题。

加强预算管理。将试点单位全部作为省级财政部门一级预算单位,严格执行"收支两条线"和"收支脱钩"政策,所需经费全部由省财政按照"托高补低"要求足额保障。落实司法职业保障政策,全面兑现法官检察官和司法行政人员、司法辅助人员增资政策、绩效考核奖金和其他生活保障待遇,增强法官检察官职业尊荣感,树立正确的激励导向。

着力深化改革。进一步巩固改革试点成果,贯彻既定政策,破解改革难点,研究建立分地区多档次的经费保障标准,加强基层法检两院财务力量培训,推进通过建立"政府购买"司法雇员制度等方式解决法检两院"案多人少"问题。2018年,密切跟踪全国财政统管改革进展,重点考察外省具有代表性的统管模式,积极探索符合安徽省省情的统管模式,着手开展全省全面推开改革的准备工作。

【服务推进公安、安全、司法行政改革】公安改革、安全机关改革和司法行政改革是全面深化司法体制改革的重要组成部分。财政部门从财政职能、财政政策和财政服务的角度全力支持公安、安全、司法行政工作和各项改革,推动司法体制改革取得整体成效。

支持全面深化公安改革。加大科技强警投入。支持公安机关"大防控"体系建设,支持公安科技强警项目,基本建成刑侦、网侦、技侦、图侦等系统;支持建立统一社会信用代码制度和相关实名登记制度,加强社会服务管理信息化建设;加强反电信诈骗工作,编制平安安徽"天网"。支持开展扫黑除恶等专项斗争。加大打黑除恶、扫黑除恶等专项斗争经费保障力度,建立举报黑恶势力违法犯罪奖励制度,设立大案要案侦破处置专项经费。加强禁毒经费保障。安排禁毒、强制隔离戒毒专项经费,支持打击毒品违法犯罪和强制隔离戒毒工作,加大毒品查处力度,加强临泉县等禁毒重点地区管理。推进交警经费管理体制改革。理顺高速交警经费管理体制,将高速交警经费管理下划市级管理,进一步加强经费保障,支持高速公路视频监控系统建设,建立健全高速公路交通违法举报奖励机制。配合推进户籍制度改革。支持省公安厅人口信息管理系统建设,全面实施居住证制度,建立人口动态管理机制,为建立健全支持农业转移人口市民化的财政政策体系提供基础数据,落实财政支持户籍制度改革的各项政策。健全人民警察职业保障制度。全面落实人民警察工资待遇各项政策,落实人民警察执勤岗位津贴及加班补贴政策,安排人民警察特别抚恤金和记功奖励经费,不断完善人民警察抚恤奖励制度。支持加强公安队伍建设。加强公安职业学院经费保障,配合推进公安院校招生与公安机关招警协调机制,加强警务辅助人员经费保障,规范警务辅助人员管理,为培养专业化、职业化、正规化的公安队伍提供经费保障。

支持深化司法行政改革。支持监狱体制改革。积极支持监企分开,合理划分监狱与监狱企业资产,对监狱历史债务给予补助,理顺监狱企业财政关系,明晰财政财务管理方式。支持监狱分离办社会职能。建立罪犯劳动补偿费制度和罪犯大病保障制度。落实监狱经费保障标准,罪犯改造经费、罪犯生活费和监狱业务费等全部达标,监狱"全额保障、监企分开、收支分开、规范运行"的改革目标基本实现。支持劳教场所转型为强制隔离戒毒场所改革。贯彻落实十八届三中全会精神,做好劳教场所转型为戒毒场所的经费保障工作,制定并落实戒毒所经费保障标准,强制隔离戒毒人员教育、康复医疗、生活费等全部达标,大力支持戒毒医疗、教育矫治、体能训练、劳动康复和诊断评估五大中心建设,强化监控安防系统升级改造,助推"3451"安徽戒毒模式发展,提升戒毒成效,为戒毒人员重返社会奠定基础。促进公共法律服务体系建设。从2016年起,将城乡困难群体法律援助项目纳入全省民生工程,设立法律援助专项补助资金,建立法律援助办案补贴调整机制。支持和推进公证制度改革,对改革为公益类事业单位的公证机构提供相应的经费保障。支持健全统一的司法鉴定管理体制,将司法行政机关对司法鉴定机构开展考核、评价、评审所需相关费用纳入同级财政部门预算。支持律师制度改革,将律师担任党政机关法律顾问、参与立法和信访接待等纳入政府购买服务范围。支持社区矫正工作。社区矫正经费列入同级财政预算予以保障,鼓励有条件的地区建立按照社区矫正人员数量核定社区矫正经费制度,推进社区矫正政府购买服务,建立较为完善的社区矫正经费保障制度。积极推进人民调解工作。将司法行政机关指导人民调解工作经费列入同级财政预算,建立和完善人民调解委员会补助经费标准和人民调解员补贴经费标准,并逐步提高标准。

"参股+债权+奖励"相结合激发科技人才团队活力

【概况】2014年以来,安徽省把扶持高层次科技人才团队在皖创新创业作为实施创新驱动发展战略,建设创新型省份的重要举措。通过五年实践,在人才引进、成果转化、企业培育等方面取得良好成效,助力安徽省产业结构调整,推进五大发展行动计划落地生根、开花结果。

【合力推进团队在皖创新创业】2014年,安徽省启动实施扶持高层次科技人才团队来皖创新创业工作,省财政安排专项资金,在市县先行投入基础上,采取股权投资和债权投入方式,分别给予1000万元、600万元、300万元支持,吸引海内外高层次科技人才团队落户安徽创新创业。全省各市高度重视,均把招引团队工作作为本地科技创新工作的一个重要抓手,作为鼓励创业、培育新的经济增长点、促进结构调整的一个主要着力点。2014—2017年,省市联动扶持398个高层次科技人才团队携科技成果落户安徽创办企业。省级资金累计扶持团队达115个,省级投入7.38亿元,带动各市投资51亿元。2018年省财政继续投入2亿元,遴选扶持相关科技人才团队。

【提升招引团队层次和水平】为激励科技团队创办企业尽快产业化,服务地方经济转型发展,安徽省给出优厚奖励政策,明确企业60个月内在国内主板、中小板、创业板或香港证券交易所、纽约证券交易所、纳斯达克证券交易所等全球重要交易场所成功上市,省扶持资金所形成权益全部奖励给团队成员,每延迟12个月上市奖励比例减少20%。或自协议签订之日起连续5个会计年度内,科技团队创设公司累计实际缴纳税金(不含土地使用税)达到省扶持资金出资总额,奖励省扶持资金所形成权益总额的30%,在此基础上,实缴缴纳税金每增加20%,奖励增加10%,直至达到100%。或自协议签订之日起60个月内,科技团队有权在支付资金使用成本后,回购省扶持资金形成的股权。

【突出团队经济效益和社会效益】扶持的创新创业团队服务于地方首位产业、战略性新兴产业布局需要,服务于地方经济转型发展需求。五年来,该项工作取得积极成效,团队溢出效应明显,在汇聚全球优质创新资源、营造良好创新创业氛围等方面起到较好推动作用。截至2017年底,省专项扶持的115个团队累计创造产值超过110亿元,利润超过10.2亿元,税收超过3.5亿元;发明专利申请869项、授权270项,计算机软件登记260项,认定新产品430个;引进各类高端人才1600余人,其中院士6人。

深化科研项目资金管理改革

【概况】安徽省在改革科研项目资金管理工作中,坚持问题导向、简政放权、落实落地的要求,着力扩大高校院所科研项目资金管理自主权和财务自主权,适应科研活动实际需要,增强科研人员获得感,有力激发高校院所科研人员的积极性和创造性。

【改革背景】创新是引领发展的第一动力,科技创新在全面创新中具有引领作用,人是科技创新最重要的因素。近年来,按照党中央、国务院和省委、省政府部署要求,省财政厅认真落实研发费用加计扣除政策,推进科技成果"三权"下放、股权期权激励等政策,给科研院所和高校松绑减负,着力支持以科技创新为核心的全面创新,全力服务保障创新型省份建设。但是高校院所和科研人员还有不少意见,反映科研项目资金存在"过细过繁""重物轻人"等问题,让科研人员感到羁绊束缚和杂事干扰。这些问题,有些属于政策措施已经明确,需要落实细化和加强宣传解释的问题;有些属于在项目和资金管理上需要进一步研究改进和完善的问题;有些还涉及事业单位管理体制、收入分配制度等深层次体制机制问题。为贯彻落实中央关于深化改革创新、形成充满活力的科技管理和运行机制的要求,经省委、省政府同意,安徽省委办公厅、省政府办公厅联合印发《关于改革完善省级财政科研项目资金管理等政策的实施意见》。《实施意见》旨在通过进一步推进简政放权、放管结合、优化服务,改革和创新科研项目资金使用和管理方式,促进形成充满活力的科技管理和运行机制,更好激发广大科技人员积极性和创造性。

【实施分类管理,扩大下放自主权】制定省级财政科研项目资金目录,公开公示项目资金的主管部门、资金额度、分配方式、项目类别、项目承担单位类型等信息。按照财政资金支持和项目主管部门管理方式的不同,将科研项目分为公开竞争研发项目、后补助科研项目、稳定支持科研项目三类,分类管理,差异扶持。为界定具体科研项目资金及类型,及时在省财政厅门户网站公开《省级财政科研项目资金目录》。扩大科研项目资金管理自主权,包括简化预算编制、下放预算调剂权限、提高间接费用比重、明确劳务费开支范围、改进结转结余资金留用处理方式、自主规范管理横向科研经费和后补助科研项目资金。扩大高校院所财务自主权,包括下放差旅会议国际交流合作管理权限、简化省属高校、科研院所科研仪器设备采购管理、基本建设项目管理等。下放省级预算单位政府采购预算管理和省属高校科研院所科研仪器设备采购自主权。尤其是在提高间接费用比例上,明确公开竞争研发项目均要设立间接费用,核定比例可以提高到不超过直接费用扣除设备购置费的一定比例:100万元以下的部分为30%,100万元(含100万元)至300万元的部分为25%,300万元(含300万元)至500万元的部分为20%,500万元(含500万元)以上的部分为15%。

【加强政策调研,完善配套管理办法】2017年2月,开展省级财政科研项目资金管理改革政策落实情况调研,征询改革中可能出现的问题,提出应对举措。2017年6月,召集部分省属高校院所召开《实施意见》贯彻落实情况座谈会,交流实施现状及存在的问题。在此基础上,相继牵头制定《安徽省科技重大专项资金管理办法》《安徽省重点研究与开发计划资金管理办法》《安徽省自然科学基金资助项目资金管理办法》《安徽省哲学社会科学规划项目资金管理办法》等七个资金管理办法,进一步细化科研项目资金管理规范。2017年11月,针对高校院所反映完善政府购买服务科研项目管理、简化科研仪器设备采购预算编制调整等意见,会同省教育厅等部门研究制定《关于进一步改革完善省属高校科研经费管理的若干意见》。2018年,省财政厅、省教育厅在对高校科研经费放管服方面,重点推进细化区别管理国际学术交流与"三公"经费;明确横向经费与纵向科研项目经费区别对待,按照合同约定或学校横向经费管理办法执行;由学校自主认定科研仪器设备采购,允许高校动态调整采购预算,允许通过国库集中支付自行采购科研仪器设备等工作。

【加强系统对接,确保政策高效落地】为便于放管服工作高效落地,省财政厅将此项改革嵌入财政部门预算编制系统和财政一体化管理信息平台(预算执行系统)中,2018年起,在财政部门预算编制系统中,项目属性栏设置“科研项目资金”,2018年编制科研项目资金20多亿元,部门预算批复后直接导入财政一体化管理信息平台,切实提高财政科研项目资金预算执行便捷性。在财政一体化管理信息平台中,将省级财政科研项目资金单列管理,设置“科研项目资金”、“科研仪器设备”和“科研学术交流”标识,允许项目承担单位预算执行中,按规定自主调剂相应经济科目,自行采购科研仪器设备,并实现财政科研资金安排的学术交流费用与一般人员因公出国(境)费用区别管理。同时,2018年,相继印发《安徽省省级财政科研项目资金管理信息化流程》和《安徽省省级财政科研项目资金科研学术交流资金标记操作规范》,明确财政科研项目资金预算编制、调剂流程,以及学术交流费用与一般人员因公出国(境)费用区别管理措施,进一步让放管服工作制度化、规范化。

【加强宣传解读,开展政策落实专项检查】《实施意见》出台后,省财政厅及时召开新闻发布会,全面解读实施意见出台背景、总体考虑、基本框架和主要内容。在省政府网站、省财政厅门户网站和安徽日报,全文公开实施意见和政策解读。2017年3月,召开省级财政科研项目资金管理改革培训班,100多家高校院所和单位300多人参加培训。同时,2017年、2018年两次开展省级财政科研项目资金管理改革政策落实情况专项督查,督促政策在高校院所落实落地。2018年,选择安徽工业大学和安徽省农科院作为政策落实跟踪单位,就政策落实中问题和成效进行持续跟踪,不断优化完善改革措施,持续增强科研人员自主权和获得感。

【改革成效】截至2018年底,全省开展科研活动高校院所基本制定科研项目资金和财务内部管理制度。该政策受到广大高校院所、科研人员一致欢迎,有效提高高校院所财政科研项目资金使用和差旅、会议、采购、报销等财务自主权,切实做到让科研项目资金为科研人员的创造性活动服务的目标;同时,通过绩效支出、劳务费等制度安排,提高科研人员智力价值,增强科研人员获得感,有力激发高校院所科研人员的积极性和创造性。

安徽农业大学韦朝领教授认为,“安徽财政改革科研项目资金管理一方面适应科研活动的实际需要,如放宽科研经费使用的时间期限,项目实施期间年度剩余资金可结转下一年度继续使用,直至项目完成后2年内继续统筹使用;下放预算调剂权限,材料费、测试化验加工费等支出预算由单位在总预算内调剂,会议费、差旅费、国际合作与交流费由科研人员结合科研活动实际需要统筹安排;另一方面体现科研人员智力价值,如提高间接费用比重,取消绩效支出比例限制,加大绩效激励力度,更好地激发科研人员积极性和创造性。这些改革政策的落实,让我们科研人员有更多的时间和精力,去从事科研工作”。

安徽省农科院对省自然科学基金项目资金间接费用提取比例进行对比,2016年争取省自然科学基金项目资金80万元,提取间接费用仅0.4万元,占0.5%;2017年争取省自然科学基金项目资金96万元,提取间接费用15.3万元,占15.9%;2018年争取省自然科学基金项目资金96万元,提取间接费用19.7万元,占20.5%,充分体现科研人员智力价值,大大激发科研人员潜心研究的内在动力。

完善城乡义务教育经费保障机制

【概况】自2007年安徽省全面实施农村义务教育经费保障机制改革以来,义务教育逐步纳入公共财政保障范围并纳入省民生工程,城乡免费义务教育全面实现,稳定增长的经费保障机制基本建立,九年义务教育全面普及,县域内义务教育均衡发展水平不断提高。2016年3月,根据《国务院关于进一步完善城乡义务教育经费保障机制的通知》(国发〔2015〕67号)精神,安徽省研究出台《关于进一步完善城乡义务教育经费保障机制的实施意见》(皖政〔2016〕31号)(简称《意见》),通过“两个统一、两个巩固、一个明确”,进一步解决城乡义务教育经费保障机制政策不统一、经费可携带性不强、资源配置不均衡等问题,建立城乡统一的义务教育经费保障机制,实现相关教育经费随学生流动可携带。

【统一公用经费基准定额】从2016年春季学期开始,统一城乡义务教育学校生均公用经费基准定额。确定2016年生均公用经费基准定额为:普通小学每生每年600元、普通初中每生每年800元。在此基础上,对寄宿制学校按照寄宿生年生均200元标准增加公用经费补助,继续落实好农村地区不足100人的规模较小学校按100人核定公用经费和学校取暖费补助等政策;特殊教育学校和随班就读残疾学生按每生每年6000元标准补助公用经费。对城乡义务教育学校(含民办学校)按照不低于基准定额的标准补助公用经费。现有公用经费补助标准高于基准定额的,确保水平不降低。“十三五”以来,全省投入资金147亿元,落实义务教育学校公用经费政策,保障中小学校正常运转。

【统一“两免一补”政策】从2017年春季学期开始,统一城乡义务教育学生“两免一补”政策。在继续落实好农村学生“两免一补”和城市学生免除学杂费政策的同时,向城市学生免费提供教科书并推行部分教科书循环使用制度,对城市家庭经济困难寄宿生给予生活费补助。根据财政部、教育部要求,省财政厅会同省教育厅及时开展家庭经济困难寄宿生生活费补助情况调研,重点关注农村建档立卡贫困家庭寄宿生和城市低保家庭寄宿生生活费补助情况,确定了安徽省家庭经济困难寄宿生贫困面,实施“精准资助”,确保“应助尽助”。“十三五”以来,全省投入资金27.2亿元,为义务教育学校学生免费提供国家规定课程的教科书,对家庭经济困难寄宿生给予生活费补助,每年惠及中小学生600多万人。

【巩固完善农村地区校舍安全保障长效机制】重点支持农村地区公办义务教育学校维修改造、抗震加固、改扩建校舍及其附属设施。农村地区公办义务教育学校校舍安全保障长效机制所需资金由中央和省按照5:5比例分担。城市地区公办义务教育学校校舍安全保障长效机制由市建立,所需经费由学校所属市(区)统筹安排。“十三五”以来,全省投入资金逾40亿元,专项支持农村地区公办义务教育学校改造,改善办学条件,提升教学质量。根据2017年国务院教育督导委员会办公室对安徽省核查结果,全省义务教育均衡发展综合差异系数小学和初中分别为0.408和0.373,全省105个县(市、区)全部通过义务教育发展基本均衡县国家督导检查,比原定计划提前三年实现全覆盖,是中西部地区第一个,全国第九个实现义务教育均衡发展全覆盖的省份。

【巩固落实城乡义务教育教师工资政策】按照现行教师工资政策,县级人民政府确保县域内义务教育教师工资按时足额发放,并在分配绩效工资时,加大对艰苦边远贫困地区和薄弱学校的倾斜力度。2018年7月,省政府办公厅印发《关于实行财政转移支付与中小学教师待遇优先保障政策落实挂钩的实施意见》(皖政办〔2018〕29号),实行四个挂钩,即与财政体制补助基数挂钩,与均衡性转移支付挂钩,与调资转移支付增量挂钩,与教育转移支付挂钩。切实增强各地做好中小学教师待遇保障工作的积极性,确保中小学教师平均工资收入水平不低于或高于当地公务员工资收入水平,使教师能够安心在岗从教。“十三五”以来,省财政统筹资金3.5亿元,对集中连片特困地区乡村教师给予生活补助,平均每年惠及乡村教师近5万人。

【明确义务教育经费保障机制分担比例】国家规定课程免费教科书资金由中央全额承担;家庭经济困难寄宿生生活费补助资金由中央和市县按照5:5比例分担,贫困面由安徽省重新确认并报财政部、教育部核定;生均公用经费基准定额所需资金由中央和地方按比例分担,比照实施西部大开发政策的县(市、区)为8:2,其他地区为6:4。地方承担部分省与市县(区)分担比例为:农村地区比照实施西部大开发政策和加快皖北地区发展政策范围内的县(市、县改区)为8:2,其他地区为6:4。城市地区8个地改市(含县改区)按5:5比例承担,其余8市(含市辖区)由市(含市辖区)承担。

【农民工随迁子女义务教育实现“三个一样”】将农业转移人口及其他常住人口随迁子女义务教育纳入公共财政保障范围。随迁子女义务教育以公办学校为主,与城镇户籍学生混合编班,统一管理,实现“三个一样”:一样就读、一样升学、一样免费,以流入地公办学校为主,实行学籍统一管理,经费纳入各地公共财政保障范围。实现“两免一补”资金和生均公用经费基准定额资金随学生学籍流动可携带。

从实施情况看,安徽省建立城乡统一的义务教育经费保障机制有力有序有效。

——促进教育公平,进一步推进义务教育均衡发展。以往农村义务教育经费保障机制,与免除城市义务教育阶段学生学杂费政策是分别设计的。随着工业化和新型城镇化的不断推进,一些农村学生和农村学校身份发生变化;随着农村学生大量流入城市,一些财力困难地区以及进城务工子女较多的学校,公用经费补助水平出现了城乡“倒挂”现象。统一城乡义务教育经费保障机制,在很大程度上解决了这个问题,有利于健全城乡义务教育发展一体化体制机制,有利于推进城乡义务教育在更高层次的均衡发展、促进教育公平。

——实现教育经费可携带,适应了新型城镇化建设和户籍制度改革的形势要求。近年来,农村学生大量涌入城市,给城市义务教育带来很大压力。接收进城务工子女较多的地区和学校,多次呼吁尽快完善相关政策,统一城乡学生“两免一补”政策,实现相关教育经费可携带,体现了党和政府对进城就读学生的关怀,适应了新型城镇化、户籍制度改革的新形势要求。

——强化了保基本、兜底线、补短板、可持续的基本公共服务政策原则。无论是“两统一”,还是“两巩固”,都是义务教育的基本要求、托底标准。与此同时,安徽省还将继续实施农村义务教育薄弱学校改造计划、“国培计划”、乡村教师支持计划等,着力解决农村义务教育发展中存在的突出问题和薄弱环节。通过制度机制设计,把城乡义务教育的投入政策、投入标准、经费分担比例确定下来,将有力地保障义务教育经费投入稳定地、可持续地增长,促进义务教育均衡、健康地发展。

安徽省财政支农情况

【概况】2018 年以来,全省各级财政部门深入贯彻落实习近平新时代中国特色社会主义思想和党的十九大精神,将支持实施乡村振兴战略作为财政支农的首要工作,按照中央和省委 1 号文件要求,围绕乡村振兴的“七条之路”“二十字”方针,加大财政投入力度,创新财政支持方式,为全省乡村振兴起好步、开好局提供强有力的财政保障。

【聚焦制度设计,健全财政政策体系】根据《安徽省乡村振兴战略规划(2018—2022 年)》,研究制定《安徽省财政厅贯彻落实实施乡村振兴战略的实施意见》(财农〔2018〕1208 号),谋划 30 项财政支持乡村振兴的政策措施。围绕乡村振兴“二十字”方针,在建立健全多元投入保障机制的基础上,重点支持农业高质量发展、加强农业农村基础设施建设、推动乡村绿色发展、加快城乡基本公共服务均等化、坚决打赢脱贫攻坚战、深化“三农”领域重点改革,支持本省乡村振兴战略顺利实施,奋力推动本省乡村振兴走在全国前列。

【聚焦投入保障,增加财政三农供给】牢固树立“重中之重”战略思想,坚持将农业农村作为公共财政的优先保障领域。拨付资金 154.2 亿元支持四好农村路、水利水毁工程、高标准农田等基础设施项目建设。省级新增安排 70 亿元,并连续三年持续支持,总额将达 320 亿元,大力支持贫困县农村基本公共服务均等化。统筹安排 31.5 亿元,支持以“三大革命”、秸秆综合利用、畜禽废弃物资源化利用为重点的农村环境整治工作。统筹资金 30 亿元支持农业产业发展,推进农业产业化加快发展,推动一、二、三产业融合,加强农产品质量安全监管。

【聚焦统筹整合,提升财政资金合力】省政府出台《关于探索构建涉农资金统筹整合长效机制的实施意见》(皖政〔2018〕53 号),推动行业内涉农资金在预算编制环节整合、行业间涉农资金在预算执行环节整合,根据整合清单,2018 年省以上财政可统筹整合 200 亿元用于实施乡村振兴战略。省以上涉农资金全面实现“大专项 + 任务清单”管理模式改革,全面下放项目审批权限,允许县级政府围绕乡村振兴规划,在完成约束性任务后在同一大专项内调剂使用资金,极大地调动县(区)的积极性和主动性,发挥资金的最大效益。

【聚焦引导撬动,拓宽资金筹集渠道】继续安排资金 5 亿元支持农业产业化发展基金建设运营,推动基金按照市场化方式,撬动金融和社会资本支持农业企业做大做强。推动农业信贷担保体系建设向基层一线延伸,会同相关部门印发《加快全省农业信贷融资担保体系建设方案》,双向压实省农担公司和县级政府在体系建设中的责任,业务实现农业县全覆盖,加快破解农业适度规模经营主体融资难、融资贵问题。调整完善农业保险相关政策,重点推进大灾保险、制种保险和全成本保险,开展玉米和大豆目标价格保险,研究制定支持适应性产业保险的专门支持政策,建立多层次的农业保险体系,提高农业风险保障水平。

【聚焦改革创新,提升财政资金绩效】重点支持好农村“三变”改革、农村土地制度改革,农村集体产权制度改革、河长制(湖长制)和林长制改革。完善村级组织经费保障机制,实施好资产收益扶贫民生工程,提高村集体收入,夯实乡村振兴组织保障。大幅增加农业科研投入,推广“科技 + 金融 + 产业”技术推广模式,推进基层农技推广体系建设和改革。创新财政资金监管方式,建立扶贫资金总台账和动态监控系统,全面掌握扶贫资金使用和扶贫项目建设情况,逐步扩大到所有涉农资金。

安徽财政社会保障事业

【概况】改革开放40年，安徽省财政社会保障工作走过了从无到有、从有到全、从全到优、从优到精、从探索到规范、从局部管理到全过程监管的健康持续发展历程，全省财政社会保障事业迈上新台阶并取得重大突破。

——完善一系列老制度。企业职工基本养老保险初步实现省级统筹，养老保险关系转移接续办法出台实施；医疗保险、失业保险等逐步实现市级统筹；8+1社会救助制度更加健全；关闭破产国有企业退休人员参加基本医疗保险、未参保集体企业退休人员基本生活保障等历史遗留问题妥善解决。

——建立一系列新制度。在城市，建立城镇居民基本养老、医疗保险制度、城市医疗救助制度；在农村，建立健全农村最低生活保障制度、特困人员供养制度、新型农村社会养老保险制度；实施贫困重度残疾人生活救助制度等等，一系列社会保障制度实现从无到有、从有到全。

——整合一系列碎制度。针对历史形成的社会保障制度零散化、碎片化等问题，着力推进制度整合，强化制度衔接，城乡社会救助、医疗保障、养老保障等制度，初步实现内部顺畅、衔接有序。覆盖城乡的社会保障制度体系基本搭建成形，在不断改善城乡居民生活水平、不断深化改革开放、不断促进经济社会健康发展方面发挥巨大的作用。

【围绕"劳有所得"，促进就业创业取得新成效】

就业政策不断拓展。就业政策保障范围从过去下岗职工拓展到农村劳动者、高校毕业生等群体，实现就业政策城乡全覆盖。妥善化解钢铁煤炭产能过剩行业职工就业安置，积极支持实体经济发展。实施就业脱贫工程，启动大别山区精准帮扶精准就业精准脱贫专项行动计划，通过就业方式帮助40万贫困劳动者实现脱贫。将公益性岗位开发和高校毕业生就业见习纳入省政府民生工程项目实施，帮助高校毕业生、失业和就业困难人员就业。实施技工大省建设工程，充分提高就业质量，为制造强省建设提供更加充分的知识型、技能型、创新型人才保障。

创业活力不断增强。建立创业意识培训、创业模拟培训、创办企业培训一体化阶梯式创业培训体系。持续开展创业园(区)等创业平台建设，为各类群体创业提供场地支持和服务引导，不断健全各类创业平台和载体财政补助政策。开展市场运作方式的青年创业引导资金试点，积极引导商业银行为青年群体创业提供"免抵押、免担保"贷款，累计支持项目564个，直接引导银行发放贷款4.2亿元，间接引导社会资本投入3.8亿元，带动就业13893人。稳步开展"社保贷"试点，将个人和小微企业贷款额度提高至50万元和400万元，累计发放贷款67.7亿元。

服务方式不断创新。在全国率先将"阳光就业"入驻支付宝城市服务并正式上线，实现公共就业服务网下实体经办、网上虚拟服务和移动互联服务的有效结合和互补。坚持以创业者需求为导向，按照"政府搭建平台、平台聚集资源、资源服务创业"为思路，启动建设安徽省创业服务云平台，为各类创业企业和个人提供创业资讯、测评、培训、项目、场地、服务、融资、运营等八大类一站式全周期创业服务。目前云平台注册用户6.13万名，汇聚公共和民营创业服务机构376家、创业培训机构338家、投资机构102家、创业场地191个；首批成功发行创业金币5000万个。积极运用基本就业创业服务成果，进一步加大公共就业创业服务领域政府购买服务力度，稳步推进政府职能转变和就业创业服务效能的提升。

【围绕"病有所医"，推进医疗改革取得新突破】

综合医改运行补偿机制建设加快。自2009年新医改启动，特别是十八大以来，各级财政积极调整支出结构，不断加大投入力度。2013—2017五年间，全省医疗卫生支出累计达2350亿元，占同期全省财政支出9.02%、年均增长13.4%，明显快于同期全省GDP(9.1%)、财政收入(9.9%)、财政支出(9.26%)的增速，支持基层医药卫生体制综合改革、基本医保体系建设、城乡服务能力提升，省市县乡村各级医疗卫生机构全面建立起新的运行补偿机制。

公立医院债务化解难题破解加快。按照"锁定存量、严控增量、依法依规、分级分类、突出重点、综合施策、构建机制"的思路，出台《加强公立医院债务化解及管理的意见》(皖政办〔2018〕5号)。通过较少的财政投入撬动全省医院债务化解，更为关键的是花钱"买"个债务管理的长效机制，率先破解公立医院债务化解难题。"十三五"期间，省财政将安排新增债券额度20亿元、专项奖补资金5亿元，对各地化债情况进行奖补。

健康脱贫综合保障体系建设加快。建立建档立卡贫困人员健康脱贫“三保障一兜底一补充”综合保障政策体系(简称为“351”、“180”工程),着力解决309万农村建档立卡贫困人口因病致贫、因病返贫问题。省财政每年安排2.5亿元专项资金统筹给予支持。

深化医疗保险制度改革加快。深化基本医保管理体制改革,促进城乡居民医保制度统一。推进医保支付方式改革,扩大按病种付费的病种数量。稳步提高基本医保和大病保险保障水平,职工医保、居民医保政策范围内基金支付比例分别达到84%、75%,将合规大病保险报销提高至不低于50%。全面实现省内外异地住院费用直接结算,进一步扩大定点机构覆盖面。试点商业保险机构承办基本医保经办业务。探索推进长期护理保险。

【围绕“老有所养”,保障养老能力取得新提升】

养老统筹层次逐步提升。深化职工养老保险制度改革,修订完善职工基本养老保险省级统筹有关政策,将在城镇灵活就业的农村户籍人员纳入企业职工养老保险覆盖范围。推进全省机关事业单位工作人员养老保险制度改革,建立职业年金制度。大力推进城乡居民养老保险制度改革,提高我省基础养老金最低标准,让参保的城乡居民共享改革红利。

养老服务体系逐步提升。累计投入社会养老服务体系建设资金30.2亿元,支持建立以居家为基础、社区为依托、机构为补充、医养相结合的多层次社会养老服务体系。全省拥有各类养老机构2622个,养老机构床位数达到36.6万张;城乡社区养老服务设施覆盖率分别达到88.3%和54.3%,居家和社区养老服务改革试点稳步推进,为老服务项目和内容逐渐丰富;建立低收入老年人高龄津贴和居家养老服务补贴制度,高龄津惠及所有80周岁以上老年人。

养老保障水平逐步提升。连续多年顶格调整养老金水平,2018年企业月人均养老金提高135.21元,增幅6.05%;机关月人均养老金提高192.6元,增幅4.7%。总增幅高于全国平均水平,达5.64%。企业养老保险调整后月人均养老金2369元,较“十二五”初期增加1106元,增幅87.6%。城乡居民月人均养老金105元,较“十二五”初期增加50元,增幅91%。

【围绕“弱有所扶”,完善救助体系建设取得新进展】救助政策进一步健全。建立以城乡低保为基础、临时救助为转介、各项救助为补充的渐进式“8+1”社会救助政策体系,全面实施特困人员供养制度,完善了城乡医疗救助、生活无着人员救助、孤儿基本生活保障等政策并纳入民生工程实施,形成较为完整的社会救助保障体系,困难群众基本生活权益得到有效保障。

救助供给进一步优化。积极创新优化救助资金供给方式,将城乡低保等八项社会救助项目整合为一项“社会救助资金”。2017年,全省投入城乡低保、特困人员供养、城乡医疗救助等社会救助资金124.9亿元,较“十二五”初期投入增加52.3亿元,增幅72%。其中:城乡低保71.4亿元,较“十二五”初期增加18.8亿元,增幅35.7%;特困人员供养20.4亿元,较“十二五”初期增加11.3亿元,增幅124.2%;城乡医疗救助22.7亿元,较“十二五”初期增加14.5亿元,增幅176.8%。

救助待遇进一步兜实。2018年上半年,全省城乡低保年人均保障水平分别为6393.6元、4418.4元,较“十二五”初期分别增加2546.4元、3040.8元,增幅分别为80.2%、220.7%;特困人员集中和分散供养年保障标准分别为7760.4元、5905.2元,较“十二五”初期分别增加5079.4元、3383.9元,增幅分别为189.5%、197.7%;城乡医疗救助人均救助水平为441.3元,较“十二五”初期增加174.8元,增幅65.6%;各项社会救助待遇水平的大幅提升,让困难群众有更实、更深、更好获得感。

支持深化国资国企改革

【概况】为贯彻落实党的十八届三中全会精神和《中共中央、国务院关于深化国有企业改革的指导意见》(中发〔2015〕22号)要求,2016年5月,省委、省政府出台《中共安徽省委 安徽省人民政府关于深化国资国企改革的实施意见》(皖发〔2016〕23号),全面推进新一轮国资国企改革,初步形成本省深化国资国企改革的政策体系。财政部门作为政府和综合经济管理部门,认真贯彻落实国家有关国资国企改革重要精神和省委、省政府的决策部署,服务于经济建设,服务于国资国企改革,充分发挥财政职能作用,在政策、资金等多方面支持全省国资国企改革。截至2017年底,全省国有及国有控股企业资产总额55553.84亿元,所有者权益23112.95亿元,全年实现营业总收入10364.88亿元,同比增长12.2%,利润总额1021.36亿元,同比增长16.7%。

【支持供给侧结构性改革】扎实去产能。2016年以来,省财政共拨付钢铁煤炭行业去产能专项奖补资金50.82亿元,全力支持我省钢铁煤炭行业化解过剩产能。2016—2017年,省属“三煤一钢”企业共退出煤炭、粗钢产能1569万吨、345万吨,分流安置职工6万余人。受益于去产能政策,近两年省属“三煤一钢”企业经营效益显著好转,2016年当年即扭亏为盈,实现脱困发展,2017年,“三煤一钢”企业合计实现利润总额107.33亿元,同比增利约79.8亿元。

持续降成本。贯彻国家和省级决策部署,落实减税降费有关政策,切实降低企业人工成本、减轻企业税费负担。2017年,全省国有及国有控股企业成本费用同比增幅低于收入增幅1.7个百分点,成本费用利润率同比提高约1个百分点。

【支持国有企业解决历史负担】近年来,围绕减轻省属企业历史负担,省财政在推进政策性关闭破产、分离国有企业办社会职能等工作上给予重点支持。

落实政策性关闭破产政策。国有企业实施政策性关闭破产是国家为解决历史遗留问题采取的一项特殊政策。在国有企业政策性关闭破产政策实施期间内,省属企业共有33个政策性关闭破产项目破产终结,主要集中在煤炭、有色金属等行业。省财政积极争取中央财政关破补助资金,加强对关破补助专项资金的管理,专门制定资金管理办法,将关破补助资金按照企业关破工作的进度及时拨付各破产项目单位,保证关破工作的顺利进行。

推进国有企业剥离办社会职能。为促进国有企业轻装上阵、公平参与竞争,集中资源做强主业,党的十五届四中全会提出,要分离企业办社会职能,切实减轻国有企业的社会负担。2002年,省财政会同原省经贸委推进企业自办中小学校的分离移交工作,并从政策上给予一定的支持。

重点支持“三供一业”分离移交。2016年以来,省财政积极配合有关部门研究出台加快剥离全省国有企业办社会职能和解决历史遗留问题工作方案、“三供一业”分离移交工作实施意见,以及全省国有企业办市政设施、社区管理职能、消防和教育医疗机构等分类处理的意见。截至目前,共争取中央下放企业(含政策性破产企业)“三供一业”中央财政补助资金36.23亿元,拨付省属企业“三供一业”省级财政补助资金7.87亿元,支持省属企业推进“三供一业”分离移交。

【支持产权制度改革】推进企业整体上市。为落实《安徽省人民政府关于金融支持服务实体经济发展的意见》(皖政〔2015〕87号),省财政出台《安徽省企业上市(挂牌)省级财政奖励实施办法》(财金〔2015〕2035号),发挥财政引导作用,鼓励企业上市(挂牌)。近年来,江汽集团、华安证券、建工集团等先后完成整体上市,安徽天然气、省交规院、长城军工等子企业先后完成首发上市。截至目前,全省国有控股上市公司34户,其中,省国资委监管企业上市公司达19户。

支持混合所有制改革和员工持股试点。2014年以来,省属企业实施近50户企业的混合所有制改革,省国资委监管企业中的混合所有制企业占比达63%。省属外贸企业、科研院所基本推行员工持股改革,铜陵有色、建工集团、国元证券等上市公司开展员工持股,截至2016年底,全省共有83户企业实施员工持股改革。2017年,配合有关部门按照国有控股混合所有制企业员工持股试点的新要求,选择10户企业开展试点,正在有序实施。

支持设立省属企业改革发展基金。2017—2018年,省财政通过国有资本经营预算安排5亿元,以补充省国资运营公司(现更名为省国控集团)资本金的形式,支持其牵头设立省属企业改革发展基金,通过基金平台引导和撬动社会资金,支持省属企业改革创新发展和国有经济优化布局结构调整。

【支持现代企业制度建设】参与指导省属企业公司制改制。配合省国资委研究出台《省属企业公司制改制工作实施方案》,合肥煤炭设计院、省水建总公司等集团公司层面完成公司制改制。

推进董事会建设和职业经理人制度试点。配合有关部门研究出台省属企业规范董事会建设试点方案、省属企业实行职业经理人制度试点工作方案、省属企业外部董事管理办法等文件,2017年选定2户首批试点企业,省财政参与指导完善试点企业方案。

(郭茜茹)

建立健全国有资本经营预算制度

【概况】2003年10月,党的十六届三中全会通过的《中共中央关于完善社会主义市场经济体制若干问题的决定》首次明确提出“建立国有资本经营预算制度”。建立国有资本经营预算制度,对增强政府宏观调控能力,深化国有企业改革,推进国有经济结构和布局的调整,规范国家与国有企业的分配关系具有重要意义。2007年9月,国务院发布《关于试行国有资本经营预算的意见》(以下简称国务院26号文),明确国有资本经营预算是国家以所有者身份依法取得国有资本收益,并对所得收益进行分配而发生的各项收支预算,是政府预算的重要组成部分,标志着我国国有资本经营预算工作正式启动。中央本级国有资本经营预算从2007年起试行,2010年正式提交全国人大审查。

安徽省国有资本经营预算工作起步较早,2006年省财政厅专门抽调人员,设立专司机构,组织开展国有资本经营预算制度的理论研究和实践探索,并于2007年开始征收省属企业国有资本收益,2010年正式编制省级国有资本经营预算,并提交省人民代表大会审议。2011年起全省符合国有资本经营预算试行条件的市都开始编制独立的国有资本经营预算。经过十多年的探索和实践,安徽省国有资本经营预算制度体系不断完善,收支管理日趋规范,取得较为显著的成效。尤其是党的十八届三中全会以来,在安徽省委、省政府的正确领导和大力支持下,安徽省财政厅坚持制度先行,注重统筹协调,强化预算约束,大力推进国有资本经营预算“扩面提标”改革,不断加大国有资本经营预算调入一般公共预算力度,建立健全国有资本经营预算制度体系,有力支持省内重大基础设施建设,帮助省属企业妥善解决一系列历史遗留问题,在支持国有企业改革发展、推动国有经济结构优化调整、保障和改善民生等方面发挥积极作用。

【国有资本经营预算制度体系不断完善】为全面落实国务院26号文精神,切实推进国有资本经营预算管理工作,全省各级财政部门、预算单位相继制定并出台一系列政策措施和管理办法,基本建立相对完善的国有资本经营预算管理制度体系。国务院26号文发布后,省政府及时研究出台《关于试行国有资本经营预算的意见》(皖政〔2007〕126号),明确安徽省实施国有资本经营预算的指导思想、收支范围、编制体系及职责分工等。省财政厅积极会同省国资委等单位,先后制定并印发《安徽省省属企业国有资本收益收取管理暂行办法》(财资〔2008〕892号)、《省级国有资本经营预算编报试行办法》(财资〔2008〕957号)、《省级国有资本经营预算支出项目评审管理暂行办法》(财资预〔2014〕939号)等一系列配套办法,对国有资本经营预算编制、收益收取等工作进行规范。

为落实十八届三中全会精神,适应预算管理改革的新要求,2014年以来,省财政厅先后对省属企业国有资本收益收取管理办法和国有资本经营预算编报办法进行修订完善。报经省政府同意,相继出台《安徽省省属企业国有资本收取管理办法》(皖政办〔2014〕24号)、《安徽省省级国有资本经营预算管理暂行办法》(财资预〔2017〕559号)、《安徽省省级国有资本经营预算编报办法》(财资预〔2018〕925号)等文件,省级国有资本经营预算的科学性、规范性、完整性进一步提升。为推动地市国有资本经营预算工作,省财政厅先后印发《关于推进市级国有资本经营预算试行工作的意见》《关于规范全省国有资本经营预算执行工作的通知》等。全省各地积极响应,纷纷参照中央和省级国有资本经营预算的各项政策,及时制定针对本地国有企业运行现状和国有经济发展实际的政策措施,覆盖全部国有企业、分级管理的国有资本经营预算制度体系基本构建。

【国有资本经营预算收入管理不断规范】安徽省国有资本经营预算试行初期,纳入收益收取范围的企业主要是省国资委监管的省属企业,并按企业所属行业的不同,规定不同的收益收取比例,即资源类企业为10%,其他类企业为5%。随着试行工作的顺利推进,为建立覆盖全部国有企业的国资预算制度,省财政厅大力推进国有资本经营预算“扩面提标”。一是国有资本经营预算实施范围不断扩大。在摸底调查的基础上,逐步将省国资委监管以外的省属企业纳入预算实施范围。2014年将省财政厅监管的省信用担保集团纳入实施范围,2015年将包括省属文化企业以及省水利厅、省交通厅等部门监管的8户国有企业纳入实施范围,2018年将新近设立的安徽省引江济淮集团、安徽省农业信贷融资担保有限公司纳入实施范围。截至目前,纳入实施范围的省属一级企业达40户,基本实现对省属企业的全覆盖。二是国有资本收益收取比例不断提高。为加强国有企业利润分配管理,2013年以来,经省政府批准,省财政厅先后四次提高省属企业国有资本收益收取比例,不断完善收益收取政策。省属企业国有资本收益收取比例已从最初的5%、10%两档,逐步调整提高到18%、20%两档,即商业二类、公益类企业收益收取比例为18%,商业一类企业收益收取比例为20%。随着国有资本经营预算实施范围的不断扩大和国有资本收益收取比例的逐步提高,国有资本经营预算收入规模实现较快增长,为增强政府宏观调控能力、更好地支持省属企业改革与发展奠定了基础。2007—2018年,累计收缴省属企业国有资本收益110亿元,切实维护国有资本收益权。

【国有资本经营预算支出结构不断优化】一是国有资本经营预算支出范围进一步明确。合理确定国有资本经营预算支出,是国有资本经营预算制度成功实施的重要标志和落脚点。按照国务院关于深化预算管理制度改革的要求,为构建全面规范、公开透明的预算制度,2015年,省政府出台《关于推进财政资金统筹使用的实施意见》(皖政〔2015〕99号),进一步理顺国有资本经营预算与一般公共预算的关系,明确国有资本经营预算的功能定位。国有资本经营预算支出范围除调入一般公共预算外,限定用于解决国有企业历史遗留问题及相关改革成本支出、对国有企业的资本金注入及国有企业政策性补贴等方面,一般公共预算安排用于这方面的资金逐步退出。二是实现国有资本经营预算与一般公共预算的统筹。积极贯彻落实十八届三中全会要求,推进国有资本经营预算与一般公共预算的统筹协调,不断加大国有资本经营预算资金调入一般公共预算的力度,明确具体调入比例。2018年省级国有资本经营预算调入一般公共预算的比例达20%,2019年、2020年调入比例分别提高到25%、30%,确保国有资本收益更多用于保障和改善民生。从2014年开始建立调入制度以来,省级国有资本经营预算累计安排12.6亿元调入一般公共预算,统筹用于民生支出。三是国有资本经营预算功能作用进一步显现。坚决贯彻落实省委、省政府决策部署,按照统筹兼顾、突出重点的原则,结合国有企业改革任务和目标要求,适时调整国有资本经营预算支持方向和重点。同时,加强对预算支出项目的遴选,科学合理编制国有资本经营预算,充分发挥国有资本经营预算在国企改革发展中的带动和支撑作用。2010—2018年,累计安排国有资本经营预算支出80亿元,有力支持省属企业承担的重大基础设施和重点工程、重点项目的建设需要,帮助国有企业妥善解决一批历史遗留问题,特别是近两年通过省级国有资本经营预算安排近10亿元,专门用于支持省属企业"三供一业"分离移交,帮助企业剥离办社会职能,促进国有企业提质增效,确保省委、省政府重大决策部署落地见效。

【国有资本经营预算管理水平不断提升】一是实施国有资本经营预算中期规划管理。落实国务院关于深化预算管理制度改革要求,积极推进中期财政规划管理,2015年开始启动全省国有资本经营预算三年滚动规划编制工作。通过认真梳理未来三年重大改革、重要布局结构调整政策和重大项目,合理编制全省国有资本经营预算三年收支规划,同时,强化三年滚动预算对年度预算的约束,建立支出项目评审管理制度,实施重点项目中长期滚动管理,增强预算的前瞻性和可持续性,提高预算编制质量和财政资金配置效益。二是探索建立国有资本经营预算绩效评价制度。积极推进国有资本经营预算支出绩效评价,从2014年开始,重点围绕项目实施、资金管理等设定评价指标,通过企业自评和重点抽查相结合的方式,对省属企业国有资本经营预算支出项目开展绩效评价工作,全面了解资金使用绩效。为不断提高绩效评价的质量和效果,2016年开始,每年选择部分支出项目纳入财政重点评价范围,借助社会中介机构专业力量开展第三方评价。同时,加强绩效评价结果的管理应用,将评价结果作为以后年度预算资金安排的重要依据,探索建立科学规范的国有资本经营预算绩效评价制度。形成相对固定的评价工作开展方式和评价报告形式,初步构建国有资本经营预算支出绩效评价工作体系。三是强化国有资本经营预算执行监督。建立省级国有资本经营决算管理制度,加强年度预算执行情况的分析与监督,及时组织编制年度国有资本经营决算报告,实行预决算信息网上公开,自觉接受社会监督。注重发挥人大和审计监督作用,针对国有资本经营预算试行初期覆盖面不够广、预算执行不够规范等问题,依托年度预算执行审计和专项检查,深入查找问题,督促相关单位落实审计整改意见,规范合理使用资金,确保预算资金切实发挥效用。全省初步形成一套相对独立的国有资本经营预算工作体系,由财政部门、预算单位和国有企业三个层次构成的权责分明、分工协作的工作机制也基本理顺。

安徽农村税费改革

【概况】世纪之交进行的农村税费改革,被称为继土地改革、实行家庭承包经营之后中国农村的第三次“革命”。安徽作为全国唯一在全省范围内率先进行农村税费改革试点的省份,在这场具有划时代意义的改革中留下光辉一页。

安徽农村税费改革,是在省农村税费改革领导小组直接领导下组织开展的。领导小组由以省委书记为组长、省长为第一副组长、常务副省长为常务副组长、省委副书记和省政府分管副省长为副组长的5人小组及有关部门主要负责同志为成员组成。领导小组办公室设在省财政厅,省财政厅主要负责人为领导小组办公室主任,分管负责人为办公室常务副主任,省农委分管负责人为办公室副主任;办公室抽调二十二名精干人员负责日常组织协调工作。

从省农村税费改革领导小组组长、副组长、各位成员到办公室主任、副主任和一般工作人员,无不对这场改革充满深厚情怀,永远不会忘记曾经直接组织参与和亲身见证的安徽这场轰轰烈烈的重大改革。

【改革主要背景】20世纪90年代,安徽和全国其他地区一样,农村乱收费、乱集资、乱摊派的“三乱”问题突出。从安徽的情况看,农民每年人均承担的各种负担高达270多元。此外,农民还要承担水费等生产经营性费用和各种名目的搭车收费以及摊派等。农民负担过重成为当时影响农村稳定和农业发展的重大问题,“农村真穷、农民真苦、农业真危险”可谓当时“三农”的真实写照,引起党中央、国务院和地方各级党委政府的高度重视。

为探寻减轻农民负担治本之策,富有改革创新精神的安徽人,大胆探索,敢为人先,努力探寻农村税费改革的新路子。1993年,太和县开始了减轻农民负担的大胆尝试,在农村税费征收中采取“税费合并、统一征实”的办法,开展农村税费征收方式改革试点,这在全国也是较早的。1995年初,五河县开始了以“下去一把抓,回来再分家”为主要内容的改革探索,砍掉多只伸向农民的手,基本解决农村“三乱”问题。1996年,五河县探索突破农业税税制,暂缓征收农业特产税,在当时引起了一股不小的“冲击波”。1998年,五河县按照“废费正税”的思路,将“三提五统”改为“农村公益事业建设税”,在全县进行试点。1999年,经省政府批准并报经财政部同意,来安、望江、怀远、濉溪等4个县开展了以“取消乡统筹、改革村提留、调整农业税”为主要内容的农村税费改革试点。

安徽素有敢为人先、勇于创新的改革精神,1978年发端于凤阳县小岗村的农村“大包干”改革,揭开了我国农村经济体制改革的大幕。安徽推进农村改革的动力和务实探索从来没有停止过,应该说,在安徽全省范围内率先进行农村税费改革试点具有得天独厚的优势。

首先,安徽省农村改革的基础比较扎实。作为全国农村“大包干”的发源地,全省广大农民和农村基层干部的改革意识较强,改革的思想基础比较扎实。其次,省委、省政府领导高度重视。对于农村税费改革问题,全省从上到下,各级领导都十分重视。第三,全省各地态度积极。农民对“三乱”非常反感,各地都有进行农村税费改革的要求,各部门也认识一致,各方面都有改革的决心。可以说,农村税费改革在我省有着广泛而坚实的群众基础。第四,安徽省地理条件有广泛的代表性。安徽地处南北气候过渡带,长江、淮河横贯其中,地形地貌多样,平原、丘陵、山地面积各占三分之一,兼具南方和北方的自然特点。同时,安徽省又是农业大省,农业人口多,农民负担重,是水稻、小麦、棉花、油菜等粮食和经济作物主产区。第五,安徽省的前期探索与中央的要求不谋而合。中央在探寻税费改革之初,曾将交通和车辆税费改革作为突破口。然而,由于种种原因,1998年燃油税改革“搁浅”,中央遂决定将税费改革的重点推向农村,而安徽在农村税费改革中的先行探索恰好符合中央的意图,自然进入中央的视线。

这些得天独厚的条件,使历史再次选择安徽。2000年,党中央、国务院高瞻远瞩,作出在安徽率先开展农村税费改革试点的决定。安徽省成立以省委书记和省长为正副组长的农村税费改革领导小组,省直20多个部门主要负责同志为成员,并在省财政厅设立办公室,以坚强的决心、坚定的信念、宏大的气魄,勇敢举起了农村税费改革的大旗,义无反顾地推进农村税费改革试点工作,开启了继土地改革和大包干改革之后中国农村第三次改革的大潮,不畏艰难险阻、勇挑重担的安徽人民,在农村税费改革的征途上再次谱写新的篇章。

【改革的主要内容】2000年3月2日,中共中央、国务院下发《关于进行农村税费改革试点工作的通知》(中发〔2000〕7号),对农村税费改革进行了全面部署。根据中央要求,结合实际,安徽省制定《安徽省农村税费改革试点方案》,并经国务院审批,确定安徽农村税费改革的主要内容,即"三个取消、一个逐步取消、两个调整、一项改革"。

一是取消乡统筹费。取消按农民上年人均纯收入一定比例征收的乡村两级办学经费(即农村教育事业费附加)、计划生育、优抚、民兵训练、修建乡村道路费。取消乡统筹费后,原由乡统筹费开支的乡村两级九年制义务教育、计划生育、优抚和民兵训练支出,由各级政府通过财政预算予以安排,修建乡村道路所需资金,不再固定向农民收取。乡级道路建设资金由政府负责安排。农村卫生医疗事业逐步实行有偿服务,政府适当补助。村级道路建设资金由村民民主协商,以"一事一议"的方式解决。

二是取消集资、收费和基金。取消在农村征收的教育集资,取消所有面向农民征收的行政事业性收费和政府性基金、集资。

三是取消屠宰税。停止在生产环节和收购环节征收的屠宰税,随屠宰税附征的其他收费项目也一律停征。

四是逐步取消"两工"。为规范和加强对农民的劳务管理,切实减轻农民负担,同时考虑到我省农业基础设施薄弱,建设任务重的实际情况,决定全省用3年时间逐步取消统一规定的劳动积累工和义务工。2000年每个劳力每年承担义务工和积累工最高分别不超过7个和13个,2001年不超过5个和10个,2002年不超过4个和6个,2003年起全部取消。

五是调整农业税政策。第一,确定农业税计税土地面积,农业税计税土地面积,以农民第二轮合同承包、用于农业生产的土地为基础确定。第二,调整农业税计税常产,农业税计税常产以1998年前五年间农作物的平均产量为依据确定。并保持长期稳定。第三,合理确定农业税税率,本省农业税税率最高不超过7%。

六是调整农业特产税政策。按农业特产税税率略高于农业税税率,减少征收环节、农业税和农业特产税不重复交叉征收的原则,取消一个应税品目在两道环节征税,实行一个应税品目只在一道环节征税。对在非农业税计税土地上生产的农业特产品,继续征收农业特产税。对在农业税计税土地上生产的应税农业特产品,除水果等少数品种外,改为征收农业税。

七是改革村提留征收和使用办法。村干部报酬、五保户供养、办公经费,原由集体经济收入开支的仍继续保留外,由农民上缴村提留开支的部分,改革后交纳农业税和农业特产税的,采用新的农业税附加和农业特产税附加方式收取。农业税和农业特产税附加比例最高不超过正税的20%,以农业税附加或农业特产税附加方式收取的村提留属于集体资金,由农业税征收机构负责征收,乡镇经营管理部门负责监督管理,实行乡管村用,专户存储,专款专用。

【改革的主要历程】安徽的农村税费改革试点是在体制转轨、经济转型、农民增收困难、基层财力紧张、各种矛盾错综复杂、困难多、压力大的情况下进行的。受多种因素影响,从试点方案在实践中的不断完善,到试点过程中各种错综复杂矛盾的处理,以及对各地试点过程中出现的问题的督查、纠正,农民来信来访的处理等,无不经历艰难的历程。

一是汇集民意,制定方案。进行农村税费改革,中央有方向,安徽有决心,广大农民有意愿。而其中最关键的环节,是要有一整套科学可行的方案作指导。为此,省主要负责人带领有关部门人员多次深入基层和村组农户进行调查研究,广泛听取农民群众、基层干部、专家学者等各界人士的意见,方案历经一年零11天,从1999年3月20日开始,着手起草全省农村税费改革方案,到2000年3月中旬,十六易其稿,最终成型,形成了方案第十六稿。2000年4月8日,省人民政府正式向国务院报送了关于请批准安徽省农村税费改革试点方案的请示。2000年4月23日,国务院正式批复同意安徽省农村税费改革试点方案。

二是反复测算,确定税率。改革试点成功的关键环节是合理确定农业税税率。安徽省组织有关部门对1993年至1997年5年间的全省主要农作物产量、二轮承包土地面积、农业人口、农业税收和乡统筹、村提留等86个指标进行了全面统计调查,逐级测算到乡镇、村,具体落实到农户,共调查测算和分析了上亿个数据,反复进行测算和比较,提出了5套农业税税率方案,在综合权衡利弊后,并经省负责同志原则同意后,广泛征求市、县、乡、村、农民和相关部门的意见。综合各方面的意见和建议,再次进行了修改,确定全省农业税税率平均为6.42%,到村组户均不超过7%,附加比例不超过20%;改革后农业税收入与1997年原农业税及乡统筹之和相比只减不增,农业税附加和特产税附加与1997年村级公益金和管理费相比只减不增。

三是尊重实际,完善方案。由于缺乏实践经验,事先反复考虑、周密论证的改革方案,在进入实践阶段后,还是暴露出不少问题。主要有农业税计税土地面积与实际不符、计税常产过高以及局部地区农业特产税税负增加和征收不规范等。针对试点方案不完善和实际工作中出现的新情况新问题,省政府及时对改革的农业税政策进行调整和完善。2000年9月,经过统计摸底,根据实际情况,及时调减全省未落实的计税土地面积171.7万亩,计税常产20.8亿公斤。2001年初,省政府出台了进一步完善农业税计税土地管理和调整计税常产的政策,重点解决农业税计税土地不实和计税常产偏高问题。经过2000年、2001年两次调整后,基本上解决了农业税计税土地面积不实和计税常产过高的问题,农业特产税税负也明显下降,局部地区负担增加问题得到较好解决。

四是万人督查,推进落实。为防止改革出现偏差,及时发现和处理试点中出现的矛盾和问题,省委、省政府在试点进行的同时,从2000年起连续3年组织开展了由1.1万多人参加的共10个阶段的全省农村税费改革督查工作。同时,市对县、县对乡镇也选派了督查人员,乡镇对村派出了指导组,深入到村、组、户,形成了省、市、县和乡镇四级督查体系,对改革试点工作进行全过程、全方位的监督检查。同时,省领导和有关部门还开展了重点调查和暗访,掌握全省农村税费改革总体情况,及时发现和纠正存在的问题。连续3年进行的全省性、多层次的督查工作,为改革试点的顺利进行和实现预期目标,发挥了很好的监督检查和保驾护航作用。

五是配套跟进,整体推动。农村税费改革是一项综合性改革,涉及面广,必须适时启动配套改革,整体推进,否则,单单改革农业税制、税率降低几个点,农民负担很难保持长久。安徽省不失时机地推进了与主体改革相互促进,相得益彰的乡镇机构改革、村级改革、农村义务教育改革和县乡财政体制改革等相关配套改革,使改革整体效应得以充分发挥。

【改革的主要成效】农村税费改革不仅是对国家、集体和农民之间分配关系的重大制度创新,而且是减轻农民负担的治本之策,是顺民意、安民心的德政之举。农村税费改革在中国改革史、财税史上是破天荒的,它对税收政策和财政体制的调整产生极其深远而重大的影响。安徽农村税费改革成效显著,取得"三个满意"的目标。

一是减负政策到位,农民满意。2000年改革当年,全省农民政策性负担减轻幅度为31%;2001年,农民负担继续下调,减负幅度达35.6%;2002年,减负幅度达37.5%;到2005年我省全面取消农业税,全省共减轻农民政策性负担54.5亿元,人均减负109.4元,亩均减负93.8元。至此,"交够国家的、留足集体的、剩下都是自己的"分配体制彻底打破,农民从土地经营中得到的收益全部归自己所有。不仅如此,自2002年开始,安徽又率先进行粮食补贴方式改革试点,更加激发了农民生产积极性。广大农民在这场改革中得到了实实在在的好处,衷心支持和拥护改革。

二是职能转变到位,基层干部满意。通过改革,把基层干部从要钱、要粮的繁杂事务和干群关系紧张的工作环境中解脱出来,使基层干部能够集中精力抓发展、促改革,为农民办实事、解难事,更好地履行基层政府的社会管理和公共服务职能。同时,农村税费改革不是简单地将农民"负担"改为财政"负担",而是从分配上理顺国家、集体、农民三者利益关系,从而彻底跳出"减负、反弹,再减负、再反弹"的"黄宗羲定律"怪圈。试点之初,安徽不失时机地加强法规、制度建设,相继推出了乡镇机构、农村义务教育管理体制和县乡财政管理体制以及减轻村级负担等一系列配套改革举措,采取精简乡镇机构人员、完善县乡财政体制、加大对乡镇财政转移支付力度、提高村级补助标准等一系列措施,保障乡镇和村级组织运转,不仅保证乡村干部工资正常发放,还消化了历年欠发的工资,基层干部在改革中得到实惠,因此,积极理解和支持改革,主动参与和推动改革。

三是试点示范到位,中央满意。在深刻理解和准确把握中央改革意图的前提下,安徽省结合实际制订的改革方案和一系列政策措施,具有很强的针对性和实效性,实现了改革目的,取得预期效果。安徽改革试点积累的经验,为全国农村税费改革发挥试点示范作用,向中央交了一份合格的答卷。

2005年,安徽省全面取消农业税,标志着安徽农村税费改革全面完成。2006年全国取消农业税，农村税费改革，从根本上解决“三农”工作中带有全局性的突出问题，实现农民负担过重向“少取多予”的历史性转变，实现由“城乡分割”向“以城带乡、以工促农”的历史性转变，实现由“管理型”政府向“服务型”政府的历史性转变。安徽农村税费改革及其相继实施的一系列配套改革，切实贯彻中央关于“三农”工作的新要求，标志着全省对农业由过去的“多取、少予”转变为“多予、少取”、工业对农业由过去的“抽吸”转变为“反哺”、城市对农村由过去的“依赖”转变为“支持”，开启安徽城乡统筹发展的新格局。

【改革的主要启示】回顾安徽农村税费改革历程，让我们深刻认识到：一是农民群众是农村改革的主体，只有把群众利益作为推进改革的出发点和落脚点，实践好、维护好、发展好农民群众的根本利益，才能使改革顺利推进。二是人民群众是创造历史的不竭动力，只有尊重群众的首创精神，才能充分保护和激发广大农民投身新农村建设的信心和热情，才能充分调动和发挥基层干部群众推动农村改革发展的积极性和创造性。三是党是农村改革的领导者和策划者，只有在党中央、国务院的正确领导下，各级党政领导干部身体力行、率先垂范才能使农村改革不断推进。

正是由于农村税费改革积累了改革经验和奠定了改革基础，2006年，为进一步巩固税费改革成果，安徽又率先开展了以“乡镇机构、农村义务教育、县乡财政体制”等为主要内容的农村综合改革试点。2007年以来，安徽主动适应农村改革发展需要，不断拓展农村综合改革新领域，相继开展了清理化解农村义务教育债务、农村为民服务全程代理、一事一议财政奖补、村级组织运转经费保障、农村综合改革示范试点、扶持村级集体经济发展试点和农村综合性改革试点试验等改革，这些改革实践，探索建立健全了村级公益事业建管新机制、村级公共服务运行维护新机制、村级组织运转经费保障新机制、村级集体经济发展新机制和农村综合改革支持乡村振兴战略的新机制等，切实推动了农村体制机制创新，促进了城乡一体化发展。

沈浩：群众贴心人 致富领路人

【概况】沈浩同志，1964年5月生，安徽省萧县人，毕业于铜陵财经专科学校（现铜陵学院），1986年加入中国共产党，同年进入财政厅工作，先后担任副主任科员、主任科员、副调研员。2004年2月，沈浩同志作为优秀年轻党员干部被选派至小岗村担任党支部第一书记，3年期满后，被小岗村村民集体摁手印留任。在小岗村选派任职期间，任小溪河镇党委副书记，小岗村党委第一书记、村委会主任等职务。2009年11月6日凌晨，沈浩同志因积劳成疾，不幸猝逝，倒在工作第一线，年仅45岁。

2009年11月6日，安徽省第二批优秀年轻选派干部沈浩同志因积劳成疾，突发心脏病不幸倒在工作岗位上，年仅45岁。习近平总书记在不同场合多次对沈浩同志先进事迹进行了肯定，2010年1月13日，时任中共中央政治局常委、中央书记处书记、国家副主席的习近平在京会见沈浩同志亲属和报告团全体成员时指出：“沈浩同志是深入学习实践科学发展观活动中的优秀典型。他以忠诚和大爱，以创新和奋斗，以青春和生命，抒写了当代中国农村优秀基层干部的先进事迹和崇高精神，诠释了优秀共产党人的政治品格，树立了新时期基层干部的良好形象。”2010年7月1日，反映沈浩事迹的影片——《第一书记》在人民大会堂举行首映礼，时任中共中央政治局常委、中央书记处书记、国家副主席的习近平在会见电影主创人员代表、图书编辑人员代表和沈浩亲属时指出：“沈浩同志是深入学习实践科学发展观活动中涌现的先进典型，是创先争优活动中要学习和宣传的榜样。在沈浩身上，充分体现了当代中国共产党人的政治本色。”2016年4月27日，习近平总书记在考察凤阳县小岗村时指出：“希望大家向沈浩同志学习，进一步把乡亲们的事情办好。”

沈浩同志生前系省财政厅副调研员，2004年2月，被省委选派到凤阳县小岗村担任村党委第一书记，6年间他带领干部群众干事创业、开拓进取，推动小岗村走上了脱贫致富道路，小岗村民两次在他任期届满时按红手印要求他留任，在他离世后又一次按下红手印，请回沈浩同志的骨灰，称他是“离不开的好干部”。沈浩同志先后荣获全国农村基层干部“十大新闻人物”特别奖、安徽省第二批选派干部标兵、安徽省改革开放“三十人三十事”先进个人、“全国百名优秀村官”等多项殊荣，2010年又被追授为全国“优秀共产党员”“人民满意的公务员”等荣誉称号。

【不忘初心　对党忠诚】2003 年底,第二批选派工作开始,安徽省委将“中国农村改革第一村”——小岗村新农村建设帮扶任务交给省财政厅,并要求财政厅选派一名优秀年轻干部到村任职。选派谁去呢?省财政厅党组在全厅进行了筛选,最终将目光集中在沈浩同志身上。当时财政厅党组认为沈浩同志忠于组织、对党忠诚,责任心强、适应能力快,具有开拓精神,能够吃苦耐劳,且作为农家子弟,对农民群众始终有着深厚的感情。尽管沈浩具备到农村工作的优秀品质,但到农村工作毕竟是艰苦的。财政厅党组找沈浩谈话时,他当场表态:“只要组织信任,我就去,而且一定干好工作。”2004 年 2 月,沈浩从省城合肥来到小岗农村,从省直机关到基层一线,放弃了省城的舒适条件,投身农村改革发展。来了就要有贡献,这是沈浩的朴素想法。一个多月,沈浩把全村 108 户跑了两遍,摸清了小岗的家底和现状。“一朝越过温饱线,20 年没进富裕门”,有人用这句话形容当时的小岗村;还有人用“偏、穷、乱、散”四个字描述小岗村:地处偏远,交通不便;2003 年全村人均收入只有 2300 元,村集体欠债几万元;村里到处是柴垛、垃圾,环境差;缺乏一个团结的、有战斗力的领导核心;有人甚至对外派干部来小岗村有抵触情绪,提出“岗人治岗”。“是啊!小岗肯定难搞,既然来了,还怕吗?要退缩吗?绝不!”沈浩在日记中写道,“要得到群众的信任和支持,就必须融入小岗,了解民意,踏踏实实干几件事,让村民了解自己、认识自己。”修路、保护村集体财产、开通有线电视、兴建居民小区和卫生服务中心……一件件事展示了党员初心、体现了对党忠诚、赢得了群众信任。

六年里,他之所以能够和小岗干部群众同甘共苦、干事创业,之所以能够答应村民的挽留,坚决扎根,再干下去,因为在他心里始终亮着一盏明灯,那就是对党的无限忠诚,对人民的无比热爱,对共产主义理想信念的执着和坚定。正是怀着这样的理想和信念,六年里,沈浩同志把全部精力倾注到小岗发展,把整个身心献给了小岗人民,以自己的实际行动,认真践行了共产党员的不变初心,忠实履行了共产党员的光荣使命。

【一心为民　造福百姓】沈浩始终把老百姓的冷暖挂在心上。大包干带头人关友章的遗孀毛大娘家境贫寒、常年生病,沈浩在走访中发现后,立即把她送到了医院,并嘱咐院长:“尽管治疗,等出院了我来结账!”86 岁的邱大娘背驼走路不方便,怕她跌倒摔着了,沈浩特意从合肥买根拐棍送给老人。熟悉沈浩的人说,他从“城里人”到“村里人”的角色转变很快:冬天,穿上村里 5 块钱买的老棉鞋;谁家的剩茶端起来就喝,谁家的剩饭端起来就吃;抽 2 块钱一包的香烟;遇见财政厅的老同事说话,也从“我们财政厅”变成了“我们小岗村”;手上长了老茧,整个人黑了,瘦了……沈浩成了全天候“村官”。他习惯坐在办公室的沙发上和村民平起平坐商量事儿,从不坐老板椅给人居高临下的感觉。用他的话讲:“坐沙发,和大家交流‘零距离’,这样老百姓才会亲近你。”他住的那间十几平方米的小屋,床头贴着村民联系电话。大门从不上锁,谁都能推门而入。

六年里,他坚持群众利益高于一切,奔波为民,辛劳为民,没日没夜地为群众办事,无私无畏地替百姓解忧。村民谁家有困难,他心里都有一本账,都会想方设法去解决,“有困难,找沈浩”已成为小岗村民的一种行为习惯。沈浩同志以真情实意感染了群众,用真心付出打动了群众,群众打心眼里爱戴他、拥护他,感到离不开他。

【锐意改革　勇于创新】从书本中找思路,从实践中学范例。上任不久,他就带着党员干部、群众代表和“大包干”带头人,到大寨、耿庄和西沟等先进村考察,接着又组织了解放思想大讨论,大家的观念在讨论中慢慢转变,发展的思路不断清晰。沈浩的心中渐渐明朗要通过采取开发现代农业、发展旅游业、招商引资发展村级工业等措施带领群众发家致富。经过不断努力,小岗村优质养殖示范区办起来了,种植双孢菇的创业大学生引进来了,葡萄文化旅游节创立起来了,小岗钢构厂等企业也开始生产了,大包干纪念馆建起来了,“小岗人家”等餐馆红火起来,土地流转起来了……小岗村一步步迈向富裕道路。六年里,他坚持改革创新,克难奋进,负重拼搏,全村人均纯收入从 2300 元增加到 6600 元。2006 年秋天,小岗村民按下了 98 个红手印,挽留沈浩继续留任,沈浩怀着对小岗的无限热爱,对党的事业无限忠诚,毅然放弃回城,继续担任小岗村书记,成为当时全省唯一连任两届的选派干部。2009 年秋天,又一纸按有 186 个红手印的信递到省委组织部,请求留住他们的致富领路人。2009 年冬天,小岗人再一次用深情的红手印把他们的第一书记永远留下了……

六年里,三次红手印,表明了沈浩同志的致富本领和赤子情怀，展示了小岗村民对沈浩同志的衷心爱戴和无尽留念。六年里，他以再造一个新小岗的胆识，团结带领干部群众踏上“二次改革”的征程。六年里，他以超乎常人的毅力，顶住压力，直面困难，以改革探寻突破，以求变推动发展。六年里，他以求真务实的举措，把创新思路变成现实成果，使小岗村迈入了改革发展的新阶段，使小岗人过上了幸福美好的新生活。

【艰苦奋斗　清正廉洁】六年来，沈浩不断在思想上砥砺意志，在工作上不畏艰苦，在生活上勤俭自律。他长年吃住在村民家中，挥着铁锹与村民一起劳动。乡亲们说，沈书记就是我们小岗人。六年中，总计返回省城合肥的家不超过100天。六年过的5个春节他有3次在小岗村吃的年饭。六年里，沈浩一直住在一间面积不足20平方米、陈设异常简陋的小房子里，毫无怨言。在小岗村六年，沈浩没有节假日、没有星期天，把小岗当成了家。他上有90多岁的老母亲，家有妻儿，他深爱着他们，但他把丝丝柔情放在心底，而把满腔大爱给了小岗村民。直到去世，他的案头还摆放着11项必须在当年12月23日前完成的近期重点工作分解及完成时限表……沈浩用自己的艰苦奋斗改变了小岗村“一夜越过温饱线、二十年没跨过富裕坎”的窘境，赢得了广大村民的普遍赞誉。

六年里，沈浩同志不惜身体，日夜操劳，呕心沥血，忘我工作，既不能在母亲榻前尽孝，也无暇陪伴妻女身旁，付出了常人难以想象的艰辛和汗水。他对工作任劳任怨、不计名利，对群众真情付出、不计回报，但对自己却十分“苛刻”，2000多个日日夜夜，他和村民同劳动、同吃苦，生活极为俭朴。他清正廉洁，一心为公，做人重形象，做事讲原则，始终以共产党员的标准严格要求自己。他信念如山、真情不改，红手印印证了他对党和人民的无限忠诚。

两任村官呕心沥血带领一方求发展，六载离家鞠躬尽瘁引导万民奔小康。这是小岗群众对他的由衷评价，也是沈浩同志在小岗最真实的写照。

深化政府采购改革
省市共建“徽采商城”

【概况】近年来，安徽省按照“互联网+政务服务”思路，结合“放管服”改革要求，创新政府采购模式，提升政府采购效能，全面推进和深化政府采购领域改革和创新实践，赋予省市共建新的内涵，积极鼓励和扶持安徽合肥公共资源交易中心研发和构建全新的“淘宝”式的政府采购网上商城——“徽采商城”。“徽采商城”运行两年多来，在规范政府采购行为、提升采购质量和效率、提高政府采购透明度等方面，积累一定经验，取得显著成效。

【加强制度建设，建立“徽采商城”政府采购政策机制】2016年2月，为积极鼓励和扶持新型政府采购电子交易系统——“徽采商城”的建设和发展，省财政厅印发《关于省直预算单位实行网上商城采购的通知》明确提出，自2016年3月1日起正式启动“安徽合肥公共资源交易网上商城”应用，鼓励省级预算单位通过“徽采商城”采购政府采购限额标准以下非批量、非定点采购的商品，这标志着政府采购从依托有形市场向电子化交易平台的转变；2017年1月和3月，再次印发《关于推广网上商城政府采购有关工作的通知》《关于省级预算单位通用办公设备实行网上商城采购有关事项的通知》，要求在全省范围内推广“徽采商城”，加强“徽采商城”在省级政府采购活动中的应用。将批量集中采购目录内单项或批量采购金额在100万元以下(不含100万元)的台式计算机、便携式计算机、激光打印机、空调等12类通用办公设备纳入网上商城采购，进一步落实了财政部关于“积极推进电子化采购、大力发展政府采购电子卖场”工作要求，有力促进了“徽采商城”的建设和发展。

【优化系统功能，完善“徽采商城”政府采购技术手段】“徽采商城”采取“1+N”开放式架构部署，在全省范围内形成跨区域合作，自运行以来，打破壁垒，突破地域限制，破解了政府采购发展不平衡、不同交易主体信息不对称、交易项目区域割据等问题，促进了区域公共资源机构之间的融合和监管尺度的统一。

一是开展价格云监测，让供应商无法“浑水摸鱼”。通过网络技术对互联网电商产品实时报价进行比较分析，以监测商品价格的实时波动，获取最准确、最具时效性的商品价格和基础数据，之后通过数据的处理和匹配得到最终的第三方监测数据。通过价格云监测系统，让产品在入库、报价两个环节始终处于云检测状态之下，商品的价格处在合理的价位，恶意低价、停产、价格异动、专供特供等商品都将无法上架或者给予预警。

二是采用二维码验证订单,破解传统交易模式合同鉴证难题。商城创新采用订单二维验证码,自动生成并添加在交易订单和采购合同上,通过扫描,可以直接链接进入商城网站的订单页面,实现交易便捷可查又可防止伪造。以“互联网+政府采购”为依托,强化信息公开,实行线上线下一体化运行,通过电子签章及二维码验证,降低制度性交易成本,变“群众跑腿”为“信息跑路”。

三是构建交易市场诚信体系,织就信用“天网”。“徽采商城”实行“宽进严管”制度,建立和完善公共资源交易市场诚信体系。首创QCDS(质量、价格、物流、服务)评价法则,多维度对供应商进行绩效考核,形成最终的信用评价积分。对采购人来说,通过了解供应商信用评分,可以在很短的时间内,以很低的成本找到信誉可靠的卖家,从而购买到物美价廉的产品,降低受欺诈的风险。对于供应商,一旦有了良好的信用积累,就有机会吸引到更多的采购人,以低成本获得信用带来的收益。目前,信用评分已被运用到商品排序中,即采购人在商城搜索产品时,信用评分高的供应商将获得更多的展现机会。

四是推行多品牌竞价,让竞争更充分。商城研发了“多品牌竞价”功能,采购人自行选择3个以上(含3个)品牌商品(价差不超过1%),进行公开竞价,以报价最低者成交,充分展现品牌之间的竞争,能有效解决价格、质量和效益平衡问题。

五是开展大数据分析,实现效应最大化。“徽采商城”大数据系统通过对采购人交易数据构建数据模型,计算采购商品种类,同一供应商占比,同一商品访问深度、搜索记录,分析采购人采购习惯、采购倾向,以便商城通过关联商品推荐,给采购人提供个性化精准服务,提高采购人采购体验。通过对供应商成交订单数据建立数据模型,对供应商商品价格、物流、采购回头率等方面进行比较分析,便于供应商了解自身在同行业中的优劣势,对商品及销售进行预测。

【突破地域限制,推进“徽采商城”政府采购共享联建】“徽采商城”是新技术背景下,在传统政府采购基础上演变而来的一种新型政府采购模式,有利于降低政府采购成本、提高政府采购透明度和采购准确性,更好地满足采购人不同采购需求。为扩大其使用成效,“徽采商城”建设之初便考虑省、市、区、县四级共用。2016年下半年,省内12个地市签署合作联建协议,使“徽采商城”成为区域交易机构合作发展的典范。2017年1月,省财政厅下发通知,要求在全省范围内推广“徽采商城”,加强“徽采商城”在省级政府采购活动中的应用。目前,结合省级预算单位及兄弟城市的特点和需求,在12个城市合作联建的基础上,合肥、芜湖、六安、滁州、马鞍山、池州、阜阳、淮北、宿州等地已实质性开展“徽采商城”的应用,形成网上商城联建共享机制,实现了采购任务书从财政内网发起到财政外网批准再到网上商城采购,全流程留痕、线上无障碍操作,共享政府采购网上商城“徽采商城”成效显著。截止到10月31日,“徽采商城”入驻电商14家,入驻供应商3800家,账户采购人9700家,在线商品68万件,累计访问人数近5890万人次,日均访问人数约30万人次。2016年成交额3400万元;2017年成交额5.8亿元;2018年1—10月成交额13.8亿元,交易金额实现“三级跳”。

处室单位工作概述

办公室工作概述

【概况】2018 年,办公室紧紧围绕财政中心工作,认真践行“纯洁思想、坚定党性、勤勉工作、增强本领、清廉作风、落实责任”要求,主动适应新形势新任务新要求,提升“三服务”能力和水平,信息、保密、信访等工作分别再次获省委省政府、财政部表彰,10 余人次获个人表彰,连续 6 年获财政厅“先进党支部”称号。

【理论学习】推进“两学一做”学习教育常态化制度化和“讲忠诚、严纪律、立政德”专题警示教育,支部集中学习 23 次、开展专题学习研讨 9 次、党小组学习 25 次,深入学习习近平新时代中国特色社会主义思想和党的十九大精神,及时传达学习重要文件、重要会议、领导讲话精神,认真学习罗厅长推荐文章,引导支部党员树牢“四个意识”、坚定“四个自信”、强化“两个维护”。派员参加省委、省政府及财政部组织的信访、信息、宣传、保密等业务培训,积极参与省直单位相关协作组活动,坚持重点工作“周调度”,编制办公室财政干部能力建设手册,提升担当能力,克服本领恐慌。在内网办公室主页“主任推荐”“秘书交流”栏目推荐阅读政治理论、党史国史、法律法规等主题文章 25 篇,更新完善支部“流动图书角”,参加干部教育在线学习,组织党员干部订阅安徽先锋网公众号、纪检监察客户端。

【支部建设】落实全面从严治党和党风廉政建设“两个责任”以及领导干部“一岗双责”,明确每位支部委员职责,安排专人负责支部党建工作,积极参加党的十九大精神集中轮训、党建工作业务培训。落实“三会一课”、组织生活会、民主评议党员、主题党日、谈心谈话等制度,支部书记讲党课 4 次,依规召开 2017 年度组织生活会和“讲严立”警示教育专题组织生活会,按规定开展支部评先、党员评优工作,组织开展理论学习、研讨交流、党员进社区、“学雷锋”志愿、党建知识测试、读书朗诵等主题党日活动,支部党员之间谈心谈话 50 余次,全体党员自觉主动交纳党费。开展党员组织关系集中排查,及时更新完善支部人员信息,按时报送党支部理论学习情况月报、支部党建情况季报,建立健全办公室党建“三个清单”和党风廉政建设工作台账,完善支部“六有”党员活动室,在年度党支部标准化建设达标验收中获得满分。

【政务运转】加强政务督办,办理人大建议 354 件、政协提案 306 件,办结率和满意率均为 100%。深入推进网上督办机制,牵头制定财政重点工作任务分解手册,完成省委省政府各类督查任务 70 余项,完成省委“四大平台”转办的各类督办件 153 件、上报信息 492 条,完成省政府“五大系统”转办的工作事项 182 件,财政厅先后在全省党委督查系统培训会和省委“四大平台”工作交流会上作交流发言,在全省党委、政府秘书长会议上作书面交流。加强信息宣传,编发报送各类信息988条,省委、省政府及财政部采用130条。持续优化完善厅门户网站网页栏目,组织重点宣传报道400余篇(次),发布政务微信微博信息1200余条。落实全面推进政务公开工作实施方案,主动公开财政政务信息2400余条,办理网友回复、公众咨询200余件。加强运转保障,深化档案保密管理工作,接收文书归档3382件,制定公用涉密计算机使用操作规则(试行),更新配备保密设备,常态化开展计算机保密检查,规范涉密文件安全管理。扎实做好公文运转、公务用车、办公用品等基础保障服务。

【作风建设】认真执行厅党组关于加强作风能力建设的意见,贯彻落实中央八项规定精神深入推进作风建设实施办法,严格执行作风建设责任清单制度。对照厅党组政治巡察中发现的共性问题,开展“三查三问”集中整治形式主义官僚主义专项行动、作风建设大排查活动,制定问题清单、任务清单、责任清单,并抓好整改落实。牵头制定财政厅2018年综合考核工作办法、开展12次效能明察暗访,自觉落实效能建设“八项制度”等规定,严格落实外出报备制度、工作考勤负面清单制度、效能作风内部自查制度。服务基层群众,落实“马上就办”工作制度,深入推进财政窗口“三亮三创三比三评”和“四零服务”活动,积极稳妥处理来信来访,扎实推进支部结对共建、“双包”定点帮扶、会商工作,组织支部党员2次走访社区党支部,开展“青春志愿行”服务,健全全省财政政务管理沟通机制,凝聚系统合力,向基层学习,为群众服务。

【纪律约束】加强廉洁纪律教育,巩固“讲重作”专题警示教育成果,深入开展“讲政德守党纪”专题研讨和党章党规党纪教育,全员参加财政厅“警示教育周”活动,组织全室同志签订党风廉政建设责任书,用好监督执纪第一种形态。严守财经纪律要求,牵头组织开展财政厅机关及所属单位“小金库”自查,签订“小金库”防治工作承诺书,制定省财政厅自行采购暂行办法,进一步规范厅内采购活动,按时公开全厅预决算和“三公”经费信息,严格机关内部财务审批,加强厅属单位财务管理,规范资产购置、使用和处置管理。遵守工作纪律规定,严格落实《办公室主任守则》《办公室工作人员守则》《办公室内部控制操作规程》,认真实施办公室17个岗位的内部控制制度,完善班子议事规则和决策程序,“三重一大”事项全部经支委会或主任办公会研究决定,严格执行请示报告制度、请销假制度、外出报备制度、工作考勤负面清单制度、保密制度。

综合处工作概述

【概况】2018年,综合处围绕基层党组织建设和财政改革发展两大任务,坚持问题导向,突出重点、统筹推进、注重创新,年度各项工作顺利完成。

【加强思想政治建设】坚持集中学习研讨和个人自学相结合,全年开展46次支部学习,组织6个专题研讨。组织开展支部书记讲党课、党史教育、学习先进典型等党员教育活动,教育引导党员干部树牢“四个意识”、坚定“四个自信”、做到“五个纯粹”、“五个过硬”。加强党建宣传,在综合处支部党建专栏发布信息83篇,动态更新发布综合处支部党建微信。

【推进组织建设】注重过程管理,强化台账建设,夯实党建基础,通过年度支部标准化建设验收。及时足额收缴党费,全年共召开2次专题组织生活会,开展12次党员活动日活动,21次谈心谈话活动,1次民主评议党员活动。积极参加庆祝“七一”、“青春志愿行”、省财政厅纪念改革开放40周年朗诵比赛等各类活动,营造“团结、紧张、严肃、活泼”的支部工作氛围。

【开展作风建设】认真组织开展以“查问题、出硬招、改彻底”为重点的大排查活动,自查覆盖率达到100%。建立并常态化执行《综合处作风效能建设日常监督自查制度》,不断提升支部作风效能管理水平。先后8次组织党员干部开展定点帮扶、结对共建等志愿服务活动。广泛开展调研会商,听取意见建议,解决工作中存在的困难和问题,努力提升财政综合工作水平。

【抓好党风廉政建设】严格执行“一岗双责”制度,签订党风廉政建设责任书,形成“人人有担当、层层抓落实”的责任体系。加强廉政警示教育,不定期开展内部自查自纠,确保党风廉政建设责任落到实处。对照全厅政治巡察21个共性问题及表现、内部巡察问题通报,对标对表、举一反三,深入开展自我剖析查摆。认真贯彻执行“两准则四条例”等党内法规,践行监督执纪“四种形态”,不断强化日常监督和风险防控,筑牢拒腐防变的思想防线。

【协调推进财政改革工作】全年协调推进财政牵头的省委深改委工作要点重点改革任务4项,每月跟踪协调中央深改委会议议题贯彻落实情况12项,每季度提交财政改革试点推进情况3项,跟踪办理省委深改委会议审议议题6项,牵头开展省委深改委部署的重点改革任务督查2项。全年通过中央重大决策部署贯彻落实推进机制信息化平台全面深化改革工作子平台,按照月更新、季盘点、半年督察、年度总结等要求报送各类材料信息260余条,平均每个工作日1条。办理征求意见反馈、提供资料素材、提交工作报告、编报会议纪要、报送工作信息近50篇,平均每周1篇。财政厅全面深化改革平台工作在省委改革办组织的改革信息平台工作考核评比中连续三年名列省直单位前3名。

【落实机关事业单位工资收入分配政策】省直规范一次性工作奖励政策实施以来,针对执行中发现的具体问题,会同省人社厅进行全面深入摸排梳理,认真分析评估关联情况,审慎提出处理意见,确保相关政策平稳有序落地落实。及时妥善处理六安市部分中小学教师集体上访事件,切实有效解决各地中小学教师工资待遇问题,全省中小学教师平均工资收入水平不低于当地公务员平均工资水平目标基本实现。按照省委省政府部署和省纪委(监委)要求,会同省人社厅组织开展不规范发放津补贴专项整治工作,全面摸底排查各地机关事业单位津补贴发放情况,厘清问题症结,分类提出处置意见。对部分市县(区)违规发放“奖金补贴”问题开展专项核查整改工作,进一步严明津贴补贴发放管理工作责任和纪律要求,强化源头管控,建立长效机制。主动配合省人社厅制定安徽省调资实施方案,认真开展风险评估,确保机关事业单位调资工作在年底前基本落实到位。

【积极推进“放管服”改革】继续深入推进收费清理改革,降低企业经营成本,优化营商环境。严格贯彻落实国家各项普遍性降费政策,清理省级设立的行政事业性收费项目,实现省级设立的涉企行政事业性收费项目清零,预计每年降低企业经营成本14亿元。全面实施目录清单制度,方便公众查阅,接受社会监督,打通政策落实“最后一公里”。认真履行收费监管职能,积极配合省直相关部门严肃核查有关执收部门乱收费行为,如泾县政府在县域主干道对矿山企业设卡收费、肥东县市场监督管理局对企业指定检测机构进行计量器具检测并收费、马鞍山市人防办未按规定对有关工业企业免征防空地下室易地建设费等,不断规范涉企、涉路以及涉教等收费管理,遏制乱收费现象。积极参加省政府“四送一服”双千工程集中活动,深入淮北市近40家企业开展调研,宣传国家和省财税优惠政策,帮助企业答疑解难,促进县区政府建立亲清型政商关系。

【深化政府购买服务改革】设立“安徽省政府购买服务信息平台”,发布《2018年安徽省级预算安排政府购买服务实施目录》,公布涵盖基本公共服务、社会管理性服务、行业管理与协调服务、技术性服务、政府履职所需辅助性事项、其他服务事项等6大类219项购买服务具体内容,2018年首次公布各个项目的预算金额,购买服务改革不断深化。

【推进财政票据管理改革】督促财政票据印刷企业做好票据印制工作,提升印制质量和服务水平。根据财政部统一部署,建章立制,督促各地各部门制定实施方案,落实资金来源,全力推进安徽省财政电子票据管理改革工作。

【加强住房资金和土地出让收支管理】下达中央和省级住房保障资金2.49亿元,牵头组织开展城镇保障性安居工程财政资金绩效评价工作。结合省级事业单位分类改革后相关财政补助政策,研究开展2017年度省直驻肥单位住房补贴资金申报、审核、兑付工作。积极开展全省土地出让收支管理专题调研,编报全省土地出让及收支情况分析月报,为领导决策提供参考。

【加强彩票财政财务监管】向省政府和财政部提交年度全省彩票公益金筹集、分配和使用情况,完成“十三五”时期中央彩票公益金支持地方社会公益事业发展专项资金使用情况总结报告,并通过财政信息网等媒体面向社会公告,主动接受社会监督。开展彩票市场调控中央专项资金绩效评价和相关专题调研,进一步提高彩票市场调控资金使用效益,规范彩票发行销售行为,促进彩票市场健康平稳发展。

税政条法处工作概述

【概况】2018年,税政条法处深入学习贯彻习近平新时代中国特色社会主义思想,按照财政厅党组的部署要求,坚持党建引领,紧紧围绕财政中心工作和改革重点目标,积极发挥财税政策对经济社会发展引导作用,大力推动法治财政建设,较好地完成各项工作任务,支部标准化建设顺利通过验收。

【实施深化增值税三项改革】联合省税务局及时转发增值税留抵退税等三项改革文件,积极协调税务及各市财政部门,确保政策落实到位。截至本年底,增值税三档并两档调整税率,减税78.09亿元;转登记为小规模纳税人,减税1.03亿元;退还留抵税款31.09亿元。增值税三项改革过程中,主动加大政策调研力度,向财政部上报政策效果评估报告获财政部来信表扬。

【落实综合与分类相结合的个人所得税制度】组织省内专家、全国政协委员、财政干部等对个人所得税法修正案、专项附加扣除提出修改意见。开展个人所得税法有关授权减税事项的建议起草工作,对安徽省残疾、孤老人员和烈属的所得减免个人所得税事项进行调研并上报省政府。

【平稳推进环境保护税开征工作】2018年1月1日起,环境保护税法正式实施。全省环保税纳税人均能顺利完成纳税申报,征期征管有序,实现税费两套征管体制的平稳转换,全年入库环保税收入3.8亿元。

【按照税收法定要求做好税收立法调研】针对城市维护建设税、资源税、契税、车辆购置税、印花税等税法草案,结合安徽省实际,提出立法建议。

【有效落实减税政策】按月收集整理全省减免税数据并进行分析,全年全省减税规模1103亿元,比上年增长19.9%。严格把好税收政策关,按照现行税收法律、法规和政策规定,对涉及税收政策的文件提出修改意见,全年提出相关建议近100条。

【及时梳理涉税政策】对国务院《政府工作报告》中13项涉税事项进行整理分析,对安徽省减税规模进行测算,形成《关于2018年政府工作报告涉税事项有关情况的报告》上报厅领导参考。及时编制《安徽省支持脱贫攻坚税收优惠事项清单》,并于11月20日在省财政厅门户网站公开发布。

【优化并动态更新财税优惠事项清单】在2017年编制全国首份《安徽省财税事项优惠清单》基础上,2018年初会同省级税务部门,对该《清单》进行重新梳理和升级,5月10日在三部门门户网站同步公开发布。11月底,结合新出的税收优惠政策,对《清单》进行更新。

【完善"走进企业"税收政策调研制度】实地走访皖维高新、菲力克斯巢湖海螺水泥、徽商大地农副产品批发市场等企业进行调研,收集整理企业反映的税收优惠政策落实过程中的问题和建议。开展重点企业税源调查快报和税式支出统计测算工作,做好安徽省税收政策落实情况测算分析。12月6日,在财政部税式支出测算工作培训会上,安徽省被选作典型代表在大会作经验交流发言。

【争取特定税收优惠】多次与财政部对口司局沟通和争取,滁州惠科光电科技有限公司获批对进口设备涉及的6.25亿元进口环节增值税分5年缓缴。合肥京东方卓印科技有限公司获批2018—2020年度合计1409万美元维修进口生产设备用零部件免税进口额度。合肥睿力等3户企业纳入第四批集成电路企业增值税留抵退税名单。

【优化税收服务】会同省国税局、省地税局、合肥海关发布《关于简化税收优惠政策文件转发流程的通知》(财税法〔2018〕21号),简化工作流程,节省文件落地时间。出台《安徽省财政厅 安徽省国家税务局 安徽省地方税务局关于明确省级非营利组织免税资格认定管理有关工作的公告》(财税法〔2018〕540号)、《安徽省财政厅 安徽省国家税务局 安徽省地方税务局 安徽省民政厅关于进一步明确公益性捐赠税前扣除资格确认工作程序的通告》(财税法〔2018〕351号),进一步规范资格审核确认流程,更好地服务于安徽省非营利组织和公益性团体。积极参与开展各项认定工作,会同省税务局,认定安徽省网商协会等15家社会团体取得非营利组织免税资格,享受企业所得税优惠。会同省国税局、省地税局、省民政厅公布安徽省2017年第二批以及2018年第一批获公益性捐赠税前扣除资格的公益性社会团体名单。配合省科技厅做好2018年高新技术企业认定工作,对全省申报企业涉及的两批196家会计师事务所(分别为108家和88家)的资质进行审核确认。会同省科技厅、省发改委、省商务厅做好安徽省2018年技术先进型服务企业认定工作,联发科技等4家企业取得资格。

【支持综合保税区建设】做好与财政部关于建设安徽省各类海关特殊监管区相关沟通申请工作,积极参加省级有关单位对马鞍山市综合保税区的预验收,对发现的问题提出整改意见和要求,为保税区通过国家正式验收及封关运营打下良好基础。

【统筹推进财政法治建设工作】省财政厅党组召

开6次财政厅法治财政建设领导小组专题会议，集中学习习近平总书记在中央全面依法治国委员会第一次会议上重要讲话精神，集中学习新修订的《宪法》和《监察法》，研究部署法治财政建设有关工作。认真开展《宪法》学习活动，制定《省财政2018年宪法学习计划》，组织全体职工进行宪法知识测试。

【动态调整财政权责清单深化放管服改革】按照省编办统一部署，牵头开展并完成省级权责清单全省行政许可事项清单2018年度动态调整工作，在财政厅门户网站及时更新发布，确认财政厅权力事项10项，其中行政许可1项，行政处罚5项，行政征收2项，其他权力2项。根据权责清单动态调整，同步更新权力运行流程图、廉政风险点等内容。完善"双随机、一公开"监管机制，牵头对《安徽省财政厅随机抽查事项清单》开展动态调整，进一步规范法律依据、统一清单格式，并在省财政厅门户网站及时公布。

【系统推进财政普法工作】认真做好财政厅机关"七五"普法中期评估工作，建立健全工作台账，全面总结财政普法工作，以满分成绩通过省直机关中期评估。组织开展"七五"普法中期评估工作，对全省所有市财政局、部分县(区)财政局进行普法中期评估，查找问题、总结经验。积极参与全国、全省的法治宣传活动，向财政部条法司、省法宣办报送《法治财政 我们在路上》等普法作品十数件。创新开展"普法+扶贫"工作，深入颍东区吴寨村，围绕法治扶贫开展"财政法治进校园"主题活动。围绕"12.4"国家宪法日和第一个"宪法宣传周"，结合财政厅结对共建活动安排，赴利辛县阚疃镇程杨村开展送宪法入村活动。落实"谁执法谁普法"普法责任制，制定《2018年度全省财政系统普法责任清单》，明确财政普法的法律法规和规章名称，提出财政普法工作阶段性目标任务和要求。建立以案释法制度，选取信息公开、履行职责等与财政行政行为密切相关的法院一审、二审典型案例，定期编印《以案释法案例汇编》(2018年共编印9期)，建立以案释法常态化工作机制。精心编印《财政法律知识读本》等普法材料。开展系统法治工作培训，集中对全省财政系统法治业务骨干、财政厅法治联络员讲授习近平总书记全面依法治国新理念新思想新战略、宪法、行政复议、财政信息依申请公开、财政法律法规及依法行政等涉法知识。

【严格落实合法性审查机制】2018年共对重大事项合法性审查160件，提出审查意见123条。认真开展财政制度立改废工作，落实财政工作制度规范全覆盖要求，财政厅全年共制定财政制度规范221件。组织开展涉及"产权保护""著名商标制度"规章和规范性文件专项清理工作，清理过程中，梳理以省财政厅名义印发的规范性文件1002件，分发财政厅有关处室进行专项清理。共对财政部办公厅和条法司、省法制办等单位转来的115件法律、规章等制度文件阅提意见。

【加强涉法涉诉事项管理】依法做好行政复议工作，按照《安徽省财政厅行政复议和应诉工作规则》要求，2018年共办理信息公开答复、政府采购投诉处理等方面11件行政复议案件，严把案件办理"事实关""程序关""时限关"。依法做好行政应诉工作，2018年发生的2件行政诉讼案件，均按照《行政诉讼法》及有关司法解释要求，依法出庭应诉。尊重并执行人民法院的生效判决，2件案件全部胜诉。完善法律顾问制度，法律顾问实行工作日坐班制，充分发挥法律顾问在制定重大行政决策、推进依法行政中的作用，共审查国有资产转让、股权转让、债券承销等方面的合同文本、制度文件、工作咨询170件。

【加强财政行政执法人员管理】严格执法人员持证上岗、亮证执法和资格管理制度，举办全省财政系统行政执法人员资格认证考试，全省2126名财政干部通过资格考试。省市县财政部门分级办理执法资格证件，及时向省政府法制办申报换领省财政厅38名财政干部执法证，保障财政执法工作需要。努力提升执法人员法律知识素养，分两批次参加全省行政执法人员通用法律知识培训。

【加强政治建设】把政治建设摆在首位，深入学习领会习近平新时代中国特色社会主义思想和党的十九大精神，12次党支部会议学习"习近平总书记在庆祝改革开放40周年大会上重要讲话精神"等。坚持问题导向，不断推进全面从严治党和党风廉政建设与财政税政条法工作相融合。严格遵守党内政治生活准则，坚持执行民主集中制。

【加强思想建设】深入推进"两学一做"学习教育常态化、制度化，开展"不忘初心，牢记使命，积极践行以人民为中心的财政发展理念"专题研讨。加强理想信念和先进典型教育，主动联合开展党员活动。

【加强组织建设】召开2次组织生活会，认真开展批评与自我批评，提出14个问题并加以整改。健全支部组织建设,加强党员教育管理,完善组织关系管理,开展党员组织关系排查,倾听对党建工作意见建议。“三会一课”按照规定要求召开,认真开展民主评议党员活动。完善工作运行机制,支部标准化建设顺利通过验收。

【加强作风建设】进一步健全反“四风”、正作风长效工作机制,组织开展“查问题、出硬招、改彻底”作风大排查工作。完善作风建设巡查方式,做到真查、真巡、真记、真报、真谈、真改。

【加强廉政建设】强化责任意识,签订《2018 年党风廉政建设责任书》,按要求开展各项廉政风险防控工作。

(杨玉林)

预算处工作概述

【概况】2018 年,预算处坚持以习近平新时代中国特色社会主义思想为指导,按照“保重点、控一般、促统筹、提绩效”的要求,全面推进财税改革,突出依法理财、预期管理、科学编制、政策创新,扎实有效完成各项预算工作任务。安徽省财政管理工作连续两年获财政部考核优秀等次,位居全国第 4,受到国务院表扬激励;县级财政管理绩效综合评价,位居全国第 1,受到省政府发文通报表扬。

【强化财政收入预期】按照高质量发展要求,积极应对财政收入新形势、新情况、新变化,加强与税务、海关、人行会商研判,认真进行财政运行分析,促进财政收入有质量、可持续。2018 年,全省财政收入增长 10.4%,圆满完成年初“财政收入增速高于经济增长”预期目标。

【强化预算执行管理】切实加快支出,采取推进财政资金统筹等 7 类措施,细化 18 项具体要求,促进预算执行提速、财政资金提效。根据财政部考核结果,安徽省支出进度 5 个月位居前列。严格通报约谈,对支出进度、盘活存量资金、运行分析按月通报,对排名持续靠后的市县进行约谈,同步将各市收支通报到市委、市政府主要负责人。

【强化财政运行分析】剖析财政运行中存在的问题,有针对性地提出政策措施。撰写预算执行分析、专题分析近 100 篇,为财政管理决策提供参考。

【争取中央财政资金支持】多次派员赴预算司帮助工作,积极反映安徽省困难实际,努力在中央均衡性转移支付、重点生态功能区转移支付、革命老区转移支付等分配中,争取安徽省最大利益。中央全年下达安徽省 2018 年度均衡、重点生态、资源枯竭城市、革命老区等转移支付资金 957 亿元。

【提前启动预算编制工作】3 月印发预算编制通知,5 月召开全省预算编制工作视频会议,连续三年省市县乡四级一体部署预算编制工作,推动全省预算编制水平整体提升。继续开展预算评审论证,提高预算安排科学性和透明度。

【完善基本支出供给政策】修订公用经费定额标准预算管理办法,动态调整物业管理费定额标准。完善工会经费、住房公积金等供给政策。

【构建“四库一平台系统”】细化梳理编制流程,运用“互联网 + ”大数据技术,优化预算管理系统,实现预算编制管理一体化、决策科学化。推进财政和人社部门信息共享,实现工资统发人员信息共享采集,提高工作效率和数据质量。

【推进大专项(大类别) + 任务清单预算编制方式改革】进一步创新预算管理方式,加大省级部门项目整合力度,优化财政支出结构,打破项目“只增不减”固化格局,提升财政资源配置效率和使用效益。

【推进财政事权和支出责任划分改革】以省政府办公厅名义印发贯彻落实基本公共服务领域共同财政事权改革划分中央、省级与市以下支出责任实施方案,明确教育、社会保障等八个领域 18 项基本公共服务事项财政支出责任。出台财政支持保障基层基本公共服务功能建设的实施意见,以及资金管理办法。下达 90.6 亿元,支持基层基本公共服务建设。

【健全县级基本财力保障机制】根据财政部要求,组织开展全省县级“保工资、保运转、保基本民生”自查,配合专员办做好“三保”现场核查工作。召开全省县级基本财力保障机制专题会议,从加强财源建设、科学编制预算、提升“三保”财力可持续性等方面,研究提出具体保障举措。

【推进中期财政规划管理】编制省级中期财政规划,同步编制 2019—2021 年省级部门三年滚动财政规划,指导市县加强中期财政规划管理。形成《省级中期财政规划编制管理课题研究》报告。

【全面做好预算公开】出台预算公开工作方案,制定公开操作流程,明确公开程序步骤。完善预算公开统计制度,动态跟踪公开进展,确保省市县上下同步落实。坚持规范公开,省级 128 个部门同步公开部门预算。

【推进财税相关改革】印发做好省级机构改革过程中预算经费管理工作的通知，明确改革期间预算编制、预算执行相关要求，全面做好预算经费管理衔接工作。

【撰写综合文字材料】在各兄弟处室的支持下，圆满完成起草年度预算报告、年度决算报告、上半年预算执行报告，以及预算草案等重要文字材料。特别是年度预算报告，全面对接中央和省里要求，对接人大预算审查决议，对接政府工作报告，分层次广泛征求16个市政府、重点省直预算部门以及人大代表政协委员意见，反复提炼、合理吸纳修改完善，使报告内容更加丰富，语言更接地气。

【严格把关预算政策】全年办理预算编制、预算管理、财税体制等政策会签文件，以及提供文字汇报材料累计1000余件，从严把关财政预算政策，不断提高综合文字质量。

【做好服务代表委员工作】印发关于做好联系服务人大代表和政协委员工作的通知，按照全面覆盖、分级推进、属地划分、对口联系原则，将五级人大代表纳入全省各级财政联系服务范围。全力服务省“两会”，创新编印《图说预算》《参阅材料》和《预算报告》H5等宣传材料，结合新闻案例表现手法，点面结合、深入浅出，从公众视角宣传解读财政预算工作。邀请代表委员参加预算评审论证，更好地保障代表委员对财政工作的知情权、参与权和监督权，进一步提升依法理财水平。

【主动接受审计监督】支持配合审计工作，履行牵头服务职责，主动对接审计组，动态掌握审计工作进度，依规提供审计资料数据，认真做好预算执行审计征求意见反馈工作。积极做好审计整改工作，制定预算执行审计问题整改清单，牵头按时逐项、逐条整改。

【推进预算联网建设】召开专题推进会，明确建设内容、推进步骤和保障措施，强化财政部门支持配合保障责任。按时推送联网内容，完善省级预算联网监督机制，定期推送政府预算、部门预算、预算调整、财政收支月报、财政政策等信息。

（周剑峰）

国库处工作概述

【概况】2018年，国库处坚持以政治建设为统领，深入学习贯彻习近平新时代中国特色社会主义思想和党的十九大精神，深化改革，创新实干，努力建强支部战斗堡垒，着力引领国库管理改革不断深化。库款管理水平位居全国前列，财政总决算和部门决算双获全国第一，国库支付电子化改革实现全省全覆盖，政府财务报告编制试点取得重要突破。

【强化理论武装】坚持与落实“三会一课”等基本组织生活制度相结合，深入学习贯彻习近平新时代中国特色社会主义思想和党的十九大精神，不断提升支部组织力和政治引领力。全年共召开党员大会5次，支部委员会12次，讲授党课4次；专题研讨5次，组织国库系统学习2次，开展“三微”4次，撰写学习体会20余篇。

【探索创新激发组织活力】开展“不忘初心，牢记使命”主题党日活动，邀请王锐同志交流驻村扶贫工作；联合驻厅纪检组、人行国库处党支部开展“庆‘七一’红色经典诵读会”，会同六安市财政局第一党支部赴金寨开展“追寻红色足迹、传承革命精神”主题党日活动。组织党员干部参加“邻里共建、同心向党”等学雷锋志愿服务活动；利用全省财政国库系统会议时机，支部书记围绕支部标准化建设讲授党课，促进系统联动、共同提高。探索运用“三微”党建新载体，积极参与三孝口街道“微党课”竞赛。

【从严从实抓好作风建设】紧紧围绕“六聚焦六整肃”，扎实开展“讲严立”专题警示教育，建立支部廉政文化专栏，组织召开专题组织生活会。支部党员征集意见4条，查摆问题16个，整改落实16个。修订《支部书记和委员职责分工制度》，完善处内巡查、离岗报备等制度。深入开展作风建设大排查、“三查三问”活动。坚持问题导向，对照十届省委前四轮巡视以及厅党组巡察发现的共性问题，深入查摆问题，补齐短板不足。深化运用“四种形态”，尤其是用好用足第一种形态。全年共开展处内巡查65次，谈心谈话64次，提醒谈话1人次。

【国库集中支付制度改革深入推进】截至2018年底，全省近2.3万个预算单位实行国库集中支付，占预算单位总数的99%；所有乡镇纳入国库集中支付改革范围；全省累计发放公务卡49.3万张，公务消费更加透明。基层国库集中支付规范化标准化建设不断夯实。

【全省国库支付电子化管理全面覆盖】完成省本级、16个地市、122个县区、139个人民银行国家金库、403家代理银行分支机构和2.1万个预算单位的系统改造,实现了安全高效的现代化支付手段,单笔资金支付时间由原来的4小时缩短到20分钟。

【政府综合财务报告制度改革成功试点】2018年,全省2.3万家部门单位政府综合财务报告顺利试点并通过财政部审核,安徽省在全国会议作试点经验介绍,试点工作得到财政部肯定并通报表扬。

【配合做好省级党政机构改革服务工作】印发业务服务指南,从账户开设、账户变更撤销等方面提供详细操作规程。为税务部门机构改革体制测算及时提供决算数据,对接税务部门、人行国库做好社会保险费的收缴管理和资金划转工作。协调省银联和各代理银行取消公务卡跨行结算手续费,为机构改革人员转隶提供方便。

【国库现金管理收效明显】通过竞争性招标,积极开展两期省级国库现金管理商业银行定期存款,共计210亿元,预期实现收益1.8亿元。

【银行账户管理规范有序】继续严控新增财政专户,清理规范存量财政专户,建立财政专户合规存量目录,并纳入系统管理。开发银行账户信息管理模块,提高财政账户管理水平。

【资金存放管理公开透明】出台《安徽省省级预算单位资金存放管理实施办法》,要求存款银行出具廉政承诺书,专户银行办理结算出具业务授权书,防范资金存放中的腐败问题,保障资金存放安全。财政专户资金定期存款297.7亿元,预期收益13.9亿元。

【风险防控检查全面开展】全省各级财政国库对财政资金支付管理的关键环节和风险点进行了重点检查,发现共性问题风险点6大项,涉及具体问题20个,各地采取整改措施共91项,建立制度11项,通过检查进一步筑牢财政资金安全防线。

【内控管理措施持续强化】进一步修订国库处内控操作规程,重新梳理岗位职责,共查找风险点45个,较2017年增加12个,较2016年增加28个。共制定46条针对性防控措施。

【应急保障水平不断提高】组织省级代理银行开展电子化管理集中应急演练,10家代理银行集中手工模拟网络断连、硬件损坏等突发情况下财政资金支付,强化安全意识。

【库款日常管理卓有成效】进一步加强各级库款监测、分析,科学合理调度资金,突出“保工资、保运转、保基本民生”和支持重点领域,全年累计调度资金2379亿元,通过考核、通报、提醒等措施增强市县财政资金保障能力。在财政部库款季度考核中安徽省两次位居全国第一。

【重点支出预算执行良好】认真做好预算执行旬月报和重点支出科目监测预判工作。依法依规加快财政重点支出进度。开展市县年度预算执行动态监控考核,积极配合建立扶贫资金动态监控平台,全面提升预算执行动态监控功能。

【决算管理工作成绩突出】及时高质量完成财政总决算、部门决算、经济分类决算试点的编制、审核和汇总上报工作。积极改进人大服务机制,受到省人大财经委高度评价。安徽省2017年度财政总决算和部门决算双获全国第一名。

政府债务管理办公室工作概述

【概况】2018年,政府债务管理办公室紧紧围绕省委、省政府确定的重点工作目标,按照财政厅党组的统一部署和要求,以加强支部党建工作为引领,进一步夯实基础、改革创新,发挥政府债务管理在推进供给侧结构性改革中的积极作用,全面实施预算绩效管理。

【建立健全防范化解重大风险工作机制】省委、省政府高度重视政府债务风险防控管理,2018年1月,成立省防范化解政府隐性债务风险工作领导小组,加强对全省防范化解政府隐性债务风险工作的统一领导,防范化解政府隐性债务风险领导小组办公室设在省财政厅。以省委、省政府名义出台安徽省加强隐性债务管理的实施意见和问责办法。

【落实政府债务限额管理和预算管理】密切跟踪财政部地方政府债券分配工作进展,争取中央分配安徽省2018年新增地方政府债券额度,全省2018年新增政府债务限额1007亿元,比上年增长38.3%,额度位居全国第8位。按照因素法做好2018年新增债务限额分配工作,将预警结果和分配市县新增债券额度挂钩,对被风险预警和风险提示的分别按照分配额度的10%和5%进行扣减,同时,做好新增债券的预算调整工作。对政府债务余额超过限额的地区进行通报和约谈,要求超限额地区认真核实债务信息,积极筹资偿还债务,实时监控债务余额增减变化,确保债务余额不超过核定限额。

【做好2018年政府债券发行工作】充分发挥地方政府债券融资的主渠道作用,全年累计发行政府债券2247.9亿元,发行规模创历史新高。其中发行新增债券1003.6亿元,主要用于支持脱贫攻坚、棚户区改造、土地储备、政府收费公路、农业基础设施、基层基本公共服务功能建设等项目或领域,为保持基础设施领域补短板力度提供强有力的支撑;发行置换债券969.8亿元,2015—2018年累计置换存量政府债务3992亿元,实现将可以置换的存量债务全置换目标;发行再融资债券274.5亿元,对2018年到期的政府债券展期续发。按安徽省政府债券平均发行利率3.9%和存量政府债务的平均融资成本10%测算,全省发行债券2018年节约融资成本140亿元以上,相当于2017年全省一般公共预算收入的增量规模。

【加强政府债券管理】印发《关于加强专项债券发行和资金使用管理的通知》(财债〔2018〕1160号),督促市县财政部门及时拨付债券资金、项目主管部门和相关单位加快专项债券对应项目资金支出进度,尽早形成实物工作量,推动在建基础设施项目早见成效。继续对2017年度新增债券资金使用情况开展绩效评价工作,切实提高债券资金使用效益。按月测算政府债券还本付息支出情况,做好每一批次到期债券还本付息的公告、指标结算、资金划拨等手续办理,履行政府债券还本付息责任,全年累计还本付息377亿元。

【加强风险管控】严格执行《安徽省人民政府办公厅关于印发政府性债务风险应急处置预案的通知》(皖政办秘〔2017〕10号)要求,建立债务风险应急处置和风险预警监测的工作机制。对被财政部作为风险预警和风险提示的市财政局开展约谈,督促各市要加强土地出让收入管理,积极防范和化解风险隐患。印发《安徽省政府性债务管理评分暂行规则》,从制度建设、预算监督、日常工作、风险管控等方面对各市县政府性债务管理情况开展考核评分;对2017年地方政府性债务管理考核结果进行通报,对未受表扬的市下发问题清单,督促整改,补齐短板。

【全面开展隐性债务清理摸底工作】按照省委经济工作会议提出的坚决打好隐性债务摸底清理、存量处置、增量严控"三大战役"工作任务和"四清四实"要求,组织开展隐性债务摸底统计工作,实事求是、全面准确掌握隐性债务总量、期限结构、地区分布、偿债安排、偿债缺口等情况,夯实隐性债务管理的基础,为各市县政府进一步细化风险防控措施创造条件。

【坚决制止违法违规举债融资】印发《安徽省财政厅关于对池州经济技术开发区违法违规举债问题及整改落实情况的通报》(财债〔2018〕515号),追究相关责任人责任,督促指导各级政府进一步严格规范政府举债行为。坚决贯彻落实财政部《关于进一步规范地方政府举债融资行为的通知》及《关于坚决制止地方以政府购买服务名义违法违规融资的通知》要求,推进融资平台公司市场化转型和融资,防止为专项建设基金项目提供本金回购、保底收益承诺等任何形式担保,规范推进PPP项目实施,严禁通过保底承诺、回购安排、明股实债等方式进行变相融资。

【推进预算绩效管理制度化规范化】积极贯彻落实党中央、国务院关于全面实施预算绩效管理的意见,研究起草安徽省《关于全面实施预算绩效管理的实施意见》,提请以省委、省政府名义出台。以省政府办公厅文件印发《安徽省扶贫项目资金绩效管理办法》,扭紧财政扶贫资金绩效管理的总开关。协调省直相关部门完成民生工程绩效评价办法的制定工作,实现制度全覆盖,增强标准一致性、项目可比性。制定印发《安徽省省级部门预算绩效目标管理暂行办法》,规范预算绩效目标管理,进一步提高省级部门预算绩效目标管理科学性、规范性和有效性。出台《关于印发市县财政管理工作绩效考核与激励办法》,构建科学规范的财政管理绩效评价体系,调动和激发市县财政部门的主动性和创造性。

【强化省级部门预算绩效目标管理】在省级部门预算编制过程中,项目支出绩效目标的设定、批复与部门预算实现同步申报、同步审核、同步批复和同步公开。加强绩效目标审核,引入第三方机构开展绩效目标集中审核,提高项目预算绩效目标管理的科学性、合理性和有效性。全面开展省级绩效目标执行监控工作,从事前事中促绩效水平提高。加强扶贫项目资金绩效目标管理,对市县绩效目标填报进行培训和指导,确保指标精简准确、合理可行,为财政扶贫资金动态监控打好基础。

【全面开展省级预算绩效评价工作】首次实现中央对地方专项转移支付绩效目标自评全覆盖,统筹组织省级主管部门和市县对2017年度通过中央一般公共预算安排的54项专项转移支付资金开展绩效自评,并选择城市公交车成品油补贴、文化产业发展专项资金两个项目进行审计抽查。强化部门单位主体责任,全方位推进省级部门项目支出和部门整体支出绩效自评。省财政厅从2017年财政预算中选择34个重点项目、2个部门整体支出评价、2个财政政策和管理评价和8个预算评审论证项目,涵盖了农业、教育、医疗卫生、社会保障、金融等多个重点领域和社会公众重点关注的项目,涉及财政资金134.7亿元,其中民生工程项目12个,涉及财政资金88.7亿元。组织市县对政府新增债券资金使用情况进行绩效评价。

【深入推进绩效评价结果应用】对2018年省级财政重点绩效评价结果进行通报,反馈单位进行整改。选择部分社会关注度高、影响力大的民生项目和重点项目的绩效评价报告,通过省财政厅门户网站向社会公开,并通过省级预算联网监督系统向省人大常委会预算工委推送公开。在财政扶贫资金、社保资金等领域推动绩效评价结果与预算安排和资金分配挂钩,倒逼各级规范资金管理,提高资金使用绩效。

【整体推进全省预算绩效管理】针对省级预算单位、财政部门,分层分类开展业务培训,提升工作人员业务能力。通过刊发文章、开辟绩效专栏等多种形式,宣传预算绩效管理理念做法,扩大社会影响。开展调查研究,完成《市县预算绩效管理现状分析及发展思考》课题研究报告。

【加强党员教育】采取多种形式开展经常性教育,全年集中学习28次,赴警示教育、爱国主义等教育基地实地学习10多人次。及时阅读安徽纪检监察、共产党员等公众号信息,参加安徽省党纪法规学习教育、党员干部现代远程教育平台学习测试,通过处内学习微信群、市县交流QQ群、内网学习园地等共享文章、通报案例、讨论交流。立足岗位职责,宣传十九大提出的“防范化解重大风险、全面实施绩效管理”等重要内容,组织债务风险防范、全面实施绩效管理培训研讨,并联合厅社保处,深入省民政厅共同开展“走进预算单位、共商绩效管理”专题学习调研。

【严肃党内生活】贯彻落实《关于新形势党内政治生活的若干准则》,严格执行“三会一课”、组织生活会、民主评议党员、党员活动日、谈心谈话等党内生活制度,全年组织党日活动12次,组织生活会2次、民主评议1次、党员大会4次,党课4次,谈心谈话30余人次。开展批评与自我批评,经常性相互听取意见建议,着力解决查摆出的问题,进一步加强会议记录、党务公开、档案整理等基础工作,加强对市县的工作调研、政策业务培训指导等服务工作。开展“走进单位、共商管理”“观看展览、缅怀先烈”“见证改革、读书朗诵”等特色党日活动,提高组织生活吸引力。

【加强作风建设】结合财政作风大排查活动,深入学习贯彻习近平总书记关于进一步纠正“四风”、加强作风建设的重要指示精神,全面加强处室作风建设。查摆出“调查研究不够、联系基层不够”等4个问题,落实“密切联系单位、优化信息系统”等11项整改措施,全年工作会商30多次、专题调研5次,撰写《关于池州市本级政府债务情况分析》等调研报告5篇。依托“走进社区、结对共建、主题活动”等平台,支部多次深入社区、共建村,参与或组织慰问困难群众、帮助关爱弱势群体、学雷锋等服务活动。

【从严监督管理】深入开展“讲严立”专题警示教育活动,对照《2018年党风廉政建设责任书》,切实抓好党风廉政建设各项工作。坚持廉政教育“一月一学”,及时通报违法违纪案例,时时提醒党员干部讲规矩、守底线。按照厅党组、驻厅纪检组巡察通报及“三查三问”工作等方面要求,深入查找问题并抓好整改。贯彻落实《关于进一步加强党风廉政建设的若干规定》《安徽省财政厅处室单位党支部运用监督执纪“四种形态”暂行办法》等制度,坚持民主集中制、重要事项请示报告制度,修订内控制度,细化职责分工,加强效能检查,规范记录登记,加强对重点领域、重要岗位和关键环节的监督。经常性开展谈心谈话活动,督促党员干部规范权力运行,着力防范廉政风险。

(韩晓峰)

行政处工作概述

【概况】2018年,行政处深入学习贯彻落实习近平新时代中国特色社会主义思想和十九大精神,认真落实各项工作部署,以党建为引领,强化规矩纪律意识,突出重点保障,注重工作落实,较好完成年度各项工作任务。

【强化政治建设】制定《行政处党支部关于加强支部建设工作的通知》《行政处支部理论学习计划》《2018年度行政处党支部党建工作“三个清单”》，认真开展“两学一做”常态化制度化，坚持集中学习和个人自学相结合，深入学习贯彻习近平新时代中国特色社会主义思想和十九大精神，学习习近平视察安徽讲话精神，学习《习近平谈治国理政》（第一、二卷）、《习近平新时代中国特色社会主义思想三十讲》《习近平关于严明党的纪律和规矩论述摘编》等。进一步树牢“四个意识”，坚定“四个自信”，坚持“两个维护”，与党中央保持高度一致。

【注重思想引领】组织学习新修订的《中国共产党章程》、“两准则四条例”、《宪法》《监察法》《党支部工作条例（试行）》等。开展经常性谈心谈话，强化党员意识，提升党性修养，发挥党员模范作用。全年共集中学习43次，十九大专题学习研讨7次，上党课4次、谈心谈话32人次，召开组织生活会2次、支部大会4次、开展党员活动12次、党员进社区2次，慰问困难党员群众11人次。

【落实一岗双责】制定《行政处2018年党建和廉政工作要点》，签订《2018年党风廉政建设责任书》，认真开展“讲严立”专题警示教育、“三查三问”和整治形式主义、官僚主义等活动。开展廉政专题学习22次，及时传达学习中纪委十九届二次全会、省纪委十届三次全会、财政部及财政厅党组反腐倡廉建设各项要求。落实廉政谈话制度，全年集体廉政谈话1次，个别谈话7次。开展廉洁从政教育，赴胡富纪念馆等省级廉政教育基地接受廉政教育，积极参加“党史教育日”“警示教育周”等各类活动。

【严肃组织生活】落实“三会一课”制度、民主集中制，按时召开支部党员大会，开展党员上党课活动，认真组织党员活动日和党员进社区活动。2018年召开支部组织生活会和“讲严立”警示教育专题组织生活会，支部共查摆17个问题，细化23条整改措施。支部班子及党员共查摆问题47个，制定54条整改措施，党员相互提出批评意见64条。

【提升支部标准化水平】进一步完善党支部台账记录、行政处党支部标准化建设电子台账和档案管理工作，扎实推进党支部标准化提升工作。坚持问题导向，对支部标准化建设工作进行回头看，主动邀请机关党委对标准化建设工作进行现场指导，对发现问题立行立改，顺利通过厅直机关党委的支部标准化建设提升工作验收。

【查找整改问题】根据财政厅党组巡察组在相关单位巡察过程中发现的问题，结合支部和业务建设工作实际，逐一对照，认真梳理，举一反三，分别印发《行政处党支部“关于巡察情况反馈意见”梳理问题及整改清单的通知》，共梳理出14个问题，针对发现的问题，列出问题清单、整改清单、责任清单，实行销号管理。全年整改落实到位12个，持续推进2个。

【强化作风效能】贯彻落实中央八项规定及实施细则精神、省委实施细则和财政厅实施办法，认真开展形式主义、官僚主义专项整治，开展作风建设大排查和“三查三问”，坚持问题导向，注重立行立改。完善内部考勤和巡查制度、负面清单制度和科以下人员外出报备制度，切实转变工作作风、提高工作效率。认真开展支部结对共建工作，2018年许寺民族村村集体收入达到25.18万元，增幅35%，人均可支配收入达到13075元，增幅11%。财政厅获2017年度“‘共同发展’提升行动联合攻坚”优秀单位。

【服务监察体制改革】根据省委监察体制改革工作部署和厅党组要求，积极主动服务，加强工作对接，制定《省财政厅关于监委转隶人员、办公用房和设备经费保障方案》，印发《关于深化国家监察体制改革试点工作涉及检察机关经费、资产划转有关问题的通知》，对检察系统转隶资产、经费范围、方法、时间、程序及工作要求作出详细规定，保障新组建纪检监察机关办公办案工作需要，并按期完成省监委转隶人员经费、专项经费和7台特种用车以及执法执勤用车划转工作。

【保障“江淮英才计划”实施】安排各类人才专项资金4.9亿元，同比增长9%。配合研究拟定《关于实施新时代“江淮英才计划”全面夯实创新发展人才基础的若干意见》。赴合肥、阜阳、蚌埠等地开展财政支持人才发展工作情况调研，总结分析市县人才政策实施和经费投入情况，梳理问题，查找不足，不断提升财政支持人才发展保障水平。2016—2018年，全省市县财政投入各类人才资金34.4亿元，年均增长31.5%，其中：芜湖市13.7亿元、合肥市6.1亿元、安庆市2.4亿元。

【履行“三公经费”支出监管职责】会同省外办、省审计厅等部门对部分省直单位、国有企业、高校院所、部分市2016年、2017年及2018年上半年“因公出国(境)”经费情况开展专项检查,通报发现问题并督促整改。2018 年,全省“三公经费”支出同口径下降4.8%,省级“三公经费”支出同比下降6.8%。中央“八项规定”以来,全省“三公经费”支出年均下降13.3%,省级“三公经费”连续6年下降。

【支持旅游强省“五个一批”建设工程】安排旅游发展专项资金2.4亿元,同比增长9.1%。争取国家旅游发展基金补助地方项目资金7931万元,支持安徽省旅游基础设施建设及全域旅游示范区创建。赴黄山市、休宁县开展旅游专项资金管理使用情况检查,进一步推动提高旅游专项资金使用绩效。

【支持质量强省工作全面推进】安排省质监部门经费42870万元,同比增长16.7%,争取中央财政资金2238万元,支持安徽省质量事业发展。安排中国驰名商标专项奖励资金1000万元,用于奖励获国家工商总局认定的中国驰名商标企业。安排“安徽省政府质量奖”专项经费270万元,支持“安徽省政府质量奖”评选工作。

【支持民族宗教工作开展】贯彻落实习近平总书记关于宗教工作的重要讲话精神,2018年预算安排民族宗教工作专项经费3217万元,新增专项资金697.6万元,同比增长27.7%,支持新形势民族宗教工作开展。学习贯彻国务院新修订的《宗教事务条例》,发挥财政职能作用,主动配合相关单位开展民族宗教业务专项检查,完善专项资金管理办法,提高资金使用绩效。

【服务对外开放大局】安排省外事部门专项经费872万元,支持开展中俄“两河”流域地方合作理事会、“一带一路”合作项目开展和国内重大经贸展会活动。通过举办经贸、生物制药、教育合作洽谈会以及非遗书画展、黄梅戏演出等系列活动,展示安徽省科技创新的显著优势、丰硕成果和未来发展潜力,推动全省对外开放合作发展及“走出去”“请进来”。

【落实市县经费保障责任】贯彻常务副省长邓向阳“坚持尽力而为,量力而行,避免包打天下”批示精神,宣传财政事权和支出责任相适应的改革要求,落实市县相关经费保障的主体责任。对接省人才办开展“江淮英才计划”人才经费保障分级负担测算工作,并制定《关于做好新时代“江淮英才计划”人才经费保障的通知》,将人才经费保障分级负担政策落实到位。针对国家取消计量器具强制检定收费规定,按照财权事权与支出责任相适应原则,会同省市场监督管理局制定《安徽省省级计量器具强制检定经费分级承担管理办法》,进一步规范计量器具强制检定工作流程,明确计量器具强制检定经费分级保障办法。

【完善公务支出制度】根据省直机关公务接待工作实际,结合会议费、培训费标准的调整,制定《安徽省财政厅关于调整省直机关公务接待费用餐标准的通知》(财行〔2018〕1096号),坚持厉行节约、依规接待,进一步增强公务接待开支标准的科学性。参加省车改办对市、县公务用车制度改革工作的检查,开展事业单位公务用车改革测算工作调研、指导,配合制定《安徽省党政机关公务用车管理办法》,进一步完善省级党政机关公务用车编制、购置、定点维修、定点加油和定点保险等相关政策。配合制定《安徽省党政机关办公用房管理办法》,进一步规范党政机关办公用房的建设、管理、维修和资金管理,推进办公用房资源合理配置和节约集约使用,保障正常办公,降低行政成本,促进党风廉政建设和节约型机关建设。

【完善专项资金管理办法】按照《安徽省省级财政专项资金管理办法》要求,会同相关部门分别制定或修改完善《安徽省省级公共机构节能专项资金管理暂行办法》《安徽省民族企业技术改造贷款贴息和少数民族补助资金管理办法》《安徽省皖南国际文化旅游示范区及大黄山国家公园绩效奖补资金管理办法》《安徽省旅游公共服务设施及5A景区创建绩效奖补资金管理办法》《安徽省大学生返乡创业专项资金管理办法》等,进一步规范财政专项资金分配、使用和管理。

【建立预算执行和政府采购工作“包保”制度】制定行政处对口联系部门预算执行和政府采购“包保”制度,将部门预算执行和政府采购责任落实到人,对支出进度慢的12个重点单位分别由处长“包保”,其他单位由经办同志“包保”,通过细化采购清单、督促计划申报等方式,有针对性协助部门单位解决预算执行和政府采购工作推进中存在的问题,进一步加快部门预算整体支出进度。2018年,行政处联系部门政府采购进度比上年增长近十五个百分点。

【执行部门预算进度通报和约谈制度】先后4次组织对口联系的40家部门召开年初预算执行工作会议,年中预算执行进度通报会议以及小金库专项治理工作会议等。认真落实预算执行与预算安排挂钩的要求,定期向预算单位通报部门预算及政府采购预算执行进度。并加大省级预算执行通报约谈力度,对支出进度低于序时进度、财政存量资金占比较高的部门,通报到单位主要负责人。先后3次通报对口联系单位预算执行进度,并依规对15个进度慢的部门财务负责人进行约谈,督促部门严格按进度要求,研究落实改进措施。2018年,行政处部门预算支出进度89.5%,较上年增长1个百分点,收回部门预算指标1.3亿元。

【深入推进预算绩效管理】根据全面预算绩效管理要求,继续加大专项资金绩效评价力度,对省高层次引才平台奖补资金、皖南国际文化旅游示范区及大黄山国家公园奖补资金等6个专项资金开展绩效评价,进一步压实部门、市县资金管理责任,坚持问题导向,加大绩效评价的结果运用,对违规使用资金坚决收回,不断提高财政资金使用的科学性、有效性和安全性,充分发挥财政资金的引导撬动作用。

【持续开展部门会商】针对执行进度慢、工作推进难点多的部门单位,采取主动上门会商、专题会商等方式,加强工作沟通和督导,协助部门解决预算执行中存在的问题。全年行政处与对口联系的40个部门累计会商249次,解决实际问题185个,会商交流获单位一致认可。依规提前收回9家省直单位预算指标13458万元,部门整体支出进度89.5%,指标结余较上年减少8640万元,同比减少11%。

【注重业务学习】支部结合学习习近平新时代中国特色社会主义思想和十九大精神,把理论学习和业务学习相结合,根据财政工作实际和处室业务特点,制订业务学习计划,实行业务领学制度,不断提升党员干部业务素质和能力水平。全年开展4次集体政策学习,学习《深化党和国家机构改革方案》《基本公共服务领域中央与地方共同财政事权和支出责任划分改革方案》《省委省政府关于促进经济高质量发展的若干意见》等14项政策制度。

【完善内控制度】修订完善并严格落实《行政处内部控制操作规程》《行政处请销假及工作考勤管理制度》《行政处考勤负面清单制度》《行政处效能巡查制度》等制度规定。编印《内部管理制度汇编》,坚持把制度挺在前面,强化内部管理,用制度管人、管事,防范日常工作与各类政策制定、资金分配中可能出现的行政风险、法律风险和廉政风险。注重强化日常工作纪律,开展经常性巡查,建立考勤负面清单制度和科以下干部外出报备制度,落实效能建设"八项制度"及文明办公"五要五不"要求,不断改进工作作风,树立良好工作形象。

【严格执行保密纪律】针对对口联系部门单位涉密事项多的特点,按照财政厅保密工作规定,开展经常性保密制度学习,签订保密承诺书和保密责任书。严格落实涉密文件(载体)管理规定,按照"涉密不上网、上网不涉密"要求,涉密文件均在财政厅专用涉密计算机处理,并严格登记。坚持"先审查、后公开"和"一事一审"原则,建立健全处室信息发布登记台账,定期开展信息发布安全保密自查。

政法处工作概述

【概况】2018年,政法处深入学习贯彻习近平新时代中国特色社会主义思想和党的十九大精神,按照财政厅党组部署和工作要点安排,严格落实"两个责任",坚持正作风、反"四风",强化担当、狠抓落实,扎实完成全年党建和发展各项目标任务,相关工作得到省委常委、政法委书记姚玉舟、副省长李建中等领导及省直效能办肯定。

【加强社会治安防控体系建设】推进"智慧皖警"工程,建设公安大数据中心,构建安徽公安大数据平台,打造大数据实战应用体系。积极支持"雪亮工程"和"智慧磐石工程"建设,支持高速公路视频监控系统建设,编织立体化信息化社会治安防控体系"天网"。完善社会矛盾预防化解机制,积极推进省市县乡村五级综治中心(站)建设,加强社区治理建设和人民调解工作经费保障,打造共建共治共享社会治理格局。贯彻落实国家安全战略部署,保障安徽省国家安全工作经费。

【大力推进扫黑除恶工作】参与研究制定安徽省扫黑除恶工作体制机制办法,明确扫黑除恶工作经费列入同级财政预算统筹安排。会同省公安厅制定《安徽省公民举报黑恶势力犯罪奖励办法(试行)》,统筹安排举报奖励资金,鼓励公民提供黑恶势力犯罪线索,参与扫黑除恶工作。积极参加省委扫黑除恶专项斗争督导工作,按时完成督导任务。

【加快军民深度融合发展】贯彻落实军民融合深度发展财政政策,落实省委、省政府、省军区关于推动军民深度融合发展的实施意见,安排省军民融合专项经费,充分发挥财政资金撬动作用,引导激励各类主体积极参与军民融合。开展人防易地建设费专题调研,全面了解全省人防易地建设费收缴、使用和管理情况,研究分析存在问题,形成专题调研报告。配合做好驻皖部队全面停止有偿服务、深化学生军事训练改革等有关工作。

【深入推进司法体制改革】完善省以下18家法院、检察院财物省级统管试点工作体制机制,全面兑现增资政策、绩效考核奖金等待遇。贯彻优化既定政策,聚焦试点过程中的困难和问题,积极与各相关部门加强协调沟通,完善试点政策和做法,确保在全省应用时可直接复制和推广。研究制定法检机关司法雇员管理制度改革实施办法,推动司法雇员管理制度化、规范化。密切跟踪全国财政统管改革试点进展情况,学习考察其他省份工作经验,研究提出下一步全面推开省级统管改革意见建议,省委常委、政法委书记姚玉舟给予充分肯定和表扬。

【积极推进公安、司法行政改革】贯彻落实《安徽省全面深化公安改革实施意见》,健全完善警务保障机制,会同省公安厅出台文件完善县级公安机关公用经费保障标准。支持省公安厅人口信息管理系统建设,建立人口动态管理机制,为建立健全支持农业转移人口市民化的财政政策体系提供基础数据。支持公共法律服务体系建设,完善政府购买公共法律服务内容,继续实施城乡困难群体法律援助民生工程,积极推进公证、律师、司法鉴定、社区矫正等改革。支持监狱体制改革,支持监企分开,完善罪犯劳动补偿费制度和罪犯大病保障制度。

【完成监察体制改革转隶工作】研究制定转隶办法,会同省纪委、省检察院研究制定《关于深化国家监察体制改革试点工作涉及检察机关经费、资产划转有关问题的通知》,完成省检察院,合肥、安庆等9家省司改试点检察院转隶各地监委办公办案经费、资产、车辆划转工作,有效保障新设监委机关办公办案需要。

【落实商事制度改革任务】支持建设安徽省事中事后监管平台、法人单位基础资源库及安徽省广告监测平台等系统,初步建立以“双随机、一公开”监管为基本手段、以重点监管为补充、以信用监管为基础的新型监管机制。支持企业注册资本登记制度改革,实现以电子营业执照为支撑的网上申请、网上受理、网上审核、网上公示和网上发照等全程电子化登记管理方式。支持证照整合改革,推进安徽省证照整合改革,实现“三证合一”到“多证合一”的整合,如期完成“多证合一”登记制度改革任务。

【严格预算编制和执行】按照“保重点、控一般、促统筹、提绩效”预算编制原则,坚持统筹兼顾,不留硬缺口,强化重点项目经费保障,严格压减一般性支出;进一步清理整合专项转移支付,专项转移支付项目较上年减少一项;推进预算申报前置审核,加强预算执行结果运用,将2017年预算执行结果与2018年预算安排相挂钩。综合运用预采购机制、通报机制、挂钩机制、约谈机制等,加快预算执行进度,全年向归口部门发出11次预算执行通报,召开6次部门预算执行调度会,按照“三查三单”制度要求,建立项目资金支付、政府采购、盘活存量资金等重点工作执行台账。

【持续延伸管理和服务】按照“一年打基础,二年见水平,三年出成效”的部署要求,印发《关于持续推进财政政法管理服务延伸工程的通知》,指导部门夯实内部管理服务平台,累计为归口预算单位财务培训班授课50余次,加强二、三级预算单位在预算编制、执行同步部署、同步推进、同步落实。全年累计赴基层开展工作调研34人次,完成调研报告2篇。加强归口部门沟通联系,处领导带队上门会商23次,累计会商135次,研究解决部门预算编制、执行中的问题。认真落实省委省政府《关于省级机构改革的实施意见》,主动衔接主动服务,确保国地税机构合并、市场监管局组建、省军区、武警、消防、边防、警卫局等机构改革过程中预算管理等工作平稳有序开展。

【努力防范风险提升绩效】修订或转发基层公安部门公用经费管理办法、司法行政部门财务管理办法等制度,严格执行《政法处重大事项集体决策制度》,规范专项资金分配。加强对联系部门财务制度建设,指导和督促省委政法委、公安厅、法院、检察院、原省地税局制定修订部门财务管理制度、收支管理办法、差旅费管理办法、预算管理工作规程等。坚持问题导向,规范预决算行为,帮助联系归口预算单位研究梳理在审计、巡视、监督检查中指出的问题,特别是预决算公开、资产处置、存量资金等问题,督促其依法依规整改落实到位。提升预算绩效,组织开展7个预算项目评审和5个重大项目专项绩效评价,完成5个中央专项资金绩效自评工作,最大限度发挥资金使用效益。组织开展全省政法转移支付资金报表会审，政法经费保障管理工作连续七年荣获财政部表彰。

【落实管治责任】落实支部书记党建第一责任人职责，制定年度党建工作"三个清单"，签订2018年《党风廉政建设责任书》，严格落实"一岗双责"。严格党内监督，发挥纪检委员专责监督职责引导、督促支部党员严格执行党章党规党纪、中央八项规定及实施细则、省委实施细则，贯彻运用监督执纪四种形态特别是第一种形态，加强廉政学习和廉政风险内部防控。按照基层党组织标准化建设要求，夯实党建基础。明确并落实书记、支委和普通党员各自责任，加强党建工作纸质和电子台账整理，在标准化达标验收复审中满分通过。

【强化学习教育】修订完善《政法处政策理论学习制度》，努力打造学习型基层党组织。坚持支部书记和班子成员带头学习带头发言，完善党员领学和重点发言制度，每次集中学习确定一名党员领学领读，专题研讨确定两名以上党员作重点交流发言。每季度开展一次普通党员讲党课。坚持学习常态化，多样化，全年集中学习29次，利用集中学习、调学培训、专题研讨、撰写体会、知识测试、干部在线、支部微信群等线上线下多种形式，全年开展各项专题学习研讨5次，讲党课4次，参加调学培训10人次，处级以上干部撰写心得体会10余篇，巩固提升学习成效。

【开展支部活动】召开2017年度组织生活会和"讲严立"专题组织生活会，坚持有方案、有通报、有查摆、有批评与自我批评，批评中不断进步；谈心谈话30余次，贯彻"六必讲、五必谈、三必访"要求，沟通中增加理解；积极参加运动会、朗诵比赛等群团活动，实践中展现作风。今年以来，累计开展"三会一课"各类党内活动近80次。扎实开展党日活动。开展结对共建、志愿服务进社区、支部共建、红色廉政教育、专题学习研讨等党日活动12次，月月有主题、有活动，结合党日活动先后与省高院、省女子强制隔离戒毒所等归口联系预算单位财务部门党支部开展支部共建，学习研讨十九大精神，交流党建经验做法。深入基层服务群众，三次赴包河区沁心湖社区参加"挥毫写春联 暖粥送祝福""学雷锋志愿服务""欢度重阳、敬老爱老"主题活动，志愿服务社区群众。

【坚持严格管理】落实财政厅党组和驻厅纪检组"三查三单"和"未巡先改"要求，自觉对照标准化建设验收标准和厅党组巡察相关处室单位党支部发现的共性问题，开展自查自纠、财政作风建设大排查活动等，梳理查摆支部问题，制定整改清单，加强整改落实。健全完善制度，认真执行党支部各项工作制度，全年修订处室党支部工作规则、保密管理、政策学习、外出报备等制度，加强内部控制管理，强化运行管理措施保障。严格日常管理，坚持严管就是厚爱，强化支部党员纪律规矩意识，认真落实效能建设"八项制度"和文明办公"五要五不"要求，常态化开展效能巡查48次，外出报备24人次，严格执行效能建设负面清单制度、离岗告示制度、请销假、外出报备制度等，以"讲严立"要求规范支部党员日常言行。

教科文处工作概述

【概况】2018年，教科文处按照党建发展两手抓、两手硬的要求，一方面，紧紧围绕财政中心工作和教科文事业改革发展重点，锐意进取、开拓创新，加大财政投入保障力度，优化财政支出结构，推动教科文事业又好又快发展。另一方面，深入学习贯彻党的十九大精神，常态化制度化开展"两学一做"，推进支部标准化建设，加强党风廉政和全面从严治党建设，转作风、提效能，为财政教科文事业发展提供强有力的保障。全年财政教科文支出1488.9亿元，占全省财政支出22.66%，较2017年增加126.5亿元，增幅为9.28%，并争取中央财政资金157.7亿元，较2017年增长6.2%。圆满完成全年各项工作任务。

【优先保障教育支出】坚持教育优先发展战略，加大财政教育投入，优化教育支出结构，将教育作为公共财政保障的重要领域，切实做到财政资金优先保障教育、公共资源优先满足教育。统筹教育资金256亿元，落实各项教育政策，确保财政一般公共预算教育支出逐年只增不减，确保按在校学生人数平均的一般公共预算教育支出逐年只增不减，保障财政教育投入持续稳定增长。

【持续支持创新型省份建设】安排创新型省份建设专项资金13亿元，支持企事业单位实施2600多个科技项目，保障《支持科技创新若干政策》兑现。改革完善创新型省份建设专项资金支持方向方式，突出对基础研究和基础应用研究的支持，落实《关于组建安徽省实验室安徽省技术创新中心的决定》，首期安排8000万元,支持建设10个省实验室和10个省技术创新中心。安排2300万元,支持2016年和2017年省科技奖大幅提高奖励标准。

【支持"四个一"创新主平台建设】推进合肥综合性国家科学中心建设。强化高端引领,省市共建重大科技创新平台。截至2018年,省及合肥市先期安排科学中心建设资金60亿元,其中安排30亿元支持创建量子信息科学国家实验室,21.5亿元支持聚变堆主机关键系统研究,2.5亿元支持先进光源预研、类脑智能技术和应用国家工程实验室等。在财政厅内牵头推进全面创新改革试验、创新发展行动计划等工程。印发《省财政厅系统推进全面创新改革试验2018年工作要点》,协同相关处室开展技术类无形资产管理改革试点、开展国有科技型企业的摸底统计等,顺利完成全创改自查和督查评估工作。制定《2018年省财政厅创新发展行动计划工作方案(施工图)》,按月总结创新发展行动计划进展情况,动态推进各项工作有序开展。

【推动文化强省建设】统筹资金4.6亿元,加大对大别山等革命老区、皖北地区和行蓄洪区等转移支付,聚焦应急广播、基层综合性文化服务中心、数字文化等项目,推进公共文化服务体系建设。安排文化强省专项资金2.3亿元,综合采取项目补贴、贷款贴息等方式,重点用于支持体现我省特色、示范性和带动性强的文化产业项目,支持省属院团设施更新改造、重点舞台艺术剧目创排等,支持和引导省辖市传统媒体与新兴媒体融合发展,丰富文化产品供给,构建现代文化产业体系。认真履行省属文化企业国有资产监管职责,对安徽出版集团、安徽广电集团等省属文化企业重大资产项目进行监管。相继批复安徽广电集团转让广行通信科技股份公司股权、安徽广电集团发行债务融资工具、安徽出版集团注册发行短期融资券等4项资产批复事项,支持企业融资40亿元。

【深化新时代教师队伍建设改革】贯彻落实国家和省关于深化教师队伍建设改革文件精神,积极配合省教育厅等部门,完善中小学教师待遇保障机制,健全中小学教师工资长效联动机制。牵头起草并以省政府办公厅印发《关于实行财政转移支付与中小学教师待遇优先保障政策落实挂钩的实施意见》(皖政办〔2018〕29号),充分调动市县政府优先保障教师待遇的积极性,采取激励约束相结合的方式,实行四个挂钩。积极配合省编办、省教育厅等部门,探索建立"动态调整、周转使用、人编捆绑、人走编收"的编制周转池制度,在18所省属公办本科高校推行编制周转池制度,有效缓解高校引进人才编制不足的问题。统筹资金4.3亿元,支持实施农村"特殊岗位计划"和"三区"人才支持计划教师专项计划等,支持教师到贫困地区农村中小学任教,改善农村教师队伍结构,提升教师队伍能力素养和教学水平。

【建立公办普通高中学校生均公用经费财政拨款制度】完善普通高中经费投入保障机制,会同省教育厅印发《关于建立公办普通高中学校生均公用经费财政拨款制度的通知》,决定从2019年春季学期起,全省建立公办普通高中学校生均公用经费财政拨款制度。生均公用经费财政拨款标准按照省辖市本级不低于1000元/生·年、县(市、区)不低于800元/生·年的标准,由各市、县(市、区)自行确定。

【建立公办幼儿园生均公用经费财政拨款制度】完善学前教育经费投入保障机制,会同省教育厅印发《关于建立公办幼儿园生均公用经费财政拨款制度的通知》,决定从2019年春季学期起,全省建立公办幼儿园生均公用经费财政拨款制度,生均公用经费财政拨款标准为不低于500元/生·年,由各市、县(区)自行确定所属公办幼儿园生均公用经费财政拨款标准。

【实行"生均+专项"支持本科高校内涵发展】围绕高等教育强省建设目标,统筹资金积极支持一流大学和一流学科专业建设,不断强化高校内涵发展水平。按照省属高校生均12000元的标准安排财政拨款资金,并安排5亿元高校发展专项资金。采用因素分配法,综合考量高校发展实际,将资金下达各省属本科高校。通过实行"生均+专项"的保障机制,实现省属本科高校保基本、保运转、促发展的良性运行态势。集中资金,重点支持安徽大学、合肥工业大学等高校建设世界一流学科。

【优化科研管理提升科研绩效改革】贯彻落实党中央、国务院关于推进科技领域"放管服"改革的要求,建立完善以信任为前提的科研管理机制,按照能放尽放的要求赋予科研人员更大的人财物自主支配权,减轻科研人员负担,充分释放创新活力,调动科研人员积极性。在财政一体化管理信息平台中,专设"科研项目资金"、"科研仪器设备"和"科研学术交流"标识,实现单位自主操作。印发《安徽省省级财政科研项目资金管理信息化流程》和《安徽省省级财政科研项目资金科研学术交流资金标记操作规范》,让放管服工作制度化、规范化。开展财政科研项目资金管理调研,督促科研单位加快政策落实,共80多家省属高校院所(占比90%)制定内部管理制度。配合省科技厅起草《安徽省进一步优化科研管理提升科研绩效实施细则》(送审稿),提交省政府审议。

【优化财政科技资金支持方式】按照“资金改基金、拨款改股权、无偿改有偿”原则,在创新型省份建设专项资金中安排资金,设立科技成果转化基金和科技担保融资公司。设立科技成果转化引导基金,省政府常务会议审议通过《安徽省科技成果转化引导基金组建方案》,从2018年起,连续5年累计安排20亿元,设立科技成果转化引导基金,支持科技成果熟化、孵化、转化。设立科技融资担保机构,省政府常务会议审议通过《全省科技融资担保机构建设方案》,从2018年起,连续5年累计安排10亿元,设立省级科技融资担保机构,为科技型中小微企业提供直接融资担保服务。

【推进基础教育普及发展】统筹资金8.8亿元,支持贫困地区通过新建改扩建公办幼儿园,扶持普惠性民办幼儿园发展,基本实现“每个乡镇都建有1所独立建制的公办中心幼儿园”的目标。促进义务教育均衡发展。统筹资金67.2亿元,落实城乡义务教育经费保障机制政策,并对贫困地区予以倾斜支持,实现“两免一补”和生均公用经费基准定额资金随学生流动可携带。统筹资金17.2亿元,支持贫困地区义务教育薄弱学校改善基本办学条件。统筹资金9.7亿元,实施贫困地区农村义务教育学校学生营养改善计划,实现农村义务教育营养改善计划国贫县全覆盖。改善贫困地区普通高中办学条件。统筹资金2.15亿元,重点支持国家集中连片特困地区县、国家和省扶贫开发工作重点县普通高中学校校舍改扩建、配置图书和教学仪器设备以及体育运动场等附属设施建设,推进贫困地区基本公共教育服务功能建设。

【落实家庭经济困难学生资助政策】统筹学生资助补助经费26.4亿元,保障高校、中职和普通高中学生国家助学金按时发放,将农村建档立卡贫困家庭学生全部纳入资助范围,实现建档立卡贫困家庭学生资助全覆盖,促进教育公平发展。安排风险补偿金和贴息2.4亿元,支持家庭经济困难学生圆大学梦。通过积极落实学生资助政策,保障贫困家庭子女不因家庭经济困难而失学并享有接受公平的教育机会。

【支持科普事业健康发展】安排550万元全民科学素质行动计划纲要实施经费,保障支持全民科学素质行动有序推进;安排650万元创新驱动助力工程资金,支持学会和企业高效合作,发挥学会服务经济作用;安排300万元省科普为民惠民行动实施经费,支持实施科普惠民服务基层计划、现代科技馆体系提升计划、科普传播协作计划、科普关爱服务计划;安排1205万元基层科普行动计划专项资金,支持在主流媒体开设科普频道(栏目)、建设科普e站、开展科技助力精准扶贫工作;安排200万元,支持举办中国(芜湖)科普产品博览交易会;首次安排安徽省创新争先奖125万元,奖励4个省创新争先奖牌获奖团队、5个省创新争先奖章获得者、20个省创新争先奖状获得者。争取中央财政2025万元科技馆免费开放资金,支持合肥、芜湖等市县科技馆免费开放,不断提高科技馆科普服务能力和水平。

【推动文化惠民项目提质增效】统筹资金1.8亿元,推动全省1790个公共文化场馆免费开放,支持组建全省公共图书馆阅读推广联盟、文化馆活动联盟和博物院陈列展览联盟,整合公共文化场馆资金资源,形成资源共享、优势互补、区域联动。会同省文化厅等部门,研究制定《安徽省县级文化馆总分馆制建设实施方案》,推进安徽省县级文化馆总分馆建设。统筹资金1.4亿元,支持文化信息共享工程、送戏进万村、农村电影放映等农村文化建设活动,覆盖全省15442个行政村。统筹使用每村每年4400元文化活动补助资金,采取政府购买服务方式,开展“送戏进万村”活动,由县级文化行政管理部门统一集中采购,送戏2万场。统筹资金2.5亿元,重点支持临涣城址城墙修缮等85个国家级和64个省级重点文物保护项目,资助102位国家级和485位省级非物质文化遗产传承人开展传习活动,推进徽州文化生态保护实验区建设。

【支持广泛开展全民健身活动】下达市县体育彩票公益金分成资金4亿元,积极推进市县公共体育事业发展。争取中央体育彩票公益金4471万元,支持各地开展全民健身赛事活动、青少年夏令营,建设群众身边的健身设施,开展国民体质监测工作。安排体育强省建设专项资金6500万元,支持各地建设公共体育场地、设施和配置设备、器材,开展全民健身及群众体育活动等。统筹资金3380万元,支持近50个大型体育场馆免费低收费开放,为全民健身事业发展提供场地支持。积极支持保障全省第十四届运动会召开。

【加快预算执行进度】2018年,省直教科文部门一般公共预算总指标216.1亿元,支出210.3亿元;结转结余指标5.8亿元,较上年减少0.6亿元;预算执行率为97.3%,较上年加快0.2个百分点。政府性基金总指标11.0亿元,较上年增加3.2亿元;支出9.8亿元,较上年增加3.5亿元;结转结余指标1.2亿元,较上年减少0.3亿元;预算执行率89.4%,较上年提高9.1个百分点。加大盘活存量资金清理力度,全年收回结余指标9.3亿元。下达转移支付资金158.6亿元,严格督促部门按照预算法关于一般转移支付、专项转移支付资金下达时间要求,按时下达资金。强化部门预算执行主体责任,开展2018年度省级预算执行考评,强化部门预算执行与预算编制挂钩意识,对预算执行得分低于80分的6家单位,扣减2019年部门预算135万元。多次召开预算执行督促会,对省教育厅、省科技厅、省文化厅、省委宣传部等预算执行重点部门一对一会商,按照"不低于序时进度、不低于上年同期进度"的硬性要求,督促部门完成预算执行任务。

【加强政府采购管理】会同省教育厅出台《关于进一步加强省属高校预算执行管理工作的通知》(皖教秘财〔2018〕264号),明确提出压实预算执行主体责任、完善预算执行奖惩机制、提升预算执行管理水平,采取收回资金和预算安排挂钩等奖惩措施。落实采购预算执行结果与预算编制挂钩机制,对2018年采购预算执行进度低于20%的单位,2019年除保障运转必需的物业、安保等采购项目外,不得安排其他政府采购预算;对采购预算执行进度低于50%的单位,2019年采购预算规模不得超过2018年采购预算的50%。2018年,省直教科文部门政府采购预算执行进度72.7%,较上年提高8.2个百分点。其中,实行权责发生制的政府采购预算执行进度92.1%,较上年提高4.5个百分点。

【完善专项资金管理】为规范财政资金使用和管理,会同教育、科技、文化等相关部门,进一步制订完善财政教科文领域专项资金管理办法,相继制订出台《安徽省中央专项彩票公益金支持学前教育发展资金管理办法》《中央专项彩票公益金支持乡村学校少年宫项目资金管理办法》《安徽省省级文化强省建设专项资金管理暂行办法》等3个专项资金管理办法,明确专项资金管理和使用原则,资金用途和方向,分配与拨付方式,绩效与监督职责,不断规范和加强专项资金管理。

【加强财政绩效评价】落实省政府2018年重点任务,强化科技创新平台绩效管理,印发《关于强化省级财政科研项目绩效评价工作的通知》《省级科技创新平台和高层次科技人才团队创新创业项目资金绩效评价指标体系》,建立科学、合理的绩效评价体系,对全省11类250家科技创新平台实施绩效评价。委托财政投资评审中心开展省文化厅2017年度部门整体支出和中职免学费补助资金、科技管理专项工作经费等9个绩效评价,对财政资金进行跟踪问效。

【推进政府购买服务】推进政府购买服务改革,督促部门编制政府购买服务指导性目录,全年8个部门出台部门政府购买服务指导性目录,进一步规范政府购买服务。2018年省直教科文部门政府购买服务项目53个,涉及预算金额9687万元。重点推进政府购买"送戏进万村"活动,统筹使用每村每年4400元文化活动补助资金,由县级文化行政管理部门统一集中采购,送戏2万场。

【发挥政治引领作用】年初制订党建工作计划、学习计划和实施方案等计划方案6个,深入学习党的十九大精神和习近平新时代中国特色社会主义思想,共组织集体学习45次,开展专题学习研讨7次。落实"党员活动日"制度,到省委党校党性教育馆接受教育,赴淝南家园社区参加清理环境卫生志愿活动。认真落实"三会一课"和民主评议党员等基本制度,全年召开支部大会5次,支委会16次,组织生活会2次,开展党课活动4次,谈心谈话105次,开展民主评议党员1次。扎实开展"两学一做"学习教育常态化制度化、"讲严立"专题警示教育、"三查三问"和"财政作风大排查"等活动。学习《习近平扶贫论述摘编》和《关于深入开展"三查三问"集中整治形式主义官僚主义专项行动的通知》,对照标准,认真查找存在的问题,对发现的问题,立行立改。大力推进支部标准化建设,在上年通过基层党组织标准化建设考核达标的基础上,进一步完善和提升标准化建设。建立健全规章制度,修订《教科文处党支部工作制度》等6项制度。

【服务帮扶基层群众】牵头负责岳西县石关乡张家村结对共建,制定结对共建计划。驻厅纪检组组长项中胜带队到结对共建村走访调研,并研究支持结对共建村发展。在“七一”开展“送温暖、献爱心”活动,先后到6户困难党员和群众家中进行走访慰问。积极加强基层调研,全年开展下基层调研20余次。深入包河区常青街道淝南社区开展在职党员社区服务活动。召开党建工作交流会,共同回顾近年来党员进社区服务成果,听取社区干部对财政工作的意见和建议,交流各自支部开展基层党支部标准化建设经验与成效。落实双包帮扶责任,支部处级党员干部分两次深入结对帮扶颍东区正午镇吴寨村,实地走访结对帮扶3户贫困家庭,了解帮扶户劳动力状况、家庭收入等情况,提出帮扶思路,谋划帮扶措施。做实做细部门会商,综合采取汇报、会议、上门、约谈等会商形式,与20个省直教科文预算部门开展会商,累计会商210次,解决问题262个。

【落实党风廉政责任】深入学习中国共产党《党内政治生活若干准则》等准则条例,组织收看收听廉政建设课和专题报告等,开展“讲严立”专题警示教育,每月支部书记、支委与处内同志谈心谈话。签订《2018年党风廉政建设责任书》,落实处室主要负责人、党员干部个人责任,支部设置纪检委员,专门负责支部纪检工作。制定教科文处干部外出报备制度,加强和规范外出报备工作。对照处室同志职责分工,梳理排查岗位风险点,加强内控建设。进一步学习效能建设有关规定和要求,及时传达落实效能暗访通报要求,增强规矩意识、责任意识和危机意识。

经济建设处工作概述

【概况】2018年,经建处以习近平新时代中国特色社会主义思想为指导,认真贯彻落实厅党组各项决策部署,以打好污染防治攻坚战为主抓手,全面推行地表水断面生态补偿和空气质量生态补偿,以入河排污口监测为突破口全面启动长江经济带(安徽)建设,牵头推进新安江流域生态补偿进入新一轮试点,开展实施环保贷政策,推动滁河流域跨省生态补偿实质性破题,组织推荐宿州、马鞍山成功入选国家黑臭水体整治示范城市;以支持高质量发展为主线,切实落实好产业和区域支持政策,做好国务院大督查等牵头工作,在“三重一创”、创新驱动、基础设施补短板、重大项目建设、基建投资管理等方面较好完成全年工作任务。

【支持长江经济带建设】根据省委、省政府《关于全面打造水清岸绿产业优美丽长江(安徽)经济带的实施意见》(皖发〔2018〕21号)要求,设立省级财政长江经济带建设专项引导资金,制定出台资金管理办法,强化资金分配和管理,围绕“禁新建、减存量、关污源、进园区、建新绿、纳统管、强机制”七大行动提取20个一级考核分配指标,切实发挥资金绩效管理的导向激励约束作用。落实中央长江经济带生态保护与修复政策,2018年争取中央奖励资金8亿元,加快推动安徽省沿江各地落实保护和治理任务,促进省内长江大保护格局尽快形成。

【支持淮河行蓄洪区建设】按照《安徽省淮河行蓄洪区安全建设规划(2018—2025年)》,研究制定《淮河行蓄洪区居民迁建资金筹措方案》,并以省政府名义印发。按照“政府主导、聚焦重点、尊重意愿、分步安排、明晰事权、强化责任”的原则,分类分年安排补助资金,补助资金原则上由中央、省、市县共同承担,提高省以上资金补助标准,研究地方资金筹集渠道,制定分年度资金安排方案。对淮河行蓄洪区农村污水处理设施建设,按照“省担大头、分级负担、注重绩效、考核验收”的原则,会同住建部门测算资金需求,提出考核要求,安排落实资金,推动淮河行蓄洪区农村人居环境进一步改善。

【继续实施新安江流域第三轮跨省生态补偿】会同省生态环境厅、黄山市政府积极研究制定新安江流域跨省流域新一轮补偿方案,并与浙江省财政、生态环境部门开展多轮会商,重点就补偿方案中水质稳定系数、年度基本限制和污染物权重等进行磋商和研究。同时,积极向财政部、生态环境部汇报新安江流域生态补偿工作开展情况,争取国家政策和资金支持。安徽、浙江两省正式签署第三轮生态补偿协议。

【组织实施“环保贷”绿色金融政策】进一步创新财政资金支持方式,引导金融资本加大对生态环保领域的支持力度,安排资金4亿元建立风险补偿资金池,在全省范围内组织实施“环保贷”业务,可撬动金融资本近80亿元,并在年内实现首单落地,该政策有效支持安徽省污染防治工作和环保产业的发展,加快产业生态化、生态产业化进程,实现生态保护与经济发展相得益彰。

【积极争取国家黑臭水体整治示范城市】根据中央对黑臭水体整治工作要求,会同省住建厅、省生态环境厅及时组织开展安徽省示范城市申报工作,遴选推荐宿州、马鞍山两市申报国家黑臭水体整治示范城市。在国家2018年黑臭水体治理示范城市竞争性评审中,全国共50余市申报,经财政部、住房城乡建设部和生态环境部初审后进入陈述、答辩等环节,宿州、马鞍山两市脱颖而出,全部成功入选首批20个国家黑臭水体整治示范城市,中央财政将分三年时间,对每市补助6亿元。

【积极争取中央补短板投资政策】根据财政部支持相关领域重大储备项目工作要求,安徽省共有90个项目获得中央财政补助资金16.60亿元(中央资金总规模约300亿元),其中安徽省68个污水垃圾处理类项目获补助资金9.63亿元、22个PPP入库类项目获补助资金6.97亿元。安徽省获中央补助资金额度在中西部23个省份中位于前列。

【争取中央中小企业"双创"升级支持政策】按照国家部委有关文件要求,认真遴选安徽省四家产业有特色、双创有氛围、工作有基础、升级有潜力的优质实体经济开发区上报审查。安徽省上报的四家开发区全部入围国家首批中小企业双创升级特色项目,2018—2020年,每个开发区将获不超过5000万元,合计获不超过2亿元的中央财政专项资金扶持。

【加强工业园区省补助资金绩效管理】印发实施《安徽省皖北工业园区基础设施建设或重大项目贷款贴息省级补助资金绩效考评管理暂行办法》,通过建立绩效管理机制,并将省级补助资金与绩效考评结果挂钩,引导当地提高省级财政补助资金使用效益,发挥工业园区对当地经济发展的引领作用,推动县域经济加快发展。

【促进产业转型升级】以建立安徽省创新驱动和产业发展政策体系为目标,安排"三重一创"建设专项引导资金60亿元,支持省投资集团设立安徽省"三重一创"产业发展基金、25个省级重大新兴产业基地、工程和专项、现代医疗医药等建设。继续拨付特色小镇建设专项资金5亿元,支持合肥市高新区中安创谷科创小镇、芜湖市弋江区滨江松鼠小镇等第二批省级特色小镇建设。

【发挥投资有效作用】紧盯国家投资宏观政策走向,累计争取中央基建资金187.9亿元,重点支持引江济淮、农村饮水安全等重大水利工程、住房、全民健康以及生态文明建设等。累计安排省统筹基建资金11亿元,支持各地服务业发展、教育基础设施以及省直公益性项目建设等。累计拨付42.5亿元省级水利建设资金,用于灾后水利三年行动方案、进一步治淮和大中型水库建设等。同时,严格落实取消中央预算内投资的公益性建设项目贫困县县级配套政策,省级财政累计承担贫困县县级配套资金3.2亿元。支持公路建设,争取中央车购税重点项目建设专项资金47.2亿元,省统筹安排19亿元用于国省干线公路建设和大中修,安排6亿元用于省属交通企业增加注册资本金。此外,从一般政府债券中安排45亿元额度,支持市县用于国省干线公路建设。争取中央车购税资金17亿元,用于农村公路畅通工程补助,省统筹安排农村公路建设专项资金15.6亿元,农村公路养护专项资金4.8亿元。支持铁路建设,省统筹安排29.5亿元,支持省投资集团做大注册资本金规模,进一步提升省投资集团参与黄杭、商合杭等地方铁路建设的投融资能力。加快水运、民航事业发展,争取中央财政补助资金83.5亿元,用于港口设施建设补助和内河航道应急抢通,省级安排2亿元用于省港航集团增加注册资本金,安排0.5亿元支持全省重点航道建设和养护经费。积极争取中央财政民航发展基金、中小机场补贴等资金0.8亿元,安排民航发展省级补助资金1亿元。支持海绵城市和地下综合管廊建设,下达城市管网专项资金4.4亿元,对合肥市地下综合管廊试点和池州市海绵城市试点建设进行补助。

【推进生态文明建设】遵循"绿水青山就是金山银山"的战略指导思想,以加快构建绿色江淮美好家园为目标,加大资金投入,完善政策措施,改革体制机制,加大自然生态系统和环境保护力度。安排下达环保专项资金13.12亿元,支持大气、水和土壤污染防治;启动实施第三轮新安江上下游横向生态补偿试点,拨付补偿资金4.2亿元;继续实施大别山区水环境生态补偿,安排补偿资金2.12亿元;启动实施全省地表水断面生态补偿和空气质量生态补偿,拨付补偿资金1.2亿元;安排下达秸秆禁烧和综合利用省以上奖补资金10亿元,拨付秸秆发电财政奖补资金1.2亿元。支持农村环境综合整治,安排专项资金2.8亿元,对全省850个建制村实施污水垃圾治理。

【统筹城乡发展】加大住房保障资金支持力度，及时下达棚户区改造补助资金68.5亿元，对纳入省政府批准的棚户区改造规划和年度计划的棚户区改造项目进行补助。下达农村危房改造补助资金14.8亿元，对纳入年度改造计划的农村危房改造项目进行补助。及时拨付2018年地质灾害防治省级补助资金7800万元，实施地质灾害工程治理项目19处、地质灾害点搬迁避让1133户。

【保障国家粮食安全】进一步加大对粮食主产区贫困县转移支付力度，清算拨付2018年度产粮大县奖励资金25.05亿元，追加常规产粮大县贫困县奖励资金4200万元，提升财政保障能力。及时拨付粮食清理机械及快检设备补助资金5352万元，有效解决安徽省夏粮收购中存在清理和质量快检设备不足的实际问题。下达“优质粮食工程”项目资金4.88亿元，积极做好有关县（市）、部分粮油企业“中国好粮油”示范县、示范企业申报、实施工作；积极推进粮食质量安全检验监测机构项目及粮食产后服务中心项目建设。拨付高标准农田项目建设“以奖代补”资金10.28亿元，实施高标准农田建设任务218.8万亩，有力保障高标准农田建设顺利实施。

【强化预算执行管理】出台《关于加强省级政府投资基建项目资金预算管理的通知》等规范性文件，从资金测算申请、计划和预算衔接、年终结转收回等方面，进一步规范省级政府投资基建项目资金使用，强化项目和资金的有效衔接，加快预算执行进度，提高财政资金使用效率。出台《省级部门预算专项支出绩效与资金安排挂钩实施细则》，将部门支出预算执行进度与预算资金安排进行适度挂钩，倒逼部门重视和抓好支出预算进度，整体提高预算执行率。

【进一步落实党建责任】制定《经建处党支部建设三个清单》和《经建处党支部2018年度党建工作任务分解表及“三会一课”安排》。严格按照厅党组要求组织开展活动。深入开展“讲严立”专题警示教育，积极开展各种形式的教育活动，通过结对共建、开展警示教育主题党日、重温入党誓词、参观《红旗飘飘——中国共产党党旗诞生历程珍贵档案展》、开展“不忘初心、牢记使命，积极践行以人民为中心的财政发展理念”等专题学习研讨，以及“讲严立”警示教育专题组织生活会等，查找纠正“四风”突出问题特别是形式主义、官僚主义新表现，提升基层党组织组织力。深入开展“三查三问”集中整治形式主义官僚主义专项行动，对照整治重点，紧密结合生态环境保护督查“回头看”和脱贫攻坚专项巡视工作，针对巡视、巡察指出的问题，抓好立行立改，在整治共性问题的基础上，结合经建处工作职能和特点，突出个性问题，切实将日常工作中存在的形式主义、官僚主义问题改到位、改彻底。

【进一步提升党支部建设水平】按照基层党组织建设“一岗双责”的有关要求，及时召开党员大会和支委会，改选党支部书记，并根据工作需要，调整支部委员和分工，加强支部班子队伍建设。推进党员教育管理标准化，支部共开展集中学习30余次，共产党员、安徽先锋网、安徽纪检监察等微信易信订阅率为100%，按照规定标准及时缴纳党费，并按照党务公开的要求进行公示推进党内组织生活标准化。切实通过建章立制，加强党支部科学化、精细化管理，优化工作流程，严格按照制度抓好落实。党支部先后制定完善《经建处党支部工作规则》《经建处党支部学习制度》《经建处党支部监督工作制度》《经建处支部党建工作“三个清单”》等，并在日常工作中把各项制度落到实处。2018年共召开党员大会6次，支委会12次，组织生活会2次；在党员活动日开展党建活动13次，党员干部讲党课4次。做好党内激励关怀工作，建立困难党员台账，多次走访慰问支部患病党员。

【进一步打造忠诚干净担当的干部队伍】开展有针对性的谈心谈话，夯实思想建党。重视对年轻干部的培养，积极开展创先争优活动，激发年轻干部干事创业的热情。走好群众路线，切实强化服务意识。2018年，全处共开展会商工作200余次，先后赴黄山市、亳州市、阜阳市、池州市、利辛县等地以及江苏、河南、浙江等兄弟省开展工作督查、走访调研和学习考察；作为结对共建活动牵头党支部，积极谋划部署，赴利辛县开展“庆七一”走访慰问活动，到利辛县阚疃学区河南小学开展学雷锋志愿活动等；积极参加清明节“移风易俗 文明祭祀”宣传活动等志愿服务活动，与杏花社区开展党员进社区服务活动3次，积极宣传十九大精神和财政政策；与交通厅财务处党支部、粮食局财务处党支部共同开展党员活动日。强化作风建设，推动重点工作。全力支持打赢蓝天保卫战、城市黑臭水体治理、长江保护修复、水源地保护、农业农村污染治理攻坚战等污染防治七大战役，落实支持产业结构调整、淘汰落后产能、调整能源结构、解决突出环境问题的财政政策,进一步强化生态财政意识,加大财政资金投入,健全体制机制,不断提高生态环境保护资金保障能力。

【进一步推进反腐败工作深入开展】深入学习贯彻中央八项规定、省委省政府"三十条"和厅党组"三十条"等,自觉把思想和行动统一到中央、省委和厅党组的要求部署上来。支部多次召开党风廉政建设专题会议,及时传达学习《中共安徽省财政厅党组 中共安徽省纪委驻省财政厅纪检组关于印发紧盯"中秋国庆"期间"四风"问题巩固落实中央八项规定精神的通知》《关于2019年元旦春节期间严明纪律加强作风建设的通知》等,并在反对"四风"的重要节点,支部书记和纪检委员多次作出提醒。积极践行监督执纪"四种形态",特别是"第一种形态",对苗头性问题及时提醒、制止。加强制度建设,处内重要事项、重点工作,通过处务会和支部会议研究决定,充分民主;进一步规范权力运行和专项资金分配,加强对重要岗位、关键环节、重点领域的廉政风险防控管理,严格执行《财政经建系统廉政风险防控办法》等,用制度管人、管事、管钱。引导党员干部从一点一滴完善自己,时刻保持人民公仆本色。

农业处工作概述

【概况】2018年,农业处深入学习习近平新时代中国特色社会主义思想和党的十九大精神,聚焦脱贫攻坚和乡村振兴,完成厅党组布置的工作任务。安徽省2016年、2017年度专项扶贫资金绩效考核连续两年获全国"好"等次,财政脱贫攻坚工作多次在全国财政工作会议等作专题交流,2017年度中央水利发展资金、农业水价综合改革试点工作均获全国绩效评价"优秀"等次。

【推进财政脱贫攻坚工作】财政厅党组全年专题研究部署财政脱贫攻坚工作26次,靠前指挥、调度推进。落实"20%、10%"筹资机制,全年省市县财政专项扶贫投入达88.5亿元,同比增长37.1%。争取中央资金32.8亿元,统筹债券投入31亿元、存量资金12.8亿元,用于脱贫攻坚。落实"一办法、一方案、三清单"整合机制,对整合方案组织审核,举办开展2次、覆盖400余人次的涉农资金统筹整合业务培训,促进实质性整合,32个贫困县完成整合资金143.2亿元。落实扶贫资金支出通报调度机制,加强项目库建设,将扶贫资金与项目嵌入管理、一体推进,克服"钱等项目"难题。截至2018年底,全省专项扶贫资金支出98.1%,高于国家要求6.1个百分点。围绕贯彻全省打赢脱贫攻坚战三年行动计划,制定完善28项财政支持措施。聚焦深度贫困地区,牵头支持淮河行蓄洪区居民迁建,安排3.5亿元支持行蓄洪区和9个深度贫困县脱贫攻坚。牵头实施资产收益扶贫民生工程,全年新建项目2097个,带动52.5万贫困人口人均增收478.7元。开展农业科技+金融+扶贫试点,探索贫困群众增收脱贫长效机制。连续奋战40余天,全力配合中央巡视组顺利完成脱贫攻坚专项巡视工作。建立"大扶贫"资金管理格局,将各级各类扶贫资金全部纳入扶贫资金动态监管,全部纳入扶贫资金绩效管理。建立全省扶贫资金总台账,制定印发全省扶贫项目资金绩效管理办法,启动扶贫资金动态监控系统建设。全厅13个处室单位、16个市及70个县级财政部门在规定时间内完成资金分配、绩效目标录入等工作,在全国率先实现资金分配到项目、项目绩效目标录入"两个100%",支付数据接入比例位居全国第二。

【财政支持乡村振兴战略开局良好】树立"重中之重"战略思想,制定财政贯彻落实乡村振兴战略的实施意见,加快建立与乡村振兴战略相适应的投入保障制度。拨付补贴资金86.4亿元,落实以绿色发展为导向的农业支持保护补贴政策,启动实施稻谷补贴政策,提升粮食综合生产能力。统筹农业产业资金30亿元,推动一、二、三产业融合,推荐金寨县成功申报国家现代农业产业园,推进农业科技与生产嫁接融合,提升农业综合竞争力。统筹水利资金53.7亿元,启动农田水利"最后一公里"建设,持续推进灾后水利薄弱环节建设,加快补齐水利设施短板。着力保卫绿水青山蓝天,拨付资金11.5亿元,加强秸秆禁烧和综合利用。推深做实林长制,统筹资金14.4亿元,推进林业增绿增效行动,提高公益林生态效益补偿标准,完善公益林补偿机制。统筹资金1亿元,支持全面推行河长制湖长制,加强水资源节约保护。提请省政府出台《关于探索建立涉农资金统筹整合长效机制的意见》,推行"大专项+任务清单"改革,推动行业内以及行业间涉农资金深度整合。继续安排5亿元支持农业产业化发展基金建设运营。制定省农担公司综合绩效考核、重大事项报批等一整套制度办法,加强运营管理。如期实现农担体系农业县全覆盖,在保余额30.7亿元,有效缓解了农业融资难问题。加强预算执行管理,农业处全年完成支出296亿元,较上年增长16.7%。省直农口部门在预算规模大幅增长的情况下,预算执行比例进一步提高,结转结余比例和资金规模进一步降低。强化预算绩效管理,开展第三方评价,实现了部门整体评价、支农政策评价、重点项目评价全覆盖,花钱必问效,无效必问责。

社会保障处工作概述

【概况】2018年,社保处认真学习贯彻习近平新时代中国特色社会主义思想,深入落实省委省政府和厅党组的部署要求,以财政厅党组巡察为重要契机和关键节点,扎实整改、积极作为,持续推进财政社保事业发展。安徽省社保基金预决算管理继续位居全国前列,困难群众救助工作连续四年获得全国考核优秀等次,公立医院综合改革绩效评价奖励资金位居首位,第二批居家养老服务改革试点获得国家考核优秀等次。

【抓好政治巡察问题整改】2018年,财政厅党组对社保处党支部开展政治巡察,巡察组全方位问诊把脉,全面、客观、精准指出社保处党支部2013年以来存在的八个方面23个问题。社保处党支部对此高度重视、照单全收,把整改作为一项政治任务来推进。支部班子履行主体责任,支部书记扛起"第一责任",处领导压实"一岗双责",主动认领、率先示范,党员干部"一个都不能少",全员广泛参与,形成整改合力,即知即改、立行立改,举一反三、引以为戒,挂图作战、销号管理。统筹抓好巡察整改和岁末年初各项工作,整改工作取得阶段性成效,58项整改措施全部落地,党员干部精神状态明显提升,支部班子战斗力明显增强。

【推进党建任务】按照党支部标准化建设要求,组织实施年度党建任务,深入学习贯彻习近平新时代中国特色社会主义思想和党的十九大精神,规定动作不打折,认真开展主题教育活动,学习罗建国厅长推荐文章,组织专题研讨,丰富党员活动日活动,进一步强化"四个意识",坚定"四个自信",做到"两个维护",党支部建设不断夯实,党员意识不断强化,顺利通过全厅党支部标准化建设年度达标考核。

【持续改进作风】认真落实胡锡萍副厅长在走访社保处时提出的"五心"要求,坚持"三严三实",坚持"马上就办",坚持团结协作,推动形成风清气正的政治生态。组织部门一体化会议6次,开展部门会商129次,解决问题151个,联系基层24次,高标准办复提案议案82件,及时办理各种征求意见、政策咨询等近千件,未出现违反效能规定现象。

【强化内部控制】贯彻落实巡察整改要求,坚持将制度建设贯穿党建全过程,围绕内部控制的薄弱环节,先后制定《社保处党支部工作若干规定》《社保处党支部内部巡查制度》等制度,修订完善《社保处内部控制操作规程》《社保处请销假管理规定》等制度,着力构建系统全面、规范严谨的内部管理制度体系。

【严明规矩纪律】以更高的标准、更严的要求推进纪律建设和反腐败斗争,认真履行党风廉政建设责任制,全员签订党风廉政建设责任书,传达中纪委省纪委省效能办有关通报11次,聚焦"四风"顽疾开展作风建设大排查,全员参加廉政知识测试,及时调整支委分工,进一步发挥纪检委员监督作用,认真吸取姜毅案件教训,做到警钟长鸣、自省自律,未发生违反廉洁自律情况。

【围绕发展实施政策组合拳】贯彻"稳就业"要求,支持实施就业优先战略,统筹省以上就业资金21.3亿元,扎实开展就业扶持工程,深入推进技工大省建设,为困难群体家庭毕业生发放求职创业补贴,积极支持返乡农民工自主创业,推动实现更高质量的就业创业。根据国家部署要求,阶段性降低社保费率,累计减轻企业负担30.8亿元。制定并实施《安徽省工伤保险费率管理暂行办法》,明确下调部分行业基准费率。服务供给侧结构性改革,支持化解过剩产能中的稳岗转岗,累计发放稳岗补贴7.27亿元,惠及企业14856户、职工275.9万人。

【持续推进改革】在全国率先出台医疗卫生领域财政事权和支出责任改革方案,有序推进公立医院债务化解,开展智慧医疗和家庭医生签约服务,创新医疗卫生资金分配机制,安徽省基本公共卫生服务、公立医院等方面补助资金绩效管理得到国家部委充分肯定,均获得中央财政绩效考核专项奖补。落实企业职工养老保险中央调剂金制度,稳步推进机关事业单位养老保险制度改革,研究城乡居民养老保险待遇确定和基础养老金正常调整机制。出台多层次养老服务体系三年行动计划,统筹资金2.5亿元,支持各地引导社会力量充分参与养老服务体系建设;推动居家和社区养老服务试点改革,累计争取中央试点资金8029万元。推进社保领域机构改革,针对机构改革中涉及增加新成立的2个部门,内部职能调整的3个部门,划出的1个部门,与相关部门、处室积极对接,做好机构改革中财政保障工作,确保改革平稳有序。

【持续提升民生保障水平】聚焦脱贫攻坚战役,统筹整合87.3亿元社会救助资金,全力支持做好社保兜底脱贫工作。完善实施“351”“180”综合医疗保障体系。实施就业脱贫专项行动计划,支持就业扶贫驿站建设。城镇职工基本养老保险、机关事业单位基本养老保险、城乡居民基本养老保险待遇同时调整,广大人民群众获得感不断增强。城乡居民医保、基本公共卫生服务财政补助标准同时调整,政策范围内住院医疗费用基金补偿比例达75%左右,大病保险合规报销提高至超过50%,进一步缓解就医难题。

【规范社保资金管理】强化社保基金管理,修订完善社保基金财务制度,组织开展社保基金预决算绩效评价;深化医保制度改革,实施基本医保基金控费管理及绩效考核,顺畅异地就医即时结报。强化社保基金保值增值,累计上划资金500亿元,2018年化收益15亿元,较以往1年期定期存款净增利息7.5亿元以上。强化社保绩效管理,将绩效的理念融入社保业务工作,完善绩效目标,做好绩效运行、绩效评价、结果运用等工作。

企业处工作概述

【概况】2018年,企业处深入学习习近平新时代中国特色社会主义思想,坚持稳中求进工作总基调,牢固树立新发展理念,按照高质量发展要求,扎实推进制造强省建设,支持出台促进民营经济发展政策,全力支持去产能降成本,积极推进开放发展,支持农村电商全覆盖巩固提升,主动作为,狠抓落实,各项工作扎实有序推进。财政部、商务部发文向全国推广安徽省商务诚信体系建设经验,财政部对企业处和经建处高质量发展等工作专门来函表扬,“四送一服”、制造业大会工作获省领导肯定。

【助力实体经济发展】贯彻落实省政府《支持制造强省建设若干政策》,强化资金统筹,加大投入力度,大力支持高端制造、智能制造、精品制造、绿色制造、服务型制造等五大制造,推动安徽省制造业做大做强和提质增效。累计下达制造强省建设资金24.71亿元,其中:拨付10亿元用于设立省中小企业发展基金;兑现企业项目奖补14.71亿元,惠及约1530户企业、2042个项目,90%以上为民营企业。全面落实降成本措施,全年减税798.6亿元,社保降费29.1亿元,省级涉企收费项目实现零收费,减轻企业负担14亿元。安排军民融合引导资金2000万元,贯彻落实国家军民融合发展战略,大力推进军民融合产业转型升级。积极参与研究制定大力促进民营经济发展的若干意见,及时谋划制定《安徽省财政厅关于贯彻落实〈中共安徽省委 安徽省人民政府关于大力促进民营经济发展的若干意见〉的实施意见》,对涉及财政事项进行细化分工,压实责任,抓好政策落实工作。参与研究制定机器人、集成电路、数字经济等产业发展政策,牵头研究国家集成电路基金(二期)出资方案,对重点产业实施定向精准支持,促进经济高质量发展。全面推进清理拖欠民营企业中小企业账款有关工作,严格责任落实,务求取得实效。牵头“四送一服”第七工作组赴淮南市开展3次集中活动,认真开展政策宣讲,深入企业调研,促进产学研用合作,精准要素对接,解决企业问题。建立省财政厅非公经济联系点和厅领导走访民营企业制度,厅领导走访20户企业送政策送理念。

【深化国有企业改革】拨付中央和省级工业企业结构调整专项奖补资金19.9亿元。根据《财政部关于印发〈工业企业结构调整专项奖补资金管理办法〉的通知》等文件精神,修订印发《安徽省工业企业结构调整专项奖补资金管理细则》,进一步拓宽资金使用范围,提高资金使用效益。全年共退出煤炭产能690万吨、粗钢产能128万吨,分流安置职工12703人。有效保障“三供一业”分离移交,下达(预拨)中央财政补助资金1.38亿元,省级财政补助资金5.67亿元,完善相关制度办法,强化资金管理。牵头起草安徽省推进国有资本、投资运营公司改革试点的实施意见,以省政府名义印发实施。参与淮南矿业、皖北煤电等企业改组改革方案研究。进一步扩大国有科技型企业实施范围,对国家认定的高新技术企业不再设定研发费用和研发人员指标条件,指导督促各市有序实施国有科技型企业股权和分红激励政策。

【全力推动开放发展】会同省商务厅制定出台外经贸发展促进政策，细化出口信保、海关特殊监管区、中小企业开拓国际市场等具体政策。参与研究安徽省稳外贸和稳外资工作方案，支持出台安徽省积极有效利用外资推动经济高质量发展、扩大进口促进对外贸易平衡发展和跨境电子商务发展等政策措施。2018 年，拨付外经贸政策资金 4.13 亿元，其中省级 1.5 亿元，中央级 2.63 亿元，统筹用于促进外经贸高质量发展。制定出台《安徽省外经贸发展专项资金管理暂行办法》，调整优化资金分配方式，强化资金绩效管理。安排 2018 世界制造业大会和中国国际徽商大会经费预算 8471 万元，按照“高度重视、积极支持、全力服务、做好保障”总体要求，建立专班协同推进机制，制定大会经费管理制度，编制大会经费预算，全力做好大会服务保障工作。统筹安排活动经费 202 万元，保障安徽省参加在上海举办的首届中国国际进口博览会等国内重大经贸展会活动。

【促进消费转型升级】将省级电子商务发展专项资金规模由 0.4 亿元扩大到 2 亿元，全面兑现农村电商全覆盖奖补政策。全省 76 个县(市、区)实现“两中心、一站点”(电商公共服务中心、物流配送中心、村级服务网点)覆盖率 100%，33 个县(市、区)、49 个乡镇、79 个村分获先进县、示范镇和示范村称号，累计兑现省级全覆盖奖补资金 1.55 亿元。农村电商巩固提升纳入 2018 年民生工程，提前预拨部分资金，支持各地推动政策落实。争取 3 个县(区)纳入国家电子商务进农村综合示范，获得中央财政支持资金 4500 万元，安徽省 20 个国家级贫困县全部纳入国家综合示范范围。争取中央财政安排 3000 万元，对 6 个通过考核的 2016 年示范县每个补助 500 万元，继续用于推进电商进农村工作。安排省级流通业发展专项资金 7000 万元，调整优化支持结构，促进消费转型升级。积极推进国家物流标准化体系试点政策落实，督促有关市做好全国农产品流通骨干网络建设试点项目验收清算工作。继续推进养老基金项目落实，至 12 月底，养老基金一期、二期累计投资 26 个项目，实际交割 10.8 亿元。

【增强库区移民获得感】为进一步加强资金管理，提高资金使用绩效，印发《安徽省大中型水库移民后期扶持基金项目资金使用管理实施细则》，及时下达水库移民后期扶持资金 13.2 亿元，保障移民后期扶持项目开工建设，着力改善库区移民生产生活条件，增强移民获得感。提前下达 2019 年水库移民后期扶持资金 12.94 亿元，对革命老区县给予倾斜支持。

【持续加强党支部建设】按照基层党组织标准化建设和党支部建设提升行动要求，企业处党支部进一步加强党的组织设置、班子队伍建设、党员教育管理等七个方面建设，顺利通过 2018 年财政厅机关党支部标准化建设验收。认真制定支部 2018 年党建工作计划、“三个清单”，明确职责分工，扎实抓好组织实施。严格执行“三会一课”、组织生活会、谈心谈话等制度，将组织生活会与“两学一做”学习教育常态化、“讲严立”活动等要求相结合，起到“红脸出汗、洗澡治病”的良好效果。创新组织生活形式，组织生活方式由过去读文件、听报告、写体会等方式转变为参观廉政教育基地、开展单一窗口建设进展情况主题党日活动、进社区包粽子庆端午等多种形式相结合的模式，进一步丰富组织生活内容，提高党员参加组织生活积极性。充分利用主题党日活动、专题报告会、赴省司法陈列与廉政法治教育基地接受现场警示教育等多种形式，加强党员廉政教育，进一步强化勤政廉政和遵纪守法的意识。充分运用监督执纪“四种形态”中的第一种形态提醒谈话、诫勉谈话等形式，在“四送一服”双千工程集中活动和 2018 年世界制造业大会筹备期间等重大工作开展前进行廉政教育提醒，警醒党员干部知敬畏、存戒惧、守底线。

(张　铭)

金融处工作概述

2018 年，金融处紧紧围绕全省财政中心工作，坚持党建引领，立足公共财政职能，扎实做好深化国有金融资本改革、财政普惠金融发展、财政 PPP 模式、政策性农业保险及政策性融资担保等重点工作，圆满完成各项工作任务。

【深化国资国企重大改革】建立金融国有资产报告制度。根据财政部安排部署，精心编制安徽省 2017 年度金融企业国有资产专项报告，厅长罗建国受省政府委托首次向省人大作金融企业国有资产专项报告，安徽省第一次建立国有金融资产“明白账”。完善地方国有金融资本管理。贯彻落实中共中央、国务院文件精神，认真开展国有金融资本调研统计，摸清安徽省金融国资底数，代拟起草《关于完善国有金融资本管理的实施意见》,经省政府常务会议及省委深改委会议审议通过,以省委、省政府名义印发实施。推进金融企业薪酬改革。按照省薪改领导小组部署,召开负责人薪酬工作布置会,注重规范性,把握程序性,督促有关金融企业依规办理,圆满完成2017年度徽商银行、担保集团和省联社负责人薪酬审核、备案和信息披露工作。加强地方金融资产基础管理。根据财政部要求,认真做好2018年度全省417家金融企业财务报表和绩效评价工作,认真完成133户地方国有金融企业产权登记,安徽省全国金融企业财务报表工作连续第7年获财政部通报表彰。依法履行国有金融出资人职责。依法履行对省担保集团国有出资人职责,进一步理顺和明确管理事项,规范"三重一大"事项审批。按照省委要求,完成对省担保集团2017年度经营业绩考核,研究下达2018年度主要目标任务,督导省担保集团积极主动完成省委、省政府和省财政厅交办的各项任务。划转国有资本充实社保基金。积极对全省国有企业情况、社保基金情况等进行摸底,多次请示财政部相关司局,研究起草安徽省划转部分国有资本充实社保基金实施方案,明确划转范围比例、承接主体、划转步骤和配套措施等。经省政府常务会、省委深改组会审议通过,在全国率先推出划转部分国有资本充实社保基金实施方案,顺利完成省委重点改革任务。

【激活金融服务供给潜力】支持普惠金融发展。落实涉农贷款增量奖励、定向费用补贴、创业担保贷款贴息等普惠金融政策,争取中央财政奖补资金6.8亿元,全国占比5.6%,居全国第7位,支持全省新增发放涉农贷款713.3亿元,较上年同比增长13.8%,全省新增发放创业担保贷款50亿元,支持就业人数近5万人。支持金融组织体系建设。实施新设和引进金融机构奖励政策,省财政兑现奖励资金1580万元,支持各类银行业金融机构在全省新设县域支行36个、新设安徽首家民营银行1家,进一步丰富地方金融业态。支持中小微企业融资发展。省财政继续超调10亿元,支持各地建立小微企业续贷过桥资金。2018年,累计扶持企业户数13018户,周转金额699.78亿元,周转次数为18.35次,超额完成年度周转12次的预期目标。支持拓宽企业融资渠道。实施企业上市(挂牌)奖励政策,省财政兑现奖励资金2279万元,支持全省66户企业通过资本市场成功融资14.4亿元。进一步加大对民营经济支持力度,将首发上市的奖励标准从100万元大幅提高到200万元,安徽省成为全国首个支持科创板的省份;同时,对民营企业发债融资新增奖励政策。支持降低企业融资负担。推动全省政策性融资担保机构执行不高于1.2%的优惠担保费率,平均担保费率下降到1.1%(比降费前降低0.9%),全年直接减少小微企业和"三农"融资成本超14亿元。支持省级股权投资基金体系建设。发挥厅内牵头作用,积极协调相关业务处室统筹安排并拨付31.7亿元资金,用于对国元集团、省投资集团、省国控集团等补充资本金,支持设立覆盖企业全生命周期、服务产业发展全链条、对接企业上市(挂牌)全过程的省级股权投资基金体系。同时,省财政对种子基金和风险基金所投项目按投资进度及投资成效给予一定比例的奖励。初步建成"7+N"的省级股权投资基金体系,基金募集、项目投资等工作有序推进。拨付皖北三市七县及金寨县现代产业园区发展专项资金10.3亿元,进一步提升园区融资发展能力。

【规范有序推进PPP模式】加强项目谋划推介。积极会同有关部门,在交通运输、市政工程、城镇综合开发、教育、文化、生态环境保护、水利、医疗卫生等多个行业领域精心谋划筛选一批前期工作较为成熟、论证充分的项目,通过财政部PPP综合信息平台向社会公开进行推介,吸引社会资本积极参与。全年累计向社会公开推介项目137个,总投资1676.6亿元。实行项目库动态管理。建立新项目入库专家评审制度,统一新项目入库标准,从源头严把入库项目质量。开展已入库项目集中清理,成立专项工作组,坚持问题导向,建立问题清单、责任清单,督促整改落实。对不符合规范运作要求且不能按要求整改的项目坚决予以退库处理。全年累计审核退回申请入库项目85个,总投资912亿元;清退出库项目27个,总投资317.6亿元,有效保障在库项目质量。健全项目推进机制。将PPP作为财政重点工作进行安排部署,细化任务分工、明确工作要求和时间进度,按月向省政府报送工作进展。要求各市、县(区)按月报送未落地项目推进情况,及时掌握了解、研究解决项目实施中遇到的困难和问题,推进项目顺利落地实施。按季通报全省PPP项目实施情况,督促各地加大项目推进力度,早日发挥项目效益。加强项目识别、准备、采购、执行、移交等全生命周期监管,保障项目实施质量。积极申报国家示范项目,加强示范项目建设力度,落实管理责任,建立专人负责、对口联系和跟踪指导机制,监督指导示范项目所在地财政部门做好示范项目规范实施工作,加强经验总结与案例推广,充分发挥示范项目的示范带动作用。加大财政支持引导。建立省级PPP财政激励机制,对推广PPP模式效果明显、社会资本参与度高的市县,在安排以奖代补资金、有关专项资金时予以优先支持。中央省级财政累计投入奖补资金2亿元,引导地方规范推进PPP项目。加强风险防控。建立PPP项目支出责任监测预警机制,实时动态监控各地PPP项目支出责任数据,对财政支出责任占比超过7%的地区进行风险提示,对超过10%红线的地区暂停新项目入库,严守财政承受能力"红线"。严禁假借PPP名义,通过政府回购、明股实债、固定回报等方式进行变相举债融资。截至2018年末,安徽省纳入财政部项目管理库的项目436个,总投资4779亿元,落地实施项目303个,落地率69.5%,项目落地数、落地率等多项指标位居全国前列。新入选国家示范项目17个,获得中央奖补资金1.5亿元,奖补资金较去年增长12%。在财政部PPP中心与上海财经大学合作发布的《2017中国PPP市场透明度报告》中,安徽省信息公开工作居全国第四。成功推荐宿州市、宁国市作为推广PPP模式工作有力、社会资本参与度较高的市、县,获得国务院督查激励。

【推动政策性农业保险提质增效】以服务"三农"为宗旨,落实和完善农业保护制度,统筹安排保费补贴资金14.6亿元,支持政策性农业保险增品、扩面、提标,实现"五个全覆盖"。推动大宗重要品种全覆盖。继续将政策性农业保险纳入民生工程,支持全省投保大宗农作物及森林1.5亿亩、重要牲畜137.9万头,综合投保率达90%以上,高于全国平均水平20个百分点,为1421万户次农户提供风险保障623亿元;赔付13.1亿元,488.4万户(次)农户受益。推动中央补贴品种全覆盖。用足用活中央政策,推动出台《关于进一步增加政策性农业保险补贴品种和扩大补贴范围的通知》《关于开展三大粮食作物制种保险工作的通知》等,支持安徽省政策性农业保险增加到三大类15个品种,实现中央补贴品种全覆盖。财政厅呈送的《关于贯彻落实省领导有关农业保险批示精神的汇报》,获省委副书记信长星批示肯定。推动中央试点政策全覆盖。积极争取国家重大政策倾斜,继上年纳入全国首批13个大灾保险试点省后,再次入选全国首批6个完全成本保险试点省。2018年,14个大灾保险试点县参保适度规模经营主体数量近2万户(次),较2017年增加近0.6万户(次)。推动优势特色品种全覆盖。实施省级以奖代补政策,省财政安排并拨付3000万元,引导和鼓励各地开展大棚蔬菜、水果、茶叶、中药材、水产养殖、畜禽近50种地方特色优势农产品保险,推动实现特色保险"一县一品"或"一县多品",有力支持特色农业产业发展。推动财政绩效管理全覆盖。科学合理制定年度绩效目标,督促市县和经办机构对标实施。委托省投资评审中心赴16个市和2个直管县实地开展第三方绩效评价,并将评价结果作为政策完善、民生工程考核等的重要参考因素。此外,认真办理"两会"有关农业保险建议提案,通过电话、微信、短信、邮件等方式,积极主动加强与10位省人大代表和省政协委员联系,并就办理意见征求意见,各代表委员均回复满意。

【深入推进新型政银担模式】按照"扶小微、广覆盖、分层次、可持续"的原则,推进全省政策性融资担保机构深入开展"4321"新型政银担业务,提高小微企业和"三农"融资可获得性,不断优化安徽省金融发展环境。截至2018年末,全省累计开展"4321"新型政银担业务约2500亿元,服务企业5.8万户(次)。加强督导调度。按照以月保季、以季保年的原则,督促省担保集团充分发挥龙头作用,加强与合作银行"体系对体系"对接,通过股权和业务等纽带,推动全省123家政策性融资担保机构持续加大政银担业务实施力度。1—12月,"4321"新型政银担业务新增担保750.8亿元、服务企业近1.7万户(次),超额完成省政府重点工作任务不低于650亿元的目标任务。落实扶持政策。连续第三年拨付省担保集团3亿元,充实省级融资担保风险补偿基金,为担保代偿提供流动性支持,增强政策性融资担保机构服务实体经济能力。强化风险管控。加强会商调研,督促和指导省担保集团每半年开展对再担保体系成员的风险监测预警,及时掌握市县担保机构经营运行情况,摸清风险底数,着力防控体系风险。综合来看,除个别机构外,体系总体风险仍保持在可控范围内。积极向上争取,推荐省担保集团纳入国家政策体系支持范围,成为国家融资担保基金首批合作省级机构,获得授信额度1000亿元、规模居全国第一。

【扩大财政金融工作影响力】加强调查研究。积极深入基层、单位等开展调查研究,调研10次、派员参加为期1个月的省“四送一服”集中活动,累计50天、人均10天,形成调研报告7篇。根据省领导和厅领导指示精神,赴四川省、江苏省开展重点课题专题调研,形成《关于赴四川省、江苏省调研财政支持园区发展及资金“拨改投”工作情况的报告》,获省长李国英及常务副省长邓向阳批示肯定。结合业务工作重点和需要,开展有针对性的财政金融业务调查研究,形成财政部金融司重点调研课题《关于金融扶贫的调研报告》及《关于皖北现代产业园区发展专项资金绩效评价及分配方案的请示》《关于赴福建省、浙江省调研“晋江经验”及金融控股公司有关情况的报告》《关于省市县政策性融资担保机构股权关系优化专题调研报告》等多篇成果。加强宣传培训。全年报送各类信息50条,被省委、省政府和主流媒体等宣传报道和采用21条(次),采用数量居全厅第一位。在厅网站“PPP”和“农业保险”专栏,及时向全省发布政策制度、工作动态等信息500余条,有效提高财政金融工作知晓度、透明度、满意度和影响力。加强多方会商。全年开展会商共86次、覆盖50个单位,联系服务基层群众40次,进社区2次,研究解决问题100余个,宣传财政政策120项。以电话、短信、微信、邮件等为主,以全国会议和培训等为辅,加强与对口司局联系沟通,及时掌握最新政策要求和工作动态。加强与预算单位、一行三局、省内金融机构等联络会商,配合和支持其开展工作,积极宣传财政政策。通过电话、短信、微信、邮件、座谈会、问卷调查等多种方式,广泛征集人大代表、政协委员、市县、企业和群众等意见建议,及时反馈、回应、办理,得到有关方面的好评。加强财政预算管理。对于常规类支出,及时审核支出计划,切实加大动态督导;对于采购类等支出,坚持问题导向,实行点对点指导,切实提高预算执行进度。加强与部门协调沟通,宣传并及时传达最新预算管理政策,督促部门履行主体责任,认真做好部门预算公开、编制和决算等工作。精心编制非部门年度预算,通过提前下达、预下达、加快审核等方式,提高财政金融类资金支出进度。2018年,金融处综合支出进度(特别是非部门预算)全年排在全厅前三位、多次位居全厅第一。

【夯实和强化宗旨意识】明确责任抓落实。认真制定2018年金融处党支部党建工作要点和党建工作“三个清单”,明确工作任务和职责分工,充分结合财政金融工作实际,一级抓一级,一级带一级,层层传导压力,建立党建工作计划任务清单,每月对照逐一销号,做到见人、见事、见问题、见举措、见成效。发挥好支部领导“头雁”效应,压紧压实普通党员直接责任,抓好支部各项工作,切实将责任扛在肩上。加强教育筑防线。制定支部学习教育计划,深入学习领会党的十九大精神和习近平新时代中国特色社会主义思想,积极参加党务和纪检业务培训,按规定开展“党员活动日”“党史教育日”学习活动,多次开展专题研讨,积极撰写十九大精神征文、家风感悟、改革开放微感言等,切实做到学习教育真学真懂、入脑入心。深入推进“两学一做”学习教育常态化制度化,再次学习沈浩、和先念、黄群等先进事迹,赴红色教育基地重温入党誓词,增强“四个意识”,树牢“四个自信”,确保做到“两个维护”。2018年,支部共组织学习26次,研讨5次,开展“党员活动日”12次,“党史教育日”1次,支部1名党员被评为优秀党员。进一步完善“三会一课”制度、民主集中制,深入开展谈心谈话活动,广泛征求意见建议,认真开展批评和自我批评,全年共召开支部大会4次、组织生活会3次,讲党课5次,谈心谈话25次。开展“讲严立”专题警示教育,制定《金融处党支部“讲忠诚、严纪律、立政德”专题警示教育及“七一”系列纪念活动计划》,积极召开专题组织生活会,全体党员对照党章党规党纪,认真查摆问题,撰写发言提纲,积极发言交流,提出整改措施,抓好整改落实,切实做到“六聚焦六整肃”,推进支部全面从严治党和党风廉政建设取得新成效。认真学习贯彻“三查三问”专项行动精神,制定金融处党支部领导班子和领导干部“三查三问”自查自纠“三个清单”,以及“三查三问”督查发现问题对照“三个清单”,进一步树牢宗旨意识,坚定理想信念,加强作风建设,强化自我约束,努力形成良好风气和氛围。以案为戒抓廉政。制定完善金融处工作规则,处内重大事项提交处务会集体研究讨论通过,形成处务会纪要23份,在办理资金拨付时,实行经办人、审核人、审批人分离,有效保证资金安全。贯彻《党内监督条例》要求,坚持把纪律和规矩挺在前面,加大监督力度,重大事项公开决策,自觉接受服务对象和上级组织监督。姜毅案件发生后,支部先后三次传达学习有关处分决定精神,支部副书记与每位同志谈心谈话,召开专题组织生活会,厅纪检组长项中胜、分管厅长王召远、厅机关党委专职副书记陈欢到会督导,支部党员认真开展批评与自我批评,切实以姜毅案件为戒,举一反三,自查自纠,以案明纪、以案促改。运用好监督执纪第一种形态,对苗头性、倾向性问题及时“咬耳扯袖”,防患于未然。委托第三方机构对财政金融专项资金进行专项检查,将普惠金融发展专项资金、担保增量奖励等涉企专项资金纳入系统,有效防范潜在风险。持续提升标准化。制定2018年度金融处党支部党建工作“三个清单”,建立党支部可遵照执行、上级党组织可考核监督的标准体系,完备支部会议过程、开展批评和自我批评等处务会议记录,做到留痕可查,进一步提升支部党建水平。认真贯彻标准化建设方案要求,按月收缴党费,每年按要求公开2次。加强支部“党员活动室”建设,制作党务公开栏和党建文化墙。加强党建资料档案收集、登记、归档,推行基层党组织标准化建设电子台账系统,以标准化建设为契机夯实基层党组织建设。结合支部年轻人较多的特点,积极探索“互联网+党建”新思维,借助微信、QQ群等微平台,定期推送党建知识、典型案例、H5党课作业;结合共建帮扶等活动,广泛开展支部党建活动,提升党员教育的覆盖面和实效性,有效增强了支部的活力、凝聚力、战斗力,支部标准化建设水平显著提升。提升作风树形象。深入学习贯彻习近平总书记关于进一步纠正“四风”、加强作风建设的重要批示精神,严守中央八项规定和实施细则精神,坚决改“四风”、正作风。结合工作实际和上半年大排查大调研中反馈问题的整改情况,深入开展集中整治形式主义、官僚主义专项行动,制定整改措施,抓好整改落实,严肃追责问责。深入开展“双联系”活动,配合做好岳西县石关乡张家村结对共建工作。按照“精准扶贫、精准脱贫”要求,帮助推进定点帮扶颍东区和吴寨村脱贫攻坚任务。积极组织在职党员到庐阳区大杨镇吴郢社区报到,开展财政政策宣讲、为民志愿服务及慰问困难群众等活动。牢固树立宗旨意识、群众意识、服务意识,面对面服务基层群众,加强调研会商工作,进一步提升服务质量。

国际债务管理处工作概述

【概况】2018年,国际处认真谋划新项目,扎实推进在建项目,不断加强外贷管理,服务安徽省经济社会发展大局,圆满完成全年工作任务。

【积极筹备贷款项目申报】年初,按照国家发改委、财政部关于申报国际金融组织贷款项目的通知,积极组织各级财政部门及省直有关单位认真谋划筹备申报项目,组织申报材料,对申报项目进行财政能力分析评审,落实还款责任。2018年,共收到各级财政部门报送的申请利用国际金融组织贷款项目15个,按照国家发改委、财政部关于申报国际金融组织贷款项目的通知精神,结合国际金融组织贷款申报工作实际,最终确定上报项目3个,分别是:申请世行贷款淮河流域蚌埠天河综合保护利用示范项目、申请亚行贷款淮北市朔西湖综治理工程、申请亚行贷款淮河阜阳港建设项目。

【加强与国际金融组织合作】安徽省不断扩大与国际金融组织的合作领域和范围,在继续保持与世行、亚行良好合作关系的基础上,积极拓展新的合作范围,为安徽省经济社会发展增添资金和技术支持。2018年,国际处组织各市和省直有关单位开展金砖国家新开发银行贷款项目申报工作,经过筛选最终确定申报5个新开发银行贷款项目,其中,安徽绿色公路示范项目进入新开发银行贷款项目初选名单,为确保此项目申报成功,国际处与有关项目单位专程赴新开发银行上海总部会商对接,积极争取支持。此外,安徽省两个林业项目列入欧投行备选项目规划。

【贷款项目入选取得新进展】根据《国家发展改革委财政部关于印发我国利用世界银行和亚洲开发银行贷款2018—2020年备选项目规划及开展新一期规划备选项目准备工作的通知》(发改外资〔2018〕290号)精神,2018年安徽省有4个申报项目被列为国际金融组织贷款2018—2020年规划新增项目,分别为:世行贷款安徽省农村综合交通运输及物流示范项目、欧投行贷款长江经济带珍稀树种保护与发展项目,世行贷款基础设施等重点领域PPP项目示范、亚行贷款安徽黄山新安江流域生态保护和绿色发展项目,合计贷款协议金额为5.5亿美元。有2个申报项目被列入外国政府贷款规划,分别为:合肥市滨湖新区供冷供热、亳州市北关历史街区保护与利用等,合计贷款协议金额约0.8亿美元。

【贷款谈判签约取得新成果】5月15日,财政部联合安徽省与世行在北京开展世界银行贷款安徽养老服务体系建设示范项目谈判,并完成项目《贷款协定》《项目协议》及相关法律文件的签署,谈判工作取得圆满成功。该项目是世行在全球支持的首个养老服务体系建设项目,拟利用世行贷款1.18亿美元,贷款期限为25年。8月28日,财政部联合安徽省与世行在北京完成世行贷款安徽省农村公路提升改造示范项目谈判。此举意味着世界银行与中国合作的第一个交通领域的结果导向型贷款模式项目正式启动,该项目世行贷款2亿美元,贷款期限为20年。完成合肥市第五人民医院利用德国促进贷款金额2000万欧元项目转贷协议签署工作。

【推进会计电算化管理】推进国际债务管理业务科学化管理,加强与软件公司合作,推进会计账务电算化建设。该软件于2018年正式投入使用。与用友政务软件公司合作,开发国际债务信息管理系统,实现无纸化账务处理。对在建项目进行实时录入,改进记账方法,开启无纸化账务处理模式,把处室工作人员从繁琐的手工记账中解放出来。补充录入完工项目数据信息,完善信息系统建设,建立健全贷款项目数据体系。国际债务信息管理系统的投入运用,极大提升国际处工作运行效率,方便债务数据提取和分析应用,为国际债务科学化、精细化管理打下良好基础。

【进一步加强专用账户管理】根据财政部和世行有关规定和要求,财政部与安徽省签订转贷协议后,省财政厅需选择一家可从事外汇业务的金融机构为贷款开设一个美元指定账户。为进一步规范权力运行,国际处2018年对外币账户开设实行统一招标,制定外币账户代理银行的邀请招标文件。同时,根据《安徽省财政厅自行采购暂行办法》,成立由国际处、国库处、监督检查局、机关纪委、采购监管办等处室(部门)组成五人评标小组。根据开标结果,国际处与中标银行签订账户管理协议,并要求银行签署廉政承诺书,确保招标程序公开、公平、公正,防范廉政风险。

【进一步做好国际金融组织贷款项目管理】6月25日,世行集团贷赠款管理局局长Vicki Ho女士率领世行代表团赴黄山市考察世行贷款安徽黄山新农村建设示范项目,深入徽州区灵山村、蜀源村、西溪南村等项目点,与党委政府、财政等部门负责同志和乡村干部群众交流,听取项目情况介绍,实地察看村貌整治、古道修缮、古建筑维修、污水收集等项目施工现场。考察中,代表团一行对项目实施情况给予了充分肯定。6月27日上午,世行代表团和财政部国际财金合作司在合肥召开世行支付管理工作座谈会,国际处负责会议筹备工作。省财政厅、省发改委、省交通厅、省林业厅、省卫计委等部门同志出席会议。世行代表团对座谈会表示满意,认为与会单位提出很好的意见和建议,希望安徽继续做好世行贷款项目支付管理工作,做出经验,取得成果。

【夯实日常基础工作】国际处近年来人员变动较大,处室一直把传帮带、互帮互学融入日常工作当中,规范资金拨付流程,重视账务及时登记、对账工作,做到资金安全;压实责任,强调每位同志都是分管项目的第一责任人,大家主动作为,勇于担当,超前关注项目实施的每个时间节点,每个环节,做到有条不紊。

【加强政治学习】将学习讨论作为提升党员党性的基础。通过集体学习和自学相结合的方式,以习近平新时代中国特色社会主义思想为指导,认真学习《党章》《十九大报告读本》《习近平七年知青岁月》《习近平治国理政第二卷》《中国共产党纪律处分条例》等新知识、新理论,用全新的理论知识武装全处干部,坚定政治站位。全年开展党课教育4次,支部学习26次,党员大会6次,党员活动日12次,把经常性学习教育制度落到实处,从严从紧从实狠抓党内政治生活。按时收缴党费,定期公示党费,做到党费收支公开透明。

【狠抓党支部建设】进一步加强党支部标准化建设。在上年党支部标准化建设活动中,由于党支部成立时间不久,支部建设基础工作薄弱,经验不足,导致在去年的评选活动中未达标。2018年,国际处严格按照党支部标准建设要求,逐条逐项自查自纠,对标整改,最终完成支部建设达标任务。进一步抓好党员教育管理,把政治建设摆在首位,自觉践行“两个维护”,牢固树立“四个意识”,把支部制度建设、政治学习、党风廉政建设、思想建设有机结合起来,不断抓好党员队伍建设,提高党员理论水平,提升党员干部整体素质。

【警醒党员干部知廉守廉】开展常态化谈心谈话,处领导和党支部书记保持对处室干部和党员同志的定期谈心谈话,会议上集体谈,会后个别谈,形式多样,内容广泛,目的就是让全处干部始终保持廉洁自律的情怀,自觉抵制违反廉洁纪律的行为,深刻认识正风反腐肃纪的极端重要性。紧抓廉政警示教育,把学习《党章》和贯彻《中国共产党廉洁自律准则》《中国共产党纪律处分条例》等党规党纪作为重点学习内容,及时传达中央纪委和省纪委对有关腐败案例的通报,特别是财政系统的腐败案例,集中观看廉政警示教育片等,引导全处党员干部筑牢拒腐防变道德底线。

【党建业务互相促进】通过党支部建设活动,带动、激发全处党员干部的干劲和闯劲,通过不断学习,"四个意识"不断增强,全处党员干部的责任感、使命感也得到进一步加强,促进了党建和业务的互相促进、互相融合、共同提高。

农村财政管理局工作概述

【概况】2018 年,农村局以习近平新时代中国特色社会主义思想和党的十九大精神为指导,坚决贯彻厅党组决策部署,始终把政治建设放在首位,加强党风廉政建设,坚持问题导向,建立 1 +4 制度体系,强化风险防范意识,全面加强乡镇财政建设,落实党的惠农政策,增强农民群众获得感。

【全面加强乡镇财政建设】出台《关于进一步加强乡镇财政建设的意见》。明确要完善乡镇财政管理体制,硬化预算约束,保障资金安全,服务乡村振兴战略,助力打赢脱贫攻坚战,推进基本公共服务均等化,支持农村改革发展,提升管理水平,增强队伍宗旨意识,强化党建作风,促进乡镇财政建设"换挡提速"。

【系统推进乡镇涉农资金监管】健全制度机制。推进实施乡镇财政"三个清单"、财务互审、包村干部监管涉农资金等措施,完善监管机制,提高监管质量。推进信息公开。下发《安徽省财政厅关于进一步推进乡镇涉农资金信息公开工作的通知》。要求除法律法规有禁止性规定外,要实现所有资金项目、所有乡(镇)、村公开全覆盖。创新监管方式。探索建立乡镇财政资金监管信息数据共建共享机制,推进与惠农补贴资金管理发放系统、县乡镇财政国库集中支付系统有效对接和数据共享。开展绩效评价。在县级自评、市级复核的基础上,结合脱贫攻坚、日常工作、专项调研、重点督查、信息宣传、创新发展和反腐倡廉建设等情况,对 2017 年乡镇财政资金监管工作情况开展绩效评价,经综合评价,A 类 28 个县(区),B 类 25 个县(区),C 类 19 个县(区),评价结果通报全省。

【扎实做好惠农补贴管理发放】全省全年累计发放惠农补贴资金首次突破 300 亿元,达到 312. 2 亿元,较上年增长 9. 3%。推进拓展升级。印发《安徽省财政厅关于全面推开惠农补贴"一卡通"系统拓展应用的通知》,压实部门责任。联合省扶贫办、省农村信用联社、省邮储行、省农行印发《关于进一步完善和升级惠农补贴资金项目名称及代码和简称工作的通知》,解决农民群众对惠农补贴政策和资金"看不清、分不明"的问题。规范操作规程。联合省扶贫办等 14 个省直部门出台文件,完善惠农补贴管理发放操作规程,按照"部门录入审核、银行支付及时、农户查询方便、财政监管高效"的原则,建立健全"分工科学、责任明确、协调一致、齐抓共管"的工作机制。开展绩效评价。在县级自评、市级复核的基础上,结合省级重点检查、日常工作掌握、管理发放系统提供的有关数据、党风廉政建设等情况,对 2017 年惠农补贴资金管理发放情况开展绩效评价,经综合评价,A 类 42 个市、县(区),B 类 38 个市、县(区),C 类 12 个市、县(区),评价结果通报全省。

【切实防范乡镇财政风险】通报典型案例。落实财政厅党组和驻厅纪检组的部署要求,配合驻厅纪检组通报一起财政所干部违纪违法案例,警醒广大乡镇财政干部,推进基层财政党风廉政建设和反腐败工作。推进内控制度建设。下发《安徽省财政厅关于推进乡镇财政内部控制建设进一步加强财政资金安全管理的通知》,推进落实党风廉政建设主体责任,加强基层财政风险防控,保障财政资金和财政人员安全。

【认真开展乡镇财政调研】围绕乡镇财政建设、脱贫攻坚、内控建设、政策性农业保险等开展专题调研,为 1 +4 文件出台收集第一手材料。加强对省级联系点的指导调研,做好典型引导。

【着力加强乡镇财政基础管理】加大信息宣传。《安徽乡镇财政建设"换挡提速"》《"一卡通"补贴增多更惠农》等 5 篇信息在《中国财经报》《安徽日报》和中安在线等媒体上刊载,50 多条基层信息推荐厅办公室。编报基础报表。完成财政部部署的 2017 年全省乡镇财政基本信息编制报送工作。全省 1243 个乡镇(不含街道办和县级开发区)财政所共有人员 8589 人,乡镇财政供养人员达 11. 1 万人。强化指导服务。围绕脱贫攻坚、内控制度建设等内容,对 200 多名市县(区)农村局长进行专题培训,对 100 多名惠农补贴系统管理人员进行业务操作技能培训。通过上门走访等方式,及时妥善处理来信来访22件次。

【全面加强思想作风建设】坚持把政治建设放在首位。深入学习习近平新时代中国特色社会主义思想和党的十九大精神,学习贯彻习近平总书记视察安徽重要讲话精神。认真开展“讲严立”专题警示教育,强化政治责任,保持政治定力,把准政治方向,增强“四个意识”,坚定“四个自信”,坚决做到“两个维护”。坚决把党中央、省委省政府及厅党组的决策部署落到实处。全年共组织35次集体学习。严格落实意识形态责任制,推进“两学一做”学习教育常态化制度化,在学懂弄通做实上用力。组织全局系统学习新修订的《中国共产党章程》和党组书记推荐的《钉好抓落实的钉子》《深刻认识提高党的建设质量的重要性》等28篇文章。支部结成思想工作对子,全年开展经常性思想工作31人次。推进支部标准化建设,落实党建重点任务,支部考核获评100分。落实学习、会议、监督、保密和党务公开等制度,形成遵从和执行党章的自觉。坚持“三会一课”制度,全年召开党员大会5次、支部委员会16次、党课4次;组织生活会2次;民主评议党员1次。落实党员活动日,全年开展以从严治党、廉政建设、治国理政、服务发展、联系基层、支部建设、警示教育、党纪党规、宪法学习等为主要内容的党员活动日12次。与巢湖市黄麓镇等乡镇财政所开展支部共建,到李克农故居接受党史教育。落实党费“一月一缴”,自觉、按时、足额缴纳党费。积极参加厅里重点工作,参与吴寨村定点帮扶、省委综合考核、省际脱贫攻坚考核、厅里组织的财政扶贫资金专项督查等,参与《敢为人先——安徽农村税费改革之路》编撰工作。努力创先争优,培育党员干部创先争优意识,积极参加厅里组织的运动会、读书演讲、春节联欢会节目创作、拔河比赛等各项集体活动,3名同志在省直第八届运动会取得好成绩,受到厅里表彰。全年支部的各项活动党员干部参与率达93.7%,党员干部的集体荣誉感和支部党建活力明显增强。严格执行中央八项规定及实施细则精神、省委实施细则及省财政厅党组实施办法。认真开展作风建设大排查、“三查三问”,整治形式主义官僚主义。抓实学风。组织开展学习《习近平扶贫论述摘要》等7个专题学习研讨,撰写心得体会18篇,研讨综述3篇;5名处级干部和2名干部全部参加省直工委和厅组织的学习十九大精神培训班;全体党员干部参加安徽干部教育在线学习,都取得优秀成绩。积极参加安徽先锋网、安徽机关党建、安徽纪检监察、共产党员等微信订阅号学习。抓严效能建设。严格执行厅效能建设要求,制定农村局效能建设制度,效能建设在全局得到较好落实。抓生活作风促家风。通过思想教育等方式督促党员干部养成良好生活作风,培育良好家风。贯彻落实中央、省委和厅党组关于党风廉政建设的部署,学习执行两准则四条例,逐条落实《2018年党风廉政建设责任书》的责任。扎紧制度的“篱笆”。制定农村局党支部学习、党内监督、效能考核和干部外出报备等制度。支部学习时相互提醒、重要节日时微信提醒,党员干部到基层出差、休假探亲、离开合肥时,支部都要专门提要求或提醒。在开展讲严立专题警示教育中,以鲁炜等案件为反面教材,结合财政系统违纪案例进行典型通报,警醒警示全省乡镇财政干部。对照十届省委前四轮巡视发现的机关党建突出问题和厅党组开展的政治巡察反馈意见,逐条对照、逐一查摆,列出问题清单、任务清单、责任清单,实行销号管理,改到位、改彻底,做到整改落实不贰过。支部书记认真履行“一岗双责”,带领全局党员干部,坚决落实厅党组的决策部署,坚持党建和业务一盘棋、两手抓。

(朱乐磊)

会计处工作概述

【概况】2018年,会计处以习近平新时代中国特色社会主义思想为指导,深入学习贯彻党的十九大精神,认真贯彻落实财政部和厅党组各项决策部署,深化会计改革,强化会计管理,提升服务水平,各项工作均取得了积极成效,行政事业单位内控编报、会计专业技术资格考试分获财政部会计司和会计资格评价中心表扬,参与省政府“四送一服”双千工程第一工作组工作受到省政府金融办来函感谢。

【推进实施政府会计准则制度】厅长办公会专门听取汇报,制定下发《关于认真做好政府会计制度贯彻实施有关工作的通知》,并于6月底召开全省政府会计准则制度贯彻实施动员培训会,分管厅领导到会讲话,财政部会计准则制度制定专家现场授课。借力《安徽日报》等主流媒体平台,通过财政微信公众号、电话咨询、微信群等方式,宣解政府会计准则制度。指导省直单位和市县财政局分层分级开展大规模培训,确保做到横向到边、纵向到底、不留"死角"。鼓励安徽工业大学和金寨县乡镇行政事业单位先行先试,派员开展培训辅导,认真总结成功经验,在全省加以复制推广。建立厅相关处室参加的内部协作机制和跟踪督导机制,组建以省内高校政府会计领域教授学者、会计界实务专家等为主体的咨询专家库,推动全省各级各类行政事业单位抓紧做好业务、制度、信息化等对接工作。

【扎实推动单位会计工作转型】推动实施行政事业单位内控编报。按照"以评促建"的工作思路,以"钉钉子"精神积极扎实推进全省各级各类行政事业单位建立单位内部控制建设年度报告制度。召开编报工作布置会,开展软件操作培训,加强宣传推动,及时释疑解惑,跟踪督导编报进程。2018 年完成全省 17156 家行政事业单位填报结果汇总,较 2017 年增加 3539 份,形成《安徽省 2017 年度行政事业单位内部控制报告》,上报财政部。推动开展管理会计建设。服务供给侧结构性改革,推进财政部关于《〈管理会计应用指引第 202 号——零基预算〉等 7 项管理会计应用指引》等会计制度落实,推动企业加强业务与财务融合,将财务数据变为决策资源,促进企业技术创新和管理创新,增强核心竞争力。走进企业宣讲财政会计政策。运用省政府开展"四送一服"双千工程平台,安排专人,参与省政府金融办牵头组织的第一工作组,走进企业宣讲财政政策、会计准则制度和内部控制建设。

【持续优化会计人员队伍】认真组织全省 22 万人会计初、中、高级资格无纸化报名考试。初、中、高级资格考试通过 34857 人,其中初级 3 人、中级 6 人、高级 4 人入选全国会计资格考试"金榜"。《中国会计报》对安徽省服务特殊考生典型事迹作专访报道。此项工作得到财政部会计资格评价中心表扬。认真组织会计高端人才选拔培养。组织召开 2018 年度全国会计领军人才考试(安徽考区)考前辅导会,提升安徽省会计人员的考试竞争力。组织 6 期 235 人次参加财政部总会计师素质提升工程。贯彻落实省委省政府《关于深化职称制度改革的实施意见》,组织开展高级会计师职称评审,评审通过 324 名副高级会计师和 9 名正高级会计师,激励会计专业人才职业发展。认真组织会计人员继续教育。搭建全省会计人员继续教育平台,公开会计人员网络继续教育培训机构条件,组织专家审核,确定 7 家会计网络培训机构承担安徽省 2018—2020 年会计网络继续教育服务。下发《关于启动 2018 年度会计人员继续教育的通知》,全省参加继续教育达 21 万余人。

【深入推进会计中介行业持续发展】全面落实"证照分离"改革。制定出台《关于推进"证照分离"改革试点工作实施方案》《会计师事务所执业许可优化审批服务和强化事中事后监管细则》等举措,进一步激发注册会计师行业活力。下发《关于落实"证照分离"改革事项 优化代理记账行业准入服务的通知》,指导市县推行代理记账机构"证照分离"改革。大幅精减行政许可审批材料。会计师事务所审批材料精简率高达 66.6%、分所精简率达到 50%,境外会计师事务所来安徽省临时办理审计业务精简率也达到 20%。将审批时限由 40 个工作日压缩至 15 个工作日。切实加强事中事后监管。对 17 户检查中发现的问题依法依规进行处理。新设会计师事务所 8 户,撤销注销 3 户,办理 1 户有限责任会计师事务所转制为合伙组织形式,为 66 户会计师事务所办理变更备案服务。开展会计师事务所和代理记账机构信息报备,形成行业发展分析报告上报财政部。

【着力提高会计管理服务效能】严格落实"一岗双责"主体责任。加强党风廉政学习教育,扎实开展"讲严立"专题警示教育、"三查三问"、节假日等关键节点党风廉政提示警示,延伸责任链条,督导全处同志筑牢"防线"、守住"底线"、不越"红线"。严格落实内控操作流程。将每项工作任务融入内控操作流程,以"流程控制"代替"经验管理",防范和控制风险。不打折扣执行厅公文运行、信息公开、财务审批等各项制度规定,推动处室内控管理全覆盖。严格落实效能改进作风。深入贯彻八项规定,认真执行效能建设、文明创建、保密等各项制度,积极开展调研会商、对口帮扶和社区服务活动,回复厅长信箱咨询 17 条、厅门户网站咨询 2615 条、解答电话和上门咨询 4000 余次。主动加强财政会计工作宣传。讲好财政故事,宣传财政改革开放 40 年巨大成就,传递财政正能量,在《安徽日报》《中国会计报》、财政部门户网站、中安在线等媒体上刊发宣传稿件 7 篇。

(王光杰)

行政事业国有资产管理处工作概述

【概况】2018 年,行政事业国有资产管理处深入学习贯彻习近平新时代中国特色社会主义思想和党的十九大精神,认真贯彻全国、全省财政会议精神和全国、全省财政反腐倡廉建设工作视频会议要求,坚持问题导向,深化改革举措,创新管理机制,较好完成全年行政事业国有资产管理各项工作。

【全面统计行政事业性国有资产家底】组织开展2017年度全省行政事业单位国有资产报告和行政事业单位经管资产报告及自然资源国有资产报告工作。全面统计全省行政事业单位2017年度国有资产管理情况,系统梳理全省行政事业单位管理的经管资产和自然资源资产。深入推进事业单位及其所办企业产权登记工作。进一步理清单位资产产权关系,摸清单位资产家底,加强产权管理,完善产权保护制度。2018年,财政部四次发文对安徽省行政事业国有资产报告工作、政府资产报告试点工作、行政事业单位经管资产报告工作、地方政府债务投资项目资产清查登记工作予以通报表扬。

【首次向省人大常委会报告国有资产"明白账"】根据《中共安徽省委关于建立省政府向省人大常委会报告国有资产管理情况制度的意见》(皖发〔2018〕20号)和省政府、财政厅党组安排,牵头落实向省人大常委会报告国有资产管理情况工作,会同省国资委等部门和财政厅企业处、金融处等处室,共同推进国有资产报告工作,形成全口径、全覆盖的《安徽省人民政府关于2017年度国有资产管理情况的综合报告》和《安徽省人民政府关于2017年度金融企业国有资产的专项报告》,并于2018年11月22—23日,获省十三届人大常委会第六次会议审议通过。报告显示,2017年,全省国有企业资产总额55553.84亿元、负债总额32440.89亿元、所有者权益23112.95亿元;全省国有金融企业资产总额20044.39亿元、负债总额17440.45亿元,形成国有资产1498.99亿元;全省行政事业性资产总额6419.97亿元、负债总额1875.40亿元、净资产总额4544.57亿元。

【深入推进各项资产管理改革工作】按照省"全创改"工作部署,以安徽大学为试点单位,探索推广技术类无形资产管理试点工作,并将试点单位扩大到8个。做好省级机构改革有关国有资产管理工作。印发《关于做好安徽省省级机构改革有关国有资产管理工作的通知》(财资〔2018〕1175号),召开省级机构改革财务资产管理工作推进座谈会,确保国有资产安全完整和省级机构改革工作平稳有序推进。做好省直党政机关和事业单位经营性国有资产集中统一监管改革前期工作,起草完成《关于推进省直党政机关和事业单位经营性国有资产集中统一监管试点的实施意见(送审稿)》,并呈报省政府。集中清理省直党政机关及其所属单位违规经商办企业。积极配合省专项整治"回头看"工作领导小组办公室,于2018年6—12月,在省直党政机关及其所属单位开展违规经商办企业专项整治"回头看"工作,重点承办党政机关和事业单位所办企业注销、资产划转相关业务工作。专项整治期间,共对49家企业进行资产划转审批,对43家企业办理产权注销登记手续,对7家企业履行划转产权变更登记审批手续。

【严格规范日常资产管理工作】完善资产管理制度。印发《安徽省财政厅关于进一步做好省级行政事业单位国有资产处置项目信息公开工作的通知》(财资函〔2018〕249号),规范国有资产处置项目信息公开工作,推进资产管理阳光化。规范资产使用管理。加强资产配置管理,严格省级行政事业单位资产出租、处置审批。2018年,共批复资产出租申请64项,出租资产账面原值3.28亿元;批复资产处置申请82项(不含对外投资),处置资产账面原值2.82亿元。创新资产管理方式。采取信息化手段,将出租合同备案管理与资产出租收益管理相结合。省级行政事业单位全年共缴纳出租收入3.3亿元。实施资产公开交易。省级行政事业单位国有资产出租、处置委托产权交易机构,通过公共资源交易平台统一交易,接受社会监督,防止国有资产流失。省级行政事业单位全年资产处置收入2.14亿元。规范国有资产评估管理。在国有资产评估项目备案工作中,聘请资产评估专家开展第三方审核,维护国有资产安全稳定。全年对20个国有资产评估项目予以备案。认真做好资产评估行业管理。印发《安徽省财政厅关于进一步简化资产评估机构(含分支机构)备案工作的通知》(财资函〔2018〕275号),进一步压缩评估机构备案办理时间,并纳入政务中心财政厅窗口统一受理。全年共对70个评估机构办理设立备案、20个评估机构办理变更备案、8个评估机构办理注销备案。

国有资本经营预算处工作概述

【概况】2018年,国有资本经营预算处认真学习贯彻党的十九大精神，以习近平新时代中国特色社会主义思想为指导，坚持新发展理念，建立健全国资预算制度体系，加强国有资本收益管理，调整优化预算支出结构，强化资金使用绩效，不断提升国有资本经营预算管理质量和水平。

【进一步完善国有资本经营预算管理制度】加强国有资本经营预算编制管理。为适应预算管理改革的新要求，规范国有资本经营预算编报工作，及时组织修订《省级国有资本经营预算编报试行办法》。在广泛征求意见的基础上，研究出台《安徽省省级国有资本经营预算编报办法》，进一步完善国有资本经营编报程序和内容，细化预算编制要求，国有资本经营预算的规范性、完整性进一步提升。进一步提高国有资本收益收取比例。积极落实省十三届人大预算审查决议，会同省国资委等部门，就提高省属企业国有资本收益上交比例政策进行了深入研究。结合国有企业分类监管要求，提出分类设定省属企业收益上交比例建议。报经省政府批准，专门下发文件，明确从2019年起，适当提高省属企业国有资本收益收取比例，商业一类企业由18%提高到20%，商业二类、公益类企业保持18%不变。同时，将省引江济淮集团、省农担公司纳入收益收取范围，纳入预算实施范围的省属一级企业达到35户，收益收取政策的科学性和针对性进一步提高。完善政府投资基金运行情况报告制度。按照财政部统一部署，认真做好全省政府投资基金运行情况季报工作。注重加强业务指导、数据的审核和分析，努力提高报表信息质量，按时完成全省政府投资基金季报的统计上报，为加强政府投资基金财政监管奠定基础。

【进一步规范国有资本经营预算收支管理】强化国有资本收益管理。严格预算收入执行管理，坚持应收尽收。及时印发收益申报通知，督促省属企业真实准确完整申报年度国有资本收益。加强未分配利润等留存收益管理，从2018年起，对省属企业以前年度损益调整需补交或抵减应交利润情况逐户审核和清算。2018年共收缴国有资本收益24.1亿元，比年初预算超收9.4亿元，较上年增长68%。严格预算支出管理。及时批复2018年国有资本经营预算，明确年度收支任务。加快预算支出进度，及时拨付项目资金，支持省属企业加快推进项目建设，提高资金使用效益。全年拨付预算资金14.2亿元，较上年增长25%，重点支持省属企业解决“三供一业”分离移交等历史遗留问题，全力保障省政府确定的基金出资、省属企业承担的基础设施建设等重大项目实施，推动省属企业创新发展、转型升级。加大国有资本经营预算调入一般公共预算力度。积极推进预算统筹，结合国有资本收益入库情况，及时划转资金调入一般公共预算。2018年省级国有资本经营预算调入一般公共预算的比例提高到20%，调入资金4.8亿元，同比上年增加2.1亿元。

【进一步提高国有资本经营预算编制质量】科学编制国有资本经营预算。及时启动2019年国资预算编制工作，组织预算单位、省属企业合理测算预算收入规模，加强对支出项目的审核，统筹安排收入规模和支出结构，科学编制2019年国资预算草案。2019年省级国资预算收入36.2亿元，其中上年结转8.8亿元，当年安排支出36.2亿元。加强国资预算中期规划管理。强化规划引领，将国资国企领域重大改革政策、重大项目的支出需求纳入国有资本经营三年收支规划管理。根据经济形势和政策调整等因素做好科学预测，合理编制全省2019—2021年国有资本经营收支规划，增强预算的前瞻性和计划性。不断优化预算支出结构。聚焦国资国企改革中心任务，重点保障省委省政府确定的重大项目支出，加快剥离国有企业办社会职能，帮助企业妥善解决历史遗留问题，推动省属企业实现高质量发展。不断提高国资预算调入一般公共预算的比例，2019年计划安排7亿元调入一般公共预算，占当年国资预算收入的25%，更大力度支持保障和改善民生。

【进一步加强预算执行监督和评价管理】完善国有资本经营决算管理。印发编报通知，组织省属企业编报2017年国有资本经营决算报告，加强年度预算执行情况的分析与监督。及时对全省国有资本经营预决算编报情况进行总结通报，促进各地国资预算编报水平提升。强化预算执行审计监督。积极配合做好2017年度省级预算执行专项审计工作，加强沟通协调和意见交流反馈。结合审计整改要求，督促相关单位和企业加快预算执行，切实管好用好预算资金。加强审计成果的运用，积极会同省国资委研究完善收益申报内容和收取政策，进一步规范预算收入管理。推进国资预算绩效评价。及时组织省属企业编报国资预算支出项目绩效目标，强化绩效目标管理。积极会同投资评审中心，对列入2018年财政重点绩效评价计划的国资预算项目开展绩效评价,探索构建国资预算绩效管理体系。积极开展调研督察。根据年度重点改革督察计划安排,开展国资预算管理改革专项督察,深入有关单位和企业,实地了解改革进展情况。针对督察发现的问题,督促指导单位制定详细整改措施,切实抓好整改落实,推动改革决策部署落地落实见效。

【进一步提升支部党建工作水平】加强支部标准化建设。以支部建设提升行动为契机,认真对标对表,主动向先进党支部看齐学习,取长补短。积极开展政治理论和业务学习,规范支部标准化建设台账管理,强化党支部战斗堡垒作用。组织党员深入学习习近平新时代中国特色社会主义思想和党的十九大精神,学习党章党规党纪、宪法法律法规和财经纪律等规定,推进"两学一做"学习教育常态化制度化。严格执行"三会一课"制度,及时召开组织生活会,深入开展谈心谈话、党员民主评议等活动,组织撰写对照检查材料,进一步坚定理想信念,树牢"四个意识"。积极开展向和先念等先进人物学习活动,引导干部对标先进,争当先锋模范。强化党风廉政建设。认真落实党风廉政建设责任制,签订《党员承诺书》,强化党员日常监督教育管理。组织学习党内监督条例、廉洁自律准则以及新修订的《中国共产党纪律处分条例》等,学习贯彻省委反对形式主义官僚主义问题有关要求,集中观看廉政警示教育片,开展在线测试,强化谈话提醒,切实增强纪律规矩意识。深入开展"讲忠诚、严纪律、立政德"专题警示教育,以违法违纪案件等典型案例为反面教材,教育引导干部知敬畏、存戒惧、守底线,树牢廉洁自律意识。严格执行廉洁从政有关规定,深入排查廉政风险点,及时修订完善内控制度,切实有效防范风险,建设廉洁处室。持续加强作风效能。积极开展作风建设大排查活动,落实作风建设主体责任,严明作风要求,坚持立查立行立改。坚持上门会商,主动服务预算单位和省属企业。结合党员活动日、结对共建,积极组织党员走进颍东区吴寨村、杏花社区等地,开展学雷锋志愿服务、走访慰问、政策宣讲等活动,增强与基层群众交流和联系,密切党群干群关系,树立财政干部为民务实清廉的良好形象。

监督检查局工作概述

【概况】2018 年,监督检查局认真贯彻落实习近平新时代中国特色社会主义思想和党的十九大精神,围绕中心,服务大局,积极发挥财政监督保发展、促改革、防风险的职能作用,有序开展各项工作,较好完成各项工作任务。

【加强支部党建工作】加强理论学习。监督检查局党支部全面系统学习习近平新时代中国特色社会主义思想和党的十九大精神、习近平总书记在十九届中央全会、全国"两会"等会议上的重要讲话精神,和《习近平中国特色社会主义三十讲》《习近平扶贫论述摘编》等重要书籍,学习优秀党员先进事迹,学习厅党组书记推荐文章等。突出政治建设。开展专题研讨,树牢"四个意识",坚定"四个自信",坚决做到"两个维护"。开展"讲严立"专题警示教育与党史教育,组织支部党员重温入党誓词,召开专题组织生活会。强化思想建设。推进"两学一做"学习教育常态化制度化,出台支部政治学习实施办法,制定支部学习计划,教育引导党员干部提升思想水平。夯实组织建设。推进支部标准化建设,贯彻民主集中制原则。研究制定《监督局党支部 2018 年工作计划》,任务分解落实到人。划分 3 个党小组,落实"三会一课"制度、"党员活动日"制度,常态化开展集体学习。依规收取党费,汇总上缴。推进党务公开,每半年公开 1 次党费收缴情况。加强作风建设。围绕强化作风建设,开展专题研讨。开展执法检查前进行集体谈话,强调廉洁纪律,依法公开公示,主动接受监督。按照统一部署,每季度开展"三查三问"自查自纠,认真开展集中整治形式主义官僚主义自查自纠,制定问题、任务、责任清单,并抓好整改落实。严格纪律建设。及时传达学习贯彻廉政相关会议精神等,学习贯彻《监察法》,组织收看警示教育片,在重要节点及时传达中央和省有关典型案例,就支部标准化建设考核反馈问题进行自我批评和检查。完善制度建设。制定 7 项支部工作制度、办法,修订 7 项行政工作制度,整理制作《全面从严治党重要文件》等 7 本电子书供全局干部学习使用,与党员干部谈心谈话 15 次。认真对照查摆。制定问题整改清单,认真抓好党支部标准化建设考核反馈问题的整改落实。落实未巡先查、未巡先改要求,对照财政厅党组最近 3 轮巡察的反馈意见,研究制定问题整改清单。

【会计监督与资产评估机构检查工作】依法依规处理处罚。2017 年会计监督共检查会计师事务所 50 户,处理处罚 20 户,其中撤销 1 户,暂停执业 2 户,处罚注册会计师5名;下达企业会计信息质量处理决定5户。规范加强公示公告。依法将检查结果及行政处罚结果在相关信息平台与厅门户网站进行公示。开展2018年会计师事务所执业质量检查和资产评估机构检查工作。随机选取31户会计师事务所,根据投诉、举报等重点选取4户会计师事务所,选取10户资产评估机构开展检查。认真办理投诉举报事项16件。会同省注协大力开展“清挂名”工作,共清退挂名执业注册会计师666人,占全省执业人员的21.5%。推进“业务报备”专项整治。240家事务所报备业务80295条。

【预决算公开预检查工作】牵头组织对省、市、县三级政府和部门2018年预算公开情况和2017年决算公开情况开展了预检查。省级共检查1个政府预决算和127个部门预决算。预算公开方面发现85个部门在预算公开完整性、细化程度、公开方式等方面存在问题163个。决算公开方面发现86个部门存在项目预算数与预算公开情况未保持一致、内容细化程度不够等问题129个。

【持续推进“小金库”防治工作】在省、市、县三级组织开展“小金库”专项整治“回头看”工作。全省共排查21923个单位,排查面达到100%,发现“小金库”8个,涉及金额163.61万元。组成3个督导抽查组,先后对省科协、省卫计委、省统计局3家省直部门和蚌埠、铜陵、黄山3个市开展督导。市县两级共对1265户单位开展重点督导抽查。强化日常监督管理,在部门预算编制执行、会计信息质量、专项资金检查等日常监督检查工作中,必查“小金库”。常年设立“小金库”举报电话、信箱,“回头看”期间,受理举报5件。

【督促推进财政系统内部控制工作】对各处室单位2017年以来新建286项制度、修订90项制度、废止82项制度等有关情况进行梳理,共查摆出5类22个具体问题,提出加强督促整改、加强业务指导、加强机制建设等工作建议。牵头做好“涉企系统”常态化应用基础管理工作,协调推进新增功能应用衔接工作。

政府采购处工作概述

【概况】2018年,政府采购处深化制度改革,加大监管力度,规范采购行为,全省政府采购规模首次突破千亿元,达1193.28亿元,较上年759.73亿元增长57.1%,其中省本级采购规模85.01亿元,较上年70.5亿元增长20.6%。党建和业务工作齐头并进,在财政部国库司对政府采购仅有的信息公开和信息统计两项考核评估中,均取得好成绩。

【全面深化“放管服”改革】不断探索有效的政府采购监管方式,始终以“放管服”改革为抓手,推进简政放权、放管结合。制定印发《安徽省财政厅关于进一步深化政府采购“放管服”改革的通知》,从下放专项资金项目采购管理、推广应用“网上商城”采购、简化采购方式变更审批、优化服务类项目采购合同管理、规范保证金收取及退还、加强省级分散采购信息公开、发挥“政采贷”融资功能、推动政府采购诚信体系建设等九个方面全面推进“放管服”改革。通过“放管服”改革,有效地缓解政府采购支出难、支出慢等老大难问题。

【加大政府采购监管力度】完善案件处理内控机制。明确政府采购投诉举报工作流程,确定岗位职责,专人负责受理、调查,重大问题处内集体研究讨论,同时聘请相关专家进行论证。全年共收到投诉、举报案件47件,在税政条法处的大力配合下,下达投诉处理决定18件,终止处理决定4件,行政处罚1起,处理行政复议1起,财政部作出维持财政厅行政处罚的决定,其余案件均认真进行答复或正在办理。把好案件处理程序关。每份投诉案件涉及投诉材料的补正、当事人的书面回复、项目材料的调阅、相关单位举证等,程序复杂、时间紧迫、工作量大,全年向相关当事人发送各类调查处理文书200余件,力求程序得当,证据确凿,最大程度降低法律风险。开展代理机构检查工作。根据财政部《关于开展2017年全国政府采购代理机构监督检查工作的通知》精神,及时下发检查文件。全省共计37家代理机构纳入本次检查范围,依法组织开展全省政府采购代理机构检查,随机抽取了185个项目,针对检查中发现的问题,处理处罚36家,其中省本级5家。

【推进政府采购信息公开】“安徽省政府采购网”是安徽省政府采购信息发布指定媒体,日均访问量达到1.2万次、信息发布量达900多条,政府采购处安排专人对上网信息进行审核,确保网站信息安全。规范信息公告格式,印发《安徽省财政厅关于发布政府采购各类信息公告范本的通知》,制定完善采购公告、中标(成交)公告、单一来源采购公示等10类信息公告范本。建立全省各级财政部门政府采购信息公开机制,加强日常监管,不定期通报16个市政府采购信息公告情况。在财政部组织开展的政府采购透明度第三方评估工作中,安徽省政府采购信息公开工作在全国排名相对靠前。

【强化政府采购日常监管】加强政府采购制度建设。制定印发《关于进一步深化政府采购"放管服"改革的通知》《关于明确政府采购工程项目实施公开招标采购数额标准的通知》《关于发布政府采购各类信息公告范本的通知》等6项制度文件。相关制度建设被财政部中国政府采购报授予全国"年度创新奖"。做好政府采购政策指导。加强对省直单位及市县的业务指导,通过电话指导,上门会商等方式,及时解决工作中出现的难点问题。完善代理机构登记管理。根据财政部《政府采购代理机构管理暂行办法》和《关于做好政府采购代理机构名录登记有关工作的通知》等文件要求,开展工商注册地在安徽省的政府采购代理机构名录登记工作,全年审核通过300余家。做好政府采购信息统计。财政部对全国各省市2017年度政府采购信息统计工作情况进行考核评比,通报表扬包括安徽省财政厅在内的部分省市财政厅(局),该项工作连续三年获得表扬。开展全省政府采购业务培训。全省各市县253名政府采购管理和执行人员参加为期两天的培训,课程内容安排充实,紧贴一线执法需要,对财政部近期出台的87号令、94号令进行详细解读,邀请法律专家讲解行政诉讼法规,现场剖析相关政府采购案例,讲解地方政府采购信息统计报表编制,学员学习气氛浓厚,取得良好效果。

【加强支部党建防范廉政风险】深入贯彻学习习近平新时代中国特色社会主义思想、党的十九大和十九届二中及三中全会精神,开展集中学习和专题研讨45次。按照"三会一课"要求,先后召开支部大会5次、安排党员上党课4次。开展"走进政采代理机构 提升政采代理水平"党员活动日主题实践等活动。按照未巡先改的要求,制定《对厅党组巡查组巡查发现的21个问题整改落实清单》等多项整改清单,对标做好问题整改工作。按照党支部标准化建设标准,认真做好党支部标准化建设工作,经厅机关党委验收,全面达标。遵循"两手抓、两手都要硬"的原则,持续推进"一岗双责",将全面从严治党和党风廉政建设工作任务分解到人、落实到人、明确到人。制订"讲严立"专题警示教育实施计划,组织开展专题警示教育活动。认真开展廉政谈心谈话活动,支部书记及时提醒支部每位党员牢记廉政这根弦,及时打"预防针"。开展作风建设大排查、经商办企业自查以及"三查三问"集中整治形式主义官僚主义专项行动工作,全面落实"六必讲、五必谈、三必访"制度,做好运用监督执纪"四种形态"谈话记录工作。

(侯洪玮)

农村综合改革处工作概述

【概况】2018年,综改处围绕财政改革和财政"三农"工作大局,主动对接乡村振兴战略,积极服务脱贫攻坚和美丽乡村建设等中心工作,各项重点工作扎实有序推进,在财政部年初绩效考核中,安徽省2017年度农村综合改革综合考核获全国第二名,农村综合性改革试点试验获优秀档次(第一档),并获财政部奖励资金5000万元。紧盯年度目标任务,保持工作力度不减,坚持以党建凝聚党员干部人心,以党风廉政建设规范党员干部行为,以党建及党风廉政建设推动和保障处室业务工作,各项工作取得显著成效。

【党支部和党风廉政建设情况】坚持党建引领,党建、廉政建设、业务建设和处室建设"四位一体",同部署、同推进、同落实,着力"任务+清单+绩效+监督"工作推进机制,以党建凝聚党员干部人心、以党风廉政建设规范党员干部行为,以党建和党风廉政建设推动和保障处室和业务建设。认真贯彻落实厅党组和机关党委部署,全面落实基层党支部标准化建设、"讲严立"专题警示教育和"三查三问"活动要求,研究制定工作计划和任务分解表,明确责任,落实任务。同时,坚持问题导向,结合厅内巡察共性问题和支部自身短板,制定支部建设问题、责任和整改"三个清单",严实措施,完善制度,立行立改,不断提升支部建设制度化和规范化水平,党支部标准化建设全面达标。全年利用"三会一课"、专题学习研讨等,先后开展政治理论学习48次,学习厅党组推荐阅读文章27篇,撰写学习综述和心得体会10余篇,开展谈心谈话35人次,开展业务学习4次。坚决执行驻厅纪检组决策部署,坚持严管厚爱,全面落实"一岗双责"和党风廉政建设责任。先后研究制定党员干部作风建设责任清单、工作考勤负面清单、党员干部负面言行清单等，持续推动党风廉政建设常态化长效化。立足防患于未然，着重在监督执纪“四种形态”第一种形态上下功夫，建立健全处室廉政谈话和廉政学习制度，不断完善内部控制规程，坚持资金分配等“三重一大”事项集体研究决策，全面筑牢拒腐防变的思想防线和制度防线。累计开展廉政谈话近20人次，开展党风廉政建设专题学习17次，处室党风廉政建设和作风建设得到进一步加强。

【农村综合改革重点工作进展情况】全省各级财政综改部门认真贯彻落实财政部和厅党组决策部署，紧盯年度目标任务，保持工作力度不减，聚焦重点领域，健全完善制度，科学规划项目，强化政策落实，全年安排落实农村综合改革资金42.2亿元，推动农村综合改革各项政策落细、落实。

围绕支持脱贫攻坚和美丽乡村建设，着力提升工作质量和资金绩效，村级公益事业建设规范运行。全省各级综改部门聚焦脱贫攻坚和美丽乡村建设，健全完善制度，科学规划项目，强化政策落实，先后投入一事一议财政奖补资金19亿元，其中中央和省级投入32个贫困县(区)奖补资金10亿元，占比达66%，共建设村级公益事业项目8116个，并实现现有贫困村项目全覆盖。

围绕支持全省村级集体经济发展，着力健全政策体系和制度机制，国家扶持村级集体经济发展试点工作成效显著。利辛、明光、东至等28个国家扶持村级集体经济试点县(市、区)积极健全完善扶持村级集体经济发展的政策体系和体制机制，着力提升村级自我管理、自我发展的能力和水平，不断引领推动全省村级集体经济发展，先后在1074个村投入试点资金4.2亿元，实现收益2915万元，村民增收4017万元、贫困户增收3100万元。

围绕支持实施乡村振兴战略，着力探索“四大机制”集成融合，农村综合性改革试点试验工作稳步前行。天长市、宣州区、界首市、东至县、黄山区等5个农村综合性改革试点试验县(市、区)以强村富民为目标，以机制和制度创新为主线，以可复制可推广为标准，着力探索“四大机制”集成融合，为支持实施乡村振兴奠定体制机制基础，全年共安排试点试验资金6.6亿元(其中，中央和省级财政补助资金1.3亿元)，建设项目321个，梳理试点试验相关的政策措施近200个，制定和完善制度措施50多项。

围绕支持深化农村综合改革，着力抓好政策执行和任务落实，各项相关业务工作有序推进。2018年，安徽省农村综合改革相关业务工作均有序推进，先后安排村级组织运转经费和离任村干部生活补助资金15亿元，保障全省1.5万多个村正常运转，以及近10万在职村干部和37万多离任村干部报酬正常发放，并会同省委组织等部门研究调整离任村干部生活补助意见，对全省最低补助标准予以提高；统筹国家美丽乡村建设试点资金2.7亿元，支持全省817个中心村建设；同时，农村综合改革工作管理信息系统运行平稳，为政策决策提供了翔实的数据支撑，全省工作信息上报数量和质量得到较大提升，多篇被省委、省政府和财政部采用。

【联系服务基层情况】结合农村综合改革职能和工作性质，始终树立贴近基层、贴近群众、尊重基层首创精神的理念。继续按照“服务一线、提质增效”工作思路，先后深入20多个县(区)40多个乡镇120多个村开展工作调研，并进一步修订完善绩效考评办法，形成具有6大类近60个指标的考评体系，推动基层工作质量和资金绩效管理水平不断提升。

民生工程办公室工作概述

【概况】2018年，省财政厅在习近平新时代中国特色社会主义思想和党的十九大精神指引下，按照省委省政府部署要求，认真履行牵头职责，加强协调调度，强化制度建设，狠抓政策落实，扎实推进有关民生工作，圆满完成全年各项目标任务，民生工程群众满意度达90.9%，比上年提高0.3个百分点。

【深入部署落实】梳理58项重点民生工作，根据部门职能和职责分工，明确牵头责任单位和协同配合责任单位。细化33项民生工程，将任务分解到16个市、2个直管县和有关单位，省与市签订目标责任书，压实各级工作责任。

【强化制度建设】代拟并提请省政府出台《2018年全省民生工作要点》《关于2018年实施33项民生工程的通知》。印发2018年33项民生工程实施办法、资金筹措办法，研究制定质量效益、民主参与、绩效评价、考核监督等办法文件，推动民生工程规范化、长效化实施。

【有力保障资金】各级财政部门进一步强化民生工程资金保障管理，通过调整支出结构、预拨等方式，加快资金拨付进度。2018年，全省33项民生工程累计投入资金 1067.3 亿元，增长 13.5%，惠及 7000 多万城乡群众。

【注重建后管养】充分发挥市场机制作用，推动各地各部门创新管养举措，通过公建民营、政府购买、服务外包等，探索建立政府主导、社会参与、公办民办并举的管养体系，着力提高建后管养的质量和水平，切实发挥民生工程惠民效益。

【精准调度推进】召开六次民生工作布置会和调度会，举办全省财政民生工程管理人员培训班，分市分部门加强重点月份进度通报，调度推动工作落实。强化部门联系，积极开展会商，累计完成各类会商工作 60 多次，协调解决办法制定、目标任务、计划下达等问题。

【深化监督评价】根据人大、政协换届情况，确定 4 位全国人大代表、全国政协委员，32 位省人大代表、省政协委员任民生工程特邀监督员。10—11 月，省人大常委会李明副主任、省政协郑永飞副主席率队，对阜阳等 4 个市进行视察。根据中央关于全面实施预算绩效管理的意见要求，进一步加强民生工程绩效评价工作，完成新增项目绩效评价办法修订，对上年实施的 12 个项目开展第三方评价。

【加大宣传力度】在省级主流媒体刊发民生工作和民生工程信息。召开民生改善新闻发布会，开展财政民生为主题的《政风行风热线》直播活动，强化《安徽民生工程》网络信息平台建设，围绕改革开放 40 周年做好财政民生改革相关宣传报道、论文撰写工作，营造良好实施氛围。

【落实共享发展】认真落实省委省政府五大发展行动计划部署，牵头财政厅内部共享发展行动计划落实。对 2018 年度工作要点逐项分解细化，压实工作责任，按季汇总报送省财政厅落实共享发展行动工作总结。制定 2018 年度共享发展行动施工图，按月报送省财政厅共享发展行动施工图任务进展。每月及时报送共享简报，在共享发展行动简报上刊登信息 5 篇。

人事教育处工作概述

【概况】2018 年，人教处深入学习贯彻习近平新时代中国特色社会主义思想和党的十九大精神，深入学习贯彻全国、全省组织工作会议精神，认真贯彻落实新时代党的组织路线，坚持好干部标准，认真履职尽责，努力打造忠诚干净担当的高素质专业化财政干部队伍，圆满完成各项工作任务。连续第 7 年获评全国财政系统干部教育培训工作先进单位，获 2017 年度全国财政系统人事教育统计工作综合考评一等奖，获 2017 年度厅综合考核先进单位。

【服务厅党组加强自身建设】圆满完成省委综合考核。协调相关处室单位对标对表、提前准备、如实呈现，全面接受省委综合考核检验。财政厅领导班子连续第 3 年获“好”等次，财政厅主要负责同志连续第 3 年获“优秀”等次并被记三等功。细致服务厅党组召开民主生活会。服务厅党组高质量召开 2017 年度民主生活会和“讲严立”专题警示教育专题民主生活会，共查摆班子问题 37 个、个人问题 182 个，提出批评建议 60 条。会后，制定班子整改措施 39 项、个人整改措施 160 项，并全部整改到位。积极服务厅领导常态化开展走访督导。提请制定《关于进一步加强厅领导走访督导处室单位的通知》，厅领导共走访督导 286 次，其中厅主要负责同志走访 26 次。

【开展“讲严立”专题警示教育】厅党组高度重视，厅主要负责同志亲自主持制定厅“讲严立”专题警示教育实施方案，细化制定重点任务分解表等具体工作方案 6 个，9 次主持召开厅党组会、办公会谋划部署。厅党组率先垂范，认真学习习近平总书记关于“立政德”的重要论述，认真学习省委推进会和李锦斌书记重要讲话精神，认真学习《领导干部要讲政德》等学习资料，全年开展中心组理论学习 17 次，专题学习 8 次，组织开展庆祝建党 97 周年党课报告会暨“讲严立”专题警示教育研讨会，厅主要负责同志亲自给全厅党员干部上党课，亲自带队赴绩溪县开展“党史教育日”和廉政警示教育活动。强化问题整改。坚持边查边改，厅领导 2 次带队对整改落实情况实地督导。认真落实“三查三问”，厅领导班子自查自纠问题 14 个，班子成员自查自纠问题 50 个，其中厅主要负责同志 15 个，各处室单位自查自纠问题 132 个，全部整改到位。

【推进机构改革】坚持把推进机构改革作为一项政治任务，深入学习贯彻习近平总书记关于党和国家机构改革的重要论述和中央精神，认真学习贯彻省委十届八次全会精神及机构改革相关部署安排。厅主要负责同志亲自主持制定财政厅机构改革方案，亲自与相关单位协调职能调整、机构人员转隶等具体事宜，亲自主持召开农发局转隶工作会议。厅领导结合走访联系处室单位释疑解惑,教育引导财政干部提高站位,服从安排,形成思想共识,营造良好氛围。严肃机构改革期间纪律要求,各处室单位每月自查执行纪律情况,保证财政厅机构改革期间人心不乱、工作不断。

【做好财政干部教育培训】持续开展党的十九大精神培训。在2017年完成厅级干部轮训和科以下干部集中培训的基础上,安排142名处级干部参加21个批次的集中轮训,做到全员覆盖。在内网开设论坛,上传心得体会文章50篇,供全厅干部交流学习。有计划开展财政专业化培训。受省委组织部委托,连续第4年举办财政改革与财政政策培训班,培训市县政府领导干部和财政部门主要负责人243人,省委常委、常务副省长邓向阳亲自到会并作重要讲话。举办2期乡镇财政所长岗位培训班,培训乡镇财政所长450人,厅主要负责同志亲自参加开班式并作动员讲话。全年共举办各类业务培训班26个、培训干部4840人次,服务32名干部参加调学,其中厅级干部4人,组织271名干部参加在线学习、336名干部进行学分制申报。

【开展干部选拔任用】依规开展选拔任用。坚持新时期好干部标准,维护和巩固"不要找"的财政风气和风清气正的政治生态,依规开展干部选任,提拔正处级领导干部1人、副处级干部1名、科以下干部8人。多渠道挂职锻炼。选派第七批帮扶干部赴颍东区吴寨村扶贫挂职。安排11名干部到市、县(区)财政部门和财政窗口挂职。接收1名省直机关干部、5名县(区)财政局、2名企业工作人员到财政厅挂职学习,安排1名干部内部挂职。配优配强省农担公司领导班子。提请制定《省农担公司人事管理暂行办法》,依规配备农担公司董事会、纪委书记、监事和经营层等有关人选,进一步健全公司领导班子。

【深化干部监督管理】开展领导干部个人有关事项报告。组织142名处级干部完成年度填报,随机抽查15人,重点抽查4人,2人存在漏报,提请依规进行批评教育。开展年度考核评价。完成423名干部的年度考核,评选优秀公务员64人,优秀事业单位工作人员15人。组织104名处级领导干部完成述职述廉述德。完成7名干部的试用期考核、2名干部的挂职考核。注重正向激励。提请印发《关于进一步激励财政干部新时代新担当新作为的实施意见》,召开全省财政系统先进集体和先进工作者表彰大会,表彰先进集体50个、先进工作者86名。在全省财政系统开展向和先念同志学习活动,在全厅开展向曾翙翔、刘扬彧同志学习活动。关心关爱干部职工。服务干部带薪休假,全年共休假268人次,休假率63%。保障干部工资福利,调整干部工资1895人次。注重在全厅营造尊重、关心、重视军转干部的良好氛围,接收军转干部6人,召开军转干部座谈会,厅领导走访慰问军转干部,给家庭困难的军转干部送去温暖。

【加强人教处自身建设】持续加强支部党建。深入推进"两学一做"学习教育常态化制度化,扎实开展"讲严立"专题警示教育,厅主要负责同志以普通党员身份参加支部活动7次,支部全年共开展学习39次,研讨12次,党课4次。严格质量标准,通过长期培养和组织考察,经支部大会研究,并报厅机关党委批准,发展预备党员1名。坚持问题导向。认真开展"三查三问",查摆问题7个。召开2017年度组织生活会和"讲严立"专题警示教育专题组织生活会,查摆问题24个。对照厅党组政治巡察发现的问题,坚持举一反三,查摆自身问题4个,全部整改到位。加强廉政和作风建设。通过支部学习、现场教育、督促提醒等,筑牢全处干部拒腐防变心理防线。严格落实中央八项规定及其实施细则精神、省委实施细则和厅实施办法,组织党员干部参加双包扶贫、结对共建、党员到社区报到、上门会商等31次。完成全省财政干部交流轮岗情况调研,获厅主要负责同志批示肯定。

机关党委工作概述

【概况】2018年,在财政厅党组的坚强领导下,在驻厅纪检监察组的有力指导和厅直机关党委、机关纪委和各处室单位党支部的大力支持下,机关党委认真落实新时代党的建设总要求,紧紧围绕"抓党建、促发展"的工作思路,推动财政党建工作与业务工作互促互进共赢,从严从实加强机关党委党支部自身建设,努力锤炼一支忠诚干净担当的财政党务干部队伍。财政厅党建和群团工作在全省、省直机关多次获得表彰荣誉,全厅188人次获得各类奖项。财政厅荣获"安徽省读书朗诵电视大奖赛"一等奖、全省群众体育先进集体、省直"十佳学习型机关",在省直单位年度定点扶贫考核中获得"好"等次,在省直机关第八届运动会上获团体一等奖、优秀组织奖、体育道德风尚奖。

【加强财政政治建设】组织全厅党员干部深入学习习近平总书记在中共中央政治局第六次集体学习时的重要讲话精神,开展加强财政党的政治建设专题研讨,坚决贯彻省委省政府决策部署和厅党组要求,引导财政党员干部树牢“四个意识”、坚定“四个自信”、忠诚践行“两个维护”,做到“五个纯粹”“五个过硬”。严格执行《关于新形势下党内政治生活的若干准则》,大力弘扬忠诚老实、公道正派、实事求是、清正廉洁等价值观,加强党内政治生活、政治文化和政治生态建设。组织党员干部认真学习党章,强化党员意识,增强党性观念,提高党性修养。组织全体党员干部收看纪念马克思诞辰200周年大会实况,开展纪念建党97周年系列活动及庆祝建党97周年专题党课报告会,组织中心组成员赴绩溪开展党史教育和廉政警示教育。常态化开展向先进典型学习活动,学习和先念、周会明以及黄群、宋月才、姜开斌、王继才同志先进事迹,组织学习扶贫干部曾翙翔、刘扬彧事迹,组织观看电视专题片《榜样3》和电影《邹碧华》,组织召开“青春、信仰、奋斗”青年干部座谈会,涵养风清气正的财政政治生态。

【不断深化财政思想建设】起草财政厅党组《深入学习贯彻习近平新时代中国特色社会主义思想的实施意见》,按照学懂弄通做实要求,深入推进学习贯彻习近平新时代中国特色社会主义思想和党的十九大精神的大学习、大宣讲、大培训、大调研、大落实。制定并落实财政厅党组理论学习中心组2018年度理论学习计划,认真执行财政厅党组理论学习中心组“1+8”学习制度,服务保障厅党组理论学习中心组学习会17次,开展专题研讨8次,研讨材料汇编成册,印发支部指导学习。组织开展庆祝改革开放40周年系列活动,集中收看学习习近平总书记在庆祝改革开放40周年大会上的重要讲话,举办“见证改革四十年、奋力开创新征程”读书朗诵比赛,组织党员干部观看《改革潮涌还看今朝》专题报告片,积极开展纪念改革开放40周年主题党日活动。及时购买发放《习近平谈治国理政》第二卷、《习近平新时代中国特色社会主义思想三十讲》《领导干部要讲政德》等重要文献和学习辅导资料。第一时间向各支部印发厅党组书记推荐阅读文章27篇,推动各支部落实理论学习1626次。严格落实意识形态工作相关牵头职责,抓好阵地建设管理,深化宣传教育,加强安全防范,引导党员干部增强政治敏锐性和政治鉴别力。

【全面提升财政组织建设】认真学习贯彻《中国共产党党务公开条例(试行)》《中国共产党支部工作条例(试行)》等党内法规制度,牵头起草财政厅直属机关党建工作要点、“三个清单”和党务公开实施方案,认真服务财政厅领导履行“一岗双责”抓党建工作制度的落实,财政厅党建工作领导小组召开会议7次,召开9次机关党委全体委员会议、机关纪委委员会议,厅领导参加所在支部活动56次。组织开展“落实党的组织生活制度”“党员主题教育”等5项专题调研。以强化支部政治功能为着力点,推动各支部规范落实“三会一课”、组织生活会、民主评议党员等党内组织生活制度。加强财政机关党建工作调研,先后完成党内激励关怀、落实党的组织生活制度等专题调研任务并形成调研报告。做好发展党员以及表彰先进党支部和优秀党员等工作,严格党费使用管理,财政厅37个处室单位党支部全部通过2018年标准化建设达标验收。省直机关基层党组织标准化建设和党支部建设提升行动推进会全体代表来财政厅现场观摩,罗建国厅长作为省直机关党组织唯一代表在2018年长三角地区机关党建工作研讨会上做大会交流。

【持续加强财政作风建设】组织各支部深入学习研讨新修订的《中国共产党纪律处分条例》,深入开展形式主义官僚主义问题大排查大调研活动。组织党员干部认真学习《习近平扶贫论述摘编》并开展专题研讨。财政厅定点帮扶工作领导小组召开会议6次,认真落实省直单位定点帮扶颍东区牵头单位责任,财政厅在全省脱贫攻坚座谈会上作交流发言,会同驻村工作队制作微视频《帮扶》《“变”出聚宝盆》在省直机关获奖。及时汇总通报会商帮联工作进展,2018年全厅共会商2398次,为预算部门解决问题2214个;各处室单位下基层联系工作共518次,其中厅领导带队65次。深入推进与7个村级和1个社区基层党组织开展结对共建工作,共过组织生活,宣讲扶贫政策,组织宪法入村,慰问生活困难党员群众捐赠物资4.8万元。

【从严强化财政纪律建设】积极服务财政厅党组落实全面从严治党和党风廉政建设主体责任,起草印发全面从严治党和党风廉政建设主要任务及责任分解，起草并执行《安徽省财政厅领导干部落实主体责任全程纪实暂行办法》《中共安徽省财政厅直属机关纪律检查委员会工作规则（试行）》。严格落实机关纪委列席厅党组会、厅长办公会、厅反腐倡廉建设领导小组会议等制度，积极主动发挥机关纪委职责，组织开展“警示教育周”活动，参与对3个处室单位党支部的政治巡察，牵头督办巡察反馈问题整改和监督其他支部举一反三、未巡先改。牵头组织完成厅机关及厅属单位违规经商办企业专项整治“回头看”，依规对厅名下4家企业办理保留或脱钩手续。参与对厅属单位财务管理、资产管理、内控建设、绩效评价、高会评审、执行财经纪律情况的监督检查工作。严格执纪问责，综合运用监督执纪“四种形态”对党员干部进行提醒谈话和批评教育，依规处理违法违纪党员，及时以案为鉴开展警示教育。

【扎实推进财政群团工作】起草2018年厅直机关精神文明建设工作要点，财政厅精神文明建设领导小组召开5次会议研究部署创建工作。组织党建与文明创建专题报告会，在财政厅门户网站开设“文明创建”栏目，及时宣传厅文明创建信息。全年在财政部党建信息平台、文明创建网、安徽先锋网、省直机关党建网和微信平台发布信息228篇。积极践行和培育社会主义核心价值观，认真落实省文明委、省直文明委要求，结合财政工作和机关党建实际，开展每月一主题的雷锋志愿服务系列活动。机关工会及时修订工会经费收支管理实施细则，落实工会会员福利政策，认真做好困难干部职工、离退休老干部的帮扶慰问工作，厅机关工会共慰问会员42人次，组织干部职工为新疆皮山捐赠冬衣编织毛衣828件，厅直机关妇委会组织80余名女职工赴巢湖参观省爱国主义教育基地接受革命传统教育，关心关爱女职工身心健康。厅直团委组织青年党团员赴吴寨居开展省直机关“走基层访一线服务五大发展行动”调研实践活动，撰写的调研报告和心得体会文章再次荣获一等奖、三等奖。在全省和省直机关举办的各类党建评比活动、群团文体竞赛中财政厅干部多次获奖，在省直机关第八届运动会上，财政厅获奖项数和人数为历届最多。财政厅还获评省直机关计划生育工作先进集体。

离退休处工作概述

【概况】2018年，离退休处以习近平新时代中国特色社会主义思想和党的十九大精神为指导，认真贯彻中办发〔2016〕3号和皖办发〔2016〕51号文件精神，坚持以老干部“三项建设”“两个待遇”为中心，处室全面建设稳步提升，服务管理老干部工作水平再上新台阶。获省直机关离退休干部暨工作人员系列比赛活动“优秀组织奖”，老干部工作经验在财政部老干部局培训班上作研讨交流。

【注重理论武装】坚持用党的创新理论武装头脑，提升适应老干部工作转型的能力与水平。以习近平新时代中国特色社会主义思想为指导，强化“四个意识”。深入学习领会习近平总书记治国理政的新思想新战略和关于老干部工作的重要指示，学习党章党规党纪，在深学笃用中打牢听党话跟党走的思想根基，不断增强“四个意识”，坚定“四个自信”。以建设学习型党支部为目标，锤炼政治素养。紧跟财政厅党组理论学习中心组的七个专题进行学习，累计开展集中学习26次、党课辅导4次、研讨学习11次、党员自学人均25余学时。严格落实“两学一做”学习教育计划和“讲严立”专题警示教育计划，制定党建工作“三个清单”。两次召开组织生活会进行党性分析和党性体检。以老干部工作转型为引领，在结合渗透上下功夫。坚持把老干部工作放到学习贯彻十九大精神中去思考和推进，围绕精准服务、精细化管理、支部建设等内容深入思考研究，不断理清思路。

【注重加强三项建设】牢固树立“全面从严治党，离退休党员不能例外”理念。突出党性锤炼加强离退休干部政治建设。认真组织离退休干部学习领会党的十九大精神，通过举行学习会、书画摄影展、征文比赛、参观城市建设等多种形式促进“两学一做”常态化，每季度分别组织各支部召开一次党员大会，规范离退休干部微信等网络行为，引领永葆政治本色。突出理论武装加强离退休干部思想建设。全年编印离退休干部学习资料800余份，及时送发十九大教育读本等书籍，各支部每季度召开一次政治理论学习大会。建立各支部微信群，推广关注“安徽纪检监察”等微信公众号，不定期通过QQ、微信等网络媒体推送学习资料。突出政治凝聚加强离退休干部党组织建设。建好配强支部班子，全面落实离退休干部党支部书记、委员工作补贴。指导四支部探索符合离退休干部实情的“三会一课”等组织生活制度，引导各支部开展“走近桐城六尺巷，学谦让精神，做合格老党员”等主题党日活动,四支部精心制作参观桐城六尺巷和寿县古城的VR,有效增强支部凝聚力。组织“七一”为财政厅3名年龄满80周岁的老党员登门“祝寿”。

【注重落实两个待遇】坚持“心为老干部所想,情为老干部所系,事为老干部所办”,进一步提升服务管理工作质量。落实政治待遇,离退休干部获得感不断提升。组织离退休干部参加上级重要会议11人次,通报有关情况2次,实地参观5批次。给每名离退休干部订阅《中国老年》等刊物,给三个活动室订阅参考消息等20余种报刊。坚持重大节假日走访慰问制度,厅长罗建国、副厅长王召远于春节前带队走访慰问厅级离退休干部,倡导各处室分别上门慰问从本处室退休的干部,实现全覆盖。走访和接待离退休干部来电来访共360余人次,到医院探望40余人次。落实生活待遇,离退休干部幸福感日益提升。坚持每季度举办竞技麻将赛,并组队参加省直第33届老干部竞技麻将赛、财税审系统第31届和32届老干部竞技麻将赛、2018年度省直机关老干部(41届)“改革开放杯”麻将赛等系列比赛,举办财政厅离退休干部掼蛋赛2次。引导一批老干部积极参加省委老干部局网站投稿、“我看改革开放新成就”主题征文、全省老干部系统纪念改革开放40周年两项活动、省直机关老干部“新时代、新生活”第29届书画展等活动。助力老干部参加省直机关“八运会”退休职工组比赛和省直机关离退休干部系列比赛活动。给21名困难党员和群众、27名遗属送去慰问金。为6名离休干部申报特殊困难补助,并积极做好调整护理费标准工作。有序组织离退休保健对象和退休干部年度体检及退休妇女干部妇检,并逐一完善离退休干部健康档案。缩短医药费报销周期。主动协助家属做好5位离退休干部去世后有关善后服务工作。创新服务方式,服务管理水平争创一流。对每名离休干部明确一名联系人,定期进行联系帮扶。探索“互联网+党建+管理+服务”模式,搭建老干部支部建设和老干部服务管理的平台。

【注重支部达标建设】坚持以党支部标准化建设为引领,以提升组织力为出发点和落脚点,推动支部全面建设。支部基本建设标准化。指定纪检、党建等专职人员,确保党纪有人管、党建有人抓。坚持“支部建在处室、处长担任书记”工作机制,推动“一岗双责”有效落实。指导四支部完善支部会议室基本设置和基础设施。支部书记和党务专职人员均按要求参加培训。支部基础管理规范化。严格落实“三会一课”、党员民主评议、支部书记和纪检专干与党员谈心谈话制度等组织生活制度。建立支部党内监督机制,强化党员日常行为监督,严格规范党费收缴和公示程序。分七个模块及时规范地整理支部标准化建设台账。支部创先争优活动特色化。大力开展“主题党日+”活动,提出“一个党员一面旗”口号,两次走近高新区蜀峰湾社区和舒城县新四军第四支队开展以“不忘初心”为主题的党日活动。用活“两微一端”媒体构建党员学习交流新平台。坚持每月集中晾、晒、评、议工作情况,推动党员落细落实岗位责任。

【注重党风廉政建设】学习贯彻党的十九大以及上级反腐倡廉会议精神,认真履行“两个责任”,推动支部全面从严治党和党风廉政建设再上新台阶。落实“两个责任”,完善工作机制。理清支部党风廉政建设“责任清单”,人人压实责任。落实支部书记全面从严治党述责述廉评议等制度。进一步完善党风廉政建设和履职能力及作风效能建设等制度。开展专项治理,规范管理行为。扎实开展“四风”及财政作风大排查、“三查三问”和集中整治形式主义官僚主义等专项活动。严格执行《财政厅工作人员违反效能建设处罚管理规定》。对照巡视反馈,狠抓自查自纠。对巡察组巡察其他处室的每一次反馈意见,深入自查自纠、举一反三,列出整改清单。对财政厅上年8名经商办企业的离退休干部进行再核查,对2名去年被人举报到省纪委的老领导,要求在各支部会上进行情况说明。

非税收入征收管理局工作概述

【概况】2018年,省非税局服从大局,认真履行职责,抓党建、重廉洁、转作风,强化非税收入管理、深化非税收入改革、优化非税收入质量,圆满完成全年各项任务。省级非税收入累计完成203.2亿元,为预算的112.8%,较上年增长9.1%,其中一般公共预算非税收入105.6亿元,为预算的114.5%,增长1.1%,均创历史新高。

【加强政治建设】制定非税局机关2018年党风、廉政和效能建设工作要点及党建“三个清单”,认真抓落实,教育和引导全局同志政治自觉、思想自觉和行动自觉，强化“四个意识”、坚定“四个自信”、牢记“两个维护”，始终与党中央、省委和厅党组保持高度一致。深入学习习近平新时代中国特色社会主义思想和党的十九大精神，举办《宪法》专题讲座和《支部工作条例》专题学习与测试。全年集体学习22次、专题研讨9次，党小组学习活动24次。提升“三会一课”质量，支部书记和支委带头上党课，并组织先进典型谈认识、讲体会，推进“两学一做”学习教育常态化制度化。开展党建“五小”载体活动，及时掌握党员群众的状况，全年累计谈心谈话68次，尽力解决思想、工作、家庭方面的问题。完善定期例会和学习制度，传达学习贯彻中央、省委和财政厅党组最新要求和厅长推荐文章。扎实开展“作风大排查”“讲严立”“三查三问”“整治形式主义官僚主义”等专项活动，确保问题查深、整改到位、立现实效。

【加强组织建设】对照支部标准化、提升行动和“六有”规范化建设的各项要求，不断补齐短板、完善提高。充实非税局党务组力量，设置党务专干1名、党务联络员4名，印发《党务工作规则》。常态化开展组织生活，支部每月或即时召开党建专题会，研究落实财政厅党组关于党建方面工作部署，形成会议纪要17份。以庆祝改革开放40周年为专题，单独或联合相关单位党支部开展系列党日活动。召开“讲严立”专题组织生活会，广泛谈心谈话，深刻批评与自我批评。认真落实“一岗双责”和党员干部责任，支部书记和支委定期不定期进行检查。分类建立支部档案，完善“三查三单”台账，分工负责、按月收集，及时掌握工作进展，排查存在问题，梳理整改成果。

【加强廉政建设】深入学习和贯彻执行《廉洁自律准则》《纪律处分条例》规定，以及驻厅纪监组“推进财政全面从严治党和党风廉政建设工作座谈会”精神等，维护风清气正、团结奋进、干事创业的良好政治生态。严格落实全面从严治党和党风廉政建设“两个责任”，强化支部书记“一岗双责”和支委特别是纪检委员职责，常提醒、多谈话、严要求，抓早抓小。全体党员干部签订《党风廉政建设责任书》，强化责任意识，知“红线”、懂敬畏、守规矩，防微杜渐。对照财政厅党组、驻厅纪监组巡察发现的共性问题，及时自我查摆、未巡先改、举一反三，建立问题、整改、责任清单，聚焦常态与长效，强化整改措施，明确整改时限，推进整改落实，保证整改成果。

【加强纪律建设】严肃改革纪律，利用局长办公会、党建学习会、谈心谈话等，向全局干部宣传机构改革和非税征管体制改革的重大意义与主要精神，强调改革纪律，要求大家一定要理解改革政策，做到人心不散；理清财政职责，做到秩序不乱；理性担当作为，做到工作不断。严肃保密纪律，落实财政厅党组、财政厅保密委关于保密工作的部署和要求，强化保密知识和法规教育，建立保密台账，依规宣传报道，加强电脑管理，开展多次保密自查和检查，发现问题及时整改。严肃财经纪律，严格执行《局机关内部控制操作规程》，制定《省级非税收入汇缴结算户核算规程》，健全内控制度，规范权力运行，强化风险防控，并认真开展内控自查，堵漏补缺完善。严控公务开支，实行“个人填单、出纳初核、会计复核、分管局长把关、主要负责同志一支笔审批”，万元以上支出经集体研究后报分管厅长审批。非税局机关“三公经费”继续保持“零支出”。

【加强作风建设】深化文明创建，积极参加党建专题研讨、青年工作座谈会、各项主题征文等活动，牵头开展省财政厅“勤劳脱贫，做新青年”学雷锋志愿服务行动，组织参加省直机关“八运会”“读书月”“春蕾计划”10元捐等活动。王锐同志获“全国五一劳动奖章”，是全省省直机关唯一获奖个人，雷华清同志获省直机关“书香家庭”荣誉。巩固效能成果，深入推进“四零”服务，继续坚持上班期间“三不”原则和效能巡查制度，每周巡查1—2次，实时登记台账。逢会必强调，平时常提醒，重要时间节点特别是节假日前后连续温馨提示，确保效能建设抓常抓长和不出问题。服务基层群众，积极了解掌握单位和基层情况，特别是对公共支付平台建设、非税征管体制改革等问题，开展专题调研指导。将票据业务纳入省政务服务“最多跑一次”范围，在财政窗口开展现场培训、设立自助打票专区，提供“一站式”服务，全年窗口共发放各类财政票据289万份、核销200万份。加强工作会商，及时办理来信来访，扎实推进结对共建、“双包”帮扶、党员进社区等活动。

【规范非税收入征缴】严格全口径预算管理，认真审核787家省直单位非税收入预算，对15家编制不精准的进行调整。严密监控“国”字头非税收入，新增26家省直单位国有资产收入纳入非税管理。严格落实中央和省出台的降费减负政策，实现省级涉企行费“清零”，减轻企业和群众负担。严格界定非税汇缴结算户资金性质，清理待结算资金，依规办理资金退还,省级共清理待结算资金 27.5 万笔、27.7 亿元,办理资金退还 889 笔、2.7 亿元。加强省级非税收入调度,监控各市非税收入收缴,确保运行平稳可持续。2018 年全省非税收入累计完成 4063.9 亿元,为预算 121.6%,同比略降 2.5%,其中一般公共预算非税收入 867.9 亿元,为预算 111.7%,增长 3.1%;占地方财政收入比重 28.5%,下降 1.4 个百分点,实现"总量基本稳定、预算圆满完成、质量稳中有升"的目标。

【落实非税收入条例】针对《安徽省非税收入管理条例》首年实施,分期对省直单位和市县财政进行专题培训,并对部分单位和市县的宣传培训和贯彻落实情况进行督查。根据条例规定和工作需要,会同人行合肥中心支行制定《全省非税收入代收机构管理办法》,明确代收责任,规范代收行为。对 17 个省直单位开展专项检查,共查处 15 家单位 5150 万元非税收入未上缴、9 家单位票据使用不规范、9 家单位国有资产管理不严实等问题。主动接受审计监督,协调对 28 家省直单位进行延伸审计,并积极利用审计成果,追缴非税收入 560 万元。

【完善公共支付平台】按照省政府统一部署,将支付平台整体迁移到省级政务云,同步开通安徽政务服务网二级域名。扩大代收渠道,将 20 家商业银行以及银联、支付宝、微信、易宝等 4 家第三方支付机构接入支付平台。丰富非税代收方式,除原有银行柜面、自助设备和 POS 刷卡缴款外,新增虚拟转账、扫码支付、APP 支付、个人网银、企业网银等多种电子化缴款渠道,实现"线上线下整合、多种渠道并行"的建设目标。将服务群众最直接和最广泛的全省公安系统车驾管与出入境证照办理费、法院系统诉讼费、旅游系统导游资格考试费的缴纳,以及部分市县公立高中和幼儿园教育收费,均纳入支付平台办理,有效解决群众重复排队、缴款方式落后等长期难题。截至 2018 年底,公共支付平台累计完成交易资金 480 亿元,交易笔数突破 410 万,日均交易 2.8 万笔。

【实施非税系统集中化改造】根据财政部关于非税管理电子化"省级统建统管"的要求,依托公共支付平台,积极实施非税管理系统集中化改造。建立全省统一的非税项目库,经梳理省级非税项目和规范试点市项目库建设,清理不合规项目 114 项,归并 44 家省级单位培训类、48 家捐赠类项目。6 月底前完成省级非税系统集中化改造工作,10 月底前在合肥、亳州、安庆开展第一批试点,11 月启动阜阳、六安、马鞍山、芜湖、滁州、池州、宣城和蚌埠第二批试点。顺应财政部建立国库统一收付制度的改革要求,通过与人行国库信息处理系统(TIPS)对接,在全国率先实现非税收入电子化直接缴库。9 月份召开的全国财政国库工作会议上,安徽作为非税收入电子化管理的唯一省份作大会交流发言。

国库支付中心工作概述

【概况】2018 年,支付中心以习近平新时代中国特色社会主义思想为指引,坚定不移贯彻落实十九大精神,持之以恒加强党的建设,围绕财政中心工作,强基础、转职能、促发展,深化"放管服"改革,全面保障国库集中支付机制规范高效运行。全年累计办理国库集中支付业务 147 万笔,同比增长 10%;金额 2153 亿元,同比增长 21%。中心党支部获财政厅"先进党支部"称号。

【着力保障财政重点工作】履行省级国库集中支付职能,全力贯彻落实上级各项决策部署。积极服务保障财政重点支出,及时准确完成财政重点支出任务,特别是"三大攻坚战"财政资金支出保障,全年集中支付办理各类扶贫资金支出 2.4 亿元、污染防治资金支出 0.7 亿元、债券还本付息 24 亿元。推进支出经济分类科目改革,分类规范支出经济分类科目的调整时间及审批流程,改造支付信息系统,实施政府支出经济分类科目动态监控,对跨年度退款信息要素进行补充,全年办理跨年度退款 274 笔,金额 1304 万元。积极优化功能保障省级机构改革,会同财政厅国库处、信息中心,推动实现公务卡跨行还款,减少机构改革涉及单位个人公务卡换卡等繁琐环节;出台服务指南,梳理清除 32 个零余额"僵尸"账户,积极做好改革涉及部门单位的财政资金支付准备工作。及时准确做好省级预算单位工资统发等基础工作。积极配合司法体制、养老保险和个人所得税等项改革,多次会商地税等部门,保证支付信息系统个人所得税数据准确。全年累计发放工资 30 亿元,代扣个人所得税 919 万元,其中,司法体制改革 18 家试点单位人员工资 1.7 亿元。

【持续推进集中支付"放管服"】坚持以问题为导向,加快国库集中支付职能转型。持续做好简政放权,按照新个税法要求,会商税务部门,退回单位个税代扣代缴事项。继续推进支付方式改革，保持财政授权支付比重，全年授权支付笔数143万笔，占比维持98%，保证预算单位在《预算法》框架下有效行使支出事权责任。持续发挥监控作用，根据政策调整，及时优化政府采购、公务卡等预警规则，积极协助做好扶贫资金动态监控管理。建立财政厅内动态监控工作互动机制，全年累计向支出处室发送7期动态监控通报和12期执行情况报告，为预算执行和预算综合考核做好服务。持续提升系统能力，深化电子化管理，8家代理银行自助柜面全面上线运行，为预算单位财政资金支付“服务到家”。建成第三方电子审计系统，确保每笔集中支付电子数据操作均在监控下运行，该系统建设获财政部《金财工程简报》专题通报肯定。持续深化窗口服务，简化预算单位银行账户开设(变更)手续，让预算单位“最多跑一次”财政。开展代理银行综合考评和明察暗访，不断提升代理服务质量。组织省级国库集中支付问卷调查，对361个预算单位500余条意见建议，梳理形成4类13条措施，年内全部整改并答复。突出省级示范，服务市县国库集中支付改革。通过开展工作调研、业务培训会、座谈会和编制年度报告等方式，逐步统一全省国库集中支付业务标准和内控要求，推进省市县集中支付工作向一体化方向发展。《全省国库集中支付工作年度报告》连续两年获厅领导批示肯定。

【切实履行管党治党责任】重点围绕厅党组巡察抓整改落实，不断提升党建工作质量。围绕思想建设抓整改，牢牢把握意识形态主动权。认真组织党员干部学习党的十九大精神和习近平新时代中国特色社会主义思想，开展“讲严立”、“不忘初心、牢记使命”等专题教育，学习新《党章》等党内法规，学习和先念等一批先进人物事迹，赴小甸特支等革命教育基地重温入党誓词，围绕身边人身边事开展警示教育，着力强化党员干部思想自觉和行动自觉，全年累计组织各类学习37次，研讨6次，主题活动7个。围绕主体责任落实抓整改，着力加强支部班子建设。健全党建工作制度，将监督执纪“四种形态”责任落实写入纪检监督工作制度。制定年度党建和纪检工作计划，完善月度工作例会制度，将党建、党风廉政建设与业务工作同部署、同落实。以领导干部“三查三问”为抓手，加强班子责任履行监督，推动各项整改任务落实。针对工作计划、资金使用、干部调整等，共召开支部会议22次，工作会议31次。围绕组织建设抓整改，严格执行党内政治生活制度。健全党小组设置，全年累计组织“三会一课”、党员活动日等各类生活58次。用好批评与自我批评武器，组织生活会“红脸出汗”成常态。切实发挥谈心谈话作用，对干部工作调动、挂职锻炼、思想波动等情况，第一时间约谈相关人员，累计谈话41次，不断提升支部政治性、时代性、原则性和战斗性。围绕作风建设抓整改，力克制度执行形式主义、官僚主义。严格按照整改巡察要求推进制度“废改立”工作，全面梳理党建、业务制度32项，废止10项，修订11项，新增2项，调整内部机构设置，重新修订《内部操作规程》，扎紧扎牢制度防控的笼子。围绕纪律建设抓整改，认真开展日常监督管理。支部负责人每周至少开展1次内部效能抽查，纪检委员每季度至少开展1次学习教育和组织生活情况检查，并建立问题登记台账，与年度考核挂钩。健全普通干部外出报备制度，规范执行纪律管理要求。制定安全管理制度，将业务、保密、消防等安全工作统一管理，全年开展各类安全检查和风险教育共计14次，全面提升内部管理能力。

财政信息中心工作概述

【概况】2018年，信息中心深入学习贯彻习近平新时代中国特色社会主义思想和党的十九大精神，聚焦主责主业，强化党建引领，为新时期我省财政改革和发展提供强有力的信息化支撑和保障。

【推动财政部工作任务落实】围绕财政支持打赢“三大攻坚战”的重点任务、以及财政部改革工作，开展信息系统建设。按财政部统一部署，配合牵头业务处室，在省本级、16个市和70个扶贫县全面推广应用财政扶贫资金动态监控平台，各项工作在全国28个扶贫省(市)中均名列前茅，得到财政部相关司局表扬和认可。在全省推广应用财政部统一部署的地方全口径债务监测平台信息系统，对融资平台实行名录管理和中长期支出事项风险评估，完成数据填报工作。在省市县三级3万家财政和预算单位推广应用政府综合财务报告系统，实现部门财务报告编报、综合财务报告编报、财务报告管理和分析等功能。完成省级财政身份认证与授权管理系统的国产密码算法、全省财政系统防病毒系统改造升级工作，推进网络信息安全管理自主可控进程。落实财政部网络安全信息报送制度,按月报送网络安全情况报告。按照财政部文件要求,采取全省视频培训班、现场集中汇审等方式,按时保质完成全省统计工作,财政厅获财政部先进单位表彰。

【推进政务信息系统整合共享】按照省政府关于政务信息系统整合共享的要求,推进系统互联互通和整合共享。建设厅一体化应用统一门户,实现多项业务系统一键登录办理。将原单位资产出租出借系统,整合并入行政资产系统。将会计人员继续教育系统接入省政府服务平台管理,推进"放管服"制度改革。

【保障财政业务系统稳定运行】服务政府预算经济科目改革,全面梳理相关信息系统,编制改造和升级方案,完成部门预算编制、财政一体化系统、部门决算等相关软件功能改造升级,实现改革目标要求。深化财政一体化系统应用,新增和升级14项功能,保障全年支付业务顺畅办理。建设省财政厅银行账户管理系统,全省财政专户和省级单位银行账户管理上线运行。按照"大专项+任务清单"预算改革要求,完善省级部门预算系统,并实现省级预算评审电子化管理。完成财政厅门户网站、涉企资金、政府采购、行政资产、会计人员综合管理等软件升级完善工作,建立系统运维知识库,规范运维管理,提升运维效率。做好全省视频会议和财政厅大楼日常技术服务。协助办公室按季开展保密检查。

【强化网络安全管理和应急处置】贯彻落实国家总体网络安全观,通过"人防+技防",多措并举加强网络及信息安全风险防控。开展网络安全宣传教育和培训,举办网络安全宣传周活动,组织全厅干部《网络安全法》知识测试,开展全省财政网络安全技术培训。会同厅办公室开展全省财政系统网络安全和保密工作检查。牵头完成财政厅软件正版化检查、统计和报送工作,推进办公计算机设备国产化替代。提升安全保障和应急处置能力,开展全省财政一体化系统灾备演练,修订完善16个重要系统的应急预案。采取实景演练和桌面推演等方式对重要系统开展应急演练,重点做好勒索病毒防范。开展重要信息系统的信息安全三级等级保护测评并实施安全加固。

【指导市县信息化建设与应用】发布财政部关于国密算法升级、财政防病毒软件升级等文件,举办全省财政信息化应用工作培训会,开展全省网络安全检查,在专网接入安全改造、等保测评、灾备演练、病毒处置等信息安全管理、各项新业务系统实施以及市县国库支付电子化试点推广等工作中,为市县提供指导和技术服务。

【加强理论学习】中心党支部贯彻新时代党的建设总体要求,突出党建引领,坚持把党的政治建设放在首位,学习贯彻习近平新时代中国特色社会主义思想、十九大精神,牢固树立"四个意识"、始终坚定"四个自信"、坚决做到"两个维护"。组织干部职工深入研读习近平系列讲话和读本,学十九大报告,学习厅党组书记推荐阅读文章,不断在学懂弄通做实上下功夫。2018年参加厅党组中心组理论学习和研讨23次,组织召开中心支部会议42次、专题学习研讨8次,讲党课4次。

【开展党支部建设提升行动】将开展党支部建设提升行动作为重要抓手,常态化落实"三会一课"、组织生活会、民主评议党员、党员活动日、谈心谈话等制度。党员活动日形式多样,注重结合。关心培养1名入党积极分子不断进步,2018年信息中心党支部通过财政厅基层党支部标准化建设复核。

【持续推进党风廉政建设】全员签订《党风廉政建设责任书》,压实廉政责任。强化廉政教育,扎实开展"讲严立"专题警示教育和赴绩溪开展"党史教育日"和廉政警示教育活动,观看警示教育片,以身边案例为镜鉴,增强风险意识、廉政意识、自律意识。认真执行"三重一大"民主决策制度,强化信息化项目管理关键节点监督和风险防控,做到依法依规、公开透明。压实纪检委员监督责任,重要节日节点反复重申纪律规定,打招呼、勤提醒,纠正"四风"不放松,共同营造风清气正、干净担当的良好氛围,建设廉洁单位。

【提升服务效能】积极配合巡察和审计部门开展的巡察和审计工作,抓好问题落实与整改。扎实开展"三查三问"集中整治形式主义官僚主义专项行动和作风建设大排查活动,查摆问题,制定整改措施。严格效能检查,积极开展结对共建、扶贫帮扶、党员进社区、学雷锋志愿活动。组织职工积极参与省直机关第八届运动会并做好财政厅参赛跳绳项目的训练保障工作。

财政投资评审中心工作概述

【概况】2018年，评审中心以习近平新时代中国特色社会主义思想为指导，按照财政厅党组对财政预算绩效管理的统一部署要求，发挥财政评审的定量基础和数据支撑作用，全面服务预算绩效管理。全年开展各类评审项目99批次1323个，评审资金525.83亿元。其中评审预算项目38个，报审资金4.08亿元，审减1.00亿元，审减率24.51%；开展绩效评价项目53批次1177个，评价资金520.65亿元；开展专项核查6批次114个，核查资金0.80亿元；完成基建项目决算和PPP奖补资金申报材料评审项目各1批次，涉及资金0.30亿元；1—11月通过评审PPP项目148个，其中140个项目由财政部系统对外发布，涉及资金1526.31亿元。

【党建统领中心工作开展】贯彻落实全国“两会”精神，践行“三严三实”再出发，强化“四个意识”、坚定“四个自信”，夯实评审干部思想武装。认真开展财政作风大排查，进一步摆表现、找差距、定举措、真整改，不断完善评审作风建设长效机制。扎实开展党支部建设提升行动，认真贯彻支部各项制度，不断推进党建与财政评审业务工作融合发展，全方位提升支部党建工作水平，顺利通过支部建设达标考核。认真开展“讲严立”专题警示教育，紧紧抓住“学、查、改、促”四个关键环节，多形式、高标准、严要求推进，确保警示教育活动取得预期成效。通过党建工作，支部战斗堡垒作用进一步增强，党员先锋模范作用进一步显现，评审干部的政治意识、大局意识、标杆意识进一步提升，有力保障中心各项工作的扎实开展。

【超额完成全年项目评审任务】年初，省财政厅下达评审中心预算项目评审计划5个，绩效评价工作计划46批次，年中评审中心及时跟进、分解落实、责任到人、适时评审，保质保量完成各项工作任务。对于财政厅党组临时安排的追加项目，评审中心统筹安排，发挥评审组长和分管主任负责制度，保障各项任务顺利完成。全年开展计划外预算评审项目33个，是年初计划任务数的6.6倍；开展计划外绩效评价和专项核查项目14批次，占计划任务数的30.43%。

【推动评审结果有效运用】继上年通过省级预算联网监督系统，向省人大常委会预算工委推送10份重点项目绩效评价报告，初步实现重点项目绩效评价报告在线接受人大审查监督后，选取27份2017年度重点绩效评价报告向社会公开，进一步提升评价报告应用水平。年初集中组织完成对全省12项民生工程的绩效考核工作，考核结果得到各方认可，并作为省政府对各市年度目标考核的重要依据，有效提升绩效评价工作影响力。省级绩效评价资金规模继续稳居全国前列，评价质量提升工作成效进一步显现，在连续2年通报省本级绩效评价结果的基础上，配合绩效处对2017年度省级财政重点绩效评价情况进行通报，评价结果定期通报机制基本形成，绩效评价服务预算管理的作用更加突出。

【提高评审报告质量】将内控建设贯穿业务工作，针对评审工作中的薄弱环节，持续加强规范化建设，不断提高评审报告质量。印发《安徽省财政投资评审中心协作专家管理使用暂行办法》。专题研究提高评审报告质量举措，形成《关于进一步加强财政评审报告规范化建设工作的通知》（财评审〔2018〕3号），印发全体同志执行，进一步明确报告撰写的重点内容。进一步完善稽核工作，形成新时期稽核工作实施方案，并将方案中的重要举措落实在与协作单位的稽核协议中，改变以往稽核流于形式、走过场的局面，以稽核工作的优化升级促评审质量的有效提升。

【完成PPP项目评审服务】加强项目入库评审，提高项目质量。加强PPP项目财政支出责任管理，防范财政风险。依托信息平台，加强项目信息公开，根据《2017中国PPP市场透明度报告》发布结果，安徽省PPP市场透明度总指数排名全国第四。做好PPP政策咨询、业务培训等相关服务工作。根据财政部《全国PPP综合信息平台项目管理库2018年报》，截至2018年末，安徽省纳入管理库项目448个，投资额4996.21亿元；落地数305个、居全国第二，投资额2927.66亿元，落地率68.08%，高于全国平均13.87个百分点；开工项目数255个、居全国第二，开工率83.61%、居全国第一。民企参与项目147个，参与率48.20%，落地项目投资额中民企参与占比40.68%。我省国家示范项目四批次共55个，总投资896.55亿元，落地率100%，高于全国示范项目落地率9.5个百分点。开工项目53个，开工率96.36%，高于全国示范项目开工率37.36个百分点。

【参与财政部预算评审中心组织各项活动】参与财政部预算评审中心布置的国家财政支出项目绩效评价工作,承担完成江苏、黑龙江、吉林3省"农村环境整治资金""医药储备政策""化肥储备政策""农村危房改造""农村综合改革""支持地方高校改革发展"等6个项目绩效评价工作,评价组织、工作作风、专业能力、报告质量均得到财政部预算评审中心肯定。派员参加财政部预算评审中心"评审操作规程"课题研究,课题报告进入专家论证环节。安排6轮13人次参与财政部预算评审中心组织的预算绩效管理业务培训。

【推动全省绩效管理工作同频共振】举办2018年全省财政评审业务培训班,来自省、市、县(区)三级财政部门的196名业务骨干齐聚一堂,围绕财政支出预算评审、绩效评价、PPP项目信息管理等业务开展培训交流,特别邀请财政部预算评审中心副主任宋文玉、财政部PPP中心推广开发部主任夏颖哲传道授业、释疑解惑,取得预期效果。深入推介绩效评价工作,应省直有关部门、单位邀请,派员讲授绩效评价业务20余次,宣传绩效评价政策,培养绩效目标管理意识,释疑预算绩效管理困惑,贯彻落实《中共中央国务院关于全面实施预算绩效管理的意见》各项要求,不断营造绩效管理工作氛围。

(李昌鹏)

政府采购监督管理办公室工作概述

【概况】2018年,采购监管办围绕财政厅党组工作部署,按照"提高采购效率、提升采购质量;培训单位能力、创新服务方式"工作思路,创新举措,压实责任,深入推进政府采购"放管服"改革,进一步提升政府采购工作效能,较好完成各项工作。截至12月31日,省级共下达政府采购任务6780个,预算金额87.96亿元,采购预算总支出进度74.1%,较2017年同比提高12.6个百分点,较2016年同比提高25.9个百分点。

【加强政治建设】采购监管办党支部始终把党的政治建设摆在首位,认真学习贯彻习近平新时代中国特色社会主义思想和党的十九大精神,扎实推进"两学一做"学习教育常态化制度化,深入开展基层党组织建设标准化建设,自觉在政治立场、政治方向、政治原则、政治道路上同党中央保持高度一致。全年共组织集体学习52次,学习罗厅长推荐阅读文章14期27篇,开展各种专题研讨6次,共22人作重点交流发言。

【加强组织建设】采购监管办党支部以加强组织建设为基础,以提升组织力为重点,突出政治功能。严格落实支部书记、支委班子成员"一岗双责"要求、"三会一课"制度和政治理论学习日制度。组织开展围绕党建主题的系列专题研讨,充分发挥党小组的基础作用。坚持每月10日组织开展突出主题、紧贴实际、形式多样、注重实效的"党员活动日",认真履行结对共建、脱贫帮扶、在职党员进社区等党建工作职责。2018年,召开党小组会24次,开展支部书记、普通党员上党课共4次;开展"青春志愿行进社区""学雷锋在行动""携手青少年,共话端午情"志愿服务3次26人次;开展党员活动日12次139人次;参加结对共建、扶贫帮扶、"在职党员"进社区活动共6次。

【加强制度建设】结合深入推进基层党组织建设标准化建设工作,进一步夯实党建工作基础,印发《2018年采购监管办党建工作要点》《关于进一步加强党支部制度建设的通知》。实行制度建设动态管理,及时补齐短板,逐步建立和完善支部党内监督制度、纪检工作制度等党建工作制度。建立完善基层党组织标准化建设工作台账和电子台账,规范支部党建工作,有力推动支部标准化建设质量的提升,顺利通过党建标准化达标复核。

【加强廉政建设】认真落实党风廉政建设工作责任制,制订党风廉政建设工作计划,签订责任书。严格对照厅党组和驻厅纪检组《关于巡察发现有关问题的通报》中梳理的"15个共性问题及其表现"以及巡察厅属单位和机关处室发现的问题,认真组织对照自查,建立问题清单、责任清单和整改清单,自查自纠、即知即改、未巡先改,做好巡察"后半篇文章"。加强反腐倡廉教育,认真开展"讲严立"专题警示教育和以姜毅严重违纪违法案件为反面典型的专题警示教育,以案为镜、以案说法、以案明纪。充分发挥支部纪检委员专责作用,经常性开展谈心谈话、警示提醒活动,全年开展谈心谈话活动81人次。持续强化作风效能建设,进一步落实中央八项规定和省委、财政厅党组有关规定要求,严格落实省直机关效能建设有关规定,修订《安徽省省政府采购监督管理办公室工作巡查制度》,开展常态化工作巡查46次。

【深化政府采购“放管服”改革】印发《关于进一步深化政府采购“放管服”改革的通知》，提出9条新政策新措施，进一步提升省级政府采购工作效率和质量。搭建网上商城采购平台，先期引入合肥交易中心“徽采商城”和蚌埠交易中心“皖采商城”，由省直预算单位自主选择；提高网上直购限额标准，50万元以下（含50万元）的网上直购；50万元以上、200万元以下的网上反向竞价，多方式、多渠道地满足采购人需求，推广应用“网上商城”采购，提高采购效率。截至12月31日，“徽采商城”（“皖采商城”）共有账户采购人10480（3400）家，入驻电商14（7）家，入驻供应商3899（417）家，在线产品数量70（8）万件，累计访问人数近6414（150）万人次，日均访问人数约17（0.8）万人次，2018年1—12月交易完成金额18（2.7）亿元。

【强化政府采购监管职能】充分发挥省级政府采购业务QQ群服务功能，坚持实时在线咨询、释疑解惑等业务服务。截至12月31日，省级预算单位入群1620人，日均在线1171人，累计在线解答问题22.72万余条，从中梳理、整理、编印《省级政府采购常见问题三百问》。坚持开展常态化工作会商，采取召开预算执行进度推进会、会商会等多种形式，积极宣传和解读政府采购相关政策，强化预算单位主体责任，每周向省直预算单位、每月向财政厅支出处提供采购执行台账，着力抓好省级政府采购预算执行。全年开展工作会商139次，先后到43家省直预算单位上门义务培训43次，培训对象达1932人。压实信息公开预算单位主体责任，实现省级政府采购项目采购预算、采购公告、采购文件、成交公告、合同公告、评委名单全公开。积极主动做好财政部开展的第三方政府采购透明度评估，排名名列前茅。落实监管职责，抓好集采机构管理和考核，督促协调合肥交易中心做好省级政府集中采购业务工作，服务好预算单位，及时妥善处理供应商询问质疑，全面公开政府采购信息，主动接受社会监督，同时采取抽查和组织专项考核的方式压实合肥交易中心的集采机构责任。

【夯实政府采购基础性工作】会同合肥交易中心，推进采购流程、采购文本和项目档案标准化管理，制定并印发货物、工程、服务三类6种标准化采购文本，制定完善标准化采购文本。实现省级政府采购项目预算编制、计划备案、任务下达、采购交易、合同备案、资金支付、信息统计等全流程电子化操作，省级政府采购项目网招率（全流程电子化）达到99.7%。新开发分散采购信息公开功能和网上商城采购执行分析功能，对13类省级政府采购信息公告模板进行固化，升级改造采购监管平台。创新政府采购模式，赋予省市共建新内涵，积极鼓励和扶持研发和构建全新的“淘宝”式的政府采购网上商城。采购监管办报送的《安徽政府采购网上商城建设取得成效、存在问题及下一步工作打算》信息被财政部《财政信息》采用。立足自身业务，加强内控建设，对照《政府采购法》《政府采购法实施条例》，对执行的有关制度规定进行梳理、修订、完善和细化，进一步梳理查找内控建设存在的问题和短板，重新绘制风险防控流程图，明确防控点，加强风险识别，优化完善内控操作规程，修订《采购监管办内部控制操作规程》。开展政府采购业务培训，举办由省直各部门、省属高校（学校）以及司改试点单位参加的省级政府采购业务培训班，编印《省级政府采购工作手册》《政府采购常见问题300问》《“网上商城”采购操作手册》等培训材料，服务省级政府采购业务工作。

（李道兵）

财政科学研究所工作概述

【概况】2018年，科研所以习近平新时代中国特色社会主义思想为指导，全面学习贯彻落实党的十九大和十九届二中、三中全会精神，围绕中心，服务大局，推动各项工作有效开展。

【牵头推动全省财政重点调研课题工作】年初确定20项全省财政重点调研课题，以财政厅名义下发文件，明确重点课题任务分工。主动做好课题协调、跟踪督促、收集整理等工作，积极运用课题成果，扩大成果宣传，将2017年度全厅22篇重点调研课题研究报告汇编成册供财政财务工作者学习参考。

【参与2018年度全国财政科研系统协作课题研究】按照中国财政科学研究院、中国财政学会开展2018年度全国财政科研系统协作课题研究工作安排，由中国财政科学研究院外国财政研究中心牵头，江苏省财政科学研究所、浙江省财政厅政策研究室、安徽省财政科学研究所、广州市财政局、洛阳市财政局协作参与开展《我国政府预算报告制度改革研究》课题研究，完成分报告研究任务。

【协助开展“降成本”调研活动】根据中国财政科

学研究院开展“深化供给侧结构性改革、降低企业成本负担”第三次年度大型深度调研活动要求,配合中国财政科学研究院在皖开展调研。做好中国财政科学研究院2018年“深化供给侧结构性改革 降低企业成本负担”在线问卷调查活动,组织发动全省各市县财政部门参与调查。

【组织开展其他课题研究工作】自主开展《财政支持实施乡村振兴战略对策研究》《推进预算绩效管理的研究与思考》《支持农村三产融合发展的财政政策研究》《财政支持县域经济转型发展问题研究》等4项课题研究,课题研究成果在《经济研究参考》杂志发表。

【办好《安徽财政》杂志】编印12期《安徽财政》,近60万字。优化《安徽财政》杂志栏目设计,围绕财政系统纪念改革开放40周年庆祝活动,策划“财政改革40年”主题专栏,分期回顾农村税费改革、民生工程实施、预算管理改革、国库集中支付改革等29项财政重点改革历程。

【加强财政橱窗宣传】及时制作财政宣传橱窗,以图文并茂的方式动态宣传省委、省政府、财政部、财政厅重要部署和重大活动,全年共制作150个宣传版面。

【精心制作财政画册】积极开拓思路,搭建编制架构,搜集精选图片近千张,顺利完成2017年度财政工作画册的设计印制工作,以图片为主、文字介绍为辅,充分展示全省财政改革发展面貌和成果。

【组织编纂《媒体看财政》】搜集整理《人民日报》《中国财经报》《经济时报》《安徽日报》安徽电视台等各主流媒体关于2017年安徽财政工作的宣传报道,精选160篇,分工作版块、按媒体类别、依时间顺序汇编成册,多角度反映安徽财政工作的措施、经验和成效,供全省财政系统学习参考。

【认真制作财政专题片】按照厅领导要求,提早谋划2018年度财政工作专题宣传片,全面梳理全省财政改革发展重点工作及成效,组织收集影像视频资料,精心撰写和反复修改脚本。借助安徽电视台摄影、视频制作力量,完成专题片制作任务。

【编纂《安徽财政年鉴》】年初制定2018卷年鉴编纂工作方案,明确辑录内容和组稿任务分工。加强稿件编辑审核力度,保证撰稿内容全面、条目结构合理、层次清楚,统计数据真实、准确。及时转变出版发行方式,加强市县联络员队伍建设,全面打造精品年鉴。

【做好全厅摄影服务保障工作】全力保障厅领导和处室单位重要会议和重大活动的宣传需要,全年共出访摄影120次。加强图片资料库建设与管理,全年精选入库近2000张图片,在资源共享处室单位的同时,努力为财政改革发展存史纪实。

【继续履行原省财政学会后续工作】按照财政厅党组关于继续做好中国财政学会交办工作的要求,认真完成中国财政学会下达的各项工作任务,积极参加各类学术交流活动。持续加强与省社会科学联合会的密切沟通,积极配合推进财政理论文化宣传工作。

【认真做好省珠算心算协会工作】组织参加第二十七届海峡两岸珠心算通信比赛和第五届全国珠心算比赛,本省1人获个人全能一等奖,8人获个人全能二等奖,3人获个人全能三等奖,全国团体成绩排名第8位。组织开展第五届全国珠心算比赛安徽选拔赛暨安徽省第五届珠心算比赛。积极做好全省珠算、珠心算等级培训及鉴定工作,进一步提升全省珠算心算水平。

注册会计师管理处(注册会计师协会)工作概述

【概况】2018年,注册会计师管理处(省注协、评协)认真履职尽责,深入开展行业“质量提升年”主题活动,圆满完成既定任务,行业高质量发展再上新台阶。财政厅党组书记、厅长罗建国在呈报的注册会计师管理处2018年工作总结上批示:省注协2018年认真履行行业管理,较好地服务了全省经济社会发展,创新强化行业党建工作,推动行业能力水平不断提升。会同有关部门不断加强行业自律监管。积极履行扶贫等社会责任。自身支部建设和内部业务能力得到加强。对此,应予肯定和表扬。希望2019年按照高质量发展要求和中注协的工作安排,着力行业建设和自律监管,更好地服务现代行业体系建设,促进全行业高质量发展。着力行业党的建设,牢记“四个意识”、坚定“两个维护”,履行好行业的社会诚信责任。着力自身支部党的政治建设、作风建设,强化处室内部人财物基础工作,深化风险廉政建设,努力打造服务廉洁型注协队伍。

【服务经济社会发展】注重引导执业机构紧紧围

绕全省经济社会发展大局，找准定位，发挥专业优势，助推全面实施五大发展行动计划和全力打好三大攻坚战。对接多层次资本市场，服务实体经济发展。全年事务所服务省内2家企业IPO上市，直接融资10.18亿元；服务22家安徽企业在新三板挂牌，直接融资19.2亿元；服务省内上市公司再融资7651.59亿元；协助省内城投公司发债637支，融资6608.91亿元。全年执业机构约为10万家单位提供专业服务，为安徽经济社会发展做出积极贡献。

【持续支持执业机构做强做大】连续5年实施执业机构加快发展支持政策，投入引导资金，对事务所做强做大、拓展业务领域、开展理论研究、吸引精英人才、培养优秀人才、建设后备人才队伍等6个方面进行奖励，激励事务所发挥主体作用，加快做强做大步伐。全年共奖励机构加快发展奖励资金62.45万元。2014—2018年，注册会计师行业业务收入年均增长率14.39%、资产评估行业业务收入年均增长率16.5%。

【不断推进新业务拓展】引领全行业增强创新意识，提升服务经济转型升级能力水平，连续开展4次新业务拓展评选活动，推出42项新业务。评选出网络期货交易平台"非法经营案"审计等16项新业务，奖励资金48万。组织5名获奖创新业务项目负责人在主任会计师培训班上开展现场交流，将获奖项目背景、做法、成效和启示发布在协会网站"新业务拓展"专栏，供全行业学习借鉴。

【引领行业提升执业质量】连续两年开展会计师事务所财务报表审计业务质量竞赛，评选出47项优质业务，为96名签字注册会计师颁发荣誉证书和奖金。充分运用竞赛成果，组织获奖项目负责人在培训班上交流质控经验，激励事务所牢固树立质量意识、品牌意识。

【规范行业竞争秩序】商请有关部门推动落实财政部《委托会计师事务所审计招标规范》在各级政府、行政事业单位、国有企业的招投标中有效执行，规范政府采购代理机构执业行为；畅通投诉举报渠道，完善留痕程序，受理处置涉及妨碍民事诉讼、审计质量、不正当低价竞争、挂名执业等7起投诉举报。其中注销14人执业资格，树立行业自律管理威信。

【发挥信息化优势提升服务效率】将公共服务平台迁移至省政务云平台，保障信息系统安全平稳运行。进一步强化OA信息系统收发文、审计报告防伪报备、非执业会员入会年检、诚信证明自助打印、会员基础信息管理等系统作用，减少环节，优化流程，做到让信息多跑路，会员少跑腿。

【精心组织考试】2018年注册会计师专业阶段考试全省报考人数44139人，报考总科次114554次，较上年分别增长19.11%和20.04%。资产评估师考试全省报考人数为1951人，报考总科次为5064科次，较上年分别增长54.47%和53.41%。

【开展行业培训】紧盯行业发展存在的突出问题和会员执业需求，设计培训课程，共计举办培训班15期，培训执业人员3300余人次。其中：坚持依托中注协、中评协远程直播开展培训，举办远程班4期；组织事务所业务骨干参加中注协的2期送教西部班；自办特色类执业机构负责人专题培训班、新注册人员培训班、执业质量检查培训班和执业质量案例风险警示教育培训班各1期；组织送教基层的新审计准则专题培训班和助理人员培训班各2期；组织培训实力较强的事务所举办联合培训班1期。本着会费取之于学员，用之于会员的原则，对参加上级培训班、高端人才班、西部培训班等各类高端培训班人员的费用全部由协会负担；协会组织的继续教育及远程培训班，除住宿费外，其他由协会负担，全年投入培训保障资金150万元，切实减轻执业机构培训负担，提高学员参训的积极性和主动性。

【开展执业质量自律检查】与财政厅监督检查局、会计处联合开展执业质量联合检查，深入贯彻风险导向理念和"五个并重"原则，对35家事务所进行执业质量检查。对15家资产评估机构开展执业质量现场检查。突出帮扶提升，执业质量检查结束后，分别举办由被检查执业机构参加的会计师事务所、资产评估机构检查案例暨风险警示教育专题培训班各1期。组织专家上门，对技术标准不健全、执业质量存在突出问题的事务所，进行一对一帮扶。

【开展"清挂名"专项治理】2018年度注册会计师任职资格检查以推进"清挂名"专项治理为重点，全省应参加年检人数3091名，共清退挂名等各类人员666人，清退率21.55%，解决一直想解决但未能解决的注册会计师挂名执业顽疾。就18名合伙人（股东）执业资格被注销，向财政厅会计处送函提醒关注是否保持设立条件。出台《安徽省注册会计师协会关于执业注册会计师注册、转所、年检等有关补充规定》，严防问题反弹。

【强化行业党建工作组织领导】财政厅党组高度重视行业党建工作,厅党组书记、厅长罗建国先后3次主持召开党组会议,传达学习财政部党组、全国行业党委有关会议精神,听取行业党建工作汇报,要求以政治建设为统领,加强行业基层党组织建设。健全党组织体系机制,成立中国共产党安徽省注册会计师资产评估行业委员会。与市行业党组织签订党建目标责任书。开展行业党组织党建工作目标考评,下拨党建奖补经费69.3万元。表彰14家2016至2017年度行业示范基层党组织,将29家行业基层党组织纳入2018年行业示范党组织建设,发挥典型示范带动作用。

【持续推进党的组织和工作覆盖】争取中组部行业党员发展指导性计划49名,坚持标准发展党员。新建党组织8家,每家补助3万元资金支持党员活动室建设。深入6市30家行业基层党组织开展调研,指导帮扶基层党建工作。召开行业基层党组织标准化建设推进会,组织4家党组织交流标准化建设经验。落实行业党建工作指导员管理办法,对11名行业党建指导员开展考核,落实补助经费近6万元,推进行业党的工作覆盖。注册会计师、资产评估行业现有党员1119名,基层党组织118家,党组织覆盖率近70%;通过属地标准化建设验收党组织91家,达标率77.1%。

【强化党建与业务融合发展】深入开展"质量提升年"主题活动。举办全省会计师事务所党组织书记能力提升培训班。同步开展任职资格检查与党员信息采集。提高党建工作在执业机构综合评价中加分分值,如成立党组织加10分、评为先进党支部加5分。开辟行业党建学习专栏、事务所党建园地。编发46期《行业党建工作动态》简报,宣传党的路线方针政策。2家事务所党支部获第二批省级"双比双争"先进社会组织党组织称号。

【抓好巡察反馈问题整改】围绕财政厅党组巡察组巡察反馈的4大类19个方面的具体问题和4条整改意见建议,研究制定78条整改举措,健全"三个清单",挂图作战,对照销号。深入贯彻落实厅党组书记、厅长罗建国及驻厅纪检组组长项中胜关于巡察整改情况报告的批示精神,充分认识严管就是厚爱,牢固树立巡察整改没有终点的意识,坚持力度不减,已巡再改,建立持续整改台账,毫不松懈地盯紧已经整改的问题,一以贯之的执行长期坚持的整改举措,确保件件问题整改到位。

【推进提升支部标准化建设】贯彻落实《中国共产党支部工作条例》。严格执行党的组织生活制度,全年组织支部党员大会8次、支部委员会16次、党小组会6次、讲党课4次、组织生活会2次、民主评议党员1次、党员活动日12次、谈心谈话92人次、专题学习32次,切实履行党支部职责。

【深化党风廉政建设】深刻认识巡察发现问题的严重性、危害性和解决问题的紧迫性,坚持深刻反思厅党组巡查组巡察发现的问题,坚持力度不减,严防死守防止反弹。以巡察整改为契机,进一步深化党风廉政建设,深入开展作风建设大排查、"三查三问"集中整治形式主义官僚主义专项行动,建立自查自纠"三个清单"。积极践行监督执纪"四种形态",特别是"第一种形态"。制定5项制度、修订2项制度、重申严格执行财政厅等出台的17项具体制度、废止3项制度,健全完善党建、财务、内控、廉政、效能等制度,用制度体系管人管事管权,强化制度的刚性约束。

【强化服务能力提升】健全"三重一大"办公会决策机制、常务理事会决策机制、政务公开机制、专家独立评审机制、财务管理约束机制,减少自由裁量权,把行业管理权力关进制度笼子。积极参与精准扶贫工作。顺利完成两个协会换届工作。

(王克法)

财政干部教育中心工作概述

【概况】2018年,干教中心以习近平新时代中国特色社会主义思想为指导,持续推进党的十九大精神学习贯彻、"两学一做"学习教育常态化制度化和支部标准化建设,各项重点工作有序推进,干部教育培训工作2011—2017年连续七年获财政部表彰,单位发展凝聚力、执行力、保障力进一步增强。

【党建工作】修订《干教中心学习制度》,制定中心支部党建工作要点、"三个清单"、月度重点学习内容表和每次政治理论学习目录。全年,共组织干部职工集中学习30次,开展专题学习研讨7次。根据实际,及时调整支部委员分工。按要求重新开展党费核算和收缴。安排专人建立健全党支部工作档案。认真开展民主评议党员,全体党员均为合格以上等次。严格落实"三会一课"制度,共召开24次支委会(支部会议)、12次党小组会、7次支部党员大会,讲党课4次,开展谈心谈话9次。2月、8月,分别召开"讲严立"专题警示教育等2次支部组织生活会,并根据班子及个人查摆出来的问题,梳理确定整改事项10项,制定整改措施20条。6次深入县桥社区、水西门社区、吴寨村、泗县长沟镇汴河村和中心老干部家中走访慰问座谈,征求意见建议,带去党组节日问候。中心支部标准化建设通过财政厅直机关党委考核验收。严格执行党政"一把手"负总责和"一岗双责",传达学习推进财政全面从严治党和党风廉政建设工作座谈会精神,召开未巡先改布置会。坚持民主集中制原则,23次召开主任办公会、月度工作例会等会议传达精神、谋划工作,布置任务。定期通报违规违纪案例,要求干部职工引以为戒。与全体党员干部签订党风廉政建设责任书,按时登记"三察三单"工作台账和廉政档案记录,补缺补差。年初结合财政厅巡察21个共性问题,制定70条整改措施。结合注协和社保处巡察反馈意见,中心可能存在的25个问题,制定整改措施65条。

【业务工作】5月19—21日,协助人教处完成2018年市县政府领导干部财政改革与财政政策培训班,干教中心主要领导和相关工作人员,全程跟班听课,服务管理,为培训班提供各项服务与保障。11月27—29日,协助人教处完成全省财政系统培训管理者和基层财政培训师资培训班。培训期间,发放培训综合质量评估问卷60份,从培训需求、授课情况、后勤保障、学习效果等方面进行评估,其中服务保障得分96,学员对服务保障满意度较高。9月25—29日、10月14—18日,分两期举办2018年全省乡镇财政所长岗位培训班,共计培训学员450余人。培训班得到财政厅党组高度重视,财政厅党组书记、厅长罗建国出席开班式并作动员讲话。相关处室单位密切配合,前期准备充分,实施过程精细,管理服务严格,培训内容丰富,学风学纪优良,培训成效明显,达到预期目标。积极开展财政业务培训,全年与厅机关处室局、厅属单位联合举办26期业务培训班,培训学员4875人。在培训过程中,坚持主动对接,热情服务,赢得好评。认真做好干教培训基础工作,年初从20个定点酒店中选出符合培训需要的10多家酒店并对以上培训备选地点各项软硬件设施深入了解并整理相关资料存档,为以后各类培训班选址提供重要借鉴依据。按照《关于征集财政干部分级分类培训优秀课件和案例的通知》要求,会同人教处做好全省财政系统优秀课件和案例的征集工作。共收集涉及财政执法监督检查相关能力课件19个,从中遴选优秀课件9个、案例9个上报财政部干教中心。

【综合管理方面】不断完善各类制度,修改制定《干教中心财务管理暂行办法》《干教中心固定资产管理办法》等8项制度。持续强化公务接待审批,认真落实培训人员培训经费标准,严格执行厅出国(境)管理和班子成员离肥报备制度,制定中心干部职工外出报备制度。积极组织中心干部职工参加省直八运会,3名参赛队员获个人和团体4个奖项。认真做好厅射击项目服务保障工作,射击项目取得优异成绩。认真踊跃参加"恒爱行动""爱心连皖疆冬衣捐皮山"活动,干部职工制作、捐赠衣服68件。积极派员参加省直机关第六届"书香三八"活动和省直机关"争做巾帼好网民"演讲选拔赛,并荣获三等奖和优秀奖。认真做好"见证改革四十年　奋力开创新征程"读书朗诵比赛牵头服务。2017年制作的《徽州文化中的创新协调绿色开放共享》课件,2018年被省委组织部《安徽干部教育在线》选用。根据省纪委驻省财政厅纪检组《关于征集"安徽廉洁文化精品工程"作品的通知》文件要求,精心制作《水中莲　心中廉》动漫公益广告,并按时上报省纪委,并作为安徽参评作品上报中纪委。及时传达学习各级作风效能建设会议、文件精神,全员参加准则条例测试和"五法"有奖知识竞赛。认真开展"三查三问"集中整治形式主义官僚主义专项行动,作风建设大排查和经商办企业专项整治"回头看",截至目前,中心效能办44次开展内部效能建设督查,按时登记考勤负面清单,定期公示干部职工请销假情况。

行政事业单位资产管理中心工作概述

【概况】2018年,资产中心深入学习宣传贯彻十九大精神,践行发展新理念,对标工作新要求,提升党建,强化管理,做好服务,确保安全,较好完成各项工作任务。中心获财政厅综合考核先进单位、财政厅优秀党支部等多项荣誉,并在全厅标准化基层党组织考核中取得良好成绩。

【推进资产管理工作】主动适应新形势新要求,不断优化业务流程,提升服务水平。加强股权转让项目管理,规范股权转让项目操作流程。针对电子产品报废处置项目的环保问题,赴环保回收企业实地调研,积极与环保厅、省管局、省产权交易中心等相关部门沟通协调,推进出台相关规章制度,确保项目处置依法依规。强化资产评估业务管理,完成新一轮资产评估业务库招标工作,进一步完善资产评估业务流程。加强资产管理调研,探索行政事业单位资产管理绩效评价指标体系构建。定期梳理重点难点项目,积极主动上门会商,宣传政策,说明程序,消除误解,增进理解,化解矛盾,推进工作,诚心诚意为省直单位做好资产管理服务,圆满完成省广播电视台在京房产处置工作,成交额21908.32万元,较评估值溢价率87.5%,创近年来中心资产业务新高。

持续推进资产管理信息化建设,以非税收入征收管理系统纳入安徽省统一公共支付平台为契机,进一步加强资产出租合同备案、出租收入监缴。及时查缺补漏,修订出台《安徽省省级行政事业单位房产出租合同备案管理操作规程》及补充规定,进一步规范出租合同备案程序。会同资产处、非税局、信息中心,将资产拍租信息系统纳入安徽省行政事业单位资产管理信息系统进行整合,对接安徽省统一公共支付平台,全面实现省级行政事业单位资产出租合同网上备案,优化出租收入非税缴款流程,形成倒逼机制,夯实资产管理基础。

加强单位出租合同管理,及时监缴出租收益,全年共监缴出租收益33001.62万元;新增备案出租合同1390份,涉及出租面积68.56万平方米,年租金17354.16万元。扎实开展公开拍租、处置工作,全年共完成28家单位51处房产公开拍租工作,面积共89193.3平方米,实际成交租金累计3281.8万元/年,较拍租底价增长11.56%;完成63家单位账面原值合计25566.88万元的资产处置(含设施设备报废处置),实际成交金额23596.55万元,较评估值综合溢价率85.19%。

【提升后勤保障水平】坚持安全第一,落实综治牵头责任。健全综治工作机制,落实综治目标管理责任制,提升应急保障联动反应机制。常年坚持夜间安全巡查,坚持重大活动和重大节假日值班值守,落实综治宣传月、扫黑除恶、安全生产月等工作要求,不定期开展安全大检查,组织安全讲座、消防演练等,2018年全年无一起安全事故发生,财政厅综治工作连续九年被省委省政府评为"优秀"等次。坚持服务至上,提升物业服务水平。严格来访接待,提升会议服务。加强办公区和宿舍区的日常服务管理,做好维修保障,完成杏花宿舍区和淮河路宿舍区住户的屋面防水维修等紧急维修工程、配合驻厅纪检组完成执纪谈话室的增项改造、完成厅办公楼空调系统改造后续调试运行保障工作、完成财政厅办公楼热水器净水装置升级改造工程、完成综合楼北侧排水管道维修改造工程等。强化物业监督管理,开展物业服务满意度调查,坚持物业管理"一线巡查",坚持节能减排。认真落实财政厅党组指示要求,改进提升食堂服务水平,采取"走出去、引进来"方式,引进优质食材、厨艺,不断提升食材品质,优化餐品供应,进一步细化管理、优化服务。

【强化干部队伍建设】坚持以政治建设为统领,坚定"两个维护",筑牢"四个意识"。严肃政治生活,扎实开展"讲严立"专题警示教育活动。深入学习宣传贯彻十九大精神,全年共安排22个专题学习研讨,始终用习近平新时代中国特色社会主义思想教育和武装头脑。持续推进"两学一做"学习教育常态化,坚定理想信念,自觉践行共产党员初心使命。落实支部书记主体责任和纪检委员监督责任,推进制度建设,严格执行"三会一课"制度,加强支部日常管理。深化结对共建,开展文明创建和志愿服务。注重综合能力培养,先后选派5名青年党员干部到扶贫岗位、机关处室协助工作。支持工青妇工作,关心伤病、困难职工,提升中心凝聚力。坚定不移全面从严治党,持之以恒正风肃纪。履行"一岗双责",落实"两个责任"。落实执纪问责"四种形态"特别是第一种形态,咬耳扯袖廉政常谈。深化风险防控,规范权力运行。认真对照驻厅纪检组巡察厅属单位发现有关问题的通报,开展自查自纠,坚持"三重一大"议事制度、重大工程项目施工前廉政谈话、2000元以上采购经主任办公会研究、纪检委员党风廉政监督等风险防控制度,对照厅采购办法重新修订中心内部采购办法。严肃财经纪律,带头厉行节约,严格公务接待。坚决反对"四风",狠抓效能建设,严格执行中央八项规定、省委和省财政厅三十条,贯彻落实习近平总书记关于反对"四风"的重要指示精神,认真开展财政作风建设大排查、"三查三问"活动。加强效能检查,深入开展"四零"服务竞赛活动。严格遵守保密工作制度,加强保密教育,开展保密自查,切实增强干部职工保密意识。

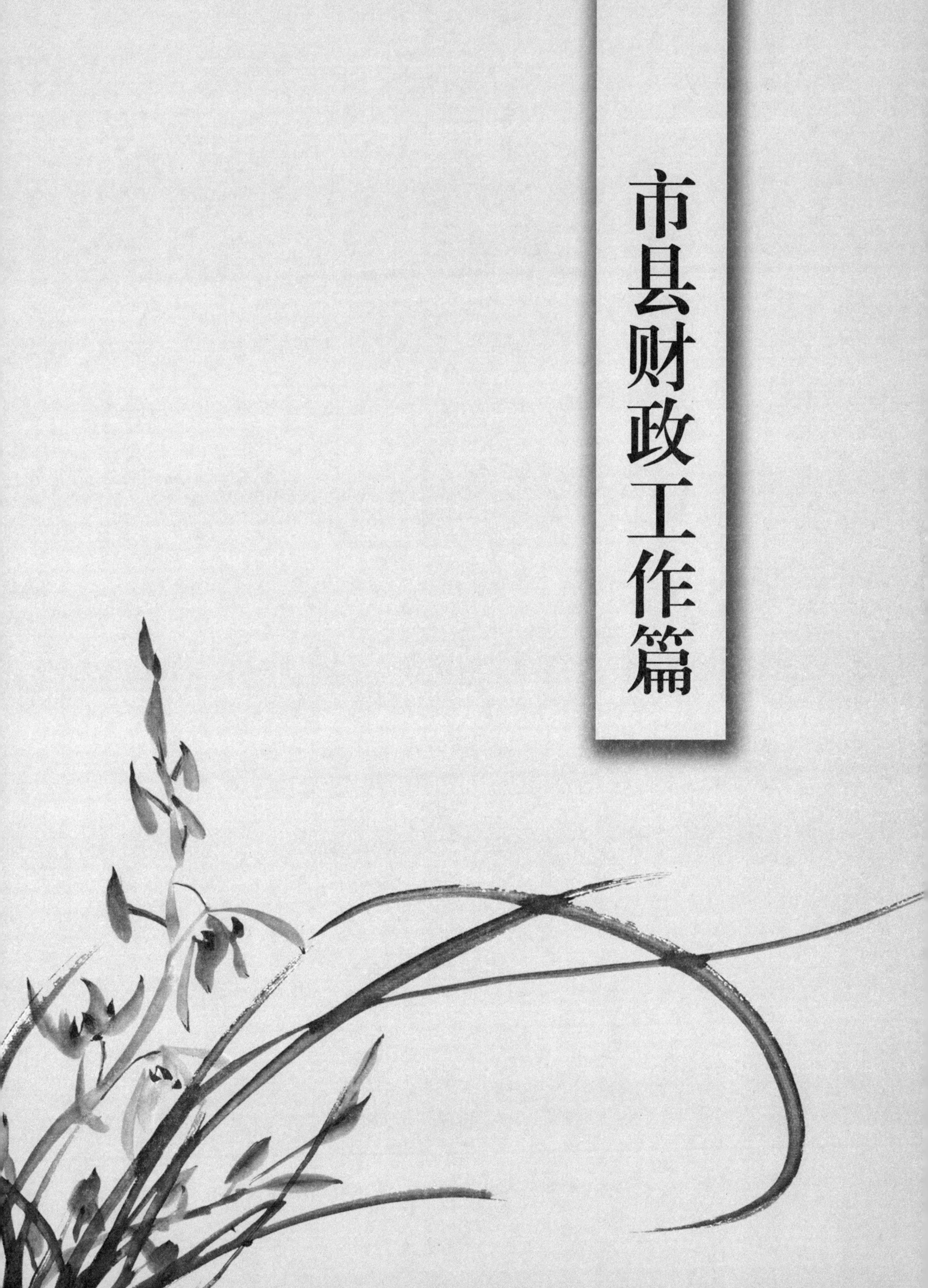

市县财政工作篇

合肥市财政工作综述

合肥市财政工作概述

【概况】2018 年，在市委、市政府正确领导和省财政厅有力指导下，合肥市各级财政部门深入学习贯彻习近平新时代中国特色社会主义思想和党的十九大精神，坚决落实高质量发展要求和积极的财政政策，全力支持稳增长、促改革、调结构、惠民生、防风险各项工作，圆满完成全年各项目标任务，为全市经济社会发展提供坚实财政保障。合肥市财政局先后获上级财政部门及市委、市政府等表彰 30 余项。庐江、巢湖、肥东、长丰四县(市)入围财政部县级财政管理绩效综合评价全国前 200 名，并获省政府通报表彰。

【财政收支增量提质】财政收入圆满完成预算。坚持依法积极组织财政收入，进一步完善综合治税机制，提高税源管理精细化水平，不断加强财税配合，强化预期管理。2018 年，全市财政收入完成 1378.3 亿元，完成预算的 100.3%，较上年(下同)增长 10.2%。其中税收收入占比 88.3%，高于全省5.1 个百分点。全市地方收入 712.5 亿元，完成预算的 102.1%，增长 8.6%，高于全省 0.2 个百分点，总量居全国省会城市第十位。财政支出结构更加优化。2018 年，全市财政支出首次突破千亿，达到 1004.9 亿元，完成预算的 99.6%，增长 4.1%。其中民生支出 859.8 亿元，占比 85.6%，较上年提高 0.7 个百分点，科技、教育、社保等各项重点支出得到有效保障。一般性支出得到有效控制，市本级“三公”经费支出 1.04 亿元，下降 5.91%。

【积极财政政策落实有力】各项减税降费政策全部及时落实到位。全年共办理政策性减免税 330.28 亿元，增长 12%；提前办理各类增值税期末留抵退税等 14.9 亿元；办理出口退(免)税 134.3 亿元，增长 8.7%。停征排污费和首次申领居民身份证工本费，取消货物港务费，降低残疾人就业保障金征收标准上限和国家重大水利工程建设基金征收标准，共减轻企业及社会负担超过 1.5 亿元；全年减征社保缴费 10.8 亿元，返还上年度企业缴纳失业保险费 2 亿元。

【推动经济高质量发展成效显著】完善产业政策体系。牵头修订出台合肥市培育新动能促进产业转型升级推动经济高质量发展政策 30 条及其实施细则 150 条，突出绩效优先，稳定政策预期，并建立产业政策管理信息系统，促进产业政策执行。全年兑现资金 29.62 亿元，受益企业超过 2800 家。加强科技创新保障。加大财力统筹，投入 22.84 亿元，保障量子创新院、离子医学中心、中科大高新园区、聚变堆主机关键系统园区等重大项目建设；严格按照市校合作协议，审核拨付 10.31 亿元，支持清华公共安全研究院、中科院创新研究院、北航科学城、合工大智能研究院等市校协同创新平台建设运行。支持重点产业发展。拨付省市“三重一创”建设专项资金 7.1 亿元;制定专门补助政策,支持软件、集成电路、新能源汽车和光伏等产业发展。助力民营经济和中小微企业发展。通过产业投资引导基金、创业投资引导基金参股设立21支子基金,吸引社会资本出资62.3亿元,支持战略性新兴产业发展。天使投资基金直接投资3.6亿元,支持初创期科技型企业68个项目的研发和成果转化。着力解决小微企业融资难融资贵难题,引导在肥金融和担保机构推介1000余户优质小微企业,落实贷款超30亿元,为小微企业、高新技术企业降低贷款利息及担保费用7300万元。支持城乡协调发展。全年下达县(市)区各类转移支付资金349.1亿元,有效提高县(市)区基本公共服务保障能力。拨付基础设施和公益性项目建设资金162.8亿元,有力保障轨道交通、环巢湖生态治理等重大项目推进。拨付引江济淮工程建设资金60亿元,项目沿线征拆工作顺利进行。投入乡村振兴资金10亿元,支持乡村振兴示范项目建设。

【民生工程扎实推进】强化协调推进。立足于早抓快动,出台《关于2018年实施"31项"民生工程的通知》《2018年全市民生工作要点》《2018年全市民生工程宣传方案》等文件,层层签订目标责任状,提请市政府召开两次推进会,强化定期会商、督促和通报制度。强化资金筹措。印发《关于2018年民生工程资金筹措事项的通知》,督促各级各部门有效落实民生工程投入。2018年,全市民生工程总投入127.18亿元,增长6.6%,其中中央及省63.41亿元、市26.94亿元、县区36.83亿元。强化精准管理。进一步明确民生工程项目公示责任主体和时间要求,完善民生工程项目绩效评价体系,推动民生工程工作信息管理和应用平台建设,实现民生工程全过程精准管控。2018年,民生工程项目实施进度、群众满意度均居全省前列。

【社会事业发展有效保障】全市投入163.5亿元支持教育事业发展,有效保障教师待遇,有效改善教学科研、师资培训和办学条件。投入1599万元免费开放160个公共文化场馆。投入3515万元,建成5个体育小镇或体育公园、100个全民健身苑、6个笼式多功能健身场、7个乡镇全民健身广场、20个社区体育俱乐部。投入1562.4万元用于补助农村文化建设。投入11.65亿元支持公共卫生服务能力提升,用于血站等卫生场所建设以及急救车辆购置。投入公立医院补助资金9.36亿元,重点加大硬件建设、学科建设和人才培养等方面投入,市属公立医院三类债务全部化解。投入就业资金5.58亿元,支持实施技工大省技能培训工程,支持各类创业园区建设,全年新增就业25.3万人。投入20亿元支持棚户区改造,全市新开工棚改安置房超过2万套。

【脱贫攻坚财政责任全面落实】加大资金投入。按照"地方财政收入增量的10%增列专项扶贫预算、清理回收财政存量资金中可统筹使用的50%用于脱贫攻坚,以及符合规定的涉农项目资金原则上不低于40%优先投向贫困地区和贫困人口"规定,全市累计落实扶贫资金14.93亿元,其中市本级安排扶贫专项资金8.04亿元,增长33.11%。加强资金监管。分级、分部门、分县(市)制定财政扶贫项目资金清单,对2018年财政扶贫资金分配结果、项目安排和资金使用情况全部进行公告公示;正式上线扶贫资金动态监控系统,加强过程管理;采取专项督查和交叉互查相结合的方式,对扶贫资金进行全覆盖督查,督促县(市)对发现问题全部进行整改。突出资金绩效。制定《合肥市扶贫项目资金绩效管理办法》和《合肥市资产收益扶贫绩效评价暂行办法》,2018年市本级安排的扶贫项目资金全部建立专项管理制度,不断强化绩效目标管理。牵头实施资产收益扶贫工程。制定《合肥市财政支农资金支持资产收益扶贫实施方案》,督促指导县(市)积极探索资产收益扶贫模式、建立利益联结机制。全市2018年新建资产收益扶贫项目累计产生收益720.3737万元,全市贫困村村均增收3.5656万元、贫困人口人均增收467.64元。

【政府债务风险有效管控】政府债务规模合理适度。成立市防范化解重大风险工作领导小组,加强债务工作组织领导。全市近2100家单位纳入债务监测平台管理,对全口径债务实施动态监测。制定《合肥市政府性债务管理评分暂行规则》,压实各级管理责任,夯实债务管理工作基础。将政府债务分类纳入全口径预算,及时编制债券使用预算调整方案报市人大常委会审查批准,建立地方政府债务限额及债务收支情况随同预算公开的常态机制。截至2018年末,全市政府债务余额778.61亿元,比上年末减少44.17亿元;全市政府债务率42.71%,远低于通行的标准警戒线。地方政府债券有效利用。争取新增债券42.733亿元,同口径增长3.7倍,重点支持棚户区改造和土地储备项目实施。申报置换债券267.04亿元,可置换存量政府债务全部置换为地方政府债券,平均降低债务利率2个百分点,年节约利息支出11亿元。政府隐形债务全面清理。全面摸清隐性债务底数,制定市本级隐性债务化解方案,并指导各县(市)区及市属平台公司制定隐性债务化解方案,圆满完成当年隐性债务化解任务,确保隐性债务只减不增。

【财政改革步伐不断加快】全面推进预算绩效管理。印发《加强市直部门预算绩效管理的若干规定》,将市直部门及县区绩效管理情况纳入市政府目标管理考核。2017年市本级50万元以上742个项目全部开展绩效自评;对编制绩效目标的880个项目按季开展绩效运行监控;对82个重点项目开展绩效运行事中评定;对75个重点项目支出和48个部门整体支出开展第三方绩效评价。绩效管理覆盖到市级所有预算单位,实现绩效目标管理、公开评审、绩效自评、考核问责全覆盖,"花钱必问效"的机制初步建立。正式运行市区新财政体制。提高市区共享税区级分享比例,进一步激发各区增收节支的积极性。2018年城区、开发区财政收入分别增长16.27%、14.78%,高于市本级9.61、8.12个百分点。出台《市本级2018年对县(市)区(开发区)均衡性转移支付暂行办法》,安排4亿元资金,按照县(市)区基本公共服务保障能力、债务负担情况等因素进行分配,促进县(市)区基本公共服务均等化。完善财政支出定额标准体系。公用经费综合定额、会议费和培训费标准更加科学合理,严格"三公"经费审核拨付,有效控制行政成本。制定实施项目支出预算管理办法,建立项目储备机制和论证机制。

【资金管理规范安全透明】硬化预算约束。严格执行人大批准的预算,严守"先有预算、后有支出",严格控制预算追加,当年预算执行率99.6%。强化资金监管。严格资金审核拨付程序,严格执行集中支付和授权支付相关规定,充分发挥市直预算单位财务集中管理平台的资金动态监控作用,深化运用财政支出政策库,有效保障资金安全和合规使用。深化预决算公开。政府、部门预决算和"三公"经费预决算依法及时公开,市本级121个专项资金全部制定管理办法并对外公开。加强财政监督。组成30个小组开展30家市直部门财务检查,并先后开展扶贫资金重点督查、津补贴检查、"小金库"专项检查以及预算公开自查等,督促、帮助单位完善财政财务管理,提高财经纪律遵从度。规范财政业务。结合实际对财政管理主要业务进行全面梳理,制定财政业务规范,修订《合肥市本级预算执行动态监控内部操作规程》等,全年制定各类财政管理制度50余项。

【财政自身建设不断加强】坚持党建和发展两手抓,认真落实全面从严治党责任,全面加强党内政治生活,加强财政干部作风建设和廉政建设,党组对财政工作的领导更加有力有效。推进学习型机关建设,利用党组中心组理论学习、干部春训、财政大讲坛、专题研修班、调查研究、干部教育在线等核心载体,搭建多维立体的学习平台。坚持开展会商调研,全年围绕财政重大政策制定、部门预算、重点资金安排执行等内容,与预算单位开展会商1074次;认真开展大调研活动,走访包括企业、社会组织、事业单位、村居等在内的346个调研对象,帮助解决220个问题。严格落实内控要求,出台《关于加强组织纪律促进工作落实的通知》,加大业务处室轮岗力度,修订年度绩效考评办法,全面融合绩效管理、平时考核、内部控制和质量管理等工作要求,形成"四位一体"的财政机关绩效管理体系,营造风清气正、干事创业的良好氛围。

(石梦飞)

肥东县财政工作概述

【概况】2018年,全县一般公共预算收入完成65.6亿元,较2017年增长15.9%。其中:地方收入完成41.86亿元,增长17.4%,中央收入完成23.74亿元,增长13%;全县一般公共预算支出完成76.08亿元,较2017年增长5.1%。

【强化财政收支管理】持续强化收入预期管理。实行"1+4"收入征管分析制度,利用"金税三期"和肥东县综合治税平台,加强重点税源企业和重点行业税收比对分析、监控,定期组织召开财政、税务、国土、房产、招商等部门联席会议,分析、研判当前收入形势和收入预期,确保财政收入稳定可持续增长。强化预算执行管理。建立支出进度通报考核制度,逐月通报部门预算执行进度和存量资金、往来户资金消化率,并将考核结果纳入政府年度目标考核范围;持续调整和优化支出结构,确保十三大类民生支出和八大类重点支出持续均衡增长。

【扶持实体经济健康发展】产业政策优化升级。

制定出台《肥东县促进经济高质量发展若干政策》及其实施细则,兑现产业政策资金1.03亿元,较上年增长64.9%,三次产业结构优化为10.8∶61.1∶28.1,第三产业同比提高4.4个百分点。企业成本有效降低。严格落实各项减免税政策,及时取消或停征排污费等收费项目,全年办理政策性减免税费80030万元,较上年增长8.1%。金融政策持续加力。深入开展“4321”新型政银担业务,当年新增发放金额15.92亿元;政策性担保持续发力,全县在保余额24.15亿元,放大5.7倍;继续安排续贷过桥资金,当年扶持企业181户,发放周转资金8.34亿元,完成目标任务的132.5%;兑现上市奖补政策,针对不同类型的企业分类施策,共辅导22户企业挂牌省股交中心。

【全力保障重点需求】完善支农投入机制,助力肥东乡村振兴。落实政策性农业保险、及时拨付粮食直补和农资综补等涉农补贴。以“土地治理”“一事一议”“农业综合开发”“扶贫”“现代农业示范区”等项目为支撑,积极整合资金,支持全县农田水利等农业基础设施建设。全年投入2464万元用于土地治理项目,安排12434万元重点支持11个省级中心村和16个市级中心村建设,累计拨付86105万元用于基础设施项目建设,投入“一事一议”财政奖补资金3629.67万元用于路灯、小农水、水泥路建设等支出;完成肥东县乡村振兴建设发展有限公司的注册工作,注册资金2亿元,平台公司坚持“为农业、农村、农民服务”的宗旨,进一步探索肥东乡村振兴道路,推动农村经济社会发展。着力改善民生福祉,扎实推进民生工程。认真贯彻落实省市关于实施民生工程的工作部署,“保基本、兜底线、促公平、可持续”的要求,深入实施省定30项民生工程(省级33项民生工程,其中3项无目标任务)。全年拨付资金22亿元,计划新建工程类项目21537个,实际开工25656个,开工率119%。其中本年度项目完工23280个,完工率108%,跨年度项目建设均超序时进度。补助类项目已全部打卡发放到位,培训类项目全面完成年度培训任务,参合参保类项目均应保尽保、应补尽补,圆满完成30项民生工程年度目标任务。

【支持打好“三大攻坚战”】坚决打好防范化解债务风险攻坚战。健全以政府债券为主体的政府举债融资机制,争取省代理发行置换债券6.8亿元,全面完成存量债务置换;推进政府专项债券改革,首次发行棚户区改造专项债券1.2亿元,发挥规范举债对经济社会发展的支持作用;贯彻省委、省政府“四清四实”要求,加强债务风险预警评估。截至2018年末,肥东县政府债务率26.2%、新增债务率5.8%、逾期债务率0,均远低于警戒指标,总体风险可控。全力打好脱贫攻坚战。落实扶贫资金投入增长机制,统筹资金2.38亿元,大力实施脱贫攻坚“十大工程”,有效改善贫困村发展环境和贫困群众生产、生活条件。建立扶贫资金动态监控系统,实现从预算安排到资金拨付、使用、绩效考评全覆盖。支持打好污染防治攻坚战。统筹资金3.7亿元,加快秸秆离还田等重点行业污染源整治和防控,支持农村改厕2.5万户,建成运营9个乡镇污水处理厂,实现农村环卫保洁专人管理全覆盖,实施十八联圩生态湿地保护项目。

【全面提升财政管理水平】深化预算编制改革。统一建立部门预算编制项目库,加强项目的日常维护、更新和储备;细化产业政策和扶贫资金预算,推进涉农资金“大专项+任务清单”编制模式,压实部门预算主体责任。深化预算绩效管理改革。实现部门预算绩效目标编制和绩效自评全覆盖。引入第三方开展30个重点项目绩效评价,强化考核,并将考核结果纳入政府目标管理考核。深入推进预算信息公开。全县71家县直部门预决算信息均按规定面向社会公开,首次公开部门项目预算绩效目标。深化农村财政管理改革。修订完善县乡镇财政管理体制,充分发挥财政体制的引导、激励和调节作用,调动乡镇生财、聚财和理财的积极性,促进县乡镇经济和社会事业健康协调发展。深化国库集中支付改革。全面推进国库集中支付电子化改革,实现财政资金集中支付“双覆盖”,国库信息化管理水平不断提升。

(陈徐新)

肥西县财政工作概述

【概况】全年完成财政收入88.22亿元,占县人代会下达数86.6亿元的101.87%,同比增收7.3亿元,增长9%。其中:地方财政收入51.52亿元,同比增收4.83亿元,增长10.35%,继续位居全省61个县(市)级第一。全年完成财政支出76.64亿元,同比增支6.87亿元,增长9.8%。其中:全县民生支出完成62.87亿元,比去年同期增支8.51亿元,增长15.7%;与GDP有关的八大类支出完成63.31亿元,比去年同期增支 5.53 亿元,增长 9.6%。财政支出规模持续扩大,结构持续优化,规范性和有效性进一步增强,积极财政政策聚力增效。

【收支管理】强化收入预期管理。加强涉税平台综合利用,主动挖掘财源潜力,强化重点税源监控,完善收入预期管理工作联动机制。加强财税库银及相关园区的协调机制,强化财政收入研判分析和入库管理。建立收入预警制度,按月通报乡镇(园区)财政收入完成情况,确保财政收入持续稳定增长。进一步优化支出结构。着力强化财政支出对经济增长的支撑作用,促进经济平稳增长,突出保障和改善民生。足额保障基本支出。按政策和标准安排人员经费和公用经费,确保运转正常;全面落实惠民政策。对涉及教育、科技、农业、医疗卫生、社会保障等重点民生支出,足额安排支出预算,落实到位。加大乡村振兴、脱贫攻坚和环境保护投入。为乡村振兴和打赢脱贫攻坚、"蓝天保卫战"提供资金保障。做好大建设和重点项目的资金安排。统筹"四本"预算,积极整合财政资金,支持大建设和重点项目。

【预算管理】严格预算编制。遵循统筹兼顾、勤俭节约、量力而行、讲求绩效和收支平衡的原则,编制一般公共财政预算、政府性基金预算、社会保险基金预算、国有资本经营预算,编制政府采购预算;硬化预算约束,严控预算追加,对明确实施的项目做到应编尽编,坚持"准""实""细",真正将预算落实到每个项目。进一步压实责任,规范程序,严明纪律,从严从紧做好预算编制工作,不断提高预算编制的科学化、规范化、透明化、精准化水平。严格预算执行。确保部门预算执行的准确性,要求各预算单位做到五个"严格",即:严格执行预算,各单位要严格按照批复的预算执行,按预算功能分类和经济分类报支;严格控制"三公经费"等一般性支出,"三公经费"要严格按照规定执行,确保"三公经费"和一般性支出只减不增;严格执行公务卡制度,控制现金支出;严格执行政府采购和招投标制度;严格财务手续,准确列支和核算。加强预算执行动态管理,修订《肥西县国库集中支付动态监控管理暂行办法》(肥财〔2018〕71 号),进一步明确监控内容、监控方式、部门职责、违规处理等内容。2018 监控年度监控资金总量 182.33 亿元,纠正违规申请支付资金 73.25 亿元。加强预算绩效管理。制定管理办法和实施细则,建立财政牵头、预算单位实施的绩效目标管理机制;建立预算绩效管理中介机构库;对部分乡镇和县直预算单位开展财政支出绩效评价和中期监督检查,有效监控预算执行,规范预算单位资金使用。

【财政改革】推进县乡财政体制改革,激发乡镇发展内生动力。按照统筹城乡发展,合理调配财力,促进县域经济均衡协调发展的要求,在充分调研论证的基础上,出台新一轮县乡财政体制,进一步理顺县乡两级政府的财政分配关系,充分调动乡镇发展经济、增加收入的积极性,支持实施乡村振兴战略。国库集中支付改革向纵深拓展。全面实现国库集中支付电子化管理。实现财政与人行、国库集中支付代理行、预算单位四方互联互通,提高支付效率,保障财政资金安全;严格落实公务卡制度,进一步提高公务支出透明度。加大公务卡强制结算目录执行力度,全面取消预算单位和乡镇备用金账户,进一步完善现金管理办法;强化预算执行动态监控。建立"预警高效、反馈迅速、纠偏及时、控制有力、覆盖全面"的预算执行动态监控体系,实现用款计划、支付申请、支付办理、资金清算各环节监控全覆盖,提高资金使用的安全性、有效性和规范性。国资国企改革进一步深化。加快县城乡建设投资公司转型发展,规范公司运营管理,对公司的经营体制和组织架构、高管选聘、薪酬管理制度、高管人员考核办法等具体事项提出意见,经县委常委会、政府常务会审议通过,出台相关制度办法,基本完成人员选聘工作;稳步推进国有企业家属区"三供一业"分离移交工作,签约并完成供水分离移交改造 973 户,签约率、完工率 100%;签约并完成供电分离移交改造 792 户,签约率、完工率 100%;供气分离移交改造除不具备燃气安装条件的家属区外,其他均完成,物业分离移交改造 1805 户,开工 1805 户,签约率、开工率 100%。

【财政民生保障】推动民生工程的实施和开展。坚持以人民为中心,务实推进民生工作,不断满足人民日益增长的美好生活需要,年共投入资金 16.46 亿元,中央及省级 7.19 亿元、市级 3 亿元、县级 6.27 亿元,县级配套资金 100% 到位。着力提高人民群众的幸福感,高质量完成 29 项民生工程。推进扶贫资金精准使用,巩固脱贫攻坚成果。全年投入资金 2.2 亿元,实施脱贫项目 155 个,实现 13 个建档立卡贫困村产业脱贫全覆盖;加强扶贫项目实施和扶贫资金支出管理,助力精准脱贫;积极开展资产收益扶贫,会同有关部门出台文件和暂行办法,进一步明确资产收益扶贫工作程序、方案及工作目标,已完成投资2881.60万元。完善农业补贴政策体系,积极推进农业供给侧结构性改革,用于农业发展奖励、改善农业的基础设施、农业资源的保护修复和现代农业示范区建设,促进农村一、二、三产业融合发展。

【服务经济发展】支持深化供给侧结构性改革,推动经济转型升级。出台《肥西县培育新动能促进产业转型升级推动经济高质量发展若干政策》,对先进制造业、自主创新、现代农业、服务业和文化产业等给予政策和资金支持,激活社会创新创业活力,缓解实体经济融资难题,促进县域经济高质量发展。共兑现县级产业发展政策奖补资金2.8亿元,惠及企业350多家。聚力增效实施积极的财政政策,大力实施减税降费。切实减轻企业负担,累计减免税费15.1亿元,实体经济成本进一步下降。

【强化内部管理】着力突出制度建设。制定《财政所(分局)综合绩效考评暂行办法》《肥西县乡镇财政资金监管工作绩效评价办法》《肥西县惠农补贴资金管理发放工作绩效评价办法》三项制度,进一步加强乡镇财政建设,推进乡镇财政各项工作科学化、精细化、规范化管理,全面提升乡镇财政管理水平。强化财政监督检查。组织开展财政扶贫资金、乡镇财政性资金收支管理和"小金库"整治等专项检查。采取自查自纠与重点抽查的方法,全县共开展自查自纠单位196个,自查金额分别为2016年度519043万元、2017年度405108万元、2018年度398450万元。检查的结果为全县各行政事业单位和国有企业无一家存在"小金库"现象。不断加强自身建设。扎实开展"三查三问""讲严立"专题警示教育和"不忘初心,牢记使命"主题教育,全面推进财政源头反腐机制建设,扎牢"不能腐"的制度笼子。进一步规范财政管理、服务意识、提升管理能力和服务水平为重点,全面开展"比规范、提效能、争先进"活动,促进财政业务进一步规范、办事效率进一步提高、服务意识和创先争优意识进一步增强。

【全面推进劝耕贷】进一步扩大全县"劝耕贷"业务覆盖面,持续推动开展建档立卡、业务考核评比等工作,压实责任,提高站位、提升高度,2018年在全县范围内大力推行"劝耕贷",取得显著成效。为新型农业经营主体建档立卡1179户,累计发放信贷资金12488万元,有力解决农业经营主体融资难、融资贵的问题,提高财政支农资金使用效益,撬动更多的金融和社会资本向农业方向倾斜。安徽省农业信贷融资担保有限公司对全省2018年"劝耕贷"工作先进单位和个人进行表彰,肥西县该项工作收获累累硕果,获得全省工作先进县,山南镇获得先进乡镇,农业银行肥西支行获得先进合作银行,官亭镇财政所王世春获得先进个人。

(吴智慧)

长丰县财政工作概述

【概况】2018年,在县委、县政府的坚强领导下,在县人大、县政协和社会各界的监督支持下,县财政局全面贯彻落实党的十九大精神,以习近平新时代中国特色社会主义思想为指引,积极践行新发展理念,紧密围绕"一个率先、两个进位"奋斗目标,加强财政保障,强化财政监督,硬化财政支出,提高财政绩效,全县财政工作保持良好发展态势。财政稳增长、促脱贫、提质量、保民生、防风险等各项重点工作均圆满完成。

【财政收支实现突破】面对宏观经济和财政收支矛盾凸显的复杂形势,全县财税部门紧盯年度预期目标,强化收支预期管理,狠抓增收节支,一般公共预算收入完成605168万元,占年度预算100.9%,增长9.7%。其中,地方收入388338万元,占年度预算的102.4%,增长10.6%。财政收入突破60亿元,连跨5个亿元台阶。财政收入占GDP初算数的13.2%,地方收入占财政收入比重达64.2%,分别提高0.9、0.5个百分点,税收收入占财政收入85.2%,收入质量不断提高。大力调整优化支出结构,财力安排优先向扶贫攻坚、民生事业和全县基础性、全局性重点建设项目倾斜,全年一般公共预算支出突破68亿元,财政保障能力进一步增强。

【民生工程成效显著】紧盯目标任务,紧抓时间节点,实施31项民生工程。其中22项资金类项目全部完成年度发放任务,12项工程类项目中棚户区改造、美丽乡村建设工程、小型病险水库除险加固等3项跨年度项目均达到序时进度要求,其他9项全部完成年度建设任务(学前教育促进工程、义务教育经费保障机制及农产品食品安全工程等3项民生工程中既有工程建设,又有资金发放)。全年累计投入资金16.71亿元,占年初计划的102%,扶贫工作、"三农"工作、创业就业、社会保障、教育文化、其他城乡基础设施和公共服务等方面取得明显实效。

【财政职能充分发挥】践行新发展理念，落实积极财政政策，支持经济转型升级高质量发展成效显著。增加有效供给。积极争取上级专项资金与新增地方政府债券转贷资金 18.1 亿元，实现土地出让收入 71.1 亿元，有效筹集全县发展资金。投入 16.4 亿元实施土地整治与购置建设用地指标，有效化解土地要素制约。提升发展承载。投入 32.9 亿元，支持县城、北城、工业园区基础设施建设；投入 18.3 亿元，支持大拆迁，拆出长丰未来发展空间。落实扶持政策。修订完善培育新动能促进产业转型升级推动经济高质量发展若干政策，设立 1.5 亿元产业引导基金，兑现贷款贴息、固投奖补、转型升级、企业上市、小微企业减税降费等各类扶持资金 3.2 亿元，促进县域经济高质量发展。化解融资难题。发挥财政资金存放与奖励杠杆职能，引导金融机构承接企业贷款需求，创新金融信贷产品，累计为企解决贷款 18.2 亿元。

【财政改革稳步推进】全面深化预算管理改革，完善政府预算体系建设，推进全口径预算编制；积极完善财政信息公开机制，督促全县各级部门按时公开“三公”执行情况，广泛接受社会监督；规范管理政府性债务，优化债务结构，确保政府债务总体规模适度，风险较低；建立县政府向县人大常委会报告国有资产管理情况制度，提高国有资本受益上缴公共财政比例；加快深化小微企业“双创”基地城市示范建设，助推荣事达“双创”基地创建 3A 级景区，积极对接“非遗园”开展工研学旅游合作；积极探索县乡财政体制改革，新一轮县乡财政体制改革雏形已成；推进财政专项资金绩效评价和绩效跟踪等工作，逐步将绩效管理覆盖所有预算单位和所有财政资金，预算绩效覆盖面达 20% 以上。

【荣誉获得情况】2018 年，长丰财政牵头与配合的多项工作受到充分肯定，县财政获得安徽省财政扶贫资金绩效评价工作专项奖励 200 万元。县级财政管理绩效综合评价获省政府通报表扬、被财政部表彰为“最会管钱的县级单位”，并获 500 万元专项奖励。长丰县代表安徽省公立医院改革效果评价唯一县获国家卫生健康委、财政部表彰，乡镇财政资金监管工作绩效评价结果被省财政厅评为一等奖，惠农补贴资金管理发放工作绩效评价结果被省财政厅评为 B 类，民生工程工作获省绩效奖补资金 10 万元、获得市政府表彰第一名，县局被评为合肥市卫生先进单位、文明单位；配合合肥市社会保险基金预决算绩效评价结果被评为二等奖，财政系统信息化工作被评为全市优秀单位，局机关被县授予招商引资、秸秆禁烧和综合利用、政务服务、双拥、计划生育综合治理、目标管理优秀单位等。

（孙青松）

庐江县财政工作概述

【概况】2018 年，庐江县财政收入完成 33.75 亿元，较上年增长 9.8%。其中：地方收入 19.27 亿元，较上年增长 9.3%。全县财政支出完成 62.64 亿元，较上年增长 7.2%。全县本级预算执行和其他财政收支运行情况总体平稳，财政收入稳定增长，财政保障能力不断增强，财政支持经济发展力度不断加大，财税改革和监管工作不断加强。

【财政收入平稳增长】在认真开展税源摸底的基础上，及时将全年收入任务分解落实到各镇（园区）和征管部门，紧盯收入预期目标，强化预警调度，狠抓均衡入库。注重抓好重点税种、重点企业、重点行业和重大项目税收动态监控和跟进服务，扎实开展纳税评估，努力挖潜增收。强化协税护税，明确协税护税部门职责，做好纳税服务和税源管护，特别是抓好省市投资重大项目的税收管理，堵塞征管漏洞，防止税收流失。

【财政保障能力增强】科学合理调度资金，围绕保障重点，调整优化支出结构，加大财政存量资金清理力度，大力压减一般性支出，统筹财力保障脱贫攻坚、民生工程、教育发展、城乡人居环境改造和基础设施建设等重点支出。全年兑现涉农惠农补贴资金 6.14 亿元，安排稻谷补贴资金 5281 万元，拨付 4603 万元奖补 175 个一事一议村级公益事业项目建设。继续加大县对镇转移支付力度，进一步增强镇级财政保工资、保运转、保基本民生的能力。2018 年，全县一般公共预算支出 62.64 亿元，增长 7.2%，其中八项重点支出 48.82 亿元，增长 4.4%。

【支持经济发展加力】全面承接省市产业政策，修订完善县级产业扶持政策措施，审核兑现各类扶持资金 1.29 亿元。贯彻落实减税降费政策措施，全年办理政策性退税 8679 万元，实现出口退（免）税 1.01亿元，切实降低企业成本。全年为 218 户企业担保贷款10.6亿元,为154户企业提供续贷过桥资金6.40亿元,有效缓解中小微企业融资难题。争取中央和省市投资资金8228万元,推动学校、医院改扩建和敬老院质量提升等建设。拨付补助资金9791万元支持4940套棚改项目建设;安排专项资金8000万元,推进"庐城公共基础设施一期"和"智慧城市"2个政府和社会资本合作项目实施。争取土地收储专项债券10.48亿元,多渠道筹集建设资金23.3亿元,努力保障大建设、大交通等重点工程建设。

【民生福祉保障改善】充分发挥民生工程财政部门牵头抓总作用,加强资金筹措管理,不断提高民生工程资金保障水平。全县财政投入民生工程资金25.8亿元,增长9%。实施的"四好农村路"建设、学前教育促进工程、农村环境"三大革命"等31项民生工程全部完成,有效解决一批群众关心关注的焦点难点问题。全力支持打赢脱贫攻坚战,全县投入财政专项扶贫资金3.55亿元,支持产业扶贫、健康扶贫、社会兜底扶贫等扶贫重点工程。投入资金2467万元实施24个资产收益扶贫项目,有力地带动贫困村和贫困户增收。修订完善财政扶贫资金管理办法,切实加快资金拨付进度,强化资金动态监控和绩效管理,充分发挥扶贫资金使用效益。

【财政体制改革深化】修订出台高新区分税制财政管理体制,试编国有资本经营预算。强化部门预算管理,严控预算追加,加强支出进度考核,加大结转结余资金清理力度,进一步完善支出定额标准体系,修订完善公务接待费、会议费、培训费以及公务用车定点维修、定点加油、定点印刷、定点会议场所管理办法。编细编实部门预算,推行项目分级分类管理,深化预算评审论证,邀请专家评委对11个项目开展公开评审,审减率达26.7%。全面公开政府预决算及61家部门预决算、"三公"经费等信息。完善行政事业单位财务管理办法,全面恢复预算单位会计核算权,强化单位财务管理主体责任。积极开展国库集中支付电子化改革,扩大授权支付范围,加强国库集中支付动态监控管理,保障财政资金运行安全高效。

【财政监管水平提升】积极推进预算绩效管理,出台预算绩效管理考核问责办法,开展部门预算绩效自评,引入第三方开展96个重点项目绩效评价,涉及资金6.10亿元,其中民生工程项目27个,逐步建立"花钱必问效,无效必问责"的管理机制。加强财政资金监管,严格银行账户管理,规范财政资金存放,建立正常对账备案工作制度,实行按月自查、按季督查的通报工作机制。开展惠农补贴"一卡通"系统拓展应用,向12个县直涉农主管部门和160多个基层站所延伸。严防债务风险,建立健全债务风险预警监控机制,严格政府债务预算和限额管理。积极优化债务结构,全年争取上级政府新增债券11.51亿元、置换债券6.27亿元和再融资债券4.17亿元,有效降低债务利息负担。强化财政监督检查,在全县范围内开展"小金库"及津贴补贴专项检查,重点加强财政扶贫等专项资金监督检查,组织对3个县直单位预算执行和4个镇财政所财政财务管理情况监督检查,发现问题及时督促整改到位。

【财政自身建设加强】深入推进"两学一做"学习教育常态化制度化,扎实开展"讲严立"专题警示教育和"三查三问"活动,始终把党建工作摆在重要位置,坚决落实党要管党、从严治党的要求,自觉落实主体责任和"一岗双责",扎实推进作风建设和反腐败工作。全面从严管理干部,按规定程序、办法和标准选人用人。2018年,按组织程序提拔中层干部25人,公开招考38人到镇财政所,机关内部轮岗转任15人,镇财政所间转任调动12人。抓实财政业务培训,安排20名镇财政所青年业务骨干到局机关跟班学习,分期组织科室负责人培训财政业务,安排278人次参加省市组织的选学调学。

【获得表彰情况】2018年,国务院办公厅印发《关于对2017年落实有关重大政策措施真抓实干成效明显地方予以表扬激励的通报》(国办发〔2018〕28号),对2017年落实有关重大政策措施真抓实干成效明显地方予以表扬激励。庐江县被列为全国地方财政管理工作的先进典型市县,获财政部奖励2500万元;在财政部县级财政管理绩效综合评价工作中位居全国综合排名第10名、全省第1名,受到省政府通报表扬并获奖励500万元;在全省财政扶贫资金绩效评价工作中位居前列,获奖励900万元。

(徐玉清)

巢湖市财政工作概述

【概况】2018年,巢湖市财政局在巢湖市委、市政府的正确领导下,认真贯彻落实省、合肥市财政工作会议精神,紧紧围绕年初既定目标,分析研判收入形势,统筹安排各项支出,在加快支出进度的同时,着力深化财政改革,创新财政体制,全市预算执行情况总体平稳。全年财政收入完成344605万元,为预算的102.2%,增长11.3%;全年支出完成506823万元,增长16.6%。

【财政收入管理】加强收入预期管理。市财政部门牵头定期召开财税联席会议,深入分析研究全市经济形势,对收入进行全面分析、预测,及时掌握税源动态,保障收入及时均衡入库。着力提升收入质量。财税部门依法加强税收征管,堵塞漏洞,做到应收尽收,财政收入结构持续改善,2018年全市一般公共预算收入206164万元,其中税收收入166075万元,占比80.6%,较2017年提高4.2个百分点,较2016年提高5.7个百分点。积极发挥财政支持经济发展的作用,大力培植财源。财政通过直接政策扶持、落实减税降费政策以及提供形式多样的金融产品等多种渠道,为企业降成本、增活力。全年兑现各类产业扶持政策资金5820万元,减税降费12000万元,累计发放"4321"新型"政银担"贷款28560万元,"税融通"业务累计投放贷款金额13900万元,续贷过桥累计为企业周转资金40800万元,使全市180多户小微企业受益。

【财政支出管理】巢湖市在财政预算绩效综合评价中获财政部、省政府通报表彰。在此基础上,以问题为导向,制订《2018年度预算绩效管理工作方案》,对20万元以上项目实行动态监控,进一步扩大绩效评价范围,加快预算执行进度,将预算绩效评价与年度部门预算安排相衔接,提升财政绩效管理水平。在全年预算执行中,坚持量入为出、有保有压的原则,全力保障民生工程、脱贫攻坚、环境保护等重点项目支出。全年民生工程投入182400万元,其中本级安排50000万元,比上年增加16500万元;整合统筹安排各类资金用于脱贫攻坚22600万元,其中本级资金7689万元;支持半岛生态科学城、居巢经开区加快基础设施建设55300万元,为招商引资创造良好环境。投入22150万元用于农村环境整治和美丽乡村建设,改善居民生活环境,提升居民生活质量;投入58000万元用于城市建设,提升城市品质,巩固创建全国文明城市成果。坚持压缩"三公"经费等一般性支出,停建楼堂馆所,市本级"三公"经费支出2450万元,下降2.5%。全市财政支出中,教育、科学技术、文化体育与传媒、社保和就业、医疗卫生与计划生育、节能环保等民生类支出421199万元,占财政支出的83.1%,增长0.7个百分点。

【财政体制改革】推进国库集中支付电子化改革。按时完成代理银行资金支付、人民银行资金清算和预算单位上线运行的改革任务,提高支付效率,降低行政成本,保障资金安全。促进半岛区域发展。出台《巢湖半岛科学城区域国有土地使用权出让收入结算暂行办法》,保障重点项目和区域发展。强化市属国有企业监管。按时完成市属国有企业2017年度财务审计及企业负责人经营业绩指标考核工作;国有企业"三供一业"移交平稳推进,通过合肥市目标任务考核,并获合肥市"先进单位"称号。

【加强财政风险防控】巢湖市财政局严格执行六部委50号文件精神,按照中央、省及合肥市对地方政府债务管理要求,严格执行《巢湖市政府债务管理暂行办法》,对国企债务是否属于隐性债务进行逐笔甄别界定,将隐性债务纳入"地方全口径债务监测平台"监管。完成地方债务全口径统计,并计划在10年内化解完毕,进一步规范政府举债行为,防范债务风险。

(孔勇)

瑶海区财政工作概述

【概况】2018年,瑶海区财政收入完成26.11亿元,占年度目标收入任务的101.2%,同比增长11.3%。其中:地方收入完成15.72亿元,占年度目标收入任务的103%,同比增长10.8%。一般预算支出完成18.5亿元,完成预算的100%。

【加强财税收入征管】进一步完善税源管理机制,跟踪分析重点税源,及时掌握税源动态,确保税收收入的规模和增长速度,并及时均衡入库。开展综合治税专项行动。先后组织多次税源信息专项普查工作,全面摸清辖区经济家底,形成"横向到边、纵向到底"的综合治税网络。加强重点税源企业管理。扎实做好重点税源分析工作,加强对税源大户及风险大户的监控。2018年新增纳税千万元以上企业11户,增收约1.67亿元,税源基础进一步巩固。强化非税收入管理。严格执行非税收入国库集中收缴制度,确保非税收入及时足额上缴财政,2018年完成非税收入2.59亿元。

【保障财政重点支出】科学统筹预算安排,加大资金筹措力度,充分发挥财政资金的主导和集聚作用,向基础设施建设、教育事业、卫生事业等重点领域倾斜。全力保障建设资金需求。安排专项经费3亿元,保障合肥东部新中心建设,用于旧城改造、企业征迁、老合钢整治和复建点建设等项目。拨付棚户区改造、支路网建设、复建点建设及补偿资金达61.6亿元,比上年增长46.4%。优先发展教育事业。足额配套区级教育经费,全年用于教育建设资金6.76亿元。全力保障教师待遇落实,2018年教育人员支出8.6亿元。支持社会事业全面协调发展。全面落实就业再就业扶持政策,拨付各类补贴资金5040万元,就业率大幅提高。加快推动卫生计生事业发展,拨付卫生计生工作及建设专项经费1.23亿元,进一步提升公共卫生均等化水平。

【完善财政管理体制】进一步完善财政管理体制,严格决算管理,严控重点支出,确保资金安全,提升财政效益及服务水平。加强决算管理。强化决算编审,对重要指标实行先行对账,保证数据真实准确,对预算单位报表数据真实性、衔接性等进行审核,及时修改、调整不合理数据,提高决算编审质量。盘活财政沉淀资金。建立盘活财政资金长效机制,提高财政资金使用效益,避免财政资金闲置浪费,累计清收全区48家单位往来资金6054万元。加强国库集中支付动态监控。建立国库集中支付动态监控分析报告制度,实现对重点单位、重大项目的重点监控,并实时反馈监控信息到预算单位,提示预算单位及时纠正,确保财政资金支付安全高效。全年累计预警3.17万笔,退回违规申请支付860笔,涉及金额1.18亿元。推进财政资金的保值增值管理,全年实现利息收益1.16亿元,比上年增加6020万元。

【优化民生保障体系】坚持把人民群众对美好生活的向往作为财政工作方向,不断加大民生投入。确保民生资金到位。通过引导社会资本投入、购买服务等形式,实现民生工程资金多元化投入。全年累计投入18项民生工程资金2.45亿元,3个工程类项目和15个资金补助类项目全部完成年度目标任务。落实文化惠民举措。投资5570万元建成恒通文创园,引进近30家企业入驻发展。财政投资建设的瑶海大剧院、图书城和5个城市阅读空间全面运营。打造瑶海民生亮点。开展各类民主监督活动,打造民生工程品牌。全面推进现代公共服务体系建设,促进基本公共服务标准化、均等化。

【提升财政监督水平】以提高财政运行质量为目标,以财政资金监管为监督重点,确保资金使用的安全性、合规性和有效性。开展"滥发津补贴和小金库"专项整治工作,积极探索建立预防产生"小金库"的长效机制,努力实现标本兼治。继续加强对政府采购支出、"三公经费"等资金流向的监管,"三公经费"比上年下降4.4%。加强金融市场监管,全力防范金融风险。加强类金融机构日常监管与服务,有序开展全区10家小贷公司年检工作。建立全区楼宇防非打非工作机制,全力开展涉嫌非法集资重点企业排查整治,有力维护瑶海区金融环境稳定。全面推进依法行政建设。认真贯彻落实法治财政建设有关要求,各项法治工作有序推进。

【深化国资国企改革】多措并举,深化国有资产管理改革,逐步实现资产管理规范化、科学化、精细化。加强国有资产监管。开展全区国有企业摸底调查,建立国有企业台账。开展资产清理登记工作,组织编制全区行政事业单位固定资产年报、经营资产和自然资源报告,建立全口径国有资产数据库,全面反映全区国有资产管理、使用、处置、监督等实际情况。开展经营性房产划转工作。将全区15个区直部门和镇街开发区的经营性房产移交区国资公司统一运营,共计移交资产339处,总面积16.82万平方米。落实资产巡视问题整改。将账外资产进行分类评估,及时入账。加大闲置资产、未公开招标资产进场交易力度,全年上缴资产租赁及处置收益约4064万元。加快推进国有企业改革。《瑶海区属国有企业负责人薪酬制度改革实施方案》已获批复。加大租赁住房建设力度,星海湾项目规划及建筑方案初步完成。

【服务经济转型发展】充分发挥财政引领支撑作用,培育壮大经济发展新动能。服务实体经济。加大税融通、政银担等财政金融产品实施力度,为全区500多户中小微企业提供流动资金支持逾6亿元,有效纾解民营企业融资难、融资贵等问题。成功举办多场不同形式的金融资本对接会,100余家融资需求企业和多家金融机构踊跃参会,现场合作总签约额达1.02亿元。加大金融产业招商。成立金融产业招商小组,建立与区内外各金融行业协会的定期联络机制,分期分批邀请外地金融企业来瑶海区参观考察、对接洽谈,累计接待和拜访金融企业20余家,成功引进瑶海首家股权类投资基金。加强政策引导。修订完善"1+7"产业扶持政策,拨付中央、省、市奖补资金5307万元,同比增长51.9%;拨付区级奖补资金6146.08万元,受益企业370余家,同比增长236.5%。

【稳步推进财政改革】以改革促规范,向创新求效率,不断深化财政改革。预决算公开工作进一步细化。完善相关公开制度,形成预决算信息公开、自查及检查工作制度化、常态化机制,针对发现问题及时进行整改。预算绩效评价积极推进。建立全过程绩效管理机制和评价体系,对100万元以上的专项资金全部编制预算绩效目标。聘请第三方机构对2017年的20个项目支出和26个部门整体支出开展预算绩效评价,形成绩效评价报告,作为编制下年度预算的重要依据,有力促进预算单位加强预算绩效管理。国库集中支付改革不断深化。全市首批电子化支付系统正式运行。进一步完善国库集中支付方式,全面推行授权支付业务。启动电子自助柜面系统,实现"足不出户"即可办理财政资金支付业务,大大提升预算单位的支付结算效率。

(徐文艺)

蜀山区财政工作概述

【概况】2018年,全区财政收入54.62亿元,同比增长16.38%。其中:地方财政收入31.28亿元,同比增长22.38%。全区一般公共预算支出37.29亿元,同比增长9.72%。

【支持经济产业发展】加速园区发展。全年投入1.68亿元用于蜀山经济开发区发展,投入0.72亿元用于南岗科技园发展,投入0.3亿元用于寿蜀产业园发展,全力支持园区建设,培育"参天大树"。助力产业升级。围绕蜀山区扶持产业发展政策,激发经济活力。其中:投入0.25亿元用于促进现代服务业发展,投入0.2亿元用于自主创新及大数据产业发展,投入0.1亿元用于新型工业化发展等。下沉区级财力。建立事权与支出责任相适应的制度,财力注重向基层倾斜。全年投入各街道、社区经费2.03亿元,其中专项安排社区(村)综合建设经费0.2亿元,支持社区(村)服务基层群众。

【促进区域协调发展】加快老旧小区改造。积极推进老旧小区环境综合整治工程,提升群众居住生活条件。区级投入0.3亿元用于13个"两治三改"小区和11个"为民办实事"小区环境综合整治,改造面积48.8万平方米,惠及居民6476户。投入0.12亿元,用于老旧小区物业管理服务。加快生态文明建设。加大生态建设和保护力度,努力建设资源节约型、环境友好型城区。全年投入绿化管养经费、绿化大会战经费0.71亿元,城市环境提升经费0.3亿元,环巢湖治理经费0.39亿元。加快市容市貌提升。全面落实环卫市场化改革,蜀山区道路清扫保洁面积和标准实现双提升,全年投入道路清扫保洁及垃圾清运经费1.12亿元。

【保障民生福祉改善】优先发展教育事业。以支持教育事业为重点,全力保障经费支出。全年预计投入教育基本支出5.82亿元,中小学幼儿园建设2.1亿元、义务教育及学前教育保障经费1.02亿元、教育创新经费0.12亿元等。社会保障更加完善。困难人员救助工程等项目进一步提标扩面,家庭医生签约服务体系建设全面推进。全年投入民政补助救助及慰问经费1.36亿元、就业专项资金0.82亿元、卫生计生专项补助经费0.57亿元。民生工程精准推进。全区共实施省级民生工程23项,"四好农村路"建设、农村环境"三大革命"、棚户区改造、学前教育促进工程、食品安全工程等工程类项目均于10月底完工。

【强化预算绩效管理】绩效管理制度更加完善。汇编《蜀山区预算绩效管理相关制度和基础知识问答》,印发《蜀山区财政预算绩效管理考核办法》《蜀山区预算绩效目标管理暂行办法》等相关文件,管理制度更加完善、考核方式更加科学,切实将绩效考核与单位预算相挂钩。绩效管理范围持续扩大。从2017年对100万元以上的预算项目制定绩效目标,到2018年对50万以上的预算项目进行绩效管理,逐步细化预算绩效管理标准,努力实现全区预算绩效管理全覆盖。目标监控力度切实增强。2018年起,对各单位绩效目标实现程度和预算执行进度实行"双监控",按月度开展预算执行进度情况监控,按季度开展绩效目标运行监控,强化绩效运行分析,促进绩效目标实现,进一步提高资金使用效益。纳入绩效管理的项目162个,项目资金达10.97亿元。

【推动财政基础工作】强化综合治税。印发《蜀山区协税护税工作实施办法(暂行)》,举办财税体制培训会,发挥联席会议作用,推动协税护税工作有序开展。进一步规范非税收入票据管理,充分发挥非税收入票据"以票管收、源头管控"作用,防范非税收入流失。服务金融环境。搭建政银企沟通交流平台,促成银企战略合作。推广“政银担”“税融通”“科创贷”等金融产品。出台《蜀山区非法集资举报奖励实施细则(试行)》,组织专项摸排,开展打击非法集资专项活动。开展互联网金融(P2P)风险整顿和合规化检查,确保金融秩序安全。规范国有资产管理。通过制订方案、实地勘察、分类统计、建档造册,细化用途等步骤,推进街道国有资产划转城投公司,实现区级统管。对区属企业开展历时半年的国资监管活动,以“加强警示教育、列出制度清单、对照自查自纠、及时整改预防”为内容,以责任清单为牵引,以专项督查为手段,建立国资监管长效机制。

【提升财政管理水平】创新政府采购管理。在全市各区中,率先成立合肥蜀山公共资源交易项目管理公司,实现“管代分离”,决策、监管、运行、服务“四分离”格局初步显现。制定《蜀山区公共资源交易管理实施细则》,明确内容,实现有法可依、有规可守。网上商城亮点纷呈,与安徽合肥公共资源交易中心联合起草《政府采购网上商城运营服务规范》,作为全国首部网上商城运营服务规范的地方标准,多项创新填补政府网上采购空白。深化国库集中支付改革。随着国库集中支付改革的深入推进,全区预算单位正式启用电子化支付,通过电子校验,“电子凭证+电子签章”身份识别、自动留痕等控制机制,让每一笔业务都在“聚光灯”下运行。加强乡镇财政建设。出台《关于落实全面推开惠农补贴“一卡通”系统拓展应用实施方案》,将“一卡通”发放项目由6项拓展至15项。出台《蜀山区村(居)财务管理暂行办法》,积极加强乡镇财政建设,有效发挥乡镇财政职能,深入推进乡镇党风廉政建设。

(黄潇)

庐阳区财政工作概述

【概况】2018年,庐阳区财政局有效应对经济下行压力和风险叠加的外部环境,主动作为、综合施策、攻坚克难,财政收入突破60亿元,财政实力显著增强;支出结构持续优化,民生投入占比八成以上;金融业增加值占全市比重近四成,首位优势更加稳固;预算绩效管理、公共资源交易等改革纵深推进;机关党建规范化、制度化水平进一步提升,各项工作任务较好完成。先后荣获第三批“合肥市依法行政示范单位”“全市财政系统信息化工作优秀单位”等多项荣誉。

【财政运行稳中有进】坚持“以旬保月、以月保季、以季保年”的收入预期管理机制,深入推进综合治税,强化形势研判、收入调度和涉税分析,加大重点税源监测,开展重点楼宇和标准化厂房专项摸排行动,挖掘增收潜力,推动收入平稳增长。2018年,庐阳区财政收入完成60.97亿元,增长16.07%,其中地方财政收入完成30.86亿元,增长17.55%。财政收入中税收收入完成57.09亿元,占比达93.63%,较上年提高3.6个百分点,收入质量进一步提高。庐阳区财政支出完成32.35亿元,增长6.71%,其中“三公”经费支出下降24.1%,民生支出占财政支出的83.13%,支出结构持续优化。

【预算管理不断深化】建立跨年度预算平衡机制,滚动编制2019—2021年部门三年预算,加强项目日常储备和动态管理。坚持全口径预算管理,盘活存量资金,严控一般性支出和“三公”经费支出,压实预算部门执行主体责任,加大支出进度函告、通报和会商力度,启动授权支付改革,拓展动态监控范围,预算执行提速增效。细化实化预决算公开信息,首次公开2018年项目支出绩效预算和部门整体绩效预算。全面完成国库集中支付电子化改革,实现资金支付全流程“无纸化”。

【民生保障更加有力】坚持尽力而为、量力而行,加大财政民生投入,2018年全区民生支出完成26.89亿元,增长8.97%,占财政总支出的83.13%,占比较上年提高1.73个百分点,更多财力用于保障教育、医疗卫生、社会保障、环保、文化、城乡社区等社会事业发展。投入4.2亿元稳步实施21项省级民生工程,履行牵头抓总职责,强化过程管控和精准调度,推动民生工程信息网上实时公开,推行民生工程项目建后管养政府购买服务,依托“互联网+”全方位宣传民生政策,打造“智慧医疗”民生亮点获省市民生办推广。

【服务发展凸显重点】加快省级金融总部集聚区建设,先后引进华夏在线保险安徽分公司、安振股权投资基金等金融项目20个。2018年金融业增加值达236.9亿元,占全市金融业增加值比重达四成,产业首位度持续提升。助推经济高质量发展,制定《庐阳区推动经济高质量发展若干政策》,设立产业发展基金,兑现扶持产业发展政策资金8644万元。投入

7.92亿元支持中央商务区、高技术服务示范区、滨水文化休闲区建设。助力实体经济发展，先后举办五次“庐阳融创”项目资本对接会，促成187家企业和140家金融机构达成签约金额近10亿元。联合广发银行在全省首发“创业贷”，通过政保贷、政银担、过桥贷等财政金融工具，累计为中小微企业提供发展资金85亿元。多层次资本市场加快培育，安徽交建和正奇金融上报证监会待审，新增四板挂牌企业12家。

【财政改革蹄疾步稳】全面推开预算绩效管理。出台《庐阳区预算绩效管理工作考核实施细则》《庐阳区预算单位财政支出绩效自评工作规范》等制度，进一步规范预算绩效管理工作操作流程。举办2019年预算绩效目标编制专题培训会，绩效目标编制覆盖单位整体支出和50万元以上重点项目支出，并按月、分季度实时跟踪监控。加强公共资源交易市区一体化进程，完善“1+N”公共资源交易制度体系，项目预算编制、交易审核、交易管理、合同备案和资金拨付实现闭环管理。扩大网上商城采购范围，实现产权项目线上办理，承担的全国基层公共资源交易信息公开标准化规范化试点通过省政务公开办验收。

【财政监督严格高效】结合落实省委第四巡视组巡视反馈整改任务，出台规范财政财务管理制度5个，牵头完成全区133家预算单位内部控制报告、行政事业资产报告编报工作，预算单位年度财务检查、行政事业单位经管资产和自然资源国有资产清查、滥发津贴补贴和“小金库”专项整治等多个专项检查顺利开展，财经纪律得到严肃落实。强化“两类机构”年度检查和日常监管；开展防范非法集资集中宣传活动，开展P2P网络借贷风险专项整治和“现金贷”业务规范整顿工作。成立区级金融风险防范和处置工作领导小组，建立金融风险监测三级网络化管理机制，开展金融风险防范和处置专项行动，守住不发生系统性金融风险底线。

【党的建设全面加强】认真贯彻新时代党的建设总要求，以政治建设为统领，教育党员干部树牢“四个意识”，做到“两个维护”。加强思想建设，履行意识形态工作责任制，开展14次党组中心组集中学习、4次专题研讨，开展党的十九大精神等知识测试3次，组织党员撰写心得体会42篇。加强组织建设，认真执行“三会一课”、双重生活会、谈心谈话、民主评议党员等制度，按程序完成党小组划分、支部书记补选、预备党员转正，开展12次主题党日，召开4次民主生活会和组织生活会，开展民主评议支部和党员，开展党内谈心谈话24次，组织干部教育培训5次。深化作风效能建设，认真执行“一线驻点”“夜访万家”“大调研”等联系服务群众制度，走访20家重点企业和13户群众，帮助解决问题11个；查改形式主义官僚主义问题5个；严格执行考勤和请销假、限时办结制等制度，优化业务流程和服务标准，群众办事“最多跑一次”。加强廉政建设，扎实开展“讲忠诚、严纪律、立政德”专题警示教育，持续开展“三查三问”，常态开展正面教育、警示教育，开展上廉政党课、参观廉政教育基地、对照典型案例专题讨论。严格执行民主集中制，“三重一大”事项均集体决策。坚持依法理财，加强源头防控，构建“小金库”、津补贴长效管理机制，加强政府采购事前、事中和事后监管。

（冯朝旭）

包河区财政工作概述

【概况】2018年，包河区财政局在上级部门的指导帮助和包河区委区政府的正确领导下，全区财政工作坚持以习近平新时代中国特色社会主义思想为指导，全面落实积极的财政政策和省市财政工作会议精神，坚决落实“六稳”工作要求，围绕“安徽中心、和美包河”战略定位，紧扣“高质量发展、高品质建设、高效率治理”三大基本任务，积极发挥财政职能，为促进全区经济发展和社会和谐稳定提供有力财力支撑。荣获“民生工程表现突出单位”等表彰。2018年，包河区财政总收入89.03亿元，同口径增长17.9%，占市对区预算数序时进度114.4%，超序时14.40个百分点。其中地方级收入52.87亿元，同口径增长23.9%，占市对区预算数序时进度120.5%，超序时20.5个百分点。财政收入、地方级财政收入总量、增幅均实现城区“双第一”。

【收支、预算管理】加强收支分析研判，及时掌握财政收入波动信息，分析财政支出执行情况。做好部门预算执行管理，每月中旬召开支出进度分析会，建立和预算单位的沟通会商机制，采取多种形式，督促预算单位加快项目支出。一般公共预算累计支出50.59亿元，同比增长5.7%，序时进度99.98%。其中八大项支出45.82亿元,同比增长12%,序时进度100%,八大项支出占一般公共预算支出90.6%。升级包河区财政综合治税系统平台,建立分类别、分级次、分管理权限的综合企业信息库,实现多部门数据整合比对异常企业。完善数据权限控制,实现数据共享。提升财政部门动态监控税源变更信息的质量和效率。拟出台税源管理实施及考评激励方案。开展区与街镇财政体制调研工作,逐步明晰事权和支出责任,均衡财力,完善“费随事转”财力配套机制。完成区与街镇财政体制调研工作,制定初步方案,进入数据测算阶段。

【财政改革】按照分类管理原则,制定《包河区区属企业负责人经营业绩考核办法》,拟定各国有企业经营目标责任书。有序推进区属国有企业分类改革、分类发展、分类监管、分类定责考核,积极探索以“管资本”为主的国资监管工作机制,转变国有企业监管方式。明确要求各国有企业依据《重大事项请示与报告制度》,对于发生的“三重一大”事项及时向区国资委请示报告。推动在区属国有企业中设置纪检机构工作,联合区纪委在国有企业中开展国资监管活动。开展国库集中支付改革。完成国库支付电子化改革,预算单位支付申请电子化正式全面上线运行,国库支付授权改革正式启动。升级动态监控系统,并出台《包河区区级国库集中支付动态监控规程》和《包河区区级国库集中支付管理办法》。推行政府采购电子化改革。实施“线下无交易,线上全公开”的政府招标采购“阳光操作”模式。推行“网上商城+网上竞价”交易模式。将定点服务纳入网上商城,启动产权交易新系统。优化政府采购审核流程,让“网络多跑腿,办事少跑路”。

【财政民生保障】认真贯彻落实中央和省市关于民生工作的各项决策部署,在市政府对2017年民生工作的考核中,荣获“民生工程表现突出单位”称号。2018年,全区各级各部门扎实有效开展保障和改善民生工作,大力实施20项民生工程,创新开发“民生工程大数据平台”,提供精细化智慧民生服务。各级财政累计投入资金约为4.2亿元,其中中央及省资金1.82亿元,市级资金1.34亿元,区级资金1.04亿元。累计支出资金4.2亿元,其中扶贫工作657.65万元,创业就业2173.58万元,社会保障2.1亿元,教育文化9015.91万元,其他公共设施服务9140万元,资金使用率99.97%。其中贫困残疾人康复、城乡困难群体法律援助、技工大省技能培训工程、就业扶持工程、智慧医疗与家庭医生签约服务、城乡基本医疗保险、城乡居民基本养老保险、妇幼健康、计生特扶和职业病防治、学前教育促进工程、农村文化建设专项补助10项超额完成年度目标任务。

【产业政策支持】牵头全区产业政策制定工作,出台《包河区促进产业转型升级推动经济高质量发展若干政策》,坚持绩效优先,精准发力,安排资金5.37亿元,引导经济结构调整和产业转型升级,重点支持科技、金融、文化产业融合发展。推进金融全要素生态链形成和产业平台能级提升,支持中科大机器人、合工大智能制造等省级技术标准创新基地投入运营,推动北科天绘、富煌新视觉、岭雁科技等科创项目落地,国家广电总局9个国家实验室成功落户。加大人才政策资金投入力度,构建人才激励机制,完善引才奖励制度。

【服务经济发展】引导金融资源服务实体和民营经济,运用科技贷、农宜贷、政保贷、政银担、税融通、小微企业续贷过桥资金等财政金融工具,引导金融机构增加信贷投放近70亿元,保障实体经济、民营经济平稳发展。创新财政资金使用方式,区属和泰产业投资引导基金首支子基金华泰健康基金将于年底成立。包河滨湖天使投资基金累计投资3800万元,专项扶持具有成长潜力的初创型小微企业。深化企业上市最优营商服务,发展各类金融产品,组织企业参加全省政银企对接会、市“四送一服”双千工程集中宣讲会,双创活动周绿色金融银企对接会。对后备企业上市开设“绿色通道”,建立扶持企业上市协同工作机制,召开拟赴境外上市企业座谈会,做好异地挂牌企业回归工作。对全区“拟上市企业资源库”实行动态管理、分层分类指导,“一户一档”跟踪服务。目前全区上市公司达到7家,在会待审1家,辅导备案4家,拟上市同券商签约2家,新三板挂牌9家,四板挂牌4家。

【防范化解风险】成立包河区互联网金融重点风险企业处置工作专项领导小组,建立与公安、工商、信访等部门的协调联动机制,密切跟踪全区P2P平台运行情况。对全区14家融资担保公司和小额贷款公司开展现场业务检查,对两类机构违法违规经营进行提示,开展风险排查工作并对整改情况进行跟踪。实施分类监管,撤销融资担保公司1家。做好广东邦家、融和贷、好车贷等案件处置和群众维稳工作。成立打击和处置非法集资工作领导小组，建立相应的预防和处置非法集资长效工作机制，将预防和处置非法集资工作经常化、制度化、规范化。加大宣传和奖励力度，召开包河区2018年春节期间防范和处置非法集资宣传教育工作会议，先后印发《包河区开展防范非法集资宣传月活动实施方案》《包河区开展防范和处置非法集资微视频专题宣传教育活动实施方案》。利用微信公众号“包河金融信息”、互联网等新型媒体和街道社区宣传栏、宣传标语、报刊等，大力普及金融知识，强化风险提示，提高群众风险鉴别力。宣传月活动累计发放宣传材料13000余份，悬挂横幅、张贴海报共1600余福，组织大型集中现场宣传活动14次，进村组、进社区共66次，宣传吸引群众参与共两万余人。制定《包河区非法集资举报奖励实施细则》，财政预算安排专项经费平安包河500万元，通过给予举报奖励的方式，鼓励广大群众积极参与防范和打击非法集资工作。

【金融产业发展】2018年，包河区金融业增加值达到金116.65亿元，金融产业全口径税收达到20.71亿元，同比增加28%，金融业整体始终保持高效益、低风险的运行特征。启动编制包河区金融产业发展规划，金融产业规划方案初稿已形成。中科大第三届金融前沿高峰论坛座谈会在包河区召开，中科大国际金融研究院创新创业孵化中心正式在包河区揭牌成立。组建包河区金融产业联合会，由传统金融机构、金融平台公司、区属金融企业共同发起成立的非营利性社会团体组织金融产业联合会，将整合全区金融资源，推动金融产业发展。讨论并通过《合肥市包河区金融产业联合会民主选举制度》等10项管理制度。争创国家绿色金融试验区，参加全国绿色金融改革示范区座谈会，学习全国绿色金融示范区的发展经验，出台绿色金融支持小微企业发展政策，加快绿色产业发展。加快金融产业平台招商引资。修改完善区金融产业发展政策，加快光谷金融港二期、复星金融城一期建设及招商运营。建立科技金融服务链，进一步发挥区级产业基金和泰基金的引导作用，积极设立若干支子基金。安徽省农业产业化发展基金有限公司等8家企业落户滨湖金融小镇，资金规模近40亿元。

【财政监管】认真开展财政检查，提高财政监督工作的系统性、计划性和针对性。制定2018年财政监督检查工作计划和乡镇财政督查工作计划，认真组织开展乡镇财政督查、2017年度预算单位财务检查、2018年度预算公开情况检查、阳光村务抽查、预算单位保留银行账户和公务卡、备用金专项检查等工作。规范“三公经费”检查，每月要求各部门报送“三公经费”统计月报，适时、动态监控各单位“三公经费”支出情况。增强对会议费、培训经费的申报工作，务必达到准确严控在5%以内的降幅。开展债务风险自查。发行置换债券11475万元，新增债券8269万元。开展区政府投资项目债务风险防控自查，对全区行政、事业单位、国有企业（含融资平台）隐性债务进行统计监测。

（储冰）

合肥高新技术产业开发区财政工作概述

【概况】2018年，高新区经济运行保持高质量发展态势，财政收入持续呈现质效双优。全年公共财政预算收入完成77.5亿元，比年初预算超收5.5亿元，同比增长21%；地方收入完成37.3亿元，比年初预算超收4.2亿元，同比增长23%，收入、增幅居四大开发区第一。全区市场主体形成的财政总收入共计222.55亿元，保持平稳较快增长。科学分解收入任务，摸清税源底数，抓大控中稳小，优化税收结构，强化综合治税，通过减税降费为企业“松绑”，取得良好效益。

【支持经济发展】政策资金“培育”。修订出台2018年扶持产业发展“2+2”政策体系，加大平台建设、项目落户、成果转化等支持力度，2018年扶持企业3449家次，扶持金额近13亿元。政策实施以来共投入财政资金40余亿元，撬动社会资本130多亿元，惠及企业1.1万家次，进一步激发经济发展活力和动力。产业基金“引导”。打造全省股权投资集聚高地，目前政府参控股基金增至25支，基金总规模576亿元，实现企业全生命周期的投资服务链条全覆盖，共投资园区企业259家，投资额40亿元。2018年新引进重点基金或金融项目28个，资金规模305亿元。园区累计集聚股权投资基金160余支，管理资金总规模达1800亿元。注重引导投资实体企业，“创谷基金小镇”全面开工，扎实深化基金与产业融合发展。科技金融“撬动”。重点与新安银行、交通银行等签署战略协议，深掘市场“痛点”，持续开发政府增信产品,进一步完善以省青年创业引导资金、创新贷为代表的八大财政金融产品,累计投入财政资金1.27亿元,累计扶持2000余家次企业融资52亿余元。政产学研“共建”。不断深入与人大、上财等高等学校搭建互通平台,成立上财合肥高新区金融研究院,优势互补、资源共享、互惠双赢、共同发展,将先进成熟的技术创新成果尽快地转化为生产力,通过多种形式开展政产学研合作,共同构建新型政产学研合作创新机制和体系。

【助力财政管理改革】健全财政财务管理制度。编制印发《合肥高新区落实地方预算执行管理加快支出进度工作方案》《合肥高新区进一步加强“小金库”防治工作方案》等一系列规范性制度文件,坚持问题导向,根据新情况新问题,建立健全空置房等国资管理制度,优化建设项目管理,修订财务审批制度,进一步严肃财经纪律。对预算管理、国有资产管理、工程建设、公共资源交易、财务审批等做出全新要求,涉及面广、内容新、要求严,形成全面规范的财政财务管理制度。推进财政重点工作改革。更加强化预算刚性约束、支出责任和效率意识,严控预算追加。出台预算绩效管理四项制度及问责办法,组织第三方中介机构对30个重点项目开展财政资金使用绩效评价,在实现整体绩效评价编制全覆盖基础上推进部门单项绩效评价编制全覆盖。加快国库集中支付电子化工作进程,实现资金支付提速、资金安全更有保障。加强债务风险防范。完善政府性债务管理办法,建立“借、用、还、管”相统一的政府性债务管理机制,严格执行投融资新政,依法合规开展融资。在债务“限额”内,通过省政府代为发行地方政府债券方式举债,按照“责权利”和“借用还”相统一的原则,严格政府性债务管理。2018年,高新区积极争取低成本的政府债券资金,共计获得27亿元。建立债务预警监测机制,根据债务率、新增债务率、偿债率、逾期债务率等债务风险指标,进行债务风险防范,杜绝逾期债务。强化公共资源交易活动监管。2018年,高新区公共资源交易项目数约760个,成交金额47亿元,同比增长45%。注重“短平快”特色,加强标后监管遏制标后履约问题,强化区级平台服务能力保障项目快速推进。完善公共资源交易“决策、监管、操作”三分离的工作格局,依托公共资源交易市场信用“市县区联动”体系,着力加强监管净化公共资源交易市场环境。进一步巩固国资管理。严把资产预算审核关,完成资产年报工作,全区纳入资产报表填报范围的行政事业单位47家,涉及资产7.3亿元,其中固定资产达2.8亿元。严格落实高新区学会、协会、老年教育服务机构和其他社会团体近三年专项审计,区属企业审计管理持续发力;“三供一业”分离移交工作圆满通过市领导小组的专项工作年度考核,并取得市级先进单位称号;集中开展以“加强警示教育、列出制度清单、对照自查自纠、及时整改预防”为主要内容的针对区属国企的监管活动。

【铸造高新特色财政】民生工程化民“心”工程。2018年,高新区实施省定33项中的16项民生工程,共计支出1.1亿元,全年财政民生支出共计支出4.2亿元。重点支持新改扩建幼儿园、校舍维修、棚户区等建设项目。成立爱心公益协会,鼓励社会多元参与民生工程,整合社会、社区、政府资源,为高新区各类困难群体进行全方位救助帮扶;已建成居家养老服务中心12个,覆盖16个城市社区,“互联网+智慧化健康”管理服务升级社会养老服务体系,医养结合智慧养老;创新性承接制作合肥市省定31项民生工程政策宣传动漫视频并于10月底正式上线,打通民生宣传普及新道路,树立民心工程新范式。创新宣传,扩大工作影响力。高新区财政局紧紧围绕“财富高新、和谐高新、美丽高新”发展定位和“努力建设世界一流高科技园区”奋斗目标,进一步拓展内容领域,创新手法手段,全力展示合肥高新财政良好形象,为推动高新区经济社会又好又快发展营造良好的外部舆论环境。2018年,向上报送财政信息82篇,各级信息媒体上发稿合计195篇,在区级和市财政信息宣传考核中稳争上游。积极围绕财政局工作宣传亮点以及重点、难点问题,报送部门发展动态、特色做法及工作成效,充分认识到做好信息宣传工作的重要意义。共计推出主题策划12次,增强与中央、海外、省主流媒体、重点新媒体以及市级媒体的对接沟通,充分展示高新财政特色,描绘合肥高新科技金融、魅力经济发展优势。坚守责任,严明财政队伍建设。年初与党工委签订2018党风廉政建设责任状,把党风廉政建设责任制融入业务工作之中,落实“一岗双责”,切实将财政业务建设、党建工作和党风廉政建设同部署、同推进、同检查、同落实,形成“纵向到底、横向到边”的党风廉政建设的领导体系和责任机制。不断牢固树立“为民理财、为民服务”的工作宗旨,强化财政队伍建设,打造学习型、研究型、责任型、创新型、廉洁型机关。重新梳理排查个人、单位廉政风险点11条,查找廉政风险漏洞,健全廉政风险防控机制。局内定期不定期在党支部会议上传达部署党风廉政建设工作12次,召开4次党风廉政建设和反腐败工作相关专题会议,努力确保全体党员干部树立正确的人生观、价值观,真正把党风廉政建设和反腐败工作与财政业务工作有机结合起来。

(陈帅)

合肥经济技术开发区财政工作概述

【概况】2018年,合肥经济技术开发区综合财政收入226.3亿元,同比增长60.6%。其中:一般公共预算收入159.9亿元,增长18%。综合财政支出81亿元,同比下降10.4%;其中一般公共预算支出46.9亿元,同比增长23.6%。

【壮大财政收支规模】全年全口径财政收入完成160.4亿元,同比增长18%,按照市政府考核口径(财政收入75亿元,同比增长10.8%;地方收入38.5亿元,同比增长10%),双指标均圆满完成市政府年度考核目标。全年财政支出完成89.3亿元(含海恒集团自有项目支出3.5亿元),同比增长18%;其中:建设性支出完成55.1亿元,同比增长13.9%;支持企业发展支出18.3亿元,同比增长27.1%;教育民生支出11亿元,同比增长28.3%;保运转支出4.8亿元,同比增长13.6%。与GDP核算相关的"八大类"支出完成39.7亿元,同比增长19.2%。

【支持经济高质量发展】落实积极财政政策,大力减税降费。全年办理增值税期末留抵退税、软件行业即征即退、出口退税等政策减免税收合计40亿元。率先出台扶持产业发展系列政策,支持招商引资、服务转型升级,安排区级资金10.7亿元,争取上级资金6.5亿元。扩大企业融资渠道,2018年新增参股、引进基金8支,总规模355.2亿元,通过股权投资累计培育、引进项目25个。金融服务实体成效显著,创新推出金融服务平台,为20户企业提供1.42亿元的贷款支持;完成续贷过桥、税融通、政银担及政保贷业务14.5亿元;组织举办2次银企对接会,114户企业和23家金融机构进行现场对接,发放贷款3.1亿元。搭建载体强服务,举办首届经开区CFO论坛,60余家企业财务总监汇聚一堂共谋经开区转型升级,建立财政局重点税源企业包保联系机制。

【创新财政改革举措】支持国企改革,海恒集团紧扣"四器"定位,改革活力初步展现;公用公司积极调整业务布局,当好"城市大管家";组建海恒国际物流公司,统筹运营管理全区对外开放平台和资源;组建乡村振兴公司,助推北区建设发展。绩效评价全覆盖,2018年开展40个重点项目支出和31家预算单位、22所中小学部门整体支出绩效评价,实现绩效评价结果与预算编制、执行挂钩机制。加强税源监管,进一步拓展税源管控范围,借力大数据,实现楼宇、厂房、工地大小税源全方位监管,确保"颗粒归仓",变更到位495家企业2018年在本区新增纳税3.85亿元,69家市内区外建安企业在本区设立分支机构,纳税5699万元。盘活存量资金,完善支出考核制度,加快预算执行,下半年连续开展2次预算清理,及时调整资金用于亟需领域。

【加大民生投入】坚持民生优先,集中财力提升民生保障水平,全面完成省定17项民生工程目标任务。预计全年民生支出56.3亿元,占财政支出的74%,其中教育支出6.5亿元,高标准建设教育基础设施,吸引优质教育资源;保障政府性投资项目建设资金支出28.6亿元。

【强化风险管理】全国首推村级财务预算管理,制定实施《村级财务收支预算方案》和《高刘社区村级财务预算管理工作制度》,切实增强村级财务管理的透明度,提升村级资金使用规范化。提升政府性债务管理水平,落实2.6亿元存量债务置换、0.21亿元再融资债券,取得5.28亿元新增债券,偿还9亿元隐性债务。落实金融管理,防范金融风险。成立联合小组,对全区2000余家投资金融类企业、交易平台进行多次拉网式排查。全面推进国库支付电子化改革,完善动态监控运行机制。

(林敏)

合肥新站高新技术产业开发区财政工作概述

【概况】2018年财政总收入完成31.37亿元,较上年增长10.76%;地方财政收入完成16.36亿元,较上年增长6.58%。2018年,贯彻落实国务院《关于2018年退还部分行业增值税留抵税额有关税收政策的通知》文件要求,全区退还增值税留抵税额5.77亿元(减少财力2.02亿元),占全市比重42%。

【重点支出保障有力】2018年一般公共预算支出32.08亿元(2017年37.35亿元),政府性基金预算支出11.03亿元,国有资本经营预算支出0.02亿元。2018年用于扶持产业发展资金总量达到8.07亿元。有力促进开发区平板显示、新能源、智能制造等优势产业提升。八大类支出完成28.11亿元,占一般公共预算支出的87.62%;民生类投入28.88亿元,占一般公共预算支出的90%。通过建立办公设备政府采购定期执行机制、存量资金和往来款项定期清理机制,预算执行定期通报机制,不断强化预算执行。

【稳步推进财政改革】改革预算编制,建设阳光财政。进一步完善政府性基金预算和国有资本经营预算编制,健全完整的预算体系;深化"开门办预算",在预算编制时邀请人大、政协及相关领域专家组成评审组对专业技术性较强、资金量较大和部门新增项目进行集中评审,评审结果作为预算安排的重要依据。涉及项目58个,较上年增长45%;涉及金额3.28亿元,较上年增长32%;审定金额2.34亿元,审减额1.03亿元,审减率达到30.63%。依法依规做好财政预、决算和部门预、决算公开。推进绩效管理,提高资金使用效益。制定《2018年绩效评价工作方案》,委托第三方开展绩效考评,涉及金额13.54亿元;组织部门开展项目支出自评,涉及金额10.1亿元;组织所有一级预算单位开展整体支出绩效评价试编。同时,加大绩效评价结果的运用,建立预算编制与绩效评价结果挂钩机制。强化国库管理,加快预算执行进度。拓宽国库集中支付范围,将财政资金全部纳入。建立财政专户管理长效机制。开展首批银行账户清理工作,撤销预算单位25个银行账户和3个财政专户。建立预算执行进度定期通报、预算执行与预算编制相挂钩、部门指标定期清理三项制度。

【引导金融支持发展】积极做好政府债券资金的争取和使用。上半年争取政府置换债券资金3.23亿元,全面完成存量政府债务置换;申报市级2018年土储专项债券11.5亿元,有力促进全区安置房和基础设施项目建设。做好债务统计及风险防控。按月了解平台公司资金情况,进行地债系统的维护和更新。统筹制定资金保障计划,保障基础设施建设资金需求。出台《新站高新区资金存放和使用暂行办法》《新站高新区金融机构支持地方发展暂行办法》,规范资金存放和管理。开展打击非法集资和互联网金融风险专项整治,规范整顿"现金贷"业务专项活动。

【强化国有资产管理】进一步明确教育专项资产配置标准,推进配置标准化、规范化、科学化。出台《新站高新区关于推进"阳光居务"微权监督服务平台建设工作的实施方案》,探索推广基层小微权力监督制约机制。完成平台公司2017年各项经营目标的考核,提出新站公交公司移交补贴建议。

【推进公共资源交易】完善政府采购制度建设。出台《区公共资源交易未达公开招标限额单一来源采购方操作规程的通知》《区政府采购业务办理时限规定》,提高服务效率。配合区建设局完成土石方项目招投标,落实审计部门的整改要求。扎实开展标后履约反馈,约谈中标企业60余家。积极服务部门,全年公共资源交易项目1268项,预算金额41.5亿元。

【保障民生持续改善】2018年,新站区共实施民生工程19项,其中资金类项目14项,工程类项目5项,共投入资金18275.9万元,其中,区级配套资金7018.2万元于5月底前提前全部配套到位。14项资金补助类项目全部及时发放到位,全年保障农村低保16094人次,帮扶困难残疾人5746人。"四好农村路"建设、食品安全工程、校舍维修改造、学前教育促进工程、棚户区改造等5个项目全部提前完工。棚户区改造项目合郢花园二期新开工3724套,光明之家棚改项目基本建成5396套,新开工套数和基本建成套数均"双超额"完成年度目标任务。2018年,新站高新区在省市民生网站刊登信息140余篇(省网站21篇,市网站120余篇),在市级以上主流媒体刊发民生工程信息300余篇,开展"送戏下乡"等大型宣传活动50余场次。通过"互联网+纸媒"多层次、多角度、全方位的宣传民生政策和展示成果,不断提升群众知晓率和满意度。

【扎实开展党建工作】健全党风廉政建设工作机制。局党支部认真落实主体责任,坚持"一把手"为第一责任人,主要领导亲自抓,下发年度工作要点及任务分解文件,周工作例会及时跟进落实,并纳入年度考核,有力促进党风廉政建设责任制落实。加强反腐倡廉和纪律教育。深入开展"讲忠诚、严纪律、立政德"专题教育,贯彻落实党的十九大精神,在支部党建过程中做到两个坚持:坚持发挥党支部战斗堡垒作用,不断提高党员党性修养;坚持理论联系实际,把党员教育和日常业务工作有机结合。系统组织学习《中国共产党廉洁自律准则》等党的各类文件，并观看《胡道发违纪违法案件警示录》等反腐倡廉教育专题片；参观清风公园、烈士陵园等廉政教育基地，把党风廉政建设与财政改革、财政管理有机结合起来，着力营造守纪律、讲规矩的良好氛围。积极开展专题教育活动。认真履行"党员活动日"制度，开展革命历史教育活动。积极开展结对帮扶共建活动，慰问社区困难党员12户。组织开展"廉政家访"活动，访问职工家庭，推进家庭助廉。传统模式和新媒体结合，一方面通过提供学习资料、书籍等手段，丰富党员干部学习载体；另一方面积极运用新媒体手段，通过安徽先锋网、清风合肥等公众号、党支部微信群等学习专题警示教育最新动态，互相交流思想，共同提高。组织党员干部开展学习党的十九大精神知识测试活动，达到以考促学、以学促用的目的。

（夏炎炎）

巢湖经济开发区财政工作概述

【概况】2018年，全区一般公共预算收入完成72070万元，占市政府考核目标的101.3%，同比增长11.4%。其中，地方收入完成43160万元，占市政府考核目标的103.9%，同比增长14.4%。政府性基金预算收入完成3552万元，增收3352万元；国有资本经营预算收入完成150万元，占预算的100%。一般公共预算支出67293万元，占调整预算99.5%，同比增长22%；政府性基金支出80934万元，占调整预算97.6%，同比增长9%；国有资本经营预算支出112万元，占预算100%。

【收支预算管理】2018年，坚持以组织收入为中心，创新税收征管机制，科学分解收入任务，确保全区财政收入增量和质量稳步提升，充分发挥财政职能。建立收入分析机制，关注宏观经济走势，充分考虑税制改革等因素，结合园区经济环境，做好重点税源摸排，对区内房地产企业进行走访，掌握待售房产和全年预计缴纳税收情况。依法加强税源征管，定期组织财税等部门召开收入分析会，加强收入调度，细化征管措施，重点对政府投资项目建安税进行把关，防止税源堵塞跑冒滴漏，同时确保非税收入及时入库，不断提高财政收入质量。积极争取上级资金，提升发展质量。2018年争取上级财政资金84504万元，主要用于棚户区改造，特色小镇建设，战略性新兴产业发展、社保、环保等方面；争取市财政局调度资金共65000万元，缓解全区财政支出压力；主动对接市财政局和巢湖城投公司，测算土地收储成本，争取出让的183亩经营用地土地结算价款79805万元。重点财政支出持续增加。受减税降费等因素影响，财政收入增长持续承压，财政支出强度不减且实际支出规模扩大，教育医疗住房保障等民生支出均明显增长，加大力度补短板、惠民生；生态环境保护进一步加强，基础设施建设稳步推进，为区内群众创造良好的生产生活环境和便利的生活条件。

【财政改革】加强政府性债务管理工作。夯实政府债务管理基础，建立债务还本付息台账，按月对政府性债务、隐性债务还本付息情况进行分析提示，深入开展政府隐性债务统计监测工作，加强与平台公司沟通协作，摸清家底，准确研判债务风险。全年争取置换债券58100万元，大大缓解全区偿债压力，有效降低政府融资成本。同时申报2019年棚改专项债券项目4个，申请债券资金5亿元，保障棚户区改造项目及配套建设的顺利实施。继续推进预算绩效管理工作。2018年，对50万元以上的单个项目和一些社会关注度高的项目要求预算单位编制绩效管理目标，共24个项目纳入绩效管理清单，分别开展事中自评、年度自评和第三方中介机构评价方式。深入推进国库集中支付制度改革。根据省、市统一布置，按时间节点要求完成国库集中支付预算单位电子化支付改革工作，履行财政监督职能，强化预算约束力，严格按照年初预算及进度目标管理支出，并按月向预算单位书面通报预算支出情况，2018年全区部门预算支出14472.5万元，占年初预算95%。同时发挥资金使用情况预警动态监督体系作用，及时对违规支付事项发出预警提醒，为财政资金安全支付提供有力保障。规范公共资源交易工作。制定《合巢经开区定点库管理暂行办法》，对定点库的组建、使用、抽签程序、业主单位职责、库内单位职责进行规定，进一步明确定点库各方职责，规范定点库的建库及使用，加强对定点库使用单位和供应商的管理，提高公共资源交易平台的制度化建设。

【财政民生保障】2018年共实施8项民生工程，包括政策性农业保险、企业新录用人员技能培训、计划生育家庭特别扶助、学前教育促进工程、公共文化场馆开放、农村文化专项建设补助、棚户区改造、秸秆综合利用提升工程,2018 年共到位资金 13762.09 万元,支出 13762.09 万元,实际拨付率 100%,各项目进展情况良好,无低于序时进度或指标的项目。严格按照市民生办要求,做好信息宣传、公开公示、进度报表等基础工作,区民生网站采纳民生动态信息 38 篇,市民生工程网站采纳 8 篇,省民生网站采纳 1 篇。

【服务经济发展】全面推进政银担、过桥资金等业务。2018 年开展税融通贷款业务 2 批,累计为区内 18 户小微企业融资 5480 万元,比上年增加 3380 万元。政银担贷款业务共计完成 14300 万,超额完成年度目标任务,完成率 143.02%。加强与省股交中心和全国股转系统联系,积极培育挂牌上市后备企业。2018 年区内企业精显电子、聚源机械、金业电工成功在省股权托管交易中心专精特新板挂牌,超额完成年度目标任务,完成率 150%。加大引进力度,引进全区首家商业银行科农行巢湖经开区支行,投入 5 亿元营运资金用于本区中小微企业信贷投放。开展非法集资、互联网金融专项整治和金融机构监管,优化区内企业融资环境,加大对小微企业扶持力度。加大招商引资力度,全员参与,把招商引资作为加快发展的第一要务,并由管委会领导率财政局相关负责人,赴芜湖奇瑞等公司开展招商活动。

【提升财政管理水平】进一步落实"放管服"改革要求,制定《关于通用办公设备实行网上商城采购的通知》《合肥巢湖经开区 2018 年政府集中采购目录及限额标准》;加强中签企业的标后履约监管,推进开发区建设稳定顺利的推进,印发《合巢经开区定点库管理暂行办法》。强化行政事业单位固定资产管理。根据《合肥市市直行政事业单位国有资产配置、使用和处置管理暂行办法》,结合实际,制订《安徽巢湖经开区行政事业单位国有资产配置、使用和处置管理暂行办法》。按时完成 2017 年度行政事业单位国有资产报告工作,并获合肥市财政局 2017 年度全市行政事业单位国有资产报告工作通报表扬。严把购置审批关,优化资产配置。2018 年审核政府采购 162 条,涉及金额 2348.96 万元。加大审计监督力度。联合区监察室制定《合巢经开区 2018 年审计监督工作计划》。开展 2017 年度预算执行和其他财政收支情况审计工作,对审计报告中指出的问题全部整改到位。修订《安徽巢湖经开区财政投资建设项目工程结算审计管理办法》,进一步明确工程结算审计流程及要求,防范制度风险,2018 年共审结工程决算项目 164 个,核减额 2793 万元,审减率 10.3%。认真开展精神文明建设。春节期间开展"走基层、访民情、送温暖、献爱心"活动,慰问困难群众和党员;植树节、五四青年节、端午节开展形式多样的活动,传承中华民族的传统文化;同时开展"微爱传递、圆梦半汤"爱心志愿服务,认领微心愿,争做圆梦人。提升作风效能建设。印发《财政局政策理论学习制度》和《安徽巢湖经济开发区财政局 2018 年干部教育培训工作计划》,按照学习计划表开展财政大讲堂活动,不断提升干部职工业务能力和政治素质。勤政廉政。全面梳理财政局权利清单、责任清单及各处室岗位风险点,筑牢拒腐防变的思想道德防线,遵纪守法,廉洁从政,做到警钟长鸣、廉洁自律。

(高娅娅)

淮北市财政工作综述

淮北市财政工作概述

【概况】2018年,淮北市财政收入增速明显加快,全年任务大幅超额完成。财政收入总量和质量同步提升,财政收入总量在全省位次前移,同比增幅位居全省第一;总收入中税收收入110亿元,占比85.3%,收入质量在全省名列前茅。积极争取各类上级转移支付资金79.3亿元,为促进经济社会发展提供坚实有力财政支撑。全市一般公共预算总支出完成159.2亿元,为预算的99.8%,同比增长4.3%。

【支持发展力度加大】大力支持实体经济发展。全年减税20亿元,减少各类收费及基金1.6亿元,社保降费1.3亿元,统筹安排3400万元“三重一创”专项资金和1亿元产业扶持资金,有力支持制造业升级、科技创新及现代服务业发展;依托25亿元母基金,与社会资本合作市场化运作设立20亿元的新材料基金、10亿元的陶铝新材料基金、2.5亿元的硅基新材料基金、1亿元的创业投资基金等子基金,重点对相邦科技、陶铝新材料研究院等多家企业提供资金支持;采取“政银担、税融通、过桥贷”等措施,累计续贷周转资金24亿元,新增政银担、税融通贷款21.6亿元和6.6亿元,投放小微企业债5.8亿元、发放小额贷款4.8亿元,有效缓解中小微民营企业融资困难。着力推进重大项目建设。预算安排和统筹财政性资金30多亿元,用于政府性重点投资项目建设,其中重点项目建设资金10亿元、标准化厂房建设和拟落地项目土地报批费5亿元、市本级PPP项目服务费5亿元等。持续加力污染防治。安排15.1亿元,实施黑臭水体整治、城市雨污分流等重点生态工程建设,生态环境持续改善。

【国资监管取得成效】经济效益稳中有升。到2018年底,全市国资监管企业资产总额达900.7亿元,所有者权益总额335.9亿元,利润总额8亿元,上缴国有资本经营预算收入9700万元,国有资产保值增值率107.40%,主要经济指标均实现平稳增长。国企改革不断深化。积极推动企业优化重组,监管粮食企业由原8家整合为4家。加快实施公司制改制,印发《关于印发市属企业公司制改制工作实施方案的通知》。加快推动混合所有制改革,市建投集团下属公司上市方案,经市国有资产管理委员会审议通过。积极推进剥离企业办社会职能,拨付11亿元支持国有企业职工家属区“三供一业”分离移交,驻淮央企、省企“三供一业”应分离移交户数全部签约,圆满完成省委、省政府下达的年初目标任务。国资监管力度加大。市政府成立市国有资产管理委员会,加强对国资监管重大事项管理审议。出台《淮北市企业国有资产交易监督管理办法》《淮北市市属企业投资监督管理办法》《淮北市市属企业负责人经营业绩考核办法》等8项国资监管制度,进一步规范企业交易、投资、业绩考核、履职待遇等经营行。监管机制健全完善。首次向市人大常委会报告国有资产管理情况。

【民生福祉保障有力】支持打好脱贫攻坚。全市投入专项扶贫资金2.6亿元,支持实施产业、教育、健康、资本收益扶贫等,实现3个村3200余人脱贫出列。加大扶贫资金监督检查,确保扶贫资金专款专用、安全运行、精准高效。财政包保扶贫工作取得积极进展和成效,较好完成年度扶贫包保任务。加大财政民生投入。全市用于教育、医疗卫生等民生支出130.8亿元,占财政支出82.2%。精心组织实施34项民生工程,投入资金44.8亿元,提前完成年度目标任务,继续保持全省领先势头。推进实施乡村振兴战略。全市通过“一卡通”发放惠农补贴资金6.4亿元,涉及16大类40多个项目,惠及农民42万户;统筹资金8亿元,支持农业产业结构调整,加强农村基础设施建设,促进深化农村综合改革,加快推进美丽乡村建设。

【风险防控稳妥有效】加强债务限额管理。建立完善政府债务规模控制和应急处置机制,规范政府举债行为,强化政府债务限额约束,将到期债务本息足额列入预算,坚决制止违规担保举债。建立隐性债务管理机制。成立市防范化解政府隐性债务风险工作领导小组,组织开展全市政府隐性债务清理摸排工作,制定化解政府隐性债务风险实施方案,坚决打赢防范化解重大风险攻坚战。积极化解存量债务。加强政府债券资金绩效目标管理,全面完成政府存量债务置换工作,有效化解存量、遏制增量。截至去年底全市政府债务142.9亿元,其中:一般债务94.1亿元、专项债务48.8亿元,政府债务严格控制在省政府核定、市人大常委会批准的债务限额之内,债务风险总体可控。

【财政监管不断加强】加强预算执行管理。预算执行约束不断硬化,印发《关于进一步加强预算执行管理的通知》,明确预算追加规定,预算调整事项从严控制;制定《淮北市本级预算执行支出进度通报办法》,建立预警通报制度,切实抓好财政支出月度通报、季度约谈、年度指标清理收回制度等落实,资金拨付进度加快,促进财政资金及时安排使用并发挥作用。加强财政资金管理。认真贯彻落实中央八项规定精神,从严控制压缩“三公”经费支出,全市“三公”经费支出同比下降6.8%;盘活财政存量资金1.3亿元,年终结余收回2亿元,统筹用于经济社会发展亟需资金支持的领域,提高财政资源配置效率。加强预算绩效管理。扎实开展对财政支出绩效自评和重点评价,组织对市直部门2017年度预算安排100万元及以上的财政支出项目绩效开展自评;对2017年新增债券、民生等29个预算项目绩效目标进行重点审核,涉及财政资金35.5亿元,并及时向市人大常委会报告绩效评价工作。加强财政监督管理。强化财政监督检查,注重财政财务日常监管,坚决查处各种扰乱财经秩序的行为。牵头组织省委巡视整改“小金库”专项治理活动,查纠一批突出问题。

【财政改革持续发力】健全政府预算体系。深化预算编制改革,加强“四本”预算以及预算项目储备与中期财政规划的有效衔接。推进预决算信息公开。不断拓展和细化公开的范围及内容,及时公开预决算及“三公”经费信息。加大预算公开评审力度,邀请市人大代表、政协委员及有关专家对部门预算进行公开评审,公开评审29个项目和两个部门整体支出,涉及金额6.8亿元,审减率15%,提高预算编制科学性和公开性。加强预算项目库建设。进一步完善市级项目储备机制,印发《市本级部门预算项目储备库建设实施细则》,项目安排与预算执行考核、动态监控管理制度建设有效推进。完善市区财政体制。合理划分市县区财政事权和支出责任,建立政区合作发展利益分享机制,制定下发《关于建立政区合作发展利益分享机制的通知》和《关于开展财政事权及支出责任调研的通知》,进一步理顺市县区财政收支分配关系。深化国库集中支付改革。全省第三批县区国库电子化改革任务率先完成。主动接受人大政协监督。主动接受市人大、市政协和代表委员监督,积极落实预算执行、财政决算等法定事项向市人大常委会报告制度,认真办理人大建议和政协提案,主动配合市人大做好预算联网监督工作。

(郭建平)

濉溪县财政工作概述

【概况】2018年,濉溪财政总收入完成39.64亿元,同比增长18.1%。全县财政支出完成62.6亿元,同比增长9.2%。

【攻坚克难聚财力】加大财源培植工作力度。积极协调配合税务部门,全面管控重点税源和潜在税源,对濉溪经济开发区(濉芜产业园)特别是战略性高端金属制造基地建设加大财政扶持力度,在培源育税、固源强税、提源增税、开源护税上下功夫。强化非税收入与政府性基金收入征管。加大土地出让金等政府性基金征收力度，积极探索公共资源有偿使用收入征缴机制，强化“收支两条线”管理。2018年，非税收入及政府性基金收入总额突破20亿元大关，实现收入21.6亿元。积极发挥产业基金作用。用活用好省战略产业基地扶持资金1.1亿元和社会募集的4.5亿元，扩大基金规模和优化基金投向，逐步形成战略产业引领、主导产业壮大、多行业集聚的可持续发展效应。推进政银合作。完善创业担保贷款、政策性再担保等融资支持政策，不断加大金融机构对实体经济的支持力度。全面完成全县固定资产清查工作。根据《关于开展2018年全市行政事业单位国有资产清查工作的通知》文件精神，积极通过账务清理、资产清查、损益认定等程序，对全县国有资产和行政事业单位非经营性资产进行全面清理。完成全县216家行政事业单位的固定资产清查、审核及上报工作。

【提质增效促实体】加大扶持实体经济力度。安排3000万元战略新兴产业发展专项资金，重点支持县域内中小企业实施技术改造和技术创新。扩大企业融资平台。追加县金茂担保公司的资本金，总额达2.5亿元以上。全年累计为156户(次)中小企业提供贷款担保5.78亿元。积极推进续贷过桥资金扶持工作。依托濉溪金盛投资管理有限公司，投资6800万元用于支持县域企业续贷过桥，缓解中小企业还贷资金压力。全年累计帮助县域78家企业办理过桥资金126笔，涉及过桥资金8.68亿元，资金周转次数12.6次，为企业减少利息负担3000万元。探索运用政府和社会资本合作(PPP)模式。基础设施建设进入新发展阶段。全县批准入库的PPP项目4个，总投资规模超过40亿元。

【千方百计惠民生】加大对民生投入力度。集中新增财力优先安排民生民本投入，扎实推进民生工作和社会事业发展，放大民生工作综合效应。全县33项民生工程投入资金14.91亿元，其中，县级配套资金5.8亿元。聚焦脱贫攻坚。提高财政支持脱贫攻坚保障能力。依托农村集体经济清产核资，实施农村“三变”改革，推进资产收益扶贫工作，建立健全与贫困户的利益联结机制，拓宽贫困户增收渠道。各级财政预算安排濉溪县专项扶贫资金21253.9万元。其中：中央资金1239万元，省级资金969.9万元，市级资金16215万元，县级年初预算安排资金2830万元。财政盘活用于脱贫攻坚资金1509.644万元。其中，市级财政盘活财政存量资金119.544万元，县级财政盘活财政存量资金1390.1万元。2018年，全县财政专项扶贫资金支出共计20663.62万元，支出进度占财政专项扶贫资金总额的97.22%。加强社会保障体系建设。巩固完善基层医改，加强公共卫生和重大疾病防控。加快建立“广覆盖、多层次、全方位”的社会保障体系，稳定城乡居民养老保险参保规模，加快解决被征地农民养老保险问题。建立以绿色生态为导向的农业补给制度。进一步完善农业支持保护补给，加大耕地保护补偿力度，继续支持实施耕地深松和深耕工作。推广完善农业担保体系建设，积极与省农担公司对接，规范建档立卡，扩大“劝耕贷”范围，加快推进新型农业经营主体发展。积极推动政策农业保险扩大试点工作，促进“提标、扩面、增品”，全面完成“基本险+大灾险+商业险”的三级保障体系，推进承保应保尽保。加快农村基础设施建设。积极争取扶持村级集体经济发展项目，大力推进美丽乡村建设、农村道路、农田水利和农村饮水安全等工程，着力改善农村生产生活条件。以乡村振兴战略为统领，加快美丽乡村和南部次中心建设。

【坚定不移推改革】税制改革深入推进。巩固“营改增”，推进资源税改革，做好环保税测算并顺利开征，为全县争取更大改革红利。预算管理逐步完善。建立完善一般公共预算、政府性基金预算、社保基金预算和国有资本经营预算体系，按时全面公开全县预算单位(涉密单位除外)预决算和“三公”经费信息。建立预算执行动态监控体系，完善《动态监控管理办法》，制定动态监督预警目录，设置动态监控岗位，防范资金支付和使用风险。2018年，全县128个预算单位和11个乡镇、2个经济园区全部纳入预算执行动态监控范围，有效提高资金使用安全性和规范性。国库管理持续加强。试编政府部门财务报告，印发《濉溪县关于实施国库集中支付电子化管理改革的通知》，实施国库支付电子化管理改革，国库集中支付改革和公务卡结算不断推进。2018年，通过电子化直接支付38612笔34.85亿元，授权支付6530笔4.38亿元顺利无差错，实现财政部门、中国人民银行、各预算单位、代理银行四方网上操作电子化管理，用款单位足不出户即可办理资金支付的目标。政府性债务管理不断强化。完善政府债务风险预警办法,加大政府存量债务置换力度,加强风险防范和应对,牢牢守住不发生系统性风险的底线。财政监管力度进一步加大。加强行政事业单位内控制度建设,健全财政常态化监督机制,组织开展预决算公开情况检查和会计监督工作。开展“小金库”专项整治“回头看”工作,制定印发相关工作通知,抽调相关人员组成3个检查组,对30家部门和单位进行重点检查。定期对相关单位财政收支、项目资金及会计信息质量等方面开展检查,确保财政资金安全。

(刘洋)

相山区财政工作概述

【概况】2018年,相山区财政总收入累计完成14.31亿元,同比增长12%。区级财政收入累计完成5.56亿元,比去年同期增收0.51亿元,增长10%。2018年全区税收收入完成4.59亿元,同比下降2.1%;非税收入0.97亿元,比去年同期增收0.61亿元,增长169%;增值税20232.6万元,同比增长2.6%;企业所得税2511万元,同比增长16.3%;个人所得税958万元,同比增长39.5%;城镇土地使用税4598万元,下降2.6%;土地增值税9102.4万元,增长23.2%。相山区零散税收代征点2018年代征税收完成2500.66万元,增长21.8%。

【强化税源管理】全面落实区政府关于进一步加强协税护税有关意见,加强收入征管,严防税收跑冒滴漏。加强收入动态监测分析,强化收入协调督办,严格落实收入征管政策,充分挖掘各项增收潜力,盘活各项专项资金,确保调整后收入预算的圆满完成。

【优化支出结构】坚决落实中央“八项规定”,强化节约理念,严格控制“三公”经费等一般性支出,减少对绩效不高项目的预算安排。在此基础上,重点保障教育、社会保障、医疗卫生、科技文化等民生领域支出需要,通过有保有压,确保全年财政支出不突破调整后的支出预算。加强对预算执行的监督管理,坚持“量入为出,收支平衡”的原则,按计划和进度拨款,保证财政支出的顺利实施。优先保证八项支出需要。全区“财政八项支出”完成10.1亿元,较上年增加投入13173万元,增长15%,高于全市增速,完成增速目标任务。切实保障民生投入。不断提高社会福利和公共服务水平,推进基本公共服务均等化。全年公共预算支出13.5亿元,其中大民生项目支出10.96亿元,占支出总量81.2%。

【推进国库集中支付改革】起草制定国库改革方案制度,指导国库支付中心集中支付改革业务,全区64个部门119家单位(含渠沟镇)纳入国库集中支付系统,积极探索并扩大授权支付范围,实现国库集中支付改革“横向到边,纵向到底”的改革目标。2018年区本级所有预算单位实现国库支付电子化改革,年中上线预算执行动态监控系统,实现全程监控财政资金支付活动,真正形成财政资金事前事中有效控制、事后跟踪问效的支付使用监控模式。

【建立民生工程长效机制】强化组织领导,压实工作责任,落实责任到岗到人。印发《相山区2018年各项民生工程实施办法》,及时调整充实区民生工程领导小组成员单位,坚持“一把手”负责,强化目标管理。制定民生工程工作计划,明确各阶段的主要任务、工作重点、责任部门、完成时限和工作要求,督促各责任单位全力推进各项民生工程实施。加大资金投入,落实财力,保障民生工程资金的刚性到位。出台《相山区民生工程资金筹集方案》,积极探索“政府主导、多方参与、市场运作”的多元化投入机制。把保障和改善民生放在突出位置,确保民生资金管理使用安全高效。2018年全区民生工程共支出资金19.15亿元。其中中央级资金1.5亿元、省级资金0.83亿元,市级资金0.45亿元,区级配套0.57亿元,开行贷款15.8亿元。强化效果提升,突出宣传实效。民生办制定《相山区2019年民生工作宣传方案》,建立区、镇街和村居三级联动宣传机制,拨付镇街和村社区民生工作宣传经费22万元,通过市区民生工程宣传网页、《民生工程简报》等编发信息500余条,被市级以上媒体采用近300条。落实《淮北市民生工程信息网上公示制度》,及时公开公示民生工程信息,接受社会监督。

【强化国有资产规范管理】严格按照《相山区行政事业单位国有资产配置管理暂行办法》和《相山区行政事业单位国有资产处置管理暂行办法》,履行“单位申请,主管部门审核,财政局审批”的程序办理,规范和加强相山区行政事业单位国有资产配置管理,完善资产管理与预算管理相结合的机制,提高国有资产使用效益。完成2017年行政事业单位国有资产报表编报工作。2018年3月,组织全区各预算单位的会计(资产管理人员)完成2017年资产报表的编制、审核汇总等各项工作,确保数据真实、准确。

(焦明)

杜集区财政工作概述

【概况】2018年,全区财政总收入完成76313万元,同比增收13136万元,增长20.8%,完成年预算(7亿元)目标任务的109%。其中税收完成68986万元,占财政收入比重为90.4%。地方财政收入累计完成34288万元,完成预算(3.2亿元)的107.2%,同比增收2778万元,增长8.8%。其中:税收收入26960万元,占财政收入的比重为78.6%;非税收入7328万元。全区财政支出预算7.6亿元,其中区本级财政支出预算6.8亿元。本年全区财政实际支出148269万元,同比增支30533万元,增长25.9%。其中:区本级财政支出134326万元,同比增支29551万元,增长28.2%。其中:民生领域支出12.8亿元,较上年同比增支2.86亿元,增长28.7%,占财政支出的86.4%。

【有效汇聚可用财力】依法征管,时刻关注煤炭、水泥、建筑等支柱行业,紧盯招商引资企业、棚户区改造项目等重点税源,精准调度,加强形势研判和分析,确保应收尽收。加大资金统筹力度,保障重点支出需要。积极争取各类上级转移支付资金8.2亿元,为促进经济社会和谐发展提供强有力财政支撑。

【优化财政支出结构】以“三保一突出”为基本支出原则,突出财政支出的公共性和普惠性,资金使用方式和方向不断优化,更加倾向民生。民生领域支出12.8亿元,较上年同比增支2.86亿元,增长28.7%,占财政支出的86.4%。一般公共服务、公共安全、教育、科技、社保、医疗、节能环保、城乡社区八项支出超10亿元,同比增长14.4%。支出结构更趋合理,财政资金的投向更多集中在公共服务、民生事业、“三大攻坚战”等方面。进一步加强“三公经费”监督管理,开展专项治理,取得明显成效。坚持厉行节约,从严控制压缩一般性支出,全区“三公经费”累计支出1018万元,同比下降10.2%,其中公务接待支出447.5万元,同比减支178.7万元,下降28.5%。

【提升预算执行绩效】严格预算执行。坚持依法理财,遵循预算安排,硬化预算管理,支出必有预算,提升预算执行力和约束力。实行绩效管理。强化支出责任和效率意识,突出结果导向,推进绩效管理与预算管理全过程有机融合。统筹财政资金。整合重大项目资金、财政存量资金,建立财政资金统筹使用机制,不断提高财政资金的使用效益。加强资金监管。加大财政监督管理职责落实,深入开展财政资金安全检查、涉农资金检查等,按照省委巡视整改要求开展津补贴专项清理、“小金库”专项治理、向企业和个人出借财政资金专项清理、国有资产清查等活动,进一步规范资金管理。

【推进乡村振兴战略】致力脱贫攻坚。坚持农业农村优先发展,不断加大“三农”支持力度。按照“重精准、补短板、促攻坚”的精准脱贫要求,落实专项资金1148万元支持脱贫攻坚。助力农业增效。投入185万元,完成石台镇刘庄村高标准农田建设。全面推行“劝耕贷”,新增放款668万元,16家新型农业经营主体受益,累计为26家新型农业经营主体放款2168万元,促进现代生态农业建设。落实惠农政策,发放各类惠农补贴3050万元,兑现政策性农业保险理赔资金870.7万元,积极筹措资金400万元支持抗洪抢险,保障受灾群众的基本生活。改善人居环境。投入1700万元,深入推进农村“三大革命”,完成19个一事一议财政奖补项目,加强农村基础设施建设。

【扶持实体经济】做优做活金融服务,创新模式,拓宽载体,加大扶持实体经济发展力度。开展政银企对接活动,促进10多家小微企业金融机构达成融资意向10.2亿元。积极支持民营经济发展,提供担保资金5.28亿元,服务企业101家。其中新型“政银担”合作“4321”使用资金2.2亿元,支持44家企业。“四送一服”为5家企业提供扶持资金1740万元。新增8家企业四板挂牌,股权直接融资总额207亿元。

【全面完成民生工程任务】以“绩效提升年”和“廉政建设年”为抓手,创新推进举措,强化督查调度,扎实推进民生工程实施,各级财政累计投入资金2.42亿元,其中区财政配套4575万元足额到位,保障28项民生工程顺利完成年度任务。困难人员救助、医疗保险、养老保险等社会保障投入1.4亿元,培训企业新录用人员、新型职业农民、退役士兵、职业病防治、幼师等2303人,资助中职、普高学生及幼儿教育等2992人271万元,建设完成“四好农村路”20公里,改造农户厕所6038户,改扩建幼儿园2所,维修改造校舍9120平方米,新建农产品食品安全快检系统3套,改造棚户区11743户。

【严格防控政府债务风险】扎实做好政府债务及隐性债务摸底排查,对全区隐性债务进行全面梳理并上报省财政厅,采取展期还款、预算适度安排、财政存量资金盘活、企业经营效益偿还等措施,严格时间节点,逐步化解隐性债务。积极筹集资金,通过预算调整和债务置换,筹集4.8亿元偿还到期债务。剥离东昱建投集团政府投资项目融资职能,推进市场化运行,提高盈利偿债水平。全面规范政府举债行为,强化债务预测及风险评估,严格限额管理,化解存量,遏制增量。全区实际债务低于省定限额,风险总体可控。

(朱杰)

烈山区财政工作概述

【概况】2018年,烈山区财政局在区委、区政府的正确领导和上级财政部门的关心支持下,在区人大、政协的监督指导下,以习近平新时代中国特色社会主义思想和党的十九大精神为指导,坚持以建设"中国碳谷·绿金淮北"战略为引领,围绕区委"121"发展战略,结合"作风建设年"和"讲严立"专题警示教育活动,着力以提高财政质量为要求,深入开展财政各项工作。

【强化收入管理】加大税收征管力度,建立政府统一调度下的各部门联动协税护税机制,特别是强化建设工程税收征管,有效堵塞征管漏洞。坚持依法征管和预期管理,积极研判、强化监测、精准调度。受国家宏观调控、减税降费政策的落实以及夏季特大洪灾的共同影响,区级财政收入低于年初预期。剔除税收征管调控企业税收缓交因素的影响,2018年财政收入圆满完成年初预算。积极盘活财政存量资金,大力争取各类上级转移支付资金,不断壮大地方财政实力,全年争取上级各类转移支付99590万元。

【优化支出结构】支持招商引资项目落地,支持实体经济、民营经济发展和高新技术项目。在财政收支矛盾突出的情况下,财政部门通过集聚新增财力、强化资金统筹、优化支出结构、压缩运行成本、盘活存量资金等有效方式,全年拨付专项资金12500万元,用于扶持企业发展和招商引资政策兑现。安排8000万元,增加盛大公司注册资金,支持其做大做强。全面落实减税降费政策,全年减免税费6100万元、办理退税2280万元,切实减轻企业负担。投入1477万元实施高标准农田建设,投入4700万元用于萧濉新河、闸河治理和其他水利设施建设,投入1950万元推进农村环境"三大革命",投入665万元村级一事一议财政奖补资金,用于农村公益事业发展。

【助力"三大攻坚战"】聚焦脱贫攻坚。持续加大财政投入,本年财政收入增收的10%增加用于扶贫,全年拨付扶贫资金897万元,用于教育扶贫、健康扶贫、产业扶贫、金融扶贫和基础设施建设扶贫以及社保兜底政策落实等;鼓励镇村发展特色主导产业,提升贫困劳动力就业率。聚焦风险防控。全面清理核查政府性债务,制定债务化解方案,多渠道筹措资金偿还存量债务;推进平台公司清理整顿和改革转型,划清政府与企业责任边界,隔离政府与平台公司的债务;完善政府债务管理制度,出台《烈山区政府债务管理办法》,规范政府举债行为。聚焦环保攻坚,环境保护投入不断加大,拨付2509万元,推进城乡雨污分流工程、乡镇污水处理站建设和秸秆禁烧综合利用,全区生态环境状况明显好转。

【保障重点支出】加大民生投入,调整优化财政支出结构,将更多财力向基层一线倾斜、向弱势群体倾斜,民生投入力度不断加大,全年投入财政资金7.2亿元(不含棚改贷款),28项民生工程逐项落实到位。投入991万元促进就业创业;投入2679万元用于教育均衡发展;完成126户农村危房改造;投入1201万元建成16公里"四好农村路"。拨付11180万元,兑现文明城市创建奖励和中小学教师一次性奖励;全年发放各项惠农补贴7678万元。针对本年烈山区发生百年不遇的特大洪水,及时拨付救灾资金1730万元,保障灾民安全转移、受灾群众应急和过渡期生活救助。积极对接保险公司查灾定灾,第一时间发放农业保险理赔款858万元,惠及农户26212户。

【加强财政监督管理】修订完善区镇财政体制,赋予镇办更大的财政自主权,调动镇办发展经济和组织财政收入的积极性。积极推行国库集中支付电子化改革,全面恢复各预算单位会计核算权和财务管理权,提高支付效率,降低行政运行成本。加强财政制度建设,出台《烈山区本级财政资金审批办法(暂行)》《烈山区招商引资企业扶持发展资金管理办法(暂行)》,下发《烈山区进一步明确行政事业单位国有资产配置和采购事项有关要求的通知》,进一步规范资金支付和资产管理。加强财政监督检查,组织开展全区行政事业单位财务大检查和“小金库”专项防治工作,维护财经纪律,“三公”经费支出同比下降10.1%。

淮北经济开发区财政工作概述

【概况】2018年,全区实现一般公共预算财政总收入28862万元,区级一般公共预算收入15327万元。政府性基金收入实现21724万元。地方政府债务收入2800万元。2018年,一般公共预算支出20027万元。政府性基金支出21724万元。债务还本支出2800万元。

【夯实财源基础】面对土地税减免等政策性减收带来的不利影响,开发区始终把组织收入摆在财政工作的首要位置,协助区税务局开展纳税情况调研,深入研究开发区税源结构,强化税源管控,提高税收征管效率。充分借助各项扶持政策之力,加快新兴财源的培育力度,努力做大财政“蛋糕”,切实发挥财政在经济发展过程中的引领作用。

【优化支出结构】根据年初编排预算要求,坚持量力而行,量入而出,按照有保有压的用款原则,积极调整优化支出结构,集中财力保障重点支出需要,严控行政运行成本的同时全力保障管委会各项决策部署落实和企业经济发展支出。其中基本建设支出9256万元,扶持企业发展支出5906万元。

【加强政府债务管理】从建立和完善偿债机制入手,增加地方政府偿债能力,对政府负有偿还责任的债务要明确偿债资金来源,结合偿债期限制定偿还计划,科学合理地筹措偿债资金;严格政府性债务的预算管理,将严格按照规定进行置换。

【加大企业扶持力度】紧紧围绕企业的发展目标,推动帮扶工作有序开展。帮助企业破解发展难题。针对企业融资困难,通过用足用活税融通以及产业投资基金和产业扶持发展专项资金等政策,缓解企业资金需求。通过开发区龙兴担保公司,为19家园区内企业提供9790万元担保贷款。加大信贷支持。为解决企业融资难问题,深入推进“四送一服”活动,联合市金融办在开发区召开政银企专场对接会,2018年度开发区新增人民币贷款约10亿元。支持企业上市(挂牌)和直接融资。通过摸排,更新完善开发区上市(挂牌)后备资源库,建立包括中勘、中意胶带、天路航空等20家企业在内的后备资源库。

【防范化解金融风险】召开防范化解金融风险专题会议,进一步加强对防范化解重大风险、政府隐性债务风险工作的领导,成立防范化解重大风险工作领导小组,研究制定《淮北经济开发区防范化解金融风险工作实施方案》,明确各部门重点工作任务,压实防控金融风险责任体系,防控重点企业和金融机构风险。对市开发区政府债务及区属企业债务、对外借款、委托贷款、担保等情况进行初步排查,并形成风险排查情况报告,严厉打击各类非法金融活动,加强对融资担保机构监管。

【推进科学精细化管理】根据上级财政部门工作部署,深化部门预算改革、国库集中支付改革、公务卡改革。积极推进预决算、“三公”经费公开工作,进一步推进依法行政、依法理财,提高预算透明度。全面推行国库集中支付,强化责任追究,及时、规范、安全、高效办理资金支付。加强国有资产管理,确保开发区国有企业资金安全、完整和高效运作,明确各项资金的审批权限及审批程序,加强国有资产管理。深入贯彻落实《关于全面构建“小金库”防治长效机制的意见》(皖办发〔2016〕60号)精神,对内设机构及下属事业单位进行全面排查、自查自纠,开发区财务管理均按照国家有关财经法规执行,收入、支出全部纳入本单位财务部门法定账目统一核算,未侵占、截留国家和单位资产,未发现任何形式“小金库”。

亳州市财政工作综述

亳州市财政工作概述

【概况】2018年,全市财政总收入完成200.1亿元,为预算的106.2%,同比增收29.2亿元,增长17.1%。其中:地方财政收入完成112亿元,为预算的108.4%,同比增收17.4亿元,增长18.5%;中央收入完成87.2亿元,为预算的105.6%,同比增收11.8亿元,增长15.6%;国有资本经营预算收入完成0.9亿元,为预算的100.7%,同比减收339万元,下降3.7%。全市税收收入完成170.8亿元,同比增长15.6%,其中:地方税收收入84.3亿元,同比增长15.1%;中央税收收入86.5亿元,同比增长16.1%。分部门看:税务部门完成175.9亿元,为预算的102.5%,同比增长15.3%。财政部门完成24.2亿元,为预算的143.4%,同比增长31.5%。分级次看:涡阳县完成24.4亿元,为预算的108.6%,增长16.8%;蒙城县完成33.2亿元,为预算的105.4%,增长17.6%;利辛县完成22.4亿元,为预算的100.1%,增长12.1%;谯城区完成42.3亿元,为预算的109.1%,增长17.6%;亳芜产业园完成2.6亿元,为预算的112.3%,增长19.7%;开发区完成17.4亿元,为预算的105.8%,增长23.5%;市本级完成57.8亿元,为预算的106%,增长16.7%。2018年,全市财政支出完成343.6亿元,为预算的140.3%,较上年同期增支18.6亿元,增长5.7%。分级次看,涡阳县完成70亿元,为预算的172.8%,增长9.1%;蒙城县完成65亿元,为预算的144.4%,增长5.9%;利辛县完成67.5亿元,为预算的139.1%,增长5.6%;谯城区完成76亿元,为预算的143.7%,增长5.5%;亳芜产业园完成2.7亿元,为预算的144.4%,增长14%;开发区完成5.3亿元,为预算的205.4%,增长65.1%;市本级完成57.1亿元,为预算的106.6%,下降1.6%。

【财政收入管理】围绕年初收入预算目标,分解落实收入任务、责任;完善收入考核和奖惩机制;坚持依法征收、应征尽征,不收“过头税”;坚持财税库收入月调度,强化收入预期管理和重点税源管控,确保收入均衡入库;规范非税收入征缴,强化质量监督,确保财政收入质量。2018年,全市财政收入完成200.1亿元,为预算的106.2%,增长17.1%,收入总量排名全省第10位;收入增幅排名全省前3位,完成市委、市政府年初下达的收入目标,提前两年完成“十三五”规划目标。其中:地方级收入完成112亿元,为预算的108.4%,增长18.5%。市本级完成57.8亿元,增长16.7%。

【财政支出管理】围绕优化支出结构,加强预算支出管理,严控一般性支出和“三公”经费,优先保障“三大攻坚战”、基本民生支出、重点项目建设等支出。印发《关于进一步加强预算执行管理加快支出进度的通知》,加强预算支出考核,每月通报部门支出进度并报市政府主要领导,强化部门支出进度日常调度。全市财政支出完成343.4亿元,较上年同期增支18.4亿元,增长5.7%。其中,民生支出完成292.5亿元,较上年同期增支10.2亿元,增长3.6%。

【财政支持脱贫攻坚】财政部门全力支持打好脱贫攻坚战。大幅增加财政专项扶贫资金投入,全市按上年地方财政收入增量的20%以上增列脱贫攻坚专项资金92139万元,较2017年增列17521万元;增列资金占地方财政收入增量69442万元的25%。清理收回存量资金用于脱贫攻坚,全市共清理收回的可统筹财政存量资金9164万元,其中7416万元用于脱贫攻坚,占可统筹财政存量资金的81%。统筹整合涉农资金支持脱贫攻坚,全市共整合涉农资金18.8亿元。2018年,各级共安排亳州市专项扶贫资金16亿元,其中省级以上6.8亿元、市县9.2亿元。市对县区扶贫资金使用情况实行“一月一检查、一月一通报”,通过监督检查,促进提高财政资金使用效益。

【财政支持污染防治】财政部门加大对大气污染源治理、水环境综合整治、土壤污染防治等重点项目投入,拨付县区秸秆禁烧和综合利用省、市奖补资金16690万元。拨付谯城区燃煤锅炉改造补助资金500万元,谯东镇等8个城郊乡镇地产药材烘房煤改气补贴资金600万元。安排资金4090万元用于市区空气质量监测能力建设。筹集资金2.6亿元,用于市区希夷大道、芍花路等8条道路雨污分流改造工程。拨付县区市级农村厕所改造奖补资金3000万元,支持农村环境“三大革命”,促进乡村人居环境改善。

【债务风险防范】强化债务风险管理,建立政府性债务风险预警机制,每月对全市政府性债务情况进行统计汇总,时刻关注债务风险预警指标变化,对可能发生的风险情况进行及时预警、动态监控。加强政府债务考核,将各县区政府债务风险管理纳入市对县区政府目标管理绩效考核体系,并在全市通报考核结果。强化债务限额管理,严格在省下达限额内举借政府债务,报同级人大常委会批准,报省级政府备案并由省级政府代为发行地方政府债券,将地方政府债务纳入预算管理。做好存量债务置换工作,2018年,省代发亳州市政府债券179.8亿元,其中:置换债券71.1亿元、新增债券108.7亿元,亳州市置换债券资金按规定全部用于置换存量清理甄别认定的政府负有偿还责任的债务本金。做好新增债券绩效评价,根据省财政厅《关于开展2017年度新增地方政府债券资金绩效评价工作的通知》(财绩〔2018〕538号),组织市本级及各县区对2017年度新增地方政府债券资金开展绩效评价,全市新增地方政府债券资金综合评价结果为优秀。2018年,全市政府债务余额441.25亿元,市本级政府债务余额135.94亿元,均未突破省财政厅下达的限额。全市各级政府债务风险指标均在预警值以下,全市政府债务风险总体可控。组织市本级及各县区对2017年度新增地方政府债券资金开展绩效评价,全市新增地方政府债券资金综合评价结果为优秀。全市2018年政府性债务管理工作在省财政厅考核评比位居优秀单位第一位。

【民生工程工作】精心组织协调,市委、市政府高度重视、高位推进,民生工程工作纳入市委常委会重点工作和市政府岗位目标、市长工作例会调度内容,精心部署推进民生工程工作。加强资金保障,及时落实资金,全力保障民生工程投入。明确任务责任,市与县区签订目标责任书,印发《分项目任务分解及行事历》,细化、量化民生工程工作任务、要求,开展民生工程与群众需求精准对接。强化精准调度,实行各分管市长每半月调度、市长每月一调度、县区政府和市直各牵头部门日常调度、专项调度。坚持“四个一制度”,民生工程工作实行每月一排名、每月一通报、每月“一封信”。开展政策宣传,通过各类媒体,宣传民生工程。开展民生工程政策宣传月活动。2018年,全市33项民生工程累计落实资金178.2亿元,资金落实率108%,拨付资金169.7亿元,资金拨付率102.8%。棚户区改造、农村饮水安全巩固提升工程、农村危房改造等33项完成年度目标任务,其中15项提前一个季度完成。

【财政重点改革】继续推进预算管理制度改革,细化预算编制,坚持“开门办预算”,邀请人大代表、政协委员和相关专家,对2019年预算进行事前公开评审论证。深入推进预算信息公开,全面完成财政预算和“三公”经费预算公开,做到预算公开全覆盖,广泛接受群众监督。推进政府购买服务改革,印发《亳州市本级政府购买服务指导目录(2018年修订版)》《亳州市本级2018年政府购买服务实施清单》,扩大政府购买服务实施领域、范围,2018年实施政府购买服务项目310个,较上年增长60.6%,支出规模位居全省第3位。开展财政绩效评价,加强评价结果运用,切实发挥绩效考核导向作用,不断提高财政资金使用效益。在财政部2017年度县级财政管理绩效综合评价中,亳州市县级财政管理绩效综合评价排名全省第6位,涡阳县、蒙城县分获财政部和省政府通报表扬。

【支持经济社会发展】突出“五个支持”:支持工业经济发展,拨付专项资金3613万元,用于企业技术改造设备投资补助、小巨人企业做大做强、规模以上企业培育等;拨付5500万元用于扶持内外贸发展;拨付350万元用于支持中医药产业发展。支持基本建设,参与研究制定《亳州市现代中药产业集聚发展基地项目建设专项资金管理办法》等,强化基本建设资金制度保障。拨付资金21.37亿元,用于涡河隧道工程、棚户区改造、污水处理厂运营、城区道路道排工程等重点项目建设。拨付3349万元用于商合杭铁路亳州南站站房建设。参与生态环境保护和修复治理领域重大储备项目筛选、申报,亳州市优选的22个项目有8个项目通过财政部初审。支持“三重一创”,落实《亳州市支持“三重一创”建设若干政策》。争取省级“三重一创”专项资金5923万元,用于亳州现代中药产业基地奖励和12家项目企业补助。支持农村公路建设,市级安排“四好农村路”养护市级配套资金128万元。争取中央车购税补助资金2.68亿元,用于全市农村道路畅通工程补助1.35亿元、农村公路危桥改造和安防工程补助1.33亿元,推进改善亳州市农村地区交通条件。支持城乡住房保障,拨付资金4.7亿元,用于道东片区张庄、汤庄、杨桥棚户区改造项目和经开区崔寨棚改项目建设。落实中央基建投资11020万元,用于市区郑店子等3个还原小区建设项目。争取中央专项资金1.2亿元用于支持全市县区16299套棚户改造新开工项目建设。拨付省、市奖补资金1124万元用于市县区8个老旧小区整治。安排1900万元(扶贫专项)用于县区农村危房改造补助。支持落实惠农政策。全市通过惠农补贴“一卡通”累计打卡发放23亿元,其中农业支持保护补贴6.658亿元。

【国资国企监管】国资国企监管继续深化。企业国有资产监管不断推进,制定《推进古井集团聚焦主业、做大做强白酒改革方案》,推进古井集团开展安徽古井酒店发展股份有限公司员工持股试点,提高国有资本配置和运行效率。落实国有资产管理情况报告制度,按要求向市人大常委会报告市本级2017年企业国有资产(不含金融企业)管理情况和全市2018年国有资产管理情况。行政事业国有资产监管不断深化,出台《亳州市市级行政事业单位国有资产处置管理暂行办法》《关于进一步规范和加强市级行政事业单位房产出租管理的通知》,规范市级行政事业单位国有资产处置管理,不断提升国有资产管理水平。

【财政机关党建】财政党建持续推进。加强政治学习教育,推进“两学一做”学习教育制度化常态化,财政局党组深入学习贯彻习近平新时代中国特色社会主义思想和党的十九大、十九届二中及三中全会精神,作为首要政治任务,局党组书记、机关党委书记带头宣讲党的十九大精神,3月5—9日举办学习贯彻习近平新时代中国特色社会主义思想和党的十九大精神培训班,培训机关党员干部67人、市属企业中层党员干部96人。举办2期全市财政干部暨市直单位财会人员培训班,将习近平新时代中国特色社会主义思想、党的十九大精神、党风廉政建设和财政扶贫、民生工程、“小金库”防治等政策作为培训内容,共培训335人(第一期172人、第二期163人)。落实“三会一课”制度,机关党组织定期召开支部党员大会、支委会和党小组会。建立机关党员活动日制度,组织党员干部开展“党史教育日”“党员活动日”和演讲比赛、微型党课等活动,开展理想信念教育、党的理论知识教育和革命传统教育。实施“登高计划”、创建“五星基层党组织”建设。

【财政意识形态工作】强化财政意识形态工作,学习贯彻《习近平总书记关于社会主义意识形态工作的部分论述》。落实意识形态工作责任制,将意识形态工作列入局党组议事日程和财政重点工作任务清单及民主生活会、述职报告重要内容。印发《关于加强财政信息宣传工作的通知》,强化财政意识形态工作主导权。2018年度,市财政局财政科研宣传工作获中国财政科学研究院特别奖,市财政局财政信息工作分别居市委、市政府系统市直第5位。

【财政全面从严治党】推进财政全面从严治党。落实财政全面从严治党和党风廉政建设责任制要求,年初局党组书记与科室单位签订党风廉政建设责任书,压实“两个责任”。扎实开展“讲忠诚、严纪律、立政德”专题警示教育和“三查三问”。“三重一大”事项听取驻局纪检组意见。开展廉政提醒谈话。出台《关于进一步加强“三公”经费管理的通知》《亳州市财政局关于公款购买酒类实行备案制度的通知》等，严控“三公”经费。开展“小金库”专项治理。将党风廉政建设工作任务纳入2018年机关党建、财政重点工作任务清单，细化任务、责任和完成时限。将党风廉政建设责任制落实情况，纳入机关效能考核。强化驻局纪检组对局党组会、民主生活会和“三重一大”等监督。开展落实全面从严治党主体责任谈话，6月以来开展提醒谈话8人。市委对市财政局（国资委）落实全面从严治党和党风廉政建设工作给予充分肯定，安排市财政局在6月25日召开的全市落实管党治党政治责任推进会上作典型发言。10月12日市委安排国资委党组在全市“讲忠诚、严纪律、立政德”专题警示教育总结会议上作典型发言。

【财政干部队伍建设】财政干部队伍建设不断加强。加强财政干部教育，在市委党校举办3期专题培训，坚持局机关每周一下午集中学习例会制度，组织干部职工开展《习近平新时代中国特色社会主义思想三十讲》《习近平谈治国理政》《习近平扶贫论述摘编》等政治教育。开展《党章》等党规党纪教育。开展《宪法》《监察法》《预算法》《会计法》等法律法规教育。开展警示教育。组织学习和先念等先进人物先进事迹。通过抓干部教育，提升财政干部队伍政治素质、法律水平和业务能力，引导激励财政干部担当作为。加强财政干部管理，坚持按好干部标准选人用人。召开机关务虚会，坚定讲看齐、提振精气神、强化执行力。坚持落实机关考勤制度和限时办结制等制度，定期公示机关人员出勤情况，不定期开展效能督查。

【机关管理工作】加强目标管理，按照市委“四化、三可”要求，制定《2018年度岗位责任目标任务清单》《2018年度重点工作任务清单》，量化任务、挂图作战、对标考核、对账销号。协调推进各项工作，加强财政宣传，亳州市财政科研宣传工作获中国财政科学研究院特别奖。开展文明创建，落实路段长制等创建任务。协同推进工会、妇委会、共青团等群团工作，开展革命传统教育等活动。落实安全生产责任制。落实综合治理和扫黑除恶等经费和工作要求。落实计划生育工作任务要求。坚持依法行政，开展财政法制宣传活动。落实保密要求，严格三密文件管理。加强机关档案管理。落实国防教育各项要求。

（宋德良）

涡阳县财政工作概述

【概况】2018年，涡阳县财政局着力发展财政税源经济，积极涵养税源，培育税收新的增长点，加强与税务部门沟通协作，进一步加大综合治税、联合办税等措施，规范征收管理，科学统筹调度资金，依法理财，多措并举确保全年财政收支平衡。全年财政收入完成24.38亿元，增收3.5亿元，增长16.75%。其中地方级财政收入完成15.11亿元，增长18.7%。税收收入完成20.52亿元，增长15.1%，税占比为84.2%。2018年财政支出完成70.03亿元，同比增支5.8亿元，增长9.0%，其中民生支出61.09亿元，同比增长6.4%，占财政总支出的87.23%。

【深化财税体制改革】加强财政管理改革。大力推进预算评审、预决算公开、专项资金分配公开等制度落实。加大财政资金优化整合力度，积极盘活财政存量，压缩一般性支出，加大重点支出保障力度，做到一般性支出和“三公经费”只降不增，扶贫民生领域投入只增不降。注重预算绩效管理改革。整理制定下发各类预算绩效管理文件5个，引导预算部门树立“花钱必问效，无效必问责”的支出绩效意识，完善从绩效目标编制到绩效评价结果运用全过程的管理制度。在财政部公布的2017年县级财政管理绩效综合评价结果中，涡阳县位列全国68位，全省第12名，受到财政部、省政府表彰。强化财政监管改革。依托现有财政支出一体化系统，依据财政管理政策，设定线上监督规则，对支出系统内业务事项进行监控，及时阻断各类违规支出3022笔，涉及资金26.2亿元。针对专项资金使用出现的问题，涡阳县独立开发《财政专项资金监管系统》，对财政投资项目及资金实施监控管理。进一步提高预算编制水平。健全全口径预算和预算评审制度，扩大评审范围，推进预决算信息公开常态化。强化预算执行主体责任，严格遵守“先有预算、后有支出”的原则，从严控制预算追加，加快预算执行进度，提高预算执行质量。扎实推进预决算公开，扩大公开范围，提高公开质量。继续优化支出结构，进一步提高财政综合统筹能力，健全地方政府债务台账制度，加大预算执行情况的监督检查力度，加强财政内控体系建设，完善整改和督办机制，切实提高财政资金使用效果。

【完善动态监控系统】完成动态监控规则的上线

工作,对动态监控规则进行修订和增减补充55条。制定“三公”经费动态监控规则,完善动态监控对“三公”经费的监控,落实“三公”经费只减不增目标。出台《涡阳县财政局国库集中支付动态监控内部操作规程》,建立内部和外部的运行机制,发挥动态监控效果。建立和财政监督的沟通和联系,将动态监控数据发送到财政监督部门,作为财政监督部门检查的重要依据,并纳入到财政监督检查的计划中,发挥动态监控数据作用。通过动态监控系统对“三公”经费超限额等25项禁止类业务进行事前阻断,对“未使用公务卡”等31项可能违规事项进行预警,发挥财政监督检查职能,对一万笔以上业务开展财政监督检查。

【实现财政业务系统的互联互通】为实现指标、计划、支付、资产、核算、采购、监管等财政业务的数据共享,涡阳县财政局启动“财政业务系统互联互通工程”,对财政管理一体化信息系统、资产管理系统、财务集中核算管理平台、财政资金动态监管系统、财政综合管理等信息系统的基础信息进行整合优化,初步打通系统之间的壁垒,实现数据自动抓取、信息自动共享、流程强制规范、监管同步进行。

【政府采购】建设“涡阳县政府采购信息公开监督服务平台”,将政府采购项目全流程信息公开纳入动态监管范围,运用大数据分析技术开展对采购项目执行情况和信息公开情况的核查和动态监管。财政部门通过“监督服务平台”实时了解政府采购预算执行情况及执行进度,实时掌握重大采购项目执行进展,为政府采购预算编制提供数据依据。

【行政财务管理】出台《涡阳县党政机关差旅费管理办法》《涡阳县“三公”经费管理办法(暂行)》等,全年一般公共服务支出4.62亿元,公共安全支出3.02亿元,国防支出69万元,教育支出12.25亿元,科技支出7234万元,文化体育与传媒经费支出4248万元。

【农村与乡镇财政管理】将安徽惠农补贴发放信息查询平台系统与县财政局网站链接,方便群众查询,提升公开公示效果。建立健全乡镇财政资金监管机制建设,着力加强镇村基本支出、扶贫资金、补贴资金和项目资金监管,确保党和政府的惠农政策贯彻落实到位。进一步规范乡镇和村级财政财务管理工作,全县农村财政职能建设、制度建设、作风建设、能力建设等方面得到进一步加强,管理和服务水平获得进一步提升。

【社会保障财政管理】开展就业扶持工程,深入推进“技工大省”建设,继续实施高校毕业生就业见习计划,落实失业人员再就业和自主创业政策。完善财政对医疗卫生投入机制,进一步推进家庭医生签约服务机制,继续实施贫困人口“351、180”医疗保障政策。推进社会福利和社会救助工作,加强困难群众生活救助制度,构建多层次多渠道社会保障体系。

【强化非税收入征管】坚持以票管收,做到源头控收。进一步规范非税收入票据的保管、发放、购领、使用、核销等日常管理,严把票据使用核销关,坚持“分次限量、核旧领新、票款同步”的原则,特别对往来票据进行严格审核,做到以旧换新,及时纠正票据使用中的违规行为。开展财政票据年度检查工作,强化票据监督职能。抓好非税收入征收管理信息化平台建设,推进“非税收入征收管理系统软件”升级,使用电子化缴库,推行非税pos机的推广使用。

【政府债务管理】组织相关部门认真排查清理隐性债务,严格按照上级考核办法认真测算债务指标,控制债务规模,防范债务风险。经省政府批准,省财政厅核定涡阳县2018年政府债务限额为105.34亿元,实际地方政府债务余额为92.5亿元,政府债务余额未超出政府债务限额。建立地方政府性债务风险预警和应急处置机制,地方政府债务风险总体可控。

【财政监督检查】从健全制度、促进管理入手,切实加强财政监督工作,充分发挥财政监督职能,以维护财经秩序、规范财政管理、保障资金安全为目标。全年共开展专项检查13次,对财政所专项巡查2次,上下联动检查2次,提出合理化建议50余条,纠正违规资金20.18万元,没收违规资金124556.73元。

【“小金库”专项整治检查工作】开展“小金库”防治工作回头看专项整治工作,组织检查组对私设小金库、滥发津补贴、酒桌办公清理专项整治工作开展重点检查。共检查184个单位,其中县直一级预算部门26个,二级预算单位46个,37家公立医疗机构,50个学校和教育局二级机构,25个乡镇(含经开区),实现检查全覆盖。

【会计管理】积极开展会计人员培训和继续教育工作,全年共组织培训12次,培训3000余人次,对全体财务人员和财政人员培训全覆盖。积极推进单位内控制度建设,组织人员对各单位内控制度的建设情况开展专项检查。加强代理记账机构管理,全年审批4家会计代理记账机构。

【完善国有资产管理体制】规范操作,强化行政事业资产监管职能。明确责任构建管理网络,实行国资专管员制度。提高信息系统使用效率,实行资产管理网上申报制度,严格执行资产管理规定,实行资产处置审批制度,严格履行审批手续,未经批准不得进入处置程序。规定资产处置需经具备资质的中介机构评估,评估结果需经财政部门备案或核准。资产处置遵循公开、公正、公平的原则,通过拍卖的竞价方式公开处置。国有资产处置收入全部上缴财政,按照政府非税收入管理的规定,实行“收支两条线”管理。

【财政扶贫资金管理】2018年,全县年初预算安排专项扶贫资金4657.3万元,较2017年增列2116.8万元,占当年地方财政收入增量的22.3%,高于规定比例2.3个百分点。全年安排专项财政扶贫资金3.57亿元,其中:中央、省级安排1.7亿万元、市级安排1.4亿元、县级安排4657.3万元。已支出3.49亿元,支出进度97.72%。全县资产收益扶贫项目,通过“四议两公开”等民主评议方式,决策出参与分红贫困户8928户,覆盖率85%,带动全县78个贫困村实现收益1248万元,村均增收16万元,户均受益975元,人均收益352元。

【农业综合开发工作】2018年,全县高标准农田治理项目2个,治理耕地面积2.6万亩,总投资2781.8万元。产业化发展贷款贴息项目。2018年涉及贷款贴息补助企业3家,贴息补助资金232.4万元。由企业与贫困村签订脱贫攻坚帮扶协议,乡镇作为鉴证方参与全过程实施。为确保收益,明确规定保底收益,收入纳入乡镇“三资代理服务中心村级资金专户”统一管理和核算,贫困村获得收益的60%作为村集体脱贫攻坚项目产业扶持发展资金,40%作为对村建档立卡贫困户的补助,分配对象和标准,采取“四议两公开”的方式,确定补助对象。全县2017年度国家农业综合开发产业化财政补助共4个项目,总投资588万元。

【民生工程实施】在制定预算时,按照民生优先原则,充分考虑提标扩面等因素,采取预留机动资金等方式加强资金保障,确保资金不留缺口。拨付资金时开辟“绿色通道”,保证“民生先行”。2018年,全县实施33项民生工程投入资金41.46亿元,拨付资金41.46亿元,资金拨付率100%;已支付资金37.83亿元,占年初计划99.32%,超序时支付进度7.65个百分点。通过“涡阳县民生工程”微信公众号,“民生工作”QQ群、网站及民生工程项目牵头部门项目点的“民生工程宣传公示栏”严格落实“双公示”制度。

(谢雨婷)

蒙城县财政工作概述

【概况】2018年,蒙城县财政工作在县委、县政府的正确领导下,紧紧围绕以提升发展质量和效益为目标,认真贯彻落实县委、县政府“3336”发展战略部署,以党建为统领,以脱贫攻为统揽,以推进供给侧结构性改革为主线,继续实施积极的财政政策,深化财税体制改革,加强财政预期管理。着力构建现代财政制度,多方培植财源,多渠道筹措资金,多措并举加大建设投入,优化财政支出结构,着力支持脱贫攻坚、五大发展、乡村振兴和保障重点领域支出。统筹做好稳增长、促改革、调结构、惠民生、防风险工作,先后获全国县级财政管理绩效综合评价前200名,省贫困县统筹综合使用财政涉农资金支出进度第一名,省资产收益扶贫实施进度第一名,连续6年获机关单位综合考评优秀单位。

【财政收支】全年财政收入完成33.25亿元,比上年同期增收4.95亿元。同比增长17.60%,财政收入增幅全市第一、总量第二,比年初增长12%的预算任务提高5.60个百分点,超额完成财政收入目标。全年财政支出完成65亿元,比上年同期增支3.46亿元,同比增长5.90%。其中:八项支出完成52.81亿元,比上年同期增支5.64亿元,同比增长12%,民生口径支出完成58.02亿元,占总支出比重89.25%。

【收入管理】抓好收入调度。加强收入预期管理,落实各征收部门月度任务,每月10日前召开国地财三个征收部门会议,落实当月征收任务,确保全年收入的预期目标完成。抓好综合治税工作。近几年全县综合治税工作取得初步成效。2018年全县各部门在历年的基础上,继续努力,密切配合,不断加强对重点税种、重点税源、重点行业的监控和管理,建立健全重点税源监控机制,及时了解和掌握企业的生产经营和资金运行情况,提高对重点税源的控管能力。切实贯彻落实营改增政策实施,努力降低营改增减收对财政收入的影响。国税部门加大招商引税力度,地税部门加大营业税清收力度,确保在政策规定期限前将欠缴税收清收到位。抓好重点企业和重点行业的税收。加大对许疃煤矿、江淮安驰等重点企业及交通运输业等重点行业的税收征管及扶持力度,以重点企业行业的增收带动整个财政收入的增长。

【支出管理】按照财政部、中国人民银行《关于进一步加强和规范国库集中支付电子化管理工作通知》要求,扎实推进国库集中支付电子化管理工作。作为全省支付电子化第一批改革试点县,全县率先完成直接支付电子化上线工作,迈出国库集中支付改革的关键一步。电子化支付系统上线后提高财政资金支付效率和资金安全,通过自助柜面实现预算单位足不出户即可“全天候”办理资金支付业务;取消纸质单据流转,变“人工跑腿”为“数据跑腿”,提高资金支付效率,最快的一笔支付数据从单位录入凭证到资金拨付成功历时3分58秒。通过系统自动加盖电子印章,每100笔耗时不到30秒,效率提升百倍;通过电子校验和系统自动对账,不再进行电子信息与纸质单据的人工核单,有助于及时快速发现问题。强化财政资金运行监控水平,实行支付电子化管理以后,实现资金支付环环相扣、互相牵制、有始有终;未经授权的人员“进不来、看不到、改不了”,经过授权的人员“丢不了、拿不错、赖不掉”;对工作人员的业务行为进行严格约束,加上电子凭证库系统,实现对每一笔资金都可查询、可追踪、可回溯的全方位、全周期的监控体系。

【预算管理】不断深化预算管理,加快建立规范透明、权责清晰、财力协调、区域均衡、标准科学、约束有力的预算管理制度。强化全口径预算管理:即一般公共预算、政府性基金预算、国有资本经营预算、社保基金预算。2018年部门预算编制工作中,将城投公司上缴的利润编入国有资本经营预算。推进预算编制公开透明,精准科学。落实预算编制公开评审制度,由人大财经工委和财政局牵头,邀请人大代表、政协委员和专业机构、专业人士全程参与预算编制工作,自觉接受人大监督、审计监督和社会监督,提高预算编制管理的法治化科学化水平。2018年预算评审项目341个,审减预算资金14.6亿元。严格预算执行。进一步规范预算支出管理,强化约束力,压实部门预算执行的责任,厉行节约,严控一般性支出,严控“三公”经费,优化支出结构,加强统筹整合,保障重点支出,加强预算公开评审和支出绩效评价,强化结果运用,在政府重点工程和民生支出项目中选取不少于20个项目,开展绩效评价。盘活存量资金,统筹用于重点领域支出。严格执行结转结余资金相关管理规定,收回资金1.66亿元统筹用于重点领域支出,缓解政府资金压力。

【脱贫攻坚】始终把精准扶贫作为财政工作的出发点和落脚点,积极筹措扶贫资金。将当年财政收入增量的20%以上、涉农资金统筹整合出的40%以上、清理收回财政存量资金可统筹使用部分的50%以上、以及压缩出的行政办公费用于脱贫扶贫工作。全年投入扶贫资金6.86亿元,其中:专项扶贫资金3.77亿元,统筹整合涉农项目资金3.09亿元,主要用于农村基础设施、产业发展、社会兜底、健康脱贫、就业脱贫、金融扶贫等22方面。工作中密切联系县扶贫办、农委相关涉农资金管理部门,主动会商项目管理单位,加强专项扶贫资金管理,严格按照各项资金用途、审批手续、流程,提高资金使用效率,确保专项资金及时、足额拨付。

【民生工程】按照省市县各级政府的工作部署,坚持把准方向、精准目标,尽力而为、量力而行,坚持问题导向,防范风险,精准实施,注重长效,以不断满足人民日益增长的美好生活需要为目标,精准对接群众需求,务实推进各项民生工程实施,圆满完成32项民生工程年度目标任务。工作中强化资金保障。县财政优化调整支出结构,大力压缩一般性开支,最大限度地满足民生工程资金需求。全年投入各级资金27.60亿元,其中:中央、省级资金13.64亿元,市级资金1.30亿元,县级配套资金5.65亿元,自筹资金3.86亿元,融资3.15亿元。强化工作落实。认真贯彻落实省市民生工程文件精神,紧跟省、市民生工程工作节奏,县政府与各实施部门及乡镇签订民生工程责任书。强化责任意识。32项民生工程目标任务及时分解,明确责任单位。制定民生工程行事历、民生工程宣传方案,细化督查制度及考核办法,各实施部门逐项制定实施方案,明确时间节点和序时任务,并严格按照实施方案有序推进。强化督查调度。坚持每月调度工作机制,结合全市月度考核结果,认真进行阶段性总结,深入分析存在的问题。领先项目创新思路,拉开距离,落后项目补差补缺,迎头赶上。县人大领导多次到民生工程实施部门开展工作调研，深入施工一线现场调度，了解补助类项目发放进展，掌握第一手工程实施进度，及时解决工作中的困难与难题。民生办配合县督察中心，每月进行督促督查，把排名落后项目作为督查重点，协助问题单位查找原因，落实整改。强化责任追究。严格执行民生工程约谈制度和《蒙城县民生工程行政责任追究办法》，按照序时进度和工程质量，约谈落后项目责任单位。对月度考核排名落后的项目实施单位予以通报批评，责令分管负责人写出书面检查。对连续落后的项目单位主要负责人、分管负责人和具办人，给予通报批评、效能告诫和停职检查等行政责任追究。强化政策宣传。县民生办、各实施部门和各乡镇不断创新宣传形式，紧紧围绕政策调整、实施进度等，广泛开展政策宣传、成果展示，把宣传工作做足做活、引向深入。在各乡镇举办民生工程"大讲堂"、民生工程图片展，配合市、县电视台录制民生工程专题片、"聚焦行风"，积极向各级媒体报送民生稿件，向社会各界发放明白纸、宣传扑克牌、手提袋，进村入户进行社情民意调查等，通过一系列举措，宣传民生工程政策、工作进展和取得的成绩，不断提高本县民生工程的影响力，提高政策知晓率和群众满意度。

【乡村振兴】农业农村财政工作紧紧围绕县委、县政府乡村振兴总体部署，聚集重点任务，着力提升农业的发展质量，持续增加农业基础设施投入。坚持质量兴农、绿色兴农、人才兴农的原则，牢固树立农本思想，以支持农业供给侧结构性改革为主线，深入谋划乡村振兴战略财政保障措施，强化责任担当，创新财政支农方式，全力支持五大发展、乡村振兴行动计划实施。全年投入支农资金10.27亿元(含结转项目资金2.13亿元)，重点支持农业生产发展、虾稻全产业链项目，休闲农业与乡村旅游项目，农业资源及生态保护补助、动物防疫、农业生产救灾及特大防汛抗旱补助、农业基础设施、农村改革、林业扶贫、水利基础设施建设等项目，农业基础条件、生产能力得到很大提升。

【社会保障】认真贯彻落实省、市财政社会保障工作会议精神，坚持统筹发展，注重改善民生，促进社会和谐稳定工作目标，充分发挥财政资金的保障作用，持续扩大城乡居民社会保险的覆盖面。努力实现各类社会群体"应保尽保"，强化社保基金监管，完善社会保险基金预决算制度，社保基金保值增值逐年提高。全年各项社保基金缴费收入17.25亿元，支出14.53元。其他社会保障支出7.59亿元，其中：社会保障和人社就业类支出4.97亿元，医疗卫生类支出2.62亿元。

【政府工程建设】紧紧围绕政府重点工程任务，积极与主管部门、发改委配合，综合工程进度、资金来源、支付节点等因素合理安排资金需求，重点做好高标准基本农田建设、保障房及棚户区改造、征地拆迁、城乡基础设施建设等重点工程资金保障。全年谋划政府重点投资项目90个，开工64个，计划投入96亿元，本年完成投资37亿元。农村危房改造投入7000万元，解决3000户农村居民住房安全；农村饮水安全工程投入2084万元，解决1.8万人农村居民饮水安全问题；对出租车、城市公交、农村道路客运、渔业、林业、岛际水路等车船及继续实施成品油价格改革财政补贴政策，打卡发放补助资金2235万元。拨付涡北小区等棚户区改造补助资金3.5亿元；拨付秸秆禁烧资金1.2亿元；拨付征地拆迁资金11.5亿元；企业扶持资金1.98亿元；积极向财政部申请中西部重点领域基础设施补短板项目资金9713万元，用于城镇污水处理及垃圾焚烧发电PPP项目。筹集各类资金16.42亿元，加大对道路建设、城区绿化工程、开发区建设、涡北污水处理厂及配套管网建设、黑臭水体治理工程、六中高中二期建设等县重点工程项目的投入力度，提升全县城乡基础设施建设，改善人居环境。

【帮扶企业发展】继续做好中小微企业过桥续贷资金管理，不断加大财政投入，全力支持实体经济发展，提高资金使用效率。积极协助企业做好项目、资金申报工作。当年申报外贸外经项目20个，申报资金237.48万元；申报"借转补"、事后奖补、技改、中小企业发展项目63个，申报资金1648.31万元，会同县金融办为5家金融机构申报普惠金融项目资金2584.48万元，通过项目申报，加快工业强县建设步伐，促进工业经济提质增量优化升级，促进产业发展。拓宽直接融资渠道，解决企业融资难问题。设立"小微企业续贷过桥资金"，资金规模达5725万元，全年扶持企业197家，资金周转额7.37亿元，周转率超16.36次，企业融资难、融资贵、融资慢的问题得到有效缓解。落实服务实体经济的各项措施，积极培育企业发展。针对经济下行压力，省市县相继出台服务实体经济的措施，企财股根据有关的要求，及时拨付企业扶持资金,支持本县实体经济发展。全年拨付企业发展资金16996.67万元。其中:工业发展专项资金6556.52万元;支持普惠金融企业发展资金628.80万元;支持商贸流通企业发展资金1848.50万元;扶持物流企业发展专项资金7962.85万元。通过落实企业奖扶政策,促进实体经济大力发展,涌现一批企业纳税大户,经济增加值和附加值得到明显提升。扎实开展“四送一服”活动,不断加大财政支持实体经济力度,创优“四最”营商环境,企财股多次深入企业进行调研,梳理企业反映问题,形成任务清单,帮助企业更好地了解政策、熟悉政策、用好政策。走访企业19家21次,收集解决企业反映的各类问题与诉求21件。

【教科文工作】继续加大科教技术创新投入,促进科教创新发展,充分发挥科教发展对经济社会发展的引领和支撑作用,围绕年度工作目标任务,大力支持科教文事业改革发展,着力保障科教文领域民生实事,切实提高科学化精细化管理水平,按照“广覆盖、保基本”的要求,持续增加财政投入,以扩大学前教育资源为重点,加快公办幼儿园建设,扶持普惠性民办幼儿园发展。全年落实公用经费保障支出12094.3万元,贫困寄宿生补助支出791.7万元,免费教科书支出1627.3万元,校舍维修改造支出3053.4万元,高中阶段教育建设创新发展支出998.9万元,职业教育内涵发展支出881.2万元,发展学前教育2678万元,中职、普高资助支出2688.8万元。当年县级安排发明专利奖励100万元,科技创新发展633.49万元用于扶持产业技术建设。落实文化事业发展503万元,体育事业发展347万元,“人文蒙城”和旅游事业发展支出828.9万元。

【三公经费管理】2018年“三公经费”预算安排1918万元,同比上年预算降低1.4%。其中,因公出国(境)费10万元;公务接待费354.20万元;公务用车购置及运行费1553.80万元。全年累计支出1844.90万元,同比下降2.8%。其中,公务接待费支出334.30万元,同比下降3.7%;因公出国(境)费支出5.90万元;公务用车费支出1504.70万元,同比下降2.6%。印发《蒙城县“三公经费”日常管理工作方案》,进一步规范全县“三公经费”支出情况分析、统计报表报送和监督检查工作,切实加强“三公经费”日常管理。规范“三公经费”支出手续,支出要符合相关规定(如公务接待费要做到四单齐全,即发票、菜单、审批单、来函公文或公务接待证明单要齐全)。合理安排“三公”经费支出进度,在规定的项目预算限额内合理支出。配合预算、国库指导业务部门做好“三公经费”预决算公。加强行政事业单位财务人员的业务知识培训工作。配合纪检监察、审计等部门开展好“三公经费”支出情况的日常监督检查工作。

【乡镇财政管理】不断加强乡镇财政资金监管体系建设,积极协调乡镇、国税、地税、非税等部门大力组织收入,强化村级集体“三资”管理、整体推进服务型财政所创建,切实提升乡镇财政管理水平。全年乡镇财政收入完成8.06亿元,占年度目标任务的118%,超年度目标任务1.23亿元,同比增幅13%。按照乡镇财政体制要求,及时拨付乡镇资金,确保乡镇事业发展。除工资打卡发放外,全年共拨付乡镇预算资金23469万元,其中:公用及事业经费3000万元,税收奖励及返还10079万元,乡镇化债资金1130万元,村级资金9050万元,清洁工程奖励资金210万元。进一步强化惠农补贴资金打卡发放管理。清理整合“一户一卡”,确保所有财政资金必须通过惠农资金系统进行发放。严格执行省财政厅“六到户、八不准”规范发放流程,按照《安徽省惠农补贴资金管理和“一卡通”打卡发放操作规程(试行)》的要求,保证惠农补贴资金发放的安全高效畅通。通过“一卡通”打卡补贴项目24个,累计发放涉农惠农补贴资金7.34亿元,受益31.25万户。按照乡镇财政资金监管工作的总体要求,加强对乡镇财政监管人员的业务培训,努力提高乡镇资金监管水平,全年纳入监管的资金11.60亿元,其中:涉农补贴资金7.34亿元,项目类资金3.30亿元,村级资金0.95亿元,有效保证乡镇财政资金的安全、高效运行。

【党建工作】党的十九大以来,财政局在县委、县政府坚强领导下,扎实开展“两学一做”学习教育以及“讲看齐、见行动”学习讨论和“讲重作”“讲严立”专题警示教育,大力加强机关党建、廉政教育、规范管理,圆满完成财政发展、机关党建和廉政建设各项任务,有力促进财政改革发展,连续6年获县直机关综合考评优秀单位。坚持局党组会、支部会和每周一次全体人员集中学习制度,深入学习习近平总书记系列重要讲话特别是视察安徽重要讲话精神,认真组织开展专题学习研讨,树牢“四个意识”,坚定“四个自信”,坚决做到“两个维护”,争当“四个自党”“八个明确”“十四个坚持”的模范。严格落实“一岗双责”,层层传导压力,建立并完善领导干部个人廉政档案,签订党风廉政责任书、家庭助廉承诺书,完善述责述廉、重大事项报告制度,坚持任前公示、政风行风民主评议等制度,深入推进源头防腐工作,形成“横向到边,纵向到底”的廉政责任体系。把党风廉政建设和反腐败工作与财政业务同部署、同落实、同检查、同考核。将党风廉政建设工作任务纳入年度岗位目标责任,分解落实到各股室、各部门,邀请县领导、县纪委、监委、纪检组参加党组会、民主生活会,局里的人事安排、大额支出和重要事项及时报告,把党风廉政建设责任制的各项规定和措施落到实处。认真贯彻落实中央八项规定精神和省、市30条规定,坚决反对和纠正“四风”,确保作风建设常态化、长效化。加强公务活动管理,降低会议费、“三公”经费等公务活动经费开支,加强公务接待管理,深入开展“酒桌办公”专项整治,逐人签订承诺书,坚决反对铺张浪费,“三公”经费支出逐年下降。严格公务用车、办公用房管理,牵头抓好“小金库”“滥发津补贴”专项整治及“回头看”工作。认真开展发生在群众身边的“四风”和腐败问题专项整治工作,查处和纠正损害群众利益的行为,强化效能提升,细化出台局机关效能考核办法,让办法更实更细,责任更清,县委、县政府重点工作逐项分解落实,明确专人负责督办,确保每项工作“事事有回音,件件有落实”。

(陈中利)

利辛县财政工作概述

【概况】2018年,全县财政总收入完成22.43亿元,为年初预算的100.15%,同比增长12.13%。全县公共财政预算支出67.51亿元,同比增长5.64%。

【支持经济建设】安排拆迁补偿资金27961万元,拨付县级城市建设资金25165万元,投入棚户区改造保障房建设21811万元,有关污水处理厂项目5127万元,供电项目1588万元,人民医院东区1146万元,实施城区路桥、路灯、公厕、园林绿化、小街小区改造等一批公共基础设施和民生工程项目。安排省新增政府债券资金48416万元,保障脱贫攻坚和重点项目建设。安排非建档立卡农村道路畅通工程资金12350万元,高标准农田项目投入11074万元,增减挂和工矿废弃地支出6570万元,国省干道项目3161万元,油价补贴和公交运营补贴2245万元,进一步支持城乡公共服务基础设施建设。财政过桥资金总规模5740万元,其中县配套3760元,累计为51家(次)企业安排企业转贷应急资金3.3亿元,周转6.9次以上,较好缓解企业融资难、融资贵的问题。拨付各类产业扶持资金6665万元,工业发展资金1732万元,金融发展资金1812万元,商贸发展资金1713万元,有效支持民营经济发展。

【实施民生工程】全县33项民生工程年初计划投入34.92亿元,实际到位35.76亿元,占计划投入的102.41%。着力保障教育支出,其中学前教育2978万元,小学教育47164万元,初中教育21634万元,职业教育13243万元。县级教育均衡项目总投入11.9亿元,累计拨付资金8.4亿元。安排中央营养餐资金10417万元,全面改薄6144万元,校舍维修改造4214万元。持续加大社会保障和就业支出,行政事业单位离退休支出29416万元,就业补助2838万元,抚恤6031万元,儿童福利5997万元,最低生活保障9250万元,对基本养老保险基金的补助为25919万元。进一步增加对医疗卫生事业的投入,财政对基本医疗保险基金的补助70817万元,对公立医院补助3056万元,基层医疗卫生机构支出4968万元,计划生育事务2261万元,公共卫生11363万元,行政事业单位医疗5458万元,医疗救助4252万元。全县民生领域支出完成54.95元,占一般公共预算支出的81.4%。

【支持脱贫攻坚】加大财政增量投入,落实县级专项扶贫预算11500万元,占当年地方预算新增财政收入比例为21.3%。盘活存量增加投入,2018年累计盘活财政存量资金20013万元,其中用于扶贫驿站、深贫保等扶贫项目10007万元,占比为55%。新增债券资金倾斜重点扶贫项目,投入11223万元用于贫困村电网改造、乡镇综合服务站和“组组通”项目。做好涉农资金整合工作,共统筹财政涉农资金7亿元,其中:中央22719万元,省级13931万元,市级21850万元,县级11500万元。2018年全县共实施33类脱贫攻坚项目,累计投入资金8.9亿元,有力保障脱贫攻坚需要。

【加大支农力度】积极支持粮食生产,兑现农业生产支持补贴22007万元,投入农业综合开发资金6129万元,一事一议补助支出5378万元,支持农村产业发展等2332万元,“千亿斤粮”项目3456万元,农村饮水安全6093万元,高效节水1562万元,中小河流治理1365万元,林业支出2673万元,秸秆禁烧专项支出11357万元,特色种养业1465万元,农村和农业的基础地位得到持续巩固和加强。

【深化财政改革】加强预算执行管理,严格控制和规范预算追加,确需追加预算的支出项目,严格履行审批程序。资金拨付坚持优化流程,对预算内日常业务经费仅需股室审核即可办理,实行审批资料清单式一次性告知,限期拨款,方便服务对象。坚持厉行节约,“三公”经费支出得到严格规范和控制。着力优化结构,财政资金进一步向脱贫攻坚、教育均衡等重点民生领域倾斜,一般性支出进一步降低。深化“放管服”改革,认真落实“互联网+政务服务”要求,深入推进财政国库支付电子化管理试点改革,积极启动全县统一公共支付平台和非税系统集中化改造试点,全面开展全县财政国库系统风险防控检查。印发《关于加强和规范村级财务管理工作的通知》,进一步规范财务核算和监管工作。围绕加强乡镇财政资金监管和内控建设、服务农村改革发展、干部队伍建设等重点,开展乡镇财政建设工作专项检查。继续推进预算信息公开,设立专门平台按时公开政府、部门的预决算和“三公”经费信息。加强财政绩效管理,组织对扶贫资金、民生工程、新增专项债券等项目资金进行绩效评价,将评价结果与预算安排挂钩。强化财政监督,针对脱贫攻坚、拆迁补偿等重点项目资金,开展专项资金检查,促进预算资金规范使用。

谯城区财政工作概述

【概况】2018年,全区完成财政收入42.33亿元,占年初预算38.82亿元的109.1%,比上年增长17.6%,增收6.33亿元。财政收入质量进一步提高,其中,地方级收入完成26.81亿元,增收4.84亿元,同比增长22.1%。财政支出完成75.98亿元,比上年增长5.6%,增加支出4.03亿元。其中,民生支出完成68.01亿元,比上年增长4.9%,增支3.15亿元,占财政支出的比重为89.5%。

【财政改革】预算公开评审“全覆盖”。2018年为第五年连续实施预算公开评审,累计对66家区直部门的预算编制情况进行公开评审,以建立全面规范、公开透明、科学完整的预算管理体系,认真制定《亳州市谯城区2019年部门预算和2019—2021年部门三年滚动财政规划编制方案》,实现“全覆盖”目标,阳光透明的“开门办预算”要求落到实处。及时公开预算信息。在规定时间内及时批复区直各部门的预算,达到预算有计划、支出有依据、经费有保障。对年初在区政府网站设置的预算公开专栏上,及时公开的政府预算和全区“三公”经费预算汇总信息开展专项检查。指导各部门2018年预算编制和“三公”经费编制,保持工作的统一性、规范性、正确性。高质量完成2017年度财政总决算和部门决算编报工作,做到信息“两公开”。2018年度“三公”经费累计支出1881.4万元,占年初预算2856.9万元的65.9%,较上年同期1891.7万元减支10.3万元,同比下降0.5%。认真编制政府综合财务报告。通过会议部署、业务培训、新软件操作等,认真编制2017年度权责发生制政府综合财务报告,进行集中填报和审核。

【民生工程】加大民生工程资金保障和政策宣传。2018年全区实施民生工程32项,拨付资金44亿元,资金拨付率100%。支持和配合全区送戏下乡、送服务到家,群众知晓率和满意度进一步提高。财政承办的“两项”民生工程:政策性农业保险完成午季小麦承保132.9万亩,秋季作物130万亩,能繁母猪2.44万头。资产收益扶贫项目,在全区31个贫困村和2个非贫困村投入1200万元,实施33个资产收益扶贫项目,带动建档立卡贫困户1706户,贫困人口数3375人,贫困人口总收益83.284万元,户均年收益488元,人均年收益247元,贫困村留存集体年收益18.396万元。项目率先示范、率先完成,两项民生工程在全市年度考核中单项均位居第二。加大扶贫支持力度。2018年安排扶贫专项资金3.28亿元,整合涉农资金4.12亿元,其他财政资金12.68亿元,利用扶贫资金动态监控系统,进一步强化扶贫资金的动态监管。以“加大财政投入,助推村集体经济发展”为主题,在全省基层财政所长培训班上介绍经验;以“强化扶贫资金保障 注重资金绩效运用”为主题,在全省市县财政预算监督(北片)专题研讨会上介绍工作做法,注重讲好“谯城故事”,树好“谯城形象”。认真组织精准帮扶工作。全局67名机关干部承保精准脱贫帮扶197户,以实际行动开展“学扶贫英模见行动”活动,积极参与“赠衣扶贫”“双休日”

登门帮扶活动,为贫困户献爱心、送温暖。安全发放涉农补贴补助。通过财政惠民“一卡通”,规范打卡6.9亿元,比上年同期6.67亿元增加0.23亿元,增长3.45%,补贴涉及60项,其中扶贫项目47项,惠及群众55万多人次(户)。为解决服务群众最后“一公里”问题,在全省率先行动,建立惠农补贴综合查询软件系统,为全区乡镇财政所安装查询平台,群众“一触即知”各种财政惠农补贴发放情况,实现农民对切身利益“看得见、看得懂、看得清”的要求。有力保障民生资金到位。拨付城乡低保、城乡医疗救助等社会补贴2.07亿元,各项社会保险基金16.26亿元,其中城乡居民养老保险待遇支出2.99亿元,城乡居民医疗保险基金8.51亿元。加强各项基金银行活期存款监管,全部执行优惠利率,在保证基金正常使用的前提下,适时进行定存保值增值。

【资金监管】加强政府债务管理。2018年省财政厅下达本区新增政府债券额度26.76亿元,其中一般债券5002万元,专项债券26.26亿元(含棚户区改造专项债务额度25.37亿元)。所有新增债务全部纳入预算管理,纳入预算调整方案,经区人大批准之后,方可实施和使用。2018年全区政府债务余额84.61亿元,其中一般债务余额36.23亿元,专项债务余额48.38亿元。加大盘活财政存量资金。截至2018年收回财政存量资金2670.13万元,除原用途使用的213万元,可统筹部分为2457.13万元,按规定安排扶贫支出1933.83万元,占可统筹使用资金的78.7%,进一步提高财政资金使用的效率。认真开展“小金库”和滥发津补贴专项整治。成立10个清理小组5个甄别小组,对全区82家预算单位进行清理和甄别,审查账簿492册、凭证3800余本,务实登记发放津贴补贴信息4500余条,形成文字材料,向区政府进行报告。在年初就组织全区253个单位的“一把手”,分别签订“小金库”防治和津贴补贴管理“两项”承诺,加大责任制监督力度。积极推进财政工作改革。积极与纪委部门联合研发动态监管软件,先后指导和督促完成全区“三公”经费网上监管平台,82家预算单位正式上线。依托财政内网改革,改善乡镇以往使用单机版的财务管理软件操作,实行专项资金专账核算,实现乡镇财务管理软件网络化。升级改造连接省厅、市局、基层所的信息网络,实现网络互联互通,进一步加强财政资金的安全监管。加强国有资产管理。2018年审批资产出租申请10项,审核审批资产处置申请9项,资产出租、处置收益全部上缴区财政非税收入专户,其中资产出租收益1025万元,资产处置收益11万元,进一步规范行政事业单位国有资产处置和房产出租的管理,确保国有资产的保值增值。

【服务经济】积极做好政府购买服务工作。2018年全区实施政府购买服务项目23项,项目预算资金1.21亿元,支出金额1.2亿元,支出率为98.52%。结合经济社会变化、政府职能转变及公众需求等情况,修订《谯城区本级政府购买服务指导目录》,进一步规范和拓展政府购买服务的范围,加快形成统一有效的购买服务平台和机制。加强对财政票据管理。坚持“分次限量、核旧领新、票款同步”的原则,对票款不同步、资金不进专户的单位不供票据,严把关、细审核后再保障票据的安全使用。加大PPP项目推进工作力度。监督制定《谯城区政府和社会资本合作项目管理办法》等,实施六个PPP项目,总投资规模达74.62亿元,项目全部进入实施阶段,为全区的大发展奠定基础。帮企业解难顾急事。2018年筹集1.03亿元续贷过桥资金,累计发放过桥资金16.13亿元,支持企业438家,资金周转率15.6次,缓解企业融资难,有力支持中小微企业的健康发展。兑现优惠政策资金达3.94亿元,有力助推企业的发展壮大。服务企业促发展。为符合条件的23家企业,做好产业发展贷款贴息项目申报结算工作,申请贴息资金705.6万元。积极推进全区新型农业经营主体发展,与合作银行达成续签协议,2018年累计推荐家庭农场、合作社74家,发放贷款3530万元。发挥财政职能优势,盯紧企业技术改造、现代中药产业发展引导、工业发展专项资金等各类项目,会同各相关主管部门积极争取项目270个,培育财政收入的增长源。当好“四送一服”的勤务员。知企业冷暖,帮企业解忧,落实“四零服务”,全局包保民营企业15家,以“四最”营销环境,坚持每月进企业提供优质服务,积极营造良好的招商引资环境。

【重点工作】一事一议项目全部完成。2018年度实施一事一议财政奖补项目160个,项目投资规模5393.17万元,项目涉及筹资人19.5万人,涉及村123个,受益人口42万人。高质量完成农发项目。顺利通过2017年度谯东镇和沙土镇两个高标准农田建设建设项目的市、区级验收。率先完成谯城区国家农业综合开发2018年高标准农田建设项目。特别是牛集镇建设项目,涉及4个行政村,治理耕地面积1.22万亩,总投资达1400万元,全部为财政资金,从项目设计、招标到施工、验收,通过水利、农业、道路、林业、科技推广等五项措施,综合治理保障高质量。积极打造经典项目建设。全力推进2018年古井镇药王村田园综合体建设(一期)试点项目建设,治理耕地面积1.75万亩,总投资2240万元,其中中央财政资金1600万元,省级配套512万元,市级配套32万元,区级配套96万元,在全市率先完成项目建设。招商引资与规范采购同步抓落实。坚持每月一次外出招商,主动与合肥万达集团签订合作协议,诚恳洽谈谯城区人民路万达广场项目。坚持推行网上商城采购,按照2018—2019年度政府采购限额标准目录要求,网上商城采购已进入常态化。2018年办结各类采购598项,预算资金53.11亿元,合同资金46.81亿元,节约6.3亿元,节约率11.86%。

【党建工作】将党的建设工作放首位,落实“三会一课”制度。按党建主题要求,分别按时召开2017年度和“讲忠诚、严纪律、立政德”两个民主生活会,查问题剖原因,开展批评和自我批评。监督和指导机关党总支和党支部“三会一课”制度的规范开展,抓实抓活“书记抓党建”,以“四个加强”促工作落实,进一步净化党内政治生活环境。按区委巡察要求,完成2018年初,区委第一巡察组巡察财政局党组反馈意见,涉及三大方面18项内容54个具体问题的整改,财政局党组“一班人”注重讲政治守纪律懂规矩,全单照收,即知即改,立行立改,先后建立完善《谯城区财政局党组抓党建责任制工作意见》等长效机制,收回现金13452元,收回率达100%,全部整改工作获得区巡改办的验收,并受到肯定。按省委巡视要求,对整改情况积极进行“回头看”,对举一反三新明确的七大方面32项具体问题,开展补缺补差工作,并全部按要求落实整改任务。特别是在配合支持区委落实省委巡视反馈问题整改上,针对滥发津补贴问题较为普遍(17个乡镇和华佗中医院)、车轮上的腐败(加油卡)、个别学校私设小金库(回扣)、工程项目领域管理混乱和隐患等四大问题,全部按区委的整改要求,配合到位、支持到位、整改到位。按党建登高要求,在“六项建设”达标的基础上,积极开展“五星级党组织”创建活动,及时督促以党支部为主抓实“回头看”,全面开展查问题、抓反弹、补短板、讲规范工作,创建《查询平台:打通谯城惠农补贴服务最后一公里》,打造服务群众工作品牌,年度机关党建区委季度督查均受表扬,机关党建标准化规范化建设全面提升。按“两个责任”要求,积极配合驻局纪检组的工作,注重在党组织教育专题学习进行时、年度部门预算编制中、“三重一大”决策上、作风和纪律督查“关键环节”,监督抓落实始终担在肩上,时刻绷紧廉洁自律这根弦,警钟长鸣成常态。加强意识形态工作提升,突出思想政治工作质量。坚持理论学习制度。以加强习近平新时代中国特色社会主义思想的学习为主线,按“每月专题”计划,组织开展《习近平:谈治国理政》《习近平:扶贫论述摘编》,以及新《党支部工作条例》学习等,在“学懂弄通做实”上,组织党员干部学原著、读原文、悟原理,在学懂与运用上下功夫,在落实与实践抓学习。坚持谈心经常化。以制定的《思想政治月份谈心谈话工作意见》为要求,每月突出一个主题谈话,注重一个思想谈心,力争一个问题解决,把意识形态工作融入具体的工作中,做到具体的事项上,保持思想上稳定。并坚持领导干部带头谈心谈话,解决谈心没有主题,谈话抓不准主要问题的普遍性问题,把正能量的思想,榜样的精神,转化为新时代新征程的“精气神”,保证政治合格,立足本职,崇尚实干,真抓实干,为人民服务。狠抓机关作风效能建设,注重画好党员干部“自画像”。狠抓法纪廉洁教育。在坚持廉洁承诺“连年签”的同时,把法纪廉洁教育常态化,集中收看全省财政系统廉政工作视频会议、集中接受“每月一课”廉政教育,组织开展“讲忠诚、严纪律、立政德”专题警示教育等,在驻局纪检组的组织下,以身边人的违法、身边事的违纪典型案例,到市廉政教育基地集中接受“管钱人”廉政教育,警醒“管钱人”的自律意识,注重画好党员干部“自画像”。狠抓形象宣讲教育。驻局纪检组长邢亮同志带领全体党员干部,集中学习新修订的《中国共产党纪律处分条例》,以事例宣讲新《条例》,从七个具体方面进行解读,党员干部守纪律意识得到进一步加强。抓住财政工作高危风防特点,把规范“两个责任”廉政集体谈话,融入财政机关作风效能建设中,并积极开展“懒政怠政”防治,树立“窗口”形象,注重“窗口”服务,党员干部树形象意识得到进一步提升。2018年度按时回复市长热线39件,人民网留言1件,人大、政协议案回复5件。审批代理记账机构14家,网上办事大厅无超时办理。按序时进度高标准完成全年财政岗责目标任务,事事有办理,件件有回音。

获全市第八届文明单位称号，并连续三年（2016—2018年度）受到区政府“集体三等功”嘉奖，党组书记、局长方平红同志记个人“三等功”。

（李龙沛）

亳州经济开发区财政工作概述

【概况】2018年，亳州经济开发区完成财政收入17.36亿元，同比增长23.5%，完成一般公共预算收入10.09亿元，同比增长23.9%，完成一般公共预算支出5.26亿元，同比增长65.1%。

【收支管理】亳州经济开发区财政局认真落实各项税收政策，紧密联系两税部门，拓宽思路、群策群力、统筹协调，按照“先预后支、增收节支、略有结余”的原则，努力在“争钱、聚钱、管钱、用钱”上下功夫，以强烈的事业心和责任感，扎实推进收支管理工作。

【预算管理】在新的财政管理体制下，在结构优化、厉行节约、统筹兼顾、注重绩效的原则下编制年度财政收支预算。在积极稳妥的基础上，着重关注民生、保障重点，严格控制一般性支出的增长，注重绩效，提高公共财政保障能力。努力实现收支预算的安排与经开区经济社会发展相适应，科学、规范和透明。严格预算执行管理，硬化预算约束。进一步规范预算调整，从严控制预算追加，严格无预算不支出制度，预算执行中严禁随意改变资金用途和规模，扩大开支范围。不断加强预算执行动态监控体系建设，将年度财政收入目标逐月逐季、逐单位分解，并实行倒排序、及时分析调度。对支出预算执行，每月进行一次统计，督促各支出部门按计划按预算完成各项工作的开展。

【财政改革】认识新常态、面对新常态、践行新常态、主动适应新常态，不断拓宽理财思路和举措，更加注重依法依规有序，更加注重全局统筹持续，更加注重公开透明规范。按要求、按标准完成预决算和“三公”经费预决算的公开公示工作。切实增强责任感和使命感，以深化改革为动力，以依法理财为准绳，以科学发展为要务，以保障民生为根本，认真实施积极财政政策，深化预算管理制度改革，创新财政支持发展方式，加强财政内部控制建设，持续深入推进作风建设。

【服务经济发展】切实履行财政服务经济社会发展职能，支持企业发展，发展财源性实体经济。大力实施产业集聚振兴战略，本级配套现代中药产业聚集基地发展专项资金3565万元，助推企业结构优化，64家战略性新兴产业实现产值106.62亿元，同比增长20.2%；全年财政“过桥”资金累计放款3.74亿元，受益企业101家，积极防范和化解企业资金链风险；积极优化优惠政策兑现审查审批机制，全年依法依规快速兑现各类优惠政策资金5.1亿元。

亳州芜湖现代产业园区财政工作概述

【概况】2018年，全区财政收入完成2.58亿元，占年初预算2.3亿元的112.3%，比上年同期增长19.7%，增收4254万元，其中地方级税收完成1.67亿元，占年初预算1.56亿元的107.0%，增收718万元，比上年同期增长4.5%；上划中央级收入完成9151万元，占年初预算7400万元的123.7%，增收3536万元，比上年同期增长63.0%。财政支出完成2.69亿元，占预算1.86亿元的144.4%，比上年同期增长14.0%，增支3298万元。其中一般预算内支出为21468万元，财政专项资金支出为5386万元。

【收支管理】开展税源调查，保障收入稳定增长。对亳州市华谊新型材料有限公司、安徽省中联新型材料有限公司、亳州国祯生物质热电有限公司、安徽鑫大宅门业有限责任公司、亳州汇鹏针织品有限公司等企业开展税源调查，保证财政收入应收尽收。重点对存在欠税的企业进行调查，清欠城镇土地使用税约300万元。加强预算绩效管理，加快支出进度。根据各部门年初预算，及时了解项目进展情况，督促各部门加快项目支出进度，确保项目顺利实施。

【预算管理】加强预算编制与执行。年初根据各部门岗位职责，结合园区财力实际，组织编制年初预算，并严格控制预算追加。

【服务经济发展】积极做好企业扶持资金兑现。结合“四送一服”活动，积极开展调查，按照园区与企业签订的合同、主任办公会会议纪要、扶持政策等做好园区企业扶持资金兑现工作，共兑现54家企业扶持资金，总金额为1.76亿元。其中城镇土地使用税扶持1588.81万元；税收类扶持（个人所得税、增值税、企业所得税等）4605.52万元；土地出让金类扶持1.03亿元；其他类扶持（贴息、容积率、租金、用工补贴，装修补贴，座席补贴等）1146.77万元。

宿州市财政工作综述

宿州市财政工作概述

【概况】2018年,全市各级财政(国资)部门深入学习贯彻习近平新时代中国特色社会主义思想和党的十九大精神,坚持稳中求进工作总基调,全面完成市委、市政府交付的各项目标任务。全市财政收入完成175.76亿元,增收19.4亿元,连续跨越160亿元、170亿元两个台阶,增长12.3%,增幅位居全省第4位,较上年度提升3个位次,取得近四年最好成绩。

【财政收入】2018年,全市财政收入完成175.76亿元,完成预算的101.8%,同比增收19.3亿元,增长12.3%,高于全省增幅1.9个百分点,总量居全省第12位,增幅居全省第4位。其中,地方财政收入完成111.56亿元,同比增收11.44亿元,增长11.4%。分收入项目看,全市税收收入完成134.06亿元,增长13.2%;非税收入完成41.69亿元,增长9.5%。税收收入占财政收入的76.3%,比上年同期提高0.6个百分点。分收入部门看,税务部门完成137.78亿元,同比增收16.4亿元,增长13.5%。财政部门完成37.32亿元,同比增收2.67亿元,增长7.7%。海关部门完成6574万元,同比增收2360万元,增长56%。分县区看,砀山县完成16.1亿元,完成预算的105.4%,增长16.1%;萧县完成28.2亿元,完成预算的110.9%,增长20.4%;灵璧县完成15亿元,完成预算的109.2%,增长20.1%;泗县完成16.1亿元,完成预算的104.5%,增长16.1%;埇桥区完成44.5亿元,完成预算的97%,增长16.1%;宿马园区完成5.9亿元,完成预算的101.6%,增长22.5%;高新区完成5.3亿元,完成预算的95.2%,增长32.5%;经开区完成9.8亿元,完成预算的82.7%,下降9%;鞋城完成7.5亿元,完成预算的105%,增长15.5%;市直完成27.4亿元,完成预算的103%,下降3.6%。

【财政支出】2018年,全市财政支出完成396.62亿元,同比增支50.7亿元,增长14.7%,增幅居全省第1位。分县区看,砀山支出48.7亿元,增长14.4%;萧县支出69.9亿元,增长16.6%;灵璧县支出54.8亿元,增长14.7%;泗县支出56.9亿元,增长18.9%;埇桥区支出82.9亿元,增长20.7%;宿马园区支出4.8亿元,增长6.3%;高新区支出5.5亿元,增长16%;经开区(含鞋城)支出12.4亿元,增长3.2%;市直支出60.7亿元,增长5%。

【支持"三大攻坚战"】支持打好防范化解风险攻坚战。全市置换债券58.05亿元,累计置换债券230.04亿元,每年可减少利息支出13.8亿元。争取自求平衡专项债券资金34.52亿元,专项用于土地储备和棚户区改造。稳妥处置隐性债务存量,严控隐性债务增量,加强债务风险预警和评估,未发生系统性财政风险。支持打好脱贫攻坚战。聚焦全市"1234+N"工作思路,市县两级财政安排专项扶贫资金5.52亿元,增列专项资金2亿元,占2018年度地方财政收入增量的35.2%。全市统筹整合用于脱贫攻坚财政资金30.56亿元。建立扶贫资金动态监控系统,逐步实现从预算安排到资金拨付、使用、绩效目标全覆盖。支持打好污染防治攻坚战。牵头申报并成功获批全国首批黑臭水体治理示范城市,连续三年累计可获得中央财政支持6亿元。拨付秸秆综禁奖补资金1.1亿元,加快重点行业污染源整治,改善大气质量。拨付0.75亿元支持农村厕所、垃圾、污水专项整治"三大革命",改善农村人居环境,推进美丽乡村建设。

【服务经济发展】落实国家减税优惠政策,降低增值税税率、统一增值税小规模纳税人标准,降低城镇土地使用税税额标准等税收政策,进一步减轻纳税人税负,取消停征41项行政事业性收费,全年全市减税降费约21亿元。深入开展"4321"新型政银担业务,全市融资担保在保余额114.11亿元,放大6.24倍。继续安排续贷过桥资金1.76亿元,扶持企业435户,发放周转资金21.21亿元。推动经济提质增效升级,拨付3.89亿元用于煤炭行业化解过剩产能,推动经济结构调整。安排3亿元支持创建全国文明城市。积极推广PPP模式,获2017年度国务院和省政府通报表彰。截至2018年底,通过财政部PPP综合信息平台审核的项目40个,总投资293.65亿元。

【财政民生保障】全市财政投入民生工程资金125.99亿元,增长18.86%。全市新建、改扩建幼儿园42所。新开工保障性安居工程4.35万套,开工率100.1%,基本建成9214套,基本建成率104.8%。完成2.7万户农村危房改造。城乡居民基本医疗保险参合参保559.26万人,累计支付资金31.7亿元;城乡居民基本养老保险当年缴费224.64万人,累计发放养老金11.79亿元,向农村低保等各类困难救助对象累计发放资金11.68亿元。建设水厂69处,解决20.12万农村居民的饮水安全问题。完成农村道路畅通工程1759.85公里、县乡公路大中修209公里。全市通过"一卡通"累计发放36项惠农补贴资金34.73亿元、受益农民210万户次。安排2.24亿元支持"一事一议"财政奖补工作,项目实施行政村883个,受益群众达342万人。

【财政改革】出台《市区财政管理体制调整方案》《市级专项资金管理办法》《市级专项资金管理改革实施方案》,全面完成市区财政体制调整,合理划分政府间事权和支出责任,加快市直预算单位支出进度,优化支出结构,提升政府治理效率,促进市区共同发展。扎实推进预决算信息公开,2018年市本级部门预算及"三公"经费预算于2月9日前、2017年市本级部门决算及"三公"经费决算于9月27日前全部向社会公开。全面加强预算绩效管理,印发《关于全面推进财政预算绩效目标管理工作的意见》和《关于加强部门预算项目支出绩效目标管理工作的通知》,重点绩效评价由项目拓展到部门整体支出和财政政策,逐步将一般公共预算、政府性基金预算、国有资本经营预算、社保基金预算的所有资金和项目纳入绩效管理范围。

(侯卫)

砀山县财政工作概述

【概况】2018年,砀山财政实现财政运行总体平稳、稳中有进,为全县经济社会发展提供了财力保障。全县财政总收入完成16.12亿元,同比增收2.23亿元,增长16.05%。全县公共财政预算支出完成48.48亿元,同比增支5.94亿元,增长14%。

【财政收支管理】本县财政总收入预算15.3亿元,实际完成16.12亿元,比上年增收2.23亿元,增长16.05%,财政收入稳定增长机制平稳运行,保持收入持续快速增长。2018年,本县公共财政预算支出完成48.48亿元,比上年增支5.94亿元,增长14%。财政民生支出42.64亿元,同比增加6.05亿元,增长17%,占总支出比重87.59%。按照"保稳定、保工资、保运转、保民生"的理财方针和公共财政取向,调整和优化支出结构进展明显,为全县改革、发展、稳定提供了财力保障。

【打好"三大攻坚战"】支持打好防范化解重大风险攻坚战。健全以政府债券为主体的政府举债融资机制,加快推进存量债务置换工作,发行债券资金6.67亿元,推进专项债券改革,发挥规范举债对经济社会发展的支持作用。强化地方政府债务限额管理,加强债务风险预警和评估,坚决守住不发生系统性财政风险的底线。2018年省财政厅核定本县地方政府债务限额35.12亿元,截至2018年底,本县政府债务余额为26.95亿元,债务总体水平保持在省财政厅和县人大批准的债务限额内,债务规模处于合理区间,债务风险总体可控。支持打好精准脱贫攻坚战。聚焦全县脱贫摘帽重点工作,持续加大扶贫资金投入,不断强化扶贫资金监管,提高财政保障能力和水平。落实专项扶贫资金与地方财政收入增量挂钩机制,2018年县级财政安排专项扶贫资金4510万元,增列专项扶贫资金2000万元,增列资金占2018年度预计地方财政收入增量的22%。加大资金统筹整合力度,全县统筹整合财政涉农资金47283万元用于脱贫攻坚。出台《关于探索建立涉农资金统筹整合长效机制实施方案》,构建形成权责匹配、相互协调、上下联动、步调一致的涉农资金统筹整合长效机制。牵头实施资产收益扶贫工作,健全完善各项工作制度,规范工作实施步骤,协调指导各乡镇扎实推进资产收益扶贫工作,积极开展资产收益扶贫示范村及示范项目建设,选择唐寨镇侯口村作为资产收益扶贫实施亮点村,充分发挥优秀项目的示范带动效应,引导全县资产收益扶贫工作向深度和广度拓展。加强扶贫资金监管,健全扶贫资金长效监管机制,定期、不定期开展扶贫资金专项督查检查,确保资金公开透明、规范使用。建立财政脱贫攻坚资金使用负面清单制度,杜绝任何部门以脱贫名义截留、挤占和挪用财政资金,严格执行扶贫资金安排使用公告公示制度,规范资金流程。完善扶贫资金动态监控系统平台建设,强化数据分析及实时监控,实现从预算安排到资金拨付、使用、绩效考评全覆盖。支持打好污染防治攻坚战。落实生态优先政策,继续加大污染防治投入力度。2018年投入2527万元,推进秸秆禁烧和综合利用,加快重点行业污染源整治。拨付资金3618万元,推进美丽乡村建设,改善农村人居环境。拨付4000万元支持农村专项整治“三大革命”,完成自然村2.5万常住农户卫生厕所改造,启动污水处理设施建设乡镇13个,配套管网建设项目建成74公里,农村垃圾实现全域清理。

【财政体制改革】继续完善部门预算改革。科学制定各预算单位的支出定额,严格预算编制和执行管理,加强预算绩效管理,提高预算编制的科学性和透明性,严格执行预决算信息公开制度,自觉接受社会监督;深入推进国库集中支付制度和公务卡制度改革。继续完善大平台动态监控系统监控规则,加强数据分析及资金支付监管,确保财政资金安全高效运行。大力推行国库支付电子化管理改革,进一步规范资金支付流程与方式,继续夯实国库集中支付改革成果。严格执行公务卡强制目录结算,不断提高公务卡使用率和公务支出透明度,切实打通改革“最后一公里”。2018年,支付中心共完成直接支付91577笔,支付金额107.82亿元,比上年增加16.77亿元。预算单位累计办理公务卡5413张,公务卡结算完成8217笔,结算金额1991万元。进一步完善制度建设,建立长效机制,持续加强“三公”经费经常性管控。2018年本县“三公”经费累计支出1537万元,较上年减少91万元,下降5.6%;平稳推进非税收入征管职责划转工作。按照中共中央《深化党和国家机构改革方案》要求,县非税局全力配合非税收入征管职责划转事宜,根据“成熟一批,划转一批”原则,周密安排资料交接、账户设置、信息传递、退存退库、清欠清缴等工作,圆满完成社会保险费和第一批非税收入征管职责划转交接工作。

【民生工程实施】2018年,本县实施33项民生工程,共投入民生工程资金20.79亿元,全面提前完成各项省市下达的年度工作目标任务。困难人员救助等补助类项目及时发放,农村危房改造7099户工程类项目已完工,城乡医疗保险等保险类项目已完成年度参保任务,补偿报销做到应报尽报,技工大省培训完成2869人次,开发就业扶持岗位652个。加大义务教育、高中阶段教育投入,支持新建、改扩建公办幼儿园10个。新开工棚户区改造8655套。支持实施乡村振兴战略,农村饮水安全巩固提升,5处水厂工程建设及主管网铺设完工,解决105308人饮水安全问题。

【服务经济发展】砀山财政贯彻落实县委、县政府关于五大发展行动计划、促进经济平稳发展意见等政策措施,积极落实各项供给侧结构性改革政策,致力于打造发展型财政。对重点领域和关键环节的投入进一步加大,筹集各类建设资金5.69亿元用于农村危房改造、四好农村路建设、农村饮水安全工程、秸秆综合利用提升工程、棚户区改造、城市老旧小区整治及其他基本建设等社会经济发展项目。落实小微企业税收优惠政策,2018年进一步清理规范本级行政事业性收费和政府性基金4项,全年减轻企业负担1214万元;多方筹措资金,全力扶持中小企业及新兴产业发展,投入专项资金1557万元,推动企业“专精特新”发展,助推本县经济转型;全力推进“4321”新型政银担合作模式,加大担保增信服务,积极支持中小企业发展,2018年,砀山县中小企业融资担保公司共为149家企业办理新型“政银担”业务,担保余额8.93亿元,服务担保放大倍数4.27倍。积极加强对暂时困难企业的风险化解,沟通协调县融投资协会及承贷银行帮助企业安排续贷过桥资金，通过转贷等办法尽可能化解担保风险或减少损失。

【落实惠农政策】进一步规范财政各项涉农补贴资金发放制度，确保资金及时、安全打卡发放到户。2018年共发放70项惠民补助资金4.91亿元，涉及农业支持保护补贴、扶贫、养老、民生工程等各方；认真实施农业综合改革一事一议财政奖补工作。2018年共实施一事一议财政奖补项目148个，其中：道路建设项目18个，村内下水道项目2个，村庄亮化项目121个，村内环卫设施项目6个，其他项目1个。项目总投资3695.6万元，惠及全县135个行政村，实现了贫困村全覆盖；积极实施农业综合开发，提升农业生产能力。2018年共实施高标准农田建设项目3个、建后补助项目1个、贷款贴息项目8个，项目总投资2331.13万元，其中财政资金2215.6万元，企业自筹155.53万元；扎实开展政策性农业保险工作。2018年共完成春季小麦承保41.84万亩，秋季作物承保42.88万亩，养殖业母猪保险2.5万头，特色产业果树承保16.84万亩，保费总额2383.78万元，其中各级财政配套资金1822.81万元，农民自缴保费560.97万元。有效提升农业生产抗灾能力。

（张浩）

萧县财政工作概述

【概况】2018年，萧县认真贯彻中央、省、市决策部署，全力稳增长、惠民生、促改革、防风险，财政运行整体平稳、稳中有进、进中向好。2018年财政收入完成28.18亿元，为预算的110.9%，比上年增长20.4%。其中：地方一般预算收入完成20.67亿元，为预算的120.6%，增长23.3%；中央收入完成7.15亿元，为预算的89.5%，增长9.2%；出口退税3563万元，为预算的135%，增长306%。财政支出完成68.08亿元，比上年增加8.12亿元，增长13.5%。

【财政收入】密切关注国家宏观政策走向，加强收入调度、强化收入征管、开展财税专项清理等措施，财政收入实现较高增长，比上年增收4.78亿元，增长20.4%。全县税收收入完成17.29亿元，比上年增收1.93亿元，增长13%。

【服务经济发展】以扶贫攻坚为契机，加大争政策、争项目、争资金力度，成功争取财力性转移支付增量资金3.02亿元、新增债券资金3.7亿元，为经济社会发展注入了强劲动力。支持“招大引强”，拨付招商引资政策扶持补助资金1.25亿元。大力支持外向型企业发展，减免退缴增值税7135万元。支持实体经济发展，拨付企业贷款贴息资金245万元，安排1165万元支持中小企业转型升级、改善融资环境和完善服务体系。完善政银担体系建设，为企业融资担保贷款17.47亿元，在保余额17.91亿元。

【助力脱贫攻坚】全面聚焦脱贫攻坚重大任务，全年安排财政扶贫专项资金3.6亿元，其中县级扶贫资金1.1亿元(含增量资金安排768万元)。计划统筹整合财政涉农资金7.9亿元，实际整合7.12亿元(其中存量资金安排1036万元)。坚持“资金跟着项目走”，认真编制年度资金使用方案，将整合资金细化具体到十大脱贫工程，确保了资金投向精准、使用效益显著。加快扶贫资金支出进度，实现支出6.85亿元，支出率为96.2%。

【保障民生福祉】坚持以人民为中心的思想，全年统筹安排教育等民生支出59.57亿元，占一般公共预算支出的87.5%。33项民生工程投入23.01亿元。安排城乡义务教育经费保障机制资金1.54亿元、中等职业学校学生资助经费1063万元、普通高中家庭困难学生资助经费1029万元、学前教育促进工程经费1331万元。城乡居民基础养老金提高到110元/人、月。大力支持创新创业带动就业，拨付就业补助资金2041万元。将城乡居民医保人均财政补助标准提高到490元。拨付农村饮水安全资金6281万元、农村综合环境整治资金8487万元、政策性农业保险理赔资金6821万元，投入村级公益事业一事一议财政奖补资金4632万元，紧急调拨防汛救灾资金6000万元，支持美丽乡村建设资金4565万元。安排村级运转保障经费1.1亿元，并对基层惠民项目、组织规范化建设等进行支持。安排220万元实施公共文化场馆免费开放，安排农村文化建设专项资金315.6万元。

【深化财政改革】继续对“四本预算”实行统管、统编、统筹，建立预算审查前听取人大代表和社会各界意见建议的机制，预决算信息公开覆盖到所有预算单位和所有财政资金。全面推行国库集中支付电子化管理，实现财政性资金直达用款单位和高效运行。推动惠农补贴系统拓展应用，“一卡通”发放涉农补贴资金7.16亿元，惠及31.5万户。积极清理盘活存量资金5036万元，统筹结转结余资金1036万元用于脱贫攻坚。促进政府采购转型提效,节约财政资金8994.7万元,节约率7.6%。深化预算管理改革,认真贯彻落实《萧县县级预算管理办法》《萧县专项资金管理办法》《关于推进国有资本经营预算的意见》,严格预算调整,硬化预算约束,强化管理绩效,2017年度县级财政管理绩效综合评价全国第96名、全省第20名。

【从严管控财政风险】自觉接受人大依法监督和政协民主监督,认真做好审计问题整改落实。制订政府性债务风险化解方案,严格债务限额管理,2018年新增债务限额3.7亿元,积极回收财政出借资金,努力降低债务风险。认真落实《统筹整合财政涉农资金管理办法》等制度,扎实开展财政扶贫资金专项检查和突出问题整改,规避资金风险。进一步加强财政监督,稳固财政管理基础,协同推进"互联网+监督"平台建设,采集录入涉企资金公开目录38条,扩大了监督覆盖面。狠抓中央"八项规定"落地生根,推进公务卡强制结算制度,"三公"经费比上年下降9.8%。

(刘光锋)

灵璧县财政工作概述

【概况】2018年,灵璧县财政工作在县委县政府的正确领导下,在县人大、县政协的监督和支持下,充分发挥财政职能作用,克难奋进,精心理财,为全县经济和社会事业健康发展提供必要财力保障。

【财政收入】灵璧县一般公共财政预算收入150133万元,占预算103.5%,同比增收25091万元,增长20.1%。其中:地方公共预算收入100229万元,占预算100.9%,同比增收15887万元,增长18.8%;中央收入49619万元,占预算108.6%,同比增收9020万元,增长22.2%;出口货物退增值税完成285万元,增收200万元。分县乡分级收入情况看:县直收入123975万元,占预算101.9%,同比增收19849万元,增长19.1%;乡镇收入26158万元,占预算112.1%,同比增收5242万元,增长25.1%。分部门征收情况看:国税部门收入63837万元,占预算103%,同比增收11497万元,增长22%;地税部门收入49555万元,占预算103.2%,同比增收7996万元,增长19.2%;财政部门收入36741万元,占预算105%,同比增收5598万元,增长18%。从收入结构看,全县税收收入共完成109849万元,税收收入在财政总收入中占比为73.2%,比上年同期增长20.2个百分点;非税收入完成40284万元,非税收入占财政总收入的26.8%,比上年同期增长19.8个百分点,收入结构进一步优化,收入质量保持稳定提升。

【财政支出】大力强化预算执行措施,不断调整优化支出结构,加强支出管理,增强预算执行均衡性和有效性,及时拨付重点、民生工程项目资金,保障重点、民生支出的需求。全县一般公共预算支出548357万元,同比增支70145万元,增长14.7%。其中:民生支出485952万元,占全县总支出的88.6%,增支62448万元,增长14.7%;八项支出409446万元,占全县总支出的74.7%,增支56790万元,增长16.1%,民生支出和八项支出均保持稳定增长。

【财政监督检查】加强财政内部监督管理。认真贯彻落实《财政部门内部监督检查办法》,对全县乡镇财政所和局直股室、局属单位的财政资金监管、内控建设情况、纪律作风建设等方面进行不定期检查。完善财政内部控制建设。结合各相关股室业务操作流程,系统梳理各项业务的风险点并拟定防控措施,拟定本单位内部控制操作规程,提高内控制度可操作性。认真做好"涉企系统"常态化工作。按照业务流程,及时做好"涉企系统"日常应用工作,及时变更调整部门和财政相关业务操作人员,更新人员信息和全县设置。认真开展财经纪律监督检查。重点开展财政资金重点专项检查、预决算信息公开检查,组织实施上级财政部门及县委县政府交办的案件性,举报性专项检查。结合会计监督和部门预算执行情况,做好"小金库"长效机制落实情况检查。

【民生工程工作】坚持"早谋划、早部署、早启动",提前谋划、扎实推进,全年累计投入资金23.28亿元,圆满完成33项民生工程年度目标任务。精准调度,对工程类以及培训类项目中进度较慢的新技工系统培养项目进行重点推进,建立民生工程项目审计"绿色通道",通过明确专人负责项目审计、明确审计工作期限和明确500万元项目由牵头单位自行委托第三方进行审计三条措施,提升建设类项目竣工审计验收效率。坚持民生优先,足额配套县级财政资金。实施民生工程资金拨付"即时办"和个别项目县财政垫付工作机制,畅通财政、牵头单位和施工单位资金申请、拨付"绿色通道",提高工作效率。落实管护资金,保障建成项目效益发挥。坚持"效益发挥、群众满意”为民生工程实施的出发点和落脚点，加大民生工程建后管养力度。实行建后管养责任追究制，设立管养责任公示牌，广泛接受社会监督，确保长期发挥效益，最大程度惠及于民。

【农村财政管理工作】认真做好财政补贴农民资金发放工作。2018年通过“一卡通”系统，共计发放财政补贴农民资金17大类47小项，打卡发放金额6.61亿元，惠及农户46.69万户(人)次。建立会商机制，加强协调配合，完善补贴资金发放机制。深入推进乡镇资金监管工作。积极对乡镇财政所操作员展开业务培训，认真填报资金监管、抽查巡查、公开公示等各类监管信息，及时上传项目类、补贴类资金的图片、文件等相关资料，切实搭建县乡两级财政资金监管平台，乡镇财政资金监管工作取得全面性进展。有效开展惠农补贴资金和乡镇财政资金监管绩效评价。严格按照评价评分表，逐条对照、逐项落实，完善档案资料，形成完整的绩效评价报告。2018年年底完成对全县基层财政所的绩效评价工作，实现20个乡镇全覆盖。

【财政扶贫资金管理】更加注重强化资金预算投入、统筹整合涉农资金、加强资金监督管理、加快资金支出进度，围绕全县扶贫工作部署，重点支持全县脱贫攻坚十大工程。2018年财政专项扶贫资金县本级预算安排4050万元。全年整合财政涉农资金52597万元。

【经济建设项目资金管理】认真研究项目批复和投资计划，主动开展业务会商，参与财政业务流程研讨，主动和项目主管部门交流沟通。坚持“三个结合”服务方向，项目管理和资金筹集相结合，工程“四制”和国库集中支付相结合，把财务管理和高效服务相结合，充分发挥财政资金的社会、经济、生态效益。积极推动扶贫重点项目建设。坚持把政策落实和提升执政能力相统一，把重点扶贫项目管理放在突出位置。在支出上规范便捷管理，督促各部门加快项目建设，保证扶贫项目资金及时足额到位，加快预算执行，提高财政资金使用效益，推进扶贫攻坚项目落地开花，推动增加民生福祉系数。做好财政资金绩效评价工作。认真对照绩效评价文件要求和评价指标体系，重点梳理2010—2018年皖北三市九县工业园区基础设施建设或重大项目贷款贴息项目、大气污染防治、农村饮水安全、农村危房改造、“四好农村路”建设等项目预算安排、项目建设、资金使用、财务管理等有关资料，确保项目和资金管理有章可循、按章办事，推动各项资金规范运行。

【PPP项目申报和实施】截至2018年底，灵璧县PPP储备项目经财政部审核认定的9个项目，分别是：灵璧县污水处理PPP项目、灵璧县公安局交通管理大队驾驶人考试中心项目、灵璧县城市路网PPP项目一期工程、灵璧县钟灵毓秀·金色名郡棚改安置房PPP项目、灵璧县公共基础设施PPP项目、灵璧县乡镇污水处理PPP项目、灵璧县城乡生活垃圾治理一体化、灵璧县城区水环境治理工程PPP项目、灵璧县城市公园PPP项目。在县政府安排下，经多方协作努力，灵璧县完成市政府安排的预期目标任务。9个项目均开工建设或运营。其中，灵璧县乡镇污水处理工程PPP项目成功入选为“国家第四批示范项目”；城区水环境治理、城乡垃圾处理一体化两个项目被省厅列为重点储备项目予以支持。

【政策性农业保险】灵璧县认真贯彻落实省市相关文件精神，借鉴泗县等友邻县区经验做法，加强和承保企业联系沟通，规范业务操作流程，完善承保、勘察理赔手续，扩大宣传范围、加大宣传力度，完善农业保险工作机制。2018年，累计承保小麦、玉米、大豆289.8万亩，在水灾严重的时刻，发挥保险理赔的积极效应，稳定农业生产成果，稳定农民农业生产积极性 。

【社会保障资金管理】认真贯彻落实《就业促进法》，实施积极的就业政策。支持建立和完善统筹城乡的就业服务体系、面向全体劳动者的职业培训体系和困难群众就业援助体系，2018年实现再就业支出2340万元，比上年同期增加1387万元，同比增加146%。认真执行社会保障基金预算管理制度，提高社会保险基金自求平衡能力。认真编制社保基金预决算，严格执行社会保障基金预决算管理制度。2018年实现社会保障基金收入100253万元，占预算120%(不包含机关事业单位养老保险，下同)，占上年同期119%；实现社会保障基金支出90038万元，占预算104%，占上年同期121%。进一步完善医疗保障制度，扩大医疗保险覆盖面。全县实现基本医疗保障制度全覆盖。2018年城镇居民基本医疗保险参保居民38298人，当年筹集资金3133万元，支出补偿1138万元。参加新型农村合作医疗农民108.4万人，参合率达到98%。继续深化实施医药卫生体制综合改革，建立城乡基本公共卫生服务一体化。加快建立全覆盖、保基本、多层次、可持续的基本医疗卫生制度,保障人民健康水平不断提高。实施城乡基本公共卫生服务一体化建设,支出基本公共卫生服务资金3945万元。

【一事一议财政奖补】2018年灵璧县共193个行政村开展一事一议财政奖补工作,占比66%。批复奖补项目202个,投入资金3828万元,惠及全县60万群众。全年202个项目全部完成,完工率100%。其中村民筹资135万元,财政奖补资金3693万元(中央资金1940万元、省级资金1141万元、县级配套资金612万元),全县68个贫困村,共申报审批项目68个,项目投资1116万元,实现了贫困村一事一议财政奖补项目全覆盖。

【农业综合开发】灵璧县2018年度高标准农田建设项目共2个,分别是韦集镇高标准农田建设项目和韦集镇垓下片高标准农田建设增量项目;总建设任务2.85万亩。韦集镇高标准农田建设项目,项目投资3060万元,其中财政资金3052万元(中央2180万元、省697.6万元、市43.6万元、县130.8万元),自筹资金8万元,治理建设面积2.35万亩。该项目建设任务全部完成。韦集镇垓下片高标准农田建设增量项目,项目投资650万元均为财政资金(中央300万元,省级96万元,市级6万元,县级248万元),治理面积0.5万亩。韦集镇垓下片高标准农田建设增量项目将于2019年1月启动项目建设任务。

【行政事业财务管理】继续贯彻落实教育各项政策,足额安排各项项目资金。2018年本县财政对学前教育、义务教育阶段、中职教育、高中教育、薄弱学校改造及农村义务教育营养改善计划等专项资金投入44697.79万元。认真落实人口计划生育各项惠民政策,2018年投入计生专项资金1781.02万元。加大文化旅游投入力度,加快文化旅游强县建设,支持基层公共文化服务体系建设,继续落实图书馆、文化馆等文化免费开放、农村公益性电影放映等文化惠民政策,以及文化园及现代农业博览园景区建设维护,本县财政对文化旅游投入专项资金2931.37万元。落实农村组织建设专项资金、村民委员会和村党支部干部报酬及村级扶贫专干报酬等经费7578.41万元。落实行政及科技专项资金2845.98万元,为各部门完成各项工作任务提供财力保障。积极配合做好司法体制改革,及时落实政法专项经费。做好三公经费及会议费统计报表及报送工作。

【政府采购】2018年度全县采购预算达到45185.9037万元,实际采购39494.4424万元,节约资金5691.46万元,资金节约率为12.59%。其中,公开招标采购金额32196.2324万元,邀请招标采购金额797.681万元,竞争性谈判188.3801万元,竞争性磋商87.35万元,询价5795.6489万元,单一来源采购429.15万元。认真做好本年采购预算编制工作,实行与部门预算统一编制、统一上报、统一审批,力求全面、准确。推进"放管服"激发采购活力。推行"网上商城"采购,搭建"网上商城"平台,配套出台《灵璧县政府采购网上商城运行管理暂行办法》。强化信息公开,进一步提高政府采购透明度。通过政府采购信息平台及时发布采购项目预算、采购需求、采购文件、采购结果、采购合同等项目信息,落实采购人政府采购主体责任。加大采购代理机构的监督检查工作力度,规范采购代理机构的执业行为,落实"双随机一公开"的要求。

【会计管理】加强会计从业人员管理和业务培训。对1000多位会计从业人员及时进行继续教育学习,并陆续做好年检盖章登记。在安徽省晓娣中小企业财务服务有限责任公司举办三期会计从业人员业务培训。认真做好2018年度县辖13个代理记账机构报备工作,对机构保持设立条件、业务开展、操作程序、警示注意事项、小企业会计准则贯彻落实以及遵纪守法等情况进行检查。认真做好初级会计职称资格证书颁发工作,共计颁发初级会计专业技术资格证书52人。

【乡镇财务管理】开展对账和监督检查,加强乡镇财政财务科学化精细化监管。开展乡镇财政资金安全检查工作。

【财政一体化平台建设】完善一体化平台系统和单位账务系统,加强对预算单位的业务培训和指导;理顺电子化支付业务流程,对一体化平台进行相应优化设置,明确单位、财政各业务股室责权;认真抓好财政网络的日常维护管理工作,保障财政局网络的安全有效运行。积极发挥技术支撑作用,为财政信息化保驾护航;定期备份保存重要财务数据,并指导各股室养成数据备份的习惯,最大限度地保证财政数据安全;根据财政部和财政厅文件要求,在2018年11月份完成业务内网亚信安全系统的部署,进一步保证业务数据安全和业务系统的正常运行,并启动信息安全等保二级评测工作,在测评公司指导下,对信息网络进行整改，顺利通过公安部门信息安全等保二级评测；针对2019年财务制度改革，开始新财务核算系统的准备工作，以确保2019年账务核算的顺利开展。2018年底顺利完成各个信息系统的年度结转，财政业务数据完整无误转入2019年度。

（王楠）

泗县财政工作概述

【概况】2018年，泗县财政局坚持以习近平新时代中国特色社会主义思想为指导，全面贯彻党的十九大精神，认真落实积极财政政策，扎实做好各项重点工作，持续推进财政重点改革，自觉接受人大和代表监督，不断提升依法理财水平。全县财政收入完成16.11亿元，增长16.06%；全县财政支出完成57.36亿元，增长19.8%，为全县经济社会发展提供有力保障。

【财政收支】受结构性减税和普遍性降费政策影响，泗县财政收入增收潜力与减收因素并存。财税部门加大收入征管力度，按月调度分析，研判收入形势，细化目标任务，压实征管责任，以月保季、以季保年，应收尽收、均衡入库，全县财政收支超额完成年初预算安排的目标任务。从收入结构完成情况看：税收收入完成12.26亿元，同比增长18%，占财政总收入的76%；非税收入完成3.85亿元，同比增长9.7%，占财政总收入的24%。积极优化支出结构，着力保障改善民生。2018年，全县民生支出完成49.65亿元，同比增长19.7%，占财政支出的86.6%。

【脱贫攻坚】按照中央、省、市、县关于实施乡村振兴战略的安排部署，以脱贫攻坚为抓手，全力抓好政策落实工作。建立专项投入、统筹整合、新增债券“三位一体”的扶贫资金筹措机制，2018年全县投入4.4亿元用于脱贫攻坚工作，其中：财政专项扶贫资金1.81亿元、整合涉农资金1.95亿元、安排新增地方政府债券资金0.64亿元，为各项脱贫政策的落实提供财力保障。投入1.1亿元，大力实施资产收益扶贫工程，实现收益805万元，其中：增加村级集体经济收入165万元，1.13万贫困户增加收入640万元。认真组织做好财政扶贫资金专项检查和绩效评价工作，保证扶贫资金使用规范、安全，提升扶贫资金的使用效益。

【服务发展】充分发挥财政职能作用，认真落实省市促进经济平稳健康发展相关政策，安排工业企业发展基金3000万元，兑现政府各项补助和扶持资金4500万元。积极开展政府与社会资本合作，运用PPP模式开展104国道一级公路改建等基础设施建设。投入63000万元，开展“土地增减挂”工作，有效改善了城乡用地布局。主动服务企业发展，全年共为14家企业申报财政贴息、外贸发展等项目补助资金268万元。投入454万元重点支持企业技术创新和技术改造，推动企业转型升级、创新发展。扎实做好中小企业融资担保工作，全年共为208户企业提供担保贷款8.9亿元，在保企业214户，担保总额9.5亿元；为76户企业提供助贷资金2.24亿元，有效缓解中小微企业融资难、融资贵问题。

【保障改善民生】全县33项民生工程投入资金22.26亿元。农村饮水安全巩固提升、学前教育促进、“四好农村路”建设等工程类项目的建成使用，有效补齐农村“双基”建设短板。城乡居民基本医疗保险、城乡居民基本养老保险、困难人员救助等保险报销、补助补贴类项目的实施，切实提升城乡医疗、养老及困难救助保障水平。投入0.25亿元用于城区亮化和道路清扫工作，投入2.07亿元开展农村环境“三大革命”，有效改善城乡居民的生活环境。继续做好“一事一议”财政奖补工作，投入0.41亿元，加强农村基础设施建设。投入0.25亿元农业综合开发资金，改造高标准农田2万亩。有序做好惠农补贴资金发放工作，全年通过“一卡通”发放到户到人资金达7.77亿元，保证各项惠农政策真正落到实处。

【规范财政管理】有序做好预决算和“三公”经费信息公开工作，有效提升预算执行效率和经费支出透明度，全县“三公”经费同比下降9.5%。制定完善《泗县县直机关会议费管理办法》《泗县县直机关培训费管理办法》等规范性文件，进一步规范会议费、培训费等支出管理。有序推进国库集中支付电子化管理改革，保证财政资金安全高效运行，全年共通过国库集中支付电子化平台支付资金127.5亿元。认真组织对县城管局等8家单位进行会计信息质量检查，促进各单位进一步规范和改进会计工作。高效做好人大代表建议、议案和政协委员提案办理工作，上门征求意见建议并进行跟踪问效，切实提升办理效率和办理质量。

【加强自身建设】严格按照省市财政部门关于全面从严治党和党风廉政建设的安排部署，认真落实党风廉政建设主体责任，加强全县财政系统机关党建和党风廉政建设工作。通过抓好财政党员干部的日常学习教育，组织开展警示教育、以案释纪、专项整治等活动，切实提升财政部门党员干部的党性修养和廉洁自律意识，保证财政各项工作廉洁、高效、安全、有序推进。持续加强财政系统效能建设，进一步优化财政服务、提高工作效率，以严明的纪律、优良的作风塑造财政系统公正廉洁高效的良好形象。认真组织开展乡镇财政业务、民生工程政策、国有资产管理、行政事业单位内部控制等与财政工作密切相关的业务培训，有效提升财政干部的业务水平和工作效率，保证了各项财政政策落地见效。

（王杰）

埇桥区财政工作概述

【概况】2018年，埇桥区财政工作紧紧围绕区委、区政府决策部署，积极发挥财政职能作用，全力支持供给侧结构性改革，着力保障和改善民生，深入推进财政改革创新，为全区经济社会平稳健康发展提供了财力支撑。全年全区财政收入突破40亿元大关，完成44.48亿元，增长16.1%。财政支出完成82.9亿元，同比增支14.2亿元，增长20.7%。全区政府性基金收入14.06亿元，比上年同期增收6.12亿元，增长77.1%，政府性基金支出17.61亿元。

【财政收入管理】强化收入征管，着力收入调度，确保收入及时足额入库。加强收入预算执行分析研判，大力开展综合治税，推动建立税收协同共治长效机制。加强税源经济考核，完善考核办法，调动部门组织收入的积极性，全力配合国地税机构合并征管体制改革，合理划分市、区固定收入、共享收入，争取政策支持，做大做强全区财政收入总量。全年全区财政收入突破40亿元大关，完成44.48亿元，增长16.1%，税收收入完成36.15亿元，占财政收入的81.3%，非税收入完成8.33亿元，增长16.2%，占财政收入的18.7%，财政收入稳中有质。

【财政支出管理】加强预算执行管理，把支出进度作为财政管理的一项重要指标，建立财政支出进度与预算安排挂钩制度。更加注重优化结构、用好增量、激活存量，做到有保有压。按照厉行节约规定压缩一般性开支，控制“三公”经费预算规模，“三公”经费继续零增长，行政运行等一般经费压减5%。集中有效财力保障重点支出，主动清理结余沉淀资金，统筹用于保障脱贫攻坚、环境创建和改善民生。财政八项支出累计完成65亿元，占公共预算支出的78.4%，比上年同期增支10.2亿元，同比增长18.6%。全区民生支出75.57亿元，占财政总支出的比例达到91%，教育、社保、医疗卫生等重点支出快速增长，有力促进全区经济社会平稳较快发展。

【服务经济发展】推动供给侧结构性改革落地生效，全面落实小微企业结构性减税和普遍性降费为主要内容的积极财政政策，降低企业税负，营造公平税负环境，全面落实企业帮扶政策，全年兑现财政扶持资金8706万元，有效降低企业税负。建立财政服务企业长效机制，及时更新、对外公布行政事业性收费目录，着力提升财政服务效能，支持打造最佳营商环境。新增“4321”新型政银担合作贷款12.4亿元，帮助企业缓解融资难融资贵等问题。加快“PPP”项目入库和落地实施，累计签约落地项目6个，涉及总投资37.4亿元。整合归并现有专项资金，围绕全区重点项目，发挥财政作用，努力推动园区建设。围绕产业强区发展战略，推动纺织服装等传统产业升级改造，支持新能源、节能环保等新兴产业壮大，推动旅游、电子商务等现代服务业蓬勃发展。

【财政民生保障】不断完善财政保障机制，扎实推进民生事业建设。支持打好精准脱贫攻坚战，投入财政资金6.1亿元，助力贫困区退出，9481户建档立卡贫困户、12个贫困村达标脱贫。投入7500万元，支持生态环境治理和环境保护，突出抓好大气污染治理、水环境治理和土壤污染防治三大重点，推动环境质量持续好转。投入1.7亿元，从宣传氛围、环境整治、社区建设等方面，推进创建全国文明城市各项工作。安排资金21.2亿元，坚持教育优先均衡发展。投入13.4亿元，完善就业和社会保障体系，提高城乡低保补助标准和城市特困人员供养标准至每人每年6720元、8880元。争取“一事一议”财政奖补资金5712万元，投入2753万元实施高标准农田建设，全区通过“一卡通”发放财政惠农补贴资金8.3亿元，全力保障农村事业发展。

【财政改革】优化财政体制机制，进一步明确市区两级政府事权和支出责任，合理调整收入划分，形成财力与事权相匹配的财政体制。推进预算评审，对评审项目合理性可行性进行规范。推进预决算信息公开。按照“公开为常态，不公开为例外”的原则，进一步扩大公开范围,细化公开内容,深化政府、部门及“三公”经费预决算公开。深化国有资产管理改革,全面强化资产资金管理。策应税收制度改革。按照国家统一部署,全面推进税收制度改革。积极推进环境保护税费改革,全面开征环境保护税。进一步完善地方政府性债务管理,规范政府举债融资行为。争取政府再融资债券9570万元、新增地方债券82783万元,有效缓解全区即期还款压力,保障全区重点项目建设资金需求。

【预算绩效管理】完善绩效管理体系,强化绩效预算管理,增强预算单位绩效意识。按照“花钱必问效,无效必问责”要求,对农村道路畅通工程等项目积极开展重点绩效评价,涉及扶贫、教育、医疗、社保等重点领域以及社会关注项目。强化绩效评价结果应用,将评价结果作为预算安排的依据。对达不到绩效目标,或绩效评价结果较差且整改不到位的项目,将在安排下年度预算时予以压减、取消。

(邵志坚)

蚌埠市财政工作综述

蚌埠市财政工作概述

【概况】2018 年,全市财政收入 294.7 亿元,增长 7.4%,按可比口径增长 9.4%,其中地方收入 152.7 亿元,增长 8.2%。全市财政支出 295.8 亿元,其中民生支出 253.6 亿元,占比 85.7%。

【打好“三大攻坚战”】防范化解债务风险。开展“四清四实”专项整治,制定隐性债务化解方案。强化评估和预警,构建常态化监督机制,提高风险研判和处置能力。全面完成存量政府债务置换工作。大力支持精准扶贫。全市筹集资金 6.2 亿元,重点支持产业扶贫和农村基础设施建设。出台扶贫项目资金绩效管理办法,将所有扶贫资金纳入动态监控范围。加大污染防治投入。统筹安排资金 5.2 亿元,支持秸秆禁烧和综合利用、黑臭水体整治、建筑垃圾处理等项目实施。支持创建节水型城市和绿色生态城市。拨付资金 7400 万元,支持河长制、湖长制和林长制工作开展。

【服务经济发展】加大财政投入力度。统筹安排促进经济发展资金 57.7 亿元,推进工业强市、“三重一创”、创新型城市建设,支持传统企业技术改造。鼓励企业扩大进出口规模,支持保税物流中心、铁路无水港等平台建设。发挥财政资金引导作用。市级产业引导基金达 10 亿元,撬动社会资本设立股权投资基金超百亿元。采取财政贴息等方式,支持政银担、续贷转贷、创业担保、专利权商标权质押贷款等业务开展。落实减税降费政策。降低增值税和城镇土地使用税税率,提高个人所得税免征额,进一步扩大小微企业所得税减半征收范围等,全市减免抵退各项税费 35.4 亿元。

【支持城乡区域协调发展】支持城市能级提升。统筹安排土地出让金、地方政府债券、预算稳定调节基金等 93.6 亿元,支持水蚌线外迁、G206 蚌埠南段、城市夜景亮化工程实施,推进棚户区改造、老旧小区整治、体育中心及游泳馆等项目建设。支持现代农业发展。统筹安排促进农业发展资金 20 亿元,加强涉农资金整合,支持农业“六次产业”和新型农业经营主体发展,加快水利基础设施建设。投入资金 1.2 亿元,实施农业综合开发项目 37 个,建设高标准农田 7.6 万亩。拨付资金 1.5 亿元,推进政策性农业保险实施。发放涉农补贴资金 14.6 亿元,惠及全市 63 万农户。促进农村公益事业发展。投入资金 3.6 亿元,支持“四好农村路”、农村危房改造、农村饮水安全等项目建设。拨付资金 1 亿元,实施“一事一议”财政奖补项目 362 个。拨付资金 2.2 亿元,支持农村环境“三大革命”,推进美丽乡村建设。

【财政民生保障】加大投入力度。财政民生支出 253.6 亿元,占财政支出的 85.7%。拨付资金 70 亿元,33 项民生工程年度任务全面完成。支持社会事业发展。拨付资金 6.1 亿元,加大对学前教育、义务教育投入,增加高中办学补助,中等职业教育实行全免费。拨付资金1.8亿元,支持省运会、残运会、民运会在蚌成功举办。拨付资金1亿元,支持编制全域旅游规划、花鼓灯艺术展演、考古遗址公园建设等。支持就业和社会保障。全市共拨付资金73.5亿元,确保企业和机关事业单位离退休人员养老金按时足额发放。拨付资金7200万元,落实大学生求职补贴、援企稳岗补贴、“三支一扶”补助等。支持医疗保险制度改革。制定《蚌埠市城乡居民基本医疗保险实施办法》,整合城镇居民基本医疗保险和新农合制度,新版医疗保险信息系统顺利上线运行。

【财政重点改革】推进预算管理改革。清理重点支出与财政收支增幅或生产总值挂钩事项。加强预算执行动态监控,推进区级国库集中支付改革,保障财政资金规范运行。积极支持市本级预算联网监督。落实税收制度改革。环境保护税依法顺利开征,增值税税率调整平稳有序推进。深化国资国企改革。建立向市人大常委会报告国有资产管理情况制度。国有企业“三供一业”分离移交工作基本完成。

怀远县财政工作概述

【概况】2018年,全县财政收入完成31.89亿元,增长9.5%。分收入级次看,地方收入完成19.73亿元,占年初预算的103.3%,增长18.8%,中央收入完成11.6亿元,占年初预算的90.6%,下降2.7%。全县财政支出完成66.96亿元,同比增支3304万元,增长0.5%。县本级一般公共预算支出55.79亿元,比上年下降1.9%。八项重点支出52.16亿元,与上年持平(上年同期52.16亿元)。民生方面支出60.49亿元,占全县财政支出比重为90.3%。

【收支管理】健全机制搭平台。运用综合治税平台实现涉税信息共享,开展欠税清理、税收评查专项行动,查补入库税收1.58亿元。放管结合征非税。一手抓放管服,严格落实企业降费政策;一手抓非税征收,加强非税收入监督检查,全年非税收入完成6.93亿元,占财政总收入21.7%。提升保障能力。抓住政策机遇,积极争取上级支持,获得贫困县基本公共服务功能建设资金2.28亿元,地方政府债券资金7.78亿元,朱集煤矿分成资金3523万元,区划调整结算补助资金7000万元,有效提升县域财政保障能力。优化支出结构。压缩一般性支出,整合预算执行进度缓慢的项目资金,全力保障脱贫攻坚及32项民生工程顺利实施,及时兑现教师绩效补差、事业单位目标考核等支出2.27亿元。严格落实中央“八项规定”精神,坚持厉行节约,全县“三公”经费支出918万元,下降4%。

【服务经济发展】落实减税政策。全面落实“营改增”及中小企业减税政策,释放企业活力,全年为企业减免税费5.8亿元。支持园区发展。投入资金1.53亿元,推进经济开发区和淮西农业现代农业示范区建设。完善资金扶持。拨付产业扶持资金1.97亿元,支持传统产业优化升级,推动新型工业、生态农业和现代服务业发展。优化融资环境。筹措资金3.09亿元,增加县级融资平台公司注册资本,全力推动平台公司转型升级。发放创业担保贷款、小微企业贷款2910万元,拨付企业贷款贴息资金872万元,提供续贷过桥资金4.24亿元。撬动社会资本。积极采取PPP等市场化模式,引入社会资本31.09亿元,参与本县市政道路、园林绿化、垃圾整治、污水处理等重点项目建设。

【财政民生保障】支持教育事业均衡发展。全年教育支出12.05亿元,用于义务教育保障、校舍维修改造、寄宿生补助、困难学生资助、教育装备购置等。支持科技文化事业发展。全年投入资金350万元,用于文体设施建设、文体活动演出等,丰富群众文化生活。支持社保体系健康发展。在城乡居民基本养老保险、就业补贴、低保五保等方面投入资金4.97亿元,用于保障居民生活,缓解就业难题,逐步完善困难群体救助体系。支持深化医疗体制改革。全年投入资金8.71亿元,用于城乡居民医疗保险、基层医疗卫生体制改革等方面,切实解决“看病难题”。支持生态环境改善。投入资金4.9亿元,用于保障房建设、农村危房改造、老旧小区改造、美丽乡村建设、农村三大革命、秸秆综合利用等,改善城乡环境面貌,提升群众幸福指数。打好脱贫攻坚战。投入资金3.36亿元,推进产业扶贫、健康扶贫、光伏扶贫、资产收益扶贫、教育扶贫等十大工程,确保脱贫攻坚各项措施取得新成效,顺利完成贫困县“摘帽”任务。

【推进乡村振兴】支持现代农业产业发展。投入资金3.99亿元,用于耕地地力保护和粮食适度规模经营、政策性农业保险、水稻机插秧推广及农机购置补贴、“中国好粮油”品牌创建、农业示范区建设等,促进农业增效、农民增收。支持农业基础设施建设。

贯彻落实乡村振兴战略,投入资金3.93亿元,用于农村农田、水利、公路、“一事一议”奖补、高标准农田等基础设施建设,进一步改善农村生产生活条件。支持美丽乡村建设。投入资金7452.6万元,用于统筹推进美丽乡镇、美丽乡村建设。撬动社会资本2485万元,用于乡镇政府驻地建成区整治。支持村级组织运转。为实现标准化村级活动场所全覆盖,全年投入资金8232万元,用于落实村干部待遇、办公经费等村级组织运转保障,提升基层组织治理能力。支持农村综合改革。投入资金4548万元,深化农村综合改革、“一户一块田”改革、国有农场税费改革、国有林场改革,统筹城乡发展,推进公共服务均等化。

【财政管理】强化预算管理。精细预算编制管理,深入开展预算项目公开评审,对53家预算单位2018年度预算进行公开评审,节约资金6178万元。全年盘活财政存量资金1.79亿元,统筹解决财政刚性支出的资金缺口。强化支出管理。制定《关于进一步加强怀远县国库集中支付动态监控管理的通知》,新增动态监控目录6条。制定《怀远县扶贫资金管理办法》,明确扶贫资金筹集管理使用的具体要求。进一步推进国库集中支付电子化改革,集中支付资金及公务卡支付金额同比大幅增加,现金支付比例持续下降。强化监督检查。重点监管预算编制、预算执行、资金使用等环节,推动财政监督检查常态化。开展“小金库”防治、扶贫资金专项检查、预决算公开检查等十项财政监督检查工作,规范财经行为。严格执行国有资产监督管理法规,认真履行监督管理职责,积极开展资产清查,盘活用好国有资产。

固镇县财政工作概述

【概况】2018年,全县一般公共预算收入完成17.35亿元,增长3.6%。一般公共预算支出完成33.5亿元,下降9.9%。

【强化财政供给能力】面对再生资源税收政策调整、减税降费力度加大、增值税税率下调、重点行业去产能等不利因素,在财政收入预期管理上,坚持月调度、周分析、日报告制度,及时把握入库情况,协调解决征管难题;财税部门年初按行业和税收结构认真测算税收规模,不断加强与各乡镇和开发区的沟通磋商,对重点税源、重点企业跟踪调查,依法征收,最大限度保障财政收入及时入库。在支持园区发展方面,立足工业强县战略,统筹安排财政资金,支持县域经济发展,促进主导产业集聚,全年拨付蚌埠铜陵产业园8380万元、县经济开发区2.4亿元,用于园区内重大项目和基础设施建设。在落实减税政策方面,根据退还部分行业增值税留抵税额有关税收政策,对符合条件的5家企业,留抵税额6150万元,按比例退还企业1661万元。在服务企业转型方面,拨付产业扶持专项资金7542万元,促进实体经济发展,支持企业转型升级,有效发挥财政资金的撬动作用。注重人员经费支出。在保障全县重大项目、重点工程等资金支出的基础上,把保工资、保稳定作为促进发展的根本保障。2018年,全县工资性支出10.3亿元,全面落实教师收入不低于公务员平均水平的政策。

【持续增强群众福祉】按照“保基本、兜底线、促公平、可持续”的总体思路,立足抓早、抓细、抓实,全年共投入民生工程资金10.7亿元,其中县级配套资金2.96亿元,为全县31项民生工程顺利实施奠定财力基础。加强财政扶贫资金动态监控,实现财政扶贫资金运行过程可记录、风险可预警、责任可追溯、绩效可跟踪,促进阳光扶贫、廉洁扶贫。全年共拨付扶贫资金1.01亿元,超额完成脱贫任务。通过财政补贴“一卡通”发放各类惠农补贴14项,补贴金额2.8亿元。政策性农业保险午、秋两季投保180万亩,参保率100%;午季小麦受灾理赔860万元,秋季玉米受灾理赔3860万元,有效缓解受灾群众经济损失。按照省委省政府对县政府教育投入考核关于“确保财政一般公共预算教育支出逐年只增不减”的相关要求,全年教育总投入7.81亿元,增长10%。以落实各项社会保障为着力点,全年共拨付各类资金4.97亿元,其中:拨付城乡困难群众基本生活保障资金1.85亿元,城乡困难群众医疗救助资金1050万元,新农合资金3.01亿元。拨付公立医院综合改革资金1438万元。拨付基本公共卫生服务体系建设资金3128万元,为全县群众提供基本公共卫生服务。

【持续改善城乡生态环境】拨付农村环境整治经费5600万元,用于农村垃圾市场化运作和农村改厕建设;拨付专项资金2908万元,实现农作物秸秆综合利用;拨付高标准基本农田建设资金6860万元,支持耕地保护;拨付公路建设及养护资金1.17亿元,切实加强农村公共服务运行维护;拨付农村危房改造和安全饮水资金3335万元。全年拨付资金9145万元，其中县级财政安排资金4613万元，建设省级示范村4个，市级示范村7个，县级示范村7个。拨付资金2.09亿元，持续推进棚户区改造和保障性安居工程建设；安排资金1.97亿元，加大县城道路改造和小街背巷整治，绿化、亮化、美化成效显著，城市面貌不断改善。拨付濠城镇道路建设资金1000万元，建设独具特色的文化旅游之城；拨付新马桥镇基础设施建设资金1420万元，建设固镇城市副中心。

【充分发挥财政职能】防范和化解财政金融风险，守住不发生区域性、系统性风险底线，进一步规范融资行为，对新增政府性债务规模进行严格控制和审批。2018年，本县共取得债券资金12.48亿元，其中：定向债券10.41亿元、一般公开置换债券5939万元、专项公开置换债券1.21亿元、新增债券2613万元。截至年底，本县系统内债务总额为27.3亿元，其中新增债务2613万元，债务率、新增债务率、偿债率和逾期债务率4项指标均在省考核范围之内。认真贯彻落实有关政策要求，盘活财政存量资金，强化支出主体责任，提高资金使用效益，全年共清理各项财政沉淀资金2.3亿元。加强财务监管，规范财政支出，全县共办理公务卡5577张，结算2.73万笔，支出4500万元，剔除对公账户转账，支付率达90%以上。

五河县财政工作概述

【概况】2018年，全县完成财政收入14.85亿元，完成调整预算的100.3%，财政收入占GDP比重8.9%。全县一般公共预算支出完成37.34亿元，完成调整预算目标。

【收支管理】紧紧围绕年初确定目标任务，及时将收入任务数层层分解，落实到各部门、各乡镇，完善目标管理制，明确任务，落实责任，严格考核，奖罚兑现，提高各单位、各部门抓收入的积极性。定期召开联席会议，强化财税收入分析。加强财税工作的协调配合，定期召开国、地、财办公会议，搞好税源分析，加强收支预算执行分析和预测，狠抓收入入库工作，实现财政收入均衡入库。2018年度全县完成财政收入14.85亿元，其中，国税部门5.71亿元，地税部门4.96亿元，财政部门4.18亿元。强化预算管理，克服收入增速放缓、上级转移支付增量减少、刚性支出增加、政府偿债压力加大等困难，把保障工资和运转，保障基本民生，加快支出进度作为落实“稳增长、促改革、调结构、惠民生、防风险”的重要抓手，通过优化支出结构，压缩一般性支出，加大结余结转资金统筹使用力度等措施，以实现财政收支平衡的目标。本年度全县公共财政预算支出完成37.34亿元；财政民生支出完成32.91亿元，增长1.2%，占财政支出88.1%，保障民生工程、教育、医疗、卫生等各项重点项目支出。压缩一般公共预算支出和“三公经费”支出，全县“三公经费”支出总额为1515万元，同比减少47万元，下降3%。

【预算管理】稳步推进三年中期规划编制，积极推行开门办预算，通过主动上门、电话沟通和会议交流等多种形式加强与部门开展预算会商。建立跨年度预算平衡机制，提高预算编制的前瞻性和财政资金使用效益。强化预算绩效管理，按照“谁申请资金，谁设定绩效目标”的原则，对50万元以上的项目一律设立绩效目标。在编制年度预算时，要求部门在报送预算草案的同时一并上报预算支出绩效目标。年终县财政局对部门开展绩效评价的项目进行再评价，并形成绩效管理工作报告上报省财政厅。深入推进支出经济分类改革，部门预算按照政府和部门两套经济科目编制，从源头推进改革。

【财政改革】加大财政存量资金盘活统筹力度，健全结转结余资金定期清理机制，对转移支付资金连续结转两年以上的，县本级预算安排资金连续结转一年以上的一律清理收回。全年收回政府可统筹使用资金1704.7万元。对收回资金加强统筹使用，重点用于脱贫攻坚、民生工程和经济社会发展亟需领域，切实提高财政资金的使用效益。做好政府性债务管理工作，全面规范政府性债务管理，开展政府性债务监督检查，建立债务风险防范机制。积极争取省级债券支持，本年度共取得债券资金7.9亿元，其中置换债券7.6亿元、新增债券3072万元。本县政府性债务处于安全可控范围内。落实农业三项补贴改革，坚决执行中央关于三农政策，严格落实强农惠农补贴政策，制定《五河县2018年农业“三项补贴”改革实施方案》，以土地确权面积为发放基础，明确部门、乡镇职责，督促农业部门按时上报补贴发放数据，审核发放资金，全年累计发放农业“三项补贴”资金1.34亿元。强化扶贫资金使用监管。印发《关于2018年至2020年开展扶贫领域腐败和作风问题专项治理工作实施细则的通知》，制定“重精准、补短板、促攻坚”专项整改行动工作方案,开展3次扶贫项目和扶贫资金检查,并将检查结果及时通报扶贫小组各成员单位及乡镇,各乡镇制定了整改方案,存在的问题全部整改到位。做好2018年财政监督管理专项工作,根据市纪委《关于开展“小金库”治理工作专项监督检查的通知》文件要求,组织开展全县“小金库”治理专项监督检查工作,共涉及全县各乡镇、党政机关、事业单位和社会团体71个,其中乡镇14个,党政机关39个,事业单位13个,社会团体5个,自查面达100%。

【财政民生工程保障】本年度省级33项民生工程,本县有目标任务31项,投入资金17.73亿元,比上年增长0.65亿元,增长3.8%,民生工程惠及全县医疗卫生、文化教育、劳动就业、社会保障、农业生产、住房保障等多个领域,全部完成年度目标任务。加强资金保障,出台本县2018年民生工程资金筹措方案,积极落实民生工程各级养护资金4278万元。同时开通民生工程资金拨付“绿色通道”,保证资金及时拨付到位;对未到位的上级资金实行优先垫付,月末统计资金拨付情况及时调度。强化监督检查,继续落实好“月督查、月通报、月督办”制度,针对查出的问题,由分管县长召开调度会。累计开展摸底调研1次,实地督查12次,形成民生工程情况通报1件、督查通报3件,共涉及17家县直单位和14个乡镇,累计发现问题39个,及时下达督办整改通知书8件。强化协调配合,完善县、乡、村三级联动协调推进机制,加强与各部门沟通交流,每月对各项目的进展情况进行通报,确保各项工程按时、按质完成。

【服务经济发展】增加社会保障投入,本县全年社会保障支出9.77亿元,其中,城市低保补助3892人,农村低保补助1.93万人,财政共补助资金9103.54万元;新型农村合作医疗补助支出3.83亿元;公共卫生建设支出4495万元。落实惠民强农政策,全年发放财政补贴资金4.46亿元,共21个补贴批次,涉及26个补贴大类,56个补贴项目,惠及农户24.32万户次,确保各项惠民政策落到实处。投入财政奖补资金2210万元,累计实施一事一议财政奖补项目129个,支持农村道路和基础设施建设。投入财政资金3486.88万元,实施3个高标准农田示范工程项目,产业化贷款贴息项目8个。筹集美丽乡村建设专项资金6671.5万元,确保全县4个省级中心村和13个市县中心村建设工作顺利开展。贯彻科教兴国战略,全年共拨付义务教育公用经费5130.87万元,学前教育奖补资金1071.44万元,各类助学资金1506.25万元;安排资金6972.5万元用于义务教育薄弱学校校舍维修和新建、改建校舍及附属设施,购置必要的教育教学设备及图书等,改善本县教育办学条件,保障学生顺利完成学业,促进城乡义务教育均衡发展。持续加大扶贫资金投入,本年度各级财政安排资金1.14亿元,分别用于农村道路畅通工程、健康脱贫、技能脱贫、扶贫信贷和医疗保险保障补助以及小额扶贫贷款风险保证金等项目。其中,中央财政扶贫资金1236万元,省级财政资金1022.8万元,市级扶贫资金715万元,县财政专项资金2195万元,扶贫存量资金1950万元,债券资金1331万元,整合涉农资金1100万元。推进重大项目和重点工程建设,积极联系协调相关部门,特别是环保、交通、住建、国土、水利、农业等部门,大力推进农村道路畅通、保障房建设、千亿斤粮食田间工程、秸秆禁烧等重大项目和重点工程建设,加强监督,严格按照项目进度拨款。全年投入千亿斤粮食田间工程拨付1423.9万元;投入资金8833万元支持棚户区改造、保障性安居工程等项目建设;投入秸秆禁烧专项资金4044.9万元,拆网还湖项目资金5922.9万元,污水处理费1192.6万元,城市和农村生活垃圾处理费3208.4万元等,保护水资源,防治水、大气、固定废弃物污染,改善本县人居环境。

龙子湖区财政工作概述

【概况】2018年,全区实现财政收入12.69亿元,较上年同期11.4亿元增收1.29亿元,增长11.3%。实现财政支出约8.8亿元,较上年同期8.3亿元增支5055万元,增长6.1%。

【财政收入管理】落实征管责任,坚持按季逐月分解征收责任,以旬保月、以月保季、以季保年。积极拓宽收入来源,在巩固存量财源、壮大增量财源的同时,加强替代性财源的调查摸底和挖掘转化,保障财政收入稳步增长。开展税源调查,特别是对重点税源企业、重点项目和重点行业重点监控,做好收入分析预测。强化部门协调,与乡街、税务、经信和商务等部门共同搭建财税信息共享平台,形成征收合力,动态掌握重点税源企业、重点项目企业的生产经营情况、项目投资进度,一手抓企业扶持,一手抓税收征管,形成“水涨船高”良性循环。进一步规范政府非税收入“收支两条线”管理,在坚决禁止虚收空转的同时,加强源头控收,确保非税收入依法及时、足额入库。

【财政支出管理】优化支出结构,集中财力保障重点项目。重点支持教体、养老保险改革、文明创建、环境卫生整治等事业发展。全年拨付重点项目资金3.3亿元,占财政支出比重42%,教育支出、社会保障和就业支出增幅达到28.8%和56.7%。健全预算执行监控制度。定期梳理分析未下达的专项资金,盘活财政存量资金,整合预算支出指标,对当年确定不能执行的项目,按程序即时调整,资金调剂用于当年急需的项目和其他有条件实施的项目,尽快形成实际支出。全年面对预算支出复杂多变的情况,实现预算收支平衡,突显财政保障能力。

【财政预算管理】预算编制精细精准。从预算编制源头上强化精细管理,一般公共预算和部门预算全部按支出功能分类编列到项级,基本支出按经济分类编列到款级,省提前下达的专项转移支付全面列入预算,定额标准实用性、针对性增强,重大项目支出预算经过多重审核,准确性、科学性进一步增强,提高预算执行效率和质量。继续清理压缩结转结余资金,盘活存量资金6301万元,配合人大启动区本级预算联网监督,本年度财政和部门预决算公开全面完成。

【财政体制改革】国库改革率先完成。龙子湖区国库集中支付电子化平台于2018年5月24日在市辖六区中率先通过验收,正式上线。97家预算单位全部铺设财政专网,政府支付业务由原来的人工跑单、手工签章改为网络传输、电子签章,资金支付的时限单位由“天”变为“分钟”,“大红章”改为“电子锁”,国库资金支付更加安全,支付效率彻底提升。全面完成全区行政事业单位内控制度建设,财务管理培训和财政监督检查常态化开展。通过政府采购平台、资产管理平台、资金会审机制和财政一体化平台实现电子化留痕。

【财政民生保障】本年重点加大对教育、卫生和社保等方面保障力度,全区民生支出占财政支出比重达到88.5%,较上年提高0.1个百分点。加大教育基础设施建设投入,总投资约9800万元的行知小学、行知中学新校区全面启用;新建滨河花园幼儿园1所,累计投资1000万元,淮滨路小学、二钢小学、红塔小学等学校新项目建设顺利启动,维修改造农村中小学校舍13个,改造面积7710平方米。投入各项义保经费1041.5万元,为1.43万名中小学生免除学杂费和公用经费,免费提供国家课程教科书。本年教育支出同比增长14.5%。扎实有序推进公立医院改革,提高基层医疗卫生服务机构的服务能力和基本公共卫生服务均等化。本年度医疗卫生支出同比增长20.9%。全区4.26万人参加城镇居民基本医疗保险,保费补助2090万元。参合人数2.52万人,保费补助1688万元。城乡居民养老保险参续保0.81万人,完成116.1%。低收入养老服务补贴723人,计57.8万元;发放80岁以上高龄老人津贴6578人,计197.34万元;推进城市居家养老服务“三级中心”建设,完成龙子湖区养老中心、东升公共服务养老中心建设及6个社区养老服务站的建设工作。本年度社会保障支出同比增长58.5%。

【服务经济发展】强化防范非法集资宣传力度,举办金融知识培训会和防范非法集资主题讲座8场、开展室外宣传15次,借助官方微博、政府信息公开网、移动客户端发布处非知识、非法集资风险提示。坚决有序化解非法集资案件存量风险,稳步推进陈案办理进度,遏制增量风险。本年度审结陈案4起。积极开展涉嫌非法集资风险专项排查和非法集资广告资讯信息排查清理活动,实时监控爱福家、老妈乐、金瑞龙等风险企业经营动态,防控违规经营风险。着力帮助企业解决融资需求,先后举办2场银企对接会,会后2家企业进入业务办理流程、5家企业与银行达成合作意向,融资金额5000万元。

蚌山区财政工作概述

【概况】2018年,本区公共财政预算收入13.55亿元,同比增长9.6%,增加1.19亿元,增幅全市第二。其中:地方公共财政预算收入9.15亿元,同比增长6.6%,增加5682万元;上划中央公共财政预算收入4.23亿元,增长16%,增加5829万元;出口退税1723万元,完成年预算的114.9%,同比增长25.9%,增加354万元。全区公共财政预算支出11.23亿元,同比增长2.9%,增加3180万元。全区政府性基金预算收入1920.57万元。其中:国有土地收益基金收入165.92万元,农业土地开发资金收入81.99万元,土地出让价款收入1672.66万元。全年基金支出

1.28亿元。其中:国有土地使用权出让相关支出1920.57万元,专项转移支付基金支出650.26万元,新增专项债券支出1.02亿元。全年财政民生支出9.37亿元,占财政总支出的83.5%,惠及全区约16万人口。

【财源建设】优化营商环境,新增税源稳定增长。新增纳税企业超过2000户,其中50万元以上纳税企业新增30户,新增税收3792万元。切实落实减税降费政策,全年减免税收约1.43亿元。营商环境持续改善,税源活力明显增强,增收后劲动力十足。商贸城区重点税源数量增加明显。税收50万元以上的重点商贸企业35家,比上年同期净增23家,税收总额1.2亿元,比上年同期前35家商贸企业税收9448万元增长26.6%,增加2509万元。特色园区税收亮眼,新型税源展现活力。大健康产业园发展势头强劲,税收入库不断攀高。加强税收清欠力度,逐步消化历史欠账。清缴税款1400万元。加强综合治税力度,挖掘新增税源潜力。健全纳税评估体系,强化数据信息对比分析,做到应收尽收,净增税收3132万元。

【支出管理】优化支出结构,压减一般性支出,重点支出得到较好保障。保障基本支出、民生支出需要。保障人员支出、人员公用经费和民生工程支出需要。年度职工医疗保险、住房公积金等财政配套资金、13个月工资及增资和养老金等均全部按时、足额保障到位。政府考核项目保障有力。一般公共服务支出、公共安全支出、教育支出、科学技术支出、社会保障和就业支出、医疗卫生与计划生育支出、节能环保支出、城乡社区支出等八项GDP增幅考核指标支出保障有力。保障"三农"支出需要,城乡社会事业协调发展。农业生产资料补贴、政策性农业保险补贴、残疾人补助、农村低保、农村五保户供养、"老字号"人员补贴、村干部补助等惠农资金按年初预算全部保障到位,城乡社会事业协调发展。

【财政改革】加快国库集中支付制度改革,建设现代财政支付制度。全面推行国库管理制度改革和财政"一体化"平台建设,完善国库集中支付制度、财政支付动态监控、公务卡改革等财政监督机制,提高财政管理透明度。盘活财政存量资金,充分发挥资金效益。本年度消化财政存量资金3636万元。其中,区直部门结余结转资金1750万元,财政专户历年沉淀资金348万元,区预算稳定调节基金1538万元。严格公务支出管理,严格执行各项财经纪律。深入贯彻落实中央"八项规定"精神,严格执行区委"二十条"规定,严控行政运行成本,压缩一般性支出5%以上,三公经费逐年下降。加大预算公开管理力度,推进透明预算建设。经区人大批准的政府预算报告、预算报表和相关说明、部门预算及"三公"经费预算等均已在政府信息公开网或部门门户网站上全面、及时公开,接受社会监督。

【信息公开】加强政府信息公开平台信息的更新和维护,实现财政预决算、专项资金使用情况及三公经费信息公开,对财政收支行为、财政政策、财政调整事项、财政收支预判及其他公众关切事项及时向社会发布,主动接受公众监督。

【财政民生保障】按照市政府2018年民生工程目标任务书要求,认真测算民生工程配套资金,建立民生工程资金保障制度,加强与各民生工程实施部门的协调配合,实行民生工程督查制度,民生工程全面推进。本年度,按要求蚌山区承担33项民生工程中的21项,区级配套资金6020万元全部保障到位,民生工程全面完成。全年财政民生支出9.37亿元,占财政总支出的83.5%,惠及全区约16万人口。

【"小金库"专项整治】根据上级工作部署,要求区直各部门、各单位根据"小金库"检查方案要求认真开展自查自纠,自查面达到100%,并签订《"小金库"清理检查情况承诺书》,并在蚌山区政府网站和财政局信息公开网上向社会公开发布本级"小金库"专项整治工作举报电话、邮政信箱和电子信箱,及时受理社会各界和群众举报。要求各部门、各单位对群众反映和举报的有关线索,必须做到件件有交代、事事有落实。对违规收费、罚款及摊派设立"小金库"等违法违规设立的"小金库"情况进行全面检查,不设盲区、不留死角。区财政局协同区纪检、组织及审计等部门成立联合检查组,对群众举报的线索和"小金库"问题频发、易发的单位进行重点检查。查实的"小金库"资金一律收缴财政,发放给个人的一律予以追缴。

【政府债务】本年度置换存量债务1.29亿元,实现到期债券再融资3801万元,新增棚改专项债券1.02亿元。2018年底,蚌山区政府性债务余额为4.59亿元,其中:一般债券3.52亿元,专项债券1.07亿元,缓解偿债压力,降低政府融资成本,重点项目支出得到保障。

【防范金融风险】认真落实《蚌山区打击和处置非法集资工作实施方案》,完善金融防风险机制,成立区防范和化解金融风险领导小组,每周召开联席会,联合区公检法等多部门会商案件,稳步推进,逐案化解,确保不发生系统性、区域性金融风险。严格防控非法集资等违规金融活动。组织非法集资风险专项排查及非法集资宣传月活动,对辖区内的各类机构进行全面排查,不留死角,坚决做到发现一起,打击一起。加强互联网金融风险专项整治。加强对互联网金融企业的监管,净化互联网金融发展环境,保证互联网金融健康稳健发展。认真开展非法集资陈案化解工作。

【互联网+政务】蚌山区财政局积极推进“互联网+”政务工作事项,共实现13项工作网上办理,实现网上办理事项零的突破,并承诺为民服务事项最多跑一趟,优化营商环境,方便群众办事。

禹会区财政工作概述

【概况】2018年,全区完成财政总收入18.73亿元,同比增长5.6%。其中:地方收入12.6亿元,同比增长2.6%。全年财政总支出完成13.45亿元,同比增长1.7%。民生支出11.63亿元,财政民生支出占财政支出比重为86.5%。

【财政收入管理】加强横向对比调度、重点区域调度、重点行业和企业调度,帮助企业解决生产过程中遇到的困难和问题,全力支持规模企业生产,提高企业的管理水平,做大做强规模企业,促进产业升级,提高税收质量。积极完善财政收入月分析调度机制,依法加强税收征管,压实责任,规范非税收入管理,平稳有序组织收入。

【财政支出管理】重点支出方面,落实教育经费投入保障机制,投入义务教育经费、教育“均衡发展、教育展翅”工程等项目6537万元,用于学校标准化建设、品牌学校打造以及农村薄弱学校建设等,改善中小学办学条件。加强政法部门建设,投入公共安全资金1477万元,用于改善办案条件。推进文化事业建设,投入经费247万元,用于非物质文化遗产保护、文化场所建设和居民健身活动,丰富辖区群众文化娱乐生活。投入科技创新资金276万元,用于创新专利人奖励等。支持环卫事业发展,投入环卫经费4031万元,支持环卫改制和更新环卫设备,提升环卫覆盖能力;投入老旧小区改造、农村公路畅通工程、文明创建经费7169万元,用于改善城乡环境。

【深化财政改革】深入推进财税体制改革,加大重要领域和关键环节的财政改革创新力度,开创新常态下财税工作新局面。财政预算更加透明;招标采购更加规范;资金运行更加高效。继续厉行节约,严控各项支出,大力压缩“三公经费”,集中财力保运转、办民生实事、解发展难题。定期开展财政监督检查,强化专项资金监管,完善财政监督职能,规范监督程序和手段,努力构建完备的财政监管体系。

【民生工程实施】始终把保障和改善民生作为工作的出发点和落脚点,在教育均衡、社会事业发展、困难群体救助、提高基本公共服务供给方面不断加大投入。通过健全民生资金筹集、民生督查、信息公开、建后管养等制度,推进民生工程实施。全年财政投入民生工程资金2.05亿元,其中区级配套5344万元,24项民生工程圆满完成年度目标任务。

【服务经济发展】加快推进退市进园步伐,拨付中粮生化、丰原集团、天润化工等企业各项补贴及搬迁资金9亿元。改进工作作风、服务实体经济,全年共计帮助18家企业申报制造强省专项资金3160万元,解决企业融资2.5亿元,切实减轻企业负担,促进实体经济发展。

【风险防控管理】围绕风险防控要求,进一步防范化解政府隐性债务风险。严格按照财政部要求,通过发行地方政府债券合法合规融资。加强财政收入组织,全面掌握资产情况和待上市土地情况,提高应对风险能力。科学管控支出,有针对性地研究制订偿债计划和风险化解措施,按时履行偿债义务。多措并举,逐步化解存量隐性债务,严控政府新增债务,遏制隐形债务增量。

淮上区财政工作概述

【概况】2018年,全区财政总收入15.35亿元,完成年预算的95.3%,较上年实绩增长7.7%,增收1.1亿元。其中:地方财政收入10.33亿元,完成年初预算的93%,较上年同期增长3.3%,增收3335万元;中央收入4.41亿元,完成年初预算的92.1%,较上年同期增长8.7%,增收3537万元;出口货物退增值税6003万元,完成年初预算的300.2%,较上年同期增加219%,增收4121万元。财政总支出14.75亿元,完成年初预算的173.5%,较上年实绩下降4%,减支6110万元。

【财政收入管理】及时分解任务,明确责任。围绕财税收入目标,细化征管措施,完善奖惩激励机制,提高组织收入的积极性。健全财税收入调度例会制度。加强财税工作的协调配合,提高收入分析预测的准确性。加大对重点项目、重点工程的税收征管力度和对规模企业的纳税情况掌控力度,掌握重点税源变动情况,做到应收尽收。加大非税收入征缴,规范收入管理,提高非税收入入库的均衡性。

【财政支出管理】在预算支出执行过程中坚持合理调度资金,分轻重缓急安排各项支出,体现预算执行的程序性、严肃性和科学性。严格贯彻省市文件要求,压缩一般性支出。在预算支出安排中,按月足额发放在职人员工资、离退休人员离退休费,教育、社保、医疗卫生等民生支出,上级下达的各项专项转移支付补助及时拨付,支持经济社会和各项事业的发展。本年度全区所属党政机关、参公单位和事业单位"三公"经费预算638.5万元,实际执行335万元,较上年同期上升29.9%,增支77.2万元。

【民生工程实施】本区全年共实施6大类23项民生工程,总投资2.36亿元(不含棚户区改造),其中上级配套资金1.83亿元,地方配套资金5305.27万元。各项民生工程年度目标任务全面完成。

【财政体制改革】加强预算执行管理。制定科学合理动态管理的预算支出定额标准和资产配置标准,充分发挥支出标准在预算编制和管理中的基础支撑作用。及时公开2018年政府、部门和"三公"经费预算,公开机关运行经费和政府采购信息。推动国库集中支付电子化改革。全区143家预算单位全部上线运行,全年共支付资金2.86万笔,直接支付金额22.77亿元。积极盘活存量资金,采取"收、调、减、控"四项措施,提高资金使用效益。全区盘活存量资金7715.6万元,统筹安排用于城乡社区支出。

【实施乡村振兴战略】支持农业产业发展,全区共计发放补贴3168.5万元。实施农业综合开发,新修农田水利,实施沫河口镇高标准农田建设项目,投入金额679万元,改善农业生产条件。支持美好乡村建设,实施农村"三大革命",改造农村卫生厕所2800个,投入资金420万元。启动农村偏远中小学校旱厕改造工作,改造19所,投入资金677万元。

【规范政府性债务管理,优化债务结构】强化政府债务限额管理,继续做好存量政府债务以及置换债券偿还工作,杜绝违法违规担保承诺行为,依法通过限额内发行地方政府债券方式进行地方政府举债。本年到期政府置换债券利息721.31万元全额纳入预算。加强债务动态监控和风险预警,确保不发生债务违约。发挥平台公司企业融资职能,规范购买服务、多渠道筹集项目建设和偿债资金。

(钟敏)

蚌埠高新技术产业开发区财政工作概述

【概况】2018年,本区实现财政总收入24.45亿元,总量位列全市第二,同比增长4.2%,其中地方财政收入15.67亿元,同比增长5.6%。全区一般公共预算支出为15.43亿元,同比增长9.2%,其中八项支出增幅位列全市第一,年末结余,当年财政实现收支平衡。

【财政收入管理】利用开发区与税务局建立的信息相互沟通、数据相互交流、情况相互通报的工作机制,统计分析重点企业税收增减变化情况,加大部门间的协调联动能力,积极协调税务部门深入纳税大户,掌握企业生产经营和税源情况,有针对性地采取措施,加大税收征管力度,建立长效税收征管机制,确保各项收入及时足额入库。规范非税收入的管理,强化非税收入专户管理,规范票据使用,推动非税收入工作规范化。加强收入计划性。进一步强化财政收入预测机制,做到早计划、早安排、早落实。

【财政重点改革】根据省财政厅、市政府有关要求,全面实施国库集中支付制度改革,目前纳入区财政支付中心进行核算的单位(部门)共64家(包括秦集和天河),全部按照要求纳入大平台管理,并于5月正式实施国库集中支付电子化改革,打通财政与代理银行、代理银行与人行国库和人行与财政局的资金支付链条,加强支付过程的安全监控,提高平台的支付效率。全年国库集中支付累计发生9853笔,累计金额15.25亿元,并实现资金支付实时动态监控,保障国库库款有序管理,提升财政管理水平。

【民生工程实施】本年度高新区共承担19项民生工程,在保障各项资金足额拨付到位的同时,各责任部门牵头实施的民生项目进展顺利。高新区成立了由管委会副主任担任组长、相关对口部门为成员的民生工作领导小组，本局负责每月进度统计并上报；定期召开会议，合理安排部署。通过召开民生工程联络员会议、信息平台使用培训会议、市民生办督查会议等方式，集体讨论工作中存在的问题及解决措施，确保工作按进度完成；制定民生工程目标任务分解表，对本年19项民生工程的分管领导、责任人、联络员以及完成时限明确职责并对照目标抓落实；在实施民生工程所需资金的拨付和管理上，进一步严格要求，确保资金落实到位。

【支持企业发展】积极兑现企业优惠政策，在预算中足额安排各项企业固定资产投资补贴、税收奖励、新三板挂牌资助、工业企业贴息、外贸促进奖励、专利资助等区级奖励资金。支持非银行金融组织为企业提供资金需求。通过高新担保为企业提供融资担保服务。全年高新担保共为74家企业提供融资担保6.72亿元，缓解中小企业资金困难。丰富金融手段，助力企业不断发展壮大。重点培育新三板储备企业，如安徽人防、拓力工程、行星机械等，加强与券商的沟通协作，精准服务，加快推进挂牌进度。加快转板工作力度，对已经挂牌的企业，如昊方机电、高华电子等企业，通过定期走访、与券商等金融机构联合召开上市对接会等多种方式，加快挂牌企业的转板工作。按照超前谋划，重点培育的方针，筛选区内中科电力、凤凰滤清器、双环电子、环球药业、依爱消防等九家企业作为上市后备企业，力争用三到五年时间实现主板上市量的突破，高新区为此专门成立了上市精准帮扶领导小组。对挂牌企业注重实际融资效果的提升，协助区内企业火鹤制药与南京毅达资本进行合作，以债转股的形式定向增发2500万元，高新投资集团计划对高华电子、配天机器人、双环电子进行股权投资共计1亿元。

【筹集资金】本区在强化收入征收力度的同时，做好对土地出让金的跟踪，确保土地出让收入及时足额入账，积极拓宽融资渠道，协助高投集团完成筹融资工作。充分运用现有资金，盘活存量资产，多渠道筹集金融、市场、社会各种资金，解决建设资金不足问题。

【强化财政监督】继续强化国有资产管理。按照市财政局统一要求，对管委会及所属行政事业单位2017年新增固定资产进行网络平台登记，并进行审核确认。为配合区内国库集中支付改革，对各单位往年固定资产进行梳理。杜绝国有资产流失，最大限度地使用闲置资产，确保开发区国有资产的科学配置、高效使用和优化处置。规范政府采购公正透明。按照市政府产权交易中心要求，凡在市政府公共资源网能采购商品，区财政要求区内行政事业单位必须上网采购，并为每个单位和部门申请网上采购账户，全年相关部门网上采购108次。网上商城采购不到，又达不到公开招标的，区财政局和管委会相关审计、监察室及其他部门共同询价采购。做到采购过程行为规范、公正透明、廉洁高效。继续开展开发区财政管理内部控制体系建设工作，以业务流程为主线，突出节点控制，防范各种风险，确保人员和资金双安全 。

蚌埠经济开发区财政工作概述

【概况】2018年，预计实现财政收入19.27亿元，完成年预算的100%，同比增收1.59亿元，增长9%。其中地方收入实现11.38亿元，完成年预算的100%，同比增收9399万元，增长9%。一般公共预算支出13.79亿元，完成年预算的123.2%，同比增加7630万元，增长5.9%。其中民生支出12.41亿元，同比增加1.17亿元，增长10.4%，高于同期公共财政预算支出增幅。

【收支管理】督促区个税征管中心协助区税务部门加强纳税异常户、外来施工企业的征管，确保税款依法足额征收入库。定期召开税收工作联系会，健全涉税信息共享机制，通过对重点纳税企业、重点行业税收缴纳情况跟踪监管，摸清税源分布、了解税源变化、掌握税源动态，查找问题，分析原因，科学安排税收收入入库进度，同时加强非税收入调度。确保财政收入平稳增长。按照“保稳定、保民生、保增长”的总体要求，及时调度财政资金，加快预算执行进度，落实支出主体责任，推进项目加快实施，提高预算资金使用效率。加大对重点项目、重点产业的投入力度。全年累计筹集各项资金19.92亿元，其中争取上级各类专项资金2.78亿元。全年共拨付各类资金20.17亿元，其中重点保障基础设施建设8.23亿元，征迁补偿资金4.87亿元，各征迁项目拆迁还原过渡费1.59亿元，土地报批1.45亿元，偿还国开行贷款本息1.09亿元。

【债务化解】成立蚌埠经济开发区防范化解重大风险和政府隐性债务风险工作领导小组并制定出台

《蚌埠经济开发区政府性债务管理办法》《蚌埠经济开发区政府性债务风险应急处置预案》,加强区内政府性债务规范管理,落实约束机制,确保债务负担适度。按照《关于组织开展地方政府隐性债务统计监测工作的通知》的要求,对本区地方政府隐性债务进行全面梳理统计录入,并结合本区实际情况对现有隐性债务制定详细的化债方案上报市委、市政府。积极配合区住建部门,申请获批政府项目收益与融资自求平衡专项债2.04亿元,第二批自求平衡专项债正在申报中。

【财政民生保障】2018年,13项民生工程已提前完成年度目标,包括贫困残疾人康复、技工大省技能培训工程、就业扶持工程、智慧医疗与家庭医生签约服务、城乡居民基本医疗保险、学前教育促进工程、义务教育经费保障机制、公共文化馆开放、政策性农业保险、农产品食品安全工程、棚户区改造、城市老旧小区改造、电商振兴乡村提升工程。另两项民生工程部分项目完成目标,困难人员救助工程中特困人员供养及机构运行维护、孤儿基本生活保障,计划生育家庭特别扶助完成目标任务。本年度实施民生工程19个,全年各级应投入资金7119.89万元,同比增长154.28%,实际到位7119.89万元。目前累计拨付资金3840.63万元,占到位资金的54%。

【财政改革】做好预算单位直接支付的审核工作,保证财政资金安全支付。截至2018年9月,办理财政直接支付1.43万笔共计14.04亿元,其中公务卡支付1910笔,金额427万元。稳步推进支付清算电子化改革。根据省财政厅、市财政局的统一部署和要求,学习先进地区经验,制定细化方案,对支付系统升级改造,初步实现财政、代理银行和人民银行之间清算的无纸化。严格执行财经纪律,按照行政、事业单位会计制度,严格执行部门预算,完善财务审核稽核制度。抓好财务报销环节,规范支付报账程序,严格审核报销凭证,对不符合规定的单据,坚决不予报账。严控一般性行政开支进一步取得实效。按管委会关于厉行节约的要求,严控一般性行政开支,特别是加强对公务接待费、公务车购置及运行维护费、因公出国(境)费等"三公"经费的控制,并及时提供全区各单位部门预算执行情况及"三公"经费数据。按照管委会简政放权、财权与事权相匹配、建立起权责相宜体制机制的总体工作要求,区财政局根据《预算法》《蚌埠市人民政府关于印发推进市以下财政事权和支出责任划分改革实施方案的通知》等文件精神,按照财随事走的原则下放街道、社区中心、长淮卫镇等单位财务核算权等方式,主动调整国库集中支付系统改进服务模式,并通过制定《关于进一步规范财政资金审批管理的通知》等规章制度建立规范高效符合本区实际的财政管理体制。

【其他工作】加大防范和处置非法集资力度,增加集中宣传次数,扩大排查范围。本年度参与防范非法集资宣传群众人数和排查辖区相关企业数量方面均比上年有大幅度提高。2018年本区仅发生非法集资案件一起,比上年减少案件一起,原有八起陈案中的五起启动结案程序,陈案数量预计降为三起。落实上级部门要求,配合相关部门做好补贴发放。全年共发放349.48万元农业支持保护补贴,补贴面积约3.9万亩,惠及8839户农户。兑现区级财政承担蚌埠融资担保集团有限公司本年度申请的政银担"4321"风险补偿资金61.39万元,支持融资担保发展。落实审核水库移民资格,及时向本区95位移民人口发放2018年大中型水库移民后期扶持直补资金共5.7万元。全年完成政府投资建设招标项目共计53个,项目总预算金额为31.22亿元,总中标金额为25.01亿元,跟预算相比下浮19.9%。

(杨辰宁)

阜阳市财政工作综述

阜阳市财政工作概述

【概况】2018年以来，全市各级财政部门在市委、市政府的坚强领导下，认真贯彻落实习近平新时代中国特色社会主义思想和党的十九大精神，进一步增强推动高质量发展的政治自觉，在引领经济发展新常态、加强财政政策调控、保障财政刚性支出、推进财政改革管理等方面迈出坚实步伐，有力促进全市经济社会高质量发展。

【收支管理】面对收入基数持续提升，减税政策不断增多等因素，全市各级财政部门密切跟踪经济走势，科学研判收入预期，切实加强财源建设，不断创新工作举措，财政运行延续稳中向好、稳中提质的发展态势，财政主要指标继续保持争先进位态势，实现财政收入高质量、可持续稳步增长。2018年，全市财政收入完成324.8亿元，增长17.2%。收入总量居全省第三位，收入增幅居全省第二位。同时，不断优化支出结构，坚持厉行节约，严控“三公”经费等一般性支出，在保工资、保运转和保基本民生的基础上，集中财力保障民生、脱贫攻坚、污染防治等重点支出需求。2018年，全市一般公共预算支出573.9亿元，增长11.3%，财政支出总量居全省第三位、增幅居全省第二位。

【预算管理】在完善基本支出定额标准体系的基础上，初步建立涵盖行政管理、车辆购置、会展等方面的项目支出定额标准体系，有力提升部门预算编制的科学化、精细化水平。在2019年的项目预算编制中，重点从项目总体目标及阶段性目标、项目实施计划与路径、项目预期绩效三个方面加强预算绩效目标管理，市直249家预算单位1496个预算项目涉及资金19.6亿元，全部编制预算绩效目标。积极开展预算公开评审，深入推进预算信息公开，首次在市政府网站设立财政预决算公开专栏，市直90家一级预算单位预算公开实现“四统一”。强化预算执行硬约束，坚持先有预算后有支出。积极盘活财政存量资金，对年度内无法执行、执行缓慢或偏离绩效目标的预算项目，予以盘活收回或调整用于其他亟需项目。2018年市直共盘活财政存量资金12.9亿元，统筹用于脱贫攻坚、民生工程等重点支出。

【财政改革】持续深化国库集中支付管理改革，县区国库支付电子化管理实现全覆盖，财政资金支付效率明显提高。加强行政事业单位国有资产管理，完善市本级行政事业单位资产管理信息系统数据库，建立以资产审查为前提的政府采购制度和市级政府公物仓制度。强化财政监督管理，将财政监督嵌入到预算管理、绩效评价、资产管理及国库集中支付等业务流程，确保各项财政政策有效落实、财政资金安全使用。严格政府债务收支管理，规范政府依法合规举债融资行为。落实政府债务限额管理，制定债务化解方案，切实防范债务风险。健全国有资本经营预算制度体系，国有资本经营预算实现全覆盖。首次向市人大常委会报告国有资产管理情况。在全省率先建立人大预算横向联网监督机制,实现人大对预算全过程动态监督。

【财政保障民生】积极践行为民理财理念,持续加大民生投入,全年民生类支出495亿元,增长11.8%。33项民生工程全面完成,建成农村道路畅通工程2200公里,完工里程位居全省第二;在全省率先实现农村饮水安全工程全覆盖,群众生产生活条件持续改善。坚持把脱贫攻坚作为第一民生工程,统筹44.8亿元保障脱贫攻坚年度任务全面完成。安排7.7亿元开展资产收益扶贫,贫困村集体经济增收3192万元,带动14.2万贫困人口增收1.4亿元;沿淮行蓄洪区移民迁建顺利实施;建档立卡贫困户家庭学生资助实现全覆盖;"351""180"健康扶贫政策全面兑现;农村危房改造任务全部完成。统筹106.9亿元支持教育优先发展,资金投入较上年增长10.4%。阜阳优质教育资源进一步扩大,城乡义务教育一体化全面推进。安排5亿元支持科技事业发展,全市省级以上研发平台达131家,专利申请量首次突破1万件。统筹85.8亿元支持社会保障体系建设,资金投入较上年增长12.1%。孤儿基本生活保障每人每月增加300元;困难残疾人生活补贴、重度残疾人护理补贴实现全覆盖。发放2.6亿元就业补助资金,重点群体就业创业得到有力保障。统筹76.2亿元支持医疗卫生和计划生育事业,资金投入较上年增长9.9%;争取3350万美元世行贷款支持"健康阜阳"建设,医疗资源建设三年发展计划圆满完成,累计新增床位1.8万张,有效缓解群众看病难题。持续支持国防和"平安阜阳"建设,人民群众安全感进一步提升。

【服务经济发展】认真落实国家各项政策。牢记发展第一要务,聚焦落实《阜阳市五大发展行动计划实施方案》、促进经济高质量发展"1+7"扶持政策和促进民营经济发展"40条"措施,支持实体经济保持较快增长。严格执行减税降费各项措施,全年为企业减负72.2亿元。认真落实阶段性降低社会保险费率政策,为参保单位减负1.6亿元。规范有序推广政府和社会资本合作模式,全市有58个PPP项目纳入财政部项目库,总投资643.3亿元,项目数、投资额均居全省第一。健全政策性融资担保体系,市本级安排5亿元充实担保资本金,市融资担保中心累计为2万户中小微企业提供192亿元担保贷款,有效缓解中小企业融资难题。安排过桥资金1.8亿元,为478家企业提供周转贷款28.7亿元,资金周转率16.3%。推动"五大专项行动"提质增效。统筹运用债券、奖补、专项资金等,支持创建全国文明城市,助力大美阜阳建设。市本级统筹79.2亿元支持开展拆违拆旧专项行动。安排13亿元推进农村环境"三大革命",完成农村改厕26万户,清理农村垃圾115.5万吨,开工建设乡镇污水处理厂80座。安排17.4亿元支持绿化提升专项行动,完成造林13.3万亩。双清湾公园、中清河游园建成开放,颍河综合治理景观工程等项目加快推进,绿色成为颍淮大地的主色调。市本级安排8亿元产业奖补资金支持实体经济发展,对2223个项目兑现奖补资金5.5亿元;安排9.7亿元保障市属32家国有企业改革顺利推进;安排2000万元支持招商引资,直接利用外资增长87.9%,增幅全省第一。促进乡村振兴战略顺利实施。多渠道统筹400多亿元支持城市建设三年行动计划深入实施,大美阜城日新月异,城市空间快速拓展。统筹70亿元新建改扩建国省干线公路近400公里;市本级安排7.5亿元支持商合杭高铁、郑阜高铁建设;安排4400万元支持汾泉河航道建设;安排2.3亿元支持民航事业发展,开通航线16条,阜阳在皖北的综合交通枢纽地位进一步提升。坚持把乡村振兴战略作为"三农"工作的主抓手,统筹87亿元支持"三农"发展,规模以上农产品加工业产值全省第一;集体资产股份合作制改革和农村资源变资产、资金变股金、农民变股东"三变"改革初见成效,家庭农场和农民专业合作社数量全省第一;安排2.1亿元支持消除村集体经济"空壳村"集中攻坚行动,317个村实现"脱壳"目标;9万亩高标准农田加快建设,项目进度全省第一;296个一事一议财政奖补项目有序推进,133个美丽乡村示范村建设进展顺利,农村人居环境发生显著变化。

(孙立宏)

太和县财政工作概述

【概况】2018年,面对严峻复杂的财政经济形势,坚持以习近平新时代中国特色社会主义思想为指导,太和县财政工作在县委、县政府正确决策部署下,牢牢把握稳中求进总基调,积极践行新发展理念,坚持推进高质量发展,统筹推进稳增长、促改革、调结构、惠民生、防风险工作,财政运行呈现稳中有进、好于预期的态势，各项工作取得新成绩，为经济持续健康发展和社会和谐稳定提供坚强财政保障。

【财政收入管理】全县财政总收入完成45.21亿元，完成年初预算的100.8%，较上年同期增长12.4%(下同)。其中：地方收入完成27.75亿元，增长17.5%；上划中央收入14.98亿元，增长5.3%；出口货物退增值税2.48亿元，增长141.8%。财政总收入中，税收收入完成36.54亿元，占比80.8%，非税收入完成8.67亿元，占比19.2%。

【财政支出管理】全县公共财政预算支出共计82.96亿元，增长2.8%。其中县本级一般预算支出完成71.09亿元。

【财政体制改革】做好财政信息公开，全县71个县级预算单位和31个乡镇公开2018年度部门预算和“三公”经费预算。强化财政监管职能，全面开展预决算公开、违反财经纪律、“小金库”治理及扶贫领域贪污挪用截留检查工作。盘活财政存量资金1.02亿元，进一步提升资金使用效益。做好会计制度改革工作，确保新旧制度顺利衔接、平稳过渡，促进新制度有效贯彻实施，规范行政事业单位会计核算，提高会计信息质量。全面推行电子化支付改革，全县所有行政事业单位和31个乡镇全部改革完成。

【政府债务管理】规范投融资行为，积极化解债务风险。成立政府债务管理领导小组和化解隐性政府债务领导小组，出台《太和县地方政府债务管理暂行办法》《太和县政府债务风险应急处置预案》《太和县人民政府关于进一步加强债务风险防控规范政府投资管理的通知》等文件，全面清理融资担保，规范融资举债行为，牢牢守住不发生区域性系统性风险的底线。树立理性的投资理念，坚持政府性投资量力而行、尽力而为。全县政府债务余额71.83亿元，其中：一般债务余额24.95亿元，专项债务余额46.88亿元。从省财政厅核定的地方政府限额(83.70亿元)、债务风险预警指标以及本县地方经济发展预期来看，本县地方政府债务总体安全、可控。

【民生工程实施】全力保障脱贫困攻坚。2018年是本县脱贫攻坚“摘帽”年，全县2018年涉及扶贫资金预计总投入49.21亿元。其中：脱贫攻坚九大工程专项投入8.93亿元，“双基”项目资金7.97亿元，农村基础设施及环境治理投入24.32亿元，就业、社会事业等投入5.33亿元，全面提升基层“水、电、路、网”等基础设施建设，增强贫困村及贫困人口自我发展能力和抵御风险能力，为全县脱贫攻坚“县摘帽”提供坚实的财力保障。切实加大民生资金投入。坚持为民谋福利的宗旨，集中财力解决群众最关心最直接最现实的问题。2018年，本县财政民生类支出达69.10亿元，占财政总支出83.3%，坚持财力向基层倾斜、向贫困村倾斜、向弱势群体倾斜，确保便民惠民利民政策落到实处。优先发展社会事业，积极推进惠民惠农工作。投入教育资金15.1亿元，用于城乡教育信息化建设和师资配备、家庭经济困难学生资助等，推进教育均衡发展。投入社保类资金26.27亿元，用于困难群众的生活保障和救助、养老、医疗等社保补助及基本公共卫生服务。通过“一卡通”方式，实施农业支持保护补贴、计生奖扶、农村残疾人生活救助、农村低保五保、产业扶贫等各项惠农补贴资金7.59亿元，累计享受53.61万人(户)次，真正让群众得到实惠。加强城区基础设施建设。争取专项债券资金26.04亿元，用于土地储备、保障房建设及农村文化养老事业；投入资金1.3亿元，实施老城区综合整治；投入资金2.51亿元，用于城乡公路建设与维护；投入资金0.19亿元，用于城乡公交一体化运营补贴；投入资金1.28亿元，用于城区菜市场建设及运营。

【服务经济发展】落实减费降税措施，减轻企业负担，坚定不移的支持实体经济发展，加快企业转型升级步伐。大力帮扶企业发展。财政“过桥”资金为企业成功续贷6.7亿元，受益企业63家，减少企业融资成本2000余万元，积极防范和化解企业资金链风险；企业融资担保为中小微企业提供贷款担保17.16亿元，受益企业171家，切实解决企业融资难、融资贵等问题。提升传统产业，扶持新兴产业。投入各类企业扶持资金2.78亿元，支持园区企业发展壮大，引导新兴产业、现代农业、优质服务业快速发展；投入1.9亿元，支持战略性新兴产业基地建设。大力推进政府与社会资本合作(PPP)模式，发动社会力量支持重点项目建设。在落地5个项目总投资54.26亿元的基础上，引进9.35亿元社会资本投入乡镇驻地污水处理建设项目。

(关朝兴)

界首市财政工作概述

【概况】2018年，在市委、市政府领导下，界首市财政部门深入践行高质量发展要求,坚持做实财政收入,严格执行"收入预测、综合治税、协税护税"三项制度,确保税收高质量均衡足额入库,财政收入总量稳步增长。全市一般公共预算收入37.5亿元,同比增长21.06%,增幅居全省第六位、皖北第四位,七个县级市第一位。一般预算支出60.8亿元,同比增长18.2%,增幅居全省第五位、皖北第三位,七个县级市第一位。

【加强预算管理】科学编制预算。连续三年提前召开预算编制工作会议,为编实编准预算留足时间;完善基本支出供给政策,建立预算项目库。推进预算公开。拓展公开范围,在政府网站设立专栏细化公开政府预决算、部门预决算、"三公"经费预决算,提升政府预算透明度。规范预算执行。硬化预算约束,坚持"先有预算,后有支出",及时向市人大常委会报告预算调整方案;实行预算执行与绩效挂钩机制,压减部门预算3500万元。盘活财政存量资金。2018年盘活财政存量资金约3亿元,安排用于全市急需资金支持的重点领域和重点项目。

【狠抓增收挖潜】强化收入征管。加大"营改增"政策宣传力度,积极做好税收划转和工作衔接,确保相关税收不遗不漏,及时入库;持续加强对重点税源跟踪监控,力促各项税收应收尽收。积极争取上级支持。积极对接上级财政,全年争取到各类扶持资金近6.8亿元,增强可用财力。合理安排财政支出。以年度预算为约束,结合财力情况按照轻重缓急安排财政支出,确保"三保"目标落到实处。优化财政支出结构。坚持厉行节约,严格控制"三公"经费保持零增长,将有限财力集中用到促进经济社会发展上。

【服务实体经济发展】全力支持高新区创建。设立3亿元产业发展引导资金,增强园区重大项目承载能力和发展支撑力;发挥财政资金引导效应,支持科技创新,支持企业加快转型升级。全面落实减税政策。落实降低增值税税率、统一增值税小规模纳税人标准、部分行业实行增值税等退税政策。全市共有3000余户企业享受增值税即征即退、增值税留抵退、出口货物退增值税等各类减税政策,累计为企业减税降负13.47亿元。落实非税收入优惠政策。停收排污费、公用事业附加等收费,省级涉企行政事业性收费项目实现零收费,为企业减负4600万元。积极缓解中小微企业融资难状况。设立财政统筹融资风险补偿基金,为企业提供贷款担保16.63亿元,提供过桥续贷4.02亿元。

【不断增强民生福祉】着力补齐民生短板。以实施33项民生工程为抓手,织密扎牢民生保障网。全市民生支出54.43亿元,占财政支出的89.46%。支持打好脱贫攻坚战,统筹安排扶贫专项资金,按需整合相关涉农资金,为脱贫攻坚提供财力保障。全市投入扶贫资金2.57亿元,有力支持16个贫困村出列、5740户12043人脱贫。大力推进资产收益扶贫,带动138个村集体经济增收1116万元,带动13037户贫困人口户均增收662元;统筹资金1.7亿元用于改善贫困村基本生产生活条件,因地制宜解决通路、通水、通电、通网络等问题,提高贫困群众脱贫致富能力。加大社会事业投入。投入资金26.5亿元,支持教育优先发展;投入资金19.2亿元,进一步健全医疗卫生服务体系;投入资金1.3亿元,支持公共文化服务体系建设;投入资金1.2亿元,支持实施积极的就业政策。支持各项创建活动。统筹资金1.4亿元,支持全国文明城市、国家卫生城市、全国生态文明示范市和国家节水型城市等创建工作,推进城市功能完善,改善群众生活环境。

【加强债务管理】规范政府举债融资行为,严格政府债务收支管理,"开前门,堵后门",健全以政府债券为主体的举债融资机制,坚决杜绝违法违规融资;妥善化解政府隐性债务,切实防范隐性债务风险。完善以政府债券为主体的举债融资机制。省下达界首市政府债券资金29.24亿元,棚改、土储等专项债券在稳投资、补短板方面发挥积极作用。加强政府债务的预算管理和限额管理,确保政府债务风险总体可控。

【加强财政监管】开展预决算公开专项检查。对86家行政事业单位预算、决算公开情况分别进行专项检查,对公开中存在问题的42家单位督促整改。持续推进"小金库"治理。出台《界首市全面构建"小金库"防治长效机制实施办法》,全市104家单位进行"小金库"自查和承诺公示。组织开展非税收入检查。对非税收入管理政策执行情况进行重点检查,坚决防范漏缴欠缴现象发生。开展单位会计信息质量检查。2018年对9家单位(含2家企业)进行会计信息质量检查,有序推进会计信息质量规范工作。

【深入推进财政改革】深化财税体制改革,加快构建现代财政制度。推进预算管理改革,实现基本支出分类管理、项目支出整合归并，打破预算项目“只增不减”的固化格局。推进国家农村综合性改革试点试验，为实施乡村振兴探索政策集成路径；开展国家扶持村集体经济发展试点，落实村集体组织运转经费保障机制。全面实施预算绩效管理，建立贯穿预算管理全过程的绩效管理机制；强化绩效评价结果运用，完善预算安排与绩效评价结果挂钩机制。组织对重点单位、重点项目支出预算以及扶贫、民生工程、园区建设资金等开展重点绩效评价，切实提升财政资源配置效率和资金使用效益。

（张克勤）

阜南县财政工作概述

【概况】2018 年，阜南县累计完成财政收入17.80 亿元，较上年同期增长 18.5%，其中，地方一般预算收入完成 10.83 亿元，增长 19%；上划中央收入完成 6.97 亿元，增长 17.6%。全县一般预算支出累计完成 74.19 亿元，同比增长 17.9%。

【优化收支管理】财政收入质量进一步提高，全县税收收入完成 14.68 亿元，增长 19.8%，占一般公共预算收入的 82.5%，连续四年稳步提升。第三产业实现全口径税收 11.70 亿元，增长 34.9%，占比由 68.1%提高到 76.5%，税收可持续性更强。在加强收入征管的同时，坚持依法科学理财，认真落实积极财政政策，严控一般性支出，加强“三公”经费管理，进一步优化支出结构；继续加强专户资金管理，确保上年撤户工作成效；不断加快资金拨付进度，确保各项重点支出需求，支出效益进一步提高。

【财政民生保障】坚持“控一般、保基本”的原则，保障全县基本支出和重点支出需要，13 个财政民生科目支出 67.24 亿元，增长 17.9%。其中 33 项民生工程支出 34.72 亿元，增长 11.6%。环境整治、绿化保洁、垃圾和污水处理、美丽乡村和秸秆禁烧等投入持续增加，人居环境更加优美。拨付 2.9 亿元资金强化基层基本公共服务功能建设，投入财政资金 2.26 亿元，对 131 个濛洼庄台实施整治；投入 7700 万元开展人居环境“四个一工程”；拨付 49.67 亿元对淮河社区等棚户区项目进行改造；拨付 9097 万元建设水系景观；拨付 4.21 亿元支持开发区建设；拨付 6.49 亿元增加对农业、水利、交通等重点项目投入。统筹解决土地报批资金 9667 万元、土地开发复垦资金 9512 万元，全力保障县域经济可持续发展，持续聚力改善民生，不断增进人民福祉。

【强化改革创新】进一步落实营业税改征增值税试点政策和资源税改革政策，为企业降税减负，激发企业活力，促进现代服务业发展。完善财政供养人员动态管理机制，积极推行政府购买服务，从制度上、源头上确保财政供养人员只减不增。预决算公开信息更加全面，国有资产管理工作得到加强，电子一体化支付改革全面落实，政府采购管理制度更趋完善，扶贫资金动态监控系统有效实施。清理盘活存量资金 2.63 亿元，统筹整合资金 6.6 亿元。

【加强预算管理】实行全口径预算管理，将所有收入支出都纳入预算管理。完善预算管理体系，编制一般公共预算、政府性基金预算和社保保险基金预算。加大资金统筹力度，继续按财政部要求，将用于提供基本公共服务以及主要用于人员和机构运转等方面的政府性基金，编入一般公共预算；根据财力缺口和土地出让金收入情况，适时、适当将出让金调入一般公共预算。

【支持经济发展】严格落实国家各项税费减免政策，实施积极的招商引资政策，进一步减轻企业税收负担。深入治理企业乱收费，切实清理政府拖欠企业工程款，让企业轻装上阵、聚力发展。大力支持县经开区晋升国家级开发区，继续实行广交会企业摊位费补贴政策和企业用工帮扶政策；加快企业转型发展步伐，鼓励企业技术改造，支持阜南县企业进行科技创新，对实体企业研发经费给予奖励补助。设立中小企业国际市场开拓资金和少数民族经济发展资金，大力支持实施“四送一服”双千工程，助推实体经济高质量发展。着力解决融资困难，全年累计办理续贷过桥业务 752 笔，资金 29.63 亿元；年末在保企业 160 余家，担保贷款 12.51 亿元，放大倍数 5.17 倍。金融机构贷款余额 226.67 亿元，同期增加66.59 亿元；贷存比 50.35%，连续 5 个月突破 50%。出口退税资金池正式运转，外向型企业资金压力得到一定缓解。

【落实“三农”政策】把支持农村发展、农业增效、农民增收作为财政工作的重要任务，狠抓落实，务求实效。通过“一卡通”方式累计打卡发放惠民补贴资金 5.89 亿元，发放农业支持保护补贴 1.64 亿元。一事一议项目建设财政奖补资金 976.2 万，批复实施道路建设、小型水利设施建设、路灯安装、绿化等项目

33个。投入扶持资金3520万元支持全县88个村级集体经济发展试点村依据自身特色实施项目建设,2018年共实施99个项目,收益362万元,清理沟塘、土地、老村室等闲置资源,增加收入21.33万元。认真实施高标准农田治理和利用亚行贷款农业综合开发项目,累计完成治理面积4.73万亩,新建涵桥149座;新建板桥153座;新打机井171眼;新修水泥路34.1公里;新建节水灌溉示范2000亩;新建滚水坝8座,项目区农业基础设施条件和抵御自然灾害能力得到改善提升,实现经济效益和社会效益的双丰收。

【保障脱贫攻坚】阜南县加大扶贫资金投入力度,安排扶贫专项资金3.93亿元,整合财政涉农资金2.67亿元,清理回收资金用于脱贫攻坚2100万元。认真开展资产收益扶贫工程,健全贫困户稳定增收和防范返贫长效机制,保障脱贫成效稳定可持续。2018年,全县在资产收益方面新增投资8108万元,其中:养殖类项目投入2409万元、种植类项目投入1381万元、扶贫车间投入100万元、光伏类项目投入4218万元,涉及项目144个。依托产业开展资产收益扶贫,将经营性、非经营性、资源性资产以入股分红、固定收益等方式实施资产收益扶贫,共带动90个贫困村村集体经济增收345万元,贫困村村均增收3.83万元;带动2.36万贫困人口增收3070万元,人均增收1300元。

(王希文　蔡秉钧)

临泉县财政工作概述

【概况】2018年,临泉县财政系统广大干部职工深入学习贯彻习近平新时代中国特色社会主义思想和党的十九大精神,紧盯“三大攻坚战”目标任务,围绕“五大发展行动”内容要求,积极组织财政收支、全力助推脱贫攻坚、着力防范化解重大风险、坚持保障改善民生、注重优化绩效管理、深入推进党建工作、夯实党风廉政建设,为本县经济社会健康发展提供坚实财力保障。

【积极组织财政收入】全面落实组织财政收入工作责任,积极会同税务等相关部门,严格落实上级减税降费政策,切实加大对县域内重点企业、重点项目监管,规范非税收入管理,优化财政收入结构,全力涵养财源、严防跑冒滴漏,序时推进完成年度征收目标任务。全年完成财政收入252222万元,较上年增收52051万元。

【着重提升财力保障】积极调整优化财政支出结构,突出就业、教育、医疗、居住、养老、环保、脱贫攻坚等保障重点,全力提升财政支出有效性和精准度。全年财政支出完成841850万元,其中用于保工资、保运转的基本支出274726万元,占财政支出的32.6%;用于民生支出287500万元,占财政支出的34.2%;用于社会事业发展和城乡一体化建设支出279624万元,占财政支出的33.2%。

【全面助力脱贫攻坚】建立健全与扶贫任务、县级财力相适应的财政专项扶贫资金投入机制和持续增长机制,坚持将新增财力向扶贫领域倾斜,坚持依法依规统筹整合涉农资金,坚持常态化、制度化开展清理沉淀资金、盘活存量资金,坚持加快扶贫资金拨付进度,坚持强化财政扶贫资金绩效管理。2018年统筹脱贫攻坚资金80964万元,其中:中央、省转移支付补助25950万元,市级补助5606万元,县级预算安排11202万元,县财政盘活存量用于脱贫攻坚4500万元,整合涉农资金18587万元,新增一般地方债券资金安排15119万元。

【强化政府债务管理】坚持把防范化解政府性债务风险作为打好防范化解重大风险攻坚战的重要内容,坚持将政府债务纳入全口径预算管理,坚持贯彻落实上级相关管理文件精神,积极优化制度建设,出台《临泉县政府性债务管理办法》和《临泉县政府性债务风险应急处置预案》,全面摸清债务底子,规范举债程序,严格限额管理,严控新增债务,规范债券资金使用,实施债券资金绩效评价,积极推动债务信息公开。全年政府性债务余额控制在县人大审批的限额内,逾期债务率为零,全县债务风险可控。

【服务经济社会发展】认真贯彻落实“五大发展理念”,加快推进“五大专项行动”,精心实施“双轮”驱动战略,抓重点、补短板,全力服务经济社会发展,推动全县科教文卫等各类事业向好向上发展。2018年本县教育支出195697万元、社会保障和就业支出131792万元、医疗卫生与计划生育支出150389万元,“幼有所育、学有所教、劳有所得、病有所医、老有所养、弱有所扶”进展突出;棚户区改造专项债券支出128872万元、城乡环境整治及美丽乡村建设支出4145万元、基层基本公共服务功能建设支出35380万元、农林水支出136694万元,城乡面貌焕然一新,乡村振兴推进顺利;污染防治支出8296万元,全县生态环保建设成效明显;社会综合治理支出3101万元,扫黑除恶专项斗争成果显著,“善治”临泉成绩斐然。

【持续优化绩效管理】继续贯彻落实向县人民代表大会及其常务委员会报告工作制度,年度预决算编制、预算执行、预算调整、政府债务限额管理及融资等重点工作,实行定期报告制度,主动接受人大监督。深入推进财政内控制度建设。持续加强对财政管理及权力运行的风险管控与监督制衡,切实加强财政专项资金监督检查、重大项目跟踪问效等制度建设,持续强化对民生工程资金、惠农资金及“小金库”等重点领域的监督检查。构筑全过程资金监管格局。注重财政监督、人大监督、审计监督、社会监督的有机统一,全力构建内外结合、收支并重,贯穿资金运转全过程的监督管理格局。严格预决算公开,继续打造“阳光财政”。持续压减一般性支出和“三公”经费,严格执行公务接待标准,严格公车使用管理,严禁以任何形式滥发奖金、津补贴,坚持把有限的财力用到保运转、保重点、保民生、保发展上。2018年压减行政事业单位一般性支出462万元,全部用于脱贫攻坚;“三公”经费持续下降,全年累计支出1707.9万元。

(单俊　杨阳)

颍上县财政工作概述

【概况】2018年,颍上县财政工作在县委、县政府的坚强领导下,以习近平同志新时代中国特色社会主义思想为指导,紧紧围绕全县经济发展大局,克难奋进,科学理财,强化税收征管,优化收支结构,深化财政改革,较好完成各项工作任务,有力保障全县经济社会健康发展。全县财政收入386498万元,较上年同期增收83722万元,增长27.7%,其中:国税部门完成268331万元,同比增长29.4%;地税部门完成103873万元,同比增长16.4%;财政部门完成14294万元,同比增长134.9%。收入总量位居全市第三,增幅第二。全县一般预算支出为776266万元(含上级专项追加和转移支付),比上年同期增长19.2%,达历史新高,其中全县重点八项支出总计572900万元,同比增长15%,占财政总支出的73.8%。

【加强收入征管】财税部门践行财税“放、管、服”改革,促进税收管理和服务公开统一,细化收入管理事项,最大限度简化办事程序;在深化税务部门征管合作基础上,加强税收收入预期管理,夯实征管基础,形成征管合力。推进非税平台一体化管理,强化非税征管,积极推进政务服务网统一公共平台建设,实现非税缴款线上线下一体化。

【增强服务发展能力】创新理财思路,破解资金瓶颈,通过政府与社会资本合作模式(PPP)、生态环境与绿色经济融合发展等方式,支持重点实施项目和政府投资重大项目建设。主动向上级部门请示汇报,争取各级资金,得到省财政厅下达政府债券资金32.7亿元,一般转移支付33.2亿元。支持14家企业上报19个申请制造强省建设专项资金项目。落实奖扶激励,加强新经济培育和科技创新,促进经济转型升级和跨越发展;认真落实优惠政策,兑现园区企业扶持资金2.5亿元,有力提高对民营企业的扶持力度。

【助力脱贫攻坚】加大对三农投入力度,助力脱贫攻坚。全年累计共投入扶贫领域资金48.3亿元,其中补贴支出6.2亿元,工程类支出30.9亿元,扶贫小额信贷9.3亿元,生态林业扶贫项目投入1.9亿元。统筹安排6135万元,加快推进光伏扶贫,继续推进中小河流治理、中央小型农田水利重点县建设;投入扶贫资金4060万元,大力支持文化、教育、科技等事业,不断完善城乡公共文化服务体系。促进环境保护和生态建设,安排2亿元保障农村环境综合治理、禁养区拆迁补偿资金需要。拨付土地增减挂复垦资金3.6亿元,进一步巩固农村土地整治成果。投入资产收益扶贫资金8285万元,带动78个贫困村集体经济增收405万元,村均增收5万元以上,带动2.7万贫困人口增收4212万元,人均增收1500元以上。人民群众的获得感、幸福感进一步提升。财政部门认真落实单位帮扶责任,承担本县五个乡镇10个村的303户贫困户结对帮扶任务,共98人参与包保,包保干部每户下乡12次以上。抽调10个扶贫工作专班,按时完成县委县政府交办的扶贫排查及整改工作任务。

【实施33项民生工程】全县民生工程总投资31.5亿元,圆满完成年初拟定建设任务。工程类项目全面完工并投入使用,补贴发放类项目按序时发放,公共服务类及其他项目按政策要求正常开展工作,切实办好顺民意、解民忧、惠民生的实事。对当年民生工程进行提前安排部署,要求项目主管部门根据项目实施情况,及早谋划,做好各项前期工作,确保民生工程快速推进。强化责任意识,坚持月督查推进制度,每季度对民生工程实施情况进行一次综合督查,全面督促推进民生工程工作。健全民生工程考核机制,层层签订民生工程目标责任书,把民生工程实施情况纳入各乡镇、各单位年终考核的重要内容;制定切实可行、易于操作的实施办法,细化、量化目标任务,确保民生工程扎实有效推进。

【优化财政体制改革】科学从紧编制预算。注重资金源头管控,修正预算编制方案中的相关基数,不断提升预算编制的科学化和精细化水平,2018 年预算削减一般性支出 20%。做好预算、决算核查、批复及公开工作。加强政府债务管理。完善政府债务管理新机制,建立健全地方政府性债务风险应急处置机制,将债务余额控制在省核定范围内。全面规范政府融资行为,加快推进融资平台市场化转型。完善国有资产管理体制。对在用资产和闲置资产进行有效利用,确保国有资产保值增值。结合年度预算编制,合理安排单位购置资产的专项资金,从源头上做好资产专项资金的使用。在资产的处置程序上,严把关口,有效防止国有资产流失。科学划分县乡财政体制。落实好新一轮省对市县财政管理体制要求,充分发挥财政职能作用,深化财政管理体制改革,切实增强财政基本公共服务能力。强化项目资金管理。完善财政资金拨付程序,对部分重点项目开展跟踪问效,实行全过程监管。有序推进财政扶贫资金监督管理工作。对财政扶贫资金使用情况开展督查、检查,全年对 78 个贫困村共开展 11 次督查、检查,涉及资金 5.77 亿元。强化政府采购和国库集中支付管理,不断提高采购质量和水平。累计完成政府采购 49.8 亿元,节约资金 8.5 亿元,资金节约率 14.5%。持续推进国库集中支付改革工作,累计支付资金 155.6 亿元,直接支付率 99.8%。

【打造为民务实清廉财政队伍】财政局党组深入推进全县财政系统党风廉政建设和反腐败工作,全面落实党风廉政建设主体责任,结合财政工作实际,以党支部为单位,多次组织召开党员干部民主生活会,要求每名党员干部针对工作中存在的问题进行自查自纠,有针对性地提出解决措施,促使大家自重、自警、自省、自律。深入开展学习教育活动,加强党的思想政治建设,年初制定学习计划及任务,全系统干部职工认真习近平同志新时代中国特色社会主义思想,学习党的十九大及十九届二中、三中全会精神,深入开展"讲忠诚、严纪律、立政德"专题警示教育活动。健全外部监督,充分发挥群众监督的作用,提高工作效能。积极参与县监察局主办的政风行风热线节目,进一步加强行风建设,提升服务质量。

(顾录昌)

颍州区财政工作概述

【概况】2018 年,颍州区实现财政收入 423649 万元,较上年增收 63263 万元,增长 17.6%,圆满完成年度收入任务,提前两年完成区"十三五"规划确定的财政收入 40 亿元目标任务。2018 年,一般公共预算支出完成 443477 万元,增长 14%。

【大力保障民生支出】2018 年,省政府部署实施 33 项民生工程,颍州区实际实施 32 项。民生工程测算资金 131156.61 万元,实际到位资金 132443.65 万元,资金拨付率 100%,有力促进保障"三农"、教育、医疗卫生、社会保障、公共安全、环境保护等重点领域资金分配和使用情况,并确保重点民生资金发挥最大效益。32 项民生工程年度目标任务全部完成。

【强力支持实体经济】积极兑现企业奖补政策,开展"四送一服"活动,深入企业走访调研,努力帮助企业解决实际困难。实施减税降费政策,激发企业活力,减少企业财务费用 220 万元。继续开展政银担"4321"业务,2018 年政银担在保金额 7.1 亿元,为 157 家中小微企业提供担保贷款;新增担保贷款 60123 万元,支持企业 118 家;新增"税融通"贷款 3860 万元;完成续贷"过桥"资金周转 24930 万元,支持企业 29 家;大力支持大众创业、万众创新,累计发放小额担保贷款 1321 笔,共 13539 万元。

【脱贫攻坚精准推进】结合本区脱贫攻坚工作实际需求,严格贯彻"单位包村,干部包户"帮扶政策,组织脱贫攻坚"百日会战"。同时立足发挥财政职能作用,积极筹措扶贫金来源,坚持资金使用精准,在精准识别贫困人口的基础上,把资金使用与建档立卡结果相衔接,与脱贫成效相挂钩,为全区 2018 年脱贫摘帽提供强有力的资金保障。2018 年投入财政扶贫资金 33692.88 万元,资金使用涵盖扶贫十大工程项目。

【资产收益创新发展】采取先试点后推广的方法,探索出保"增"、保"鲜"、防"腐"的资产收益扶贫创新机制，并取得切实成效，推出“井孜村”资产收益分配新模式，得到《安徽日报》等报刊媒体广泛宣传报道。2018年，本区资产收益扶贫累计收益7489.19万元，惠及贫困户9763户，贫困人口23478人。

【财政改革纵深推进】完善财税平台、非税平台、扶贫资金动态监控平台建设，扩大国库集中支付范围和电子化支付预算单位范围，加强会计代理记账机构管理，完成行政事业单位国有资产清查，实现平台动态监管，有力提升财政网上办公水平。推进政府采购改革，做好采购中心与招投标局机构整合、职能整合、人员整合工作，提高政府采购效率。建立预决算统一公开平台，进一步拓展公开的渠道和方式，便于群众知情财政信息和财政资金、方便群众办事。

【党建工作深入开展】坚持“标本兼治、综合治理、惩防并举、注重预防”的反腐倡廉战略方针，在思想深处牢固树立业务工作与党风廉政建设“一盘棋”思想。通过党组书记上党课、观看警示教育片、撰写学习心得、测试党章党史等加强廉政教育，扎实开展党“讲严立”专题警示教育、“三查三问”和扶贫领域形式主义官僚主义专项整治，明确“一岗双责”的党建工作责任制，认真落实审计巡察反映问题整改，全力推进财政全面从严治党和党风廉政建设。

（苑文龙）

颍泉区财政工作概述

【概况】2018年，颍泉区财政收入完成22.46亿元，比上年决算（下同）增长27.5%。其中：地方收入完成14.69亿元，增长38.5%；上划中央收入完成7.54亿元，增长10.6%；出口退税完成1067万元，增长20.8%。一般公共预算支出完成33.65亿元，增长4.8%。

【财政运行持续向好】坚持依法征管，强化日常调度，高质量完成全年收入目标。建立财政收入激励机制，鼓励镇域经济发展，增收潜力得到激发。创新非税征管方式，非税征缴实现电子化管理。大力扶持优势产业和战略性新兴产业，涵养优质税源，提升财政收入质量。严格控制“三公经费”等一般性支出，集中财力优先保障脱贫攻坚、经济发展和民生保障等重点支出，切实提高财政资金使用绩效。

【服务发展持续增强】深入推动供给侧结构性改革，大力实施“双轮驱动”和“五大专项行动”，全年实现政府性投资70.6亿元。致力改善营商环境，投入公园绿地建设、小街巷整治等文明创建和城市建设资金1.15亿元。加快推动工业转型升级，投入科技创新及智能产业发展资金3454万元，助力打响“颍泉智造”品牌。持续壮大产业投资引导基金规模，带动社会资金2.1亿元；加大民营企业支持力度，为114家企业提供担保贷款7.58亿元，担保放大倍数达4倍，财政资金杠杆作用进一步发挥。为33家企业提供续贷过桥资金1.21亿元，企业资金周转难题得到缓解。PPP模式运用更加成熟，乡镇污水处理和水环境综合治理等4个项目落地实施，总投资24.8亿元。

【“三农”基础持续巩固】全力支持精准脱贫攻坚战，深入推动项目资金专班工作，加大扶贫资金整合和监管力度，助力“双基”建设，推动“九大工程”实施，2018年，共投入资金2.79亿元。深入实施资产收益扶贫项目，全区40个村，分配村集体收入469万元，1.4万贫困人口受益，有力促进贫困户稳定增收。全面贯彻落实惠农补贴政策，通过“一卡通”发放各类涉农补贴3.37亿元。大力支持农村环境改善，投入农村环境综合整治资金1.48亿元，秸秆禁烧资金4686万元，农村环境“三大革命”项目资金4820万元；安排美丽乡村建设资金6663万元。持续推动农村、农业基础设施完善，实施“一事一议”财政奖补项目36个，奖补资金1231万元；实施农业综合开发项目2个，资金1132万元；投入农村安全饮水工程2053万元、“四好”农村路工程1.1亿元，农村危房改造5286万元。着力提升农业保障水平，政策性农业保险及特色农业保险理赔3022万元。发展壮大村集体经济，加快消除“空壳村”，投入建设资金1056万元；促进现代农业发展，推动三产融合，鼓励农村电商发展，完善农村金融服务，支农贷款1.58亿元，农业农村内生动力持续激发。

【民生福祉持续攀升】深入实施33项民生工程，全年投入资金12.4亿元，其中区级配套3.22亿元，本区承担的32项民生工程全部完成。大力支持社会保障体系建设。投入农村低保、五保供养资金1.38亿元，社会养老服务体系建设资金309万元，城乡居民基本养老保险基金支出1.17亿元；深入推进技工大省培训工程，培训退役士兵、新型农民、企业新录入及技能脱贫人员1558人，发放补助资金324万元；开发公益性和见习岗位602个，拨付资金696万元；

加快棚户区改造实施,完成安置4760户。助力文化教育持续发展。开放公共文化场馆7个,投入农村文化建设专项补助102万元;实施学前教育工程,新建、改扩建幼儿园6个,资金871万元;拨付义务教育保障资金8899万元,发放高校、中职和普通高中家庭经济困难学生资助715万元。推动医疗卫生全面覆盖。城乡居民基本医疗保险基金支出4.49亿元,拨付城乡居民大病保险2191万元,城乡医疗救助资金2262万元,“351”“180”政策资金1811万元,17.9万人享受家庭医生签约服务,群众卫生医疗保障水平进一步提升。

【改革创新持续深化】持续推进预决算公开,网络编制部门预算,预算管理更加科学透明。深入实施国库集中支付电子化改革,落实预算单位财务管理主体责任,全年共支付资金59.48亿元。促进存量增效,盘活资金1.67亿元。建立财政预算资金使用绩效评价机制,资金使用效率进一步提升。健全以政府债券为主体的举债融资机制,积极妥善化解政府存量债务,做到债务规模适中、风险可控。政府集中采购改革提速增效,依托“徽采商城”全面推行电子化采购,共实施政府集中采购项目136个,节约率为8.43%。政府购买服务范围不断扩大,实施项目10个,资金1.47亿元。

【约束机制持续健全】依法严格落实预算编制、执行、决算监督规定,认真贯彻执行《会计法》《预算法》等法律法规,坚持做到年度预算编制、预算调整及年终决算按照法定程序提请人大审议。拓展人大对财政监督评价范围,覆盖财政支出和政策落实,突出民生工程、政府性投资项目、政府债务和大额专项财政资金等重点领域。深入开展财政资金评审,严格核减标准,把好财政投资关。主动公开债券资金使用情况,债务管理更加规范,债券发行使用合规高效。

【财经秩序持续规范】健全扶贫资金监管机制,深层次开展扶贫资金专项检查,资金使用更加规范。积极引入第三方绩效评价,对政府债务、民生等重点领域进行全面排查。持续推动镇村财务互审,开展惠民补贴专项督查,全面提升镇村财务管理水平。预算执行动态监控预警系统升级完善,实现财政业务全程自动预警。扶贫资金动态监管系统逐步完善,监管资金12.26亿元。涉企监管系统常态化运行,监管资金952万元。不断规范政府采购流程,政府采购源头管控成效明显。内控管理日益完善,“小金库”专项治理和会计监督检查更加深入,财经秩序进一步规范。

(黄月光)

颍东区财政工作概述

【概况】2018年,颍东区财政收入完成21.86亿元,占调整预算的113.1%,同比增长29.1%。财政支出31.86亿元,占调整预算的99.5%,同比增长9.1%,增支2.66亿元。

【加强财政收入征管】财税部门加强沟通,及时量化分解任务,坚持月度分析通报制度,强化财政收入监测分析和入库管理。以综合治税平台为载体,加强对重点税源的掌控分析,加强国有资产收益和非税收入管理,狠抓增值税、消费税、企业所得税、个人所得税四大主体税种,力促税收按序时进度入库。大力支持招商引资,加强园区建设,促进项目落地和实施,厚植财源基础,保持财政收入良好增长态势。

【持续完善预算管理】逐年提前启动预算编制,持续加强部门三年滚动财政规划。开展政策性预算项目库动态绩效评价系统建设,健全全过程预算绩效管理体系,开展权责发生制政府财务报告编制试点,巩固深化会商服务,督促项目推进,加快支持进度。持续推进开门办预算,开展部门预算公开评审论证,科学合理编制区级项目支出预算,加强预算绩效管理,提升依法理财、民主理财、科学理财水平,推进部门预算改革。

【提升财政民生保障】加强对供给侧结构性改革、脱贫攻坚、教育等领域和重点项目的支持力度,积极支持基层基本公共服务投入均等化建设。围绕“七有”目标,持续推进民生工程建设,统筹各类财政资金,加大对重要民生领域的财政聚焦力度。累计投入教育、社会保障和就业、医疗卫生和计划生育、城乡社区等财政民生领域26.45亿元,比上年同期增加9648万元,增长3.8%,占全部财政支出总量的84.8%。其中,拨付33项民生工程10.20亿元,安排建后管养资金500万元,投入农业综合开发资金1723万元。

【全面贯彻惠企政策】落实降税减费政策,全年减税1.38亿元,有效减轻企业税费负担;停收排污费,落实阶段性降低社会保险费率政策,为参保单位减轻社会保险缴费负担。全面落实促进民营经济发展的若干意见,及时公开财税优惠事项清单、行政事业性收费目录清单,打通政策落实的"最后一公里"。常态化推进"四送一服"双千工程,加强积极财政政策宣传,帮助民营企业解决实际困难,拨付2085.10万元用于开发区入驻企业的奖励扶持,发放现代农业奖补资金1841.70万元,投入转型升级补助资金531.50万元。积极建立出口退税周转资金池,安排1000万元用于出口退税专项资金,及时为符合申请条件的生产性进出口企业办理委托无息贷款,发放无息贷款3578万元,有效缓解企业流动资金的压力。

【服务经济发展】围绕"双轮驱动"战略和区委、区政府重大决策部署,统筹安排财力,全力支持五大专项行动,加大棚户区改造力度,完成拆迁145万平方米;大力推进保障性安居工程,实施安置区建设项目17个、房屋17650套,安置征迁群众4581户。支持河长制、湖长制,加快治理12条黑臭水体,铺设管网194公里;推行林长制改革,新增城乡道路及沟塘河绿化234.2公里,造林1.7万亩;支持实施污染防治,加大危房改造力度,积极推动美丽乡村建设,深入推进农村"三大革命"。发挥财政资金撬动作用和融资担保平台作用,新增担保贷款10.74亿元,发放"续贷过桥"资金3.58亿元。加大政府和社会资本合作(PPP)模式推进力度,6个项目被纳入财政部项目管理库,2个项目入选财政部示范项目,项目均完成招标,正在开工建设中,总投资额为21.94亿元。

【精准支持脱贫攻坚】落实扶贫资金稳定增长机制,强化投入保障,加强扶贫项目库管理,开展扶贫资金绩效评价。纳入项目库项目494个,整合资金3.45亿元,其中,专项资金1.67亿元,区级收回存量资金4010万元,其他15项涉农资金1.39亿元。扶贫资金支出3.38亿元,占年度整合资金规模的98%。建立健全资产收益扶贫利益联结机制,开展清产核资,鼓励配股扶贫,用活发展引导资金,优化经营方式,壮大贫困村集体经济实力。安排资金2.39亿元用于资产收益扶贫投入,累计带动贫困村集体经济增收1706.60万元、村均增收34.10万元,带动贫困人口增收总额2064.90万元,人均增收1304元。

【深化财政改革】不断完善债务管理,规范政府举债,建立债务风险监测指标体系,编制年度债务还款计划,实行政府债务规模控制,完成债务置换,加强财政支出责任项目管理,加强存量资金管理,提高财政偿债能力。2018年底,本区地方政府性债务管理系统债务余额25.53亿元,其中政府负有偿还责任的债务余额25.53亿元,全部为债券资金,低于经区人大批准的债务限额28.91亿元,债务规模适度、风险可控。

【强化监督管理】加强财政绩效管理,开展财政资金绩效评价和专项检查,制定内部控制操作规程,努力构建事前防范、事中控制、事后监督的内部权力制约机制。建立乡镇财政督察工作制度,开展乡镇财政财务互审工作。严格招标项目受理审查,履行报批程序,分散采购项目一律纳入区级招标平台进行规范操作,稳步推进"徽采商城"运行。全年组织政府采购招标活动442次,执行各类采购预算10.34亿元,实际采购金额9.11亿元,节约财政资金1.23亿元,资金节约率11.9%。徽采商城累计完成交易订单560笔,交易总金额1263.9万元。积极开展管理会计、行政事业单位内部控制报告编制等专题培训,大幅提升预算单位及区属国企财务人员的业务能力。

【提升财政信息化管理】实施动态监管,开通财政短信平台系统,全省第一个实现县区级财政无线VPDN专线内网,推动预算执行安全、稳定、便捷。

(张丽丽)

阜阳经济技术开发区财政工作概述

【概况】2018年,阜阳开发区紧紧围绕管委会年初制定的"一个关键、两个重点"的发展目标,认真落实"抓落实、办实事、解难题"工作要求,在稳增长提质量,调结构惠民生,谋发展控风险上下功夫,有力推动经开区经济平稳较快发展,提供坚实财力保障。全年财政总收入16.55亿元,同期增加2.15亿元,增长15%。

【统筹资金有效】2018年财政局以"钱"为工作主线,努力管好"钱袋子"。本着不收过头税、不留收入死角的原则,对各项收入应收尽收,及时入库。以2017年决算为基数,对一般性支出按照5%比例进行压缩,同时增加对扶贫、文明创建等专项工作的投入。利用国家政策,争取项目资金、债券资金,优化债务结构。全年筹集资金30.6亿元,用于棚户区改造和配套基础设施建设。盘活沉淀资金,提高存款利息收入,降低贷款利息,压减一般开支,严格控制“三公”经费和行政运行,保障工作重点。

【保障能力显现】以预算为抓手,强化预算管理,全力保障教育、卫生、社会保障等民生支出,资金重点投向于文明创建,环保及扶贫领域,保障水平不断提升,支出结构不断优化。抢抓机遇,争取债券资金。2018 年争取专项债券资金 24.36 亿元,在融资成本和还款周期上都实现融资效益最优化。强化资金调拨,加快资金流转,提高资金使用效益,全年筹拨资金 30.6 亿元,加快推进棚改进度,改善人居环境,完善基础设施。加强重点领域投入。重点保障农村环境整治、改水改厕、扶贫村道路修建,卫生文明城市创建,改善城乡环境和园区投资软环境。注重强基,加大企业扶持。设立产业扶持、创新创业、电商引导、秸秆产业等扶持资金,发展壮大支柱产业。

【惠及民生有度】园区承办民生工程任务 16 项,保障资金 15.38 亿元,占年初任务的 150%。民生项目全覆盖。按照“横向到边,纵向到底”的原则,实现民生项目的全覆盖。推动工作有措施。每月通过民生工程领导小组会议,调度民生工程的重点,解决难点,把握关键环节,推进各项工作。规范操作有抓手。先后制定《阜阳经济技术开发区 2018 年实施 16 项民生工程的通知》《阜阳经济技术开发区财政局关于 2018 年民生工程资金筹措有关问题的通知》等文件,进一步规范民生工程工作。明确责任有动力。明确各部门承担的目标任务,同各实施单位相继签订 2018 年度民生工程目标责任书,进一步压实责任。制度完善有保障。建立民生工程领导小组,完善资金保障机制和监督检查机制,规范补助类项目申领程序,规范资金使用,保证民生工程有序实施。

【监管措施有力】切实强化财政监督。为规范各预算单位财务工作,抽调专人成立专班,进行检查,重点核查是否存在小金库、是否有超标准接待和违规发放津补贴行为。盘活存量成效显著。通过单位自查,财政抽查,盘活存量资金,统筹安排,最大程度地发挥财政资金的使用效益。完善规章制度。结合审计、巡视、巡察中提出的问题,修订并完善一系列规章制度,印制制度汇编,规范财务管理,提高服务水平。

(王颍林)

淮南市财政工作综述

淮南市财政工作概述

【概况】2018 年,淮南市财政部门深入贯彻落实习近平新时代中国特色社会主义思想和党的十九大精神,践行新发展理念,依法加强征管,保障改善民生,完善预算管理,财政改革发展取得成效。全市全年财政收入完成 173.9 亿元,增长 7.2%。其中:地方财政收入完成 105.4 亿元,增长 4%。全市财政支出完成 245.2 亿元,增长 5.1%。按现行财政体制测算,实现财政收支平衡。

【加快财政改革步伐】及时出台《淮南市人民政府关于印发淮南市划转部分国有资本充实社保基金实施方案》(淮府〔2018〕85 号)。深化预算管理改革,落实省以下财政事权和支出责任划分改革。市财政局结合国家和省推进财政事权和支出责任划分改革工作进程,就部分市辖区财政事权和支出责任情况进行初步摸底,梳理市县区财政事权和支出责任现状,进一步完善制度建设,出台《淮南市人民政府关于确保全市机关事业单位工资正常发放的通知》(淮府办秘〔2018〕104 号)、《淮南市财政局关于财政支持保障基层基本公共服务功能建设的实施意见》(淮财预〔2018〕849 号)。清晰划分市与县区之间的财政事权和支出责任,出台《淮南市贯彻落实基本公共服务领域共同财政事权改革划分中央、省级、市与县(区)支出责任实施方案》。健全以政府债券为主体的举债融资机制,推进政府专项债券改革。出台《淮南市人民政府办公室关于进一步加强政府性债务管理的通知》(淮府办秘〔2018〕25 号),健全以政府债券为主体的举债融资机制,探索发行项目收益与融资自求平衡的专项债券品种。配合省财政厅做好 2018 年新增政府债券的发行工作,特别是棚户区改造及土地储备专项债的发行工作,切实做好政府债券管理。制定探索建立涉农资金统筹整合长效机制实施意见。整理涉农资金投入情况,在寿县开展扶贫资金统筹整合试点工作,完成涉农资金摸底工作。出台《寿县 2018 年度统筹整合使用财政涉农资金支持脱贫攻坚实施方案》(寿扶贫组〔2018〕11 号)。成立市涉农资金统筹整合领导小组,出台《淮南市人民政府关于探索建立涉农资金统筹整合长效机制的实施意见》(淮府〔2018〕72 号)。

【推进预算管理工作】积极做到预算公开。印发《2018 年预算公开工作方案》,分层分级压实预算公开责任,推进县区和部门及时完整规范公开预算。突出“六个统一”,按照《预算法》公开时限的规定,1 月 26 日市财政局在门户网站上公开本级政府 2018 年政府预算,2 月 9 日除涉密单位外,市直 90 家预算单位按部门汇总分别在淮南市政府信息公开网专栏上集中公开 2018 年部门预算和“三公”经费预算。积极配合审计部门开展预算监督。严格落实审计配合牵头、分工负责机制,全程落实审计对接、审计服务、审计整改工作,保障各项审计监督顺利实施。建立财政审计联系机制,加强与审计部门专项业务沟通联系,争取理解支持。认真做好同级审“回头看”各项工作。切实联系服务代表委员。落实人大审查决议,认真办理人大代表建议议案和政协委员提案,主动接受人大代表和政协委员监督。按照省财政厅部署,建立联系平台,做好联系服务全国“两会”和省“两会”代表委员工作。编制预算参阅材料,设立预算查询室,市“两会”期间积极向代表委员公开财税改革、预算管理等信息。

【加强财政专户管理】拟定财政专户目录。按照财政专户类型、核算内容等认真核对财政专户合规存量目录表,按照层层负责、严格把关、逐一核实的要求,编制合规存量财政专户目录,做到目录中财政专户性质合法合规、信息准确清晰。根据省厅要求,为进一步加强市本级财政专户资金管理,强化财政资金监督,确保财政专户资金安全运行,分别与商业银行签署“防范资金存放利益输送廉政承诺书”。加强资金存放管理。严格按照《淮南市财政局关于进一步加强财政部门和预算单位资金存放管理的实施细则》(淮财库〔2017〕451 号)文件要求,明确社会保险基金等大额财政专户资金采取竞争性方式存放;财政专户资金量较小的,市级 5 亿元及以下,采取竞争性方式或集体决策方式选择开户银行。市财政同所有市级财政专户开户银行均签订廉政承诺书。促进财政资金保值增值。按照社保基金保值增值要求,根据市级财政社保资金存量情况和支付需要,对 27 亿元社保基金进行竞争性存储。2018 年社保基金利息收入 1.45 亿元,增长 12.3%。财政专户利息收入 1.1 亿元,增长 6.8%。继续盘活财政专户存量资金。根据财政部和省财政厅关于盘活市本级财政存量资金有关文件要求,对市本级财政专户结余结转资金进行统计、核实,逐一梳理,汇总上报《市级盘活财政存量资金情况统计表》,按照要求盘活财政专户结余资金 1.8 亿元,及时调入一般公共预算统筹使用。

【精心实施民生工程】淮南市继续实施省级 33 项民生工程,全年累计拨付民生工程资金 47.8 亿元,占年初计划 43.5 亿元的 109.9%。工作启动早。4 月 9 日,市政府召开全市民生工程动员部署会,各级政府、各牵头部门迅速行动,全面启动 2018 年民生工程各项工作。确定 20 家市直民生工程牵头和实施单位,33 大项 52 小项的民生工程年度目标任务全部分解到位、落实到位;市政府分别与县区政府、市直责任单位签订目标责任书,实现民生工程各项任务的无缝对接和精准实施。市直牵头单位和实施单位,尤其是新增项目的实施部门,限期成立主要领导担任组长的领导小组;制定 51 个民生工程项目实施办法,以及资金筹措通知和审计监督意见等;强化和完善民生工程资金的“绿色通道”制度,实行超序时拨付、应急性预拨、专门化调度等。在工作中严格考核。修订出台《淮南市 2018 年民生工程工作考核办法》(淮民生〔2018〕1 号),随机抽取会计师事务所作为第三方评估机构,对全市民生工程实施情况进行督查。年初配合省直部门对 2017 年实施的 12 项民生工程项目开展绩效评价,11 月份对 2018 年实施的 22 项民生工程开展绩效评价;对绩效评价中发现的问题和扣分的指标,督促市直相关单位和县区及时整改。强化民生工程项目的建管用并重,将民生工程的建后管养,纳入对县区政府、主管部门的年度目标绩效考核范围;各级财政部门坚持预算统一编制,把民生工程管养资金纳入财政预算保障范围,2018 年共安排建后管养资金 8488.4 万元,比上年增加 1909.9 万元;全面推广和规范应用“安徽民生工程”形象标识,方便公众监督、扩大品牌效应、提升知晓度。

【实施相关税收制度改革】1 月 1 日开征环境保护税,做好环境保护税开征后的跟踪调研和动态评估分析,适时总结工作成效和经验,加强调查研究,提出措施建议,及时向市政府、省财政厅汇报工作动态,为全市 419 户纳税人申报环保税。调整城镇土地使用税税额标准。贯彻落实《安徽省人民政府办公厅关于进一步降低试题经济企业成本的通知》(皖政办〔2017〕43 号)要求,会同市地税局、市国土局等部门调整城镇土地使用税税额标准,将税额等级标准调整为一等 10 元/平方米、二等 8 元/平方米、三等 6 元/平方米、四等 4 元/平方米,自 2018 年 1 月 1 日执行。深化增值税改革。5 月 1 日起,调整增值税税率和统一小规模纳税人销售额标准两项改革措施已顺利实施,本市采取加强宣传、包保服务、增设绿色通道、强化培训、严格督查等方式不断深化增值税改革。增值税税率简并,据测算,为企业减负 2 亿元,统一小规模纳税人销售额标准后,全市有 130 余户一般纳税人的企业转登记为小规模纳税人,这一政策为企业减税 7000 万元。

【加强政府性债务管理】出台《淮南市人民政府办公室关于进一步加强政府性债务管理的通知》(淮府办秘〔2018〕25号),进一步规范地方政府举债融资行为,完善地方政府债务管理激励约束机制,加强政府债务规模控制和预算管理,强化融资平台公司监管和基础管理。在锁定各级系统外债务数据的基础上,建立台账,实行月报制,动态报送,加强分析,为领导决策提供参考。确保全市隐性债务家底清,底数实。同时注重综合利用债务率、新增债务率、利息支出占比等多项指标,对各县(区)和相关单位的债务风险进行动态监控。截至12月底,全市政府性债务余额302.24亿元,其中:政府负有偿还责任的债务余额(以下简称一类)242.78亿元,政府负有担保责任的债务余额(以下简称二类)3.19亿元,政府可能承担一定救助责任的债务余额(以下简称三类)56.27亿元;市本级:政府性债务余额202.17亿元,其中:一类债务余额151.41亿元,二类债务余额3.01亿元,三类债务余额47.75亿元。

【推进政策性融资担保体系建设】全市共有7户服务中小微企业的国有及国有控股融资性担保机构,注册资本金21.19亿元(其中国有资本金19.51亿元),在保企业5167户,在保余额42.91亿元,平均放大2.11倍。积极扩面推行"4321"新型政银担业务。为防范政策性融资担保风险,贯彻落实《淮南市人民政府办公室关于促进融资担保行业加快发展的实施意见》(淮府办〔2016〕14号)文件精神,市财政在预算中安排资金设立"政银担"政策性融资担保风险补偿资金,建立起"4321"政银担担保风险分担补偿机制,积极稳妥推进"政银担"新型担保业务的开展。市财政预算安排支出2000万元专项资金,用于支持市级国有控股融资担保机构风险补偿。全年全市7户政策性融资担保机构有5户开展"政银担"新型担保业务,比上年同期增加1户。全市新增"政银担"业务3093笔,金额28.09亿元,全市"政银担"在保4756笔,在保金额32.18亿元。根据市财政局、市金融办《淮南市政策性融资担保体系重大风险事件监测预警处置预案》规定,对全市7户国有及国有控股融资性担保机构的基本经营、贷偿追偿、重大风险情况进行监测,形成《淮南市2017年政策性融资担保体系常规风险监测预警》和《淮南市2018年上半年政策性融资担保体系常规风险监测预警》报告。

【促进政策性农业保险】全市政策性农业保险完成种植业承保597.77万亩,完成省下达(334.1万亩)目标任务178.92%,财政补贴资金到位9979.17万元,资金到位率100%;养殖业完成57315头,完成省下达(19000头)目标任务301.65%,财政补贴资金到位330.66万元,资金到位率100%;林业完成公益林承保5.87万亩,资金到位9.24万元;特色农产品蔬菜、经济果林完成承保5.69万亩,育肥猪完成承保11.68万头、淡水养殖完成承保4.11万亩,财政补贴1230万元。2018年全市政策性农业保险种植业已决理赔78.25万亩,理赔金额7978.86万元,受益户次43.63万户。养殖业已决理赔3512头,理赔金额444.2万元,有1425户农户受益;特色农产品已决理赔蔬菜、经济果林15579.4亩,理赔金额2214.61万元;育肥猪已决理赔6497头,理赔金额255.53万元;淡水养殖已决理赔13801.7亩,理赔金额193.1万元。为全市66.14万户农户和规模经营主体提供近23亿元的风险保障,政策性农业保险民生工程切实保障承保农户的合法权益。在制度建设上,制定《淮南市2018年政策性农业保险实施办法》《淮南市政策性农业保险经办机构考核评价办法》《淮南市特色农产品保险财政补助实施办法》《淮南市政策性农业保险保费补贴管理暂行办法》等,通过完善制度措施,发挥政策引领作用,推动全市政策性农业保险健康发展。

【支持企业发展】多措并举,认真审核政策资金,进一步加大财政资金支持力度。及时拨付上级专项资金,包括省级外经贸促进专项资金、省级流通业发展专项资金、制造强省建设资金等,支持企业实施设备更新、技术升级、产品创新。2018年度,累计下达省级外经贸专项资金526.8万元、省级流通业发展专项资金257万元、省级电子商务专项资金407.8万元、制造强省建设资金3917万元。统筹安排市级财政资金,综合运用各类财政政策,逐步加大政策和资金支持力度,包括商务发展专项资金、制造强市专项资金等。2018年,安排制造强市建设资金5500万元,支持商贸发展专项资金3000万元。在调度资金支持的同时开展"四送一服"双百工程活动。通过走访企业、召开座谈会、问卷调查、宣讲政策等活动,形式多样地推进"四送一服"常态化工作。工作组和小分队按照走访计划表的要求,进企入园,对接联系县区和挂牌联系企业,做到解企业难题,送惠企理念,助企业发展。问题导向促解决。坚持以企业为中心,针对企业提出的问题,能够予以解答的,全部当场给予答复;当场无法予以答复的,工作组、小分队及时对接相关市直部门,建立问题发现、会商、处理一体化的流程和机制,真正帮助企业解决发展困难和问题。

【加大乡村振兴战略投入】完善小型农田水利设施建设。安排小农水专项资金200万元,安排管护资金600万元,改善农村水利条件。支持现代农业生产体系建设。安排农产品加工发展专项资金2500万元,支持农业产业园建设、龙头企业发展和现代农业发展。提升农产品质量安全。实施食品安全战略,安排专项资金125万元,支持实施乡镇及社区农产品质量安全检测和认证体系建设民生工程,加强乡镇农产品质量安全监管能力建设,全面推进"三品一标"质量认证。支持农业生态建设保护。安排3000万元专项资金用于增绿增效行动。完善森林生态效益补偿机制,提高公益林生态效益补偿标准。支持森林增长工程,落实退耕还林补助政策。安排600万元畜禽规模养殖污染经费,治理养殖业污染。以农业侧结构性改革为主线,以绿色生态为导向,围绕农业增效、农民增收、农村增绿,进一步完善农业补贴制度,出台《淮南市建立以绿色生态为导向的农业补贴制度改革实施方案》,2018年发放农业支持保护补贴4.79亿元,稻谷补贴1.57亿元。保障粮食等主要农产品供给安全,促进农业可持续发展,加快农业现代化进程。

【加大财政支持脱贫攻坚力度】继续落实专项扶贫资金稳定增长机制。按照脱贫攻坚投入与脱贫任务相适应原则,市财政全面落实市政府《关于财政支持脱贫攻坚实施意见》(淮府办〔2016〕12号)精神,严格落实市县专项扶贫资金稳定增长机制,市级和寿县按照当年地方财政收入增量的20%以上增列专项扶贫资金预算;其他有脱贫攻坚任务的县区按照10%以上增列专项扶贫资金预算。全市2018年各级财政预算安排专项扶贫资金3.71亿元,其中:中央财政安排资金1.24亿元;省级财政安排资金8523.7万元;市级财政安排资金4800万元,在当年地方财政收入负增长的情况下比2017年增加520万元;县财政安排资金1.14亿元,比2017年增加3539万元。市县均按照当年地方财政收入增量的20%或10%以上增列专项扶贫资金预算。规范扶贫资金使用管理。严格落实扶贫资金"负面清单"管理,完善和严格执行扶贫资金公开公示制度。为保证扶贫资金安全,市财政局出台《淮南市财政扶贫专项资金管理办法》《关于进一步强化财政扶贫资金监管的通知》,建立扶贫资金监督检查制度。建立财政扶贫资金动态监控平台,对各类扶贫资金进行全方位监管。按照《安徽省财政厅关于全面加强脱贫攻坚期内各级各类扶贫资金管理的通知》要求,建立全市扶贫资金总台账和动态监控系统,对扶贫项目和资金实施全过程实时监管。加大对扶贫资金的督查检查力度,对资金管理较乱,支出进度较慢的县区进行专项督查,确保财政扶贫资金使用管理高效、合规。

【落实涉企收费清单制度】自2015年起建立市级涉企收费清单制度以来,依据省、市公布的涉企收费清单,市财政局会同有关部门做好收费项目取消、停征和降标的管理工作。涉企收费清单实行动态管理制度,最新清单于2018年7月发布,包括行政事业性收费15项、政府性基金7项、行政审批前置服务项目收费18项、政府性保证金1项。市财政局网站"收费清理改革"栏目进行公示,接受社会监督。严格落实国家降费减负政策。根据财政部和相关部委通知精神,从2018年1月1日起,取消货物港务费,从2018年4月1日起,停征首次申领居民身份证工本费。涉企收费工作总体落实情况较好,已经取消的收费项目不再征收,已经降低的收费标准执行到位;坚决抵制各种乱收费,切实降低企业成本负担,优化经济发展环境。

【加强农业综合开发土地治理】根据财政部新修订的农业综合开发项目资金管理办法、省农发局相关政策要求,细化量化各项考评指标,对实现农业综合开发土地治理项目规范化管理。根据省农发局部署,开展2017年农业综合开发土地治理项目绩效评价,对土地治理项目的施工质量提升有着一定的推动作用。2018年实施农业综合开发土地治理项目11个,投入资金8695.4万元,涉及寿县、凤台、潘集、毛集四县区,为做好农发项目实施工作,调度各县区2017年农业综合开发项目实施进度,保质保量按时完成项目实施。在项目实施过程中,深入各项目实施现场,督查项目实施进度和工程质量。针对各县在项目实施中存在的突出问题,坚持问题导向,协助县区和项目单位解决问题。在项目变更方面坚持实事求是的原则,在充分尊重村及乡镇意见基础上,认真审核变更事由,完善变更程序。加强2018年农业综合开发土地治理项目招投标及开工管理，要求县区农发部门限期完成2018年项目招投标程序，及早开工建设，加快建设进度。要求县区按月报送项目建设进度情况表，掌握各县区施工进度，并赴项目县区督促项目施工进度及施工质量。

【推进一事一议财政奖补工作】按照省财政厅"投入总量不减少、支持力度不减弱"要求，坚持以农民普遍受益为目标，守住农民民主议事之灵魂，丰富建设内容，完善管理手段，不断提升奖补成效。截至目前，本市共批复一事一议财政奖补项目386个（寿县因涉农资金整合，项目不在统筹规划内），其中村内小型水利设施62个，村内道路159个，村内环卫设施21个，村容美化亮化118个，其他26个。实施项目的行政村380个，占全市行政村总数的67.7%。全市一事一议财政奖补项目资金概算为1亿元，其中财政奖补资金8589.7万元（中央资金4217万元，省级资金2571万元，市级资金731.5万元，县区1070.2万元），村民筹资370.8万元，村集体投入411.6万元，社会捐赠279.6万元，其他资金372.8万元。在制度建设上，通过出台《淮南市2018年一事一议财政奖补工作实施方案》及《工作计划》，明确全年工作目标和序时工作任务，进而理清工作思路、把握工作重点，稳步有序推进一事一议财政奖补工作。

【积极推进绿色发展】市财政主动调整支出结构，向环境保护、污染防治、生态修复等重点领域倾斜，本级财政累计投入6.6亿元，增长160%。重点推进大气污染、水污染、固体废物、农村污染治理及其他污染防治，开展矿山环境恢复治理、山水林田湖草、增绿增效等专项环境修复。分别是：大气污染防治资金支出3306.25万元，水体污染防治及管网建设资金支出3.04亿元，土壤污染防治支出2667.77万元，农业农村污染防治支出1.3亿元，增绿增效支出2657.564万元，采煤沉陷区治理支出1.2亿元，环保管理事务和能力建设支出1946.51万元。开展实地检查，履行包保职责。认真履行畜禽养殖污染防治、工业园区集中供热两方面牵头包保责任。联系主管部门市农委、市发改委，制定《市财政局牵头包保环保整改督导计划》，开展实地核查。

【开展会计监督检查和"小金库"防治工作】为切实履行财政部门会计监督职责，充分发挥会计监督服务宏观调控和财政管理、保障财税政策执行、提升会计信息质量的重要作用，根据《安徽省财政厅关于开展2018年度会计监督检查和资产评估机构检查工作的通知》（财监〔2018〕721号）要求的检查重点，市财政局和市扶贫办根据拨付财政专项扶贫资金拨付情况、各县区项目实施情况和各县区上报的资产收益项目情况，随机取样检查。重点检查县区财政专项扶贫资金支出、项目管理机制、资产收益扶贫的推进。全面查摆本市资产收益扶贫存在的问题。从8月10日至9月10日，深入有扶贫开发任务的县区开展排查，主要检查内容为财政专项扶贫资金管理情况，扶贫项目管理情况，资产收益扶贫工作开展情况。通过检查，主要存在部分县区支出进度较慢、扶贫项目推进缓慢、部分项目资金核算不规范等问题。根据《安徽省财政厅关于印发〈进一步加强"小金库"防治工作方案〉的通知》（皖财明电〔2018〕10号）通知要求，印发《进一步加强"小金库"防治工作方案》（淮财监〔2018〕940号），认真组织全面排查工作，市本级纳入335家市直部门和单位，县区纳入1089家县（区）直部门和单位组织开展全面排查，实现排查全覆盖。市本级未发现存在"小金库"问题；潘集区发现1家单位存在"小金库"问题，涉及金额19.14万元，由该区纪委立案办理；其他县区（园区）均为"零"申报。在全面排查基础上，各级财政部门对有举报线索的、"零报告"的、易发多发的地区和单位，进行随机督导抽查。市本级对15家市直部门、县区（园区）对74家县区（园区）直部门组织开展督导抽查。经查，市本级和各县区（园区）未发现存在"小金库"问题。

寿县财政工作概述

【概况】2018年，寿县财政部门聚力聚焦增财源提升发展质量，从严从实强管理推进财政改革，全县财政运行呈现增速攀升、进度加快、平稳向好的态势。2018年全县完成财政收入20.38亿元，增长26.78%；支出63.98亿元，增长11.14%。

【深化财税改革】进一步完善政府预算体系，完整编制四本预算。推进预算制度改革，落实按经济分类科目编制预算，提高预算编制精细化水平。持续推进预决算信息公开，推动建立全面规范透明、标准科学、约束有力的预算制度。2018年继续统一平台公开财政预算及"三公"经费信息，全县政府和68家县直部门严格按照统一时间和格式要求公开政府预算和“三公”经费预算。国库集中支付改革和电子化管理改革同步推进,提升财政资金安全,降低行政成本,提高支付效率。持续推进税制改革,进一步落实营改增等改革后期政策,做好环境保护税开征后的工作衔接,做好排污费征收收尾工作。清理规范重点支出同财政收支增幅或生产总值挂钩事项,在编制2018年预算时不再将有关重点支出同财政收入挂钩,而是按照本县县情量力而行,实事求是编制部门预算。积极做好涉及机构改革财政保障经费工作。按照预算法规定,按程序完成向县人大常委会报告2017年财政决算、第一次预算调整以及重大财政事项。积极配合同级审工作,对审计中提出的问题认真加以整改,并有针对性的完善管理制度,相继出台《寿县县级预备费管理办法》,加强县级预算管理。

【加大保障改善民生投入】调整优化支出结构,将更多财力向基层一线惠及,13大类民生支出53.7亿元,增长19.2%。充分保障教育、社保、医疗卫生、就业和节能环保等重点支出。2018年实施33项民生工程,共投入资金30.92亿元,县级配套13.45亿元,总投入较上年增加6.73亿元(其中县级配套资金较上年增加5.47亿元)。着力保障基础性、普惠性、兜底性民生,人民群众获得更多实惠。

【支持脱贫攻坚】全年投入财政专项扶贫资金2.55亿元,较上年1.94亿元增长31.1%,其中县财政专项资金安排数按要求达到地方财政收入增量1.58亿元的20.28%。盘活财政存量资金用于脱贫攻坚投入1.26亿元,占可统筹存量资金2.23亿元的56.73%。整合资金规模是6.2亿元,实际整合资金规模占纳入计划整合资金规模7.32亿元的84.79%,与上年的85.8%基本持平。牵头实施资产收益扶贫民生工程。2018年寿县资产收益扶贫总投入2367.95万元,占年度考核任务的164%,全县72个贫困村,平均每个贫困村投入32.89万元。资产收益扶贫项目带动贫困村61个,村均增收6220元,贫困村增收总额37.94万元,带动贫困人口4659人,人均增收385.09元,贫困人口增收总额179.42万元。支持美丽乡村建设。从政府性基金中支出7000万元,用于2017年度13个乡镇政府驻地建成区和7个省级中心村建设,累计实现财政投入1.33亿元。省市县投入美丽乡村建设财政专项资金7004万元,用于2018年全县13个省级中心村、9个市县级中心村、124个市县级自然村整治。

【管控政府债务风险】坚持严控政府性债务增量、消化存量、稳定总量原则加强债务管控工作。健全以政府债券为主体的政府举债融资机制,2018年全部完成政府存量债务置换。积极做好地方政府债券发行申报和分配工作,全年争取债券资金6.4亿元,其中:新增债券资金1.47亿元、定向置换债券资金2.11亿元、公开发行置换债券资金292万元,争取再融资(借新还旧)债券资金2.79亿元。适时对存量政府债务进行清理,逐步消化逾期债务和存量债务,有效管控政府债务风险。启动政府隐性债务统计监测工作,共组织全县207家单位开展政府隐性债务清理和数据填报,制定政府存量隐性债务化解方案。2018年末,全县政府债务余额为44.92亿元,其中一类债务44.59亿元,全部为地方政府债券,在省核定的年度地方政府债务限额55.06亿元以内。

【推进国库改革】按照统一部署,结合实际优化国库集中支付结构,开通授权支付模块,落实预算单位支出责任。相继出台电子化管理改革实施方案、资金管理办法、电子化印章管理暂行办法等政策措施,保障国库集中支付电子化成功上线。2018年通过平台支付金额76.34亿元,支付笔数99463笔(其中直接支付74.72亿元,授权支付1.62亿元)。国库集中支付动态监控规则更加完善,对构建“资金支付及时、系统处理迅速、安全防控有效、信息基础扎实”的国库电子化支付安全支撑体系具有积极作用。

【开展财政监督】健全内控机制,制定财政系统内控制度体系。对县重点局等单位2017年度津贴补贴、“三公”经费和小金库进行专项检查。制定印发《关于下达2018年财政监督检查(预算绩效评价)项目计划的通知》。扎实开展各项监督检查工作,完成2017年新增债券绩效评价,以及2015—2017年电子商务专项资金、寿县国投集团公司及各子公司2011年成立以来投融资等情况、财政专项扶贫资金等专项资金检查,收回财政资金282.31万元。

凤台县财政工作概述

【概况】2018年,凤台县财政收入完成41.3亿元,增长7.2%;财政支出完成40.7亿元,增长2.2%。按现行财政体制测算,全县实现财政收支平衡。

【提高民生保障水平】全年13大类民生支出完成34.62亿元,同比增长1.1%,占一般公共预算支出的85.1%。支持教育优先发展。深化义务教育经费保障机制改革,保障城乡中小学校正常运转,实施义务教育薄弱学校全面提质改造,教育事业累计支出7.41亿元。支持医疗卫生事业发展。支持公立医院改革,推动基本公共卫生服务健康、均衡发展,医疗卫生事业累计支出4.8亿元。提高社会保障水平。扎实推进社会保障体系建设,保障困难人群的正常生活需要,促进城乡就业和再就业,社会保障和就业累计支出5.46亿元。支持公共文化事业建设。支持文化体制改革和文化产业发展,加大公益性文体设施建设的投入,逐步建立覆盖城乡的公共文化体育服务体系,文化体育与传媒累计支出3119万元。2018年实施30项民生工程,累计投入财政资金9.78亿元,其中县级财政配套3.32亿元。支持扶贫攻坚工作,共投入各级财政专项扶贫资金4384万元;开展金融扶贫,共发放小额扶贫贷款3445万元。

【强化体制机制建设】注重资金源头管控,修正预算编制方案中的相关基数,不断提升预算编制的科学化和精细化水平,并做好预算核查、批复及公开工作。加强政府债务管理。着力化解债务存量,从严控制债务增量,不搞"数字化债",2018年全县债券总收入12.71亿元,化解债务10.69亿元,解决项目融资资金2.02亿元。建立健全资金安全管理内控机制。规范资金收付业务流程,建立岗位责任追究机制,提高资金运行安全性和透明度。

【加强财政监管】严格执行国库集中收付制度,规范财政专户管理,提高财政专户资金使用效益、安全、保值增值,并全面清理存量财政专户。推进财政监督与绩效评价工作。牢固树立财政监督理念,按照"收支并重、内外并举、监管结合"的总体思路,重点对民生资金和涉农财政专项扶贫资金等进行监督检查,严肃财经纪律,提高资金使用效益;大力开展重点项目和财政政策的绩效目标审核、绩效运行监控和预算绩效评价,逐步实现以结果作为衡量资金使用成效的主要依据,进一步提升财政资金使用的有效性、规范性和安全性。在财政部2017年县级财政管理绩效综合评价中,以92分名列全国第30名、全省第3名,被省政府通报表彰。

大通区财政工作概述

【概况】2018年,大通区财政收入完成5.98亿元,增长7%。财政支出完成5.42亿元,增长9.4%。按现行财政体制测算,基本实现财政收支平衡。

【深入推进财政改革】强化预算管理。规范和细化财政预算编制,提高年初预算到位率,减少预算调整,加强预算执行管理,按照经济分类编制2019年部门预算。全面推进预决算公开。加大预算信息公开力度,区政府及53家一级预算单位部门预决算信息和"三公"经费信息全部公开到"项"级科目。扩大政府购买公共服务领域。严格执行《大通区政府采购管理暂行办法》(大府办〔2015〕23号)和《大通区工程建设项目招投标管理暂行规定》(大府办〔2016〕4号),成立大通区公共资源交易监管领导小组并下设办公室,加强对全区政府采购及工程建设项目实施过程的监管。转发《淮南市财政局关于淮南市2018—2019年政府集中采购目录及采购限额标准的通知》(淮财购〔2017〕1047号),出台《大通区政府公共资源交易业务基本流程(试行)等制度的通知》(大府办〔2017〕18号)等文件,规范政府采购业务交易行为。进一步加强政府采购工作管理,区直各单位根据集中采购目录及限额标准的规定,编制年度政府采购预算,并严格按照经批复后的政府采购预算执行。2018年,全区共进行政府集中采购99批次,项目预算572万元,中标金额488.1万元,节约率14.67%。2018年,全区入场招投标项目46次,项目预算资金2671.3万元,中标金额2414.65万元,节约率为9.61%。

【着力提高保障能力】强化税收征管。实行财税形势预研预判,建立健全综合治税机制;按照区政府要求,由财政牵头成立专门工作队,财税部门加强同乡镇(街道)、市场监管局、经信委和园区办等部门的沟通协调,在全区范围内集中开展清理整顿偷漏欠税专项行动,强化征收责任主体,深入企业对税务登记和纳税情况进行摸排,督促欠税企业应缴尽缴;清理整顿企业90余家,累计清理入库欠税205万元,加收滞纳金92万元。征收拖漏欠税260万元;同时对全区行政事业单位严格执行"收支两条线"规定,努力挖掘财政增收潜力,全面完成增收目标。全区非税收入累计完成8069万元,增长49%。加强存量资金清理。建立财政存量资金定期清理制度,对部门结转结余资金清理收回财政统筹安排,截至6月份,全区存量资金共计8010万元;其中,转移支付结转结余1747万元,部门预算结余结转结余2436万元,预算稳定调整基金3627万元,预算周转金200万元。进一步提高财政资金使用效率。加大对园区建设扶持力度。完善园区基础设施建设,加大招商引资力度,运用税收、贴息、奖励等政策,扶持优势骨干企业,培植骨干财源;2018年帮扶18家企业争取政策补贴资金489.7万元,对推动企业技改、创新发展和做大做强起到积极的促进作用。

【积极实施民生工程】全面落实精准扶贫政策。落实各级财政专项扶贫资金493.9万元和区财政其他脱贫攻坚资金600余万元,整合资金500余万元,支持贫困村产业发展和基础设施建设,改善生产生活条件,提高贫困群众收入水平,推动精准扶贫、精准脱贫。加大民生投入,推进民生工程实施。加大对民生领域资金投入力度,切实保障以改善民生、提升公共服务质量为重点的资金需求,全年13大类民生支出4.62亿元。根据省、市民生工程总体部署,紧扣民生工程目标任务,精心组织谋划,突出机制完善,强化工作责任,狠抓任务落实,全年拨付民生工程资金1.7亿元,全力推进27项民生工程实施。认真落实惠农补贴政策。规范和加强惠农补贴资金发放管理,确保各项惠农补贴资金及时、准确、足额、安全发放到位。预计全年发放惠农补贴资金16大类38个批次4900万元,累计补贴对象32889万户(人)。做实"一事一议"工作。2018年,全区共申报审批一事一议普惠制项目34个,其中:村内小型水利设施项目2个,道路修建18处,其他项目14个。

【强化财政监督管理】建立内部控制制度。制定下发内部控制各项具体制度,着力提高财政工作效率和服务质量,避免财政政策制订和资金分配过程中的业务风险与廉政风险。健全财务管理制度。修订《大通区区直部门财政拨款结转和结余资金管理办法》《大通区区直行政单位财务管理暂行办法》等管理制度,加强财政监管,建立起以"审核把关""动态监管"为中心的管理机制。积极开展专项资金检查和重点督查。对财政支农项目、扶贫资金、民生工程资金、乡镇财务和农村三资管理等开展专项检查,对检查发现的问题积极督促整改,确保资金安全;开展"小金库"治理、规范津补贴和"三公经费"支出情况重点督查,有效规范财经秩序,全区"三公经费"下降16%。组织开展全区涉嫌非法集资广告资讯信息排查、全区非法集资风险排查、全区P2P网络借贷风险排查、互联网金融风险排查及清理整顿工作,进一步净化金融环境;加强国有资产管理。完善行政事业单位资产管理信息系统平台数据,明晰产权主体,夯实管理基础,明确资产管理责任,提高资产使用效率。

田家庵区财政工作概述

【概况】2018年,田家庵区财政收入完成17.44亿元,增长12.2%;财政支出完成11.2亿元,增长13.4%。

【突出民生保障】全区教育、卫生、社保等13大类民生支出完成9.48亿元,占全区财政支出总量的85%,事关群众切身利益的社会事业得到有效保障。认真实施省级33项民生工程,构建目标任务"网格化"分解模式,建立调度、会商、督查、问效制度,严格工作落实,严肃责任追究,强化舆论宣传,足额筹措资金,全年民生工程配套资金投入5600万元。统筹兼顾,全力支持打好三大攻坚战。大力推进脱贫攻坚,发挥财政职能,加大保障力度,开展财政扶贫监督检查,严格监督扶贫资金使用成效,落实精准扶贫,各级财政投入扶贫专项资金1011.7万元。

【推进财政改革】加快建立现代财政体系,全面实施绩效管理,深化财政业务建设,建立预算执行管理长效机制,硬化预算约束。完成国库支付管理电子化改革,完善国库管理各项内控制度,进一步提高财政资金安全高效运行。完善预、决算和专项资金信息公开工作,财政预算、决算公开常态化,积极打造阳光财政。创新政府采购方式,拓宽政府采购渠道,提高政府采购工作效率,2018年5月7日正式启用的"淮采商城"运行良好,全年网上商城完成91个项目,项目总金额248万元,成交金额238万元,节约资金10万元,节约4%。

【深化财政监管】开展涉农资金、扶贫资金督查,确保财政资金安全高效。加强行政事业单位资产管理,实现规范运作,保值增值。加强"三公经费"监督管理,确保只减不增,全区三公经费支出328.8万元,同比减少5.4%。开展财政预决算公开专项检查,提高财政公信力和透明度。牵头做好"小金库"专项治理,充分发挥财政监督管理职能。开展公共资源交易市场(建设工程、政府采购、产权交易)专项联合执法检查活动,进一步规范招投标各方主体行为,净化公共资源交易市场,促进公共资源交易事业健康发展。

谢家集区财政工作概述

【概况】2018 年,谢家集区财政收入完成 2.57 亿元,增长 13.27%;财政支出完成 7.69 亿元,增长 7.12%。按现行财政体制测算,全区实现财政收支平衡。

【提高民生保障水平】全区 13 类民生支出完成 6.24 亿元,占财政总支出比重为 81.07%。推进教育、文化、体育事业发展。继续支持教育优先发展,拨付"两免一补"经费 1638 万元。支持社保体系建设,继续改善困难人群生活。累计拨付城乡低保、大病医疗救助、五保等资金 4736.3 万元。推进创业就业工作。加强环境保护工作,拨付秸秆禁烧、"三大革命"等资金 1680 万元。加大精准扶贫投入。全区贫困户的小额扶贫贷款放款 114 户,共计 468 万元。

【服务区域经济发展】在财政收支矛盾突出的情况下,区财政局主动做好与市财政资金结算沟通,努力争取上级的资金支持,立足根本,重点保工资、保运转、保民生支出需要。严格控制政府一般性支出,从严核定项目支出预算,根据实际需要合理安排支出。积极履行财政服务经济发展职能,紧盯省投资导向,协助全区各级各部门征集、筛选、上报项目,为区域经济社会持续发展提供有力支撑。督促重点项目早开工、早见效,切实发挥出良好的经济效益、生态效益和社会效益。加大力度,扶持重点企业发展。财税部门组织相关人员深入企业,向企业宣传各项惠企政策,积极对接省钢铁产业有关政策,综合运用财政补贴、贴息等政策,着力扶持重点企业宏泰钢铁发展初见成效。

【推进财政监管】继续开展财政监督检查工作。分别组织开展"小金库""乱发津补贴"以及财政专项支出、三公经费、政府采购、会计质量情况进行全面的检查。对全区预算公开情况进行不定期抽查,接受社会监督,积极探索和推进财政监督机制建设。在财政资金运行过程中,把财政监督作为财政管理的必要环节和有机组成部分,加大事前、事中监督力度,真正形成财政监督与财政管理的紧密结合。加强财政绩效评价,发挥资金效益。对各类资金的使用效果,实行财政绩效评价制,坚持跟踪问效,及时总结经验,以问题为导向,分析原因,督促整改完善,强化项目、资金使用监管和绩效管理,确保资金发挥最大效益,为后期资金的安排提供依据。

【深化财政改革】优化预算编制机制,促进预算公开。坚持"统筹财力、保障重点、创新管理、奖惩并举"的原则,实施更加积极有效的财政政策,完善预算管理制度。通过采取提前部署、加强培训、实时跟踪等多种措施,着力促进预算公开工作。除涉密信息外,2018 年全区政府预算、部门预算的公开率、及时性和细化程度均实现 100%。完成集中支付电子化改革工作。对照改革方案中的工作计划和时间安排,对电子化改革后涉及支付类型,包括目前使用的直接支付及可能上线的授权支付全过程进行梳理。与人民银行主动对接,统一组织、协调推进改革工作。

八公山区财政工作概述

【概况】2018 年八公山区一般公共预算收入完成 2.89 亿元,增长 8.3%;财政支出完成 4.73 亿元,增长 13.3%。

【加大民生领域投入】全年统筹资金保障民生支出 4.01 亿元,占总支出 85%;稳定经济增长八项支出 3.83 亿元,占 81%,增长 17%。重点支出保障有力,将财力优先用于保工资、保运转、保民生,调优支出结构,保障全区发展需要。全年统筹资金保障教育、社会保障、农林水事务、医疗卫生、节能环保、住房保障六项重点支出 3.34 亿元,占财政支出的 70.6%。22 项民生工程圆满完成年度目标任务,共计投入资金 8360 万元,其中完成农村环境"三大革命"常住农户卫生厕所改造 254 户,建成食品快速检验室 3 个,十排楼、胜利小区完成老旧小区改造工作。补助类项目及时有序发放,通过惠民直达系统累计发放 3410 万元补助资金,做到应助尽助,参保类项目保障有力,完成目标任务,做到应保尽保。

【努力培植新型财源】发挥财政"四两拨千斤"作用,积极兑现各项扶持实体经济政策,继续推进供给侧结构性改革,支持制造业高质量发展,大力促进民营经济发展,支持创新驱动发展战略,支持著名商标,支持实施乡村振兴战略,服务五大发展行动计划,做好“三去一降一补”,减收实体经济税收4016万元,着力优化发展生态环境,支持招商引资和项目落地。

【加强政府债务管理】认真贯彻落实中办国办和省市关于加强政府债务管理,防范和化解财政风险的文件精神,坚持底线思维,从严从紧控制债务增长,严格规范的政府举债融资行为。2018年完成存量债务的置换工作,完成隐性债务的清理、核查工作,并录入监测平台系统,当年化解因保障房和环保整治产生的债务4710万元,为下一年争取新增债券、化解债务打下良好基础。

【强化财政监督】严格预算约束,坚持先有预算、后有支出的原则。细化部门预算编制,收集基础信息,不断提升预算编制水平;全面推进国库集中支付电子化,完善财政资金全流程动态监控机制,加强财政支出管理,严把支出审核关,有效压缩“三公”经费等一般性支出,全区各部门全面公开部门预决算、“三公”经费信息,做到内容完整、项目细化、真实合法。开展财经纪律、专项资金、预决算信息公开、“小金库”专项整治回头看等专项检查,推进财政财务管理工作更加规范,维护经济秩序。强化对小额贷款公司和融资担保公司的监管,开展对小额贷款公司和融资担保公司的风险排查。防范化解各类金融风险,打击处置非法集资。

潘集区财政工作概述

【概况】2018年,潘集区财政收入完成7.14亿元,增长11.2%;全区公共财政总支出完成13.08亿元,增长12.9%。

【强化财政收入】加强收入分析,明确收入任务,分解收入目标责任,狠抓目标考核,强化征收单位组织收入的主体责任,提高征管部门和各乡镇协税护税的主动性和积极性,形成齐抓共管的工作合力。在征管过程中抓好以大税源行业、大项目、大企业、大税种为核心的重点税源精细化管理,同时抓大不放小,收好零散税源,确保应收尽收。

【硬化财政支出】大力推进脱贫攻坚。加大财政扶贫资金投入和整合力度,投入财政专项资金4028万元用于脱贫攻坚工作;优先保障教育支出。安排资金2813万元完善义务教育经费保障机制改革成果,推动义务教育均衡发展。做好社会保障兜底。拨付机关事业单位养老保险差额2247万元,发放困难人员补助金6226万元,为29万新农合参保人员报销医疗支出1.91亿元。全力支持大气污染防治。落实秸秆禁烧和综合利用资金2375万元,实施农村环境“三大革命”,改善生态环境和生活质量。

【深化财政改革】认真贯彻落实《预算法》要求按照功能分类和经济分类编制预算的规定,改进预算编制方法,从1月1日起正式实施支出经济分类科目改革。完成国库支付电子化改革。制定出台《潘集区国库集中支付电子化暂行办法》《国库集中支付电子化印章管理办法》,完成预算单位相关信息采集、UK采购和制作工作,组织预算单位业务培训,完成系统上线运行测试,8月底全面完成改革工作,国库集中支付覆盖区乡两级152个预算单位,实现财政支付“横向到边,纵向到底”,为预算部门提供更加规范、安全、便捷、高效的财政支付平台。调整乡镇财政体制。推动新一轮乡镇财政管理体制改革,激发乡镇(街道)财政增收潜力,为乡镇(街道)履行职能提供财力保障。

【细化财政管理】制定出台《关于进一步规范区级预算管理的通知》,对区级财政资金的审批、拨付程序重新进行明确,优化资金审批流程,加快资金拨付进度,提高办事效率。制定《潘集区工程项目招标采购的指导意见》,进一步明确建设工程招标采购层级、采购限额、采购方式和审批程序。从强化监管上下功夫。全面落实财政预决算信息公开制度,全面实行预算部门财务集中代理制度,加强行政事业单位财务内控管理工作,认真组织开展违规发放津补贴和“小金库”专项检查。

毛集实验区财政工作概述

【概况】2018年,全区财政收入完成2.68亿元,增长9.3%;全区财政支出完成5.28亿元,增长22.5%。

【加大民生支出】全区13大类民生支出4.73亿元,增长67.42%,占全区财政支出的89.51%;一般公共服务等8项重点支出3.94亿元,增长22.56%,区工委、区管委中心工作和重点领域支出得到有力保障。高标准实施民生工程,2018年实施民生工程29项,投入资金2.04亿元,其中区级配套4300余万元。推进城乡统筹发展,安排美丽乡村建设专项资金1200万元;支持乡村振兴战略,全区财政投入涉农资金近亿元;安排一事一议财政奖补项目38个、拨付财政奖补资金458.87万元。通过“一卡通”发放惠农补贴5201万元。

【三大攻坚保障有力】严格按照预算法、担保法等法律法规要求,进一步规范地方政府债务管理,防范化解债务风险。继续做好地方政府债券发行工作,2018年发行新增一般债券资金211万元;置换债券资金1960万元,专项债券资金4008万元。截至2018年末,全区系统内政府债务余额为1.64亿元,其中:发行置换债券9437万元,发行新增债券6970万元。全力推进脱贫攻坚,各级财政安排扶贫资金826.4万元。实施资产收益扶贫,投入扶贫资金80.88万元,安排项目2个,涉及2个贫困村,收益贫困人口81人。助力打好污染防治攻坚战,全区节能环保支出3145亿元,增长201.25%。

【加强财政管理】推广PPP模式,进入财政部平台系统项目共2个、总投资5亿元。开展“四送一服”,优化营商环境,支持实体经济和民营经济发展,全年兑付产业扶持资金798.13万元。农业综合发项目累计全年累计投入1479.8万元。加强预算管理,认真执行《预算法》,推进预决算公开。实施会计代理记账管理,各预算单位全部纳入记账代理中心记账,推进内部控制建设,开展“小金库”和滥发津贴补贴专项整治“回头看”。

淮南高新区(山南新区)财政工作概述

【概况】2018年,高新区财政收入完成7.06亿元,增长26.1%;财政支出完成6.78亿元,增长5.8%。

【促进经济发展】实施积极有效的财政政策,创新财政支持经济发展方式,促进经济高质量发展。大力支持招商引资。强化运用各种财税政策,切实落实新区投资优惠政策,支持招商引资、工业项目引进,培育新的经济增长源,全年兑现各类项目扶持资金271万元。积极筹措资金搭建招商平台,全年累计投入标准化厂房1.31亿元,科技孵化器901万元,双创中心3.37亿元。支持生态经济建设。加大生态建设和环境治理的资金投入力度,落实环保资金配套使用的各项政策,加大对各种污染治理和污水、垃圾处理设施建设的支持力度,全年累计投入2830万元,其中:污水管网建设投入1097万元,畜禽污染整治投入1001万元,污水处理厂投入162万元,大气污染治理210万元,饮用水安全投入22万元,生活垃圾整治及投入333万元,其他环保宣传等5万元。支持科技创新。2018年支付大数据资金3762万元。拨付国家战略新兴产业奖励20万元,争取重大新兴产业基地奖励省级资金3000万元。

【保障民生支出】坚持把保障和改善民生摆在突出位置,加大对民生支出的保障力度。坚持补齐民生短板。加大对教育基础设施和装备更新的投入,促进教育优质均衡发展,投资新建山南十四小、十五小、十六小,三所学校2018年累计投资2亿元。完善经费保障机制。2018年,本区民生工程共涉及19项,制定各类民生工程资金管理办法,优先保障民生工程资金,全年累计拨付民生工程资金2468万元。同时,加强资金绩效管理,2018年全市民生绩效考评,抽取义务教育经费保障机制和棚户区改造2个项目,分别获得100分和97分好成绩,排在全市前列。助推脱贫攻坚。提前谋划,确保扶贫资金落实到位,全年扶贫投入390.75万元,其中扶贫专项资金安排330万元,分别用于村级水泥路建设及大郢村生态农业示范园二期项目,积极开展资产收益扶贫,指导三和镇、大郢村拟定《高新区资产收益扶贫工程协议书》,约定分红比例、金额及收益分配等内容,带动新区贫困户增收。大力支持乡村振兴战略。全年拨付农村改厕资金170万元,农村环境整治及环卫一体化资金324万元。

【深化预算改革】制定并出台《高新区财政预算管理办法》,从收支范围、预算编制、执行、决算、监督等方面对高新区财政预算进行全面规范,科学编制年度预算,不断完善政府全口径预算管理体系。强化财政支出管理。强化支出分析,确保预算执行的均衡性、有效性、安全性。提升财政管理透明度。进一步完善和细化公开内容,将区级政府预决算、部门预决算、“三公”经费、培训费和会议费等支出情况全部在高新区预决算公开专栏上公开,接受社会监督。配合市级相关部门对大数据资金、扶贫小额贷款等民生、扶贫领域资金开展绩效评价。

【加强债务管理】积极化解存量债务,建立健全政府债务管理长效机制。全面清理核实管委会本级及区属公司的债务规模、结构、收益、资产、变现和平衡能力等情况,为盘活存量资产、有序推进债务化解奠定坚实基础。完善政府性债务管理制度体系,有效防范债务风险。积极争取地方政府债券额度,2018 年申请政府债券资金 4.6 亿元,其中一般置换债券 1.85 亿元,专项置换债券 2.21 亿元,土储专项债 5429 万元,有效缓解新区项目建设的资金压力。规范融资行为。密切关注上级地方政府性债务管理和国家金融政策变化,对融资平台公司举债融资行为全面排查,及时改正不规范融资行为,坚决杜绝新发生违法违规融资行为。强化项目管理。落实政府投资项目管理办法,全面梳理在建、拟建政府投资项目及其资金渠道、财政承受能力论证等情况,强化政府债务资金使用的跟踪监督。坚持量力而行,确保债务规模与区级经济发展、财政收支、偿债能力相适应。

淮南经济技术开发区财政工作概述

【概况】2018 年,经开区财政收入实现 5.71 亿元,增长 9%。财政支出完成 3.12 亿元,增长 7.3%。

【保障开发区建设】继续推进财政扶持资金优惠政策。全年企业政策兑现及工业项目扶持资金共 5261.61 万元。兑现税收补助资金共 1813.3 万元。兑现 2018 年度企业创新发展提质增效专项资金 203.32 万元。保障重点领域支出需求。全年投入文明创建经费 315.2 万元;环境整治大气污染防治投入经费 831.3 万元;基础设施建设投入经费 2.8 亿元(包括征地拆迁和土地报批费用)。有力保障经开区各项重点工作顺利开展。

【组织实施民生工程】及时召开民生工程领导小组会议,签订 2018 年度民生工程目标责任书,进一步细化分解任务,建立健全工作机制,制定民生工程领导小组会议制度、民生工程领导小组成员单位职责和民生工程信息宣传制度。经开区 20 项民生均按进度有序进行,在全市民生工程考核中取得较好成绩。其中,义务教育保障机制累计拨付资金 486.43 万元,计生特扶累计拨付资金 30.24 万元。

【规范财政资金管理】经开区财政局制定《淮南经济技术经开区财政预算管理办法》《关于进一步规范淮南经济技术经开区财政项目资金拨付程序的通知》《淮南经济技术经开区机关财务管理制度》,提高资金使用效益,精简拨付环节、规范拨付流程,更好地促进政府性投资项目建设和民生工程实施,确保财政财务资金安全高效。

【推进政府性债务管理改革】淮南经济技术开发区国有企业(融资平台)存在债务 6.82 亿元。根据财政部相关文件要求,区财政局已对相关不合规担保进行整改。9 月份,根据上级部门要求,对淮南经济技术开发区管理委员会本级,下属实业总公司、淮南市新城建设投资有限公司、淮南经济技术开发区城镇建设投资有限公司,相关债务数据进行梳理。管委会本级无债务,实业总公司名下 5800 万元债务、新城投名下 3.25 亿元债务,城镇投名下 2.99 亿元债务。按债务性质划分,开发区现存债务均属于隐性债务,且在全口径地方债务监测平台上进行全面申报,相关化债计划方案已由新城投上报主任办公会批准。

淮南现代煤化工产业园区财政工作概述

【概况】2018 年,煤化工园区处于筹建期,财政体制尚不完善,现阶段园区财政局主要负责管理和监督各项财政收支、负责财政资金的调拨,监管国有资产和政府债务,编制和执行政府采购计划,做好园区管委会机关财务集中核算和部门预决算等工作。

【财政收入】坚持“经济工作项目化,项目工作责任化”,围绕年度目标任务,压实责任,奋力推进园区经济发展。2018 年园区财政收入 7663 万元,增长 89.8%。

【金库设立】2018 年 6 月中国人民银行合肥中心支行批准设立国家金库安徽(淮南)现代煤化工产业园区支库,煤化工园区四至范围内所有税收收入、非税收入和其他收入均应缴入园区金库。

【财务管理】按时编报部门预决算、资产年报、内控年报,认真贯彻落实厉行节约反对浪费条例,严肃财经纪律,监管国有资产资金的使用。完成园区管委会及内设机构的财务集中核算、固定资产管理、政府性债务管理、内部控制建设等工作。

【信息公开】按时完成年度部门预决算信息、“三公”经费预算支出信息在市政府信息公开网、部门官方网站上的公开,按季公开园区财务信息,接受单位员工和社会监督。

滁州市财政工作综述

滁州市财政工作概述

【概况】2018年,全市财政收入完成324.5亿元,总量位居全省第4,增幅位居全省第5。全市财政支出累计完成404.3亿元,比上年同期增长6.1%。其中:教育、医疗卫生、社会保障、农林水等13类民生支出345.2亿元,民生支出占财政支出比重达85.4%。财政收支实现"四个突破",即市本级财政收入突破100亿元,县级财政收入突破200亿元,全市财政收入突破300亿元,全市财政支出突破400亿元。

【财政政策更加积极】落实减税降费政策。全年减税38.6亿元,增长7.2%。停征排污费、取消货物港务费、降低残疾人就业保证金征收标准上限。保持支出强度。全市安排工业发展资金15.4亿元助推新旧动能转换,安排科技和人才资金6.8亿元推动创新驱动发展。全年共调度各类资金140亿元,用于重大民生事业项目和市政工程建设项目。做好地方专项债券发行。全市全年共争取政府债券资金158.7亿元,每年节约资金成本近4亿元。发行自求平衡专项债券89.8亿元,发行数占全省发行总额的12%,接近平均值两倍。

【三大攻坚战效果显著】严控债务风险。完成全市隐性债务清理认定工作,制定隐性债务化解方案。全市各级政府债务规模均未突破上级下达的举债限额。脱贫资金保障到位。安排10.1亿元用于支持脱贫攻坚。安排1.1亿元用于170个资产收益扶贫项目,年实现资产收益0.1亿元,带动123个贫困村集体年均增收8.8万元,带动8.3万贫困人口人均增收515元。实现定远县摘帽通过省级初审,21个贫困村出列、2.82万贫困人口脱贫。推进绿色生态建设。投入500万元支持沙河集水库等饮用水源保护。投入3.38亿元用于林业项目,森林覆盖率达33.6%;投入5.1亿元,支持农村厕所、垃圾、污水专项整治"三大革命",完成非正规垃圾堆放点整治25个,改厕超3万户,建成45个乡镇政府驻地和67个中心村污水处理设施。

【实体经济发展扶持有力】开展产业扶持。兑现1133万元支持服务业发展。兑现2164.9万元支持外贸产业发展。安排电子商务发展专项资金1000万元支持"电商滁州"建设。争取9769.2万元扶持制造业发展。开展企业帮扶。多渠道筹措资金30亿元,支持惠科光电项目。拨付2018年制造强省建设资金9769.2万元。包保明光市帮招输送务工人员3638人。拓宽企业融资渠道。全市安排续贷过桥资金2.9亿元,扶持小微企业1124户,周转贷款金额53.6亿元,企业节约融资成本近4000万元。新增4000万元用于市担保公司增加注册资本金,全市9家国有融资担保机构总注册资本金总额达31.4亿元。全市政银担业务合作银行达14家,当年新增担保户数3238户,担保金额66.2亿元。推广政府和社会资本合作模式。规范项目运营管理,全市共有33

个项目入库,投资额达465.6亿元,其中滁宁城际铁路滁州段一期等市本级项目入库8个,开工8个,项目落地率100%;滁州高教科创城获评第四批国家示范PPP项目。

【财税体制改革稳步推进】全面实施绩效管理。制定《关于全面推进预算绩效管理的意见》。首次开展绩效运行监控,初步形成全过程预算绩效管理完整闭环。推进税制改革。顺利开征环保税,全市共入库环保税786万元。完成增值税改革,落实增值税税率降低和小规模纳税人标准调整政策,全市共有近700户一般纳税人转为小规模纳税人,共退还161户次中国制造2025重点行业企业,退还增值税企业留抵退税1.15亿元。推进医保管理体制改革。在全省率先建立"三保统一经办、两保统一政策"新体制,"三保合一"信息系统成功上线运行。

【民生保障持续改善】实施33项民生工程。全年到位资金113.54亿元,拨付113.53亿元,拨付率99.99%。全市工程、培训类项目已全面完成,补助类项目均按序时进度足额发放。支持教育优先发展。安排教育专项14.4亿元,支持东坡路中学等61个重点项目建设。提高普惠性民办幼儿园生均补贴标准,安排资金1425万元惠及117所民办幼儿园。扩大义务教育均衡成果,拨付3.2亿元用于免杂费、免费教科书和补助公共经费。统筹资金1.2亿元用于智慧校园建设,促进高中教育优质发展。投入3.8亿元加快职业教育融合发展。加强就业和社会保障。安排就业资金0.8亿元,城镇新增就业7.1万人;实施特困人员供养及生活无着人员救助,城乡低保补助标准分别提高35元、80元,发放五保供养金1.5亿元、孤儿基本生活费0.2亿元;统筹资金1.7亿元,推动残疾人事业发展和养老服务体系建设。

【乡村振兴战略全力实施】拨付美丽乡村建设专项资金4.9亿元,撬动社会资本7.4亿元,支持壮大村级集体经济和67个中心村建设。市财政整合安排资金5000万元,从县(市、区)筹集资金7500万元,设立农业产业化担保资金,为农产品加工企业、农业产业化龙头企业和其他新型农业经营主体贷款提供担保支持。落实农业"三项补贴"改革,下拨94255万元,发放率达99.6%,结余361.4万元结转到2019年使用。统筹整合涉农资金5000万元,作为市农业担保公司的首批注册资本金。安排4357万元支持粮食产业发展。

【财政管理更加规范】推进法治财政建设。完成新进人员行政执法资格通用和专用法律知识考试,持证上岗、亮证执法。开展合法性审查,审查15件规范性文件、3件政府信息公开和3件合同。规范处置财政涉法案件,共办理行政复议7起,行政诉讼1起。加强国有资产管理,全面推行资产条形码管理,落实向人大报告国有资产制度。加强政府采购管理。在全省率先开展"政采e贷",协调推进"网上商城"采购。全市通过徽采商城采购的订单21750个,采购金额26955.59万元。加强会计工作管理。组织政府会计准则制度业务专题培训12次,参训人数达3000余人次,基本实现全市各级各类行政事业单位会计人员轮训一遍。

【党的建设常抓不懈】加强思想建设。组织十九大精神专题学习10多次,编印学习资料140多份。党组3次专题研究机关意识形态工作。规范党员管理。新发展入党积极分子3名,入党积极分子转发展对象2名,预备党员转正3名,组织关系转入34人,转出6人,增补机关党委委员3名;新成立局机关纪委。推进廉政建设和反腐败工作。对局机关干部进行日常监管,共开展谈心谈话55人次、干部任前谈话20人次,集体廉政谈话4次。

(谢喜亮)

天长市财政工作概述

【概况】2018年,全市公共财政收入完成50.5亿元,为年初预算的100.1%,增长10.1%。全市公共财政支出完成62.8亿元,增长15.6%。29项民生工程项目投入10.83亿元。

【收支管理不断优化】推进收入精细化管理,全面实施税源监控,开展重点行业专项税收清算,进行税务稽查、风险评估和欠税清缴,处置政府闲置资产。规范财政支出管理,开展国库资金风险防控检查,完善财政资金运行监管机制,加强财政支出分析,优化支出结构,教育、社保、医疗卫生等13项民生类支出达58.6亿元,增长16.1%,占公共预算支出比重达92.5%。同时贯彻落实中央八项规定精神和《党政机关厉行节约反对浪费条例》,进一步强化预算约束,加强"三公"经费管理,全年财政拨款"三公"经费支出(剔除公务用车费用后)下降4.1%,会议费等一般性支出下降5%。

【财源建设不断增强】加大创新体系建设投入，设立科技创新发展专项资金，支持高新企业培育和科技创新项目推进，兑现智能装备及仪表研究院、众创空间、科技创新研发、招才引智、高新技术发展等各类专项0.3亿元。着力扶持实体经济，拨付0.8亿元，继续支持滁州高新区、工业园区等基础设施建设；拨付1.7亿元，及时兑现工业发展三十条、工业企业集约化用地、外贸进出口、商业零售、企业上市和兼并重组等各项奖励政策扶持资金。引导金融支持实体经济，分别拨付0.3亿元和0.1亿元，继续加大政府融资担保公司注册资本金和续贷过桥资金规模，缓解企业融资难题；继续强化"政银担"合作，足额拨付政银担风险补偿资金273万元。

【重点支出保障有力】全力支持城乡一体化发展，投入0.6亿元，继续支持棚户区、老旧小区改造；投入3.3亿元，支持现代农业产业园建设，支持农业综合开发高标准农田建设和小型水利工程改造提升；投入1.9亿元，支持城乡环境综合整治和"四好农村路"建设；投入7.5亿元，支持金牛湖新区、特色小镇和城南新区建设。加大生态环境建设投入，投入1.9亿元，支持釜山水库饮用水源保护，保障城镇污水处理、垃圾异地焚烧处置。继续实施黄标车淘汰、小锅炉改造、秸秆禁烧综合利用奖补，支持矿山环境整治，继续支持水生态治理和造林绿化攻坚工程。提升公共服务水平，投入2.5亿元，加大学前教育投入，加强教育信息化和基础设施建设；投入1.7亿元，落实城镇居民基本养老保险政策；投入4.9亿元，落实城乡居民基本医疗保险、大病保险、公共卫生服务提标、妇幼健康及计生奖特扶扩面等政策，支持公立医院综合试点改革和村医疗能力提升；投入1.2亿元，继续提高农村最低生活保障标准，落实特困人员供养及生活无着人员救助政策，足额发放贫困残疾人、重度残疾人、高龄津贴、居家养老和老字号等群体补助；投入2.2亿元，继续支持医保管理体制改革、农村综合性改革试点试验、平安天长建设、巩固文明创建成果、保障文化惠民、"七五"普法、污染源普查、安全生产、农村社区治理试验区建设和各类市场主体专项整治等工作。

【预算改革扎实推进】强化采购预算编制，将政府采购预算管理模块纳入财政一体化平台管理，对符合政府采购范围的，全部编制政府采购预算和政府购买服务预算，将政府采购预算编制与预算执行相衔接。加强国库资金安全监管，提高财政网络信息安全保护等级，深化国库集中支付改革，全面实施授权支付改革，逐步取消备用金制度，建立国库集中支付动态监控体系，不断提高国库系统风险防控水平。完善预算绩效管理，强化项目资金绩效目标编制，围绕绩效目标，完善评价体系，开展绩效监控，注重结果应用，不断提高预算单位绩效意识和管理水平。盘活财政存量资金，继续开展结转结余资金清理，将财政结余资金和一年以上的结转资金，全部收回预算统筹安排。

【廉政建设不断深化】年初召开全市财政系统党风廉政建设工作会议，签订全面从严治党责任书，按月填报落实党风廉政建设主体责任清单和"一岗双责"任务清单和成绩单，将党风廉政建设任务细化到月，层层压实党风廉政建设责任。加大廉政警示教育力度，通过邀请市纪委领导为财政干部作反腐倡廉专题报告、组织观看廉政建设警示教育片、剖析典型案例等活动，营造浓厚的廉洁文化氛围，提升财政干部廉洁从政意识，确保全局党风廉政建设工作扎实推进。

（吴昌男）

明光市财政工作概述

【概况】2018年，全市完成一般公共预算收入184345万元，为预算的101.7%，增长11.9%。其中：地方一般公共预算收入完成131815万元，为预算的97.5%，增长11.8%；上划中央收入完成52530万元，为预算的114%，增长11.9%。

【加强预算管理】科学编制财政预算。深入推进开门办预算，推进政府向社会力量购买服务预算管理，加大存量资金统筹力度，提高预算管理绩效，规范财政预算编制。压缩一般性支出。坚持厉行节约，严控预算追加，无超预算安排支出。

【优化支出结构】严控一般性支出，压缩"三公"经费，优先保障民生工程及重点项目支出。加大对结余和连续结转两年以上的存量资金清理力度，共清理收回资金12961万元，统筹安排用于市重点项目建设和民生工程支出。全市完成一般公共预算支出406390万元，增长5.2%。政府性基金支出完成120470万元，为预算127293万元的94.6%，结转下年379万元，支出总计135749万元，当年收支平衡。

【财政民生保障】本市全力推进33项民生工程,累计投入资金15.88亿元,成效显著。资产收益扶贫工程9个项目全部完工并实现分红。农村道路畅通工程145.73公里完工。农村危房改造完成1150户。农村环境三大革命改厕全市6000户任务全部完工。美丽乡村建设工程13个省级中心村建设超额完成年度目标任务。技工大省技能培训工程完成技能脱贫培训245人,完成企业新录用人员培训2026人,完成退役士兵培训202人,完成新型农民培训550人。棚户区改造新开工任务767套,货币化安置103户,安置房建设项目新开工1090套,合计新开工1193套。城市老旧小区整治任务3个,总建筑面积5.803万平方米,涉及居民住户664户。

【实施脱贫攻坚】上级财政共安排专项扶贫资金3501.5万元,其中:中央财政资金836万元,省级财政资金1678.5万元,滁州财政资金987万元;本级财政年初预算安排扶贫资金3520万元;收回以前年度存量资金用于脱贫攻坚450万元;涉农整合资金2725.4万元;2018年扶贫资金支出10196.9万元,扶贫资金支出率100%。创新资产收益项目扶贫方式,实现收益92.11万元,受益贫困人口1733人。

【服务经济发展】积极争取皖北发展专项资金1600万元,安排经济开发区建设资金5400万元,支持经开区基础设施建设。拨付20246万元,支持三棵树、福美达等项目建设。设立3450万元的小微企业续贷过桥资金,为147家企业发放过桥资金8.66亿元。及时兑现企业扶持政策奖励1838.5万元。

【资产收益扶贫】继续加大资产收益扶贫民生工程投入,安排省以上财政专项扶贫资金390万元,市县财政专项扶贫资金274.5万元。开展资产收益扶贫项目9个,12个贫困村全部实现资产收益分红,分红给贫困户816户、1733人,分红金额92.11万元,户均1129元。先后有宣城市泾县、亳州市谯城区、蚌埠市五河县、滁州市凤阳等考察团来明光参观考察资产收益扶贫工作。

【深化财政改革】做好国库支付电子化改革,推进预算执行动态监控,持续加大公务卡使用管理力度,创新开展县级代理银行扩面工作,国库集中支付业务突破10万笔次。做好扶持村级集体经济发展试点工作,科学合理制定试点工作方案和计划,务实遴选试点村和试点项目,主动融入中心大局助力精准扶贫。本市确定扶持村级集体经济发展试点村及项目27个,占全市135个行政村的20%。2018年扶持村级集体经济发展试点资金1290万元。

【财政监督管理】积极开展部门预算整体支出绩效评价和监督。选择市直7个单位开展部门预算整体支出绩效评价和监督,评价金额14785.82万元。开展专项资金绩效评价和监督,选择4个单位、4个项目支出开展专项绩效评价和监督,评价金额6467.67万元。开展预决算公开情况专项检查,全市83个预、决算公开单位按检查时间节点和要求对2017年度决算和2018年度预算的公开情况进行全面自查自纠,自查面100%。持续推进"小金库"治理工作,全年两次在全市范围内开展"小金库"专项防治工作。

【推进"三农"发展】全面落实强农惠农富农政策,2018年累计通过"一卡通"发放涉农补贴22项、41146万元,246594人次受益;拨付1221万元,实施"一事一议"财政奖补项目40个,70049村民受益;拨付1290万元,扶持17个乡镇27个村集体经济项目发展;拨付6000万元,支持13个美丽乡村建设;拨付4520万元,支持中小河流治理、农村改厕等项目,进一步促进农业农村优先发展。

(孟双建)

定远县财政工作概述

【概况】2018年,定远全县财政收入实现23亿元,增幅12.2%,位列滁州第二。财政支出实现62.5亿元,总量位居滁州第二。全年减税降费1.5亿元。全县财政拨款"三公"经费支出2123.7万元,比2017年同口径下降4.4%。

【扶持经济发展】充分发挥诚信融资担保公司作用,在保余额5.1亿元,为企业提供续贷过桥资金周转4.1亿元,有效缓解中小微企业融资难问题。发行新增政府债券3.54亿元,支持农村公路、棚户区改造、农业基础设施建设、脱贫攻坚、生态环保等重点项目建设。投入秸秆禁烧奖补资金5843万元、绿色长廊建设资金1183万元,支持污染防治。

【加大脱贫攻坚投入】共筹集扶贫资金63807.09万元。优选资产收益项目,将财政扶贫资金和其他财政资金投入到设施农业、光伏电站、电子商务、扶贫驿站等优选项目。按照"保底收益+分红"模式,对财政扶贫资金建设的201个村级资产项目收益

1115.17万元进行折股量化分红,按照持股比例贫困村分红419.82万元,村均收入6万元;贫困户分红695.35万元,全县11143个贫困户户均分红624元、32966个贫困人口人均分红210.93元。提前完成全年资产收益分红工作。

【提升人民群众获得感】全年13大类民生支出55.7亿元,占一般公共预算支出89.1%。投入4.07亿元,用于民生兜底保障,累计救助贫困残疾人、城乡低保、五保、生活无着落等困难人员7.89万人;投入10.07亿元,提高养老、医疗、大病救助等保障;投入6.41亿元用于农村危房改造、城市老旧小区改造、棚户区改造等保障性住房12796套(户);落实强农惠农政策,及时发放各项惠农补贴资金7.6亿元,惠及全县80多万人口。

【深入实施乡村振兴战略】支持乡村振兴,投入6.8亿元用于城乡基础设施建设,统筹安排1.37亿元实施高标准农田、小型农田水利提升、新增千亿斤粮食项目建设。投入5945万元改善现代农业示范园区基础设施建设。统筹各类资金61545万元,用于乡镇建成区和美丽乡村建设点建设。统筹安排30464万元,保障推进农村危房改造、农村生活垃圾治理、农村环境连片整治和人居环境改善。全面深化农村综合改革,投入"一事一议"财政奖补资金2500万元,实施项目87个,支持农村公益事业发展。

【扎实推进财税体制改革】出台《定远县预决算信息公开操作规程》,预决算信息公开更加规范及时。健全以政府债券为主体的举债融资机制,规范政府债务管理。深化农业保险扩大试点工作,按照"政府推动+市场运作+农民自愿"原则,在政策性农业保险工作基础上,进一步开展小麦、水稻、玉米三大粮食作物商业险,有效提高农业风险保障水平。积极探索开展"政采E贷",与定远县民丰银行、徽商银行、中行建立政府采购融资服务平台,加强政府采购融资服务。

【切实加强财政风险防控】主动接受人大监督、审计监督和社会监督,积极推进依法理财。切实加强财政法治建设,制定《定远县财政专项资金管理办法》,完善国库集中支付动态监控规则,健全财政业务内部控制制度。加强乡镇财政资金监管、乡镇财政财务互审,强化基层服务型财政所建设。加大财政监督力度,深入开展"小金库"和规范津补贴专项整治,开展扶贫资金、民生资金、财政存量资金、会计信息质量、"三公经费"、预决算信息公开、政府重大投资项目资金管理等检查,有效防范财政资金运行风险。

【深入开展党建工作】持续推进财政部门"两学一做"学习教育常态化制度化,积极开展"讲忠诚、严纪律、立政德"专题教育活动,严格执行中央八项规定,驰而不息推进财政系统作风建设。扎实推进财政党风廉政建设,落实"一岗双责"。认真整改落实省委巡视和县委巡察反馈意见。切实加强意识形态工作,健全完善党组中心组学习制度、民主生活会制度、干部谈心谈话制度等。切实加强组织建设,组织党员干部深入基层贫困户家中察民情、解民忧,开展帮扶工作。

(陈虹)

全椒县财政工作概述

【概况】2018年,全椒县一般公共财政预算收入完成274137万元,占年度预算100.1%,同比增长12.1%;一般公共财政预算总支出370827万元,占年度预算117.9%。

【强化收入征管】压实收入目标责任,加强收入分析预测,严格执行税收政策,健全税收征管机制。完善镇及开发区财政管理体制,充分调动镇(开发区)发展经济、培植财源、加强收支管理的主动性和积极性;出台《全椒县财政局关于进一步加强非税收入管理的通知》,确保非税收入应收尽收。

【支持实体经济】共减税降费约22200万元,降低实体经济税费负担。兑现财政奖补政策,2018年兑现企业奖补资金8066万元,增强企业内生动发展力。引导金融机构支持经济实体发展,县担保公司累计为企业担保贷款、发放续贷过桥资金约14亿元。投入1.1亿元支持"两园一区"基础设施建设。

【监管扶贫资金】建立扶贫项目库,项目库涵盖191个项目,涉及资金10560万元。印发《全椒县财政扶贫资金管理办法》,规范资产收益扶贫资金管理,提高资金使用效益。开展脱贫攻坚领域作风建设专项治理,严肃查处扶贫领域腐败和作风问题。

【推进乡村振兴】投入32000万元推进百镇治理和美丽乡村建设;投入6117万元,实施农业综合开发、千亿斤粮和国土整治等项目建设;投入1808万元完成957户危房改造,投入3520万元推进农村环境

“三大革命”。落实各项惠农补贴政策,2018 年发放补贴资金 25 项、35774 万元。开展政策性农业保险工作,全年种植业保险 110 万亩,能繁母猪保险 2.7 万头,理赔 1459 万元。

【打赢“三大攻坚战”】对政府融资平台隐性债务进行清理认定,及时偿还到期债务;依法举借债务,2018 年争取发行政府债券 170904 万元。2018 年财政安排扶贫资金 7800 万元,支持扶贫十大工程实施。2018 年投入 8500 万元,用于古襄河和赵店河水环境治理;投入 2300 万元整治畜禽养殖污染和黄栗树水库水源保护;投入 2748 万元用于县污水处理厂提标扩容、第二污水处理厂和化工区污水处理站建设;投入秸秆禁烧和综合利用经费 3520 万元。

【保障改善民生】大力实施 33 项民生工程,财政总投资 10.98 亿元,较上年增长 12.6%。大力改善办学条件,投资近 40000 万元建设第八中学、职教中心和城南小学。支持就业创业,拨付就业创业资金 980 万元,引导金融机构发放小额贴息贷款 5100 万元。投入 2.1 亿元进行县医院东区建设、中医院搬迁、镇卫生院和村卫生室改造;全年医疗卫生与计划生育支出 43082 万元,较上年增长 10.4%。大力支持文化事业发展,投入 185 万元支持图书馆、纪念馆免费开放,投入 143 万元,保障广播电视村村通正常运行。

【依法绩效理财】出台《全椒县预算稳定调节基金管理暂行办法》和《全椒县资产收益扶贫工程实施办法》等管理制度 19 个。修订差旅费、会议费、培训费、接待费等管理办法。

【强化政治建设】组织建设更加健全,成立机关党委,下设 6 个党支部,并配备一名专职副书记。

(孙德祥)

来安县财政工作概述

【概述】2018 年,来安县全年共完成财政收入 30.2 亿元,突破 30 亿元台阶,增长 21.5%,较上年增收 5.3 亿元,总量位居滁州市第二,财政收入增速、税收占比、税收增量等多项指标继续领跑全市。财政支出完成 39.2 亿元,民生等重点领域支出保障有力。

【县域经济加快发展】修订完善《进一步推动工业经济加快转型发展政策意见》《加快建设创新型来安若干扶持政策》等政策性文件,全力支持民营经济发展,兑现企业相关奖补扶持资金 25800 万元、科技创新类奖励资金 1285 万元。多渠道化解中小企业融资难题,全年发放担保资金 66156 万元,在保余额 93050 万元,开展过桥贷业务 121 笔,周转金额为 41821 万元,周转率 13.94 次。扎实推进 PPP 项目,G345 改建项目启动建设。继续落实减税降费政策,进一步减轻企业和社会负担。推进乡村振兴发展战略实施,做好农业综合开发资金保障和项目监控,加快打造优势特色农业。统筹财政资金,优化生态环境建设,改善农业农村基础设施条件,促进美丽乡村建设提档升级。

【脱贫攻坚取得实效】强化扶贫资金保障。健全完善扶贫资金持续增长、支出进度季度通报和末位约谈调度机制,2018 年共投入资金 10094.4 万元,其中专项扶贫资金 9437.1 万元(中央和省财政专项扶贫资金 1620.1 万元,市财政专项扶贫资金 727 万元,县级财政预算扶贫资金 7090 万元),实际支出财政专项扶贫资金 9437.1 万元,进度达 100%。主攻资产收益扶贫。9 月底前完成资产收益扶贫分红任务,全县 67 个资产收益扶贫项目共分红 337.6 万元,其中 11 个贫困村平均增收 17.45 万元;779 户贫困户 1668 人分红 145.7 万元,户均增收 1823.5 元。开展“一事一议”财政奖补工作。2018 年“一事一议”项目总投资 1461.8 万元,实施的 106 个项目已全部完工并投入使用,完工率达到 100%,93 个行政村、24 万村民受益。大力扶持村级集体经济发展。2018 年本县扶持村集体经济暨扶贫产业园项目实现收益 137.1 万元,受益村 35 个,共涉及 10874 户、32615 人口,其中 89 万分给 2463 个贫困户、5153 个贫困人口,贫困户户均增收 362 元。

【社会事业全面进步】大力实施民生工程。实施 32 项民生工程,全年投入保障资金 9.9 亿元,其中市县级配套资金 3.1 亿元。保障医疗卫生事业发展。设立医改专项资金 2200 万元,较上年增长 10%。统筹推进“三医”联动,2018 年 1 月 1 日起,新的医保管理体制正式运行。2018 年县财政偿还县人民医院长期债务 1560 万元,在全市率先完成县级公立医院“化债”工作。完善城乡基本医疗保险制度,全年审核拨付城乡基本医疗保险基金 2.18 亿元。做好重点优抚群体保障。按人均 4500 元统筹安排补助资金,保障退役士兵安置改革资金需要。推进养老事业发展。统筹安排养老服务体系建设资金 720 万元,继续安排 1500 万元支持县社会养老服务中心配套设施建设。

【财政体制规范运行】进一步简化资金拨付流程。印发《关于进一步明确财政资金支出审批流程的通知》，简化支出审批流程，推进财政支出审批管理制度化和规范化，提高运作效率。全面开展预算绩效评价。出台《全面推进预算绩效管理的意见》。加强乡镇财政监管。对12个乡镇主办会计、出纳会计、一事一议资金管理、惠农补贴资金管理、乡镇财政资金监管五个岗位的财政业务开展互审，提高乡镇财政管理水平。规范政府采购。优化政府采购流程，行政事业单位实施采购前，需向财政部门提供政府采购计划申报表，在获得财政部门批准前不得自行实施政府采购。加强国有资产管理。印发《关于做好行政事业单位资产数据核实工作的通知》，要求全县行政事业单位对资产进行盘点、清查，将报废、损毁的国有资产按照报废报损流程提交财政局审核，保证资产实有数、系统数、账面数相符，进一步夯实家底，防止国有资产流失。

（余一瑞）

凤阳县财政工作概述

【概况】2018年，凤阳县一般公共预算收入累计完成301496万元，占预算的101.8%，较上年增收28272万元，增长10.3%。一般公共预算支出累计完成466590万元，占预算的129.1%，同比增支21102万元，增长4.7%。

【强化收支管理】继续加大财源建设力度。设立产业基金、科技创新扶持专项资金、民营企业救助资金等，支持企业项目建设，鼓励企业做大做强，努力培植壮大财源；充分发挥好旅游业、服务业和文化强县发展专项资金的作用，加快发展第三产业和现代服务业。积极推进经济结构调整。鼓励企业加强技改，更新设备，提高技术装备水平；设立人才发展专项资金；继续实行技术进步、节能减排、名牌战略以及外贸出口奖励政策，支持企业技术改造、技术研发，鼓励企业节能降耗，引导企业加速转型。创新财政扶持手段。及时兑现企业固定资产投资、金融信贷等各类奖励政策，广泛吸纳金融投资和社会投资；加快推进中小企业信用担保体系建设，努力缓解中小企业贷款难问题；全面落实国家减税降费政策，积极帮助企业减轻税费负担。合理安排支出。调整优化支出结构，积极盘活存量，运用好预算稳定调节基金，量力而行，精打细算；牢固树立过紧日子思想，从严控制一般性支出，调整优化支出结构，确保“保工资、保运转、保基本民生”各项要求落实到位。

【推进财政改革】深化预算管理制度改革。健全面推进政府预决算和“三公”经费公开。部门预决算公开范围扩大到乡镇，实现县乡全覆盖，并将支出细化到项级科目。加强预算绩效管理，将绩效目标管理融入部门预算编制流程。制定新一轮乡镇财政体制，理顺县乡财政分配管理关系，加强政府性债务管理，建立“借、用、还”相统一的管理机制。

【做好民生保障】全年财政用于民生领域的支出达到39.8亿元，占全县一般公共预算支出的85.3%。2018年32项民生工程财政投入资金13.44亿元，其中县级财政投入资金4.79亿元。投资2.2亿元完成8所学校教学楼和2所省级、6所市级“智慧校园”示范校建设。

【支持打好三大攻坚战】坚决防范化解债务风险，强化制度建设和组织保障，建立政府债务台账和隐性债务台账；完善以政府债券为主体的举债融资机制；强化政府债务预算管理，政府债务分门别类纳入全口径预算管理，新增债下达后，及时向人大报告调整年初预算。支持精准扶贫和精准脱贫，统筹安排使用各级财政扶贫资金，2018年全年用于扶贫攻坚的财政资金10768.3万元。支持污染防治，支持大气污染防治、秸秆禁烧和综合利用、水源地保护、农村环境“三大革命”、石英砂企业转型升级、淮河生态经济建设。

【服务乡村振兴战略】有效整合各类支农项目，建立涉农资金统筹整合长效机制，注重发挥财政支农资金的示范效益和引导效益。多渠道筹集资金支持农村垃圾污水处理、厕所革命、村容村貌提升，支持加快秸秆综合利用和畜禽废物利用，持续推进农村人居环境改善，推动美丽乡村建设提档升级。全年累计通过财政补贴资金管理系统“一卡通”发放18大项80小项财政补贴农民资金5.01亿元，惠及全县34.6万（户、人）。

【服务经济发展】紧紧围绕县委、县政府的决策部署和“为民承诺十件实事”等目标和重点项目建设，完善公共文化服务体系，深入实施文化惠民工程，支持博物馆、图书馆、文化馆等公益性文化设施向社会免费开放。积极筹措资金用于支持新城区建设、老城区改造、钟楼广场、体育中心、花鼓大剧院等重点工程项目,全力为全县经济持续健康发展和社会和谐稳定提供财力保障。

【加强干部队伍建设】推进“两学一做”学习教育常态化制度化,深入开展“不忘初心、牢记使命”主题教育,巩固“讲严立”专题警示教育成果。坚持“好干部”标准,稳步推进重要岗位干部交流轮岗。

(汤文琪)

琅琊区财政工作概述

【概况】2018年,全区一般公共预算收入(省口径)完成173637万元,占预算的101.5%,增长11.6%。其中:地方财政收入96694万元,占预算的102.8%,增长10.5%。全区一般公共预算支出完成171199万元(含省市追加支出),占预算的107.7%,增长11.1%。

【严格收支管理】坚持收入预期管理,落实征管部门主体责任,督促依法严格征管,应征尽征。加强重点税源统计分析,跟进重点企业税收变化。加强与市直、市经开区等部门联系,争取车购税等税收和安徽猎豹税收区级份额。持续开展零散税源征管,及时兑付街道体制结算资金,激励街道组织收入积极性,堵塞税收征管漏洞。强化非税收入征管,抓好源头管控,挖掘增收潜力,严格执行“收支两条线”,促进非税收入及时入库。加强财政支出管理,牢固树立“过紧日子”思想,严格落实中央和省厉行节约反对浪费精神,全区“三公”经费支出528万元,下降0.17%。调整优化支出结构,坚持“保工资、保运转、保基本民生需求”,坚决压减一般性和非重点支出,集中财力投入民生和创城等重点领域。

【服务经济发展】支持实体经济健康发展,设立科技创新专项资金3000万元,提升创新驱动能力;设立商务经济发展专项资金400万元,支持三产兴区战略。深入开展“四送一服”和重点企业帮扶,兑现招商引资优惠政策资金3781万元、城镇土地使用税奖励政策资金940万元、“十强十快”和特殊贡献企业奖励资金122万元,配套战新基地资金800万元、续贷过桥资金600万元,及时拨付“制造强省”等各类涉企专项资金。促进创业创新和小微企业发展,发放创业担保贷款790万元、小微企业担保贷款200万元,办理个人和小微企业贷款财政贴息130万元。落实政银担风险补偿基金130万元,着力解决企业融资难问题。助力园区基础设施建设,拨付土地出让金75821万元,支持琅琊新区学校、医院和城市道路建设及琅琊经济开发区拓展区建设,提升园区功能和承载能力。拨付资金985万元,支持“深、重、促”专项行动、扫黑除恶专项斗争和禁毒、防范等社会治安综合治理工作,营造良好发展环境。

【促进协调发展】促进城乡建设协调发展,抓住创建全国文明城市契机,补齐城市基础设施短板,多渠道筹集资金23700万元,重点用于老旧小区改造、住宅小区文明创建达标、背街小巷、门头店招和农贸市场改造等;争取2018年棚户区改造专项债券资金11142万元,加快棚户区改造步伐,城市人居环境不断提升。加强农村基础设施建设,拨付农村道路畅通工程资金1430万元,修建农村公路25公里,改善农村地区交通运输条件。继续实施村级公益事业建设一事一议财政奖补8个项目和三官社区农业综合开发高标准农田建设项目,拨付财政奖补资金298万元,安装太阳能路灯136盏、硬化乡村道路3.5公里,治理农田1000亩。投入资金557万元,推进农田水利基本建设“最后一公里”和灾后水利薄弱环节水库治理。支持污染防治攻坚战,投入禁养殖资金93万元,保护西涧湖、清流河水资源。拨付资金118万元,支持秸秆禁烧和大气污染防治。拨付资金3087万元,实施城区保洁和农村环卫全覆盖。推行河(湖)长制、林长制和路长制管理,落实大气和水质量考核横向生态补偿机制。

【加强民生保障投入】突出民生为先,各项社会事业不断提升。2018年,全区财政民生支出148084万元,占财政总支出的86.5%,增长11.9%。深入实施26项民生工程,累计投入资金19146万元,其中区级配套8425万元,增长30%。支持教育事业优先发展,全年财政教育投入58797万元,占财政总支出34.34%。完善社会保障体系,自2018年7月起,城市低保和农村低保标准统一提高至每人每月560元,在全市范围内率先实现城乡低保标准统筹。完成机关事业单位养老保险基金清算,财政补缴基本养老保险费1493万元、职业年金303万元。城镇职工医疗保险基金、生育基金和新型农村合作医疗基金平稳上划市直。落实就业扶持政策,全年拨付各项就业扶持资金745万元。深化医药卫生体制改革,全年拨付基本公共卫生服务补助经费1762万元,人均财政补助标准提高到55元。全面落实惠农补贴政策,发放农业支持保护补贴等11项惠农补贴资金2882

万元,惠及23815户人次,继续扩大政策性农业保险试点品种范围。落实财政支持脱贫攻坚政策,安排扶贫资金196万元,累计实现扶贫资产收益34万元。推动党建促创建,拨付社区党建项目资金101万元,将每个社区工作经费提高至20万元。拨付资金40万元,支持工青妇等群团组织建设。

【继续深化改革】加强预算执行管理,按月通报预算执行进度,严格控制预算追加,硬化预算约束力。继续清理盘活财政存量资金,建立结转结余资金定期清理机制。开展预决算信息公开培训,组织预决算公开自评与核查,促进各部门信息公开更加规范、更加透明。开展部门预算绩效评价试点,采取委托第三方机构评价方式,对区统计局等四家单位,分别进行部门整体支出评价与财政政策落实评价。深入推进国库集中支付制度改革,规范国库集中支付流程,压实预算单位会计核算主体责任。加强行政事业单位资产从"出口"到"入口"全生命周期动态管控,对全区99家行政事业单位进行资产清查、核实及专项审计。落实政府债务限额管理要求,存量债务全部置换完毕。开展全口径地方政府债务统计监测工作,制定分年度化解计划,防范政府债务风险。完善政府购买服务范围和目录,加强对政府购买服务的政策支持、财政投入和监督管理,2018年共实施政府购买服务项目19项,预算资金5733万元。

(何青)

南谯区财政工作概述

【概况】2018年,全区完成财政总收入22.71亿元,占年初预算的101.4%,同比增长12.1%。其中:地方一般预算收入完成15.48亿元,占年初预算的95.5%,同比增长5.5%;上划中央收入完成7.23亿元,占年初预算的116.8%,同比增长29.7%。

【强化征管实现稳定增长】抓征管措施落实,加强与税务部门的工作联动,协调解决征收矛盾和问题,确保应收尽收。抓财政收入进度,强化过程管理,努力做到税收收入及时足额均衡入库。抓新增税源培植,积极培植新税源财源,保证重点税源企业的可持续发展。

【重点项目保障坚强有力】全年地方财政一般预算支出完成27.06亿元,增长10.4%。其中:教育、社会保障、医疗卫生等13大类民生支出累计完成24.66亿元,占全区支出总额的91.1%;一般公共服务等八项支出累计完成22.57亿元,占全区支出总额的83.4%。全年拨付美丽乡村建设资金2000万元,扶贫专项资金1000万元,义务教育经费1750万元,粮食风险补贴金5668万元,基本养老金转移支付支出4236万元,城乡居民医疗保险转移支付支出7790万元,农田水利"最后一公里"建设782万元,高标准农田872万元,困难群众救助补助1425万元,小型病险水库除险加固995万元。

【民生工程建设提质增效】南谯区共组织实施27项民生工程,全区投入资金4.2亿元。全区工程、培训类项目部门上报总开工率为100%,完工率100%。及时召开全区民生工程项目推进会,签订目标责任书,分解落实目标任务。印制民生工程宣传页,与市公交公司合作在市区30个公交站台开展民生工程宣传、与文明创建工作相结合发放民生工程宣传品,提升民生工程影响力。

【脱贫攻坚成效明显】区财政预算安排扶贫专项资金1000万元。积极推进扶贫资产收益工作,3个贫困村均制定《资产收益扶贫实施方案》,并实现分红。资产收益分红成为贫困人口尤其是无劳力和弱劳力、残疾人贫困户增收脱贫的重要渠道。

【财政改革工作扎实推进】推进财政事权和支出责任划分改革,积极与市财政局对接,市区财政事权和支出责任划分按照《滁州市市以下财政事权和支出责任划分改革工作实施方案》执行。建立部门预算公开评审制度方面,制定出台《南谯区区级财政资金预算公开评审暂行办法》,进一步增强预算编制的透明度,提升财政预算科学化、精细化管理水平。积极开展"政采E贷"工作,财政局、公管局、商业银行三方签订合同,解决政府采购领域中小微企业融资难问题,支持企业发展。

【着力加强干部队伍建设】签订《党风廉政建设责任书》,通过专题辅导报告、集中观看警示教育片等形式开展活动,不断改进财政工作作风,保持财政工作清正、财政干部清廉、财政作风清明。加强职工法治学习,开展"七五普法"活动,增强财政干部法治理念和依法履职、依法行政能力。开展"讲严立"专题警示教育,进一步强化忠诚意识、严守纪律规矩、树立良好政德。

(赵云)

六安市财政工作综述

六安市财政工作概述

【概况】2018年,六安市各级财政部门深入学习习近平新时代中国特色社会主义思想,贯彻党的十九大精神,认真落实积极的财政政策,攻坚克难、锐意进取、开拓创新,全力保持财政运行良好态势。全市财政收入完成205.20亿元,增长11.5%,财政支出完成412.73亿元,增长10.0%,顺利完成财政收支任务。各项财政工作有力有序有效开展,为全市经济社会持续健康发展作出积极贡献。

【收入征管】加强财政收入管理。深入分析财政经济形势,落实财政收入预期管理制度,按旬、按月、按季进行财政收入预测和调度,建立健全财税库银涉税信息交换与共享机制,全面掌握税源情况,坚决制止收"过头税""乱收费",确保财政收入有质量、可持续。全面运行纵向覆盖四县四区、横向覆盖市级40个经济主管部门的综合治税信息系统,加强对重点企业、行业和零散税源的监管,堵塞税收征管漏洞。完善非税收入财政直征模式,市本级通过财政直征窗口征收非税收入67.46亿元。加强预算执行管理。硬化预算执行约束,从严控制预算追加。完善预算执行动态监控预警规则,健全预算执行动态监控机制,2018年市财政部门退回各类违规支付申请982笔、涉及金额562.95万元。修订《六安市市直机关培训费管理办法》和《六安市市直机关会议费管理办法》,进一步加强和规范市直机关会议费管理。加强财政监督管理。强化绩效目标管理,加强绩效目标执行动态监控,建立预算安排与绩效目标、资金使用效果挂钩的激励约束机制,推动绩效评价提质扩围,提升财政资金使用绩效。在全市范围开展"小金库"治理和滥发津贴补贴整治工作"回头看",进一步严肃财经纪律。

【支持经济社会发展】全面落实减税降费政策。全年累计减免税费33.80亿元,增长8.7%。落实降低增值税税率、统一增值税小规模纳税人标准、部分行业实行增值税留抵退税等政策,降低增值税纳税人负担;清理规范政府性基金和行政事业性收费,严格执行收费(基金)目录清单"一张网"制度并向社会公开,全市减轻企业和社会负担超过1.40亿元;落实阶段性降低企业职工养老保险、失业保险、生育保险、工伤保险单位缴费费率政策,全年减轻企业负担超1.3亿元。加大支持实体经济发展力度。着力促进小微企业发展,全市发放创业担保贷款6.60亿元、"税融通"贷款4.50亿元,周转使用续贷过桥资金20.08亿元,通过政策性融资担保机构为5000余户小微企业担供担保贷款35亿元。安排资金6亿元将政府投资基金规模增加至20.50亿元,与社会资本合作设立5支子基金支持创新创业和产业转型升级发展。积极推广PPP模式,全市纳入财政部项目管理库的项目39个,总投资额351.12亿元,落地实施项目33个、投资额298.13亿元。着力保障和改善民生。精心组织实施33项民生工程，投入财政资金109.96亿元，民生工程托底保障、过程管控、社会监督等机制更加完善，年度民生工程任务顺利完成。市财政投入资金0.65亿元，支持中心城区义务教育阶段公办学校三年行动建设计划；投入资金近1亿元，支持“四馆一中心”建设。支持健全社会保险制度体系，全额资助城乡低保对象、特困供养人员、农村贫困人口等困难群众参保，全市支出医疗救助资金3.64亿元，救助困难群众、大重病患者12.64万人次；发放低保金7.70亿元，为20.99万名城乡低保人员提供基本生活保障。支持深化医药卫生体制改革，稳妥推进公立医院债务化解，规范市属公立医院预算执行。牵头编制2018年政府投资资金收支计划，市级投入115个重点工程项目资金81.82亿元，支持棚户区改造、保障性安居工程、农村饮水安全巩固提升工程、义务教育学校、城区路网等基础性、公益性项目建设。

【支持打好三大攻坚战】全力支持打好防范化解政府债务风险攻坚战。健全以政府债券为主体的规范举债融资机制，严格落实政府债务限额管理和预算管理，全市申请发行政府新增债券94.7亿元、置换债券78.3亿元，全面完成非政府债券形式存量政府债务置换工作。成立市防范化解政府隐性债务风险工作领导小组，完成政府隐性债务清理甄别工作，制定化解政府隐性债务的实施方案。健全政府债务动态监管机制，坚决制止违法违规融资担保行为。扎实做好省委巡视有关问题整改工作，确保不发生区域性财政金融风险。全力支持打好脱贫攻坚战。严格落实财政专项扶贫资金稳定增长机制，全市投入财政专项扶贫资金15.10亿元，增长59%，其中：中央和省投入资金9.20亿元，增长18%；市级投入资金2.50亿元，增长52%；县区投入资金3.30亿元，增长74%。全市安排债券资金7.40亿元、盘活存量资金3.90亿元、整合涉农资金27.60亿元，支持贫困县区产业发展和基础设施建设。建立扶贫资金动态监控平台，将所有扶贫资金纳入监控范围；按季实地督查资金使用情况，针对问题实行销号管理，不断提升资金使用绩效。全力支持打好污染防治攻坚战。全市累计投入大气、水、土壤三项污染防治资金7.40亿元，增长20%。修订大别山区水环境生态补偿资金管理办法，生态补偿范围由淠河流域扩大到市内所有水系流域，2018年实施水环境治理项目35个。全市投入美丽乡村建设资金2.7亿元，完成103个省级中心村建设。支持实施农村环境专项整治“三大革命”，完成51个乡镇政府驻地污水处理设施建设，5.9万户农村改厕。建立空气质量、地表水断面和重点生态功能区生态补偿机制，进一步调动县区生态环境保护的积极性。

【财政管理改革】深化预算管理制度改革。持续推进全口径预算管理，市级所有单位收支全部纳入预算。积极推进预决算公开，市级首次公开政府购买服务、政府采购预算、项目预算和绩效目标，单独公开市级专项资金，广泛接受社会监督。推行财政重点评价与部门自评的双评价制度，不断加强绩效管理。深化国库集中支付改革，实现市、县、乡国库集中支付资金全覆盖。稳妥推进税制改革。不断巩固“营改增”改革成果，做好个人所得税、资源税、市区城镇土地使用税征收标准改革等前期准备工作。落实排污费改征环保税改革，出台《关于环境保护税收入归属问题的通知》，明确市与区环保税分享比例，进一步促进市区保护和改善环境。健全市与叶集区财政管理体制。推进国库集中支付制度改革。持续深化市级国库集中支付制度改革，进一步扩大财政授权支付范围，压实预算单位主体责任和财政部门监管责任，推动县区国库集中支付电子化，实现市、县、乡国库集中支付资金全覆盖。深化国资国企改革。完成市公交总公司、市保安总公司等7家企业与行业主管部门脱钩改革工作，实现市属国有企业统一监管全覆盖。完成市属投融资公司2018年发展考核指标体系制定和目标值核定工作。组建市国有资产管理运营公司，将市资产管理中心集中统管的8.06万平方米经营性房地产移交市国有资产管理运营公司统一运营。

【机关规范管理】落实全面从严治党责任。持续推进“两学一做”学习教育常态化制度化，组织学习宣传贯彻党的十九大精神轮训，严格党的组织生活制度，扎实开展“讲严立”专题警示教育和“三查三问”，加强财政政治生活、政治文化、政治生态建设。贯彻落实新修订的《中国共产党纪律处分条例》，落实全面从严治党和党风廉政建设“两个责任”任务清单，开展党建工作内部巡察，推动廉洁理财。开展结对共建、志愿服务、扶贫双包定点帮扶活动，2018年分别组织局干部职工集中赴金寨县张畈村、码头村开展结对帮扶工作12次。推进法治财政建设。开展局公共服务清单和中介服务清单清理规范工作,压缩办理时限,简化办理手续,落实“最多跑一趟”相关要求。严格规范性文件合法性审查工作,全年出具28份审查意见书,为重大决策事项提供法制保障。强化政府采购监管,出台《市级2018—2019年政府集中采购目录及采购限额标准的通知》和《关于进一步深化政府采购“放管服”改革的通知》,积极构建覆盖政府采购全流程的信息公开机制。强化干部教育培训。开展18次局党组理论中心组学习,专题学习党的最新理论成果、党的路线方针政策、党章和党内各项规章制度,研究财政改革发展重大问题;邀请党校教授和专家学者作政治理论知识、法律知识、财政业务知识讲座3场次,进一步增强干部的综合能力;充分利用局长办公会等载体,及时传达学习贯彻上级的最新决策部署和方针政策,进一步增强全局学习的浓厚氛围。2018年开展专题报告讲座、道德讲堂、业务培训会10余次。提升机关服务效能。围绕“放管服”改革,进一步提高行政审批效率,2018年受理办结各类服务事项16162件,办结率为100%。认真做好会计服务管理工作,圆满完成2018年度会计专业技术初级、中级、注册会计师资格无纸化考试,审核发放各类会计证书1852件,审核上报1100余家行政事业单位制报告。完善联系服务人大代表、政协委员工作机制,每月推动两期财政工作动态,2018年发送手机报30期。完善年度日常目标绩效考核实施细则,按月督查各科室单位重点工作完成情况,每月组织全局人员对被考核职工进行民主测评打分,督查与测评结果作为年终考核的重要依据。

(赵雪蕾)

霍邱县财政工作概述

【概况】2018年,霍邱县财政工作在县委、县政府高度重视和坚强领导下,按照十四届二次全会和县人大十七届二次会议总体部署,以认真学习习近平新时代中国特色社会主义思想和十九大精神为统领,以深化改革为动力,以依法理财为准绳,以高质量发展为要务,以保障民生为根本,认真实施“121”平台战略和“三大攻坚战”,扎实推进各项工作,较好地保障县域经济及各项社会事业稳步发展。2018年,全县财政收入累计完成21.5亿元,占年初预算的103.2%,同比增收2亿元,增长10.2%;其中地方级收入完成14.6亿元,增长8.1%。税务部门完成17.04亿元,占年初预算101.1%,增长8.9%;财政部门完成4.44亿元,占年初预算110.8%,增长15.7%。一般公共预算支出62.6亿元,占年初预算的128.8%,增长12.9%。

【强化收入征管】狠抓收入调度。坚持会商联席机制,明确任务基数与体制基数关系,树立任务底线思维,立足超收抓进度;坚持精准预测制度,每月11号申报当月收入任务和实际完成数,21号进行再确认,月底排出当月存在差距的具体原因,建立“以旬保月、以季保年”的收入精准调度管理机制,确保财政收入序时、均衡入库。防控税费流失。严格落实项目备案制、票据审核制、联合办税制、信息共享制,严把施工许可关、合同签订关、税收征管关。强化部门乡镇协调,整合国地税资源,做到施工合同约定属地纳税、资金支付税票审核,严防税源流失。

【强化预算执行】强化财政资金绩效考评。通过政府购买服务方式,对2017年新增政府债券资金使用情况开展绩效评价,涉及部门15个、项目26个,资金规模7.8亿元。探索开展部门整体支出绩效评价,提高财政资金使用效益,进一步压实部门财务管理的主体责任。按照“量入为出”的原则,坚持无预算不列支、有预算不超支,确需增支的,严格按规定程序办理。对全县“三公”经费预算执行开展检查,确保“三公”经费稳步下降。在财政部2017年度县级财政管理绩效综合评价中,本县综合评价得分在全国1891个县中位列第72名、安徽省第13名,综合评价进入全国县级前200名,获得财政部和省政府通报表扬、奖金500万元。

【保障脱贫攻坚】印发《关于做好2018年统筹整合涉农扶贫资金管理工作的通知》(霍扶组〔2018〕11号)等文件,强化资金监管,确保财政扶贫资金安全、精准、高效,夯实保障脱贫攻坚财政基础。加大财政投入,全年累计投入资金112577.60万元支持脱贫攻坚,其中各级财政安排专项扶贫资金34037.60万元、整合各级涉农资金33536万元、县本级清理存量资金18404万元、新增债券安排资金12400万元、其他资金14200万元(捐赠1500万元、统筹结余12700万元),重点实施十大工程。建立扶贫资金公示制度、项目跟踪制度,加强资金使用会商力度,加快扶贫资金拨付进度,确保达到上级绩效考评要求。

【推进民生工程实施】实施34项民生工程,累计投入资金35.26亿元,较上年增加7.96亿元,增长29.2%;其中县级配套6.17亿元,较上年增加1.97亿元,增长46.9%。建立清单管理、序时推进、按月调度等工作机制,实行“流动黄旗”警示管理,推进民生工程实施。按照“确保第一方阵、力争位次前移”的要求,压实部门主体职责,加快工程实施。强化督查调度,加强各成员单位之间协调配合,形成整体合力。强化宣传动员,营造民生工程实施良好氛围。

【有序推进财政改革】推进财政涉农资金整合。按照国家、省、市有关政策规定,整合“一事一议”财政奖补等财政涉农资金3.4亿元,用于保障脱贫攻坚。建立园区财政体制。通过多方调研,结合县域实际,印发《霍邱县人民政府办公室关于印发霍邱县园区财政管理体制(试行)的通知》(霍政办秘〔2018〕111号),完成园区财政体制的建立。严格政府性债务管理。加强政府性债务风险防范与处置,认真落实地方债务管理制度,强化政府债务限额管理、预算管理,厘清政府债务与企业债务界限。全年累计收到政府债券328692万元,其中置换债券73222万元、新增债券255470万元(含棚改专项债券229302万元),均已按政策要求支付完毕。优化政府采购程序。提高货物、服务采购限额,启用“徽采商城”网上采购,取消公开招标报名环节。完成采购270项,节约资金1550万元。推进PPP模式试点。实施城区四条和十四条市政道路工程等2个PPP项目,投入资金20.4亿元。推进财政资金统筹使用。执行《霍邱县人民政府办公室关于印发霍邱县进一步做好盘活财政存量资金工作方案的通知》(霍政办秘〔2018〕83号),全年清理到位资金10.4亿元,其中财政可统筹使用3.2亿元,将“死钱”变“活钱”。推进国有资产管理改革。规范县属企业国有资本收益管理,清收县属投融资企业不良资产8077万元。强化财政监管。持续开展“小金库”专项治理和滥发津补贴专项检查,规范财政资金使用。推进政务公开。印发方案,加强部门预决算及“三公”经费信息公开,102个一级预算部门,除一个涉密部门外全部按时公开,不断提升财政透明度。

【深入开展全面从严治党】加强意识形态建设。认真开展以习近平新时代中国特色社会主义思想为统领的“新时代传习讲堂”,制定《中共霍邱县财政局(国资委)委员会理论学习中心组2018年学习计划》(财委〔2018〕19号),完善党委中心组理论学习、机关学习、党员点评日、预安销号月例会、局长办公会、党委会六项制度。印制党员“不忘初心 牢记使命”学习笔记,按月开展中心组学习、支部“三会一课”,并对全体党员、积极分子学习笔记进行批注,做到“六有”:有计划、有措施、有活动、有检查督查、有评比、有总结,切实保障意识形态工作取得实效。加强组织建设。《霍邱县财政局2018年党建工作要点》(财委字〔2018〕2号),召开全系统“2018年财政工作暨全面从严治党工作会议”,贯彻落实县委会议、县纪委十四届三次全会精神,召开党委民主生活会、支部组织生活会,开展谈心谈话、民主评议党员活动,在纪念建党97周年之际,党委书记、局长以《〈共产党宣言〉照亮中国》为题给机关全体党员干部讲党课。推动全面从严治党扎实有效开展。强化全面从严治党。从严落实党风廉政建设“两个责任”,认真开展“讲严立”专题警示教育“三查三问”“五促五提升”活动,实行局领导班子、内设机构负责人“一岗双责”,完成轮岗交流42人,优化队伍结构。

金寨县财政工作概述

【概况】2018年,全县财政工作坚持以习近平新时代中国特色社会主义思想为指引,认真贯彻落实各项积极财政政策,不折不扣完成县委、县政府安排的各项目标任务,真正做到稳中求进,务实进取,为脱贫攻坚、乡村振兴、机构运转等提供有力财力保障。

【收支规模再上台阶】招商引资成效逐步显现和政府投资力度加强,县域经济保持良好发展势头,经济实力进一步增强。收入目标超额完成。2018年,全县完成财政收入19亿元,占年度目标任务113.1%,较上年增收4.36亿元,增长29.78%。其中,税收收入完成16.25亿元,同比增收4.05亿元,增长33.23%,税收收入占财政收入的比重为85.53%;非税收入完成2.75亿元,同比增收3068万元,增长12.56%,非税收入占财政收入的比重为14.47%,同比下降2.22个百分点。同时,土地出让金收入完成38.2亿元,其中县本级土地开发收入18.7亿元,增减挂钩交易资金收入19.5亿元。各项重点支出得到保障。全县完成一般公共预算支出50.5亿元,同比增长10.46%,其中教育、社会保障和就业、扶贫等重点支出较上年有较大幅度增长,社会保障和就业支出预计较上年增长70%以上;全年完成政府性基金预算支出70亿元,同比增长22%。债务风险得到有效控制。全年共转贷地方政府置换债券20.05亿元,全面稳妥置换地方政府存量债务,全县债务结构进一步优化,债务风险不断降低。积极争取新增地方政府债券资金18.57亿元,支持脱贫攻坚、易地扶贫搬迁、农村基础设施建设、公立医院债务化解和棚户区改造等重点项目建设,有力促进县域经济和社会事业发展。按照财政部统一部署,不断强化政府债务资金绩效管理,积极开展地方政府债券资金使用绩效评价,对2015年以来新增地方政府债券资金使用情况进行全面自评,并接受财政部驻安徽专员办的考评,有力促进债券资金使用规范。积极财政政策有效发挥。全面贯彻落实国家减税降费政策,严格涉企收费项目和标准监管,切实减轻企业负担,支持实体经济发展。减免企业税收8809万元,减少企业收费1522万元,兑现招商引资扶持资金2.45亿元。充分发挥预算资金的引导作用,安排民营经济发展及企业扶持资金3000万元,重点支持民营企业创业创新;设立科学技术奖励资金500万元,支持企业技术改造和科技创新,提高企业核心技术竞争力;安排创业担保贷款贴息资金2000万元,撬动金融资金支持大众创业,为全县经济发展注入活力。

【全面服务脱贫攻坚】围绕脱贫攻坚工作部署,按照“精准投入、精准使用、精细管理”要求,健全工作机制、加强资金保障、强化项目监管,努力为打赢脱贫攻坚战提供坚实保障。多方投入助脱贫。按照地方财政收入增量的20%以上,增列专项扶贫预算7800万元用于脱贫支出,较上年增加1800万元,增长30%;盘活资金存量用于脱贫攻坚,清理财政存量资金1.7亿元,其中安排脱贫攻坚8501.57万元,重点用于健康脱贫、贫困村道路畅通工程、扶贫专干补助以及脱贫攻坚奖励等。推进资金整合用于脱贫攻坚,出台《金寨县统筹整合使用财政涉农资金管理办法》等,推进涉农资金整合,全县共统筹整合财政涉农资金6.78亿元,重点支持农村基础设施建设、农村产业发展等。落实政策助脱贫。认真贯彻落实“两不愁、三保障”各项政策,城乡居民低保补助和特困群体标准全面提标,做到应保尽保、应救尽救、应养尽养。全面推进各类教育助学政策落实,全县享受“两免一补”7.53万人,贫困生资助1.3万人,大学生助学贷款1.05万人;全面推进医保类政策落实,贫困户住院治疗享受“351”“180”政策以及免费体检、家庭医生签约服务;全面推进贫困户住房保障政策,全县先后改造危房近3.3万户,易地扶贫搬迁2.5万人。在城乡养老保险、社会救助等政策方面向贫困户倾斜。发展产业助脱贫。以“创福公司”为依托,支持各行政村建立100千瓦的光伏电站,每座电站每年发电收入10万元左右。分乡镇建设15万千瓦光伏扶贫电站,虚拟到5000户贫困户,每户入股资金5000元,4年后全部股金返还到户,贫困户每年年底获分红收入3000元。支持贫困户就业创业,对贫困户发展特色产业、就业创业等给予相应奖励。开展资产收益扶贫试点。制定《金寨县支农资金支持资产收益扶贫实施方案》,按照“政府引导、自愿参与、因地制宜、稳步推进”原则,安排落实扶贫资金2409.82万元,在23个乡镇35个贫困村实施资产收益扶贫项目。投入总资金占2017年度省以上财政到县专项扶贫资金的16.4%,县本级投入占投入总资金的28.5%,引入其他社会资本占投入总资金的25.35%。实施担保助脱贫。全年共发放创业担保826笔9465万元,季末贷款在保余额87322万元,季末未解除还款责任的贷款笔数4637笔,财政贴息资金3222万元。同时,完善农业信贷担保体系建设,2018年,全县发放“劝耕贷”支农贷款8000万元,预计年底可突破一个亿,有效解决农业新型经营主体融资难问题,促进贫困户就业创业。

【设施建设加速推进】按照县委、县政府要求,坚持壮基础、强基层,全面推进各项基础设施建设,增强全县经济社会发展后劲。全面服务交通建设。筹集交通类资金2.1亿元,重点用于贫困村道路硬化、撤并村公路硬化、通村水泥路窄加宽等,涉及道路213条382.3公里,覆盖23个乡镇200个村,解决3万名群众出行难。完成县乡道路28.2公里,方便群众出行;筹集资金1.9亿元,助力城乡公交一体化,启动建设客运总站1个,乡镇客运站22个,开通公交线路68条,投入车辆273辆,具备条件的行政村全部实现开通运行。全面服务水利兴修。筹集资金4731万元,用于全县中小河流域治理,筹集资金1.25亿元,用于西淠河以及汲河治理。开工建设西淠河13.2公里,完成5.5公里,提高防洪排涝能力。对14座小型病险水库进行除险加固。全面实施农村饮水安全巩固提升工程,完成新建、改扩建工程和管网延伸51处,涉及21个乡镇54个村(贫困村18个),解决4.96

万名群众饮水安全问题。筹集资金1260万元,完成古碑、沙河等9个乡镇污水管网延伸工程,延伸污水管网共约33KM,共收集乡镇9000余人的生活污水,提高乡镇污水收集处理能力,保护自然生态,改善农村人居环境。推进城乡面貌改善。筹集项目资金1.29亿元,其中易地扶贫搬迁工程6451.2万元、保障性安居工程1800万元、棚户区改造资金4694万元。对梅山新老城区相关居民小区进行拆除,统一安置在1700套新建住房用于居住。实施老旧小区改造,安排资金4500万元,改造3个老旧小区,面积28万平方米,户数2330户,住宅楼74栋。支持电商就业创业,筹集安排资金建成县级电商服务中心1个、物流配送中心1个、区域物流快递中心9个、乡村服务站225个。推进农村环境"三大革命",完成6254户农村厕所改造和183个中心村污水处理设施建设,通过焚烧发电等方式年处理生活垃圾3.5万吨。综合利用作物秸秆15.26万吨,利用率88.9%。

【财政支农力度加大】通过统筹整合、盘活存量、优化结构等,设立乡村振兴发展基金10亿元,保障乡村发展需要。支持绿色生态农业发展。落实和完善以绿色生态为导向的农业补贴制度,巩固农业"三项补贴"改革成果,完善农机购置补贴政策,及时拨付"三项补贴"资金3748万元、农机购置补贴资金300万元。落实秸秆禁烧及综合利用奖补政策和秸秆产业化奖补政策,共对秸秆产业化龙头企业、秸秆发电和种养大户兑现政策补助资金323万元,提高秸秆离田综合利用率。安排资金2550万元实施果菜茶等农产品有机肥替代化肥行动和生物农药、物理防虫技术替代化学农药(除草剂)防控,创建茶叶绿色以上农业生产示范基地65处共1.8万亩,种植绿肥基地48处共1.8万亩,开展生物菌肥试验1000亩。投入资金110万元实施农产品质量安全民生工程。整合资金7000万元支持开展夏季动物强制免疫、畜禽健康养殖服务、禁养区养殖场关闭搬迁、"一场一策"整治、畜禽粪污资源化利用等。推进农业产业化。积极深化农业供给侧结构性改革,支持农村一二三产业融合发展,着力提升农业产业的质量和效益。2018年,预算安排现代农业生产发展资金2000万元,统筹整合安排"茶谷"建设资金1000万元、西山药库建设资金3000万元、江淮果岭资金1000万元、蔬菜扶贫基地资金1亿元,通过产业奖补、贷款贴息等方式,围绕茶叶、中药材、果蔬、生态养殖等特色产业,重点支持基地建设、主体培育、品牌建设、市场开拓等。2018年,全县粮油总种植面积55.65万亩,15.81万吨;新申报市级农业产业化龙头企业15家,市级联合体1家、省级5家,新增加规上农产品企业1家;新培育发展各类专业合作社76家、家庭农场399家;新注册金寨黄大茶地理标志证明商标,构建"大别山的问候—源自金寨"农产品区域公用品牌的价值体系,并开展绿色食品认证企业12家,有机认证企业137家;"老班长红烧肉"农家菜在"乡味江淮"农家菜评比活动中获金奖。加大农产品电商支持力度,投入资金1000万元,引导经营主体开设网上销售平台,实现电子商务和专业实体线上线下"双线"联动经营。推进生态功能区建设。安排创建森林城市、国有林场改革、森林防火、森林资源保护、生态公益护林员工资等资金2962万元,加强林业资源保护,提高森林覆盖率,涵养山区水源,保住绿水青山,巩固自然生态保护成果;安排资金5902万元,对梅山水库网箱拆除,加强水资源保护;安排城乡环卫一体化资金1196万元,用于城乡环境整治及垃圾处理,切实保护城乡生活环境;统筹资金1.05亿元支持完成人工造林69974.1亩,封山育林19000亩,退化林修复60000亩,森林抚育161150亩,义务植树110万株。落实森林生态效益补偿资金4126万元,支持生态公益林资源管护。加大退耕还林补贴投入,安排资金318万元,重点支持省级以上自然保护区修复建设。完善政策性农业保险。全县承保水稻14.7万亩,玉米4.9万亩,参保缴费453万元。按照"农户点菜、政府买单"的方式,将茶叶、油茶、灵芝等13类特色农产品纳入保险范围。

【民生工作蹄疾步稳】在认真实施省定33项民生工程基础上,自主实施5项民生工程,全县累计投入资金22.9亿元,其中县级投入11.5亿元,民生工程的实施,进一步增强人民群众获得感、幸福感和安全感。弱势群体生活得到保障。全县27322人纳入农村低保、3943人纳入城镇低保,补助标准全面提标,全年发放资金10690万元;集中和分散供养特困人员6915人,全年发放资金3047.2万元,做到应救尽救,应养尽养;投入资金1800万元,对13个乡镇敬老院进行无障碍升级改造,集中养护失能半失能特困人员;42名孤儿实现集中就学,9207名残疾人领取补贴,210名残疾儿童进行康复训练;开展免费婚检5384人,完成儿童免疫77249人,扶助计生家庭731

人;扩大法律援助范围,完成法律援助案件审批数724件,完成率96.02%,办结数462件,结案率63.8%。城乡学生上学得到保障。抓好城乡义务教育经费保障机制建设,对55696名学生免费提供教科书,补贴贫困寄宿生8586人次,维修校舍10处,改造面积1.96万平方米;提高中职和普通高中学生资助水平,发放普通高中国家助学金3639人669万元,国家免学费2554人317万元,发放中职国家助学金3321人377万元,国家免学费4850人856万元;着力解决学前教育"入园难""入园贵"问题,2018年新建和改扩建幼儿园8所,面积6450平方米,购置大型设备900套,开展幼儿资助3964人次,同时招聘在编幼师30人,政府购买服务性岗位45人;全面推进农村义务教育学生营养改善计划,全县322所中小学校38440名学生享受营养餐补助,实现受益学生全覆盖和食堂供餐全覆盖。城乡群众就医得到保障。建立基本医疗保险、大病保险、医疗救助"三位一体"的城乡医疗保障体系,全年城乡居民参保62.3万人,基本医疗保险支出36500万元,住院费用报销比例为80.5%;安排专项资金1400万元,在全省率先实施城乡居民医疗补充保险,享受"1579"政策,重点保障患大病、慢性病的非贫困户和2014、2015年已脱贫贫困户,缩小非贫困户与贫困户间医疗保障的差距;资助五保户、低保户、重点优抚对象医疗保险参合参保96019人,直接救助45388人次,资金支出1803.99万元;扎实推进"智医助理"试点,初步完成374个村卫生室"慢病智能管理系统"上线运行,2所乡镇卫生院、10个村卫生室试点运行"辅助诊断系统";健康脱贫兜底"351"工程累计为贫困户住院报销21500人次,累计报销15100万元,报销比例90.2%,"180"工程为贫困户慢性病报销53850人次,累计报销1705万元,报销比例95.07%。城乡群众养老得到保障。城乡居民基本养老参保26.88万人,征缴保费8610万元,在全市率先完成保费征缴任务;为10.7万名城乡老人发放养老金16500万元,向3677名被征地农民发放养老金1200万元,向7690名"老字号"人员发放生活补助1800万元。建立健全以居家为基础、社区为依托、机构为补充相结合的多层次养老服务体系,累计向10653人发放高龄补贴415.99万元,实现老年高龄津贴全覆盖;完成1个县级居家养老服务指导中心、4个乡镇养老服务指导中心、5个社区养老服务站建设,并统一标识标志和室内设计;配备养老机构床位3076张,护理型床位715张,在150张床位以上养老机构设立医务室或护理站。特殊群体住房得到保障。实施农村危房改造,新建房屋1092户,修缮加固708户,累计改造危房3.3万户;按照政府主导、市场运作方式实施棚户区改造,新开工建房1700套,改造面积20.4万平方米,基本建成540套。推进3个老旧小区整治,着力解决外墙渗水、小区监控不足、下水管道堵塞等问题,改造面积27.35万平方米,户数2306户,累计投资4500万元。

【基础管理更加规范】更加重视抓基础,强基层,推进财政管理服务上水平,上档次,不断提升财政系统良好形象。深化国库集中支付管理。制定《金寨县深化县乡国库集中支付制度改革实施方案的通知》《金寨县财政局关于深化全县国库集中支付制度改革有关问题的通知》《金寨县财政局关于加强财政授权支付管理的通知》等一系列规范性文件。推进国库集中支付-财政授权支付的上线改革,完成县直所有单位财政授权支付上线工作,顺利实现单位通过银行自助柜面系统支付资金的目标。开通预算执行动态监控系统,进一步提高财政资金支付的安全性、规范性、有效性。强化国有资产管理。组织开展全县乡镇区域内闲置公房清理,共清理乡镇区域内闲置公房155463平方米,其中:村级卫生室闲置12541平方米、村部闲置30287平方米、村级校舍闲置37465平方米;经县政府同意,将闲置公房全部交由属地乡镇政府管理。全面清查金光钢厂闲置资产,抽调专人成立公房组,多方查找金光钢厂有关资料,整理房产登记信息50377平方米,现场逐一核实公房现状及利用情况,并提交县政府纳入征收拆迁计划。组织对老城区车库等公房进行清理,共清收县直单位老城区车库等公房101间,全部纳入国有资产集中管理。规范县级平台公司管理,调整完善县城投集团"两会一层",调整充实利达担保公司董事会;建立城投、担保企业目标考核体系,科学合理确定分类指标值;健全投融资机构业绩考核和薪酬管理制度,不断提高县属企业经营能力和管理水平。由县国资委出资5000万元,组建县通达公共交通有限公司,保障城乡交通一体化顺利运营。加强国有资本收益管理,组织开展25家县属国有企业审计,根据审计结果,按企业净利润的25%比例收缴国有资本收益,14家盈利企业共上缴利润1221.45万元。组织开展编制行政事业单位国有资产报告、经管资产报告及自然资源国有资产报告试点工作，为规范国有资产管理打下坚实基础。深化机关管理。不断深化“两学一做”学习成果，扎实推进“讲严立”专题警示教育活动，同时，推进机关党建、文明创建、作风效能、队伍建设等，机关管理和服务水平不断提高。强化乡镇财政管理。开展乡镇财政业务“管理提升年”活动，着力加强乡镇财政干部队伍思想建设、业务建设、作风建设、制度建设、文化建设和反腐倡廉建设，全面提升制度执行效果、业务管理水平和为民服务能力。拓展惠民补贴“一卡通”系统推广应用，实行惠民资金主管部门在线登记造册、财政部门资金拨付审核、代发金融机构高效发放的工作机制，全年预计发放惠民补贴资金6亿元左右。

霍山县财政工作概述

【概况】2018年，财政部门积极应对复杂多变的经济形势，坚持稳中求进工作总基调，落实新发展理念，按照高质量发展的要求，聚力增效实施积极的财政政策，集中精力促发展、推改革，突出重点惠民生、助攻坚，多措并举抓管理、树形象，为全县经济社会发展提供坚实财政保障。

【基础管理】根据年初确定的收入任务，强化财政收入预期管理，密切关注形势，加强对重点税源、重点企业的分析研判，定期调度，及时发现并解决组织收入中存在的问题；健全税收征管网络和协税护税机制，大力推进综合治税，密切财税库银的协同配合，强化部门的会商联动；加强非税收入预算管理，规范非税收入征缴行为，推进非税直征试点，认真做好非税职责划转前的准备工作，坚持依法依规组织收入。2018年全县财政收入首次突破20亿元大关，达到203559万元，占预算100.6%，同比增长8.7%。预算执行更加规范。加快公共财政执行进度和资金拨付进度，实行按月通报、及时提醒、定期调度；着力盘活存量资金，强化资金的统筹经营，严控财政供养人员以及“三公”经费等一般性支出，将有限财力用于新增重点支出和改善民生上。2018年完成财政支出288414万元，占预算149.9%，同比增长4.2%。其中民生支出241126万元，占总支出83.6%，同比增长4.1%。财政监督不断深化。认真组织开展扶贫、旅游开发、农业、企业等方面财政资金监督检查和绩效评审，确保财政资金安全运行；依托“网上商城”大力推进政府采购信息化建设，对采购过程实现网络管理、全程监督。2018年完成2321笔网上商城采购，成交总额3036万元，有效提升政府资金使用效率；扎实做好预决算公开、“三公”经费管理等基础工作，积极开展会计代理记账机构审批，不断深化财政财务监督。

【促进发展】营商环境日趋优化。全面落实结构性减税和普遍降费政策，用活财政奖补政策，积极向上争取资金和政策支持，加强对部门收费行为的监管，维护企业正当合法权益，稳定提振市场信心，进一步提升和改善全县营商环境。工业平台不断夯实。安排4000万元支持县经济开发区、高桥湾产业园、衡山工业园等园区建设，不断加大对战新基地建设投入，培育战略性新兴产业，提升企业核心竞争力。支持企业创新发展。持续推进“大众创业、万众创新”，安排1600万元奖励企业发展和兑现企业优惠政策；安排1000万元支持企业转型升级，安排800万元支持企业创新发展；落实财政贴息及续贷过桥政策，安排600万元支持企业上市发展和贷款贴息，减轻企业负担、降低企业成本；安排500万元支持企业生产标准化和商标创建；安排100万元鼓励企业引进高层次人才，着力激发企业活力和创造力，提升企业创新能力。

【风险防范】债务风险有效管控。出台《霍山县政府性债务管理暂行办法》和《霍山县政府性债务风险应急处置预案》，进一步硬化预算约束，严控PPP项目财政支出规模，严禁借PPP项目变相举债，压减已入库项目；认真开展债务清理核销和置换，共清理系统内债务304笔，核销债务1.9亿元，系统内能置换的债务于2018年8月底全部置换，对不能置换的债务，一方面拨付城投公司土地出让成本及净收益4.8亿元，用于偿还公司债务，另一方面，出台《霍山县矿产公司利润分配管理办法》，规定该公司经营利润50%用于偿还债务，积极筹措资金消化存量；不断强化债务日常管理，完善债务限额、风险预警等机制建设，着力强化债务风险管控。脱贫攻坚精准推进。强化收入调度和支出管理，尽最大努力全力支持脱贫攻坚，保障扶贫投入精准高效。2018年全县到位扶贫资金12363.65万元，其中县级预算6507.85万元，全年完成支出12287.7万元，支付率为99.48%。出台《霍山县财政扶贫资金管理实施办法》《关于做好全县扶贫项目资金绩效管理工作的通知》等制度，实行扶贫项目和资金调度制度,定期开展监督检查,及时反馈结果,限期整改落实;严格扶贫资金收支管理,推进财政资金统筹整合,进一步规范扶贫资金财务管理,努力提升扶贫资金绩效;变财政无偿投入为有效投资,投入888万元开展资产收益扶贫,在全县贫困村实施20个资产收益扶贫项目,有效激活资金和生产要素,提升扶贫实效,相关做法被《中国财经报》专题宣传报道。污染防治保障有力。积极履行大别山区水环境生态补偿领导组成员单位职责,认真做好生态补偿项目的申报、检查、验收及绩效考评工作;统筹3520万元建设城区污水管网改造工程,安排540万元建设黑石渡至上土市段旅游通道弃渣场,安排600万元建设入河排污口治理及生态修复工程,筹集500万元作为各乡镇集镇污水处理厂托管运行费补助,投入2200万元以“PPP”模式开展城乡环卫一体化建设,有力改善农村生产生活环境;积极做好燃煤锅炉淘汰、秸秆禁烧、村庄生态环境整治和黄标车提前淘汰等专项资金的绩效评价,推进霍山绿色发展取得成效。

【民生建设】民生建设持续加强。按照县委县政府决策部署,全面落实省市民生工作要求,深入推进33项民生工程,认真履行民生工程牵头抓总职责,层层压实责任,完善制度机制,不定期召开协调会、推进会,坚持问题导向,健全部门会商、定期分析、督查调度机制,不断增强工作针对性、实效性,推动各乡镇各部门狠抓落实。2018年计划投资11.7亿元,其中县级配套5.89亿元,实际到位资金9.75亿元,实际支付8.99亿元,占到位资金的92%,圆满完成年度各项目标任务。惠民政策高效落实。进一步完善惠农补贴资金发放制度体系,2018年共打卡发放各项惠农补贴资金3.54亿元;加大农业综合开发力度,加强农业综合开发项目管理,2018年共立项农业综合开发项目12个,项目总投资3704.4万元;深入推进美好乡村和“一谷一带”建设,县本级预算安排1600万元支持美丽乡村建设,安排800万元推进“一谷一带”建设;继续深化农村综合改革,深入推进“一事一议”财政奖补工作,申报列入财政奖补项目25个,总投资1149万元,其中财政奖补资金978万元,项目已全部完工;认真落实支农惠民补贴政策,农业支持保护补贴打卡发放2270万元;扎实做好政策性农业保险工作,规范承保、合理定损、据实理赔,累计投入保费925.71万元,其中县级财政资金312.44万元,共理赔资金513.3万元。社会事业稳步发展。加大财政资金投入,不断完善生活救助制度,稳步提升城乡低保、五保、优抚等标准,切实强化困难群众生活保障;巩固深化医疗卫生计生体制改革,完善医疗保险制度,及时兑现健康脱贫政策,保障医疗卫生计生事业健康发展;深化养老保险制度改革,扎实开展机关事业单位养老保险测算;落实义务教育经费保障,全力做好中职、普高和义教家庭困难学生资助,有力保障教育事业发展;支持文体赛事活动和体育设施建设,扎实推进公共文化场馆开放、广播电视户户通等项目建设,统筹支持社会事业发展。

【财政改革】财政管理更高质量。不断优化税收环境,巩固“营改增”改革成果,深入推进环保税改革,积极做好个人所得税、资源税等改革前期准备工作,确保全县税制改革平稳运行;深化预算管理改革,对单位人员信息实行常态化、动态化管理,提高预算编制的精准性;稳步推进中长期财政规划和三年滚动预算编制,逐步建立跨年度预算平衡机制;积极组织开展政府会计准则制度培训,邀请安徽大学、安徽工业大学教授集中授课,主动加强统筹指导和协调服务,努力做好现行制度和新会计准则制度的衔接统一。财政运行更有效率。推进财政绩效改革,选择7项重点项目进行绩效评价,进一步提升预算单位的绩效管理意识,明确支出责任,强化结果运用,有效提高项目管理水平和财政专项资金使用绩效,在财政部县级财政管理绩效综合评价中,本县进入全国前200名,获得财政部和省政府通报表彰;深化国库集中支付电子化改革,财政与人行、代理银行全面实现电子化清算,选择县直10家预算单位开展授权支付改革试点,不断提升财政资金支付效率。财政发展更可持续。合理确定收入目标,确保财政收入稳预期、有质量;牢固树立过紧日子思想,科学安排支出预算,积极盘活存量资金,强化财力统筹,加强重大项目可承受能力评估,腾出财力坚守“三保”底线;不断加大国企监管力度,印发《霍山县县属国有企业监事会暂行办法》《关于进一步完善国有企业法人治理结构的实施意见》,健全国企法人治理机构和监督机制;印发《霍山县规范行政事业单位国有资产出租出借行为管理意见》,规范国有资产租借行为;加强账户管理,强化财政资金安全,不断促进财政持续发展。

【锤炼作风】从严从实强化政治担当。坚持以党建统揽全局,将加强政治建设放在首位,完善《霍山县财政局党组议事规程》,出台《党组重大事项报告制度》,明确党组议事规程及领导干部相关事项报告制度和纪律要求。从讲政治的高度认识和落实巡视整改工作,扎实开展借用人员清理,机关借用人员通过公开竞岗、返回原工作岗位等方式全部整改到位。求深求透夯实思想基础。深入推进“讲严立”和“以案促改”专题警示教育,系统学习习近平新时代中国特色社会主义思想、党的十九大精神及“讲严立”方面重要论述,强化政治理论素养;召开集中研讨会和专题学习会,积极开展谈心谈话和征求意见活动;结合典型案例,坚持以案促改,围绕“六聚焦六整肃”,深刻查摆问题,召开专题民主生活会,严肃开展批评与自我批评;对照收集的意见,制定整改任务书,详细列出问题清单、整改清单,建立整改台账,坚持真整改、改到位。落实落细提升履职能力。深入落实党组中心组、党支部学习等制度,细化内容,拓展深度,坚持学思结合、学以致用,不断提升履职能力。先后完成18名公务员在线教育学习、17人党的十九大精神轮训、两期12人皖中六市乡镇财政干部培训、两期6人全省乡镇财政所长岗位培训,组织全县财政干部培训、财政支农政策培训等,切实提升财政干部理论和业务水平。抓常抓长加强廉政建设。坚持全面从严治党,积极履行“两个责任”和“一岗双责”,全力支持派驻机构履行监督责任,组织党员干部参观独山革命旧址群和“六霍起义纪念馆”,举办党课讲座,参观廉政教育基地,观看廉政警示教育片、微电影,促进干部自我警醒、廉洁自律;积极开展“小金库”专项治理行动,进一步严肃财经纪律。认真开展财政全面从严治党和党风廉政建设调研,组织好全市巡察乡镇财政所(分局)工作研讨会,谋划成立乡镇财政所(分局)党支部(党小组),稳步推进财政基层党建和巡察工作;扎实推进财政扶贫领域腐败和作风问题专项治理,共查找出问题22项,列出整改措施18条。出台《关于进一步严肃局机关工作纪律的通知》,严格内务管理、考勤等制度,进一步严肃纪律要求,以严的标准、实的作风,努力把财政部门打造成政治过硬、本领过硬、作风过硬的优秀团队。

舒城县财政工作概述

【概况】2018年,在县委、县政府的正确领导下,县财政局聚焦脱贫摘帽任务,积极履行财政职能,加强预算执行管理,防范财政运行风险,有效促进全县经济社会的发展。

【狠抓收支管理】加强收入征管。认真落实财政收入预期管理制度,细化分解目标任务,强化收入预测和调度,全面运行综合治税信息系统,依法加强税收和非税收入征管,确保完成财政收入年度目标任务,收入总量位居全市第一,增幅排名全市第三。全县财政收入完成24.16亿元,同比增长15%。其中,税收收入完成20.26亿元,占财政收入比重为83.85%,增长21.12%;非税收入完成3.90亿元,占财政收入的比重为16.15%,下降11.04%,财政收入质量进一步提升;地方级收入完成15.56亿元,增长14.94%。优化支出结构。按照“集中财力办大事”的支出原则,强化预算刚性约束,严控一般性支出,保障重点支出。2018年,全县实现公共财政预算支出50.50亿元,为调整预算的112.9%,同比增长11.13%。其中,民生支出42.81亿元,占总支出的84.77%,增幅12.14%。全年“三公经费”支出3306.64万元,同比下降5.1%。

【服务经济发展】全面落实结构性减税和普遍性降费政策,切实减轻企业负担,安排专项资金,推动经济转型升级,加大服务企业力度,持续开展“四送一服”双千工程活动,大力支持重点工程和园区建设。

【支持打好攻坚战】全力支持打好防范化解政府债务风险攻坚战。成立县防范化解重大风险工作领导小组,制定政府性债务风险应急处置预案,规范政府融资举债方式,完成政府存量债务置换。积极开展“全口径”债务统计上报,摸清“家底”。制定债务化解方案,妥善化解隐性债务存量。严格政府债务限额管理,管好用好政府债券资金。到2018年12月底,全县政府性债务余额627967.55万元,总量低于省政府核定的707567万元的债务限额,债务风险可控。坚持适度举债原则,合理申报地方政府专项债券,2018年地方政府新增债券资金196799万元,其中一般债券7495万元,专项债券189304万元。全力支持打好脱贫攻坚战。全面开展“找、补、抓、严”专项整改行动和脱贫攻坚“百日会战”。全县投入财政扶贫资金8.95亿元,统筹支持扶贫工作。建成扶贫资金动态监控平台,加强财政扶贫资金专项检查,针对问题盘点销号,规范扶贫资金使用和监管。牵头做好资产收益扶贫工作,带动51个贫困村村均增收1.45万元,3436个贫困户户均增收850元。全力支持打好污染防治攻坚战。投入830万元用于推进秸秆禁烧和综合利用,支持大气污染防治;争取中央资金429万元,用于水污染防治;积极申报用好大别山水环境生态补偿补助资金;投入7088万元,支持乡村人居环境整治,投入5321.72万元支持美丽乡村建设,投入7000余万元,完成115家养殖企业关闭、搬迁任务。

【保障改善民生】调整优化支出结构,支持改善民生,保障重点支出。33项民生工程,投入财政资金20.57亿元,其中县级配套2.78亿元,年度目标任务顺利完成。支持教育事业优先发展,着力提升社会保障水平,农村低保标准逐年提高;大力支持创业就业;全力促进医药卫生事业发展,配合做好涉军工作,调度资金,尽力保障退役安置人员相关资金落实。支持实施乡村振兴,持续推进农村综合改革,扎实开展扶持村级集体经济发展试点工作;全面完成2017年农发项目续建任务,快速推进2018年农业综合开发项目实施;落实村级组织运转经费保障机制,兑现强农惠农政策,发放财政惠农补贴7.22亿元;加强农业生产安全保障,政策性农业保险险种达到6个,特色农业保险险种达到5个,出台《舒城县农业信贷融资担保体系建设实施方案》,设立省农担公司舒城办事处,搭建服务"三农"新金融平台。

【深化财政改革】深化预算管理改革,积极推进预决算公开,全面推进预算绩效管理。深化县乡国库集中支付改革,推进国资国企改革,支持国税地税征管体制改革,认真配合做好非税收入征管职责划转和农业综合开发相关职能划转工作。严格落实《政府采购法》,全年实现政府采购金额99913万元,节约资金14986万元,节约率14%。加强财政监督管理,完善行政事业单位内部控制建设,积极推动行政事业单位内部控制规范实施。

【加强作风建设】严格落实"两个责任"和"一岗双责",层层签订党风廉政责任书;全力支持派驻机构监督执纪问责,认真开展全面从严治党主体责任党组"一把手"履责纪实工作。狠抓巡视巡察反馈问题整改,建章立制、举一反三。不断加强理论学习,树牢"四个意识",坚定"两个维护"。深入推进"两学一做"学习教育常态化制度化,扎实开展"讲忠诚、严纪律、立政德"专题警示教育。贯彻落实意识形态工作责任制,夯实意识形态阵地建设,维护网络意识形态安全,牢牢把握意识形态领导权和话语权。推进党组织标准化建设,严格执行"三会一课"制度,规范组织生活。深化作风建设,开展财政扶贫领域腐败和作风问题专项治理,严格贯彻落实中央"八项规定"精神,加强机关效能建设,强化制度执行,规范干部行为,持续开展文明创建活动。

金安区财政工作概述

【概况】2018年,区财政局在区委、区政府的正确领导下,紧紧围绕中心、服务大局,拉升标杆、奋力进取,取得财政工作新成绩,开创财政改革新局面。

【财政收入】收入总量大幅增长。受房地产宏观调控政策、减税降费等多重不利因素影响,本区财政收入仍保持平稳较快增长,全年完成收入21.50亿元,同比增长7.4%,有15个乡镇(街)财政收入超过2000万元。收入总量居全市前茅,收入规模继续在全市领跑。收入质量稳居第一。2018年税收收入完成20.02亿元,占财政总收入比重为93.1%,高于全市平均比重约9个百分点;非税收入完成1.48亿元,占财政收入6.9%,收入质量全年稳居全市第一。

【支出保障】一般预算支出保障充分。区四大班子、行政机关、事业单位公用经费定额标准自2013年以来连续几年大幅度提升。打卡之外的社会保障缴费、公积金几乎全部纳入预算保障范围。重点支出保障有力。强化财政支出管理,大力压缩一般性支出,严格控制"三公经费"支出,不断优化支出结构,着力保障民生支出。全年实现预算支出47亿元,同比增长8.1%,其中民生类支出达39.01亿元,占财政总支出的比重为83%。保障三大攻坚战支出达2.88亿元,占财政总支出的比重为6.1%。有效地保障机构运转、社会稳定、民生和脱贫攻坚等重点领域、重点项目支出需要,支出结构更加优化,支出保障更加有力。

【经济发展】助力融资平台建设。截至2018年底,区城投公司管理的资产总额超200亿元。2018年公司新获批项目8个,获批额20.8亿元,提款到位资金28亿元(含2018年前获批的当期提款项目)。积极推进公司转型发展,实现融资市场化。服务园区建设,2018年用于南山新区建设资金约9.06亿元,金安经济开发区建设资金约1.5亿元。服务民生工程,2018年累计投入民生工程领域12.39亿元。扶持小微企业发展,2018年通过股权、债权向7家企业累计投资5410万元。助力实体经济发展。财政加大担保基金注入,融资担保基金总额达29000万元,为230家企业担保贷款85000万元。财政加大过桥资金投入,过桥资金总额达4800万元,累计为39家企业办理续贷过桥资金,总贷款金额32000万元,企业减少利息负担197万元以上。2018年财政贴息发放小额担保贷款8600万元,贴息资金886万元,惠及全区406家小微企业。全年拨付企业奖补资金3000万元,20家企业从中受益。

【财政改革】推进预算制度改革,预算编制发生颠覆性巨变,按照"量入为出,不留缺口,零基预算,三保优先,保障三大攻坚战支出"总体要求。先编收入,确定各项收入,然后根据收入安排支出,不编赤字预算。把多年来形成的各种项目全部清零,打破原有条条框框。在安排支出上,坚持"三保"优先,即保工资:个人工资、福利全部保障到位;保运转:大幅提高公用经费定额标准,区四大班子、行政机关、事业单位人均定额标准分别为12000元、10000元、8000元,在此基础上人均再按6000元预算用于误餐补、体检费、差旅费,同时对单位的网络运行维护,物业、租赁、机关党建、培训、会议、档案管理、购买服务等运转经费全部予以保障;保民生:按省定项目予以配套。安排保障三大攻坚战支出,还本付息,尽最大努力进行安排,脱贫攻坚据实安排,环境保护予以保障。要求乡镇街2019年预算编制采取同样方法。本年预算编制方法实现重大突破,打破传统意义上的"增量预算",实现真正意义上的"零基预算",打造"铁预算"。推进国库电子化支付改革,全区154家预算单位全部实现电子化支付。加强存量资金管理,建立定期清理机制,2018年盘活各类财政存量资金3.23亿元。加强政府性债务管理,严格实行政府债务预算管理和限额管理制度,加强风险动态监控,规范乡镇举债行为,严禁违规新增债务。政府举债融资机制健全,债务风险总体可控。2018年争取债券资金20167万元,其中新增债券12661万元,置换债券7506万元。着力推进非税征管方式改革,建立区直单位开票、财政直征、收入直达的征收管理模式。

【民生改善】全省统一实施的民生工程33项,全区民生工程投入19.59亿元,其中:区财政配套资金7.02亿元,增长33%。多渠道筹集社保资金,共组织征收筹集5类8项社会保险基金14.39亿元,拨付各类保险待遇支出14.11亿元。拨付民政部门社会保障资金2.20亿元,拨付卫生、人社、残联等其他部门社保类专项资金1.36亿元。强化财政资金投入,大力支持脱贫攻坚,全年投入脱贫攻坚资金达25.75亿元。组织全区28个贫困村开展资产收益扶贫项目,累计投入1120万元。

【财政管理】开展年度"三公经费"公开情况专项检查,实现一级预算管理单位全覆盖;开展年度扶贫专项资金监督检查,涉及19个乡镇所有上级扶贫专项,科学制定"三项"清单,实现脱贫资金、脱贫项目动态监督;加强内部控制管理,制定八项内部控制管理制度和十六项内控操作规程;建立财政资金追加评审制度,追加资金一律上会。2018年核减不合理资金3.73亿元;推进部门预算评审工作,扩大部门预算项目支出评审数量和金额;加强涉企项目资金监管力度,充分运用涉企项目申报系统的监管作用,2018年共审核涉企项目67个,其中预警项目15个,成功申报52个,申报资金达476万元。

【政府重点工作】围绕区委区政府重点工作抓落实。征迁工作进度处于领先,全年5大地块全部超前完成。全区招商引资、项目帮扶、暖企行动2017年度获得先进,脱贫攻坚、扶贫十大工程、文明创建、党风廉政建设锦上添花。围绕重点业务工作抓建设。全省乡镇财政资金管理监管工作、惠农补贴资金管理发放工作连续多年获省财政厅绩效评价一等奖。区财政获国务院2017年度财政管理工作绩效考核激励县区。

【党建工作】全面贯彻从严治党,财政政治站位进一步提升,政治生态进一步优化。推进"两学一做"学习教育常态化制度化,做到"三个到位"、"六个结合"。局党组每月组织一次党组理论中心组(扩大)学习会,要求局机关中层领导全部参加。建立党员活动日制度,党总支将每月10日作为机关党员活动日。积极开展"道德讲堂"进基层、"志愿服务"到社区、"扶贫攻坚"入农户活动,建立财政系统新录用人员岗前廉政教育谈话机制。丰富"三会一课"内容,建立支部微信群,组织支部专题讨论,开展党内评先活动,培育党员荣誉感,增强党员先锋性。积极开展文明创建活动,成功申报市第九届文明单位,连续四届获此殊荣。积极开展结对创城工作,2018年从机关公用经费中再拿出5万元,帮助结对的九墩塘社区、人民新村社区修缮便民设施、改善辖区环境,提升创城品位。

【廉政建设】深入推进党风廉政建设,推动廉政工作向纵深开展。强化廉政教育,组织机关干部观看廉政教育片3部,举办道德讲堂3期,开展廉政文化“六进”活动2次;邀请区直工委作廉政专题报告;组织机关党员赴皖西烈士陵园接受红色教育,缅怀革命先烈,重温入党誓词;坚持重要节假日、工作节点,编发廉政提醒短信。建立和完善党风廉政建设责任制、领导班子议事规则、追加资金审核制度、重点工作目标考评制度等各项内部管理制度,做到用制度管人管事。扎实开展区委巡视反馈意见整改工作,制定整改方案,建立整改台账,梳理3大方面问题,细化为16类31项,对照台账盘点销号。强化责任落实不放松。深入落实党风廉政建设“两个责任”,切实做到“一岗双责”。建立财政系统廉洁自律责任制,年初局党组与机关股室(单位)、乡镇街财政所(分局)签订4级党风廉政责任书,开展党风廉政建设责任书的落实情况检查验收,年终纳入局重点工作考核目标,坚持“一票否决”制度。强化风险防控不放松。完善廉政风险防控措施,制定《金安区财政局廉政风险防控管理工作实施方案》,加强对重要岗位、关键环节、重点领域的廉政风险防控。推行“两单”即责任清单和权力清单制度,绘制《工作流程图》并公开公示。加强财政局内部财务审计,规定机关每半年一次,二级机构每年一次。强化监督问责不放松。加强内部监督检查,强化财政财务管理。组织开展财政系统巡察工作。完成对中市、东市财政所专项巡察。加强干部管理,开展党员领导干部年终述职述廉述德工作。开展效能明察暗访,早发现、早提醒、早制止,加强警示诫勉谈话工作,抓早抓小,防微杜渐。

【队伍建设】认真贯彻落实中央“八项规定”,常抓不懈,持之以恒。严守《廉政准则》和《安徽省财政厅工作人员廉洁从政若干规定》,深入学习新修订的《中国共产党纪律处分条例》。以开展“讲忠诚、严纪律、立政德”专题警示教育活动为契机,切实改进作风。加强部门会商和财政帮联工作,落实联系基层制度,密切联系群众,深化结对共建成果。加大便民服务举措,2018年进驻区政务服务窗口新增财政事项5项,新增人员2名。加大年轻同志的教育培养,招录24名新同志,平均年龄不到30岁。继续推行“马上办”工作制度,建立日常绩效考核工作制度,严格落实《金安区财政局效能建设日常绩效考核暂行办法》,连续多年获得全区效能优秀单位。进一步强化包村包户“双包”责任,创新开展党员联帮户活动,率先实施干部包户考核机制。财政局扶贫工作联系东桥镇6个村,其中定点帮扶莲花村和段新街村两个村,重点贫困村莲花村2017年如期实现村出列,户脱贫。财政局为两村争取资金528万元,完善“双基”建设,增加集体经济,发展特色产业。局机关扶贫包保干部77人,帮扶6个村236户贫困户。

裕安区财政工作概述

【概况】2018年,全区财政收入完成222222万元,同比增长15.19%;完成财政支出485520万元,同比增长7.88%。

【财政收支持续增长】收入实现稳步增长。狠抓收入管理,推进依法治税,强化收入分析研判,抓好骨干税源和重点行业税收征管,力促收入平稳有序均衡入库,2018年全区财政收入完成22.22亿元,首次突破20亿元,增长15.19%,财政收入延续稳定增长良好态势。全区税收收入完成198096万元,增长17.97%。深化“放管服”改革,推进非税收入直征,依法依规足额征收,全区非税收入完成24126万元,占财政总收入的比重为10.86%,较上年下降2.1个百分点,收入质量持续提高。财政支出科学务实。继续实施积极财政政策,调整优化支出结构,优先保障打好三大攻坚战等重大部署要求,兜住兜牢民生底线,2018年全区财政支出完成485520万元,增长7.88%,财政支持全区经济社会发展能力显著增强。民生类支出416794万元,同比增长5.87%,占财政支出85.44%,财政保重点、补短板、强弱项的政策导向更加突出。继续压减一般性支出和效益低下支出,切实把资金用在增强发展后劲上,以政府的“紧日子”换取人民群众的“好日子”。

【经济发展提质增效】不断培育壮大实体经济。积极参与“四送一服”双千工程,持续打造“四最”营商环境,促进“六稳”政策措施落实,推动经济稳中向好。投入工业发展专项资金4318万元,建好园区平台,壮大工业实体经济。全区融资担保在保余额45261万元,服务525家企业、个体工商户及农户,办理续贷过桥资金8270万元，有效缓解民营企业融资还贷压力。发放创业担保贷款5645万元，扶持创新创业。发挥电子商务发展专项奖补资金引导作用，投入610万元促进电子商务全覆盖。精准帮扶，给予户均3000元，支持贫困户开办网店。深入推进美丽乡村建设。有效发挥财政支农在实施乡村振兴战略中的重要支撑作用，持续推进宜居宜业宜游的美丽乡村建设。投入8900万元，推进17个省级中心村、26个区级中心村建设，美丽乡村集镇建成区与中心村基础设施建设不断完善。投入9017万元，强力推进农村垃圾污水厕所专项整治“三大革命”，农村人居环境持续改善，美丽乡村建设连续四年获全省先进。持续加大支农资金投入。投入农业综合开发资金3584万元，建成丁集镇、江家店镇高标准农田1.72万亩，分路口镇小流域治理0.51万亩，惠及人口1.1万人。扶持农民合作社和龙头企业3个，培育新型农业经营主体，促进土地经营权有序流转，建设规模化、标准化、专业化生产基地。发放“一卡通”惠民补贴74196万元，惠及50.3万人(次)，城乡居民充分共享改革成果，幸福指数不断提升，惠农补贴资金管理工作连续三年取得优异成绩，位居省财政厅绩效评价“A类”行列。发放农业支持保护补贴8485万元，持续推进农业“三项补贴”改革。拟发放稻谷补贴3328万元，推动稻谷收储和价格形成机制改革，切实保障种粮农民利益、引导绿色优质稻谷有效供给。及时兑付政策性农业保险保费补贴2403万元，农业保险理赔2300万元，农业生产风险有效分散化解。

【社会事业蓬勃发展】稳步实施民生工程。聚焦“七有”目标，按照“解决民生、保障民生、改善民生”的工作要求，切实履行“以民为本、为民解困、为民服务”的宗旨，精准施策，深入实施民生工程，进一步抓好教育、医疗、就业、住房、社会保障等民生工作，民生福祉持续改善。2018年本区33项民生工程投入25.75亿元，其中区配套2.34亿元，民生工程实施进度和整体基础工作在全市排名靠前。持续加大保障力度，救助困难群众。全年城乡低保发放14034万元/36715人；农村特困供养人员发放5279万元/9286人；困难残疾人生活补贴发放793万元/11487人；重度残疾人护理补贴发放892万元/10107人。实施医疗保障。基本公共卫生服务投入4900万元，提供12大类46项服务；发放城乡医疗救助金4326万元，直接救助帮扶51445人次，其中2030万元帮助建档立卡，贫困人口35933人次；城乡居民医疗保障投入43433万元；综合医改投入6871万元，保障基层医疗卫生机构人员工资；对村卫生室和村医实行“六制”管理，投入1285万元。全面发展社会事业，投入118139万元，支持教育事业发展。投入4975万元用于学校食堂改扩建、运转和膳食补助，落实农村义务教育学生营养改善政策；兑付22801万元，落实教师工资收入水平不低于或高于当地公务员收入水平政策。投入23339万元，保障城乡居民基本养老保险制度实施。顺利完成2014年10月以来机关事业单位养老保险清算，缴纳基本养老保险和职业年金个人部分20684万元。投入780万元，促进残疾人事业发展。投入2446万元，落实各项就业政策。拨付村干部各类补助和村级运转资金7176万元，不断提高农村基层组织保障水平。落实专项经费290万元，强力推进国家级健康促进区创建工作持续深入开展。投入3172万元，支持文化体育与传媒事业发展。打造文化扶贫工作亮点，完成“中西部贫困地区公共数字文化服务提升项目”设备发放，本区为省在六安市开展此项工作唯一县区，全区数字文化服务能力不断增强。

【支持打赢三大攻坚战】支持打好防范化解重大风险攻坚战。加强地方政府债务限额管理，2018年本区债务限额291688万元，新增债务限额13612万元由省政府代发行地方政府债券。加快存量债务置换，全年发行置换债券22025万元，截至2018年8月底所有存量债务均置换完毕，2015—2018年累计置换存量债务126540万元，有效防范债务违约风险。严控政府债务风险，全面监测政府债务风险状况，牢牢守住不发生系统性财政风险的底线，债务风险总体可控。坚决遏制隐性债务增量，全面摸清底数，分门别类核实隐性债务规模，积极稳妥化解。支持打好精准脱贫攻坚战。精准对接项目需求，深入推进涉农资金实质性整合，构建“一组四专”工作体系，提炼出“七步工作法”，统筹整合涉农资金44908万元，整合经验和成效多家媒体予以报道，扶贫项目库建设和整合涉农资金支持脱贫攻坚做法受到上级认可，在全国、全省作经验交流。持续加大资金投入，全年财政扶贫资金60816万元，区级专项扶贫安排3965万元，较上年增长86.14%。安排存量资金6596万元用于扶贫，占收回存量可统筹资金的53.18%。投入46146万元用于“双基”薄弱村建设。

扎实推进“四带一自”产业扶贫模式,投入7845万元支持30449户贫困户发展特色种养业,覆盖率达77%。大力实施贫困村“一村一品”产业推进行动,投入2231万元支持建设42个产业扶贫基地。其中投入1380万元推进资产收益扶贫工程,指导乡村结合实际,创新利益联结机制,稳定贫困村集体经济收入和贫困户收入。在全市率先试水“深贫保”政策,投入397万元为29917户贫困户办理“深贫保”特色产业保险。投入4040万元对2620户贫困户实行危房改造。开展扶贫领域腐败和作风问题专项治理,建立扶贫资金常态化监管机制,严肃查处扶贫资金管理使用中的违法违规问题,切实抓好问题整改,追回资金722万元。加快推进扶贫资金动态监控系统建设,强化绩效评价和结果运用,在全省绩效评价考核中取得优秀成绩,荣获中央奖励扶贫资金2680万元。支持打好污染防治攻坚战。加大环保资金投入,投入水污染防治资金21051万元,改善水环境总体质量。对农村环境综合整治补助、燃煤小锅炉淘汰、秸秆禁烧和综合利用、大别山水环境补偿四项专项资金进行绩效评价,提高环保资金环境效益、社会效益和经济效益。全面清算2014年以来秸秆禁烧和综合利用奖补资金,将清算结余3739万元收缴国库并重新分配用于乡镇污水处理厂等环保项目建设,支持农业农村污染防治,农村环境“三大革命”获2017年度全省先进县区称号。

【预算改革不断推进】加强全口径预算管理。按时启动2019年部门预算编制,适当提高综合定额标准,体现“三保”原则,建立人员和公用定额体系,强化项目立项管理,做实预算项目库,推动预算编制科学规范。预决算公开实现全覆盖。通过政府门户网站公开2017年政府决算和2018年政府预算,推动79个区直部门单位和23个乡镇街及开发区公开部门预决算,预决算透明度有效提高。盘活财政存量资金。全面盘活清理各类财政结转结余资金,收缴国库21402万元,安排可统筹50%以上部分支持脱贫攻坚。实施预算绩效管理。将绩效理念和管理方法深度融入预算编制、执行和监督全过程,着力实现财政运行可持续,对预算单位和项目进行绩效评价,涉及金额40591万元,占本级项目支出40.31%。调整区乡财政管理体制。制定“划分范围、核定基数、超收留用、短收不补、保证运转、一定五年”的新一轮乡镇街财政管理体制方案,着力推动乡镇街经济高质量发展取得新进展。深化国库集中支付制度改革。进一步厘清、压实预算单位主体责任和财政部门监督责任,全面建立“责任明确、管理规范、流程优化、运行高效、监管有力”的国库集中支付运行模式,国库运行管理有力加强。加强法治财政建设。强化依法行政、依法理财,严肃财经纪律,加大财政监督检查力度,规范部门单位财务管理,推进财政权力清单、责任清单和作风清单建设,财政服务水平不断提升。

【队伍建设锐意增强】坚持党建统揽全局。深刻学习领会习近平新时代中国特色社会主义思想和党的十九大精神,牢固树立“四个意识”、不断增强“四个自信”、始终坚持“两个维护”,坚决维护党中央权威和集中统一领导,始终同习近平同志为核心的党中央保持高度一致,旗帜鲜明坚持党管宣传、党管意识形态。着力加强政治建设。深入贯彻新时代党的建设总要求,以党的政治建设为统领,严格落实管党治党政治责任,举办全系统财政干部培训班,开设党建和党风廉政建设专题讲座,深入开展党风党规党纪和廉洁自律教育,将全面从严治党作为推进财政工作的坚强保障,融入日常、抓在经常。深入推进正风肃纪。扎实开展“讲忠诚、严纪律、立政德”专题警示教育,教育引导广大党员干部强化忠诚意识、严守纪律规矩、树立良好政德,全力支持派驻机构监督执纪问责,从严从实管好干部,全面落实党风廉政建设责任制,不断深化作风效能建设,严格执行中央八项规定精神,持之以恒反“四风”、改作风,着力打造忠诚干净担当的高素质干部队伍。

叶集区财政工作概述

【概况】2018年,在区委、区政府正确领导下,在上级财政部门科学指导下,全区财政系统认真学习践行党的十九大精神,紧紧围绕中心工作,强化收入征管,依法依规理财,突出改善民生,深化财政改革,落实财政政策,各项工作均取得较好成绩。全区公共财政总收入完成6.8亿元,为年初预算的120.38%,增长38.44%。全区一般公共预算支出18.11亿元(含上级转移支付支出),增长38.06%,其中民生投入资金占比为86.67%。

【助推经济发展】积极开展投资融资。争取发行土地储备专项债务7.8亿元,有力保障棚改征迁。支持国有企业市场化转型,充分运用发债等金融工具,大力推进与农发行等金融机构及各类券商合作,全年累计达成融资意向 20.35 亿元,完成融资授信15.85亿元,实际到位资金 9.5 亿元,有力保障基础设施建设。推动产业升级。发挥财政资金引导扶持作用,扶持重点产业、行业企业发展。全年累计兑现工业发展、招商引资、农业发展、科技创新等各类奖励资金 0.3 亿元。支持实体经济发展。积极发挥政策性担保机构支持实体经济发展作用,全年累计为小微企业和"三农"行业办理担保贷款 135 笔,在保余额 1.9 亿元;开展续贷过桥业务 47 笔,服务金额1.91亿元。推进城乡发展全面协调。加强农村基础设施建设。2018 年全年实施农业综合开发项目 3 个,累计投入资金 0.12 亿元;实施一事一议项目 32 个,累计奖补资金 0.075 亿元;实施美丽乡村建设项目 8 个,累计投入资金 0.22 亿元;发放惠农补贴资金1.54亿元,涉及 40 个项目,惠及农户 99403 户。加大文明城区创建力度。力争创全国文明城市,全年累计投入创城专项资金 0.1 亿元;为改善城乡环境,全年累计投入"三线三边"、环境整治资金 0.15 亿元;为全面抓好污染防治,全年累计投入污水治理、垃圾清理、环卫保洁等资金 0.8 亿元。强化社会发展投入。全面推进教育、文化、体育、卫生等全面发展,全年累计投入 4.8 亿元。夯实扶贫攻坚资金保障职责。调整充实扶贫资金管理人员力量,加大扶贫资金筹集使用、监管力度,全年累计安排扶贫项目资金 1.27 亿元。继续实施33 项民生工程。新增电商振兴乡村提升工程、资产收益扶贫扶贫工程等 6 个新项目,全年实现投入资金 8.13 亿元,同比增加 2.2 亿元。

【深化财政改革】深化预算管理改革。实施综合预算编制改革。按照新发展理念和高质量发展要求,重塑预算项目体系,明确保障重点和优先方向,做到有保有压,集中财力办大事。建全预算联合会商工作机制,不断加大预算公开力度,财政预算透明度进一步提高。开展预算执行动态监控。印发《六安市叶集区本级预算执行动态监控管理办法》《六安市叶集区财政局预算执行动态监控管理操作规程》等文件,建立预算执行动态监控系统。完善财政存量资金管理机制。实行结余结转资金清理盘活常态化,累计清理盘活 2 次,清理盘活资金 0.86 亿元,全部用于脱贫攻坚、重点项目建设、经济社会发展等急需领域。将结余结转资金与预算编制及预算执行有机结合,不断增强财政统筹能力,不断提高财政资金使用效益。深化财政体制改革。制定新一轮区与乡镇街财政管理体制。按照事权与支出责任相匹配原则,财力向乡镇街倾斜,促进公共服务市场化原则,大幅提高乡镇街运行与乡镇经济发展保障能力。完善部门预算体制。实行非税收入脱钩管理,完善非税收入计划管理,促进非税收入征管进一步规范,提高各部门预算保障水平,奖励性经费财政统一保障,运行类经费财政统筹保障,重点部门重点项目实行重点保障。配合做好有关专项体制改革工作,包括争取市财政尽快出台对叶集区的财政体制。保障党和政府机构体制改革,做好非税征管分批划转改革准备工作。深化财政监督。加强政府采购管理。将工程招标纳入财政审批监管范围,适应政策、形势变化,制定政府集中采购目录、限额标准、限额区间内建设工程分散采购及招标投标规定。加强预算绩效管理。建立财政购买社会中介机构服务工作制度,招标确定社会中介机构备选库。为加快财政绩效评价全覆盖提供力量支持,目前在财政民生工程领域、扶贫资金管理等,实现财政绩效评价全覆盖。加强财政监督。全年开展会计监督检查、"小金库"治理检查、政府采购合监督检查、公务接待预算执行情况监督检查、扶贫资金管理检查等,财政监督检查项目不断增多,范围不断扩大,效果不断呈现。

【筑构廉政防线】强化理论武装,构建学习型组织。严格落实"三会一课"制度,不断提高基层党组织战斗力,定期召开支部党员大会、支委会、党小组会,按时开展党课学习,组织单位党员认真学习习近平中国特色社会主义思想,学习党的方针政策、重要会议精神和业务知识,不断提高政治觉悟和工作水平。落实责任主体,推进党风廉政建设。落实党组抓党风廉政建设的主体责任和监督责任,局党组书记和党组成员,班子成员与分管的股室、下属单位负责人签订党风廉政建设责任状,并纳入绩效考评。抓好组织建设,规范基层党务管理工作。规范基层党组织设置,严格规范发展党员工作。认真做好对入党积极分子的培养、教育和考察。按时收缴、公示党费,强化党员意识,规范党员活动室建设和管理,发挥党员阵地作用。加强作风建设,建设服务型机关。持续推进作风建设,持之以恒地抓好中央八项规定精神的落实,坚决防止"四风问题"反弹回潮。

六安经济技术开发区财政工作概述

【概况】2018年,六安经济技术开发区一般公共预算收入20.45亿元,收入首次突破20亿元大关,较上年增长8.79%。其中:财政收入占GDP比重26.9%,税收收入占财政收入比重95.69%,均位居全市前列。一般公共预算支出8.81亿元,增长33.61%,其中:民生支出占财政支出的比重为83.13%;与GDP核算相关八项支出增长为34.69%。

【加强收入管理】围绕全年财政收入目标,分析财政收入增幅回落趋势及减税降费政策影响因素,坚持财税部门联席会议制度,进一步加强组织收入调度、征收部门联动、征管信息共享等工作机制,着力提高组织收入的预见性和主动性。发挥财政职能,强化非税收入征管,及时清缴历年欠账,确保应收尽收,最大限度地增加财政收入。制订政府性基金收入预算调减预案。对接市财政完善市与开发区的财政体制,提升收入质量。排查在建18家房地产企业属地征管情况,针对4家房地产企业注册地在外情况,联合规划、国土、税务等部门制订措施减少税源流失。帮助"三重两上"帮扶企业六安庆凯箱包有限公司,完成吸收区外企业六安博斯皮具有限公司,每年净增税收100万元以上,提升税收贡献度。

【支出保障有序】统筹兼顾民生类支出、与GDP核算相关八项支出、国家级开发区考核指标需要,优化支出结构。根据预算执行中新增支出项目,结合盘活财政存量资金、压缩一般性支出,对财政预算进行优化调整。按照只减不增原则,从严控制会议培训等一般性支出和"三公"经费支出,"三公"经费较年初下降26.79%、减少71万元。根据轻重缓急,压缩非急需、非刚性的收储和征迁项目,加大对重大改革、重要政策和重大项目的支持力度。全年调入上年一般公共预算超收收入和盘活财政存量资金16000万元,盘活使用财政存量资金5659万元,其中收回资金880万元,统筹用于安排民生、脱贫攻坚和化解债务。

【全力改善民生】16项民生工程资金预算107063万元,其中本级财政配套989万元已经全面落实。一次性发放项目于上半年全部完成打卡发放,12项补助补偿类项目全年预计兑现资金1558万元。完成6个乡村电商服务站点建设,发放站点建设补助资金7万元;完成寿春农贸市场快检室建设,上级统一配备的快检设备已到位,全面开展检测工作;完成花园小区老旧小区节能改造项目,完成投资576万元;完成棚户区改造项目年初目标任务1286套,其中货币安置397套、异地安置889套。开工建设和平家园小区。开展民生工程督查,针对督查中发现的基础资料不完善、无在建标识牌和施工进度缓慢等问题,通报到责任部门,要求限期整改落实到位。

【加大财政扶持】严格执行各类奖励扶持政策,兑现企业节约集约利用土地奖励2152万元、招商引资优惠政策奖励5298万元、上市挂牌奖励438万元、品牌建设奖励242万元、商务发展政策奖励183万元、技改扩建投资奖励127万元、突出贡献企业奖励128万元、安全生产标准化达标企业奖励5万元、2016—2017年市级创新驱动区级配套资金840万元(含开发区创新驱动政策)、2017年市工业发展专项区级配套资金1529万元。兑现上级各类专项资金8761万元。联合经贸科技局组织区内企业申报市工业发展专项资金、支持制造强省建设若干政策项目等。积极对接市财政关于中铁十二局集团安徽混凝土制品和中擎电机等公司税收财力问题,帮助企业及时享受开发区相关扶持奖励政策。

【强化监督管理】清理销毁2所学校保存五年以上财政票据存根和因政策原因停止使用的空白票据81094份。选取具有代表性的2家企业,开展会计信息质量检查工作。开展"小金库"防治和津贴补贴专项整治工作,机关15个部门、3所学校、3个社会团体和国有公司均纳入整治范围,自查面达到100%。清收六安载丰新材料有限公司借款81万元、庐南公司借款100万元,补扣个人所得税72万元、收回长期沉淀财政资金880万元。落实省委巡视整改工作,牵头招标采购领域突出问题整改工作,制订政府投资小型工程项目招标采购管理规定,确保巡视反馈问题整改落实到位。配合省财政专员办、省审计厅开展新增地方政府债券核查和隐性债务清理甄别工作,2018年8月认定政府隐性债务8笔,金额234241万元。与管委机关单位重新签订代理记账协议,捋顺职责关系,按季开展财政监督内控检查,不断提升服务效能。

【创新财政管理】贯彻落实《国务院关于推进中央与地方财政事权和支出责任划分改革的指导意见》,形成市与开发区财政体制调整方案。出台《六安经济技术开发区财政国库集中支付制度改革实施方案》及配套文件，推进国库集中支付改革。严格执行企业奖补财政涉企项目资金管理信息系统比对，排查预警项目，防止企业重复申报。在开发区网站公开财政预决算、部门预决算和“三公”经费预决算信息，推进财政支出绩效评价，切实提高资金使用效益。结合重点工程项目建设计划、土地收储报批计划、征地拆迁安置计划，完善资金筹集计划，推进财政中期规划落到实处。对接国有公司建立并逐步完善专项资金及信贷资金收支计划表，序时更新资金使用和结存状况，加强资金管理力度。

【推进中心工作】落实脱贫攻坚财政扶持政策资金保障，确保开发区2018年拟脱贫132户344人的目标任务顺利完成。按照“选出好干部、配出好班子、换出好风气”的总目标，扎实开展村两委换届包保联系指导组工作，严格时间节点、程序步骤圆满完成立新村、黄堰村换届工作。深入推进机关作风建设年活动，开展“不忘初心 牢记使命”主题教育，落实党支部主题党日制度。组织开展植树、志愿者进社区、爱心助考、慰问生活困难党员、红色教育实践等活动。开展“讲严立”警示教育专题组织生活会，建立党支部问题清单整改台账，有针对性开展交心谈心活动，组织学习《中国共产党纪律处分条例》。围绕“三重两上”项目帮助安徽宏泰纸业有限公司解决办证难和消防验收问题。制订一企一策整治方案，落实突出环境集中整治包保工作，帮助1家企业完善环保验收、3家企业完成备案、1家汽修厂完成烤漆房改造。

马鞍山市财政工作综述

马鞍山市财政工作概述

【概况】2018年,马鞍山市各级财政部门认真贯彻党的十九大精神,围绕市委九届七次全会部署,认真落实积极的财政政策,深化财税改革,提升管理绩效,促进经济提质增效和民生改善,财政运行质量进一步提升,预算执行情况总体较好,财政运行总体平稳,为全市经济社会稳定健康发展提供可靠保障。全市实现财政收入270.66亿元,同比增长10.3%,其中税收收入230.7亿元,同比增长11%,占财政总收入的比重为85.23%,比上年同期提高0.5个百分点。全市财政支出226.56亿元,同比下降0.5%。其中民生支出192.64亿元,同比增长1.9%,占财政总支出的比重为85.03%。

【深化财政改革】进一步加大财政改革创新力度,强化预算管理,大力提高理财精细水平。出台市级财政预算项目库管理暂行办法,优化预算项目编报流程,提升预算编报质量。强化预算执行管理,按月考核通报预算支出进度,清理盘活财政存量结余资金3.95亿元,统筹用于经济社会发展急需支持的领域,切实提高财政资金使用效益。优化支出结构,从严控制预算追加,大力压缩一般性支出,全年"三公"经费较上年下降5.8%,着力推进节约型政府建设。加强财政绩效管理,选取资金量大社会关注度高、涉及民生及地方政府债券资金支出的33个项目开展绩效评价,涉及资金15.25亿元。

【推动转型升级】全市各级财政部门优化财政支持经济发展的方式,重点支持招商引资和重点产业项目落地,支持企业技术改造和科技研发。安排产业扶持政策资金4.53亿元,精准支持"三重一创"、制造业升级、科技创新、人才高地、技工大市建设。落实国家减税降费政策,为企业减轻税费负担45.57亿元。安排专项资金1亿元,重点支持机器人、轨道交通和智能装备三大战新基地建设。拨付专项资金4.31亿元,支持马钢去产能,促进马钢提质增效转型升级。持续推进"政银担、政策贷、还贷周转金"等政策措施,着力缓解中小微企业融资难、融资贵问题。全年提供"政策贷"2.61亿元,年末在保企业5466户,在保余额58.5亿元;发放创业贷款4.5亿元,贷款贴息0.29亿元,惠及4215户(次)企业和创业者。

【切实保障民生】坚持为民谋福利宗旨,集中财力解决群众最关心最直接最现实的问题。全市投入资金55.64亿元,精心组织实施33项民生工程和6件市政府为民办实事项目。支持打好精准脱贫攻坚战。建立脱贫攻坚投入保障机制,投入专项扶贫资金1.25亿元,比上年增长48.2%,建立扶贫资金动态监控系统,加强扶贫资金使用监管和绩效评价,保障资金精准使用。实施乡村振兴战略,建立涉农资金统筹整合长效机制,投入资金2.95亿元,实施农业综合开发和农村综合改革,支持美丽乡村建设。落实强农惠农补助政策,通过"一卡通"发放惠农补贴

5.97亿元,惠及农民53.65万户。提高城乡低保标准,2018年7月1日起,本市实施城乡低保统筹政策,城市低保和农村低保标准均提高至户月人均580元,统一提标的基本养老金及时足额发放到位。支持打好污染防治攻坚战,制定长江经济带生态保护专项引导资金管理办法,市财政统筹整合资金2亿元,支持建设美丽长江(马鞍山)经济带。成功入选国家首批黑臭水体治理示范市,争取中央财政资金6亿元,加大城区水环境综合治理投入。支持"平安马鞍山"建设。投入资金1.13亿元,做好公共安全、食品药品安全、安全生产、非洲猪瘟重大疫情防控、城市犬只管理等经费保障工作,维护社会和谐稳定。

【防范债务风险】制定出台债务限额管理、实施绩效管理加快债务置换、健全风险评估和预警等13项制度,夯实政府债务管理基础。按照党中央、四部委和省委、省政府统一部署,完成政府隐性债务统计监测和化解方案编制工作,并以市委、市政府名义按时上报省委、省政府。通过"以低换高、以长换短"等手段,有效降低债务成本;印发风险预警(提示、告知)函,约谈督促县区落实主体责任,制定债务化解方案,严控增量妥处存量。2018年,全市政府债务余额310.78亿元,较年初增加5.69亿元。全年政府债务率88.12%,较2017年下降2.18个百分点。

【深入国资改革】推动市属企业落实"一企一策"改革方案,出台市属国有企业投资监督和违规经营投资责任追究等管理办法,规范投资行为。支持企业上市挂牌,江东控股集团下属富马高科公司获全国股转系统批准,在"新三板"挂牌上市。持续推进市直16家党政机关、事业单位所属29户企业脱钩,完成27户企业脱钩任务,其余2户企业正按方案积极推进。优化国企经营考核,实行分类监管、分类考核机制,根据政策要求和企业发展实际,适时调整考核指标,完善考核程序,完成监管企业2018年经营目标审核以及2017年度企业经营业绩考核工作。积极推进国有企业剥离办社会职能,驻马央企和省企供电、供水、供气、物业管理分离移交工作基本完成。

【加强党的建设】扎实开展党的群众路线、"三严三实"和"两学一做"专题教育活动,定期召开中心组理论学习会,每月制定党支部重点工作计划和学习计划。充分利用"三会一课"、专题民主生活会、组织生活会、党员主题日活动等形式,深入开展学习交流。打造"过硬党支部"队伍。扎实推进"五基达标五好争创"和"过硬党支部"建设,深入开展"微党课""微经验""微竞讲"活动,发挥支部书记"领头雁"作用。加大宣传力度。利用各类新闻媒体、局门户网站、微信群、局一楼大厅宣传栏等载体,及时报道活动进展和成效,进一步打造学习宣传阵地。

(严峰)

含山县财政工作概述

【财政收支】全年完成财政收入18.15亿元,同比增收1.65亿元,增长10%,完成年度考核目标的101%。其中:税收收入15.35亿元,增长10.61%,占财政收入比重为81.75%,较上年提高0.12个百分点。强化征管重稽查。加强税收评估和稽查,清理入库房产税、土地使用税等欠税3000万元;加强税源管控,依法应征尽征,入库建安税收1.71亿元。政策扶持促增收。制定鼓励建安企业做大做强扶持政策;支持本地再生资源行业发展,入库税收4050万元。服务实体增税源。支持民营企业兼并重组,及时兑现企业发展扶持政策,支持实体经济又好又快发展,全年工业税收6.14亿元,增收1.91亿元,占财政收入38.9%。

【脱贫攻坚】全年投入扶贫资金5909.3万元,县级投入1712万元,其中:产业扶贫1957万元,基础设施建设870万元,公共服务项目3082.3万元,分别占资金总量的33%、15%和52%。资金拨付使用率100%。全年实施资产收益扶贫项目13个,县财政给予每个贫困村20万元补助资金,用于村集体发展设施农业、种植养殖、农产品加工和扶贫车间等。累计实现资产收益128万元,受益贫困人口1763人,人均分红收益346元。建立健全制度。及时出台资产收益扶贫工作协调推进机制、清产核资工作实施方案、股权量化和收益分配指导意见等一系列制度文件,规范工作标准和程序。严格项目申报评审。按照"村申请、镇审核、县审批"程序规范项目申请和立项,由财政部门牵头组织两轮项目专家评审,把好项目的论证关。组织清产核资。召开专题动员培训会,印发政策一本通,在县清产核资工作总体框架内,按规定的时间节点,完成15个贫困村1800万元集体经营性资产的清产核资工作,对财政投入的1380万元资产进行甄别并纳入资产收益范围。指导股权量化和收益分配。严格按照"四议两公开"程序指导制定股权量化方案,并在实施前由县财政局等部门进行联合预审。

【民生工程】全年31项民生工程投入资金10.81亿元,其中:县财政配套资金2.30亿元,截至12月底实际支出资金10.49亿元,支出率97%。除美丽乡村建设、水利薄弱环节治理三年行动2项因跨年度实施正在快速推进外,其余各项工程全部完成年度建设任务。在工程进度、信息宣传、民意调查等过去的弱项短板方面取得明显改进,民生工程市级满意度调查取得较好成绩。

【债务管理】抓好债券发行和置换。争取政府债券资金5.47亿元,其中置换债券2.93亿元,再融资债券1.63亿元,新增债券0.91亿元。抓好隐性债务化解。按时完成隐性债务摸底和系统录入工作,及时制订并上报化解方案。认真落实隐性债务化解措施,截至12月底隐性债务余额较8月底减少1.5亿元,超过当年化债目标0.49亿元。实行三项限额管理。对融资平台公司的债务余额、当年投资和融资规模实行限额管理,严控新增投资,大幅压缩在建投资,当年核减市政续建投资规模11.20亿元,核减率达54%,对融资平台债务化解实行目标管理考核,年度融资平台债务余额下降3.6亿元。严控隐性债务增量,尤其对2018年7月14日融资项目认真进行再排查,防止新增隐性债务。

【财政职能】建立以绿色生态为导向的农业补贴制度改革。统筹整合各级财政资金,引导撬动社会资本,巩固农业三项补贴政策改革成果,发放农业支持保护补贴4923万元。2017年兑现营造林资金379.4万元,森林生态效益补偿基金管护支出175万元。支持服务经济发展。落实减费降负政策,全年减轻企业负担1000万元;累计为69户(次)企业提供91笔共计5.35亿元的过桥资金服务,帮助企业缓解资金周转困难;发放“助农宝”“政银保”“劝耕贷”资金1500万元。实施村级“一事一议”财政奖补项目66个,投入奖补资金1234.6万元,进一步提升农村道路等基础设施水平;投入2729万元支持8个省级中心村和3个美丽集镇的建设任务,已拨付专项资金2000万元。继续实施高标准农田三年建设项目,2018年项目总投资2264万元,计划治理面积1.64万亩,涉及仙踪镇5个村,完成工程进度60%。稳妥推进农业保险试点改革。作为全省16个、本市唯一农业保险扩大试点县,及时制订扩大试点方案并组织实施,全年种植业保险实现保费2225万元(基本险95万元、大灾险2172万元、商业性58万元),比上年增长27%,其中大户参保占比96%,比上年提高4个百分点,呈持续上升趋势。小麦、油菜保险累计赔付303万元(水稻尚未到赔付环节),赔付率76%,政策支持效应明显。全年发放12大类36小项惠农补贴资金1.93亿元,乡镇财政资金监管和惠农补贴资金管理发放绩效评价,连续第五年获得全省一等奖。

【党风廉政建设】加强廉政教育。组织党员干部认真学习党章、党内政治生活若干准则、党内监督条例、廉洁自律准则和纪律处分条例等党纪党规。开展“讲严立”专题警示教育。结合反面教材和典型案例,开展专题学习和研讨。加强内部监督检查。组织开展对机关股室和财政所(分局)内控制度执行情况年度常态化监督检查,及时发现问题并及时纠正。落实巡察整改工作。制定并落实整改措施136项,约谈31人次,修订完善制度17项,交流轮岗5名干部。开展财政所巡察工作。根据省财政厅要求,2018年8月21—31日,财政局成立巡察组对陶厂镇财政所领导班子及其成员开展巡察,并督促对反馈问题整改。

(黄泽成)

和县财政工作概述

【概况】2018年,和县财政局始终坚持以深化改革为动力,以依法理财为准绳,以保障民生为根本,立足财政工作新形势、新取向、新举措,主动适应经济发展新常态,圆满完成年初确定的各项财政任务,各项工作稳步推进,取得较好成效。2018年荣获全省财政系统先进集体、全省惠农补贴资金管理发放工作绩效评价一等奖、全省乡镇财政资金监管工作绩效评价二等奖、全县综治工作(平安建设)先进单位、目标管理责任制考评一等奖、全县政务公开先进单位、全县招商引资先进单位等。2018年,全县本级财政收入累计完成205113万元,比上年同期186391万元增收18722万元,增长10.04%。占考核目标20.5亿元的100.06%,超序时进度0.06个百分点,圆满完成全年财政收入任务。全县财政支出296528万元,下降4.36%。其中,教育、科技、医疗卫生、社会保障和就业、住房保障等13项民生支出完成252523万元,下降2.9%,占财政支出的85.16%,比上年同期提高1.27个百分点。

【财政改革】完善国库集中支付和公务卡改革，出台《关于印发〈和县财政国库支付电子化管理暂行办法〉的通知》《关于印发〈和县国库集中支付动态监控管理暂行办法〉的通知》，明确直接支付的范围和标准、适用对象，加强预算单位用款计划的编制审核和支付申请的审核，强化支出分析及跟踪问效，进一步提高直接支付比例。6月实施县级国库集中支付电子化系统上线基本工作。全县235家预算单位全面完成国库集中支付电子化上线，顺利实现预算单位、财政和银行之间的无纸化数据传输。推进预算体制改革，实行预决算信息公开，全县67个一级预算单位2017年部门预算和“三公”经费预算、2016年部门决算和“三公”经费决算分别于1月18日、9月20日，通过和县政府信息公开网站中“财政资金信息”专栏中对外公开，接受社会各界监督，将资金置于阳光下运行。严格执行2016—2017年政府集中采购目录及政府采购限额标准，共受理单位采购计划783笔，金额4.93亿元。

【民生工程】民生工程实施顺利，本县继续组织实施省市33项民生工程，经测算，全年民生工程资金总投入120526.25万元，其中：中央、省级计划投入资金55660.47万元，市县级配套25536.78万元，其他39329万元。2018年共筹集民生工程资金12.06亿元，资金筹集率100.08%，实际支出资金9.71亿元，所实施的民生工程任务均在年底前全部完成。2018年共实施村级公益事业“一事一议”项目81个，总投资额2529万元，参与筹资农业人口31.6万人，群众参与面达88.5%，村级覆盖面达88.1%。实施的项目涉及农田水利、道路建设、村容绿化亮化、环卫设施等方面。积极拨付社会补助资金。拨付困难人员救助12000万元；社会养老服务体系建设720万元；拨付再就业资金1000万元，基本公共卫生服务资金2600万元，妇幼健康和计生特扶资金850万元，城乡居民医疗保险基金33000万元，城乡居民基本养老保险资金17000万元。严格执行国家惠农补贴政策，通过惠农补贴“一卡通”，累计发放惠农补贴资金26207.57万元；加大力度支持扶贫攻坚，2018年各级财政投入专项扶贫资金计4395.4万元（其中中央财政扶贫资金628万元，省级扶贫资金414.4万元，市级扶贫资金1783万元，县级财政扶贫资金1570万元），以前年度扶贫专项资金结余631.69万元，共计5027.09万元。2018年全县实际支出财政专项扶贫资金5027.09万元，资金支付率为100%，全部用于扶贫项目建设和扶贫工作，加强扶贫资金监管，确保专款专用。

【投融资管理】发挥县振兴担保公司融资平台作用，累计为88户企业和766个农户担保贷款80962.5万元。在保企业3045户（含60户企业、106个贫困户和2879个农户），在保余额170492.92万元。深入推进“政银担”合作模式。县担保公司与13家银行建立合作关系，签订中小微企业比例再担保合作协议，累计完成63118万元。完善“税源贷”和“固定资产投资贷”担保实施细则。对申请两项贷款的条件、续贷等方面进一步修改完善。为华昌高科药业、欢颜机器人、绿风环保等企业担保贷款7983万元。累计发放创业担保贷款10570万元，财政贴息860.12万元，其中中央财政贴息282.24万元，地方财政贴息577.88万元。拨付应急周转金。缓解中小微企业资金周转难题，帮助企业及时获得银行续贷，累计为28家企业支持应急资金1.28亿元。更好地化解企业融资难、需求难等问题。本县积极实施PPP项目，共实施4个PPP项目，分别为乡镇垃圾处理、乡镇污水处理、和城环城和水系综合治理和马鞍山幼儿师范新建项目，全部覆盖民生项目。

【管理绩效】压减“三公”经费，全县2018年“三公经费”年初预算2574万元，实际支出2180.79万元，比上年同期2565.5万元下降15%。加强政府性债务管理，按照统筹兼顾、控制规模、优化结构、防范风险要求，建立债务管理机制。全县本级地债系统政府性债务余额合计为29.17亿元，其中：政府负有偿还责任债务27.48亿元（含置换债券、新增债券26.85亿元），政府负有担保责任债务0.05亿元，政府负有救助责任债务1.64亿元。本县债务限额为35.37亿元，未超限额。实行财政帮联工作机制，建立财政工作联系人大代表制度，走访人大代表，一对一开展联系服务。认真做好2018年建议提案办理工作，办理人大代表建议9件，政协委员提案6件，5月底全部办理结束，主动做到“三上三下”，即与代表委员沟通不少于三次，责任领导与代表委员见面率达到100%，满意率100%。

【财政监督】开展会计监督检查和财政专项监督检查，根据省市相关文件精神和要求，制定《关于开展2018年度会计信息质量检查和财政专项监督检查的通知》文件，聘请社会中介机构独立开展工作，对于在检查中发现的问题,财政局进行通报、限期整改;开展财政扶贫资金使用情况专项检查,制定《关于开展2014—2017年度财政扶贫资金管理使用情况专项检查的通知》《和县资产收益扶贫工作实施办法》《和县关于全面加强脱贫攻坚期内各级各类扶贫资金管理的通知》《和县扶贫项目资金绩效管理办法》,对全县财政系统扶贫资金使用情况进行检查;完善预算编制范围,规范政府债务管理,严控债务风险,编制政府性债务预算;实行综合财政预算,所有收入及安排的各项支出全部纳入预算范围,统一管理、完整反映各项收入与支出。加大各镇涉农资金补贴对象核实、审核和公示力度,完善信息建设。全面运行"一卡通"网络版管理系统,做到县有专人负责、镇有专人协护,确保网络系统在网中规范运行。加大财物互审力度,围绕乡镇财政工作职责和业务,重点对预决算管理、惠农补贴管理发放、项目资金监管、村级财务监管、财务会计管理、内部控制管理等六个方面财政财务管理制度建设及执行情况开展互审工作。

【国有资产管理】持续推进国资国企改革工作。继续开展行政事业单位国有资产管理和政府经管资产及自然资源登记工作,对全县行政事业单位2014—2018年国有房屋出租出借情况开展调查摸底,起草《和县行政事业单位国有资产出租出借管理办法》(征求意见稿)。加大行政事业单位国有资产处置力度,进一步规范行政事业单位国有资产处置行为。完善制度建设,转发财政部有关国有资产管理的相关办法,并结合本县实际出台《和县行政事业单位国有资产管理办法》和《和县行政事业单位国有资产处置管理暂行办法》等,进一步明确国有资产配置、国有资产使用、国有资产处置、资产评估与资产清查等相关要求。全面开展县属国有企业基本情况调查摸底工作,启动实施县属国有企业财务月度指标和业绩考核公开工作。完成广厦物业公司注销和县城投公司、洁达垃圾处理有限公司等两家企业法定代表人变更;全面完成本县国有省属企业和县汽车站"三供一业"移交工作。

【队伍建设】落实守纪律讲规矩要求,抓好自身建设和廉政建设,抓好意识形态工作,加强意识形态阵地管理,加强财政资金监管。扎实开展好党建和反腐倡廉工作,贯彻党的十九大精神,落实党风廉政建设"两个责任",全面推进从严治党、"两学一做"和"讲看齐、见行动"学习讨论,扎实抓好全县财政财务人员的廉洁自律,转变财政干部工作作风,提高财政干部的业务能力和政治素质;加强财政政策分析和形势趋势研判,为县委、县政府当好参谋助手。认真开展效能建设和政风建设明察暗访,努力提高财政服务质量和水平。严肃财经法规纪律、强化财政资金内制度,将财政监督融入财政管理活动中,重点加大民生资金、扶贫资金、社保资金、环保资金、债务置换资金和专项资金的监管力度,加大财政综合检查和财政专项资金的检查力度,提高财政资金使用效率,树立财政监督权威。通过强化责任担当,促进财政部门安全、财政工作安全、财政队伍安全、财政事业安全。

(陈家丽)

当涂县财政工作概述

【概况】当涂县财政局深入贯彻落实党的十九大和习近平总书记系列重要讲话精神,按照"稳增长、促改革、调结构、惠民生、防风险"的总体要求,围绕全县中心工作和财政目标任务,全力稳增长提质量、调结构惠民生、深改革增绩效、谋发展控风险,为推动县域经济平稳较快发展,建设"经济繁荣、生态优美、社会文明、人民幸福"新当涂提供坚实的财力保障。

【优化收支结构】全县财政收入完成53.49亿元,同比增加6.54亿元,增长13.94%。其中一般公共预算收入完成32.13亿元,同比增加3.76亿元,增长13.27%。全县累计完成政府性基金收入12.26亿元,其中国有土地使用权出让收入完成11.09亿元。全县财政支出完成47.99亿元。政府性基金预算支出9.54亿元,其中国有土地使用权出让收入安排支出8.51亿元。教育、文化体育与传媒、社会保障和就业等13类民生支出40.7亿元,民生支出占财政支出比重为84.8%,重点民生支出得到较好保障。

【保障改善民生】保障民生实事有效落实。本县承担27项省民生工程,截至12月底,11项工程建设类项目、12项补助保障类项目和4项保险补偿类项目均按时完成年度目标任务,全年完成投资12.1亿元,其中财政资金8.6亿元(中央和省5.05亿元,市县3.55亿元),市场化筹集3.5亿元。保障社会事业全面发展。投入1356万元保障国有林场改革平稳推进。调度19800万元推进教育均衡发展，投入1021万元支持安工大工商学院二期建设，投入685万元用于档案馆设备及智慧化建设。投入310万元用于姑孰文化艺术节、第九届龙舟锦标赛、全民健身和体育设施更新维护。保障生态文明建设需求。拨付1765万元支持中小河流治理和小型水利提升工程，拨付449万元实施农村“三大革命”，筹措1500万元支持乡村振兴、美丽乡村、村容村貌大整治，拨付1128万元用于大气和水土污染防治等事业建设。保障重点工程建设需求。财政投入城乡建设“四合一”项目资金15600万元，涂山大道西延工程1000万元，水阳江下游防洪治理项目1797万元，双摆渡排涝站改扩建工程2624万元，不断完善城乡基础设施和公共服务功能。落实各项惠民政策。全年通过惠农补贴“一卡通”发放10项补贴，补贴资金1.55亿元，惠及10.4万户。2018年一事一议财政奖补项目77个，筹集资金1699万元。截至12月底，所有项目全部完工，受益群众23.2万人。

【促进财政改革】落实各项税收优惠政策。开征环保税，明确财政、税务、环保部门征管职责，2018年入库环境保护税共434万元；落实增值税、所得税等减税降费优惠政策，全年为企业减负6510万元。完善县乡财政体制。出台《当涂县乡镇乡镇财政管理体制的实施意见(试行)》文件，调动乡镇发展经济、增收节支的积极性和主动性。规范政府购买服务行为。全年采购项目1387次，计划金额10.08亿元，实际采购金额9.84亿元，节约资金0.24亿元，节约率2.4%。深化国库集中支付改革。全面实施国库集中支付电子化改革，实现单位资金支付、银行清算电子化运转，完善业务流程，优化预算执行动态监控规则。依法公开财政预算。按照中央、省、市的统一部署，按时在县政府门户网站公开财政预决算、部门预决算，三公经费预决算等信息。公开率100%。稳步推进国有企业改革。对本县国有独资企业、国有控股企业和国有参股企业实施分类改革，采取整体划转、重组改制、清算注销等形式，推进党政机关、事业单位与所属企业脱钩，并依法依规将脱钩企业的国有资本划入安徽青山控股集团有限公司统一监管。加强债务管理，积极推进行政事业单位脱钩办企业改革，争取债券3.626亿元(其中置换债券1.382亿元，再融资债券1.1921亿元，新增债券1.0519亿元)，拉长还债期限，降低融资成本。

【加强财政监管】盘活财政存量资金。全面清理县财政结余结转资金，对存量资金实行制度化、常态化管理。强化财政监督。开展会计信息质量检查、“三公经费”、违规借贷和担保行为等专项检查；开展行政事业单位个人借款清查、清收工作，推进小金库治理回头看和违规发放津补贴整改等工作。强化绩效管理。对城市棚户区改造财政补助资金、公立医院债务化解、就业补助资金等20个项目进行绩效评价，提高财政资金使用的科学性、效益性。严控“三公经费”支出。认真贯彻落实中央“八项规定”和省委“九条规定”，采取核定支出预算数、规范支出标准、完善报账手续、加强督促检查等措施。全年“三公”经费同比下降11.8%。加强队伍建设。开展理论学习，形成学习近平新时代中国特色社会主义思想和党的十九大精神的良好氛围。加强业务培训，组织全县相关单位进行预算法、政府会计制度改革等培训10余次。狠抓作风建设，强化党章党纪和各项规定的教育，完善机关考勤、请休假、三公支出等制度，不断提高工作执行力、优化工作绩效、改进机关作风。

花山区财政工作概述

【概况】2018年为全面贯彻党的十九大精神的首年，也是防范金融风险的攻坚之年。花山区认真贯彻积极的财政政策，严格依法理财，狠抓增收节支，严控债务风险，财政运行总体平稳。花山区财政收入实现23.23亿元，比上年增长10.9%。其中税收收入19.7亿元，比上年增长6.6%，税收收入占财政收入86%，收入结构进一步优化，收入质量良好。

【收入征管】财政收入持续增长，前三个季度增幅分别达到10.9%、27%和26.9%。根据国家扶持民营经济相关精神，涵养税源，部分企业缓缴税款增加流动资金，四季度财政收入增速放缓，全年财政收入增幅达到10.3%。主体税种增幅明显。增值税、企业所得税、个人所得税均实现两位数增长，增幅分别达到36%、17%和12%。工业企业税收增长较快，实现税收8.5亿元，比上年增长63%。招商引资、总部经济成效显现。前期通过总部经济政策引进的部分企业，经过近两年培育，已形成新的税源增长点。认真落实扶持企业发展相关政策。全年共兑现再生资源奖补、土地使用税增量奖励等资金近18500万元;产业扶持政策资金2863万元;推荐"税源贷"15笔共8300万元、应急周转金5笔共4200万元。

【预算执行】加强统筹,强化监督,推进财政精细化管理,提高资金使用效益。强化预算意识,提高预算编制水平。严格执行《预算法》,进一步完善政府预算体系,深入推进预决算公开,实施开门办预算,对全区项目预算实行公开评审,不断提升预算编制水平。统筹财政资金,保障重点项目支出。整合各类财政资金,在"保工资、保运转、保民生"的前提下,落实省政府一次性奖励工资,保障教师工资收入水平,以及落实各类扶持企业奖补政策。2018年全区财政八大类支出13.49亿元,占一般公共预算支出86.5%,比上年增长21.67%;财政民生支出11.9亿元,占一般公共预算支出76.2%,比上年增长29%。加强财政监督,促进财务管理规范。严格执行中央八项规定,"三公"经费比上年下降5%。开展执行财务管理制度、"小金库"、违规发放津补贴等专项检查工作,实施第三方财政资金绩效评价工作,确保财政资金安全和增效。

【债务化解】2018年将防范债务风险列入财政工作重中之重,积极应对,妥善化解债务风险。加强政府性债务管理。完善地方债务管理信息系统,完成债券置换政府存量债务工作,缓解偿债压力,减轻债务负担。存量一类债务全部置换成一般债券。动态监测,确保一般债务付息支出不超过一般公共预算的10%、专项债务付息支出不超过政府性基金支出的10%。清理甄别隐性债务。根据财政部财预〔2018〕50号、87号文件精神对违法违规融资担保、政府购买服务等不规范行为开展全面整改,组织对全口径债务情况进行摸底调查,重点对2017年7月14日之后新建政府投资项目资金来源和使用进行规范。全面梳理评估全区经营性资产,制定隐性债务化解方案和集中攻坚方案,通过预算安排、超收收入、处置资产、盘活土地等途径消化隐性债务。完善债务风险预警机制。进一步完善政府债务风险预警机制、隐性债务监测机制和应急处置预案,将政府债务举借与经济社会发展水平以及财政承受能力相适应。

【民生工程】2018年全区33项民生工程(有建设任务22项),均完成全年目标任务。资金投入逐年提高。全年拨付财政资金3.93亿元,比上年增长26%。全年累计投入民生管护经费880万元,保障工程类项目后续运行。民生实事工程投入近千万元,受益群体不断扩大。项目整体推进有力。"四好农村路"(农村道路畅通工程)、城市老旧小区整治、学前教育促进工程、农产品食品安全工程、农村环境三大革命等8项工程类项目提前完成全年目标任务;补助发放类项目足额发放,其中技工大省技能培训工程、就业扶持工程、贫困残疾人康复、计生家庭特扶等5项提前完成全年目标任务;城乡居民基本医疗保险、政策性农业保险等2项超额完成全年参合参保任务,城乡居民基本养老保险参保率达100%。宣传力度不断加强。在做好传统宣传的基础上,通过召开新闻发布会、开辟两报民生专版、制作专题宣传片等方式,加大宣传力度。先后开展"民生工程集中宣传月""小手拉大手,共推民生工程""民生工程大讲堂""街头文艺演出""民生工程知识问答"等主题宣传活动,提高群众参与度与知晓度。

雨山区财政工作概述

【狠抓收入征管】2018年,面对复杂多变经济财税形势,区财政局积极采取措施,加大组织收入力度。加强收入分析和预期管理,分解收入目标责任,强化各征收部门和各载体单位组织收入的主体责任,形成齐抓共管的工作合力。深入基层开展税源调查分析,加强对重点项目、行业、企业税收征管的跟踪和协调,主动做好上门服务工作,确保重点税收入库。积极支持国、地税合并工作,确保合并工作的平稳过渡,将对税收征管的影响降到最低。强化协税护税,做好综合治税工作。在全区开展税源普查,加强私房出租税收征管,防止零散税收流失。2018年,全区完成财政收入169768万元,增长12.1%,超额完成全年财政收入目标任务。全区税收收入完成148269万元,增长18.79%,占收入总额87.34%,较上年提高4.92个百分点,收入质量明显提高。

【落实积极财政政策】落实减税降费政策,把"营改增"、小微企业税收优惠等各项政策落到实处,减轻企业负担。落实市扶持产业发展政策,兑现各类产业政策扶持资金1521.05万元,兑现区科技创新奖励资金359.19万元,支持企业技术改造、转型升级。落实再生资源扶持政策,促进循环经济发展,兑现再生资源企业奖扶资金7402.36万元。切实减轻工业、物流企业税收负担,兑现企业城镇土地使用税财政奖补资金606.39万元。落实金融支持政策,积极支持企业上市挂牌,拓宽融资渠道;指导协助企业申请"4321"新型政银担和应急周转金及税源贷固投贷担保,帮助企业渡过暂时困难。

【加大社会事业投入】坚持公共财政理念,调整优化支出结构,2018年全区财政民生支出75726.05万元,占一般公共预算支出总量的75.12%,确保财政惠民政策落地生根。支持教育事业发展。全区教育支出23552.93万元,完善城乡义务教育经费保障机制,提高教师待遇水平,推动教育事业全面协调发展。支持就业和社会保障体系建设。全区财政社会保障和就业支出11162.74万元,完善城乡居民基本养老保险制度,全面推进机关事业单位养老保险改革,支持稳定扩大社会就业。支持医疗卫生体制改革。全区财政医疗卫生与计划生育支出8873.06万元,支持城乡居民基本医疗保险、重大公共卫生服务、基本公共卫生服务、基层医疗卫生服务体系建设。支持农业农村发展。全区全年农林水支出2619.43万元用于农村基础设施投入、支持小型农田水利设施建设和美丽乡村建设。积极引导、组织和推动政策性农业保险,2018年全区小麦投保5062.31亩,油菜投保8100.82亩,水稻投保13711.56亩,区级财政支付保费5.49万元。2018年通过"一卡通"为2.42万亩农田发放农业支持保护补贴资金235.54万元。实施"一事一议"财政奖补项目8个,项目投资总额134.92万元,村民筹资酬劳和村级投入55.59万元,财政奖补资金79.33万元,有力改善农村地区生产生活条件。加强保障房建设。全区财政住房保障支出3873.78万元,重点支持棚户区改造和保障性安居工程配套基础设施建设,改善低收入群体和农民住房条件。

【加强政府债务管理】认真贯彻落实预算法和中央严控地方政府债务管理的各项要求,坚持"开前门、堵后门",严防利用PPP、政府购买服务等方式违法违规举债。积极稳妥化解存量债务。盘活各项存量资产,加快资产变现;向上争取发行置换债券,推进地方政府债务债券化。2018年全区获得地方政府置换债券资金400万元、再融资债券5831万元。严格控制新增债务。严格控制平台公司新增融资计划,降低平台公司融资规模。开展政府性债务与隐性债务排查,摸清全区债务底数,落实债务主体责任。完善债务报告和公开制度,自觉接受社会监督。

【提升财政管理水平】推进预算管理制度改革,编制中期财政规划和政府综合财务报告。建立健全预算执行动态监控、财政存量资金清理收回等机制,提高财政资金使用效益。区财政清理收回2017年部门结余结转资金8417万元。深入推进预算信息公开。坚持以公开为常态、不公开为例外,积极推进政府和部门预决算、"三公"经费预决算公开。除涉密部门外,全区45个部门预决算和"三公"经费预决算全部在政府信息公开网上对外公开。统筹整合使用财政涉农资金,出台《雨山区关于探索建立涉农资金统筹整合长效机制实施方案》,解决涉农资金多头管理、交叉重复、使用分散、效益低下等问题,提高资金使用效益。积极推进区国库集中支付电子化改革,实现预算单位申报计划、资金支付、银行清算无纸化传递,提高预算执行效率。加强财政监督,按照省市统一部署,在全区范围内开展"小金库"、滥发津补贴专项治理工作,严肃财经纪律。

【扎实推进党风廉政建设】充分落实"一岗双责",落实第一责任人责任、领导班子成员责任,领导干部率先垂范,充分发挥党风廉政"领头羊"作用。加强党章学习,全面增强"四个意识"、坚定"四个自信",不断提高政治站位。认真开展"不忘初心、牢记使命"主题教育、"讲忠诚、严纪律、立政德"专题警示教育活动,深入推进"两学一做"学习教育常态化制度化,突出用习近平新时代中国特色社会主义思想武装头脑,筑牢财政干部理想信念之魂,在财政系统营造风清气正的良好氛围。加强作风建设。严格执行首问负责制、限时办结制、责任追究制等制度,杜绝"门难进、脸难看、话难听、事难办"现象的发生。着力完善财政内控机制,坚持抓早抓小、防微杜渐、挺纪在前,让每个党员干部知敬畏、有戒惧、守底线。

博望区财政工作概述

【概况】2018年,全区财政收入完成106488万元,比上年同期增长17.96%,其中:税收收入完成90520万元,比上年增长19.04%,占财政总收入85%;非税收入完成15968万元,同比增长12.18%,占财政总收入15%。2018年,全区一般公共预算支出111017万元,比上年同期增长10.19%。全年预算支出执行进度均超序时进度。13大类民生支出完成97609万元,比上年增长18.3%,占财政总支出

87.9%;一般公共服务、公共安全、教育等8项GDP考核支出95742万元,比上年增长25.3%,占财政总支出86.2%。

【聚财力】2018年,财税部门面对宏观经济复杂多变,国家政策性减税等诸多减收因素,加强收入征管,提高收入质量,实现财政收入较快增长。同时,加大对上争取资金力度,努力增加财力,提升财政保障水平。加强收入预期管理。密切关注经济走势,充分考虑供给侧结构性改革等因素,继续保持财税部门的紧密联系,坚持财税征管会商制度,积极稳妥、科学确定收入预期,加大协税护税力度,强化涉税信息分析比对应用,齐抓共管做好收入征管工作。加强财源建设。积极落实国家财税优惠政策,减轻企业负担,激发存量企业市场主体活力,全区127户规上企业预计增加税收0.3亿元;强抓总部招商,培植税收增长点,全年总部经济企业增加税收0.84亿元。加强重点行业、重点企业以及重点领域税源监控,着力提高税收征管质量和效率。博碧房地产公司、明发集团公司等4户房地产企业全年净增收0.4亿元。强化非税收入征管。加强对政府非税收入重点领域、重点部门、重点项目的监控分析,积极挖掘非税收入增收潜力。努力争取上级部门资金支持。全年共争取各类财政专项资金35639万元,置换债券及再融资债券13460万元,为区域经济转型发展提供财力保障。

【促发展】加大积极财政政策实施力度,推动供给侧结构性改革,支持经济结构转型。服务创新发展。采取积极措施,认真落实中央、省、市各项重大决策部署。统筹安排各类促进工业企业发展资金14216万元,鼓励企业自主创新和技术改造;安排高端数控机床产业集聚发展试验基地建设资金4500万元,加快构建创新型现代产业体系。安排土地使用税奖补资金3606万元,切实减轻企业负担。加快房地产去库存,兑现财政补助购房239套,发放补贴资金65万元,促进房地产市场稳定健康发展;积极推进政策性融资担保体系建设,强化风险防控,继续推广“4321”“税融通”等新型政银担业务,截至目前在保余额4.04亿元,切实降低企业融资成本,缓解中小微企业融资难题,增强区域经济发展内生动力。服务协调发展。安排资金2486万元,支持美丽乡村建设;安排资金1039万元,支持农村公路建设维护;安排资金6330万元,支持水利工程项目建设等。拨付“一事一议”财政奖补资金603万元,有力推动农村公益事业发展;实施农业综合开发,安排资金656万元,巩固农业基础设施建设;拨付支持农村基层党建及村级组织运转保障资金382万元,确保村级组织正常运转。服务绿色发展。安排资金2458万元,支持推进农村垃圾、污水和厕所专项整治“三大革命”,加快改善农村人居环境。加强大气污染综合防治,拨付资金359万元,实施秸秆禁烧和综合利用奖补工作;拨付资金600万元,用于拆除石臼湖围网养殖;拨付资金219万元,用于“散、乱、污”小企业关停整治。服务开放发展。支持东向发展,强化财政资金引导,为招商引资,承接南京都市圈产业转移发挥“四两拨千斤”的作用。拨付资金675万元,与上海交大、南京工程学院等高校开展科研合作,引进先进经验和优质服务。服务共享发展。推动政策性农业保险健康发展,全年累计完成投保额480万元,发放理赔款270万元,受益农户2万余户;落实惠农政策,“一卡通”发放惠农补贴资金2863万元,发放农机购置补贴362万元。

【惠民生】把保障和改善民生作为财政支出的优先方向,调整优化财政支出结构,持续加大民生方面的投入力度,全区财政民生支出88918万元,占财政支出的81.3%,实施33项民生工程,投入资金1.19亿元;实施10项为民办事项目,投入资金1970万元,民生福祉不断增强。支持教育事业优先发展。拨付资金1000万元,实施全面改薄工程;积极支持义务教育均衡发展,支持、扩大学前教育,实施教育质量提升工程,全年教育经费投入达20903万元。推进公共卫生体系建设。投入4122万元用于保障基层医疗卫生机构运转,深化医药卫生体制改革等,全面提升公共卫生服务水平。提升社会保障能力。城乡居民养老保险和新农合实现全覆盖,财政共投入补贴资金1576万元,投入472万元继续推进养老服务体系建设;发放城乡低保、贫困残疾人生活救助、五保供养等各项社会救助金5117万元。支持公共文化事业建设。统筹安排241万元支持完善群众文化、全民健身服务体系建设,促进基本公共文化服务均等化。促进就业创业。拨付资金103万元,支持大众创业、万众创新,重点支持农民工、高校毕业生、困难群体就业创业。实施保障性安居工程。拨付农村危房改造资金230万元,老旧小区改造资金198万元,棚户区改造资金1953万元。

【推改革】完善预算编制方法。按照“先定政策，再排支出”的思路，加强政策和预算有机结合，实现总量控制与结构优化的衔接统一，提升预算编制水平。不断增强预算评审严肃性。制定《2019年项目预算公开评审实施方案》，对所有新增项目及固定项目金额发生变化的项目全部纳入评审范围。2019年评审项目255个，核减金额25761万元，占申报资金的44.8%。盘活财政存量资金。常态化推进盘活财政存量资金工作，对财政专项资金结余结转情况，依法依规、分类盘活。2018年全区盘活存量资金27803万元，收回往来资金户存量资金2280万元，减少财政资金二次沉淀，充分发挥财政资金使用效益。推进财政支付电子化改革，6月15日区级财政电子化业务正式上线，实现资金拨付“少跑腿”，业务更规范，资金更安全。全面加强库款管理。全年保持库款余额在合理区间，实现库款管理“增效益”和“防风险”的双重目标，充分发挥财政资金使用效益。严控一般性支出。牢固树立过“紧日子”的思想，继续贯彻落实中央八项规定，切实降低行政运行成本。国有资产管理进一步加强。编制《博望区行政事业单位2017年度资产分析报告》，认真贯彻落实党的十九大关于完善各类国有资产管理体制的要求，逐步建立和完善资产配置标准体系，推进资产管理与预算管理相结合。

【防风险】将政府债务纳入预算管理，举借债务和资金使用情况主动向区人大财经工委或常委会报告，自觉接受人大监督。对全区政府债务规模实行年度限额管理，一般债务和专项债务均纳入限额管理，严格在市财政下达债务限额内举借政府债务。加强债务风险防控和应急处置机制建设。建立健全政府性债务风险应急处置和地方政府债务动态监测机制，认真分析政府整体偿债能力、偿债压力等，定期评估本区政府性债务风险情况。积极向上争取新增债券资金与专项债券资金，加快政府存量债务置换，优化债务期限结构和降低利息负担。2015年以来累计争取新增一般债券与专项债券10021万元，置换债券51300万元，再融资债券7606万元。强化隐性债务清理化解。成立区防范化解重大风险工作领导小组(区防范化解政府隐性债务风险工作领导小组)，按照中央、省市有关部署安排，积极稳妥地制定本地区化解存量隐性债务风险实施方案，计划用10年时间多渠道消化隐性债务存量。积极推进政府和社会资本合作(PPP)。积极推广使用政府与社会资本合作模式(PPP模式)，吸引社会资本参与城市基础设施等建设，减轻政府建设资金压力。2018年申报入库PPP项目3个，总投资11.9亿元。

【重监督】充分利用国库集中支付平台电子化改革成果，不断完善国库集中支出动态监控预警规则，对财政资金的跟踪监督逐步做到全覆盖，实现对财政资金运行全过程的监督。全面开展财政资金安全检查，进一步加强财政资金安全管理，全面查堵管理漏洞，逐步建立起规范的财政资金运行管理机制，有效提升财政资金运行效率和安全性。持续推进财政内控制度建设，从集约控财、制度管财、规范用财、依法理财方面构建内控制度，确保各项政策推动落实。扎实开展财政专项资金、“小金库”专项治理等工作，提高财政监管效果，进一步严肃财经纪律，维护正常财经秩序。不断深化预决算信息公开。坚持以“公开为常态，不公开是例外”为原则，不断细化公开内容，规范公开渠道，将公开透明贯穿预决算及“三公经费”公开的全过程，主动接受社会监督。2018年区本级一级预算单位公开率为100%。依法接受人大、审计监督。及时向人大汇报预算安排、预算调整、重大支出政策、投融资及债务等情况；贯彻落实人大及其常委会有关决议、决定要求。积极利用审计监督成果，切实做好审计整改工作，将审计整改与财政财务管理工作一同部署落实。

芜湖市财政工作综述

芜湖市财政工作概述

【概况】2018 年,全市财政总收入完成 603.1 亿元,增长 8%,其中:地方一般公共财政预算收入 318.1亿元,增长 2.2%。全市一般公共预算支出 457.1 亿元,下降 1.3%。市级(含市本级、江北产业集中区、经济技术开发区)财政总收入完成 263.4 亿元,增长 2.3%,其中:地方一般公共预算收入 118.1 亿元,下降 3.4%。市级一般公共预算支出 176.1 亿元,增长 0.2%。

【依法依规组织收入】贯彻减税清费政策,自 2018 年 5 月 1 日起,降低制造业、交通运输等行业增值税税率,提高增值税小规模纳税人年销售额标准等,继续扩大营改增减税效应;对市区范围内土地使用税税额标准进行整体性降标;进一步清理、取消和降低行政事业性收费项目和标准,调整工业项目基础设施配套费、城市生活垃圾处理费征收政策;继续实施社保降费政策。全年减免退税费 120.5 亿元,进一步减轻企业税费负担,营造良好的营商环境。在落实减税降费的同时,继续强化财政、税务等部门合作,建立全市涉税信息共享交换平台和税收协同共治机制,夯实财政收入征管基础。配合完成税务部门机构改革,支持税务等征收部门依法依规组织收入。深化非税收入收缴电子化改革,严格规范政府非税收入收缴行为,坚持优惠应享尽享、收入应收尽收,通过政府财政收入的减法,换取企业经营效益的加法,激发市场经济活力的乘法,为未来经济、税收协调增长奠定坚实基础。

【落实积极财政政策】紧紧围绕高质量发展目标,优化财政政策,修订扶持产业发展“1 +5 +6”政策体系;全面落实促进民营经济发展的若干意见,出台支持民营经济发展 35 条措施。全年兑付支持企业奖补资金 34 亿元,推进供给侧改革,重点支持战略性新兴产业、科技创新等领域,助推传统产业升级改造,促进新动能加速培育。支持首批 37 个重大研发创新平台建设,推动成果转化和示范应用,重点支持战略性新兴产业人才引进和培育。深化政府投融资改革,引导多渠道增加实体经济投入,扩大财政政策效果。用好政府股权投资基金工具,累计对外投资 28.1 亿元,投资项目 48 个。规范推广运用 PPP 模式,集中开展 PPP 项目清理清查,加大 PPP 项目信息公开力度,提高 PPP 项目规范性管理水平,签约项目 20 个,累计完成投资 113.9 亿元。支持缓解企业“融资难、融资贵”,发挥好政银担、税融通、续贷过桥、信用贷等政策作用,完善企业融资风险补偿机制。全年新增政银担、税融通和续贷过桥业务 132 亿元。

【落实民生保障政策】深入贯彻以人民为中心的发展思想,始终把改善民生作为财政保障的头等大事,各项民生政策得到较好落实,2018 年投入 110.5 亿元,实施 33 项民生工程,支持普惠性、基础性、兜底性民生改善。强化资金筹措管理,加强项目跟踪调度，强化项目后续建成管养，推动民生工程规范化、长效化实施。“脱贫攻坚”投入稳中有增，市本级2018年扶贫专项资金1.9亿元采用“大专项＋任务清单”模式于一季度全部拨付到位，下放资金使用管理权限，发挥扶贫资金使用效益，帮助10841名低收入农户实现当年脱贫。积极开展资产收益扶贫工作，构建贫困户稳定增收和防范返贫长效机制。规范扶贫资金管理，启动扶贫资金动态监控系统建设，确保实时跟踪扶贫资金拨付情况。加强扶贫资金监管和督导，对脱贫攻坚财政资金使用情况开展督查，及时督促整改存在问题。支持实施乡村振兴战略，累计发放惠农补贴资金12.3亿元，各项惠农政策有效落地。统筹推进农村综合改革，继续开展扶持村级集体经济发展试点，全面实施一事一议财政奖补。

【提升财政管理水平】推进预算管理改革，清理规范重点支出同财政收支增幅或生产总值挂钩事项，对预算安排机制进行改革；出台市本级国有资本经营预算管理办法，加强和规范市本级国有资本经营预算管理。有序推进环保税税制改革，明确环保税收入管理体制，实现环保税与排污费平稳衔接。强化预算绩效管理，本市县级财政管理绩效综合评价名列全省第一，并获财政部通报表扬，选取部分预算单位和项目开展绩效自评和第三方评价，进一步严格2019年绩效目标申报。强化政府购买服务预算管理，全年政府购买服务项目546个，资金7.1亿元。规范细化预算信息公开，除涉密部门外，市级部门按照“四统一”要求全面公开部门预决算。全面深化国库集中支付，加快推进国库集中支付电子化改革，实现县区集中支付电子化全覆盖。市本级建立支付方式、动态预警目录，完善预算执行动态监控体系，建立动态监控新模式。调整优化市区财政和经营性国有土地使用权出让收支管理体制，进一步理顺财政分配关系，促进区域协调发展和政府性债务风险化解。

【强化财政预算监管】着力强化预算执行，制定进一步加强预算执行管理加快支出进度的若干措施，提出加快转移支付预算的分解下达等八方面工作要求，加快支出进度。积极清理盘活财政存量资金，清理盘活财政存量资金7.5亿元，统筹用于重点项目建设，提升财政资金使用效益。紧扣防控风险的关键，加强风险源头管控，摸清政府隐性债务底数，制定化解政府隐性债务方案，稳妥处置隐性债务存量，坚决遏制隐性债务增量。加强平台公司债务管控，强化债务全方位动态监控，有效防范化解债务风险。开展全市“小金库”、机关事业单位滥发津贴补贴和国有企业对外借款专项整治工作，加大整改督查工作力度。积极推进国企改革，对市属国有企业实行双重管理，提高国有资本运营和配置效率。落实开展国有资产管理情况向市人大常委会报告制度。推动人大预算联网监督系统建设，自觉在人大的法律监督、工作监督和政协的民主监督下开展工作，全年办理建议提案85件，满意率100%。

【强化机关作风建设】加强班子自身建设，坚持民主集中制，加强班子沟通交流，将批评与自我批评做真做实，用斗争精神克服特权思想，树立服务意识。认真执行“三会一课”制度，深入领会《准则》《条例》精神实质，营造严肃健康的政治生活氛围。深刻汲取“陈、杨”案教训，坚决肃清“陈、杨”遗毒遗风遗痕，深入开展“讲忠诚、严纪律、立政德”专题警示教育，精心组织“六清六提升”专题学习研讨，着力强化忠诚意识、严守纪律规矩、树立良好政德。扎实开展上一轮中央和省委巡视整改情况“回头看”工作，认真落实省委第一巡视组反馈意见整改工作。强化干部作风督查，盯住重点人群、重点环节、重点时段、重点事项，加大作风督查的力度、频率和覆盖面。深入开展调研，充分征求和认真吸纳联系部门、基层财政和基层群众的意见，坚持从全市财政发展实际出发，问需于民、问计于民，量力而行、积极而为。深化财政脱贫攻坚帮扶、部门预算会商、“开门办预算”、“四送一服”等工作，切实提高财政工作效能。充分发挥纪检监察组“监督探头”作用，派驻纪检监察组全程参与党组会议、局长办公会、重大专题会议等，充分发表纪检监察组的监督意见。支持纪检监察组加强违规违纪查处，对涉及财政的人和事，不遮掩、不回避，通过处理问题线索、廉政约谈、问责处理、通报批评等严格执纪监督，着力营造“不敢腐、不能腐、不想腐”的廉洁氛围。

（范宗豹）

无为县财政工作概述

【概况】2018年，全县完成财政总收入39.15亿元，同比增长9.2%；实现财政支出63.43亿元，其中：13大类民生支出达57.1亿元，占财政总支出的

90%,有力保障全县社会经济健康发展。

【强化收入征管】努力克服结构性减税降费等减收因素影响,充分发挥财政部门牵头协调作用,增信心、提干劲,聚合力、强征管,全力以赴组织财政收入。及时分解任务。及时将全年收入任务分解到各镇和征管部门,强化预期管理,狠抓均衡入库。完善工作机制。坚持财税联席会议制度,紧咬序时进度,加强部门协调联动,注重解决收入征管中的困难和问题。强化收入分析。按月编制全县财政收入简报和收支数据,深入分析财税运行的特点、存在的问题并提出切合实际的建议和对策。同时,加强与税务部门会商,注重事后分析转向事前预测。坚持依法征管。税务、财政等征管部门加强协作,密切配合,加大对电缆、房地产、建筑业等重点行业以及重点企业的税源监管。财政部门进一步完善非税收入征缴体系,确保非税收入依法征收。严格奖惩兑现。发挥目标任务考核“风向标”“指挥棒”作用,出台收入目标考核办法,并将收入完成情况与县政府目标考核挂钩,强化各镇和征管部门责任意识和任务意识,进一步挖掘潜力,依法征收。

【服务经济发展】坚持发展为上原则,加大重点工程建设投入,全年拨付建设资金30.7亿元,用于基础设施、征地拆迁、保障性住房等公益性项目建设。落实中央和省市县出台的促进民营经济发展系列政策,拨付资金3.24亿元,用于“一企一策”、土地使用税奖励、科技创新等产业扶持政策。整合资金7000万元,设立续贷过桥资金,帮助困难企业资金周转。制定《无为县产业引导基金管理办法》和实施细则,安排各类产业扶持引导专项资金1.33亿元,发挥财政资金的杠杆作用。兑现普惠金融发展专项资金714.4万元,有力支持县域金融机构的发展;出台《无为县级财政性资金存放银行业金融机构考核管理办法》,激励金融机构扩大企业贷款规模,支持县域企业做大做强。投入资金3990万元,实施襄安、泉塘3万亩高标准农田建设项目,项目区“田成方、林成行、路成网、渠相连”的建设框架基本形成,农业抵御自然灾害的能力得到增强。以群众需求最迫切、反映最强烈、利益最直接的村级公益事业为切入点,投入资金3187万元,实施191个“一事一议”奖补项目,170个行政村和1个国有农场受益,农村基础设施明显改善。把美丽乡村建设作为财政支出安排的重点,进一步调整优化支出结构,投入资金1.42亿元,其中财政安排1.2亿元,用于8个镇政府驻地环境整治、12个省市中心村建设,农村人居环境明显改善。此外,县财政对往年建成的中心村每年每个点投入不低于4万元,用于管护补助,进一步巩固美丽乡村建设成果。积极支持PPP项目实施,全县实施的4个PPP项目,均完成“一方案两报告”的编制、论证及专家评审,并进入财政部综合信息平台管理库,对外公开发布。

【支持“三大攻坚战”】严格按照《预算法》要求,坚持开“前门”、堵“后门”,全年争取债券资金15.08亿元,用于脱贫攻坚、水利建设等公益项目或置换存量债务,年节约融资成本约3000万元。配合做好地方政府隐形债务审计,制定化解地方政府隐形债务风险实施方案,明确化解时间表和任务路线图。聚焦“精准扶贫、精准脱贫”打赢脱贫攻坚战要求,努力克服支出压力,统筹调度资金3.62亿元,及时将资金分解下达到“九大工程”实施部门,并督促部门和各镇加快资金拨付进度。牵头实施资产收益扶贫项目,增加村集体收入25.08万元,带动贫困户4147人增收。同时,会同县扶贫办、审计局等部门开展扶贫资金使用监督检查,切实提高扶贫资金使用效益。强化环保政策落实,安排资金2.1亿元,用于长江岸线和淡水豚保护区整治;投入资金3330万元,推进节能减排和秸秆禁烧项目的顺利实施;坚持保洁、收集、清运、处理、养护“五统一”要求,投入资金5500万元,实施城乡垃圾一体化工程,城乡环境得到改善。

【突出民生优先】坚持财力向民生领域倾斜,投入资金34.3亿元,实施33项民生工程,惠及全县医疗卫生、文化教育、劳动就业、社会保障、农业生产等多领域。坚持以人民为中心,统筹落实好财政各项惠民政策,全年通过“一卡通”打卡发放各类补贴资金5.12亿元,有力地支持农业生产发展和低收入群体生活改善。稳步推进政策性农业保险,完成水稻、棉花、玉米等种植业投保面积83.18万亩,超额完成市下达的目标任务;全县种养业累计赔付资金1125万元,约9800农户从中受益,农业抵御自然灾害能力进一步提高。全年拨付购房补贴资金3260万元,促进农村居民进城购房。安排资金15.99亿元,支持全县各类教育事业持续稳定发展;加大科技、旅游投入力度,拨付资金7450万元,支持科技创新和旅游业发展;拨付社保基金16.23亿元,切实保障城乡居民养老保险、医疗保险和机关事业单位人员养老保险等保障性支出；及时兑现政策，发放民政优抚、城乡低保、五保和社会救济等各类补助资金2.8亿元，城乡社会保障体系不断完善，促进社会事业健康发展。

【深化财政改革】加强预算管理。按照基本支出体现公开、项目支出体现效率的要求，进一步完善基本支出定额项目和标准，预算编制科学规范。严格预算执行，完善预算追加相关规定，并将部门单位预算管理纳入其领导班子考核，进一步增强预算约束力。加大预算信息公开工作，财政预决算及县级部门预决算按时规范公开，预算编制、预算执行、绩效管理、财政监督"四位一体"的财政运行机制不断完善。严格落实中央八项规定，定期或不定期开展专项检查，从紧从严控制"三公"经费，全年全县"三公"经费支出同比下降5.2%，把有限的财力更多地用在保障和改善民生上。盘活存量资金资产。定期对结余结转资金进行清理，2018年清理盘活存量资金1.27亿元，用于支持经济发展和平衡年度预算，财政资金使用效益得到显现。加强国有资产管理，在全县开展资产清查工作的基础上，加强闲置国有资产处置利用，实现资产保值增值目标要求。严格财政资金监管。把会计监督、专项监督、内部监督和其他监督作为财政监督的重点内容，财政监督推进有序。强化内部监督管理，对20个镇财政所(分局)单位财务，围绕内部控制、财务制度执行和工资发放等内容开展监督检查，通过监督检查，进一步规范镇财政所(分局)财务管理。继续推行联系包保责任制，采取20个股室分别联系包保1个财政所(分局)，通过月对账、季互审、半年实地查等方式，常态化开展财政资金安全监督检查。继续加大各类社保打卡发放资金审核力度，全年核减重复享受人员1332人，死亡人员4641人，年节约资金200多万元。开展专项整治"回头看"。针对省委巡视"回头看"反馈问题涉及财政部门牵头整改任务，开展"小金库"、滥发津补贴和扶贫资金等专项整治工作，进一步规范镇、村和县直部门理财行为，切实维护财经纪律。

（万士水）

南陵县财政工作概述

【概况】2018年，全县财政总收入完成31.28亿元，占预算的102%，比上年增长10.3%；一般公共预算支出40.50亿元，占调整预算的100%，同比下降0.6%。

【收支管理】坚持质量、效益优先，加强收入征管调度，合理调整部分税收县、镇收入级次，统一规范镇级财政奖励政策，建立完善以质量和效益为导向的收入征管办法和保障机制，坚持依法治税，推进综合治税，大力压减低财力税收，努力提高财政收入质量。全年县镇财政新增可用财力1.82亿元。

【预算管理】加强政府债务管理。规范政府债务举借行为，全面完成存量政府债务置换任务，加强隐性债务清理、化解和风险防控，稳妥处置隐性债务存量，坚决遏制隐性债务增量，建立政府债务预警和应急处置机制，坚决打好防范化解重大风险攻坚战。全年安排政府债务转贷、还本及付息资金8.87亿元，确保政府性债务管理规范，风险可控。推进实施乡村振兴战略。加强涉农资金整合，完善县镇财政管理体制，统筹县镇财力更大力度地向"三农"倾斜。重点支持农村基础设施建设、美丽乡村、农业产业化及村级集体经济发展等各类强农惠农项目建设，全年投入各类涉农强农惠农资金2.09亿元，为推进乡村振兴打下坚实基础。牢固树立绿水青山就是金山银山的理念，统筹财力加大节能减排、市政建设、秸秆禁烧、农村环境整治"三大革命"等重点领域生态环境建设投入，坚决打好污染防治攻坚战，全年投入各类污染防治资金1.24亿元，确保污染防治工作取得阶段性胜利。加强应急处置资金保障。建立健全国库单一账户体系，加强财政存量资金清理盘活，规范财政和预算单位银行账户管理，提高财政资金统筹调度和应急保障能力，全县安排各类应急处置资金1.25亿元，成功化解和防控一些突发、应急事件带来的风险和挑战，确保全县经济持续健康发展和社会和谐稳定。自觉主动接受各方监督。全面落实县人大有关预算报告的决议及相关工作审查意见，认真落实年度预算执行、预算调整、新增债券安排使用、国有资产管理等工作向县人大常委会报告制度，主动邀请县人大代表、政协委员开展政府性债务管理、民生工程调研督查等工作，自觉接受人大、审计和社会各界监督，不断提升依法理财水平。

【财政改革】推进国库集中支付管理制度"全覆盖"。将县直预算单位及镇级财政资金全部实行国库集中支付制度管理，减少财政、预算单位及银行间频繁的资金划转业务，实现财政拨款由过去的"资金流”向现在的“指标流”转变,提高财政资金安全运行效率。推进财政授权支付方式改革“全覆盖”。全面推行财政授权支付管理方式,不断扩大授权支付范围,消除预算单位对财政部门的过于依赖思想,实现财政支出方式由过去的“单一财政直接支付”向现在的“财政直接、授权支付并行”的转变,增强预算单位预算执行的主体职责。推进财政财务会计核算一体化管理“全覆盖”。全面清理整合县镇财政及预算单位财务核算系统,杜绝财政财务核算方式方法的多样化、差异化现象,实现财政财务会计核算由过去的“分系统录入记账”向现在的“一体化平台自动记账”的转变,提升全县财政财务核算信息质量和效率。推进财政国库集中支付电子化管理“全覆盖”。全面推进电子印章和电子凭证网上运行,告别过去财政、预算单位、银行间人工传递凭证的时代,实现财政国库集中支付业务由过去的“人工传递纸质凭证”向今后“信息传递电子凭证”的转变,提升财政财务信息化管理水平。

【财政民生保障】坚持“补短板、兜底线”,集中财力解决普惠性、基础性、兜底性民生问题。投入资金8.06亿元,优先支持教育基础设施建设、教学教辅设备更新、提升教师待遇及教育事业发展。投入资金2614万元,支持公益性文化演出、“三馆一站”免费开放和“目连戏”复排展演等公共文化事业发展。投入资金5.24亿元,推进医药卫生体制综合改革,落实城乡居民基本医疗保险、基本公共卫生服务及计划生育补助政策。投入资金4.28亿元,落实城乡居民养老、低保、优抚、“老字号”工龄补助等各项惠民补贴发放,全年发放补贴28项,打卡76批次,惠及51万人次。

【服务经济发展】加大减税降费力度。全面落实国家降低部分行业税率、提高税收起征点、增加专项扣除等减税政策,严格执行停征、免征和调整部分行政事业性收费,降低部分政府性基金征收标准以及降低社会保险费率等降费政策。全年减税降费2.81亿元,有力支持企业轻装上阵。保持较高支出强度。继续实施积极的财政政策,统筹财力支持供给侧结构性改革、“三去一降一补”等重大政策落地生效。全年投入资金2.55亿元,支持企业技改创新、转型升级及招商引资等各类政策扶持,惠及企业158家。投入资金1.33亿元,落实鼓励农民进城购房补贴政策,惠及4529户。投入资金1400万元,加大中小企业担保扶持力度,推进“4321”政银担合作、“税融通”、小微企业续贷过桥等政策性融资担保体系建设,惠及企业256家,撬动金融机构贷款18.7亿元。投入资金2040万元,落实创业担保贷款贴息、职业培训补贴、社保补贴、公益性岗位补贴等各类就业创业政策,惠及5249人,不断激发市场发展活力。加快政策兑现速度。扎实开展“一企一策”帮扶服务和“四送一服”双千工程,创新财政资金支持方式,优化涉企资金审批流程,加快建立涉企资金“窗口统一受理、部门协同审核、国库集中支付、财政分级负担”的一站式办理运行和监管机制,不断提高涉企资金兑付效率,切实增强企业发展后劲。

(吕公明)

芜湖县财政工作概述

【概况】2018年,全县财政总收入46.83亿元,增长10%,其中:地方一般公共预算收入28.46亿元,增长4.4%。全县一般公共预算支出43.67亿元,与上年基本持平。全县政府性基金收入22.12亿元,增长40.2%。全县政府性基金支出22.75亿元,增长31.7%。全县国有资本经营收入0.01亿元,为新增收入。全县国有资本经营支出0.01亿元,为新增支出。全县社会保险基金收入4.9亿元,增长10.8%。全县社会保险基金支出3.76亿元,增长11.5%。

【财政收入实现量质提升】科学制定年度收入预期目标,及时分解下达到税务部门、各镇及开发区。定期召开财税库联席会议,分析研究收入进度、结构情况,及时解决收入征管过程中存在的困难和问题。加强对重点行业、重点税源等情况分析,保证收入均衡入库。加强非税收入征管,做到应收尽收。全县财政收入完成46.83亿元,较上年增长10%,税收占比达86.8%,高于上年3.2个百分点。收入的质和量双双提升。

【民生工程建设进一步改善】2018年全年投入7.16亿元,精心组织实施省定28项民生工程项目。对建设类项目提前做好工程规划、勘探设计、招投标等准备工作,做到及时全面开工;补助类项目提前完成摸底调查、审核、公示、资金筹集等相关工作,保障项目按照序时进度跟进。加强部门间沟通协调,在遵守规定的前提下,简化土地、规划、采购等程序手续,对于推进难度大、困难多的项目,县政府分管领导负责对接,及时帮助解决项目推进过程中存在的问题和困难。健全跟进机制,继续实行一月一调度、一月一督查、一月一通报机制,并执行“四单”通报办法,即“重点任务提示单”“任务完成通报单”“督查反馈单”“实施情况抄告单”。加大考核力度,制定《芜湖县2018年民生工程考核办法》,采取“督查销号制”“红牌警告制”“考核问责制”,确保年度目标任务圆满完成。

【服务经济发展能力稳步加强】充分发挥财政职能作用,支持调结构转方式,引导传统产业改造升级,鼓励新兴产业发展。积极研究上级政策、把握政策走向,不断加大企业扶持力度,助力全县经济发展。2018年全县拨付企业各类奖扶资金13亿元。其中:拨付3.7亿元扶持开发区先进制造业、现代服务业、企业转型升级、节约集约用地发展;拨付6000万元扶持企业科技创新;拨付5000万元增加中小担保公司注册资金;拨付3300万元促进战略性新兴产业发展;拨付1000万元推进企业上市;拨付产业引导基金200万元引导企业发展。

【持续加强预算绩效管理】科学编制预算。提前启动预算编制,修订完善基本支出定额标准,压缩归并项目类型,科学安排政府性投资项目支出预算,不断压缩非部门预算占比。开展预算评审及支出绩效评价。对部分重点项目实施的可行性及资金需求进行评审,取消部分项目安排,减少部分项目预算数;运用第三方评价、财政评价和单位自评相结合的方式,对新增债券、农业专项等支出开展绩效评价,扩大项目支出绩效评价范围,并将评价结果与次年预算安排相挂钩。不断完善预决算公开,部门预决算、“三公经费”预决算及政府预决算公开时间更加及时,公开内容更加完整,公开方式更加合规。持续清理盘活财政存量资金。认真组织开展对县直各预算单位及财政专户财政存量资金清理回收,年末对国库集中支付系统结转结余形成存量部分直接平衡年度预算,回收的财政存量资金用于年度重点项目支出,建立财政存量资金定期清理回收机制,对财政存量资金实行常态化、长效化管理。

【财政干部素质不断提高】高度重视党风廉政建设,提高干部政治站位,帮助干部牢固树立“四个自信”“四个意识”;增强岗位职责赋予的使命感和责任感,勇于担当,不断提高行政效能和服务水平;强化培训,多轮次,全覆盖,确保全局干部业务能力过硬,同时完善干部考核评价机制,采取多种考评方式相结合的模式,增强干部的使命感和责任感,尽心尽力完成各项工作和任务。芜湖县财政局连续多年被县委、县政府授予“目标责任制考核优秀单位”。

(张力)

繁昌县财政工作概述

【概况】2018年,全县财政总收入完成52.1亿元,较上年同比增长9.5%;支出40.1亿元,同比下降3.3%。

【收支管理】加强收入管理。加强与国税、地税、非税执收单位配合联动,加强分析预测、跟踪监控,挖掘收入潜力;加强非税监管,确保非税收入应收尽收。加强支出管理。进一步规范预算执行,加快财政支出进度,对3个重点支出项目资金开展绩效评价,提高财政支出效益。

【服务经济发展】紧紧围绕五大发展重点任务,出台繁昌县扶持产业发展政策体系,进一步加大政策支持。及时兑现企业奖补。全年共兑现企业奖补资金2.4亿元,用于3D打印、科技奖补、专利技术、节能技改、设备购置、电商企业房租补贴等。积极争取上级资金。共争取到上级各类转移支付资金7.8亿元。其中:一般转移支付4.6亿元,专项转移支付2.8亿元,基金0.4亿元,主要用于教育、卫生、社会保障、农业、病险水库除险加固、城镇垃圾处理、农村环境整治、农产品质量安全检验检测体系建设、中小企业技术改造等项目建设。落实财政金融政策。支持企业上市,积极向省市申报项目补助,兑现首次股权融资奖励资金33.36万元。扶持创业就业。鼓励个人创业和小微企业发展,对个人和小微企业贷款进行贴息,拨付县金繁担保公司小微企业担保费率补贴120万元、创业担保贷款贴息资金1004万元。

【债务管理】存量债务置换取得初步成效。全年共置换政府存量债务13.1亿元,累计完成存量政府债务置换46.2亿元,每年节约利息约1亿元。贯彻落实省财政厅落实城镇化基金整改规定,通过督促县建投公司制定还款计划,及时履行还款义务落实整改责任。履行3000万元公益性项目市级报批程序,联合县发改委向市级报审本县3000万元以上公益性项目立项审批。根据2018年度省财政转贷本县新增债券额度0.17亿元,初步安排本县2018年新增债券使用项目,经预算安排依法统筹用于公益性项目支出。

【财政管理改革】进一步推进预决算公开。强化部门主体责任,提高预算信息公开水平,2018年政府预决算、部门预决算和“三公经费”预决算信息均按时规范公开。加强国库管理和核算。不断完善国库内控制度,保障财政国库资金安全、规范、高效运行,强化总预算会计核算,编制权责发生制政府综合财务报告。深化国库集中支付改革。严把支出审核关,完善财政资金全流程动态监控机制,启动实施国库集中支付电子化管理工作。深化政府采购管理。完善政府采购制度,完成全县政府采购网上商城CA管理注册,“徽采商城”上线运行。积极推进财政政务公开,实施“互联网+政务服务”网上业务办理。

【财政民生保障】投入5.28亿元,实施27项民生工程。其中:农村道路畅通工程完工48.51公里;为556名贫困精神残疾人患者提供药费补助55.6万元;完成自然村改厕任务7345座;建成1个县级电商公共服务中心、1个县级电商物流配送中心、71个乡村电商服务站点;培训企业新录用人员1732人、退役士兵110人、新型职业农民培训300人;智慧医疗与家庭医生签约11.54万人次;农村居民最低生活保障9.9万人次,发放低保金3696万元;发放城乡医疗救助资金1076万元;城乡居民基本医疗保险—新型农村合作医疗参保22.54万人;城乡居民基本养老保险参保12.17万人;发放学前教育资助金22.3万元;免除城乡义务教育阶段学生学杂费并补助学校公用经费学生1.93万人;高校、中职和普通高中家庭经济困难学生资助4862人次;开展农村文艺演出活动142场,农村电影放映852场,农村体育活动71场;完成棚户区改造161套;整治改造完成城市老旧小区3个,总面积4.7万平方米。全县财政民生类支出数为34.4亿元,占总支出比例为85.8%。

【强农惠农】加大财政支农重点投入。安排乡村振兴扶持农村集体经济发展资金2000万元、土地承包经营权流转745万元、农业产业化资金600万元、营造林和省森林村庄建设资金594万元、小型农田水利建设1204万元等。落实强农惠农补助政策。惠农补助资金全部纳入“惠民直达系统”发放,2018年,通过惠民直达平台发放各项补贴资金共43项,补贴对象32.48万人次,补贴金额1.73亿元,增长11.51%。大力推进农业综合开发。完成农发项目建设总投资2530万元,同时及时开展土地治理项目立项申报工作。扎实开展政策性农业保险。共承保种植业面积11.81万亩,能繁母猪1809头,拨付财政补贴资金59.5万元。一事一议工作顺利推进。批复并完成道路建设项目37个,涉及35个行政村、群众111228人,总投资1107万元。加大财政扶贫投入,安排对口太湖扶贫资金1050万元,均拨付到位。

【财政监督】开展滥发津贴补贴集中整治工作。根据省巡视反馈意见,对各镇和县直单位开展滥发津贴补贴集中整治工作,对整治工作中发现的所有项目均停发清退,进一步规范津补贴的发放。开展“小金库”专项治理工作。组织各镇和县直单位开展“小金库”自查自纠,并对县机关事务局、县行政服务中心、县市场监督管理局、县城市管理局、孙村镇、峨山镇等6家单位进行重点督查。

(徐芳)

镜湖区财政工作概述

【概况】2018年,镜湖区财政总收入完成60.09亿元,较上年同期增长15.5%,增收8.04亿元。一般公共预算支出完成26.79亿元,其中省市补助资金安排支出3.18亿元。政府性基金支出完成1.81亿元,均为上级补助资金,其中,城乡社区支出1.77亿元,其他支出0.04亿元。

【收支管理】加强税收征管,保障税收及时足额入库。持续支持优势产业发展,保证大额税收入库。加快培育新的经济增长点,支持首位产业做大做强。坚持去产能、去库存、去杠杆、降成本、补短板,优化存量资源配置,在尽量做实财政的基础上,突出分配的公共性,筑牢“保工资”“保运转”“保民生”底线,既尽力而为,又量力而行,确保民生支出当前可承受、未来可持续。提高定额标准,确保党建工作经费落实到位。优先发展教育事业,加大学校建设力度。加大社会保障力度,深化基层医药卫生体制改革。

【预算管理】政府预算体系进一步健全。制定《镜湖区预算管理办法》《镜湖区财政专项资金管理办法》,编制2019—2021年三年滚动财政规划,加强预算项目储备库建设,加强全区政府性投资资金管理。预算编制进一步科学。修订2019年度预算编制手册,调整完善基本支出供给方式。优化部门预算草案文本格式和内容,增强预算草案规范性和可读性。整合预算编制政策库、预算基础信息库、预算项目库,实现预算编制管理规范化、科学化。预决算公开进一步推进。拓展公开范围,细化公开内容,规范公开方式,在预决算批复后20日内,全区52个部门全部公开部门预决算相关内容。预算执行进一步规范。硬化预算约束,坚持先有预算后有支出,及时向区人大及区人大常委会报告预算调整方案。

【民生投入】在全市率先出台《镜湖区"弱有所扶"民生工程精准帮扶实施方案》,启动城区困难居民帮扶工作。持续加大财政民生投入。全面落实以人民为中心的发展思想,精准对接群众需求,聚焦普惠性、基础性、兜底性民生建设,全区财政投入民生工程资金3.93亿元。强化资金筹措管理,加强项目跟踪调度,强化建后管养,推动民生工程规范化、长效化实施,23项民生工程全部完成,有力解决一批群众关心关注的急事难事。

【财政改革】按照"花钱必问效、无效必问责"要求,健全绩效评价体系,对全区100万以上项目进行自评,聘请第三方机构对小区整治、普惠幼儿园降价补贴、道路清扫保洁等21个项目进行绩效评价,涵盖农业、教育、医疗卫生、社会保障、城管等重点领域和社会公众关注项目,涉及财政资金5.75亿元,其中民生工程项目5个。强化绩效评价结果运用,将评价结果作为预算安排的重要依据。

【服务经济发展】支持打好防范化解重大风险攻坚战。建立健全政府隐性债务管理体制,切实防范和化解财政金融风险,维护经济安全和社会稳定。按照"四清四实"要求,组织开展全区政府隐性债务清理统计,全面摸清全区政府隐性债务底数,结合实际,制定化解政府隐性债务风险实施方案。支持打好精准脱贫攻坚战。推进望江县结对帮扶工作,安排1050万元专项资金,支持望江县产业项目。深化拓展扶贫覆盖面,完成荆方地区困难群众精准识别。支持打好污染防治攻坚战。支持各中心、部门投入资金,加大对中央、省环保督查交办问题的整改。投入2.15亿元完成中天印染搬迁工作,加大黑臭水体整治投入,板城埠黑臭水体整治即将完成,保兴埠等水污染综合治理加速推进。

【全面从严治党】坚决贯彻新时代党的建设总要求,把党的政治建设摆在首位,持续开展习近平新时代中国特色社会主义思想学习教育,深入推进"两学一做"学习教育常态化制度化,扎实开展"讲严立"专题警示教育,落实意识形态工作责任,增强"四个意识",提升理财本领,为财政改革发展凝心聚力。落实全面从严治党和党风廉政建设"两个责任",自觉遵守中央八项规定精神及省委实施细则,驰而不息整治"四风"问题,持之以恒正风肃纪,持续推进作风建设,严格财政资金监督,推动全面从严治党向纵深发展。

(高乾)

鸠江区财政工作概述

【概况】2018年,全区财政总收入完成52.29亿元,为预算的105.1%,增长14.6%,其中:地方一般公共财政预算收入30.59亿元,增长5.1%。一般公共预算支出32.36亿元,增长8.9%。政府性基金预算收入2.07亿元,加上级补助收入1.88亿元、专项债券转贷收入0.58亿元,收入合计4.53亿元。当年政府性基金预算支出完成4.53亿元,收支平衡。

【债务管理】经市财政局批准下达并报区人大常委会批准,2018年区级地方政府债务限额21.79亿元,其中:一般债务限额21.14亿元、专项债务限额0.65亿元。截至2018年末,区级地方政府债务余额为21.79亿元,其中一般债务21.141亿元、专项债务0.65亿元。2018年发行地方政府债券2.3亿元,其中新增专项债券0.59亿元、存量债务置换一般债券1.71亿元。按照中央、省和市区有关打好防范化解重大风险攻坚战的统一部署,摸清政府隐性债务底数,遏制各类隐性债务增量,制定化解政府隐性债务方案,稳妥处置隐性债务存量,有效防控地方政府债务风险。

【预算管理】进一步规范预算执行管理,理顺上下级结算关系,严格执行预算管理相关规定,严格按照批准的预算执行。定期通报支出情况,督促单位加快支出进度,提高资金使用效益。推进全面深化改革,做好涉农资金统筹整合工作,提高涉农资金使用效益。开展"小金库"、机关事业单位滥发津贴补贴和国有企业对外借款专项整治工作,加大个人借款清理巡视整改工作力度,进一步强化长效管理。积极推进国企改革,进一步规范国有企业管理,提高国有资本运营和配置效率。继续完善徽采商城采购方式,进一步规范政府性采购资金管理。出台《鸠江区财政性资金竞争性存放操作办法》,实现财政资金存放规范和安全增值双效。

【财政改革】完善2018年预算批复、预算公开和2019年预算编制管理。加强预算执行动态监控,加大预算支出进度督办力度,专项资金和转移支付实行按月通报,严格执行预算结余结转和存量资金收回政策。预决算公开更规范、更全面、更细化,全区48个部门和4个镇预决算及“三公”经费预决算均按要求全面公开,实现依法行政、阳光理财。继续做好预算绩效管理,组织开展项目决算绩效自评和6个部门整体绩效自评,推进绩效公开工作,进一步严格2019年绩效目标与部门预算同步申报。持续推进国库集中支付和公务卡结算制度改革,贯彻落实培训费、会议费等管理办法,实行严格的经费管理制度。2018年完成区级国库集中支付电子化试点,逐步构建财政资金拨付安全“防护网”。贯彻国家《政府会计制度》改革,组织预算单位培训,认真做好自2019年1月1日起正式实施前的各项准备工作,确保实现新老制度平稳过渡。

【财政民生保障】坚持以人民为中心的思想,按照兜底线、织密网、建机制的要求,建立多层次民生保障体制,努力实现经济发展和增进民生福祉良性互动。2018年,财政民生支出保持稳定增长,全区财政民生类支出27.54亿元,增长8.4%,占财政支出的85.1%。投入资金4.4亿元,全面完成24项民生工程,支持普惠性、基础性、兜底性民生改善。投入925万元,实施本区9项为民办实事工程。累计发放惠民资金2.85亿元,涉及补贴项目48项,增强城乡低保救助、医疗救助、残疾人生活救助等保障能力,保障困难群体生活水平不降低,有效提升人民幸福指数。统筹调剂资金4000余万元,全力保障社会救助资金,充分发挥财政民生兜底保障作用。投入资金2448万元,支持加强和创新社会管理,打造平安鸠江。投入资金4353万元,继续实行农村道路畅通工程、危房改造等,结对帮扶宿松县加快脱贫。拨付1.36亿元,大力支持大气、水污染治理、散乱污企业和长江岸线专项整治,继续推进“清洁城乡、美化家园”环境整治和农村三大革命等,生态文明建设取得成效。拨付资金919万元,统筹推进农村综合改革,继续实施一事一议财政奖补。积极履行财政保障功能,切实做好乡村振兴、环境污染源普查等系列中央重大决策部署资金保障。

【服务经济发展】贯彻减税降费政策,按照国家统一部署,积极配合支持税务等征管部门落实增值税税率调整,退还装备制造等先进制造业、研发等现代服务业期末留抵增值税,切实落实高新技术企业和小微企业发展的各项税收优惠政策。加大政策宣传,严格落实市清理、取消和降低行政事业性收费项目和标准,调整工业项目基础设施配套费、城市生活垃圾处理费等政策,切实减轻企业发展负担,增强企业发展活力。紧紧围绕高质量发展目标,优化财政政策,全年兑付财政奖补资金5.22亿元,积极落实供给侧结构性改革政策,着力支持战略性新兴产业、科技创新、传统产业升级改造、促进新动能加速培育等。争取上级政策支持并兑现资金5163万元,狠抓制造强省战略机遇,促进制造业、外贸经济发展,支持军民融合产业发展。积极发挥财政对人才战略支持,兑现资金3955万元,落实高校毕业生安家补助及高层次人才引进政策。继续发挥好政银担、税融通、续贷过桥、信用贷等政策作用,全年新增政银担、过桥续贷和税融通贷款共12.05亿元,拨付中小企业担保降费补贴143万元,完善企业融资风险补偿机制,缓解企业“融资难、融资贵”。

(胡中华)

弋江区财政工作概述

【概况】2018年,全区完成财政总收入36.49亿元,增长14.2%,完成预算的104.8%。全区一般公共预算支出20.17亿元,增长16.6%,完成预算的115.3%。

【收支管理】强化收入预期管理,均衡推进收入入库;加强非税收入征管,开展非税收入收缴电子化工作摸底准备工作,提高征管效率。严格执行国家各项税收优惠政策,积极采取有效措施保障政策落地,切实释放政策红利,减轻企业税收负担,全年共落实各项税收优惠3.87亿元,同比增长19.2%。

【预算管理】财政收入保持平稳增长。全区财政收入增长14.2%,超年初预算4.8个百分点,各月增长速度均衡,总体运行平稳。收入结构持续优化。全区税收收入完成34.71亿元,占财政总收入的95.1%,非税收入完成1.77亿元,占财政总收入的4.9%。民生及重点支出保障进一步加强。民生支出占财政支出的比重为85.3%,同比增长27.7%。

【财政改革】持续推进预决算信息公开常态化。

全区政府预算、部门预算和“三公经费”预算信息均按时规范公开,公开内容更加细化。扎实开展财政存量资金清理,严格落实《弋江区部门结余结转资金清理办法》。继续开展非税收入专项检查,落实各项减费降负政策,建立健全内部控制制度,规范财政账户管理。制定《弋江区行政事业单位报销制度》,组织开展财务人员培训,规范全区财政财务收支行为。试点编制政府综合财务报告,以权责发生制为基础,深入分析政府财务状况和运营情况。稳步推进电子化支付改革,促进财政资金使用更加安全、高效、便捷。实行部门预算执行情况通报制,加快财政支出进度,提高财政资金使用效益。

【**财政民生保障**】全年投入民生工程资金2.34亿元实施21项民生工程,各项民生工程全面完成目标任务,全区文教卫事业、社会保障、人居环境等方面不断得到加强和优化,群众的获得感、幸福感、安全感不断提升。

【**服务经济发展**】全年累计兑付产业补助资金6.44亿元,其中:兑现高新技术企业及支持企业研发投入资金2800万元,兑现人才奖励资金600万元,兑现中小企业发展专项资金1500万元,兑现新能源产业基地政策资金4900万元,兑现重点研发创新平台资金4700万元,兑现土地使用税政策奖励资金8600万元等。

(晋峰)

三山区财政工作概述

【**概况**】2018年,全区财政总收入完成21.4亿元,增长9.9%。一般公共预算支出完成14亿元。

【**加强预期管理**】密切跟踪财政经济形势,建立健全收入预期管理协作分析机制,加大对重点税源企业、重点项目以及收入异常变动情况的跟踪分析,完善财政、税务、人行横向会商和市区纵向调度机制,加强各项财税改革政策分析研究,全力组织财政收入。切实加强税收征管,做到依法征收,应收尽收,财政收入圆满完成全年目标任务。开展城镇土地使用税清缴工作,全区清欠44家企业,清缴税款1.08亿元(含滞纳金)。切实加强支出管理,强化预算约束,严格预算执行。建立支出进度监控机制和重大财政政策落实情况报告制度,加强全区库款考核管理,督促各项目主管部门加快项目建设和预算执行进度。

【**落实财税政策**】继续实施财政奖补政策,促进土地集约节约利用和二次开发,降低优质企业和扶持企业实际税负。优化财政政策,调整完善扶持产业发展“1+5+6”政策体系,抢抓国家战略性新兴产业集聚发展机遇,支持战略新兴产业发展,加快现代农机产业基地建设。全年兑现各类企业优惠政策资金4.2亿元,有效保障各类涉企政策落实。进一步完善政策性融资担保体系建设,加大中小企业实体经济财政金融政策扶持力度,支持创业就业和创新驱动发展,积极培育财源增长点。注重发挥市场机制,综合运用政府和社会资本合作(PPP)模式,带动社会资本、产业资本、金融资本聚焦支持产业发展和基础设施项目建设,芜湖精铝新材料产业园基础设施建设PPP项目(二期)完成入库,顺利进入实施阶段。

【**保障民生投入**】深入贯彻以人民为中心的发展理念,坚持保基本兜底线,始终把改善民生作为财政保障的头等大事,各项民生政策得到较好落实。全年投入资金2.77亿元,稳步实施22项民生工程。有序推进农村道路畅通工程建设,完成畅通工程老村道加宽33公里,农村公路中修里程10公里,农村危房改造完成验收合格55户。城镇居民最低生活保障发放资金3839万元,保障4737人次;城乡居民养老保险发放养老金5848万元;城乡医疗救助1970人次,发放救助资金1122万元。健全就业服务体系,开展就业创业技能培训1384人次。生活补助类资金常态化发放,通过惠民直达系统发放资金8772万元,涉及12.96万人次。继续实施学前教育促进工程、义务教育经费保障机制,促进全区义务教育优质均衡发展。落实提高城乡居民养老保险基础养老金最低标准水平,调整退休人员基本养老金发放标准,确保各项资金足额保障到位。

【**深化财政改革**】推进财政预算管理改革,健全预算管理机制,出台全区财政预算指标管理办法,建立定期清理机制,全年清理各类结余资金4600万元。有序推进社会保险费以及非税收入征管体制划转工作,配合做好国税、地税机构整合。强化预算绩效管理,选取部分债券项目开展第三方评价。强化政府购买服务预算管理,更新2018年区政府购买服务目录。按照“四统一”要求全面公开全区部门预决算信息,规范细化预决算信息公开内容;逐步规范政府采购项目信息公开。继续深化国库集中支付制度改革,率先上线运行国库集中支付电子化系统,资金支付效率大大提高,全年完成集中支付业务2.8万笔,支付资金9.1亿元。公务卡制度进一步落实,出台公务卡强制结算目录;区本级完善预算执行动态监控制度体系,建立动态监控新模式。完成新一轮市区财政和经营性国有土地使用权出让收支管理体制调整,进一步理顺财政分配关系。进一步加强政府债务管理,完善相关制度体系建设,促进政府性债务风险化解。

【强化监督管理】着力强化预算执行,进一步完善结转结余资金以及财政暂存、暂付款定期清理机制。区财政对本级预算当年安排的项目结余以及上级转移支付超过一年的结转结余,一律收回财政总预算统筹安排使用。清理盘活财政存量资金,统筹用于重点项目建设,提升财政资金使用效益。落实权责发生制政府综合财务报告制度和新政府会计制度,加强行政事业单位内控制度体系建设,通过"以会代训"方式提高全区财务人员业务水平,保障各项新财政财务制度实施到位。紧扣防控风险的关键,加强风险源头管控,摸清政府隐性债务底数,制定化解政府隐性债务方案,稳妥处置隐性债务存量,坚决遏制隐性债务增量。加强平台公司债务管控,强化债务全方位动态监控,有效防范化解债务风险。开展全区"小金库"、机关事业单位滥发津贴补贴和对外借款专项整治工作,加大整改督查工作力度。严格落实各级巡视、巡察整改相关工作要求,加强审计发现问题整改落实,建立健全监管长效机制。

(柯莹)

芜湖经济技术开发区财政工作概述

【概况】2018年,全区财政总收入完成77.69亿元,为预算的89.5%,较上年下降4.5%,其中地方收入完成39.89亿元,为预算的89.5%,比上年下降10.4%。全年完成财政支出33.54亿元,为预算的83.3%,较上年下降14.1%。

【完善财政管理体制】完善预算编制软件,实行预算编制与项目库对接,推动建立三年滚动预算,对地方债务实行规模控制,纳入预算管理,促进各类事业发展和财政运行的长期性、稳定性。严格预算执行,用好增量、盘活存量,构建全面规范、公开透明的预算制度。进一步完善财政国库集中支付改革,规范国库资金和财政专户管理,完善公务卡使用程序,进一步推进营改增、消费税等税制改革。持续推进预决算和"三公"经费公开,加强和规范差旅费管理。

【努力筹措争取资金】经开区积极筹措争取资金共13.01亿元,其中:全年共发行地方政府债券10.20亿元,包括公开置换债券8.75亿元,再融资债券1.45亿元;组织申报获批上级政策奖励资金如制造强省、三重一创、上市奖励等2.33亿元;积极争取社会福利、医疗卫生、食品药品等社会公共事业方面资金0.48亿元。

【加大扶持企业力度】积极宣传、落实各类企业奖励政策,全年共拨付各类企业发展资金15.82亿元,其中:审核兑现一企一策投资补助9.74亿元;审核拨付2017年度土地使用税222户次,兑付资金达1.94亿元;审核拨付科技创新系列政策、制造强省、三重一创、人才奖励、商标品牌、上市挂牌、物流专项等企业补助资金4.14亿元。切实加强经开区财政优惠政策资金申报、初审和复审核拨等重点环节的管理,堵塞管理漏洞,确保资金规范兑付。

【加大财政监督力度】进一步加强财政管理,规范财政行为,加强财政监督,完成财政预算收支执行审计,干部离任及任期经济责任审计,保障性安居工程的投资、建设、分配、运营等情况进行审计,政府性投资项目竣工决算审计,政府性债务管理专项督查工作;加大金融政策贯彻力度,强化金融风险防范处置,成立经开区防范化解重大风险工作领导小组和金融民生专项整改小组;保障国有企业资金安全,强化国有企业对外借款管理,促进担保业务规范化、制度化和程序化。

【积极推进民生工程】经开区本年共实施18项民生工程,制定实施办法,规范补助程序,加强项目绩效管理,提高工程建设水平和建后管养水平,全年累计投入各级各类资金1.85亿元。

【努力推进招商引财】立足财政职责和财税优势,整合、调动各种招商引资资源和力量,进一步创新招商方式,优化投资环境,完善奖惩机制,做好已落户项目服务。积极配合开展"四送一服"活动,配合招商部门做好项目引进工作,协调解决项目落户过程中所产生的税务、土地、融资等问题。发挥财政政策作用,加快实施"调转促"行动计划,扩大招商引资成果,推动经开区经济高质量发展,在创新发展中闯出新路径。

(李小俭)

芜湖长江大桥综合经济开发区财政工作概述

【概况】芜湖长江大桥开发区财政局承担区财政管理、招投标管理、国有资产管理、会计核算等职责。按现行财政体制,区级财政收支统计在市级。

【预算管理】加强预算管理。严格预算编制,强化预算执行。狠抓税源管理,强化与税务部门的沟通和协调,确保税收应收尽收。同时强化支出预算管理,确保预算实施。强化资金调度和资金支付审核。继续做好公路桥皖 B 车辆的财政补贴工作,恢复公路桥公司正常的融资功能;按期归还各项借款。强化对工程款支付的审核,加强对工程款支付的事中审核,所有项目均经过决算审计,按审计结论支付款项,提高资金使用效率。

【债务管理】按规定及时上报政府债务信息资料,做好债务甄别工作,按规定完成专项债的置换工作;配合做好 2018 年政府性债务审计工作、配合做好 2018 年政府隐性债务审计,建立整改台账,规范本区政府性债务管理工作,做好政府性债务风险防控和化解工作。积极配合做好审计工作。做好省委巡视及整改工作、配合做好建发公司财务报表审计、政府性债务审计等工作。聘请中介机构完成 2017 年前 34 个送审项目,审结项目 12 个,2018 年送审项目 69 个,审结项目 24 个,目前在审项目 67 个(含以前年度),核减 378 万元。

【坚持厉行节约】严格对照中央省有关文件精神,加大对费用的审核力度,做好“三公”经费公示、上报等工作,接受各界监督。同时制定切实可行的办法,加强费用控制,加大对预算单位“三公经费”审查监督,督促做好整改。

【支持民生发展】完成 2018 年棚户区改造任务后续资金供应工作,积极争取银行贷款政策,盘活存量资产,用足政策,为本区平稳健康发展积极作为,积极争取 2018 年棚改资金尽快落实到位。

【规范招投标行为】严格招投标管理,完善招投标制度。由区财政牵头的招标项目,均邀请采购单位、相关主管部门参加,区纪委监察室全程监督,评标标准杜绝人为因素。

(李倩茜)

省江北产业集中区财政工作概述

【概况】2018 年,集中区实现财政总收入 12.38 亿元,同比下降 18.9%;一般公共预算支出 11.87 亿元。

【加强收入调度】纳税大户东旭光电税收折半、凯翼汽车重组外迁,集中区税收从高位下行。积极开展收入调度,加强与重点企业联系,协调税务部门,防止收入持续下行。同时利用契机挤干水分,提高财政收入质量。2018 年,集中区实得收入超过地方留存的 30%。

【严格债务管理】完成债务置换 11.16 亿元,政府债务 24.06 亿元全部置换完毕。及时更新上报债务数据。加强隐性债务管理。运用地方政府性债务管理系统,动态监控政府性债务。

【防范金融风险】联合公安、工商排查 108 家投资类市场主体,没有发现重大风险隐患。与集中区各部门一起规范总部经济企业注册地址。

【落实巡视整改】根据巡视工作要求,及时整理和提交各类奖补凭证资料。进一步完善总部经济招商、工程审计管理等制度,初步建立产业发展补助资金审核与拨付、项目审计、总部招商等一系列制度。制定财政奖补资金评价暂行办法、奖补资金会商暂行办法、银企合作机制等制度,严肃财经纪律,进一步扎紧制度笼子。

【开展效能建设】深入开展“反形式主义官僚主义”活动,进一步增强服务意识,加强与收入单位和预算单位的联系和沟通,主动帮助预算单位解决问题,提高服务质量。开展学习活动,教育引导部门工作人员学政策、学知识,提高履职能力。

(王翔)

宣城市财政工作综述

宣城市财政工作概述

【概况】全市财政收入完成240.1亿元,增收19.8亿元,同比增长9%。其中,地方财政收入完成153.1亿元,增收10.1亿元,增长7.1%,占财政收入的比重为63.8%。市本级财政收入完成38.2亿元,增长11.3%;区级财政收入完成42.5亿元,增长8.6%;县级财政收入完成159.4亿元,增长8.6%。全市财政支出完成289.4亿元,增支16亿元,增长5.9%。其中,财政民生支出完成246.6亿元,占财政支出的比重达85.2%。市本级财政支出完成52.2亿元,增长8.3%;区级财政支出完成51.2亿元,增长5.4%;县级财政支出完成185.9亿元,增长5.3%。

【政府性基金和行政事业性收费】全市政府性基金收入完成118.98亿元,同比增长24.5%;政府性基金支出完成136.71亿元,增长31.7%。根据《财政部国家发展改革委环境保护部国家海洋局关于停征排污费等行政事业性收费有关事项的通知》《财政部关于降低部分政府性基金征收标准的通知》《财政部国家发展改革委关于停征免征和调整部分行政事业性收费有关政策的通知》和《安徽省财政厅安徽省物价局安徽省交通运输厅关于做好取消货物港务费工作的通知》等文件,自2018年1月1日起,取消货物港务费,统一停征排污费,自2018年4月1日起,降低残疾人就业保障金征收标准上限,自7月1日起,降低国家重大水利工程建设基金征收标准等。截至2018年底,本市政府性基金和行政事业性收费项目为53项,较上年末减少2项,年减轻企业负担3600万元。

【政府性投资基金】全市政府性投资基金总规模34.83亿元,到位资金19.28亿元,完成对50个项目和9个科创团队投资,累计投资总额14.87亿元。其中:市本级一号基金母基金首期规模2亿元(实际到位4.3亿元),全部用于支持市本级产业发展,主要投向大企业、大项目,完成对安徽中鼎动力有限公司和安徽宣酒集团股份有限公司各投资1亿元,对安徽益佳通电池有限公司投资5000万元,对宣城好彩头食品有限公司投资1.5亿元,对安徽生信铝业股份有限公司投资2000万元;市本级二号基金母基金首期规模2亿元(其中天使投资基金5000万元),用于支持国家战略性新兴产业、高新技术企业以及科技成果转化企业等发展,推动大众创业、万众创新,出资1.43亿元引导设立三只子基金——安徽火花基金、宣城火花基金和正海基金;市天使投资基金完成对9个科创团队和1个项目投资7600万元。

【非税收入征管】全市非税收入完成173.2亿元,较上年增加22.0亿元,增幅为14.5%。其中:市本级完成非税收入43.3亿元,较上年减少1.3亿元,减幅为3%;县级完成非税收入129.9亿元,较上年增加23.3亿元,增幅为21.9%。

【政府性债务管理】争取置换债券资金22.51亿元,全面完成存量政府债务置换工作。争取新增债券资金35.13亿元,保障重大公益性项目建设资金需求。规范实施PPP和政府购买服务项目,严禁通过保底承诺等方式变相融资,坚决遏制隐性债务增量。对隐性债务进行全面梳理,摸清底数,制定隐性债务化解方案,逐步化解存量隐性债务。

【交通领域基础设施建设】安排资金4.59亿元。主要是:成品油价格和税费改革市县增量资金1135.7万元、省级交通运输专项资金5071万元,城市公交车成品油价格补助资金657.3万元,中央车辆购置税收入补助地方资金30453万元,国省干线公路建设省级补助资,5756万元,农村客运、出租车等行业成品油价格补贴资金1238.5万元,船舶委托营运检验专项经费85.6万元,全省道路治超专项经费140万元,城市公交车成品油价格补贴资金(涨价补助)201.3万元,新能源公交车运营补助31.7万元,公路灾损抢修保通专项资金100万元,省级内河船型标准化补助资金50万元,新能源汽车产业创新发展和推广应用奖补资金500万元,其他公路水路运输支出400万元。

【大气、水和土壤污染防治】安排资金8007.6万元。主要是:秸秆禁烧341万元,农村环境整治资金2115万元,水污染防治资金2959.6万元,省级环保专项342万元,大气污染防治专项资金1200万元,地表水断面生态补偿资金1050万元。第二次全国污染源普查2018年工作经费310万元,山水林田湖草生态保护修复试点工程实施规划和方案编制经费257万元,国控考核断面水质自动站经费251.28万元。

【"三重一创"建设】安排发改专项资金5628.92万元,主要是:节能与生态建设421万元,省统筹服务业发展引导资金500万元,"三重一创"专项资金1327.92万元,工业"三高"及高技术产业化专项资金360万元,重大新兴产业基地奖励资金3000万元,推进重点项目建设"以奖代补"20万元,汽车及装备制造产业招商组专项经费20万元。

【工会困难帮扶】安排市工会困难帮扶相关资金110.44万元,分别是:"两节"送温暖专项资金19万元,省部级困难劳模专项资金9.1万元,困难职工帮扶中心专项资金70万元,省部级劳模低收入和特殊困难补助资金12.34万元。

【规划建设项目】安排资金4468.8万元。主要是:绿色建筑及建筑产业现代化以奖代补资金104万元,城市工作"五统筹"专项资金807万元,城市老旧小区整治改造省级补助资金1513.6万元,历史文化名城名镇名村街区保护及白蚁防治专项资金60万元,PPP项目前期工作中央基建投资预算70万元,城市管理奖补资金240万元,绿道建设省级补助资金167万元,重点领域基础设施补短板资金1496万元。

【粮食专项】安排资金1077.7万元。主要是:储备粮轮换价差及利息469.3万元,放心粮油30万元,储备粮油补贴153.4万元,省级安排的托市收购粮食清理和质量快检设备补助资金72万元,优质粮食工程项目资金330万元。安排铁路专项资金13万元。主要是:芜宣机场建设前期协调工作经费5万元,铁路项目规划、建设协调工作经费5万元。

【其他重点项目】安排资金7.02亿元。主要是:重大水利工程52088万元,保障房及棚户区改造资金16573万元,新网工程172万元,渔业成品油价格补贴资金992万元,全省开发区综合考核奖励资金100万元,渔业发展与船舶报废拆解更新补助资金247万元。

【土地调查和国土资源监测】安排资金1625.97万元。主要是:各类用地审查、报批与耕地保护地籍测绘67万元,宣城市市级国土资源监测36万元,土地矿产卫片执法监督检查、案件查处40万元,行政执法及法治宣传教育45万元,低效用地再开发专项规划编制24万元,国土资源"一张图"和综合监管平台113万元,宣城市国土资源信息系统安全等级保护建设项目(一期)79万元,国土资源形势分析28万元,新一轮土地利用总规42.7万元,第三次全国土地调查201.8万元,省级安排的地质灾害防治55万元;非税收入执收成本250万元,办公设备购置24万元,不动产登记中心信息化建设120万元,不动产登记存量数据(房屋、土地)整合310万元;耕地质量等级调查评价与监督25万元,Cros网络基准站18万元,土地卫片执法检查15万元;土地执法巡查费用20万元;土地整治管理15万元。

【城市建设】累计安排建设资金9.6亿元。主要用于向阳大道一标、二标等BT项目,青弋江大道跨皖赣铁路一号桥施工、青弋江大道、马山路、滨湖路等市政道路桥梁项目,宛陵湖(东湖)、泥河景观带二期等园林绿化工程,合工大宣城校区、体育中心等市重点工程建设项目,夏渡新城二期、桂花园三期等保障性住房项目等。安排市政项目征迁资金1.79亿元。主要用于圣俞路、九连山路、宛陵路、石涛路、瞿山路等项目征迁,支付安置房采购款和超期过渡费等。

【财政支企】争取中小企业各类补助资金1.8亿多元,重点支持外贸发展、流通业发展以及企业转型升级等。市本级兑现各类财政奖补3273.23万元,对220家外贸进出口企业增幅、国际市场开拓和出口信用担保等给予补助和奖励946.26万元。

【农业综合开发】全市争取农业综合开发项目173个,投入财政资金16787.4万元,其中:上级财政资金投入15828.12万元,市县财政配套资金959.28万元。具体为土地治理项目17个(高标准农田项目10个,小流域治理项目6个,部门项目1个),财政投入14921.2万元,其中:上级财政资金14068.56万元。产业化发展贷款贴息项目156个,投入财政贴息资金1866.2万元。

【脱贫攻坚】市本级及5个有扶贫任务的县区共安排扶贫专项资金12395万元,较上年增列3144万元,增列专项扶贫资金占地方财政收入增量的10.8%;清理收回存量资金用于脱贫攻坚共1057.3万元,达到可统筹部分的65.2%。全市扶贫专项资金实际支出18584.9万元,支出进度98.3%,其中市本级支出549.3万元、宣州支出4730.3万元、郎溪县支出3574.1万元、泾县支出5568.2万元、绩溪县支出2518.6万元、旌德县支出1644.4万元,完成上级要求达到的全年支出进度任务。

【政府采购管理】全市政府采购预算66.4亿元,实际采购金额56.9亿元,节约资金9.5亿元,节约率为14.33%。全市完成5个PPP模式项目采购,计划投资总额达15.7亿元,社会资本介入金额15.4亿元,政府安排金额0.3亿元。依法受理政府采购供应商投诉2起,处理违法供应商1起。完成第二批网上商城供应商招标工作,共有200多家企业成为徽采商城供应商。出台印发《关于进一步加强市本级政府采购项目单一来源采购方式管理的通知》。

【教育投入】全市一般公共预算教育投入42.85亿元,较上年增加4.4%,其中市本级投入1.96亿元,较上年增长6.68%。全市高职院校生均拨款12072.36元,较上年增长0.27%;普通高中生均公用经费5048.17元,较上年增长4.36%;普通初中生均公用经费5071.19元,较上年增长3.13%;普通小学生均公用经费4073.04元,较上年增长2.23%;公办幼儿园生均公用经费1734.55元,较上年增长6.34%。

【"三公"经费】"三公"经费支出18873.33万元,较上年同期减少193.6万元,同比下降1.03%。其中:因公出国303.03万元,较上年同期减少11.16万元,同比下降3.55%,公务接待费7070.05万元,较上年同期减少105.22万元,同比下降1.47%,公务用车购置及运行费11500.25万元,较上年同期减少77.22万元,同比下降0.67%。重点压减办公楼和业务用房建设及修缮支出、会议、办公设备购置、差旅和"三公"经费等一般性支出,调整优化支出结构,集中财力促发展、保民生。

【社会保险基金】全市社会保险基金总收入96.13亿元,增收23.02亿元,增长31.49%;社会保险基金总支出82.52亿元,增支20.11亿元,增长32.22%。其中,市本级社会保险基金总收入13.68亿元,增收-1.26亿元,下降8.49%;社会保险基金总支出10.14亿元,增支2.21亿元,增长27.87%。

【会计管理】宣传贯彻实施国家统一会计制度,监督和管理会计工作,推进全市行政事业单位内部控制建设工作;组织实施会计专业技术资格考试、注册会计师考试等会计类考试和会计人员继续教育培训,2018年,共有11963余人次参加各类会计考试,9620名会计人员参加继续教育学习。

【贷款服务】办理安徽宣城承接东部地区产业转移基地基础设施示范建设项目年度提款到账金额0.97亿元人民币(折合1456万美元);完成1750万美元世行贷款医疗卫生改革促进结果导向型项目和3115万美元世行贷款公路养护创新示范项目协议签署。配合人社、人行等部门做好创业担保(贴息)贷款工作,全年发放创业担保(贴息)贷款1588笔,创业担保(贴息)贷款2.35亿元。年末担保基金余额1.09亿元;年度实际贴息1153万元。

【政府与社会资本合作】全市年度PPP项目共获得中央及省财政补助1746万元。其中,宣城市阳德路道路工程EPC+PPP项目和宁国市安材、党校迁扩建及配套路网PPP项目被列入财政部第四批PPP示范项目,获得奖补1300万元。全市共有33个静态投资204亿元的PPP项目通过财政部PPP综合信息平台审核;27个PPP项目签约落地建设,总投资185.2亿元,其中民间投资和控股项目13个,累计静态投资

90亿元。

【政策性农业保险】全市种植业农作物投保面积209.53万亩,民生工程目标任务完成率为126.44%;养殖业能繁母猪投保23260头,民生工程目标任务完成率为184.6%;政策性森林投保887.43万亩,公益林保险实现应保尽保,商品林保险覆盖率达85%。政策性农业保险保费7164.2万元,保险金额55.23亿元,政策性农业保险保费财政补贴6021.55万元,赔付3312.78万元,受益农户1.86万人次。开展家禽、烟叶、大棚蔬菜、茶叶、育肥猪、山核桃、生猪价格指数等特色农产品保险试点,全年累计投保特色农产品27.83万亩(头、羽),保费490.29万元,赔付506.68万元,受益农户1315户。

【财政监督】对市本级5家代理记账机构开展会计监督检查。对市本级政府及76个部门2017年决算和2018年预算公开的及时性、完整性、细化程度、公开方式等开展复核,覆盖面100%。对市直部门"小金库"防治工作开展情况进行督导抽查。

【税政法规】清理财政局发文的规范性文件26项,保留20项,失效4项,废止2项。动态调整财政权责清单和公共服务清单,确定权责事项14项、公共服务事项7项。成立宣城市财政局社会信用体系建设领导小组,制定《宣城市财政性资金管理使用领域相关失信责任主体联合惩戒措施清单》《宣城市财政局2018年普法工作要点》和《"谁执法谁普法是开展法律服务"责任制任务清单》。参加"江淮普法行""12.4国家宪法日"等大型普法广场活动。

【国库集中支付】市本级下达的集中支付用款计划94.98亿元,其中:直接支付计划63.02亿元,占计划的66.3%;授权支付计划31.96亿元,占计划的33.7%。全年受理国库集中支付业务158673笔,支付资金88.83亿元。其中:直接支付8504笔,金额63.02亿元,占支付总额的70.9%;授权支付150169笔,金额25.81亿元,占支付总额的29.1%。全年支付现金897.56万元,占授权支付业务0.1%,比上年下降50.9%。市本级累计发放公务卡7202张,当年,公务卡消费30393笔,支付金额3702.12万元,公务卡消费金额比上年同期上涨13.7%。

【农村财政管理】全年通过"一卡通"发放各项财政补贴农民资金124516万元。通过政府购买服务的方式委托社会中介机构开展村级财务审计。完善包村干部监管涉农资金机制,对乡镇财政资金监管信息通达、公开公示、抽查巡查等工作制度、工作流程、方式方法进行进一步明确和细化。抓好资金安全教育,广泛宣传执行中央、省扶贫政策,牢固树立"扶贫资金高压线"意识,落实项目资金全程公开公示制度。开展乡镇财政所(分局)巡察,把党风廉政建设融入财政资金运行全过程,推动财政全面从严治党和党风廉政建设向基层延伸、向一线延伸。

【农村综合改革】全市共审批、实施一事一议财政奖补项目603个,项目总投入11348万元,其中各级财政奖补资金9127万元,共覆盖529个行政村(居)。统筹推进宁国市、旌德县两地扶持村级集体经济发展试点,共争取试点项目资金1810万元,其中宁国市930万元、旌德县880万元。共安排34个村开展试点,其中宁国市20个、旌德县14个。推进宣州区国家农村综合性改革试点试验工作,争取中央试点试验资金2750万元,确定洪林镇10个村、杨柳3个村作为试点试验村,试点试验区面积大约200平方公里,涉及人口5.55万余人。

【民生工程】投入各类资金74.5亿元,其中财政投入51.2亿元,33项民生工程年度目标任务全面完成。

【干部队伍建设】选拔任用科级干部1批次3人;对试用期满的6名科级干部进行转正考核,交流轮岗干部4人。举办财政系统干部能力素质提升班2期,选派40多名干部参加组织部门和省财政厅举办的培训。按照党管干部原则选配企业领导,参照《党政领导干部选拔任用工作条例》规定,完成市国投公司和市工投公司2企业党委组成人员和市属国企董事会、经理层领导班子的调整充实工作。

【党的建设】组织召开党组会议21次,研究党建工作12次、意识形态工作3次。印发年度党建工作要点,召开党的建设暨党风廉政建设工作会议1次、国企党建工作座谈会2次,党组书记带队深入县市区、乡镇及企业调研党建工作5次。围绕"不忘初心、牢记使命"主题,扎实开展"讲严立"专题警示教育和"对标沪苏浙,争当排头兵"学习讨论。党组理论学习中心组学习会17次,党员干部集中学习28次,举办2期科级及以下干部党的十九大精神集中轮训班,在机关党员干部中开展"学理论强武装、学业务增本领"学习练兵活动9场次,教育引导全体党员干部坚定"四个自信"。直属机关党委下属5个党支部期满按时换届,同盛会计师事务所党支部被省注册会计师协会党委评为“2015—2017 年先进基层党组织”。

【党风廉政建设】贯彻落实《关于新形势下党内政治生活的若干准则》,严肃认真开展党内政治生活,全年召开“讲严立”等专题民主生活会 2 次,扎实开展批评与自我批评。深入开展“讲政治、严纪律、立政德”专题警示教育,开展作风督查 10 余次。开展生态文明建设和党员干部职工酒驾赌博等突出问题专项整治、形式主义官僚主义问题大排查大调研、违规经商办企业问题专项清理“回头看”等活动。牵头落实省委巡视反馈问题整改事项 6 项。会同市审计局、市人社局组织开展设立“小金库”和滥发津贴补贴整治“回头看”,牵头开展市直单位二级机构财务管理专项整治,以市政府办名义印发《进一步严肃财经纪律加强财务管理的通知》。在局机关内部开展“岗位权利行使风险防控”排查和“廉政风险防控工作流程图”修订,建立《市本级财政性资金存放管理办法》。

(程佳晨)

郎溪县财政工作概述

【概况】2018 年,全县财政总收入完成 453899 万元,占年度任务的 107.8%,比上年决算增长 26.4%。

【收支管理】公共财政预算收入完成 276600 万元,占年度任务的 100.1%;增收 20705 万元,增长 8.1%。其中:税收收入完成 208000 万元,增长 8.4%,占公共财政预算收入的 75.2%;非税收入完成 68600 万元,增长 7.1%,占公共财政预算收入的 24.8%。公共财政预算支出完成 341508 万元,占年度预算的 99.9%,增长 8.4%。其中,财政民生支出 304195 万元,占比为 88.3%。

【持续深化预算管理改革】修订完善县乡财政管理体制,明确乡镇引进项目入园税收分成办法。全面推进预算绩效管理改革,推行绩效目标管理,2018 年,省政府对 2017 年财政管理综合绩效工作进行通报表扬,本县获得全省第 14 名、全国 74 名的好成绩,获财政部奖励资金 500 万元。

【加大资金整合统筹】进一步盘活财政存量资金。2018 年整合各类存量资金 11739 万元,有效提高财政资金使用效益。

【实施国库支付电子化改革】7 月全面上线运行。进一步加强国库集中支付动态监控,升级动态监控软件,完善动态监控规则。

【扎实推进预算信息公开】细化公开内容,拓展公开领域,提高公开质量和实效。

【财力保障脱贫攻坚】将新增财力 10% 增列专项扶贫资金预算,对清理收回的财政存量资金可统筹使用部分,确保 50% 以上比例用于脱贫攻坚。2018 年,县本级安排拨付财政专项扶贫资金 1720 万元,同比增长 3 倍。

【加强扶贫资金监管】通过按季督查和不定期检查等方式,会同扶贫办等部门深入 28 个贫困村开展检查 27 次,涉及扶贫资金总量 3000 余万元,重点督查扶贫项目实施和资金使用管理情况。

【扎实推进资产收益扶贫工作】本县 28 个贫困村全部开展资产收益扶贫工作,实现“贫困村及其贫困户”资产收益分红全覆盖。贫困户户均增收 347 元、人均增收 148 元。

【财政保障环境保护】安排秸秆禁烧专项经费 6000 万元、环保督查经费 7000 万元、污水污泥处理费 2954 万元、农村“五整洁”专项行动资金 2500 万元,支持环保整改及生态环境改善。

【做好隐性债务化解】一般预算安排拨付 5362 万元用于化解隐性债务,争取省债券资金 1224 万元用于公立医院债务化解。同时从土地出让金安排部分资金用于化债。

【认真实施省定 33 项民生工程】2018 年度投入民生工程财政资金 5.9 亿元,其中县级配套资金 1.7 亿元。资金拨付率 100%。

【稳步推进农村综合改革】组织实施“一事一议”项目 81 个,总投资 1212 万元,其中财政奖补资金 902 万元。严格落实惠农补贴政策。2018 年 1—12 月全年累计打卡发放财政补贴农民资金 1.7585 亿元,保障党的惠民政策及时落实到位。

【积极推进农业综合开发】2018 年实施高标准农田建设项目 9300 亩,投入财政资金 1386 万元。实施小流域治理项目 5100 亩,投入财政资金 553 万元。

【谋划争取项目】全县获批到位项目 130 个,到位财政性资金 9.8 亿元。其中:企业扶持及补助类项目 86 个、到位财政性资金 5.3 亿元。

【主动服务企业】开展“四送一服”双千工程,及时兑现财政扶持资金 1.8 亿元,支持企业进行技术改造和新产品研发,促进企业发展壮大,推动县域经济发展。

【争取债券】争取省转贷地方政府新增债券资金24466万元,用于棚户区改造、农业基础设施建设、公立医院化债、土地储备等。争取省转贷地方政府置换债券资金55381万元。拨付县开发区资金5000万元,用于设立支持产业投资基金,全力为县域经济发展注入新动力、激发新活力。

(杨阳)

宁国市财政工作概述

【概况】全市财政收入完成48.14亿元,增收3.19亿元,增长7.1%。其中,地方财政收入完成30.41亿元,较上年增收1.54亿元,增长5.3%,占财政收入的比重为63.17%。全市财政支出完成43.83亿元,增长4.2%。其中,财政民生支出完成37.48亿元,占财政支出的比重达85.5%。

【财政收支管理】强化综合治税和收入预期管理,依法加强征管,挖掘增收潜力,全面完成年初人代会确定的年度收入预期目标。积极配合国税地税征管体制改革。严控预算追加,保障重点项目支出,优化财政支出结构,压缩一般性支出,全年"三公"经费同比下降0.87%。

【深化预算改革】精准部门综合预算,编制三年滚动财政规划,坚持"开门办预算",逐年扩大预算评审范围,加强预决算公开,打造阳光财政。试编2019年国有资本经营预算,完善本市四本预算编制体系。根据《宁国市财政存量资金收回管理办法》,积极盘活财政存量资金。结余资金以及连续两年未用完的结转资金按规定收回财政统筹使用。

【保障民生工程实施】全年累计投入资金99600万元,全面完成省定33项民生工程。市财政本级预算安排建后管养资金1600余万元,对已建民生工程实行分类管养。发放农村低保金3334万元、特困人员供养生活救助经费1709万元、孤儿及事实无人抚养儿童生活费149万元、残疾人生活补贴及救助资金490万元,开展社会救助122人次,实施医疗救助15564人次,实施城乡困难群体法律援助案件597件,义务教育经费足额保障。支付城乡居民基本医疗保险项目资金19500万元,发放城乡居民基本养老金9757万元,技工大省技能培训工程和就业扶持工程全面完成年度目标任务。

【服务经济社会发展】全年为企业减免税费约22000万元,修改完善本市扶持产业发展"1+1+5+X"政策体系,兑现各类财政奖扶资金3.5亿元。全力支持民营经济发展,共拨付省民营经济发展专项扶持资金1170万元。组建宁国中安创业投资基金等投资公司,对云塔电子、天行健等14家企业进行股权投资达16000万元。指导企业向上争取"制造强省""三重一创""重大专项"等项目资金19000万元,加快企业创新发展、转型升级。

【积极参与PPP项目建设】做好财政承受能力论证和项目入库工作,坚守财政支出底线。本市已实施9个PPP项目,其中,"城北新城综合开发""安材党校迁扩建及配套路网"项目分获财政部第三批和第四批示范项目。

【助力乡村振兴】投入资金2437万元,启动6个省级中心村建设和17个市县自主中心村建设。投入资金2420万元,全面推进农村环境"三大革命",大力开展农村环境卫生综合整治,完成户农村改厕3386户。实施农业综合开发项目8个,争取补助资金4000余万元,兑付农业企业发展资金600余万元。持续开展"一事一议"财政奖补,全年累计投入资金1224万元,建设项目75个。积极开展扶持村级集体经济发展试点工作,获得并配套资金1000余万元,惠及20个村。全面落实惠民补贴政策,年发放28项惠民补贴共计13000余万元。

【国有企业改革管理】出台《宁国市市属国有企业改革转型方案》,在全省县级率先启动市属国有企业改革转型工作,制定《企业国有资产监督管理实施细则》等一系列规章制度,实施国有企业负责人业绩考核制度、外派监事制度,搭建完成国资监管信息平台,进一步规范国有企业管理。市国投、建投等四家国有企业转型成为业务独立、运作有序的市场主体。

【债务管理】严格执行政府债务限额控制和预算管理,加强债务数据动态监测,坚守两个10%指标不突破。根据上级部署,做好隐性债务清理化解工作,发行政府置换债券49694万元,完成本市存量政府债务置换。

【推进国库支付电子化改革】签订电子化管理协议,6月顺利完成电子化上线业务,率先完成宣城市(县市区)国库集中支付电子化改革工作。新版动态监控系统9月正式上线运行,纳入监控资金301085万元,监控单位171个。2018年度累计办理支付业务94780笔,支付资金713181万元。

【政府采购管理】严格执行《政府采购法》《政府采购法实施条例》和《政府招投标法》,认真履行采购管理职责,审核采购项目资金来源,确定采购方式,下达采购计划。全年采购预算163082.57万元,资金性质均为财政性资金,实际采购金额138243.66万元,节约资金24838.91万元,节约率为15.23%。

【财政监督管理】健全绩效评价制度,利用"第三方"专业机构,对新增债券、核心基础零部件产业集聚发展基地专项资金、再就业资金、惠农补贴资金等21个项目20个部门开展绩效评价,评价金额达6亿元,确保财政资金使用绩效。

【党风廉政建设】深入推进"两学一做"学习教育常态化制度化,落实"三会一课"、民主评议和党员党性定期分析等制度。全年开展中心组学习12次,完成6个标准化党支部的巩固提升、提档进位工作和2个国有企业党支部标准化建设验收。新设1个党员远教电教站点。以"党建领航国企事业新发展"为主题打造党建工作品牌。签订党风廉政建设责任书,实行警示教育活动常态化,开展"六个一"警示教育周活动。召开"讲严立"专题民主生活会,认真查摆问题并制定整改措施。扎实开展"微权力"治理工作,建立13项"微权力"清单,排查出高中低风险点26个,制定对应的防控措施,优化工作流程22项,规范各项规章制度23项,做到"按流程办事,按规矩用权"。

【干部队伍建设】局领导班子充实1名成员,向组织推荐提拔3名副科级干部,交流轮岗干部13人;新发展党员4名。联合市委党校举办为期5天的学习党的十九大精神专题培训班。完成局工会的换届选举工作,开展党的十九大知识竞赛和文艺汇演、组织参加三八工间操比赛、全民健身运动会等活动,展现财政干部风采,激发干部职工干事创业激情,汇聚最强正能量。

(余红艳)

泾县财政工作概述

【概况】2018年,全县财政总收入完成21.64亿元,增收1.43亿元,增幅7.1%。其中,地方一般公共预算收入完成14.62亿元,增收1.59亿元,增幅12.2%。全县一般公共预算支出完成29.65亿元,增支1.40亿元,增长5.0%,占调整预算的106%。其中,八项支出累计完成26.37亿元,占公共财政预算支出的88.9%,增长6.5%。

【保障重点支出】财政支出在保工资、保运转、保民生的基础上,对本县脱贫攻坚以及"五大会战"(工业提速大会战、旅游提质大会战、城市提品大会战、交通建设大会战、乡村振兴大会战)等重点工作支出实现应保尽保、不留缺口。严格控制"三公"经费支出,2018年全县"三公"经费支出1990万元,同比下降3.5%。安排财政专项扶贫资金5640万元,其中上级财政下达2640万元、县财政安排3000万元,全部用于脱贫攻坚工作。累计盘活财政存量资金3526万元,解决一些部门专项转移支付和工作经费多年来长期滞留在专户、部门的现象,提高资金使用效益。

【政府债务管理】开展全县债务清理及隐性债务认定工作,制定《泾县隐性债务清理实施方案》,根据省市隐性债务认定口径,对本县隐性债务甄别认定,编制《泾县人民政府隐性债务化解方案》,积极化解隐性债务。

【县乡财政体制改革】印发《泾县调整乡镇财政管理体制实施意见》,实行"核定收支、收支挂钩、超收奖励、欠收扣补、分类实施"的财政体制。配套出台《关于加强乡镇(开发区)财政收入统计的通知》及《县乡往来资金调度管理办法》,加强乡镇支出管理,完善乡镇政府债务管理制度。

【国库集中支付改革】财政国库支付电子化管理系统于6月初上线使用,运行稳定。8月份开始实行乡镇财政授权支付业务。出台《关于进一步规范经济建设类专项资金支付管理的通知》,从9月起逐步取消报账制,实行国库集中支付管理。废止备用金制度,推进县乡公务卡制度,预算单位累计办理公务卡2799张,全年消费4424笔750万元。

【推动县属国有公司改革转型】确定6家试点企业(宣纸股份公司、国投公司、城镇化公司、县担保公司、印象皖南公司、县开发区投资公司),拟制《泾县企业国有资产监督管理暂行办法》《泾县深化国有企业改革转型方案》等系列文件。积极探索国企负责人薪酬制度改革,印发《关于深化县属部分国有企业负责人薪酬制度改革试点的实施意见》。

【严把政府采购过程监管】推进"徽采商城"采购方式,力求达到节约采购成本、提高采购效率效果。

严格准确把握政策，及时办理政府采购计划审批。规范政府采购信息公开工作，实行对采购过程的全程监管。

【强化非税收入监管】深入挖掘增收潜力，对行政事业单位房屋、土地等国有资产出租出借收入进行专项检查。全年完成非税收入6.22亿元。清理历年其他非税收入和代管资金结存情况，缴入国库资金2539万元。

【民生工程实施】2018年，本县继续实施33项民生工程，累计投入资金7.92亿元，其中县级配套2.78亿元全额列入财政预算并落实到位。制定完善民生工程奖惩考核制度和监督检查工作机制，补贴类项目按时足额打卡发放，建设类项目有序推进，确保按时序进度建设完成。圆满完成财政局牵头承担的资产收益扶贫、政策性农业保险两项民生工程项目。及时调度拨付资金，配合做好扬子鳄自然保护区整改和非洲猪瘟防控工作。

【开展财政监督检查】运用日常监督、专项检查等财政监督方式，开展预算管理、扶贫资金、水库移民资金、政策性农业保险资金、革命老区项目资金、津补贴发放和"小金库"治理、基层所内控建设等监督检查。根据省财政厅党组要求，对茂林镇财政所开展财政所巡察试点，提出明确整改意见，强化督查整改。

【服务农村发展】推进农村综合改革工作，实施完成村级公益事业建设一事一议财政奖补项目83个，总投资1378万元；争取500万元，推进5个村实施国家扶持村级集体经济发展试点工作；争取60万元，推进国有景星林场林区道路建设项目。推进2018年革命老区项目建设，争取项目资金1999万元，实施泾县月亮湾大桥（章渡大桥）及连接线工程等12个革命老区项目。

【农业综合开发】持续推进农业综合开发项目，完成2015—2017年6个土地治理项目及产业化发展贷款贴息项目建设，编制2018—2020年农业综合开发扶持重点特色产业规划。

【服务经济发展】安排工业企业奖励资金7255万元；落实再生资源企业发展扶持政策，兑现10户再生资源生产企业2017年度清算资金2161万元；兑现2018年扶持资金4656万元。认真落实财源建设奖扶政策，依法依规审核办理财源建设兑现扶持资金。积极开展工业大会战"走帮服"和"四送一服"双千工程等活动，帮助联系企业解决实际困难。安排文化旅游发展资金2000万元、旅游提质大会战指挥部工作经费150万元等资金，持续加大对创建国家全域旅游示范县、旅游景点基础设施等资金投入。及时安排资金，有力支持春节文化周、油菜花马拉松赛、桃花潭龙舟赛、自行车赛等文化旅游节赛活动。一般公共预算安排城乡社区支出5133万元，其中城市提品大会战指挥部工作经费150万元、城市老旧小区整治改造600万元等；基金预算安排市政建设支出8102万元。加大基建项目管理，加快资金支出进度，核付基建类工程款4.67亿元。泾县生态文明提升基础设施建设PPP项目工程有序推进。发挥国投公司职能，完成国投公司9.5亿元的企业债券发行工作，用于高铁站前广场及泾县客运枢纽、棚户区改造等建设。一般公共预算安排交通运输支出3673万元，其中交通建设大会战指挥部工作经费150万元、老村道改造1102万元、撤并村道路硬化1000万元、农村公路日常养护434万元等；基金预算安排交通建设支出7183万元。美丽公路建设投入600万元。

【落实省委巡视整改任务】财政局党组高度重视巡视整改工作，成立工作领导小组、制定工作方案，多次召开党组会议、调度会议，研究落实各项整改工作。对能够立即整改落实的，即知即改、立行力改；对突出问题需要进行专项治理的，明确责任、限定时限，集中开展专项整治。梳理查摆意识形态、作风建设等共性问题，制定有针对性的整改措施。修订完善《关于深入推进公务卡改革、切实加强预算单位现金管理的通知》《财政局机关考勤管理办法》等一系列规章制度，以制度管人管权管事，巩固整改工作成果，促进财政工作水平和干部队伍建设再上新台阶。

【开展各类活动】学习宣传贯彻习近平新时代中国特色主义思想和党的十九大以及十九届二中、三中全会精神，开展"两学一做"学习教育常态化制度化和"干部作风建设年"活动，开展党风廉政教育和"讲严立"专题警示教育，开展文明创建、志愿服务、创建省级卫生县城和扶贫走访帮扶等各类活动。县财政局获得县直单位目标管理考核优秀单位，获得县平安单位、综治先进单位、园林单位等荣誉称号，还有多项财政单项工作和多位个人赢得省、市财政部门表彰。

（宋玲）

绩溪县财政工作概述

【概况】2018 年,县财政局深入贯彻落实习近平新时代中国特色社会主义思想,以新发展理念为统领,围绕县委县政府"四年并进、四城同创"工作部署和新时代财政工作要求,对标沪苏浙、争当排头兵,开拓创新、狠抓落实,较好完成各项财政工作。完成财政总收入 11.56 亿元,占年度预算数 11.42 亿元的 101.2%,同比增长 8.7%。其中地方财政收入完成 8.12 亿元,增长 7%,占财政收入的比重为 70.2%;上划中央收入 3.44 亿元,增长 12.9%。完成财政总支出 15.4 亿元,同比下降 8.4%。其中财政民生支出完成 11.88 亿元,占财政支出的比重为 85.04%。

【加强征收管理】科学谋划、密切跟踪,将年初人代会通过的收入目标分解到财税部门、园区及各个乡镇,健全收入监控、分析、预测动态机制;定期调研重点税种、重点企业、重点项目的征收情况,开展税务稽查和欠税清理。税收收入完成 8.16 亿元,较上年提高 4.6 个百分点,税收占比连续五年逐步提高。

【服务经济发展】落实各类减税降费政策,办理企业退税和减免税收 1.67 亿元。支持民营经济发展,加强产业扶持,兑现现代农业、新型工业、文化旅游业、电子商务、资源再利用企业等各类奖补 1 亿元;"4321"新型政银担、税融通业务为企业提供担保金额 1.1 亿元。加大向上争取政策、项目、资金力度,申报落实新安江流域生态补偿、棚户区改造、农村公路建设、农村饮水、水利薄弱环节治理、水库移民后期扶持等各类项目补助资金 1.9 亿元。积极运用 PPP 模式,本县共有 5 个 PPP 项目,总投资额度为 15.59 亿元。争取地方新增政府债券 25484 万元,置换债券 14096 万元,保障政府重点项目建设。

【财政民生保障】加大财政支持民生工作力度,全年民生支出 13.1 亿元。扎实开展省定 33 项民生工程,共安排民生工程资金 6 亿元,较上年提高 24%,其中县级配套 1.1 亿元;统筹各类资金 3000 余万元,保障政府 10 件民生实事实施。加大社会事业投入,安排 1611 万元用于城乡义务教育公用经费保障、义务教育学校"全面改薄"计划、中职和普通高中家庭经济困难学生资助、学前教育促进工程等;安排 391 万元推进县级文化馆、图书馆、博物馆和乡镇文化站免费开放;拨付 950 万元支持农民工、就业困难群体、高校毕业生等就业创业;安排 1671 万元支持棚户区项目建设,筹集资金 330 万元用于城市老旧小区整治;拨付 1371 万元完善公共卫生服务体系建设。加强生态文明建设,环保投入资金 1.6 亿元。

【支持脱贫攻坚】投入财政扶贫专项资金 2579 万元,其中县级配套 1069 万元。建立扶贫资金动态监控平台,将各级各类扶贫资金录入系统,强化扶贫资金绩效管理。开展资产收益扶贫工程,完成 11 个贫困村总投资 473 万元的资产收益扶贫项目,带动贫困村村均增收 2.18 万元,贫困户人均增收 145 元。推进扶贫"双包"工作,支持 3 名财政干部履行驻村帮扶职责;63 名财政干部直接帮扶 95 户贫困户,全年走访 850 余人次;加大对包保村逍遥村的帮扶力度,在项目、资金安排上给予倾斜,帮助加强基础设施建设。

【乡村振兴战略】设立 400 万元农业产业发展专项资金,支持茶叶、中药材、徽菜原材料等特色农业产业发展。在全市率先完成惠农补贴"一卡通"系统部门拓展应用,发放财政补贴惠农补贴资金 17 批次、8688 万元,受益农户 4.7 万户。总投资 966 万元的长安镇高标准农田建设项目和总投资 560 万元的扬溪镇生态综合治理项目进展顺利,即将完成主体工程。支持美丽乡村建设,安排美丽乡村建设资金 1536 万元,建成 4 个省级美丽乡村中心村;加大涉农资金整合力度,共整合涉农资金 1.44 亿元,推进农村"三大革命"。组织实施"一事一议"财政奖补项目 79 个,投入资金 606 万元,筹资人数 5.6 万人,群众参与面达 85%,项目受益群众 5.7 万人。投入 175 万元用于电商乡村振兴工程。

【推进财政改革】加强乡镇财政体制改革,制定进一步完善乡镇财政管理体制意见、乡镇财政建设实施细则、乡镇财政资金监管办法,建立乡镇财政财务互查互审、乡镇财政资金监管和惠农补贴资金管理发放检查督查制度;加强乡镇财政支农惠农政策培训交流,全年培训 460 人次。完成国库集中支付改革,开展县乡两级国库集中支付及电子化支付改革,制定国库集中支付改革实施方案,印发财政国库集中支付资金、现金管理办法以及财政性资金国库集中支付方式目录等 8 个配套文件,推动国库授权支付和电子化支付改革进程,规范县乡国库支付管理的业务流程和账务处理。

【规范财政管理】完善预算管理,科学编制财政收支预算，启动三年中期财政规划编制，建立政府综合财务报告制度，编制2017年度权责发生制政府综合财务报告，完成预决算和“三公经费”信息公开工作。加强财政监督和绩效管理，制定行政事业单位财务管理办法，规范行政事业单位内部控制制度；举办《政府会计制度》业务培训，保障新会计制度全面实施；开展“小金库”违规发放津补贴、财务管理不规范专项整治工作；开展会计监督检查工作；开展政府新增债券、置换债券资金检查以及预决算公开情况检查。加强政府采购管理，共审批货物和服务类政府采购计划740次，采购预算金额9499万元，实际采购金额8540万元，节支率达10.09%。

【机关效能建设】举办财政系统党的十九大精神培训班，组织开展“讲忠诚、严纪律、立政德”专题警示教育，“对标沪苏浙、争当排头兵”主题学习，“形式主义、官僚主义问题自查自纠”，“移风易俗、弘扬时代新风”等活动；落实意识形态工作责任，加强局微信、微博等网络使用安全；推进党风廉政建设和政风行风巡查，开展财政扶贫领域腐败和作风问题专项治理；严格执行差旅费、公务接待、公车使用、维修及定点停放等管理制度。

（叶燕红）

旌德县财政工作概述

【收支预算管理】2018年财政收入完成84684万元，完成年初预算的100.5%，同比增收6353万元，增长8.1%，一般公共预算收入完成60660万元，完成年初预算的104.6%，同比增收4405万元，增长7.8%；一般公共预算支出完成146273万元，占调整预算的99.2%。同比增支3567万元，增长2.5%。其中：其中：财政民生支出完成124397万元，占总支出比重85%，占调整预算99.8%。

【助推社会事业发展】2018年全县民生工程投入各类资金6.77亿元，其中：中央及省级财政资金1.9亿元，县级财政资金1.04亿元，其他资金3.83亿元。33项民生工程全部完成年度目标任务；全县2018年度共安排14个项目15个村开展扶持村级集体经济试点工作，项目总投资1638.5万元，其中省级财政综改资金880万元。为支持农村“三变”改革，不断壮大村级集体经济，2018年预算安排年度专项资金1000万元；有效促进就业工作，充分发挥资金效益。完善并完成小额担保贷款“整贷直发”工作，全年发放小额担保贷款资金1370万元；全面完成2018年度农业综合开发项目任务。

【加强国库管理】全面推行国库集中支付改革，制定《关于完善国库集中支付运行机制的实施意见》。制定出台《关于全面推进旌德县财政国库集中支付电子化管理改革的通知》《关于印发旌德县财政国库集中支付资金支付方式目录的通知》等12个配套文件。

【债务管理】深入学习贯彻党的十九大精神，切实防范化解地方政府债务风险，进一步规范政府举债行为，本县制发《关于进一步防范化解政府性债务风险的意见》（旌发〔2018〕21号）、《关于进一步加强政府性债务管理的通知》（政办〔2019〕3号）文件。地方政府债务规模实行限额管理，举债不得突破批准的限额。2018年经省政府批准本县政府债务限额为138060万元，比上年新增债务限额为11649万元。同时本县对地方政府债务中的一般债务和专项债务分别纳入一般公共预算和政府性基金预算管理。

【国有公司改革】县属国有公司改革转型工作有序推进，完成资产资源整合和财务审计工作。按干部管理权限配齐国有公司领导班子，公司法人治理结构和组织架构建设基本完成。出台国有公司负责人经营业绩考核及薪酬管理办法。成立两个国有公司党支部和一个联合党支部。

【省委巡视整改】7月5日至9月6日，省委第八巡视组对本县进行巡视。10月12日，省委巡视组向本县反馈巡视意见。经过三个月的集中整改财政局三项整改任务完成两项，基本完成一项。财政局根据《关于对财政专项资金开展检查的通知》（财监〔2019〕27号）文件，认真抓好专项资金检查的组织实施，确保检查取得实效，圆满完成省委巡视组要求。

【康养体系】推进农村康养体系建设是一项关系民生福祉的重大系统工程，2018年本县康养体系建设逐步推进。农村“医疗”“养老”“康复”“健身”“扶贫”一体化的康养体系建设初显雏形，全年县级安排近2000万元用于建设。

【城市建设】入库PPP项目4个，投资额8.78亿元。其中高铁新区基础设施一期PPP项目，总投资3.53亿元，项目处于执行阶段；宣砚小镇文创中心综合体PPP项目，总投1.6亿元；旌德县县域乡镇污水处理设施及配套污水管网 PPP 项目,总投资 1.32 亿元,项目社会资本采购已完成;宣城旅游学校迁址新建 PPP 项目,总投资 2.33 亿元,项目已完成社会资本采购,2018 年 12 月 28 日举行项目开工仪式。

【一事一议】2018 年度全县实施一事一议财政奖补项目 56 个,项目总投资 663.8 万元,其中农民自筹资金 41.8 万元,其他资金 70.1 万元,财政奖补资金 551.9 万元,受益人口 9.5 万人。

【脱贫攻坚】2018 年县级财政预算安排扶贫专项资金 690 万元。各级共安排财政专项扶贫资金 1719.29 万元。建立健全专项扶贫资金督查制度,开展 2018 年度贫困户护林员工资发放督查、2016—2017 年度扶贫专项资金大排查、资产收益扶贫项目资金督查等。成立资产收益扶贫领导小组,建立资产收益扶贫工作机制。2018 年安排 300 万元专项扶贫资金(省级 240 万元,市县级 60 万元)用于贫困村资产收益扶贫项目,完成首批分红。

【政府采购】2018 年,全县政府采购共 1053 笔,规模预算达到 45785.43 万元,实际采购资金 40475.96万元,节约资金 5309.48 万元,资金节约率为 11.6%。其中:徽采商城采购共 619 笔,实际采购资金 431.42 万元。

【党风廉政建设】2018 年全年专题研究党建工作 5 次、党风廉政建设工作 3 次、意识形态工作 2 次。扎实推进“两学一做”学习教育常态化制度化和“讲严立”专题教育、专题警示教育,党员干部集中学习 40 次,开展专题党课 7 场、专题研讨 4 次。开展基层党组织标准化建设,机关党委和 3 个党支部通过验收。

(吴海军)

宣州区财政工作概述

【概况】2018 年,全区财政收入完成 42.46 亿元,完成人代会确定的财政收入目标 101.9%,同比增长 8.6%,其中:地方一般公共预算收入完成 26.78 亿元。分部门完成情况:税务部门完成 34.85 亿元,财政部门完成 7.61 亿元。全区一般公共预算支出完成 51.2 亿元(含上级转移支付资金安排支出),同比增长 5.4%。其中,民生支出完成 45.47 亿元,占一般公共预算支出的比重为 88.8%。

【预算管理】制定《宣州区区级预算管理暂行办法》,进一步规范预算编制、执行和监督,不断增强预算的严肃性,在年度预算执行中,严格控制预算追加。出台《宣州区财政国库支付电子化管理暂行办法》,电子化管理平台于 6 月 4 日在全市率先上线运行,建立起“横向到边、纵向到底”的国库集中支付制度,不断加强对预算执行情况事前、事中、事后的动态监控,实现申报计划、资金支付、银行清算全部通过网络传递,确保财政资金安全、高效运行。

【财政改革】统筹整合资金 1.26 亿元,支持国家级农村综合改革试点试验。依托洪林国家农业科技园区和杨柳宣城现代功能农业科创园两大平台,引导洪林镇、杨柳镇 13 个村大力发展现代农业、高效农业,坚持因势利导与鼓励扶持并重,积极培育现代农业经营主体,发挥经营主体示范效应,通过持续深化村级集体经济发展、完善乡村治理、乡村生态文明发展、农民持续增收“四大机制”,带动农民增收致富。深化国资国企改革,加快区属国有公司改革转型步伐。出台《宣州区区属国有公司改革转型方案》和《宣州区关于深化区属国有企业负责人薪酬制度改革的实施意见》,推动区属国有公司从融资平台向实体经济转变。建立健全现代企业制度,不断增强国有经济活力和抗风险能力,促进国有资产保值增值。

【财政民生保障】本区民生工程总投入资金 20.54亿元;其中,区级配套资金 4.9 亿元,同比增长 1.1 亿元,增幅达 28.95%。农村道路畅通工程完成 167.45 公里,县乡公路大中修工程完成 29 公里;危房改造完成 1014 户;建成 15 处农村饮水安全工程,解决 3000 人的饮水安全问题;农村改厕竣工 17709 户,竣工率 147.58%;新建、改扩建 4 所公办幼儿园;完成校舍维修改造项目 35 个;新建乡镇农产品安全快检系统 4 套,农产品质量安全认证 17 家;建成 4 个乡镇食品检验室、2 个大型批发市场食品快检室;建成秸秆机械化还田示范片 1 处,秸秆沼气集中供气工程完工;棚户区改造新开工 4267 套,基本建成 8072 套;完成 6 个老旧小区的整治改造任务;水利薄弱环节治理三年行动项目完成年度投资和建设任务;8 个省级中心村正加快建设。健康脱贫兜底“351”工程累计保障 3376 人次,发放保障资金 299.14 万元;“180”工程累计保障 21998 人次;家庭医生签约服务 24.15 万人;发放贫困精神残疾人药费补助 105 万元,残疾儿童抢救性康复完成 83 人;受理城乡困难群体法律援助案件 1091 件;政策性农业保险中,种植业承保60.25万亩，养殖业承保4664头，理赔金额达1770.9万元；完成技能脱贫培训224人、企业新录用人员岗前技能培训2753人、新技工系统培养190人、退役士兵培训258人、新型职业农民培训390人；义务教育公用经费累计拨付5155.8万元，发放贫困寄宿生生活补助316.48万元；开展农村文化活动194场，农村电影放映2328场；电商振兴乡村提升工程中，建成县级电商公共服务中心1个、县级电商物流配送中心1个、乡村电商服务站点163个；党建引领扶贫工程、资产收益扶贫工程、困难人员救助工程、城乡居民基本医疗保险及大病保险等项目完成年度任务。规范、完善民生工程建后管养，修订完善工程类项目管护办法，预算安排民生工程建后管养资金4288.3万元，同比增长12%。

【支持脱贫攻坚】投入财政扶贫资金总额5721.4995万元，其中，区本级预算安排2486万元(专项扶贫资金预算增列338万元，占收入增量的10.2%；2018年宣州区当年地方财政收入增量3327万元)。存量资金收回统筹用于脱贫攻坚988.2995万元(清理收回可统筹财政存量资金1511.33万元中，占比65.39%)。修订财政专项扶贫资金管理办法，将原报账制修改为国库集中支付制度，将资金通过国库集中支付系统直接下达到各乡镇办或主管部门。

【支持民营经济发展】兑现财政扶持资金5亿元，其中，再生资源企业奖补2.1亿元，城镇土地使用税财政奖补1.1亿元，产业发展扶持、工业政策性财政奖补资金1.5亿元，其他财政奖补0.3亿元。全区政策性减税达1.7亿元，不断减轻企业负担。通过加大"4321"新型政银担贷款力度，为全区214户中小企业提供担保贷款340笔，金额达14.5亿元，有效缓解中小企业融资压力。

【支持乡村振兴战略】投入及整合各类资金9.49亿元，其中：整合资金3.4亿元，实施双桥联圩防洪治理、东门渡闸重建等重点水利工程，持续推进水利薄弱环节治理，强化农村水利基础设施建设；统筹资金1.88亿元，开展"四好农村路"示范路工程、农村道路畅通工程和农村公路生命安全防护工程建设，提升农村道路安全通行水平。投入资金0.33亿元，推进一事一议财政奖补项目建设，有效改善农村基本生产生活条件；2018年实施农业综合开发项目128个，共投入财政资金0.48亿元；加大政策性农业保险承保和理赔力度，全年种植业承保60.15万亩、森林承保96.4万亩、养殖业承保3468头，财政支付保费0.27亿元，实现理赔0.2亿元，进一步满足广大农户多层次、差异化保险需求，推动农业保险"扩面、增品、提标"，支持农业产业发展；全面落实惠农补贴政策，累计发放惠农补贴28项，121批次，补贴农户30.28万户(次)，补贴总金额达3.13亿元，为农户生产生活提供有力保障。

【支持社会事业发展】积极保障基本公共教育支出，安排教育项目经费2.2亿元，支持扩大学前教育建设，全面改善义务教育薄弱学校办学条件，落实困难学生资助、国家生均经费拨款等政策；加大社会保障投入，全年支出3亿元，其中：发放城乡居民基本养老保险资金1.8亿元、农村低保0.74亿元、五保供养0.31亿元，提高城乡居民养老保险补贴标准，落实困难群体资助参合参保代缴费政策，不断提升社会保障水平；重点保障基本医疗卫生投入，全年支出5.2亿元，其中：落实基层医疗卫生机构财政补助资金0.73亿元、新农合补助3.15亿元、城镇居民医疗保险0.45亿元，进一步推进医药卫生体制综合改革，基本医疗和公共卫生服务均等化水平不断提高；持续增加生态文明支出，安排项目建设资金0.7亿元，支持美丽乡村建设，改善农村人居环境，一体化推进农村厕所、垃圾、污水专项整治"三大革命"。

(阮凯)

铜陵市财政工作综述

铜陵市财政工作概述

【概况】2018年,全市财政收入完成180.5亿元,增长7.6%;全市财政支出完成152.2亿元,增长4.3%。财政绩效管理获得国务院通报表彰和激励支持;民生工程考核位居全省第一档次,并获得省绩效奖补;债务管理考核连续两年位居全省第一档次;建立运用涉企资金黑名单制度受到省财政厅通报表扬;财政绩效管理、会计管理、信息化建设等工作在全省作交流发言;连续六年均有科长获评全市“满意科长”称号;财政支持绿色转型发展、涉企资金改革、国资国企党建等工作获《中国财经报》《决策》《国企管理》等媒体专题报道。

【收入质量提升】坚持依法组织收入,强化预期管理,推进联合办税,建立“日跟踪、周会商、旬调度、月通报”工作机制。全市税收收入完成156.7亿元,占财政收入比重为87%,比上年提高5个百分点以上。

【增收渠道拓宽】树牢“全市一盘棋”意识,发挥财政“帮、带”作用,吃透政策、优化项目、强化联动,全年共争取上级转移支付资金超过63亿元。推进涉税平台建设,建立长效机制,构建税收共治格局,查补入库税款1.5亿元以上。统筹管理各类政府性资金,市本级实现保值增值收益超过2亿元。

【支出结构优化】树立“过紧日子”的思想,突出重点、倾力民生,严控一般性支出,民生支出占比超82%,“三公经费”支出下降3.4%。高标准推进民生工作,累计投入25亿元支持38项民生工程建设。

【债务风险防控有效】开展全口径债务清理排查,摸清债务底数。累计置换政府债务161.6亿元,提前置换42.8亿元,争取新增债券93亿元,优化债务结构,年节约利息近10亿元。制定隐性债务化解方案,落实偿债责任,确保按时化解,有效防范区域性债务风险。同时,积极运用PPP模式防范化解政府债务风险,新增入库PPP项目12个。

【脱贫攻坚支持有力】严格落实专项扶贫资金稳定增长机制,高于省要求5个百分点标准增列,全力支持扶贫开发“重精准、补短板、促攻坚”专项整改行动十项举措,本级财政累计投入1.3亿元,确保扶贫投入同脱贫攻坚目标任务相适应。

【污染防治保障有力】坚持“生态优先、绿色发展”,投入绿色发展基金3亿元,争取省级资金9600万元,投入市级资金8100万元,全力支持环境污染突出问题整治和河长制、林长制、湖长制等工作,推动绿色发展。

【创优“四最”营商环境】积极投身“双招双引”首位工程,出台多项产业扶持政策,落实“四送一服”和重点企业走访联系机制,进一步加大对民营经济和小微企业的政策扶持。

【落实减税降费政策】严格落实国家结构性减税和普遍性降费等税费优惠政策,兑现税收优惠25亿元,落实清费减负及规费减免政策超亿元,促进企业降本增效。

【完善政策扶持体系】加大财政涉企扶持政策整合力度,坚持资金早投入、企业早受益、项目早评价、政策早完善,投入“3 + 5 + X”资金 3.8 亿元,增长 6%,推动“铜陵制造”向“铜陵智造”升级。

【深化重点企业改革】出台深化国资国企改革导则,实行挂图作战,铜化集团混改和“三供一业”分离移交有序推进,建投公司等投融资法人主体加快转型,普济圩农场集团化改造全面完成。

【优化国有资本布局】综合运用股权、基金等投资方式,推动国有资本在蚂蚁金服、万华生态板业等新经济、新材料产业布局,着力提升国有资本回报。国有资本收益上缴比例提高至 30%,国有资本经营预算调入一般公共预算比例达 30%。

【强化国有资产监管】建立政府向人大报告国有资产管理制度,出台加强国资监管意见,完善业绩考核和薪酬审核办法,在全省率先上线国有企业企务公开监督平台。

【全面推行财政评审】对 37 个部门支出、739 个项目支出预算进行公开评审,核减率 21%;完成 39 个政府投资项目评审,核减率近 9.6%;累计开展绩效评价项目 43 个,涉及资金超过 20 亿元。

【强化预算执行管理】加强预算执行动态监控,及时纠正违规操作,保障财政资金高效运行。压实预算单位支出主体责任,综合运用考核、通报等有效措施,加快财政支出执行进度。全面编制政府采购预算,推动“互联网 +”政府采购,提高采购效率。扩大政府购买服务范围,实现“应购尽购”。

【严格预算监督检查】将监督职能嵌入预算编制、执行及管理全过程,强化制度建设和预算执行监管,修订培训费管理办法和公务接待管理办法,规范应税非税收入管理,出台职工借款管理办法,建立“小金库”防治等多项长效监管机制,为提升财政资金绩效保驾护航。

(董明辉)

枞阳县财政工作概述

【概况】2018 年,全县一般公共预算收入完成 156118 万元,占预算的 100.1%,同比增长 13.1%,其中:税收收入完成 127769 万元,占一般公共预算收入完成数的 81.8%,同比增长 20.7%;非税收入完成 28349 万元,占一般公共预算收入完成数的 18.2%,同比下降 12.1%。全县一般公共预算支出 428236 万元,增长 9.8%,其中:财政民生类支出累计完成 373831 万元,占财政总支出的 87.3%,增长 8.7%。

【全力保障财政平稳运行】加强收入征管,主动争取支持,确保财政收入平稳增长,圆满完成县政府确定的目标任务。强化收入征管。把组织收入作为核心职能,积极主动作为,坚持依法组织收入,强化预期管理,推进联合办税。全年税收收入占比较上年提高 5.2 个百分点,收入质量不断提高。强化收入挖潜。推进涉税平台建设,构建税收共治格局,清理收回历年欠缴土地出让金 1.59 亿元,统筹管理各类政府性资金,清理盘活存量资金 1.6 亿元,支持经济社会发展重点领域。强化对上争取。紧扣“重要政策”“重大项目”“重点资金”,坚持把对上争取作为实现借力发展、提高保障能力的有效手段,到位上级转移支付资金 24.42 亿元,超额完成全年目标任务。

【全力推进县域经济社会发展】准确把握经济发展形势,紧扣主线,加大积极财政政策实施力度,支持经济稳中求进。加大财政投入。以供给侧结构性改革为主线,提速五大发展行动计划,全力支持“五个主题年”活动。扶持实体经济发展,兑现奖励资金 0.52 亿元。多层次资本市场建设成效显著,金誉金属定向增发 1 亿元,华赛包装等 10 户企业四板挂牌。落实支持政策。认真落实国家减税降费政策,推动“营改增”全面实施,减税降费 1.69 亿元,促进企业降本增效。同时,实施 PPP 项目 5 个,总投资 48.12 亿元。财政金融联动。引导金融机构增加贷款投放,年末全县贷款余额 154.02 亿元,新增贷款 37.54 亿元。续贷过桥周转金额 1.57 亿元,周转率 9.65。支持融资担保体系建设,政策性融资担保机构累计提供担保 80 户 2.39 亿元,税融通完成 0.7 亿元。将国有全资的枞阳县融资担保公司划归县经开区管理。

【大力推动财政改革发展】围绕建立现代财政制度,积极推进各项改革,提升管理绩效。深化国库集中支付改革。完成财政机房虚拟化建设和网络标准化改造,国库集中支付电子化平台 11 月全面上线运行,实现国库集中支付电子化管理。完善预算管理改革。科学编制 2019 年度部门预算,严格控制一般性支出,增强预算约束力。全面推行预决算信息和

“三公经费”预算信息公开。全县完成预(结)算项目评审313个,核减率7.79%。推进国有资产管理改革。出台支持乡镇盘活国有资产指导意见,完成3家农村自来水清产核资及资产评估工作,2家水厂完成清产核资。完善国有企业经营业绩考核,完成省市布置3家国有企业“三供一业”分离移交工作。

【突出改善民生福祉和支持社会事业】坚持兜底补短,保障改善民生福祉。支持打好精准脱贫攻坚战。财政投入扶贫资金3.64亿元,按照高于省要求5个百分点的标准增列专项扶贫资金,重点支持产业扶贫、健康扶贫、就业脱贫、教育扶贫等。投入1340万元实施资产收益扶贫项目40个,37个贫困村取得村集体收益65.76万元,村均增收1.78万元,贫困人口、非贫困人口或边缘贫困人口增收357.93万元,人均增收413.7元、669.66元。同时撬动社会资本投入672万元。扶贫小额信贷4616户,贷款金额2.23亿元,获贷率52%,县财政注入风险补偿金0.5亿元。支持民生共享发展。加大民生支出保障力度,财政民生支出完成373831万元,占财政支出87.3%。累计投入19.4亿元支持39项民生工程建设,除工程类少数项目建设跨年外,其他项目完成年度目标任务。突出城乡统筹发展。推动乡村振兴、生态优先、绿色发展战略布局,投入资金近4亿元,重点支持农业农村现代化、电子商务、农村环境三大革命、三水共治、天蓝土净和绿色产业体系等。

【提高财政资金效益】规范预算执行管理。强化政府购买服务、政府采购预算执行,政府购买服务项目28个、预算0.5亿元,比上年增长30%以上;政府采购项目208个,预算金额21.2亿元,8月1日起,通用类办公用品实施网上商城采购模式。规范财政监督管理。强化日常财政监督,规范财经秩序,开展“小金库”、不规范发放津贴补贴和规范公务接待专项检查,切实维护财经纪律和严格执行“八项规定”。规范“三公经费”管理。牢固树立过紧日子思想,坚持勤俭办一切事业,从严控制一般性支出,“三公经费”下降0.8%,公务接待费下降17.9%。

【持续提升财政管理水平】坚持法定事项报告。认真执行《预算法》,定期向人大常委会报告财政预算执行和决算情况。预算草案按程序报人大常委会初审,重大预算安排提请人大常委会审议。按人大决议执行预算,硬化预算约束。积极办理建议和提案。认真开展市县人大代表建议、政协委员提案办理工作,共办理建议、提案36件,办结率和满意率100%。密切配合审计监督。将接受审计监督作为提升财政管理水平的重要抓手,配合审计机关依法开展同级财政审计,严格按照审计意见整改落实。

(何玉斌)

铜官区财政工作概述

【概况】2018年,全区财政收入完成32.9亿元,为预算的109.8%,增长11.4%,其中不含海关财政收入(下同)完成15.28亿元,为预算的108.1%,增长7.9%;全区财政支出完成12.56亿元(含上级转移支付),为预算的103.5%,增长0.3%。

【提升财政保障水平】下达高新区、各镇办社区2018年财政收入考核任务,充分调动镇办社区协护税积极性;依法依规组织非税收入,加强行政事业单位国有资产处置收益管理;每月召开分析调度会,及时掌握各项税收的完成情况,确保收入按月完成任务。积极开展存量资金清理,盘活存量资金6000万元,重点用于支持社会事业发展项目建设;推进国有资本经营收益收缴,增加收入总量,实现国有资本经营收入371万元。出台争取上级资金考核奖励办法,分解下达目标任务,多渠道、多层次争取上级资金。

【提升经济运行质效】积极落实“五项”财政专项资金,支持战略性新兴产业发展、工业转型升级、现代服务业发展等。支持实体经济发展,兑现各类产业政策资金1.96亿元,涉及企业346家;深入推进“四送一服”活动,对重点税源户定期开展走访、调研,帮助企业解决问题,不断优化营商环境。畅通金融支持实体经济渠道,全区政策性担保机构在保余额5.9亿元,发放续贷资金2.45亿元,办理税融通贷款2.4亿元,缓解民营企业融资难。

【增进人民群众福祉】实施25项民生工程,投入资金2.5亿元,民生保险政策实现全覆盖,对20万居民提供家庭医生服务;对2.3万妇女儿童实施疾病筛查;对2.7万符合条件老人发放津补贴;稳步实施2610户棚户区改造、3个老旧小区集中整治等工程类项目。全力支持打好脱贫攻坚战,拨付帮扶项目资金440万元,实施援建项目8个;落实各项惠农政策,发放惠农补贴资金936万元。教育、科技、文化、医疗卫生和养老等社会事业发展支出近7亿元,依法兑现教师待遇政策,促进优质教育资源提标扩面,推进

“两治三改”工作，服务污染防治攻坚战，保障生态保护和绿色发展，完善城乡养老、社会救助体系等。

【推进财政重点改革】开展政府隐性债务清理，对隐性债务进行逐笔审核认定，制定风险化解方案；谋划PPP项目，创新投融资方式，持续推进高新区科技创业园项目实施。全面实施公务卡结算制度，制定公务卡使用管理办法及强制结算目录，提高公务支出透明度；实施国库支付电子化改革，制定国库集中支付电子化管理办法，切实保障资金安全运营；加大预算执行动态监控，纠正违规操作。完善区建投公司法人治理机构，健全监督管理体系；完成6家属地国有企业“三供一业”分离移交，组织实施职工家属区维修改造项目。

【提升财政服务效能】推行预算绩效管理，逐步实施预算绩效评价，将绩效目标与部门预算同步编制、同步审核、同步批复。全面编制政府采购预算，确保资金专款专用，堵塞财政管理漏洞；强化政府购买服务预算，2018年安排政府购买服务项目27项，安排预算资金1亿元，同比分别增长12.5%和41.3%。推进预决算信息公开，规范公开程序，细化公开内容，扩大公开范围，同步公开政府预决算、部门预决算和“三公”经费预决算。

（洪娟）

义安区财政工作概述

【概况】2018年，全区财政一般预算收入累计完成41.89亿元，占预算进度的107.4%，较上年同期增长11.3%。其中：上划中央收入完成27.48亿元，占预算进度的111.3%，较上年同期增长19.8%；地方收入完成14.41亿元，占预算进度的100.7%，较上年同期下降2%。全区一般预算支出完成30.72亿元，较上年同期增长0.3%。其中，区本级支出累计完成28.02亿元，同比下降2.6%；乡镇支出累计完成2.7亿元。一般公共服务、公共安全、教育、科技等八项支出累计23.14亿元，同比增长0.6%。教育、科学技术、文化传媒、医疗卫生、农林水等十三大类民生支出达25.15亿元，占总支出的81.8%，达到市目标考核要求。

【增强财政保障能力】强化收入预期管理，加强月度收入计划的预测、协调、分析，把握组织收入的主动权，力求均衡、序时入库。加强重点行业及税源监管。全面排查辖区内的重点税源、一次性税源和成长性税源，做到税源监管有目标，税收征管可持续。继续对非税收入进行管控，有效盘活国有资产、土地资源，有效规范组织入库，保证应缴尽缴。做到以月保季，以季保年，力争应收尽收，确保完成市政府下达的年度一般预算收入任务。加大对上争取力度，争取上级政策资金突破4.5亿元。本区对区直21部门下达向上争取资金任务5.73亿元，同比增长24%。充分挖掘潜力。清收财政对外借款及往来款项，用好盘活闲置资金，优化财政资源配置，统筹盘活财政存量资金21880万元。

【支持区域经济发展】落实招商引资、工业转型升级、战略性新型产业发展等政策，兑现“1+7”产业扶持政策资金3.69亿元。安排350万元注入市科技型中小微企业信贷风险补偿资金池，积极实施金融支持科技创新。继续加大农业信贷担保体系建设，扩大“劝耕贷”模式覆盖范围，累计授信2058万元，发放贷款51笔1653元。建立农村产权融资贷款保证保险风险补偿机制，区级足额落实配套资金，对贷款如期偿还的新型农业经营主体按国家基准利率50%给予贴息，市、区财政按5∶5比例分担。争取省级民营经济发展专项扶持资金1180万元，区财政按1∶1配套，增加担保中心注册资本金，区担保中心注册资本金达3.98亿元，完善“4321”政银担合作机制，目前在保企业258户，在保余额16.6亿元；安排续贷过桥资金0.7亿元，周转90笔，扶持企业55户，周转贷款金额10.17亿元，帮助中小微企业缓解融资难题。

【加强财政民生保障】优化财政支出结构，持续加大民生方面的投入力度，十三大类民生支出达25.15亿元，占总支出的81.8%。高标准实施38项民生工程，各级财政到位资金5亿元（含区配套1.5亿元），实际拨付资金4.2亿元，惠及全区95%以上城乡居民，各项民生工程全面完成。2018年，本区民生工程年度考核预计在全市县（区）排名第二，与去年持平。实施政府购买服务项目36个，预算金额6298万元，超时序拨付3894万元。

【提升财政管理水平】加强政策引导，完善出台《关于印发铜陵市义安区乡镇（经开区）税收收入考核激励实施办法的通知》，对乡镇范围内的交通运输企业，乡镇自身新引进落户的护税协税建筑施工企业和商业服务业等缴纳的各项税费形成的地方财力,全额返还给乡镇,同时按完成量给予相应奖励,各乡镇护税协税成效明显,2018年累计完成13141万元。非税纳入预算管理。建立全面完整的部门预算,做到预算一个"盘子"、收入一个"笼子"、支出一个"口子"。深化国库集中支付制度改革,实现国库支付电子化,将专户资金纳入支付范围,进一步提高国库集中支付比例,减少资金支付环节。严格政府债务管理。深化政府债务分类纳入预算管理机制,加强政府债务限额管理,全面开展地方政府融资担保清理整改工作,积极防范债务风险。推进政府购买服务改革。完善政府购买服务目录,编制政府购买服务预算,强化对承接主体的管理,规范购买服务程序,加强对购买服务工作的日常服务和监管。

【完善财政内部监督】加强"三公"经费管理。坚持厉行节约,严格执行一般性支出压减5%的要求,扎实开展"酒桌办公"专项整治,确保"三公"经费只减不增。加强国有资产管理。全面完成行政事业单位资产清查,完善国有资产使用、管理、处置机制,强化国有资产统一监管、统筹使用,实现保值增值。完成政府性债务投资项目资产清查登记工作。加强政府性投资项目招标工程控制价审核。加强乡镇村财务管理。举办支农政策培训班,对乡镇、村财务人员实行培训全覆盖。开展乡镇财政资金管理、村级财务管理专项检查,针对发现问题督促整改,并指导完善制度建设。强化财政监督检查。全年开展"三公"经费、预决算公开、盘活财政存量资金等专项检查。

郊区财政工作概述

【财政收支情况】2018年,全区不含海关预计完成财政收入100937万元,完成调整预算(下同)的100.9%,同比增长6.2%。全区完成财政支出60452万元,为预算的99.9%,同比下降13.5%。

【民生工作开展情况】全区共实施31项民生工程,其中省级项目25项,市级项目6项,计划投入资金37481万元,全年拨付资金17343.3万元(上级资金未全部到位,区级资金6698.2万元)。生活保障类5项全面兑现,拨付资金1521万元,参保服务类18项全面完成目标任务,拨付资金1185.46万元,工程建设类8项全面启动,年度项目完成目标任务,跨年度项目稳步推进,拨付资金14636.8万元。实施村级公益事业一事一议财政奖补项目14个,投入资金220.22万元,实施为民办实事项目6个,投入资金408万元,发放各类惠农补贴709.4万元。

【支持区域经济发展情况】2018年政府年初预算中安排惠企政策资金780万元,扶持中小企业发展资金2200万元,为落实惠企政策提供了有力的资金保障。全年兑现永利祥和、天地影视等文化产业政策资金150.36万元,兑现灵通物流、盈德气体等新兴产业政策资金559.74万元,兑现海螺水泥、富鑫钢铁等传统产业政策资金447.71万元,兑现扶持外贸企业发展奖励资金395.72万元,拨付"4321"政银担区政府承担资金和农村产权融资贷款补偿金50.79万元,拨付担保费率下调政府补贴资金416.24万元,拨付创业担保贴息资金86.18万元。

【促进国企发展】围绕工业立区、旅游兴区、港口强区、多元发展的目标,切实推进区属国有企业转型升级、持续发展。一方面按照"职能专业、降本增效"的原则,对集团现有子公司进行有效整合、理顺管理体制。另一方面壮大集团总资产,有效降低企业负债率,不断拓宽融资渠道,将区内有关国有资产进行有效整合,切实增强国有企业发展动力,促进企业持续、健康、高效发展。

【政府购买服务情况】区民政局、卫生局、行管局等部门编制政府购买服务项目26个,其中基本公共卫生服务事项6个,社会事务服务事项7个,技术服务事项3个,政府履职所需辅助性和技术性事务10个,安排预算1753.61万元(区级资金1157.75万元),各项目均按照实施方案和年度任务稳步实施。

【全区政府性债务情况】区政府积极贯彻落实"三大攻坚战"的要求和部署,持续深化政府性债务风险防范意识,防患未然牢基础,防微杜渐稳实施,以全区长远发展为根本,以实际财力情况为基础,科学考虑发展的要求与可能,合理确定政府性债务规模规范,切实有效防范政府性债务风险。目前,全区共有地方性债务17456.63万元,均为政府一类债务,其中:一般类债务13336.63万元,专项债务4120万元,综合债务率17.5%。

【三供一业落实情况】根据国有企业"三供一业"改造的部署和要求,区政府扎实推进安铜办2527户、铜山镇5136户居民的供水改造工作,着力解决两地群众"用水难"的问题,确保让人民群众用上"放心水"。同时,积极开展普济圩社区3409户居民的物业基础设施移交改造工作,以标准化、规范化管理为目标,切实改善辖区居民人居环境。

(吴金妹)

铜陵经济技术开发区财政工作概述

【概况】2018 年,开发区财政收支继续保持快速健康运行,财政收支能力进一步增强,预算执行情况总体良好。全年完成不含海关财政收入 17.36 亿元,完成预算 101.5%,同比增长 13.8%。其中:上划中央收入 5.86 亿元,完成预算 104.1%,同比增长 24.7%;地方收入 11.5 亿元,完成预算 100.3%,同比增长 10.3%。全年完成全口径财政收入 29.1 亿元,完成预算 105.3%,同比增长 14.7%。海关税收累计 11.7 亿元。全年共完成财政支出 11.14 亿元,完成预算的 131%,同比增长 10.7%。其中,八项支出 10.03 亿元,同比增长 6.3%。

【积极组织财政收入】强化收入预测分析。按月进行财政收入的分析、预测,掌握收入动态,加强对房地产业、制造业、建筑业等重点行业税源变化对财政收入影响的趋势分析。加大税收征管力度。严格执行全市财政体制调整工作,在全区范围内查找税源、确定入库级次。根据全市财政体制调整要求,在全区范围内严格按照税收属地原则查找税源税户,防止税收跑冒滴漏现象发生,并确定专人与税务、财政部门跟踪对接,实地调查,对属于开发区的税收及时调整税收入库级次。

【加强预算执行管理】规范编制 2018 年预算。年度收支预算经人代会审议通过;完成部门预算编制,安排各类支出 15.1 亿元,其中一般预算支出 8.51 亿元,基金支出 6.5 亿元。强化预算约束。严格落实预算法,坚持先预算后支出;严格执行人大批准的预算,严控预算调整事项。优化支出结构。统筹财政资金使用力度,提高资金使用效益;优化支出结构,压缩一般性支出,集中财力保基本、保民生、保重点,提高财政支出的公共性和普惠性;通过省、市开展的清理“小金库”、违规发放津补贴等专项检查;严控一般性行政支出,落实厉行节约各项规定,“三公”经费规模下降%。

【加强债务预期管理】加强政府债务动态管理,建立预警机制,切实防范债务风险。细化政府债券收支管理,将政府债券纳入全口径预算管理,积极履行偿债义务。政府性债券 14.73 亿元,其中置换债券 11.93 亿元,新增债券资金余额 2.8 亿元。完成政府隐性债务清理工作,制定方案,并纳入全国监测平台,实现长期规模合理、短期风险可控是规范融资机制。将政府债务纳入预算管理,拓宽偿债渠道,建立和完善务实、管用、合理的偿债和融资机制,配合做好 PPP 工作,对新材料和生物医药加速产业等条件相对成熟的项目,积极寻找社会伙伴,引入社会资本,减轻财政负担。

【推进民生工程建设】加强改善民生,持续推进民生工程实施。全面完成 18 项民生工程任务,其中省级 13 项,市级 5 项,共投入 605.89 万元。保障生态文明建设。统筹环保专项资金、节能减排资金和各类上级专项转移支付中用于生态文明建设资金、基础设施建设等生态补偿效益明显的项目。

【完善内控制度建设】加强内控制度建设。先后制定印发会计集中核算暂行办法、机关事业单位固定资产管理暂行办法和工程项目第三方审核造价咨询单位备选库管理办法等系列制度规定,内控体系进一步完善。国有资产管理工作进展有序。按要求完成行政事业单位国有资产清查核实工作,规范国有资产管理。招投标管理工作规范合法。全年完成招标项目 109 个,控制价总额 3.3 亿元,中标价 2.3 亿元,资金节约率 30%。完成年度行政事业单位内部控制报告编制工作。通过自我评价、对照检查、查找问题、抓好整改,确保内部控制有效实施。

(夏庚浩)

池州市财政工作综述

池州市财政工作概述

【**概况**】2018年,全市财政收入完成107.2亿元,增长5%;全市财政支出完成154.32亿元,同比增长7.5%。

【**收支管理有力有序**】把组织收入作为全年工作重点,年初将收入目标细化分解到各单元,完善"1+5+7"财税库征管分析机制,强化收入监测分析研判,加强收入调度,做好预期管理。加大收入组织力度。运用财政收支数据动态监管平台,加强对重点企业、行业和零散税源的监管,堵塞税收征管漏洞。制定《非税收入管理工作考核暂行办法》,加强非税收入管理。预算支出提质增效。坚持重大事项和所有政府预算支出报请人大审查批准执行,严控预算追加。加强预算执行调度分析,对预算执行异常的单位,主动进行会商协调,将预算执行进度与下一年度预算安排挂钩。全面推进绩效管理,对2019年35个预算单位的41个项目预算进行评审论证,从源头上提高预算编制的科学性和精准性。将所有市直部门纳入财政绩效管理范围,组织预算单位对50万元以上的非运转类项目开展绩效自评。选择市国土资源局等5个部门以及旅游市场营销等11个项目,开展部门整体支出和重点项目支出绩效评价。

【**财政政策精准有效**】创新产业扶持方式。谋划总规模100亿元"1+2+N"产业发展投资基金,大健康基金、天使投资基金、中安创投基金等已投入运营。积极培育厚植财源。加大对实体企业支持力度,安排战略新兴产业、项目建设考核奖补、中安基金二期资本金以及续贷过桥资金2.2亿元,拨付财政贴息资金964万元,引导金融机构发放创业担保贷款7305万元。全年累计兑付产业发展政策性奖补资金1.2亿元,贵航特钢首次进入中国民营企业制造业500强。落实各项减税清费政策。全年共减轻企业负担15.95亿元,其中:"减免抵退"税收14.6亿元,占入库税收18%;市级涉企收费项目减少至49项,较建立之初减幅近50%;停征和取消货物港务费、排污费等行政事业性收费,减轻企业负担5000余万元;落实社保降费政策,企业社保总费率由41.2%降至38.1%,全年为企业减负8534万元。

【**"三大攻坚战"稳扎稳打**】打好防范化解风险攻坚战。全面完成2014年底核定的存量政府债务置换任务,全市本年争取置换债券45.58亿元,四年累计争取置换债券192.2亿元,共节省利息7.7亿元。全市首次发行项目收益与融资自求平衡专项债券9.9亿元。出台《池州市新增政府债券资金使用管理办法》,规范债券资金管理。运用全口径政府债务监测平台,加强政府债务统计监测。全面清理隐性债务,摸清底数,制定化解方案。开展置换债券和新增债券资金使用情况专项检查,防范违法违规政府融资担保风险,杜绝以政府购买服务名义变相举债行为。积极支持融资平台公司转型,剥离其政府融资职能,实现市场化经营。支持打好脱贫攻坚战。全市投入扶贫资金4.1亿元,其中省以上资金1.3亿元、市县资金0.84亿元、统筹资金1.96亿元。拨付石台县工业园基础设施建设专项资金1亿元,增强发展内生动力。各级财政投入2900万元,在46个贫困村实施49个资产收益扶贫项目,带动建档立卡贫困人口6021人。加强扶贫资金监管,搭建扶贫资金动态监控系统,将所有扶贫资金纳入动态监控范围。建立财政支持脱贫攻坚工作督查机制,开展财政扶贫领域腐败和作风问题专项治理。支持打好污染防治攻坚战。统筹财力保障,安排"水清岸绿产业优"专项资金0.83亿元。围绕蓝天保卫战、两治三改、507码头环境整治等重点任务,推进长江老港区生态修复、升金湖环保突出问题整改等重点项目,拨付各类生态修复资金1.06亿元。保障"河(湖)长制""林长制"工作经费,市级安排400万元,支持重拳治砂行动。通过PPP模式吸引社会资本进入环境保护治理领域,共支付主城区污水处理、环卫一体化等PPP项目服务费0.97亿元。在全省率先出台《池州市环境空气质量生态补偿暂行办法》,设立市级生态补偿核算基金,按照"谁保护、谁受益,谁污染、谁付费"原则压实责任,推动建立市域地表水、空气质量生态补偿机制。

【民生保障更加有力】坚持为民理财,持续加大民生投入力度,全市民生支出129.7亿元,占全市财政总支出的84%。精心组织实施33项民生工程。围绕"七有"目标,投入33.9亿元,加快补齐民生短板。对本年度实施的15个民生工程项目开展绩效评价,涉及财政资金11.1亿元。有力保障各类救助福利事业。发放城市、农村低保资金1.7亿元,惠及低保户5.8万人;统筹拨付各类救助资金1亿元,救助困难群众14万余人次促进文体事业发展。统筹资金3887万元,支持工人文化宫、青少年活动中心、妇女儿童活动中心项目建设。拨付资金3150万元,支持文物保护、池州国际马拉松等文体事业发展和"三馆一站"实行免费开放。加大教育、卫生等社会事业投入。拨付学前教育、义务教育、高中职家庭经济困难补助等资金3亿元。拨付城乡居民基本医疗、养老保险等社会保障资金14.4亿元。拨付公立医院改革补助资金5665万元,出台《关于推进市直公立医院薪酬制度改革的实施办法》《池州市2018年度市属公立医院绩效考核实施方案》,进一步健全公立医院绩效考核机制。支持交通设施建设。争取交通专项债资金1.1亿元,拨付国省干线公路建设专项资金2.3亿元、航线航班开发培育专项资金1.2亿元、青通河航道整治专项资金2220万元。

【大力支持乡村振兴】出台《池州市关于探索建立涉农资金统筹整合长效机制的实施方案》,推进涉农资金管理改革,支持乡村振兴战略落地生根。支持农业产业发展。全市农业综合开发财政投入1.2亿元,新立项产业化项目24个,建设高标准农田5万亩(不含国土部门),山区生态综合治理2.5万亩。拨付农业产业发展资金1.6亿元,全市新增规上农产品加工企业12家。落实农业三项补贴改革。全市共发放农业支持保护补贴1.5亿元,补贴面积160万亩,惠及农户32.1万户。积极推进农村综合改革。东至县获2500万元国家级农村综合性改革试点中央资金支持。东至、石台两县列入国家扶持集体经济发展整体推进县,获2230万元中央资金支持。支持美丽乡村建设。统筹各级财政资金8亿元、吸引社会资金2亿元,支持68个省级美丽乡村中心村建设。三县一区4个城乡环卫一体化PPP项目全部签约运营,总投资2.29亿元。投入4843万元建设一事一议财政奖补项目420个,直接受益70余万人。

【财政改革管理纵深推进】深化国资国企改革。整合资产资源,组建安徽九华山文化旅游集团有限公司和池州市设计总院有限公司。建立完善市属集团法人治理机制,推行外部董事制度,实行市政府委派监事会制度。制定《2018年市属集团公司经营业绩考核实施办法》,实行"双挂钩""双百分"考核。筹集资金7800余万元,积极支持城市公交体制改革;拨付各类财政性资金5267万元,用于弥补公交运营亏损、新车购置和油料补贴等。安排改制资金6144万元,推进事业单位分类改革。完成行政事业单位经管资产报告及自然资源国有资产报告试点工作。完善国库管理改革。市县乡国库集中支付电子化改革全面完成。推进政府综合财务报告制度改革试点,编制2017年度政府综合财务报告。健全预算执行动态监控机制,逐步将动态监控范围拓展到所有财政资金和全业务流程。规范PPP管理。全市纳入财政部项目管理库项目共16个,总投资约86.1亿元,已签约落地项目14个,其中国家级示范项目6个,2个项目入选财政部PPP示范项目案例。加强财政监督。扎实开展"小金库"和违规发放津补贴专项整治"回头看"。开展行政事业单位财务管理大检查,督促完成问题整改。按照"双随机一公开"的原则,选取重点领域、重点行业开展会计监督检查,进一步规范会计秩序,提高会计信息质量。

【党风廉政和机关效能建设扎实开展】理顺关系。理顺局党委和市属集团公司党组织关系,横向整合池州建投集团、池州产投集团党委所属党组织的隶属关系,纵向整合池州杰达集团在县区的党组织隶属关系。扎实开展学习教育活动。深入开展习近平新时代中国特色社会主义思想和十九大精神学习,扎实开展"讲严立"专题警示教育活动。坚决做好市委巡察整改。成立巡察整改工作领导小组,制定《整改方案》,39 项整改任务全部完成。加强党风廉政建设。签订《党风廉政建设责任书》,制定"任务分解表"和"两个责任"任务清单,逐项抓好执行。全面推进基层党组织标准化建设。制定《基层党组织标准化建设台账》,打造党建特色品牌,积极探索推进"四强四优"争创活动新路径。强化作风效能建设。以巡察整改为契机,制定出台《市财政局综合督查制度》《市财政局作风建设"回头看"活动方案》《市财政局考勤管理制度》并严格执行,机关作风明显好转。巩固深化会商服务预算部门、结对共建、"双包"定点帮扶、财政系统帮联等作风建设成果。

东至县财政工作概述

【概况】2018 年,东至县财政局(国资委)在县委、县政府的正确领导下,坚持以习近平新时代中国特色社会主义思想为指引,坚定信心,积极作为、履职尽责、勇于担当、攻坚克难,积极投身于助力实体经济、保障改善民生、服务绿色发展、全力支持打赢风险防控、脱贫攻坚、污染防治攻坚战等工作中,切实将高质量发展要求落实到财政政策、财政资金、财政项目、财政管理中。全县财政收入完成 15.77 亿元,增长 6.8%,全县财政支出完成 31.5 亿元,增长 4.9%。

【促进经济平稳增长】按照"突出重点,量入为出"的原则,安排基本建设项目 152 个。拨付各企业快报、决算补助经费 3.7 万元,电子商务进农村项目资金培训模块 39.1 万元,物流体系建设模块资金 220 万元,线上线下馆模块申报资金 20 万元,75 家限额以上商贸流通企业统计直报补助资金 3.75 万元,制造强省资金 814 万元,小微企业上规模补助资金 10.1 万元,拨付 2017 年专利资助费 50 万元,拨付翰青生态、众望制药"四板"奖补资金 60 万元。加强 PPP 项目建设,在全县范围内探索推广 PPP 模式,积极推进东至县汽车客运中心站、农村公路、县城路网等 3 个 PPP 项目入库准备工作。东至县城乡环卫一体化 PPP 项目已于 2018 年元月份试运营,东至县农村污水处理 PPP 项目 13 个乡镇开工建设,东至经开区固废 PPP 项目通过一案两评并组织入库资料。

【财政金融协同发力】截至 12 月底,全县银行业金融机构各项存款余额 238.8 亿元,较年初净增12.1 亿元,同比增长 5.3%;全县银行业金融机构各项贷款余额 113.8 亿元,较年初净增 6.2 亿元,同比增长 5.8%。为 143 户企业提供过桥资金贷款 47275 万元,周转率 41 次,极大地发挥财政资金的杠杆作用。通过"税融通"累计向 71 家企业发放贷款 14433 万元,累计贷款余额 21931.2 万元。中信担保公司在保余额 5.8 亿元,融资担保放大倍数 1.93,新型政银担合作余额 5.6 亿元。东至农商行发行同业存单 1 亿元,安东集团债权融资 1 亿元。华尔泰、安东花园新型材料股份有限公司上市辅导工作均已启动,会计师事务所进驻华尔泰开展尽职调查,安东花园新型材料股份有限公司与国融证券正式签约。天鹅云尖、万维化工挂牌四板。在"劝耕贷"东至标准的基础上初步建立"劝耕贷"大数据中心,数据管理系统全县推广。首创农村金融服务新模式,在各乡镇成立"乡镇金融服务站",与乡镇农经站合署办公,由县农经总站统一领导,并由县编办核增三名编制。累计办理"劝耕贷"业务 604 户,发放贷款 2.34 亿元。

【深化财政重点改革】深化预算管理制度改革。加强收入预期管理,逐步建立支出标准体系,完善预算编制数据库,推进经济分类改革,优化预算编制流程,给部门单位谋划预算编制留足时间。强化全口径预算管理,增加政府购买服务预算编制,将全部收入和支出纳入预算,做到应编尽编。进一步扩大预算公开范围,增加政府采购、财税制度、财政监督、项目绩效等信息,进一步细化预算公开内容,增加经济科目分类,并细化到"项"级科目。与 30 多个部门单位多次会商、征求意见,正式启动财政收支监管平台升级建设工作,目前平台已稳步运行。开展盘活财政存量改革。根据财政收支运行实际,积极开展盘活财政存量资金工作,努力提高资金使用效益。

2018年,共清理盘活2015年以来财政存量资金6792.95万元。对两年以上结转结余资金采取“收、调、冲、整”的办法进行盘活。对项目已实施完工,确有结余的资金,由国库收回,预算统筹安排;对部分结余资金,调整用途,安排用于解决资金缺口的同类项目建设;对部分指标结余,但因账务上先采取暂付款挂账的,实行冲账、调账处理。支持医药卫生体制改革,落实院长年薪制政策,加快城乡居民基本医疗保险基金支付方式改革,规范东至县医疗共同体资金管理,制定出台县域医疗共同体资金管理暂行办法。

【全面推进民生工程】33项民生工程计划投入资金12.35亿元,其中县级配套1.84亿元。截至12月底,到位并拨付资金100%。全力推进脱贫攻坚。根据县委、县政府确定的脱贫攻坚目标任务,分解落实财政专项扶贫资金。2018年全县累计安排财政专项扶贫资金4222.93万元,其中:中央1548万元、省级849.93万元、市级755万元、县级1070万元(不含扶贫工作经费300万元和用于边缘贫困户的补丁资金237万元)。提升社会保障水平。累计拨付各类社保资金达4.48亿元。提高特困群体保障水平。对特困群体对象的生活补助进一步提标,及时落实并按期兑现,提标最高增幅达到16%,最低增幅8%。全年惠及特困人员20426次,及时审核拨付县特困群体补助资金7160.37万元,确保城乡低保、五保、孤儿等特困人群补贴所需资金按时足额发放。保障共享发展成果。全力支持环保整治,累计拨付补偿资金9828.4万元,其中畜禽养殖场搬迁966.7万元,升金湖围网及渔船拆除5989.6万元,胜利轮窑厂拆除复垦资金1569.7万元,八都湖建材厂拆除复垦资金583万元,渔民生活用房及附属设施拆除697.9万元。支持县城“三车”整治,拨付处置资金1079万元,县城公交免费补助80万元。落实房地产去库存行动计划,1—12月发放购房补贴1634户,资金2011.9万元。

【防范财政运行风险】严控一般性支出,压缩非刚性、非重点项目支出,优化支出结构,集中财力“保工资、保运转、保民生”。打足基本支出,细化项目支出,公用经费和业务费按定额标准编列,人员经费按规定在年初部门预算中打实打足,不留缺口。项目支出按项目库设立,规范名称和使用范围,严格区分基本支出和项目支出,杜绝日常业务经费挤占项目支出情况发生,县级基本财力保障水平不断提高。本县在财政部2017年度县级财政管理绩效综合评价中,综合评价得分进入全国县级前200名。强化政府债务管理,全县一般债务率为27%,专项债务率65%,低于100%的风险预警值。

【推动华源纺织破产重组】成立华源纺织清算组,做好清产核资工作。草拟《安徽东至华源纺织有限责任公司资产处置方案》。相关拍卖资产于8月20日在司法网正式挂牌拍卖,成交价4000万元。华源公司、纺盛公司债权人大会于8月28日、8月30日在县法院召开。9月25日,县法院宣告华源公司破产。拍卖受让人新组建的安徽东至双江纺织有限公司于9月28日正式开业。

石台县财政工作概述

【概况】2018年,全县一般公共预算收入完成28060万元,增长7.1%;全县一般公共预算支出完成132610万元,增长13.1%。

【财政收入管理】加强收入分析调度,强化各部门、乡镇之间沟通,合理安排税收任务,充分调动乡镇和征收部门组织财政收入积极性和主动性。加强税源征收管理,启动财政收支动态监管平台项目建设,加强对重点行业、重点企业税源的监控,做到应收尽收。加强非税收入征管,实行以票管收,保障非税收入及时足额入库,提高财政收入质量。

【服务经济发展】推进首位产业整合。全年整合旅游发展专项资金11760万元,较上年增加860万元,增长7.9%,推动牯牛降景区、蓬莱仙境景区等公共设施改造更新,切实提升旅游品质。促进实体经济发展。为48户小微企业借用续贷过桥资金1.37亿元;为219户小微企业、个体工商户和农户提供贷款担保22348万元,走访小微企业,推动企业上市挂牌。拓宽金融服务渠道。发放“税融通”贷款4450万元、“劝耕贷”贷款2416.7万元,为全县781户累计发放3881万。

【保障改善民生】累计拨付资金3.92亿元,全面完成33项民生工程目标任务,进一步巩固民生工程实施成果,确保已建成民生工程长久发挥效益。财政支出重点向民生倾斜,全县保障教育、文化、社会保障、生态环保等财政民生支出113320万元,较上年增长3.2%。

【农业农村发展】扎实推进脱贫攻坚,共安排财政专项扶贫资金7754万元、整合涉农资金14252万元用于脱贫攻坚。加强涉农补贴资金管理。完善"一卡通"财政补贴农民资金实名制管理系统。通过"一卡通"发放补贴资金92批次共计8423万元;开展12个政策性农业保险品种,全年总计赔款支出127.23万元,累计受益农户2083户次,农业保险工作全面落实。推进农业产业化发展。累计投资2178万元,完成2015—2017年度土地治理1.76万亩;完成2016年度项目总投资140万元的"石台县年产20吨绿茶生产线"和"石台县1000亩富硒稻米基地建设"两个产业化发展项目;拨付资金816万元整合用于产业化扶贫及乡村旅游扶贫工程,促进群众脱贫脱困。推进农村综合改革。财政奖补484万元建设103个村级"一事一议"项目,安排资金970万元推进11个项目扶持23个村级集体经济发展试点和国有林场公益事业发展项目建设。

【国有资产管理】深化国有企业管理,组建安徽兴石投资控股集团有限公司。完成全县133个独立核算行政事业单位2017年度资产编报和自然资源国有资产报告试点工作。依托资产信息系统实现国有资产基础数据管理和动态监管,2018年共处置13批次国有资产,完成全县行政事业单位国有房地产自查。实现制砂场经营权评估挂牌出让,对规划3处制砂场出租场地进行评估,并完成1个制砂场的挂牌转让工作。

【财政监管改革】突出政府债务监管。严格按照地方政府性债务管理的有关规定,进一步规范融资平台公司融资行为管理,推动融资平台公司尽快转型为市场化运营的国有企业、依法合规开展市场化融资,加强对债券资金的使用管理。规范政府采购行为。依法依规规范政府采购行为,督促县公共资源交易中心严格按要求归档采购项目相关文件、数据和资料。完善乡财资金监管。进一步完善乡镇财政资金监管信息通达、公开公示、抽查巡查等重点环节制度和流程。

【财政队伍建设】全面落实中央八项规定精神和省30条、市20条、县18条有关规定,结合推进"两学一做"学习教育常态化制度化、"讲严立"专题警示教育、"三查三问"专项行动和"青天扫画屏"廉洁文化工程实施等,切实筑牢思想防线。加强日常监督检查,着力运用典型案例、用身边人、身边事教育引导,进一步强调工作作风和廉政建设要求。加强制度建设,建立健全考勤制度、请销假制度、公务接待制度,规范职工行为,完善服务工作制度,建立首问责任制、一次性告知制、服务承诺制等制度,强化群众服务,进一步提升群众工作满意度。

青阳县财政工作概述

【概况】2018年,县财政局坚持稳中求进、改革创新,努力提高财政收入质量,优化财政支出结构,促进社会事业全面发展。全年财政收入完成16.08亿元,同比增长8.4%,完成市下达目标的100%。公共财政预算支出23亿元,其中:民生类支出19.76亿元,占财政支出的85.6%。在财政部2017年县级财政管理绩效综合评价中,青阳县综合评价得分进入全国县级前200名,位列全国第95位、安徽省第19位,获县政府通报表扬,县财政局连续4年荣获全县综合绩效考核工作A类单位,被评为综治工作暨建设"平安青阳"先进单位、招商引资工作优胜单位、党风廉政建设责任先进单位。

【支持经济发展】支持重点项目建设。拨付重点项目和基础设施建设资金27007万元。促进产业结构升级。支持企业发展和奖励资金4177.7万元。推动全民创业就业。拨付创业培训和就业补贴资金支出784.95万元,为202家个体工商户贷款2.02亿元,财政贴息110万元,对5家劳动密集型小微企业贷款贴息19.57万元。打好污染防治攻坚战。加大绿色生态投入,拨付环保资金2191.7万元。

【倾力保障民生】深入推进33项民生工程。投入资金4.93亿元,其中县级配套8885万元。严格落实强农惠民政策。发放涉农补贴资金1.27亿元,安排农业综合开发资金1677.2万元,"一事一议"财政奖补资金580.52万元,政策性农业保险财政补贴资金144.42万元。持续加大社会保障力度。安排医疗卫生专项资金6309.05万元,低保资金3380万元,救助资金1672.8万元,被征地农民养老保险867.12万元,"老字号"群体工龄补助资金703.2万元,山区库区农房保险102.2万元。全力支持脱贫攻坚。安排财政3380.31万元支持脱贫攻坚,推进产业扶贫与资产收益扶贫深度融合,加强财政专项扶贫资金的管理与监督。

【加快改革步伐】完成青阳建设投资集团有限公

司(青阳旅游投资集团有限公司)组建。2018年4月13日正式挂牌运营,完成对子公司整体接收,对县建投集团法定代表人、董事长(兼总经理)、副总经理、总会计师的任命等工作。开展惠农补贴"一卡通"系统拓展延伸试点。印发《关于推行财政惠农补贴"一卡通"发放操作系统应用业务延伸工作方案》(财农村〔2018〕145号),在民政部门先行试点,实现"部门管事、财政管钱、银行代发",进一步提升惠农补贴资金发放效能。启动国库集中支付电子化改革管理。制定《青阳县国库支付电子化管理改革实施方案》,召开启动工作会议,全面开启国库支付电子化管理改革工作。

【强化财政监督】开展2017年度单位内部控制报告编报。完成141个行政事业单位内部控制报告的编报工作,标志着行政事业单位内控工作进入规范化、制度化、常态化阶段。开展行政事业单位财务管理情况专项检查。全县145个行政事业单位对2016年至2018年3月底财务管理情况进行自查自纠,县财政局成立2个小组,选取4个单位进行重点检查。开展"小金库"和"滥发津贴补贴"回头看和"小金库"防治全面排查。印发《关于开展"小金库"专项整治回头看工作的通知》(财监〔2018〕93号)和《关于开展青阳县"滥发津贴补贴"回头看的通知》(财综〔2018〕94号)文件,各单位分别填写承诺书和自查自纠情况统计表。印发《青阳县进一步加强"小金库"防治工作方案的通知》(财监〔2018〕167号),在全县开展"小金库"防治全面排查工作。加强财政扶贫资金的监管。严格执行扶贫项目资金信息公开和公告公示制度,严格执行监督检查制度,加强财政扶贫资金预算执行调度,对扶贫项目资金开展绩效目标执行监控,开展脱贫攻坚大排查,确保各项工作全面达标、年度脱贫任务全面完成。加强财政队伍建设。加强学习教育,坚持每周五集中学习,实行轮流讲课制度,举办全县财政系统春训班,开展"讲忠诚、严纪律、立政德"专题警示教育,接受革命传统教育,加强财政干部作风建设和乡镇财政督查工作。

贵池区财政工作概述

【概况】2018年,全区财政收入完成32.31亿元,占年度目标任务的104.23%,比上年增长13.4%,增幅全市第一,高于全省平均增幅,其中:非税收入完成6.2亿元,占财政收入的19.1%,非税收入占比较去年下降7.3%,收入质量显著提高。完成财政支出40.32亿元,占年初预算的153.4%,比上年增长13.7%,其中民生支出34.76亿元元,占一般公共预算支出的86.2%,财政保民生促发展效果显著。

【经济发展质量全力提升】支持深化供给侧结构性改革。2018年,贵池区积极落实"六稳"政策措施,争取省级制造强省建设奖补资金430.4万元,拨付企业IPO补助资金500万元。大力扶持实体经济发展。加大民营经济发展政策扶持力度,安排专项资金扶持民营经济发展,全年累计兑付产业发展政策性奖补资金5610万元,拨付财政贴息资金67万元,引导金融机构发放创业担保贷款54.4万元,有效发挥财政杠杆作用,撬动社会资本解决小微企业融资难问题。落实各项减税降费政策。2018年成立贵池区本级财政扶持资金兑付办公室,制定下发《贵池区本级财政扶持资金兑付办法》和资金兑付流程,2018年全年减税4.76亿元,兑现各项税收优惠政策3亿元,进一步增强企业发展后劲,促进税源财源建设。

【聚力打好"三大攻坚战"】打好防范化解风险攻坚战。建立完善政府债务规范管理长效机制,成立贵池区政府性债务管理领导小组(政府性债务风险事件应急领导小组)和贵池区防范化解重大风险工作领导小组(区防范化解政府隐性债务风险工作领导小组),出台《贵池区政府性债务风险应急处置预案》,坚持限额管理与风险防控相结合的总原则,主动适应新形势下的政府性债务管理要求,有效防范化解财政运行风险。支持打好脱贫攻坚战。进一步加强对扶贫资金使用情况的监督检查,全面规范扶贫资金的分配、使用和拨付管理,2018年投入财政扶贫专项资金5747万元,扶贫债券资金2395万元。认真做好资产收益扶贫工程的实施工作,按照"保底收益+按股分红"等多种模式实现资产收益,带动贫困户增收,全区8个贫困村资产收益扶贫项目实现保底收益分红。支持打好污染防治攻坚战。统筹财政资金,全力保障污染防治攻坚战,2018年区财政投入环境整治等各类环保资金1.8亿元。

【有效保障和改善民生福祉】全区民生支出34.76亿元,占全区财政总支出的86.2%,其中:继续实施省定33项民生工程投入资金12.05亿元,支出结构进一步优化,公共财政职能进一步体现。支持教育事业。教育支出完成70444万元,用于农村中小学薄弱学校改造、校舍维修、城乡义务教育经费补助、发放国家助学金等方面。支持卫生事业。医疗卫生支出完成54149万元,主要用于基层卫生改革、基本公共卫生服务、城乡医疗救助、计划生育服务等方面。支持社会保障和就业事业。社会保障和就业支出完成53063万元,确保社会稳定。支持改善人居环境。2018年,投入财政奖补资金1958万元,支持农村"一事一议"财政奖补项目。支持基层党建工作。2018年安排村级组织运转经费1041万元,兑现村干部和离任村干部工资3101万元,巩固基层党组织的堡垒作用。及时兑现惠民利民政策。积极创新惠农资金发放监管服务机制,通过"一卡通"发放涉农资金26279万元。

【**有力推进财政重点改革**】推进国企管理机制改革。结合本区金桥集团公司转轨改革,进一步加强国有企业清产核资工作,制定完善国企管理相关制度,推进国有平台公司管理机制改革,健全企业考核体系,加强内外部监督,加快推进改革实施工作。开展农业保险扩大试点工作。制定出台《2018年池州市贵池区特色农产品保险扩面工作实施方案》,并全面推动实施,进一步促进本区农业提质增效。规范国库集中支付。加快推进国库集中支付改革,不断扩大国库集中支付范围,通过财政一体化平台及时准确地拨付和使用资金。进一步规范资金支付行为,努力减少中转环节,加强资金去向监管,明确现金使用范围,推广使用公务卡,努力提升财政资金安全性和使用效率。拓宽政府采购渠道。进一步理顺工程招投标体制机制,出台《贵池区2018—2019年度政府集中采购目录及采购限额标准》,并实现本区工程建设项目招标全部进入平台交易的目标。2018年,区政府采购中心完成招标采购417个项目,采购总预算20756.4万元,总成交额18813.8万元,节约资金1942.6万元,综合节约率10%。

【**全面加强基层党建和党风廉政建设**】开展"讲严立"专题警示教育,深入推进基层党组织标准化建设和双强型党支部建设工作。进一步加强和规范党内政治生活,营造风清气正的政治生态,深入推进全面从严治党;深入开展"讲严立"专题警示教育活动,严守纪律红线。全面推动基层党组织标准化建设和"双强型"党支部建设,严肃党内政治生活,认真整顿软弱涣散党组织,进一步提升党建工作水平。加强廉政教育和纪律建设。深入开展党章党规党纪和习总书记重要讲话精神的学习,增强广大财政干部做好党风廉政建设和反腐败工作的自觉性,教育警示广大财政干部增强纪律意识、法律意识、风险意识和廉洁意识,严守纪律红线,知敬畏、存戒惧、守底线。层层签订党风廉政建设责任书,全面落实"一案双查""责任倒查",进一步传递党风廉政和作风建设越来越严的导向。加强干部队伍建设。2018年,按照省、市、区委关于推进重要岗位干部交流轮岗工作的部署,区财政局党委制定下发《贵池区财政系统重要岗位干部交流轮岗工作实施方案》,对局机关、基层财政分局符合交流轮岗条件的科室负责人、财政分局长及其他人员实行交流轮岗。进一步加强区财政系统重要岗位干部的管理和监督,增强干部队伍活力,推进财政系统廉政建设和干部队伍建设。

九华山风景区财政工作概述

【**概况**】2018年,九华山风景区完成预算收入5亿元,公共预算支出完成5.04亿元。

【**财政收入**】积极支持落实管委会大营销政策。积极组织旅游营销活动,进一步拓展旅游市场覆盖面,门票销售收入不断增长。坚持按月调度风景区财政收入任务。按期召开财税联席会,与国税、地税、门票等征收部门联系协调,面对面的开展收入重点调度,确保做到收入均衡入库。强化目标管理和争取上级资金,积极主动配合各单位争取上级项目资金。积极协同国土、建设部门做好土地出让挂牌、土地出让金征收工作,全年共征收土地出让金7112.85万元,累计支付征地拆迁补偿款、土地报批费用计598万元。

【**财政支出**】进一步加大基本建设资金管理力度,资金使用效益得到提高。加强政府性投资项目管理。全年审批各类零星应急工程项目57个,总投资1482万元。加强资金管理,严把资金决算审核关。2018年风景区财政性投资基本建设支出5205万元,稳妥保障重点工程的支出。严把决算审核关。及时委托中介机构进行价格审查,全年完成工程价格审核33个,核减资159.2万元,平均核减率约为9%。

【**惠民措施**】认真落实中央惠农政策,与乡镇财政所及各相关职能部门密切配合,认真审核并及时发放各项财政补贴农民资金。及时发放各项补贴资金。认真落实中央惠农政策,与及各相关职能部门密切配合,认真审核并及时发放各项财政补贴农民资金。2018 年通过“一卡通”系统分 24 批次打卡发放 13 类涉农补贴共 1396.54 万元,涉及发放 8297 户次。大力推进已批农发项目实施。2018 年度风景区共分两批次争取到 4 个项目计划总投资额865.2万元,其中争取项目财政资金 683.2 万元。2019 年 5 月份完工。按照市农发办要求,组织符合条件的实体申报 2019 年项目,建好 2019 年项目库,上报市农发办备选。

【民生工程】注重民生工程资金筹措,保障资金及时到位。建立民生工程资金首位预算制,为民生工程建设提供有效资金保障,2018 年本级财政安排民生工程配套资金 2000 万元,组织实施 20 项民生工程。注重部门协作,落实民生工程建设责任。召开风景区民生工程工作会议,与牵头实施单位签订民生工程责任书。创新宣传方式,进一步提升民生工程知晓度。组织人员进村入户开展政策宣传,发放春联、年画等宣传品 4000 余份,开展“民生工程在我心中”主题活动。2018 年风景区实施项目全部完成建设任务。

【国有资产监管】截至 2018 年底,开发公司实现营业收入 409.43 万元,同比增长 34.23%。完成 2018 年第三季度全山银行业数据报表汇总统计工作。截至 12 月末,九华山风景区金融机构本外币存款余额 29.87 亿元,比年初增长 12.61%;贷款余额 9.39 亿元,比年初下降 28.24%。开展九华山风景区管委会政府性债务及债权自查工作。截至 2018 年底,九华山风景区的地方政府性的债务总额为 8386.65 万元,分别安徽酸雨及环境保护 3205.65 万元(汇率 6.61),在建工程欠款 80 万元,政府债券 5101 万元;政府担保性债务全部还清。完成集团公司增资扩股后的相关工作。完成集团公司清产核资相关工作。5 月 14 日,选取华普天健会计师事务所(专项审计)和北京国融新华资产评估有限公司,对九华旅游集团公司的资产及损益进行全面清理。服务银企对接,积极推动风景区旅游经济发展。按照省、市、风景区“四送一服”双千工程集中活动相关文件要求,先后走访小微企业,召开座谈会。主动与市金融办、市银通担保公司多次联系,先后上报 10 家需要融资的企业。

【机关建设】机关党建工作进一步加强。创建示范型党支部通过验收,坚持每月开展主题党员活动日,定期召开党员学习会,学习贯彻习近平新时代中国特色社会主义思想。组织党员开展革命传统教育,重温入党誓词,进一步增强党性修养。开展“讲严立”专题警示教育效果显著。根据管委会统一部署,及时召开专题党组会议研定方案,召开动员会议和专题学习讨论会,认真征求各单位建议和服务对象意见,召开专题民主生活会和组织生活会,制定整改清单并抓好整改落实工作。党风廉政常抓不懈。经常性开展廉洁从政教育,努力提高干部职工廉洁从政意识,强化执纪意识,力求实现财政收支全过程管理和实时监控预警。文明创建不断深入。建立共创共建常态机制,继续与共建寺庙保持联系,指导开展文明创建工作,带动共同提升,开展党员奉献日、志愿者服务、“清白行动”、留守儿童结对帮扶、困难党员慰问帮扶、敬老院慰问等活动。安全生产教育不放松。加强对职工的安全教育,提高安全生产意识,确保机关车辆安全使用、档案安全保管、资金安全运行。社会治安综合治理扎实有效。确保本单位无社会治安案件、上访事件发生。

安庆市财政工作综述

安庆市财政工作概述

【概况】2018年,全市财政总收入308.9亿元,比上年增长6.2%。其中,地方财政收入133.2亿元,加省补助、上年结转等收入346.9亿元,预算总收入480.1亿元。全市公共财政支出420.2亿元,加体制上解、结转下年等支出59.9亿元,预算总支出480.1亿元。

【助力经济发展更加积极】发挥财政资金引导作用,聚力支持经济高质量发展。安排"4+X"产业支持政策专项资金,市本级兑现工业、服务业、农业、科技创新等产业发展奖补资金7亿元。拨付专项资金4.4亿元支持新能源汽车产业发展。安排"四新"经济扶持资金1亿元,支持筑梦新区引进科研平台和创新创业团队。安排资金0.3亿元,支持首位产业招商。落实减税降费政策,减免税费40.6亿元。降低社保费率,为企业减负1.1亿元。进一步清理规范涉企保证金,项目数减少到10个。围绕"四督四保"和"四送一服",在城区开展工业企业财政金融调研走访,着力提升小微企业、民营经济的信贷支持度和政策精准度,帮助解决实际困难和问题。

【财政改革更加深入】深化财政体制改革。制定《安庆市基本公共服务领域共同财政事权和支出责任划分改革实施方案》,加快推进基本公共服务均等化。深化投入方式改革。加大政府和社会资本合作(PPP)模式推广与运用,新增入库项目18个、累计47个,新增落地项目12个、累计33个,新增全国示范项目2个、累计7个,是本省唯一四个批次都有项目入选的城市,连续两年获省政府表彰。积极推进政府购买服务,全市共安排政府购买服务项目249个,增加55个。深化国库管理改革。推进电子化支付,完善预算执行动态监控体系,防范财政资金风险,确保资金运行安全、规范、有效。深化国资国企改革。理顺国资国企监管运营体系,强化国有资产监管,建立向市人大常委会报告国有资产管理情况制度。

【金融服务更加精准】加大信贷投放。全市本外币各项贷款余额1982.7亿元,较年初增加264亿元。强化金融支撑。全市新型政银担新增贷款51亿元,服务企业938户,其中"税融通"投放7.4亿元,服务企业193户。发放创业担保贷款7.5亿元,惠及创业者7000余人。续贷过桥资金当年周转122亿元,扶持企业2409户,年周转率20次。"劝耕贷"担保2.3亿元,担保762户。推进企业上市(挂牌)。新增报会企业1家、报备1家,新三板挂牌企业达到22家,省股权托管交易中心挂牌企业达到307家,其中新增228家,全省领先。加强风险防范。深入推进国家社会信用体系示范市建设,持续开展金融环境整治专项行动,出台《银行取得抵债资产缴纳税收财政奖励暂行规定》,助力银行处置不良资产。强化债务限额管理,加大风险防控,完成存量政府债务置换,当年置换63.9亿元。争取新增债务资金38.2亿元,支持棚户区改造、公路交通、土地收储等重点项目建设。借力基金运作。加快构建覆盖企业发展全生命周期的基金体系,助力本市产业体系转型升级。全市共设立政府出资产业投资基金15支,总规模136.2亿元,到位34.2亿元,投放49个项目21.5亿元。其中2018年设立新能源基金等产业投资基金5支,总规模34.2亿元,已到位10.1亿元。引进股权投资基金及其管理机构6家。

【民生保障更加有力】精准对接群众需求,不断增进民生福祉。全市民生支出354.1亿元,占财政总支出的84.3%,增长10.5%。33项民生工程投入125.1亿元,高质量完成年度目标任务。持续加大投入,提升本市基层基本公共服务保障水平。教育投入78亿元,促进教育公平优先发展。医疗卫生与计划生育投入49亿元,推进健康安庆建设。社会保障和就业投入50.5亿元,支持多层次社会保障体系建设和高质量就业。坚持绿色生态导向,加快生态文明建设,保障湖长制、河长制、林长制实施。拨付水污染防治资金2.8亿元,用于城区水系及黑臭水体治理。安排专项资金2400万元,用于地表水断面生态补偿、大气和土壤污染防治等。

【城乡统筹发展更加协调】提升城市综合承载能力。积极筹集各类资金95亿元,着力保障重大项目需要,城区骨干道路加快建设,棚户区、老旧小区改造加快推进。全力支持脱贫攻坚。投入专项扶贫资金12.6亿元,统筹整合涉农资金24.3亿元,投放扶贫小额信贷13亿元。新增投入1.8亿元,开展资产收益扶贫。支持实施乡村振兴战略。拨付资金1.6亿元,推进美丽乡村建设,改善农村人居环境。争取世界银行贷款4435万美元,支持养老服务体系建设和农村公路提升改造示范项目。积极推进农业保险"提标、扩面、增品",投入补贴资金1.2亿元。推进农村综合改革。投入资金1.6亿元,实施893个"一事一议"项目,惠及122个贫困村。桐城市、潜山市、岳西县、太湖县、望江县获批2018年国家扶持村级集体经济发展试点县,投入试点资金2.3亿元,涉及项目321个。

【财政管理更加规范】全面实施绩效管理,编制项目资金绩效目标,突出绩效导向。强化绩效评价结果运用,实行结果公开,健全绩效评价结果反馈制度和绩效问题整改责任制。在财政部2017年度县级财政管理绩效综合评价中,本市五个县(市)进入全国前200名,获省政府通报表扬。加强项目资金运行监控,对33项民生工程和市直34个单位开展绩效评价。推进预算信息公开,及时公开政府、部门和"三公经费"预决算信息,实现公开范围"全覆盖"。开展"小金库"、违规发放津补贴等专项检查。持续推进财政党建和反腐倡廉工作,驰而不息推进财政系统作风建设和效能建设。

(林浩)

桐城市财政工作概述

【概况】2018年,全市财政收入首次跨上30亿元台阶,同比多收3.64亿元,增长13.8%。2018年,全市财政支出46.05亿元,较好完成全年各项财政工作任务,有力促进全市经济社会各项事业健康发展。

【财政收入】狠抓收入预期管理。积极开展财政收入预测和预算执行情况分析,科学应对经济运行对财税工作的影响,有效防止财政收入增幅大起大落。抓实综合治税联席会议制度,推进涉税信息共享,有效堵塞征管漏洞,确保应收尽收。有效盘活财政存量资金。积极依规盘活财政存量资金,加大统筹调度力度,集中财力用于脱贫攻坚、民生工程等重点领域,让有限财政资金发挥更大绩效。科学加强库款调度。高度重视财政国库现金流量统计和预测,强化库款现金流变动趋势分析,科学测算、合理调度,切实保障全市各项重点支出资金需要。加快总部企业落地。全面兑现总部企业财税优惠政策,全年注册落地总部企业14家,纳税总额达3.22亿元,税收贡献率超过10.7%。

【民生保障】全力保障脱贫攻坚。多渠道筹措并及时拨付资金1.52亿元,优先保证脱贫攻坚工作开展;投入资金1365.5万元,完成32个资产收益扶贫项目建设;安排资金2339万元,对贫困户扶贫小额信贷进行贴息。着力推进乡村振兴。坚持以市场为导向,按照因地制宜、因村施策要求,投入资金1810万元,推进45个扶持村级集体经济发展试点项目建设;安排资金1900万元,推进123个"一事一议"财政奖补项目建设;拨付资金2331万元,实施农村道路畅通工程;拨付资金4600万元,支持高标准农田和田间工程建设;投入资金6070万元,支持美丽乡村建设。大力支持社会事业发展。优先保障教育发展需要,全年教育支出10.76亿元,占全部财政支出的23.4%,

全面改薄、校舍维修、学前教育等方面投入超过4400万元。积极支持医疗卫生事业发展,拨付资金1200万元,对公立医院和基层医疗机构进行补助;筹措资金35221万元,及时落实城乡居民医保和基本公共卫生服务财政补助;安排资金2126万元,及时兑现计生奖特扶补助、独生子女保健费和企业退休职工独生子女一次性补助。加大就业支持力度,安排资金3114万元,支持开展职业培训和就业服务,统筹做好高校毕业生等重点群体就业工作。落实社会保障和救助政策,提高城乡低保、农村五保供养、孤儿基本生活费、特困失能和半失能人员护理补贴标准,及时兑现各类补助1.25亿元。落实资金5787万元,支持农村基层党组织建设。

【服务发展】积极兑现产业扶持政策。根据桐城发展实际,组织修订《桐城市扶持产业发展"1+3+8"政策体系》,并及时兑付奖补资金1.45亿元;参与制订《桐城市扶持首位产业发展政策》,扎实开展"四送一服"活动,全力服务首位产业发展。认真落实减税降费政策。严格执行增值税税率调整政策,全年减轻企业税费8000万元以上;落实城镇土地使用税适用税额标准及应税范围调减政策,直接减轻工业企业税负5000万元以上。持续优化金融发展环境。积极破解企业"融资难、融资贵"难题,支持政银担、税融通等业务发展。争取省农担集团在本市设立办事处,全市涉农担保业务快速增长。积极搭建银企沟通平台,按季开展银企对接活动,及时兑现奖励政策,支持企业上市。加快推进创业创新。继续做好创业担保贷款"整贷直发"工作,补充邮储银行担保基金100万元,安排劳动密集型企业和微利个人贴息资金520万元。

【财政改革】深化部门预算编制改革。预算编制进一步完善,预决算公开全面实现,预算评审论证成效明显,初步建立起框架体系完整、内容有机结合、运转高效有序的财政资金分配、使用和管理机制。稳步推进国库集中支付电子化管理改革。本市国库集中支付电子化系统于6月上线运行,初步构建安全、便捷、高效的财政国库集中支付管理新模式,提高预算执行效率。强力推进国有房产公开竞租。出台《国有房产公开招租工作实施方案》,研究制定《桐城市国有房产出租管理办法》,冲破重重阻力,委托省产权交易中心成功对109间国有门面房进行公开招租,实现平稳经营和国资增收的双赢局面。规范政府采购管理。进一步改进和完善采购程序,做到规范采购与简便高效相结合。积极推进行政事业单位"宜采商城"网上采购,自上线以来,本市行政事业单位"宜采商城"采购额始终处于安庆市领先位置。加强政府债务管理。严格控制债务规模,优化债务结构,全面清理政府隐性债务和中长期支出事项,强化政府隐性债务风险防范和化解,通过省财政厅代理发行地方政府债券8.06亿元,圆满完成存量债务置换工作。

(黄璋程)

怀宁县财政工作概述

【概况】2018年,怀宁县一般公共预算全口径收入完成21.89亿元,较上年同期增收1.56亿元,增长8%。2018年全县一般公共预算支出34.95亿元,比上年增支3.43亿元,增长10.89%。

【财政实力持续增强】加大收入征管力度。坚持把组织财政收入、壮大财政实力作为财政工作重心,大力培植骨干财源,强化部门协调配合,优化综合治税信息平台,狠抓收入预期管理,确保财政收入及时入库、平稳增长、稳中提质,圆满实现年初县人代会确定的预期目标。加大对上争资力度。首次将向上争取资金纳入年度目标绩效考核体系,激励各部门加大力度争取上级资金和政策支持,全年争取各项转移支付资金20.64亿元,争取省政府置换债券、再融资债券以及新增债券共9.1亿元,增加对脱贫攻坚、农业基础设施、棚户区改造等资金支持。加大平台投融资力度。支持配合平台公司创新投融资手段,采取PPP、EPC、EPC+O等模式落实S238二期、高河大河综合治理及东南新区城镇化建设(一期)、石牌戏曲文化特色小镇、独秀乡村振兴示范区、绿色长廊等县内重点项目建设资金需求。

【促进发展聚力增效】落实兑现优惠政策。有效发挥积极财政政策对经济发展的引导和驱动作用,大力培育实体经济,推动经济结构优化和新动能加快成长。深入开展"四送一服",全年兑现各类政策奖扶资金28142万元,落实各级支持企业发展专项资金6612万元。支持企业多渠道融资。发挥政策性担保效用,县担保公司2018年底在保企业194户,在保余额11.88亿元,放大倍数4.18,新型政银担较年初增加8.29亿元,其中税融通贷款业务累计为县内48

户企业放款3.12亿元,为70户中小企业提供续贷过桥业务3.82亿元,年周转率达9.6次。持续跟踪三环集团、万邦特材主板上市及永驰婴童、美裕公司新三板挂牌等企业服务工作,兴中新材料在新三板成功挂牌,全县新三板挂牌企业累计4家,区域性股权交易中心挂牌企业达8家。加大信贷投放管控。扎实开展金融环境专项整治行动,积极探索发展绿色金融,2018年全县各项贷款余额199.91亿元,新增贷款26.23亿元,总量居安庆市第2位。保障重点工程建设。落实土地增减挂钩、征地补偿资金2.5亿元,有效保障工业园区、长城文旅康养小镇等项目用地需求。筹措资金1.1亿元,推进国省道建设及养护、下浒山水库等项目实施,G206和S238一期提前完工通车,S238二期顺利开工,支付“三馆一中心”、智慧城市等年度服务费8000万元,加快项目建成并投入运营。

【民生保障更加有力】大力实施民生工程。全年32项民生工程实际投入资金14.64亿元,占计划的105.4%,县财政配套资金2.43亿元。32项民生工程预定目标全面完成,其中财政部门牵头实施的政策性农业保险、资产收益扶贫在市级考核中均获第一名。做好脱贫攻坚资金保障。争取上级资金3493万元,县本级安排7017万元,财政投入扶贫资金超过1亿元,财政专项扶贫资金绩效评价在全省考核排名靠前。实施资产收益扶贫项目10个,村均增收3.66万元,建档立卡贫困人口人均受益145.09元,非贫困人口人均增收576.11元。推进扶贫小额信贷工作。2018年新增投放扶贫小额信贷818户3973万元,完成率113.8%,率先超额完成省指导性目标任务,获市扶贫开发领导小组通报表彰。本县扶贫小额贷款累计余额涉及7280户达36024.9万元,获贷率66%,位居全省第四。改善城乡基础设施条件。落实资金4.94亿元,解决1.76万人口饮水安全问题、建成棚户区904套,改造老旧小区1个、农户卫生厕所8000户、农村危房769户,完成农村道路畅通工程224.4公里、县乡公路大中修17.3公里,改善城乡居民生产生活条件。

【社会事业稳步发展】支持教科文事业发展。全年投入义务教育保障经费5793.8万元,发放中职和普通高中学生资助1018.78万元,安排资金6422万元,实施校舍维修改造等项目85个。整合文化产业、体彩公益金等财政资金,积极推进石牌徽班文化馆、怀腔研究、海子纪念馆等项目建设,推动全县文化旅游事业全面发展。完善社会保障体系。全年征收机关事业单位养老保险75075万元、职工养老保险25071万元、城乡居民养老保险29586万元、失业保险1838万元、城镇职工医疗保险10838万元、居民基本医疗保险43031万元、工伤保险1299万元、生育保险487万元。认真开展就业再就业、五保低保、“八老”、残疾人等社会保障及救助补助,按期完成机关事业单位养老保险改革及资金清算。支持医疗卫生事业发展。落实健康扶贫政策,拨付扶贫对象医疗救助和政府兜底资金、“351”“180”补充医保补偿金累计超过1000万元。严格执行药品零差率补助,配合做好基本公共卫生及家庭医生签约工作。安排资金1100万元,支持县级公立医院、乡镇卫生院设备购置、房屋维修及村卫生室标准化建设,推进省级健康促进示范县及省级卫生县城创建工作。支持维护社会稳定。落实公安、司法机关办案经费1192万元、装备经费702万元,安排消防业务大楼建设资金1300万元、综治中心大楼改造资金366万元,稳步提高本县政法、消防、综治部门经费供给水平,保障全县扫黑除恶等专项行动开展。

【助力“三农”成效显著】加大农业生产投入。农林水事业及支农投入达1.92亿元,推进粮油高产、秸秆禁烧、林业增绿、中小河流治理等项目实施,完成及实施高标准农田建设等农发项目29个,财政投入达9176万元。拨付财政奖补资金1581万元,实施一事一议财政奖补项目118个。完成畅通工程项目224公里7061万元、危桥改造项目14座929万元,农田水利、农业生产等农村基础设施逐步改善。推动实施乡村振兴战略。出台《怀宁县扶持村级集体经济发展实施方案》,重点扶持薄弱村发展村级集体经济,完成拟实施项目申报;围绕实施乡村振兴战略,启动建设怀宁县独秀乡村振兴示范区,落实各级美丽乡村建设资金4300万元,建设美丽乡村省级中心村12个、市级4个、县级8个,对全县“三线三边”及60个自然村庄开展环境专项整治。认真落实财政惠农政策。发放财政补贴农民资金2.73亿元,惠及30.03万户次,农业支持保护补贴面积59.52万亩,发放补贴资金8005万元。安排政策性农业保险保费补贴703万元,支付理赔1750万元,受益农户2900户。支持特色种植业发展,兑付蓝莓产业发展奖补资金320万元、蔬菜产业发展奖补资金407万元,促进农业增效、农民增收。

【财政监管不断强化】规范政府债务管理。严格执行地方政府债务限额管理及预算管理制度,按要求将系统内债务纳入预算管理,组织全县211个单位注册填报财政部隐性债务监测系统,强化政府债务监管。推进部门综合治税。优化涉税信息系统,整合税务部门基础数据,完善涉税信息定期通报、督查分析机制,实现涉税信息双向互联互通,有效堵塞税收漏洞、规范税收征管。开展财政监督检查。全年开展县乡财政财务监督检查两次,组织会计信息质量、预决算信息公开、扶贫资金大排查及“小金库”治理等专项检查11次,清理收回财政存量资金6476万元,规范预算单位收支管理,确保扶贫项目“资金不落一分全面到位”。发挥财政投资评审职能。累计完成财政投资预算评审项目116个,报审金额162309万元,净审减6527万元,净审减率4.02%。规范政府采购行为,累计审核政府采购637项,采购资金27967万元,节约资金263万元,资金节约率为0.94%。加强会计工作管理。落实“放管服”及社会信用体系建设要求,编制政务服务权责清单,优化财政窗口服务。做好会计人员继续教育、政府会计制度培训和专业资格考试工作,完成176家行政事业单位内部控制报告编制。强化会计中介机构监管,组织代理记账机构执业情况检查,提升会计管理与服务水平。

【财政改革蹄疾步稳】实施财政体制改革。建立经开区财政体制,完善乡镇财政管理体制,出台相关激励办法和奖励措施,提高乡镇财政保障能力、激发乡镇财源建设主体活力,充分调动各级发展经济积极性。推进预算管理改革。进一步规范财政资金管理,着力健全预算管理制度,预算管理规范化水平显著提高。推行“开门办预算”,连续五年开展部门预算公开评审,财政预决算、“三公”经费预决算依法有序公开。继续开展权责发生制政府财务报告试编工作,强化绩效预算管理,县级财政管理绩效综合评价首次进入全国先进行列。实施国库支付电子化改革。依托建立电子支付安全支撑控件,实现预算单位申报计划、资金支付、银行清算全部通过网络传递,提高财政资金运行效率,全年通过国库集中支付系统支付资金超过50亿元,公务卡支付超1000万元。加强国有资产监管。完善行政事业国有资产管理制度,规范国有资产处置行为。切实履行国有企业出资人职责,强化绩效考核与薪酬管理,出台《怀宁县县属相关国有企业负责人经营业绩考核与薪酬管理办法》,积极推进驻怀省市属国有企业“三供一业”分离工作。

【机关建设扎实推进】加强思想政治建设。财政局党组中心组全年组织党的十九大精神、习近平新时代中国特色社会主义思想和党章等集中学习12次,局总支及各支部组织集中或专题学习达50余次。夯实机关党建基础,提升标准化建设内涵,积极参与争创全市党组织标准化建设示范点活动并获评先进单位称号,进一步增强党组织的向心力、凝聚力。切实改进工作作风。加强机关效能建设,强化机关考勤管理和日常检查巡查,严明工作纪律,严格执行出差报备和外出请销假制度。在系统内开展小金库、违规发放津补贴等违反中央八项规定突出问题专项清理及党政干部兼职、党员干部信教问题、工作人员因私出国(境)等专项整治工作,财政系统作风建设持续好转。加强党风廉政建设。全面推进财政源头反腐机制建设,堵塞管理漏洞,扎牢“不能腐”的制度笼子。班子成员带头遵守党风廉政建设规定,自觉履行“一岗双责”,主动适应纪检检察体制改革,大力支持县纪委监委驻局纪检监察组监督执纪问责,畅通党内外监督渠道。开展文明创建活动。以打造新时代文明实践中心、财政道德讲堂为依托,巩固财政局省级文明单位创建成果,全年开展城乡结对共建、扶贫政策大宣讲等主题志愿服务活动10次,常态化组织贫困户帮扶走访、社区网格化管理、河湖清洁、移风易俗等系列文明创建活动15次,党员干部进社区实现全覆盖,带动机关管理服务水平的有效提升。强化干部队伍建设。全年组织干部职工参加各类学习培训330人次,其中乡镇财政干部参加集中轮训、岗前培训、交流培训220人次,财政干部业务技能、专业知识和综合素质稳步提升。加大中层干部交流轮岗和提拔使用力度,10名机关股室及乡镇财政所(分局)负责人交流轮岗,20名年轻干部分别提拔担任机关股室及乡镇财政所(分局)负责人或副职,招录20名公务员充实到乡镇财政一线,全系统财政干部年龄层次、知识结构得到优化。

(戴名胜)

潜山市财政工作概述

【概况】2018年,全市一般公共预算收入完成

130829万元、增长10%；一般公共预算支出完成423187万元、增长15.4%。

【大力扶持实体经济】积极贯彻新发展理念，全面落实财政金融政策，扎实推进“四送一服”，全力支持实体经济发展。扩大产业基金规模。组建首位产业引导基金，推动医药健康、文化旅游首位产业健康快速发展。协调引导基金公司深入园区企业走访调研，安庆安元基金公司投资本市的首个项目“环美刷制品扩模项目”开工建设，中泰环境等企业进入尽职调查阶段。提升银企对接质效。举办全市、源潭、开发区专场银企对接会，签约项目233个、资金12.93亿元，银行履约12.14亿元；11亿元新增贷款指导性目标超额完成。持续改善融资担保环境。国有融资担保公司放宽准入门槛，降低担保费率，优化服务流程，快捷办理业务。皖源融资担保公司加入全省“4321”政策性担保体系。推进金融环境整治专项行动，扎实开展防范非法集资活动，稳妥推进不良债权处置，坚决打击恶意逃废债。企业上市(挂牌)取得新进展。中泰环境挂牌新三板，甬安雨具等9家企业在省股权托管交易中心挂牌。财源建设基础不断夯实。进一步完善加快工业和自主创新、文化旅游、现代农业、现代服务业、电子商务和支持外经贸发展若干政策，兑现奖补资金9100万元。支持招商引资，培植壮大财源。

【全力助推脱贫攻坚】切实加大脱贫攻坚投入力度。强化资金保障和监管职责落实，严格执行“三个一切、三个集中、三个一律”，筹措资金33.78亿元，其中统筹财政涉农资金5.03亿元、专项扶贫资金1.77亿元，用于脱贫攻坚“双十工程”和“双基”功能建设。支持“四带一自”产业扶贫模式，农特产业、电商、旅游、就业扶贫等模式实现全覆盖。教育扶贫、健康扶贫政策全面落实。支持乡村整治攻坚行动，改造农村危房4610户，拆除无人居住破旧房屋1.23万户，完成易地搬迁贫困群众451户，建成畅通工程389公里，解决非贫困村水、电、路等小型基础设施突出问题。完善扶贫小额信贷政策，投放扶贫小额信贷14749万元，完成省指导性目标的105.8%，带动8126户贫困户增收2251万元。安排4035万元，支持60个贫困村和69个非贫困村开展资产收益扶贫和发展集体经济，并指导乡镇、村(居)科学选择发展项目和经营主体，建立健全利益联结机制，60个贫困村集体收入均达到或超过10万元。深入开展财政扶贫资金专项治理。紧盯财政扶贫领域腐败和作风问题，以零容忍的要求扎实加强扶贫资金监管，推动扶贫政策落地见效。对巡视巡察、督导调研和专项检查中发现的财政扶贫资金分配使用问题，对照反馈清单认真梳理，通过专题培训、督导检查和回头看等方式推动整改落实，促进财政扶贫领域作风不断改善。有效推进扶贫资金绩效评价。全面落实政策要求，规范项目申报、资金分配使用等程序，督促指导资金使用部门按要求开展绩效评价，强化评价结果运用。

【促进城乡统筹发展】助力乡村振兴战略。安排财政奖补资金1852万元支持101个村级公益事业一事一议项目建设；农业综合开发成效显著，建成黄铺项目区高标准农田1.48万亩，建设源潭、王河项目区高标准农田，槎水、塔畈等小流域治理相继完成。推进融资风险补偿基金试点，为206户农民合作社和家庭农场获得融资风险补偿贷款7296万元；建立农业信贷融资担保“劝耕贷”工作体系，设立1000万元综合维护资金池，有序推行“劝耕贷”，形成政府、担保公司、银行、新型农业经营主体共担共享的新型支农资金使用机制。深化农业保险扩大试点，推进特色农业保险和扶贫保险，进一步做好商业补充保险工作。支持农田水利“最后一公里”建设，实施水土保持项目，加固皖水河4段堤防和10座小型病险水库，持续改善农业生产条件。保障民生实事工程。聚焦“七有”目标，补齐民生短板，总投入19.59亿元，支持33项民生工程；采取精准调度、督查考核等方式推动项目实施，四好农村路等11项工程类项目稳步推进，党建引领扶贫等19项补助补贴类项目资金及时支付，就业扶持等3项培训类项目有序开展。进一步提高城乡居民基本养老保险、最低生活保障和特困供养人员供养标准。进一步提高村干部报酬和村级基本运转经费保障标准，完善社区组织保障和社区干部保险补助机制。保障桃园南路“瓶颈段”拓改、天柱山镇中心学校和中心小学迁建等实事工程顺利推进。城市污水处理厂提标改造、皖潜大道和舒州大道黑色化改造提升等重点项目开工建设。支持重点领域事业。落实学前教育三年行动计划，义务教育“全改薄”，高中办学条件进一步改善。支持构建公共文化服务体系和融媒体建设。河长制、林长制各项财政支持政策全面落实，推进美丽乡村建设，整治非正规垃圾堆放点，支持秸秆禁烧和综合利用，助力农村环境“三大革命”,实施石材开采加工企业综合整治和矿山地质环境恢复治理,加快生态环保建设。安排专项资金,保障安全生产、信访维稳安保和扫黑除恶专项斗争。支持开发区体制改革与机制创新。助推“互联网+政务服务”。

【合力推动聚财增收】充分发挥牵头作用,加强调度、分析、监管,依法组织财政收入,完成年度收入目标。加强分析调度。切实把握经济发展动态,科学分解收入预期目标,压紧征收责任。按照税源增减因素和行业发展趋势,紧盯进度、均衡、增幅,坚持财税库联席会议制度,加大收入调度力度,牢牢掌握组织收入主动权。狠抓重点收入。加强对重点行业、重点领域、重点税种的跟踪管理,健全税收收入监控、预警机制,确保各项税款及时足额入库;密切关注重点工程、重点项目,强化新上项目跟踪服务,紧盯进度、投资额、税款缴纳情况,确保经济增长点成为收入增长点。工业税收增长较快,占税收收入的32.9%,增长34.8%。纳税前30名工业企业税收增收7070万元,增长43.4%。开发区、梅城镇、源潭镇等提前一个月完成全年收入预期。依法强化征收。支持国税地税征管体制改革,推动税收征管更加规范、统一;坚持依法治税,推进涉税信息共建共享,对重点财源实施重点监督,堵塞税收征管漏洞。推进非税收入管理,加强国有资源(资产)有偿使用收入管理。严格财政票据管理,坚持做到票款同行。

【深化财政改革管理】全方位接受监督。配合开展政府性债务审计、经济责任审计、“同级审”、财政脱贫攻坚专项巡察,对财政预决算及收支预算执行情况、重大项目资金安排、投融资与金融、民生工程等工作及时向市人大、市政协报告,认真办理代表建议和政协提案,并通过门户网站等方式公开,主动接受各种监督。深入推进改革。推进预算管理改革,坚持优先保障民生,开展重点项目预算评审,增强预算编制的精准性、统筹力;启动国有资本经营预算编制,完善政府预算体系;积极清理盘活财政存量资金,实施国库集中支付电子化管理,提高预算执行的及时性和效率;严格政府性债务限额管理与预警评估,清理甄别隐性债务,提升债务风险防控水平。推进投融资管理改革,统筹做好政府性投资项目资金保障,谋划实施政府与社会合作项目,转型后的投融资平台已注册登记。按规管理使用10亿元企业债资金。乡镇污水处理ppp项目入选财政部示范项目。财政管理绩效综合评价获财政部表彰。多举措强化管理。对2017—2018年财政扶贫资金支出、项目实施、公告公示制度执行情况和资产收益扶贫、扶持村集体经济发展、县域结对帮扶资金的项目情况进行全面检查。坚持部门自评、重点检查和委托第三方绩效评价相结合,全面推进民生工程评价;对近三年新增债券项目资金进行审计评价。加大乡镇财政资金监管考核力度,强化巡查、互审、通报;拓展延伸“一卡通”系统应用,提升惠农补贴发放精准度;完善农村集体“三资”管理考核办法,运行“三资”管理信息平台,加强村级财务管理,推进阳光村务建设。

(袁先礼)

太湖县财政工作概述

【概况】2018年,完成一般公共预算收入100160万元,增长11.8%。完成一般公共财政支出468204万元,比上年增长28.5%,其中13大类民生支出达401994万元,占支出总额85.9%。

【绩效管理不断增强】财政部对全国28个省(区、市)1891个县的县级财政管理绩效进行综合评价,本县全国综合排名第52位,全省综合排名第8位,省财政厅一次性下达本县奖励资金500万元。财政专项扶贫资金绩效考评中,本县取得优异成绩,省财政厅累计奖励本县扶贫专项发展资金2400万元。硬化预算约束。针对部分单位预算约束淡化、财政资金管理水平和使用效率较低的情况,财政部门按照“花钱必问效、无效必问责”的要求,全面强化预算绩效管理。强化绩效预算编制。规定年初预算50万元以上的部门项目支出,必须编制绩效预算,纳入本级绩效目标管理;2018年纳入绩效预算的项目资金150138万元,占本级项目预算的85.4%。强化库款管理。认真做好库款日常监测和统计分析,实时掌握库款运行情况,通过强化用款计划管控、强化债券资金使用、清理往来款项等措施,科学合理调度库款,确保重点支出项目资金需求。完善国库集中支付改革。实行电子化支付,制定国库电子支付业务管理办法等制度,稳步推进网络改造、银行联网测试等工作。深入开展绩效评价。聘请第三方中介机构对新增债券资金、财政扶贫资金、民生工程资金、农业发展资金等安排的重点支出项目进行绩效评价,评价项目资金总量达87355万元。努力盘活存量资金。通过锁定、消化、控制等方式,全年盘活财政存量资金 109496 万元,按原用途继续使用或调整使用 98090 万元,收回县本级预算重新安排使用 11406 万元。建立预算审查机制。配合县人大常委会,抽选 10 个具有代表性的预算单位,由第三方中介机构对其部门预算编制和执行情况进行审查,查找问题,督促整改,提高预算单位理财水平。全面推进预决算信息公开。印发《太湖县财政局关于 2018 年部门预决算公开工作的通知》,精心组织,周密安排,认真制订预决算信息公开工作方案,积极部署地方预决算信息公开工作。除涉密单位外,全县 79 个部门预决算和"三公"经费预决算均按时在政府信息网站公开。随后对预决算信息公开进行全面自查,向问题单位下达整改通知,督促其进行整改,直至达标。加强财政监督检查。在广泛开展会计信息质量检查的同时,进行"小金库"防治和滥发津补贴专项检查,督促预算单位加强支出管理,确保财政资金有效运行。

【收入质量持续向好】面对财政经济形势复杂、国家全面推行减税降费政策等不利因素,财税部门勇于担当,主动作为,通过创新征管方式,加强税源监控,采取综合治税、代扣代征、稽查清欠等有力措施,加大异地税源和小额零星税源管控力度,实现税收收入稳步增长。全年共完成税收收入 84039 万元,较上年增收 8775 万元,增长 11.7%。非税收入征管采取以票控费、定期清查等有效措施,确保非税收入应收尽收、及时足额入库,同时坚决剔除收入中不合理部分,不断提高收入质量,确保形成可支配财力,全年共入库政府非税收入 16121 万元,较上年增收 1839 万元,增长 12.9%。地方财政收入 54157.9 万元,增长 14.5%,地方财政收入中税收收入占比 77%,高出全省平均水平 5.5 个百分点,收入质量持续向好。

【支出结构不断优化】在收支"紧平衡"的情况下,全面贯彻落实县委县政府决策部署,保重点、控一般。义教经费保障、中职和普高免费助学、中小学校舍维修改造等资金足额到位。公共文化、体育场馆免费开放,文化信息共享工程全面启动。社会保障标准逐年提高,社会保障范围日益扩大。基本公共卫生服务条件日益改善,服务水平不断提升。城乡环卫一体化、水源保护、文明县城创建稳步推进,人居环境明显改善。主干道路升级改造、"四好农村路"工程全面推进,城乡交通日益便捷。城市棚户区、老旧小区和农村危房有效改造,美丽乡村建设持续推进,城乡居民居住条件明显改善。

【重点工作稳步推进】扶贫脱贫扎实有效。全年统筹整合涉农资金支出 4.76 亿元,主要用于农业生产发展、农村基础设施建设。累计拨付扶贫专项资金 3280 万元,带动其他社会资本 2980 万元,支持贫困村开展资产收益扶贫工作,实现收益 481.46 万元,其中贫困村增收 150.4 万元,建档立卡贫困人口 14137 人分红收入 331.02 万元。通过务工收入、土地流转、救济救助,带动非贫困户 2669 人增收296.98 万元。30 个贫困村实现"一村一品"。全年投放扶贫小额信贷 32913 万元,收回 4071 万元,新增 28842 万元,贴息 2530 万元,超额完成省政府确定目标任务,完成率居全市第一。民生事业稳步推进。实施棚户区改造 2864 套,农村危房改造 3367 户,农村改厕 7000 户,完成农村道路畅通工程 435 公里,政策性农保补贴 1823 万元,46 个省市县级中心村建设不断推进,持续开展农村生活垃圾治理,城乡环卫一体化效果明显。居民基本养老保险参保、续保 23.05 万人,医保参合率 97.2%,大病保险 14842 人补偿 2044 万元,完成家庭医生签约服务 17.23 万人,城乡居民医疗保险保障有力。全年发放创业担保贷款 4295 万元,贴息 545 万元。开展技能培训 1999 人,发放培训补贴 164.4 万元,及时兑付创业园奖补资金 200 万元,社会就业创业红利不断释放。义务教育均衡发展,公共文化服务品牌逐步提升。支持县域经济健康发展。全年减轻企业各类税费负担约 12000 万元,拨付支持各类企业产业发展奖补资金 27518 万元,技术升级改造资金 3500 万元。累计发放担保贷款、续贷过桥等 286 笔 120183.5 万元。持续跟进优质企业上市进程,集友股份成功上市效应明显,11 月份,中国证监会主席进行实地考察。宏宇五洲等一大批公司相继完成股改,金张科技完成辅导立项,正稳步推进报会。全县 123 家企业在省股交中心挂牌。积极组建、引导产业基金支持首位产业发展。G105 国道太湖段、县医院整体搬迁等一批重点工程、重大项目顺利实施,总投资 24.49 亿元的 S246 公路太湖段项目成功通过专家评审进入 PPP 项目库,PPP 融资成绩显著。积极开展农民专业合作社清理整顿,开展金融环境整治专项行动,不定期开展非法集资监测、教育、预防和处置工作。

【基础工作扎实有力】国库集中支付监管有效,

全年发生支付业务13.69万笔,支付资金39.6亿元,通过审核把关,拒付、退回各类不合规条据415笔3068万元。国库管理水平逐步提升,财政对外借款全面清理,支出经济分类科目改革顺利实施,政府综合财务报告编制工作推进有力。农村财政管理工作水平不断加强,惠农补贴"一卡通"系统功能拓展顺利,全年通过"一卡通"发放财政补贴惠农资金14项25类31860万元,乡镇财政互审不断完善,村级债务化解效果明显。"一事一议"奖补项目扎实推进,建成农村道路、水利等项目147个,覆盖128个行政村。国家扶持村级集体经济发展试点推广开局顺利,一批优质集体资产、资源逐步形成,试点工作受到市局表彰。政府债务管理规范有力,存量政府债务置换顺利,新增债券发行额度全市排名第一,防范化解政府隐性债务风险稳步有序,完成"农村道路畅通工程"等6个项目的绩效评价。国有资产管理进一步增强,全面开展国有存量资产、资源的调查摸底,"三供一业"顺利推进,行政事业单位国有资产配置优化、处置规范,全年配置审批手续41项1259.6万元,处置、调拨资产项目125个原值2225.6万元。政府采购渠道不断拓宽,全县实际采购规模达27175万元,节约资金800万元。非税电子征缴改革稳步推进,统一公共支付平台及非税系统改造试点全面完成,非税收入收缴全力开启"互联网+政务服务"时代。农发工作全面完成,城西、牛镇高标准农田建设顺利通过市级验收,产业化贴息项目建设和财政补助全面落实,总投资1963.3万元的2018年高标准农田全面完成招投标工作,节约财政资金465.6万元。会计基础工作认真有效,全县460多人参加政府会计准则制度培训,报名全国技术专业资格考试人数创历史新高,财政干部综合素质能力提升和财政支农政策培训成效明显,会计行业监管规范有力,内控建设不断增强。财政监督持续有力,牵头实施巡视整改"滥发津补贴"专项整治工作,持续开展"小金库"防治和会计监督检查;公务用车管理规范有序,全年保障77个行政单位公务出行,运行150多万公里,无一例安全事故发生。财政信息化建设稳步推进,顺利实施全县电子化支付改造,全面完成财政分局、所网络物理隔离,成功规避省财政厅通报病毒入侵风险,全年无一例网络安全事故发生。舆情回应及时办结,全年办理人大代表建议5件,政协委员提案4件,妥善处理来信来访、网友留言5件,均得到满意答复。队伍建设不断增强,人员紧缺问题初步得到缓解,党建活动有声有色,全系统16个支部标准化建设通过达标验收。文体活动蓬勃开展,成功举办第二届职工掼蛋比赛和羽毛球比赛,财政局被省体育局评为群众体育先进集体。

(周学平)

望江县财政工作概述

【概况】2018年,全县一般公共预算收入完成100169万元,为年初预算的101.2%,比上年增收10153万元,增长11.3%。全县一般公共预算支出完成382816万元,为年初预算的157.9%,为调整预算的107%,比上年增支60695万元,增长18.8%。

【财政收入管理】加强收入预期管理,克服政策性减税降费和税收征管体制调整的影响,及时掌握收入进度和税源变化趋势,实施精准调度,促进均衡入库。强化重点税源监管,加强重点税种、重点项目、重点企业和重点行业税源动态监控,千方百计挖潜增收。认真执行非税收入征收政策,规范非税收入管理。全年公共财政收入顺利跃上10亿元新台阶。

【扶贫资金运作】加大扶贫资金筹集力度。全年累计筹集各类扶贫资金28.7亿元。其中:统筹整合并纳入扶贫资金监管的各类财政涉农资金4.69亿元;通过融资和金融扶贫投入资金12.15亿元;实施民生工程投入扶贫领域资金9.18亿元;争取上级扶贫"双基"转移支付和用于扶贫的地方政府债券2.7亿元。强化扶贫资金全过程监管。按照"定额法"与"因素法"合理分配扶贫资金;建立"负面清单",确保统筹整合涉农资金集中投向脱贫攻坚"十大工程"领域;定时开展扶贫资金联合检查,聘请第三方社会中介机构对扶贫项目实施情况进行规范性评审;健全扶贫资金项目公告公示机制,积极搭建财政扶贫资金动态监控平台,完善扶贫项目资金清单管理和绩效评价制度。着力提升扶贫资金运作绩效。整合涉农资金投入农村社会事业项目118个、农业产业项目327个、农村基础设施项目211个,到村到户特色种养产业实现全覆盖,贫困户和村级集体经济实现稳步增收,基础设施建设和基本公共服务不断完善,部分"双基"项目达到验收标准,顺利完成2018年度脱贫任务。

【民生保障体系】全年13大类民生支出共计33.09亿元,占公共财政支出比重86.4%,比上年增加5.3亿元。其中33项民生工程投入资金17.7亿元,足额落实县级配套资金2亿元。推动社会保障体系更趋完善。全年共安排社保项目资金5.97亿元,筹集就业再就业资金1958万元,安排小额担保基金1034万元,累计发放小额创业担保贷款5138万元。推动社会事业不断发展。安排各类教育发展经费2.43亿元,发放家庭经济困难学生资助2650万元;安排2033万元支持城乡文化事业发展;安排2957万元实施基本公共卫生服务均等化,将年人均补助标准由50元提高到55元。夯实民生事业发展基础。投入6.7亿元推进乡村道路、水利、棚户区改造等基础设施建设;投入2571万元完善农饮水和食品安全等公共服务。

【高质量发展基础】加大对上争取支持力度。全年累计争取各类财政资金31.4亿元,同比增长16.6%,为县域经济的发展提供坚实财力保障。积极落实优惠政策。兑现招商引资政策奖励资金2.19亿元。着力推动产业发展。全年累计拨付产业政策奖补资金4578万元。引导金融机构服务地方经济发展,举办多场政银企担对接会,签订银企信贷投放协议6700万元。兑现金融业涉农贷款增量奖励和普惠金融发展奖励资金616万元。发挥产业基金引导扶持作用。拨付产业引导基金4920万元,重点支持竞道动力、达来电机、旭众科技、华璟电子等入园企业,加快项目建设和生产运营进度。扎实创优营商安商环境。全年累计实施中小企业过桥转贷1.3亿元,办理新型政银担业务1.07亿元、税融通业务4690万元。拨付城镇建设用地征地准备金及报批费用8560万元,保障重点项目用地需求。

【投融资服务成效】拓宽融资渠道。全年政府性融资获批总额30.79亿元。大力推进PPP项目实施。加大政府和社会资本合作力度,G347安九二期望江至宿松一级公路项目建设加快推进。太望一级路、S211、S212接济广高速武昌湖互通连接线正在进行招标前准备工作。积极保障重点工程建设。全年累计安排征地拆迁补偿、棚户区改造、重点工程建设资金15.37亿元,安排土地储备资金3545万元,支持城乡基础设施项目建设。加快融资平台转型。积极应对金融政策收紧形势,筹集资金3.59亿元,支持平台公司清理盘活土地资源,明晰产权归属,推进融资平台实体化进程。对市场化基金运作进行有益探索。

【乡村振兴建设有序推进】完善农村基础设施建设。稳步推进2017—2018年高标准农田项目,拨付农田水利建设资金1.6亿元,美丽乡村建设资金4770万元;拨付城乡建设用地增减挂钩项目资金6100万元。大力推进农村综合改革。安排896万元,实施一事一议财政奖补项目建设。拨付4300万元,加大农村基层组织经费保障。安排360万元,实施农村集体资产清产核资和重要农产品生产保护区划定。争取2018年国家扶持村级集体经济发展试点县资金990万元,选择33个村开展试点。积极践行生态文明理念。拨付污染防治专项基金3473万元,严格落实长江经济带"1515"实施方案,全面实施武昌湖、华阳河流域三网拆除和畜禽养殖场搬迁。投入5878万元,积极推进农村"三大革命",争取中央财政秸秆综合利用试点资金1360万元,每年投入320万元建设蓝天卫士工程。及时发放惠农补贴。通过"一卡通"全年累计发放各类涉农补贴资金3.55亿元,全面落实农业支持保护补贴政策。五是完善农业信贷担保体系建设。积极推进农业信贷担保工作,获全省农业信贷担保先进县称号。扎实推进全县农业保险。投入750万元支持农业政策性保险投保,保险品种覆盖率为90%,新开发油菜和莲藕两个特色险种,充分调动广大种养大户发展现代农业积极性。

【财政改革迈出坚实步伐】进一步完善全口径预算编制,强化零基预算管理,全面落实预决算信息公开,提高预算执行力和透明度。支持税收管理体制改革,推进非税收入与社会保险费征缴划转。启动开发区财政体制改革,调整财政管理体制。推进国库集中支付电子化改革,完善国库风险防控体系,深化预算执行动态监控,提高资金支付效率。实行政府非税收入电子化收缴,提高非税收入入库效率。深化国有资产管理改革。全面开展行政事业单位国有资产清查摸底工作,加强国有资产管理数据库建设,加大行政事业单位国有资产整合力度,对部分国有企业资产管理进行有益尝试。继续开展财政存量资金清理回收。累计回收存量资金1.51亿元,集中投向脱贫攻坚、促进经济发展等重点领域。

【财政监督效果更加明显】建立防范化解重大风险工作机制,严格落实地方债务限额和预算双重管理，遏制隐性债务增长，稳妥处置存量债务。加强预算支出绩效管理，拓展绩效评价内容，对扶贫和民生资金绩效评价实现全覆盖，2017年度本县财政管理绩效综合评价受到财政部通报表彰，获拨中央财政奖补资金500万元。健全内部控制体系，建立“三公经费”管理和“小金库”、滥发津补贴防治长效机制，加强预算单位银行账户清理整顿。四是主动接受人大法治监督、政协民主监督、审计监督和社会监督，认真落实各级巡视、督导、巡察和审计整改，坚持问题导向，做到立行立改。

（汪恭稳）

岳西县财政工作概述

【概况】2018年，岳西县财政局以习近平新时代中国特色社会主义思想为指导，以着力构建现代财政制度为核心，始终坚持财政工作的政治性、财政职能的时代性、财政资金的绩效性、财政事业的安全性、财政干部本领的过硬性、财政党建的从严性，全县财政运行平稳有序，财政保障及时有力，财政改革持续推进，财政管理全面加强，再次受到国务院办公厅、省政府办公厅激励表彰，授予“全国财政管理工作先进典型县市”荣誉称号。

【有序组织收入】全县财税部门密切关注税收形势变化，持续加强税源管理，深化税源分析，细化纳税评估，依法打击税收违法行为。全年共检查15户，入库查补税款、罚款、滞纳金合计948.5万元；打击查处违法发票企业10户，查出非法发票121份。面对错综复杂的严峻形势，2018年全县一般公共预算收入完成86440万元，为年初县人代会批准的全年收入目标的100%，增长8.6%；一般公共预算收入中税收收入占比72.2%，较上年提高2.6个百分点，财政收入质量进一步提高，收入结构持续优化。

【增进民生福祉】强力服务脱贫攻坚。安排县级专项扶贫资金3200万元，比上年增加1099万元，增列专项扶贫资金占地方财政收入增量的20.4%；清理收回可统筹财政存量资金2334万元，安排用于脱贫攻坚1875万元。坚持“因需而整，应整尽整”原则，把财政、发改、农业、水利等9个部门20项规模为52060万元资金纳入整合范围，共整合资金47922万元，占整合规模的92%，占计划整合的100%。突出民生改善。2018年完成一般公共预算支出369150万元，增长17.9%。其中13大类民生支出305901万元，增长12%，占一般公共预算支出83%；33项民生工程投资总额14.38亿元，县级安排配套和后期管护资金2.91亿元。“一卡通”发放惠农补贴资金47585万元，覆盖19大类60小项涉农项目，各项惠农政策有效落地。

【助推高质量发展】全面执行结构性减税和普遍性降费政策。继续执行“三去一降一补”等支持实体经济发展政策，认真落实小型微利企业所得税优惠、增值税起征点调整各项优惠政策，全年累计减免各项税费13324万元，兑付各项企业奖补资金10548万元。用足用活资本市场扶贫政策。持续跟踪服务6家总部引进企业，运用“绿色通道”机遇推进企业上市，2家公司进入辅导备案，其中玉和田公司IPO报会在审。扩大财政资金放大效应。2018年补充担保基金2400万元，累计为县内中小微企业提供1199笔30.2亿元融资性贷款担保，在保余额177笔5.1亿元。对贫困户评级授信实现全覆盖，累计发放扶贫小额信贷6.51亿元，当年新增1.60亿元。

【推进城乡协调发展】大力支持农业农村发展。共安排资金6270万元，通过“四带一自”和“三变”改革方式促进特色产业发展。拨付农业支持保护补贴2063万元，拨付3720万元用于农业生产救灾、农机购置补贴等。实施产业化发展项目5个，总投资334.6万元。统筹安排2333万元专项资金，推进农村环境“三大革命”，完成9279户改厕。拨付城乡环卫一体化财政补助资金6205万元，全县生活垃圾无害化处理率达100%。将扶持村级集体经济发展试点项目与贫困村资产收益扶贫项目统筹实施，共实施项目68个，总投资2760万元。加强城乡基础设施建设。拨付交通专项资金21038万元，用于农村道路畅通工程建设。实施农业综合开发土地治理项目6个，总投资2168.6万元。实施一事一议财政奖补项目79个，总投资1432.59万元。安排8237万元，在39个村实施美丽乡村建设。投入12016万元，实施水利薄弱环节治理三年行动。投入1897万元，实施236处农村饮水安全巩固提升。投入31416万元，实施棚户区改造建设1040套，安置面积101972平方米，解决3547人口住房困难。

【构建现代财政制度】持续深化财税体制改革。国税征管体制改革、财政国库集中支付电子化改革、惠农补贴一卡通系统拓展应用、财政扶贫资金绩效管理改革、事权与支出责任划分暨第八轮乡镇财政体制改革、非税收入统一公共支付平台和电子化收缴均适时启动,平稳推进,有效落实。突出财政资金绩效。开展重点项目和整体支出评价,聘请第三方机构对县级财政管理、扶贫资金、地方政府新增债券及民生工程资金开展财政支出绩效评价。对上级考核和绩效评价中发现的问题,认真分析研究,下发问题整改清单,明确整改"时间表"和"路线图",督促相关部门完善制度、规范资金使用,保证资金使用效益最大化。

【防范化解重大风险】成立县委、县政府主要负责人任双组长的防范化解重大风险攻坚战领导小组,建立健全金融风险评估制度和联合处置机制。按照"四清四实"要求,全面摸清县级政府隐性债务底数,规范 PPP 项目、政府购买服务及政府投资基金管理,强化对国有企业和事业单位的监管,稳妥做好政府性存量债务处置工作。出台《岳西县防范化解政府隐性债务风险工作实施方案》,开好"前门",严格遵守债务限额管理规定,依法合规拓展融资渠道。严堵"后门",健全完善债务管理工作机制,硬化预算约束,从机制上源头上防范和遏制政府隐性债务增量。出台《岳西县国有投资公司资金管理暂行办法和岳西县融资平台公司管理办法》,规范国有投资公司和融资平台公司投融资行为,加快推进融资平台公司市场化转型。在全县范围内开展违法违规金融活动打击行动、互联网金融专项整治行动、地方金融机构不良资产压降行动,牢牢守住不发生区域性系统性金融风险的底线。

(储菊著)

迎江区财政工作概述

【概况】2018 年,安庆市迎江区财政一般预算收入完成 14.9 亿元,比上年增长 15.2%,其中地方一般预算收入完成 8.3 亿元,增长 7.8%。全区一般预算支出完成 8.29 亿元,比上年增长 7.8%。

【财政收入质量大幅提升】收入态势稳中向好,全区财政总收入和地方财政收入总量领跑城区;收入质量持续优化,税收增量占比 95% 以上,非税收入占财政收入比重为 3.2%,居全市第一;税源结构进一步优化,现代服务业税收保持两位数以上增长,贡献税收突破 4.8 亿元,占全区税收的 30% 以上,迎江区产业转型升级成效显著。

【中心工作亮点纷呈】助力首位产业发展。大力扶持交通运输、电子商务、科技创新、旅游、文化等现代服务业,设立首位产业引导基金,对符合本区产业发展方向的企业项目进行股权投资;出台《迎江区对商业银行支持首位产业发展考核激励暂行办法》,与 8 家商业银行签订首位产业融资战略合作协议,引导商业银行加大对首位产业的支持力度。助力招商引资。协调安徽维天运通达项目市级扶持政策落地;修改完善绿地紫峰大厦奖补政策资金兑现流程,兑现运通达、漂牛文化等入驻企业招商政策奖补资金;促成路歌物流联盟、汇桔网等项目落户本区。助力企业上市(挂牌)。安庆市特种橡塑公司成功挂牌"新三板",安庆市振发锻件公司在省"专精特新板"成功挂牌。助力营商环境优化。积极落实减税降费政策,落实"营改增"研发费用加计扣除、小微企业税费减免等政策;助力企业融资。组织召开银企对接及产业融资培训对接会,帮助企业了解信贷产品、信贷政策;设立小微企业"转贷应急专项资金",依托千年塔担保公司为辖区 16 家企业提供"4321"项目贷款担保,解决民营企业融资难、融资贵问题。

【民生福祉保障有力】全区财政民生支出完成 73065 万元,占一般公共预算支出的 85.17%,比上年增长 13.43%。全面实施 22 项民生工程。主要体现在以下几个方面:推进教育优质均衡发展;促进创业就业,完成技能培训任务;加大对生活困难人员救助力度,不断提升社会保险保障标准和范围;全面提高村(居)工作人员工资福利待遇;加快城区环境整治与改造,完成安庆二中周边、双莲寺周边等 7 个老旧小区改造。完成龙狮桥菜市场、任店新村等 13 处污水排污口整治,持续巩固文明创建成果;保障社会治安防控体系建设;支持全民健身运动会、万人骑行等大型文体活动有序开展。

【稳步实施乡村振兴】通过农业补贴"一卡通"拓展延伸应用系统及时足额发放农业补贴;投入专项资金及整合各类涉农资金助力合兴、南木等中心村美丽乡村建设;加大农业基础设施建设投入支持排灌站、河流治理、圩堤加固、水毁修复等基础设施提升改造;加快农村环境整治,推进农村环境"三大革命";新建康宁先锋中心村污水处理站,率先在城区实施城乡环卫一体化。

【财税改革纵深推进】启动财政资金支出项目绩

效评价。组织开展对迎江区2016、2017年度政府购买公共卫生服务项目、48号电商园文化建设项目的绩效评价工作,为全面实施绩效管理工作打下基础;扎实推进税制改革。成立税务机构改革专项工作组,协助区税务局完成国地税征管体制改革工作。7月20日,国家税务总局安庆市迎江区税务局正式挂牌;实施国库支付电子化改革。在市区率先实现预算单位端、财政国库支付中心端、代理银行业务端及人民银行国库端间的数据互联互通,预算指标管理、国库支付管理、公务卡管理等核心业务模块及CA认证辅助模块,正式投入电子化运行,基本达到"岗位权限透明化,审批流程可视化,凭证传递无纸化";进一步规范政府采购。政府采购全面纳入预算管理,累计采购各类项目约2891万元,节约资金290万元,资金节约率9.1%;进一步加强国有资产管理。加速推进国有平台公司实体化进程,滨江城投公司完成32处门面房产过户手续办理,实现麦陇香资产划转及品牌保护工作,全面完成全区33家事业单位国有资产产权登记工作;积极推进国有企业办社会职能分离移交,本区6户中央企业和1户省属企业"三供一业"分离移交居民3817户,基本完成省、市政府下达的目标任务;加强对国有平台公司的监管。完成对滨江城市建设发展有限公司、千年塔担保公司的业绩考核;规范推进PPP运作。本区沿江生态廊道及林业景观提升PPP项目顺利进入财政部项目库,项目总投资近1.56亿元,其中社会资本股权占比80%。

【风险防控稳妥有效】积极防范化解地方政府隐性债务风险。强化地方政府债务限额管理,组织开展地方政府债务排查,制定迎江区隐性债务化债方案,消化存量债务,目前本区债务风险有效可控。争取省级置换债券资金6757万元,新增债券资金1331万元,全力支持园区基础建设。开展金融环境整治行动。涉金融案件执行完成率和不良资产处置完成率全市第一,打击恶意逃废债完成率全市第三,吊销企业营业执照2家,责令整改企业1家。全面强化财政监督检查。对"五化"及老旧小区整治、临时救助、社区人员工资及惠农补贴资金进行专项检查,牵头开展"小金库"专项整治和违规发放津贴补贴大排查工作,防范资金廉政风险。

大观区财政工作概述

【促进增收节支】积极应对经济下行、政策性调整、结构性减税、"营改增"扩面等不利因素影响,加强财源建设、强化税源监控、强化税收征管,确保财政收入稳步增长。编实编细年初预算,加强收入统筹,严格预算执行。优化支出结构,按照"保工资、保运转、保民生"的要求,从严控制一般性支出、"三公经费"支出。强化重大项目支出管理,机关事业单位在职、离退休及企业退休人员政策性调资全部兑现到位,民生支出占一般公共预算支出比重进一步提高。注重财政资金整合统筹使用,加大财政存量资金清理盘活力度,优先用于重大基础设施建设等民生民计支出,提高财政资金使用效益。建立常态化预决算公开机制,深入推进公务卡管理制度改革、国库集中支付电子化改革、惠农补贴"一卡通"拓展应用、"宜采商城"电子化系统应用。强化制度建设,完善乡镇财政体制,建立健全财政资金审批、债务风险防控、应急救灾资金管理、国有资本收益、政府采购招投标等财政管理制度。2018年,全区财政收支预算执行情况良好,财政收支规模持续增长,支出结构不断优化,重点支出得到有效保障,教育、医疗卫生、社会保障和就业等民生投入大幅增长。2018年全区一般公共预算收入预计完成8.55亿元,为预算的100.9%,同比增长8.5%。

【支持经济发展】准确把握国家宏观调控导向,抢抓战略机遇,进一步加大对上争取力度,争取各类财政补助资金,保障重点支出,支持"五大发展"。全力支持全市脱贫攻坚战,落实太湖县精准结对扶贫帮扶资金1000万元。不断加大民生资金投入,2018年配套民生工程资金3389余万元,确保民生工程顺利实施。健全投入保障机制,强化涉农结余资金整合,多方筹措资金1000万元支持乡村振兴战略。推动供给侧机构性改革,加大财政扶持实体经济力度,设立"大观区创新发展专项基金"1000万元用于全区创新研发、产业转型与成果转化。紧紧围绕"一主两翼"产业布局,落实兑现"四大政策"配套奖补资金,兑现"制造强省"奖补资金,推动制造业提质增效,促进产业结构调整和转型升级。支持实体经济发展,落实中小微企业各项减税降费政策,切实降低企业生产经营成本。依据招商引资导则,为优质企业落户提供实实在在优惠政策。积极开展“四送一服”程活动,邀请企业参加全省银企对接会。

【增强民生福祉】始终坚持“以人民为中心”,不断加大民生投入,加大民生兜底政策向普惠、基本、弱势群体倾斜力度。推进省、市33项民生工程实施,推动教育事业、就业与社会保障体系、公共文化服务体系发展,支持医疗卫生体制改革。精准对接群众需求,农村环境“三大革命”、学前教育促进、智慧医疗与家庭医生签约、职业病防治等首次纳入民生工程实施范围,围绕“七有”补齐民生短板,不断满足居民日益增长的美好生活需要,进一步增强居民的获得感、幸福感、安全感。继续实施民生工程第三方“跟踪评价”,积极引导群众参与民生工程建设全过程。建立民生资金多元保障机制,建设总投资6.7亿元的海绵街区PP项目,吸引社会资本参与,做大民生“蛋糕”。制定出台大观区2017—2020民生工作实施意见,积极发展保障型、发展型、安全型、生态型、健康型民生,构建“大民生”格局,民生内涵不断延伸。

【深化财政改革】深化预算管理制度改革,强化预期管理,按照“保重点、控一般、促统筹、提绩效”要求,建立健全预算单位自评、财政重点评价、第三方评价“三位一体”的绩效评价体系。按照“保工资、保运转、保基本民生”的原则,加强财政国库风险防控。强化政府性债务管理,建立健全政府性债务风险应急处置预案,加强债务系统管理和债务风险动态监控。转变举债方式,清理规范政府性债务,严格控制负债规模,积极争取地方政府债券资金,化解存量风险,确保守住不发生系统性区域风险的底线。加快推进投融资体制改革,加大企业直接融资力度,永强禽业、菱湖漆、时联化工成功登陆“新三板”。充分发挥国有政策性担保公司引导作用,组织召开全区“政银担”合作签约会,永强农业、长虹化工实现放款1500万元。积极引导银行信贷向实体经济领域倾斜,发挥过桥资金时间短、见效快特点,有效解决企业融资难题。推动国有公司市场化改革发展,推动平台公司向“实体化”“市场化”“产业化”转型,增强国有公司自身“造血”功能,实现国有资产增值保值。

【加强党的建设】把学习贯彻党章摆在第一位,坚持以习近平新时代中国特色社会主义经济思想为引领,认真贯彻关于深入推进全面从严治党的若干意见精神,财政局党组全面落实从严治党主体责任,通过持之以恒强化理论武装,坚持不懈“补钙强骨”,不断增强“四个意识”。认真落实省委巡视问题整改,扎实开展“两学一做”“讲重作”警示教育等活动,抓好组织生活会、民主生活会、民主评议党员等关键环节,坚持问题导向推动中心工作。坚持党建与业务“一把抓”、管人管事与观思想管作风“相结合”,组织党员干部进一步学习中央“八项规定”,学习省、市、区委关于改进作风、密切联系群众的各项要求。坚持“一岗双责”,持续推进党风廉政建设,营造积极向上、风清气正、干事创业的良好财政环境。加强制度约束,加强财政监督,严防“四风”反弹,把作风建设有机融入日常工作和生活之中,在强化收支管理、加强民生改善、推进投融资改革等重点工作中体现担当作为。

(张国平)

宜秀区财政工作概述

【积极组织收入】在全区各级财税部门的共同努力下,1—12月全年全区财政全口径一般预算收入完成12.54亿元,为年初预算的100.3%,比去年同期增长10.3%。地方一般预算收入完成6.82亿元,为年初预算的105.4%,比去年同期增长17.2%;其中:税收收入完成12.17亿元,为年初预算的101.2%,非税收入完成0.37亿元,为年初预算的75%。

【推动经济稳健发展】大力支持实体经济。积极落实“四送一服”“四督四保”工作部署,瞄准企业生产经营中的实际困难,主动作为,精准施策,先后制定出台《宜秀区首位产业融资体系构建指导方案》《宜秀区首位产业“十个一”年度工作计划表》《宜秀区投融资与金融工作办公室关于完善融资需求项目库的通知》等多个帮扶指导文件,切实帮助实体经济应对融资难、融资贵的问题。截至目前在保户数35户,在保担保余额1.6亿元。区财政出资设立1000万元小微企业过桥资金池,帮助企业协调提供过桥资金1.3亿元,服务企业25户。本区国有政策性融资担保公司——安庆市鑫桥融资担保有限责任公司,于2016年6月份经省金融办正式批准设立,并于2017年6月正式运营,公司注册资本1.5亿元。截至2018年底,为企业担保贷款35笔,担保金额15995万元,在保余额15995万元。全力稳控债务风险。举办地方政府债务风险管理及统计监测培训会议,要求全区直所有行政事业单位、区各平台公司、国有企业等相关部门以8月31日为时间节点填报单位资产和负债,对纳入政府性债务管理系统和未纳入系统管理的隐性债务总体规模、结构分布、偿还能力等情况进行全面核查掌握,确保不留盲区,严格确定偿债责任主体,督促债务单位制订切实可行的偿债计划,依法依规有序化解各类债务。本区积极筹措各类资金,化解各类政府债务,偿还政府债务2.22亿元,政府债务余额6.96亿元,接近本区政府债务限额6.90亿元。创新各类金融服务。按照“政府引导、市场运作、防范风险、滚动发展”的原则运行设立“龙山凤水产业引导基金”,通过资金实现定向支持新兴战略性产业、高新技术产业发展,促进产业向融资困难、经济发展落后地区倾斜,推动产业结构优化升级,促进区域经济协调发展。目前龙山凤水产业引导基金完成投资9721万元(芜湖爱瑞特1732万元、安徽国孚3993万元、深圳鼎泰3996万元),撬动招商落地项目两个:3亿元深圳鼎泰高端装备制造园项目、巅峰云智宜秀区旅游大数据平台一体化项目。

【优化支出结构】保障重点项目支出。在保工资和保运转的基础上,增加对公共服务和社会事业投入,重点保障扶贫攻坚、文明创建、党建、非公党建、美丽乡村建设等专项支出。1—12月,一般预算支出完成8.66亿元,比去年同期增长1.8%,凸显对教育、卫生、文化、科技、社保等领域的倾斜力度。严控一般性支出规模。深入贯彻落实中央八项规定和《党政机关厉行节约反对浪费条例》,严格控制公务经费支出总额,建立“三公”经费监管长效机制,预算单位一般性支出压减5%,“三公”经费支出下降3%,压减资金主要用于保障扶贫、民生等重点支出。稳步提升民生幸福指数。2018年牵头实施31项民生工程,新增6项民生工程,分别是学前教育促进工程、电商振兴乡村提升工程、智慧医疗与家庭医生签约服务、农村环境“三大革命”、党建引领扶贫工程、资产收益扶贫工程等6项;全年民生工程资金总投入2.2亿元,其中区级配套5757.57万元,各级到位资金2.2亿元,拨付资金2.2亿元,资金拨付率100%。

【落实强农惠农政策】积极拓宽资金渠道。不断加强与上级部门的联系和沟通,认真把握政策导向,最大限度争取上级部门资金项目。全年共争取各类专项资金2.63亿元,其中:民生资金2.2亿元、扶贫资金3134.46万元、一事一议资金521.73万元、地方债扶贫资金383万元、农发项目资金292.83万元。全面推进农发项目建设。实施五横乡小流域治理项目,总投资357万元,治理面积0.5万亩。新建衬砌渠道0.11公里、溪流护岸0.85公里、渠系建筑物41座、低压线路改造0.1公里、整治塘坝2座、砼机耕路1.055公里、沙石机耕路0.042公里、坡改地及新建茶园0.06万亩、梯田埂5.4公里、人行生产路0.4公里。对项目区农民进行农业科技培训,共培训500人次,印发技术培训资料2000份。该项目于2018年9月正式动工,进入验收阶段。推进农业综合开发产业化发展贷款贴息结算项目建设,完成财政贴息额112万元。推进农业综合开发产业化经营财政补助项目,申报并完成第一批安庆市宜秀区120亩水果种植基地新建项目建设,项目计划总投资155万元,其中:财政资金77万元,自筹资金78万元;申报并实施第二批安庆市宜秀区350亩稻渔综合养殖基地新建项目,项目计划总投资140万元,其中:财政资金70万元,自筹资金70万元。加大美丽乡村投入强度,修订区级美丽乡村财政专项资金管理办法,推行乡镇财政报账制,全年争取建设美丽乡村财政专项资金2400万元,整合涉农资金4272万元,吸引社会资金2040万元。进一步完善惠民补贴资金发放制度体系,规范发放操作程序,拨付各类惠农补贴资金12项6019.62万元,各类支农资金12073.54万元,做到补贴对象真实、公示内容到位、发放清册齐全、补贴项目完整。强化扶贫工作力度,在财力有限的情况下,主动谋划、合理调配,在预算安排和拨付时优先保证。到位各级财政专项扶贫资金3517.463万元,其中中央扶贫专项资金1103万元,省级扶贫专项资金273.9万元、市级扶贫专项资金257.563万元、区本级扶贫专项资金1883万元。

【提升财政管理水平】打通资金拨付“最后一公里”。在全市率先启动国库集中支付电子化管理改革,为确保该项改革顺利实施,制定出台《宜秀区财政国库支付电子化管理实施方案》《宜秀区财政国库集中支付电子化管理暂行办法》等相关管理制度,国库集中支付平台共纳入核算单位57个,实现一级预算单位和乡镇办全覆盖,初步实现“横向到边”目标,全年共办理支付业务30133笔,支付金额10.37亿元。优化配置国有资产。改革国有资产管理体系,整合各类资源,盘活闲置资产,促进国有资产保值增值,安排专班力量将区属国有资产全部从账面上划转龙山凤水公司,进一步推动平台公司市场化、实体化转型。狠抓机关作风建设。提高行政质量和工作效率,推动工作的规范化、制度化、科学化,制定印发《宜秀区财政局工作规则》,每月汇总通报上下班考勤情况及公务用车情况,细化公务接待制度,明确各项会议召开流程,建立会议议题单制度,确保制度不走过场。

(郑思维)

安庆经济技术开发区财政工作概述

【紧抓收支预期管理】充分发挥财政统筹协调作用,紧盯重点企业和重大工程项目,抓大不放小,形成各方齐抓共管的收入征管工作格局,确保应收尽收。全年经开区财政收入完成15.08亿元,完成年初预算的108.7%,同比增长18.5%,增幅位居全市第一、总量位居全市第三。财政收入增长好于预期。全区财政支出累计完成58019万元,同比增长13.9%,其中民生类支出完成4.69亿元,占总支出的81%,实现财政支出保运转、保民生、保重点、促经济发展的目标。

【助推经济社会高质量发展】充分发挥财政资金引导作用,累计受理10个批次272家企业申报工业、服务业、科技创新、外经贸政策,区级审查符合条件核准奖补资金6342万元。出台2018年经开区科技创新促进专项政策,安排奖励资金1500万元,兑现经开区优秀工业企业家专项奖励100万元。全面落实减税降费各项优惠政策,全年非税收入占比3.9%,企业降费减负成效明显,营商环境持续向好。全力支持深圳、上海、玉环等重大招商工作;保障突发应急等重大政治工作运转,安排812万元发放教师一次性工作奖励,确保教师工资收入水平不低于或高于公务员工资收入水平;安排专项经费支持扫黑除恶专项斗争;足额保障退役军人和其他优抚对象上岗工作经费,支持和维护社会稳定。

【规范财政改革管理】探索试点区级预算单位财务会计核算改革工作。改革续贷过桥资金运作和监管办法,续贷过桥资金周转率和资金安全性大大提高。严格按照5%的比例压减预算单位一般性支出,统筹用于圆梦新区建设等重点领域。继续规范政府采购管理,衔接采购与国资并联审批环节,从源头上强化国资监管。扎实开展非税收入征管,专项开展非税票据检查。组织开展新政府会计制度培训、财务会计业务培训和个人所得税申报管理培训等业务培训,不断提高财政干部和全区行政事业单位财务从业人员业务水平。深入开展学习党的十九届三中全会、"讲严立"、"学海安、问安庆"系列教育活动,持续推进财政机关党的建设。

【夯实民生保障水平】继续实施18项民生工程,累计为1389名农村低保、五保对象发放资金342.3万元,保障1963人次发放贫困残疾人补贴、精神病患药补、计生特扶等补助资金203万元。完成城镇居民医保参保登记4.3万人,家庭医生签约服务4.1万人次,完成就业岗前培训468人次和退役士兵技能培训33人次,开发160个公益性岗位、高校毕业生就业见习岗位。安排义务教育经费612.68万元,免费开放老峰公共文化场馆,开展各类文体活动182场次,更新图书655册。建成2个大型批发市场建设食品快检室,保障舌尖上的安全。安排583万元用于天魏小区和国泰花园等2个老旧小区改造,提升城市治理形象。

【稳步推动重点工作】建立完善产业融资体系,编制企业融资手册,与1家担保公司、5家商业银行签订战略合作协议,制定首位产业发展基金方案,邀请深创投等战略投资者来区考察调研新能源汽车和高端装备制造业,全力支持首位产业发展。完成2018年地方政府置换债16078万元,开展政府性债务监测工作,制定政府隐性债务化解计划,努力防范和化解地区金融风险,成立金融环境整治专项行动活动领导小组,调整打击和处置非法集资工作领导小组成员,开展防范和处置非法集资风险专项排查、融资担保机构经营许可检查、非法金融活动隐患排查、涉嫌非法集资广告资讯信息排查清理等活动,切实维护地区金融安全和社会稳定。

(张寿山)

黄山市财政工作综述

黄山市财政工作概述

【概况】2018年全市完成一般公共预算财政收入113.85亿元,增长7.5%,占预算的100.5%;地方一般公共预算收入完成77.6亿元,增长3.2%;全市一般公共财政预算支出累计完成185.5亿元,与上年基本持平。全市政府性基金收入完成46.8亿元,增长26%;支出完成60.52亿元,下降10%(主要因政策变化影响当年新增专项债额度减少较多)。全市国有资本经营预算收入完成5251万元,增长809%。全市社保基金收入完成79.69亿元,支出完成76.24亿元。

【落实积极财政政策】认真落实各项减税降费政策。继续扩大营改增减税效应,进一步清理、取消和降低涉企政府性基金和行政事业性收费项目和标准,全年为企业减免税负16.07亿元,其中市级减免4.29亿元,有力地支持实体经济发展。坚持目标导向,压实工作责任,按月召开财税调度会,加强与执收单位的沟通协调,依法征收、应收尽收,经过全市各级各部门的共同努力,超预期完成年初目标任务。强化支出分析、考核和通报,注重强化预算执行管理,加快预算指标下达,确保重大基础设施、民生工程等重点支出需求,全市财政民生支出151亿元,占财政总支出的82%;八项支出完成140.76亿元,增长6.5%。进一步清理盘活财政存量资金,按季对市本级单位往来户、财政专户存量资金进行清理盘活。严控“三公”支出,全市“三公经费”财政拨款支出8700万元,同比下降3.68%。

【加大产业扶持力度】整合各类资源,优化多种模式支持企业发展。市本级预算安排“1+N”产业扶持资金1.7亿元,全市安排扶持实体经济发展财政资金5.44亿元,支持企业转型发展升级。主动服务企业,打造“四最”营商环境,深入开展“四送一服”工作,制定完善新型工业化、市级外贸促进、电子商务等专项资金管理办法。全市共计筹措续贷过桥资金1.9亿元,其中省财政安排0.57亿元,市县实际配套1.33亿元,当年周转贷款金额43.09亿元,扶持企业646户,有效缓解企业融资难问题。加大对政府重点项目的保障力度。安排2018年市级政府性投资项目158个,总投资228.16亿元,当年投资计划95.3亿元,市本级通过统筹土地出让金、地方债、调整历年政府债券资金等方式安排财政资金20.18亿元。积极筹措资金,重点保障城市展示馆购买服务、安置区建设、中心城区市政园林及道路交通改造提升等,通过中心城区棚改购买服务资金27.75亿元纳入财政预算支持棚改推进。加强政策资金落实情况督查,创新财政财务服务方式,推进产业技术升级和企业技术创新。发挥产业引导基金和战略性新兴产业资金引导作用,以财政资金杠杆效应带动社会资本投入。

【支持实施乡村振兴】完善财政支农投入政策,

建立涉农资金统筹整合长效机制，印发《黄山市美丽乡村建设产业发展扶持资金管理办法》，强化美丽乡村资金监管，市级预算安排市级美丽乡村建设资金5500万元；积极支持脱贫攻坚，市级预算安排专项资金4000万元，全市累计投入扶贫专项资金1.05亿元。累计支持134个贫困村开展资产收益扶贫，实施项目107个，完成投资额5875万元；全市通过“一卡通”发放农业支持保护补贴6223.4万元；2018年全市财政投入1.3亿元，推进实施农业综合开发项目71个，420个一事一议财政奖补项目完成投资4444万元，黄山区、歙县继续列入全国扶持村集体经济发展试点县(区)，黄山区入选国家农村综合性改革试点试验，黟县入选全国第三批农村集体产权制度改革试点县。支持生态环境保护，营造健康优良的居住环境。全市拨付51.8亿元，用于节能环保、城乡社区、交通道路等事务；新安江流域生态补偿涉农项目补助1.71亿元，用于农药集中配送、农村保洁、农村环境整治等。深化农业保险转型升级，推进特色农产品保险扩面工作，完成全年种植业、养殖业、森林保险投保工作，全年总保费投入3546.93万元，其中财政补贴3006万元。

【继续实施民生工程】围绕市委保障和改善民生决策部署，积极应对减收增支压力，坚持新增财力优先向基本民生倾斜。全市33项民生工程共完成投资45.56亿元，完成年度计划的117%，累计拨付资金42.21亿元，占年度资金计划的108.6%。民生工程市县配套资金9.32亿元，到位率101.4%；财政安排1.05亿元用于建后管养，比上年度增长5.5%。同时加强长效机制建设，不断健全责任分工机制，加快资金拨付和支出进度，健全人大、政协巡视、第三方评价、社情民意调查、特邀监督员等工作机制。民生工程群众满意率、知晓率不断提高。突出财政资金的公共性，全市教育投入20亿元，用于提高中小学教师待遇、义务教育保障经费、中职高职生均经费达标、家庭困难学生资助、特困大学生救助、薄弱学校改造等；拨付资金3.4亿元，用于非物质文化遗产保护、四馆免费开放、送戏下乡等文化体育传媒事业发展；投入社会保障资金23.6亿元、医疗卫生资金16.5亿元，用于支持多层次社会保障体系建设和高质量就业，加大城乡医疗救助、自然灾害生活救助和临时救助等社会救助力度，着力解决基本公共卫生资金投入不足，积极扩大社会基本保障覆盖面。

【支持生态环境保护】新安江生态补偿二轮试点圆满完成，新一轮试点签订协议并全面启动，新安江水质持续保持优良，黄山市地表水水质达标率、饮用水源地水质达标率均达100%。试点启动实施以来累计投入130多亿元，实施5大类262个项目(含2018年37个项目)。新一轮补偿正扎实推进，成功举办习近平生态文明在新安江的实践研讨会、第十六届中国水论坛暨第二届新安江绿色发展论坛、第七届生态保护补偿国际研讨会，重点抓好农村面源污染防治和城乡污水治理，农村污水PPP项目开工建设，农村垃圾PPP项目全域运营。推进新安江绿色发展母基金转型，完成10亿元省专精特新基金落地、1亿元种子基金招标，并争取1亿美元亚行项目支持，建立多元投入机制。省委主要负责同志就新安江流域生态补偿机制建设深入黄山调研，部署打造“长效版”“拓展版”“推广版”的新安江生态补偿机制，争创黄山—新安江—千岛湖区域全国生态补偿机制示范区和实践“两山”理论的先行示范区。省委、省政府下发《关于全面推广新安江流域生态补偿机制试点经验的意见》，并入选省改革开放四十周年重点领域改革八大品牌。新安江流域生态补偿机制试点走出一条生态优先、绿色发展的新路，探索出一批可复制、可推广的生态文明制度体系，形成以习近平生态文明思想和重要批示精神为指引，以生态补偿为核心，以生态环境保护为根本，以绿色发展为路径，以互利共赢为目标，以体制机制建设为保障的生态文明建设“新安江模式”。

【深化国企国资改革】推进市属国有企业改革，整合重组市直交通系统国有企业和资源，组建黄山交投集团。推动市属重点国有企业加快建立现代企业制度和市场化经营机制，不断做强做大主业。全面实施新的经营业绩考核管理办法和薪酬制度改革，落实“放管服”改革要求，完善市属国有企业重大事项监管制度，提高国资监管效率和服务水平。继续推进经营性国有资产集中统一监管，启动市直党政机关、事业单位与所办企业脱钩改革。加强外派监事会监督，完善监督工作制度，将日常监督和专项监督有机结合，提高监督实效。完成驻黄央企、省属企业职工家属区“三供一业”分离移交协议签订工作，全面实施维修改造。加强国有企业党的建设工作，全面从严落实管党治党主体责任；扎实开展国有企业基层党组织标准化建设和党支部“六项指数”提升,打造“一企一品”工程。

【强化财政绩效管理】提前启动2019年部门预算及中期财政规划编制,及时公开市本级政府预决算,市直单位年度部门预决算在批复后20日内主动向社会公开。继续强化“花钱必有效,无效必问责”理念,大力推进预算评审论证工作,选择部分社会关注度高、金额较大的新增项目,认真组织开展预算评审论证。加强预算绩效管理,积极拓展重点专项支出绩效评价工作广度和深度。印发《黄山市清理规范重点支出同财政收支增幅或生产总值事项挂钩的实施意见》,着力解决财政支出结构固化僵化等问题。推进市以下财政事权与支出责任划分,促进各级政府更好履职尽责。扎实推进税制改革,明确市区环保税收入归属。严格政府债务限额管理,截至2018年年底,全市地方政府债务余额187.25亿元,控制在省政府核定的当年政府债务限额以内。规范政府举债融资机制,全市争取地方政府新增债券资金15.48亿元,重点用于棚改、土储及公路建设等重点领域项目支出。清理整改不规范的举债融资担保行为,遏制隐性债务增长,制定并落实存量隐性债务风险化解方案,完善党政领导干部政绩考核体系,将遏制隐性债务增量及化解隐性债务存量情况纳入考核体系。认真做好PPP项目“两个论证”工作,本市纳入2018年度备选项目库管理的项目共14个,涉及生态建设和环境保护、交通运输、特色小镇建设、公共服务等领域,项目投资额为60.59亿元。

【推进财税管理改革】全面加强财政财务管理,规范和加强政府采购管理,强化基层财务人员培训,加快财政信息化建设,本市获第二十七届海峡两岸珠心算比赛“组织推广特等奖”。积极推进国库集中支付和公务卡改革,2017年度财政总决算和部门决算工作均获省财政厅表彰。加大对区县库款考核通报力度,健全预算动态监控机制,完善财政资金竞争性存放制度,财政专户资金年增值收益约2000万元。加强市级部门预算执行进度管理,建立按月约谈通报、与年度预算挂钩等机制。开展对单位预算资金管理、差旅费制度执行、“三公经费”、预决算信息公开等专项检查。全面推进财政内部控制制度建设,切实强化财政业务管理流程控制。加强社保基金运行情况的分析研究,强化地方政府主体责任,严格基金征缴和支出管理,积极拓宽筹资渠道,有效防范社保基金风险,全市社保基金预决算绩效评价荣获全省一等奖。针对同级审、经济责任审、重大政策措施落实情况审计等提出的“预算编制不够细化”“专项资金存在沉淀现象”“新增债实际使用率偏低”等问题,立行立改,当即整改,同时依托审计整改,完善长效机制,举一反三,防微杜渐,确保依法、科学理财。

歙县财政工作概述

【概况】2018年,全县财政系统认真学习贯彻习近平新时代中国特色社会主义思想和党的十九大精神,认真落实中央、省、市各项决策部署,坚持稳重求进工作总基调,积极践行新发展理念,落实高质量发展要求,以供给侧结构性改革为主线,全力支持稳增长、促改革、调结构、惠民生、防风险,财政收支运行总体平稳、稳重有进、好于预期,有力促进全县经济持续健康发展和社会和谐稳定。

【收支管理】全年财政收入完成17.6亿元,增长9.3%,全口径税比67.8%,增幅、税比在全市区县位次靠前,实现收入质量和可用财力“双提高”。全年财政支出35.88亿元,增长3.6%。其中:财政民生支出31.27亿元,占支出的比重为87.1%,高于全市平均5.6个百分点;财政八项支出完成27.41亿元,同比增长8.1%。有力落实保工资、保运转、保基本民生“三保”要求。

【预算管理】加强预算编制管理。注重绩效导向,编印预算编制手册,提高预算编制质量。实施支出经济分类改革,编制政府和部门经济分类科目预算,清晰、完整、细化反映政府各类支出情况,提高预算透明度。规范预算执行管理。实施国库集中支付电子化改革,推行财政票据电子化管理,提升资金收支效率。持续开展财政存量资金和往来资金清理,全年收回历年沉淀资金6759万元。推行服务便民化措施,试行非税收入扫码支付,方便群众缴费。加强预算绩效管理。开展民生支出和重大项目支出绩效评价,全年共实施绩效评价项目103个,涉及资金22.88亿元,努力提升财政资金使用效益。

【财政改革】稳步推进国企改革,制定歙县深化国有企业转型改革实施方案,组建黄山市徽城投资有限公司,推动城投公司市场化转型。支持城市公交体制改革,累计投入资金2714万元,顺利完成公交公司改制。加强财政制度建设。制定乡镇财政建设实施细则,修订歙县机关单位差旅费管理办法和歙县财政支持美丽乡村建设专项资金使用管理办法，出台歙县预算单位银行账户管理办法，建立财政性资金管理季度督查工作机制，进一步规范财政财务管理。

【财政民生保障】2018年，全县33项民生工程计划投资9.9亿元，其中县级财政配套2.2亿元。完成投资11.71亿元，投资完成率118.28%。其中：16项发放补助类项目计划投资2.05亿元，完成投资2.32亿元，投资完成率113.39%；4项保险类项目计划筹资4.41亿元，完成筹资4.90亿元，筹资完成率112.49%；11项工程类项目计划投资3.42亿元，完成投资4.45亿元，投资完成率130.28%；2项培训类项目计划投资303.8万元，完成投资377.7万元，投资完成率124.33%。

【服务经济发展】扩大财政有效投入。积极对上争取，全年到位上级各项财政补助资金20.55亿元，地方政府债券资金11.3亿元，世行贷款资金4357万元。拓宽融资渠道，协助县城投公司成功发行企业债券5亿元。坚决贯彻国家减税降费政策。落实降低税率等三项增值税减税政策，提高个人所得税扣除费用标准，下调城镇土地使用税征税标准，全年政策性减免税收1.54亿元。全面落实财税扶持政策。全年兑现企业科技创新、股改上市、新型工业化发展、外贸促进、国际市场开拓等专项资金4072万元，兑现招商引资税收优惠政策及城镇土地使用税扶持奖励2150万元，兑现总部经济政策奖励8272万元。

休宁县财政工作概述

【概况】2018年，休宁县以深化供给侧结构性改革为主线，着力打好三大攻坚战，统筹推进稳增长、促改革、调结构、惠民生、防风险各项工作，经济社会持续健康发展。全县一般公共预算收入完成121175万元，占预算的101.9%，增长9.0%。地方一般公共预算支出226910万元，占调整预算的99.9%，增长2.8%。

【戮力攻坚】支持打好防范化解重大风险攻坚战。规范以政府债券为主体的政府举债融资机制，推进存量债务置换工作，发行置换债券资金40115万元，全面完成存量债务置换。加强地方政府债务限额管理，坚持在限额内发行政府债券，加强债务风险预警和评估，坚决守住不发生系统性财政风险的底线。支持打好精准脱贫攻坚战。严格落实扶贫资金稳定增长机制，县财政部门通过盘活存量、扩大增量，拨付县级扶贫专项资金1914万元，增长37.7%。依托扶贫资金动态监控平台，将所有扶贫资金纳入动态监控范围。支持打好污染防治攻坚战。巩固完善新安江流域生态补偿机制试点成果，拨付流域内卫生保洁等资金1282万元。推进全域环境综合整治，拨付资金1439万元，支持打造垃圾兑换超市升级版“生态美超市”，开展守护青山、守护碧水“六大行动”。统筹资金7440万元，支持农村“三大革命”和城区旱厕改水厕、管网改造，打好污染防治攻坚战。

【培植税源】落实国家减税降费政策。不折不扣执行新出台的七项减税政策，降低部分行业增值税税率。加大涉企收费清理工作力度，取消或停征12项涉企行政事业性收费。全年政策性减免税费达21098万元，助力企业轻装上阵。助推民营经济发展。突出财政支持民营经济发展政策的针对性和有效性，县本级财政在安排促进工业化发展专项资金3000万元基础上，统筹各类财政资金，全年兑现财政扶持资金8600余万元，助推民营经济发展升级。解决企业发展难题。以园区企业为重点，积极开展“四送一服”双千工程，深入企业调研走访，精准把脉企业发展难题，有针对性采取“一企一策”，着力打通服务企业和政策落地“最后一公里”。综合运用“4321”政银担、“税融通”担保模式，加大融资担保力度，降低企业融资成本，全县政策性融资担保年费率控制在1.2%以内，全年为70家企业提供贷款担保112笔，在保金额62653万元，帮助企业缓解融资难融资贵等问题。

【协调发展】加大城区基础设施投入。投入资金23074万元，促进城区基础设施改造提升、老旧小区改造、城区公园绿化提升等项目建设，提升城市品质。投入资金5587万元，支持棚户区改造、安置房等保障性安居工程建设，改善宜居环境。增加资金投入，增开105路城际公交线，1路车延伸至高铁北站，“休屯同城”唱出新乐章。二是支持实施乡村振兴战略。投入资金7960万元，支持“四好农村路”建设。投入资金2072万元，实施高标准农田建设和小流域治理项目建设。拨付资金293万元，推进电商振兴乡村提升工程，提升农业发展支撑条件。继续落实惠农补贴政策，全年通过“一卡通”发放惠农补贴14711万元。推动农业担保体系建设，对农业适度规模经营主体提供担保贷款,全年“劝耕贷”发放贷款1503万元。政策性农业保险品种扩面达到11项,兑现保险理赔款310万元,支持农业产业化发展。拨付美丽乡村建设、“一事一议”、农村危房改造资金5082万元,改善农村村容村貌。拨付3579万元落实村级经费保障机制,加强农村基层党建工作。

【保障民生】坚持以人民为中心的发展思想,持续加大民生投入力度,全县财政民生支出184696万元,占一般公共预算支出的81.4%。其中33项民生工程完成投资70502万元,投资完成率达到116.4%。提升社会保障能力。积极推进创业担保贷款工作,全年创业担保贷款167笔,发放贷款额2955万元,更好的支持农民工、高校毕业生、困难群体就业创业。深化养老体系改革,发放城乡居民养老金7125万元。完善社会救助制度,做好救助对象补助资金发放,全年发放城乡低保、贫困残疾人生活救助、五保供养等各项社会救助资金3470万元。加大教育文化等投入。坚持教育优先发展战略,投入资金27359万元,落实教育支出和在校学生生均支出只增不减政策,保障财政教育投入持续稳定增长,推动教育事业健康发展。投入资金2869万元,进一步完善县乡村三级公共文化服务体系,有效提升城乡公共文化服务能力,较好满足广大群众的文化需求。深化医药卫生改革。支持完善城乡居民医疗保险制度,拨付城乡居民医疗保险财政补助资金11334万元、城乡居民医疗救助资金568万元,拨付基本公共卫生服务均等化资金1354万元、村卫生室经费和村级药品零差率资金176万元。

【财政监管】推进财政改革。启动绩效预算编制,完善政府购买服务和政府采购预算编制,县人大财经工委全面参与预算编审,全过程审查监督预算编制的合法性科学性。财政信息公开步入常态化,县级政府预决算、部门预决算和“三公经费”预决算公开进一步细化,乡镇预决算信息公开进一步完善。权责发生制财务报告制度改革扎实推进,国库集中支付电子化改革全面完成,行政事业单位会计核算进一步规范,财政资金支付风险得到有效防范。规范财政管理。县级专项资金管理进一步完善,按照“一个(类)专项、一个办法”的要求,制定完善相关资金管理办法,严格按照管理办法分配使用专项资金。加强“三公经费”管理,公务接待费逐年持续下降。国有资产管理创新提效,注资1亿元组建休宁县国有资产投资运营有限公司,盘活国有闲置资产,提高国有资产使用效益。强化财政监督。开展“小金库”防治和不规范发放津补贴专项整治工作。强化乡镇财政财务和重点领域监督检查,开展涉农资金、扶贫资金等专项检查,确保财政资金使用安全、精准和高效。

黟县财政工作概述

【概况】2018年,全县公共财政预算收入完成50065万元,占年初确定目标49100万元的102%,增长9.1%;全县公共预算财政支出完成128251万元,增长11.5%。十三大类民生支出占财政支出比重达81%。GDP考核的八项支出累计完成87356万元,增长16%。

【强化收入管理】强化收入预期管理。密切关注经济走势,充分考虑供给侧结构性改革等因素,全面分析摸排财源,夯实收入目标管理责任,完善财税联席会议制度,充分发挥部门和乡镇的协税护税职能,形成征管合力。加强服务业税收管理。财税部门牵头联合相关部门及乡镇政府,开展对宏村、西递、碧阳等乡镇精品客栈、农家乐及写生基地税收的扩面征收工作,促进存量税收增收,全年实现税收300万元。加强重点税源监控。依托“金税三期”优化版软件和综合治税平台,加强重点税源企业和重点行业税收比对分析,强化税收征管,跟踪监测重点项目税收预缴,加大税费清缴力度,确保应收尽收,全年共清缴税费欠款1360万元。严格非税征收管理。加强对世界遗产地门票、国有资产资源有偿使用等重点非税收入的征管,及时征缴入库,全年非税收入20507万元。

【服务经济发展】加大向上争取力度,准确把握中央和省市工作重点和产业发展方向,主动对接,积极协调,全年争取上级各类补助资金95000万元,同比增长5%,为全县经济社会发展提供有效的财力保障。加大落实“放管服”改革力度,全面落实结构性减税和涉企收费减免缓政策,切实降低企业成本,全年共减免税费4280万元。三是加大民营经济发展扶持力度,全年实际拨付特色产业发展、新型工业化、科技创新等各类奖补资金2388万元;安排服务业发展资金1000万元,鼓励支持现代服务业发展。加大融资担保力度,县城信担保公司注册资本增加至

17999万元，全年为44户企业提供担保贷款53笔22895万元；为79户企业（个人）提供还贷应急业务（委托贷款、续贷过桥）102笔、发放资金54059万元，帮助企业减少融资费用226万元，企业发展融资难、融资贵问题得到进一步缓解。

【加大民生投入】精心实施民生工程，安排配套资金7032万元，突出"速度快、质量好、宣传广、督查严、绩效实"的工作要求，快速推进33项民生工程，全年实际完成投资33165万元，完成年度投资计划的129.6%。十三大类民生支出占财政支出比重达81%。扎实推进精准扶贫，全年投入各级财政专项扶贫资金2261.7万元，安排项目121个，为脱贫攻坚提供资金保障。严格财政扶贫资金管理，积极开展扶贫资金绩效评价，确保扶贫资金安全高效使用。持续改善城乡生产生活条件，整合投入12500万元完成115个美丽乡村建设项目，投入239万元完成28个一事一议财政奖补项目。整合投入2400万元，实施水源地规范化建设、城区污水管网及污水处理厂提标改造工程，全面推进农村"三大革命"建设，开展入河排污口整治，夯实源头治理基础。投入2083万元，建成城东农贸市场。投资1915万元，全面完成2017年度农业综合开发项目10个。支持社会事业发展。统筹安排3092万元，弥补机关事业单位基本养老金收支缺口。整合投入2036万元，建成桃源幼儿园并投入使用。安排1072万元，补发教师一次性奖励，稳妥安置退役士兵。及时发放城乡低保、农村五保、孤儿基本生活保障、临时救助及高龄老人生活补助等资金2502万元。安排资金1207万元，有效保障村级组织运转，全年"一卡通"打卡发放16大类惠农补贴资金6673万元，惠及农户71128人次。

【深化财政改革】深化农村综合改革。修改完善2018年农业特色种养业发展扶持政策，设立专项资金600万元，鼓励各类新型经营主体加快特色农业发展。印发《黟县农村集体产权制度改革和资源变资产资金变股金农民变股东改革补助办法》，设立专项资金300万元，整县推进农村土地股份合作及集体产权制度改革试点工作，壮大村集体经济。推进农业保险转型升级。修改完善《黟县农业保险转型升级提升保障服务能力实施细则》，将茶叶、覆盆子、生猪、养鸡等特色农业保险农户自缴保费部分纳入扶持范畴，全面完成2018年度油菜、水稻投保和理赔工作，发放理赔资金185.1万元。继续实施保险精准扶贫，拓展农险延伸金融服务功能，积极推行保单质押模式、"五三二模式"、"4321"新型政银担模式等，累计为23户（次）新型经营主体提供农业担保基金贷款1445万元。加快国资国企改革。出台《黟县县属国有企业负责人经营业绩考核与薪酬管理办法》《关于规范县属企业负责人履职待遇、业务支出管理的实施意见》等制度办法，进一步完善现代企业人事薪酬体系、绩效考核制度和内部管控制度。出台《黟县国投公司改革转型总体实施方案》，全面完成国投公司清产核资、变更登记、整合撤并等改革工作。深入推进财政管理改革。制定国库集中支付电子化管理、动态监控、审核监督、应急预案系列制度办法，首批8个乡镇和10家县直单位纳入国库授权支付改革试点，财政服务效能和财务管理水平进一步提高。深入推进财政专项支出国库集中支付拓面工作，积极开展政府会计准则制度改革培训，为2019年正式施行新的政府会计制度奠定基础。

【防范财政风险】严格政府债务管理。坚决贯彻落实中央决策部署和习近平总书记重要指示精神，成立县防范化解政府隐性债务风险工作领导小组，负责指导全县防范化解地方政府性债务风险专项工作。出台《黟县地方政府隐形债务化解方案》，逐笔排查隐性债务风险点，建立科学分析、精准管控的地方政府性债务风险管理机制，截至年末，全县政府性债务余额78718万元，在省政府下达的政府性债务限额内。加强财务收支管理。全面落实省委巡视整改工作，印发《关于进一步加强行政事业单位财务管理的意见》《黟县行政事业单位二级机构财务管理办法》，建立并开展县乡（含"三资"）财务季度互查互审机制，扎实开展八项规定财务督查、会计信息质量检查，财务收支行为进一步规范。深入推进预决算信息公开。将政府采购、国有资产、支出绩效等内容拓展为预决算公开范围，全县77个部门（含8个乡镇）按照"统一时间、统一模板、统一要求、统一平台"要求，做到在县政府网站长期公开，接受社会监督。开展"小金库"和"滥发津补贴"专项整治。全面梳理2016年以来巡视巡察、审计监督、专项整治等工作中发现的涉及"小金库"问题线索和"滥发津补贴"违纪违规问题，通过自我体检、问题整改、查纠处理和书面承诺提高单位主体责任和风险防范意识。

【强化队伍建设】加强思想政治建设。深入学习习近平新时代中国特色社会主义思想和党的十九大精神,深入推进“两学一做”学习教育常态化制度化,扎实开展“讲严立”专题警示教育;组织观看《厉害了我的国》《榜样》等电影,持续开展理想信念教育和革命传统教育;组织全体财政系统干部参加学习党的十九大精神轮训班、邀请市委党校教授讲授《新时代中国特色社会主义的政治宣言》专题讲座、开展《宪法》集中学习测试等,采用多种教育形式确保学习成效。切实改进干部作风。持之以恒贯彻落实中央八项规定及实施细则和省市县有关规定精神,坚决反对“四风”,坚持从自身做起、从具体问题改起,在日常工作中率先垂范。狠抓局机关党员干部思想作风建设,组织干部认真剖析个人在思想观念、精神状态、大局意识、服务意识和工作作风等方面存在的问题与不足,并及时进行整改。精心组织专题民主生活会,认真开展交心谈心、批评和自我批评,增强班子的凝聚力和战斗力。抓好党风廉政建设。深入贯彻党风廉政建设责任制、严格履行“一岗双责”,全面推进惩治和预防腐败体系建设,有力推动党风廉政建设和反腐败斗争向纵深发展。加强廉政教育,组织学习省市县有关违规违纪的通报,观看廉政警示教育片《蜕变》,参观警示教育基地等,用典型案例警示全体党员干部;加强对敏感事项的监督力度,在预算编制安排、大额资金使用等工作部署时坚持规范程序,最大限度地发挥资金效益。强化机关制度建设。切实加强局机关规范化、制度化、科学化建设,强化法制意识,依法行政,坚持按规则办事,按流程办事,把权力关进制度的笼子里。健全完善机关管理各项规章制度,努力消除“庸懒散、不作为、乱作为”行为,树立良好财政队伍形象。

(吴少辉)

祁门县财政工作概述

【概况】2018 年,祁门县财政工作以习近平新时代中国特色社会主义思想和党的十九大精神为指导,认真贯彻落实县委决策部署,坚持稳中求进工作总基调,坚持新发展理念,大力支持供给侧结构性改革,深入推进财税体制改革,践行积极的财政政策,充分发挥财政职能作用,财政收支运行状况总体平稳。

【财政收支量质双增】全县一般公共预算收入完成 7.52 亿元(含市下划车购税),较上年同口径增长 1%,全面完成县十七届人大常委会第十八次会议调整的收入预期目标。其中:地方一般公共预算收入完成 5.36 亿元,下降 6.6%;上划中央收入 1.99 亿元,增长 30%;出口退税完成 1717 万元,下降 3.5%,税收收入占财政收入比重由上年末的 53.4% 提高到 66.5%,提高 13.1 个百分点。一般公共预算支出完成 18.34 亿元,为调整预算的 99.4%,较上年增长 3.4%。按照现行财政体制计算,地方一般公共预算收入 5.36 亿元,加上:上级补助 10.58 亿元、调入资金 2.07 亿元、上年结余 155 万元、地方政府一般债务转贷收入 4.40 亿元、全县公共预算总收入为 22.42 亿元。减去:一般公共预算支出 18.34 亿元、上解支出 132 万元、债务还本支出 4.01 亿元,安排预算稳定调节基金 440 万元,结转下年 125 万元。

【民生工程稳步实施】全年民生支出 14.81 亿元,增长 4.2%,占财政支出的 81%,教育、社保就业、医疗卫生、节能环保、城乡社区等八项支出 13.48 亿元,增长 5%,财政支持民生事业和乡村振兴战略有力。2018 年,民生工程资金得到优先保障,8645 万元县级配套资金和 1200 万元管护资金及时足额到位。全县 33 项民生工程累计完成投资 4.8 亿元,完成年度投资计划的 119.8%,有力解决一批群众关心关注的切身利益问题

【积极政策提质增效】贯彻积极财政政策,降低创业创新成本,增强小微企业发展动力,促进扩大就业。降低土地使用税标准,落实调降主体税种增值税税率,改排污费开征环保税,停征免征和调整部分行政事业性收费,降低残疾人就业保障金征收标准上限等部分政府性基金征收标准。将享受减半征收企业所得税优惠政策的小微企业年应纳税所得额上限,从 50 万元提高到 100 万元。通过申请中央贴息支持,发放创业担保贷款 94 笔,金额 930 万元。为 86 户企业提供 137 笔融资担保服务,开展新型“4321”比例再担保业务。开展农业信贷融资担保“劝耕贷”业务,为 16 户新型经营主体提供融资担保 620 万元。

【强化政府债务管理】严格实施政府债务限额管理。截至年末,全县政府债务余额 13.29 亿元(一般债 11.29 亿元、专项债 2 亿元),一般债务、专项债务余额均控制在限额范围内。全面完成存量债务置换工作。争取到置换债券资金 4.50 亿元(含再融资债券 5233 万元),政府存量债务在 8 月底前全部置换完

毕。开展"四清四实"摸底排查。对全县范围内截至2017年末、2018年6月底政府性债务情况全面摸底自查,进一步规范举债融资行为,制止违法违规举债融资担保。实现监测全覆盖。利用监测平台,完成158家单位债务情况全口径、全区域、全覆盖动态监控,为防范重大风险打下扎实基础。

【强化资金投入保障】财政累计投入扶贫专项资金4442万元,地方财政收入增量的10%、可统筹盘活存量资金50%以上用于脱贫攻坚政策得到有效落实,新增债券资金优先安排861万元,重点用于贫困村基础设施建设,改善生活条件。实施扶贫项目200个,994户2475名贫困人口达到脱贫标准;建立产业达标村31个、达标户1600户,贫困村集体经济受益增长;就业脱贫工程深入实施,帮扶贫困劳动者实现就业131人,建成就业扶贫车间2家,扶贫基地2家,扶贫驿站2家;教育扶贫发放学生补助资金1461人201万元,扶贫助学贷款28人23万元,实施雨露计划237人54万元。生态保护脱贫、社保兜底脱贫、基础设施建设扶贫等工程稳步推进,取得实质成效。

【深入推进财政改革】继续推进国库集中支付制度改革。全县国库集中支付改革136个单位实现全覆盖,国库集中支付电子化改革实现县乡级全覆盖。完善乡镇财政体制改革。制定《祁门县乡镇财政管理体制实施方案》,按照财权与事权相统一、激励与约束相结合的原则对不同乡镇区别对待,对乡镇的收入支出进行合理划分,核定收支基数,超收分成或短收分担,对分成资金的拨付和使用进行规范,明确县乡两级事权,充分调动乡镇组织收入的积极性,确立相对稳定的财政体制。继续探索政府购买制度改革。

屯溪区财政工作概述

【概况】2018年,屯溪区财政局深入贯彻落实党的十九大和十九届二中、三中全会精神,坚持稳中求进工作总基调,紧紧围绕全区中心工作和重点项目建设,按照省市财税工作会议要求,努力克服各种不利因素,以落实积极财政政策及优化财政支出结构为主抓手"聚力增效",较好地完成区人大批准的各项目标任务。

【收支管理】2018年屯溪区一般公共预算收入完成13亿元,占年度预算调整数12.73亿元的102.1%,同比增长9%;一般公共预算支出完成14.79亿元,同比减少5.9%,其中:区本级一般公共预算收入完成7.91亿元,一般公共预算支出完成13.59亿元。按目前财政体制结算,全区财政实现收支平衡。2018年全区政府性基金上级补助收入2165万元,政府性基金预算支出完成2165万元,政府性基金预算收支平衡。2018年全区社会保险基金收入完成7.87亿元,社会保险基金支出完成7.75亿元,当年收支结余1262万元,年末滚存结余1.98亿元。其中:生育保险基金运行收不抵支,需从一般公共预算中安排生育保险基金缺口补助125万元。

【预算管理】认真贯彻执行《预算法》,完善全口径预算管理,强化预算编制的科学性、统筹性、预测性,筑牢"先有预算后有支出""未列预算不得支出"的法定程序。进一步加强财政一体化信息系统管理,及时了解并督促预算单位加快预算执行进度;不断深化预算管理制度改革,深入推进预决算信息公开,推进预算绩效管理,着力构建全面规范透明、标准科学、约束有力的预算管理制度,全区62家部门和单位按规定公开部门预决算和"三公"经费预决算。从严从紧压缩一般性支出和"三公"经费,全年"三公"经费支出502万元,同比减少26万元,下降5%。

【财政改革】深化财政体制改革,完善管理夯实基础。国库支付电子化成功上线。建立"责任明确、管理规范、流程优化、运行高效、监管有力"的国库集中支付运行模式,依托安徽财政信息系统一体化平台,实现预算单位、财政、代理银行、人民银行全方位、全业务流程的电子化管理,有力提高审批流程透明度、资金运行效率、资金安全保障和财政服务水平。公务卡使用率显著提升。印发《屯溪区区级预算单位公务卡管理办法》等文件,明确规定公务卡强制结算目录,全年办卡新增289张,公务卡消费210万元,切实减少公务支出中的现金使用量,提高支出透明度。政府采购制度不断完善。进一步深化政府采购"放管服"改革,全面落实《安徽省公共资源交易目录》,严把审核审批关,累计成交项目633个,成交金额7712万元,节约资金255万元;严格执行《屯溪区小型工程项目招投标暂行办法》,全年受理30万元以上50万元以下建设工程项目30项,中标金额1075万元,节约资金246万元。国有资产管理水平进一步提升。规范区国有企业重大事项监督管理工作,控制和防范风险,制定出台《屯溪区区属国有企业重大事项监督管理暂行办法》。加强经营性资产管理,从“合同、台账、巡查、制度”管理细节处着手,强化措施,逐步规范经营性资产运营工作,确保国有资产保值增值。

【财政民生保障】屯溪区圆满完成省定33项民生工程,累计完成投资8.48亿元,投资完成率109%。不断优化支出结构,不断健全民生投入稳定增长机制,全区财力的三分之二以上用于民生支出,有力促进教育、卫生、医疗、文化等民生事业发展。投入8582万元,优先保障教育事业发展。支持学校改造改善办公办学条件,新建百鸟亭小学、支持花山和占川幼儿园改建工程,扩大学前教育普及范围,巩固义务教育“三免一补”城乡全覆盖成果。投入1.4亿元,支持完善社会保障制度和医疗卫生体系。提高医疗卫生和社会保障水平,提高城乡养老和优抚对象补助水平。投入921万元,支持群众文化体育事业发展。博物馆、图书馆等公益性文化设施免费开放,不断提升基层文化服务水平。投入7019万元,加大“三农”支持力度。支持农村环境“三大革命”、高标准农田项目基础设施建设、“四好农村路”建设;实施农村饮水安全巩固提升工程,解决4900人的饮水安全问题;完成油菜、水稻、棉花等政策性农险投保工作,综合投保率达98%以上,在全市率先完成4.16万亩森林投保工作;“一卡通”系统拓展应用改革顺利完成,全年发放34项涉农补贴,惠及41584人次。

【服务经济发展】加大对上争取力度,全年共争取上级补助资金3亿元,有力支持区域经济和社会事业发展。安排4000万元产业发展专项资金,重点支持区域内中小企业实施产业转型升级、技术改造和技术创新,为财政收入培植源头活水。主动服务企业、扶持企业发展,打造“四最”营商环境,深入开展“四送一服”工作,积极兑现新型工业化、外贸促进、服务业发展、电子商务等专项奖补资金3000万元。注入江南融资担保有限公司担保扶持基金990万元,进一步增强担保公司的持续服务能力和抗风险能力,全年累计为211户中小企业提供贷款担保5.3亿元,其中:政银担在保余额3.5亿元。全年为区属70家企业发放2.6亿元应急还贷资金,有效缓解中小企业融资难问题,促进实体经济发展。积极落实减税政策,做好收入“减”法。认真落实中央省市各项减税降费政策,继续扩大营改增减税效应,进一步清理、取消和降低涉企政府性基金和行政事业性收费项目和标准,全年为企业减免优惠税额1.44万元,进一步减轻企业负担,增强企业发展动力。

黄山区财政工作概述

【概况】2018年,黄山区财政局深入学习贯彻习近平新时代中国特色社会主义思想和党的十九大精神,坚持稳中求进的工作总基调,积极落实经济社会高质量发展实现绿色崛起战略,全面深化改革,以五大发展行动计划为抓手,聚力增效实施积极的财政政策,统筹支持稳增长、促改革、调结构、惠民生、防风险,全区财政收支总体平稳,收支质量稳步提升,为全区经济社会健康发展提供坚实的财政保障。

【财政收入平稳增长】紧盯年度目标,科学研判形势,强化收入征管,财政收入实现平稳增长。2018年全区一般公共预算收入完成12.90亿元,增长8.3%,地方一般公共预算收入9.76亿元,增长5%,全区一般公共预算支出21.08亿元,增长7.8%。强化收入预期管理,注重对经济运行状况和预算收入情况的调研分析,定期召开财税协调工作会议,有效增强收入预期精准度,确保收入按月足额入库。完善协税护税机制,进一步健全涉税信息共享制度,加强部门联动协作,增强综合治税和源头管控能力水平。优化纳税服务,实行涉税企业“一窗通办”,方便群众和企业纳税。加强重点税源监控,密切关注重大投资项目、重点工程建设,准确掌握重点税源的生产经营和变化情况,确保应收尽收。

【财政政策精准发力】积极发挥财政职能作用,综合运用财政手段,统筹做好聚财增收促发展文章。安排重点项目建设资金1.06亿元用于太平经开区基础设施建设、一水厂迁建、“四好农村路”建设等政府重点投资项目;通过PPP模式吸纳社会和金融资本,有效保障浦溪河(城区段)综合治理、东黄山国际小镇等重大投资项目建设资金需求;安排易地购买补充耕地指标和增减挂钩指标资金1.92亿元、区级投资补充耕地工程项目(占补平衡)资金767.6万元,实现新增年度土地指标1598亩,有效化解土地要素制约。支持民营经济发展,严格执行国家减税降费各项政策措施,调整城镇土地使用税税额标准,全年减免税收1.57亿元。积极落实财政扶持优惠政策,兑现企业奖励资金1883.77万元,安排工业、科技、外贸、旅游专项资金1400万元,支持企业技术改造和产业升级。全力做好对上争取,共争取上级各类补助资金9亿元、置换债券2.53亿元、再融资债券5427万元、新增债券2.66亿元。发挥财政金融合力,发放“税融通”贷款8138.8万元、小额担保贷款1547万元、财政贴息147.36万元,有效缓解中小企业融资难题。

【财政改革稳步推进】继续深化财政改革创新,财政管理科学化精细化水平进一步提升。财税体制改革不断深化,完成国税、地税征管体制改革,新组建成立黄山区税务局。预算管理改革积极推进,一般公共预算、政府性基金预算和社保基金预算应编尽编、有机衔接,全区84家预算单位预决算和“三公”经费信息实现全面公开。存量资金定期清理和实时清理机制不断健全完善,累计盘活财政存量资金1.1亿元。国库管理改革深入推进,开展权责发生制部门财务报告和政府综合财务报告试点工作,完成区直预算单位授权支付改革、国库支付电子化改革和乡镇公务卡制度改革,建立国库集中支付动态监控预警机制,提升财政运行效能。以购买服务方式组建会计代理记账中心,规范部门单位账务。财政监管力度持续加大,进一步加强行政事业单位国有资产管理和政府采购管理,规范和推广政府向社会力量购买服务工作。分项分类制定(修订)涉农补贴“一卡通”发放、财政专项扶贫资金报账、农村组级资金财务管理、国库集中支付动态监控、区乡公务卡全覆盖管理等方面制度规定,定期开展“小金库”、“三公”经费、津补贴发放、会计信息质量专项检查,确保财政资金效益和安全。政府性债务管理规范有序,成立政府性债务管理领导小组,出台应急处置预案,将政府债务纳入全口径预算管理,严格将债务余额控制在限额以内,确保两项付息支出占比不超过10%。

【财政支出倾力民生】全年黄山区财政民生支出17亿元,较上年增长14%,占一般公共预算支出的80.6%;32项民生工程投资4.98亿元,投资完成率达118.6%。加大扶贫资金投入,累计投入各类财政扶贫资金3583.4万元用于实施产业扶贫、健康扶贫、“双基”建设等脱贫重点工程,并积极探索产业扶贫与资产收益扶贫深度融合,推动贫困村发展基础改善和贫困人口稳定脱贫。加大社会保障投入,积极落实城乡低保、医疗救助、职工就业等政策,大力推进城乡居民养老金提标、医药卫生综合改革,完成机关事业单位养老保险基金清算,累计发放低保金及各类补助救助资金4620.99万元、保障21.64万人次;落实就业补助资金877万元,实现稳定就业3035人。加大社会事业投入,财政支出继续向教育、卫生等民生领域倾斜,分别投入5761万元、1123万元用于改善学生就学、群众就医条件。全面落实各项强农惠农政策,发放惠农补贴1.40亿元。投资5821万元实施“一事一议”、农村道路畅通工程、移民后扶等基础设施项目218个,有效改善农民生产生活条件,提升群众满意度和幸福感。加大城乡环境改善投入,累计投入5226万元用于全国文明城市创建、美丽乡村建设、松材线虫病防控、农村公共服务运维和社会综合治理,生态环境和人居环境持续优化。加大财政支持“三农”力度,成功争取国家级农村综合性改革试点试验,投入1.14亿元(其中中央试点资金2500万元)开展农村集体经济发展、乡村治理、农民持续增收、生态文明建设机制探索,助推乡村振兴战略实施。

【村集体经济发展迅速】黄山区继续扶持20个村开展村级集体经济试点工作。安排扶持试点财政资金2000万元,其中,省财政厅专项资金1100万元、区级整合资金900万元,试点实施方案和项目批复已4月份下发,20个项目已完工18个,当年有四个村取得收益,如乌石镇的茶儿垅村、舒溪村投资黄山区情义公司项目,耿城镇饶村村投资的民宿旅游项目,焦村镇汤家庄村入股的颐居公司发展乡村旅游项目当年收益均在8万元。三年来,本区共投入资金6480万元,共扶持61个行政村,占行政村总数77%,其中19个贫困村全覆盖。通过三年试点,部分村年均取得6—10万元新增收益。贫困村中,原经营性收入不足5万元,现均超过10万元;部分村经营性收入翻一番。2018年底全区村级集体经济经营性收入力争完成3800万元,村均达48万元目标。

徽州区财政工作概述

【概况】2018年,徽州区财政局坚持以习近平新时代中国特色社会主义思想为指导,全面贯彻党的十九大和习近平总书记视察安徽系列重要讲话精神,深刻领会中央及全省经济工作和财政工作会议精神,主动适应经济发展新常态,牢牢把握稳中求进工作总基调,坚持以供给侧结构性改革为主线,加力提效实施积极的财政政策,加大产业扶持力度,着力支持打好三大攻坚战,统筹做好稳增长、促改革、调结构、惠民生、防风险各项工作,促进财政收入稳步增长,强化民生和重点支出保障,圆满完成财政各项目标任务,有力地支持全区经济社会平稳发展。2018年,区财政完成一般公共预算收入12.08亿元,较上年增长8%。一般公共预算支出完成14.6亿元,增长4%,其中:全年十三项民生支出约12亿元,较上年增长1.6%,占财政总支出的82.4%。

【全力支持民营经济发展】加大产业扶持力度。结合本区实际,修订完善《黄山市徽州区扶持产业发展的实施意见》,兑现“1+N”产业扶持政策9000万元和招商引资奖励1500万元,较上年增长22.1%,引导企业嫁接盘活、科技创新,支持优势产业提升改造,促进企业转型升级。落实减费降税政策,促进民营经济发展。落实“税融通”“政银担”“劝耕贷”等金融扶持政策,加大财政贴息和风险补偿力度,积极解决企业融资难、融资贵问题,促进企业健康发展。区担保公司全年为企业提供政银担贷款5亿元,占目标的100%;提供税融通贷款1.4亿元,占目标的116.7%,提供应急还贷资金4.5亿元,占目标的112.5%。

【增收节支成效显著】加强财政收入征管。加大骨干企业、重点税源大户税收分析,发挥重点税源大户在税收增长中的支撑作用。强化建筑业协税护税工作,强化非税收入征管,加强机关事业单位和国有企业行政事业性收费、罚没收入和国有资产转让、出租等非税收入管理,确保非税收入足额缴库。加强对上争资工作。深入研究中央、省、市促进经济社会发展相关政策,加强与上级部门对接,紧扣本区产业发展和重点项目建设,积极编报项目对上争取,全年完成对上争资约8.3亿元。积极盘活财政存量资金。全年盘活财政存量资金5028.7万元,重点安排到脱贫攻坚、农业农村基础设施等民生支出,财政资金使用效益进一步提高。

【民生福祉明显改善】全力保障脱贫攻坚。落实到位财政专项扶贫资金2469.8万元,统筹农村道路畅通工程、农业综合开发、一事一议等涉农项目资金用于支持脱贫攻坚。制定出台《徽州区关于财政支农资金支持资产收益扶贫工作的实施方案》。推进民生工程实施。坚持突出重点、有保有压、优化支出结构,大力压缩一般性支出,集中财力保障民生事业支出。落实财政专项扶贫资金2469.8万元,全力支持保障打赢脱贫攻坚战。积极对上争取省市专项资金、统筹整合各类资金7768万元用于2018年美丽乡村建设。全年十三项民生支出约12亿元,较上年增长1.6%,占财政总支出的82.4%。33项民生工程完成投资3.34亿元,其中区财政投入6011万元,全力保障民生工程实施,人民群众获得感不断提高。支持社会事业协调发展。着力保障教育、社会保障和就业、农林水、节能环保、医疗卫生等重点支出。促进教育事业稳步发展,全年投入教育经费约1.55亿元,较上年增长5.2%。完善社会保障体系,落实就业再就业各项优惠政策,全年投入社会保障和就业约1.2亿元,较上年增长15.6%。推进公共卫生服务体系建设,支持医疗卫生与计划生育事业发展全年投入约1.05亿元,较上年增长1.5%,为医改政策落实到位提供保障。支持生态环境保护。不断深化新安江流域生态补偿机制试点改革,全面推进“生态美超市”建设,建成并运营“生态美超市”47个,在全市率先实现区域全覆盖。支持推进农村“三大革命”,农村生活垃圾治理、农村污水治理两个PPP项目启动实施,农村改厕超额完成年度目标任务。推进农药集中配送体系建设,完善配送网点电子管理信息系统,在黄山毛峰核心产区禁止销售和使用禁限农药。强化资金保障,加快推进新安江流域综合治理项目建设,丰乐河综合治理三期项目完成投资2.4亿元,完成城市污水处理厂提标扩建工程建设,出水水质达到一级A,循环经济园聚酯废水厌氧处理项目完成建设,双益污水处理厂二期项目建设加快推进。

【贯彻实施乡村振兴战略】支持统筹城乡协调发展。持续抓好岩寺镇、呈坎镇高标准农田项目建设,着力提升农业综合生产能力;会同区美丽办,积极对上争取省、市专项资金,共整合7768万元用于2018年美丽乡村建设。支持生态环境持续改善。坚持绿水青山与金山银山的有机统一,围绕河道综合整治、畜禽养殖场污染物治理、城镇污水处理等生态建设重点工作。投入76万元全面推进“生态美超市”建设,升级垃圾兑换超市,43个村居,4个社区已投入运营。加强对7个乡镇农村保洁、垃圾运营管护日常管理,全区“组收集、村集中、乡镇处置”继续常态化运行。

【财税改革不断深化】深化预算管理制度改革。

不断加强政府预算管理,科学编制强化财政预决算公开,增强财政预算透明度。严格政府采购预算编制,属政府采购目录内的事项,均要求部门编制政府采购预算,并严格采购预算执行。坚持“先有预算,后有支出”原则,强化预算约束。持续推进预算管理绩效评价工作。创新财务管理新举措。成立区会计服务中心,切实有效加强财政性资金的监督管理。强化政府性债务管理。不断规范政府性债务,严格实行债务限额管理,采取调整支出结构、盘活存量资产的方式,化解债务风险,全年共争取2018年置换债券资金3.34亿元(提前偿还2.29亿元),政府债务管理进一步规范。

【财政管理绩效持续提升】强化制度建设。编制2019年预算,压缩一般性支出,确保重点支出,修订完善基本支出定额标准体系,对重点项目加强评审,确保资金花在刀刃上。强化财政监督检查。组织全区94个行政事业单位开展“小金库”自查自纠,自查面100%,抽取47家单位开展“小金库”重点检查,清理撤销单位实体银行账户16个,其他收入、利息收入17万元补缴入库。扎实开展津贴补贴专项检查,收回违规发放津补贴资金40万元。出台《关于规范乡镇机关食堂财务收支管理有关事项的通知》,进一步规范乡镇食堂管理。成立区会计服务中心,切实有效加强财政性资金的监督管理。强化财政业务知识培训。组织开展会计实务培训、民生工程政策培训、“小金库”防治、内控制度建设以及扶贫资金管理等各类业务培训,培训对象达1500人次。

【干部队伍建设得到加强】深入学习宣传贯彻党的十九大精神。通过支委会、党员大会、全体干部职工大会,及时传达学习党风廉政及违规违纪问题查处情况的通报,组织观看反腐倡廉警示教育片,邀请纪委有关领导和党校教授为财政干部作党纪法规专题辅导,利用地方廉政教育资源开展现场教学。扎实开展“讲严立”专题警示教育活动,以案为鉴,教育引导广大党员干部筑牢理想信念,严格约束自我。积极做好脱贫攻坚、结对共建、“创城”等中心工作。全局党员结对帮扶29户贫困户,每月到村走访1次以上,全局党员募集资金,帮助中山社区2名困难群众实现“微心愿”。认真落实党风廉政建设。年初制定党建工作计划,落实党风廉政建设“一岗双责”工作责任。狠抓工作纪律,对上级督办事项和党组会议决议事项落实以及重要财政工作完成情况每周跟踪督办,围绕春节、中秋、国庆等重要节日贯彻中央“八项规定”精神执行情况进行专项检查,加强执纪监督。开展“庸政懒政怠政”、文山会海等6个专项整治,落实违规经商办企业、“酒桌办公”自查,建立完善台账档案资料,把党风廉政建设融入业务工作。扎实开展“三查三问”工作。及时召开专题工作会议,部署贯彻落实防范化解重大风险攻坚战、污染防治攻坚战、精准脱贫攻坚战决策,对巡视巡察发现共性问题开展自查自纠工作,确保督查整改任务顺利完成,并建立长效机制。推进效能建设。制定《徽州区财政局机关效能建设实施方案》《徽州区财政局创建文明科室活动考核办法》,严格考核奖惩。落实AB岗等局机关工作制度,常态化开展工作纪律监督检查。财政会商和上门服务常态化,全年开展会商125次,其中局外会商58次。提升干部队伍素质。通过支委会、党员大会、全体干部职工大会,及时传达学习党风廉政及违规违纪问题查处情况的通报,组织观看反腐倡廉警示教育片,邀请纪委有关领导和党校教授为财政干部作党纪法规专题辅导,利用地方廉政教育资源开展现场教学。扎实开展“讲严立”专题警示教育活动,以案为鉴,教育引导广大党员干部筑牢理想信念,严格约束自我。积极做好脱贫攻坚、结对共建、“创城”等中心工作。

广德县财政工作概述

广德县财政工作概述

【概况】2018 年,全县财政总收入完成 419088 万元,同比增长 11.6%,增收 43443 万元。地方一般公共预算收入完成 253526 万元,同比增长 8.2%,增收 19290 万元。全县财政总支出完成 479483 万元,同比增长 9.9%,增支 43242 万元。广德县财政局在财政部对 2017 年度财政管理绩效综合评价中本县取得全国排名第 39 位、全省排名第 4 位的好成绩;被省人社厅、财政厅授予全省财政系统先进集体荣誉称号,被县委、县政府授予全县目标管理考核先进单位,党建、综治、信访、双拥等单项工作在全县年度考核中名列前茅。

【支持城乡统筹发展】完善革命老区基本设施建设。争取革命老区项目资金 2020 万元,新建及改建道路 11 条、新建桥梁两座。启动农业综合开发项目乡镇法人制改革,实施国家农业综合开发项目 6 个,项目资金总规模 1849.4 万元,其中产业化财政贴息项目 3 个,贴息资金 175 万元。全面落实强农惠农补贴政策。全年共发放惠农补贴资金 21800 万元,涉及补贴资金共 16 大类 40 余项,补贴 57 万户次。完成政策性农业保险工作。全年共完成保费补贴 1457.1 万元,其中种植业水稻承保 33.8 万亩,保费补贴 823.5 万元,小麦承保 6.04 万亩,保费补贴 99.75 万元,油菜承保 2.5 万亩,保费补贴 67.5 万元;种植业水稻商业险承保 7.79 万亩,保费补贴 122.77 万元;养殖业(能繁母猪)承保 3300 头,保费补贴 55 万元;商品林承保 110.3 万亩,保费补贴 248.68 万元;公益林承保 52.08 万亩,保费补贴 82.02 万元,投保理赔率 100%,超额完成省民生工程考核任务。

【深化财政机制改革】加强政府债务管理。争取债券资金 214643 万元,其中置换债券 23645 万元,再融资债券 17523 万元,新增债券资金 173475 万元。新增债券投入棚户区改造 141062 万元、土地储备 20000 万元、公路建设 8106 万元、农业基础设施建设 2679 万元、安置房建设 1248 万元,化解公立医院债务 400 万元,有效缓解本县筹资压力,降低融资成本。提升财政管理绩效。强化预算刚性约束,依法调整预算,规范公开政府预算及预算调整方案,盘活财政存量资金 1.2 亿元;完整精细编制 2019 年度财政预算,全面夯实预算管理基础,提高财政资源配置效率和使用效益。

【推进民生保障工作】2018 年民生工程投入 14.61亿元,同期增幅 6.4%,其中县级投入 1.65 亿元,所有项目均按时序进度完成。

【服务地方经济发展】加大向上争取力度。全县共向上争取项目 275 个,到位资金 14.27 亿元。保障重点项目建设。拨付专项资金 3.25 亿元用于国省干线及农村道路畅通工程建设;投入棚户区改造资金 141062 万元用于棚户区改造等保障性住房项目;拨付专项资金 1580 万元用于高标准农田建设等项目;

拨付310万元资金用于生活垃圾卫生填埋场渗滤液处理站扩容项目;争取专项资金2000万元用于城镇垃圾收运一体化项目,有力保障市政、交通、重点民生等公益性基础设施建设。助推经济转型升级。拨付"三重一创"建设专项引导等资金970万元,拨付创新基地建设项目等资金318万元,拨付工业强县奖励640万元、支持民营经济发展资金700万元。

【改进财政工作作风】严格落实党风廉政建设。将反腐倡廉建设纳入财政工作总体规划,局党组分别与各科室及财政分局(所)主要负责人签订《党风廉政暨作风建设责任书》,并纳入年度目标管理考核体系。召开党风廉政建设专题会议,邀请县纪委同志作专题知识讲座。积极开展结对共建和包保扶贫。财政局领导班子成员和所有副科级以上干部与共建村贫困户实行"绑定"帮扶,针对贫困户实际致贫原因开展分类帮扶,县财政局包保的东亭乡15户贫困户已全部实现脱贫目标。加大文明创建力度。常态化开展入户走访、网格巡查、路段巡查、环境整治等志愿服务活动。开设"道德讲堂",积极开展"诵经典""家风家训"等系列活动,传递道德文明建设"正能量"。

【建立涉农资金项目整合机制】印发《广德县涉农项目资金整合工作实施意见》,成立县涉农资金整合工作领导小组,建立联席会议制度,并召开联席会议确定项目实施。2018年共整合涉农资金12194.7万元,切实推动农村基础设施建设统筹谋划、精准投入。

宿松县财政工作概述

宿松县财政工作概述

【概况】2018年,宿松县一般公共预算收入完成12.56亿元,较上年(下同)增长8.6%,其中地方财政收入7.46亿元,增长1.4%,地方财政收入中税收收入占比较上年提高6个百分点,收入质量稳步提升。一般公共预算支出完成51.88亿元(含省、市专项),增长12.1%。政府性基金收入完成9.65亿元,政府性基金支出完成10.64亿元。社保基金收入完成3.37亿元,社保基金支出完成3.48亿元。

【支持打好三大攻坚战】坚持在人力、精力、资源上向脱贫攻坚聚集,加大财政投入保障力度,继续安排县本级专项扶贫资金3500万元,较上年增列1500万元,占当年新增财力的34%;统筹财政存量资金7749万元用于脱贫攻坚,占全年清理回收存量资金的53.4%;整合财政涉农资金4.79亿元,占纳入整合资金规模的83.8%。通过多渠道筹措资金,2014—2018年累计投入直接用于扶贫的资金达52.84亿元,为打赢脱贫摘帽攻坚战提供有力保障。坚持生态优先、绿色发展,支持农村人居环境整治,投入9753万元用于拆旧、农村环境“三大革命”及“三线三边”环境整治提升;支持打赢蓝天保卫战,拨付100万元建设空气自动监测站,投入1560万元开展扬尘治理、锅炉整治等大气污染防治,拨付603万元支持秸秆禁烧和综合利用;支持打赢碧水保卫战,累计拨付华阳河湖群生态环境保护项目中央预算内资金3.18亿元,拨付1.59亿元用于城乡污水治理,拨付7600万元治理城市黑臭水体;支持打赢净土保卫战,安排土壤污染防治专项经费30万元,拨付1541万元实施矿山地质环境恢复与综合治理,投入1465万元用于水土保持和林地生态修复,促进生态环境质量不断改善。坚持防范化解财政金融风险,严格债务限额管理,全面完成存量债务置换,加强隐性债务统计和日常监测,政府债务风险总体可控。

【推动经济高质量发展】支持实体经济发展,全面落实减税降费政策,减轻各类市场主体税费负担7800万元;设立1亿元产业发展基金,出台电子信息、纺织服装首位产业专项奖补政策,支持企业做大做强;发挥财政政策和财政资金引导撬动作用,全年金融机构新增贷款12.4亿元,存贷比达51%;着力化解企业融资难题,发放担保贷款9.1亿元;鼓励企业上市融资,完成1家企业上市辅导备案。支持重点基础设施建设,拨付3774万元用于城区重点工程及惠民实事,拨付1.84亿元实施棚户区改造和保障房建设,投入农村道路畅通工程等交通基本建设资金2.64亿元,推进政府和社会资本合作,有效保障在建和新建重点项目资金需求。支持乡村振兴发展,投入一事一议财政奖补3024万元加快农村公益事业建设,拨付4736万元实施农村饮水安全工程,安排8745万元用于农田水利“最后一公里”建设,助力农村基础设施提档升级;投入1817万元实施高标准农田建设和现代农业项目,安排3351万元支持农业综合开发和产业化经营,促进现代农业稳步发展;落实农业支持保护补贴,启动稻谷补贴发放,全年打卡发放各类惠农补贴资金3.48亿元。

【保障民生改善】持续优化财政支出结构,着力保障民生领域支出快速增长,全年民生支出达42.95亿元,增长9.4%,占财政支出的82.8%,其中,教育支出12.18亿元,增长11.2%;科学技术支出等7291万元,增长9.2%;文化体育与传媒支出5648万元,增长28.2%;社会保障和就业支出6.18亿元,增长7%;医疗卫生与计划生育支出8.3亿元,增长31.5%;城乡社区支出2.75亿元,增长19.4%;农林水支出8.73亿元,增长27.6%。同时,将实施民生工程与脱贫攻坚、基本公共服务提升相结合,落实民生工程牵头协调职责,年度33项民生工程投入达21.72亿元,增长18.8%,其中县级配套投入6.17亿元,切实解决一批关系群众切身利益的民生问题。

【财政管理改革】完善预算管理改革,连续两年按经济分类科目编制部门预算,不断提高预算编制精细化水平;加快预算执行进度,积极盘活存量资金;推进预决算信息公开常态化,主动接受社会监督;开展财政投资预(概)算评审,平均综合审减率达11.2%;开展民生工程、扶贫资金等项目支出绩效评价,为全面实施绩效管理打下基础。深化乡镇财政管理改革,出台进一步加强乡镇财政建设的指导意见,完善乡镇财政资金监管系统,推进惠农补贴资金发放管理平台向县直主管部门、乡镇职能站所拓展延伸。完成国库集中支付电子化改革,极大提高资金支付效率。贯彻落实《安徽省非税收入管理条例》,135个执收单位全面开通安徽省统一公共支付平台电子化收缴功能,方便社会公众缴费。常态化开展行政事业单位会计报告委托鉴证、会计信息质量检查、村级财务委托审计和内部监督检查,严肃财经纪律。

【全面从严治党】坚持把学懂弄通做实习近平新时代中国特色社会主义思想和党的十九大精神作为首要政治任务,持续推进“两学一做”学习教育常态化制度化,扎实开展“讲严立”专题警示教育,组织机关党员接受革命传统教育,以案为鉴开展警示教育,以身边事教育好身边人引导党员干部进一步树牢“四个意识”,坚定“四个自信”,坚决做到“两个维护”。学习宣传贯彻支部工作条例,进一步完善支部书记抓党建责任制,严格执行“三会一课”、班子成员双重组织生活、支部书记述职评议和民主评议党员等制度,强化考核结果运用,推动机关党建各项工作高效落实。支持派驻纪检监察组加强监督执纪问责,运用“四种形态”中的第一种形态,开展诫勉谈话、约谈、警示提醒谈话11人次,派驻纪检监察组“派”的权威和“驻”的优势不断深化。

(夏序平)

财政工作大事篇

省财政厅全面深化改革工作大事记

2018年省财政厅全面深化改革工作大事记

1月9日　省财政厅党组书记、厅长、厅全面深化改革领导小组组长罗建国主持召开2018年厅全面深化改革领导小组第一次会议，学习十九届中央深改领导小组第一次会议和习近平总书记重要讲话精神，传达学习十届省委深改领导小组第十三次会议和李锦斌书记重要讲话精神，总结2017年财政改革工作，研究部署2018年财政改革工作任务。

2月27日　省财政厅党组书记、厅长、厅全面深化改革领导小组组长罗建国主持召开2018年厅全面深化改革领导小组第二次会议，传达学习中央全面深化改革领导小组第二次会议精神及习近平总书记重要讲话，传达学习省委全面深化改革领导小组第十四次会议精神及李锦斌书记重要讲话，审议并原则通过《2018年全面深化财政改革工作计划和近期工作安排》。

3月16日　印发《关于做好2018年财政改革工作的通知》，对2018年全面深化财政改革工作进行部署。

3月20日　印发《省财政厅贯彻实施〈省委全面深化改革领导小组2018年工作要点改革任务总台账〉任务分解表》。

4月2日　省财政厅党组书记、厅长、厅全面深化改革领导小组组长罗建国主持召开2018年厅全面深化改革领导小组第三次会议，传达学习贯彻中央全面深化改革委员会第一次会议精神，学习中央国家机关机构改革方案，研究审议厅调整全面深化改革领导小组成员通知、厅改革领导小组工作规则、厅改革办工作细则和全面深化改革督察办法；传达学习贯彻中办关于严明纪律切实保证党和国家机构改革顺利进行的通知、省委办公厅关于落实“六严”纪律要求切实保障党和国家机构改革顺利进行的通知、省纪委关于充分发挥纪检监察职能作用保障我省机构改革扎实推进的通知。研究基本公共服务领域中央、省及省以下共同财政事权和支出责任划分改革方案。

4月4日　印发《省财政厅全面深化改革领导小组工作规则》《省财政厅全面深化改革领导小组办公室工作细则》和《省财政厅全面深化改革督察办法》。

5月2日　省财政厅党组书记、厅长、厅全面深化改革领导小组组长罗建国主持召开2018年厅全面深化改革领导小组第四次会议，传达学习省委全面深化改革领导小组第十五次会议和李锦斌书记讲话精神，对财政改革相关工作作出部署。

5月22日　省财政厅党组书记、厅长、厅全面深化改革领导小组组长罗建国主持召开2018年厅全面深化改革领导小组第五次会议，传达学习省委庆祝改革开放40周年活动部署要求，研究部署做好贯彻落实工作。

6 月 14 日　向省经济体制和行政体制改革专项小组报送《建立以绿色生态为导向的农业补贴制度改革督察工作方案》和《省级国有资本经营预算管理督察工作方案》。

6 月 15 日　省财政厅党组书记、厅长、厅全面深化改革领导小组组长罗建国主持召开 2018 年厅全面深化改革领导小组第六次会议,审议并原则通过省财政厅庆祝改革开放 40 周年活动工作计划,研究部署做好落实工作。

6 月 15 日　印发《关于开展 2018 年上半年改革督查工作的通知》。

6 月 19 日　省财政厅党组书记、厅长、厅全面深化改革领导小组组长罗建国主持召开 2018 年厅全面深化改革领导小组第七次会议,深入学习中央全面深化改革委员会第二次会议和习近平总书记重要讲话精神,传达学习省委全面深化改革领导小组第十六次会议及李锦斌书记重要讲话精神,通报省委全面深化改革领导小组第十六次会议审议通过《关于探索建立涉农资金统筹整合长效机制的实施意见》和《安徽省划转部分国有资本充实社保基金实施方案》有关情况,研究部署贯彻落实工作。

7 月 31 日　省财政厅党组书记、厅长、厅全面深化改革领导小组组长罗建国主持召开 2018 年厅全面深化改革领导小组第八次会议,传达学习中央全面深化改革委员会第三次会议关于全面实施预算绩效管理的有关精神;通报 2017 年度县级财政管理绩效综合评价结果,学习贯彻李锦斌书记、李国英省长和邓向阳常务副省长对我省县级财政管理绩效工作的批示要求,就下一步推进全省预算绩效管理工作进行部署。

8 月 13 日　省财政厅厅长罗建国率领督查组,前往池州市、黄山市和石台县、祁门县,开展建立以绿色生态为导向的农业补贴制度调研督察。

9 月 6 日　省财政厅副厅长王召远率领省级国有资本经营预算管理督查组,前往省国资委及有关省属企业开展调研督察。

9 月 10 日　省财政厅党组书记、厅长、厅全面深化改革领导小组组长罗建国主持召开 2018 年厅全面深化改革领导小组第九次会议,深入学习中央全面深化改革委员会第三次会议和习近平总书记重要讲话精神,传达学习省委全面深化改革领导小组第十七次会议和李锦斌书记重要讲话精神,听取厅改革办有关改革工作进展情况的汇报,研究部署改革工作。

10 月 8 日　中央全面深化改革委员会办公室《改革情况交流》第 60 期(总第 760 期)刊发《源头活水出新安 百转千回下钱塘—— 新安江生态补偿试点撬动全流域生态文明建设》,李锦斌书记作出重要批示。

10 月 29 日　省财政厅党组书记、厅长、厅全面深化改革领导小组组长罗建国主持召开 2018 年厅全面深化改革领导小组第十次会议,深入学习习近平总书记在中央全面深化改革委员会第四次会议上的重要讲话精神,传达学习省委全面深化改革领导小组第十八次会议及李锦斌书记重要讲话精神,研究部署年内财政改革工作安排。

11 月 1 日　开展十八大以来中央及省委已经出台的涉及财政改革举措落实情况“回头看”,向省经济与行政体制改革专项小组、生态文明体制改革专项小组和省委改革办报送《省财政厅贯彻落实党的十八届三中、四中、五中全会重要举措情况表》《省财政厅贯彻落实省委深改组 2014/2015/2016/2017 年工作要点改革任务情况表》和《十八届三中全会以来中央和国家有关部门部署的以及我省自主开展的重要改革试点任务情况表》。

11 月 23 日　省财政厅党组书记、厅长、厅全面深化改革领导小组组长罗建国主持召开 2018 年厅全面深化改革领导小组第十一次会议,深入学习习近平总书记在中央全面深化改革委员会第一次会议上重要讲话精神,学习省委全面深化改革委员会第一次会议和李锦斌书记讲话精神,通报省委全面深化改革委员会第一次会议审议通过《关于完善国有金融资本管理的实施意见》《关于推进国有资本投资、运营公司改革试点的实施意见》有关情况,研究部署年内财政改革工作安排。

11 月 29 日　省委改革办《改革工作简报》第 40 期刊发财政厅提供的综合信息稿——《我省预算绩效管理改革成效显现》。

(张小龙)

省财政厅处室单位工作大事记

综合处工作大事记

1月1日　停征排污费,取消收取货物港务费。

3月1日　发布《2018年安徽省级预算安排政府购买服务实施目录》,公布6大类219项购买服务具体内容,2018年首次公布了各个项目的预算金额。

3月13—15日　赴合肥、阜阳、池州三市开展全省土地出让收支管理情况专题调研。

4月1日　停征首次申领居民身份证工本费,将残疾人就业保障金征收标准上限降为当地社会平均工资的2倍。

5月7—8日　财政部综合司巡视员刘金云来皖调研房地产市场发展情况,省财政厅副厅长孟照红陪同调研。

7月1日　国家重大水利工程建设基金征收标准再降25%。

8月1日　停征专利收费(国内部分)的专利登记费、公告印刷费、著录事项变更费(专利代理机构、代理人委托关系的变更)、PCT(《专利合作条约》)专利申请收费(国内阶段部分)中的传送费,符合条件的专利年费减缴期限延长至10年,符合条件的发明专利申请,可退还50%的专利申请实质审查费。

10月11日　省财政厅副厅长孟照红参加财政部召开第三季度经济形势分析会并发言。

10月12日　全省不规范发放津贴补贴专项整治工作布置会在合肥召开,省财政厅副厅长孟照红主持会议并讲话,省人力资源和社会保障厅副厅长林海出席会议并讲话,16个省辖市财政局、人力资源社会保障局主要负责人参加了会议。

11月　按照财政部财政电子票据管理改革工作要求,全面启动实施我省财政电子票据管理改革工作。

11月6日　违规发放“奖金补贴”问题整改工作会议在合肥召开,省财政厅副厅长孟照红主持会议并讲话,省人力资源和社会保障厅副巡视员刘效华出席会议并讲话,8个省辖市财政局、人力资源社会保障局分管负责人参加了会议。

11月29—30日　全省财政综合暨电子票据管理改革工作培训班在合肥举办,各市和部分县财政综合部门的有关同志参加培训。

税政条法处工作大事记

1月3日　省财政厅参加省联合验收组,对马鞍山综合保税区进行预验收。

1月11日　省财政厅厅长罗建国在《税政条法处2017年工作总结及2018年重点工作》上批示:税政条法处2017年围绕持续推进营改增改革、积极开展环保费改税和税收法定原则,全面落实国家积极有效结构性减税政策,积极推进财政立法、普法、权责清单、重大事项合法性审查机制,加强财政涉法涉诉管理以及财政法律风险防范和财政系统法治建设,都取得新的成绩。对此,应予表扬!希望2018年再接再厉,认真贯彻十九大报告和省委省政府以及全国财政全省财政会议精神,坚持问题导向,落实好结构性减税政策,做好地方税制改革的各项基础调研测算准备工作,持续推进财政法制工作,应对好涉法涉诉工作,推动依法理财水平不断提升。加强党支部建设,坚持一岗双责,建设廉洁处室。

1月11日 为提高税收优惠政策落地的时效性、简化公文转办流程、提高工作效率,省财政厅、省国税局、省地税局、合肥海关联合下发了《关于简化税收优惠政策文件转发流程的通知》。

2月5日 省财政厅联合省地税局赴合肥市开展城市维护建设税立法调研。

3月 省财政厅权责清单动态调整。

4月2日 省财政厅、省地税局、省环保厅在合肥市地税局庐阳分局联合举行"安徽省首张环境保护税税票开具启动仪式",标志着环境保护"费改税"在安徽省实现平稳顺利转换,环保税申报征收整体系统开始正常运转,省财政厅副厅长孟照红出席。

4月27日 组织省本级行政执法人员资格认证财政专门法律知识考试。

5月10日 省财政厅、省国税局、省地税局三部门门户网站同步公开发布在2017年基础上升级的《安徽省财税事项优惠清单》。

5月14日 为规范公益性捐赠税前扣除资格确认工作程序,省财政厅、省国税局、省地税局、省民政厅联合下发了《关于进一步明确公益性捐赠税前扣除资格确认工作程序的通告》。

5月24日 财政部条法司赖永添副司长来皖与耿学梅代表沟通人大议案并调研财政法治工作,对安徽省财政法制工作予以充分肯定。

5月30日 省财政厅、省国税局、省地税局联合下发文件,公布安徽省网商协会等15家非营利组织免税资格。

6月4日 印发《省财政厅2018年宪法学习计划》。

6月7日 为完善和规范非营利组织免税资格认定管理工作,省财政厅、省国税局、省地税局联合下发了《关于省级非营利组织免税资格认定管理有关问题的通告》。

6月13日 省财政厅参加的国家联合验收组对马鞍山综合保税区进行正式验收,马鞍山综合保税区顺利通过国家验收,国家联合验收组向马鞍山综合保税区管委会颁发了《马鞍山综合保税区验收合格证书》。

7月4—6日 举办全省重点企业税源调查快报及税式支出测算培训班。

7月13日 孟照红副厅长主持召开《中华人民共和国个人所得税法修正案(草案)》专家座谈会,邀请省内知名院校的4位经济学专家参会,听取专家对修正案(草案)的修改意见。

7月19日 省财政厅、省税务局联合下发《转发〈财政部 税务总局关于2018年退还部分行业增值税留抵税额有关税收政策的通知〉》,在全省范围开展部分行业增值税留抵退税工作。

7月25日 围绕增值税改革、税收优惠政策和环保税开征等情况,赴巢湖市对皖维高新材料股份有限公司、菲力克斯电子科技公司和巢湖海螺水泥有限公司等企业进行实地走访调研。

7月30日 印发《2018年度全省财政系统普法责任清单》。

8月3日 省财政厅2016年以来新进财政干部参加由省政府法制办统一组织的行政执法人员资格认证通用法律知识考试。省财政厅41人参加考试,38人成绩合格,合格率92.7%,超全省平均水平6.7个百分点。

8月21日 赴徽商大地农副产品批发市场实地调研《财政部 国家税务总局关于继续实行农产品批发市场 农贸市场房产税城镇土地使用税优惠政策的通知》(财税〔2016〕1号)执行效果。

8月29日 省财政厅、省税务局、省民政厅联合下发文件,公布2018年第一批获得公益性捐赠税前扣除资格的公益性社会团体名单。

9月2日 财政部关税司调研员任烈来皖调研进境免税店转型工作。

9月12日 省财政厅开展宪法知识测试。

9月17—27日 组织开展对全省所有市财政局、部分县(区)财政局"七五"普法中期评估工作。

9月18日 组织召开个人所得税修正案6项专项附加扣除标准座谈会,邀请省内部分全国政协委员、专家学者、群众参会。

10月30日 省财政厅会同省税务局、省水利厅调研水资源费改税工作。

11月1日　印发《市、县财政部门行政权力清单和责任清单(基础版)》,进一步规范我省财政系统权责清单编制工作。

11月12日　省科技厅、省财政厅、省税务局联合下发文件,公布安徽省2018年第一批高新技术企业认定名单。

11月20日　省财政厅编制的《安徽省支持脱贫攻坚税收优惠事项清单》在省财政厅门户网站公开发布。

11月30日　财政部税政司对安徽省财政厅上报的《增值税改革效果评估报告》给予书面表扬。

11月30日　省财政厅在门户网站对《安徽省财税优惠事项清单》予以更新。

12月3日　省财政厅牵头会同省税务局、省发改委等部门开展《环境保护、节能节水项目企业所得税优惠目录》和《资源综合利用企业所得税优惠目录》调研。

12月5日　围绕“12·4”国家宪法日和第一个“宪法宣传周”,结合省财政厅结对共建活动安排,赴利辛县阚疃镇程杨村开展送宪法入村活动。

12月5日　结合结对共建工作,赴利辛县阚疃镇开展民营企业发展税收政策调研。

12月6日　在财政部举办的税式支出培训班上,安徽省财政厅对安徽省减税政策落实工作情况作经验交流。

12月10—12日　举办全省财政法治工作培训班。

12月26日　省科技厅、省商务厅、省财政厅、省税务局、省发改委联合下发文件,公布安徽省2018年度认定技术先进型服务企业名单。

(杨玉林)

预算处工作大事记

1月14—18日　省“两会”期间在安徽大剧院、省人大会议中心和代表驻地设置财政预算服务点,为人大代表、政协委员提供查询服务。期间,省委书记李锦斌、省长李国英,以及省委副书记信长星等省十三届人大二次会议主席团成员一同查阅。

1月15日　省财政厅印发《2018年预算公开工作方案》(财预〔2018〕35号),要求省直部门和市县(区)财政局认真落实党的十九大精神,不断细化预算公开内容,拓展预算公开范围,完善预算公开方式,严格预算公开责任,强化预算公开监督,着力建立全面规范透明、标准科学、约束有力的预算制度。

1月19日　省财政厅印发《市县财政管理工作绩效考核与激励办法》(财预〔2018〕44号),激励各市县财政部门从实际出发干事创业,进一步深化财税体制改革,完善预算管理制度,不断提高财政资金使用效益,推动加快建立现代财政制度。

1月24日　省财政厅出台《关于财政支持保障基层基本公共服务功能建设的实施意见》(财预〔2018〕67号),按照省委、省政府关于打赢脱贫攻坚战的决定部署,重点保障基层基本公共教育、劳动就业创业、社会保险、医疗卫生、社会服务、住房保障、公共文化体育、残疾人公共服务等领域功能建设目标,确保如期实现“城乡区域间基层基本公共服务大体均衡,贫困地区基本公共服务主要领域指标接近全国平均水平”目标,切实增强人民群众的获得感、公平感、安全感和幸福感,为全省人民共同迈入全面小康社会奠定坚实基础。

1月25日　厅党组书记、厅长罗建国在预算处呈报的《预算处2017年工作总结》上作出重要批示:预算处2017年在创新预算编制、稳健预算运行、严格预算绩效、健全预算政策、规范预算监督公开、扎实预算改革、争取中央财政支持、强化预算协调服务、严格预算队伍作风建设等方面都取得新的成绩,持续提升预算保障水平和预算管理能力,有力有效地保障了财政工作大局,服务五大发展美好安徽建设。同志们加班加点,耐劳克难,十分辛苦。对此,应予表扬!希望2018年再接再厉,认真贯彻十九大报告和省委省政府部署,按照全国全省会议要求,坚持问题导向,强化预算牵头责任作用,巩固成绩,强化弱项,完善举措,坚持权责清晰和规范透明、标准科学和财力协调、严格绩效和约束有力,实现预算可持续高质量,着力现代财政建设。加强处室党支部建设,坚持一岗双责,建设廉洁预算。

2月12日　根据厅党组的统一部署,预算处党支部召开组织生活会。厅党组成员、副厅长朱艾勇参加了支部组织生活会,并对预算处党支部建设和预算业务工作提出要求。

2月14日　省财政厅完成省直预算部门2018年部门预算批复工作。在预算批复中,要求省直单位认真牢固树立过紧日子思想,严格执行《党政机关厉行节约反对浪费条例》,坚决贯彻国务院“约法三章”要求,从严控制“三公”经费等一般性支出,有效降低行政运行成本。

2月24日　邓向阳常务副省长在省财政厅《关于我省再次荣获财政管理工作绩效考核表彰有关情况的汇报》上批示:2017年,全省财政系统主动作为,积极工作,在财政部开展的全国财政工作绩效综合考核评比中位居第四位,有望再次获得国务院表彰奖励,对此,表示热烈祝贺!希望在新的一年里要倍加珍惜荣誉,发扬成绩,再接再厉,认真学习习近平新时代中国特色社会主义思想,牢固树立新发展理念,继续深化财税体制改革,加快建立现代化财政制度,努力提升财政保障能力和管理水平,为现代化“五大发展”美好安徽作出新的贡献。

3月8日　李锦斌书记在省财政厅《关于我省再次荣获财政管理工作绩效考核表彰有关情况的汇报》上批示:成绩值得肯定和称赞。这是全省财政系统促统筹、提绩效的重要成果,望再接再厉,深化财税体制改革,争取新一年工作再上台阶。

3月15日　根据《安徽省人民政府关于环境保护税收入归属问题的通知》(皖政〔2018〕27号),印发《安徽省财政厅 安徽省地方税务局 中国人民银行合肥中心支行关于环境保护税有关预算管理问题的通知》,就环境保护税收入划分和缴库管理等作出具体规定,完善省以下收入划分体制。

3月26日　省财政厅印发《转发财政部关于进一步规范地方财政收入秩序的通知》(财预〔2018〕279号),进一步落实财政收入预期管理制度,完善转移支付对收入质量约束机制,加大财政收入质量考核、督查和约谈力度,促进全省财政收入实现更高质量发展。

3月29日　省财政厅印发《关于做好2019年省级部门预算及2019—2021年部门三年滚动财政规划编制工作的通知》(财预〔2018〕282号),明确预算编制总体要求、基本原则、重点工作以及程序安排等。

4月27日　省财政厅印发《安徽省预算稳定调节基金管理暂行办法》(财预〔2018〕403号),建立健全跨年度预算平衡机制,规范预算稳定调节基金的设置、补充和动用。

5月10日　省财政厅联合省直10部门印发《安徽省基层基本公共服务功能建设资金管理办法》(财预〔2018〕440号),明确科学划分基本公共服务领域财政事权,合理确定各级政府支出责任,省级通过均衡性转移支付等一般性转移支付、民生工程等专项转移支付、新增地方政府债券等资金对市县基本公共服务功能建设予以支持,市县按规定统筹安排使用相关资金。

5月10日　省财政厅印发《关于进一步加强预算执行管理加快支出进度的通知》(财预〔2018〕439号),要求市县(区)财政局进一步加强预算执行管理,加快支出进度,提高资金使用效益,促进经济社会高质量发展。

5月22日　省财政厅召开全省2019年预算编制工作视频会议,布置安排2019年全省预算编制工作。省财政厅党组书记、厅长罗建国出席会议并就做好全省预算编制工作提出要求。

6月5日　李国英省长在省财政厅《关于我省再次荣获财政管理工作绩效考核表彰有关情况的汇报》上批示:近年来,全省财政部门坚持以习近平新时代中国特色社会主义思想为指导,持续深化财税体制改革,强化预算约束和资金监管,优化结构保障重点、强化统筹盘活存量、加快支出提高绩效、促进预算公开透明,各项财政管理工作稳居全国前列,这次又荣获国务院通报表彰,成绩可喜可贺。希望同志们乘势而上、继续努力,进一步加大财政领域改革创新力度,加快构建适应高质量发展要求的财政管理体制机制,优化支出结构,提升资金绩效,严控债务风险,为全省改革发展稳定提供坚强保障。

6月8日　省财政厅印发《预算执行支出进度通报办法》(财预〔2018〕560号),明确市县通报结果将按月向市县财政部门公布,同时抄送各市人民政府。省直部门通报结果随省级预算执行结果一并通报。

6月25日和26日　省财政厅举办全省预算编制业务培训班,分两期对省直部门财务人员、市县预算系统业务骨干进行预算编制业务培训。

7月20日　邓向阳常务副省长在财政部《关于印发2018年县级财政管理绩效考核评价方案及结果的通知》上批示:我省在县级财政管理绩效综合评价中获得总分第一的好成绩,来之不易,得益于省委省政府的坚强领导,财政系统的同志们付出了艰辛努力,应予肯定和表扬。要再接再厉,创造新业绩,实现财政工作更高质量发展。

7月21日　李国英省长在财政部《关于印发

2018年县级财政管理绩效考核评价方案及结果的通知》上批示：在财政部对2017年度县级财政管理绩效综合评价中，我省平均得分位居全国第一；在全国前200名的县中，我省有56个，占28%；在中部地区前50名的县中，我省有25个，占50%。财政部拟对前200名的县和前10名的省通过中央财政县级基本财力保障机制奖励资金给予相应激励。请办公厅研究给予通报表扬。并以此为例，研究建立表扬激励机制。

8月7日　省财政厅印发《安徽省重点生态功能区转移支付办法》（财预〔2018〕885号），规范转移支付资金分配、使用和管理，发挥财政资金在维护生态安全、推进生态文明建设中的重要作用。

8月13日　以省政府办公厅名义印发《关于印发贯彻落实基本公共服务领域共同财政事权改革划分中央、省级与市以下支出责任实施方案的通知》（皖政办〔2018〕34号），明确教育、社会保障等八个领域18项基本公共服务事项财政支出责任。

8月22日　省财政厅印发《关于2019年省级部门项目全面实行“大专项（大类别）+任务清单”预算编制管理方式的通知》（财预〔2018〕950号），要求从编制2019年预算起，省级部门项目（省对下专项转移支付和省本级项目）全面实行“大专项（大类别）+任务清单”预算编制管理方式。

11月28日　省财政厅印发《2018年省财政农业转移人口市民化奖励资金管理办法》（财预〔2018〕1356号），实施农业转移人口市民化奖励机制，增强市县政府落实农业转移人口市民化政策的财政保障能力，推动落实农业转移人口和其他常住人口在城镇落户，逐步使农业转移人口与当地户籍人口享受同等的基本公共服务，促进基本公共服务均等化。

12月21日　省财政厅印发《关于进一步规范预决算公开工作的通知》（财预〔2018〕1625号），进一步坚持问题导向，落实从严从紧要求，举一反三提升预决算透明度。

12月29日和30日　厅党组书记、厅长罗建国两次走访预算处，看望慰问预算处干部，听取了年度财政收入完成、预算编制工作、人大审计监督，以及预算报告、参阅材料、图文读本等服务省“两会”工作进展情况，并与预算处干部进行了亲切交谈。

（周剑峰）

国库处工作大事记

1月5日　罗建国厅长对国库处《2017年度工作总结和2018年度工作思路》作出重要批示，肯定工作成绩，提出目标要求。

3月16日　全省国库支付电子化管理改革会议在合肥召开，省市财政国库及信息部门、人行国库和科技部门、各国库集中支付代理银行业务和信息部门负责人，共120人参加会议。

4月27日　下发《关于开展全省财政国库系统风险防控检查工作的通知》，全省财政国库系统风险防控检查工作正式启动。

7月10日　省财政厅国库处联合驻厅纪检组、人行合肥中心支行开展“庆‘七一’红色经典诵读会”，朱长才副厅长、项中胜纪检组长莅临指导。

8月28日　省级127家部门、单位，通过门户网站或省政府政务公开网向社会公开2017年度部门决算及“三公”经费情况。

10月25—26日　全省财政国库管理改革暨集中支付工作座谈会在合肥召开，胡锡萍副厅长出席会议并讲话，全省市财政局分管局长，国库科科长，国库支付中心主任及业务骨干共70余人参加会议。

10月29日　财政部正式发文通报2017年度财政决算工作评比情况，安徽省总决算工作和部门决算工作均荣获全国第一名。

12月14日　组织开展省级国库集中支付电子化应急演练，保障预算执行正常运行，提高代理银行应对国库集中支付突发事故的应急处置能力

12月29日　厅党组书记、厅长罗建国走访国库处，看望慰问国库处干部，听取国库处关于年底重点工作的有关汇报。

政府债务管理办公室工作大事记

1月19日　省政府成立省防范化解重大风险工作领导小组（省防范化解政府隐性债务风险工作领导小组），进一步加强对全省防范化解政府隐性债务风险工作的统一领导，防范化解政府隐性债务风险领导小组办公室设在省财政厅。

1月24日　印发《安徽省财政厅关于组建

2018—2020年安徽省政府债券承销团的通知》（财债〔2018〕56号），结合2015—2017年度各承销机构债券承销情况，组建了2018—2020年安徽省政府债券承销团，确定中国建设银行股份有限公司等6家金融机构为主承销商，中国邮政储蓄银行股份有限公司等4家金融机构为副主承销商，中信银行股份有限公司等14家金融机构为承销团成员。

2月1日　印发《安徽省财政厅关于调整2017年部分市县土地储备专项债务新增限额的通知》（财债〔2018〕84号），经请示省政府同意，对2017年我省部分市县未使用完的土地储备专项债务新增限额统筹调整使用。

2月12日　印发《安徽省财政厅关于做好2018年地方政府存量债务置换工作的通知》（财债〔2018〕128号），督促指导市县财政部门要求债务人出具债权人同意提前置换的书面凭证再予置换，进一步加快存量政府债务置换进度，及时偿还到期政府债务。

2月22日　通报16个市2017年地方政府性债务管理考核结果，表扬亳州等11个考核结果优秀的市。要求受到通报表扬的市持之以恒、争先进位；给未受到表扬的地区寄发问题清单，要求及时整改、补齐短板。通过鼓励先进、鞭策后进，进一步提高全省政府性债务管理水平。

2月28日　印发《2018年安徽省政府置换债券定向承销发行兑付办法》（财债〔2018〕146号）、《2018年安徽省政府置换债券定向承销发行簿记建档规则》（财债〔2018〕147号）；6月28日，印发《2018年安徽省政府债券招标发行规则》（财债〔2018〕672号）、《2018年安徽省政府债券招标发行兑付办法》（财债〔2018〕673号）等文件，夯实我省2018年地方政府债券发行管理的制度基础。

3月7日　省财政厅成立省防范化解政府隐性债务风险工作领导小组办公室，厅党组书记、厅长罗建国任办公室主任，副厅长孟照红任办公室副主任，并组织专门班子专司政府隐性债务风险防控工作。

3月23日　召开省级预算绩效管理工作领导小组第一次会议，研究2017年度中央对地方专项转移支付绩效目标自评工作，研究2018年省级财政预算绩效评价事项，部署省级2018年重点绩效评价工作，对34个重点评价项目、2个部门整体支出评价、2个财政政策和管理评价和8个预算评审论证项目开展财政重点绩效评价。

3月27日　印发《安徽省财政厅转发财政部关于开展2017年度中央对地方专项转移支付绩效目标自评工作的通知》（财绩〔2018〕264号），统筹组织省级主管部门和市县对2017年度通过中央一般公共预算安排的54项专项转移支付资金开展绩效自评，首次实现中央对地方专项转移支付绩效目标自评全覆盖。自评主要内容包括预算执行率、年度总体绩效目标完成情况、各项绩效指标完成情况、未完成原因和改进措施等。

3月28日　省财政厅通过财政部政府债券发行系统，面向12家2018年安徽省政府置换债券定向承销发行承销团成员，定向承销发行了279.8亿元置换债券，包括一般债券153.7亿元，专项债券126.1亿元。其中，3年期债券46亿元、5年期债券110亿元、7年期债券108.1亿元和10年期债券15.7亿元，中标利率分别为4.1%、4.23%、4.35%和4.34%。

3月30日　会同财政部驻安徽省财政监察专员办事处印发《关于做好2018年地方政府债务管理工作的通知》（财债〔2018〕291号），要求各市县高度重视地方政府债务管理工作、切实加强地方政府债务限额管理和预算管理、及时完成存量地方政府债务置换工作、加强债务风险监测和防范、强化地方政府债券管理，充分发挥政府规范举债对经济社会发展的促进作用，坚决打好防范化解重大风险攻坚战。

4月9日　印发《安徽省财政厅关于下达2018年度省级财政重点绩效评价计划的通知》（财绩〔2018〕326号），从2017年财政预算中选择了34个重点项目、2个部门整体支出评价、2个财政政策和管理评价和8个预算评审论证项目开展财政重点绩效评价。重点项目评价涵盖了农业、教育、医疗卫生、社会保障、金融等多个重点领域和社会公众重点关注的项目，涉及财政资金134.7亿元，其中民生工程项目12个，涉及财政资金88.7亿元。

4月20日　印发《安徽省财政厅关于开展2017年度省直部门整体支出绩效评价工作的通知》（财绩〔2018〕378号），选取省文化厅、省水利厅开展部门整体支出财政重点评价，选取66家省级一级预算单位组织开展部门整体支出绩效自评。从预算编制、预算执行、预算管理、职责履行、履职效益等方面，在项目支出绩效自评的基础上，对部门所有支出所达到的产出和效果进行绩效自评。

4月24日　印发《安徽省省级部门预算绩效目

标管理暂行办法》(财绩〔2018〕378号),明确了预算绩效目标设定的原则、内容、依据、要求、方法和程序,对绩效目标审核的责任、内容、要求、程序等进行了规范。《办法》的出台是省财政厅适应预算绩效管理发展形势的充分体现,对于进一步加强我省预算绩效管理,充分发挥绩效目标管理的"标尺"作用,提高财政资金的使用效益具有重要意义。

5月3日　省财政厅会同住建厅转发财政部和住房城乡建设部《试点发行地方政府棚户区改造专项债券管理办法》,进一步推进政府专项债券改革,支持地方政府棚户区改造融资。要求今后各市县在每年8月底前,根据棚改三年计划和分年度改造任务等,结合项目收益与融资平衡情况等因素,测算提出下一年度棚改专项债券资金需求,经本级政府批准后报省财政厅和省住房城乡建设厅。

5月18日　会同评审中心召开省直部门绩效评价业务培训会,对省直预算单位经办人员进行培训,讲解项目支出绩效和部门整体支出绩效自评方法、指标等,强化部门主体责任,提升财政财务干部预算绩效管理专业技能。

5月20日　会同评审中心和干教中心将预算绩效管理列入全省财政改革培训班专题,邀请财政部评审中心专家为市县政府领导和财政部门领导授课,提高各地各部门的预算绩效管理意识。

5月28日　印发《安徽省财政厅关于对池州经济技术开发区违法违规举债问题及整改落实情况的通报》(财债〔2018〕515号),通报池州经济技术开发区通过融资平台公司违法违规举债问题处理情况,督促指导各级政府进一步严格规范政府举债行为。

5月31日　省财政厅在深交所通过财政部深圳证券交易所政府债券发行系统,面向24家政府债券承销团成员,成功公开招标发行474.2亿元2018年安徽省政府债券,包括置换存量政府债务412.4亿元、偿还2015年自发自还到期债券61.8亿元,其中:一般债券301.4亿元、专项债券172.8亿元。一般债券分别募得3年期100亿元、5年期101.4亿元、7年期100亿元,中标利率分别为3.86%、4%、4.15%;专项债券分别募得5年期100亿元、7年期72.8亿元,中标利率分别为4.16%和4.23%。

6月4日　印发《安徽省财政厅关于开展2017年度新增地方政府债券资金绩效评价工作的通知》(财绩〔2018〕538号),对2017年度新增地方政府债券资金开展绩效评价工作,将绩效评价结果作为今后年度分配新增债券额度的参考依据,进一步强化支出责任,切实提高债券资金使用效益。

6月12日　根据《财政部关于下达2018年分地区地方政府债务限额的通知》(财预〔2018〕59号)有关规定,经省政府批准,核定各市、县(区)2018年政府债务限额、2018年新增政府债务限额,要求抓紧调整预算并签署协议、妥善安排使用债券资金、强化政府债务项目管理。此前省财政厅已按照经省政府批准的分配方案,编制了新增债务限额省级预算调整方案,按程序提请省政府报经省十三届人大常委会第三次会议审查批准。

6月15日　印发《关于全面完成存量政府债务置换工作的通知》(财债〔2018〕601号),组织各级财政部门积极与相关债权人协商,在签订同意置换协议的基础上,统计最后一批置换债券资金需求,加快存量政府债务置换进度。

6月27日　印发《安徽省财政厅关于调整2018—2020年安徽省政府债券承销团成员的通知》(财债〔2018〕652号),对2018—2020年安徽省政府债券承销团成员进行调整,确定建设银行等6家金融机构为主承销商;邮政储蓄银行等4家金融机构为副主承销商;中信银行等20家金融机构为承销团成员。

7月20日　省财政厅在上交所通过财政部上海证券交易所政府债券发行系统,面向30家政府债券承销团成员,成功公开招标发行269.6亿元2018年安徽省政府债券,包括2018年新增债券221亿元,其中:一般债券131亿元、专项债券90亿元;偿还2015年自发自还到期债券48.6亿元,其中:一般债券42.1亿元、专项债券6.5亿元。上述一般债券分别募得5年期73.1亿元、7年期100亿元,中标利率分别为3.74%和3.9%;专项债券募得5年期96.5亿元,中标利率为3.85%。

7月24日　印发《安徽省财政厅关于印发扶贫项目资金绩效管理样表和模板的通知》(财绩〔2018〕779号),进一步贯彻落实《扶贫项目资金绩效管理办法》(国办发〔2018〕35号),全面加强各级各类扶贫项目资金绩效管理,支持打赢打好精准脱贫攻坚战。

7月31日　召开省级预算绩效管理工作领导小组第二次会议,传达中央全面深化改革委员会第三次会议关于全面实施预算绩效管理的有关精神,通报2017年度县级财政管理绩效综合评价结果,学习贯彻锦斌书记、国英省长和向阳常务副省长对我省县级财政管理绩效工作的批示要求。听取预算处、绩效处、民生办、农业处、社保处和评审中心关于今年以来绩效工作情况的汇报,就下一步推进全省预算绩效管理工作进行了部署。

8月3日　印发《安徽省财政厅关于开展2018年省直部门项目支出绩效目标执行监控工作的通知》(财绩〔2018〕855号),组织省直各部门全面开展绩效监控工作,各部门从批复的2018年部门预算项目支出中,自行选择3－5个项目开展绩效监控。及时纠错纠偏,完善项目管理,优化绩效目标实现路径,促进绩效目标如期实现。

8月6日　完成2018年项目收益与融资自求平衡的地方政府专项债券第三方机构服务项目采购,中标机构对各地上报的棚改、土储、政府收费公路等三个项目开展评估。

8月16日　召开各市县财政、住建、国土、交通等部门参加的全省项目收益与融资自求平衡的地方政府专项债券专题业务培训视频会,邀请自求平衡专项债发行专家解读相关政策,提高市县棚改、土储、政府收费公路等自求平衡项目准备工作的精准性、可行性,为专项债券发行工作做好前期准备。

8月29日　省财政厅通过财政部国债发行招投标系统,分别面向2018年第二批安徽省政府置换债券定向承销发行承销团成员,定向承销发行了262.6亿元政府置换债券;面向30家省政府债券承销团成员,公开招标发行了179.2亿元政府置换债券和再融资债券,共募集资金441.8亿元。本次发行的政府债券包括置换债券331.2亿元、再融资债券110.6亿元,其中:定向承销发行的262.6亿元置换债券包括一般债券178亿元、专项债券84.6亿元,分别募得5年期112.6亿元、7年期150亿元,中标利率分别为3.96%、4.16%;公开招标发行的179.2亿元政府债券包括一般债券125.6亿元、专项债券53.6亿元,分别募得5年期101.2亿元、7年期78亿元,中标利率分别为3.82%、3.98%。2015年以来,我省已累计置换存量政府债务3992亿元,本批地方债的成功发行标志着我省存量债务置换工作全部完成,实现了将可以置换的存量债务全置换目标,对于今后规范政府债务管理、将政府债务分门别类纳入全口径预算管理具有里程碑意义。

9月3日　印发《安徽省财政厅关于对部分市县违法违规使用地方政府置换债券资金情况的通报》(财债〔2018〕1031号),按照财政部要求,经省政府同意,对蚌埠市本级等少数地区在使用地方政府置换债券资金时存在的违法违规问题给予警告和通报批评,要求按照《预算法》有关规定责令改正,对相关责任人依法严肃处理。

9月3日　印发《安徽省财政厅关于2017年省级财政重点绩效评价结果的通报》(财绩〔2018〕1004号),通报省级39项项目支出和4个部门整体支出重点绩效评价结果,涉及资金115.40亿元,倒逼各部门、单位增强支出责任和效率意识,加大绩效评价结果应用力度,切实提高财政资金使用效益。

9月27日　省财政厅在深交所通过财政部深圳证券交易所政府债券发行系统,面向30家政府债券承销团成员,成功公开招标发行758.2亿元安徽省政府专项债券。本次发行全部为项目收益与融资自求平衡的地方政府新增专项债券,其中:棚户区改造额度464.9亿元、土地储备额度273.3亿元、政府收费公路额度20亿元。棚改专项债分别募得5年期457亿元、7年期7.9亿元,中标利率分别为3.9%、4.07%;土储专项债分别募得3年期17.2亿元、5年期256.1亿元,中标利率分别为3.74%、3.9%;政府收费公路专项债募得10年期20亿元,中标利率4.07%。此前,省财政厅及时会同省住建厅、国土厅和交通厅组织市县摸排项目,经项目主管部门逐级审核和第三方评估机构评估确认,我省共计244个棚改、土储和收费公路项目涉及758.2亿元资金需求符合政策规定。

9月30日　召开省级预算绩效管理工作领导小组第三次会议,听取债务办《关于全面实施预算绩效管理的实施意见(征求意见稿)》(以下简称《实施意见》)起草情况汇报,原则同意《实施意见》,议定由债务办按照本次会议的审定修改意见,结合16个市财政局和省直部门的修改意见进一步修改完善后,按程序报批。

9月30日　召开各市预算绩效管理工作座谈会,学习《中共中央 国务院关于全面实施预算绩效管理的实施意见》(中发〔2018〕34号),讨论《关于全面实施预算绩效管理的实施意见(征求意见稿)》,交流近年来各市预算绩效管理工作开展情况,听取各市财政局对下一步如何推进预算绩效管理工作提出的建议。

9—10月 省财政厅认真贯彻落实省委“四清四实”专项整治工作要求和财政部地方政府隐性债务统计监测工作部署，组织开展全省政府隐性债务清理统计，全面摸清全省政府隐性债务底数。10月底，省财政厅汇总全省隐性债务数据、汇编化解隐性债务风险实施方案，报经省委省政府批准后，以省委省政府名义向党中央国务院报送备案。

10月19日 印发《关于加强专项债券发行和资金使用管理的通知》（财债〔2018〕1160号），督促市县财政部门及时拨付债券资金、项目主管部门和相关单位加快专项债券对应项目资金支出进度，尽早形成实物工作量，推动在建基础设施项目早见成效。

10月22日 印发《安徽省财政厅关于调整2018年部分市县政府债务限额的通知》（财债〔2018〕1165号）。在中央财政下达我省新增政府债务限额内，各级财政部门会同住建、国土、交通运输等部门提出专项债务额度实际需求，逐级上报国家有关部委批复，并经省政府同意调整，最终确定各市、县（区）2018年政府债务限额和2018年新增政府债务限额。

10月24日 按照《安徽省省级部门预算绩效目标管理暂行办法》以及省直部门预算编制有关要求，会同评审中心开展绩效目标复审工作，涉及省直部门单位申报的3460个项目绩效目标和各支出处室提供25个重点项目的绩效目标，加强项目资金源头管理，强化预算单位作为绩效管理工作的主体作用，提高财政资金的使用效率。

10月30日 省财政厅在上交所通过财政部上海证券交易所政府债券发行系统，面向30家政府债券承销团成员，成功公开招标发行24.3亿元安徽省政府专项债券。本次发行全部为项目收益与融资自求平衡的地方政府新增专项债券，其中：发行2018年剩余棚户区改造额度6.5亿元、土地储备额度17.8亿元，全部为5年期债券，中标利率3.75%。本批债券的成功发行标志着我省超额完成2018年地方政府债券发行任务，是2015年我省启动自发自还债券工作以来发行额度最高的一年。

11月7日 为贯彻落实《中共中央 国务院关于全面实施预算绩效管理的实施意见》（中发〔2018〕34号），我厅代拟的《中共安徽省委 安徽省人民政府关于全面实施预算绩效管理的实施意见》经省政府第31次常务会议审议通过，提请省委全面深化改革委员会审议。

11月8日 为进一步加大省级重点项目绩效评价信息公开力度，在2017年省级财政重点绩效评价项目中选择部分社会关注度高、重点民生建设项目支出绩效评价报告得分80分及以上的26个项目，从现有的评价报告中摘取主要内容，形成评价报告公开版，通过省财政厅门户网站中的政府信息公开目录进行公开。

11月9日 转发财政部《关于支持做好地方政府专项债券发行使用管理工作的通知》（财债〔2018〕1269号），要求各地全面评估本地区分年到期专项债券本息和可偿债财力情况，有序安排到期专项债券接续发行，强化偿还责任，保障专项债券本息偿付。

11月17日 通过省级预算联网监督系统向省人大常委会预算工委推送了26份2017年省本级财政重点项目绩效评价报告，涵盖了农业、教育、医疗卫生、社会保障、金融等多个重点领域和社会公众重点关注的项目，涉及财政资金68.5亿元，进一步实现重点项目绩效评价报告在线接受人大审查监督。

12月6日 印发《安徽省政府性债务管理评分暂行规则》（财债〔2018〕1450号），从制度建设、预算监督、日常工作、风险管控等方面组织评分，根据评分结果将对政府性债务管理先进的市予以通报表扬，评分结果将用于省政府目标管理绩效考核和县域经济高质量发展考核，进一步加强政府性债务管理，科学计算分值。

12月12日 根据各金融机构申请，对2018—2020年安徽省政府债券承销团成员进行调整，确定建设银行等6家金融机构为主承销商；邮政储蓄银行等4家金融机构为副主承销商；中信银行等23家金融机构为承销团成员。

12月25日 印发《安徽省财政厅关于提前下达部分2019年新增地方政府债务限额的预通知》（财债〔2018〕1677号），经省政府批准，提前下达各市、县（区）部分2019年新增限额，要求列入年初预算或编制预算调整方案，经本级政府报同级人大常委会批准，并及时签署协议、妥善安排使用债券资金、强化政府债务项目管理。

12月31日 转发财政部关于印发《地方政府债务信息公开办法（试行）》的通知，要求全省各地高度重视政府债务信息公开工作，强化工作责任，细化工作任务，按照财政信息公开有关规定，及时公开政府债务有关信息,省财政厅将会同财政部驻安徽财政监察专员办事处加强对政府债务信息公开工作的监督考核。

行政处工作大事记

1—2月　省财政每年安排“安徽省政府质量奖”专项经费270万元,支持“安徽省政府质量奖”评选工作。从2018年起将“安徽省政府质量奖”奖励资金由50万元提高到100万元,同时设置个人奖额度为10万元。

1—2月　在省民族宗教工作领导小组办公室的指导下,省财政厅积极会同省新闻出版广电局,和淮南市、寿县、堰口镇、许寺民族村一道,扎实推进许寺民族村“共同发展”提升行动联合攻坚的各项工作,制定2018年度与许寺民族村结对共建工作计划,明确3个方面10项重点工作任务,形成了联合攻坚的任务清单、措施清单和责任清单。

1—4月　认真贯彻落实中央和省委省政府对宗教工作的部署和要求,积极支持民族企业生产发展。为规范和加强民族企业技术改造贷款贴息和少数民族补助资金管理,提高使用效益,制定了《安徽省民族企业技术改造贷款贴息和少数民族补助资金管理办法》。进一步规范专项资金的使用。

2月　根据省委省政府决策部署,围绕质量提升行动,推进质量强省建设重点工作任务,统筹安排各项经费预算,2018年,一般公共预算安排省质监局经费42870万元(预算拨款30865.5万元、非税收入12004.5万元),同比增长16.7%。有力保障部门履职、行政许可审查建设监管、产品质量安全监管、技术装备能力提升、社会信用基础和标准化建设等重点支出需求。

3月　认真贯彻落实中央和省委省政府对宗教工作的部署和要求,认真学习全国宗教工作会议及习近平总书记在全国宗教工作会议上的重要讲话精神,厅党组专题学习新修订的《宗教事务条例》,统一思想,切实领会精神。加大支持力度,做好经费保障。2018年预算安排民族宗教工作专项经费3217万元,新增专项资金697.6万元,同比增长27.7%。

4月2日　为切实加快对口联系部门政府采购及预算执行进度,根据部门预算及政府采购管理有关规定,制定出台对口联系部门政府采购进度包保制度,确保对口联系部门政府采购工作有序推进。

4月　配合省纪委认真做好关于加快构建涉案信息共享机制工作。结合财政工作职能,认真梳理预算执行管理、资产管理、政府采购管理等涉案信息有关内容,发挥财政相关信息对健全涉案信息共享机制的积极作用。

4—5月　积极配合公车改革成员单位,加强对市、县公务用车制度改革工作指导。参与公务用车制度相关财政配套制度建设,并结合工作职责,配合相关部门制定《安徽省党政机关公务用车管理实施办法》,进一步完善相关公务用车制度配套政策。同时,配合省车改办做好事业单位公务用车制度改革等工作,认真落实我厅牵头协调完成财政部门承担的公务用车改革任务,保障事业单位公务用车制度改革各项工作有序开展。

4—5月　为规范全省党政机关办公用房管理,推进办公用房资源合理配置和节约集约使用,保障正常办公,降低行政成本,促进党风廉政建设和节约型机关建设。结合我省实际,我厅主动配合省直相关部门,制定了《党政机关办公用房管理实施办法》,已于近日印发,完善我省党政机关办公用房管理制度。

4—6月　为进一步规范公共机构节能专项资金管理,提高财政专项资金使用效益,并结合我省公共机构节能工作实际,省财政厅会同省管局于近日制定并印发《安徽省省级公共机构节能专项资金管理暂行办法》,明确公共机构节能专项资金的安排和使用应遵循突出重点、注重绩效、规范分配、明晰责任的原则,采取后奖补方式补助。

4月—10月底　配合省委组织部研究拟定《关于实施新时代“江淮英才计划”全面夯实创新发展人才基础的若干意见》,并拟定《关于做好新时代“江淮英才计划”人才经费保障的通知》,对各类人才引进和培养明确标准、明确经费渠道,避免省内人才无序竞争,确保人才经费保障落实到位。

5月10日　行政处党支部与省党风廉政教育基地党支部联合开展“服务监察体制改革”主题党日活动。财政厅党组成员、副厅长朱长才以普通党员身份参加支部主题党日活动。

7月　会同团省委、省委组织部,研究修订《安徽省大学生返乡创业专项资金使用管理办法》,切实贯彻落实《安徽省中长期青年发展规划(2018—2025

年)》,支持实施乡村振兴战略,进一步规范安徽省大学生返乡创业专项资金管理,提升财政资金的使用效益,规范了资金使用范围,强化了资金监管责任。

7月11—12日　行政处牵头,由结对帮扶处室(单位)部分党员参加,赴寿县许寺民族村开展党员活动日讲党课、青年志愿者活动和慰问老党员、贫困群众、关爱留守儿童活动。行政处负责同志作了《从"讲严立"警示教育活动看党章学习的重要性》党课,寿县财政局、堰口镇政府党委、人大、财政分局部分党员和许寺民族村两委及党员代表参加了此次党课活动。

9月12—14日　省财政厅抽调专人并组织第三方参与,对旅游资金绩效管理情况进行专项检查。专项检查范围包括2017年度省级旅游专项资金、国家旅游发展基金补助地方项目资金使用和管理情况。采取座谈听取市、县汇报、查阅相关资料、实地查看等方式进行。重点针对黄山市本级及所辖休宁县相关旅游资金使用管理情况,旨在通过"解剖麻雀",掌握旅游专项资金在投入、过程管理、产出和效果方面存在的问题,分析其产生的原因,提出解决问题的建议,为进一步提高财政预算绩效管理水平提供决策依据。

9月13—20日　省财政厅分别赴合肥、阜阳、蚌埠等地开展财政支持人才发展工作情况调研。通过调研,认真总结分析各级各部门贯彻落实省委、省政府有关人才政策实施和经费投入情况,梳理问题,查找不足,总结财政支持人才政策举措及成效,不断提升财政支持人才发展保障水平。

9月29日　根据省直机关公务接待工作实际,结合经济发展现状和物价水平变化,制定印发《安徽省财政厅关于调整省直机关公务接待费用餐标准的通知》,强化厉行节约、依规接待,进一步增强公务接待开支标准的科学性、规范性、协调性。

9—12月　产品质量监督检验费和计量收费停征后,为保证部门履职,在开展项目评审论证的基础上,省财政在2018年预算中先行增加安排经费2900万元予以保障,在科学评审、论证的基础上,为完善我省计量器具强制检定工作机制,保障省级法定计量检定机构依法履行计量器具强制检定职责,制订了《安徽省省级计量器具强制检定经费分级承担管理办法》,明确省级法定计量检定机构依法履行计量器具强制检定所需经费,按照财权事权与支出责任相适应原则,由同级财政予以保障。

10月　为进一步争取国家旅游发展基金加大对我省旅游项目补助力度,省财政厅会同省直相关部门,积极做好我省旅游发展基金补助项目梳理申报工作。财政部拨付我省国家旅游发展基金补助地方项目资金4596万元,较上年增长22.9%,包括亳州市北部游客集散中心改造升级等6个补助项目、和县鸡笼山－半月湖景区贷款贴息项目以及金寨县全域旅游创建等3个以奖代补项目,为推动我省旅游事业发展提供了有力的财力支撑。

10—11月　根据省直工委要求和厅党组统一部署,圆满完成基层党组织标准化建设考核验收工作。

11月9日　财政部提前下达我省2019年旅游发展基金补助地方项目资金预算3335万元,用于支持我省旅游厕所建设及全域旅游示范区创建。其中,旅游厕所建设项目补助资金2135万元,全域旅游示范区创建补助资金1200万元,包括宣城、安庆、阜阳、淮北等地4个全域旅游创建以奖代补项目。

11月28日　针对国家取消计量器具强制检定收费规定,在科学评审、充分论证的基础上,会同省市场监督管理局制订印发《安徽省省级计量器具强制检定经费分级承担管理办法》,办法进一步规范了计量器具强制检定工作流程以及计量器具强制检定经费保障,明确了法定计量检定机构依法履行计量器具强制检定所需经费,按照财权事权与支出责任相适应原则,由省、市、县各级财政予以保障。此办法系取国家取消计量器具强制检定费后,第一个省级层面出台的相关经费保障管理办法。

12月　为进一步规范省直党政机关公务用车管理,有效保障公务活动出行,会同省机关事务管理局,组织2019—2021年省直党政机关公务用车定点维修、省直党政机关公务用车定点大修项目采购,委托省政府采购中心,采取公开招标方式顺利完成项目招标采购,中标服务商分别为10家、15家。

12月　根据《安徽省机构改革方案》,做好省专用通信局、省质检局、省旅发委等省级预算部门经费划转及相关资产划转工作;积极推动新设立预算单位省数据资源管理局预算编制工作。

政法处工作大事记

1月14—16日　省财政厅副厅长朱长才率政法

处负责同志赴安庆市、合肥市走访省人大代表、政协委员,征求代表、委员对预算报告、财政工作、财政厅领导班子的意见建议。

3月15日　2018年省综治委第一次全体会议在肥召开,省委常委、政法委书记姚玉舟,副省长李建中等出席会议并讲话。省财政厅副厅长朱艾勇及政法处相关同志参加会议。

5月15日　2018年全省预防青少年违法犯罪暨未成年人保护工作会议在肥召开,省委常委、政法委书记姚玉舟,副省长杨光荣等出席会议并讲话。省财政厅副厅长朱长才及政法处相关同志参加会议。

5月24日　"206系统"先行试点工作系统推进会在肥召开,省委常委、政法委书记姚玉舟出席会议并讲话。省财政厅副厅长朱长才及政法处相关同志参加会议。

7月18—19日　财政部行政政法司在宁夏召开全国财政系统政法业务培训班,政法处负责同志等参加会议。

9月6日　政法部门援疆会议在肥召开,省委常委、政法委书记姚玉舟,副省长李建中等出席会议并讲话。省财政厅副厅长朱长才及政法处相关同志参加会议。

10月19日　全省扫黑除恶专项斗争督导工作动员培训电视电话会议在肥召开,省委常委、政法委书记姚玉舟等出席会议并讲话。省财政厅副厅长朱长才及政法处相关同志参加会议。

12月4日　省财政厅副厅长朱长才率政法处相关同志,赴省财政厅综治联系点庐江县调研社会治安综合治理及扫黑除恶专项斗争工作。

12月13日　省财政厅厅长罗建国率政法处主要负责同志赴省警卫局走访调研,征求驻皖部队对财政工作的意见建议。

12月19日　全省学习贯彻纪念毛泽东同志批示学习推广"枫桥经验"55周年暨习近平总书记指示坚持发展"枫桥经验"15周年大会精神电视电话会议在肥召开,省委常委、政法委书记姚玉舟,副省长李建中等出席会议并讲话。省财政厅副厅长朱长才及政法处相关同志参加会议。

12月21日　省财政厅副厅长朱长才率政法处负责同志赴省政府,向副省长李建中汇报2019年部门预算编制情况。

12月24—25日　省财政厅副厅长朱长才率政法处负责同志赴安庆市、合肥市和宣城市走访省人大代表、政协委员,征求代表、委员对预算报告、财政工作的意见建议。

12月25日　省财政厅厅长罗建国率政法处主要负责同志赴省武警总队、省边防总队走访调研,征求驻皖部队对财政工作的意见建议。

12月26日　省财政厅副厅长朱长才率政法处相关同志,赴省财政厅综治联系点庐江县调研社会治安综合治理及扫黑除恶专项斗争工作。

教科文处工作大事记

1月22日　印发《省级财政科研项目资金管理信息化流程》,在预算编制和预算执行软件中对接省级财政科研项目资金管理"放管服"工作,简化省级科研项目资金预算细化和调剂流程,落实结转结余资金管理规定。

2月2日　省财政厅、省国家税务局、中国人民银行合肥中心支行印发《关于调整文化事业建设费缴库方式的通知》,调整文化事业建设费缴库方式,从现行的就地缴入省级国库调整为"属地征收,分级缴库"。

2月11日　省委、省政府出台《关于组建安徽省实验室安徽省技术创新中心的决定》(皖发〔2018〕4号),省财政安排8000万元,支持首批10个省实验室和省技术创新中心建设。

2月22日　安徽省大幅提高安徽省科学技术奖奖金标准,重大成就奖奖金由每人40万元提高到每人100万元;特等奖每项由20万元调整为40万元;一等奖每项由10万元调整为20万元;二等奖每项由4万元调整为10万元;三等奖和技术合作奖每项由2万元调整为5万元,从2016年度省科学技术奖开始执行。

3月5日　省财政厅、省教育厅印发《安徽省中央专项彩票公益金支持学前教育发展资金管理办法》(财教〔2018〕171号),明确中央专项彩票公益金支持学前教育发展资金主要用于贫困地区普惠性民办幼儿园发展、其他地区新建、改扩建公办幼儿园,提升普惠性幼儿园覆盖率。

3月19日　省财政厅印发《安徽省财政厅关于进一步加强学生资助资金管理规范教育领域人员经费供给的通知》(财教〔2018〕227号),贯彻落实党的十九大和习近平总书记关于健全家庭经济困难学生资助体系，推进教育精准脱贫重要讲话精神，加强学生资助资金管理、规范教育领域人员经费供给。

3月28日 朱艾勇副厅长陪同李国英省长、邓向阳常务副省长赴省科技厅调研并召开座谈会，听取全省科技创新发展汇报，研究加快全省科技创新发展工作。

4月21日 省政府印发《关于合肥综合性国家科学中心项目支持管理办法(试行)的通知》，明确合肥综合性国家科学中心项目入库、资金支持、项目管理等内容。

5月7日 省财政厅副厅长朱艾勇率领教科文处、社保处负责同志赴安徽医科大学走访会商，了解安徽医科大学财政财务管理情况，听取对财政支持安徽医科大学的意见建议，研究谋划进一步做好财政支持安徽医科大学发展工作。

5月9日 省文化厅、省新闻出版广电局、省体育局、省发展和改革委员会、省财政厅印发《安徽省县级文化馆总分馆制建设实施方案》，建立以县(市、区)文化馆为总馆，以乡镇(街道)综合文化站等文化活动场馆为分馆、村(社区)综合性文化服务中心为基层点的县级文化馆总分馆体系，进一步提升文化馆(站)服务效能。

5月30日 省财政厅、省教育厅印发《关于省属公办普通本科高校竞争性重点支持项目和高水平大学奖补资金项目实施细则的补充通知》(财教〔2018〕524号)，进一步明确省属公办普通本科高校各类竞争性重点项目奖励资金的使用范围。

6月19日 安徽省人民政府印发《关于支持与国内外重点科研院所高校合作若干政策的通知》(皖政〔2018〕50号)，支持引进大院大所，支持大院大所争创科技创新基地、加强创新能力建设、开展研发活动、开展成果转化活动等内容。

7月10日 省政府办公厅印发《关于实行财政转移支付与中小学教师待遇优先保障政策落实挂钩的实施意见》(皖政办〔2018〕29号)，完善中小学教师待遇保障机制，健全中小学教师工资长效联动机制，充分调动市县政府优先保障教师待遇的积极性，采取激励约束相结合的方式，实行四个挂钩。

7月10日 教科文处党支部全体党员干部到省委党校党性教育馆开展党员活动，参观党史展览，加强党性教育，提升思想认识，锤炼干部队伍。

7月16日 省财政厅、省教育厅印发《关于建立公办普通高中学校生均公用经费财政拨款制度的通知》(财教〔2018〕722号)，决定从2019年春季学期起，全省建立公办普通高中学校生均公用经费财政拨款制度，生均公用经费财政拨款标准为省辖市本级不低于1000元/生·年、县(市、区)不低于800元/生·年的标准，具体由各市、县(市、区)自行确定。

7月18日 省科技厅、省财政厅印发《关于安徽省扶持高层次科技人才团队在皖创新创业实施细则(修订)的通知》，进一步明确股权投资和债权投入的申报条件、立项程序、奖励形式等内容。

7月21日 省财政厅副厅长朱艾勇参加全省全面深化教师队伍建设改革实施意见学习培训会，并就财政转移支付与中小学教师待遇优先保障政策落实挂钩进行宣传解读。

7月27日 省政府办公厅批复《安徽省科技成果转化引导基金组建方案》，明确从2018年起，从省级创新型省份建设专项资金中累计安排20亿元用于设立省科技成果转化引导基金。

8月24日 省财政厅副厅长朱艾勇参加邓向阳常务副省长主持召开的国务院督查组关于创新驱动发展座谈会。

8月30日 省财政厅党组书记、厅长罗建国走访教科文处等党支部，看望慰问干部职工，查看了解处室单位党建、业务、管理等情况，提出总结成绩经验，查找问题短板，推动坚持“一岗双责”，听取意见和建议，就抓好“讲严立”警示教育专题民主生活会整改、进一步做好财政党建和业务工作提出要求。

9月1日 省财政厅党组书记、厅长罗建国参加省政协召开的“四个一”创新主平台建设通报会。

9月30日 省委宣传部、省文化厅、省编办、省财政厅等六部门印发《安徽省关于深入推进公共文化机构法人治理结构改革实施方案》，推动我省公共图书馆、博物馆、文化馆、科技馆、美术馆等建立以理事会为主要形式的法人治理结构，推进深化公益性文化事业单位改革。

10月29日 省财政厅、省科学技术厅印发《关于安徽省科学技术厅政府购买服务指导性目录的通知》(财教〔2018〕1201号)。

10月29日 省财政厅、省科学技术协会印发《关于安徽省科学技术协会政府购买服务指导性目录的通知》(财教〔2018〕1200号)。

10月30日　省财政厅、省委宣传部印发《安徽省省级文化强省建设专项资金管理暂行办法》,明确专项资金管理和使用原则,资金用途和方向,分配与拨付方式,绩效与监督职责,不断规范和加强专项资金管理。

11月9—16日　省财政厅组成省级财政科研项目资金管理等政策改革督察组,赴安徽农业大学、安徽医科大学、安徽省农科院三家单位进行现场督察,详细了解省属高校院所改革政策落实情况,听取管理部门和科研人员意见和建议。

11月14—16日　在2017年基层党组织标准化建设达标的基础上,进一步建章立制,完善制度,制(修)定《教科文处干部外出报备工作制度》等制度进行修订完善,顺利通过2018年基层党组织标准化建设达标考评,获得100.5分。

11月28日　省财政厅、省体育局联合编制了《安徽省体育局政府购买服务指导性目录》(财教〔2018〕1367号),进一步推进我省政府购买服务改革工作。

11月28日　省财政厅党组书记、厅长罗建国率相关处室组成调研组,赴安徽中医药大学,详细了解学校基本情况、发展中存在的问题,与学校负责人、相关处室负责人进行了座谈交流,研究谋划进一步做好财政支持安徽中医药大学发展工作。

12月3日　省财政厅、省教育厅印发《关于建立公办幼儿园生均公用经费财政拨款制度的通知》(财教〔2018〕1402号),决定从2019年春季学期起,建立公办幼儿园生均公用经费财政拨款制度,生均公用经费财政拨款标准为不低于500元/生·年,由各市、县(区)自行确定所属公办幼儿园生均公用经费财政拨款标准。

12月25日　省政府办公厅公文办复便函,同意省科技厅、省财政厅依规委托省国有资本运营控股集团有限公司设立省科技成果转化引导基金有限公司。

12月27日　省财政厅、省科技厅印发《关于强化省级财政科研项目绩效评价工作的通知》(财教〔2018〕1687号),要求明确科研绩效目标、科学编制评价指标、优化绩效评价流程、加强评价结果应用、推进评价公开公示等内容。

12月27日　省财政厅、省科学技术厅印发《关于省级科技创新平台和高层次科技人才团队创新创业项目资金绩效评价指标体系的通知》(财教〔2018〕1688号),明确省级财政支持的科技创新平台和高层次科技人才团队创新创业项目资金绩效评价指标体系。

12月29日　省政府印发《安徽省人民政府关于印发安徽省进一步优化科研管理提升科研绩效实施细则的通知》(皖政〔2018〕108号),进一步下放科研项目资金管理自主权,明确省级财政公开竞争研发项目和后补助科研项目资金,由科研项目主管部门直接拨付到项目承担单位;直接费用中除设备费外,其他科目费用调剂权全部下放给项目承担单位;简化科研仪器设备采购流程,对科研急需的设备和耗材,采用特事特办、随到随办的采购机制等内容。

经济建设处工作大事记

1月4日　召开党员大会和支委会,按照"一岗双责"有关要求,推举张恒景同志为经建处党支部书记。

1月5日　召集省发改委、省经信委、省投资集团等部门,召开机器人产业发展基金组建方案研讨会。

1月16日　与省发改委召开会议,研究"三重一创"政策调整问题。

1月25日　与省发改委、省军区召开会议,研究军民融合产业基金问题。

1月30日　省政府第1次常务会议听取省发展改革委关于安徽省铁路规划和项目谋划研究费用支付问题的汇报,省财政厅厅长罗建国参加会议。

2月7日　省财政厅副厅长王召远召集经建处、企业处、金融处等处室召开座谈会,研究南北合作共建园区有关问题。

3月1日　与水利厅召开会议,研究长江崩岸治理审计查处整改问题。

3月13日　省政府召开交通重点项调度会,省财政厅副厅长胡锡萍参加会议。

3月16日　党支部召开2017年度组织生活会,开展民主评议党员工作。

3月27日　省长李国英赴省交通厅开展交通运输工作专项调研工,省财政厅厅长罗建国参加调研工作。

3月29日　省财政厅会同省粮食局制定《安徽省省级粮食产业化专项资金管理办法(试行)》。

4月17日　省财政厅、省环保厅会同黄山市有关部门赴杭州市,与浙江省财政、环保部门就新一轮新安江流域跨省生态补偿进行会商。

4月19日　与省引江济淮集团召开会议,研究2018年度工程投资及资金筹集问题。

4月27日　省财政厅印发《安徽省皖北工业园区基础设施建设或重大项目贷款贴息省级补助资金绩效考评管理暂行办法》(财建〔2018〕265号)。

5月9—10日　财政部副部长刘伟率财政部经建司、政策研究室负责同志一行来安徽省召开生态环境领域中央与地方事权与支出责任划分改革座谈会,并实地调研考察合肥市黑臭水体治理和黄山市新安江流域上下游横向生态补偿。江苏省、浙江省、贵州省、重庆市财政、环保部门有关负责同志参加座谈会。省财政厅厅长罗建国参加会议并陪同调研。

5月10日　省政协召开宜居宜业宜游特色小镇月度专题协商会,省财政厅副厅长胡锡萍参会。

5月14日　为积极有效应对汛期可能引发的地质灾害,切实把地质灾害防治各项工作落到实处,最大限度地避免和减轻地质灾害造成的损失,省财政厅会同省国土资源厅及时拨付2018年地质灾害防治省级补助资金7800万元。

5月16日　省政府第7次常务会议听取省财政厅关于省铁建设征地拆迁不可预见费有关情况汇报,省财政厅厅长罗建国参加会议并汇报情况。

5月23日　省财政厅副厅长王召远召集省高新技术产业投资有限公司召开座谈会,了解并研究"三重一创"产业发展基金运行问题。

6月11日　经建处党支部与交通厅财务处党支部赴金寨路收费站,开展"学习基层,提升服务"活动,交流党建工作经验。

6月14日　参加国家发改委投资司来我省调研政府投资形势有关问题座谈会。

6月21日　党支部召开支部党员大会,围绕"打赢'三大攻坚战'"开展专题研讨。

7月11日　参加省人社厅保障农民工工资支付工作座谈会。

7月13日　党支部召开党员大会,研究部署支部"讲严立"相关工作并开展动员。

7月17日　省政府第四实地核查组程敏组长等一行3人来省财政厅开展创优"四最"营商环境工作进展情况实地核查,并召开专题座谈会与相关处室、单位负责同志进行交流。省财政厅副厅长孟照红代表厅党组汇报近年来省财政厅创优"四最"营商环境的有关情况,综合处、预算处、行政处、经济建设处、行政服务中心窗口负责同志参加座谈会。

7月20日　经建处党支部与粮食局财务处党支部一起参观省博物馆《红旗飘飘——中国共产党党旗诞生历史珍贵档案展》。

7月23日　省财政厅下达2018年中央财政棚户区改造补助资金628711万元(含提前下达的206886万元),对全省纳入2018年改造计划的28.17万户棚户区改造项目进行补助。

8月10日　省政府召开省港口资源整合领导小组第一次会议,省财政厅厅长罗建国参加会议。

8月17日　党支部召开"讲严立"专题警示教育组织生活会。

8月17日　省财政厅副厅长王召远召集省经信委、合肥市财政局、省投资集团等召开座谈会,研究集成电路产业基金问题。

9月4日　召开"环保贷"合作协议签署暨工作部署会,省财政厅副厅长王召远、省环保厅副厅长罗宏出席会议,现场同四家合作银行签署协议,并对在全省范围内开展"环保贷"业务进行部署。

9月4日　与省引江办、省水利、省引江济淮集团召开会议,研究引江济淮工程资金筹措方案。

9月20日　副省长张曙光主持召开加快治淮工程建设调度会,省财政厅副厅长王召远参会。

9月20日　省政府印发《安徽省淮河行蓄洪区居民迁建资金筹措方案的通知》。

9月29日　省政府召开全省大力推进"四好农村路"建设电视电话会议,省长李国英出席省主会场会议并作重要讲话,省财政厅副厅长胡锡萍参加会议。

10月8日　省委、省政府召开合肥滨湖科学城(合肥滨湖新区)建设领导小组会议,省财政厅副厅长胡锡萍参加会议。

10月10日　经建处党支部与交通厅财务处党支部赴合肥集装箱码头公司,开展党员活动日。

10月25日　参加省发改委支持"科技攻坚"有关问题座谈会。

11月2日　省政府召开全省开发区高质量发展

工作推进会,省财政厅厅长罗建国参加会议。

11月12日　省财政厅会同省住建厅提前下达2018—2019年淮河行蓄洪区农村生活污水治理资金3亿元。

12月6日　省政府召开全省港航发展暨省港航集团成立会议,省财政厅副厅长王召远参加会议。

12月17日　省政府第37次常务会议审计《安徽省铁路建设统筹使用费管理办法》,省财政厅厅长罗建国参加会议。

12月19日　党支部开展"庆祝改革开放40周年"专题学习研讨。

12月20日　徽商银行报送的"安徽德奇环保科技股份有限公司污水处理中心二期工程建设"符合"环保贷"支持范围,正式纳入项目库,审批同意1000万元贷款,成为安徽省"环保贷"首单落地项目。

12月24日　宿州市、马鞍山市入选国家黑臭水体整治示范城市。

12月26日　省政府召开全省铁路建设工作会议,省财政厅副厅长王召远参加会议。

12月29日　财政部经建司对安徽省长江流域跨省生态补偿工作给予通报表扬。

12月29日　财政部来函对安徽省2018年财政经建工作成效予以表扬。

社会保障处工作大事记

1月9日　社会保障处召开支部党员大会,学习《习近平谈治国理政》第二卷;学习习近平总书记关于作风建设的重要批示以及厅党组的贯彻意见;学习传达全国财政工作会议精神、全省经济工作会议精神、全省财政工作会议精神、厅党组会精神;做好两节期间廉洁自律工作;学习罗建国厅长推荐阅读文章。

1月17日　社会保障处召开支部党员大会,传达财政厅贯彻中央八项规定精神及省三十条深入推进作风建设情况及相关要求,传达省效能建设暗访情况,传达信息中心党支部巡察情况并提出相关要求,进一步对照评审中心、农发局巡察发现的共性问题及其表现,举一反三,认真开展自查自纠。

1月18日　副厅长胡锡萍走访社保处,看望全处党员干部,听取2017年财政社保业务、党支部建设等情况以及2018年工作打算的汇报,共同研究探讨社会保障有关政策,实地查阅有关基础台账,对做好新时代财政社会保障工作提出要求。

2月27日　社会保障处召开支部党员大会,学习传达财政部反腐倡廉建设工作会议精神;学习厅党支部标准化建设的通知;开展社保处民主评议工作;开展"以习近平新时代中国特色社会主义思想为引领,全面加强支部政治建设"专题研讨。

3月15日　社会保障处发布2018年社会保障处工作要点,明确2018年重点工作任务。

3月26日　社会保障处召开支部党员大会,学习传达全国"两会"精神,省委扩大会精神;学习贯彻习近平总书记在中央集体学习会上的讲话精神;通报三个厅属单位巡视整改情况;布置社保处提案议案办理工作;开展"贯彻落实全国两会精神,践行三严三实再出发,推进财政作风建设"专题研讨;开展一季度党课教育。

4月2日　社会保障处召开支部党员大会,学习《宪法》《监察法》;学习传达深改委工作会议精神;学习省委关于贯彻新时代督促检查的意见;学习厅党组开展监督执纪"四种形态"的意见;布置开展2018年学雷锋月活动;通报省直效能办2018年第一次暗访情况。

4月10日　社会保障处召开支部党员大会,学习《宪法》《监察法》;学习中央国家机关改革方案;开展向周会明同志学习;通报省直效能办2018年第一次暗访情况;学习处室单位党支部监督执纪"四种形态"暂行办法;学习罗建国厅长推进阅读文章;开展作风建设大讲堂。

4月25日　社会保障处召开支部党员大会,学习传达全国网络安全信息化狐疑精神;学习厅反腐倡廉建设领导小组会议纪要;学习厅党组关于开展"查漏洞、抓反弹、补短板"为主要内容的巡视整改情况"回头看"实施方案;学习厅党组转发省政府党组关于严格落实党风廉政建设"一岗双责"实施意见和关于深入贯彻党的十九大精神切实加强本领建设实施意见的通知;审议通过社保处党支部从严治党若干规定。

5月10日　社会保障处召开支部党员大会,学习习近平总书记在北京大学的讲话精神;学习习近平总书记在马克思诞生100周年上的讲话精神;学习传达国务院廉政工作会议精神;通报2017年度省政府目标考核情况;通报一季度经济形势。

5月29日　社会保障处召开支部党员大会，学习和先念同志事迹；推荐社保处优秀共产党员；开展“学习习近平新时代中国特色理论，提升财政质量”专题研讨；强调规范保密工作。

6月8日　副厅长胡锡萍走访社保处，看望全处党员干部，听取近期重点工作和党支部建设情况，共同研究探讨企业职工养老保险全国统筹有关政策，实地查阅有关基础台账，对做好新时代财政社会保障工作提出要求。

6月13日　厅长罗建国走访社保处，专题研究财政社保重点工作，并提出明确要求。

6月27日　副厅长胡锡萍走访社保处，学习传达厅党组会议精神，研究分析退役士兵集访和80年代老电工集访有关情况，共同梳理近期维稳形势和涉军群体有关政策，并提出具体要求。

7月3日　社会保障处召开支部党员大会，学习传达厅“讲、严、立”警示教育动员会精神；通报厅党组对国库支付中心巡察的意见反馈；通报信访维稳形势；学习罗建国厅长推荐阅读文章。

8月1日　本省获得民政部、财政部2017年度困难群众救助绩效评价工作优秀等次。

8月17日　社会保障处召开支部党员大会，组织开展“讲严立”专题警示教育组织生活会。

9月1日　本省获全国社保基金预决算评比二等奖。

9月13日　副厅长胡锡萍深入社保处主持召开座谈会，专题研讨《安徽省医疗卫生领域财政事权和支出责任划分改革实施方案（送审稿）》，进一步征求修改意见和建议。

9月20日　社会保障处召开支部党员大会，学习两节期间做好廉洁自律的通知；通报厅党组巡察注协有关问题；通报5起官僚主义典型案例；通报8起违反中央八项规定精神典型案例；学习省委关于深入贯彻中国共产党纪律处分条例的意见；学习省财政厅关于进一步加强涉密文件安全管理的通知。

10月11—24日　厅党组巡察组对社会保障处党支部开展巡察。

10月29日　副厅长胡锡萍走访社保处，与处领导班子共同学习《习近平扶贫工作摘编》，听取2019年部门预算和非部门预算汇报，并就支出管理、支部建设及作风效能等方面提出要求。

11月26日　厅党组巡察组向社会保障处党支部反馈巡察意见。项中胜组长通报厅党组巡察组巡察反馈意见，胡锡萍副厅长传达罗建国厅长在厅党组会上的重要讲话精神，并提出两点要求。

11月26日—12月26日　社会保障处党支部开展巡察整改，围绕八个方面23项突出问题，召开支委会、支部党员大会15次，研究制定58条整改措施，建立健全制度6项，谈心谈话18人次，开展调研和培训11人次。

12月3日　副厅长胡锡萍走访社保处，专门听取党支部巡察整改工作情况汇报，要求支部提升站位，拉升标杆，坚持高标准、严要求，以整改为契机，立足新起点，展示新形象。同时，对健康脱贫工程等重点工作调研提出指导性、针对性意见。

12月26日　社会保障处党支部将整改方案、三个清单、整改报告和整改台账上报驻厅纪检组、厅机关纪委。

企业处工作大事记

1月12日　2017年度企业财务会计决算和2018年企业经济效益月度快报布置会在合肥市召开，各市财政局、有关省属企业和省直部门相关人员参会。

3月29—30日　根据厅领导指示，赴北京参加国务院国资委、财政部举办的剥离国有企业办社会职能和解决历史遗留问题工作培训会。

4月9—13日　赴淮北、宿州、淮南等地参加省煤炭行业化解过剩产能工作办公室组织的煤炭行业去产能工作专项检查。

4月17—18日　2017年度全省国有及国有控股企业和集体企业财务会计决算验审培训班在合肥举办。

5月16—18日　根据省政府统一要求，赴天津市参加第二届世界智能大会。

5月22日　陪同厅领导赴淮南市参加“四送一服”产学研用合作暨科技成果转移转化对接会。

5月25—27日　2018年世界制造业大会在合肥举办，2018年中国国际徽商大会同期举办，企业处全力做好大会相关保障工作。

5月28日　企业处派员参加省商务厅组织的电子商务进农村综合示范项目省级评审会议，通过现场评审，初步确定2018年拟推荐名单。

6月14日　陪同厅党组书记、厅长罗建国赴潜山县参加全省农村电商全覆盖巩固提升现场会。

7月11—13日　企业处派员参加农村电商全覆盖巩固提升情况调研,实地调研枞阳县、怀宁县农村电商全覆盖项目建设和资金管理等情况。

8月22日　陪同厅领导赴北京拜访国家集成电路产业投资基金,研究集成电路基金二期募资问题。

9月5日　根据厅领导指示,企业处派员参加财政部、工信部联合召开的小微企业融资担保降费奖补政策专题座谈会。

9月18—20日　根据厅领导指示,随同省政府办公厅调研组赴成都、重庆调研市场化会展经济。

9月19日　陪同厅领导赴北京参加财政部国有资本投资、运营公司改革暨党政机关和事业单位经营性资产集中统一监管改革任务部署会。

10月22—24日　企业处派员参加在我省铜陵市举办的第四届中国县域电商大会暨2018安徽省网商大会。

11月5日　陪同厅领导赴上海市参加首届中国国际进口博览会。

11月27—28日　赴厦门参加财政部组织的2018年度地方国有企业财务会计决算布置培训班。

12月12日　陪同厅领导赴淮南参加“四送一服”进民企活动。

金融处工作大事记

1—3月　开展PPP项目库集中清理专项行动。

1月5日　陪同副厅长王召远赴湖南长沙参加全国财政系统金融工作会议。

1月8日　印发香港黄山公司股权划转批复。

1月13日　陪同王召远副厅长赴宿州马鞍山现代产业园区调研。

1月25日　赴四川省及成都高新区调研财政支持园区发展和“拨改投”工作。

2月6日　财政部公布第四批PPP示范项目,本省17个项目入选,项目总投资147.06亿元。

2月8—9日　协助中国财经报记者就本省农业大灾保险试点工作开展情况,进行实地采访。

2月22日　制定民生工程《2018年政策性农业保险实施办法》及年度目标任务。

2月24日　拟定本省划转部分国有资本充实社保基金实施方案(代拟稿)。

3月3—7日　完成对省担保集团2017年度省委综合考核工作(经营业绩考核)。

3月5—6日　陪同财政部金融司调研组赴岳西县、金寨县调研普惠金融。

3月6日　上报省政府推广PPP成效明显市县名单。

3月14—15日　陪同副厅长王召远赴滁州市、江苏省及徐州市调研财政支持园区发展和“拨改投”工作。

3月16日　上报财政部推广PPP成效明显市县名单。

3月22日　省政府第4次常务会审议《安徽省划转部分国有资本充实社保基金实施方案(送审稿)》。

3月23日　拨付2018年度南北合作共建园区发展专项资金。

3月23日　陪同副厅长王召远参加全省两权抵押贷款试点工作推进会。

3月29—30日　赴亳州参加南北合作共建现代产业园区座谈会。

4月2—3日　赴芜湖开展“四送一服”调研。

4月16日　赴合肥市庐阳区吴郢社区开展进社区志愿活动。

4月28日　本省宿州市、宁国市作为推广PPP模式工作有力、社会资本参与度较高的市、县,获得国务院督查激励。

5月2—31日　根据省委、省政府要求,赴宣城市开展为期1个月的“四送一服”双千工程集中活动。

5月15日　完成2017年度全省地方金融企业财务决算汇编工作。

5月16日　陪同财政部评审中心来本省及寿县、郎溪县开展农业保险绩效评价工作。

5月20日　邀请财政部PPP专家在全省市县领导干部财政改革与财政政策培训会上进行PPP专题培训。

5月25日　参加全省反洗钱工作联席会议。

6月11日　省委深改组第16次会议审议《安徽省划转部分国有资本充实社保基金实施方案(送审稿)》。

6月19日　下达省级PPP奖补资金5000万元。

6月22日　下达省担保集团2018年度主要目标任务。

6月29日　下发PPP项目库整改情况通报。

6月29日　参加全国小微企业金融服务电视电话会。

7月5日　省政府印发《安徽省划转部分国有资本充实社保基金实施方案》。

7月12—13日　陪同副厅长王召远赴云南昆明参加全国财政系统国有金融资本管理工作会议。

7月16日　厅党组会听取金融处关于全国财政系统国有金融资本管理会议精神的汇报。

7月19日　拟订本省完善国有金融资本管理的实施意见(代拟稿)。

7月27日　开展《安徽省支持政府和社会资本合作(PPP)若干政策》(皖政办〔2017〕71号)落实情况自评,并向省工商联报送自评报告。

8月1日　完成全省项目库清理整改验收。

8月6日　参加股权投资基金座谈会。

8月15日　厅党组会审议《中共安徽省委 安徽省人民政府关于完善国有金融资本管理的实施意见(代拟稿)》。

9月5日　批复省担保集团公务用车制度改革实施方案。

9月5日　修订省级PPP奖补资金管理办法。

9月11日　省政府第25次常务会审议并通过《中共安徽省委 安徽省人民政府关于完善国有金融资本管理的实施意见(送审稿)》。

9月20日　陪同副厅长王召远赴浙江、福建及晋江调研金融国有资本管理及“晋江经验”。

9月28—29日　赴湖北省武汉市参加财政部举办的全国融资担保行业发展培训班。

10月8日　撰写《金融扶贫调研报告》报财政部金融司。

10月12日　省委副书记信长星在财政厅呈送的《关于贯彻落实省领导有关农业保险批示精神的汇报》的报告上批示肯定。

10月15日　本省获得中央财政PPP奖补资金1.5亿元。

10月16—17日　赴陕西省西安市参加财政部举办的全国农业保险提质增效培训班。

10月22日　向省政府报送“拨改投”调研报告,省长李国英、常务副省长邓向阳作重要批示。

10月26日　召开省级股权投资基金座谈会。

10月26日　清算2018年普惠金融发展专项资金。

11月1日　陪同副厅长王召远参加省政府召开的省股权投资基金座谈会。

11月7日　陪同副厅长王召远赴金寨县参加国家融资担保基金调研活动。

11月8日　研究拟订本省小微企业创业贷方案。

11月8日　本省金融企业决算报表工作获财政部通报表彰。

11月19日　赴财政部参加政府性担保有关座谈会。

11月20日　省委深改委第一次会议审议通过《中共安徽省委 安徽省人民政府关于完善国有金融资本管理的实施意见(送审稿)》。

11月21日　陪同厅长罗建国参加省政府召开的防范化解农商银行不良风险专题会议。

11月22—23日　参加财政部第四届PPP融资论坛。

11月22—23日　省十三届人大常委会第六次会议审议通过省人民政府关于2017年度金融企业国有资产的专项报告。受省政府委托,省财政厅厅长罗建国在会上作关于2017年度金融企业国有资产的专项报告。此举为省政府首次向省人大报告常委会报告国有资产管理情况,也是国有金融资产首次报清“明白账”。

11月26日　印发《关于进一步增加政策性农业保险补贴品种和扩大补贴范围的通知》,推动本省中央补贴品种数量均全国第一。

11月26日　批复部分省属金融企业2017年度负责人薪酬。

11月27日　批复省担保集团“三重一大”决策制度。

11月28日　参加全省农商银行系统财务决算会议。

12月11日　参加科创板建设方案座谈会。

12月12日　参加全省小额贷款公司监管会议。

12月17日　印发《关于开展三大粮食作物制种保险工作的通知》。

12月17日　印发《关于在产粮大县开展水稻完全成本保险试点工作的通知》。

12 月 24 日　召开姜毅违法违纪案件专题组织生活会,厅党组成员、驻厅纪检监管组组长项中胜,厅党组成员、副厅长王召远,厅机关党委专职副书记陈欢到会指导。

国际债务处工作大事记

1 月 24—26 日　世行贷款项目评估工作团赴皖,对世行贷款安徽农村公路提升改造项目开展项目评估。国际处与世行专家团及项目单位就项目关联支付指标设定及贷款资金使用等问题进行了协商探讨。

2 月 6 日　中国 PPP 示范项目筛选研讨会在世行驻华代表处召开,国际处会同滁州市代表向世界银行、国家发改委和财政部汇报滁宁城铁项目筹备情况。

3 月 5 日　德国复兴信贷银行总部项目经理罗曼博士一行赴合肥市热电集团开展合肥滨湖新区新能源供冷供热项目预评估,取得预期成效。

3 月 21—23 日　世行贷款项目筛选鉴别团到访滁州,对滁宁城铁 PPP 示范项目进行实地考察和初步评估。

3 月 27 日　国际处首次对外贷资金专用账户进行招标。由厅国库处、监督检查局、机关纪委、采购监管办和国际处等单位组成的评审小组,对投标银行进行审核评分,按顺序选定新贷款项目专户开设银行。

4 月 6 日　安徽省交通运输厅和世行分别编制安徽沙颍河航道整治项目国内完工报告和世行完工报告,标志着世行贷款安徽沙颍河航道整治项目顺利完工。

4 月 11 日　财政部和亚行联合在昆明召开 2018 年度亚行国别项目检查研讨会,国际处与会代表与亚行相关项目官员就本省亚行贷款综合交通项目和淮南城市水系综合治理项目的中期调整方案进行讨论。

4 月 23—25 日　参加清洁基金中心组织的清洁发展委托贷款项目贷后联合检查,对马鞍山市公共交通集团有限责任公司环保公交工程项目、安徽明威照明器材有限公司岳西县城镇道路照明改造项目和安徽省蚌埠市宏发滤清器有限公司年产 2000 万只欧 V 汽车滤清器生产线技改项目开展现场检查。

4 月 23—27 日　亚行检查团对亚行贷款安徽淮南城市水系综合治理项目开展贷款审阅检查,国际处与亚行专家团队、项目办和项目单位研讨确认项目中期调整方案。

5 月 7—8 日　参加清洁基金中心组织的清洁发展委托贷款项目贷后联合检查,对合肥聚能新能源科技有限公司白湖农场 20MW 用户侧光伏发电项目、安徽省萧县林平纸业有限公司清洁生产技术提升改造项目开展现场检查。

5 月 7—9 日　德国复兴银行总部专家 Andrea 一行赴天柱山生物多样性保护德促贷款项目开展中期检查,召开检查总结会,会上讨论加快项目执行进度的方案并形成备忘录。

5 月 8 日　亚行东亚局自然资源和农业处处长张庆丰带领专家团成员赴黄山开展亚行贷款新安江流域生态保护和绿色发展项目鉴别,并实地考察拟选项目现场。

5 月 8 日　世行贷款安徽养老服务体系建设示范项目经省政府第十一次常务会议研究同意,并授权财政部代表本省签署谈判文本确认函、《项目协议》及其他相关法律文件。

5 月 15 日　世行贷款安徽养老服务体系建设示范项目谈判在北京取得圆满成功。此为世界银行在全球支持的首个养老服务领域项目。

5 月 22—24 日　世行在宁波召开贷款项目采购、财务管理与支付培训班。国际处相关人员参加培训,就贷款管理、偿债服务、采购规划、支付安排等问题作交流研讨。

6 月 8 日　世行贷款安徽省农村公路提升改造示范项目经省政府第十三次常务会议研究同意,并授权财政部代表本省签署谈判文本确认函、《项目协议》及其他相关法律文件。

6 月 12 日　国际处党支部赴滁州市定远县藕塘烈士陵园开展“迎七一·不忘初心”主题党日活动。

6 月 25—27 日　世行贷赠款管理局局长侯薇(Vicki Ho)女士、集团信息技术融资局局长芮阿瑟(Arthur Riel)先生等一行 4 人对本省进行工作访问,罗建国厅长陪同调研。

7 月 23—30 日　联合国开发计划署(UNDP)专家评估组对本省实施的 GEF 湿地项目“加强安徽省湿地保护地体系管理有效性项目”进行终期评估。专家一致认为,安徽 GEF 项目完全达到项目预期目标,许多项目指标超额完成,项目成效显著,顺利通过终期评估。

8月10日　国际处与有关项目单位赴金砖国家新开发银行上海总部对接会商,对安徽绿色公路示范项目利用新开发银行贷款事宜进行汇报争取。

8月23日　世行贷款安徽宣城承接东部地区产业转移基地基础设施示范项目延期和资金类别调整方案获世行批复。

8月28日　财政部联合本省与世行在北京完成世行贷款安徽省农村公路提升改造示范项目谈判。谈判双方就《贷款协议》《项目协议》等文件草本交换意见,并达成共识,草签相关法律文件,至此,世行与中国合作的第一个交通领域的结果导向型贷款模式项目正式启动。

9月26-27日　世行贷款安徽养老服务体系建设示范项目启动会在合肥举办。

10月12日　国际处会同厅干教中心、评审中心、科研所赴泗县长沟镇汴河村开展学雷锋活动,与乡村代表进行座谈,并对部分贫困群众给予慰问。

10月31日　落实清洁基金委托贷款合肥聚能新能源科技有限公司白湖农场20MW用户侧光伏发电项目还款事宜。

11月12日　配合清洁基金中心对2017年已结项的合肥金太阳能源科技股份有限公司合肥金太阳示范工程(二期)10.13兆瓦用户侧并网光伏发电项目、安徽众和达光电有限公司半导体照明材料生产项目开展绩效评价。

11月26日　国际处联合省发改委外资处、省交通厅外资办赴财政部国合司、国家发改委外资司、世行驻北京代表处汇报本省农村综合交通及运输物流项目利用国际金融组织贷款事宜,积极争取国家部委和国际金融组织支持。

11月28日　德国复兴银行北办协调官员赴宣城职业技术学院召开项目协调会,讨论项目建设内容,并商讨项目下一步建设计划,会议取得良好效果并形成备忘录。

12月18日　安徽省财政厅、卫生健康委联合印发经省政府第31次常务会议同意的《中国医疗卫生改革促进结果导向型项目世界银行贷款安徽省使用管理办法》。《办法》共七章三十四条,除总则和附则外,分别明确贷款的支付关联指标、提取和支付、分配和使用、偿还、绩效及监督管理等内容。

12月25日　财政部邹加怡副部长与邓向阳常务副省长签署《财政部与安徽省人民政府关于世界银行贷款安徽省养老服务体系建设项目的转贷协议》。

12月29日　世行贷款安徽省农村公路提升改造示范项目的《贷款协定》和《项目协议》正式签署。

会计处工作大事记

1月15日　转发《财政部关于开展2017年度行政事业单位内部控制报告编制工作的通知》(财办会〔2018〕8号),启动本省内部控制报告填报工作。全省共计收到内部控制报告17156份,汇总形成《安徽省行政事业单位内部控制报告》,按时上报财政部。

1月16日　发布《安徽省财政厅关于评定苗峰等6人正高级会计师专业技术资格的通知》(财会〔2018〕40号),苗峰等6位同志取得正高级会计师专业技术资格。

2月4日　组织召开2017年度高级会计师评审会议,按程序抽取23名评委对464份申报材料集中评审,通过投票表决,许绣等324人通过评审。

2月27日　财政部会计司高一斌司长一行与会计处全体同志座谈会计工作及会计行业发展。

2月28日　转发财政部《政府会计制度》与《行政单位会计制度》《事业单位会计制度》衔接通知,为2019年1月1日本省行政事业单位实施政府会计制度打下基础。

4月20日　印发《安徽省财政厅关于实施2018年度全省大中型企事业单位总会计师素质提升工程的通知》(财会〔2018〕381号),组织省市大中型企业和事业单位总会计师或会计骨干共235人参加培训。

4月20日　发布《安徽省财政厅关于评定许绣等324人高级会计师专业技术资格的通知》(财会〔2018〕373号),许绣等324位同志取得高级会计师专业技术资格。

4月28日　召开全省会计专业技术资格无纸化考试考务工作会,举办会计资格无纸化考试系统培训班。

4月30日　完成2017年度全省903家代理记账机构基本信息报备,形成代理记账行业分析报告,上报财政部。

5月3—31日　安排专人参加全省“四送一服”

双千工程活动,走进企业宣讲财政政策、会计准则制度和内部控制建设。

5月12—18日　举行全国会计专业技术初级资格无纸化安徽考区考试,全省报名考生16.9万人。副厅长朱长才赴蚌埠考区巡视,检查考试组织实施情况。

5月24—25日　《中国会计报》记者采访安徽会计考试考务管理工作经验做法,前往阜阳考区实地采访相关考务人员,了解服务考生具体做法。

5月31日　完成2017年度全省274家会计师事务所基本信息报备,形成《安徽省会计师事务所信息报备工作报告》,上报财政部。

6月28—29日　举办2018年度全省政府会计准则制度暨会计管理业务培训班,邀请财政部专家、大学教授授课,副厅长朱长才到会讲话,省级一级预算单位财务部门负责人及各市县(区)财政局会计管理机构负责人共400余人参加培训。

7月19日　确定7家会计网络培训机构承担本省2018－2020年度会计网络继续教育服务。

7月24日　财政部会计司高一斌司长一行去中国科学技术大学先进技术研究院、中科院合肥物质科学研究院调研科研经费管理。

9月8—9日　举行全国会计专业技术中(高)级资格安徽考区考试,全省报名考生5.17万人,其中,中级4.99万人、高级1740人。

9月　落实《安徽省推开"证照分离"改革实施方案》(皖政〔2018〕100号)精神,本省精减会计师事务所执业许可审批备案材料,审批材料精减率达66.6%,会计师事务所分所执业许可审批材料精减率达50%;提高审批效率,审批时限由40个工作日压缩至15个工作日。

9月　推动成立安徽省代理记账行业协会,构建以行政监管为主体、行业自律管理为补充的代理记账行业监管格局。

9月27日　印发《关于开展2018年度会计人员继续教育工作的通知》,本省全年参加继续教育21万余人。

10月22日　会同人社厅印发《调整安徽省会计专业技术资格考试领导小组及其办公室成员的通知》(财会〔2018〕1147号),副厅长朱长才为安徽省会计专业技术资格考试领导小组组长。

11月8日　印发《关于落实"证照分离"改革事项优化代理记账行业准入服务的通知》(财会〔2018〕1319号),进一步激发会计服务市场活力。

行政事业单位国有资产管理处工作大事记

1月9日　印发《安徽省财政厅关于编报2017年度行政事业单位国有资产报告的通知》(财资〔2018〕24号),布置开展2017年度行政事业单位国有资产报告编报工作,对全省2017年12月31日以前经机构编制管理部门批准成立的,执行行政、事业单位财务和会计制度的各级各类行政事业单位、社会团体,占有、使用国有资产,执行民间非营利组织会计制度、并同财政部门有经费缴拨关系的社会团体等单位的全部资产情况进行编报。

1月25日　印发《安徽省财政厅关于做好2017年度行政事业单位经管资产报告及自然资源国有资产报告试点工作的通知》(财资〔2018〕58号),布置开展2017年度行政事业单位经管资产报告及自然资源国有资产报告试点工作,对全省行政事业单位管理的经管资产(储备物资、公共基础设施、文物、保障性住房等其他经管资产及受托代理资产)和自然资源国有资产(矿产能源资源、水资源、海洋资源、土地资源、森林资源等自然资源资产)进行全面统计。

5月4日　印发《安徽省财政厅关于进一步加快推进事业单位及其所办企业国有资产产权登记工作的通知》(财资〔2018〕426号),深入推进事业单位及其所办企业产权登记工作。进一步理清单位资产产权关系,摸清单位资产家底,加强产权管理,完善产权保护制度。

6月—12月,根据《中共安徽省委办公厅 安徽省人民政府办公厅印发〈关于在省直党政机关及所属单位开展违规经商办企业专项整治"回头看"工作的实施方案〉的通知》(厅〔2018〕31号),积极配合省专项整治"回头看"工作领导小组办公室,在省直党政机关及其所属单位开展违规经商办企业专项整治"回头看"工作,重点承办党政机关和事业单位所办企业注销、资产划转相关业务工作。专项整治期间,共对49家企业进行资产划转审批,对43家企业办理产权注销登记手续,对7家企业履行划转产权变更登记审批手续。

8月28日　印发《安徽省财政厅关于进一步做

好省级行政事业单位国有资产处置项目信息公开工作的通知》(财资函〔2018〕249号),进一步规范省级行政事业单位国有资产处置管理,全面实行国有资产公开处置,及时公开国有资产处置项目信息,接受公众舆论监督,提升行政事业国有资产管理水平。

9月14日　印发《安徽省财政厅关于进一步简化资产评估机构(含分支机构)备案工作的通知》(财资函〔2018〕275号),贯彻落实省政府深入推进简政放权放管结合优化服务改革工作,进一步创优"四最"营商环境,促进资产评估行业健康发展,对我省资产评估机构备案管理工作进行优化调整,简化备案手续,并纳入省行政服务中心窗口统一办理。

9月30日　印发《安徽省财政厅关于调整行政事业单位国有资产管理内部有关工作程序的通知》(财资函〔2018〕302号),进一步提高工作效率,完善资产管理内控流程,推动省级行政事业单位国有资产管理工作再上新台阶。

10月23日　省财政厅 省直机关事务管理局联合印发《关于做好安徽省省级机构改革有关国有资产管理工作的通知》(财资〔2018〕1175号),按照分类施策、简化程序、把握重点、防止流失的原则,切实做好省级机构改革涉及的资产清查、划转、接收等工作,确保资产随机构改革及时有序调整到位。

11月8日　召开省级机构改革财务资产管理工作推进座谈会,深入贯彻落实省委十届八次全会精神,全力推进省级机构改革中财务资产管理工作。

11月22—23日　省十三届人大常委会第六次会议审议通过省人民政府关于2017年度国有资产管理情况的综合报告及2017年度金融企业国有资产的专项报告。

国有资本经营预算处工作大事记

1月12日　省财政厅厅长罗建国对国有资本经营预算工作作出重要批示。

2月14日　经省十三届人大一次会议审查批准,省财政厅批复2018年省级国有资本经营预算。

3月20日　国资预算处党支部召开2017年度组织生活会。

4月13日　省财政厅总结通报2018年全省国有资本经营预算编报情况。

4月13日　省财政厅印发《关于做好2018年省属企业国有资本收益申报工作的通知》,组织省属企业申报国有资本收益。

6月28日　省财政厅印发《关于编报2019年省级国有资本经营预算和2019—2021年国有资本经营收支规划的通知》,布置2019年国有资本经营预算和中期收支规划编制工作。

7月31日　省财政厅下发收益核定通知,组织省属企业上交2017年度应交国有资本收益。

8月17日　省财政厅印发《安徽省省级国有资本经营预算编报办法》。

8月28日　经省政府同意,省财政厅印发《关于进一步提高省属企业国有资本收益收取比例的通知》。

9月6—7日　省财政厅国有资本经营预算管理改革督察组赴省国资委及有关省属企业开展调研督察。

9月20日　省财政厅布置全省2019—2021年国有资本经营预算收支规划编报工作。

11月22日　省政府第34次常务会审议并同意省属重点文化企业免缴2019年国有资本收益。

11月29日　省财政厅副厅长王召远与省国资委相关负责人,就2019年国有资本经营预算支出项目编制进行专题会商。

12月19日　省财政厅布置2019年全省国有资本经营预算汇总编报工作。

监督检查局工作大事记

1—12月　陆续受理会计师事务所和资产评估机构投诉16件。

1—12月　先后依法对17户会计师事务所进行行政处理,对2户会计师事务所作出警告并没收违法所得的行政处罚,对4名注册会计师作出暂停执业或警告的行政处罚,对3户资产评估机构予以约谈。

3月20日—4月20日　根据《安徽省财政厅关于开展2018年预算公开预检查的通知》(财监〔2018〕218号),由厅监督检查局牵头组织全省各级财政监督机构,对省、市、县三级政府和部门2018年预算公开情况开展预检查。

3月30日　结合"青春志愿行·走进社区"活动,赴巢湖市中庙街道中庙社区,开展在职党员进社区活动,交流学习贯彻党的十九大精神有关情况,走访慰问社区空巢老党员。

4月9—11日 组织开展全省涉企系统培训。

4月13日 在省财政厅门户网站发布《安徽省财政厅关于2017年会计监督检查情况的通告》,《中安在线》等媒体进行转载,引起社会广泛关注。

6月 修订《监督局干部请销假、离肥外出报备制度》等7项行政工作制度。

6月23日 赴阜阳市颍东区吴寨村开展结对帮扶困难群众活动,走访慰问贫困户史洪坤。

7月10日 组织支部党员自行集中前往渡江战役纪念馆开展党史教育,佩戴党徽,观看革命展览陈列,回顾党的光荣历史,缅怀革命先烈。

7月16日 开展在职党员到社区为群众服务活动,与城隍庙社区党员群众举行座谈,交流基层党组织工作开展情况,参加城隍庙社区党委"七一"系列活动——"与党一起庆生",宣传财政有关政策。

7月19日 根据财政部安排部署,选取35户会计师事务所和10户资产评估机构,在省财政厅门户网站发布《安徽省财政厅关于开展2018年会计师事务所执业质量检查和资产评估机构检查的通告》,并于7月31日至9月21日开展2018年度会计师事务所和资产评估机构执业质量现场检查。

9月17—30日 牵头组织对全省负责编制政府或部门决算信息的部门和单位2017年决算公开情况开展了预检查。

9月21日 赴阜阳市颍东区吴寨村开展结对帮扶困难群众活动,走访慰问贫困户史洪仁、马振良。

10月8日—11月20日 为深入贯彻落实省委办公厅、省政府办公厅《关于全面构建"小金库"防治长效机制的意见》(皖办发〔2016〕60号),进一步巩固深化"小金库"专项整治成果,着力解决"小金库"防治难点问题,在省、市、县三级组织开展"小金库"专项整治"回头看"工作。

11月7日 在省财政厅门户网站发布《安徽省财政厅关于开展2018年会计监督检查的通告》,并于11月19日至30日,对2户企业开展会计信息质量现场检查。

11月26—30日 参加财政部监督检查局在威海举办的2018年会计金融监管培训会,在大会上作《全面清理挂名执业 依法依规从严处罚》的交流发言,受到财政部监督检查局领导充分肯定和表扬。

11月27日 监督局党支部通过厅直党支部标准化建设考核验收。

政府采购管理处工作大事记

2月1日 出台《安徽省财政厅关于进一步深化政府采购"放管服"改革的通知》,从九个方面进一步落实"放管服"改革要求。

3月14日 印发《安徽省财政厅关于发布政府采购各类信息公告范本的通知》,制定完善采购公告、中标(成交)公告、单一来源采购公示等10类信息公告范本,规范信息公告格式。

6月22日 印发《安徽省财政厅关于公布政府采购投诉受理有关信息的通知》,落实财政部令第94号的规定,严格按要求公告投诉受理相关信息。

6—11月 印发《安徽省财政厅关于2018年开展全省政府采购代理机构监督检查工作的通知》,对全省采购代理机构开展监督检查。全省各级财政部门依法对存在问题的36家代理机构进行了处理处罚。

7月13日 印发《安徽省财政厅关于明确政府采购工程项目实施公开招标采购数额标准的通知》,进一步明确政府采购工程项目公开招标采购数额标准。

9月 财政部对全国各省市2017年政府采购信息统计工作情况进行了通报,对包括安徽省财政厅在内的部分省市财政厅(局)进行了通报表扬,本厅连续三年获得表彰。

12月 政府采购处获得《中国政府采购报》颁发的中国政府采购奖"年度创新奖"。

1—12月 2018年,全省政府采购规模首次突破千亿元,达1193.28亿元,其中省本级采购规模85.01亿元。

(侯洪玮)

农村综合改革处工作大事记

3月7日 印发《2018年安徽省农村综合改革领导小组办公室工作要点》,从推进党建引领工程,提升支部建设水平;推进质量提升工程,夯实重点工作机制;推进管理绩效工程,完善内部控制和绩效评价机制等三大方面、分13条对2017年全年工作进行安排部署,明确目标任务和推进措施等。

3月12日　印发《安徽省农村综合改革领导小组办公室关于做好2018年度村级公益事业建设一事一议财政奖补工作的通知》(综改办〔2018〕1号),安排部署2018年村级公益事业建设一事一议财政奖补工作,明确目标任务和工作要求。

3月28日　印发《安徽省农村综合改革领导小组办公室关于做好2018年度国家扶持村级集体经济发展试点工作的通知》(综改办〔2018〕2号),明确在2017年在庐江等20个县(市、区)试点基础上,将9个深度贫困县(区)纳入试点范围,即在全省28个县(区)(其中,萧县2017年已纳入试点范围)开展试点,并进一步明确试点目标任务和工作要求,全力推进试点取得实效。

3月28日　印发《安徽省财政厅关于2017年度农村综合改革工作绩效考评情况的通报》(财农改办〔2018〕273号)对全省2017年度一事一议财政奖补、国家扶持村级集体经济发展试点、农村公共服务运行维护试点等工作开展情况进行通报。

3月上旬—4月上旬 结合2017年度农村综合改革工作绩效考评情况,组织人员深入部分市、县(区),对全省2017年度工作任务完成情况、绩效考核存在问题整改情况和2018年工作谋划情况开展年初工作指导。

5月14日　财政部印发《关于深入推进农村综合性改革试点试验工作的通知》(财办农〔2018〕47号),进一步明确农村综合性改革试点试验工作任务和要求,加强试点试验工作与乡村振兴战略政策措施的有效衔接,并明确进一步扩大试点范围。

6月10日　国务院农村综合改革工作小组办公室印发《关于做好2018年农村综合改革重点工作的通知》(国农改办〔2018〕2号),明确2018年农村综合改革重点工作任务和要求。同时,对2017年工作考评情况进行通报,对云南、安徽等10个省给予表扬。本省2017年度农村综合改革综合考核获得全国第二名,农村综合性改革试点试验获得优秀档次(第一档),并获财政部奖励资金5000万元。

6月22日　印发《安徽省财政厅关于农村综合性改革试点试验工作方案的报告》(财农改办函〔2018〕166号),将本省新增的界首市、东至县、黄山区等三个农村综合性改革试点试验试点县(市、区)方案上报财政部备案。

7月30日　印发《安徽省农村综合改革领导小组办公室关于开展2018年农村综合改革督查工作的通知》(综改办函〔2018〕5号),明确在8月至9月,利用一个月左右时间,对全省农村综合改革工作进行调研指导,了解掌握全省农村综合改革政策和资金落实情况。

8月中旬—9月中旬　深入全省部分县(市、区)调研了解农村综合改革政策和资金落实情况,察看项目工程进度,开展年中工作督导。

9月5日　印发《安徽省农村综合改革领导小组办公室关于进一步做好农村综合性改革试点试验工作的通知》(综改办〔2018〕3号),进一步明确本省农村综合性改革试点试验工作目标任务和工作要求,指导天长市、宣州区、界首市、东至县、黄山区等5个试点地区进一步做好试点工作。

11月19日　中共中央组织部 财政部 农业农村部联合下发《关于坚持和加强农村基层党组织领导扶持壮大村级集体经济的通知》(中组发〔2018〕18号),决定从现在起到2022年,中央财政资金在全国范围内扶持10个左右行政村发展壮大村级集体经济。根据中央部署和省委、省政府要求,积极配合省委组织部、省农业农村厅研究起草本省贯彻落实意见和工作方案。

12月4日　省委组织部、省民政厅、省财政厅、省人社厅联合下发《关于做好调整离任村干部生活补助有关工作的通知》(皖组通字〔2018〕52号),明确对全省离任村干部最低生活标准予以提高。

12月中旬　根据农村综合改革工作绩效考评要求,部署全省对2018年度工作情况进行全面总结,上报绩效考评工作报告,开展年终考评。

民生工程办公室工作大事记

1月11日　省政府召开第123次常务会议,原则通过2018年民生工程项目安排建议。

1月26日　省政府新闻办召开“民生改善”新闻发布会。省财政厅党组书记、厅长罗建国作题为“扎实推动民生工作 建设现代化美好安徽”的新闻发布并回答记者提问,省财政厅副厅长朱艾勇出席发布会。

2月7日　省民生办召开民生工作协调推进会,进一步推进民生工作和民生工程,朱艾勇副厅长出席会议。

2月9日　省民生办制定出台《民生办2018年工作要点》,要点分4个部分共22项内容,以习近平新时代中国特色社会主义思想为指导,坚持以人民为中心的发展思想,坚守底线、突出重点、完善制度、引导预期,扎实务实推动民生工作,从严从紧强化支部党建,让改革发展成果更多更公平惠及全体人民。

3月2日　省委书记李锦斌主持召开省委常委会会议,研究2018年全省民生工程项目安排,统筹推进2018年民生工作。

3月9日　安徽卫视新闻联播播出"两会面对面"栏目,全国人大代表、省财政厅党组书记、厅长罗建国就"满满的收获、稳稳的幸福"主题接受专访,畅谈对《政府工作报告》的体会以及财政保障改善民生的思路举措。

3月15日　省民生办印发《安徽省民生工作领导小组办公室关于2018年民生工程实施有关工作的通知》(民生办〔2018〕2号),对省直有关部门做好2018年民生工程实施办法制定、目标任务分解、项目计划下达等工作提出明确要求。

3月20日　省民生办印发《安徽省财政厅关于提请印发〈关于进一步盘点评估务实推进民生工程工作方案的通知〉的请示》(财民生〔2018〕232号),坚持以人民为中心的发展思想,持续推动解决各类民生问题。

3月23日　省政府印发《安徽省人民政府关于2018年实施33项民生工程的通知》(皖政〔2018〕26号),确定主要政策和工作要求,指导各级各部门抓好年内实施工作,让人民群众有更多获得感、幸福感、安全感。

4月16日　省民生办召开联络员会议,传达省领导有关民生工作批示要求,落实有关民生工程文件精神,部署安排下一阶段民生工作,朱艾勇副厅长出席会议并讲话。

4月18日　省财政厅出台《安徽省财政厅关于2018年民生工程资金筹措事项的通知》(财预〔2018〕362号)(以下简称《通知》)。《通知》明确2018年33项民生工程的筹资标准和财政分担比例,对各级财政部门提出相关工作要求,为统筹落实资金,保障民生工程顺利实施提供依据。

4月19日　省民生办出台《关于印发2018年33项民生工程实施办法的通知》(民生办〔2018〕1号),包括项目实施办法、资金筹措通知和审计监督意见,印发各地贯彻执行,确保2018年民生工程扎实推进、全面落实。

4月19日　省民生办印发《安徽省财政厅关于提请省政府办公厅印发2018年全省民生工作要点的请示》(财民生〔2018〕371号),对2018年全省民生工作总体要求和重点项目进行了梳理明确,努力提高民生工作的针对性和有效性。

4月28日　省民生办印发《安徽省民生工作领导小组办公室关于报送2018年民生工程项目进展情况报表的通知》(民生办〔2018〕4号),要求省各有关单位自5月起,按月填报截至上月底的民生工程进展情况,并进行总结分析,于每月5日前报送。

5月15—16日　省财政厅在合肥举办全省财政民生管理人员培训班,各市、县(区)民生办主任参加培训。培训对新增的6项民生工程、绩效评价工作等进行解读,合肥市、安庆市、六安市及明光市民生办交流工作经验。

6月20日　省民生办出台《安徽省民生工作领导小组办公室关于进一步提升民生工程质量效益的通知》(民生办〔2018〕5号),不断增进人民群众获得感、幸福感和安全感,为建设现代化五大发展美好安徽奠定坚实基础。

6月20日　省民生办出台《安徽省民生工作领导小组办公室关于进一步强化民生工程民主参与的通知》(民生办〔2018〕6号),引导群众参与民生工程民主协商、民主决策、民主管理和民主监督全过程,不断提升透明度、参与度和监督力。

6月20日　省民生办出台《安徽省民生工作领导小组办公室关于完善2018年民生工程绩效评价工作的通知》(民生办〔2018〕7号),完善评价体系,用好评价结果,更好发挥绩效评价导向作用,推动形成资源配置更加科学、民生工作提质增效的良好局面。

7月17日　省民生办召开全省民生工程调度会议,总结上半年全省民生工程实施工作,通报进展情况,部署安排下半年工作,推动完成全年目标任务。朱艾勇副厅长出席会议。省民生工作领导小组有关成员单位联络员、各市、省直管县民生办主任、省财政厅有关处室负责同志参加会议。

7月19日　省民生办印发《关于做好2018年民生工程基础数据库填报工作的通知》(民生办〔2018〕8号),就2018年民生工程基础数据库填报工作进行具体部署,进一步推动民生工程管理提质增效。

8月2日　省民生办印发《安徽省民生工作领导小组办公室关于完善民生工程特邀监督员制度的通知》(民生办〔2018〕9号),促进民生政策落细落小落实落严,推进民生工程顺利实施、早见成效。

8月23日　省财政厅厅长罗建国率相关处室主要负责同志,参加省广播电台《政风行风热线》栏目现场直播活动,围绕"坚持以人民为中心 做好财政民生工作"主题,与听众朋友们交流互动。

10月29日　省民生办印发《安徽省民生工作领导小组办公室关于报送民生工程有关情况的通知》(民生办〔2018〕10号),要求各地梳理上报民生工程实施经验做法。

10月22—26日　省政协副主席郑永飞率队赴芜湖市、铜陵市及镜湖区、无为县、义安区、铜官区,视察民生工程实施情况,省财政厅厅长罗建国、副厅长胡锡萍陪同视察。

11月5—8日　省人大常委会副主任李明率队赴阜阳市、六安市及颍州区、临泉县、金安区、金寨县,视察民生工程实施情况,省财政厅副厅长胡锡萍以及省直主管部门同志陪同视察。

11月5—15日　省民生办面向社会公众,通过省政府门户网站、省财政厅网站和"安徽民生工程"信息平台等开展2019年民生工程项目公开征集活动。

人事教育处工作大事记

1月12日　省财政厅厅长罗建国对2017年度财政人教工作作出重要批示:"人教处2017年牵头开展'两学一做'学习教育常态化制度化、'讲重作'专题教育和专题警示教育,突出学懂弄通做实党的十九大精神、扎实开展财政干部教育培训,突出政治标准、精心做好财政干部选拔任用,服务加强完善厅党组自身建设等方面做了许多卓有成效的工作,促进了全厅党的建设、队伍建设和中心任务及重点工作有序有力较好完成。对此,应予表扬!希望2018年再接再厉,认真贯彻十九大精神,按照'好干部'标准和省委组织部工作要求,坚持问题导向,创新和完善干部管理工作。认真组织开展'不忘初心,牢记使命'主题教育。坚持五湖四海,推动干部政治生态建设。强化干部能力素质建设。加强处室党支部建设,坚持'一岗双责',建设廉洁人教。"

1月31日　省财政厅副厅长朱长才代表厅党组在全厅干部大会上对2017年度财政人事工作情况进行通报。

2月26日　省财政厅召开全省财政系统先进集体和先进工作者表彰会议,通报省人社厅、省财政厅表彰决定,对合肥市包河区财政局等50个全省财政系统先进集体和余成晨等86名全省财政系统先进工作者予以表彰。

2月27日　省财政厅厅长罗建国以普通党员身份参加人教处党支部2017年度组织生活会。

2月　省财政厅完成423名干部的年度考核,组织104名处级领导干部开展述职述廉述德工作。

2—3月　省财政厅完成迎接省委综合考核工作,厅领导班子获"好"等次,厅主要负责同志获优秀等次,并被记三等功。

4月13日　省财政厅制定《安徽省财政厅直属非参公管理事业单位干部人事档案专项审核工作方案》,开展专项审核工作,共审核档案72份。

4月20日　省财政厅印发《安徽省财政厅干部"三库"精准管理办法》,建立干部人事档案基础库、干部基本信息库和干部选拔任用动态库。

5月19—21日　受省委组织部委托,省财政厅举办市县政府领导干部财政改革与财政政策培训班,来自全省各市政府分管财政工作的负责人,各县(市、区)政府主要负责人或分管财政工作的负责人,各市县区财政部门主要负责人,共计243人参加培训。

5月　省财政厅在全省财政系统开展向和先念同志学习活动。

1—5月　省财政厅组织开展领导干部个人有关事项报告工作,全厅142名处级干部按时完成年度填报,并按10%的比例随机抽查15人,全年重点抽查4人。

6月12日　省财政厅印发《关于进一步加强厅领导走访督导处室单位的通知》,厅领导常态化深入处室单位,检查督促指导工作,全年共开展走访督导286次,其中厅主要负责同志26次。

6月12日　省财政厅印发《安徽省农业信贷融资担保有限公司人事管理暂行办法》,厅党组依规研究确定省农业信贷融资担保有限公司董事会、纪委书记、监事和经营层等有关人选,进一步健全公司领导班子。

1—6月　省财政厅按照省委组织部统一部署，统筹组织142名处级干部参加党的十九大精神轮训，共21个批次。

7月9日　省财政厅印发《关于进一步激励财政干部新时代新担当新作为的实施意见》，坚持严管与厚爱结合，激励与约束并重，激励干部争先创优、担当作为。

7月29日　省财政厅组织开展纪念建军91周年国防教育活动。

8月17日　省财政厅召开纪念建军91周年座谈会。

8月24日　省财政厅厅长罗建国以普通党员身份，参加人教处党支部"讲严立"专题警示教育专题组织生活会。

6—8月　省财政厅印发厅"讲忠诚、严纪律、立政德"警示教育方案，并开展相关活动。

8月　省财政厅领导班子召开"讲严立"专题警示教育专题民主生活会。

9月　省财政厅在全厅开展向曾翙翔、刘扬彧同志学习活动。

9—10月　省财政厅举办2期全省乡镇财政所长岗位培训班，培训乡镇财政所长450人，厅长罗建国出席开班式，并作重要讲话。

11月6日　省财政厅党组印发《中共安徽省财政厅党组关于在财会行业知识分子中深入开展"弘扬爱国奋斗精神、建功立业新时代"活动的实施方案》。

11月9日　省财政厅党组印发《认真学习贯彻习近平总书记重要指示精神，广泛开展向黄群、宋月才、姜开斌、王继才同志学习活动方案》。

11月14日　省财政厅党组印发《中共安徽省财政厅党组关于贯彻落实全省组织工作会议的实施意见》。

11月21日　省财政厅厅长罗建国对人教处负责完成的《全省财政干部交流轮岗情况研究》作出重要批示："此研究报告，反映的情况具体全面，分析的问题客观，提出的措施基本可行，对进一步做好全省财政干部交流管理工作，具有积极支撑作用。要强化研究成果运用，进一步推动财政干部队伍建设，服务财政中心工作和现代财政建设，为现代化五大发展美好安徽建设作出积极贡献！"

11月27—29日　省财政厅举办全省财政系统培训管理者和基层财政培训师资培训班，全省21名培训管理者和40名专兼职教师参加了培训。

12月19日　省财政厅厅长罗建国以普通党员身份，参加人教处党支部庆祝改革开放40周年主题党日活动，分享改革开放带来的幸福感、获得感和安全感。

2—12月　省财政厅印发《安徽省财政厅关于印发2018年安徽省财政干部教育培训计划》，全年举办各类业务培训班26个、培训干部4840人次，如期完成省里统一要求的脱贫攻坚、法治等培训任务。

8—12月　省财政厅印发"三查三问"实施方案及自查自纠"三个清单"，认真开展相关工作。

10—12月　省财政厅坚决落实中央和省委要求，积极稳妥推进机构改革相关工作，顺利完成省农业综合开发局转隶省农业农村厅、预算执行情况和其他财政收支情况监督检查职能划转到省审计厅改革任务，并初步形成省财政厅"三定"方案。

1—12月　省财政厅组织271名干部参加在线学习、336名干部进行学分制申报，圆满完成年度学习任务，获评2017年度省直机关先进管理分中心。组织4名厅级干部、28名处以下干部参加各类调学，圆满完成中组部、省委组织部、财政部、省直工委等调学任务。

1—12月　省财政厅依规开展干部拔任用，提拔正处级领导干部1人，提拔科以下干部8人，接收军转干部6人。

1—12月　省财政厅选派干部多渠道挂职锻炼。根据省委组织部统一部署，选派第七批帮扶干部赴颍东区吴寨村挂职。安排6名科级干部赴市、县(区)财政部门挂职。安排包括首席代表在内的5名干部到省政务中心财政窗口挂职。接收1名省直机关干部、5名县(区)财政局、2名企业工作人员到厅挂职学习，安排1名干部内部挂职。

1—12月　省财政厅获评2017年度全国财政系统干部教育培训工作先进单位，省财政厅获2017年度全国财政系统人事教育统计工作综合考评一等奖，厅人事教育处获2017年度省财政厅厅综合考核先进单位。

机关党委工作大事记

1月3日　印发《中共安徽省财政厅党组关于做

好2017年度党支部书记抓基层党建和全面从严治党述职述责述廉评议考核工作的通知》(财党组〔2018〕1号),部署2017年度党支部书记抓基层党建和全面从严治党述职述责述廉评议测评考核工作。

1月16日 印发《中共安徽省财政厅直属机关委员会关于召开2017年度组织生活会和民主评议党员的通知》(财机党〔2018〕3号),组织各处室单位党支部开展组织生活会和民主评议党员。

1月24日 向省委报送《中共安徽省财政厅党组关于2017年机关党建工作情况的报告》(财党组〔2018〕7号)。

2月5日 印发《中共安徽省财政厅党组关于印发2018年厅直机关党建工作要点的通知》(财党组〔2018〕9号)。

2月7日 举行省财政厅"迎新春,展风采"干部职工拔河比赛。

2月7日 制定《安徽省财政厅团委关于开展2018年"青春志愿行"主题志愿服务活动方案》。

2月9日 印发《中共安徽省财政厅党组关于印发党组理论学习中心组2018年度学习计划的通知》(财党组〔2018〕12号)。

2月11日 印发《中共安徽省财政厅直属机关委员会关于做好2018年党支部标准化建设工作的通知》(财机党20186号),部署推进2018年党支部标准化建设工作。

2月13日 印发《安徽省财政厅精神文明建设领导小组关于在2018年春节期间开展学雷锋志愿服务活动的通知》(财文明〔2018〕1号)。

2月14日 印发《中共安徽省财政厅党组关于调整党建工作领导小组成员的通知》(财党组〔2018〕15号),调整党建工作领导小组成员。

2月26日 召开全省财政反腐倡廉建设工作视频会议,总结2017年全省财政全面从严治党和党风廉政建设工作,部署2018年任务。

3月2日 出台《中共安徽省财政厅直属机关纪律检查委员会工作规则(试行)》(财机党〔2018〕7号),全面加强机关纪委履职尽责。

3月6日 印发《关于做好2018年结对共建工作的通知》,部署2018年结对共建工作。

3月8日 省财政厅党组成员、副厅长孟照红在全省脱贫攻坚座谈会上作定点帮扶工作交流发言。

3月15日 厅门户网站开设"文明创建"栏目。

3月29日 制定《安徽省财政厅精神文明建设领导小组关于印发〈省财政厅2018年精神文明建设工作要点〉的通知》(财文明〔2018〕2号)。

3月29日 印发《安徽省财政厅精神文明建设领导小组关于开展2018年学雷锋志愿服务主题月系列活动的通知》(财文明〔2018〕3号)。

4月2日 省财政厅获评省直机关2017年度计划生育工作先进集体。

4月3日 印发《2018年省财政厅全面从严治党和党风廉政建设主要任务及责任分解》(财党组〔2018〕24号),压紧压实厅党组的主体责任和处室单位党支部的具体责任。

4月3日 举办党建与文明创建专题报告会,邀请省直机关工委书记钱桂仑到会作报告。厅党组书记、厅长罗建国对深入推进财政精神文明建设工作提出要求。

4月4日 召开省直单位定点帮扶颍东区一季度工作协商会。

4月23日 印发《中共安徽省财政厅党组关于印发〈2018年度机关党建工作"三个清单"〉的通知》,对2018年机关党建工作进行细化分解。

4月24日 制定《安徽省财政厅机关工会关于印发〈安徽省财政厅机关工会经费收支管理实施细则〉的通知》(财工〔2018〕3号)。

4月28日 印发《中共安徽省财政厅直属机关委员会关于印发〈党支部建设提升行动实施办法〉的通知》(财机党〔2018〕15号),部署安排党支部建设提升行动。

5月3日 印发《关于组织收看纪念马克思诞辰200周年大会的通知》,组织全厅党员干部集中收看纪念马克思诞辰200周年大会,聆听习近平总书记的重要讲话。

5月3日 制定《安徽省财政厅领导干部落实主体责任全程记实暂行办法》(财机党〔2018〕32号),压紧压实厅党组管党治党政治责任及厅领导"一岗双责"。

5月11日 召开全省财政系统廉政工作视频会议,研究部署全省财政系统廉政工作任务。

5月17日 印发《中共安徽省财政厅直属机关委员会关于开展评选表彰先进党支部和优秀共产党员活动的通知》(财机党〔2018〕18号),开展"七一"表彰工作,表彰10个先进党支部和47名优秀共产党员。

5月28日　省财政厅党组召开“青春、信仰、奋斗”青年干部座谈会。

6月20日　印发《中共安徽省财政厅直属机关委员会关于进一步规范党员组织关系管理的通知》,加强对党员的教育、管理和监督。

5—6月　组织参加省直机关第八届运动会,厅荣获团体一等奖、优秀组织奖、体育道德风尚奖,获奖项数和人数为历届最多。

7月　开展“警示教育周”系列活动,7月1日省财政厅党组书记、厅长罗建国带领厅党组中心组成员赴绩溪开展党史教育和廉政警示教育。

7月9日　召开庆祝建党97周年党课报告会暨“讲严立”专题警示教育研讨会,厅党组书记、厅长罗建国作专题党课报告,通报上半年机关党建工作情况。

7—9月　开展严格党的组织生活制度提高党的组织生活质量的调研,撰写《关于严格党的组织生活制度提高党的组织生活质量的调研报告》。

7月20日　制定《中共安徽省财政厅党组关于深入学习贯彻习近平新时代中国特色社会主义思想的实施意见》(财党组〔2018〕46号)。

8月9日　召开省直单位定点帮扶颍东区上半年工作座谈会暨二季度工作协商会。

8月20日　举办省财政厅“见证改革四十年,奋力开创新征程”读书朗诵比赛。

9月7日　开展发展党员工作调研,形成《中共安徽省财政厅直属机关委员会关于发展党员工作调研排查情况的报告》。

9月20日　省直机关工委组织部分省直单位基层党组织负责同志来厅观摩学习。

9月28—29日　参加安徽省“见证改革四十年奋力开创新征程”读书朗诵电视大奖赛,省财政厅荣获全省一等奖。

9月18日　省财政厅获评全省群众体育先进集体。

9月30日　完成省纪委反馈的形式主义官僚主义问题大排查大调研涉及省财政厅的4个问题整改。

5至9月　开展违规经商办企业专项整治“回头看”工作,对省财政厅名下的4家企业依规办理企业保留或脱钩手续。

10月10日　制作《“变”出聚宝盆》微视频在省属和中央驻皖单位驻村帮扶工作图片和微视频评选活动中获三等奖。

10月18日　省直机关工委印发《关于表彰2018年“走基层 访一线 服务五大发展行动”省直机关青年党团员调研实践活动成果的决定》,省财政厅调研实践组撰写《关于规范举债融资机制防范化解债务风险的调研报告》荣获一等奖。

10月19—20日　省财政厅党组书记、厅长罗建国在2018年长三角地区机关党建工作研讨会上作经验交流。

10月25日　省财政厅党组成员、副厅长、厅直机关党委书记朱长才率省直定点帮扶颍东区单位联络员及驻村工作队队长,赴颍东区召开驻村帮扶现场观会暨省直单位定点帮扶颍东区三季度工作协商会。

10月26日　组织举办财政厅2018金秋健身走活动。

10月31日　举行《宪法》宣讲辅导报告会,邀请安徽大学陈宏光教授作“构筑新时代法治国家的宪法基础”报告。

11月14至16日　开展2018年度党支部标准化建设集中达标验收,37个处室单位党支部全部达标。

12月17日　印发《安徽省财政厅机关工会经费收支管理实施细则》(财机工〔2018〕1号)。

12月14日　召开省直单位定点帮扶颍东区年度工作座谈会暨四季度工作协商会。

12月23日　组织收看习近平总书记在庆祝改革开放40周年大会上的重要讲话。

12月23日　中共安徽省财政厅党组印发《贯彻落实〈中国共产党党务公开条例(试行)〉实施方案的通知》(财党组〔2018〕79号),部署推进党务公开工作。

2018年　参与对国库支付中心、注册会计师管理处、社保处等3个处室单位党支部政治巡察,督办整改。

2018年　发展预备党员2名,预备党员按期转正4名。

非税收入征收管理局工作大事记

2月1日　完成2017年度省级非税收入银行年

度综合考评,会同人民银行合肥中心支行印发《关于表彰2017年度省级非税收入代理银行获奖单位和先进个人的通报》,对15家获奖单位、57个先进网点和71位先进个人予以表彰。

4月10日　完成2018全省非税收入预算汇总工作,印发《安徽省财政厅关于报送2018年非税收入预算表、收缴执行情况报表及分析的通知》(财非税〔2018〕337号)。

4月28日　中华全国总工会在京召开表彰会,王锐同志荣获2018年全国五一劳动奖。

5月16—18日　举办省级非税收入电子化收缴培训班,省直各部门非税收入业务管理人员共300余人分三期参加培训。

6月5日　会同中国人民银行合肥中心支行印发《全省非税收入代收机构管理办法》(财非税〔2018〕547号)。

7月6日　副厅长胡锡萍赴合肥市调研公安行政事业性收费纳入统一公共支付平台办理的试点情况。

7月25日　会同省公安厅联合印发"互联网+政务服务"改革文件。印发《安徽省公安厅 安徽省财政厅关于开展公安交管车驾管规费非现金"移动支付"推广应用工作的通知》(皖公交管〔2018〕350号)。

8月1—3日　在合肥市召开合肥、亳州、安庆三个试点市统一公共支付平台应用暨非税系统集中化改造试点工作布置会,副厅长胡锡萍到会并做部署。

9月26日　代表省财政厅中国银联、支付宝和微信支付签署安徽省非税收入代收委托代理协议书,标志着本省统一公共支付平台建设再上新台阶。

10月22日　受安徽省经济信息中心委托,会同厅信息中心完成全省统一公共支付平台验收工作。

国库支付中心工作大事记

1月1日　经过2017年的试运行,财政总预算会计改革方案正式实施,支付中心、国库处实现总预算会计账务处理工作整合。

1月4日　财政部《金财工程简报》专题报道《第三方电子审计在黑龙江、安徽、宁夏等省区取得良好应用成效》,肯定和表扬三地财政部门高度重视第三方电子审计在业务管理中的应用,率先迈出实质性步伐。

1月24日　厅长罗建国在中心呈报的《2017年度省级国库集中支付动态监控报告》上作重要批示,在肯定和表扬省级国库支付动态监控工作取得成绩的同时,对动态监控下一步发展和建设提出要求。

1月　中心童艳同志获2017年度全省"优秀书香家庭"。

2月23日　重新修订并印发《安徽省财政厅国库支付中心安全管理工作制度(试行)》,将保密安全纳入中心安全管理工作一体化管理。

2月　中心李红娟同志获"全省财政系统先进工作者"。

3月22日　陕西财政厅一行5人来中心,学习交流国库集中支付制度改革。

3月26日　印发《关于2018年省级财政预算执行支出经济分类科目有关事项的通知》,配合实施政府经济分类科目和部门经济分类科目改革,放宽经济科目调整月份,简化调整流程。

3月28—29日　全省国库集中支付年报统计暨动态监控工作会议在蚌埠召开,全省16个市国库支付执行机构参加会议,部署推进动态监控机制建设。

3月　简化预算单位账户备案程序,预算单位填写表格由多张表整合为一张表,让"最多跑一次"落到实处。

4月3日　《中国财经报》刊登题为《安徽省级国库集中支付动态监控管理初见成效》的文章。

4月10—12日　全省国库集中支付业务培训会在合肥召开,全省16个市105个县(区)国库支付执行机构以及11家代理国库集中支付业务商业银行参加会议。

4月　成为厅扶贫资金动态监控系统建设成员单位,多次主动会商农业处、国库处等处室单位,积极推进相关工作。

5月18—31日　省财政厅党组巡察组对中心开展为期10天的巡察工作。厅党组成员、驻厅纪检监察组组长、巡察组组长项中胜在巡察见面会上,就巡察工作提出具体要求。

5月　完成对7家商业银行代理省级国库集中支付业务2017年度综合考评工作,并依据考评结果计付代理手续费。

6月14日　召开省级国库集中支付代理银行业务工作座谈会,8家省级国库集中支付代理银行参加会议。

6月27日　巡察组组长项中胜代表省财政厅党组巡察组向中心反馈巡察情况，胡锡萍副厅长传达厅党组指示精神，并对整改落实反馈情况提出具体要求。

6月　荣获2017年度厅直机关“先进党支部”称号。

7月6日　制发《支付中心党支部落实厅党组巡察组巡察反馈意见整改工作方案》，全面启动整改工作。

7月12日　出台《关于进一步规范省级国库集中支付退库业务的通知》，对预算单位因收回存量资金、审计巡查等发现的应收回资金，按规定流程直接缴入国库，不再通过财政一体化系统跨年度退回业务方式办理。

7月27日　向厅党组巡察组递交整改落实情况报告。

7月　根据党支部委员会、工会委员会会议研究，经工会会员大会选举，对工会组织进行调整，成立工会经费审查委员会。

7月　根据党支部委员会研究，经党员大会选举，决定成立两个党小组，并选举产生党小组长。

8月13日　胡锡萍副厅长专程走访中心，调研国库集中支付业务，要求发挥数据集中优势，加强重点项目支出监控。

8月　完成对全省122个国库集中支付执行机构的数据统计分析，形成2017年度工作报告。报告得到厅党组书记、厅长罗建国的肯定。

8月　完成省级国库集中支付问卷调查，对收到的361个基层预算单位500余条意见建议，及时分类处理反馈。

8月　《安徽财政》第8期财在财政改革40年板块，刊登题为《支付电子化助力财政财务信息化》的文章。

9月10日　财政厅党组对中心党支部开展“三查三问”和财政作风建设问题大排查进行督查督导，厅党组成员、副厅长朱长才提出落实要求。

9月18日　修订并印发《支付中心党支部监督工作制度》，制发《支付中心党支部纪检工作制度》，明确纪检工作内容、形式和责任。

9月29日　修订印发《安徽省财政厅国库支付中心内部控制操作规程》。

9月　厅党组巡察组对中心整改落实情况进行全面验收。

10月27日　全省财政系统国库集中支付工作座谈会在肥召开，省级和16个市级国库支付中心主任和业务骨干参加座谈。

10月　国库集中支付调研组分别对宣城、宿州等7市所属县(区)国库集中支付改革情况进行调研。

11月8日　制定《省级机构改革涉及部门办理银行账户及资金支付业务服务指南》，全力保障省级机构改革。

11月22日　制发《关于省级机构改革涉及预算单位公务卡业务有关事项的通知》，减少涉及改革单位重复办理公务卡的麻烦。

12月7日　落实省级机构改革要求，集中清理32个预算单位零余额“僵尸”账户。

12月24日　省财政厅、省税务局联合印发《关于做好省直驻肥统发工资单位个人所得税扣缴工作的通知》，明确省直驻肥统发工资单位为本单位个人所得税扣缴义务人，依法履行个人所得税预扣预缴、代扣代缴等法定义务。

财政信息中心工作大事记

1月1日　信息中心组织技术人员完成省级财政平台一体化系统年终结转和年初初始化工作，有效支撑政府预算经济科目改革管理等工作，确保新年度系统正常运行。

2月8日　信息中心召开2017年度组织生活会并民主评议党员。

3月5日　信息中心组织参加全厅大会，共同收看全国两会开幕会。

3月23日　将厅门户网迁移托管到新媒体集团的云平台上，将采购网和会计网迁移托管到省经济信息中心的政务云平台上，整体上进一步提升网站防攻击、防病毒和防篡改等防护能力。

3月30日　印发《信息中心信息化项目管理实施细则》和《信息中心驻点服务人员管理暂行办法》，进一步规范信息化项目建设和运维管理工作。

4月25日　信息中心在合肥组织召开全省财政信息化工作会议，编审全省2017年度财政信息化建设情况统计表，研究部署全省财政信息化工作。

4月22—25日　根据厅党组安排，信息中心主任率队赴河南、福建调研学习财政扶贫资金监管系统建设和应用情况，为本省财政扶贫资金系统建设提供经验。

5月2日　厅党组书记、厅长罗建国走访信息中心并提出明确要求：一是强化支部党建工作，作为首要政治任务，压紧压实责任；二是强化廉政工作，深化教育和风险防控体系建设，完善内控管理；三是强化财政信息化招标采购管理。

6月13日　信息中心召开党支部会议，组织开展“坚持以习近平新时代中国特色社会主义思想为指引 认真履行财政职能服务打好‘三大攻坚战’”专题学习研讨。

6月13日　完成省级财政身份认证与授权管理系统的国产密码算法升级工作。

6月21日　按照财政部统一部署和要求，完成监控平台在本省的安装部署工作，成为全国12个具备上线运行条件的省份之一。

7月17日　与农业处共同组织召开全省视频会，培训财政扶贫资金监控平台的指标的补录及分配工作，16个市和70个扶贫县参加。

7月24日　与农业处共同组织召开第二次全省视频会，培训财政扶贫资金监控平台的指标的补录及分配工作，16个市和70个扶贫县参加。

7月30日　信息中心召开党支部会议，组织开展“不忘初心、牢记使命，积极践行以人民为中心的财政发展理念”暨“讲忠诚、严纪律、立政德”专题学习研讨。

8月6日　财政部信息网络中心印发《关于2017年地方财政信息化建设情况统计完成情况的通报》（财信〔2018〕20号），通报表彰安徽省在财政部2017年度地方财政信息化建设情况统计工作中优秀表现。自2016年起本省此项工作连续三年获表彰，被评为先进单位。

8月24日　副厅长胡锡萍走访信息中心，督导加快预算支出进度工作。

9月7日　信息中心牵头组织赴利辛县阚疃学区河南小学开展2018年学雷锋志愿服务主题月系列活动。

9月17—23日　开展网络安全宣传周活动，组织全厅429位干部职工参加《网络安全法》知识测试，在厅大楼放置网络安全展板进行宣传。

9月26日　副厅长胡锡萍走访信息中心听取关于运维人员管理整合方案和2019年财政信息化建设预算管理有关情况的汇报并给予指导。

9月28日　和农业处一起组织召开全省视频培训会，培训财政扶贫资金监控平台和国库支付系统对接要求、方式及相关操作，16个市和70个扶贫县参加。

9月28日　省财政厅一体化应用统一门户顺利上线运行，满足统一用户管理、待办事项和通知通告集成等功能，实现多项业务一键办理。

9月29日　信息中心党支部组织开展学习新修订的《中国共产党纪律处分条例》和《领导干部要讲政德》专题研讨。

10月12日　信息中心党支部组织党员开展《中国共产党纪律处分条例》在线学习测试。

10月14日　开展省财政厅门户网站灾备演练工作，不断完善异地灾备和恢复演练工作机制，提升系统应急处置能力，确保财政数据安全。

10月19日　省级预算评审管理系统实施上线，为进一步提高预算评审工作的规范性、标准化和透明度提供信息化支撑。

10月24日　信息中心会同干教中心在合肥举办全省财政信息化工作培训班，厅信息中心及92个市县财政信息部门约120人参加培训。

11月1日　副厅长朱长才带队开展“三查三问”督查和党支部标准化建设情况督导工作。

11月6日　和农业处一起组织召开全省视频培训会，培训财政扶贫资金监控平台扶贫项目绩效补录要求及相关操作，16个市和70个扶贫县参加。

12月10日　省财政厅银行账户管理系统上线试运行，为进一步加强省级预算单位和全省财政专户银行账户管理提供较好的技术支撑。

12月10日　信息中心党支部会同资产中心党支部一起开展主题党日活动，集体观看《改革潮涌还看今朝》。

12月29日　厅长罗建国主持召开厅长办公会，审议财政电子票据管理系统、财政综合办公网移动办公、财政扶贫资金动态监控平台项目建设工作。

政府采购监督管理办公室工作大事记

1月　副厅长朱艾勇在采购监管办报送的《采购

监管办2017年工作总结》上批示:要站在全省的角度谋划好监管办2018年工作,采购监管办要承担起更多的职责,在制度建设、队伍建设上着力,要从宏观和微观两个层面,从效率和效能两个方面出台两个政采管理文件,要多听取意见,多召开座谈会。

1月 副厅长朱艾勇在采购监管办报送的《关于2017年政府采购结转工作的汇报》材料上做出批示:从数据看,政府采购预算执行成效明显、成效很大。请进一步坚持问题导向,找准关键症结,采取有效措施,推动工作再上新台阶。

1月 副厅长朱艾勇在采购监管办报送的《安徽省财政厅关于进一步深化政府采购"放管服"改革的通知》(呈审稿)上批示:对大家的辛勤工作和取得阶段性成果予以充分肯定和表扬!请在现有基础上,重点对条款的合规性、操作性、约束性再审示、再把关。可由监管办牵头,会同采购处、税政处认真碰一次。

2月 经省财政厅党组研究决定,采购监管办李成名调至政府债务办债务风险防范办公室工作;郑文达同志转业分配到采购监管办工作。

2月 按照厅领导要求,采购监管办牵头制定《安徽省财政厅关于进一步深化政府采购"放管服"改革的通知》(财购〔2018〕75号),从九个方面贯彻落实"放管服"改革要求,推进简政放权,加快政府采购领域"放管服"改革。

2月 省直工委宣传部副部长、省直文明办主任何海波一行,在省财政厅机关党委陪同下,到采购监管办检查指导文明创建工作。

2月 为积极响应省财政厅团委关于开展"青春志愿行"志愿服务活动的号召,采购监管办党支部与国库支付中心党支部联合组织青年党团员,开展"走进社区助力青年创业"志愿服务活动,应邀为庐阳工业经济开发区永清社区青年创业者提供政府采购有关政策的解读和辅导。

3月 采购监管办党支部组织青年党员积极参加三孝口地区"学雷锋在行动"系列活动。参与志愿服务的青年党员们热情解答市民咨询问题,广泛宣传财政民生政策,详细讲解政府采购为小微企业提供的便利举措,并发放《供应商服务指南》《采购人服务指南》等宣传手册。

4月 为进一步加强支部党员服务意识,增进与预算单位的沟通与了解,创新支部活动形式,采购监管办党支部与省公安厅警务保障部第二党支部到省公安厅双墩基地开展主题党日活动。

4月 采购监管办报送的《安徽政府采购网上商城建设取得成效、存在问题及下步工作打算》财政重点工作信息,被财政部《财政信息》〔2018〕第4期采用,并被省委省政府以信息专报的形式报送国务院。

5月 采购监管办开展"走进服务对象,加快执行进度"主题活动,指导会诊预算单位项目执行,主动跟进重大项目、难点项目。

5月 根据2017年度财政业务培训计划安排,采购监管办和财政干部教育中心在合肥联合举办由省直各部门、省属高校(学校)以及列入司法体制改革试点单位的政府采购、财务、国资等部门负责人参加的省级政府采购业务培训班。

6月 副厅长朱艾勇在采购监管办报送的《省级政府采购预算执行情况》上批示:"当前是要采取有效措施,进一步加快政府采购执行进度。"叮嘱采购监管办抓好政府采购预算执行。

6月 为全面落实省文明办《关于开展2018年学雷锋志愿服务主题月系列活动的通知》要求,由采购监管办牵头组织,厅办公室、科研所等9个处室单位12名志愿者,赴合肥市蜀山区笔架山街道翠庭园小学开展"携手青少年,共话端午情"为主题的学雷锋志愿服务活动。

6月 副厅长朱艾勇专门就推动省级政府采购预算执行工作进行到采购监管办进行督导。

7月 采购监管办进行集体廉政谈话,班子成员及全体干部参加。会议传达学习厅党组《关于在全厅党员干部中开展"讲忠诚、严纪律、立政德"专题警示教育实施方案》和厅"讲严立"专题警示教育动员会精神。

7月 采购监管办召开部分采购单位政府采购预算支出进度推进会,省交通厅、省国土厅、省环保厅、省安监局等22家执行进度较慢的省直预算单位参加,邀请省疾控中心等2家执行进度好的单位参会进行经验交流。

7月 采购监管办党支部全体党员赴渡江战役纪念馆开展"不忘初心跟党走"红色教育主题党日活动,重温入党誓词,追忆渡江战役历史,缅怀革命先烈的丰功伟绩。

8月 采购监管办党支部联合安徽省政府采购中心、蜀山区招标投标监督管理局党支部共同前往蜀山区检察院开展“以案说法”专题警示教育主题党日活动。

8月　副厅长朱艾勇在厅党组“讲严立”专题警示教育民主生活会前，到采购监管办开展谈心谈话活动，看望慰问采购监管办副团职军转干部，征求意见建议。

8月　省级政府采购网上商城入驻电商14家，入驻供应商3200家，在线商品72万件，累计访问人数近4500万人次，日均访问人数约17万人次。2016年成交额3500万元；2017年成交额5.8亿元；2018年1—7月成交额8.9亿元，交易金额实现“三级跳”。

8月　副厅长朱艾勇专程到采购监管办开展党建和业务工作督导走访。

8月　厅长罗建国和副厅长朱艾勇实地走访督导采购监管办党支部，看望慰问采购监管办干部，查看了解采购监管办今年以来党建、业务、管理等工作情况，并提出工作要求。

10月　副厅长孟照红就机构改革、“讲严立”专题警示教育和“三查三问”等开展情况到采购监管办进行督导。

10月　采购监管办党支部联合省农科院计划财务处党支部和安徽公共资源交易集团政采党支部共同前往省农科院开展了“推进党建交流 服务农业科研”主题党日活动。

12月　厅党组成员、副厅长孟照红参加采购监管办党支部“以姜毅严重违纪违法案件为反面典型的警示教育”专题组织生活会。

12月　截至12月31日，省级共下达政府采购任务6780个，预算金额87.96亿元，采购预算总支出进度74.1%，比2017年同比提高12.6个百分点，比2016年同比提高25.9个百分点，再创历史新高。

（李道兵）

财政科学研究所工作大事记

3月5日　科研所党支部组织党员走进庐阳区逍遥津街道县桥社区开展“青春志愿行”在职党员进社区活动。

3月31日　《媒体看财政(2017)》汇编工作完成。

4月11—13日　中国财政科学研究院党委书记、院长刘尚希一行来皖围绕“深化供给侧结构性改革 降低企业成本负担”主题开展调研，省财政厅副厅长朱长才陪同调研。

4月31日　《安徽财政工作集锦》(2017)编印工作完成。

5月10日　2017年全省财政重点调研课题成果汇编成《安徽财政调研工作手册》，共汇集财政重点调研课题22项。

5月27日　省珠算心算协会在合肥举办第五届全国珠心算比赛安徽选拔赛暨安徽省第五届珠心算比赛。

6月5日　省财政厅下发《安徽省财政厅关于布置2018年财政重点调研课题任务的通知》，确定2018年全省财政重点调研课题任务20项。

7月1日　《安徽财政》杂志开辟“庆祝改革开放40周年”栏目，专题宣传安徽财政改革发展情况。

7月6日　科研所党支部会同会计处、评审中心、采购监管办党支部赴泗县长沟镇汴河村共同开展结对共建活动。

8月21日　科研所获中国财政科学研究院2018年度全国财政科研宣传工作先进集体表彰。

8月31日　科研所获中国财政杂志社2018年度“三刊两鉴”宣传工作先进集体表彰。

9月30日　《安徽财政年鉴》2018卷编纂出版。

10月24—25日　中国财政科学研究院刊物编辑部在浙江杭州举办《财政研究》《财政科学》通讯员培训班，包括安徽在内的全国各省市财政科研机构90多人参加培训。

10月31日　中国财政科学研究院和中国财政学会下发《关于2018年全国财政科研协作课题安排的通知》，由中国财政科学研究院外国财政研究中心牵头，江苏省财政科学研究所、浙江省财税政策研究室、安徽省财政科学研究所、广州市财政局、洛阳市财政局等协作开展《我国政府预算报告制度改革研究》。

11月27—28日　2018年全国财政协作课题《我国政府预算报告制度改革研究》课题启动暨调研座谈会在南京市召开。

12月1日　完成《省以下财政事权和支出责任划分改革研究》《促进科技与金融深度融合发展的财税政策研究》《支持安徽省制造业发展的财政政策研究》等3项课题研究任务，研究成果在《经济研究参考》杂志发表。

注册会计师管理处(注册会计师协会)工作大事记

1月3日　厅长罗建国在注册会计师管理处呈报的《注册会计师管理处2017年工作总结》上作出重要批示:2017年注册会计师管理处围绕行业发展质量、会员执业水平和行业党建,积极进取,锐意创新,取得新的成绩,应予表扬!2018年希望再接再厉,认真贯彻十九大精神,进一步着力行业党的建设,进一步着力行业发展质量,进一步着力提高会员执业水平,加强处室党支部建设,坚持一岗双责,建设廉洁注协。

2月5日　安徽省注册会计师资产评估行业党委成立。

2月27日　厅长罗建国主持召开厅党组扩大会议,传达学习中国注册会计师行业党委扩大会议和财政部党组成员、副部长刘伟重要讲话精神,听取省注册会计师行业党委关于行业党建工作的汇报,就进一步推进注册会计师行业党建工作提出要求。

4月下旬—5月上旬 省评协组织省内大型资产评估机构分赴安徽建筑大学、铜陵学院和皖西学院开展"资产评估师资格考试走进校园宣讲会"活动,参与师生700余人。

5月2日　发布《关于兑现2017年度加快行业发展奖励政策的通报》,对2家首次进入综合评价前50名执业机构、16例新业务拓展项目、1名精英人才、3名优秀人才、14家青年就业创业见习基地进行奖励,总金额为62.45万元。

7月2日　厅长罗建国主持召开了厅党组扩大会。会上听取省注协关于中注协第六次全国会员代表大会情况,以及财政部党组成员、副部长程丽华在大会上讲话精神的报告。

7月17日　安徽省注册会计师资产评估行业党委在合肥召开扩大会议,学习贯彻习近平新时代中国特色社会主义思想和党的十九大精神,研究推进2018年度行业党建工作,签订2018年度行业党建目标责任书,为2016—2017年度行业示范基层党组织授牌。

8月14日　向中注协报送任职资格检查工作总结。"清挂名"专项治理中,共清退挂名等各类人员666人,合格注册会计师2438名。

8月14—16日　举办"2018年度全省执业机构负责人专题培训班",来自全省94家会计师事务所和33家评估机构的160名负责人参加培训。

9月15—16日　2018年资产评估师职业资格全国统一考试安徽考区顺利开考,全省有1951名考生报名参加考试,共计5064科次,分别较上年增长54.47%和53.41%。

10月13—14日　安徽省2018年专业阶段注册会计师全国统一考试开考。安徽省共有43,356人报名,计112,988科次;设16个考区,45个考点、472个考场。

10月15日　省财政厅召开办公会议,听取省行业党委关于全国资产评估行业党组织书记培训会精神,学习财政部党组成员、部长助理、中国资产评估行业党委书记许宏才在全国资产评估行业党组织书记培训会上讲话精神。

10月25—26日　中国注册会计师行业党委举办2018年会计师事务所党组织书记能力提升远程培训班,学习宣传贯彻党的十九大精神,加强行业基层党组织组织力建设。安徽省各市行业党组织负责人、党务人员,各会计师事务所、资产评估机构党组织书记和专职党务工作者在合肥参加培训。

11月27日　公布2018年财务报表审计业务质量竞赛结果,一等奖4家,二等奖7家,三等奖12家。

12月28日　安徽省注册会计师协会、安徽省资产评估协会第七次全省会员代表大会召开。省财政厅党组成员、副厅长、行业党委书记朱长才出席大会并讲话。安徽省注册会计师协会第七届理事会会长陈传文出席闭幕会并讲话,省民政厅社会组织管理局副局长阚家安出席闭幕会并致辞。来自全省注册会计师行业、资产评估行业近200名代表出席大会。

(王克法)

行政事业单位资产管理中心工作大事记

1月31日　财政厅召开年终总结大会,资产中心作为"综合考核先进单位"受到表彰。

2月1日　资产中心党支部召开组织生活会,会议总结2017年度资产中心党建工作,开展批评与自我批评,并进行党员民主评议。

2月5日　厅长办公会传达学习中共中央、国务院《关于开展扫黑除恶专项斗争的通知》精神，以及中央和省扫黑除恶专项斗争电视电话会议精神，部署财政厅扫黑除恶工作。

2月14日　厅党组成员、副厅长王召远走访资产中心，现场督查厅办公区安全管理工作，看望慰问物业工作人员。

2月22日　厅党组书记、厅长罗建国率厅领导班子看望慰问物业、食堂工作人员，送去新春祝福。

3月23日　省委、省政府通报2017年度全省综治工作目标管理考评结果，省财政厅再次荣获“优秀单位”称号。

4月3日　厅人教处处长朱士昂、资产中心主任王定友一行送张家夺同志到吴寨村财政厅扶贫工作队挂职。

5月15日　省财政厅召开省级非税收入缴款纳入统一支付平台培训会议，全新省级资产处置、出租收入非税缴款系统模块正式启用，并全面实行省级行政事业单位资产出租合同网上备案。

5月21日　省财政厅印发《安徽省财政厅2018年“安全生产月”和“安全生产江淮行”活动方案》，启动“安全生产月”和“安全生产江淮行”活动。

7月9日　省财政厅召开庆祝中国共产党成立97周年大会，中心作为“先进党支部”受到表彰。

8月22日　资产中心完成省级资产管理业务评估机构定点单位库公开招标，北京天健、中联国信、安徽中信、国众联、铜陵华诚等5家评估公司中标。

10月12日　资产中心党支部开展向优秀扶贫干部学习活动，看望慰问驻吴寨村扶贫工作队，参观村级产业发展。

11月9日　资产中心党支部牵头组织厅部分处室单位志愿者开展学雷锋志愿服务“消防安全”主题活动。

11月12日　厅党组成员、副厅长王召远走访资产中心，现场查看厅综合楼北侧排水管道改造项目完成情况，对进一步加强安全管理提出要求。

11月12日　省广播电视台在京房产处置工作圆满完成，成交额21908.32万元，较评估值溢价率87.5%，创近年来资产中心业务新高。

市县财政部门工作大事记

合肥市财政工作大事记

1月10日　合肥市第十六届人民代表大会第一次会议召开,审议市财政局《关于合肥市2017年预算执行情况和2018年预算草案的报告》。

1月26日　市财政局党组召开2017年度民主生活会。

2月1日　市财政局组织开展2017年度全市行政事业单位国有资产报告工作,并获省财政厅通报表彰。

2月2日　合肥市2018年度政府预算通过市政府信息公开网和市财政局外网对外公开。

2月11日　黄永强任市财政局党组书记。

2月26—28日　2018年全市财政干部春训活动顺利开展,以"贯彻落实新发展理念,全面提升财政财务管理水平"为主题,全市财政系统干部职工800多人参加培训。

2月28日　合肥市人民代表大会常务委员会任命黄永强为市财政局局长。

2月28日　合肥市民生工程蝉联全省民生工程绩效奖补第一名。

3月7日　市财政局国库处获合肥市"巾帼文明岗"称号。

3月8日　市财政局组织女职工前往古城寿县开展主题红色教育活动,庆祝国际"三八"妇女节。

3月9日　市政府出台《合肥市支持"三重一创"建设若干政策》(合政〔2018〕30号)。市财政自2018年起设立三重一创专项资金,专项用于支持三重一创重点项目建设。

3月13日　市财政局召开全市财政系统2017年工作总结暨2018年工作动员会议。

3月16日　市财政局机关14个基层党组织标准化建设全部顺利通过验收。合肥市财政局机关党委被评为2017年度市直机关单位优秀党组织。

3月26日　《合肥市财政局 合肥市地方税务局 中国人民银行合肥中心支行关于环境保护税有关预算管理问题的通知》(合财预〔2018〕262号)出台,明确环境保护税有关预算管理问题。

3月29日　中共合肥市委党史研究室通过"徽采商城"电子化采购系统,成功购置两台台式电脑,此举为合肥市市直单位通用办公设备"徽采商城"采购成交第一单,开启合肥市"互联网+政府采购"新模式。

3月31日　《合肥市生活垃圾分类工作实施方案》(合政办秘〔2018〕66号)印发,市、区(开发区)财政部门按照事权与支出责任相匹配的原则,强化资金保障,支持加快推进生活垃圾分类工作。

4月10日　合肥市财政局被确定为2017年度全市全面深化改革工作先进单位。

4月12日　市委巡视组对市财政局脱贫攻坚开

展专项巡视。

4月13日　市财政局国有资本经营预算编报工作获省财政厅通报表扬。

4月16日　市财政局出台《关于加强组织纪律促进工作落实的通知》(合财人〔2018〕366号),定期开展巡查督查。

4月17日　市财政局被确定为2017年度市政府目标管理绩效考核优秀责任单位。

4月20日　《合肥市财政局对口联系市直单位专管员业务规范手册》(合财库〔2018〕382号)印发。

4月25日　市财政局与市房产局联合印发《合肥市促进住房租赁市场发展财政奖补资金管理办法》(合房〔2018〕29号),率先在全国出台住房租赁财政奖补政策,加快建立多主体供给、多渠道保障、租购并举的住房制度的"合肥经验"。

5月5日　市政府办公厅转发《财政部 外交部关于调整因公临时出国住宿费标准等有关事项的通知》(合政办秘〔2018〕82号),进一步规范和加强因公临时出国经费管理。

5月7日　财政部综合司来肥调研房地产市场相关情况。

5月8日　财政部经建司来肥开展小微企业创新创业工作调研,充分肯定合肥市推进双创"双创示范"的做法和经验。

5月9日　财政部副部长刘伟一行来肥调研城市黑臭水体整治工作,省财政厅厅长罗建国、副厅长王召远,市委副书记、市长凌云等参加调研活动。

5月9日　市财政局成立大调研工作领导小组,制定实施方案,召开动员大会,扎实抓好推进工作。

5月12日　会计专业技术初级资格考试正式开考,为2017年会计从业资格证书取消后的首次初级考试。全市报考人数66121人,较上年增长109%,创历史新高。

5月16日　市财政局印发《合肥市预算稳定调节基金管理暂行办法》(合财预〔2018〕502号),进一步健全跨年度预算平衡机制,规范预算稳定调节基金的管理。

5月17日　市财政局带领市"四送一服"双千工程第六工作组与省"四送一服"第一工作组成员赴肥西县开展集中宣讲调研活动。

5月18日　《合肥市市直机关培训费管理办法》修订出台(合财行〔2018〕519号),进一步加强和规范市直机关培训费管理。

5月22日　《合肥市市直机关会议费管理办法》(合财行〔2018〕521号)修订出台,进一步加强和规范市直机关会议费管理。

5月22日　出台《关于2018年民生工程资金筹措事项的通知》(合财社〔2018〕558号),确保全市民生工程市、县(市)区级配套资金足额落实到位。

5月24日　政府部门财务报告首创开展集中编制。

5月25日　财政部条法司来肥开展财政"七五"普法工作调研。

5月29日　市委第一巡察组巡察市财政局工作动员会召开。

6月1日　制定全市隐性债务化解方案报省委省政府。

6月12日　市财政局获全省政法财务工作管理情况考核"优秀"等次。

6月14日　市财政局被评为第十届蜀山区文明单位。

6月22日　《合肥市财政局年度绩效考核办法》(合财人〔2018〕725号)修订印发,将机关党建工作纳入绩效考核,同时拓展考核深度,实现工作事项全覆盖,开展专管员业务规范考核。

6月25日　《市本级项目支出预算编制管理暂行办法》(合财预编〔2018〕735号)出台,进一步加强市本级财政资金项目支出管理,建立健全项目储备机制,规范项目支出预算管理流程。

6月27日　合肥市第十六届人民代表大会常务委员会第四次会议召开,审议市财政局《关于合肥市2017年市级财政决算的报告》。

6月27日　市委常委、常务副市长罗云峰赴市财政局结对帮扶点——肥西县山南镇长庄村调研。

6月29日　合肥市全面完成县乡国库集中支付改革。

6月29日　市财政局党组召开"七一"表彰大会,通报表彰45名优秀共产党员、优秀党务工作者和机关三支部等3个先进党支部。

7月4日　市财政局、市教育局修订《合肥市市级财政教育转移支付资金管理办法》(合教〔2018〕176号)。

7月6日　市财政局召开"讲忠诚、严纪律、立政德"警示专题教育大会,布置开展专题教育。

7月10日 市财政局印发《贯彻实施政府会计制度工作方案》(合财会〔2018〕820号),确保政府会计制度顺利实施和规范运行。

7月10日 依照最新质量管理体系GB/T19001-2016标准要求,发布新版合肥市财政局质量手册。

7月17日 合肥市2017年度市级政府决算通过市政府信息公开网和市财政局外网对外公开。

7月17日 政府公物仓系统模块正式上线运行。

7月18日 扶贫资金动态监控系统全面上线。

7月20日 出台《关于全面加强脱贫攻坚期内各级各类扶贫资金管理的通知》(合财农〔2018〕1272号),明确纳入扶贫资金动态监控系统资金清单,突出扶贫资金绩效管理。

7月23日 成立由市委市政府主要负责同志任组长的防范化解重大风险工作领导小组(市防范化解政府隐性债务风险工作领导小组),负责领导全市防范化解重大风险工作。

7月25日 《合肥市人民政府办公厅关于建立产业政策管理信息系统工作机制的通知》(合政办秘〔2018〕119号)印发,实现网上申报、审核、兑现产业政策,简化企业办事程序,提升产业政策执行效率,提高产业政策兑现透明度和信息化水平。

7月25日 召开2019年市级部门预算编制工作会议。

8月1日 市财政局在全市范围内开展滥发津贴补贴和"小金库"专项整治工作。

8月3日 市财政局党组书记、局长黄永强陪同兆河市级河长、市委常委、市政法委书记马军和副市长王民生,赴兆河调度河长制工作。

8月3日 制定《合肥市财政局关于进一步加强乡镇财政建设的实施意见》(合财农村〔2018〕941号)。

8月7日 财政部驻安徽专员办监察专员江乐森一行调研合肥财政工作。

8月11日 出台《关于建立报废报损资产处置指导目录的通知》(合财资管〔2018〕1134号)。

8月19日 与上海财经大学合作在上海市举办合肥市财政干部业务能力提升培训班,县区分管领导和财政系统干部共60多人参加培训。

8月22日 完成《合肥市行政事业单位财政财务制度选编》编印及发放工作,进一步促进财政财务制度的贯彻落实。

8月22日 开展市直单位非税新系统业务培训。

8月27日 全面完成县(市)区国库集中支付电子化改革。

8月28日 印发《合肥市县(市)区部门决算工作考核办法》(合财库〔2018〕1082号)、《合肥市市直部门决算工作考核办法》(合财库〔2018〕1083号)。

8月29日 合肥市第十六届人民代表大会常务委员会第五次会议召开,审议市财政局《关于合肥市2018年上半年财政预算执行情况的报告》。

8月30日 《合肥市财政总决算考核暂行办法》出台(合财库〔2018〕1101号)。

8月30日 全市争取新增地方政府债券42.73亿元;申报发行置换债券267.04亿元,可置换存量政府债务全部置换完毕。

8月31日 市财政局被评为第十四届合肥市文明单位,市财政局现为国家、省、市、区四级文明单位。

9月4日 制定印发《合肥市市直行政事业单位津贴补贴申报审批管理办法(试行)》(合津贴办〔2018〕1号)。

9月5日 《合肥市市本级国库集中支付资金支付规程》出台(合财库〔2018〕1153号)。

9月9日 市政府办公厅印发《合肥市环境空气质量生态补偿暂行办法》(合政办〔2018〕40号),以各县(市)区、开发区细颗粒物(PM2.5)和可吸入颗粒物(PM10)平均浓度季度同比变化情况为考核指标,建立考核奖惩和生态补偿机制。

9月10日 市财政局督促指导各县(市)区、开发区完成中小学教师收入补发工作,保障中小学教师合法权益。

9月14日 住建部、财政部考核组对合肥地下综合管廊国家城市试点开展年度绩效考核,试点工作做法和经验获得考核组充分肯定,并顺利通过年度考核。

9月18日 市财政局制定出台《市本级2018年对县(市)区(开发区)均衡性转移支付暂行办法》(合财预〔2018〕1221号),促进各县(市)区基本公共服务能力均等化。

9月19日 印发《合肥市市本级国库集中支付动态监控预警目录》(合财库〔2018〕1233号)。

9月27日　市财政局党组书记、局长黄永强赴肥东县开展建立以绿色生态为导向的农业补贴制度改革工作督察。

9月30日　非税收入核算、缴库退费在新系统操作。

9月30日　出台《合肥市2018—2020年市级公共卫生服务能力提升工程经费安排方案》。

10月1日　首次代市政府向市人大常委会报告国有资产管理情况。

10月11日　省民生办主任黎学东来肥开展民生工程实施推进情况调研。

10月16日　市财政局组织离退休老同志前往刘园·古徽州文化园和四季花海生态园参观游览，欢度重阳节。

10月23日　组织经开区、包河经开区成功申报财政部首批双创特色载体。

10月24日　市财政局落实“放管服”改革要求，对2019年市级政府集中采购目录进行调整，公开招标数额标准大幅提高，在深化财政管理方式改革上提速增效。

10月25日　新增市级政府采购信用融资及融资担保银行4家，累计市级政府采购信用融资及融资担保银行达到13家。

10月25日　《合肥市加强市直部门预算绩效管理的若干规定》（合政办〔2018〕49号）出台，进一步指导市直部门规范高效开展预算绩效管理工作，提高财政资源配置效率和使用效益。

10月26日　印发《合肥市政府采购人责任清单》（合财购〔2018〕1407号），明晰采购人的法律责任和职责要求，提高政府采购效率和保障能力。

10月29日　与公务员局、人社局联合印发《关于市财政统一发放工资有关问题的通知》（合财库〔2018〕1384号），厘清财政、单位、人事各部门工作职责。

10月30日　经市政府第17次常务会审议通过，印发《合肥市市本级政府性资金存放商业银行管理改革实施方案》（合财库〔2018〕1420号）

11月1日　探索制定2019年度共性专项资产配备标准，填补共性专项资产配置标准体系空白。

11月5日　市财政局赴结对帮扶村——肥西县山南镇长庄村开展脱贫攻坚和乡村振兴调研暨大走访活动。

11月7日　出台《合肥市财政局定点中介机构评价管理办法（试行）》（合财监〔2018〕1471号），进一步加强定点中介机构管理，提升中介服务质量和服务水平。

11月7日　市政府办公厅出台《关于进一步完善综合治税工作机制的通知》（合政办秘〔2018〕180号），进一步健全涉税信息共享交换机制，推进涉税信息资源共享共用，切实强化税收征收管理。

11月12日　市政府同意成立由市房产局、市财政局、市审计局组成的物业专项维修资金存储管理联席会议制度，开创专项资金管理与保值增值的新模式。

11月13日　市财政局获2017年度全省财政总决算、全省财政部门决算先进单位一等奖。

11月14日　市科技局、财政局联合印发《合肥市新能源汽车推广应用财政补助细则（2018年修订）的通知》（合科〔2018〕115号），进一步完善新能源汽车补贴政策，支持新能源汽车推广应用。

11月22日　《合肥市人民政府关于印发〈关于探索建立涉农资金统筹整合长效机制的实施方案〉的通知》出台（合政〔2018〕139号）。

11月23日　面向社会公开征集预算绩效管理专家，建立合肥市预算绩效管理专家库，确定入库专家152名。

11月23日　市财政局举办“不忘初心、牢记使命，做合格党员”微党课比赛暨青年论坛活动。

11月30日　市财政局、市教育局修订《合肥市促进学前教育发展市级以奖代补专项资金管理办法》（合教〔2018〕356号）。

12月1日　建立市级行政事业单位国有资产处置项目信息公开制度，提升资产处置管理透明度。

12月5日　市财政局“12.5”国际志愿者日开展慰问孤寡老人志愿服务及爱国主义教育活动。

12月7日　《支持合肥创新型制造业发展财税政策研究》论文获评合肥市2018年度哲学社会科规划项目成果“优秀”。

12月12日　市财政局获全国第二批居家和社区养老服务改革试点考核优秀等次。

12月13日　与合肥市委组织部、市金融办、市国资委在省委党校共同举办第一期打好防范化解重大风险攻坚战专题培训班，全市金融风险防范处置工作领导小组成员单位及各县（市）区、开发区相关单位近150人参训。

12月14日　印发《合肥市财政局关于规范市级分散采购管理工作的通知》(合财购〔2018〕1756号),确保分散采购组织实施合法、合规、有效。

12月24日　市财政局带领市"四送一服"第六工作组深入开展集中进民企工作,连续走访15户肥西民营企业,宣讲国家、省、市经济发展政策。

12月28日　合肥市部门决算网络管理平台与财务集中核算平台成功对接,实现市直部门决算报表的"一键生成"。

12月28日　市委常委、常务副市长罗云峰赴肥西县山南镇长庄村调研脱贫攻坚乡村振兴工作,并看望驻村帮扶干部。

12月29日　出台合肥市财政局重大事项决策专家论证、风险评估和实施效果评估等三项制度,基本构建形成重大事项决策制度体系。

12月31日　全市财政收入完成1378.33亿元,同比增长10.17%;全市财政支出总计1004.91亿元,同比增长4.1%。

淮北市财政工作大事记

1月4日　本市对国库集中支付动态监控系统进行升级改造,及时修订并印发《淮北市市级国库集中支付动态监控预警目录》的通知,新增部分监控规则,修订后的《淮北市市级国库集中支付动态监控预警目录》与升级后国库集中支付动态监控系统自2018年1月1日起同时启用。

1月8日　市财政局组织召开全市财税库银联席会议。市国税局、市地税局、人民银行淮北中支相关分管领导和科室负责人以及县区财政局长参加会议。会议就2017年全市财税库工作进行了总结,分析研究财政收支管理中存在的问题和举措,展望2018年收入形势并确定各部门收入预期目标,科学谋划民生支出、八项支出等重点工作,并对进一步做好本市预算信息公开、预算批复、预算支出进度等具体事项做明确部署。

1月11日　市财政局(国资局)召开全市财政工作会议。会议深入学习贯彻党的十九大精神和习近平新时代中国特色社会主义思想,传达学习省委、省政府主要领导对财政工作批示和全国、全省财政工作会议精神,全面总结2017年本市财政工作,安排部署2018年财政工作。

1月16日　全市县、区国库支付电子化管理改革工作启动会召开。

1月25—26日　省注册会计师行业党委专职副书记李运孝和行业党委党办主任黄贤达一行,对本市注册会计师行业党总支下属的安徽淮信、安徽世诚会计师事务所党支部、淮北市会计师事务所联合党支部标准化建设工作进行调研。

1月　市财政局(国资局)获得创建全国文明城市先进单位荣誉称号。

2月　在省财政厅对各市2016年度企业财务会计决算工作情况进行综合考评中,本市获2016年企业财务会计决算先进单位,继续领跑全省企业财务会计决算工作。

2月　市财政局开展走访慰问老干部党员、困难党员活动,为他们送去春节祝福。

2月　市财政局对市直预算部门及县区政府及预算部门2018年预算信息公开情况的完整性、及时性及细化程度进行在线检查,检查面100%。

2月8日　市财政局(国资局)召开2017年度民主生活会。

2月26日　市财政局组织市财政及县区中层以上财政干部人员收看2018年全省财政反腐倡廉建设工作视频会。

3月　在省财政厅对全省各市(县)组织开展2017年度地方政府性债务管理考核工作中,本市获优秀等级。

3月6日　市财政局法制机构人员到相山区人民法院大法庭观摩了庭审过程。

3月9日　市财政局(国资局)召开2018年全市财政系统反腐倡廉工作会议,会议传达学习中央、省委、市委关于党风廉政建设工作精神,全面总结2017年度党风廉政建设工作,对2018年党风廉政建设工作进行安排部署,宣读省财政厅关于表彰全省财政系统先进集体和先进个人的决定。

3月13日　市财政局组织局机关青年参加团市委组织的植树活动。

3月　全省2017年度民生工程考核综合结果揭晓,本市获省民生工程绩效奖补,为全省获此殊荣的6个市之一,连续10年位居全省第一方阵。

3月26日　市财政局(国资局)全员学习贯彻党的十九大精神集中轮训班开班。

4月4日 市财政局组织党员前往永城市陈官庄淮海战役纪念馆和淮海战役总前委旧址韩村镇小李家开展“2018清明祭英烈”爱国教育活动。

4月8日 市财政局(国资局)对近期交流轮岗的19名干部开展任前集体廉政谈话。

4月12日 市财政局(国资局)相关人员赴合肥市国资委学习交流。

4月23日 2018年全市财政行政执法人员资格认证专门法律知识考试举行。

4月8日 市财政局召开党员干部和公职人员职称、职业资格证书违规挂靠专项整治工作动员部署会。

4月26日 本市召开全市民生工作会议。

5月9日 市财政局、市地税局、市环保局联合召开环境保护税征收管理工作联席会议。会上主要讨论环保税款入库级次划分执行问题、建立健全地税部门与环保部门信息共享机制,信息共享内容和方式、联合开展应税养殖业、小型企业、第三产业等核定征收管理等一系列问题。

5月22日 市财政局组织青年参加共青团安徽省代表会议。

5月24日 全市2017年度政府部门财务报告编制工作培训会召开。

5月25日 市财政局主要负责同志率队赴结对帮扶村——濉溪县刘桥镇任圩村开展“六一”国际儿童节慰问及帮扶调研活动,

5月27日 民生工程集中宣传活动在市两宫广场举行,市财政局(国资局)主要负责人给现场的党员及群众上主题为“务实推进34项民生工程,真心实意为百姓谋福祉”的开放式党课。

6月1日 市财政局特邀费蕙蓉老师前来为全体干部职工讲授宪法知识。

6月8日 组织全体干部职工学习和先念同志的先进事迹。

6月14日 市人大副主任戎培阜率领市人大委员赴市财政局开展调研工作,听取关于淮北市2017年市本级财政预算草案报告财政预算执行情况。

6月29日 市财政局(国资局)举行纪念建党97周年“七一”表彰大会暨“诵读经典”比赛。

7月6日 市财政局门户网站连续第五次获市政府优秀网站称号。

7月9日 市财政局(国资局)召开党组会专题研究部署“讲忠诚、严纪律、立政德、善担当、新作为”专题警示教育。

7月 市财政局获2017年度“全市政务公开工作先进单位”称号,市政府公开办予以通报表扬。

7月18日 市财政局组织副县级以上党员领导干部及相关业务科室负责人赴市中级人民法院旁听贪污案庭审,现场接受法制教育。

7月25日 市财政局组织局38名党员领导干部赴宿州监狱开展“讲严立善新”专题警示教育活动。

7月27日 市财政局(国资局)召开全市财政系统2018年度民主评议工作暨加强机关作风建设动员会议。

8月15日 本市召开“三供一业”分离移交工作调度会,市委常委、常务副市长朱浩东,市政府副市长王波出席会议并作重要讲话。

8月17日 市财政局(国资局)党组召开“讲忠诚、严纪律、立政德”警示教育专题民主生活会。

8月23日 市财政局举办全市防范化解重大风险业务专题培训会议。

8月 市财政局(国资局)邀请市委保密委相关人员为全局干部职工进行保密知识讲座。

9月 市财政局(国资局)加快推进淮北市供水总公司的公司制改革工作。

9月8—9日 2018年度全国会计专业技术中级资格考试举行,淮北考区设立两个考点27个考场,分两个批次进行,全市应考3181人次,实际参加考试1356人次,出考率42.63%。

9月18日 本市召开民生工程推进暨建后管养观摩会议。

9月21日 市财政局对全体干部职工开展强化网络与信息化安全工作集中专题教育培训。

9月25日 市财政系统干部业务能力提升班在上海财经大学继续教育学院正式开班,副院长邵建利和市财政局(国资局)党组书记、局长徐涛参加开班仪式并致辞。

9月 本市农村改厕完工29689户,完工率102%,全面完成农村改厕民生工程目标任务。

9月25日 本市棚户区改造民生工程新开工35918套,为目标任务的102.0%;基本建成43418套,完成率121.2%。

10月20日 本市民生工程政策集中宣传活动

在两宫广场举行，在活动现场举办宣传民生政策为主要内容的群口说唱、诗朗诵等多种形式的精彩演出，并与群众进行互动。

10月21日　全市“小金库”防治工作布置会议在市政府三楼会议室召开。

10月29日　市财政局机关党委召开扩大会议，专题研究和部署任期届满基层党组织换届工作。

11月8日　市财政局(国资局)召开形式主义、官僚主义专项整治工作动员大会，全面启动专项整治工作。

11月　淮矿集团、中煤矿建、皖北煤电等3家驻淮省企和市“三供一业”分离移交领导小组办公室工作人员到山东淄博矿业集团考察学习“三供一业”分离移交工作。

11月15日　市财政局(国资局)组织机关各党支部开展“如何加强政德建设”和“反对形式主义、官僚主义，从我做起作风建设”大讨论。

11月　《安徽省国土资源厅、安徽省发展和改革委员会、安徽省财政厅、安徽省农业委员会关于加快推进2018年度高标准农田建设的通知》文件通报了目前全省各市2018年度高标准农田建设及信息报备情况，本市以86.22%的任务完成率位居全省第一名，其中农发项目完成平均年度任务(2.44万亩)的138.9%，项目信息报备率100%。

11月26日　市财政局、市农险办组织召开本市2019年农业保险工作启动会。

12月4日　市财政局按照统一部署在相王广场举办“12.4普法宣传活动”，活动以“尊崇宪法、学习宪法、遵守宪法、维护宪法、运用宪法”为主题，以街头普法发放资料，树立展板的形式开展。

12月6日　财政部驻安徽专员办副专员温宁一行来淮走访慰问部分驻淮全国人大代表，并在市财政局召开座谈会。

12月7日　市财政局法律顾问翟培敏律师进行2018年度依法行政以案释法暨预防职务犯罪知识讲座。

12月18日　市财政局组织全局职工收听收看习近平总书记在庆祝改革开放40周年大会上的重要讲话

12月21—22日　省财政厅党组书记、厅长罗建国来淮北市调研财政工作，实地调研淮北口子工业园、相邦陶铝新材料等项目，了解财政支持产业结构升级、创新能力培育等情况，召开座谈会，征求部分省人大代表对财政工作的意见建议，听取市财政工作汇报，就进一步做好财政工作提出要求。

12月28日　市人大副主任戎培阜率领市人大财经委员会委员赴市财政局开展调研工作，听取关于2018年财政预算执行情况和2019年财政预算草案的汇报。

亳州市财政工作大事记

1月8日　印发《关于做好2018年“小金库”防治及津贴补贴管理承诺工作的通知》，对各单位实行“约法三章”。

1月17日　市委副书记、市长杜延安主持召开全市1月份财税工作调度会。市财政局、市国税局、市地税局、人民银行亳州中支等单位主要负责人参加会议，各县区政府及相关单位负责人参加分会场会议。

1月31日　市财政局党组书记、局长张传宾主持召开党组会，专题研究党风廉政建设工作。

2月1-2日　市财政局党组书记、局长张传宾，局党组成员、副局长周金钟、宋保众，分别带队到涡阳县义门镇李园村、袁楼村开展走访慰问结对帮扶贫困户，并为每户送去慰问金和新年祝福。

2月2日　市财政局举办行政事业单位内部控制报告编报工作培训班。市直各部门内控工作业务骨干、各县(区)财政局内控工作分管局长和内控业务骨干共120余人参加培训。

2月11日　市财政局党组召开2017年度班子民主生活会。局党组书记、局长张传宾主持会议，局处级干部和机关党委、机关党支部负责人列席会议。市委督导组张建影、市直工委杨锐到会指导。

2月28日—3月2日　市财政局党组书记、局长张传宾带队一行5人到涡阳县义门镇李元行政村、袁楼行政村开展脱贫攻坚驻村调研，全面深入了解目前扶贫资金监管及村集体经济情况。

3月5—9日　市财政局(国资委)在市委党校举办为期5天的市属企业党员干部学习贯彻党的十九大精神培训班。古井集团、建安集团、城建集团、文旅集团、交控集团等五家市属企业的96名中层管理人员参加集中培训。

4月2日　亳州联滔电子有限公司财务人员按

照财税部门辅导，通过互联网自助办税终端系统申报缴纳全市首笔环境保护税4200元，此举标志亳州市环境保护费改税制度改革平稳落地，环境保护税如期顺利开征。

4月15日　市直工委、市财政局（国资委）举办“微型党课”选拔比赛，来自建安集团、城建集团、交控集团、文旅集团基层党支部的15名党员代表参加选拔比赛。

4月19日　市委组织部、市财政局在市委党校举办全市扶贫项目资金绩效工作培训班。

4月22日　全市财政行政执法人员资格认证专门法律知识笔试在亳州电大顺利举行，全市173名财政干部参加考试。

5月10日　市财政局党组书记、局长张传宾带领农业科、民生工程办公室、农村财政管理局等科室负责人，走进《亳州市政风行风热线》直播间，与广大听众进行互动交流。

5月14日　市财政局结合贯彻落实国务院、省市政府廉政工作会议和全省财政系统廉政工作视频会议精神，开展作风建设和反腐倡廉警示教育。

5月17—18日　市财政局干部职工赴涡阳县义门镇李园村开展“微心愿”爱心帮扶慰问走访活动。

5月21—25日　市财政局在市委党校报告厅举办全市财政干部暨市直单位财会人员培训班。此次培训为市委组织部委托市直有关单位举办领导干部专题培训班计划的重要组成部分，分两期进行，其中第一期培训174人，第二期培训162人。

5月29日　市财政局在亳州市职业技术学院学术报告厅举办亳州市本级政府财务报告编制工作培训班。

5月31日　亳州市召开全市民生工程工作会议，市直各民生工程牵头单位联络员，各县、区民生办主任参加会议。市财政局分管民生工程负责人、市综改办专职副主任吕锋参加会议并讲话。

6月5—6日　省财政厅党组成员、省纪委驻省财政厅纪检监察组组长项中胜一行来亳州市调研财政扶贫领域腐败和作风问题专项治理工作。

6月13日　亳州市在市区魏武广场举行民生工程政策宣传月集中宣传活动，市委副书记、市长杜延安，副市长李杰生，市财政局党组书记、局长张传宾参加宣传活动。

6月13日　民生工程政策宣传月活动启动，市委副书记、市长杜延安，副市长李杰生，市财政局党组书记、局长张传宾参加宣传活动。

6月14日　亳州市召开市级预算编制工作会议，总结2017年预算编制、执行、管理工作中的经验做法，分析存在的问题，部署安排2019年预算编制工作并解读宣传新《预算法》相关内容。

6月15日　市财政局机关党委在局机关党员活动室举办迎七一纪念建党97周年知识竞赛活动，局机关全体党员、入党积极分子参加活动。

6月22日　市四届人民代表大会常务委员会第十五次会议以33票满票，表决通过市财政局局长张传宾受市人民政府委托所作的《关于亳州市2017年市级决算的报告》。

6月22日　市财政局机关党委举办“迎‘七一’纪念建党97周年·‘我为党旗添光彩’”主题演讲比赛活动。市财政局全体党员、入党积极分子参加比赛活动。

6月25日　市财政局在机关党员活动室举办迎“七一”专题党课活动，纪念中国共产党建党97周年。市财政局党组书记、局长张传宾以“抗美援朝——大国地位的确立”为题，为局机关全体党员干部上一堂别开生面的党课。

7月2日　亳州市暨谯城区“江淮普法行”之普及行系列活动在市魏武广场天幕剧场隆重举行，市财政局及谯城区财政局共派出6名工作人员积极参与活动，市财政局党组成员、副局长周金钟带队参加此次活动。

7月9日　市财政局召开“讲忠诚、严纪律、立政德”专题警示教育动员会。局党组书记、局长张传宾作动员讲话。

7月19日　全市农村财政管理暨综改工作现场观摩推进会在谯城召开，会议全面总结全市上半年农村财政管理及综改工作进展情况，深入分析工作中存在问题的原因，研究部署下半年工作。

7月19日　市财政局党组书记、局长张传宾带领机关党委委员、各党支部委员和党员志愿者赴包保路段开展日常督查及志愿清理活动，以实际行动贯彻落实市文明委全会暨市中心城区环境卫生提升工作会议精神，发挥机关党组织和党员在城市文明创建中的示范带头作用。

7月27日　市财政局组织开展“不忘初心 牢记使命”微型党课比赛。比赛邀请市委宣传部副部长修薇、市直工委组织部部长杨锐、亳州晚报社副社长、副总编张祥斌、全市第四届微型党课精品课程决赛一等奖获得者、市委党校教师刘玲担任评委。

7月30日 市财政局召开局党组理论学习中心组暨机关党委"讲严立"专题警示教育集中学习研讨会。市财政局全体人员参加会议。会议由市财政局党组成员、机关党委书记、副局长周金钟主持,市财政局党组书记、局长张传宾到会并作总结发言。

7月26日 市财政局、市人行联合召开市国库集中支付年审情况通报会,对市中行、建行、工行2017年至2018年5月份代理财政国库集中支付业务年审情况进行通报

8月2日 市国资委组织市属企业负责人集体廉政谈话,建安集团、城建集团、文旅集团、交控集团党委书记、副书记、纪委书记、财务总监、党委委员参加廉政谈话。

8月7日 宣城市财政局核查组对亳州市本级和谯城区财政国库系统风险防控检查工作进行核查。

8月14日 市财政局组织开展"讲严立"专题警示教育党章党规党纪知识测试活动,市财政局全体人员参加测试。

8月15日 市财政局在亳州职业技术学院第一报告厅召开会议,部署开展全省统一公共支付平台应用暨非税系统集中化改造工作。

8月15日 亳州市副市长李杰生率队对部分民生工程现场调研、调度,调研组一行先后对谯城区郑店子棚户区改造项目、魏岗镇刘各美丽乡村建设、牛集中心中学校舍维修改造、牛集镇新建幼儿园现场调度。

8月15日 市财政局举办全市财政系统网络安全知识培训班,培训班聘请亚信安全、国康安全测评公司、易佰互联科技公司的专家就等级保护、财政网络安全防范、运维管理操作规范、规范入网终端等四个方面进行讲解。

8月16日 市财政局召开"讲严立"警示教育专题民主生活会。副市长李杰生到会指导并讲话。市政府副秘书长刘岩、市纪委第三纪检监察室主任张保东、市委非公委副书记高竞竞到会指导。

9月4日 市财政局党组书记、局长张传宾带领农业科、民生工程办公室、农村财政管理局和谯城区财政局农村财政管理局负责人等,走进《亳州市政风行风热线》直播间,与广大听众进行互动交流。

9月2—3日 省财政厅党组书记、局长罗建国率调研组莅临亳州市开展财政重点工作调研。

9月5日 副市长李杰生在市行政中心四楼第三会议室主持召开全市财政工作座谈会议。

9月5日 市财政局召开2018年资产收益扶贫民生工程业务培训会,各县区财政局分管负责人,农业股、扶贫股负责人及相关业务人员参加会议。

9月6日 亳州市园林绿化PPP项目签约仪式在市城管执法局二楼会议室举行。

9月14日 市财政局以"坚定讲看齐、提振精气神、强化执行力"为主题召开"讲严立"警示教育工作务虚会议。局领导班子及全体人员参加会议。

9月20日 省财政厅第三评估组对亳州市财政系统"七五"普法工作进行中期实地评估。

9月20日 亳州市市级非税收入征收管理老系统项目余额向新系统迁移在全省率先实现。

9月28日 市财政局组织举办2018年行政事业单位政府会计制度培训班,邀请阜阳师范学院商学院副院长张士连教授、资深软件工程师程瑞等专家进行授课。

9月29日 市扫黑办督导组来市财政局对扫黑除恶专项斗争工作进行督查指导。

9月28日 利辛县农委开出第一张秸秆禁烧保证金的缴款通知单,并缴款成功,此举标志亳州市率先完成全省统一公共支付平台暨非税系统集中化改造试点工作。

10月10日 亳州市副市长李杰生率队对涡阳县义门镇污水处理设施、城东幼儿园、涡阳县电商服务中心等民生工程项目现场调研。

10月25—26日 市财政局组织全局党员干部到涡阳县义门镇李园村袁楼村开展帮扶走访活动。

10月29日 市财政局组织机关党员干部学习《习近平扶贫论述摘编》。

11月4日 市财政局党组召开理论学习中心组学习会,传达贯彻全省推进财政全面从严治党和党风廉政建设座谈会议精神及全市组织工作会议精神、全市宣传思想工作会议精神。

11月5日 市财政局通过在市政府网站、市财政局网站和市民生工程网络信息平台公开征集2019年民生工程项目。

11月12日 市财政局利用周一局机关集中学

习时间,组织局机关党员干部64人,在局会议室集中收看《榜样3》节目。

11月10日 市财政局党组召开理论学习中心组学习会,学习传达贯彻省委脱贫攻坚突出问题调研整改情况通报会精神。

12月4日 在第五个国家宪法日到来之际,市财政局党组成员、副局长宋保众带领预算科、国资科、监督局(会计科)、办公室等相关科室工作人员参加在魏武广场举办的12.4宪法宣传周暨广场法律咨询活动。

12月6日 市财政局、市人行联合开展2018年亳州市市级国库支付电子化桌面应急演练。

12月18日 市财政局组织机关全体人员,通过网络电视,收看改革开放40周年大会直播。

12月19日 市政府召开全市民生工程工作会议,全面部署年度收官工作,提前谋划2019年各项工作。

宿州市财政工作大事记

1月19—22日 宿州市财政工作会议暨财政财务政策业务培训班在市委党校召开。

2月8日 市财政局召开2017年度基层党建工作述职评议会议。

2月12日 市财政局召开工会换届大会,选举产生新一届工会委员会成员。

4月23日 市财政局举办全市财政行政执法人员资格认证专门法律知识考试。

4月28日 国务院办公厅印发《关于对2017年落实有关重大政策措施真抓实干成效明显地方予以督查激励的通报》,宿州市作为安徽省唯一的市被评为"推广政府和社会资本合作(PPP)模式工作有力、社会资本参与度较高的市"。

5月24日 省农发局来宿州市调研农业综合开发实施资产收益扶贫助力脱贫攻坚工作。

5月26日 市财政局开展"传递中国梦想,共建活力机关"健步走活动

5月30日 市财政局赴郭庄村 开展"六一"慰问捐赠活动。

6月6日 市委常委、常务副市长操隆山到市财政局调研指导工作。

6月29日 市财政局召开"庆七·一"总结表彰大会。

7月19日 市财政局召开机关党委换届选举大会,选举产生新一届机关党委委员。

8月9—11日 财政部资产司到宿州调研经管资产资产管理情况。

9月5日 市财政局在宿州淮海社区组织开展以"弘扬法治精神、增强法制观念"为主题的法治宣传活动。

9月13日 宿州市财政局举办市直行政事业单位政府会计制度专题培训班。

9月26日 市财政局举办全市预算绩效管理培训班。

10月 张江萧县高科技园PPP项目正式竣工,并投入运营。

10月16日 市财政局开展扶贫日公益捐款活动。

10月16日 省国库支付中心到宿州市调研国库集中支付改革工作。

11月 财政部、住房城乡建设部、生态环境部对全国首批黑臭水体治理示范城市进行公示,宿州市成功入围,连续三年可获中央支持资金6亿元。

12月6日 宿州市财政局在砀山县唐寨镇侯口村召开全市财政支持贫困县退出工作现场会。

12月20日 省财政厅厅长罗建国到宿州市调研财政工作。

蚌埠市财政工作大事记

1月12日 召开贯彻环境保护税法及其实施条例新闻发布会,本市环境保护费改税进入正式实施阶段,1月1日起环境保护税正式开征。

1—3月 组织开展全市行政事业单位资产年报编制工作。

2月 印发《关于2018年至2020年开展扶贫领域腐败和作风问题专项治理工作实施细则的通知》(财农〔2018〕53号),在全市财政系统开展扶贫领域腐败和作风问题专项治理工作。

2月 印发《蚌埠市财政局2018年脱贫攻坚工作方案》(财农〔2018〕67号),明确蚌埠市财政局2018年四项重点工作。

2月 市本级政府预算和85家部门预算及"三公"经费预算信息全部上网公开。

3月26日　印发《蚌埠市国库集中支付动态监控预警目录》,形成具有我市特色的42条动态监控规则,实现预算执行全过程的动态监控。

4月10—12日　对三县开展2018年度扶贫项目和资金管理情况督查。

4月25—28日　组织全局干部职工学习贯彻党的十九大精神专题培训。

4月　印发《蚌埠市财政关于进一步强化财政扶贫资金监管的通知》(财农〔2018〕105号),进一步强化财政扶贫资金监管工作。

4月　完成2017年度决算编审上报工作。

4—5月　组织开展全市政府经营资产和自然资源资产试编工作。

4—9月　组织开展全市政府综合财务报告试编工作。

5月　启动市本级部门预算编制工作。

5月　印发《蚌埠市财政支农资金支持资产收益扶贫实施方案》。

5月　正式上线新的国库集中支付动态监控系统。

5月12—18日　顺利举办2018年度全国会计专业技术初级资格考试。

6—8月　市财政局在全局党员领导干部中开展"讲忠诚、严纪律、立政德"专题警示教育活动。

7月2日　市政府印发《蚌埠市人民政府关于2018年实施33项民生工程的通知》。

7月　印发《蚌埠市财政局关于全面加强脱贫攻坚期内各级各类扶贫资金管理的通知》(财农〔2018〕293号),首次将所有扶贫资金及其绩效目标全部录入监控系统并落实到具体项目,借助信息化手段,掌握扶贫资金支出进度和绩效目标完成情况。

7月　开展机关事业单位基本养老保险和职业年金准备期(从2014年10月1日起至正式实行养老保险制度改革)清算工作,制定《蚌埠市机关事业单位养老保险基金清算工作方案》,经过供给方式核对、财政与单位应承担部分核定、资金拨付与单位补缴三个阶段,基本完成基金及预缴款清算工作。

8月　出台《蚌埠市本级2019年部门预算和2019—2021年中期财政规划编制方案》(蚌政办秘〔2018〕122号),进一步规范部门预算编制。

8—10月　对装备制造等先进制造业、研发等现代服务业等部分行业的增值税期末留抵税额予以退还,全市符合条件的90户企业共计退税1.02亿元。

9月　市政府制定《蚌埠市人民政府关于探索建立涉农资金统筹整合长效机制的实施意见》(蚌政〔2018〕45号)。

9月　市政府办公室印发《蚌埠市扶贫项目资金绩效管理办法》(蚌政办〔2018〕48号)。

9月8—9日　2018年度全国会计专业技术中级资格考试举行,蚌埠考区设立两个考点17个考场,分两个批次进行,共有2446名考生报名参加考试,比上年增长8.37%。

9月10日　2017年度政府决算情况在政府信息公开网和财政局网站公开。

9月20日　市直85家预算单位公开2017年度部门决算情况。

10月　印发《蚌埠市财政局关于深入开展学习〈习近平扶贫论述摘编〉工作的通知》(财人〔2018〕458号),在全市财政系统开展学习《习近平扶贫论述摘编》活动。

11月　印发《蚌埠市稻谷补贴实施方案》(财农〔2018〕497号),在全市首次发放稻谷补贴。

11月　印发《蚌埠市财政局贯彻落实乡村振兴战略的实施意见》(财农〔2018〕510号)。

12月10日　印发《蚌埠市市直机关会议费管理办法》(财行〔2018〕467号)、《蚌埠市市直机关培训费管理办法》(财行〔2018〕468号)

12月14日　市政府印发《蚌埠市城乡居民基本医疗保险实施办法(试行)》(蚌政秘〔2018〕153号)

12月31日　参与完成医疗保险信息系统改造工作,实现城镇职工医疗保险、城镇居民医疗保险、新型农村合作医疗信息系统整合上线,确保2019年城乡居民医疗保险参保缴费工作顺利完成。

12月　全面实现县区国库集中电子化支付系统上线。

阜阳市财政工作大事记

1月　召开市直2017年度部门决算布置会。

1月　收听收看全省财政工作视频会。

1月　向市五届人大二次会议报告阜阳市2017年预算执行情况和2018年预算草案。

2月　春节慰问驻阜部队。

2月　市财政局窗口热情服务获锦旗。

2月　召开2017年度民主生活会。

2月　收听收看全省财政反腐倡廉建设工作视频会议。

3月　开展2017年度综合考评工作。

3月　召开2017年度述职述廉述党建工作报告会。

3月　召开全局干部职工大会暨效能建设和反腐倡廉动员部署会。

3月　连续十年荣获先进窗口单位称号。

3月　组织观看电影《厉害了,我的国》。

3月　组织开展徒步西湖健康行活动。

4月　召开创建全国文明城市动员大会。

4月　2018年国有资本经营预算编报工作获省财政厅通报表扬。

5月　组织召开全市财政预算管理工作会议。

5月　走进“政风行风热线”节目。

5月　举办全市财政系统“不忘初心跟党走”迎七一知识竞赛(初赛)。

6月　市人大到市财政局开展述职评议调研。

6月　举办“书楚辞 包粽子 传承中华文明”活动。

6月　阜阳市获新增政府债务限额逾300亿元。

6月　市财政系统举办迎“七一”知识竞赛活动。

7月　开展“书记讲堂”活动。

7月　召开全体党员大会。

7月　开展“缅怀革命先烈,继承革命遗志”集体宣誓活动。

8月　开展“八一”走访慰问活动。

8月　市委常委、常务副市长陈军到市财政局上党课。

8月　召开全市财政局局长座谈会。

8月　开展献爱心助力脱贫捐助活动。

8月　市委常委常务副市长陈军到阜阳建投集团调研指导工作。

9月　举办“中国梦 财政情”迎国庆文艺汇演。

9月　召开民生工程调度会议。

9月　开展“我们的节日·中秋”经典诵读活动。

10月　召开庆祝改革开放40周年暨重阳节老干部座谈会。

10月　省人大常委会副主任李明视察阜阳市民生工程实施情况。

10月　举办加强绩效评价与行政事业单位国有资产管理及市直预算单位政府会计制度专题培训班。

11月　省财政厅副厅长胡锡萍来阜调研健康脱贫工作。

11月　召开全市财政国库管理暨集中支付工作会议。

11月　民生银行合肥分行行长李业弟到阜阳建投集团洽谈合作。

12月　罗建国在阜阳市调研财政工作。

12月　阜阳市财政收入首次突破300亿元。

12月　举办“产业资本助力民营经济高峰论坛”。

淮南市财政工作大事记

1月3日　市财政局印发《市级项目代码编列和使用管理办法(试行)》,进一步加强预算管理,提高预算编制、执行的规范化科学化水平,规范项目代码编列和使用,全过程跟踪管理财政资金。

1月12日　市财政局召开精神文明创建工作座谈会,进一步推进局机关精神文明创建工作扎实深入开展。

1月23日　市财政局顺利完成29家市直财务集中管理平台试点单位软件培训、新账套建立、数据转换和系统最后的测试工作,标志着市直预算单位财务集中管理平台正式上线运行。

2月　省人社厅、财政厅印发《关于表彰全省财政系统先进集体和先进工作者的决定》,淮南市财政局获全省财政系统先进集体称号。

2月　市政府印发《淮南市人民政府关于对市国税局市地税局人民银行淮南市中心支行淮南银监分局和市财政局进行表彰的通报》,市财政局获市政府通报表彰。

2月11日　市政府办公室印发《关于进一步加强政府性债务管理的通知》,进一步规范地方政府举债融资行为、加强政府债务规模控制和预算管理、强化融资平台公司监管、建立完善地方政府债务管理激励约束机制、加强政府性债务基础管理。

2月23日　市财政局召开县区国库集中支付电子化的工作会议。市财政局、人民银行淮南市中心支行、县区财政局、代理银行、各软件公司相关人员参加会议。

3月5日　市财政局党组召开全市财政反腐倡廉建设工作会议。局机关全体干部职工、县区财政局负责人和驻财政局纪检组全体人员参加会议。局党组书记、局长张瑞昌就进一步推动财政全面从严治党和党风廉政建设工作提出要求。

3月18日　市政府办公室印发《农田水利专项资金和项目建设管理办法》,进一步加强农田水利专项资金和项目建设管理,规范项目建设程序,确保工程质量资金安全,提高工程投资效益。

3月28日　市财政局召开2018年人大代表建议和政协委员提案交办会。

3月30日　市财政局传达学习习近平总书记在全国"两会"上的重要讲话精神,局领导班子和全体干部职工参加会议。

4月3日　市委第六考核组来市财政局开展2017年度领导班子和领导干部综合考核。局党组书记、局长张瑞昌同志主持综合考核干部大会,局副科级以上干部参加会议。

4月18日　市财政局组织全市财政系统行政执法人员参加资格认证考试。近200名人在两个认证考点参加测试。

4月18日　市民生办召开2018年民生工程工作调度会,市、县(区)民生办主任和市直牵头单位联络员参加会议。12家工程类项目和新增项目的市直牵头单位分别报告所承担民生工程项目的工作开展、实施进度、存在问题和下一步举措等。

4月24日　市财政局召开全面深化改革领导小组办公室会议,专题部署2018年局深化改革工作,分解落实相关改革任务。

4与26日　市财政局印发《淮南市地方政府债券资金管理内部规程》,进一步规范地方政府债券资金管理,优化分配拨付程序。

4月27日　市财政局召开"党建促创建,党员当先锋"活动动员会,部署创建全国文明城市工作,全局党员干部职工参加会议。

4月27日　市政府办公室印发《市级政府性投资资金管理办法》,进一步加强政府投资资金管理,建立决策科学、程序公开、运行高效、监督有力的管理机制,更好地发挥政府投资在加强和改善宏观调控、促进经济社会全面协调可持续发展中的作用。

5月17—18日　市财政局分两批组织市直预算单位权责发生制政府财务报告管理系统网络视频培训会,详细讲解2017年度政府财务报告编制新软件操作知识,市直近300家部门预算单位参加培训。

5月21日　市财政局召开资产收益扶贫工作协调会,市扶贫办、市农委有关人员参加会议。会议讨论《淮南市资产收益扶贫工程实施办法》,并对下一步工作开展提出要求和建议。

5月22日　市政府制定《淮南市农村集体资产清产核资工作实施方案》,推进全市农村集体产权制度改革。

5月29日　市财政局牵头组织有关单位赴寿县开展调研督查。听取县政府关于畜禽养殖污染防治、工业园区集中供热情况的汇报,并对寿县禾众养殖有限责任公司的污染治理工作进行实地核查。

5月31日　市政府印发《关于进一步调整完善部分市辖区财政体制的通知》,进一步完善市对淮河以南四区财政管理体制,增强区级财政统筹和保障能力。

6月25日　市政府办公室印发《关于推进重大建设项目批准和实施领域政府信息公开的实施意见》,全面推进政务公开工作,积极回应社会关切,更好地保障人民群众知情权、参与权、表达权、监督权。

6月29日　市财政局召开庆祝建党97周年暨"两优一先"表彰大会,对局机关先进党支部、优秀共产党员、名优秀党务工作者进行表彰。局党组书记、局长张瑞昌和局党组成员参加颁奖并讲话。

6月29日　市政府办公室印发《淮南市战略性新型产业发展规划(2018—2022年)》。

7月2日　市政府印发《关于进一步推进大众创业万众创新深入发展的实施意见》,鼓励支持汇聚创新人才,培育、营造、繁荣创新文化,进一步打造融合、协同、共享的创新创业生态环境。

7月18日　市财政局印发《淮南市资产收益扶贫绩效评价暂行办法》,进一步加强资产收益扶贫民生工程绩效管理,提高项目实施效益。

7月20日　市财政局印发《进一步加强乡镇财政建设的意见》,促进发挥乡镇财政职能作用,提高乡镇财政服务水平,推进基本公共服务均等化,促进城乡融合发展。

8月3日　市财政局、市教育局研究制定《淮南市中央专项彩票公益金支持学前教育发展资金管理办法》,进一步规范和加强中央专项彩票公益金支持学前教育发展资金管理,提高资金使用效益。

8月9日 市政府办公室印发《关于进一步规范市级预算管理有关工作的通知》,进一步规范市级预算支出管理,提高政府工作效能和财政资金使用效益。

8月10日 市财政局召开全体党员参加的机关基层党建工作推进会,局党组书记、局长张瑞昌出席会议并讲话,机关第二党支部、机关第三党支部做交流发言。

8月31日 市财政局印发《淮南市市级国有资本经营预算管理暂行办法》,进一步规范市级国有资本经营预算管理工作,完善国有资本经营预算制度。

9月3日 市财政局印发《淮南市市级国有资本经营预算编报办法》,规范市级国有资本经营预算编报工作,完善国有资本经营预算制度。

9月5日 市财政局与市政府新闻办联合举办的"辉煌40年"——纪念改革开放40周年新闻发布会在市政府新闻发布厅召开,《安徽法制报》《安徽经济报》等各驻淮媒体和《淮南日报》、淮南电视台今晚800等淮南主流媒体参加新闻发布会。

9月14日 市财政局党组书记、局长张瑞昌率队赴孔店乡河沿村开展走访贫困户活动。

9月17日 市财政局印发《关于财政支持保障基层基本公共服务功能建设的实施意见》,进一步加强基层基本公共服务功能建设,着力建立健全基层基本公共服务功能建设财政保障机制。

10月18日 市财政局、市委组织部、市人社局联合印发《淮南市市直机关培训费管理办法》,进一步推进厉行节约反对浪费制度体系建设,规范市直机关培训工作,加强培训经费管理。

10月31日 市财政局印发《淮南市农村综合改革转移支付资金管理暂行办法》,规范农村综合改革转移支付资金管理,提高使用效益。

10月31日 市财政局召开"讲忠诚、严纪律、立政德"专题警示教育总结会,局党组书记、局长张瑞昌出席会议并讲话,全局党员干部参加会议。

11月2日 市政府印发《淮南市划转部分国有资本充实社保基金实施方案》,使人民群众共享国有企业发展成果,增进民生福祉,促进改革和完善基本养老保险制度。

11月12日 市财政局召开县区财政支持脱贫攻坚暨资产收益扶贫工作座谈会,研究部署财政扶贫工作。

11月15日 财政部驻安徽专员办温宁副专员率检查组一行3人来淮南检查外国政府贷款项目相关工作,针对2018年外贷项目的报账提款和2019年政府外贷项目计划进行重点审核。

11月15日 淮南市政协召开民生工程专项民主监督协商会。市政协主席蔡宜骅、市委常委、常务副市长杨东坡等出席会议,部分县区政协和民生工程特邀监督员代表进行专题发言。

12月11日 省财政厅党组书记、厅长罗建国赴寿县堰口镇许寺民族村调研财政支持脱贫攻坚工作和财政厅帮扶许寺民族村工作。同日,罗建国在寿县开展"四送一服"进民企活动,走访民营企业,宣讲促进民营经济发展政策,了解民营企业经营发展状况,就财政支持民营经济发展征求意见和建议。

12月中下旬 省财政厅副厅长朱长才、胡锡萍、孟照红分别率队来淮南开展"四送一服"进民企活动。

12月14日 市财政局举办本单位政府会计制度培训班。

12月18日 庆祝改革开放40周年大会在人民大会堂举行,中共中央总书记、国家主席、中央军委主席习近平出席大会并发表重要讲话。市财政局组织全体机关干部在局6楼会议室收看大会盛况。

滁州市财政工作大事记

2月 滁州市财政局被省财政厅、省人社厅评为"全省财政系统先进工作集体"。

3月15日 财政部农业司农村改革处处长吕书奇一行赴天长市检查农村综合性改革试点试验工作。

3月22日 滁州市召开环保税开征新闻发布会。滁州市财政局、地税局及环保局分别从环保税开征背景、环保税的意义、立法原则和滁州市的开征准备工作进行新闻发布。

4月17日 滁州市财政局实现预算外资金无纸化清算。

7月1日 滁州市"三保合一"医疗保障信息系统于2018年7月1日零时率先在全省正式上线运行。

7月26—28日 全国人大常委会副委员长、中华全国总工会主席王东明一行赴天长市对财政医疗卫生资金分配使用情况开展专题调研。

7月30—31日 中国政企合作基金股份有限公司投资总监范永芳、投资业务部区域总监杜羽到本市调研对接滁州至南京城际铁路PPP项目。

8月31日 滁州市"政采e贷"第一笔20万元贷款(授信额度44万)打入滁州市新联想电脑技术有限公司账户,标志着滁州率先在全省实现"政府采购项目在线供应链融资"零的突破。

9月3日 安徽省首个智慧县域+普惠金融项目落地全椒。全椒县政府与蚂蚁金服集团签订战略合作协议,标志着全椒县成为全省首个落地"智慧县域+普惠金融"项目的县级单位。

9月3日 滁州市财政局召开机关党员大会,成立机关纪律检查委员会。

10月17日 "大潮涌江淮——庆祝改革开放40周年全国广播融媒体安徽行"来凤阳,对凤阳县民生工程实施情况进行采访。

11月13日 随着上海市职工社保卡在本市第一人民医院和市中西医结合医院普通门诊刷卡就医结算测试成功,标志着滁州市率先在全省实现与上海医保异地就医门诊双向直接结算。自此,滁州、上海两地医保异地就医门诊和住院都可直接结算。

12月30日 滁宁城际铁路一期工程暨全市重大基础设施项目集中开工仪式在来安县汊河镇隆重举行。

(谢喜亮)

六安市财政工作大事记

1月7日 市财政局下拨各县区、市直有关单位应急救灾补助资金600万元,用于受灾群众生活自救帮扶及道路、公园等树木积雪清除等,最大限度减少损失。

1月17日 市农业综合开发局前往霍山县农业产业化龙头企业抱儿钟秀茶业股份有限公司开展资产收益分享点上探索实践方案实地调研。

1月18日 六安市在全省财政库款考核中,年度综合得分在全省排名第一,获省财政厅通报表彰。

1月22日 市政府召开财政收入预期管理工作会议。

1月22日 六安市2018年市级政府预算向社会公开,时间上较预算法规定公开时限提前6天。

1月22—23日 市政府副市长孙学龙实地调研走访国元农业保险股份有限公司六安中心支公司。

1月23—24日 市财政局领导班子分批次带领部分干部职工深入金寨县槐树湾乡码头村开展扶贫走访活动。

1月26日 六安市市直行政事业单位经营性国有资产移交签字仪式在市财政局隆重举行,共移交资产212处,面积8.06万平方米,价值7.61亿元,六安市财政局党组成员、国资委副主任杜家如与六安城市建设投资有限公司副总经理陈劲松共同见证并进行签约。

1月26日 六安市完成2017年度社会保险基金决算编审工作并将决算报表按时报送省财政厅。

1月29日 六安市市直83个部门预算全部向社会公开,至此六安市市级预算公开工作全面完成,时间上较预算法规定公开时限提前6天。

2月4—8日 市财政局组织召开全市财政决算汇编工作会议,对2017年度财政总决算、部门决算进行集中汇编,并圆满完成财政决算汇编工作。

2月23日 市民生工作领导小组办公室将2017年度民生工程组织实施情况考核结果在市主流媒体《皖西日报》进行公示,主动接受考核对象和社会各界监督。

2月26日 六安市成功实现通过安徽省统一公共支付平台缴纳2018年春季学费和书本费,继去年机动车驾驶人考试费实现网上缴纳后,又一非税收入项目成功实现网上收缴。

2月26日 汪斌同志任六安市财政局党组书记。

3月5—6日 市财政局帮扶干部分两批赴金寨县槐树湾乡码头村开展扶贫帮扶走访活动。

3月8日 汪斌同志任六安市财政局局长。

3月9日 六安市2017年预算执行情况和2018年预算安排情况新闻发布会在市政府新闻发布厅召开。

3月20日 市委综合考核组考核到市财政局(国资委)开展2017年度领导班子和领导干部的发展和党建考核工作。

3月20—21日 市财政局党组书记、局长汪斌带领部分帮扶干部,分别赴金寨县燕子河镇张畈村、槐树湾乡码头村开展扶贫帮扶走访活动。

3月23日 六安市财政局(国资委)荣获"2017

年度全市民生工程实施工作先进单位”。

3月27日 六安市财政局(国资委)荣获“2017年度全市政府系统政务信息工作先进单位”。

3月30日 六安市财政局荣获“全市第六批选派帮扶工作先进单位”称号。

4月2日 财政部驻安徽专员办党组书记、监察专员江乐森一行赴裕安区独山镇六里冲村开展扶贫帮扶走访调研活动,市财政局党组书记、局长汪斌陪同调研。

4月10日 2018年全市财政暨民生工作会在市行政中心小会堂召开。

4月13日 市财政局被市政府授予2016、2017年度全市环境保护目标责任考核先进单位荣誉称号。

4月19日 市人大常委会副主任曾庆丽率市人大财经工委(预算工委)人员来市财政局调研指导政府性债务和国有资产管理工作。

4月25日 安徽省政府办公厅下发《关于对2017年落实有关重大政策措施真抓实干成效明显地方予以表扬激励的通报》(皖政办〔2018〕16号),表彰六安市推广政府和社会资本合作模式成效明显、社会资本参与度较高。

4月28日 六安市组织开展市、县、乡三级联动的民生工程“走上街头”集中宣传日活动。

4月28日 六安市和金安区经层层推荐,分别被通报表彰为全国地方财政管理工作的先进典型市县。

5月5日 市财政局被中共六安市委、六安市人民政府授予市直脱贫攻坚定点帮扶和结对共建工作先进单位称号。

5月12—16日 2018年度会计专业技术资格初级无纸化考试(六安考区)在六安职业技术学院进行,应考人数6568人,比上年增长115%,共14个考场10个批次。

5月13日 由六安市珠算心算协会主办,六安市财政局、裕安区财政局协办,裕安区丁集镇丁集学校承办第二十七届海峡两岸珠心算通信比赛(安徽六安赛区)在裕安区丁集镇丁集学校隆重举行。

5月23日 市财政局召开2017年度预算执行和其他财政收支情况审计发现问题整改工作布置会,第一时间启动审计整改落实工作。

5月23日 市财政局会同市人社、卫生计生部门开展六安市基本医保(城镇职工医疗保险、城乡居民基本医疗保险)基金监管及控费考评,“五个到位”确保绩效考评工作质效。

5月25日 市财政局举办全市政府财务报告业务培训会,扎实做好2017年度政府财务报告编制试点工作,市直各预算单位及县区财政局编报人员参加培训会议。

5月26日 市财政局被中共六安市委、六安市人民政府授予第九届六安市文明单位荣誉称号。

5月31日 市财政局完成2017年行政事业单位经管资产及自然资源国有资产报告编报工作。

6月6日 市财政局被六安市委、六安市人民政府授予2017年度市直单位效能建设“优秀单位”;市财政局窗口被中共六安市委、六安市人民政府授予“2017年度服务群众先进窗口”称号。

6月12日 市财政局组织开展市本级2017年度政府部门财务报告集中填报工作,市直200余家预算单位顺利完成部门财务报表的编制与报送工作。

6月13—19日 市财政局对各县区民生工程实施情况开展暗访督查。

6月14日 市财政局党组书记、局长汪斌走进市政府门户网站“在线访谈”栏目,围绕“财政支持社会保障”问题与网民进行在线交流互动,市政府网站实时文字直播。

6月19日 市人大财经工委召开市本级决算草案初审工作会议,正式启动2017年市本级决算草案和市直10个单位部门决算草案初审工作。

6月24—25日 市财政局帮扶干部赴金寨县槐树湾乡码头村、燕子河镇张畈村开展扶贫帮扶走访活动,并参加帮扶责任人政策培训会。

6月30日 市本级三所市属公立医院财政补助资金纳入市级国库集中支付管理,资金通过财政一体化信息系统清算支付。

7月9日 市财政局协同市人社局联合举办市本级基金清算工作培训会,对纳入清算的243家市直参保单位、省属驻六单位、经济开发区等270余名业务经办人员开展全面的业务培训。

7月10日 市财政局(国资委)被六安市人民政府授予“2017年度全市政务公开先进单位”称号。

8月1日 市财政局获评“全省财政系统干部教育培训工作先进单位”“全省财政基层培训工作先进单位”。

8月15日　全市2019年预算编制、民生工程、“小金库”治理和滥发津补贴整治工作会议召开。

8月22日　市财政局牵头会同市医改办组成市级第四督查组,按照市医改领导小组《关于开展综合医改政策落实“三督两追一落地”专项督查的通知》要求,对舒城县综合医改工作开展专项督查。

8月27日　六安市财政局在门户网站及政府网站上公开经市人大常委会审议批准的2017年市级政府决算。

8月29日　市财政局会同市扶贫办组织召开全市脱贫攻坚项目资金管理培训会议。

9月6日　市财政局党组书记、局长汪斌率局招商组一行专程赴北京拜访全国现代金融控股有限公司养老事业部,与该部总经理蔡立军就相关招商项目进行洽谈对接。

9月14日 市财政局召开抽签现场会,现场抽取检查对象及执法人员,首次采用“双随机一公开”方式对市直代理记账机构开展检查。

9月14日　市财政局(国资委)被六安市人民政府授予“2017年度人口和计划生育工作领导小组综合治理先进单位”称号。

10月10日　市政府副秘书长、市政协提案委副主任杨春林带领市政协五届一次会议提案联合督查组一行督查指导提案办理工作。

10月13—14日　2018年全国注册会计师考试在六安职业技术学院进行,市财政局积极做好六安考区考试的安全保障和巡考工作。本次考试报名人数为1328人,考试课次为3393次,共10个考场。

10月16日　市政府审计整改督查组对市财政局2017年度市本级预算执行和其他财政收支审计整改工作进行督查。

10月17—18日　市财政局帮扶干部赴金寨县燕子河镇张畈村、金寨县槐树湾乡码头村开展扶贫走访活动。

10月17—23日　市财政局和市扶贫办联合组成3个检查组,开展2018年三季度财政扶贫资金管理使用和项目实施情况专项督查。

10月18日　六安市召开“小金库”防治和不规范发放津贴补贴专项整治工作部署会。

10月20日　副市长孙学龙在市国资委副主任杜家如陪同下深入金寨县槐树湾乡码头村调研走访脱贫攻坚工作。

10月23—24日　市财政局检查组赴霍邱县、叶集区开展农民负担检查工作,随机抽查霍邱县龙潭、曹庙、叶集区三元、姚李4个乡镇的4个收费单位和8个行政村。

10月27日　六安市召开全市社会保险基金预决算工作布置会议,全面启动社保基金2019年预算和2018年决算编制工作。

11月5—7日　财政部驻安徽财政监察专员办副巡视员宋孝群一行深入六安市裕安区,对农业综合开发高标准农田建设项目开展现场绩效评价。

11月7—8日　省人大常委会副主任李明一行来六安市视察民生工程实施情况。

11月14日　市政府市属国有企业脱钩改革推进会召开。

11月16日　市财政局组织召开财政支持脱贫攻坚工作调度会,各县区财政局分管局长和农业股(科)长参加会议。

11月19日　省财政厅党组书记、厅长罗建国赴六安市、霍邱县专题调研财政服务和支持贫困革命老区脱贫攻坚工作情况。

11月22日　市人大财政经济委员会组织召开2019年市本级预算草案和市直部门预算草案初审会议。

11月28日　市财政局组织召开市直社保经费归口管理部门单位预算执行推进会,座谈研究预算执行、部门决算公开等相关工作,31个部门单位财务负责人、经办人参加会议。

11月29日　市财政局召开全市“小金库”防治暨债务管理政策培训会。

11月13日　市财政局获2017年度全省财政总决算三等奖、2017年度全省部门决算一等奖。

11月23日　六安市财政局联合人民银行六安市中心支行开展异地应急演练活动,先后完成应急用户角色设置、角色授权、业务提交、财政确认等环节,异地成功代办1笔财政实拨业务拨付,1笔直接支付及1笔授权支付清算。

12月5日　市财政局召开全市财政决算工作会议。

12月6日　市财政局党组书记、局长汪斌带领局党组成员、总会计师鹿翌元等有关人员赴六安市广播电台参加政风行风热线直播活动。

12月17—29日　市民生办和市直民生工程项

目牵头单位联合组织,委托3家社会中介机构实施,从33项民生工程中选出"四好农村路"建设、学前教育促进工程、农村饮水安全巩固提升工程、水利薄弱环节治理三年行动、农村危房改造、城市老旧小区整治等6个项目开展绩效评价。

12月28日　省财政厅副厅长王召远赴六安市召开座谈会,征求省人大代表对财政工作和2019年预算报告的意见和建议。

马鞍山市财政工作大事记

1月1日　根据年终财政结算,全市2017年度财政收入完成245.29亿元,比上年增长10.1%。

1月1日　根据《关于做好取消货物港务费的通知》(财综〔2017〕1034号)取消货物港务费收费、根据《关于停征排污费等行政事业性收费有关事项的通知》(财税〔2018〕4号)停征排污费。

1月10日　马鞍山市第十六届人民代表大会第一次会议批准《关于马鞍山市2017年财政预算执行情况和2018年预算草案的报告》,批准马鞍山市2018年市本级财政预算。

1月16日　省纪委驻财政厅纪检组组长项中胜来马鞍山市调研,征求《安徽省2017年预算执行情况和2018年预算草案的报告(征求意见稿)》意见,听取对财政工作和省财政厅党组建议。

2月9日　市财政局召开机关纪委成立大会,会议严格按照规定程序,采用差额选举形式,以无记名投票方式选举产生新一届机关纪律检查委员会。

3月8日　根据马政人〔2018〕3号文件,吴斌同志任市国资委主任、市投融资管理委员会办公室副主任。

3月26日　根据马人常〔2018〕10号文件,吴斌同志任市财政局局长。

4月4日　召开全市县区国库集中支付电子化改革动员会议,全面启动马鞍山市县区国库集中支付电子化改革工作,年内已完成改革任务。

4月28日　马鞍山市开展对市直机关、市属事业单位"小金库"专项整治工作。

5月11日　经市政府2018年第7次常务会议研究通过,印发《关于调整市区城镇土地使用税等级单位税额标准的通知》(马政秘〔2018〕24号),自2018年1月1日起对市区范围内城镇土地使用税等级税额标准进行调整,减轻企业税负1.18亿元。

5月31日　全市完成农业支持保护补贴发放任务,落实惠农补贴资金2.14亿元。

5月30日　召开2019年全市预算编制工作会议,启动全市2019年预算编制工作。

6月22日　组织市直各项目牵头单位在马鞍山市大华广场开展"实施民生工程 建设幸福马鞍山"街头宣传活动,全面宣传马鞍山市2018年实施的33项民生工程政策以及近年来民生工程实施成果。

7月8日　为学习贯彻党的十九大精神,进一步加强理想信念教育,市财政局组织全局党员干部,赴南京雨花台革命烈士陵园开展"新时代、新担当、新作为"主题党日活动。

7月9日　马鞍山市在全省率先提前完成存量债务置换工作,较财政部规定的置换时间(2018年8月)提前近2个月。

7月28日　安徽富马高科技园区投资发展股份有限公司正式挂牌新三板。

8月30日　在市第十六届人民代表大会常务委员会第五次会议上通过《关于马鞍山市2018年上半年财政预算执行情况的报告》和《关于马鞍山市2017年财政决算(草案)的报告》。

8月31日　市财政局会同市人社局完成对市本级254家机关事业单位养老保险基金清算工作。

9月11日　开始实施公立高中"互联网+政务服务"公共支付平台网上缴费。

9月27日　市财政局组织局领导班子、机关及所属单位科级干部、党支部书记、党务干部等30余人到马鞍山监狱开展廉政警示教育活动。通过深刻汲取反面典型教训,进一步发挥警示震慑作用,强化财政党员干部廉政意识,严肃党内政治生活。

9月28日　为深入学习宣传贯彻市委九届七次全会精神,提高财政干部职工思想认识,推进落实全会工作任务,市财政局举办集中宣讲报告会,邀请市委讲师团成员、市直机关工委副书记李玉强同志专题解读市委九届七次全会精神。

9月30日　市财政局举办的《政府会计制度》培训班在市委党校小礼堂开班,来自各县(区)财政部门会计管理人员及市直各行政事业单位财务机构负责人、会计人员300多人参加此次培训。

10月12日　制定《马鞍山市关于探索建立涉农资金统筹整合长效机制的实施方案》,市级涉农资金在建立大专项的基础上,实行“大专项+任务清单”管理模式。

10月19日　经市政府2018年第17次常务会议研究通过,市政府办印发《马鞍山承接产业转移示范园区整体划入马鞍山经济技术开发区财政管理实施方案》(马政办〔2018〕40号),明确整合后的市经济开发区财政管理有关问题。

10月15日　按省规定的化债期限上限10年编制全市政府隐性债务化解方案,以市委、市政府名义报送省委、省政府。

11月5日　市政府印发《马鞍山市长江经济带生态保护专项引导资金管理暂行办法》(马政办〔2018〕39号),要求市财政每年设立2亿元专项资金。当年市财政安排资金9961万元,对23个项目长江干流1公里范围内重点建设项目进行补助,发挥市级资金引导和撬动作用,通过建立常态化、稳定的财政资金投入机制,统筹支持水清岸绿产业优美丽长江(马鞍山)经济带建设。

11月23日　根据省政府关于全省港口资源整合的部署,马鞍山港口(集团)有限责任公司、马鞍山郑蒲新区建设投资有限公司正式入股安徽省港口运营集团有限公司。

11月28日　为深入学习贯彻全市意识形态工作会议精神,扎实推进“集中学习月”活动,市财政局召开集中宣讲报告会,邀请市委党校王春祥教授为广大党员干部解读意识形态领域工作要点。

12月7日　市十六届人大常委会第七次会议审议通过市政府关于2017年度国有资产管理情况的综合报告及2017年度企业国有资产的专项报告。受市政府委托,市财政局局长吴斌在会上作关于2017年度企业国有资产专项报告,这是市政府首次向市人大常委会报告国有资产管理情况。

12月17日和12月19日　分别经市政府2018年第23次常务会议和市委常委会研究通过,市政府印发《关于调整马鞍山市市区城镇土地使用税等级单位税额标准的通知》(马政秘〔2018〕85号),自2019年1月1日起,再次降低市区范围内城镇土地使用税等级税额标准,减轻企业税负3.5亿元。

12月31日　纳入《市直党政机关、事业单位所属企业脱钩方案》的29户企业,已有27户企业提前完成脱钩任务。

12月31日　根据人民银行金库报表,全市2018年度财政收入完成270.66亿元,同比增长10.3%。

(严峰)

芜湖市财政工作大事记

1月1日　市区基础养老金由120元/人月提高到160元/人月。

1月1日　芜湖市执行新的政府集中采购目录及采购限额标准。

1月15日　省纪委驻省财政厅纪检组长项中胜来芜征求在芜省人大代表和政协委员意见建议。

1月17日　市委书记潘朝晖调研指导市财政局“讲重作”专题警示教育“回头看”工作。

2月3日　举办干部职工迎新年文体比赛。

2月7—8日　组织全市2017年度财政决算编审工作,并荣获全省财政总决算先进单位二等奖。

3月2日　下达2018年度扶贫资金1.9亿元。

3月8日　全国妇联授予芜湖市财政局会计科“巾帼文明岗”荣誉称号。

4月17日　组织县区开展国库支付电子化改革培训。

4月18—20日　举办第二批学习贯彻党的十九大精神集中培训班。

5月18日　芜湖市财政局荣获全市综治工作(平安建设)优秀单位称号。

5月24日　全市财政违法违规行为举报受理实现全程网上办理,方便群众。

5月30日　全面启动机关事业单位养老保险清算和改革后退休人员基本养老金重新核算工作。

5月31日　印发《芜湖市市级国库集中支付动态监控预警目录》,完善预算执行动态监控。

6月19—24日　财政部驻安徽专员办对芜湖市2015—2017年新增地方政府债券使用情况进行专项核查。

6月21—25日　开展全市财政国库系统风险防控督查工作,边查边改,进一步推进风险防控。

7月1日　全市范围内城乡最低生活保障实现并轨。

7月12日—9月23日　审计署委托省审计厅对芜湖市本级和无为县进行两轮重大政策落实情况审计。

7月16日　全面动员部署“讲政治、严纪律、立政德”专题警示教育。

7 月 20 日　对市本级 10 户单位开展会计信息质量检查,并跟踪整改落实情况。

8 月 7 日　芜湖市四县财政管理绩效考评全国排名全部进入前 200 名。

8 月 21 日　兑现芜湖市第一批战略性新兴产业重点研发平台补助资金 1.6 亿元。

8 月 22 日　召开 2018 年民生工程新闻发布会,通报全市民生工程实施进展情况。

8 月 22 日　召开“讲政治、严纪律、立政德”警示教育专题民主生活会。

8 月 28 日—9 月 20 日　开展年度政府决算和部门决算的批复公开工作。

8 月 30 日　新芜经济开发区申报创新创业特色载体项目获省部专家评审通过,成为我省科技资源支撑型创新创业载体。

9 月 6 日　修订出台《芜湖市新能源汽车推广应用财政补助政策(2018—2020 年)》,进一步促进芜湖市新能源产业提质增效,推进节能减排。

9 月 26 日—11 月 30 日　组织全市各类行政事业单位财务人员 1000 余人开展《政府会计准则制度》集中培训。

9 月 27 日　芜湖市首次成功发行棚改专项债 3.425 亿元。

10 月 12 日　调整完善市区财政管理体制和国有土地使用权出让收支管理体制。

10 月份,芜湖市财政局撰写的《芜湖市非税收入管理改革历程及成效》一文,被省委党史研究室编入《辉煌之路——安徽改革开放实录》。

10 月 13 日　芜湖市隐性债务化解方案上报省委、省政府。

10 月 22 日—12 月 21 日　市委第五巡察组对市财政局开展巡察工作。

10 月 23—24 日　省政协视察团在副主席郑永飞的带领下来芜视察民生工程实施情况。

10 月 24 日　芜湖市首例远程异地政府采购项目评标在芜湖市公共资源交易新平台运行成功。

10 月 30 日　市第十六届人民代表大会常务委员会第六次会议审查并批准市本级 2018 年地方政府债务限额。

11 月 29 日　全面动员部署落实省委第一巡视组巡视反馈意见整改推进工作。

12 月 1 日　县区国库支付电子化业务正式上线。

12 月 17 日　市属公立医院债务化解方案经市防范化解重大风险工作领导小组审议通过。

12 月 24 日　省财政厅副厅长胡锡萍来芜征求在芜省人大代表和政协委员意见建议。

（范宗豹）

宣城市财政工作大事记

1 月 4 日　市财政局局长蔡修定在宣城市第四届人民代表大会第一次会议上作《关于宣城市 2017 年财政预算执行情况和 2018 年财政预算草案的报告》。

1 月 15 日　省财政厅副厅长胡锡萍来宣调研。

1 月 25 日　2017 年度全市民生工程完成情况新闻发布会召开。

2 月 1 日　财政部公布第四批政府和社会资本合作示范项目名单,宣城市阳德路道路工程,郎溪县污水处理厂及配套管网建设工程,宁国市安材、党校迁扩建及配套路网工程 3 个 PPP 项目成功入选,入选项目数在全省并列第一。

2 月 2 日　2017 年度行政事业单位国有资产报告和政府资产报表培训班举办。

2 月 2 日　举办《安徽省非税收入管理条例》宣传培训会。

2 月 7 日　组织召开全市财政收入分析调度会。

2 月 8 日　召开县(市)区国库支付电子化改革工作会议。

2 月 11 日　2017 年度民主生活会召开。

2 月 22 日　市委常委、常务副市长汪谦慎到市财政局走访调研,市政府副秘书长宋仁昕陪同调研。

2 月 28 日　开展新党章知识测试活动。

3 月 7 日　总经济师杨庆文一行到司尔特、保隆、中鼎密封件等挂牌联系重点企业,开展走访调研活动。

3 月 9 日　召开机关党的建设和党风廉政建设工作会议。

3 月 12 日　组织女同志参观现代农业综合开发示范区——广德毛竹现代科技园区。

3 月 20 日　县市区非税局长座谈会召开。

3 月 27 日　召开全体干部职工会议,动员部署

“学理论强武装、学业务增本领”学习练兵活动。

4月2日　全市民生工程工作会议暨市政府民生实事推进会召开。省政协副主席、市委书记韩军,市长张冬云分别作出重要批示,市委常委、常务副市长汪谦慎出席会议并讲话。

4月4日　召开市直民生工程工作部署会议,研究部署2018年民生工程工作。

4月11日　市财政局党组成员、副局长罗少彬带队,赴宁国市青龙乡调研指导综治联系点工作。

4月12日　召开全市政策性农业保险工作会议。

4月13日　组织学习《国家安全法》开展国家安全教育。

4月22日　在宣州区政务中心举行宣城市财政行政执法资格认证专门法律知识考试。

5月4日　召开全市预算管理工作会议。

5月12—14日　宣城考区2018年度全国会计专业技术初级资格考试在宣城职业技术学院举行。

5月7—18日　在市委党校分两期开展党的十九大精神集中轮训。

5月31日　市四届人大财政经济委员会第二次全体会议听取了宣城市政府性债务管理情况的汇报。

5月　出台《宣城市政策性农业保险经办机构考核评价暂行办法》。

5月　牵头开展设立“小金库”和滥发 津贴补贴专项整治“回头看”工作。

6月1日　组织开展安全生产宣传教育进机关活动。

6月6日　市财政局党组成员、副局长刘成一行赴安徽宣宁会计师事务所、安徽宣城方园会计师事务所调研公共服务单位民主考评和行业党建工作。

6月11日　市委组织部文件:杨庆文同志任市财政局(国资委)党组成员;刘成同志兼任市委非公有制经济和社会组织工作委员会委员。

6月15日　市财政局直属机关党委牵头组织开展市直第六片组主题党日活动,邀请局下派到贫困村任第一书记的何宁安同志讲“扶贫故事”。

6月20日　省非税局副局长张黎一行来宣城市调研非税收入征管工作。

6月28日　在宣州区召开全市民生工程现场观摩调度会。

6月　出台《宣城市地表水断面生态补偿暂行办法》。

7月4日　组织党员到宁国市梅林镇七都汪村红地革命烈士墓开展“缅怀革命先烈,弘扬烈士精神”主题活动。

7月6日　与市人社局联合举办全市机关事业单位养老保险清算业务培训会议。

7月6日　市财政局、市委组织部、市公务员局联合修订《宣城市市直机关培训费管理办法》。

7月9日　召开“讲忠诚、严纪律、立政德”专题警示教育推进会议。

7月17日　市财政局党组书记、局长蔡修定主持召开党组中心组理论学习(扩大)会议,开展“讲严立”专题警示教育和集中研讨。

7月25日　2018年上半年全市民生工程进展情况新闻发布会召开。

8月8日　召开全市民生工程调度会议,市委常委、常务副市长汪谦慎出席会议并讲话。

8月15日　召开全市财政局长座谈会。

8月16日　召开2019年市直部门预算编制工作会议。

8月17日　召开“讲严立”警示教育专题民主生活会。

8月20—30日　组织各县市区财政局开展乡镇财政建设互查互学。

8月30日　省农业水价综合改革绩效评价督导抽查组来宣开展督导工作。

8月　市财政拨付2017年度电子商务和快递业发展补助资金269.2万元。

9月8-9日　宣城考区2018年度全国会计专业技术中级资格无纸化考试在宣城职业技术学院举行。

9月14日　举办市直单位政府会计准则制度业务培训会。

9月20日　市财政局党组成员、总经济师杨庆文率工作组到国投宣城发电有限责任公司走访调研。

9月27—28日　省财政厅税法处调研员杨玉林率全省财政“七五”普法中期实地评估组,来宣城市就财政系统“七五”普法工作进行评估验收。

9月　宣城市城区河道水质提升工程、宁国市小南河、广德县熙春河3个项目共获2018年城市黑臭水体治理省级专项资金 800 万元支持。

10 月 11 日　市财政局党组书记、局长蔡修定主持召开党组(扩大)会议,动员部署"对标沪苏浙,争当排头兵"主题学习讨论。

10 月 13—14 日　宣城考区 2018 年度注册会计师全国统一考试在宣城职业技术学院顺利举行。

10 月 18 日　市财政局牵头第四工作组赴宁国开展促进"六稳"政策集中宣讲。

10 月,市财政局牵头、市委组织部等 17 个协同单位配合,共同制定了《宣城市财政性资金管理领域联合惩戒措施清单(2018 年版)》

11 月 13 日　召开政务服务工作推进会议。

11 月中旬　市财政局党组书记、局长蔡修定带队到县市区财政局开展基层财政全面从严治党和党风廉政建设工作调研。

11 月 29 日　市财政局党组书记蔡修定主持召开党组扩大会议,传达学习市委四届六次全会精神。

12 月 4 日　参加市法宣办在宛陵湖法治文化广场组织的以"尊崇宪法 学习宪法 遵守宪法 维护宪法 运用宪法"为主题的国家宪法日广场集中宣传活动。

12 月中旬　市财政局机关第一、二党支部召开党员大会,开展到期换届选举工作。

12 月 14 日　市财政局调研组一行赴宁国市青龙乡开展社会治安综合治理和平安建设工作调研。

12 月 14 日　召开全市民生工程调度会。

12 月 18 日　组织全体干部职工收看庆祝改革开放 40 周年大会,认真聆听习近平总书记的重要讲话。

12 月 25 日　省财政厅副厅长朱长才来宣调研。

铜陵市财政工作大事记

1 月 6 日　市十五届人大七次会议听取《关于铜陵市 2016 年财政预算执行情况和 2017 年财政预算(草案)的报告》。

1 月 16 日　《中国财经报》专题报道铜陵市节能减排财政政策综合示范市创建工作和绿色转型发展成效。

2 月 25 日—3 月 1 日　举办全市财政(国资)系统春训活动。

3 月　市财政局窗口连续六年被授予"红旗窗口"荣誉称号。

3 月　首次开展金融国有资产报告分析工作。

3 月　铜陵市 2 个 PPP 项目进入执行阶段。

4 月 13 日　市人大常委会副主任汪宜武率队调研财政(国资)工作。

5 月 30 日　出台促进青年干部成长的意见。

6 月 19 日　召开 2018 年度财政专项资金新闻发布会。

7 月　出台加强国有企业资产监督管理意见。

9 月　全面完成存量政府债务三年置换任务。

9 月 11—15 日　市委党校、市财政局(国资委)在中央财经大学联合举办全市财政(国资)干部综合素质能力提升培训班。

9 月 26 日　市财政局党组书记、局长黄宝林在全省市县财政预算监管工作会议(南片)作交流发言。

10 月 25—26 日　省政协副主席郑永飞率视察团来铜,视察铜陵市民生工程实施情况。

10 月　铜陵市正式设立债务评估管理中心。

10 月　《决策杂志》专题报道铜陵市涉企资金改革工作和支持实体经济发展成效。

11 月 30 日—12 月 2 日　市财政局组织开展 2019 年市本级预算公开评审工作。

12 月 13 日　召开民生工程新闻发布会。

12 月 21 日　市财政局(国资委)召开务虚会,全面总结 2018 年财政(国资)工作,认真谋划 2019 年财政(国资)工作思路。

12 月 31 日　全市财政收入完成 180.5 亿元,增长 7.6%;全市财政支出完成 152.2 亿元,增长 4.3%。

池州市财政工作大事记

1 月 10 日　市财政局出台《池州市市级预算执行动态监控通报暂行办法》。

1 月 15 日　省财政厅副厅长孟照红来池州市走访省人大代表,征求省人大代表对全省 2017 年预算执行情况和 2018 年预算草案报告的意见和建议。

2 月 10 日　市财政局启动行政事业单位经管资产报告及自然资源国有资产报告试点工作。

2 月 12 日　市财政局召开 2017 年度党员领导干部民主生活会,市委常委、市纪委书记、市监察委主任张勇到会指导。

3月1日 全市财政国资暨民生工作会议召开，市委常委、常务副市长聂爱国出席会议并讲话。

3月1—6日 市财政局(国资委)党委对市属国企2017年党建工作进行考评。

4月 市财政局开展形式主义官僚主义问题大排查大调研活动。

4月 市财政局启动财政扶贫领域腐败和作风问题专项治理工作。

5月21—25日 市财政局在上海财经大学举办财政改革与财政政策培训班。

5月28日—7月9日 市委第二巡察组巡察市财政局。

5月 市财政局开展“四送一服”系列活动。

6月 市财政局开展市直行政事业单位财务管理情况专项检查。

6月23—24日 省财政厅厅长罗建国来池开展水环境治理生态补偿工作调研。

6月28日 市财政局“七一”前夕走访慰问困难党员。

7月6日 市财政局召开“讲忠诚、严纪律、立政德”专题警示教育动员部署会。

7月17日 市长雍成瀚主持召开市深化国资国企改革领导小组第一次会议。

7月27日 市财政局赴青阳县宾山革命纪念馆开展革命传统教育 。

8月28日 市财政局召开“讲忠诚、严纪律、立政德”警示教育专题民主生活会。

8月15日 市财政局召开巡察反馈会。

8月30日 市财政局召开巡察整改动员会，全面部署巡察整改工作。

9月 市财政局开展“作风建设回头看”活动。

10月19日 市财政局召开全市“小金库”防治工作布置会。

11月26日 市财政局召开财政管理暨党风廉政建设工作会议。

12月13日 市财政局首次向市人大常委会报告国有资产管理情况。

安庆市财政工作大事记

1月8日 市人大决定批准《关于安庆市2017年预算执行情况和2018年预算草案的报告》，批准安庆市2018年市本级预算。

1月11日 2017年度市直机关财经综合片“双向述职”评议会在市财政局召开，市财政局获财经片2017年党建工作优秀单位称号。

2月 市属国有企业党委正式成立，标志着安庆市初步建立管资本与管人、管党建相结合的国有资产管理体制，形成统一出资、规范管理、协同发展的全覆盖监管新格局。

2月26日 纳入专户管理的非税收入资金电子化清算正式上线，国库集中支付所有资金电子化清算全部顺利上线并平稳运行。

3月7日 安庆市在全省率先制定《安庆市本级财政票据代开业务管理办法》。

3月23日 市民生工程协调领导小组第一次会议，审定各地2017年度民生工程考核情况、讨论2018年民生工程考核办法。

3月 桐城市、潜山市、岳西县、望江县、太湖县被确定为国家扶持村级集体经济发展试点县。

4月12日 市政府出台《安庆市人民政府关于2018年实施33项民生工程的通知》，决定2018年继续实施33项民生工程。

4月25日 省政府办公厅对2017年落实有关重大政策措施真抓实干成效明显的地方予以通报表扬，安庆市作为推广政府和社会资本合作(PPP)模式成效明显、社会资本参与度较高的城市再次获得省政府表彰。

4月26日 市本级正式运行新版预算执行动态监控系统。

5月4日 市政府与各县(市、区)政府签订民生工程目标责任书。

5月8日 召开市属国有企业党委第一次会议。

5月14—15日 安徽证监局党委书记、局长叶锦伟率调研组来安庆市调研企业上市工作。

5月28日 印发《市属国有企业党委工作规则》《市属国有企业党委委员职责分工》等规章制度，加强市属国有企业党委自身建设。

5月 安庆市在各乡镇(街道)按每年不低于5万元设立临时救助备用金制度。

6月初 市财政局荣获“第六批选派帮扶工作先进单位”称号。

6月29日 安庆市惠农补贴资金“一卡通”系统拓展应用改革工作顺利完成。

7月初　安庆市启动国有集体中小企业改革攻坚工作。

7月4日　安庆市组织开展巡察乡镇财政所(分局)工作专项行动。

7月　完成2017年度的税式支出测算工作,共测算307个项目,涉及13个税种。

7月底　各县(市、区)基本实现国库支付电子化管理改革,电子化管理实现全覆盖。

8月1—2日　组织开展"走基层,看民生"集中采访活动。

8月　安庆市被省财政厅确定为全省统一公共支付平台暨非税新系统应用首批三个试点城市之一,公安交管规费率先实现"网上缴费"。

8月2日　市人大主任会议听取全市2017年度民生工程绩效评价情况汇报。

8月26日　市十七届人大常委会第七次会议审议通过2017年市本级财政决算报告。

9月初　市本级7所学校开展"网上支付"试点工作,近6000名学生通过"网上支付"缴纳学杂费,一次缴费率达99%。

9月4日　报市政府同意,提高部门预算公用经费综合定额标准,新增一级行政及参公单位独立办公大楼运行费。

9月7日　召开2019年市级部门预算编制工作会议,部署安排2019年部门预算及2019—2021年三年滚动财政规划编制工作,启动全面实施绩效管理工作。

9月17—21日　联合市委组织部组织50名财政金融干部到厦门大学举办金融服务经济高质量发展专题培训班。

9月　制定出台市属企业国有资本收益收取管理办法。

10月9日　省民生办来宜调研督查民生工程实施情况。

10月12日　同安控股、交投公司党委,金融控股公司党支部成立,着力推进全面从严治党向基层延伸。

10月17日　市委常委、常务副市长张君毅主持召开全市民生工程推进会,安排年内重点工作。

10月21日　安庆市第十七届人民代表大会常务委员会第八次会议批准市本级政府债务限额和预算调整方案。

11月3—4日　绕推进国资国企改革重组、建立现代企业制度、提升企业领导干部的改革创新精神、推动职业经理人队伍建设等,举办职业经理人素质提升研修班。

11月7日　市财政局举办"聚焦高质量 争当排头兵"宣讲报告会,邀请市委讲师团团长曹芦春做专题辅导。

11月10日　市财政局获得市直机关第十套广播体操表演赛二等奖。

11月13—14日　市财政局邀请部分省市民生工程特邀监督员深入桐城市、怀宁县等地开展民生工程督查活动。

11月22日　全市金融环境专项整治行动动员部署会召开,启动新一轮金融环境专项整治行动。

12月2日　安庆市财政服务经济高质量发展培训班在厦门大学开班。

12月13—14日　邀请部分省市民生工程特邀监督员赴桐城市、怀宁县开展督查活动

12月17日　市财政出台《关于进一步明确高新区收入范围的函》(财编函〔2018〕133号),理顺市与高新区财政管理体制,全力支持高新区推行财政预算管理,尽快实现自我收支平衡。

12月26日　提请市政府出台《安庆市基本公共服务领域共同财政事权和支出责任划分改革实施方案》,科学界定基本公共服务领域共同财政事权市以下权责,明确基本公共服务领域共同财政事权范围。

12月　安庆市基本完成范围内国有企业职工家属区"三供一业"分离移交工作。

黄山市财政工作大事记

1月5日　受市人民政府委托,市财政局局长汪德宝在黄山市第七届人民代表大会第一次会议上书面报告《关于黄山市2017年财政预算执行情况和2018年财政预算草案》。

1月12日　开展单位往来户资金清理审核工作。

1月18日　黄山市第七届人民代表大会常务委员会第一次会议决定任命:汪德宝为黄山市财政局局长。

2月5—9日　开展惠农补贴资金管理发放及乡镇财政资金监管绩效评价市级核查工作。

2月6—9日　全市决算报表集中编审工作会议召开。

2月7日　2017年度市属企业党委书记抓党建述职评议会召开,完成党工委系统述职评议工作。

2月8日　市长孔晓宏赴歙县金川乡长源村开展扶贫慰问调研。市人大常委会副主任黄仁麟,市财政局主要负责同志参加调研。

2月8日　黄山市与淳安县环境监测站开展新安江联合监测技术交流,建立长效联动机制,为新安江水环境管理提供更好技术支撑,确保新安江水环境安全。

2月9日　市财政局会同市环保局、市地税局联合召开《环境保护税法》实施新闻发布会,标志着环境保护费改税工作在黄山市正式开始实施。

2月9日　完成市属企业党委民主生活会的指导工作,并召开市属企业党委2017年度民主生活会。

2月26日　完成黄山市新安江绿色种子基金合伙企业(有限合伙)注册,总规模1亿元,由新安江绿色发展基金与管理机构中非信银合作组建,标志着黄山市新安江绿色发展基金母子基金模式转型迈出坚实的一步。

2月27日　市编委会研究决定,市财政干部教育中心并入市委党校。

2月　黄山市黄山区浦溪河(城区段)综合治理PPP项目成功入选财政部第四批PPP示范项目。

3月12日　全国人大代表、黄山市长孔晓宏就落实生态文明、生态补偿试点等,探索"绿水青山"向"金山银山"有效转化途径、发展乡村旅游等方面问题,着力打造生态文明建设安徽样板的示范先行区。

3月14日　财政部安徽专员办来黄山市开展置换债专项检查。

3月15日　省财政厅在黄山市开展全省惠农补贴"一卡通"网络软件系统操作技能培训。安庆、池州、宣城、黄山四地市及所属县区具体经办人员共计90人参加培训。

3月27—28日　省委副书记信长星在黄山市调研新安江流域综合治理工作。

3月30日　市委常委、常务副市长刘孝华到市城投集团调研,并召开市属企业改革转型座谈会。

3月30日　印发《黄山市财政局2018年人大建议和政协提案办理工作实施方案》(黄财办〔2018〕97号)。市财政局共承办建议提案60件,其中:省人大建议1件(协办)、市人大建议31件(主办9件、协办22件)、市政协提案28件(主办7件、协办21件)。

4月3日　《黄山市人民政府关于2017年度政务公开工作先进单位和先进个人的通报》(黄政秘〔2018〕14号)通报表彰市财政局为2017年全市政务公开工作先进单位。

4月17—18日　皖浙两省财政厅、环保厅和黄山市财政局、环保局等有关单位赴淳安县,会商新一轮新安江流域生态补偿机制建设工作。

4月20日　召开全市民生工作领导小组(扩大)会议,部署2018年度民生工程工作任务,强化目标,分解任务,落实责任,签订目标责任书。

4月23日　市长孔晓宏主持召开新安江流域综合治理领导小组暨河长制会议,市委常委、常务副市长刘孝华,副市长毕普民,市政协副主席万国庆等参加会议。

5月1—31日　会同省"四送一服"工作组开展为期一个月的"四送一服"专项调研。

5月5日　黄山市第三届少儿珠心算能力比赛暨安徽省第五届全国珠心算选拔赛在大位小学举行。

5月9日　市委、市政府办公厅《关于2017年区县党政领导班子和主要负责同志及市直和驻黄帮扶单位脱贫攻坚工作成效考核情况的通报》(办字〔2018〕34号),市财政局在2017年脱贫攻坚工作成效考核评价为"好"等次,这是继2016年市财政局再获此殊荣。

5月10日　财政部副部长刘伟率经建司负责同志来黄山市考察调研新安江流域生态补偿工作,省财政厅罗建国厅长、副厅长王召远,市长孔晓宏、秘书长洪建春,市财政局和市环保局主要负责同志陪同调研。

5月12—18日　组织3243人次参加黄山考点2018年度全国会计专业初级资格无纸化考试。

5月14日　市属国有企业外派监事会对市属企业重要决策是否经党委会前置研究情况开展专项督查。

5月17—25日　市财政局联合市人社局、市就业人才局组成联合督查组赴各区县开展失业保险基金市级统筹情况专项督查。

5月21日　开展2018—2020年度市直党政机关公务用车统一保险采购,人寿、人保、国元三家保险公司中标,成为新一轮市直公务用车的定点保险公司候选人。

5 月 25 日　会同市人行召开全市县区国库支付电子化改革启动会。

5 月 28 日　通过单一来源采购,《黄山市山水林田湖草生态保护修复方案编制采购项目》由中国科学院生态环境研究中心中标,标志着黄山市将与中科院通力合作、优势互补、携手申报山水林田湖草项目。

5 月 26—27 日　黄山市珠算代表队参加安徽省第五届珠心算比赛,6 人获特等奖,16 人获一等奖,黄山市珠算协会荣获“最佳组织奖”。

5 月 29 日　省财政厅下达黄山区中央农村综合性改革试点试验资金 2500 万元,标志着该区成功入选国家级农村综合性改革试点。

5 月 31 日　完成 5 户市属企业 2017 年度经营业绩考核。

5 月　黄山市东黄山国际小镇基础设施项目成功纳入财政部 PPP 项目库。据统计,黄山市 13 个项目纳入财政部项目库(其中财政部示范项目 2 个)。涉及生态建设和环境保护、交通运输、特色小镇建设、公共服务等领域,项目投资额达 52.17 亿元。

6 月 10—26 日　市“滥发津贴补贴、小金库”专项整治领导小组抽调人员组织 5 个重点检查小组对市直 50 家单位和所有区县进行重点检查和督查。

6 月 15 日　黄山市政策性农业保险理赔开通保险公司直接支付“直通车”。

6 月 21 日　开展县区国库支付电子化项目政府采购集中议价,加快推进电子化改革进程。

6 月 21 日　黄山市第七届人民代表大会常务委员会第四次会议听取市财政局局长汪德宝受市人民政府委托所作的《关于 2018 年市中心城区棚户区改造工程政府采购项目资金纳入财政预算的说明》,审查了市人民政府提出的 2018 年市中心城区棚户区改造工程政府采购项目资金纳入财政预算的议案,决定批准 2018 年市中心城区棚户区改造工程政府采购项目资金纳入财政预算。

6 月 25—26 日　世界银行贷赠款管理局局长侯薇(Vicki Ho)女士、集团信息技术融资局局长芮阿瑟(Arthur Riel)先生等一行 4 人,在财政部国际财金合作司资金处调研员韩肃陪同下,来黄山市开展世行贷款“黄山新农村建设示范项目”现场考察。

6 月 26 日　配合人大预算工委做好对市级决算(草案)和 10 个单位的决算草案文本的初审工作。

6 月 27 日—7 月 1 日　参加为期一周的全省 2017 年度政法转移支付资金及装备报表汇编。

6 月 28 日　组织召开 2019 年市级部门预算编制启动会议。

7 月 2—12 日　市财政局联合市审计局、市经信委、市金融办对促进新型工业化发展专项资金开展检查。

7 月 13 日　市财政局组织召开市直预算单位财务人员预算编制软件培训会。

7 月 17 日　下达 2018 年市文化产业专项资金 50 万元,对 2017 年新增入规文化企业、省民营文化企业 100 强等进行奖励。

7 月 18 日　黄山市在全省率先完成 2018 年企业基本养老金调整发放工作,企业退休人员月人均增资 126 元。

7 月 18—21 日　黄山市组织选手代表省珠协参加全国第五届珠心算比赛,6 名参赛选手荣获 4 个个人二等奖,2 个个人三等奖,3 个团体二等奖,2 个团体三等奖,2 名参赛教练荣获优秀教练奖。

7 月 23 日　市委书记任泽锋主持召开新安江流域综合治理领导小组暨农村环境“三大革命”工作领导小组会议,传达贯彻省新安江流域生态补偿机制建设经验座谈会精神,研究部署新安江流域综合治理和农村环境“三大革命”工作。

7 月 24 日　黄山市在全省率先完成 2018 年机关退休人员养老金调整发放工作,机关事业退休人员月人均增资 165 元。

7 月 25—26 日　由中共安徽省委宣传部和中共黄山市委主办、中共黄山市委宣传部和安徽省中国特色社会主义理论体系研究中心承办的“践行新思想·建设新安徽”论坛“习近平生态文明思想的新安江实践”理论研讨会在屯溪举行。来自省内外的专家学者围绕主题,深入学习习近平生态文明思想,纵论“习近平生态文明思想的新安江实践”。

8 月 1—3 日　省委书记李锦斌深入黄山市调研新安江流域生态补偿机制建设情况,省领导邓向阳、陶明伦陪同调研,何树山参加座谈会。

8 月 3 日　市属国有企业外派监事会对市属企业及重要子公司董事会建设情况开展专项督查。

8 月 5 日　全市农村生活污水治理 PPP 项目(一

期)签约仪式及项目推进会在屯举行,标志着黄山市农村生活污水治理PPP项目建设正式启动。

8月10日　市财政局召集税务、统计、科技和经信委等5家单位开展留抵退税工作,拟留底退税企业40户,涉及留抵税额退税额为2112.5万元。

8月13日　下发市属国有企业关于上交国有资本收益的通知,做好市级国有资本收益征缴工作。

8月16日　在市财政局网站更新黄山市政府性基金目录清单、黄山市涉企行政事业性收费目录清单和黄山市行政事业性收费目录清单。

8月21日　财政决算报告提交七届人大五次会议审议通过。

8月22日　市财政局召开改革开放四十周年新闻发布会,市财政局汪德宝局长参加并向记者介绍财政改革工作。

9月8—9日　黄山市圆满完成2018年度全国会计专业技术资格中级职称无纸化考试组织工作,报名考生2403人参考1074人,出考率为44.6%。

9月10日　市财政局在市政府网站信息公开专栏公开2017年度财政总决算,公开内容涵盖全市及市本级一般公共预算收支决算、政府性基金收支决算、国有资本经营收支决算和社会保险基金收支决算,包括市人代会报告、决算报表及相关说明等共计35项内容。

9月12日　经市政府同意,市财政局会同市金融办对《市本级财政性资金存放商业银行考核评价激励办法》部分指标进行调整,并依据新的指标考核方案对银行进行考核。

9月17日　新安江流域印发全面推广"生态美超市"实施方案,总结"生态美超市"统一门牌、管理办法等相关事宜。

9月21日　出台《市直单位预算支出进度考核办法》。

9月26日　黄山区第一笔授权支付600元由黄山太平农村商业银行完成支付并与区人行国库完成清算。

9月27日　首笔直接支付业务1424.7万元从祁门县人民银行成功清算至祁门农村商业银行,黄山市县区国库集中支付电子化改革正式上线运行。

9月28日　由市政府、安徽省投资集团、江苏高科技投资集团主办的安徽省专精特新专项基金落地黄山签约仪式在屯溪举行。

10月22日　黄山市获全省2017年度社会保险基金预决算绩效评价一等奖(位列全省第一名),受省财政厅、省人社厅、省卫计委、省税务局通报表彰。

10月26日　市人大常委会副主任叶正军带队开展民生工程视察工作,深入了解项目实施进展情况以及项目实施过程中遇到的困难和问题,指导促进全市民生工程建设。

11月1日　选举成立中共黄山市财政局机关党委、中共黄山市财政局纪律检查委员会,鲍英奎同志担任机关党委书记,吴平同志担任机关党委副书记、机关纪委书记。

11月2—3日　市财政局会同市农委开展农民负担执法检查及村级集体"三资"管理督查工作,督促区县抓好巡察问题整改工作。

11月9—12日　黄山市成功举办2018第十六届中国水论坛暨第二届新安江绿色发展论坛,国家领导、部委领导、院士专家、领军企业、金融机构、知名学者等在内的1300余位嘉宾参加论坛。

11月26—27日　生态环境部水生态环境司、环境规划院在杭州市召开第三届中国流域水质目标精细化管理暨水生态环境保护学术研讨会,黄山市财政局(新保局)受邀参加,汪德宝局长作关于新安江流域跨省生态补偿实施情况的报告。

11月28日　市政府常务会研究通过2018年市级新增债分配方案。

11月30日　市人大主任会议审议通过市级新增债分配方案。

12月3—4日　第七届生态保护补偿研讨会在黄山市召开。会议以"生态保护可持续融资市场化与多元化"为主题,国家发展改革委西部开发司副巡视员郭旭杰、亚洲开发银行东亚局主任环境专家Pavit Ramachandran、生态环境部环境规划院副院长何军等出席开幕式。

12月4—5日　中纪委国家监委驻财政部纪检监察组组长赵惠令一行赴徽州区、歙县调研财政支持生态文明建设。省财政厅厅长罗建国、派驻纪检组组长项中胜,市委书记任泽锋,市政府常务副市长刘孝华等参加调研。

12月5日　市七届人大七次会议审议通过2018年市级预算调整方案。

12月7日　黄山市签署《世界银行贷款中国医疗卫生改革促进结果导向型项目的转贷执行协议》,

获中国医疗卫生改革促进项目世行贷款1000万美元额度。

12月10日 市人大组织人大代表、专家评委对2019年重点项目预算安排进行评审论证。

12月13日 省珠算心算协会发文表彰黄山市在第二十七届海峡两岸珠心算通信比赛中,荣获一名优秀个人奖、一名优秀教练奖,市珠算协会荣获“组织推广奖特等奖”。

广德县财政工作大事记

1月25日 财政局组织党员干部前往广德地税廉政分基地参观教育基地,开展警示教育。

1月28日 完成全县2018年度部门预算公开工作。

2月2日 县财政局党组书记、局长陈智勇一行深入结对共建村——东亭乡高峰村、颂祥村走访慰问困难群众和党员。

2月6日 广德县财政局在邱村镇集贸市场参加“我们的节日·春节暨文化科技卫生‘三下乡’”活动。

2月8日 组织召开全县2017年度行政事业单位内部控制报告填报软件培训会。

2月22日 县长陈红英看望慰问财政干部。

2月26日 在全省财政系统反腐倡廉建设工作视频会议上,广德县财政局被授予“2013—2017年度全省财政系统先进集体”荣誉称号。

3月6日 召开2018年全县财政系统工作会议。

3月7日 局机关妇委会组织了以“巾帼心向党,建功新时代”为主题的踏青登山活动。

3月9日 召开2018年全县财政工作会议。

3月9日 开展春训趣味运动会。

3月14日 县财政局赴郎溪县学习考察涉农资金整合工作。

3月28日 县财政局召开创建全国文明城市工作调度会。

4月3日 局机关干部职工集中前往县烈士陵园开展清明祭扫英烈活动。

4月23日 2017年财政供给单位人员信息系统数据更新工作完成。

5月8日 召开学习贯彻党的十九大精神集中培训会议。

5月8日 邀请县委党校副校长王恒作学习贯彻党的十九大精神专题宣讲。

5月9日 召开2018年财政全面从严治党和党风廉政建设工作会议。

5月9日 开展学习贯彻党的十九大精神集中培训暨廉政警示教育活动。

5月16日 举办学习贯彻十九大精神专题党课讲座。

5月18日 深入选派村开展调研。

5月31日 召开全县2019年预算编制工作会议。

6月19日 广德县举办民生工程“集中宣传日”活动。

6月29日 召开纪念建党97周年大会。

7月2日 开展2018年度乡镇财政业务互审暨财政督查工作。

7月19日 召开“讲忠诚、严纪律、立政德”专题警示教育推进会。

7月31日 召开“讲严立”专题警示教育民主生活会会前征求意见座谈会。

7月31日 开展廉政集体谈话。

8月1日 开展“八一建军节”爱国拥军慰问活动。

8月3日 阜阳市财政局一行六人来我局开展国库系统风险防控检查工作。

8月15日 调研新杭镇金鸡笼村革命老区项目落实情况。

9月6日 县财政局召开以吴宗萍案为鉴财政系统“严禁违规收受礼品礼金”专题警示教育活动动员会。

10月11日 开展2017年东冲村革命老区建设项目绩效评价工作。

10月17日 开展“重阳送健康”志愿服务活动。

10月31日 县财政局到新杭镇财政局就进一步规范企业财政扶持展开深入调研。

11月2日 召开农业综合开发土地治理项目建设推进会。

11月7日 市财政局深入东亭财政所视察基层党建工作的开展情况。

12月4日 参加全县在夫子庙广场组织召开的“宪法宣传周”启动仪式暨“12.4”国家宪法日集中宣

传活动。

12月18日　集中收看庆祝改革开放40周年大会。

12月26日　召开退休老干部新春座谈会。

宿松县财政工作大事记

1月16日　举办乡镇财政资金监管改革培训班。

3月16日　全县财政系统工作会议。

4月26日　全县财政系统反腐倡廉建设工作会议。

4月　抽调机关干部组建脱贫攻坚包保专班。

5月23日　部署开展财政扶贫领域腐败和作风问题专项治理工作。

6月2日　全县财税暨民生工作会议。

6月26日　国库集中支付电子化支付平台上线。

7月1日　惠农补贴发放管理平台拓展延伸正式运行。

7月6日　安徽省酷米智能科技股份有限公司在中国证监会安徽省证监局办理上市辅导备案登记。

7月14日　组织党员干部赴金寨县开展革命传统教育。

7月23日　成立新时代传习所。

7月23日　部署开展"讲严立"专题警示教育。

8月8月 全县资产收益和金融扶贫工作现场观摩推进会。

9月17日　举办政府会计制度改革暨会计管理业务培训班。

11月1日　启动为期半年的新一轮金融环境专项整治行动。

11月16日　部署开展"聚焦高质量,争当排头兵"解放思想大学习大讨论活动。

12月27—28日　举办宿松县农村财会人员财政民生(支农)政策培训班。

财经规章篇

规范性文件

安徽省财政厅　安徽省教育厅关于印发《安徽省中央专项彩票公益金支持学前教育发展资金管理办法》的通知

财教〔2018〕171 号

各市、县(区)财政局、教育局:

为贯彻落实《财政部关于"十三五"时期中央专项彩票公益金支持地方社会公益事业发展安排以及下达 2017 年资金的通知》(财综〔2017〕47 号)精神和国家有关法律制度规定,省财政厅、省教育厅研究制定了《安徽省中央专项彩票公益金支持学前教育发展资金管理办法》,现予印发,请遵照执行。

安徽省中央专项彩票公益金支持学前教育发展资金管理办法

第一章　总　则

第一条　为规范和加强中央专项彩票公益金支持学前教育发展资金(以下简称专项资金)管理,提高资金使用效益,根据《彩票公益金管理办法》(财综〔2012〕15 号)、《财政部关于"十三五"时期中央专项彩票公益金支持地方社会公益事业发展安排以及下达 2017 年资金的通知》(财综〔2017〕47 号)和国家有关法律制度规定,结合我省实际,制定本办法。

第二条　本办法所称专项资金,是指中央财政"十三五"时期通过专项彩票公益金支持学前教育发展的资金。

第三条　专项资金由各级财政部门和教育部门共同管理。省财政厅负责会同省教育厅将专项资金分配下达到市县,对专项资金使用情况进行监督检查。省教育厅负责指导市县编制项目规划,审核市县申报材料,会同省财政厅审定后,制定全省 2017—2020 年中央专项彩票公益金支持学前教育发展项目规划及分年度实施计划,同时推动项目组织实施,对项目执行情况进行专项检查和绩效评价。项目规划及分年度实施计划由省财政厅报财政部备案;市县教育、财政部门具体负责项目实施和资金管理工作。

第四条　专项资金分配使用管理遵循"省级统筹、县区实施;突出重点、奖补结合;公平公正、规范透明"的原则,并自觉接受审计、监察部门和社会各方面的监督。

第二章　资金使用范围

第五条　专项资金支持的范围覆盖全省,并向国家集中连片特困地区、国家和省扶贫开发工作重点县等 32 个县区(以下简称贫困地区),特别是 9 个深度贫困县予以倾斜。

第六条　结合第三期学前教育行动计划等各级财政相关资金和项目,统筹安排专项资金项目规划,按贫困地区和其他地区分类支持,确定专项资金使用范围。

第七条 贫困地区专项资金,主要用于奖补支持国家和省级扶贫开发重点县普惠性民办幼儿园发展。对普惠性民办幼儿园,通过奖补的方式,补助其维修、改扩建园舍和配备必要的玩教具、保教和生活设施设备,帮助提升保教质量。

第八条 其他地区专项资金,与第三期学前教育行动计划统筹实施,主要用于支持新建、改扩建公办幼儿园,配备必要的玩教具、保教和生活设施设备,进一步扩大公办幼儿园教育资源。

第九条 专项资金奖补支持的普惠性民办幼儿园,必须是按照《安徽省教育厅 安徽省财政厅 安徽省物价局关于扶持和规范普惠性幼儿园发展的意见》(皖教基〔2017〕23 号)进行认定并挂牌的普惠性民办幼儿园。未进行认定挂牌的民办幼儿园及各类看护点不纳入支持范围。

第十条 专项资金支持的新建、改扩建公办幼儿园,从《安徽省第三期学前教育行动计划实施方案(2017—2020 年)》确定的项目库中遴选,优先支持纳入《省委、省政府关于加强基层基本公共服务功能建设的意见》(皖发〔2017〕39 号)确定的基本公共服务学前教育项目。未列入《安徽省第三期学前教育行动计划实施方案(2017—2020 年)》项目库、但符合当地学前教育布局规划的公办幼儿园建设项目,各地可结合实际纳入支持范围。

第三章 资金分配与拨付

第十一条 省财政厅、省教育厅按照因素法分配专项资金,因素分基础与投入因素、绩效与管理因素两大类。具体子因素按专项资金不同用途进行分类设置,其中:

支持贫困地区普惠性民办幼儿园发展资金子因素包括学前教育幼儿数、普惠性民办幼儿园在园幼儿数、普惠性民办幼儿园数在民办幼儿园中占比、专项资金支持普惠性民办幼儿园发展项目任务完成情况、专项资金管理和使用情况等。

支持其他地区新建、改扩建公办幼儿园资金子因素包括学前教育幼儿数、第三期学前教育行动计划规划项目数、幼儿园生均公共财政预算事业费支出、专项资金支持新建和改扩建公办幼儿园项目进展情况、专项资金管理和使用情况等。

因 2018 年为项目实施起始年度,自 2019 年起,将上一年度项目任务完成及资金使用管理绩效情况纳入分配因素。

各因素数据主要通过相关统计资料、各市县资金申报材料以及考核结果获得。

第十二条 中央专项彩票公益金预算(含提前下达预算指标)下达我省后,省财政厅、省教育厅在 30 日内按照预算级次将预算合理分配,下达到市县,并就专项资金使用管理提出明确要求,同时抄送财政部驻安徽省财政监察专员办事处。

第十三条 市县财政和教育部门应当在收到上级预算文件后的 30 日内,将专项资金按项目规划分配落实到具体项目或者幼儿园,资金分配结果应当同时录入学前教育相关管理信息系统。

第十四条 专项资金要严格执行国库集中支付制度,确保专款专用。属于政府采购范围的项目,应该严格执行政府采购法律制度规定。

第四章 资金申报与管理

第十五条 县级财政、教育部门应当在每年 3 月 15 日前,向市财政、教育部门报送当年专项资金申报材料;市财政、教育部门审核汇总后,于每年 3 月底前,向省财政厅、省教育厅报送当年专项资金申报材料。省财政厅、省教育厅对各市专项资金申报材料进行审核汇总,及时上报财政部,并抄送财政部驻安徽省财政监察专员办事处。

第十六条 专项资金申报材料主要内容包括:

(一)上年度专项资金安排使用情况,主要内容包括上年度专项资金支持的项目组织实施及绩效目标完成情况、专项资金安排使用情况、市县财政投入情况、主要管理措施、项目实施成效、问题分析及对策。

(二)当年专项资金安排使用计划,主要内容包括当年专项资金预算安排情况、项目实施计划和绩效目标、重点工作任务和推进措施,绩效目标要明确、具体、可考核。

第十七条 专项资金申报材料作为开展绩效评价和资金分配的依据之一。逾期不提交申报材料的市,在分配当年资金时,“绩效与管理”因素相应作扣减处理。

第十八条 省教育厅、省财政厅建立专项资金支持项目库,统筹组织、指导协调各市县项目管理工作。市级教育、财政部门加强对所辖县区项目管理的督促指导。县区教育、财政部门负责专项资金分配拨付、组织实施、指导协调、监督管理和绩效评价工作。

第十九条 专项资金支持项目原则上应在专项资金下达到市县后两年内完成。若有结余资金，由市县财政部门统筹安排用于学前教育，并在下年度专项资金申报材料中专篇说明具体情况。

第二十条 项目预算下达后，因不可抗力等客观原因导致项目无法实施时，按规定履行项目变更和预算调剂审批手续。

第二十一条 实施专项资金支持的园舍及设施建设维修类项目，属于基本建设的，应当履行基本建设程序，严格执行相关建设标准和要求，项目要符合抗震、消防和综合防灾要求，确保工程质量。

第二十二条 项目完成后要及时办理验收和结算手续，同时办理固定资产入账手续。未经验收或验收不合格的建设项目和设施设备不得交付使用。

第二十三条 专项资金资助的基本建设设施、设备，应当以显著方式标明“彩票公益金资助－中国福利彩票和中国体育彩票项目”标识。

第五章 绩效评价与监管

第二十四条 建立绩效评价制度。省教育厅会同省财政厅根据各市县项目实施进展情况，适时组织开展绩效评价（绩效评价工作方案另行制定）。各市县制定的项目实施计划和绩效目标将作为省教育厅、省财政厅对各市县进行绩效评价的主要依据，绩效评价结果作为分配各市县资金的依据。市县教育、财政部门应当加强专项资金的绩效管理，建立健全全过程预算绩效管理机制，不断提高资金使用效益。

第二十五条 建立监督检查制度。市县财政部门应当将专项资金管理使用情况列入重点监督检查范围，加强专项资金的监督检查。各级教育部门应当对专项资金的使用管理及效果进行定期检查。各幼儿园应当强化内部监管，自觉接受外部监督，配合审计机关将专项资金使用情况纳入每年重点审计内容，进行全过程跟踪审计。有条件的地方，还可以通过政府购买服务，聘请具备资质的社会中介组织参与监督检查、绩效评价。

第二十六条 建立信息公开制度。市县财政部门会同教育部门要按照财政预算公开的总体要求，通过部门网站等方式，向社会公示专项资金支持的项目总体规划、年度资金安排等情况。获得专项资金支持的幼儿园，应当全程公开项目立项、实施和验收的相关信息。

第二十七条 专项资金要建立“谁使用、谁负责”的责任机制。严禁将资金用于平衡预算、偿还债务、支付利息、对外投资、人员津补贴等支出。对于挤占、挪用、虚列、套取补助资金等行为，按照《预算法》《财政违法行为处罚处分条例》等国家有关法律规定严肃处理。

第二十八条 各级财政、教育部门及其工作人员在专项资金分配方案的制定和复核过程中，违反规定分配资金或者向不符合条件的单位（或项目）分配补助资金以及滥用职权、玩忽职守、徇私舞弊的，按照《预算法》《公务员法》《行政监察法》《财政违法行为处罚处分条例》等国家有关法律规定追究责任；涉嫌犯罪的，移送司法机关处理。

第六章 附 则

第二十九条 本办法由省财政厅、省教育厅负责解释和修订。各地财政、教育部门可以依据本办法，制定当地专项资金管理和使用的具体办法或者实施细则。

第三十条 本办法自印发之日起施行。

安徽省财政厅 安徽省水利厅关于印发《安徽省财政农田水利“最后一公里”建设专项奖补资金管理办法》的通知

财农〔2018〕221号

各市、县（区）财政局、水利（务）局：

为加强和规范省级水利资金分配、使用和管理，根据《安徽省人民政府办公厅关于印发〈安徽省财政一般性转移支付资金管理办法〉和〈安徽省省级财政专项资金管理办法〉的通知》（皖政办秘〔2017〕271号）等有关规定，省财政厅、省水利厅制定了《安徽省财政农田水利“最后一公里”建设专项奖补资金管理办法》。现予印发，请遵照执行。

安徽省财政农田水利“最后一公里”建设专项奖补资金管理办法

第一条 为加强和规范省级水利资金分配、使用和管理,提高资金使用的规范性、安全性和有效性,促进全省农田水利改革发展,根据《安徽省人民政府办公厅关于印发〈安徽省财政一般性转移支付资金管理办法〉和〈安徽省省级财政专项资金管理办法〉的通知》(皖政办秘〔2017〕271 号)等有关规定,制定本办法。

第二条　奖补资金设立。本办法所称省财政农田水利"最后一公里"建设专项奖补资金,是指依据《安徽省人民政府办公厅关于印发安徽省农田水利"最后一公里"建设五年行动计划的通知》(皖政办秘〔2017〕337 号)(以下简称"行动计划"),省财政设立的农田水利"最后一公里"建设专项奖补资金(以下简称"奖补资金")。

第三条　补助范围。对在"行动计划"内承担实施的 2301 万亩小型农田灌排区建设的县(区),省财政安排专项奖补资金给予补助。"行动计划"内其余 1765 万亩农田水利建设任务,按规定由农业综合开发、土地整治、新增千亿斤粮食生产能力、高效节水灌溉等项目承担,执行各自项目资金管理规定。

第四条　基本原则:

(一)政府主导、社会参与。各级财政加大对农田水利"最后一公里"建设投入,以财政投入为主,吸引村集体、企业、农民专业合作组织、农业社会化服务组织、家庭农场、种养大户、农户等农业经营主体,共同投入农田水利建设。

(二)先建后补、综合奖补。县(区)水利、财政部门负责筹集落实项目资金,按照规划和年度实施方案开展项目建设。有条件的市,应加大对所属县(区)项目建设支持力度。省财政根据县(区)年度项目实施完成情况、实际治理片区面积及资金投入情况,给予一定比例的奖补资金。

(三)扶贫优先、统筹兼顾。优先加大对贫困县小型农田灌排区建设支持力度,优先支持贫困村 2020 年前完成规划内建设任务。应将支持小型农田灌排区建设,与支持脱贫攻坚、行蓄洪区建设、高效节水灌溉、农业水价综合改革、涉农资金统筹整合等相关规定有机衔接,统筹协调推进。

(四)绩效管理、强化监督。按照全面实施绩效管理要求,将项目实施及资金使用绩效,作为完善奖补资金政策、安排预算、分配资金的重要依据,花钱必问效,无效必问责。加强对奖补资金使用的监督检查,保障资金安全规范有效使用。

第五条　补助标准。项目建设原则上财政投入 2/3,所需资金由县(区)财政、水利部门筹集落实,引导社会投入 1/3。有条件的县(区)也可适当提高政府投入比例。县(区)提高财政投入比例的,可相应降低社会投入比例。省财政按照一定比例给予奖补,具体奖补比例为:对合肥、马鞍山、芜湖、铜陵等 4 个政府目标任务考核一类市所辖县(区)补助 25%;对 31 个国家级、省级贫困县,以及叶集区补助 37.6%;其余县(区)补助 33.3%。

第六条　分配办法。综合考虑县(区)项目实际投资完成情况、项目验收合格率、县(区)财政实际投入情况等因素,省财政按照一定比例分配安排奖补资金。对照省政府核定投资标准(淮北平原区 920 元/亩、江淮丘陵区 1060 元/亩、沿江圩区 1100 元/亩、皖西皖南山丘区 1400 元/亩),县(区)项目实际投资未达到核定标准的,以决算数作为奖补资金分配依据;项目实际投资超过核定标准的,以核定标准作为奖补资金分配依据。县(区)财政投入落实不到位的,省财政按比例相应扣减省级奖补资金。

第七条　支出范围:

(一)灌溉工程。建设大中型灌区支渠及以下、小型灌区各级渠道、建筑物、量水设施等,新建、重建和更新改造总装机功率 1000 千瓦以下的小型灌溉泵站。

(二)排水工程。实施流域面积 50 平方公里以下排水沟系清淤整治,新建与更新改造桥、涵、闸等配套建筑物,建设圩区及低洼易涝区小型排涝泵站等。

(三)水源工程。新建与改造机井、库容 0.5 万方以下塘坝、引水流量小于 1 立方米/秒的堰(闸)等。

奖补资金严禁用于人员经费和运转经费、办公设备购置、楼堂馆所及城市景观支出,不得超"行动计划"明确范围和用途外使用资金,不得用于中央基建投资已安排资金的项目。

第八条　资金拨付。奖补资金按照"先预拨、后清算"方式,分批拨付县(区)。省财政厅于上一年年底前,根据县(区)水利部门、财政部门报备的项目建设任务,提前预下达部分奖补资金。当年项目建设完成后,省财政厅根据省水利厅提供的项目验收结果,进行资金清算,拨付剩余资金。

第九条　资金使用。围绕实施乡村振兴战略,按照节水优先、两手发力方略,遵循先建机制、后建工程、建管并重要求,加快农田水利投融资体制机制改革,更加注重发挥市场主体、市场机制的作用,加快构建政府、企业、农户各方共建、共担、共管、共享的新机制。县(区)水利部门、财政部门应强化项目管护责任,落实管护资金,完善管护机制,确保工程长期持续发挥效益。

第十条 资金监管。市、县(区)水利部门应加强项目实施管理,建立健全项目库,提前做好项目前期工作,加快推进项目实施,及时组织项目验收。工程建设要按照招投标法等相关规定执行,项目完工后编制竣工财务决算,开展竣工审计。市、县(区)财政、水利部门,应按照国库集中支付制度有关规定,加强资金管理,加快预算执行。属于政府采购管理范围的,按照政府采购有关法律法规规定执行。结转结余资金,按照《预算法》及其他相关规定处理。

第十一条 分配给贫困县的奖补资金,按照《安徽省人民政府办公厅关于支持贫困县统筹整合使用财政涉农资金的实施意见》(皖政办〔2016〕31号)有关规定执行。

第十二条 各级财政部门应会同同级水利部门加强奖补资金绩效管理,建立健全全过程预算绩效管理机制,提高财政资金使用效益。奖补资金绩效管理办法另行制定。

第十三条 各级财政、水利部门应加强奖补资金监督检查,保证资金使用安全,提高资金使用效益。对各级财政、水利等有关部门及其工作人员在水利发展资金分配使用管理中的违法违规问题,按照有关法律法规处理,追究相关责任人责任。涉嫌犯罪的,移送司法机关处理。

第十四条 市、县(区)财政部门可会同水利部门,根据本《办法》要求,结合本地实际,制定具体实施细则。

第十五条 本办法由省财政厅、省水利厅负责解释。

第十六条 本办法自印发之日起施行,有效期5年。

安徽省财政厅 安徽省粮食局关于印发《安徽省省级粮食产业化专项资金管理办法(试行)》的通知

财建〔2018〕270号

各市、县(市、区)财政局、粮食局:

为大力推动我省粮食产业经济发展,促进全省粮食产业转型升级,进一步规范省级粮食产业化项目及资金管理,提高财政专项资金使用效益,省财政厅会同省粮食局制定了《安徽省省级粮食产业化专项资金管理办法(试行)》,现印发给你们,请遵照执行。

安徽省省级粮食产业化专项资金管理办法(试行)

第一章 总 则

第一条 为进一步规范和加强省级粮食产业化项目及资金管理,切实提高财政专项资金使用效益,促进我省粮油产业经济发展,结合我省实际,依据《预算法》《安徽省人民政府办公厅关于大力发展粮食产业经济的实施意见》(皖政办〔2017〕93号)等有关规定,制定本办法。

第二条 本办法所称省级粮食产业化财政专项资金(以下简称“专项资金”),是指省本级财政预算安排,统筹商品粮大省奖励资金及其他有关资金,用于支持粮油产业化企业推进粮油产业经济发展的专项资金。

第三条 专项资金采取竞争性分配的方式,择优确定支持项目,由省粮食局会同省财政厅按规定程序办理。

第二章 支持范围及方式

第四条 专项资金主要对达到一定规模的粮油加工企业、以粮油为主原料的主食及食品加工企业(不含餐饮企业),开展粮油精深加工所进行的技术改造、产能提升、新产品新技术研发、购销渠道拓展、主导制定行业标准、加大品牌宣传等予以支持。

第五条 设备购置及技术改造补助。主要对企业新购设备、生产线或工艺流程技术改造进行补助。

对企业新购粮油生产加工设备进行补助,补助比例为当年新购置关键设备金额的10%以内,补助上限为200万元。

对企业生产线或工艺流程技术改造升级进行补助,补助比例为当年投入金额的10%以内,补助上限为150万元。

第六条　新产品新技术研发补助。对企业新产品新技术研发进行补助,补助比例为当年产品研发、试制和检验检测费用50%以内,补助上限为100万元。

第七条　专项奖励。主要对企业构建稳定的购销关系、主导制定行业标准、获得专利、设立销售网点、品牌宣传等进行奖励。

对企业通过"公司+农户"、"合作社+农户"、与龙头企业合作等方式构建稳定的原料购销关系进行奖励,根据当年签订购销合同并实际采购金额3%以内及带动农户等情况予以奖励,奖励上限为120万元。

对主导制定国际、国家(行业)标准的企业,分别给予每个标准一次性奖励100万元、50万元,单个企业当年最高奖励200万元。

对企业通过自主研发获得与产业相关联的国家已授权的技术发明专利进行奖励,每项专利一次性奖励20万元,单个企业当年最高奖励60万元。

对在本省境内新设立并规范运营1年以上的粮油产品直营店、体验店、示范店等销售网点的企业进行奖励,奖励标准为300元/平方米以内,单个网点奖励上限为10万元,单个企业当年奖励上限为100万元。

对在省级以上主流媒体(报刊、电视、广播)进行品牌宣传的企业进行奖励,品牌宣传投入金额100万元(含)以上奖励20万元,每增加100万元再奖励20万元,单个企业当年奖励上限为100万元。

第八条　设备购置及技术改造补助类项目和新产品新技术研发补助类项目不得同时申报。已申报其他相关中央及省级财政专项补助的同一项目不得重复申报。单个企业当年申报奖励和补助上限300万元。

第九条　省级粮食产业化项目实行先建后补、以奖代补,根据项目上年实绩进行补助。

第三章　申报条件

第十条　申报粮食产业化项目的企业需具备以下基本条件:

1.在省内工商部门登记注册,具有独立法人资格;

2.粮油加工企业年销售收入3000万元以上,粮油食品加工企业年销售收入1000万元以上;

3.企业无不良诚信记录;

4.企业管理体系和质量体系健全,近三年未发生安全事故和产品质量问题。

第四章　项目申报

第十一条　省粮食局、省财政厅每年3月底前下发项目申报通知,明确支持项目范围和申报要求。各市、县(市、区)粮食局、财政局根据本办法有关规定,组织本地符合条件的企业申报。

县(市、区)粮食、财政主管部门对申报材料进行初审,并开展现场核查,按规定程序报市粮食局、财政局。各市粮食局、财政局对项目进行比对审核,汇总后上报省粮食局、省财政厅。

第十二条　省粮食局、省财政厅组织有关专业机构或专家对各市上报的粮食产业化项目组织评审,并将拟支持项目在省粮食局网站公示。

第十三条　根据资金分配方案及公示情况,省财政厅根据省粮食局来文,按照相关规定,将资金下达至各市、县(市、区)财政局。

第五章　资金管理

第十四条　省财政厅负责专项资金的预算安排、项目评审、资金拨付、绩效管理和监督检查等。

第十五条　省粮食局负责专项资金的项目评审、资金分配、绩效评价、监管和信息公开等。

第十六条　各地财政部门和粮食部门应加强对财政补助资金使用的监督管理,严禁截留、挤占挪用。对在财政补助资金管理使用中发现的虚报冒领等违法违规行为,依照《财政违法行为处罚处分条例》(国务院令427号)等有关规定依法处置。

第十七条　专项资金纳入财政涉企项目资金管理信息系统统一监管。

第十八条　省粮食局、省财政厅对粮食产业化项目的具体实施、资金使用、综合效益等方面进行绩效评价,并强化评价结果在后续专项资金分配中的运用。

第六章　附　则

第十九条　本办法由省财政厅会同省粮食局负责解释。

第二十条　本办法自印发之日起施行,有效期5

年。原《安徽省粮食产业化财政专项资金管理办法》(财建〔2015〕2048 号)同时废止。

安徽省财政厅　安徽省发展和改革委员会关于印发《安徽省加快皖北地区经济发展财政贴息资金管理办法》的通知

财建〔2018〕275 号

各市财政局、发展和改革委员会:

现将《安徽省加快皖北地区经济发展财政贴息资金管理办法》印发给你们,请认真贯彻执行。

安徽省加快皖北地区经济发展财政贴息资金管理办法

第一章　总　则

第一条　根据省委、省政府关于进一步加快皖北地区发展的有关要求,为规范资金的管理,更好地发挥资金使用效益,制定本办法。

第二条　本办法所称加快皖北地区经济发展财政贴息资金(以下简称贴息资金)是指由省财政安排,专项用于皖北六市(淮北、亳州、宿州、蚌埠、阜阳、淮南)四县(定远县、凤阳县、明光市、霍邱县)项目贷款贴息的资金。

第三条　省发展改革委和省财政厅每年预算批复后,下达各市年度贴息资金额度计划。各市贴息资金额度,主要根据上年度绩效评价结果、地区人口、所辖县(市、区)数量、经济社会发展情况等因素进行分配,并向亳州、宿州和阜阳市等困难地区倾斜。

第二章　范围与条件

第四条　贴息资金主要用于符合国家产业政策、经济社会效益突出、示范带动作用明显、成长性较好的中小企业项目,重点扶持农产品生产加工、轻纺鞋服、生物医药、装备制造、现代服务业等主导产业发展壮大。省发展改革委、省财政厅每年根据皖北地区经济发展情况和省委、省政府支持皖北地区发展工作重点,提出贴息资金安排指导意见。

第五条　贴息期限:自上年 2 月 21 日至当年 2 月 20 日。

第六条　申请贴息资金的企业,应具备以下资格条件:

(一)在皖北六市四县注册的独立法人单位;

(二)成立 1 年以上,生产经营或业务开展情况良好;

(三)近 3 年未因违法、违规行为受到县级以上相关监管部门处理处罚;

(四)企业在当地具有较好的经济效益,税收贡献、带动就业效益明显;

(五)同一年度未享受其他贴息资金;

(六)已连续 2 年享受贴息资金的企业不得继续申报。

第七条　申请贴息资金的项目,应具备以下资格条件:

(一)项目总投资原则上不高于 1 亿元;

(二)项目贷款主要用于固定资产投资,建设资金及贷款已落实到位,并正在实施或不早于上年度实施完工的;

(三)项目基本建设程序完整,已落实核准(备案)、用地审批、规划许可、环境评价、节能审查、施工许可等各项手续。

第三章　申报与审核

第八条　资金切块下达各地后,各市发改、财政部门应严格落实项目库管理,强化资金统筹使用,原则上不得切块下拨,及时通过网站向社会公布贴息资金申报信息,加强全程监督。

第九条　申报程序:项目单位按照当年申报要求向所在县(市、区、市属开发区)发改、财政部门提出申请,县(市、区、市属开发区)发改、财政部门进行初审,择优确定申报项目,联合行文报市发改、财政部门。申报项目须提供以下资料:

(一)申请贴息资金报告及申请表;

(二)企业简介及项目基本情况,包括技术工艺、市场前景、经济社会效益分析等;

(三)贷款合同、进账单及付息凭证;

(四)项目核准(备案)等前期工作批准文件、招投标资料、施工(采购)合同、财务审计、工程验收及相关财务资料。

第十条　各市发改、财政部门须按照本办法对申报项目进行资料审查、银行审核、现场考察和专家评审,具体程序为:

(一)资料审查。重点审查项目申报资料的完整性、真实性和规范性。

(二)银行审核。将项目贷款资料分送有关市级银行审核,有关市级银行重点审核项目实际发生贷款和利息情况,以正式文件形式出具审核意见。

(三)现场考察。重点了解项目建设和项目单位生产经营等情况,提出书面考察意见。

(四)专家评审。组织召开专家评审会,重点审查项目科技含量、市场前景、经济社会效益等情况,提出项目评审意见。

第四章　分配与拨付

第十一条　项目及额度确定:各市发改、财政部门根据项目资料审查情况、银行审核意见、现场考察意见和专家评审意见,确定贴息资金安排项目,并按当年资金总额、专家评审意见、实际发生贷款额等因素,确定各项目贴息资金额度,每个项目原则上不超过60万元,不少于20万元,且不高于贴息期实际发生利息。

第十二条　项目公示:各市发改、财政部门应通过网站将计划支持项目单位和项目名称、主要建设内容、支持金额等情况向社会公示,公示期限为10个工作日。

第十三条　公示期结束后,各市发改部门会同财政部门下达本市贴息资金计划,同时将计划抄送省发展改革委和省财政厅,并将项目信息上载到省发展改革委综合服务平台,实行项目库管理。各地财政部门于当年5月底前将贴息资金全额拨付至项目单位。

第五章　监督与管理

第十四条　按照"谁安排、谁负责"的原则,各市、县(市、区、市属开发区)发改和财政部门对本地贴息项目审查安排、资金管理使用负责。同时,各级发改、财政部门要切实加强管理,规范工作程序,明确工作职责,将审查责任明确到人,确保相关资料真实、准确、完整;建立项目实施和贴息资金使用情况监管机制,及时掌握项目实施和资金使用情况,做好项目建设跟踪服务。

第十五条　各市发改、财政部门应在每年12月底之前,将当年贴息资金安排使用情况和项目实施情况,报省发展改革委和省财政厅。

第十六条　省发展改革委和省财政厅通过开展稽查、检查、核查、调研等方式,对各市贴息资金使用和管理等情况进行监督;会同各市发改、财政部门对项目实施情况和贴息资金使用情况进行绩效评价。

第十七条　贴息资金应专款专用,任何单位和个人不得骗取、截留、挤占或者挪用,不得擅自更改资金的使用范围。对违反规定的,将依照国家有关规定进行处理,依法追究相关人员责任。

第六章　附　则

第十八条　各市可根据本办法,结合实际,制定具体实施细则并报省发展改革委和省财政厅备案。

第十九条　本办法由省财政厅、省发展改革委负责解释。

第二十条　本办法自发布之日起施行,有效期五年。原省财政厅、省发展改革委印发的《安徽省加快皖北地区经济发展财政贴息资金管理办法》(财建〔2014〕382号)同时废止。

安徽省财政厅　安徽省民族事务委员会关于印发《安徽省民族企业技术改造贷款贴息和少数民族补助资金管理办法》的通知

财行〔2018〕356号

各市、县(区)财政局、民族事务委员会:

为规范和加强民族企业技术改造贷款贴息和少数民族补助资金管理,提高资金使用效益,根据《中华人民共和国预算法》《安徽省人民政府办公厅关于促进"十三五"期间少数民族和民族聚居地区加快发展的实施意见》(皖政办〔2017〕37号)、《安徽省财政一般性转移支付资金管理办法和安徽省省级财政专项资金管理办法》(皖政办秘〔2017〕271号)等有关规定,结合我省工作实际,我们制定了《安徽省民族企业技术改造贷款贴息和少数民族补助资金管理办法》,现印发给你们,请遵照执行。

安徽省民族企业技术改造贷款贴息和少数民族补助资金管理办法

第一章　总　则

第一条　为规范和加强民族企业技术改造贷款贴息和少数民族补助资金(含民族企业生产补助资金,以下简称"专项资金")管理,提高使用效益,依据

《中华人民共和国预算法》《安徽省人民政府办公厅关于促进“十三五”期间少数民族和民族聚居地区加快发展的实施意见》《安徽省财政一般性转移支付资金管理办法和安徽省省级财政专项资金管理办法》等有关规定，制定本办法。

第二条　本办法所称专项资金是指省级财政预算安排的用于支持民族企业技术改造和生产补助、支持少数民族和民族聚居地区经济社会发展的资金，包括两部分，一是民族企业技术改造贷款贴息和生产补助资金，二是少数民族补助资金。

民族企业技术改造贷款贴息和生产补助资金，用于支持以少数民族为主要服务对象、少数民族职工占职工总数30%以上、在少数民族聚居地区兴办等3类企业发展。

第三条　专项资金管理原则：突出民族工作重点任务与项目带动效益，坚持公开透明、分配规范、分级负责、严格管理、监督问效，确保资金规范、安全、有效使用。

第二章　专项资金分配管理

第四条　申请专项资金主体应具备条件：

（一）民族企业技术改造贷款贴息和生产补助资金。具有安徽省民族企业资格；具备独立法人资格和营业执照；有健全的财务、会计核算制度；项目符合国家产业政策；信誉良好，营运规范；财务状况良好，有一定自有流动资金，经济效益和社会效益良好；热心服务少数民族群众，积极解决少数民族群众就业，热心参与民族团结进步创建，主动参与少数民族和民族聚居地区社会公益事业和扶贫帮困。

（二）少数民族补助资金。民族乡人民政府或享受民族乡待遇的街道办事处（农场），民族村（社区）村民委员会（居民委员会），少数民族农民合作社、家庭农场、农业产业化龙头企业，民族学校，民族文化体育社会团体，清真餐饮服务企业。

第五条　专项资金使用范围：

（一）民族企业技术改造贷款贴息和生产补助资金。

1. 技术改造贷款贴息资金用于对民族企业技术改造贷款利息补贴。

2. 生产补助资金用于补助民族企业技术改造、技术推广、技术培训和扩大生产规模等发展生产支出。

（二）少数民族补助资金。

1. 少数民族和民族聚居地区经济社会发展项目；

2. 清真餐饮补助项目；

3. 民族团结进步宣传教育项目。

第六条　专项资金分配方式：

（一）民族企业技术改造贷款贴息资金。以申报项目的企业情况、贷款性质、贷款实际用途、贷款利息额、资金使用绩效及各市项目审核报送结果等为依据，经省级评审论证后，确定资金下达规模。

（二）民族企业生产补助资金。以申报项目的企业数量、资金需求量、少数民族员工数量、企业服务少数民族群众情况、资金使用绩效等作为分配因素，以各市项目审核报送结果为依据，经省级评审论证后，确定资金下达规模。

（三）少数民族补助资金。以各市和有关县少数民族人口、少数民族贫困人口数量、民族乡（场、街道）村（社区）数量、列入全省扶贫开发建档立卡村名单的民族村数量、民族村常住居民可支配收入、列入全省“共同发展”提升行动联合攻坚的困难民族村数量、民族中小学数量、民族工作成效等作为分配因素，拟定分配方案，确定资金下达规模。

第七条　专项资金使用方案由市级民族工作部门会同财政部门于资金下达3个月内联合行文上报省财政厅、省民委备案。

第八条　专项资金在省人代会批准预算后规定时间内下达。

第三章　资金绩效评价和监督

第九条　建立专项资金绩效评价体系。省民委和省财政厅对专项资金使用情况进行绩效评价，绩效评价结果运用于下年度项目资金安排。

第十条　加强专项资金的监督检查，主动接受人大监督、审计监督、财政监督、监察监督、社会监督，提高财政资金管理的透明度和知晓度。市、县（区）民族工作部门切实担负主体责任，对专项资金使用、项目报批加强审核管理。省民委、省财政厅对专项资金使用管理情况开展定期、不定期检查。

第十一条　对于截留、挤占、挪用、骗取专项资金等违法行为，一经查实，将按《财政违法行为处罚处分条例》的相关规定进行处理。涉嫌犯罪的，移送司法机关处理。

第四章　附　则

第十二条　各地根据本办法，结合本地实际，制定具体实施细则。

第十三条 本办法由省财政厅、省民委负责解释。

第十四条 本办法自印发之日起施行,有效期5年。《安徽省财政厅、安徽省民族事务委员会关于印发〈安徽省少数民族补助资金管理办法〉的通知》(财行〔2015〕1502号)同时废止。

安徽省财政厅 安徽省民政厅 关于印发《安徽省省级特困人员护理能力建设奖补资金使用管理办法(试行)》的通知

财社〔2018〕361号

各市、县(区)财政局、民政局:

为进一步规范省级特困人员护理能力建设奖补资金使用管理,支持各地完善特困人员供养机构护理服务功能,提升特困人员供养护理服务能力,根据《国务院关于进一步健全特困人员救助供养制度的意见》(国发〔2016〕14号)、《安徽省人民政府关于进一步健全特困人员救助供养制度的实施意见》(皖政〔2016〕102号)等精神,安徽省财政厅、安徽省民政厅制定了《安徽省省级特困人员护理能力建设奖补资金使用管理办法(试行)》,现印发给你们,请认真贯彻执行。

安徽省省级特困人员护理能力建设奖补资金使用管理办法(试行)

第一章 总 则

第一条 为规范省级特困人员护理能力建设奖补资金使用管理,提高资金使用效益,根据《国务院关于进一步健全特困人员救助供养制度的意见》(国发〔2016〕14号)、《安徽省人民政府关于进一步健全特困人员救助供养制度的实施意见》(皖政〔2016〕102号)等精神,制定本办法。

第二条 本办法所称的省级特困人员护理能力建设奖补资金(以下简称"奖补资金"),是指省财政统筹一般公共预算和省级福彩公益金安排,用于支持各地完善特困人员供养机构护理服务功能,提升特困人员供养护理服务能力,不断满足特困人员护理需求,推进失能、半失能特困人员集中供养的专项资金。

第三条 奖补资金使用坚持专款专用、激励引导、注重绩效、公开公正的原则。

第二章 资金补助分配

第四条 奖补资金补助对象为全省符合省民政厅、省财政厅《安徽省农村五保供养服务机构建设指导意见》和《安徽省农村五保供养服务机构管理暂行规定》中规定的建设和运营条件,能够为失能、半失能特困人员提供集中供养服务的公办和公建民营特困人员供养机构,以及承接政府以购买服务方式委托具有康复和护理能力的社会办养老机构。

第五条 奖补资金实行因素法分配,通过目标任务、贫困地区、工作绩效等因素并结合护理功能建设情况进行公式化分配。目标任务因素:主要包括失能和半失能人数、护理型床位数、失能和半失能特困人员集中供养人数和集中供养率等;贫困地区因素:主要对32个贫困地区,按失能、半失能人数给予倾斜;工作绩效因素:主要包括特困供养机构床位数、入驻人数、床位利用率、购买服务保障人数等。具体资金分配方案由省民 政厅根据年度资金总额和分配因素等,商省财政厅确定后按规定程序及时下拨资金。

第六条 通过公办和公建民营养老机构为失能失智特困人员提供集中供养和照料护理的,奖补资金统筹用于特困人员供养日常照料护理、护理人员配备和培训,以及供养机构必要的护理建设改造、护理设备和用品配备等。通过政府购买服务方式委托社会办养老机构为失能失智特困人员提供集中供养和照料护理的,奖补资金主要根据其承接的服务内容和服务标准,由各市、县(区)按协议给予相应的购买照料护理服务补助。奖补资金使用涉及政府采购的按规定实行政府采购。

第三章 资金申报审核

第七条 各市、县(区)民政、财政部门应围绕"全程留痕、全程公示、全程监督"要求,建立健全奖补资金申报审核机制。

(一)各市、县(区)民政、财政部门通过相关政务网站、政务微信等媒体发布年度奖补使用方案,明确奖补资金使用申报时间、范围、条件、要求,以及相关申报材料等,确保申报工作有序推进。

(二)各市、县(区)民政、财政部门建立信息联审机制,综合运用信息化手段,对申报奖补资金项目单位进行比对,杜绝虚假、违规申报等现象。

(三)各市、县(区)民政部门对确定的补助项目单位、项目内容、补助金额、管护责任等重要信息,通过部门网站、政务微信等多渠道公示。奖补资金做到“分配到哪里、公开到哪里”,广泛接受社会公众监督。

(四)各市、县(区)民政部门按照“全程留痕”的要求,健全项目台账管理,清晰记录所有流程的审核负责人、审核经办人的审核意见。建立项目实施基础台账,全程记录项目实施进展情况。

第四章　资金监督考核

第八条　奖补资金实行专款专用,主动接受人大、审计、监察等部门和社会各界监督。各级财政、民政部门要严格按照规定使用,不得用于与护理能力建设无关的人员和运转经费、交通工具和办公设备购置等支出,不得擅自扩大支出范围,不得以任何形式挤占、挪用、套取、截留和滞留。

第九条　各级财政、民政部门及其工作人员在奖补资金的分配审核、使用管理等工作中,存在违法本办法和相关政策规定的行为,以及其他滥用职权、玩忽职守、徇私舞弊等违法违纪行为的,按照《中华人民共和国预算法》《中华人民共和国公务员法》、《财政违法行为处罚处分条例》等国家有关规定追究相应责任,涉嫌犯罪的,依法移送司法机关处理。

第十条　省民政厅、省财政厅适时对奖补资金使用情况进行监督考核,或委托有资质的第三方机构对项目实施情况进行评估考核。对监督检查或评估考核发现项目资金使用绩效低下、未按时完成目标任务等,相应扣减省级奖补资金。

第五章　附　则

第十一条　本办法自发布之日起实施,有效期五年。

第十二条　本办法由省财政厅、省民政厅按各自职能负责解释。

安徽省财政厅关于印发《安徽省预算稳定调节基金管理暂行办法》的通知

财预〔2018〕403 号

各市、县(市、区)财政局:

为建立全面规范透明、标准科学、约束有力的预算制度,建立健全跨年度预算平衡机制,规范预算稳定调节基金的设置、补充和动用,根据《中华人民共和国预算法》和财政部印发的《预算稳定调节基金管理暂行办法》(财预〔2018〕35 号)等法律法规,省财政厅制定了《安徽省预算稳定调节基金管理暂行办法》,现印发给你们,请遵照执行。

安徽省预算稳定调节基金管理暂行办法

第一章　总　则

第一条　为建立全面规范透明、标准科学、约束有力的预算制度,建立健全跨年度预算平衡机制,规范预算稳定调节基金的设置、补充和动用,根据《中华人民共和国预算法》和财政部印发的《预算稳定调节基金管理暂行办法》(财预〔2018〕35 号)等法律法规,制定本办法。

第二条　本办法所称预算稳定调节基金,是指为实现宏观调控目标,保持年度间政府预算的衔接和稳定,各级一般公共预算设置的储备性资金。各级政府性基金预算、国有资本经营预算和社会保险基金预算不得设置预算稳定调节基金。

第三条　各级政府财政部门按照国务院的规定可以设置预算稳定调节基金,用于弥补以后年度预算资金的不足,在补充或动用预算稳定调节基金时,要严格履行法定程序。

第四条　各级政府财政部门负责提出预算稳定调节基金设置、补充和动用的具体方案,报经同级政府同意后,编入本级预决算草案或者本级预算的调整方案。

第二章　预算稳定调节基金的设置和补充

第五条　一般公共预算的超收收入,除冲减赤字外,应当用于设置或补充预算稳定调节基金。

第六条　一般公共预算的结余资金应当用于设置或补充预算稳定调节基金。

一般公共预算按照权责发生制核算的资金,不作为结余;连续两年未用完的权责发生制核算的资金,按照盘活财政存量资金相关规定处理。

一般公共预算连续结转两年仍未用完的资金,应当作为结余资金补充预算稳定调节基金。

一般公共预算中闲置不用的预算周转金,可根据实际需要补充预算稳定调节基金。

第七条　政府性基金预算结转资金规模超过该

项基金当年收入30%的部分,应当补充预算稳定调节基金。市县可在此基础上实行更严格的统筹使用措施。

政府性基金预算连续结转两年仍未用完的资金,应当作为结余资金,可以调入一般公共预算,并应当用于补充预算稳定调节基金。

第八条　国有资本经营预算超收收入,按规定比例调入一般公共预算的资金,应当补充预算稳定调节基金。

第九条　各级财政部门应当合理控制预算稳定调节基金规模。预算稳定调节基金规模能够满足跨年度预算平衡需要的,应当加大冲减赤字、化解政府债务的力度。

第三章　预算稳定调节基金的动用

第十条　编制一般公共预算草案时,可以动用预算稳定调节基金,弥补一般公共预算出现的收支缺口,动用的资金应当编入一般公共预算收入。

第十一条　一般公共预算执行中,因短收、增支等导致收支缺口,确需通过动用预算稳定调节基金实现平衡的,各级财政部门应当具体编制本级预算的调整方案,按照预算法规定的程序执行。

第四章　预算科目和账务处理

第十二条　一般公共预算资金补充预算稳定调节基金时,列一般公共预算支出的“补充预算稳定调节基金”科目;政府性基金预算调出资金补充预算稳定调节基金时,列政府性基金预算支出的“政府性基金预算调出资金”科目;国有资本经营预算调出资金补充预算稳定调节基金时,列国有资本经营预算支出的“国有资本经营预算调出资金”科目。

动用预算稳定调节基金时,应当编入一般公共预算收入,列一般公共预算收入的“调入预算稳定调节基金”科目。

第十三条　预算稳定调节基金的会计核算应当按照《财政总预算会计制度》(财库〔2015〕192号)相关规定执行。

第十四条　各级一般公共预算的预算稳定调节基金应当在同级国库单一账户存储。

第五章　附　则

第十五条　各级政府财政部门违反法律、法规使用预算稳定调节基金的,按照《中华人民共和国预算法》第九十二条相关规定予以严肃处理。

第十六条　市县各级政府财政部门可依据本办法规定,结合本地区实际,制定本地区预算稳定调节基金管理办法。

第十七条　本办法由省财政厅负责解释。

第十八条　本办法自印发之日起实施。

安徽省财政厅　安徽省水利厅关于印发《安徽省中央财政水利发展资金绩效管理暂行办法实施细则》的通知

财农〔2018〕423号

各市、县(区)财政局、水利(水务)局:

为贯彻落实全面实施绩效管理要求,加强和规范中央财政水利发展资金绩效管理,强化财政绩效管理的激励约束作用,促进提高财政资金使用效益,根据《财政部、水利部关于印发〈中央财政水利发展资金绩效管理暂行办法〉的通知》(财农〔2017〕30号)等文件规定,结合我省实际,省财政厅、省水利厅制定了《安徽省中央财政水利发展资金绩效管理暂行办法实施细则》。现印发给你们,请遵照执行。

安徽省中央财政水利发展资金绩效管理暂行办法实施细则

第一章　总　则

第一条　为加强中央财政水利发展资金绩效管理,提高资金使用效益,根据《中央财政水利发展资金使用管理办法》(财农〔2016〕181号)、《中央财政水利发展资金绩效管理暂行办法》(财农〔2017〕30号)等文件规定,结合我省实际,制定本细则。

第二条　本细则所称水利发展资金绩效管理,是指对中央财政通过转移支付下达我省县级以上财政部门和水利部门的水利发展资金(以下简称“水利发展资金”),开展的绩效目标管理、绩效监控、绩效评价、评价结果运用等全过程绩效管理工作。

水利发展资金绩效管理工作遵循“分级负责、权责统一、公平公正、程序规范”的原则。

第二章　职责分工

第三条　各级财政部门、水利部门按照各自职责,做好水利发展资金绩效管理工作。

省财政厅负责全省水利发展资金绩效管理总体

工作。对水利发展资金绩效目标进行复核、确定、上报;开展绩效目标执行监控;组织开展绩效评价,复核绩效自评和绩效评价结果;确定绩效评价结果运用方式,督促整改绩效评价中发现的问题;指导市县财政部门加强绩效管理工作。

省水利厅负责全省水利发展资金绩效管理具体工作。组织市县水利部门采取自下而上方式申报、审核、汇总绩效目标;采取自上而下方式设定、分解、下达绩效目标;开展绩效目标执行监控、绩效自评和绩效评价;提出绩效评价结果运用建议,及时组织整改绩效评价中发现的问题;指导市县水利部门加强绩效管理工作。

市、县(区)财政部门负责本地区水利发展资金绩效管理总体工作。对本地区水利发展资金绩效目标进行复核、上报。组织开展绩效目标执行监控,复核绩效自评和绩效评价结果,会同水利部门及时整改绩效评价中发现的问题。

市、县(区)水利部门负责本地区水利发展资金绩效目标的设定、申报、执行的具体工作,开展绩效目标执行监控、绩效自评和绩效评价,及时整改绩效评价中发现的问题。

省辖市财政、水利部门在做好本级水利发展资金绩效管理的同时,应加强对所辖县(区)水利发展资金绩效管理工作的组织、协调、指导、督促,按要求及时审核汇总报送县(区)绩效管理相关材料。

第三章 绩效目标的设定和监控

第四条 水利发展资金应当按要求设定绩效目标。绩效目标应当清晰反映水利发展资金的预期产出和效果,并通过绩效指标细化、量化,以定量指标为主、定性指标为辅。绩效目标的设定应考虑完整性、相关性、适当性及可行性。

第五条 绩效目标分为全省绩效目标和市、县(区)绩效目标。市、县(区)水利部门根据上级下达的水利发展资金任务清单,结合资金投入情况、项目建设实施方案等据实填报市、县(区)绩效目标申报表。全省绩效目标由省水利厅审核汇总市、县(区)及有关单位绩效目标,经省财政厅复核,在规定时间内报送财政部、水利部,抄送财政部驻安徽专员办。

第六条 省财政厅、省水利厅根据中央批复的全省绩效目标,结合市县申报的绩效目标及承担项目任务等情况,分解、下达市、县(区)绩效目标,并作为绩效评价的依据。

第七条 市、县(区)水利部门、财政部门应按照批复的绩效目标组织预算执行。无特殊情况不得调整绩效目标。确需调整的,由市、县(区)水利部门、财政部门逐级申报,经财政部、水利部认可后方可调整。调整后的绩效目标应报财政部驻安徽专员办备案。

第八条 预算执行中,各级财政部门和水利部门对绩效目标预期实现程度和资金运行状况开展绩效目标执行监控,及时发现并纠正存在的问题,推动绩效目标如期实现。

第四章 绩效评价

第九条 绩效评价通过分级实施的方式开展。省财政厅、省水利厅组织开展全省绩效评价工作。绩效评价周期分为两类:一是以年度为周期开展绩效评价,二是根据工作需要,按项目实施期开展项目总体绩效评价。评价工作可委托第三方机构实施。

第十条 省财政厅、省水利厅组织有关市(县、区)水利部门进行绩效自评,自评面应达到100%。省财政厅、水利厅根据工作需要可适时组织抽评。县(区)水利部门对照确定的绩效目标及绩效评价指标表开展绩效自评,形成水利发展资金绩效自评报告和绩效自评表,经同级财政部门复核后报市级财政、水利部门。市级水利部门审核汇总后,经同级财政部门复核报省财政厅、省水利厅备案。省水利厅在规定时间内审核汇总形成全省绩效自评材料,经省财政厅复核后,报送财政部、水利部,抄送财政部驻安徽专员办。市、县(区)水利部门、财政部门对本级自评结果和绩效评价材料的真实性负责。

第十一条 绩效评价的主要依据:

(一)市、县(区)申报、经省财政厅、省水利厅确定的绩效目标及指标;

(二)国家、省相关法律、法规和规章制度;财政部、水利部、省财政厅、省水利厅印发的相关政策和管理制度;水利行业标准及技术规范等;

(三)相关规划、实施方案,项目可行性研究报告、初步设计等批复文件,项目建设管理有关资料和数据等;

(四)预算下达文件,有关财务会计资料;

(五)截至评价时,已形成的验收、审计、决算、稽查、检查报告等;国家、省有关部门公布的相关统计数据。

第十二条 绩效自评报告主要包括以下内容:

(一)项目安排和资金使用基本情况;

(二)绩效管理工作开展情况;

(三)绩效目标的实现程度及效果;

(四)存在问题及原因分析;

(五)评价结论;

(六)相关建议和意见,其他需要说明的问题。

第十三条 分配给贫困县或纳入其他资金整合试点的水利发展资金,仍用于水利发展资金支出内容的部分,纳入水利发展资金绩效管理范围;整合后未用于水利发展资金支出内容的部分,不纳入水利发展资金绩效管理范围。国务院或国务院扶贫开发领导小组等另有规定的,从其规定。

第五章 结果运用

第十四条 绩效评价结果采取评分与评级相结合的形式。评分实行百分制,满分为100分(具体量化指标见附件3)。根据得分情况将评价结果划分为四个等级:考核得分90分(含)以上为优秀,80分(含)—90分为良好,60分(含)—80分为合格,60分以下为不合格。

第十五条 绩效评价结果可结合实际予以采用:

(一)省财政厅、省水利厅采取适当形式通报到市、县(区)财政部门、水利部门。

(二)督促相关市、县(区)对照绩效评价结果进行整改。

(三)将绩效评价与资金分配挂钩,并作为改进管理、完善政策的重要依据。

(四)对绩效管理工作不力、资金使用绩效低下的市、县(区),由省水利厅调整或调减其纳入规划或项目库的项目,或对其规划予以调整。

(五)按规定对项目资金违规违纪情况作出相应处理。

第六章 监督检查

第十六条 各级财政、水利部门应加强水利发展资金绩效管理工作的监督检查。具体从事水利发展资金绩效管理的部门、单位及个人,应当依法接受审计、纪检监察等部门监督,对发现的问题,及时整改落实。

第十七条 对各级财政和水利部门及其工作人员在水利发展资金绩效管理过程中存在严重弄虚作假及其他违规违纪行为的,按照《预算法》《公务员法》《监察法》《财政违法行为处罚处分条例》等国家有关规定追究相应责任。

第七章 附 则

第十八条 市、县(区)财政部门、水利部门,可结合本实施细则和当地实际,作出补充规定或制定具体细则,抄报省财政厅、省水利厅。

第十九条 本实施细则自印发之日起施行,有效期5年。

安徽省财政厅关于印发《安徽省省级预算单位资金存放管理实施办法》的通知

财库〔2018〕437号

省直各部门:

为建立健全科学规范、公正透明的省级预算单位资金存放管理机制,防范资金存放安全风险和廉政风险,依据《财政部关于进一步加强财政部门和预算单位资金存放管理的指导意见》(财库〔2017〕76号)、《安徽省财政厅关于进一步加强财政部门和预算单位资金存放管理的实施意见》(财库〔2017〕514号)等有关规定,省财政厅制定了《安徽省省级预算单位资金存放管理实施办法》。现印发给你们,请遵照执行。

安徽省省级预算单位资金存放管理实施办法

第一章 总 则

第一条 为进一步规范省级预算单位资金存放行为,防范安全风险和廉政风险,依据《财政部关于进一步加强财政部门和预算单位资金存放管理的指导意见》(财库〔2017〕76号)、《安徽省财政厅关于进一步加强财政部门和预算单位资金存放管理的实施意见》(财库〔2017〕514号)等有关规定,制定本办法。

第二条 纳入财政审批、备案管理范围的省级预算单位银行账户的资金存放管理,适用本办法。

第三条 本办法所称省级预算单位银行账户,包括基本存款账户、专用存款账户、外汇账户、党费账户、工会经费账户等,不包括省级预算单位用于办理财政授权支付的零余额账户、用于办理存款人借款转存和借款归还的一般存款账户。

第四条 参与省级预算单位资金存放的银行应为在中华人民共和国境内依法成立的商业银行、农村信用合作社、农村合作银行等银行业金融机构,并在实施资金存放的省级预算单位所在同城设有分支机构。

本办法所称资金存放银行,包括省级预算单位银行结算账户开户银行和资金转出开户银行进行定期存款的银行。

第五条 省级预算单位资金存放管理,应当遵循依法合规、公正透明、安全优先、科学评估、权责统一的原则。

第六条 省级预算单位选择资金存放银行,应当采取竞争性方式或集体决策方式。

第七条 省级预算单位选择资金存放银行,应当按照本办法所附评分指标体系和评分方法,制定具体的综合评分指标和评分标准,采用综合评分法进行评分。

第二章 集体决策方式选择银行

第八条 集体决策方式是指省级预算单位对备选银行采用综合评分法进行评分,将评分过程和结果提交单位领导办公会议集体讨论决定资金存放银行。

第九条 省级预算单位新开立银行结算账户以及变更银行结算账户开户银行,一般采取集体决策方式选择开户银行。

第十条 集体决策方式选择开户银行包括以下步骤:

(一)选取备选开户银行。省级预算单位应当遵循公平、公正的原则,从经营状况和服务水平较好、并在同城设立分支机构的银行中,选取不少于3家不同银行所属分支机构作为备选开户银行。省级预算单位所在同城银行少于3家的,按实际数量确定备选开户银行。单位主要领导干部、分管资金存放业务的领导干部以及单位财务机构负责人应当实行利益回避,上述人员的配偶、子女及其配偶和其他直接利益相关人员在银行工作的,该银行所属分支机构不得作为备选开户银行。

(二)对备选开户银行综合评分。确定综合评分法的评分指标和评分标准,收集备选开户银行相关指标,并对备选开户银行分别评分。

(三)单位领导办公会议集体决策。将备选开户银行的评分过程和结果提交单位领导办公会议集体讨论,集体表决选定开户银行。

(四)内部公示。备选开户银行的评分情况、单位领导办公会议表决情况和会议决定等内容应当在领导办公会议纪要中反映,并在单位内部显著位置予以公告。

公告5个工作日无异议的,按照会议决定确定开户银行。单位内部公告期间,如单位相关人员对结果提出异议,单位应对有关情况进行复核确认。

第三章 竞争性方式选择银行

第十一条 竞争性方式是指省级预算单位公开邀请银行报名参与竞争,组建评选委员会采用综合评分法对参与银行进行评分,省级预算单位根据评分结果择优确定资金存放银行。

第十二条 省级预算单位开展资金转出开户银行进行定期存款,应当采取竞争性方式选择定期存款银行。

第十三条 鼓励银行存款资金量较大、管理水平较高、所在同城银行数量较多的省级预算单位采取竞争性方式选择开户银行。

开户银行一经确定,应保持稳定,除本办法规定应变更开户银行的情形以及其他特殊原因外,不得频繁变更。

第十四条 省级预算单位采取竞争性方式选择资金存放银行,应当制定具体操作办法,对参与银行基本资格要求、操作流程、评选委员会组成方式、具体评选方法、监督管理等内容作出详细规定。省级预算单位可自行组织实施或委托中介机构代理实施。

(一)发布竞争性选择公告。省级预算单位或受其委托的中介机构在省级预算单位或其主管部门的门户网站等公开媒体上发布定期存款(或开户)银行竞争性选择公告,载明资金本期计划存放资金规模和定期存款期限、拟选择存放银行数量和在每个银行的存款金额(或开户事宜),以及参与银行基本资格要求、报名方式及需要提供材料、报名截止时间等事项。参与竞争资金转出开户银行定期存款的银行数量应大于拟选择存放银行数量2家以上,参与每个开户竞争的银行数量不应少于3家。报名截止后参与银行数量不足的,可公告延长报名截止时间并扩大竞争性选择公告刊登范围,直至参与银行数量达到要求。

(二)组建评选委员会。省级预算单位或受其委托的中介机构应当组建评选委员会。评选委员会由省级预算单位内部成员和外部专家共3人以上的单数组成。外部专家由省级预算单位或受其委托的中介机构,从省级预算单位以外的机构中选择。外部专家应当熟悉预算单位财务管理工作和银行支付结算业务,并与参与银行没有利害关系。

(三)对参与银行综合评分。评选委员会采用综合评分法对符合基本资格要求的参与银行进行评分,将评分结果提交省级预算单位。

(四)择优确定定期存款(或开户)银行。省级预算单位根据评选委员会评分结果择优确定定期存款(或开户)银行,向入选银行发出确认通知书,同时将评选结果在原发布竞争性选择公告的公开媒体上公告。

第四章　资金转出开户银行定期存款管理

第十五条　省级预算单位银行结算账户资金转存定期存款,一般在开户银行办理。省级预算单位银行结算账户内的事业收入、经营收入等除财政拨款收入以外的资金,在扣除日常资金支付需要后有较大规模余额的,经省级主管部门同意,可以转出开户银行进行定期存款,单次操作金额不少于1000万元。

省级行政单位、参照公务员管理事业单位、公益一类事业单位暂不开展预算单位资金转出开户银行进行定期存款,但其代管的有保值增值管理要求的大额资金除外。

第十六条　省级预算单位在本单位现有的银行结算账户之间按照规定的账户用途划转资金,并在转入资金的开户银行转存定期存款,不属于本办法规定的资金转出开户银行进行定期存款。

第十七条　省级预算单位将资金转出开户银行进行定期存款,除按照国家规定开展保值增值管理的资金外,定期存款期限一般控制在1年以内(含1年)。

第十八条　省级预算单位开展资金转出开户银行进行定期存款,定期存款到期后不需要收回使用的,经省级主管部门同意,可以在原定期存款银行续存,累计存期不超过2年。到期后不再续存以及累计存期已达到2年的,存款本息应当返回原开户银行,仍需转出开户银行进行定期存款的,应当重新采取竞争性方式选择定期存款银行。

第十九条　省级预算单位开展资金转出开户银行进行定期存款,应当参照省级预算单位银行账户管理制度有关规定,将开立的定期存款账户报省财政厅备案,不得在定期存款银行新开立银行结算账户,不得将资金转到异地银行分支机构进行定期存款。

第五章　资金存放银行管理与约束

第二十条　参与省级预算单位资金存放的银行应当按照省级预算单位要求提供真实、准确的评分材料。

第二十一条　省级预算单位新选择资金存放银行时,应当要求资金存放银行出具廉政承诺书,承诺不得向本单位相关负责人员输送任何利益,承诺不得将资金存放与本单位相关负责人员在本行亲属的业绩、收入挂钩。

第二十二条　省级预算单位应当与开户银行签订银行结算账户管理协议,开展资金转出开户银行进行定期存款,应当与定期存款银行签订协议,全面、清晰界定双方权利和义务。

第二十三条　省级预算单位发现参与资金存放的银行存在以下行为的,应当取消该银行参与本单位此次资金存放的资格,已将该银行确定为资金存放银行的,应当重新选择开户银行或者收回定期存款:

(一)该银行未按照本办法第二十条规定提供真实、准确的评分材料,或者未履行承诺利率;

(二)该银行拒绝按照本办法第二十一条规定向省级预算单位出具廉政承诺书;

(三)该银行拒绝与省级预算单位按照本办法第二十二条规定签订相关协议;

(四)发现并经核实该银行未遵守廉政承诺或者存在其他与本单位资金存放相关的利益输送行为。

对于上述第(四)款问题,省级预算单位应将发现问题及核实情况经主管部门报省财政厅,由省财政厅进行通报,取消该银行参与此次资金存放的分支机构1年内参与省级预算单位资金存放的资格。

第六章　管理职责

第二十四条　省级预算单位在资金存放管理中承担以下职责:

(一)切实履行本单位资金存放管理主体责任,组织好资金存放管理工作,保证资金存放平稳有序;

(二)建立健全资金存放内部控制办法,明确财

务、纪检、内审、人事等机构职责分工,通过流程控制和制度控制,强化各环节有效制衡,防范资金存放风险事件;

(三)发现资金存放银行出现重大安全风险事件或者经营状况恶化影响资金存放安全的,应当及时变更开户银行或收回定期存款资金;

(四)加强对所属单位资金存放的监督管理;

(五)省级预算单位领导干部应当严格遵守廉洁自律有关规定,不得以任何形式违规干预、插手资金存放;

(六)省级预算单位采取集体决策方式和竞争性方式选择资金存放银行,应将相关资料存档备查。

第二十五条　主管部门应当加强对所属单位资金存放的监督管理,可依据本办法并结合本部门实际情况制定完善本部门的资金存放管理制度。

第二十六条　省财政厅应当加强对省级预算单位资金存放的监督检查,对发现的资金存放违规行为,应当及时予以纠正。

第二十七条　省财政厅、各主管部门和各省级预算单位及其工作人员在资金存放工作中,存在违反本办法规定的行为,以及其他滥用职权、玩忽职守、徇私舞弊等违法违纪行为的,按照《预算法》《公务员法》《财政违法行为处罚处分条例》等国家有关规定追究相应责任;涉嫌犯罪的,移送司法机关处理。

第七章　附　则

第二十八条　省级预算单位涉密资金等有特殊存放管理要求的资金,由有关省级预算单位或其主管部门根据本办法有关基本原则制定完善资金存放管理办法,报省财政厅备案。

第二十九条　国家政策已明确存放银行的资金,应在国家政策规定的银行中开展资金存放。

第三十条　按照规定自主负责银行账户管理的省直部门所属单位,可参照本办法规定加强资金存放管理。

第三十一条　此前发布的省级预算单位银行账户开立流程有关规定与本办法不一致的,适用本办法。

第三十二条　本办法自 2018 年 6 月 1 日起施行。

安徽省财政厅　安徽省交通运输厅安徽省林业厅关于印发《安徽省国有林场道路建设和养护省级补助资金管理办法》的通知

财建〔2018〕495 号

各市、县(市、区)财政局、交通运输局、林业局:

为加强国有林场道路建设和养护省级补助资金管理,提高资金使用效益,根据《交通运输部 国家发展改革委 财政部 国家林业和草原局关于促进国有林场国有林场道路持续健康发展的实施意见》(交规财〔2018〕24 号)和《中共安徽省委办公厅 安徽省人民政府办公厅印发〈关于推深做实林长制改革优化林业发展环境的意见〉的通知》(皖办发〔2018〕22 号),以及财政财务管理有关规定,省财政厅、省交通运输厅、省林业厅研究制定了《安徽省国有林场道路建设和养护省级补助资金管理办法》,现印发给你们,请遵照执行。

安徽省国有林场道路建设和养护省级补助资金管理办法

第一章　总　则

第一条　为加强国有林场道路建设和养护省级补助资金管理,提高资金使用效益,根据《交通运输部 国家发展改革委 财政部 国家林业和草原局关于促进国有林场国有林场道路持续健康发展的实施意见》(交规财〔2018〕24 号)、《中共安徽省委办公厅 安徽省人民政府办公厅印发〈关于推深做实林长制改革优化林业发展环境的意见〉的通知》(皖办发〔2018〕22 号)、《安徽省人民政府办公厅关于印发〈安徽省财政一般性转移支付资金管理办法〉〈安徽省省级财政专项资金管理办法〉的通知》(皖政办秘〔2017〕271 号),以及财政财务管理有关规定,特制定本办法。

第二条　本办法所称国有林场道路建设和养护省级补助资金(以下简称省级补助资金),是指省财政通过预算安排、争取中央财政支持和整合相关专项资金等渠道筹集,专项用于国有林场道路建设和养护的补助资金。

第三条　省级补助资金按照突出重点、定额补助、注重绩效的原则进行管理。

第二章　补助范围和标准

第四条　补助范围。对贫困县纳入地方公路网规划的通往国有林场场部道路,主要林下经济节点的道路和纳入林业部门国有林场专用属性道路规划的专用道路建设,以及纳入地方公路网的国有林场道路养护,均由省财政预算统筹安排资金,予以定额补助。

对非贫困县纳入地方公路网的国有林场道路建设,省级通过争取中央财政资金和整合相关专项资金予以适当奖补。

第五条　国有林场道路建设省级补助标准。贫困县纳入地方公路网规划的通往国有林场场部的道路,补助标准为60万元/公里;通往国有林场主要林下经济节点的道路,补助标准为40万元/公里;纳入林业部门国有林场专用属性道路规划的专用道路,补助标准为20万元/公里。

第六条　国有林场道路养护省级补助标准。纳入地方公路网的国有林场道路养护,自竣工验收后第3年起,省级比照"四好农村路"补助标准统筹安排资金。其中:国有林场道路纳入县道网规划的每年补助1.5万元/公里,纳入乡道网规划的每年补助0.7万元/公里,纳入村道网规划的每年补助0.2万元/公里;国有林场道路纳入林业部门专用属性道路规划的每年补助0.2万元/公里。纳入地方公路网规划的国有林场道路养护资金补助政策按照"四好农村路"相关政策执行。

第三章　资金安排和拨付

第七条　省交通运输厅、省林业厅按照职责分工,根据国有林场道路建设、养护里程和分类补助标准等因素,分别将省级补助所需的国有林场道路建设和养护资金,纳入部门预算。

第八条　省财政厅配合省交通运输厅、省林业厅积极争取中央财政车辆购置税、成品油消费税等专项资金,并整合相关专项资金,支持非贫困县国有林场道路建设和养护。

第九条　省交通运输厅、省林业厅按照《预算法》资金管理时限要求,分别提出年度省级补助资金分配方案,作为省财政厅下达省级补助资金的依据。

第十条　省财政厅会同省交通运输厅、省林业厅及时将省级补助资金下达有关市、县(市、区)财政部门。

第四章　资金管理和监督

第十一条　各市、县(市、区)要建立健全国有林场道路建设专项资金管理制度,明确资金使用范围、核拨流程、财务公开、监督管理、绩效评价等具体要求,并自觉接受财政、审计部门的监督检查。

第十二条　省级补助资金必须专项用于国有林场道路建设和养护工程直接费用,严禁截留、挤占、挪用,不得擅自改变资金用途。如有违规行为,一经查实,除收回全部资金外,将按照《财政违法行为处罚处分条例》等政策规定严肃处理。

第十三条　国有林场道路建设和养护省级补助资金绩效评价工作由省交通运输厅、省林业厅分别牵头负责,会同省财政厅组织开展。绩效评价的重点包括国有林场道路建设和养护的有关效益指标,形成年度绩效评价报告按程序报送,作为编制下一年度补助资金部门预算的重要依据。

第五章　附　则

第十四条　本办法由省财政厅、省交通运输厅、省林业厅负责解释。

第十五条　本办法自印发之日起施行。

安徽省财政厅　安徽省农业委员会关于印发《安徽省财政支农资金变股金实施办法》的通知

财农〔2018〕496号

各市、县(区)财政局、农业委员会:

现将《安徽省财政支农资金变股金实施办法》印发给你们,请遵照执行。执行中有何问题和建议,请及时反馈省财政厅、省农业委员会。

安徽省财政支农资金变股金实施办法

第一章　总　则

第一条　为贯彻习近平新时代中国特色社会主义思想和党的十九大精神,深入贯彻习近平总书记视察安徽重要讲话精神,创新财政支农资金投入方式,提高财政支农资金使用效益,切实增加村集体特别是农民收入,根据《中共安徽省委 安徽省人民政府关于推进乡村振兴战略的实施意见》(皖发〔2018〕1

号)、《中共安徽省委办公厅 安徽省人民政府办公厅印发〈关于推进农村资源变资产资金变股金农民变股东改革工作的指导意见〉的通知》(皖办发〔2018〕21号)等有关要求,制定本办法。

第二条 本办法所称财政支农资金变股金主要是指将各级财政投入到农业农村的发展类、扶持类资金(救灾和打卡到户的补贴类资金除外),在符合政策要求、不改变资金使用性质和用途的前提下,量化为村集体和农民持有的资金,入股经营主体,获得股份收益。在具体操作中,重点将投入到农村的财政涉农项目资金和村集体申请到的财政专项扶持资金,量化为村集体持有的资金,集中投入到符合条件的农业经营主体,按合同约定获得收益分红。对建档立卡的贫困户,在尊重其意愿的前提下,引导其将财政扶贫到户资金投入到效益较好的经营主体,确定其持有股份比例,并按合同约定获得收益分红。

第三条 财政支农资金变股金的总体要求是:坚持依法依规、规范操作,按照国家相关法律法规和财政资金管理规定,规范开展资金变股金,做到合法、合规、合理。坚持先易后难、稳步推进,鼓励有基础、有条件和农民群众有意愿的地方开展资金变股金,从易于量化、折股的资金稳步实施,循序渐进,审慎推进。坚持政府引导、市场运作,强化政策扶持和路径引导,通过市场化手段将资金入股到经营主体。坚持利益共享、风险可控,入股收益归村集体和全体村民所有,脱贫攻坚期间向建档立卡贫困户倾斜,确保入股风险可防控、农民权益不受损。

第二章 入股主体和承接主体

第四条 财政支农资金变股金的入股主体原则上为村集体。农民组织化程度较低、集体经济组织不健全的村,可通过村民一事一议方式,委托有资质的相关机构代理。

第五条 财政支农资金变股金的承接主体主要是符合相关产业发展方向,并且经济效益好、发展前景广、具有法人资格的企业(公司)、农民专业合作社等农业经营主体。

承接资金变股金的经营主体,应当具有良好的商业信誉、无不良的违法经营活动、近三年内没有受到过行政处罚等。

第三章 入股程序和股金退出

第六条 财政支农资金入股主要包括以下程序:

(一)确定入股资金。对各级财政投入到农业农村的资金,应按类别、来源、金额、用途、支持对象等进行全面清理,确定可变为股金的财政支农资金,建立可变资金明细台账。

(二)选择承接主体。在确定可变为股金的财政支农资金基础上,由村集体根据投入到村级的财政资金,选择符合条件的经营主体为合作对象,并经村集体民主决策后确定。

在选择承接主体过程中,对拟合作经营主体的信用记录、资质状况、合法经营、经济效益等情况,应通过人民银行、工商、税务等部门进行查证,并确认符合条件后,再按民主程序确定为合作对象。

(三)商议股权比例。按照“平等自愿、协商一致、利益共享、风险共担、积累共有”的原则,通过民主程序,由村集体与承接主体合理商议村集体股金所占股权比例、收益分配办法等。

(四)制定入股方案。村集体通过民主程序制定的入股方案,应包括入股资金、合作方式、合作项目、合作主体、合作股份、收益分配以及股权收益内部分配方案等内容。

村集体通过民主程序制定的股权收益内部分配方案,应优先考虑贫困户,合理确定使用方向和股权收益在村集体、贫困户、村民之间的内部分配比例,建立公平、公正、公开的分配机制。财政专项扶贫资金入股获得的股权收益,在分配时必须覆盖贫困户。

(五)签订合作协议。财政支农资金入股的合同或协议,报请乡镇人民政府同意后,由村集体与承接主体依法签订入股合同或协议,约定各方的权利和义务。

(六)做好收益分配。在项目运营产生收益前提下,根据合同或协议规定,入股主体和承接主体按约定的分配比例进行收益分配。村集体获得的股权收益,按照股权收益内部分配方案及时兑现给贫困户、村民。有条件的地方可以探索将集体收益按照一定比例用于集体留存、股东分红和滚动发展。

对于脱贫农户,经过一段时间的巩固期并核查认定已稳定脱贫的,不再享受针对贫困户的优先扶持政策,调整出的股权收益权可分配给其他贫困户,或通过民主程序再分配。

第七条 在签订合同或协议时,应当明确承接主体在投资经营过程中出现以下情形时,村集体有权收回入股财政资金:

(一)出现违反国家相关法律法规行为;

(二)投资进度缓慢,或经营策略发生重大变动,不能按约定完成预定目标;

(三)因经营亏损导致无法确保项目农户、贫困户和村集体利益;

(四)其他约定需退出的情形。

股金退出时,按照合同或协议约定方式或其他协商方式退出。收回的入股财政资金,按照有关规定管理,由村集体重新选择符合条件的经营主体为合作对象,按规定的入股程序办理。

第四章 监督管理和风险防控

第八条 财政支农资金变股金应当加强农民权益保护,引导村集体和承接经营主体依法签订合同或协议,合理设置股权分配比例,提倡采取保底收益加分红的方式,使集体和农民稳定获取收益。

第九条 财政支农资金变股金应当强化民主管理、民主监督,公开资金变股金的全过程,确保农民的知情权、参与权、表达权、监督权。

(一)投入经营主体后的入股资金(股权),可成立入股资金(股权)管理小组、委托有资质的会计公司等进行监督或管理,以便跟踪掌握承接主体的财务和经营等情况。在保障各方利益的前提下,具体收益可采取具有资质的第三方审计、合作双方共同审核商议等进行确认。

(二)财政支农资金变股金应及时公开公示入股资金数额、承接经营主体、股比及入股收益分配办法、村集体股权收益内部分配方案、村集体股权收益及时兑现等情况,做到全程公开公示,自觉接受村民监督。

(三)财政支农资金变股金应建立健全资金核算管理制度,按有关规定核算管理村集体资金及股权。同时,自觉接受各级项目主管部门和财政、审计、纪检监察等部门的监督检查,自觉接受群众和社会的监督。

第十条 财政支农资金变股金应当强化风险防范,完善风险规避措施,进一步保障村集体和农民的权益。

(一)充分发挥农业等项目主管部门的职能作用,加强对资金变股金的指导,支持、帮助和指导开展资金变股金工作。择优选择一批市场前景好、发展有基础、带动能力强的优质产业项目,作为资金变股金的对接项目。鼓励紧紧依托优质产业项目,引导各方推进资金变股金并有效防控风险。

(二)支持各地围绕财政支农资金变股金,加大对农业保险的支持力度,增加保费补贴品种,扩大地方优势特色农产品保险覆盖面。鼓励承接主体购买商业保险,分散和降低经营风险,增强履约偿付能力。对直接从事农业生产的承接主体购买农业保险,财政部门按政策规定给予保费补贴。支持省农业信贷担保公司等政策性融资担保机构为承接主体提供融资担保。

(三)在保障农民利益的前提下,应加大对承接经营主体的监管和引导力度,建立健全资格审查、项目审核等制度。鼓励建立法律顾问机制,组织律师和法律服务工作者对法律文书进行审核把关,并全程指导村集体及农民签合同或协议、入股经营、股权收益等环节。

第十一条 对财政支农资金变股金过程中发现违法违规行为的,按照《中华人民共和国预算法》《财政违法行为处罚处分条例》等法律法规处理。涉嫌犯罪的,移送司法机关处理。

第五章 附 则

第十二条 市、县(区)财政、农业部门要在当地党委、政府的领导下,根据本《办法》要求,结合本地实际,制定实施细则或具体操作办法,进一步明确责任分工,建立工作机制。

第十三条 各市财政、农业部门要将财政支农资金变股金工作情况特别是整县推进情况,于每年6月底和12月底前形成总结报告报省财政厅、省农业委员会。

第十四条 本办法由省财政厅、省农业委员会负责解释。

第十五条 本办法自印发之日起施行,有效期5年。

安徽省财政厅 安徽省林业厅 关于印发《提高公益林生态效益补偿标准奖补办法》的通知

财农〔2018〕517号

各市、县(区)财政局、林业局:

为全面贯彻实施林长制,根据《中共安徽省委办公厅 安徽省人民政府办公厅印发〈关于推深做实林长制改革优化林业发展环境的意见〉的通知》(皖办发〔2018〕22号),省财政厅会同省林业厅制定了《提高公益林生态效益补偿标准奖补办法》。现印发给你们,请结合实际贯彻执行。

提高公益林生态效益补偿标准奖补办法

第一条 根据《中共安徽省委 安徽省人民政府关于建立林长制的意见》(皖发〔2017〕32号)、《中共安徽省委办公厅 安徽省人民政府办公厅印发〈关于推深做实林长制改革优化林业发展环境的意见〉的通知》(皖办发〔2018〕22号),为进一步完善全省森林生态效益补偿机制,结合我省实际,制定本办法。

第二条 基本原则。

(一)政府主导,社会参与。加大对生态公益林补偿的投入力度,积极探索社会化、市场化生态效益补偿方式,拓宽公益林的生态补偿途径,激发林农和基层保护和利用生态公益林的积极性。

(二)先补后奖,综合奖补。市、县(市、区)财政和林业主管部门负责提高生态公益林的补偿标准并及时兑现补偿资金,省财政给予奖补,激励引导市、县(区)建立补偿机制、落实公益林保护主体责任,共同完善生态公益林补偿制度。

(三)绩效管理,强化监督。按照全面实施绩效管理要求,将市、县(市、区)落实生态公益林补偿政策和补偿资金绩效管理情况作为安排预算、分配资金的重要依据。加强对奖补政策和资金使用的监督检查,保障资金安全规范有效使用。

第三条 奖补范围。对集体和个人所有的国家级和省级生态公益林提高补偿标准的市、县(市、区),对国有生态公益林提高补偿标准的不纳入奖补范围。

第四条 奖补标准。在落实现行中央和省生态公益林补偿政策的基础上,市、县(市、区)财政和林业主管部门对集体和个人所有的国家级和省级生态公益林逐步提高补偿标准。市级按照所属各县(市、区)提高补偿标准部分的1/3给予补助。省级按照一定比例给予奖补,最高不超过提高补偿标准部分的1/3。

第五条 奖补程序。市级林业主管部门会同财政部门于每年8月30日前,向省林业厅、省财政厅报送全市本年度(附所辖县、市、区报告)生态公益林补偿政策落实情况报告,主要内容包括:生态公益林管护、执行现行国家和省生态公益林补偿政策情况,提高集体和个人所有的国家级和省级生态公益林具体补偿标准及补偿资金发放到位情况,主要做法及典型经验,市级补助资金落实和拨付到位情况,补偿资金绩效评价情况,提出省级财政奖补资金申请等。省林业厅对各市、县(市、区)的报告进行审核汇总,并将审核意见和全省奖补资金需求报送省财政厅。

第六条 资金拨付。省财政厅根据省林业厅的审核结果,在下一年度统筹重点生态功能区转移支付或森林植被恢复费切块资金,用于省级奖补,分配下达到市、县(市、区)。

第七条 资金使用。围绕全面推进林长制要求,提高公益林生态效益补偿标准省财政奖补资金由市、县(市、区)按规定使用,可用于公益林管护补助、公益林的政府租赁或赎买等公益林保护,不得用于楼堂馆所和形象工程建设、人员经费和机构运转经费、办公设备购置等。

第八条 绩效管理。市、县(市、区)财政和林业主管部门要加强对省级奖补资金安排、使用的管理,切实提高资金绩效。省级组织对各地生态公益林补偿政策落实情况检查,对补偿政策不落实、提高补偿标准资金未发放到位的,省财政按比例相应扣回奖补资金。

第九条 市、县(市、区)财政和林业主管部门可根据本办法,结合本地实际,制定具体实施细则。

第十条 本办法由省财政厅、省林业厅负责解释。

第十一条 本办法自印发之日起施行,有效期5年。

安徽省财政厅 中国人民银行合肥中心支行关于印发《安徽省非税收入代收机构管理办法》的通知

财非税〔2018〕547号

各代收机构:

按照《安徽省人民政府关于印发加快推进“互联网+政务服务”工作方案的通知》(皖政〔2017〕25号)文件精神,为规范全省统一公共支付平台建设实施,提升非税收入收缴电子化管理水平,确保全省政府服务缴费和非税收入缴款业务安全稳定运行。根据《安徽省非税收入管理条例》《商业银行、信用社代理国库业务管理办法》和《非金融机构支付服务管理办法》等规定,我们研究制定了《安徽省非税收入代收机构管理办法》,现印发给你们,请结合实际,认真贯彻执行。贯彻执行中的重要情况和建议,请及时联系安徽省财政厅和人民银行合肥中心支行。

安徽省非税收入代收机构管理办法

为进一步提高非税收入代收效率,确保资金和信息安全,根据《安徽省非税收入管理条例》《商业银行、信用社代理国库业务管理办法》(中国人民银行令〔2001〕第1号)和《非金融机构支付服务管理办法》(中国人民银行令〔2010〕第2号)等规定,制定本办法。

第一条　本办法所称代收机构,是指受托办理安徽省非税收入代收的商业银行、银行卡清算机构和非银行支付机构。

第二条　本办法适用于接入安徽省统一公共支付平台(以下简称"公共支付平台")的代收机构管理。

第三条　代收机构在安徽省内最高管理机构(以下简称"管理机构"),负责开发代收业务平台、管理代收业务渠道、建立代收业务规范等。各代收机构在省内设立的分支机构,负责经办非税收入代收业务。

第四条　代收机构代收的非税收入资金,应按照中国人民银行令〔2001〕第1号文件,及时、足额缴入国库或政府非税收入汇缴结算户,同行间清算须在T日(交易日)内完成,跨行间清算须在T+1日内完成。

第五条　按照《安徽省财政厅 安徽省人民政府政务服务中心关于建设实施全省统一公共支付平台的通知》(财办〔2017〕1285号)要求,安徽省财政厅负责制定代收机构接入标准,其中非税收入缴库操作规范由安徽省财政厅会同中国人民银行合肥中心支行商定。

第六条　代收机构须采用全省一点接入方式,与公共支付平台对接。

代收机构须使用自有渠道接入公共支付平台,不得转接或变相接入其他支付渠道。未经安徽省财政厅同意,不得向其他方提供或变相提供公共支付平台查询、交易等入口。

第七条　商业银行申请成为公共支付平台代收机构应具备以下条件:

1. 依法持有有效营业执照和中国银行业监督管理委员会颁发的《金融许可证》,机构总部或省级分支机构在安徽省内注册;

2. 同意使用电子签名技术,并承认公共支付平台电子签章数据电文的法律效力;

3. 符合公共支付平台网络连接、数据传输、信息安全等相关技术要求,以及有关系统安全运行维护管理规范;

4. 符合安徽省财政厅、中国人民银行合肥中心支行其他相关规定。

第八条　银行卡清算机构和非银行支付机构申请成为公共支付平台代收机构应具备以下条件:

1. 依法持有有效营业执照和中国人民银行颁发的网络支付业务许可证(或银行卡清算机构),支付机构总部或省级分支机构在安徽省内注册;

2. 同意使用电子签名技术,并承认公共支付平台电子签章数据电文的法律效力;

3. 符合公共支付平台网络连接、数据传输、信息安全等相关技术要求,以及有关系统安全运行维护管理规范;

4. 符合安徽省财政厅、中国人民银行合肥中心支行其他相关规定。

第九条　现有省级非税收入代理银行符合上述条件的,自动成为代收机构。

新增代收机构由安徽省财政厅会同中国人民银行合肥中心支行进行论证。

第十条　代收机构须按标准规范自行开发代收业务系统,经安徽省财政厅验收后,正式接入公共支付平台。

第十一条　代收机构须制定代收业务管理规范,包含专项代收业务操作、资金清算规则、人员职责分工及运维保障和应急预案等内容,向安徽省财政厅、中国人民银行合肥中心支行报备。

第十二条　安徽省财政厅与代收机构签订《安徽省非税收入委托代收协议书》,明确双方权利、义务和责任。如代收机构为现有省级非税收入代理银行,经双方协商,可在现有代理协议书中明确委托代收业务的权利、义务和责任。

第十三条 安徽省财政厅负责代收机构日常业务管理工作，人民银行合肥中心支行负责代收机构代收的非税收入资金清算业务监管工作。

第十四条 各市、县(区)财政部门和人民银行分支机构具体负责辖内各代收机构日常业务监督。安徽省财政厅会同中国人民银行合肥中心支行按照相关规定，定期对代收机构进行督查。

第十五条 本管理办法自2018年7月1日起实施。

安徽省财政厅 共青团安徽省委员会 中共安徽省委组织部关于修订印发《安徽省大学生返乡创业专项资金管理办法》的通知

财行〔2018〕703号

各市、县(市、区)财政局、团委、组织部：

为贯彻落实《安徽省中长期青年发展规划(2018—2025年)》(皖发〔2018〕19号)精神，支持实施乡村振兴战略，进一步规范安徽省大学生返乡创业专项资金管理，提升财政资金的使用效益，省财政厅、团省委、省委组织部对《安徽省大学生村官创业兴皖富民专项资金使用管理办法》进行了修订，形成了《安徽省大学生返乡创业专项资金管理办法》，现印发给你们，请遵照执行。

安徽省大学生返乡创业专项资金管理办法

第一章 总 则

第一条 为进一步加强和规范安徽省大学生返乡创业专项资金管理，提高资金使用效益，根据《中华人民共和国预算法》以及《安徽省人民政府办公厅关于印发安徽省财政一般性转移支付资金管理办法和安徽省省级财政专项资金管理办法的通知》(皖政办〔2014〕29号)、《安徽省财政厅关于印发省对市县专项转移支付管理办法的通知》(财预〔2016〕1002号)等相关规定，制定本办法。

第二条 安徽省大学生返乡创业专项资金由省财政预算安排(以下简称“大学生返乡创业专项资金”)，用于鼓励和支持大学生返乡创业，促进当地发展特色产业，带动农民增收的财政资金。

第二章 资金使用范围

第三条 大学生返乡创业专项资金，是用于大学生返乡创业示范基地(园)的以奖代补，以及省级服务大学生返乡创业工作经费。

第四条 申请的自然人或法定代表为返乡创业的大学生，具有专科及以上学历，年龄不超过40周岁的青年群体。

第五条 大学生返乡创业示范基地(园)以奖代补资金，主要用于创业示范基地(园)新品种、新技术推广与服务，对农户的技术培训，以及创业示范基地(园)基础设施改造等。

以奖代补资金不得用于办公费、人员工资等基本支出；不得用于建造办公场所、购置车辆和通讯器材的支出，以及与创业示范基地(园)无关的其他支出。

第六条 大学生返乡创业专项资金中的工作经费，主要是省本级用于开展与大学生返乡创业相关的调研、会议、考察、交流等活动。

第三章 项目申报程序

第七条 申请大学生返乡创业示范基地(园)项目，必须是返乡创业的大学生自主创办、合作创办、参与创办的基地(园)，种类包括种养殖类企业、农产品加工企业、互联网企业以及设施农业、休闲观光农业、生态农业和现代服务业基地等。

第八条 在创业所在村担任“两委”成员、村团组织负责人，或作为村“两委”后备干部培养的返乡创业大学生申报示范基地(园)的，同等条件下优先推报。

第九条 申报大学生返乡创业示范基地(园)必须同时符合以下条件：

1. 有项目。从事的生产、经营活动合法合规，符合国家产业政策和社会发展规划要求。已建项目辐射性强，能够带领带动当地发展特色产业，助农增收效果明显。

2. 有场地。有必要的创业硬件，包括固定的生产场地、基地等，创业项目和创业场地须在县(市、区)及以下层级行政区域内，具备必要的办公条件。

3. 有机构。已注册的企业、合作社要具有独立法人资格。企业、合作社法人代表应由返乡创业的大学生担任，或者企业、合作社由返乡创业的大学生主导创办，有较为稳定的管理人员和人才队伍。

第十条 每年5月份，申请人向县级团委提出书面申请,并附有关申报材料。申报材料包括:大学生返乡创业示范基地(园)申报书(附件1),大学生返乡创业示范基地(园)推荐汇总表(附件2)等。县级团委会同组织部门要提前做好项目申报布置工作。

第十一条　每年6月底前,县级团委会同组织部门对申报大学生返乡创业示范基地(园)的单位进行初审,并择优选择符合申报条件的项目上报团市委。初审包括资料审查、现场检查等方面,重点审查项目申报资料的完整性、真实性和规范性。

第十二条　每年7月底前,团市委会同市委组织部对申报大学生返乡创业示范基地(园)的单位进行复审,根据复审情况择优选择符合条件的项目上报团省委。复审包括资料复查、现场复查等方面,再次确认项目申报资料的完整性、真实性和规范性。

第十三条　每年8月底前,团省委会同省委组织部,对各市上报的申报材料进行审核,并邀请有关专家对申报的项目进行审核评审,经审核评审确定的大学生返乡创业示范基地(园),省财政在下一年度给予以奖代补资金支持。

第十四条　对评审确定扶持的大学生返乡创业示范基地(园),团省委、省委组织部在部门网站予以公示,公示内容主要包括基地(园)名称、申请人基本情况、创办时间、基地(园)概况等,公示期限不少于5个工作日。

第十五条　团省委、省委组织部对公示无异议的示范基地(园)联合发文命名,并授牌。

第四章　奖补资金拨付

第十六条　省财政厅根据团省委、省委组织部命名的大学生返乡创业示范基地(园)等,按照有关规定和要求,拨付以奖代补资金至市、县(区)财政部门。

第十七条　市、县(区)财政部门依据同级团委提供的项目审核资料和资金支付申请,通过国库集中支付及时拨付资金。

第十八条　市、县(区)团委对项目单位提出的资金支付申请及相关原始凭证,应进行真实性、合法性、完整性审核,同意后向财政部门提出资金申请,对项目预算执行负主体责任。

第五章　监督管理和绩效评价

第十九条　省、市、县团委要会同组织部门建立健全项目实施的监督检查管理机制,加强对项目申报材料的审核和管理,建立工作台账,确保相关申报材料妥善保存。

第二十条　省、市、县财政部门要与团委、组织部门加强配合,建立健全资金管理制度,明确工作职责,规范工作程序。

第二十一条　大学生返乡创业专项资金应专款专用,任何单位和个人不得骗取、套取、截留、挤占和挪用,如违反规定,按照《财政违法行为处罚处分条例》《安徽省财政监督条例》等有关法律法规,追究有关单位和个人的责任。

第二十二条　团省委、省委组织部会同省财政厅联合开展或委托第三方开展资金使用管理情况绩效评价,加强绩效评价结果运用,提高资金使用有效性和针对性,切实发挥资金扶持作用。

第六章　附　则

第二十三条　本办法自发布之日起施行,原《安徽省大学生村官创业兴皖富民专项资金使用管理办法》(财行〔2017〕700号)同时废止。

第二十四条　本办法由省财政厅、团省委、省委组织部共同负责解释。

安徽省财政厅　中共安徽省委宣传部关于印发《安徽省省级文化强省建设专项资金管理暂行办法》的通知

财教〔2018〕1169号

各市、县(区)财政局、宣传部,省直有关单位:

为规范和加强安徽省省级文化强省建设专项资金(以下简称"专项资金")管理,提高财政资金使用绩效,根据我省"十三五"时期文化发展改革规划纲要、《安徽省人民政府办公厅关于印发安徽省财政一般性转移支付资金管理办法和安徽省省级财政专项资金管理办法的通知》(皖政办秘〔2017〕271号)及有关财政资金管理规定,省财政厅、省委宣传部研究制定了《安徽省省级文化强省建设专项资金管理暂行办法》,现予印发,请遵照执行。

安徽省省级文化强省建设专项资金管理暂行办法

第一章　总　则

第一条　为规范和加强安徽省省级文化强省建

设专项资金(以下简称“专项资金”)管理,提高资金使用绩效,根据我省“十三五”时期文化发展改革规划纲要、《安徽省人民政府办公厅关于印发安徽省财政一般性转移支付资金管理办法和安徽省省级财政专项资金管理办法的通知》(皖政办秘〔2017〕271号)及有关财政资金管理规定,制定本办法。

第二条　专项资金是指省级财政预算安排的,专项用于支持和引导创新型文化强省建设,推动文化事业和文化产业发展的资金。

第三条　专项资金管理与使用应体现文化强省战略和规划,符合文化事业文化产业政策和公共财政管理要求,坚持突出重点、注重绩效、专款专用原则。

第四条　专项资金按照财政事权与支出责任相符原则,采取项目法分配支持省本级和全省有影响的重点文化项目,采取因素法分配支持市县文化改革创新示范试点项目,并向贫困地区进行倾斜。

第五条　专项资金管理和使用严格执行国家有关法律法规、财务规章制度和本办法的规定。

第二章　管理职责

第六条　按照职责明晰、权责匹配、全程监督、责任追究原则,明确专项资金管理职责。

(一)省财政厅统筹安排专项资金年度预算,负责专项资金审核拨付、绩效监管和监督检查等。

(二)省委宣传部对项目实施具体管理,负责发布专项资金申报指南,组织项目评审、预算细化、绩效评价、项目监管和信息公开等。

(三)市、县党委宣传部,省直项目实施单位主管部门负责项目申报、审核和日常监管、结项验收。

(四)市、县财政局配合同级党委宣传部负责项目资金划拨和监管、绩效自评、项目结余资金处置等。

(五)项目实施单位是专项资金项目管理的责任主体,负责完善内部控制和监督约束机制,加强对项目资金的使用管理,并对申报项目及相关资料的合法性、真实性和可行性负责。

第三章　支出范围和分配办法

第七条　专项资金分为补助资金、奖励资金,具体数额由省财政厅会同省委宣传部根据年度专项资金规模等确定。

第八条　补助资金分为重点项目补助资金和一般项目补助资金。补助资金可用于相关设备购置、设施维修、作品创排巡演、贷款贴息等。

(一)重点项目主要指省委、省政府确定的重大文化项目,列入省重点扶持的文艺和出版项目、省级媒体融合发展和舆论阵地建设项目、现代文化产业体系和文化市场体系建设项目、文化“走出去”项目、国有文化资本运作等重要改革创新项目。

(二)一般项目主要指市县宣传文化主管部门根据省委宣传部年度文化改革创新示范试点工作部署,自主确定的文化项目。

(三)一般项目补助资金实行因素分配法,按基本因素(权重40%)、业务因素(权重50%)、贫困县因素(权重10%)计算分配金额。

基本因素包括常住人口数、国土面积数、乡镇(含街道)个数、行政村个数等因素(以省统计局数据为准),权重分别为20%、10%、5%、5%。

业务因素根据年度重点工作完成情况、专项资金投入和使用绩效、文化改革创新工作成效等评价测算,权重为50%。

贫困县因素包括国家级、省级贫困县和享受省级贫困县待遇的县(区),权重为10%。

一般项目补助资金计算分配公式如下:

某市(县)一般项目补助资金额度=某市(县)分配因素得分/∑各市(县)分配因素得分×年度专项资金一般项目补助资金总额。其中,某市(县)分配因素得分=某市(县)分配因素值/全省该项分配因素总值×相应权重。

第九条　奖励资金主要用于奖励获得全国性文艺、出版、新闻奖项,入选省级精神文明建设“五个一工程”的精品力作,符合省委、省政府及省委宣传部有关规定应予奖励的项目。奖励资金可用于作品创排、人才(团队)培养、市场拓展等。

第十条　专项资金不得用于支付各种罚款、捐款、赞助等支出,不得用于国家规定禁止列支的其他支出。

第四章　预算申报与审批

第十一条　省委宣传部每年按照省财政厅部门预算编制有关要求,提前编制下一年度专项资金预算。

第十二条　省委宣传部建立完善专项资金网上申报管理系统,加强对专项资金信息化管理。项目申报必须进入专项资金网上申报管理系统和省财政涉企项目资金管理信息系统进行审核。

第十三条　项目实施单位须为在安徽省境内依法注册登记3年以上、具有独立法人资格的文化企事业单位,具备与完成项目相适应的资质和能力,资产及运营状况良好,有完善的经营管理机制和健全的财务管理制度,会计核算规范,无违法违规经营记录和不良信用记录等。

第十四条 省委宣传部对各地、各单位报送的重点项目组织项目评审。拟安排项目须进入省财政涉企项目资金管理信息系统比对,由省财政厅归口业务处室对预警项目复核确认,确认通过并经公示后,由省委宣传部编制专项资金预算细化方案提交省财政厅,省财政厅按规定程序下达资金。一般项目资金由省委宣传部会同省财政厅按因素法确定额度后下达市县,再由市(县)宣传文化主管部门确定具体项目和项目实施单位,报省委宣传部备案。

第十五条 项目实施单位应根据批准的项目资助额度,编制项目计划任务书和绩效目标报省委宣传部备案。

第五章 预算执行与管理

第十六条 专项资金在执行过程中,因不可抗力或其他特殊原因致使项目资金需要调整或变更时,项目实施单位需按照规定程序报请省委宣传部和省财政厅审批。

第十七条 专项资金支付应当按照国库集中支付制度有关规定执行,结转和结余资金按照省财政厅和同级财政部门规定执行。

第十八条 使用专项资金采购货物、工程和服务等行为,应按照有关法律法规规章执行。

第十九条 专项资金购置形成的固定资产属于国有资产的,应当按国有资产管理有关规定管理,防止国有资产流失。

第六章 监督检查

第二十条 项目实施单位使用专项资金时,必须严格执行现行财经法律、法规和制度,自觉规范财务支出行为,完善内部风险控制机制,并接受上级或同级宣传、财政、审计等部门的指导、监督和检查,配合做好项目结项验收、绩效评价等工作。

第二十一条 市、县党委宣传部、财政局和省直项目实施单位主管部门应加强对专项资金使用监管,建立资金使用的监管和跟踪问效机制,做到事前审核、事中跟踪、事后检查,确保专项资金使用安全、规范、有效。

第二十二条 省委宣传部负责组织开展文化强省资金管理使用效益绩效评价和检查,评价和检查结果作为以后年度项目安排和资金分配的重要依据。省财政厅适时开展抽查。

第二十三条 建立专项资金管理承诺机制。项目实施单位法定代表人、项目负责人在申报项目时应共同签署承诺书,保证所提供信息的真实性,并对信息虚假导致的后果承担责任。

第二十四条 对违反财经纪律,弄虚作假、截留、挪用、挤占专项资金的行为,按照《预算法》《财政违法行为处罚处分条例》等法律法规处理。涉嫌犯罪的,移送监察、司法机关处理。

第七章 附 则

第二十五条 本办法由省财政厅、省委宣传部负责解释。

第二十六条 本办法自印发之日起执行。2010年颁布的《关于印发〈安徽省省级文化强省建设专项资金管理暂行办法〉的通知》(财教〔2010〕533号)同时废止。

财经统计篇

全省财经统计资料

安徽省2018年国民经济和社会发展统计公报

2018年,面对复杂多变的外部环境和艰巨繁重的改革发展任务,全省上下坚持以习近平新时代中国特色社会主义思想为指导,认真贯彻落实党中央、国务院各项决策部署,坚持稳中求进工作总基调,按照高质量发展要求,有效应对外部环境深刻变化,改革创新,攻坚克难,奋力拼搏,保持了经济社会平稳健康发展,地区生产总值、财政收入等多项指标突破重要关口,一些体现高质量发展的指标持续向好,现代化五大发展美好安徽建设迈出了新的步伐。

一、综合

年末全省户籍人口7082.9万人,比上年增加23.7万人;户籍人口城镇化率32.65%,比上年提高1.59个百分点。常住人口6323.6万人,增加68.8万人;常住人口城镇化率54.69%,提高1.2个百分点。全年人口出生率12.41‰,比上年下降1.66个千分点;死亡率5.96‰,上升0.06个千分点;自然增长率6.45‰,下降1.72个千分点。

经济总量突破3万亿元。初步核算,全年生产总值(GDP)30006.82亿元,按可比价格计算,比上年增长8.02%。分产业看,第一产业增加值2638.01亿元,增长3.2%;第二产业增加值13842.09亿元,增长8.5%;第三产业增加值13526.72亿元,增长8.6%。三次产业结构由上年的9.6:47.5:42.9调整为8.8:46.1:45.1,其中工业增加值占GDP比重为38.9%,服务业增加值占比与全国差距由上年的9个百分点缩小到7.1个百分点。全员劳动生产率68484元/人,比上年增加6654元/人。人均GDP47712元(折合7210美元),比上年增加4311元。

年末全省从业人员4385.3万人,比上年增加7.4万人。其中,第一产业1353.6万人,减少9.7万人;第二产业1263.3万人,增加3.8万人;第三产业1768.4万人,增加13.3万人。城乡私营企业从业人员和个体劳动者1410万人,增加177.3万人。全年城镇实名制新增就业70.5万人,下岗失业人员再就业21.15万人。年末城镇登记失业率2.83%,比上年下降0.05个百分点。全省农民工总量1952.4万人,其中外出农民工1429.1万人。

全年居民消费价格比上年上涨2%,其中食品烟酒价格上涨2.1%。商品零售价格上涨1.9%。工业生产者出厂价格上涨3%,工业生产者购进价格上涨5.3%。固定资产投资价格上涨5.8%。农业生产资料价格上涨1.5%。

二、农业

全年粮食种植面积7316.3千公顷,比上年减少5.5千公顷。油料种植面积520.2千公顷,增加1.9千公顷。棉花种植面积86.3千公顷,减少1.8千公顷。蔬菜种植面积652.2千公顷,增加24千公顷。

稻渔综合种养面积160万亩,增长77.8%。净增“三品一标”农产品1114个。

全年粮食产量4007.3万吨,比上年减产12.5万吨,下降0.3%。其中,夏粮1607.5万吨,减产37.2万吨,下降2.3%;秋粮2287.1万吨,增产38.5万吨,增长1.7%。油料产量158万吨,增长2.2%。棉花产量8.9万吨,增长2.9%。

年末全省生猪存栏1356.3万头,比上年下降4.3%;全年生猪出栏2837.4万头,增长0.3%。肉类总产量421.7万吨,增长1.6%,其中猪牛羊肉产量269.7万吨,增长0.9%。禽蛋产量158.3万吨,增长2.3%。牛奶产量30.8万吨,增长3.2%。

年末全省农业机械总动力6542.7万千瓦,比上年增长3.6%。农用拖拉机231.1万台,减少0.9%。全年化肥施用量(折纯)311.1万吨,下降2.4%。农村用电量180.8亿千瓦时,增长5.5%。有效灌溉面积4543.4千公顷,新增40.7千公顷;新增节水灌溉面积54.8千公顷。

三、工业和建筑业

年末全省规模以上工业企业19421户,比上年减少1028户。全年规模以上工业增加值比上年增长9.3%,增速居全国第4、中部第1位,创近4年新高。其中,国有及国有控股企业增长7.2%,股份制企业增长8.6%,外商及港澳台商投资企业增长12.3%。分门类看,采矿业增长0.8%,制造业增长9.6%,电力、热力、燃气及水生产和供应业增长13.9%。

规模以上工业中,40个工业大类行业有32个增加值保持增长。其中,计算机、通信和其他电子设备制造业增长28.8%,医药制造业增长17%,黑色金属冶炼和压延加工业增长15.7%,电力、热力生产和供应业增长14%,有色金属冶炼和压延加工业增长13.4%,电气机械和器材制造业增长12.1%,化学原料和化学制品制造业增长10.4%,通用设备制造业增长7%,农副食品加工业增长6.8%,汽车制造业增长6%。工业结构持续优化,全年装备制造业增加值增长12%,高技术产业增加值增长22.6%;战略性新兴产业产值增长16.1%,占规模以上工业比重达29.5%,24个战略性新兴产业集聚发展基地工业总产值增长16.6%。

规模以上工业统计的主要产品产量中,原煤下降2.3%,发电量增长9.1%,粗钢、钢材分别增长6.7%和7.2%,水泥增长1.8%,彩色电视机增长47.7%,家用洗衣机、家用电冰箱、房间空调器分别增长2.7%、7.2%和3.2%,汽车下降14.4%。新产品中,新能源汽车增长1倍,运动型多用途乘用车(SUV)下降34.5%,锂电池增长27.5%,工业机器人增长18.3%,光纤下降25.6%。

全年规模以上工业企业实现利润2448.2亿元,增长27.8%,增速为近7年新高。其中,国有企业下降4.7%,股份制企业增长32.9%,外商及港澳台商投资企业增长2.6%;中小企业增长34.4%;民营企业增长28.8%。降成本取得实效,规模以上工业企业每百元主营业务收入成本85.6元,比上年减少0.6元,为近9年最低水平。

年末具有资质等级的总承包和专业承包建筑业企业3980家,比上年增加764家。全年房屋建筑施工面积46758.4万平方米,比上年增加2537.1万平方米;房屋竣工面积15894.5万平方米,增加913.2万平方米。

四、固定资产投资

全年固定资产投资按可比口径计算比上年增长11.8%,增速居全国第2位,比上年前移9位。其中,工业技术改造投资增长34.6%,基础设施投资增长7%,民间投资增长18.5%。分区域看,皖江示范区投资增长10.2%,皖北六市投资增长14.4%。分产业看,第一产业投资增长33%,第二产业投资增长24.6%,第三产业投资增长5.6%。分行业看,工业投资增长24.8%,其中制造业投资增长33.3%;制造业中装备制造业投资增长29.4%。六大高耗能行业投资增长0.5%。

全年房地产开发投资5974.1亿元,比上年增长6.4%。商品房销售面积10038.4万平方米,增长9.1%;商品房销售额7077亿元,增长20.6%。年末商品房待售面积1682.6万平方米,下降16.8%。

全年共安排亿元以上重点项目5962个,当年完成投资15316.2亿元。开工建设合肥聚变堆主机关键系统综合研究设施建设园区工程、京东方第10.5代薄膜晶体管液晶显示器件(TFT-LCD)30K扩产、南昌至景德镇至黄山高铁安徽段、G3W德州至上饶高速公路池州至祁门段等2545个项目,建成投产投运合肥哈工大机器人集团华东产业基地暨国际科技创新中心、合肥高端及纯电动轻卡、黄山至杭州高铁、滁州至淮南高速滁州至定远段等1518个项目。

年末煤炭产能13251万吨;发电装机容量7089

万千瓦,其中燃煤火电5070万千瓦、新能源和可再生能源1839万千瓦。

五、国内贸易

全年社会消费品零售总额12100.1亿元,比上年增长11.6%,扣除价格因素实际增长9.4%。按经营地统计,城镇消费品零售额9731.8亿元,增长11.3%;乡村消费品零售额2368.2亿元,增长12.9%。按消费类型统计,商品零售额10778.1亿元,增长11.5%;餐饮收入1322亿元,增长11.8%。全省纳入统计的786家开展网络零售业务的限额以上企业,实现网上零售额492.2亿元,增长36.1%。

限额以上企业商品零售额中,吃、穿、用类商品零售额比上年分别增长13.9%、8.7%和11.1%,粮油类增长6.8%,肉禽蛋类增长14.3%,服装类增长9.5%,日用品类增长12%,中西药品类增长13.4%,家用电器和音像器材类增长12.5%,家具类增长7.3%,通讯器材类增长29.5%,建筑及装潢材料类增长15.3%,汽车类增长5.9%,石油及制品类增长17.5%。

六、对外经济

全年进出口总额629.7亿美元,比上年增长16.6%。其中,出口362.1亿美元,增长18.3%;进口267.6亿美元,增长14.3%。从出口经营主体看,生产型企业出口增长20.1%,贸易型企业出口下降1.2%。从出口商品看,机电产品、高新技术产品出口分别增长23%和31.1%。

全省亿元以上在建省外投资项目5499个,当年实际到位资金11942亿元,比上年增长9%。全年新备案外商投资项目379个,增长12.1%;合同利用外资60.8亿美元,下降3.3%;实际利用外商直接投资170亿美元,增长7%。到2018年末,来皖投资的境外世界500强企业增加到84家,其中当年新引进4家。

全年对外承包工程新签合同金额50.5亿美元,比上年下降3.8%;完成营业额30.1亿美元,下降13.4%;当年外派劳务人员9539人,下降18.1%。全年新批境外企业(机构)99个,实际对外投资14.5亿美元,增长56%,其中对"一带一路"沿线国家和地区投资1.9亿美元,增长1.1倍。

七、交通、邮电和旅游

全年旅客运输量6.4亿人,比上年下降8.3%;货物运输量40.7亿吨,增长0.8%。旅客运输周转量1206.2亿人公里,增长0.8%;货物运输周转量11783.7亿吨公里,增长3.2%。全年港口货物吞吐量5.1亿吨,下降0.2%。全省民航机场旅客吞吐量1360万人次,增长19.1%,其中合肥新桥机场旅客吞吐量1111.1万人次,增长21.5%。

年末全省民用汽车拥有量1087.3万辆,比上年增长9.3%,其中私人汽车820.1万辆、增长14.5%。民用轿车拥有量460.8万辆,增长14.3%,其中私人轿车435.5万辆、增长14.8%。全年新增高速公路163公里、一级公路713公里、铁路营业里程51.7公里。到2018年末,全省高速公路达4836公里、一级公路达4864公里、铁路营业里程达4198.5公里,其中高速铁路营业里程1456.4公里。

全年电信业务总量2257.8亿元,比上年增长171.3%;邮政业务总量316.8亿元,增长27.7%。快递业务量11.2亿件,快递业务收入111亿元,比上年分别增长30.1%和23.9%。年末本地固定电话用户517.2万户,比上年减少34.2万户;移动电话用户5727.6万户,增加728.2万户。每百人拥有电话(含移动)99.8部,增加10.2部。年末基础电信运营企业计算机互联网宽带接入用户1662.4万户,增加338.8万户。

全年入境旅游人数607万人次,比上年增长10.5%。其中,外国人354万人次,增长10.3%;港澳台同胞253万人次,增长10.9%。国内游客7.21亿人次,增长15.2%。旅游总收入7241亿元,增长16.8%。其中,旅游外汇收入31.9亿美元,增长10.7%;国内旅游收入7030亿元,增长17.1%。皖南国际旅游文化示范区旅游收入3785.2亿元,增长16.4%。年末全省有A级及以上旅游景点(区)600处。

八、财政和金融

全年全省财政收入突破5000亿元,达5363.3亿元,比上年增长10.4%,其中地方财政收入3048.7亿元、增长8.4%。全部财政收入中,税收收入4419亿元,增长11.9%,其中增值税和营业税增长12.6%、企业所得税增长22.3%。财政支出6572.1亿元,增长5.9%。重点支出项目中,社会保障与就业支出增长10.7%,城乡社区事务支出下降1.7%,科学技术支出增长13.2%,教育支出增长9.7%。全年33项民生工程累计投入1067.3亿元。

全年社会融资规模增量累计5382.2亿元,比上年少2616.5亿元。年末全省金融机构人民币各项存款余额50677.3亿元,比上年末增加5068.5亿元,增长11.1%。其中,非金融企业存款余额14929.1亿元,增长5.1%;住户存款余额22994.8亿元,增长12%。年末金融机构人民币各项贷款余额38815.3亿元,比上年末增加4334.1亿元,增长12.6%。其中,境内短期贷款10532.5亿元、增长6.2%;境内中长期贷款25750.1亿元、增长14.8%,中长期贷款中住户贷款12624.3亿元、增长21.9%。

全年上市公司通过境内市场累计筹资535.1亿元,比上年增加71.7亿元。其中,首次公开发行A股3只,筹资14.5亿元;A股再筹资(包括配股、公开增发、非公开增发、认股权证)372.6亿元;上市公司通过发行可转债、可分离债、公司债筹资148亿元。到2018年末,全省有上市公司103家,上市公司市价总值7903亿元,比上年减少32.3%。

全年企业发行短期融资券570.4亿元。

全年全省境内证券经营机构证券代理成交额43400亿元,期货经营机构代理交易量205500亿元。

全年保险业原保险保费收入1209.7亿元,比上年增长9.3%。其中,财产险业务原保险保费收入408.8亿元,增长11.6%;人身险业务原保险保费收入800.9亿元,增长8.1%。赔款和给付419.2亿元,增长5.4%。其中,财产险业务赔款支出222.8亿元,增长19.1%;人身险业务赔款和给付支出196.5亿元,下降6.7%。

九、人民生活和社会保障

全年全省常住居民人均可支配收入23984元,比上年增长9.7%,扣除价格因素实际增长7.5%。城镇常住居民人均可支配收入34393元,增长8.7%,扣除价格因素实际增长6.6%;人均消费支出21523元,增长3.8%。其中,食品烟酒支出增长0.1%,衣着支出增长7.6%,居住支出增长15.9%,生活用品及服务支出增长8.8%,交通和通信支出下降9.7%,教育文化娱乐支出与上年持平,医疗保健支出增长11.4%。城镇常住居民恩格尔系数为31%,比上年下降1.1个百分点。

年末城镇常住居民人均住房建筑面积41.2平方米,比上年增加3.8平方米。

全年农村常住居民人均可支配收入13996元,比上年增长9.7%,扣除价格因素实际增长7.6%。农村居民收入与全国平均水平差距比上年缩小53元,扭转了绝对差距逐年扩大的局面。人均消费支出12748元,增长14.8%。其中,食品烟酒支出增长12.9%,衣着支出增长12.3%,居住支出增长15.1%,生活用品及服务支出增长31.2%,交通和通信支出增长15.6%,教育文化娱乐支出增长18.2%,医疗保健支出增长3%。农村常住居民恩格尔系数为33%,比上年下降0.5个百分点。年末农村常住居民人均住房建筑面积52.9平方米,比上年增加2.2平方米。

年末全省参加城镇职工养老保险人数为1141.5万人。参加失业保险人数为505.53万人,全年为14.9万名失业人员发放了不同期限的失业保险金。全省参加工伤、生育保险人数分别为601.82万人和586.3万人。城乡居民养老保险参保人数3487.76万人。参加新型农村合作医疗的农业人口4653万人,参合率为104%。

年末42.7万人享受城市居民最低生活保障,180.6万人享受农村居民最低生活保障,农村五保供养37.7万人。全年民政部门直接救助286.7万人次,资助参加基本医疗保险403.9万人次。

十、教育、科学技术和文化

年末全省有研究生培养单位21个,在学研究生63464人。普通高校110所,普通本专科在校生113.9万人。高等教育毛入学率52.2%。各类中等职业教育(不含技工学校)344所,在校生75.3万人。普通高中661所,在校生107.5万人。高中阶段毛入学率91.7%。初中2833所,在校生209.2万人,初中阶段适龄人口入学率99.56%。小学7908所,在校生456.8万人,小学学龄儿童入学率99.98%。

年末全省有各类专业技术人员230.7万人,比上年增长1.01%。科研机构6018个,其中大中型工业企业办机构1390个。从事研发活动人员24.4万人。全年用于研究与试验发展(R&D)经费支出630亿元,增长11.5%;相当于全省生产总值的2.1%。

全省有国家大科学工程5个;有国家重点(工程)实验室26个,省重点实验室152个;有省级以上工程(技术)研究中心721家,其中国家级39家。有省级高新技术产业开发区19个,其中国家级6个。有高新技术企业5403家,其中当年新认定1432家。

全年登记科技成果8213项,其中登记各类财政资金支持形成的科技成果888项。我省科技奖科技成果有:城域量子通信组网技术、面向语音语言新一代人工智能关键技术及开放创新平台、分布式光纤应变测试技术及应用、智能化移动微创装备关键技术及产业化、空天探测光电图像精细处理技术及应用等。全年受理申请专利207428件、增长17.9%,

授权专利 79747 件、增长 36.9%。年末全省有效发明专利 61475 件。全年输出技术合同成交额 321.31 亿元,增长 28.7%;吸纳技术合同成交额 354.49 亿元,增长 31%。

年末全省有获得资质认定的检验检测机构 1293 个,国家质量监督检验中心 26 个;有产品质量、体系认证机构 26 个(包含在皖分部、分公司),累计完成强制性产品认证的企业 1678 个;法定计量技术机构 210 个,全年强制检定计量器具 446 万台(件)。截至 2018 年末,累计制定国际标准 15 项、国家标准 2176 项,制定、修订地方标准 2379 项。有国家地理标志产品 78 个、安徽名牌产品 1892 个。

全年省测绘资料档案馆为社会各界提供各种比例尺地形图共 36525 幅;测绘基准成果 2274 点(次);航空航天遥感 106.3 万平方千米、数据量达到 7928.45GB;完成国家基本比例尺地形图生产与更新 34774 幅;地理国情动态监测 14 万平方千米;“天地图·安徽”地图网站数据更新 4096GB。

年末全省拥有文化馆 123 个,公共图书馆 124 个,博物馆 196 个(含民营博物馆),乡镇街道综合文化站 1438 个。全国重点文物保护单位 130 处、合并国保项目 2 处,省级重点文物保护单位 708 处。国家级非物质文化遗产名录 72 项,省级名录 478 项。年末全省广播电视台 79 座。中波发射台和转播台 25 座,广播节目综合人口覆盖率 99.84%。电视节目综合人口覆盖率 99.82%。有线电视用户 792.65 万户。全年出版报纸 98 种,总印数 7.18 亿份;期刊(杂志)180 种,总印数 0.43 亿册;图书 10059 种,总印数 3.22 亿册。有各级国家综合档案馆 124 个,馆藏档案资料 3001.48 万卷(件、册),库馆总建筑面积 46.96万平方米。

十一、卫生、体育和社会服务

年末全省有医疗卫生机构 24926 个,其中医院 1140 个、基层医疗卫生机构 23076 个、专业公共卫生机构 605 个、其他卫生机构 105 个。基层医疗卫生机构中,卫生院 1366 个,社区卫生服务中心(站)1891 个,村卫生室 15317 个;专业公共卫生机构中,疾病预防控制中心 120 个,专科疾病防治院(所、站)45 个,妇幼保健院(所、站)120 个,卫生监督所(中心)112 个。全省卫生技术人员 33.4 万人,其中执业(助理)医师 12.7 万人,注册护士 15 万人。乡村医生和卫生员 3.8 万人。医疗卫生机构床位 32.9 万张,其中医院、卫生院床位 31.2 万张。全年医疗卫生机构共诊疗 3 亿人次。

全年在国际国内重大比赛中,我省运动健儿共获得 47 枚金牌、45 枚银牌、67 枚铜牌。全年共举办百人以上的群众体育健身活动 3127 次,参加活动总人数 361 万人次。人均体育场地面积约为 1.51 平方米。全年体育彩票销售 97.27 亿元。

年末全省有各类提供住宿的社会服务机构 1601 个,床位 20.7 万张,收养各类人员 10.4 万人。不提供住宿的社会服务机构 8377 个,其中社区服务中心 1174 个,社区服务站 3062 个。全年销售社会福利彩票 75.85 亿元,筹集社会福利资金 21.39 亿元。

十二、资源、环境和安全生产

全省已发现的矿种为 128 种(计算到亚矿种为 161 种)。查明资源储量的矿种 125 种(含亚矿种),其中能源矿种 6 种,金属矿种 23 种,非金属矿种 94 种,水气矿种 2 种。全年地质勘查部门开展各类地质(科研)项目(省级)23 项。新增查明资源储量的大中型矿产地 30 处。

全年生态保护和环境治理业投资增长 42.1%。

年末全省有省、市、县级环境监测站 87 个。全省 16 个省辖市空气质量平均优良天数比例为 71%,比上年上升 4.3 个百分点;有 1 个市空气质量达到二级标准。全省 PM2.5 年均浓度为 49 微克/立方米,比上年下降 12.5%。已建成国家级自然保护区 8 个,省级自然保护区 30 个。当年人工造林面积 55.7 千公顷。年末森林面积 3958.5 千公顷,活立木总蓄积量 26145.1 万立方米,森林蓄积量 22186.6 万立方米。

全年能源消费总量 13328.9 万吨标准煤,比上年增长 2.1%。电力消费量增长 11.1%。单位 GDP 能耗下降 5.4%。

淮河干流安徽段水质以Ⅲ类为主,总体水质优。长江干流安徽段以Ⅱ类水质为主,总体水质优;主要支流总体水质良好。巢湖湖区整体水质中度污染,9 条主要环湖支流整体水质轻度污染。新安江干、支流水质优。全省城市集中式饮用水水源地水质达标率为 95.8%。

全年亿元 GDP 生产安全事故死亡人数为 0.048 人,比上年下降 21.31%;煤矿百万吨死亡人数为 0.121人,上升 137.25%。全年发生道路交通事故 11328 起,发生火灾事故 7861 起。

2018 年度安徽省一般公共预算收支决算总表

单位:万元

预算科目	预算数	调整预算数	决算数	预算科目	预算数	调整预算数	决算数
一、税收收入	21971023	21996259	21807419	一、一般公共服务支出	5237435	5201019	5061298
增值税	8975805	9000245	9059762	二、外交支出			
企业所得税	3090080	3108970	3346921	三、国防支出	74343	64710	62414
个人所得税	882329	881757	923496	四、公共安全支出	2473739	2906048	2880355
资源税	244825	246502	224737	五、教育支出	8712380	11232451	11132594
城市维护建设税	1348005	1346673	1402499	六、科学技术支出	2678235	2972479	2948145
房产税	671266	669002	650995	七、文化体育与传媒支出	868333	830860	797679
印花税	311460	310855	309854	八、社会保障和就业支出	7930637	9656445	9546709
城镇土地使用税	1490171	1485276	1225204	九、医疗卫生与计划生育支出	5064892	6304123	6270988
土地增值税	1368367	1373267	1478829	十、节能环保支出	1090180	2137938	2093185
车船税	232062	232938	239824	十一、城乡社区支出	5890256	10009505	9985575
耕地占用税	553007	551352	529949	十二、农林水支出	5132723	7140189	7048560
契税	2720546	2706899	2376451	十三、交通运输支出	2000576	2262393	2207788
烟叶税	12637	12164	9347	十四、资源勘探信息等支出	1552765	1062835	1039105
环境保护税	70463	70359	29551	十五、商业服务业等支出	539121	379975	366460
其他税收收入				十六、金融支出	126390	105501	103331
二、非税收入	7732664	7831707	8679286	十七、援助其他地区支出	53000	56794	56624
专项收入	2417427	2425432	2809707	十八、国土海洋气象等支出	583423	537179	487071
行政事业性收费收入	1387476	1419388	1406444	十九、住房保障支出	1429187	2267890	2249138
罚没收入	611965	618491	779911	二十、粮油物资储备支出	206274	264927	259201
国有资本经营收入	396273	403173	402352	二十一、预备费	742966		
国有资源(资产)有偿使用收入	2462091	2514403	2695626	二十二、其他支出	1733752	229851	164005
其他收入	457432	450820	585246	二十三、债务付息支出	887091	951635	951635
				二十四、债务发行费用支出	6080	9624	9624
本年收入合计	29703687	29827966	30486705	本 年 支 出 合 计	55013778	66584371	65721484

各市县(区)财经统计资料

2018年度合肥市一般公共预算收支决算总表

单位:万元

预算科目	预算数	调整预算数	决算数	预算科目	预算数	调整预算数	决算数
一、税收收入	5811257	5821174	5646208	一、一般公共服务支出	776349	709850	708805
增值税	2290397	2291440	2349533	二、外交支出			
企业所得税	743355	750172	720722	三、国防支出	5494	5577	4920
个人所得税	261893	263950	252538	四、公共安全支出	378769	407330	407281
资源税	11950	11950	18532	五、教育支出	1519686	1637413	1635053
城市维护建设税	341145	341145	366992	六、科学技术支出	975078	920006	919741
房产税	220835	220835	239621	七、文化体育与传媒支出	93370	77093	77072
印花税	107313	107313	108546	八、社会保障和就业支出	808448	918720	915572
城镇土地使用税	215391	215391	141806	九、医疗卫生与计划生育支出	618838	718023	712602
土地增值税	422009	422009	539236	十、节能环保支出	438894	555777	554384
车船税	60137	60137	60064	十一、城乡社区支出	2106664	2572284	2571655
耕地占用税	33024	33024	39026	十二、农林水支出	543783	688283	673871
契税	1100208	1100208	808588	十三、交通运输支出	106307	146034	144850
烟叶税				十四、资源勘探信息等支出	162163	212397	212397
环境保护税	3600	3600	1004	十五、商业服务业等支出	117713	124921	121209
其他税收收入				十六、金融支出	5024	4924	4728
二、非税收入	1156726	1156726	1478654	十七、援助其他地区支出			
专项收入	655433	655433	824406	十八、国土海洋气象等支出	30535	58841	58811
行政事业性收费收入	168814	168814	177285	十九、住房保障支出	127508	196313	196078
罚没收入	64120	64120	100421	二十、粮油物资储备支出	12170	15868	15447
国有资本经营收入	265	265	2511	二十一、预备费	141225		
国有资源(资产)有偿使用收入	149019	149019	231128	二十二、其他支出	328336	28873	27263
其他收入	119075	119075	142903	二十三、债务付息支出	76452	85858	85858
				二十四、债务发行费用支出	1188	1502	1502
本年收入合计	6967983	6977900	7124862	本年支出合计	9373994	10085887	10049099

2018年度淮北市一般公共预算收支决算总表

单位:万元

预算科目	预算数	调整预算数	决算数	预算科目	预算数	调整预算数	决算数
一、税收收入	488910	483765	522703	一、一般公共服务支出	157823	170520	169187
增值税	263594	258779	277821	二、外交支出			
企业所得税	25714	30550	56983	三、国防支出	3965	5001	5001
个人所得税	11261	11603	11231	四、公共安全支出	73082	85639	85552
资源税	24895	24121	21417	五、教育支出	224745	296488	294864
城市维护建设税	38319	37804	37737	六、科学技术支出	7435	10791	10674
房产税	16500	15887	14537	七、文化体育与传媒支出	11364	13014	13001
印花税	7732	7150	7272	八、社会保障和就业支出	150720	205198	201966
城镇土地使用税	45844	43978	25462	九、医疗卫生与计划生育支出	141140	165042	164278
土地增值税	10041	11891	15407	十、节能环保支出	6471	32556	30271
车船税	7520	7520	8432	十一、城乡社区支出	145554	261911	258917
耕地占用税	7870	7770	7561	十二、农林水支出	99483	133212	132271
契税	29470	26675	38313	十三、交通运输支出	23334	35438	35177
烟叶税				十四、资源勘探信息等支出	89597	20389	20345
环境保护税	150	37	530	十五、商业服务业等支出	1902	3332	3267
其他税收收入				十六、金融支出	612	1167	1167
二、非税收入	194785	206330	180604	十七、援助其他地区支出			
专项收入	43527	43799	45259	十八、国土海洋气象等支出	5647	15388	14696
行政事业性收费收入	63198	66809	56027	十九、住房保障支出	65876	177253	177210
罚没收入	58004	58848	38008	二十、粮油物资储备支出	1456	3292	3287
国有资本经营收入	9549	9549	1361	二十一、预备费	13288		
国有资源(资产)有偿使用收入	17069	23969	25069	二十二、其他支出	54932	25740	21669
其他收入	3438	3356	14880	二十三、债务付息支出	14957	23898	23898
				二十四、债务发行费用支出		313	313
本年收入合计	683695	690095	703307	本年支出合计	1293383	1685582	1667011

2018 年度亳州市一般公共预算收支决算总表

单位:万元

预算科目	预算数	调整预算数	决算数	预算科目	预算数	调整预算数	决算数
一、税收收入	798743	798743	842720	一、一般公共服务支出	265730	303338	293244
增值税	372006	372006	363866	二、外交支出			
企业所得税	62602	62602	79494	三、国防支出	2861	2459	2459
个人所得税	13702	13702	14019	四、公共安全支出	109540	138674	138666
资源税	7727	7727	5542	五、教育支出	480899	645745	641005
城市维护建设税	54054	54054	51925	六、科学技术支出	34666	52467	52169
房产税	17611	17611	18329	七、文化体育与传媒支出	14083	18062	18062
印花税	12295	12295	12207	八、社会保障和就业支出	370029	479964	475471
城镇土地使用税	49892	49892	52614	九、医疗卫生与计划生育支出	361312	473618	472833
土地增值税	52992	52992	61643	十、节能环保支出	28220	132288	131218
车船税	14900	14900	15996	十一、城乡社区支出	76938	389872	388732
耕地占用税	22277	22277	34506	十二、农林水支出	309193	421419	412373
契税	117785	117785	132327	十三、交通运输支出	49851	105948	104403
烟叶税				十四、资源勘探信息等支出	9143	19282	19217
环境保护税	900	900	252	十五、商业服务业等支出	47419	25126	24464
其他税收收入				十六、金融支出	2977	3623	3573
二、非税收入	231121	231121	277283	十七、援助其他地区支出			
专项收入	76376	76376	87504	十八、国土海洋气象等支出	21326	49732	43455
行政事业性收费收入	58437	58437	59754	十九、住房保障支出	79602	150964	150964
罚没收入	37161	37161	28835	二十、粮油物资储备支出	7864	10877	10877
国有资本经营收入				二十一、预备费	31250		
国有资源(资产)有偿使用收入	44518	44518	80749	二十二、其他支出	106284	19795	952
其他收入	14629	14629	20441	二十三、债务付息支出	40136	51396	51396
				二十四、债务发行费用支出		540	540
本年收入合计	1029864	1029864	1120003	本年支出合计	2449323	3495189	3436073

2018年度宿州市一般公共预算收支决算总表

单位:万元

预算科目	预算数	调整预算数	决算数	预算科目	预算数	调整预算数	决算数
一、税收收入	743732	745382	713783	一、一般公共服务支出	242287	264997	263811
增值税	304377	310127	311525	二、外交支出			
企业所得税	60172	55372	53420	三、国防支出	1831	3736	3736
个人所得税	14929	14479	16159	四、公共安全支出	133412	156681	155490
资源税	15740	15740	11217	五、教育支出	550707	752559	752556
城市维护建设税	40967	41767	41187	六、科学技术支出	57662	45943	45939
房产税	23878	23878	15758	七、文化体育与传媒支出	23470	27919	27671
印花税	9897	9747	10118	八、社会保障和就业支出	364270	526284	522924
城镇土地使用税	76608	76608	51678	九、医疗卫生与计划生育支出	431122	518858	518237
土地增值税	56764	55464	50054	十、节能环保支出	33813	132873	132419
车船税	13416	13416	14868	十一、城乡社区支出	276295	522802	522187
耕地占用税	36782	38582	30513	十二、农林水支出	364263	501906	498633
契税	89202	89202	106826	十三、交通运输支出	111169	152537	149855
烟叶税				十四、资源勘探信息等支出	42611	14750	14511
环境保护税	1000	1000	460	十五、商业服务业等支出	5297	8873	8844
其他税收收入				十六、金融支出	902	753	753
二、非税收入	319669	324869	401817	十七、援助其他地区支出			
专项收入	54422	54892	56592	十八、国土海洋气象等支出	26603	28920	28910
行政事业性收费收入	111810	114810	110044	十九、住房保障支出	90815	253102	253031
罚没收入	56548	56548	65649	二十、粮油物资储备支出	3501	10572	9469
国有资本经营收入	1500	2200	4525	二十一、预备费	42100		
国有资源(资产)有偿使用收入	71997	73027	111833	二十二、其他支出	90091	2977	2118
其他收入	23392	23392	53174	二十三、债务付息支出	56822	54402	54402
				二十四、债务发行费用支出	2	379	379
本年收入合计	1063401	1070251	1115600	本年支出合计	2949045	3981823	3965875

2018 年度蚌埠市一般公共预算收支决算总表

单位:万元

预算科目	预算数	调整预算数	决算数	预算科目	预算数	调整预算数	决算数
一、税收收入	1040962	1034948	944651	一、一般公共服务支出	219223	222251	218944
增值税	483015	477843	407633	二、外交支出			
企业所得税	80533	77301	67739	三、国防支出	3100	2800	2743
个人所得税	15711	15402	14841	四、公共安全支出	120753	147372	141480
资源税	670	678	394	五、教育支出	388233	522699	521270
城市维护建设税	102959	102260	98877	六、科学技术支出	85882	107142	106434
房产税	31027	30891	28804	七、文化体育与传媒支出	38868	41981	34806
印花税	14156	13615	12638	八、社会保障和就业支出	330808	389645	383732
城镇土地使用税	70503	70057	57809	九、医疗卫生与计划生育支出	249606	314572	310889
土地增值税	97221	102235	77995	十、节能环保支出	38444	70636	69556
车船税	11640	11640	12446	十一、城乡社区支出	309561	663005	662063
耕地占用税	25172	24671	34802	十二、农林水支出	202505	265416	255942
契税	106605	106605	130353	十三、交通运输支出	34413	60045	56011
烟叶税				十四、资源勘探信息等支出	12907	13852	13666
环境保护税	1750	1750	320	十五、商业服务业等支出	11195	11652	10519
其他税收收入				十六、金融支出	4053	1815	1617
二、非税收入	421792	446927	581872	十七、援助其他地区支出			
专项收入	101986	100350	108940	十八、国土海洋气象等支出	29689	42799	36025
行政事业性收费收入	63577	64827	94975	十九、住房保障支出	44262	83637	83454
罚没收入	31357	32198	31788	二十、粮油物资储备支出	2557	5061	5012
国有资本经营收入	121218	121218	157255	二十一、预备费	36270		
国有资源(资产)有偿使用收入	87200	112880	164035	二十二、其他支出	107510	13987	4309
其他收入	16454	15454	24879	二十三、债务付息支出	57709	38951	38951
				二十四、债务发行费用支出		519	519
本年收入合计	1462754	1481875	1526523	本年支出合计	2327548	3019837	2957942

2018年度阜阳市一般公共预算收支决算总表

单位:万元

预算科目	预算数	调整预算数	决算数	预算科目	预算数	调整预算数	决算数
一、税收收入	1370759	1361499	1356846	一、一般公共服务支出	428559	490396	476886
增值税	587683	584933	606662	二、外交支出			
企业所得税	103462	110662	105003	三、国防支出	7950	3370	3004
个人所得税	19813	20313	22649	四、公共安全支出	182155	225211	217983
资源税	15987	15977	14693	五、教育支出	740995	1072400	1068215
城市维护建设税	90445	85645	90644	六、科学技术支出	26675	51527	50120
房产税	19311	18811	20073	七、文化体育与传媒支出	29063	35307	33378
印花税	17355	17555	18080	八、社会保障和就业支出	729054	852529	849802
城镇土地使用税	57654	59154	62942	九、医疗卫生与计划生育支出	611432	761929	757190
土地增值税	151158	148358	117133	十、节能环保支出	37985	128793	118680
车船税	32048	32048	22119	十一、城乡社区支出	294488	622183	614142
耕地占用税	22460	23234	37053	十二、农林水支出	474208	853841	843210
契税	252883	244283	239478	十三、交通运输支出	96998	186666	182742
烟叶税				十四、资源勘探信息等支出	129803	35756	33752
环境保护税	500	526	317	十五、商业服务业等支出	17663	15562	12570
其他税收收入				十六、金融支出	3892	4253	3919
二、非税收入	329118	370128	514603	十七、援助其他地区支出		200	200
专项收入	133640	133028	165042	十八、国土海洋气象等支出	22674	51424	46809
行政事业性收费收入	63465	95965	96191	十九、住房保障支出	156563	347741	342259
罚没收入	42158	46158	64559	二十、粮油物资储备支出	8796	14741	13473
国有资本经营收入	1035	1035	1601	二十一、预备费	97936		
国有资源(资产)有偿使用收入	62561	73661	149414	二十二、其他支出	110249	36093	17312
其他收入	26259	20281	37796	二十三、债务付息支出	39962	60469	60469
				二十四、债务发行费用支出	20	566	566
本年收入合计	1699877	1731627	1871449	本年支出合计	4247120	5850957	5746681

2018年度淮南市一般公共预算收支决算总表

单位:万元

预算科目	预算数	调整预算数	决算数	预算科目	预算数	调整预算数	决算数
一、税收收入	784161	786400	734529	一、一般公共服务支出	268409	262186	260654
增值税	438376	440308	389108	二、外交支出			
企业所得税	39216	39582	48941	三、国防支出	2792	3168	2933
个人所得税	17431	17696	17443	四、公共安全支出	112459	139867	138212
资源税	40038	40831	34269	五、教育支出	335213	458116	454734
城市维护建设税	51780	54242	49746	六、科学技术支出	13546	41087	41055
房产税	25040	24308	23414	七、文化体育与传媒支出	19327	25701	25490
印花税	9936	10193	10630	八、社会保障和就业支出	288043	391146	390320
城镇土地使用税	33895	32881	40262	九、医疗卫生与计划生育支出	216204	274302	274132
土地增值税	32081	32045	39373	十、节能环保支出	23669	91997	90982
车船税	8631	8627	9777	十一、城乡社区支出	109033	268293	267109
耕地占用税	8981	6931	12159	十二、农林水支出	200978	248335	247305
契税	77996	77996	58676	十三、交通运输支出	40981	70692	68460
烟叶税				十四、资源勘探信息等支出	50252	31583	31183
环境保护税	760	760	731	十五、商业服务业等支出	10526	11211	11183
其他税收收入				十六、金融支出	2606	1849	1746
二、非税收入	249176	250337	319262	十七、援助其他地区支出			
专项收入	55985	57978	77971	十八、国土海洋气象等支出	12386	27095	22969
行政事业性收费收入	54086	52890	58542	十九、住房保障支出	53241	76666	75650
罚没收入	41131	41127	43212	二十、粮油物资储备支出	2571	5800	5425
国有资本经营收入	300		31692	二十一、预备费	26800		
国有资源(资产)有偿使用收入	76501	76920	73619	二十二、其他支出	52203	11530	10050
其他收入	21173	21422	34226	二十三、债务付息支出	19305	31667	31667
				二十四、债务发行费用支出	19	443	443
本年收入合计	1033337	1036737	1053791	本年支出合计	1860563	2472734	2451702

2018 年度滁州市一般公共预算收支决算总表

单位:万元

预算科目	预算数	调整预算数	决算数	预算科目	预算数	调整预算数	决算数
一、税收收入	1357450	1357450	1327177	一、一般公共服务支出	241278	280911	276381
增值税	540152	540152	557207	二、外交支出			
企业所得税	100551	100551	112953	三、国防支出	4626	3822	3394
个人所得税	20850	20850	25353	四、公共安全支出	154478	182039	179153
资源税	19352	19352	16885	五、教育支出	516770	716336	716030
城市维护建设税	81440	81440	82964	六、科学技术支出	63176	110372	109182
房产税	52745	52745	37600	七、文化体育与传媒支出	35257	33406	32702
印花税	16310	16310	17666	八、社会保障和就业支出	389906	479278	477188
城镇土地使用税	141030	141030	111456	九、医疗卫生与计划生育支出	364002	469693	468497
土地增值税	90100	90100	118496	十、节能环保支出	52172	138313	134983
车船税	13275	13275	12880	十一、城乡社区支出	432942	799758	799689
耕地占用税	100200	100200	85443	十二、农林水支出	467529	437881	427408
契税	178875	178875	147488	十三、交通运输支出	97210	114807	113271
烟叶税				十四、资源勘探信息等支出	117186	62088	60209
环境保护税	2570	2570	786	十五、商业服务业等支出	17150	15829	15022
其他税收收入				十六、金融支出	3491	2707	2321
二、非税收入	621164	621164	665595	十七、援助其他地区支出			
专项收入	100845	100845	106600	十八、国土海洋气象等支出	27737	33006	32538
行政事业性收费收入	92630	92630	86498	十九、住房保障支出	105552	116413	116220
罚没收入	60125	60125	91369	二十、粮油物资储备支出	6725	7634	7513
国有资本经营收入			1888	二十一、预备费	47891		
国有资源(资产)有偿使用收入	335596	335596	325223	二十二、其他支出	51114	8888	3042
其他收入	31968	31968	54017	二十三、债务付息支出	89835	66016	66016
				二十四、债务发行费用支出	299	416	416
本年收入合计	1978614	1978614	1992772	本 年 支 出 合 计	3286326	4079613	4041175

2018 年度六安市一般公共预算收支决算总表

单位:万元

预算科目	预算数	调整预算数	决算数	预算科目	预算数	调整预算数	决算数
一、税收收入	914171	914294	907015	一、一般公共服务支出	311797	402261	402061
增值税	364047	361321	371803	二、外交支出			
企业所得税	64019	63998	81762	三、国防支出	5169	3841	3841
个人所得税	19627	19466	21489	四、公共安全支出	131705	182042	182042
资源税	17306	16996	11558	五、教育支出	553629	776686	773186
城市维护建设税	48674	48876	50091	六、科学技术支出	101356	107316	107316
房产税	25257	25957	22105	七、文化体育与传媒支出	34339	41824	41824
印花税	11097	11347	12569	八、社会保障和就业支出	408580	518325	518325
城镇土地使用税	45263	47263	52394	九、医疗卫生与计划生育支出	423559	490891	490891
土地增值税	110668	112468	115670	十、节能环保支出	31133	95867	95867
车船税	11865	12615	14001	十一、城乡社区支出	231233	248646	248646
耕地占用税	20543	20168	17682	十二、农林水支出	444030	733845	733845
契税	175246	173455	135531	十三、交通运输支出	134363	237115	237115
烟叶税				十四、资源勘探信息等支出	23446	27699	27699
环境保护税	559	364	360	十五、商业服务业等支出	28461	17732	17732
其他税收收入				十六、金融支出	22754	3158	3158
二、非税收入	317925	318536	317127	十七、援助其他地区支出			
专项收入	113034	113395	71699	十八、国土海洋气象等支出	19625	32644	32644
行政事业性收费收入	96409	92776	86478	十九、住房保障支出	64903	140644	140644
罚没收入	33687	34161	54815	二十、粮油物资储备支出	7167	9708	9708
国有资本经营收入			38	二十一、预备费	32060		
国有资源(资产)有偿使用收入	62070	65064	85203	二十二、其他支出	211967	11948	11948
其他收入	12725	13140	18894	二十三、债务付息支出	56935	50617	50617
				二十四、债务发行费用支出	587	686	686
本年收入合计	1232096	1232830	1224142	本年支出合计	3278798	4133495	4129795

2018年度马鞍山市一般公共预算收支决算总表

单位:万元

预算科目	预算数	调整预算数	决算数	预算科目	预算数	调整预算数	决算数
一、税收收入	1151044	1167653	1141946	一、一般公共服务支出	194947	176174	176114
增值税	597016	616114	608782	二、外交支出			
企业所得税	77744	79750	88054	三、国防支出	1452	1345	1345
个人所得税	26205	22911	28981	四、公共安全支出	112326	97382	97382
资源税	14474	14712	9928	五、教育支出	276044	372347	372347
城市维护建设税	80452	82230	85025	六、科学技术支出	76978	116137	116137
房产税	50900	51098	43605	七、文化体育与传媒支出	26978	23383	23272
印花税	23700	24010	18338	八、社会保障和就业支出	237511	307095	307054
城镇土地使用税	105400	106217	108020	九、医疗卫生与计划生育支出	187120	222684	222684
土地增值税	58368	58533	43728	十、节能环保支出	29478	116106	116106
车船税	8790	8797	8975	十一、城乡社区支出	295322	512618	512010
耕地占用税	19300	18000	11002	十二、农林水支出	136648	138090	137963
契税	87300	83886	84123	十三、交通运输支出	49698	37332	34526
烟叶税				十四、资源勘探信息等支出	67883	7958	7958
环境保护税	1395	1395	3385	十五、商业服务业等支出	26796	8119	7635
其他税收收入				十六、金融支出	174	221	131
二、非税收入	312615	313832	368256	十七、援助其他地区支出			
专项收入	84347	86542	103311	十八、国土海洋气象等支出	13064	18121	18121
行政事业性收费收入	63481	61781	67162	十九、住房保障支出	82831	54915	54915
罚没收入	23993	23689	29437	二十、粮油物资储备支出	4174	3610	3610
国有资本经营收入	1600	1600	420	二十一、预备费	28820		
国有资源(资产)有偿使用收入	100696	101522	146695	二十二、其他支出	57041	8990	6674
其他收入	38498	38698	21231	二十三、债务付息支出	44303	49304	49304
				二十四、债务发行费用支出	120	284	284
本年收入合计	1463659	1481485	1510202	本年支出合计	1949708	2272215	2265572

2018 年度芜湖市一般公共预算收支决算总表

单位:万元

预算科目	预算数	调整预算数	决算数	预算科目	预算数	调整预算数	决算数
一、税收收入	2315670	2333703	2325010	一、一般公共服务支出	303791	319063	318589
增值税	1129275	1145162	1163819	二、外交支出			
企业所得税	235168	235168	269947	三、国防支出	4033	3968	3968
个人所得税	59889	59889	67000	四、公共安全支出	149619	175320	175320
资源税	18381	18381	15407	五、教育支出	594168	743937	743925
城市维护建设税	180572	180572	197727	六、科学技术支出	569791	598369	598199
房产税	82116	82116	78038	七、文化体育与传媒支出	39666	29157	29157
印花税	35656	35656	33631	八、社会保障和就业支出	486577	506003	505807
城镇土地使用税	252694	252694	201820	九、医疗卫生与计划生育支出	284340	399341	399289
土地增值税	84845	86991	99151	十、节能环保支出	46154	138138	137241
车船税	9068	9068	16339	十一、城乡社区支出	626295	983358	982858
耕地占用税	42900	42900	18407	十二、农林水支出	245040	267159	264392
契税	179076	179076	159724	十三、交通运输支出	73724	68078	63534
烟叶税	2300	2300	1716	十四、资源勘探信息等支出	181287	38580	38580
环境保护税	3730	3730	2284	十五、商业服务业等支出	57704	31419	31414
其他税收收入				十六、金融支出	3260	1505	1229
二、非税收入	959953	966453	856142	十七、援助其他地区支出			
专项收入	263995	263995	262309	十八、国土海洋气象等支出	26301	35268	24144
行政事业性收费收入	174574	174574	151126	十九、住房保障支出	132226	151377	151377
罚没收入	27245	27245	42436	二十、粮油物资储备支出	4934	1476	1146
国有资本经营收入	251956	258456	165048	二十一、预备费	54890		
国有资源(资产)有偿使用收入	196201	196201	179762	二十二、其他支出	143131	2166	2155
其他收入	45982	45982	55461	二十三、债务付息支出	102584	97027	97027
				二十四、债务发行费用支出	599	1071	1071
本年收入合计	3275623	3300156	3181152	本年支出合计	4130114	4591780	4570422

2018 年度宣城市一般公共预算收支决算总表

单位:万元

预算科目	预算数	调整预算数	决算数	预算科目	预算数	调整预算数	决算数
一、税收收入	1032681	1032361	1042972	一、一般公共服务支出	394577	223007	216993
增值税	465991	465284	479884	二、外交支出			
企业所得税	60361	59805	71240	三、国防支出	1268	1512	1512
个人所得税	21532	21610	25346	四、公共安全支出	132135	126383	125659
资源税	15863	15595	18581	五、教育支出	267266	429016	428450
城市维护建设税	59309	58889	61334	六、科学技术支出	84423	139975	139447
房产税	25640	25409	27304	七、文化体育与传媒支出	30648	26632	25274
印花税	12139	12090	13192	八、社会保障和就业支出	284580	320373	319693
城镇土地使用税	147893	147607	119975	九、医疗卫生与计划生育支出	240118	337236	335577
土地增值税	71528	71589	64576	十、节能环保支出	28282	96645	94444
车船税	9817	9880	11783	十一、城乡社区支出	261944	771280	769493
耕地占用税	19986	21573	47434	十二、农林水支出	246352	202787	194463
契税	110518	111071	94432	十三、交通运输支出	93376	69648	68762
烟叶税	9150	9027	6808	十四、资源勘探信息等支出	67231	14185	13573
环境保护税	2954	2932	1083	十五、商业服务业等支出	17660	9936	9405
其他税收收入				十六、金融支出	1357	1624	1433
二、非税收入	460104	463424	487730	十七、援助其他地区支出			
专项收入	75406	75868	92411	十八、国土海洋气象等支出	16679	16653	12824
行政事业性收费收入	43329	43909	41380	十九、住房保障支出	60374	62425	61700
罚没收入	43420	44095	60919	二十、粮油物资储备支出	4004	5398	5398
国有资本经营收入	2200	2200	18428	二十一、预备费	35985		
国有资源(资产)有偿使用收入	287861	289930	262722	二十二、其他支出	74964	10594	9898
其他收入	7888	7422	11870	二十三、债务付息支出	42643	59296	59296
				二十四、债务发行费用支出	115	304	304
本年收入合计	1492785	1495785	1530702	本年支出合计	2385981	2924909	2893598

2018 年度铜陵市一般公共预算收支决算总表

单位:万元

预算科目	预算数	调整预算数	决算数	预算科目	预算数	调整预算数	决算数
一、税收收入	539155	534905	520202	一、一般公共服务支出	131030	124849	124724
增值税	235066	234966	254326	二、外交支出			
企业所得税	47279	50079	56089	三、国防支出	549	1328	1271
个人所得税	12685	12885	10034	四、公共安全支出	69830	82531	82429
资源税	22031	22031	20025	五、教育支出	207691	262609	262501
城市维护建设税	35134	34934	35163	六、科学技术支出	45488	61043	60856
房产税	18589	17489	16019	七、文化体育与传媒支出	19227	18474	18350
印花税	10044	9844	12055	八、社会保障和就业支出	160372	196014	195733
城镇土地使用税	82647	78747	54762	九、医疗卫生与计划生育支出	127479	148529	148396
土地增值税	20700	19700	17264	十、节能环保支出	31086	50803	50803
车船税	5132	4982	5216	十一、城乡社区支出	184538	256006	255420
耕地占用税	11000	9000	3362	十二、农林水支出	78172	123557	121437
契税	36028	37028	34394	十三、交通运输支出	46012	58778	58778
烟叶税				十四、资源勘探信息等支出	26541	24762	24751
环境保护税	2820	3220	1493	十五、商业服务业等支出	60879	22171	21775
其他税收收入				十六、金融支出	1108	982	982
二、非税收入	299284	290834	217480	十七、援助其他地区支出			
专项收入	37879	38279	50082	十八、国土海洋气象等支出	22129	16148	16148
行政事业性收费收入	77322	75422	43599	十九、住房保障支出	42685	56158	54559
罚没收入	9619	9119	15011	二十、粮油物资储备支出	2408	4304	3256
国有资本经营收入			253	二十一、预备费	12950		
国有资源(资产)有偿使用收入	170101	163601	100603	二十二、其他支出	8222	12575	12116
其他收入	4363	4413	7932	二十三、债务付息支出	20112	28952	28952
				二十四、债务发行费用支出		226	226
本年收入合计	838439	825739	737682	本年支出合计	1298508	1550799	1543463

2018年度池州市一般公共预算收支决算总表

单位:万元

预算科目	预算数	调整预算数	决算数	预算科目	预算数	调整预算数	决算数
一、税收收入	399716	399596	394379	一、一般公共服务支出	124897	125969	125791
增值税	170475	166175	171332	二、外交支出			
企业所得税	25532	28532	35249	三、国防支出	3312	2010	2010
个人所得税	6566	6766	8287	四、公共安全支出	46887	51823	51735
资源税	14077	16077	18508	五、教育支出	173633	221182	220244
城市维护建设税	20405	20465	21149	六、科学技术支出	17053	25808	25808
房产税	12581	12731	12308	七、文化体育与传媒支出	15074	16448	16433
印花税	5600	5500	5141	八、社会保障和就业支出	117394	174349	174195
城镇土地使用税	69835	68135	54711	九、医疗卫生与计划生育支出	100931	160525	160473
土地增值税	17433	16433	16968	十、节能环保支出	27156	94333	92740
车船税	4274	4484	5399	十一、城乡社区支出	121881	240100	239885
耕地占用税	10629	11139	6354	十二、农林水支出	127144	207489	207435
契税	40137	41537	37443	十三、交通运输支出	41340	67841	67655
烟叶税	957	607	574	十四、资源勘探信息等支出	36742	21526	21526
环境保护税	1215	1015	956	十五、商业服务业等支出	18006	15019	14946
其他税收收入				十六、金融支出	391	460	460
二、非税收入	246781	252431	250541	十七、援助其他地区支出			
专项收入	36101	40201	36868	十八、国土海洋气象等支出	5700	17489	16066
行政事业性收费收入	93723	93923	84515	十九、住房保障支出	50538	58040	58040
罚没收入	13836	14336	15736	二十、粮油物资储备支出	1354	3343	3343
国有资本经营收入	3000	3000	2900	二十一、预备费	11581		
国有资源(资产)有偿使用收入	99221	100071	105738	二十二、其他支出	44787	4164	4164
其他收入	900	900	4784	二十三、债务付息支出	28578	40934	40934
				二十四、债务发行费用支出	300	452	452
本年收入合计	646497	652027	644920	本年支出合计	1114679	1549304	1544335

2018 年度安庆市一般公共预算收支决算总表

单位:万元

预算科目	预算数	调整预算数	决算数	预算科目	预算数	调整预算数	决算数
一、税收收入	934327	936101	994212	一、一般公共服务支出	294662	358558	344143
增值税	489113	490413	500986	二、外交支出			
企业所得税	72479	72953	69706	三、国防支出	2679	2485	2485
个人所得税	21653	21653	21799	四、公共安全支出	132226	182204	182204
资源税	5008	5008	4473	五、教育支出	456782	780446	780425
城市维护建设税	87938	87938	98905	六、科学技术支出	53482	105295	105295
房产税	25450	25450	25864	七、文化体育与传媒支出	48743	65223	65223
印花税	11426	11426	11901	八、社会保障和就业支出	349899	507964	507771
城镇土地使用税	45454	45454	43527	九、医疗卫生与计划生育支出	343609	490368	490299
土地增值税	51649	51649	67497	十、节能环保支出	29454	99842	98582
车船税	16051	16051	15513	十一、城乡社区支出	139430	515394	514178
耕地占用税	21440	21440	15027	十二、农林水支出	345062	622752	622042
契税	85266	85266	118337	十三、交通运输支出	134969	140591	140520
烟叶税				十四、资源勘探信息等支出	46961	38741	37991
环境保护税	1400	1400	677	十五、商业服务业等支出	32446	18152	18152
其他税收收入				十六、金融支出	2375	13366	13235
二、非税收入	326657	330157	337746	十七、援助其他地区支出			
专项收入	114432	114432	128823	十八、国土海洋气象等支出	20018	33666	33666
行政事业性收费收入	53524	52724	60813	十九、住房保障支出	69462	155832	151885
罚没收入	33452	33452	46920	二十、粮油物资储备支出	6193	10360	10360
国有资本经营收入	100	100	2300	二十一、预备费	36902		
国有资源(资产)有偿使用收入	101184	105484	66673	二十二、其他支出	144112	22477	21542
其他收入	23965	23965	32217	二十三、债务付息支出	70785	61609	61609
				二十四、债务发行费用支出	629	453	453
本 年 收 入 合 计	1260984	1266258	1331958	本 年 支 出 合 计	2760880	4225778	4202060

2018年度黄山市一般公共预算收支决算总表

单位:万元

预算科目	预算数	调整预算数	决算数	预算科目	预算数	调整预算数	决算数
一、税收收入	417285	417285	407741	一、一般公共服务支出	152685	186035	184696
增值税	175222	175222	171425	二、外交支出			
企业所得税	28893	28893	31843	三、国防支出	1396	3671	3559
个人所得税	12582	12582	14711	四、公共安全支出	81153	97484	97164
资源税	1326	1326	3308	五、教育支出	158036	200990	200360
城市维护建设税	21412	21412	21313	六、科学技术支出	31963	59844	58540
房产税	22186	22186	25206	七、文化体育与传媒支出	26684	34365	33283
印花税	5704	5704	5283	八、社会保障和就业支出	175560	236253	235722
城镇土地使用税	47068	47068	41879	九、医疗卫生与计划生育支出	130908	167602	167029
土地增值税	39610	39610	33376	十、节能环保支出	17556	97723	97413
车船税	5498	5498	6016	十一、城乡社区支出	139326	368914	366619
耕地占用税	3443	3443	2576	十二、农林水支出	164523	233793	233489
契税	53951	53951	50418	十三、交通运输支出	41743	51306	51244
烟叶税	230	230	249	十四、资源勘探信息等支出	35353	20581	20572
环境保护税	160	160	138	十五、商业服务业等支出	29098	11850	11270
其他税收收入				十六、金融支出	915	616	474
二、非税收入	363766	366410	368407	十七、援助其他地区支出			
专项收入	25167	25167	33238	十八、国土海洋气象等支出	6074	10505	10505
行政事业性收费收入	24324	24324	26263	十九、住房保障支出	41414	43625	43625
罚没收入	13881	13881	20038	二十、粮油物资储备支出	2720	3714	3714
国有资本经营收入	3550	3550	386	二十一、预备费	13018		
国有资源(资产)有偿使用收入	262617	265261	260603	二十二、其他支出	51518	5511	5316
其他收入	34227	34227	27879	二十三、债务付息支出	19073	31220	31220
				二十四、债务发行费用支出	202	333	333
本年收入合计	781051	783695	776148	本年支出合计	1320918	1865935	1856147

2018 年度一般公共预算收支及平衡情况表(收入部分)

单位:万元

地区	收入合计	税收收入												非税收入						
		小计	增值税	企业所得税	个人所得税	资源税	城市维护建设税	房产税	城镇土地使用税	土地增值税	耕地占用税	契税	其他各项税收收入	小计	专项收入	行政事业性收费收入	罚没收入	国有资本经营收入	国有资源(资产)有偿使用收入	其他收入
安徽省	30486705	21807419	9059762	3346921	923496	224737	1402499	650995	1225204	1478829	529949	2376451	588576	8679286	2809707	1406444	779911	402352	2695626	585246
安徽省本级	3041492	1985325	74050	1397776	351616		11720	2410	4087	1262	127042		15362	1056167	558652	105792	30758	11746	326557	22662
安徽省地市合计	27445213	19822094	8985712	1949145	571880	224737	1390779	648585	1221117	1477567	402907	2376451	573214	7623119	2251055	1300652	749153	390606	2369069	562584
宣城市	1530702	1042972	479884	71240	25346	18581	61334	27304	119975	64576	47434	94432	32866	487730	92411	41380	60919	18428	262722	11870
宣城市本级	223817	150702	48896	12710	5917	1349	12467	4550	26763	20915	914	8478	7743	73115	12091	11545	26675	368	16000	6436
宣城市区县合计	1306885	892270	430988	58530	19429	17232	48867	22754	93212	43661	46520	85954	25123	414615	80320	29835	34244	18060	246722	5434
宣州区	267822	190471	87962	9438	3667	7011	10383	3602	21351	5759	14512	20087	6699	77351	15734	3242	2972	1784	53619	
郎溪县	190505	122320	58287	6630	1933	582	5714	3145	10267	6239	13489	12636	3398	68185	7747	3199	4642		52501	96
广德县	256526	193173	98164	14104	4056	6341	10154	6728	17195	11046	2890	16607	5888	63353	21758	7565	9933		21454	2643
宁国市	304057	219367	96808	21143	6419	1681	13678	5382	33485	8319	6832	20827	4793	84690	20014	5841	6409		51255	1171
泾县	146152	86149	51191	3048	1453	723	4971	1343	4042	6928	1389	8641	2420	60003	7862	6466	3922	16276	24809	668
旌德县	60660	33420	16643	1189	723	512	1520	779	2054	1911	3867	3313	909	27240	3725	1290	1631		20364	230
绩溪县	81163	47370	21933	2978	1178	382	2447	1775	4818	3459	3541	3843	1016	33793	3480	2232	4735		22720	626
宿州市	1115600	713783	311525	53420	16159	11217	41187	15758	51678	50054	30513	106826	25446	401817	56592	110044	65649	4525	111833	53174
宿州市本级	339039	237319	106713	24421	5681	3216	14366	6871	26572	7887	4779	26751	10062	101720	17082	38263	18284	4525	10288	13278
宿州市区县合计	776561	476464	204812	28999	10478	8001	26821	8887	25106	42167	25734	80075	15384	300097	39510	71781	47365		101545	39896
埇桥区	256071	173997	80058	11629	5005	5233	14023	4651	9938	12395	3463	24304	3298	82074	13856	20130	8918		12079	27091
砀山县	105548	71335	28472	4875	1078	1	2960	1170	3806	9699	196	16015	3063	34213	5403	5262	8048		13243	2257
萧县	206704	101026	43478	5862	1393	2575	4287	1183	3664	5864	13597	15942	3181	105678	10776	9705	12095		63984	9118
灵璧县	100231	60282	23161	3409	1664	192	2488	1152	5463	8063	3439	7971	3280	39949	3753	14534	13902		6700	1060
泗县	108007	69824	29643	3224	1338		3063	731	2235	6146	5039	15843	2562	38183	5722	22150	4402		5539	370
滁州市	1992772	1327177	557207	112953	25353	16885	82964	37600	111456	118496	85443	147488	31332	665595	106600	86498	91369	1888	325223	54017
滁州市本级	513683	381270	153092	43364	7729	308	36186	12192	28296	30074	8327	50490	11212	132413	35874	17426	9216	1688	35867	32342
滁州市区县合计	1479089	945907	404115	69589	17624	16577	46778	25408	83160	88422	77116	96998	20120	533182	70726	69072	82153	200	289356	21675
琅琊区	96694	71808	38790	4787	2231	39	5486	3431	3588	9080	713	2768	895	24886	4940	1804	652		17365	125
南谯区	154833	104378	42386	6022	2305	655	4994	2069	9857	9546	23272	1965	1307	50455	5894	9135	1657	200	33435	134
天长市	363033	189289	87671	11162	3081	2109	11169	4475	16378	22256	8566	17542	4880	173744	17813	32045	21040		90773	12073
来安县	182296	151849	57866	15471	2921	802	6084	3345	10439	12199	7457	32322	2943	30447	9425	3594	4667		12370	391
全椒县	184398	114657	50633	11393	2088	1347	5204	3734	11834	13099	1774	10727	2824	69741	6406	3952	2950		55879	554
定远县	167513	103257	38370	4343	1490	4099	3885	3372	11018	5605	19330	9168	2577	64256	6709	5862	9461		38600	3624
凤阳县	198507	127997	60961	10349	2441	7119	5910	3259	11171	10428	2507	10927	2925	70510	14891	6828	29133		17177	2481
明光市	131815	82672	27438	6062	1067	407	4046	1723	8875	6209	13497	11579	1769	49143	4648	5832	12593		23737	2293
池州市	644920	394379	171332	35249	8287	18508	21149	12308	54711	16968	6354	37443	12070	250541	36868	84515	15736	2900	105738	4784
池州市本级	249770	134029	49249	15930	2770	-206	10292	6774	15197	8616	1927	19740	3740	115741	11593	72988	6561	2900	17575	4124
池州市区县合计	395150	260350	122083	19319	5517	18714	10857	5534	39514	8352	4427	17703	8330	134800	25275	11527	9175		88163	660
贵池区	176556	115646	62631	8570	2762	8180	4704	2521	14815	3100	1254	3810	3299	60910	7473	3648	2489		47126	174
石台县	18309	12273	5978	527	375	1173	434	268	1106	572	228	1244	368	6036	951	885	429		3571	200
青阳县	102772	69925	28547	3226	1221	4921	3061	1347	13337	3693	1142	7453	1977	32847	9269	4832	1834		16626	286

续表

地区	收入合计	税收收入												非税收入						
		小计	增值税	企业所得税	个人所得税	资源税	城市维护建设税	房产税	城镇土地使用税	土地增值税	耕地占用税	契税	其他各项税收收入	小计	专项收入	行政事业性收费收入	罚没收入	国有资本经营收入	国有资源(资产)有偿使用收入	其他收入
东至县	97513	62506	24927	6996	1159	4440	2658	1398	10256	987	1803	5196	2686	35007	7582	2162	4423		20840	
阜阳市	1871449	1356846	606662	105003	22649	14693	90644	20073	62942	117133	37053	239478	40516	514603	165042	96191	64559	1601	149414	37796
阜阳市本级	354654	194049	72662	12181	7350		26032	3946	14605	14556	2669	25526	14522	160605	57440	23715	28591	1601	25298	23960
阜阳市区县合计	1516795	1162797	534000	92822	15299	14693	64612	16127	48337	102577	34384	213952	25994	353998	107602	72476	35968		124116	13836
颍州区	261399	218425	79822	22842	2695		10475	3879	4941	29865	3128	57200	3578	42974	10004	6364	1702		24947	-43
颍泉区	146984	100622	40591	8792	1348		5474	3167	2845	13056	874	22313	2162	46362	4940	1896	2500		35831	1195
颍东区	124106	99712	39822	10229	1869	2235	4770	1387	4717	8917	5014	19266	1486	24394	4401	2206	1837		15137	813
临泉县	155323	117449	46241	7721	1855	390	4843	1089	4920	12713	9195	25037	3445	37874	6756	8436	9048		12434	1200
太和县	277490	192917	110245	12954	2142		11208	2189	8415	13135	3852	23429	5348	84573	22869	37810	8721		8085	7088
颍上县	221239	195786	95542	18982	2231	12062	8918	1557	10157	11330	3160	27840	4007	25453	11434	1362	1205		11452	
阜南县	108338	79232	30744	5653	1321	6	3060	477	2927	6840	2849	22450	2905	29106	14324	3650	5697		2474	2961
界首市	221916	158654	90993	5649	1838		15864	2382	9415	6721	6312	16417	3063	63262	32874	10752	5258		13756	622
六安市	1224142	907015	371803	81762	21489	11558	50091	22105	52394	115670	17682	135531	26930	317127	71699	86478	54815	38	85203	18894
六安市本级	401982	264105	77951	25672	7868		18499	8699	17026	55655	2713	44299	5723	137877	19665	37615	23833	38	46327	10399
六安市区县合计	822160	642910	293852	56090	13621	11558	31592	13406	35368	60015	14969	91232	21207	179250	52034	48863	30982		38876	8495
金安区	123408	112987	52721	14247	2224	1121	4636	1681	9054	12786	109	7239	7169	10421	7206	1753	691		771	
裕安区	137589	115523	54032	8981	2830	1081	4630	1373	6283	11147	1174	22329	1663	22066	5894	5185	7468		3196	323
霍邱县	146769	98017	41312	5692	1698	8481	4012	2496	5521	5936	7171	12926	2772	48752	10755	19646	6471		11735	145
舒城县	155598	120090	45914	10039	2581	377	5218	2549	3369	17981	3963	24799	3300	35508	7001	11072	4761		8579	4095
金寨县	114752	87540	49418	6378	1978	267	4950	1208	2466	5404	587	12557	2327	27212	9289	4428	4506		5711	3278
霍山县	102853	77805	34663	8390	1366	231	5988	3822	5829	5136	1685	7716	2979	25048	7452	4980	3871		8181	564
叶集区	41191	30948	15792	2363	944		2158	277	2846	1625	280	3666	997	10243	4437	1799	3214		703	90
合肥市	7124862	5646208	2349533	720722	252538	18532	366992	239621	141806	539236	39026	808588	169614	1478654	824406	177285	100421	2511	231128	142903
合肥市本级	4096726	3062311	1373293	405760	150829	1	239098	75848	69002	74614	25435	566305	82126	1034415	643454	78659	60939	2511	140359	108493
合肥市区县合计	3028136	2583897	976240	314962	101709	18531	127894	163773	72804	464622	13591	242283	87488	444239	180952	98626	39482		90769	34410
瑶海区	157203	131311	54978	14909	5300		7846	12294		29184			6800	25892	1689	1926	3264		15916	3097
庐阳区	308553	270595	84324	69669	20314		12142	31714		38205			14227	37958	2942	8044	3290		16982	6700
蜀山区	312752	283324	93848	37068	21039		18910	34295		68464			9700	29428	3854	3737	1138		10885	9814
包河区	528702	507970	167656	59295	20501		23454	44130		173844			19090	20732	3477	6473	2399		4495	3888
肥东县	418575	319440	148345	22725	4896		15775	8780	21282	24020	1971	58772	12874	99135	50708	28722	5176		14126	403
长丰县	388338	302859	112546	28976	6615	125	11184	9308	18054	36590	736	72514	6211	85479	44464	17211	4839		10409	8556
肥西县	515176	442049	169337	47172	15865		18785	14110	20489	75964	1392	71010	7925	73127	39961	17580	6328		7974	1284
庐江县	192673	160274	76630	17249	3347	4560	8329	2722	6410	9481	2184	25182	4180	32399	13802	7432	7565		3600	
巢湖市	206164	166075	68576	17899	3832	13846	11469	6420	6569	8870	7308	14805	6481	40089	20055	7501	5483		6382	668
蚌埠市	1526523	944651	407633	67739	14841	394	98877	28804	57809	77995	34802	130353	25404	581872	108940	94975	31788	157255	164035	24879
蚌埠市本级	694149	419106	167736	27205	6369	172	69032	10307	14978	20480	1306	97081	4440	275043	69137	38102	14801	86160	53070	13773
蚌埠市区县合计	832374	525545	239897	40534	8472	222	29845	18497	42831	57515	33496	33272	20964	306829	39803	56873	16987	71095	110965	11106
龙子湖区	83473	58350	27398	3769	2515		3802	1968	3597	5386	1242		8673	25123	2736	505	630	14180	7072	
蚌山区	91478	63004	26819	5370	1284		3822	4954	3553	15391	689		1122	28474	2699	627	1443	17690	5805	210
禹会区	125947	69990	38185	8238	1354	63	5947	2591	5650	6275	86		1601	55957	4125	1618	842	37050	12180	142
淮上区	103343	71168	28077	8458	709	9	4220	3558	8655	14843	1495		1144	32175	2861	1292	841		25684	1497
怀远县	197339	128046	66297	7476	1189		6720	2945	9892	7133	12036	10241	4117	69293	15162	27169	5313		19523	2126

续表

地区	收入合计	税收收入												非税收入						
		小计	增值税	企业所得税	个人所得税	资源税	城市维护建设税	房产税	城镇土地使用税	土地增值税	耕地占用税	契税	其他各项税收收入	小计	专项收入	行政事业性收费收入	罚没收入	国有资本经营收入	国有资源(资产)有偿使用收入	其他收入
固镇县	123331	71217	32694	3754	671	5	3301	1232	6581	5158	5293	10732	1796	52114	5897	12834	3752	2175	22228	5228
五河县	107463	63770	20427	3469	750	145	2033	1249	4903	3329	12655	12299	2511	43693	6323	12828	4166		18473	1903
淮南市	1053791	734529	389108	48941	17443	34269	49746	23414	40262	39373	12159	58676	21138	319262	77971	58542	43212	31692	73619	34226
淮南市本级	469596	250031	95849	18539	7047	11710	16890	10886	22008	12823	5676	39756	8847	219565	52805	30466	27615	30000	47345	31334
淮南市区县合计	584195	484498	293259	30402	10396	22559	32856	12528	18254	26550	6483	18920	12291	99697	25166	28076	15597	1692	26274	2892
田家庵区	91707	83496	52126	9384	3346		5537	2749	1498	4968			3888	8211	40	2601	1506		4046	18
大通区	35997	28946	21462	582	414	1	4065	465	1338	372			247	7051	1	1296	858		4800	96
谢家集区	15171	12946	9096	290	298	29	1030	936	731	300			236	2225	6	355	1321		537	6
八公山区	12669	10482	5263	4463	91	31	312	101	144	20			57	2187	11	371	967	234	569	35
潘集区	43180	36519	22939	1116	1065	893	5462	1878	2086	64			1016	6661	3293	704	1596		719	349
凤台县	258235	220317	144459	5278	2964	21265	12715	5531	6505	7371	1181	8886	4162	37918	14902	12082	3854	1447	4667	966
寿县	127236	91792	37914	9289	2218	340	3735	868	5952	13455	5302	10034	2685	35444	6913	10667	5495	11	10936	1422
铜陵市	737682	520202	254326	56089	10034	20025	35163	16019	54762	17264	3362	34394	18764	217480	50082	43599	15011	253	100603	7932
铜陵市本级	358013	231028	72483	32799	4879	11321	12492	7468	40428	13378	1450	25532	8798	126985	31835	17428	7544		64549	5629
铜陵市区县合计	379669	289174	181843	23290	5155	8704	22671	8551	14334	3886	1912	8862	9966	90495	18247	26171	7467	253	36054	2303
郊区	57973	46093	34169	2803	805		5183	1525					1608	11880		377	468		10979	56
铜官区	85932	70137	47962	5686	1969		6507	4181					3832	15795		1807	959	253	12354	422
义安区	144055	108901	69383	7861	1370	4988	7726	2164	9169	387	1065	2437	2351	35154	11205	15932	3195		4789	33
枞阳县	91709	64043	30329	6940	1011	3716	3255	681	5165	3499	847	6425	2175	27666	7042	8055	2845		7932	1792
马鞍山市	1510202	1141946	608782	88054	28981	9928	85025	43605	108020	43728	11002	84123	30698	368256	103311	67162	29437	420	146695	21231
马鞍山市本级	584078	455297	238894	23583	12526	3047	37954	19768	40520	17161	1682	44799	15363	128781	49837	22164	9733		31852	15195
马鞍山市区县合计	926124	686649	369888	64471	16455	6881	47071	23837	67500	26567	9320	39324	15335	239475	53474	44998	19704	420	114843	6036
花山区	138536	104073	67378	8147	2689	15	11068	6364	4700	1507			2205	34463	5034	1481	1021	420	25473	1034
雨山区	101469	79973	46208	7186	1981	448	6905	3807	5874	5946			1618	21496	3150	1644	907		15744	51
当涂县	321250	219873	119944	26644	4586	1082	13021	7225	25730	4682	2330	9490	5139	101377	25486	25956	5941		43022	972
含山县	116817	85851	43104	4680	1133	2719	4546	1918	6904	5032	3510	10590	1715	30966	6292	12066	4920		5397	2291
和县	183791	144799	63840	15402	5114	2389	7291	3646	16968	7478	1502	17386	3783	38992	9594	3017	5818		18875	1688
博望区	64261	52080	29414	2412	952	228	4240	877	7324	1922	1978	1858	875	12181	3918	834	1097		6332	
淮北市	703307	522703	277821	56983	11231	21417	37737	14537	25462	15407	7561	38313	16234	180604	45259	56027	38008	1361	25069	14880
淮北市本级	401536	278079	156376	27111	6418	13178	22786	6905	7626	571	3007	24723	9378	123457	27271	44735	32419	3	10862	8167
淮北市区县合计	301771	244624	121445	29872	4813	8239	14951	7632	17836	14836	4554	13590	6856	57147	17988	11292	5589	1358	14207	6713
相山区	55604	45939	21289	2511	958	146	2696	2619	4598	9103		446	1573	9665	1130	4181	1687		2667	
杜集区	34288	26960	14855	1037	348	2000	1657	1132	3955	1245			731	7328	817	6	93		539	5873
烈山区	27891	15347	10089	556	185	888	955	565	1329	-221		505	496	12544	497	1012	1223		9794	18
濉溪县	183988	156378	75212	25768	3322	5205	9643	3316	7954	4709	4554	12639	4056	27610	15544	6093	2586	1358	1207	822
芜湖市	3181152	2325010	1163819	269947	67000	15407	197727	78038	201820	99151	18407	159724	53970	856142	262309	151126	42436	165048	179762	55461
芜湖市本级	1180801	728102	383080	110789	19508		99277	22909	51737	5350	6889	5896	22667	452699	169863	103994	22035	80417	37998	38392
芜湖市区县合计	2000351	1596908	780739	159158	47492	15407	98450	55129	150083	93801	11518	153828	31303	403443	92446	47132	20401	84631	141764	17069
镜湖区	299565	268703	127514	32174	13332		18972	12613	9067	18678		30160	6193	30862	12392	4217	1143	985	9587	2538
弋江区	217089	199356	86363	20036	5362	2	12851	6143	16155	19184	21	30615	2624	17733	8597	1500	217	6000	1419	
鸠江区	305926	290758	125810	30667	7273	121	18118	12347	34102	19771	332	38251	3966	15168	12472	1796	610		290	
三山区	128097	87964	28819	11113	2149		4748	5128	22333	4390	1464	6383	1437	40133	3240	535	839	34000	823	696

续表

地区	收入合计	税收收入												非税收入						
		小计	增值税	企业所得税	个人所得税	资源税	城市维护建设税	房产税	城镇土地使用税	土地增值税	耕地占用税	契税	其他各项税收收入	小计	专项收入	行政事业性收费收入	罚没收入	国有资本经营收入	国有资源(资产)有偿使用收入	其他收入
繁昌县	315362	225132	129435	28390	1723	10251	13975	4055	24585	3500	212	4885	4121	90230	17251	4043	2378		65317	1241
南陵县	202608	128342	69649	6066	7142	1452	7210	2466	11907	5355	5715	7890	3490	74266	9162	11601	2643	43646	1171	6043
芜湖县	284598	223339	123584	17514	5255	721	13620	7227	23314	11070	260	15197	5577	61259	17719	3387	4066		35935	152
无为县	247106	173314	89565	13198	5256	2860	8956	5150	8620	11853	3514	20447	3895	73792	11613	20053	8505		27222	6399
安庆市	1331958	994212	500986	69706	21799	4473	98905	25864	43527	67497	15027	118337	28091	337746	128823	60813	46920	2300	66673	32217
安庆市本级	499726	369843	181016	20836	8086	174	59654	8303	9161	8368	2692	62790	8763	129883	73494	17662	13725	2200	12190	10612
安庆市区县合计	832232	624369	319970	48870	13713	4299	39251	17561	34366	59129	12335	55547	19328	207863	55329	43151	33195	100	54483	21605
迎江区	82975	77805	45300	6846	1832		6710	2661	2137	11151			1168	5170	5014		60		96	
大观区	50661	38536	24124	3032	1401	411	3511	2572	1750	568			1167	12125	3361	1934	842		5141	847
宜秀区	72851	67356	29637	6938	654	4	4238	2202	3512	18952			1219	5495	3129	514	1319		533	
怀宁县	126267	84448	43747	8091	2317	2293	4469	1528	3514	5521	792	9317	2859	41819	7476	5032	4570		21759	2982
桐城市	172699	134090	69303	11682	1598	19	9364	3781	12635	9031	1145	11558	3974	38609	10526	15679	6026		4814	1564
潜山县	85493	55993	28339	1756	1025	553	2958	1113	3063	2789	2229	10501	1667	29500	8959	4250	4074		7326	4891
太湖县	54158	41454	18700	2634	1684	85	2085	813	2461	2254	523	8252	1963	12704	2576	2729	4982	100	2104	213
宿松县	74631	45514	24215	3157	1504	223	2100	520	496	2842	1900	6858	1699	29117	7217	3060	3577		5030	10233
望江县	61946	42693	17495	1814	825	32	1941	1328	2827	3760	5072	6028	1571	19253	3870	6912	2961		4889	621
岳西县	50551	36480	19110	2920	873	679	1875	1043	1971	2261	674	3033	2041	14071	3201	3041	4784		2791	254
黄山市	776148	407741	171425	31843	14711	3308	21313	25206	41879	33376	2576	50418	11686	368407	33238	26263	20038	386	260603	27879
黄山市本级	206769	117297	37501	12669	4349	12	6145	8302	10058	11289	212	23598	3162	89472	7870	7939	9312	344	53217	10790
黄山市区县合计	569379	290444	133924	19174	10362	3296	15168	16904	31821	22087	2364	26820	8524	278935	25368	18324	10726	42	207386	17089
屯溪区	86903	43484	19938	5356	2496	15	2799	3029	3180	5432			1239	43419	2959	3754	959		34132	1615
黄山区	97572	47923	18138	2390	1906	192	1734	3584	7178	3407	725	7273	1396	49649	3005	3164	2273	12	40785	410
徽州区	86404	41402	18664	2687	1478	79	2844	2187	5799	3067	206	2894	1497	45002	3769	1810	1022		37928	473
祁门县	53607	28462	14237	1288	978	2274	1218	911	1903	1806	92	3116	639	25145	3403	1639	835		14681	4587
黟县	37145	16905	7452	775	657	15	749	1624	2310	841	560	1557	365	20240	1761	1074	793		11177	5435
休宁县	84795	45862	22637	2741	1223	545	2500	2237	5407	2235	502	4313	1522	38933	3752	3159	1881	30	29234	877
歙县	122953	66406	32858	3937	1624	176	3324	3332	6044	5299	279	7667	1866	56547	6719	3724	2963		39449	3692
亳州市	1120003	842720	363866	79494	14019	5542	51925	18329	52614	61643	34506	132327	28455	277283	87504	59754	28835		80749	20441
亳州市本级	365331	288735	120314	33205	5766	320	22543	7152	19222	20948	4420	44549	10296	76596	32996	16222	7182		12332	7864
亳州市区县合计	754672	553985	243552	46289	8253	5222	29382	11177	33392	40695	30086	87778	18159	200687	54508	43532	21653		68417	12577
谯城区	268117	200158	99233	17294	1951	150	14213	4715	11682	13438	16653	18225	2604	67959	16125	14350	2666		31340	3478
涡阳县	151067	113191	46139	7057	2505	1870	4680	2406	7014	8704	10149	17907	4760	37876	10139	5046	6914		14267	1510
蒙城县	201142	143301	60769	10521	2075	3201	6529	2472	7951	9775	1216	32464	6328	57841	11594	10122	8046		21363	6716
利辛县	134346	97335	37411	11417	1722	1	3960	1584	6745	8778	2068	19182	4467	37011	16650	14014	4027		1447	873

2018年度一般公共预算收支及平衡情况表(支出部分)

单位:万元

地区	支出合计	一般公共服务支出	外交支出	国防支出	公共安全支出	教育支出	科学技术支出	文化体育与传媒支出	社会保障和就业支出	医疗卫生与计划生育支出	节能环保支出	城乡社区支出	农林水支出	交通运输支出	资源勘探信息等支出	商业服务业等支出	金融支出	援助其他地区支出	国土海洋气象等支出	住房保障支出	粮油物资储备支出	其他支出	债务付息支出	债务发行费用支出
安徽省	65721484	5061298		62414	2880355	11332594	2948145	797679	9546709	6270988	2093185	9985575	7048560	2207788	1039105	366460	103331	56624	487071	2249138	259201	164005	951635	9624
安徽省本级	8400534	500275		14233	422603	1267429	401233	282681	2565434	177692	47496	11972	1042481	630885	441175	27053	62405	56424	38740	137527	148163	3477	120019	1137
安徽省地市合计	57320950	4561023		48181	2457752	9865165	2546912	514998	6981275	6093296	2045689	9973603	6006079	1576903	597930	339407	40926	200	448331	2111611	111038	160528	831616	8487
宣城市	2893598	216993		1512	125659	428450	139447	25274	319693	335577	94444	769493	194463	68762	13573	9405	1433		12824	61700	5398	9898	59296	304
宣城市本级	522437	52159		550	47865	23326	25100	8010	16914	16961	12136	191202	37087	38857	3630	5453	709		4638	18186	1518	1566	16494	76
宣城市区县合计	2371161	164834		962	77794	405124	114347	17264	302779	318616	82308	578291	157376	29905	9943	3952	724		8186	43514	3880	8332	42802	228
宣州区	512039	37372		308	10658	79348	12046	1877	79342	67096	5746	151698	40030	3235	446	701			1205	11432	851		8622	26
郎溪县	344566	25939			4806	62864	29892	487	30493	39230	3132	106574	20716	2658	669	275			1129	6488	257	2168	6737	52
广德县	479483	28754		272	13990	79712	18158	4534	56380	81620	32846	88391	32562	13395	1297	673	645		2428	9950	755	3048	10035	38
宁国市	438268	27532		337	22074	80781	27429	4984	51386	57766	13700	98311	25579	5330	5362	743			1270	6782	717	70	8040	75
泾县	296526	22489		45	12982	57787	7196	2297	52441	35412	18820	56597	15056	2830	746	784	45		725	4957	292	2425	2596	4
旌德县	146273	9766			7509	16582	11151	1360	16680	18778	2303	37485	13739	996	1039	456			887	3357	623	621	2923	18
绩溪县	154006	12982			5775	28050	8475	1725	16057	18714	5761	39235	9694	1461	384	320	34		542	548	385		3849	15
宿州市	3965875	263811		3736	155490	752556	45939	27671	522924	518237	132419	522187	498633	149855	14511	8844	753		28910	253031	9469	2118	54402	379
宿州市本级	833555	63952		2558	53426	45714	34615	10387	34635	24001	60185	245702	57810	98042	7795	3476	568		3826	63364	1715	55	21616	113
宿州市区县合计	3132320	199859		1178	102064	706842	11324	17284	488289	494236	72234	276485	440823	51813	6716	5368	185		25084	189667	7754	2063	32786	266
埇桥区	828624	52968		563	12414	212253	4518	2624	134078	147216	15159	71067	125530	8648	2167	1603	27		5138	25948	1817	762	4106	18
砀山县	486743	32986		303	19783	106751	726	3068	81559	78187	4425	22428	69246	10011	1658	1172			3861	44496	432		5608	43
萧县	699220	36266		173	26422	131851	4774	4228	111994	96479	41179	96547	97311	8030	930	343	15		3771	28338	992	48	9477	52
灵璧县	548357	30196			20672	142377	538	2408	91888	91466	4154	28155	68133	14551	1316	1360	143		5071	33460	2391		9980	98
泗县	569376	47443		139	22773	113610	768	4956	68770	80888	7317	58288	80603	10573	645	890			7243	57425	2122	1253	3615	55
滁州市	4041175	276381		3394	179153	716030	109182	32702	477188	468497	134983	799689	427408	113271	60209	15022	2321		32538	116220	7513	3042	66016	416
滁州市本级	710986	77619		1557	59292	70413	32352	11934	48184	37651	14580	148510	39697	52557	48539	5517	774		14315	24064	1810	2747	18775	99
滁州市区县合计	3330189	198762		1837	119861	645617	76830	20768	429004	430846	120403	651179	387711	60714	11670	9505	1547		18223	92156	5703	295	47241	317
琅琊区	171199	13855			5611	58797	4412	488	24807	12956	1716	25362	8838	222	1406	819	88		182	9483	2		2143	12
南谯区	270603	11926			5901	66081	4278	3003	31876	24849	11825	68970	29334	1496	1431	898	142		281	3113	604	224	4324	47
天长市	627440	19149		684	15601	114515	22242	4017	78219	110343	18845	155186	51540	6294	2633	2690	120		6254	9540	791	25	8703	49
来安县	392482	26859		206	16733	57787	4955	3670	46154	45127	15773	67082	69444	9375	1472	1763	107		2165	16647	1189		5954	20
全椒县	370776	23985		289	14679	64434	7902	2827	42505	43082	8896	103873	32556	5207	2084	1361			2359	8425	646		5640	26
定远县	625366	34453		46	25115	93047	5905	2758	85280	73301	19384	113013	113334	24099	769	882	1042		2361	21905	1727	46	6787	112
凤阳县	466262	37831		333	21345	120626	19434	2310	55496	54732	35858	39886	46551	8419	692	874	27		2850	10044	397		8530	27
明光市	406061	30704		279	14876	70330	7702	1695	64667	66456	8106	77807	36114	5602	1183	218	21		1771	12999	347		5160	24
池州市	1544335	125791		2010	51735	220244	25808	16433	174195	160473	92740	239885	207435	67655	21526	14946	460		16066	58040	3343	4164	40934	452
池州市本级	462363	41011		1491	19037	31620	12405	8744	22615	19266	37198	162391	24929	28119	12876	5856	460		3382	8462	963	564	20735	239
池州市区县合计	1081972	84780		519	32698	188624	13403	7689	151580	141207	55542	77494	182506	39536	8650	9090			12684	49578	2380	3600	20199	213
贵池区	403292	35469		152	6691	70444	3201	1956	53063	54149	35465	20835	62586	13567	4242	1072			3473	27092	697	977	8056	105
石台县	132611	10179		29	6065	15258	881	2225	20399	14347	2095	4674	33565	6426	800	6048			1199	5984	387		2034	16
青阳县	230805	16046		338	7992	33617	6323	2147	38605	31916	4688	32121	28310	9085	2295	1059			5068	4147	569	1653	4796	30
东至县	315264	23086			11950	69305	2998	1361	39513	40795	13294	19864	58045	10458	1313	911			2944	12355	727	970	5313	62
阜阳市	5746681	476886		3004	217983	1068215	50120	33378	849802	757190	118680	614142	843210	182742	33752	12570	3919	200	46809	342259	13473	17312	60469	566
阜阳市本级	848450	72986		807	66265	83969	17614	8455	62712	34398	18204	178296	97399	126738	6264	3747	3147		16702	28621	1157	8234	12584	151

续表

地区	支出合计	一般公共服务支出	外交支出	国防支出	公共安全支出	教育支出	科学技术支出	文化体育与传媒支出	社会保障和就业支出	医疗卫生与计划生育支出	节能环保支出	城乡社区支出	农林水支出	交通运输支出	资源勘探信息等支出	商业服务业等支出	金融支出	援助其他地区支出	国土海洋气象等支出	住房保障支出	粮油物资储备支出	其他支出	债务付息支出	债务发行费用支出
阜阳市区县合计	4898231	403900		2197	151718	984246	32506	24923	787090	722792	100476	435846	745811	56004	27488	8823	772	200	30107	313638	12316	9078	47885	415
颍州区	445286	61263		237	11254	88356	6481	1608	67349	57339	3580	28793	67248	3422	6111	576			499	33729	2389	502	4512	38
颍泉区	336302	26886		214	7945	63823	5617	727	55208	54753	7621	25800	60635	1459	454	450			239	16245	1036	1527	5626	37
颍东区	318592	44102		253	10002	85729	687	2651	44212	49132	1143	8402	42062	2612	849	495	159		1037	19958	372		4688	47
临泉县	841850	56902			24267	195697	1028	3659	131792	150389	13256	70173	100694	10016	1620	1836	35		7537	64477	1940	60	6409	63
太和县	829600	90203		502	35846	159451	2003	3358	133895	122275	16632	108606	94606	10883	3919	830	333		5177	31939	1347	59	7688	48
颍上县	776266	58845		325	23939	151876	4107	2538	133779	108836	4627	86891	142270	9668	3395	1286	225	200	4784	29560	624		8402	89
阜南县	741907	32767		383	20568	143595	894	4869	121441	120440	18552	15652	155796	12440	5194	2749	20		6176	67716	2123	2226	8221	85
界首市	608428	32932		283	17897	95719	11689	5513	99414	59628	35065	91529	82500	5504	5946	601			4658	50014	2485	4704	2339	8
六安市	4129795	402061		3841	182042	773186	107316	41824	518325	490891	95867	248646	733845	237115	27699	17732	3158		32644	140644	9708	11948	50617	686
六安市本级	1049746	104717		1509	70918	73790	79317	15197	37936	263231	32288	105422	68641	126113	11080	4797	2582		6206	29820	2291		13649	242
六安市区县合计	3080049	297344		2332	111124	699396	27999	26627	480389	227660	63579	143224	665204	111002	16619	12935	576		26438	110824	7417	11948	36968	444
金安区	459803	58853		361	12605	120863	2174	4475	69669	33458	11880	14556	90954	10824	2997	3617	113		2739	13767	1582		4301	15
裕安区	485519	49847		440	9590	118139	2368	3400	81308	32495	12329	10768	93064	31893	1285	3665	88		2139	22633	2593	2314	5129	32
霍邱县	626078	50637		432	27340	134565	1531	3980	112337	42226	3444	9882	176790	15344	5047	2259	33		7453	22793	588	2663	6651	83
舒城县	505048	38754		65	22800	121432	14661	4620	81599	40105	10570	17088	96605	22080	4220	981	124		5829	11594	965	4840	6065	51
金寨县	534073	60989		113	18494	93601	1877	5092	83643	39064	2277	58288	125931	15535	1315	931	6		4422	14542	742	64	6935	212
霍山县	288414	23860		335	14311	68445	4234	3469	30786	28495	21133	28266	39807	4217	843	959	125		2577	8004	704	1343	6465	36
叶集区	181114	14404		586	5984	42351	1154	1591	21047	11817	1946	4376	42053	11109	912	523	87		1279	17491	243	724	1422	15
合肥市	10049099	708805		4920	407281	1635053	919741	77072	915572	712602	554384	2571655	673871	144850	212397	121209	4728		58811	196078	15447	27263	85858	1502
合肥市本级	5254449	164300		1720	240527	474922	773058	41501	273051	235434	412582	1886005	224391	108249	170264	87461	2885		34364	58501	7609	11384	45137	1104
合肥市区县合计	4794650	544505		3200	166754	1160131	146683	35571	642521	477168	141802	685650	449480	36601	42133	33748	1843		24447	137577	7838	15879	40721	398
瑶海区	251703	28601		762	7899	102442	655	1512	25328	13788	2904	58535	847	8	4066	224				1616		989	1527	
庐阳区	323503	42565		32	8959	94707	5291	1432	30029	19895	10128	90603	10353	150	438	3694	259		5	2613	13		2316	21
蜀山区	372868	37794		52	6245	111152	5783	2996	37086	17121	5213	119308	11719	13	1545	9920	340		1	2200	73	2156	2136	15
包河区	505884	95049		55	14514	163229	26104	5827	40113	23461	18249	77458	10261	238	13160	11513	200			4210	145		2098	
肥东县	760836	69231		650	30643	142881	60134	7219	123960	88005	48144	37094	97118	12029	1187	2019	143		6092	26790	1500	1	5960	36
长丰县	680315	74108		244	30025	131155	15467	4776	90967	74140	15683	76106	100028	9061	13710	1134	26		5145	24237	2494	7237	4534	38
肥西县	766358	100167		191	27277	133478	21520	5844	95434	82393	22659	150209	60717	2699	1619	3233	653		4141	44985	1398		7694	47
庐江县	626360	49140		530	13570	151126	7143	3336	102653	93843	13490	57212	88296	4554	2759	1204	205		2854	18661	1393	5496	8822	73
巢湖市	506823	47850		684	27622	129961	4586	2629	96951	64522	5332	19125	70141	7849	3649	807	17		6209	12265	822		5634	168
蚌埠市	2957942	218944		2743	141480	521270	106434	34806	383732	310889	69556	662063	255942	56011	13666	10519	1617		36025	83454	5012	4309	38951	519
蚌埠市本级	1057329	82395		1213	87006	97125	53260	26716	133733	94948	14981	297621	36799	31353	5612	5908	780		16153	45214	1888	505	23825	294
蚌埠市区县合计	1900613	136549		1530	54474	424145	53174	8090	249999	215941	54575	364442	219143	24658	8054	4611	837		19872	38240	3124	3804	15126	225
龙子湖区	88079	5782		120	2532	24383	1927	377	13850	4135	172	31026	1219	84	1688	233	20			531				
蚌山区	112250	13600		168	3681	24061	1782	345	7182	4996	213	47321	2690		478	558	24		5	4572			569	5
禹会区	134476	10400		199	3649	24900	1598	355	17354	6158	5387	50558	5714	37	1665	1138	170		5	3076		960	1151	2
淮上区	147483	14938			1858	22166	5117	366	17312	8596	2172	59767	7251	776	2093	185	241		19	3901			722	3
怀远县	669618	40718		263	12743	177506	37801	2181	85904	101888	24834	40166	101469	9936	722	1485	254		12993	6166	2589	2844	7084	72
固镇县	375267	26087		477	15518	78325	2200	1835	55552	45319	10741	70120	46452	7469	1001	402	7		2262	9424	299		1687	90
五河县	373440	25024		303	14493	72804	2749	2631	52845	44849	11056	65484	54348	6356	407	610	121		4588	10570	236		3913	53
淮南市	2451702	260654		2933	138212	454734	41055	25490	390320	274132	90982	267109	247305	68460	31183	11183	1746		22969	75650	5425	10050	31667	443
淮南市本级	930764	117496		1755	82894	85251	31152	13164	133450	81124	53890	144191	58258	46934	22099	7431	1160		9657	24640	1731	50	14135	302
淮南市区县合计	1520938	143158		1178	55318	369483	9903	12326	256870	193008	37092	122918	189047	21526	9084	3752	586		13312	51010	3694	10000	17532	141
田家庵区	112000	10503		23	5253	46651	1380	337	18388	7576	620	11480	5253	8	1119	29			470	2558			351	1
大通区	54180	4598			2782	8749	362	347	8880	3066	1278	8179	5365	15	226	364			134	9586			249	

续表

地　区	支出合计	一般公共服务支出	外交支出	国防支出	公共安全支出	教育支出	科学技术支出	文化体育与传媒支出	社会保障和就业支出	医疗卫生与计划生育支出	节能环保支出	城乡社区支出	农林水支出	交通运输支出	资源勘探信息等支出	商业服务业等支出	金融支出	援助其他地区支出	国土海洋气象等支出	住房保障支出	粮油物资储备支出	其他支出	债务付息支出	债务发行费用支出
谢家集区	76924	9223			3913	28403	111	770	13816	5309	2325	4125	4133		911	114			31	3256			483	1
八公山区	47324	3574		120	2802	8042	398	210	13980	3180	1407	4954	1635	103	168	980				5176			593	2
潘集区	130845	15861		185	4704	37164	149	1260	19318	14459	2544	7929	19328	443	349	1			998	4320			1827	6
凤台县	459857	31687		314	16620	87705	6678	3965	62091	51375	18803	70460	70437	5163	1693	1264	556		4167	9419	1915	10000	5462	83
寿县	639808	67712		536	19244	152769	825	5437	120397	108043	10115	15791	82896	15794	4618	1000	30		7512	16695	1779		8567	48
铜陵市	1543463	124724		1271	82429	262501	60856	18350	195733	148396	50803	255420	121437	58778	24751	21775	982		16148	54559	3256	12116	28952	226
铜陵市本级	621915	48661		413	39173	85395	36659	11036	58672	47252	29459	130674	13728	38531	22103	3789	525		5166	23343	2104	8404	16663	165
铜陵市区县合计	921548	76063		858	43256	177106	24197	7314	137061	101144	21344	124746	107709	20247	2648	17986	457		10982	31216	1152	3712	12289	61
郊区	60452	5757			2838	8221	653	568	7113	2846	5153	18505	3175	483		3027			468	1193		8	444	
铜官区	125639	11004			5158	24223	4309	1002	22367	9169	444	25989	2608	13	129	8857			359	7454		692	1862	
义安区	307221	31686		336	16212	64696	13975	2517	33404	17131	12107	41862	38181	13113	1824	5664	258		6848	1108	864	12	5394	29
枞阳县	428236	27616		522	19048	79966	5260	3227	74177	71998	3640	38390	63745	6638	695	438	199		3307	21461	288	3000	4589	32
马鞍山市	2265572	176114		1345	97382	372347	116137	23272	307054	222684	116106	512010	137963	34526	7958	7635	131		18121	54915	3610	6674	49304	284
马鞍山市本级	742903	67130		916	38124	71154	34081	15863	92811	49894	65556	204318	30036	16179	6695	3729	78		10507	17357	1474	2	16859	140
马鞍山市区县合计	1522669	108984		429	59258	301193	82056	7409	214243	172790	50550	307692	107927	18347	1263	3906	53		7614	37558	2136	6672	32445	144
花山区	156128	5524			11491	39006	2910	294	32024	10388	18751	20325	2466	360	143	1248			609	7513		232	2803	41
雨山区	105647	4718			4333	26571	2689	473	22290	8963	7895	18585	1674	320	166	16	8		98	3169		1250	2424	5
当涂县	479899	41627			14899	77453	13658	500	64303	62055	8353	142475	22532	4580	244	468			1497	9389	109	3474	12254	29
含山县	278232	17722		360	9203	60889	5894	2863	39291	38635	5686	51753	28718	4311	224	556			2637	1459	795	1716	5494	26
和县	391746	31011		69	15744	76151	38803	2954	39153	44685	8626	56902	43322	7794	227	1545	29		2773	12786	1232		7911	29
博望区	111017	8382			3588	21123	18102	325	17182	8064	1239	17652	9215	982	259	73	16			3242			1559	14
淮北市	1667011	169187		5001	85552	294864	10674	13001	201966	164278	30271	258917	132271	35177	20345	3267	1167		14696	177210	3287	21669	23898	313
淮北市本级	606857	72422		4748	49681	67857	7234	7873	69490	54491	8522	131791	19466	25358	14522	1432	1044		5341	50318	1602	852	12539	274
淮北市区县合计	1060154	96765		253	35871	227007	3440	5128	132476	109787	21749	127126	112805	9819	5823	1835	123		9355	126892	1685	20817	11359	39
相山区	134966	19150			4644	24434	482	506	21017	9733	1430	20136	4019	169	1172	46			2157	22825		1567	1479	
杜集区	148269	13459			4344	35052	994	761	13774	10568	1270	21984	10312	951	1055	44			600	31844		31	1226	
烈山区	150897	23552			4694	31654	644	386	21149	10080	2289	9905	14627	710	1510	33			1346	26793		393	1132	
濉溪县	626022	40604		253	22189	135867	1320	3475	76536	79406	16760	75101	83847	7989	2086	1712	123		5252	45430	1685	18826	7522	39
芜湖市	4570422	318589		3968	175320	743925	598199	29157	505807	399289	137241	982858	264392	63534	38580	31414	1229		24144	151377	1146	2155	97027	1071
芜湖市本级	1760766	127025		1680	87395	201038	481130	12457	153250	112380	70044	293662	48118	30038	11617	12814	533		9685	61662	44	239	45325	630
芜湖市区县合计	2809656	191564		2288	87925	542887	117069	16700	352557	286909	67197	689196	216274	33496	26963	18600	696		14459	89715	1102	1916	51702	441
镜湖区	267870	13133		388	5658	75802	1159	664	40512	10336	181	84863	10364	182	8783	2479	42		33	9150		97	3969	75
弋江区	201716	17758		241	7456	40322	42008	516	28478	8127	554	34577	6516	1714	982	445	111		695	8116	43	62	2956	39
鸠江区	323618	27783		245	7380	61288	12184	3668	51178	16113	14861	71378	28039	2740	5714	9895	54		132	3620	322	136	6870	18
三山区	139969	11679		323	4467	20252	13506	466	17334	8007	21432	23333	5473	1679	1798	518	10		13	6902	139	415	2203	20
繁昌县	400524	28427		126	15692	50881	12276	2785	34041	31399	8859	153837	30538	5660	4315	578	143		3687	8904	92		8218	66
南陵县	405033	33357		262	17379	80605	23197	2614	52982	52436	6371	63178	40607	4501	1025	1060	61		2364	14706	274	10	7977	67
芜湖县	436658	22282		253	14911	53806	5289	2575	44236	34770	1763	195223	22894	2211	3468	2208	135		1714	17088	155	1196	10456	25
无为县	634268	37145		450	14982	159931	7450	3412	83796	125721	13176	62807	71843	14809	878	1417	140		5821	21229	77		9053	131
安庆市	4202060	344143		2485	182204	780425	105295	65223	507771	490299	98582	514178	622042	140520	37991	18152	13235		33666	151885	10360	21542	61609	453
安庆市本级	986366	51277		1360	55377	106055	35228	26531	102267	65307	34662	258875	55808	47961	11430	2595	7262		10642	83589	4455	5241	20381	63
安庆市区县合计	3215694	292866		1125	126827	674370	70067	38692	405504	424992	63920	255303	566234	92559	26561	15557	5973		23024	68296	5905	16301	41228	390
迎江区	85783	10537			980	15514	273	1183	11027	5219	698	33112	4698	89	254	1252	53					600	289	5
大观区	71075	7436			3784	18580	1576	346	19448	8828	887	1959	2907	334	331	145	54			352		3440	660	8
宜秀区	86560	11566			3778	17895	1470	2666	7846	14525	972	1257	19036	885	479	434	77		533			743	2397	1
怀宁县	349589	22907		140	12851	80805	5880	3577	49697	53777	7130	12471	59332	11980	2495	2738	288		2755	10049	545	3524	6597	51

续表

地区	支出合计	一般公共服务支出	外交支出	国防支出	公共安全支出	教育支出	科学技术支出	文化体育与传媒支出	社会保障和就业支出	医疗卫生与计划生育支出	节能环保支出	城乡社区支出	农林水支出	交通运输支出	资源勘探信息等支出	商业服务业等支出	金融支出	援助其他地区支出	国土海洋气象等支出	住房保障支出	粮油物资储备支出	其他支出	债务付息支出	债务发行费用支出
桐城市	460529	48575		40	21258	107563	26210	5695	56277	53828	5449	26776	62895	12148	7276	667	419		2980	11917	2094	80	8312	70
潜山县	423188	35120		250	16856	80239	7821	5818	48914	56431	13605	63787	64787	3785	1641	1550	288		3344	14273	827		3783	69
太湖县	468204	31259			18138	86322	928	5593	48902	52949	7567	39633	119065	16094	6093	4047	3257		4621	15687	610	2858	4520	61
宿松县	518800	59158		645	18988	121792	7291	5648	61813	83019	3414	27535	87311	19439	3770	2301	728		3950	5350	595	114	5886	53
望江县	382816	30698		50	14484	75940	11905	4371	49244	54699	11872	31920	75948	6133	2403	956	211		2249	4951	495	80	4170	37
岳西县	369150	35610			15710	69720	6713	3795	52336	41717	12326	16853	70255	21672	1819	1467	598		2592	5717	739	4862	4614	35
黄山市	1856147	184696		3559	97164	200360	58540	33283	235722	167029	97413	366619	233489	51244	20572	11270	474		10505	43625	3714	5316	31220	333
黄山市本级	451444	50488		3021	32095	30995	15029	7837	39705	17575	60820	98547	33536	26927	7874	2151	119		2313	9342	1213	336	11418	103
黄山市区县合计	1404703	134208		538	65069	169365	43511	25446	196017	149454	36593	268072	199953	24317	12698	9119	355		8192	34283	2501	4980	19802	230
屯溪区	147921	14378		38	5891	9901	5843	1594	22490	13503	952	57557	6914	1716	764	519	37		126	4320	84	2	1288	4
黄山区	211432	25382		100	10500	28183	4416	3256	27413	21165	8433	36569	30895	2322	1352	885	51		1307	4835	958	424	2956	30
徽州区	147966	13710			7269	15629	3394	4627	13164	11138	7199	33549	21682	4029	3124	3181	5		636	3408	226		1971	25
祁门县	183387	20584		62	8737	20262	4843	2343	26547	19650	4754	29413	30147	3280	2793	691	130		1293	4469	466	445	2437	41
黟县	128253	13128		290	6741	11302	1069	4841	17377	11186	4076	22477	23115	1896	699	1734	33		1026	3549	124	2236	1329	25
休宁县	226910	22923		48	11171	27359	7144	2869	31948	26319	3967	38127	34317	5440	3667	1159	8		1163	4681	203	1124	3236	37
歙县	358834	24103			14760	56729	16802	5916	57078	46493	7212	50380	52883	5634	299	950	91		2641	9021	440	749	6585	68
亳州市	3436073	293244		2459	138666	641005	52169	18062	475471	472833	131218	388732	412373	104403	19217	24464	3573		43455	150964	10877	952	51396	540
亳州市本级	650593	53125		1800	57150	74956	9565	3550	26284	26334	26411	159766	84808	49484	12138	12215	2453		4680	34515	630	932	9581	216
亳州市区县合计	2785480	240119		659	81516	566049	42604	14512	449187	446499	104807	228966	327565	54919	7079	12249	1120		38775	116449	10247	20	41815	324
谯城区	760055	53244			11587	131303	27630	3271	127150	115478	36107	69189	101888	13304	3327	10293	728		8239	35443	1074	20	10710	70
涡阳县	700289	46209		69	30260	122549	7234	4248	113503	111688	18799	96312	82626	15572	1981	526	392		8313	28063	782		11076	87
蒙城县	650034	49621		161	21084	133946	7322	3614	109644	107265	41232	58101	54074	8428	863	690			7514	33773	1749		10895	58
利辛县	675102	91045		429	18585	178251	418	3379	98890	112068	8669	5364	88977	17615	908	740			14709	19170	6642		9134	109

2018年度一般公共预算收支及平衡情况表(平衡部分)

单位:万元

地区	平衡部分																							
	收入部分											支出部分										结余部分		
	收入总计	本年收入	上级补助收入	待偿债置换一般债券上年结余	上年结余	调入资金	债务(转贷)收入	国债转贷收入、上年结余及转补助	调入预算稳定调节基金	接受其他地区援助收入	省补助计划单列市收入	支出总计	本年支出	上解上级支出	调出资金	债务还本支出	增设预算周转金	国债转贷拨付数及年终结余	补充预算稳定调节基金	援助其他地区支出	计划单列市上解省支出	结余总计	待偿债置换一般债券结余	年终结余
安徽省	80483646	30486705	30828004		883132	5024284	9399322		3842199	20000		79620759	65721484	205054		8249391	-1175		5446005			862887		862887
安徽省本级	10703560	3041492	4106786		407216	258066	970000		1900000	20000		10305560	8400534	-893068		139930			2658164			398000		398000
安徽省地市合计	69780086	27445213	26721218		475916	4766218	8429322		1942199			69315199	57320950	1098122		8109461	-1175		2787841			464887		464887
宣城市	3358228	1530702	1188392		33060	215949	315737		74388			3326917	2893598	2969		315721			114629			31311		31311
宣城市本级	720031	223817	255043		15726	75414	86675		63356			704332	522437	-908		90017			92786			15699		15699
宣城市区县合计	2638197	1306885	933349		17334	140535	229062		11032			2622585	2371161	3877		225704			21843			15612		15612
宣州区	546097	267822	196546		9104	46970	25655					537697	512039	311		25347						8400		8400
郎溪县	401781	190505	133933		410	20000	53071		3862			401549	344566	546		51782			4655			232		232
广德县	522871	256526	179781		1205	45931	39428					521668	479483	1631		39028			1526			1203		1203
宁国市	522152	304057	117060		3408	22350	75277					519013	438268	1035		75077			4633			3139		3139
泾县	309610	146152	151606		864	1084	3759		6145			308762	296526	78		3252			8906			848		848
旌德县	164679	60660	79956		1269	4200	17569		1025			163445	146273	50		17122						1234		1234
绩溪县	171007	81163	74467		1074		14303					170451	154006	226		14096			2123			556		556
宿州市	4638749	1115600	2531863		31481	421641	370923		167241			4622801	3965875	3869		329972			323085			15948		15948
宿州市本级	1128952	339039	353209		8728	202222	117529		108225			1128705	833555	-50295		116391			229054			247		247
宿州市区县合计	3509797	776561	2178654		22753	219419	253394		59016			3494096	3132320	54164		213581			94031			15701		15701
埇桥区	892362	256071	517513		4964	75149	18665		20000			891062	828624	52860		9570			8			1300		1300
砀山县	530626	105548	341856		2000	33984	40239		6999			529127	486743	445		34057			7882			1499		1499
萧县	803407	206704	457125		7205	70086	47263		15024			797146	699220	-254		36474			61706			6261		6261
灵璧县	647050	100231	441833		3804	500	94560		6122			643729	548357	745		87959			6668			3321		3321
泗县	636352	108007	420327		4780	39700	52667		10871			633032	569376	368		45521			17767			3320		3320
滁州市	4677982	1992772	1793295		39353	263127	410794		178641			4639544	4041175	21127		404635	-91		172698			38438		38438
滁州市本级	928878	513683	152284		19845	28282	103274		111510			909112	710986	-19473		101997			115602			19766		19766
滁州市区县合计	3749104	1479089	1641011		19508	234845	307520		67131			3730432	3330189	40600		302638	-91		57096			18672		18672
琅琊区	211019	96694	68948		1732	28111	12034		3500			209289	171199	21584		11994			4512			1730		1730
南谯区	344659	154833	99380		445	33252	44749		12000			344217	270603	15679		44435			13500			442		442
天长市	695558	363033	197405		6388	77400	50020		1312			689175	627440	3093		58642						6383		6383
来安县	416186	182296	186018		980	20080	18768		8044			415217	392482	546		17250			4939			969		969
全椒县	398605	184398	162963		4351	15000	24911		6982			394804	370776	51		23977	-23		23			3801		3801
定远县	758306	167513	442912		2600	14502	105986		24793			755726	625366	22		100551	-37		29824			2580		2580
凤阳县	494009	198507	233371		1867	31600	28664					492147	466262	-939		25557	-31		1298			1862		1862
明光市	430762	131815	250014		1145	14900	22388		10500			429857	406061	564		20232			3000			905		905
池州市	2009890	644920	792652		5493	88873	467712		10240			2004921	1544335	1303		455139			4144			4969		4969
池州市本级	717043	249770	172159		5211	32757	247146		10000			712347	462363	-570		246649			3905			4696		4696
池州市区县合计	1292847	395150	620493		282	56116	220566		240			1292574	1081972	1873		208490			239			273		273
贵池区	509727	176556	185186			39854	108131					509727	403292	1443		104992								
石台县	145390	18309	111671			74	15336					145390	132611	32		12747								
青阳县	262207	102772	111483		82	16000	31630		240			262134	230805	351		30739			239			73		73
东至县	375523	97513	212153		200	188	65469					375323	315264	47		60012						200		200
阜阳市	6835511	1871449	3619338		74620	589294	541135		139675			6731235	5746681	22098		481980			480476			104276		104276
阜阳市本级	1237651	354654	380830		51162	218239	148769		83997			1187986	848450	-132296		147353			324479			49665		49665

续表

地区	平衡部分																							
	收入部分											支出部分										结余部分		
	收入总计	本年收入	上级补助收入	待偿债置换一般债券上年结余	上年结余	调入资金	债务(转贷)收入	国债转贷收入、上年结余及转补助	调入预算稳定调节基金	接受其他地区援助收入	省补助计划单列市收入	支出总计	本年支出	上解上级支出	调出资金	债务还本支出	增设预算周转金	国债转贷拨付数及年终结余	补充预算稳定调节基金	援助其他地区支出	计划单列市上解省支出	结余总计	待偿债置换一般债券结余	年终结余
阜阳市区县合计	5597860	1516795	3238508		23458	371055	392366		55678			5543249	4898231	154394		334627			155997			54611		54611
颍州区	591274	261399	266087			2648	34783		26357			563127	445286	74022		32420			11399			28147		28147
颍泉区	427600	146984	229559		3413	8209	35261		4174			424194	336302	22972		31035			33885			3406		3406
颍东区	428139	124106	244648		11	4572	46244		8558			426453	318592	40771		40484			26606			1686		1686
临泉县	906548	155323	678430		4267	10040	58488					904163	841850	153		53045			9115			2385		2385
太和县	878121	277490	514289		1950	37937	46455					872301	829600	4828		37873						5820		5820
颍上县	874606	221239	471226		4897	88581	83311		5352			870307	776266	4775		70527			18739			4299		4299
阜南县	831170	108338	560773		6536	75462	80061					824672	741907	3878		65682			13205			6498		6498
界首市	660402	221916	273496		2384	143606	7763		11237			658032	608428	2995		3561			43048			2370		2370
六安市	4876137	1224142	2508596		3700	212698	677421		249580			4872437	4129795	5603		591459			145580			3700		3700
六安市本级	1397979	401982	509328		3700	60046	242923		180000			1394279	1049746	407		242123			102003			3700		3700
六安市区县合计	3478158	822160	1999268			152652	434498		69580			3478158	3080049	5196		349336			43577					
金安区	467424	123408	286102			21004	13848		23062			467424	459803	115		7506								
裕安区	522638	137589	325730			27314	32005					522638	485519	52		24534			12533					
霍邱县	714653	146769	465210			1000	84796		16878			714653	626078	1981		73216			13378					
舒城县	549950	155598	319942			3221	51840		19349			549950	505048	557		44345								
金寨县	711715	114752	346120			48215	202628					711715	534073	188		161767			15687					
霍山县	313877	102853	143466			31898	34380		1280			313877	288414	400		24684			379					
叶集区	197901	41191	112698			20000	15001		9011			197901	181114	1903		13284			1600					
合肥市	12437757	7124862	2878530		36828	637144	1484746		275647			12400969	10049099	372316		1478670	-34		500918			36788		36788
合肥市本级	6498370	4096726	792144		27895	421867	1101663		58075			6470146	5254449	32539		1099814			83344			28224		28224
合肥市区县合计	5939387	3028136	2086386		8933	215277	383083		217572			5930823	4794650	339777		378856	-34		417574			8564		8564
瑶海区	268425	157203	108313			109			2800			268425	251703	10684					6038					
庐阳区	451823	308553	94919			225	19000		29126			451823	323503	72388		19000			36932					
蜀山区	471953	312752	143751			450			15000			471550	372868	56553					42129			403		403
包河区	722358	528702	184022		85	599			8950			722254	505884	133176					83194			104		104
肥东县	898853	418575	297273		2854	63979	37672		78500			896013	760836	5701		36329			93147			2840		2840
长丰县	779254	388338	281514		2157	36471	40700		30074			777597	680315	4889		39840			52553			1657		1657
肥西县	874737	515176	263146		2372	5301	48742		40000			872637	766358	13004		46511	-34		46798			2100		2100
庐江县	747537	192673	381246		490	100052	73076					747047	626360	-107		78121			42673			490		490
巢湖市	724447	206164	332202		975	8091	163893		13122			723477	506823	43489		159055			14110			970		970
蚌埠市	3963137	1526523	1306918		69800	298648	516459		244789			3901242	2957942	154782		508550	-130		280098			61895		61895
蚌埠市本级	1701144	694149	301332		67240	136173	300160		202090			1650595	1057329	69885		298910			224471			50549		50549
蚌埠市区县合计	2261993	832374	1005586		2560	162475	216299		42699			2250647	1900613	84897		209640	-130		55627			11346		11346
龙子湖区	118334	83473	22139		619	3646			8457			117679	88079	21049					8551			655		655
蚌山区	136483	91478	35288			4378	3801		1538			134491	112250	18440		3801						1992		1992
禹会区	165607	125947	33077			3	2050		4530			165607	134476	24314		2050			4767					
淮上区	173447	103343	46309			2044	3566		18185			168287	147483	17200		3566			38			5160		5160
怀远县	777552	197339	420211		212	85517	74180		93			777340	669618	2461		71220			34041			212		212
固镇县	466552	123331	221806		1028	29055	83183		8149			464591	375267	94		81130	-130		8230			1961		1961
五河县	424018	107463	226756		701	37832	49519		1747			422652	373440	1339		47873						1366		1366
淮南市	3028076	1053791	1203575		22167	247929	442033		58581			3007044	2451702	62553		443559			49230			21032		21032
淮南市本级	1242367	469596	326120		20206	104538	306549		15358			1223296	930764	-29903		320081			2354			19071		19071
淮南市区县合计	1785709	584195	877455		1961	143391	135484		43223			1783748	1520938	92456		123478			46876			1961		1961
田家庵区	172302	91707	54145			19527	1000		5923			172302	112000	48895		1000			10407					

续表

地区	平衡部分																							
	收入部分											支出部分										结余部分		
	收入总计	本年收入	上级补助收入	待偿债置换一般债券上年结余	上年结余	调入资金	债务(转贷)收入	国债转贷收入、上年结余及转补助	调入预算稳定调节基金	接受其他地区援助收入	省补助计划单列市收入	支出总计	本年支出	上解上级支出	调出资金	债务还本支出	增设预算周转金	国债转贷拨付数及年终结余	补充预算稳定调节基金	援助其他地区支出	计划单列市上解省支出	结余总计	待偿债置换一般债券结余	年终结余
大通区	72003	35997	18302			13807	270		3627			72003	54180	14347					3476					
谢家集区	90917	15171	59622			14484	1100		540			90917	76924	11562		1000			1431					
八公山区	55029	12669	29142			10666	2000		552			55029	47324	5705		2000								
潘集区	140955	43180	77983		1	10441	5811		3539			140954	130845	5495		4614						1		1
凤台县	551934	258235	141765		1960	56977	83342		9655			549974	459857	6909		82432			776			1960		1960
寿县	702569	127236	496496			17489	41961		19387			702569	639808	-457		32432			30786					
铜陵市	1809395	737682	570480		7592	260695	223280		9666			1802059	1543463	15316		214524	-700		29456			7336		7336
铜陵市本级	771353	358013	138430		4408	98491	162345		9666			767251	621915	-34106		161681	-700		18461			4102		4102
铜陵市区县合计	1038042	379669	432050		3184	162204	60935					1034808	921548	49422		52843			10995			3234		3234
郊区	76853	57973	12505		649	5726						76289	60452	15837								564		564
铜官区	162019	85932	53870		935	21282						161105	125639	27797					7669			914		914
义安区	345936	144055	93189		1600	78485	28607					344337	307221	5383		28407			3326			1599		1599
枞阳县	453234	91709	272486			56711	32328					453077	428236	405		24436						157		157
马鞍山市	2851184	1510202	791781		4238	143132	301596		100235			2844541	2265572	154956		282166	-220		142067			6643		6643
马鞍山市本级	996041	584078	161983		4084	32666	153230		60000			990450	742903	54276		140044	-220		53447			5591		5591
马鞍山市区县合计	1855143	926124	629798		154	110466	148366		40235			1854091	1522669	100680		142122			88620			1052		1052
花山区	269182	138536	48944			15338	40421		25943			269182	156128	54558		40421			18075					
雨山区	154622	101469	42309		113	4500	6231					153571	105647	41693		6231						1051		1051
当涂县	575198	321250	165259			55303	28968		4418			575198	479899	3400		28968			62931					
含山县	308538	116817	148569			16132	27020					308538	278232	82		24385			5839					
和县	421331	183791	185131		41	15453	32266		4649			421330	391746	534		28657			393			1		1
博望区	126272	64261	39586			3740	13460		5225			126272	111017	413		13460			1382					
淮北市	2182136	703307	798569		14730	341502	310581		13447			2163565	1667011	36310		328232			132012			18571		18571
淮北市本级	983042	401536	164479		7979	213049	195999					973712	606857	34839		215649			116367			9330		9330
淮北市区县合计	1199094	301771	634090		6751	128453	114582		13447			1189853	1060154	1471		112583			15645			9241		9241
相山区	176509	55604	69815		3511	9294	35347		2938			170313	134966			35347						6196		6196
杜集区	189600	34288	81507			33561	39034		1210			189591	148269			39034			2288			9		9
烈山区	161562	27891	104337		1890	16000	2145		9299			159711	150897			2145			6669			1851		1851
濉溪县	671423	183988	378431		1350	69598	38056					670238	626022	1471		36057			6688			1185		1185
芜湖市	5865226	3181152	1358063		33344	81909	1069160		141598			5843868	4570422	172330		1054826			46290			21358		21358
芜湖市本级	2408603	1180801	466914		30947	4311	623687		101943			2387502	1760766	-30723		621758			35701			21101		21101
芜湖市区县合计	3456623	2000351	891149		2397	77598	445473		39655			3456366	2809656	203053		433068			10589			257		257
镜湖区	413907	299565	34544				79181		617			413907	267870	66227		79181			629					
弋江区	300252	217089	23058			8800	38112		13193			300252	201716	51175		38112			9249					
鸠江区	391671	305926	56613			8000	17132		4000			391671	323618	50921		17132								
三山区	183695	128097	19975		2397	5000	20233		7993			183695	139969	23493		20233								
繁昌县	467704	315362	85887				66455					467447	400524	518		66405						257		257
南陵县	471968	202608	179596			12213	70588		6963			471968	405033	197		66615			123					
芜湖县	462667	284598	153754				24315					462667	436658	1844		24165								
无为县	764759	247106	337722			43585	129457		6889			764759	634268	8678		121225			588					
安庆市	4800651	1331958	2410331		23926	497016	444939		92481			4776933	4202060	64803		421684			88386			23718		23718
安庆市本级	1036284	499726	259286		15000	153718	56911		51643			1021121	986366	-57332		56261			35826			15163		15163
安庆市区县合计	3764367	832232	2151045		8926	343298	388028		40838			3755812	3215694	122135		365423			52560			8555		8555
迎江区	142879	82975	48150		1438		6757		3559			141663	85783	42148		6757			6975			1216		1216
大观区	108070	50661	45714		1052		7452		3191			107135	71075	28058		7452			550			935		935

续表

地 区	平衡部分																							
	收入部分											支出部分										结余部分		
	收入总计	本年收入	上级补助收入	待偿债置换一般债券上年结余	上年结余	调入资金	债务(转贷)收入	国债转贷收入、上年结余及转补助	调入预算稳定调节基金	接受其他地区援助收入	省补助计划单列市收入	支出总计	本年支出	上解上级支出	调出资金	债务还本支出	增设预算周转金	国债转贷拨付数及年终结余	补充预算稳定调节基金	援助其他地区支出	计划单列市上解省支出	结余总计	待偿债置换一般债券结余	年终结余
宜秀区	167104	72851	52009		272	40320	297		1355			166844	86560	48527		22248			9509			260		260
怀宁县	422221	126267	206430		2473	20000	54123		12928			419831	349589	1998		60397			7847			2390		2390
桐城市	535197	172699	225502			63890	68716		4390			535197	460529	1032		64529			9107					
潜山县	488564	85493	294704			35000	69324		4043			488564	423188	-266		58908			6734					
太湖县	514056	54158	346103			55086	58709					514056	468204	132		43262			2458					
宿松县	569511	74631	361764		3677	68909	51310		9220			565798	518800	89		43589			3320			3713		3713
望江县	417044	61946	286018		14	30093	37127		1846			417003	382816	167		29473			4547			41		41
岳西县	399721	50551	284651			30000	34213		306			399721	369150	250		28808			1513					
黄山市	2226276	776148	842888		9937	217146	347549		32608			2216488	1856147	3685		323531			33125			9788		9788
黄山市本级	572752	206769	164261		6655	64614	106989		23464			566100	451444	1956		106579			6121			6652		6652
黄山市区县合计	1653524	569379	678627		3282	152532	240560		9144			1650388	1404703	1729		216952			27004			3136		3136
屯溪区	151177	86903	53071		70	7486	3647					151107	147921	158		3028						70		70
黄山区	243307	97572	86148		2285	22971	34314		17			241027	211432	96		28649			850			2280		2280
徽州区	173123	86404	46001		272	15696	24750					172870	147966	246		23303			1355			253		253
祁门县	224178	53607	105769		155	20690	43957					224053	183387	132		40093			441			125		125
黟县	151848	37145	71464		63	15780	24769		2627			151802	128253	192		22999			358			46		46
休宁县	267702	84795	126966		179	16840	38922					267523	226910	583		35699			4331			179		179
歙县	442189	122953	189208		258	53069	70201		6500			442006	358834	322		63181			19669			183		183
亳州市	4219751	1120003	2125947		65647	249515	505257		153382			4160635	3436073	4102		474813			245647			59116		59116
亳州市本级	1036831	365331	217226		17938	146722	205207		84407			1024735	650593	5865		204334			163943			12096		12096
亳州市区县合计	3182920	754672	1908721		47709	102793	300050		68975			3135900	2785480	-1763		270479			81704			47020		47020
谯城区	862337	268117	465293		15473	17096	63300		33058			858008	760055	772		58298			38883			4329		4329
涡阳县	815867	151067	478375		24807	52512	76389		32717			793954	700289	-2118		69359			26424			21913		21913
蒙城县	725984	201142	446016		7429	16731	54566		100			714872	650034	-825		49266			16397			11112		11112
利辛县	778732	134346	519037			16454	105795		3100			769066	675102	408		93556						9666		9666

财政机构人员篇

省财政厅机构人员

省财政厅处级以上干部名单

(2018 年 12 月 31 日)

厅领导

党组书记、厅　长:罗建国

党组成员、副 厅 长:朱长才

副 厅 长:胡锡萍

党组成员、驻厅纪检监察组长:项中胜

党组成员、副 厅 长:孟照红　朱艾勇　王召远

驻厅纪检监察组

组　长:项中胜

副组长:王　梵(正处级)

杨基洪(正处级)

厅机关

办公室(行政审批办公室)

主　任:左自智

副主任:姚先飞　徐　韬　尹立祥

综合处

处　长:江永泓

副处长:金嘉岳　宋葛民

副调研员:杨　兵

税政条法处

处　长:方山恩

副处长:陈　蕙

调研员:杨玉林

预算处(省直预算编制办公室)

处　长:方习利

副处长(副主任):万卫国　张白平　田　丰

副调研员:段焕松　唐　兵

国库处

处　长:廖晓虹

副处长:袁　圆　朱正余

副调研员:王韵妮　刘　翔

政府债务管理办公室

主　任:孟照红(兼)

常务副主任:尹祥领(正处级)

副主任:谷　媛

副调研员:杜志明

行政处

处　长:管立新

副处长:李　霞　李　斌

副调研员:张惠敏

政法处

处　长:张　力

副 处 长:徐玉明

副调研员:姚　伟　童　兵

教科文处

处　长:鲍习生

副处长:孙荣春　吴祎明

调研员:何　义

经济建设处

处　长:张恒景

副处长:张行宇　邵俊峰

调研员:朱玉琴　汪小俊

副调研员:吴建辉

农业处

处　长:陈维光

副处长:郭安明　王知国

调研员:洪　军

副调研员:汪　辉　姚　瑶

社会保障处

处　长:徐光耀

副处长:杨前炉　韩剑辉　孙玫玫

企业处

处　长:汪代启

副处长:解亚平　宋先贵

调研员:宋　频

副调研员:程荣明

金融处

副处长:张先虹

国际债务管理处

副处长:张　玲

调研员:王永力

农村财政管理局

局　长:左磊明

副局长:徐向前　周　远

调研员:徐中洋

副调研员:耿　鹏

会计处

处　长:季必英

副处长:鲍文前

行政事业国有资产管理处

处　长:许先才

副处长:连发玉

国有资本经营预算处

处　长:焦玲仪

调研员:殷鹭滨　周晓丽

监督检查局

副局长:胡德林（正处级）

张　进　陈　军　张克和

处长(副处级):徐　明　胡继龙　李汪祥

调研员:杨　刚

副调研员:高维国

政府采购处

处　长:杨延彬

副处长:刘志毅

副调研员:陈东川

农村综合改革处

处　长:丁　俊

副处长:余　禹

调研员:胥慰庆

副调研员:魏祥瑾

民生工程工作办公室

主　任:黎学东

副主任:孟　骞

副调研员:李　燕　方诗庆

人事教育处

处　长:朱士昂

副处长:张忠文

机关党委

书　记:朱长才(兼)

专职副书记:陈　欢(正处级)

离退休工作处

处　长:缪　青

厅属单位

省社会保障资金管理中心

省农业综合开发局

局　长:孔少林(副厅级)

副局长:刘明刚 程巍东

处长(副处级):傅应军　马传喜　李志斌

副调研员: 胡晓宁　刘　群

省非税收入征收管理局

副局长:张　黎(正处级)　王　冶

省财政厅国库支付中心

副主任:李德军(主持工作)　陈文权

副调研员:金　琦　李　勇

省财政投资评审中心

副主任:邓建成　徐延俊

吴小林　郭立宏

省政府采购监督管理办公室(省直政府采购监管中心)

主　任:王　旭

副主任:马再兴　董永权　张为中

方虹慧　彭学勇

副调研员:张晓兰　丁　健

省财政信息中心

主　任:达小敏

副主任:傅　依　曾志娟

省财政科学研究所

所　长:叶翠青

副所长:朱克俊

省注册会计师管理处(省注册会计师协会)

处　长(处　长):彭高俊

专职党委副书记:李运孝(正处级)

副处长:胡正中　廖文学　宋中锋

省财政干部教育中心

主　任:张文超

副主任:李　军

省行政事业单位资产管理中心

主　任:王定友

副主任:张顺建　周　涛　周启安

各市财政系统机构人员

合肥市财政系统领导名单

合肥市财政局

党组书记、局长、市投融资办主任:黄永强

党组成员、副局长:姚琳、孔天华、王成双、郝晓东

党组成员、市投融资办专职副主任:程世琴

党组成员、市纪委监委驻市财政局纪检监察组组长:王军

总会计师:余成晨

肥东县财政局

党组书记、局长:何长卫

党组成员、金融办主任:孙维荣

党组成员、副局长:吴晓东、戚宏、韩永立

党组成员:张志勤、薛荣国

主任科员:王磊、曹绍华、孟志

肥西县财政局

党组书记、局长:胡昌勇

党组副书记、国资办主任:颜德树

党组成员、副局长:夏智新、吴善彬、胡芳玉

党组成员:徐建生、袁家民、杨云

党组成员、农村局局长:陈先锋

金融服务发展中心主任:何友才

长丰县财政局

党组书记、局长:蔡继能

党组成员、副局长:姚文贵、李咏梅、杨德军、顾涛

总会计师:许忠农

党组成员、办公室主任:孙青松

庐江县财政局

党组书记、局长:钱俊

党组成员、副局长:陶学顺、汪歆明、周炎

党组成员、副局长、财政监督局局长:周光法

党组成员、纪委监委派驻财政局纪检组长:杨传跃

党组成员、总会计师:盛世财

党委专职副书记:黄淳

县投融资办专职副主任:何海波

巢湖市财政局

党组书记、局长:陈永铸

党组副书记:程庭浪

主任科员:毕早来

党组成员、副局长:李政、翟长水、徐济贵

党组成员、驻局纪检组长:吴理萍

副局长(挂职):丁睿

总会计师:朱京红

庐阳区财政局

党组书记、局长:沈兵

党组副书记、副局长:邢志刚

党组成员、副局长:周莹

蜀山区财政局

党组副书记、局长:徐明

党组成员、副局长:吕贤武、钟丽霞

党组成员:谢莉

包河区财政局

党组书记、局长:周明洁

党组副书记:龚林

党组成员、主任科员:陈爱群

党组成员、副局长:汪云、唐军

纪检组长:张家军

瑶海区财政局

党组书记、局长:王峰

党组副书记、副局长:陈进

党组成员、副局长:高捷

党组成员、纪检派驻组组长:宣哲

经济技术开发区财政局

财政局局长、国资办主任:刘岸

副局长:石华、费红英

国资办副主任:闫之文

财务中心主任:黄全进

财务中心副主任:刘卫兵

经开区审计办主任:陆金武

高新技术产业开发区财政局

局长:王强

副局长、纪检组长(兼):邵代志

副局长:施浩音

公共资源交易中心主任:严晓娟

财务管理中心(国库支付中心)主任:甄志强

新站高新技术开发区财政局

局长:杨培红

副局长:张高峰、袁莉

巢湖经济开发区财政局

局长:施建

副局长:黄丽虹、褚卫国、孙业兵、李宏健

肥东县

肥东经开区财政分局 分局长:黄磊

循环园财政分局 分局长:罗守斌

东部新城财政办事处 主任:丁腾渊

陈集镇财政所 所长:浦青松

古城镇财政分局 分局长:陈兆金

马湖乡财政所 副所长:陈正邦(主持工作)

八斗镇财政分局 分局长:何进军

响导乡财政所 所长:季波

杨店乡财政所 所长:谢群

白龙镇财政分局 分局长:魏华祥

元疃镇财政所 所长:李玉春

张集乡财政所 所长:宋丽

梁园镇财政分局 分局长:童道洲

包公镇财政所 副所长:周康应(主持工作)

石塘镇财政分局 分局长:黄胜虎

店埠镇财政分局 分局长:王建

牌坊乡财政所 所长:万兴平

众兴乡财政所 所长:陈先荣

桥头集镇财政分局 分局长:宋海涛

撮镇财政分局 分局长:陈长胜

长临河镇财政分局 分局长:杨盛林

肥西县

经开区财政分局 局长:魏宏文

紫蓬山财政分局 局长:汤杰

上派镇财政分局 局长:张波

花岗镇财政分局 局长:王恒传

三河镇财政分局 局长:王超

桃花镇财政所 所长:余刚

紫蓬镇财政所 所长:潘学军

丰乐镇财政所 所长:董光武

严店乡财政所 所长:郭韶奇

山南镇财政所 所长:章声化

柿树岗乡财政所 所长:魏小军

官亭镇财政所 所长:张永安

铭传乡财政所 所长:卞强

高店乡财政所 所长:丁雪松

长丰县

水湖镇财政分局 局长:郑永昌

罗塘乡财政所 所长:孟凡富

朱巷镇财政所 副所长:梁刚

左店乡财政所 所长:孔凡国

造甲乡财政所 所长:杨良基

杜集镇财政所 所长:许金忠

下塘镇财政分局 局长:张恩奎

陶楼镇财政所 所长:俞林

双墩镇财政分局 局长:杨德丰

岗集镇财政分局 局长:王华桥

杨庙镇财政所 所长:董梅

吴山镇财政分局 局长:龚义传
义井乡财政所 所长:刘刚
庄墓镇财政所 所长:闫媛媛
双凤开发区财政分局 局长:陈斌

庐江县

庐城镇财政所 所长:卢华东
冶父山镇财政所 所长:龙力保
汤池镇财政所 所长:杨玉著
万山镇财政所 所长:钱明华
金牛镇财政所 所长:韩松
石头镇财政所 所长:王言胜
郭河镇财政所 所长:董富贵
白山镇财政所 所长:张安稳
同大镇财政所 所长:张立华
盛桥镇财政所 所长:伍明能
龙桥镇财政所 所长:刘胜利
白湖镇财政所 所长:钱金龙
矾山镇财政所 所长:刘宝才
泥河镇财政所 所长:苏建醒
罗河镇财政所 所长:万玉柱
乐桥镇财政所 副所长:汪佐富(主持工作)
柯坦镇财政所 所长:吴启超
合肥庐江高新区财政局 局长:盛波
庐江台湾农民创业园财政局局长:杨正龙

巢湖市

中庙财政所 所长:许红梅
黄麓财政分局 局长:花业金
烔炀财政分局 局长:朱永胜
中垾财政所 所长:王修林
柘皋财政分局 局长:方先春
槐林财政分局 局长:钱泽民
栏杆集财政所 所长:赵俊峰
庙岗财政所 所长:王涛
苏湾财政所 所长:郎正兵
夏阁财政所 所长:方泽芒
卧牛山财政所 所长:张华锋
天河财政所 所长:王莉萍
凤凰山财政所 所长:孙骏
亚父财政所 所长:刁杰富
银屏财政所 所长:程晓斌
散兵财政所 所长:向从华
坝镇财政所 所长:孙群东

庐阳区

三十岗乡财政所 所长:程晨
大杨镇财政所 所长:钱志军

蜀山区

井岗镇财政所 所长:邓晓华
南岗镇财政所 所长:王道安
小庙镇财政所 所长:王叶友

包河区

常青街道财政所 所长:彭大金
常青街道财政所 副所长:徐敏
芜湖路街道财政所 所长:孙家财
芜湖路街道财政所 副所长:陈海霞
芜湖路街道财政所 副所长:刘苓
包公街道财政所 所长:何敬梅
包公街道财政所 副所长:李萍
望湖街道财政所 所长:李贤锋
望湖街道财政所 副所长(总预算会计):黄宇红
望湖街道财政所 副所长(出纳会计):吴爱民
骆岗街道三资代理中心 主任:丁军
包河经开区财政所 所长:黄建树
包河经开区财政所 副所长:丁浩
淝河镇财政所 所长:郑善祥
淝河镇三资办主任、财政所 副所长:董爱梅
大圩镇财政所 所长:沈岚
大圩镇财政所 副所长:陆在林
大圩镇财政所 副所长:贺雄
义城街道财政所 所长:吴志力
义城街道三资中心主任、财政所 副所长:汪林
烟墩街道财政所 所长:许爱武
烟墩街道财政所 副所长:刘亮东
烟墩街道财政所 副所长:葛俊东
烟墩街道财政所 副所长:吴克欢
方兴社区综合协调部 部长:方韦
方兴社区综合协调部 副部长:孙桂云
万年埠街道经济服务办 副主任:何伟
滨湖世纪社区财务 负责人:姜雪莲

瑶海区

龙岗综合经济开发区财政管理办公室 主任:刘映华
大兴镇财政所 副所长:李红、胡正银

巢湖经济开发区

半汤街道财政所 所长:童新生

淮北市财政系统领导名单

淮北市财政局

党组书记、局长:徐涛

党组成员、副局长:仲杰、胡文莉

党组成员、驻局纪检组长:田跃全

党组成员、副局长:焦福生

党组成员、总会计师:王春强

党组成员、非税局长:袁松

党组成员、副局长:徐本立

濉溪县财政局

党组书记、局长:程振华

党组成员、副局长:汪炳臣、鲁德明

党组成员、纪检组长:赵华山

相山区财政局

党组书记、局长:王之成

党组成员、副局长:张玲、陈森

杜集区财政局

局长:杨登俊

副局长:张俊影

烈山区财政局

党组书记、局长:蒋祥力

党组成员、副局长:朱梅

开发区财政局

局长:胡国荣

濉溪县

经济开发区财政局 局长:尤毅

濉芜现代产业园财政局 局长:周海峰

濉溪镇财政所 所长:戚志杰

刘桥镇财政所 所长:杨学森

百善镇财政所 所长:毕耀华

韩村镇财政所 所长:周宗文

铁佛镇财政所 所长:张震

临涣镇财政所 所长:谢士忠

南坪镇财政所 所长:邵思亮

五沟镇财政所 所长:张锰

孙疃镇财政所 所长:李从祥

四铺镇财政所 所长:刘永

双堆集镇财政所 所长:马坤

相山区

开发区财政分局 局长:刘伟

渠沟镇财政所 所长:丁杰

任圩街道办事处财政所 所长:张丽

杜集区

高岳街道办事处财政所 所长:丁敏

矿山集街道办事处财政所 所长:朱成华

朔里镇财政所 所长:徐敬卓

石台镇财政所 所长:许生

段园镇财政所 所长:王建民

烈山区

烈山镇财政所 所长:张守德

宋疃镇财政所 所长:张士民

古饶镇财政所 所长:费佳音

杨庄办财政所 所长:高峰

开发区财税办 主任:周茂春

亳州市财政系统领导名单

亳州市财政局

党组书记、局长(主任):张传宾

党组成员、副局长(副主任):周金钟、宋保众、王振喜

党组成员、驻财政局纪检监察组组长:任亚慧

副调研员:邓昊

涡阳县财政局

党组书记、局长:赵良

党组成员、副局长:徐化飞、吕秀成、赵冲

党组成员、办公室主任:付自民

党组成员、派驻纪检组组长:黄桂峰

党组成员、金融办副主任:郑涛

蒙城县财政局

党组书记、局长:锁必武

党组成员、副局长:杨晓保、王继生、白君利

党组成员、派驻纪检组组长:赵子明

党组成员、财监办主任:吕桂芹

利辛县财政局

党组书记、局长:郑书第

党组成员、副局长:刘富修、邢伟

党组成员、农发办主任:孙文忠

谯城区财政局

党组书记、局长:方平红

党组成员、副局长:陈胜志、魏峰

经济开发区财政局

局长:赵绍宇

副局长:芮跃峰

亳州芜湖产业园区财政局

局长:肖迎清

副局长:张　昭

涡阳县

城关街道财政所　所长:马坤
城东街道财政所　所长:袁辉
城西街道财政所　所长:侯景超
涡北街道财政所　所长:席广华
涡南镇财政所　副所长:张体影(主持工作)
西阳镇财政所　所长:邵彦伟
楚店镇财政所　所长:宋兴明
高公镇财政所　所长:张杰
义门镇财政所　所长:程莉
新兴镇财政所　所长:王　哲
龙山镇财政所　所长:王贵云
青疃镇财政所　所长:刘敏
石弓镇财政所　所长:董超
曹市镇财政所　所长:郑显峰
高炉镇财政所　所长:徐连元
店集镇财政所　所长:王全成
公吉寺镇财政所　所长:吕文坤
临湖镇财政所　所长:李良晨
花沟镇财政所　所长:郑超
标里镇财政所　所长:孟献启
丹城镇财政所　所长:徐凤海
马店镇财政所　所长:葛友峰
陈大镇财政所　所长:穆成坤
牌坊镇财政所　所长:张本云

蒙城县

城关街道财政所　所长:丁佩跃
庄周街道财政所　所长:郑武
漆园街道财政所　所长:徐恒华
乐土镇财政所　所长:刘芳
楚村镇财政所　所长:曹凯
三义镇财政所　所长:杨海涛
篱笆镇财政所　所长:陈文信
小辛集乡财政所　所长:李保金
岳坊镇财政所　所长:唐殿军
马集镇财政所　所长:吕保真
小涧镇财政所　所长:戴冠凤
坛城镇财政所　所长:王晖
许疃镇财政所　所长:宁春军
板桥镇财政所　所长:耿云灵
王集乡财政所　所长:陈桂彬
立仓镇财政所　所长:张峨岭
双涧镇财政所　所长:李二朴

利辛县

城关镇财政所　所长:李涛
江集镇财政所　所长:刘应宏
旧城镇财政所　所长:聂奎
西潘楼镇财政所　所长:苏永光
城北镇财政所　所长:关军
孙集镇财政所　所长:关键
纪王场乡财政所　所长:刘军超
张村镇财政所　所长:何鹏飞
汝集镇财政所　所长:程斌
王人镇财政所　所长:韩敏
巩店镇财政所　所长:王继中
王市镇财政所　所长:邵拥军
孙庙乡财政所　所长:李保强
马店镇财政所　所长:高翔
永兴镇财政所　所长:宫琦
胡集镇财政所　所长:安学龙
大李集镇财政所　所长:姜之安
展沟镇财政所　所长:张林
新张集乡财政所　所长:王建
阚疃镇财政所　所长:姜勇
程家集乡财政所　所长:聂红
望疃镇财政所　所长:戴利
中疃镇财政所　所长:朱子付

谯城区

十八里镇财政所　所长:支效林
十河镇财政所　所长:韩朝民
赵桥乡财政所　所长:闫丽
双沟镇财政所　所长:李先林
淝河镇财政所　所长:南子富
古城镇财政所　所长:杨蓉
立德镇财政所　所长:曹凯
龙杨镇财政所　所长:李刚
大杨镇财政所　所长:周为

城父镇财政所　所长:任大东
十九里镇财政所　所长:陈广志
谯东镇财政所　所长:孙琦
观堂镇财政所　所长:张玉兰
沙土镇财政所　所长:马德龙
五马镇财政所　所长:余海
张店乡财政所　所长:张峰
颜集镇财政所　所长:赵乐会
芦庙镇财政所　所长:刘景林
华佗镇财政所　所长:黄涛
魏岗镇财政所　所长:怀济田
牛集镇财政所　所长:王自强
古井镇财政所　所长:冯莉
汤陵街道财政所　所长:张玉琦
薛阁街道财政所　所长:毛渊兰
花戏楼街道财政所　所长:周丽

宿州市财政系统领导名单

宿州市财政局

党委书记、局长:张亮
调研员:欧亚东
党委委员、副局长:潘相明
副局长:谢安
党委委员、纪检组长:陈玮
党委委员、副局长:柏红、陈尚业
副调研员:王晓兰

灵璧县财政局

党组书记、局长:皮殿飞
党组成员、副局长:冷亚飞
党组成员、工会主任:陶双洁
党组成员、综改办副主任:程跃武
党组成员、民生办主任:司桂林
党组成员:赵卡

泗县财政局

党组书记、局长:蔡晨光
党组成员、副局长:赵献谋、赵大廷、余红良
党组成员、总会计师:沈辉
党组成员、农发办主任:赵明科

萧县财政局

县政协副主席、局党组书记、局长:曹红
党组成员、副局长、农业综合开发局局长:李冰
党组成员、副局长:王中华、何玉良
党组成员、国库支付中心主任:刘振东
党组成员、总会计师:蒋杰

砀山县财政局

党组书记、局长:汪亚光
党组副书记、副局长:周咸东
党组成员、副局长:王行干、王美玲
党组成员、总会计师:王琦
党组成员、纪检组长:王飘

埇桥区财政局

党委书记、局长:王敬东
党委委员、副局长:曹贡献、徐永
党委委员、财监局局长:张亚东
党委委员、总会计师:丁红
党委委员、清产核资办公室主任:陶静

经济开发区财政局

局长:王淑云

宿州马鞍山现代产业园区财政局

局长:张静

宿州高新技术产业开发区财政局

局长:张争平

灵璧县

韦集镇财政所　所长:袁野
向阳乡财政所　所长:鲁作战
黄湾镇财政所　所长:王现理
娄庄镇财政所　所长:李冰
杨疃镇财政所　所长:闫兴跃
尹集镇财政所　所长:侯君
浍沟镇财政所　所长:高存玖
朱集乡财政所　所长:许岩
尤集镇财政所　所长:王会理
下楼镇财政所　所长:谢业慧
朝阳镇财政所　所长:张俊
渔沟镇财政所　所长:程仲超
大路乡财政所　所长:赵跃
高楼镇财政所　所长:李玉白
大庙乡财政所　所长:朱杰
冯庙镇财政所　所长:陈益尚
禅堂乡财政所　所长:赵成
虞姬乡财政所　所长:陈浮
灵城镇财政所　所长:王宗迎
开发区财政所　所长:张超

泗县

泗城镇财政分局 局长:刘道胜
大路口乡财政所 所长:杨彬
墩集镇财政所 所长:高磊
草庙镇财政所 所长:朱凯
瓦坊乡财政所 所长:韩非
黑塔镇财政所 所长:张万里
刘圩镇财政所 所长:李晓军
山头镇财政所 所长:于贤宝
黄圩镇财政所 所长:时飞
大庄镇财政所 所长:韩昌清
屏山镇财政所 所长:计兵
大杨乡财政所 所长:李庆春
长沟镇财政所 所长:张艳艳
草沟镇财政所 所长:张建
丁湖镇财政所 所长:郝猛
开发区财政所 所长:尤墩跃

萧县

龙城镇财政所 所长:吴信瑞
黄口镇财政所 所长:高全军
杨楼镇财政所 所长:王信全
张庄寨财政所 所长:马健
赵庄镇财政所 所长:杨兴民
新庄镇财政所 所长:何静
工业园区财政所 所长:盛凯
官桥镇财政所 所长:王永干
庄里乡财政所 所长:袁龙连
白土镇财政所 所长:安孝民
永堌镇财政所 所长:张朝阳
丁里镇财政所 所长:许磊
刘套镇财政所 副所长:罗献伦(主持工作)
圣泉乡财政所 所长:张宋荣
闫集镇财政所 所长:肖春雷
马井镇财政所 所长:郝允峰
杜楼镇财政所 所长:黄继明
大屯镇财政所 副所长:张林(主持工作)
酒店乡财政所 所长:郝振超
王寨镇财政所 所长:吴志强
祖楼镇财政所 副所长:王家瑞(主持工作)
孙圩子乡财政所 所长:朱孝民
青龙镇财政所 所长:沈红军
石林乡财政所 副所长:刘春(主持工作)

砀山县

城关镇财政所 负责人:王峰
赵屯镇财政所 负责人:付浩
曹庄镇财政所 负责人:陈晓宇
官庄镇财政所 负责人:张玉阁
玄庙镇财政所 负责人:周衍波
周寨镇财政所 负责人:唐怀堂
良梨镇财政所 负责人:薛继秋
葛集镇财政所 负责人:张春立
唐寨镇财政所 负责人:刘火箭
程庄镇财政所 负责人:邵延强
关帝庙镇财政所 负责人:戚冠学
朱楼镇财政所 负责人:卞卡
李庄镇财政所 负责人:郭进良
高铁新区财政所 负责人:汪鹏
开发区财政所 负责人:王安鲁
薛楼园区财政所 负责人:邵丽

埇桥区

北关街道办事处财政所 所长:金正宇
南关街道办事处财政所 所长:丁效亭
东关街道办事处财政所 所长:马跃武
西关街道办事处财政所 所长:靳怀启
埇桥街道办事处财政所 所长:王申球
三里湾街道办事处财政所 所长:魏强
城东街道办事处财政所 所长:耿勇
三八街道办事处财政所 所长:任启峰
沱河街道办事处财政所 所长:郭晓龙
汴河街道办事处财政所 所长:滕团结
道东街道办事处财政所 所长:王成宏
符离镇财政分局 局长:刘勇
朱仙庄镇财政分局 局长:张勇
芦岭镇财政分局 局长:陈超
时村镇财政分局 局长:潘超
北杨寨行管区财政分局 局长:刘军
蕲县镇财政分局 局长:孙勇
夹沟镇财政所 所长:李如山
大店镇财政所 所长:梁太旺
褚兰镇财政所 所长:王成龙
杨庄乡财政所 所长:刘洪涛
曹村镇财政所 所长:李伦
支河乡财政所 所长:李祥林
栏杆镇财政所 所长:代伟

解集乡财政所　所长:韩世玉
桃沟乡财政所　所长:李琳
永安镇财政所　所长:林广森
灰古镇财政所　所长:孙礼会
顺河乡财政所　所长:潘启超
蒿沟乡财政所　所长:尹松
苗安乡财政所　所长:李虎生
大泽乡镇财政所　所长:李侠
桃园镇财政所　所长:郭朝辉
大营镇财政所　所长:刘伟
永镇乡财政所　所长:韩军峰
西二铺乡财政所　所长:李智新

蚌埠市财政系统领导名单

蚌埠市财政局

党组书记、局长、国资委主任:叶斌
党组成员、国资委副主任:翁美君
党组成员、副局长:马飙、唐忠利、周波
党组成员、纪检监察组长:陈利铭
党组成员、副局长:胡云

固镇县财政局

党组书记、局长、国资委主任:周继星
党组成员、副局长:崔怀贵、郁青、党献文
党组成员、派驻纪检组长:刘凤亚
党组成员:徐其军、仲谋、陈福柱、陶廷春、陈敏
总会计师:张店全

五河县财政局

党组书记、局长:孙立富
党组成员、副局长:陈尚标、陈非非、陈四玲
党组成员、纪检组长:武怀守
党组成员、农村局局长:凌德宏
党组成员、总会计师:王尊昌

怀远县财政局

党组书记、局长:朱咏君
副局长:石富勤、张明、陈顺

蚌山区财政局

副局长、金融办副主任:李金凤(主持工作)
党组书记:徐洁
副局长:丁忠胜、路冬梅

淮上区财政局

局长:徐杰
副局长:周国东

高新区财政局

管委会副主任兼财政局局长:张广际
副局长:刘富国、吴丽萍

龙子湖区财政局

党组书记、局长:翁畅
党组成员、副局长:张利军、郭靓
党组成员、支付中心主任:黄金凤

禹会区财政局

副局长:沈明德(主持工作)
副局长:敬小蓉(挂职)
党组成员、支付中心主任:吴美艳
党组成员:丁宁

经开区财政局

副局长:陈迅

固镇县

仲兴乡财政所　所长:徐亮
任桥镇财政所　所长:王道永
湖沟镇财政所　所长:谢进
杨庙乡财政所　所长:李晓清
连城镇财政所　所长:强恒银
新马桥镇财政所　所长:崔北锐
王庄镇财政所　所长:孙玉胜
石湖乡财政所　所长:欧阳瑞
濠城镇财政所　所长:杨鹏
刘集镇财政所　所长:王业鹏
城关财政分局　局长:华侨
开发区财政分局　局长:徐艳光
全民创业园财政分局　副局长:任广廷

五河县

城关镇财政分局　局长:王森功
朱顶镇财政所　所长:吴明海
小溪镇财政所　所长:王培福
头铺镇财政所　所长:彭思洋
新集镇财政所　所长:张贤明
大新镇财政所　所长:张军
临北回族乡财政所　副所长:郭树峰
浍南镇财政所　副所长:朱克东
东刘集镇财政所　副所长:李 超
申集镇财政所　副所长:蒋其龙
小圩镇财政所　所长:蒋光胜
沱湖乡财政所　所长:黄保举

武桥镇财政所　所长:孙立群
双忠庙镇财政所　所长:朱全松
五河经济开发区财政分局　负责人:周维光

怀远县

荆山镇财政分局　副局长:符布山(主持工作)
经开区财政分局　副局长:陆恒(主持工作)
龙亢经开区财政分局　副局长:韩利清(主持工作)
白莲坡镇财政所　所长:常飞
榴城镇财政所　副所长:袁家亮(主持工作)
包集镇财政所　所长:崔云峰
龙亢镇财政所　所长:张根祥
河溜镇财政所　所长:姚荣平
常坟镇财政所　副所长:常春(主持工作)
双桥集镇财政所　所长:赵勇
魏庄镇财政所　所长:张立柱
万福镇财政所　所长:邹德国
唐集镇财政所　所长:张毅
淝河乡财政所　所长:年福启
褚集镇财政所　所长:荣克轩
陈集镇财政所　所长:张绍兴
古城镇财政所　所长:赵彬
徐圩乡财政所　所长:姚玉春
淝南镇财政所　所长:葛红斌
兰桥乡财政所　所长:姚昊

蚌山区

雪华乡(宏业村街道)财政所　所长:高婷
燕山乡财政所　所长:李广忠
天桥街道财税服务所　所长:赵莉
青年街道财税服务所　所长:牛丽娟
纬二街道财税服务所　所长:谢晓来
黄庄街道财税服务所　所长:胡胜明

淮上区

小蚌埠镇财政所　所长:安家韦
吴小街镇财政所　所长:黄娟
曹老集镇财政所　所长:张成
梅桥镇财政所　所长:孙书齐
沫河口镇财政所　所长:刘德平

高新区

天河科技园财政所　所长:葛继秀
秦集镇财政所　所长:顾正修

龙子湖区

李楼乡财政所　所长:王迪

禹会区

长青乡财政所　所长:胡守陆
马城镇财政所　所长:纪学春
涂山风景区财政所　所长:沈晓玲

阜阳市财政系统领导名单

阜阳市财政局

党组书记、局长:段相霖
调研员:高玉臻
党组成员、副局长:侯永贵
派驻纪检组长:苗育新
党组成员、副局长:马晓峰
党组成员、总会计师:陈青
副调研员:夏河、李侠、柳燕

颍上县财政局

党组书记、局长:陈德刚
党组成员、副局长:王跃、唐瑞坤
党组成员、财监局长:江禄保
主任科员:张振亚

界首市财政局

党组书记、局长:卢萍
党组副书记、城投中心主任:于华兰
党组成员、财监局局长:张琦林
党组成员、农发局局长:李超
党组成员、副局长:张华、任曙光
党组成员、农村财政管理局局长:艾梅
党组成员(挂)、高新区财政局局长:张建朝
总会计师:刘鹏丽

临泉县财政局

党组书记、局长:顾立
党组成员、副局长:陈杰
党组副书记、金融办主任:孟俊
党组成员、副局长:李超
党组成员、总会计师:王林燕
党组成员、主任科员:郭峰

阜南县财政局

党组书记、局长:孙存龙
党组成员、副局长:熊东田、郭怀亮

太和县财政局

党组书记、局长:刘飞

党组成员、副局长:栾福志

党组成员:于海、李岩、于冰、于翔

颍州区财政局

党组书记、局长:王献斌

副局长、财政监督局局长:刘小东

副局长:郭献举

党组成员、区农业综合开发局局长:赵东洲

颍泉区财政局

党组书记、局长:张炜

党组成员、副局长:韩亚、高辉

党组成员、总会计师:郝海云

党组成员、农村局局长:魏灿峰

颍东区财政局

党组书记、局长:任俊喜

党组成员、副局长:邵爱华、仇伟

党组成员:王继刚

党组成员、支付中心主任:宋云澍

经济技术开发区财政局

副局长:张文学(主持工作)

副局长:郭景诚

颍上县

工业园区财政分局	副局长:张天虹
慎城镇财政所	所长:朱奎
十八铺镇财政所	所长:强国清
三十铺镇财政所	所长:王峰
建颍乡财政所	所长:韩俊
六十铺镇财政所	所长:李少义
五十铺财政所	所长:刘树俭
耿棚镇财政所	所长:吴均业
润河镇财政所	所长:刘涛
盛堂乡财政所	副所长:李刚
半岗镇财政所	所长:兰洪波
关屯乡财政所	所长:许传胜(兼)
王岗镇财政所	所长:李树刚
赛涧回族乡财政所	所长:唐坤
垂岗乡财政所	所长:汪喜春
八里河镇财政所	所长:祁坦
南照镇财政所	所长:高勇
红星镇财政所	所长:王干
杨湖镇财政所	所长:刘保方
鲁口镇财政所	所长:尚立川
刘集乡财政所	所长:蒋家骥
江店孜镇财政所	副所长:孙峰
黄坝乡财政所	所长:黄海
夏桥镇财政所	所长:官喜良
黄桥镇财政所	所长:姜庆莲
江口镇财政所	所长:夏广良
古城镇财政所	所长:程永宏
陈桥镇财政所	所长:侯学成
迪沟镇财政所	所长:毕兰付
谢桥镇财政所	所长:董凤军

界首市

西城街道财政所	所长:夏永丽
东城街道财政所	所长:岳雷
颍南街道财政所	所长:朱爱敏
光武镇财政分局	局长:张强
靳寨乡财政所	所长:彭新华
芦村镇财政所	所长:申云剑
邴集乡财政所	所长:程立新
大黄镇财政所	所长:胡光宇
新马集镇财政所	所长:徐 翔
田营镇财政所	所长:陈俊荣
陶庙镇财政所	所长:齐 影
王集镇财政所	所长:李保强
泉阳镇财政所	所长:任磊
代桥镇财政所	所长:王传士
砖集镇财政所	所长:程伟
舒庄镇财政所	所长:王永华
顾集镇财政所	所长:陈志华
任寨乡财政所	所长:段兆辉

临泉县

城关街道办事处财政所	负责人:刘雷
城南街道办事处财政所	负责人:杨建山
城东街道办事处财政所	负责人:高健
邢塘街道办事处财政所	负责人:韩立
田桥街道办事处财政所	负责人:柴国宏
杨桥镇财政所	负责人:汪新
谭棚镇财政所	负责人:陈杰
高塘镇财政所	负责人:吴春堂
老集镇财政所	负责人:陈泽
滑集镇财政所	负责人:杨青龙
土陂乡财政所	负责人:王子林

吕寨镇财政所 负责人:王灼喜
单桥镇财政所 负责人:曾建
长官镇财政所 负责人:穆效杰
宋集镇财政所 负责人:刘成年
张新镇财政所 负责人:谢军
陈集镇财政所 负责人:张峰
艾亭镇财政所 负责人:霍存荣
陶老乡财政所 负责人:徐敏
韦寨镇财政所 负责人:蒋振
迎仙镇财政所 负责人:秦子彬
瓦店镇财政所 负责人:李允章
庙岔镇财政所 负责人:范绍栋
姜寨镇财政所 负责人:许栋
黄岭镇财政所 负责人:张振祥
鲖城镇财政所 负责人:王亚军
白庙镇财政所 负责人:杨正昆
关庙镇财政所 负责人:刘相春

阜南县

经济开发区财政分局 局长:韩少山
鹿城镇财政所 所长:王玉林
田集镇财政所 所长:李淑君
公桥乡财政所 所长:耿朝程
方集镇财政所 所长:王大运
段郢乡财政所 所长:赵建涛
王堰镇财政所 所长:刘祥彬
洪河桥镇财政所 所长:杜士保
地城镇财政所 所长:乔龙军
于集乡财政所 所长:张子芳
龙王乡财政所 所长:庞建辉
王化镇财政所 所长:卢峰
王家坝镇财政所 所长:郎士元
老观乡财政所 所长:徐刚
曹集镇财政所 所长:杨大国
郜台乡财政所 所长:刘维建
中岗镇财政所 所长:张要礼
苗集镇财政所 所长:戎泽峰
柳沟镇财政所 所长:王灼庆
黄岗镇财政所 所长:马永群
张寨镇财政所 所长:熊运楠
焦坡镇财政所 所长:李华焰
朱寨镇财政所 所长:朱新启
许堂乡财政所 所长:刘成立
柴集镇财政所 所长:赵复林
新村镇财政所 所长:李伟
王店孜乡财政所 所长:王辉
赵集镇财政所 所长:韩文
会龙镇财政所 所长:王道侠

太和县

城关镇财政所 所长:陈文杰
旧县镇财政所 所长:徐之坤
大新镇财政所 所长:刘业任
肖口镇财政所 所长:王秀燕
胡总乡财政所 副所长:范驰远
赵集乡财政所 所长:桑传法
关集镇财政所 所长:刘书强
三塔镇财政所 所长:韩纯东
郭庙乡财政所 所长:李效宗
原墙镇财政所 所长:张鹏
三堂镇财政所 副所长:牛晓艳
苗老集镇财政所 副所长:张晓华
宫集镇财政所 副所长:肖桥
二郎乡财政所 所长:杨继华
阮桥乡财政所 所长:刘朝峰
坟台镇财政所 所长:张华
马集乡财政所 副所长:付杰
五星镇财政所 副所长:李克明
倪邱镇财政所 所长:刘维洗
洪山镇财政所 所长:康伟
桑营镇财政所 所长:刘磊
赵庙镇财政所 所长:范兴建
李兴镇财政所 所长:朱井宇
清浅镇财政所 负责人:李存辉
双庙镇财政所 所长:王伟
税镇镇财政所 所长:吴标
皮条孙镇财政所 所长:刘剑锋
大庙镇财政所 所长:池鹏
蔡庙镇财政所 所长:石凤杰
高庙镇财政所 所长:于泉

颍州区

文峰办财政所 所长:胡向明
鼓楼办财政所 所长:岳霖
清河办财政所 所长:卢峰
颍西办财政所 所长:郭艳芳
王店镇财政所 所长:郝秀彬

西湖镇财政所　所长：刘庆宇
程集镇财政所　所长：龚九鹏
九龙镇财政所　负责人：李刚
马寨乡财政所　所长：刘伟
袁集镇财政所　所长：刘海彬
三合镇财政所　所长：周长春
西湖景区办财政所　负责人：王群
三十里铺镇财政所　负责人：李学义
三塔集镇财政所　负责人：李杰

颍泉区

中市办事处财政所　所长：汪涛
宁老庄镇财政所　所长：王涛
行流镇财政所　所长：曹军
闻集镇财政所　所长：王亚洲
周棚办事处财政所　所长：李永飞
伍明镇财政所　所长：齐伟
统筹试验区管委会　财务负责人：邵海
循环经济园区管委会　财务负责人：胡九云

颍东区

河东街道办事处财政所　所长：董强龙
向阳街道办事处财政所　所长：闫俊启
新华街道办事处财政所　所长：李泽祥
冉庙乡财政所　所长：徐月林
插花镇财政所　所长：高伟
正午镇财政所　所长：高兰义
枣庄镇财政所　负责人：屈伟
老庙镇财政所　所长：张涛
新乌江镇财政所　所长：白怀玉
杨楼孜镇财政所　所长：宋振东
口孜镇财政所　所长：闫雷
袁寨镇财政所　所长：武学成

经济技术开发区

京九路街道办事处财政所　所长：杜梅

淮南市财政系统领导名单

淮南市财政局

党组书记、局长：张瑞昌
党组成员、副局长：杨勋敏、金四鑫
党组成员、驻局纪检组长：孙黎明
党组成员、副局长：管迎新、张琳娜
党组成员、总会计师：黄仕兴
副调研员：戴冰

寿县财政局

党组书记、局长：赵成凤
党组成员、副局长：孙宏
党组成员、农业开发办主任：李家坤
党组成员、副局长、国资委主任：阮双胜
党组成员、农村局 局长：张世超
党组成员、副局长：王磊
党组成员、纪检组长：赵晓酣

凤台县财政局

党组书记、局长：陈贵刚
党组成员、副局长：田辉、张志凯
党组成员、总会计师：陈永

大通区财政局

局长：王捷
副局长：蒋振辉
总支书记：俞长洁

田家庵区财政局

局长：陈灯海
副局长：秦祥全

谢家集区财政局

局长：王冠群
副局长：张广忠

八公山区财政局

局长：王桂芝
副局长：孙郁雯

潘集区财政局

局长：吴成进
党支部书记：段德昌
副局长：赵允龙、李传平

毛集实验区财政局

局长：王成
副局长：许士传、李晋
纪检组长：岳丹

经济技术开发区财政局

局长：郭庆东
副局长：姜艳

高新区(山南新区)财政局

副局长：张蓓蕾(主持工作)

煤化工产业园区财政局

负责人：(无)

寿县

寿春镇财政分局 局长:吴承明
八公山乡财政所 所长:汪新彬
涧沟镇财政分局 局长:赵奎
丰庄镇财政所 所长:把中新
正阳关镇财政分局 局长:李福成
迎河镇财政分局 局长:黄兴林
张李乡财政分局 局长:孙应时
板桥镇财政分局 局长:孙自启
安丰塘镇财政所 所长:丁传格
窑口镇财政所 所长:袁绪江
堰口镇财政分局 局长:王守前
陶店乡财政所 所长:李永葆
保义镇财政所 所长:常传灿
安丰镇财政分局 局长:李国胜
众兴镇财政分局 副局长:鲁勇
隐贤镇财政所 所长:孙杰
茶庵镇财政所 所长:刘庆友
三觉镇财政所 所长:李正明
炎刘镇财政分局 局长:宋瑾
刘岗镇财政所 所长:王运辉
小甸镇财政分局 局长:徐超
瓦埠镇财政所 所长:张子好
大顺镇财政所 所长:唐立保
双庙集镇财政所 所长:李厚保
新桥国际产业园财政所 所长:王业树
双桥镇财政分局 副局长:洪 申

凤台县

城关镇财政分局 局长:谢家亮
经济开发区财政所 所长:刘广雷
新集镇财政所 所长:胡云
岳张集镇财政所 所长:高明东
朱马店镇财政所 所长:孟献全
顾桥镇财政所 所长:计金奎
桂集镇财政所 所长:樊春良
凤凰镇财政所 所长:吕文林
杨村镇财政所 所长:高勤贵
刘集镇财政所 所长:陈佩辉
丁集镇财政所 所长:李洋
大兴镇财政所 所长:刘锐
尚塘镇财政所 所长:张翔
钱庙乡财政所 所长:王业昶
关店乡财政所 所长:蒋克友
古店乡财政所 所长:周伟
李冲回族乡财政所 所长:陈良

大通区

上窑镇财政所 所长:马凤琳
洛河镇财政所 所长:宗升贵
九龙岗镇财政所 所长:宫军
孔店乡财政所 所长:宋相勇

田家庵区

安成镇财政所 所长:刘晓菊
舜耕镇财政所 所长:吴传玲
曹庵镇财政所 所长:胡平
史院乡财政所 所长:杨吉生

谢家集区

唐山镇财政所 所长:王应莉
李郢孜镇财政所 所长:邱文士
孙庙乡财政所 所长:王霞
杨公镇财政所 所长:周伟
望峰岗镇财政所 所长:王晓梅
孤堆回族乡财政所 所长:王涛

八公山区

山王镇财政所 所长:孔德野
八公山镇财政所 所长:(暂无)

潘集区

平圩镇财政分局 局长:聂宏伟
祁集乡财政所 所长:许瑞武
泥河镇财政所 所长:刘斌
架河乡财政所 所长:孔玲
田集街道财政所 所长:曹多军
高皇镇财政所 所长:赵云四
古沟回族乡财政所 所长:陈传厚
贺疃镇财政所 所长:石秀传
潘集镇财政所 所长:许瑞昌
芦集镇财政所 所长:任印清
夹沟乡财政所 所长:李璇

毛集实验区

毛集镇财政分局 局长:徐家秀
焦岗湖镇财政所 所长:沈建联
夏集镇财政所 所长:丁敬侠

高新区(山南新区)

三和乡财政所 所长:徐勇

滁州市财政系统领导名单

滁州市财政局

党组书记、局长:贡植平

调研员:李正刚、李德标

党组成员、副局长:王承云、王兴德

党组成员、纪检组长:程娟

党组成员、非税局局长:胡宁

党组成员、总会计师:李兵

天长市财政局

党组书记、局长:潘中勇

党组成员、副局长:欣金石、管林

党组成员、农发办主任:潘桂来

党组成员、派驻纪检组长:朱庆彬

党组成员、民生办主任:王德徐

党组成员、非税局局长:姜序忠

全椒县财政局

党组书记、局长:章宗敏

主任科员:张雷

党组成员、副局长:怀长乐

党组成员、纪检组长:梁春

凤阳县财政局

党组书记、局长:邱荆枫

党组成员、农发办主任:杨思拥(正科)

党组成员、副局长:周梅

党组成员、副主任科员:程文九

来安县财政局

党组书记、局长:蔡金林

党组成员、副局长:刘正东

党组成员、纪检组长:采俊

党组成员、主任科员:陶宏

党组成员、副局长:宋长城、杜康波

党组成员、工会主任:孙明俊

党组成员、县医保基金管理中心主任:段晓明

定远县财政局

党组书记、局长:疏信保

党组成员、主任科员、监督局局长:杜峰

党组成员、副局长:丁发成、项立安(挂职)

党组成员、派驻纪检组长:谢有余

明光市财政局

党组书记、局长:李仁标

党组成员、副局长:阚斌

党组成员、副局长、监督局局长:巴霖

党组成员、国库支付中心主任:孙传芳

党组成员、园区财政局局长:季敏

琅琊区财政局

党组书记、局长:杨文浩

党组成员、副局长:杨玉荣、陆梅芳、郝泠

党组成员、债务办主任:杨华军

南谯区财政局

党组书记、局长:孙宝林

党组成员、副局长:王正龙、陈芳、徐玉彬

天长市

天长街道办事处财政所　所长:姚宪平

永丰镇财政所　所长:王德华

杨村镇财政所　所长:翁延悦

冶山镇财政所　所长:唐传月

郑集镇财政所　所长:周相杰

大通镇财政所　所长:瞿文云

秦栏镇财政分局　局长:李晔

仁和集镇财政所　所长:胡明余

万寿镇财政所　副所长:黄玉山(主持工作)

金集镇财政所　所长:程长葆

汊涧镇财政所　所长:王国林

新街镇财政所　所长:夏新秋

石梁镇财政所　所长:刁杏坤

铜城镇财政所　所长:沈学官

张铺镇财政所　副所长:何其功(主持工作)

滁州高新区财政分局　副局长:李华庭(主持工作)

全椒县

襄河镇财政所　所长:杨义明

古河镇财政所　所长:刘树来

二郎口镇财政所　所长:张学斌

马厂镇财政所　所长:许敏

大墅镇财政所　所长:范圣明

武岗镇财政所　所长:高福树

石沛镇财政所　所长:施文武

六镇镇财政所　所长:王茂明

西王镇财政所　所长:郑华平

十字镇财政所　所长:蔡兴明

开发区财政分局　副局长:李广玉(主持工作)

凤阳县

经开区财政分局 局长:赵传胜
府城镇财政所 所长:朱道哲
临淮关镇财政所 所长:孙世礼
武店镇财政所 所长:倪业合
西泉镇财政所 所长:王保勤
官塘镇财政所 所长:张家胜
刘府镇财政所 所长:肖法
大庙镇财政所 所长:吴在键
总铺镇财政所 所长:高新山
殷涧镇财政所 所长:詹绍军
红心镇财政所 所长:鲁善飞
板桥镇财政所 所长:徐军
黄湾乡财政所 所长:李晓云
大溪河镇财政所 所长:叶俊
小溪河镇财政所 所长:刘文乐
枣巷镇财政所 所长:张士权

来安县

经济开发区财政分局 局长:吕思亮
汊河经济开发区财政分局 局长:赵宝林
新安镇财政所 所长:罗章铭
舜山镇财政所 所长:时永前
三城乡财政所 所长:陈克锋(主持工作)
汊河镇财政所 所长:许玉伟
独山乡财政所 所长:吴航
施官镇财政所 所长:罗龙海
半塔镇财政所 所长:王金良
张山乡财政所 所长:孙承忠
雷官镇财政所 所长:黄波(主持工作)
杨郢乡财政所 所长:吴鹏(主持工作)
水口镇财政所 所长:梁端林
大英镇财政所 所长:王爱峰

定远县

界牌集镇财政所 所长:雍广生
藕塘镇财政所 所长:范铭和
仓镇财政所 所长:谢从辉
大桥镇财政所 所长:曹士跃
池河镇财政所 所长:范祥平
桑涧镇财政所 所长:赵顶升
拂晓乡财政所 副所长:柏传伍
三和集镇财政所 所长:杨刚
定城镇财政所 所长:倪刚
西卅店镇财政所 所长:许茂玉
严桥乡财政所 所长:潘超
范岗乡财政所 副所长:郭君莉(主持工作)
永康镇财政所 所长:张本群
炉桥镇财政所 所长:陆凤海
能仁乡财政所 所长:陈学六
七里塘乡财政所 所长:汪玉聪
张桥镇财政所 所长:李如秀
连江镇财政所 所长:唐开刚
二龙回族乡财政所 所长:高恒龙
吴圩镇财政所 所长:周恒民
蒋集乡财政所 副所长:王振(主持工作)
朱湾镇财政所 所长:杨诚

明光市

泊岗乡财政所 所长:李长金
柳巷镇财政所 所长:蒋盛民
潘村镇财政所 所长:石泽卫
桥头镇财政所 所长:杨虎行
三界镇财政所 所长:袁艺书
苏巷镇财政所 所长:吴兆林
古沛镇财政所 所长:杨劲
涧溪镇财政所 副所长:孙梦
女山湖镇财政所 所长:何善明
管店镇财政所 副所长:杨维明
张八岭镇财政所 所长:丁良春
石坝镇财政所 所长:郁从高
自来桥镇财政所 所长:丁隆
明西街办财政所 所长:申维西
明南街办财政所 副所长:张祥祥
明东街办财政所 所长:赵祥贤
明光街办财政所 所长:丁伟珍

琅琊区

东门公共服务中心财政所 所长:贡伟
南门公共服务中心财政所 所长:蒋秋文
西门公共服务中心财政所 所长:徐庆
北门公共服务中心财政所 所长:高巍
清流公共服务中心财政所 所长:汤立志
琅琊公共服务中心财政所 所长:陈召
西涧街道财政所 所长:孙雪梅
扬子街道财政所 所长:李壮

南谯区

乌衣镇财政所 副所长:王奇

沙河镇财政所	所长:储成菊
章广镇财政所	所长:赵应枝
龙蟠社管中心财政所	所长:王玲
黄泥岗镇财政所	所长:鄢毅
珠龙镇财政所	所长:汪光源
施集镇财政所	所长:李春燕
大柳镇财政所	副所长:史静
腰铺镇财政所	所长:翟光明

六安市财政系统领导名单

六安市财政局

党组书记、局长:汪斌

党组成员、副局长:刘玉飞、费小松、杜家如、曹文武、鹿翌元

副局长:王道俊(挂职)

调研员:周仁孟

副调研员:潘献庆、方伟

霍邱县财政局

党委书记、局长:王懿

党委委员、副局长、主任:王树平

党委副书记:陈天才

党委委员、副局长:李宝、陈玲

党委委员、派驻纪检组长:陈孝军

工会主席:刘维成

党委委员、总会计师:徐修传

霍山县财政局

党组书记、局长、国资委主任:刘朝东

党组成员、副局长、财金系统党委书记:程晓明

党组成员、派驻纪检组长:刘正奇

党组成员、副局长:刘传保、高宗敏

党组成员、国库支付中心主任:汪德国

党组成员、总会计师:李运成

金寨县财政局

党组书记、局长、国资委主任、现代产业园区管委会副主任:胡浩

党组成员、纪检组长:廖荣军

党组成员、副局长:李隆

党组成员、国资委副主任:唐宁

党组成员、副局长:李述庆、王龙、杨洋(挂职)

党组成员、总会计师:郑长礼

舒城县财政局

党组书记、局长:肖波

党组副书记:汪守稳

党组成员、派驻纪检组长:黄祖涛

党组成员、副局长:王大方、张旺、程华平

党组成员、总会计师:车文生

金安区财政局

区政协副主席、局党组书记、局长:司家祥

党组副书记:丁剑

副局长:杨刚、余永生

工会主席:陈章

派驻纪检组长:方堃

副局长:高乾俊、叶开文

总会计师:刘岩松

裕安区财政局

党组书记、局长:孙乃发

党组副书记、副局长:张文卫

党组成员、主任科员:王利超

党组成员、副局长:潘明础、韩杨

党组成员、农开办主任:郝小山

叶集区财政局

党组书记、局长:付启胜

党组成员、副局长:台德炜、汪立刚

党组成员、国库支付中心主任:吴奇

经济技术开发区财政局

局长:李欣

副局长:郝宗刚、张玲玲

霍邱县

城关镇财政分局	局长:周金荣
河口镇财政所	所长:李祖堂
长集镇财政分局	局长:曾凡城
户胡镇财政所	所长:李传炎
石店镇财政所	所长:马良锡
马店镇财政分局	局长:雷家杰
周集镇财政分局	局长:李立成
临水镇财政分局	副局长:李勇(主持工作)
孟集镇财政分局	局长:许磊
新店镇财政分局	局长:张玉和
花园镇财政所	所长:刘田
乌龙镇财政所	所长:黄应旭
高塘镇财政分局	局长:李传斌
曹庙镇财政所	所长:曹建辉

众兴镇财政所 所长:冯浩然
夏店镇财政所 所长:周红
岔路镇财政所 所长:沈明乐
龙潭镇财政所 所长:谢亮
白莲乡财政所 所长:杨永笑
邵岗乡财政所 所长:王宏
冯井镇财政分局 局长:张习芝
范桥镇财政分局 局长:李绍明
王截流乡财政所 所长:郭凤云
城西湖乡财政分局 局长:牛金合
临淮岗乡财政分局 局长:程宏
宋店乡财政所 所长:薛炜
三流乡财政所 所长:王兆强
潘集镇财政所 所长:李骥
冯瓴乡财政所 所长:臧德龙
彭塔乡财政所 所长:刘彭丽

霍山县

衡山镇财政分局 局长:唐家胜
与儿街镇财政分局 局长:叶发玉
佛子岭镇财政所 所长:彭均
黑石渡镇财政所 所长:吴中胜
诸佛庵镇财政分局 局长:罗来成
落儿岭镇财政分局 局长:张军
漫水河镇财政所 所长:汪辉群
上土市镇财政所 所长:何祥田
太平畈乡财政所 所长:方红兵
下符桥镇财政所 所长:杨义浩
单龙寺镇财政所 所长:何照明
但家庙镇财政所 所长:叶祥恕
大化坪镇财政所 所长:刘祖才
太阳乡财政所 所长:杨延龄
磨子潭镇财政所 所长:刘玉石
东西溪乡财政所 所长:徐家文
经济开发区财政分局 局长:刘虎

金寨县

梅山镇财政分局 局长:吴为中
白塔畈镇财政分局 副局长:吴德清(主持工作)
汤家汇镇财政分局 副局长:陶兴华(主持工作)
斑竹园镇财政分局 副局长:余维丽(主持工作)
天堂寨镇财政分局 副局长:刘从彬(主持工作)
南溪镇财政分局 副局长:曾瑜(主持工作)
古碑镇财政分局 副局长:余玉林(主持工作)
燕子河镇财政所 所长:张家勇
油坊店乡财政所 所长:周兵
麻埠镇财政所 所长:汪文智
青山镇财政所 所长:张经奎
花石乡财政所 所长:张经楼
槐树湾乡财政所 所长:袁文刚
全军乡财政所 所长:王玉兰
桃岭乡财政所 所长:杨正刚
铁冲乡财政所 副所长:陶然(主持工作)
双河镇财政所 所长:姜兴云
张冲乡财政所 所长:简祖江
果子园乡财政所 所长:陈克忠
沙河乡财政所 副所长:吴以飞(主持工作)
关庙乡财政所 所长:钟文学
吴家店镇财政所 所长:田家礼
长岭乡财政所 所长:孙皓

舒城县

城关镇财政分局 局长:傅世昀
杭埠镇财政分局 局长:胡海平
桃溪镇财政分局 局长:徐国林
干汊河镇财政分局 局长:许礼荣
棠树乡财政分局 局长:盛吉富
千人桥镇财政分局 局长:宋飞
开发区财政所 所长:华兴圣
百神庙镇财政所 所长:孔令其
舒茶镇财政所 所长:黄玉宝
南港镇财政所 所长:张功稳
柏林乡财政所 所长:石康俊
春秋乡财政所 所长:程从越
河棚镇财政所 所长:谭永红
汤池镇财政所 所长:王金林
高峰乡财政所 所长:胡孝俊
山七镇财政所 所长:胡显月
晓天镇财政所 所长:储德元
五显镇财政所 所长:李新明
张母桥镇财政所 所长:陶云
万佛湖镇财政所 所长:刘万奇
阙店乡财政所 所长:许令松
庐镇乡财政所 所长:陈少俊

金安区

东市街道财政所 所长:彭能传

中市街道财政所	所长:张涛元
三里桥街道财政所	所长:梁德圣
清水河街道财政所	所长:蔡磊
望城岗街道财政分局	局长:孙超
城北乡财政分局	局长:张修勤
椿树镇财政所	所长:何宏应
东河口镇财政所	所长:邓其权
东桥镇财政所	所长:唐兆刚
横塘岗乡财政所	所长:董德胜
马头镇财政所	所长:张懿
毛坦厂镇财政分局	局长:潘忠
木厂镇财政分局	局长:夏立峻
淠东乡财政所	所长:周山
三十铺镇财政分局	局长:杨瑞鹏
施桥镇财政所	所长:陈新和
双河镇财政所	所长:金宗林
孙岗镇财政分局	局长:吴昌东
翁墩乡财政所	所长:刘金阳
先生店乡财政所	所长:高大宇
张店镇财政分局	局长:谢应
中店乡财政所	所长:章元华

裕安区

西市街道财政所	所长:杨克平
鼓楼街道财政所	所长:熊祖虎
小华山街道财政所	所长:朱家中
平桥乡财政分局	负责人:刘家刚
城南镇财政分局	局长:李敦品
分路口镇财政分局	局长:开煊
韩摆渡镇财政所	所长:刘华斌
苏埠镇财政分局	局长:徐祖胜
青山乡财政所	所长:周希胜
石板冲乡财政所	所长:张轮锟
狮子岗乡财政所	所长:李茂洲
独山镇财政分局	局长:赵本雨
石婆店镇财政所	所长:蒲全村
西河口乡财政所	所长:姚曙光
新安镇财政分局	局长:罗明圣
徐集镇财政所	所长:马永胜
江家店镇财政所	所长:谢正虎
罗集乡财政所	所长:丁瑞东
丁集镇财政所	所长:江文
顺河镇财政所	所长:董德生
单王乡财政所	所长:李庆功
固镇镇财政所	所长:刘富生

叶集区

史河街道财政所	所长:张莹莹
孙岗乡财政分局	局长:孟凡祺
三元镇财政所	所长:熊庆兵
平岗街道财政所	所长:林 敏
姚李镇财政分局	局长:郑道杰
洪集镇财政所	所长:吴平志

马鞍山市财政系统领导名单

马鞍山市财政局

党委书记、局长:吴斌
党委委员、副局长:张道祥(挂职)
党委委员、派驻纪检组长:钟正保
党委成员、国资委专职副主任:陈陆林
党委委员、副局长:董清华、胡振华
党委委员、总会计师:钱世军
副处级纪检员:吴彪
副调研员:齐道友、邓明发

含山县财政局

党组书记、局长:吴必友
党组成员、副局长:杨永州、宫尚峰、马伟
党组成员、国库集中支付中心主任:贾庆竺
党组成员、总会计师:钟昌青

和县财政局

党组书记、局长:夏尤金
党组成员、副局长:李莉、倪宇江
党组成员、国库支付中心主任:王传标
党组成员、总会计师:童文胜
副局长:蒋定根

当涂县财政局

党组书记、局长:刘目军
党组成员、国资办主任:刘科霞
党组成员、总会计师:程立浦
党组成员、副局长:苏琴
党组成员、工会主席:李齐花
党组成员、派驻纪检组长:戎尤生

花山区财政局

局长:华俊
副局长:吴新贵

非税局局长:华杨
国库支付中心主任:滕慧

雨山区财政局

局长:张锋
副局长:王美华、牛萍
国库集中支付中心主任:王秋红
非税收入管理局局长:孙畅

博望区财政局

局长:徐业标
副局长:程秋平
国库集中支付中心主任:梁启松

经济技术开发区财政局

局长:杨庆新
副局长:唐晓娣、王蓓、朱贤义

慈湖高新区财政局

局长:汤翠芳
副局长:王良平、张倩倩

郑蒲港新区财政局

局长:秦传明
副局长:倪宇柱

含山县

环峰镇财政分局	局长:贾斯文
林头镇财政分局	局长:郭佩献
运漕镇财政分局	局长:尹其二
仙踪镇财政分局	局长:李娟
清溪镇财政所	所长:黄荣宗
铜闸镇财政所	所长:曹玉军
陶厂镇财政所	所长:李天清
经济开发区财政分局	局长:贺明
褒禅山园区财政分局	局长:童如成

和县

历阳镇财政分局	局长:张悠树
香泉镇财政分局	党支部书记:吴祚明
乌江镇财政分局	副局长:李德军(主持工作)
石杨镇财政分局	副局长:余忠发(主持工作)
西埠镇财政所	所长:张孟金
功桥镇财政所	所长:何龙俊
善厚镇财政所	所长:黄义龙

当涂县

姑孰镇财政分局	局长:钟燕华
太白镇财政分局	局长:吴开义
黄池镇财政分局	局长:汤晓芳
石桥镇财政分局	局长:朱翔
塘南镇财政所	所长:汤复金
乌溪镇财政所	所长:诸金刚
大陇镇财政所	所长:尹成鑫
湖阳镇财政所	所长:魏元刚
护河镇财政所	所长:徐为红
江心乡财政所	所长:江家文

花山区

霍里街道财政所	所长:王飞
濮塘镇财政所	所长:史艳

雨山区

向山镇财政所	所长:王青
佳山乡财政所	所长:鲍婕

博望区

博望镇财政分局	局长:张传梅
丹阳镇财政所	所长:刘明忠
新市镇财政所	所长:夏家武

芜湖市财政系统领导名单

芜湖市财政局

党委书记、局长:童宗新
调研员:周庆华
党委委员、驻局纪检监察组长:陈树良
党委委员、副局长:韩永强
党委委员、副主任:汤高继
党委委员、总会计师:朱 毅
副调研员:凌国栋、王东祥

无为县财政局

党组书记、局长:毛少华
党组副书记、副局长、农发办主任:陈先荣
党组成员、副局长:杨金玉、王雄军
国资办专职副主任:徐晓明
党组成员、石涧镇财政分局局长:潘建华
总会计师:汪国芳

芜湖县财政局

党组书记、局长:潘昌彪
党组成员、副局长:宋文
党组成员、纪检组长:麻继忠
副局长:张武木
党组成员:周光江

繁昌县财政局

党组书记、局长:张尚斌

党组成员、副局长:王爱民、张武宝

国资办副主任:陈萍

党组成员、办公室主任:魏沺沺

南陵县财政局

党组书记、局长:万春

党组成员、副局长:李立新、恽秋兰、穆亲海

党组成员、纪检组长:魏代胜

镜湖区财政局

局长:沈怀宝

党组书记、副局长:倪树磊

副局长:严兆清、倪勤、宋兰兰

弋江区财政局

局长:胡艳

副局长:龚树海、郭玉峰

核算中心主任:尹娟

鸠江区财政局

党组书记、局长:焦朝凤

党组成员、副局长:邹忠贵、孙传槐

国库支付中心主任:汪春晖

三山区财政局

局长:冯中

副局长:卜俊杰、胡士兵

江北产业集中区财金部

副部长:崔世庆(主持工作)

经济技术开发区财政局

局长:陈效水

副局长:丁惠群、李琦

长江大桥开发区财政局

局长:吴祖满

无为县

无城镇财政分局	局长:汪红兵
福渡镇财政所	所长:伍纪年
陡沟镇财政所	所长:倪受平
泥汊镇财政所	所长:朱以发
高沟镇财政分局	局长:章志斌
姚沟镇财政所	所长:夏业俊
刘渡镇财政所	所长:李斌
襄安镇财政分局	局长:刘启志
十里墩镇财政所	所长:乐意
泉塘镇财政所	所长:何尧舜
蜀山镇财政所	所长:徐源明
洪巷镇财政所	所长:刘先跃
牛埠镇财政所	所长:杨宣华
昆山镇财政所	所长:杨勇
鹤毛镇财政所	所长:俞远新
开城镇财政所	所长:李继松
赫店镇财政所	所长:夏绿松
严桥镇财政所	所长:赵进
红庙镇财政所	所长:张良岩
石涧镇财政分局	局长:潘建华

芜湖县

湾沚镇财政所	所长:王万田
六郎镇财政所	所长:郭振兰
红杨镇财政所	所长:潘先华
花桥镇财政所	所长:路茂成
陶辛镇财政所	所长:后宗胜

繁昌县

繁阳镇财政分局	局长:王刚
获港镇财政分局	副局长:鲍金伟(主持工作)
孙村镇财政分局	局长:尚显龙
新港镇财政分局	局长:万帮斌
平铺镇财政所	所长:龚建国
峨山镇财政所	所长:陈益胜

南陵县

籍山镇财政所	副所长:宗祥
弋江镇财政所	副所长:黄旭
许镇镇财政所	所长:王宏鑫
三里镇财政所	所长:谈小龙
何湾镇财政所	所长:何鸿生
工山镇财政所	所长:许联合
家发镇财政所	所长:陆克东
烟墩镇财政所	副所长:王刚

鸠江区

沈巷镇财政分局	局长:晋铁
二坝镇财政分局	局长:杨俊
汤沟镇财政所	所长:吴严山
白茆镇财政分局	局长:杨宏祥
官陡街道财政所	所长:何华
清水街道财政所	所长:王安萍
湾里街道财政所	所长:凌茜萍
四褐山街道财务室	主任:陈琦
裕溪口街道财务室	副主任:徐燕(主持工作)

三山区

峨桥镇财政所　所长:张午燕

经济技术开发区

万春街道办事处财政所　所长:夏梦
龙山街道办事处财政所　所长:芮丽

宣城市财政系统领导名单

宣城市财政局

党组书记、局长:蔡修定
党组成员、副局长:罗少彬、刘先锋、刘成
党组成员、派驻纪检组长:陈斌
党组成员:胡轶群
党组成员、总经济师:杨庆文
副调研员:刘建萍

郎溪县财政局

党委书记、局长:杨明珍
党委委员、副局长:谢爱民、杨茂喜
党委委员、副局长、国资办主任:罗新满
党委委员、政府采购监管办主任:刘德梅
党委委员、总会计师:韦华军
党委委员、政府债务办主任:潘兴河

宁国市财政局

党委书记、局长、国资委主任:谭浩
党委委员、副局长:彭兴军、吕波、陈新爱
党委委员、主任科员、国资委副主任:徐东晖
党委委员、派驻纪检组组长:方晓辉
党委成员:肖汉武
总会计师:汪艳
工会主席:鲍莉霞

泾县财政局

党组书记、局长:丁荣中
党组成员、派驻纪检组长:张云海
党组成员、副局长:王富明
副局长:丁珉
党组成员、总会计师:江雪琴
党组成员、民生办主任:章宏

绩溪县财政局

党组书记、局长:汪有红
副局长:胡中
党组成员、副局长:汪宇辉、程之华
党组成员、总会计师:汪宝红
党组成员:胡德永

旌德县财政局

党组书记、局长:俞小宁
党组成员、副局长:周小健、张萍、关勇
党组成员、总会计师:汪锦生
党组成员、金融办主任:方家喜
副局长:吕辉林

宣州区财政局

党组书记、局长:汪成清
党组成员、副局长:潘红旗、刘进
党组成员、纪检组长:刘宏斌
副局长:许亚军
党组成员、工会主席:孙武
党组成员、总经济师:梅霄汉

经济技术开发区财政局

局长:王军

郎溪县

建平镇财政分局　负责人:任玲芝
十字镇财政分局　局长:李官林
涛城镇财政分局　局长:赵婷
梅渚镇财政分局　局长:张宏书
新发镇财政分局　局长:陈萍
飞鲤镇财政分局　负责人:金群
毕桥镇财政分局　负责人:李家国
凌笪乡财政分局　局长:潘学斌
姚村乡财政分局　局长:罗兴传
经济开发区财政分局　局长:黄大勇
十字经济开发区财政分局　局长:岑国庆

宁国市

西津街道办事处财政所　所长:欧阳美文
南山街道办事处财政所　所长:吴建军
河沥溪街道办事处财政所　所长:程林
汪溪街道办事处财政所　所长:刘国华
竹峰乡办事处财政所　所长:鲍金水
云梯乡财政所　所长:欧阳慧君
仙霞镇财政所　所长:余国斌
南极乡财政所　所长:吕钊
宁墩镇财政所　所长:蔡晓文
万家乡财政所　所长:汪虹
中溪镇财政分局　局长:周保权
梅林镇财政所　所长:王荣林
霞西镇财政所　所长:黄兰兰

甲路镇财政所　所长:方妙云
胡乐镇财政所　所长:周雷震
青龙乡财政所　所长:冯银海
港口生态园区财政分局　局长:陈谢乔
方塘乡财政所　所长:吴世平

泾县

泾川镇财政所　所长:卫三荣
云岭镇财政分局　局长:徐志林
茂林镇财政所　所长:曹新成
榔桥镇财政所　所长:董先敏
桃花潭镇财政所　所长:翟宏伟
丁家桥镇财政所　所长:汪瑨
黄村镇财政所　所长:叶建平
蔡村镇财政所　所长:汤正虎
琴溪镇财政所　所长:江荣福
昌桥乡财政所　所长:卫幸梅
汀溪乡财政所　所长:胡道胜

绩溪县

华阳镇财政分局　局长:方平
临溪镇财政分局　局长:陈卫国
瀛洲镇财政所　所长:程新光
长安镇财政所　所长:黄梦利
上庄镇财政所　所长:胡建兵
扬溪镇财政所　所长:汪满鹏
金沙镇财政所　所长:王小永
板桥头乡财政所　所长:汪国庆
伏岭镇财政所　所长:叶正光
家朋乡财政所　所长:张孝辉
荆州乡财政所　所长:胡斌

旌德县

开发区财政分局　局长:杨林
旌阳镇财政分局　局长:吕有水
俞村镇财政分局　局长:凌涛
版书镇财政分局　局长:吴国清
蔡家桥镇财政分局　局长:陶太宏
三溪镇财政分局　局长:冯铜友
兴隆镇财政分局　局长:王家学
孙村镇财政分局　局长:李秀椿
庙首镇财政分局　局长:张成林
白地镇财政分局　局长:陶如宝
云乐乡财政分局　局长:董根发

宣州区

水阳镇财政分局　局长:王兴良
狸桥镇财政分局　副局长:冯昌贵(主持工作)
孙埠镇财政分局　副局长:郭振武
水东镇财政分局　副局长:吴天明(主持工作)
洪林镇财政所　副所长:张树彬(主持工作)
寒亭镇财政所　副所长:杨银(主持工作)
文昌镇财政所　副所长:骆启胜(主持工作)
沈村镇财政所　所长:葛静
杨柳镇财政所　所长:赵玉明
古泉镇财政所　副所长:黄丽(主持工作)
新田镇财政所　副所长:童青松(主持工作)
周王镇财政所　副所长:唐勇(主持工作)
溪口镇财政所　副所长:孙远(主持工作)
朱桥乡财政所　副所长:刘国强(主持工作)
养贤乡财政所　副所长:胡先根(主持工作)
五星乡财政所　所长:肖清霞
黄渡乡财政所　所长:王乾忠
双桥街道办事处财政所　副所长:胡青松(主持工作)
向阳街道办事处财政所　所长:张小松
济川街道办事处财政所　副所长:邢飞(主持工作)
澄江街道办事处财政所　所长:高文喜
鳌峰街道办事处财政所　副所长:葛有志(主持工作)
西林街道办事处财政所　副所长:杨小三(主持工作)
敬亭山街道办事处财政所　副所长:冯兴宇(主持工作)

铜陵市财政系统领导名单

铜陵市财政局

党组书记、局长:黄宝林
党组成员、派驻纪检组长:姚从斌
党组成员、副局长:刘宏、金芬
党组成员、总会计师:储跃然
副调研员:王安丽

枞阳县财政局

党组书记、局长:朱晋
党组成员、副局长:钱文泽

党组成员、总会计师:张甫志
党组成员、副局长:刘利中、蔡劲松
党组成员、派驻纪检组长:唐静

铜官区财政局

党组书记、局长:沈斌
党组成员、副局长:郑婷、张诚斌、苏华丽
党组成员、国资委副主任:张毅

义安区财政局

党组书记、局长:陈志双
党组成员、副局长、总会计师:周桃福
党组成员、国资委副主任:郑宏辉
党组成员、副局长:刘朝晖
党组成员、纪检组长、监察室主任:王昌银
党组成员(挂)、区城投公司总经理:马斌

郊区财政局

局长:顾社教
副局长:查金霍

经济技术开发区

局长:曹应东
副局长:程敏敏、夏庚浩

枞阳县

枞阳镇财政分局	副局长:姚大中
铁铜乡财政所	所长:张德胜
藕山镇财政分局	局长:杨长根
凤仪乡财政所	所长:王况生
汤沟镇财政分局	局长:吴福祥
长沙乡财政所	所长:方习中
横埠镇财政分局	局长:姚信华
钱铺乡财政所	所长:周志学
项铺镇财政所	所长:汪珣
白梅乡财政所	所长:陈石五
白柳乡财政所	所长:陈双庆
金社乡财政所	所长:钱奕鹏
钱桥镇财政分局	局长:吴其龙
其林镇财政所	所长:吴福胜
义津镇财政分局	局长:鲍美琳
浮山镇财政所	所长:吴新年
会宫乡财政所	所长:徐爱琦
官埠桥镇财政所	所长:王晓格
雨坛乡财政所	所长:胡正春

铜官区

西湖镇财经所	所长:王卫平
东郊办事处财经所	所长:赵尉
新城办事处财经所	所长:章龙胤

义安区

五松镇财政分局	局长:朱萍
钟鸣镇财政分局	局长:阮成俊
顺安镇财政分局	局长:陈正富
天门镇财政分局	局长:戴恒友
东联镇财政分局	局长:曹利斌
西联镇财政分局	负责人:胡春红
胥坝镇财政分局	负责人:宋辉
老洲镇财政分局	局长:李玉娥

郊区

安铜办事处财政所	所长:黄陆润
大通镇财政所	所长:周固元
铜山镇副镇长、财政所	所长:李元龙
桥南办事处财政所	所长:徐学勤
灰河乡财政所	所长:程秀强
陈瑶湖镇财政分局	局长:周柯云
老洲镇财政分局	局长:刘东苟
周潭镇财政所	所长:左五三

池州市财政系统领导名单

池州市财政局

党委书记、局长:徐树生
党委副书记、副局长:杨庆安
党委委员、副局长:尹加旺
党委委员、总会计师:程保东
党委委员、国资委副主任:金绪友
党委委员、派驻纪检组长:方向明
副调研员:章丹心、汪民主、高让先、刘华
非税局局长:汪申成
监事会主席:吴熙祥、张甫彬

东至县财政局

党工委书记、局长:周运开
党工委副书记、副局长:陈坤芳
党工委委员、副局长:王炳华
党工委委员、派驻纪检组长:胡景平
党工委委员、副局长:朱国平
总会计师:陈小妍
党工委委员、国资委专职副主任:江厚平
党工委委员、农发办主任:王长福

石台县财政局:

党委书记、局长:杨世红

党委委员、副局长:汪庆五、舒晓斌

党委委员、监督局局长:江龙云

党委委员、金融办主任:舒志华

党委委员、总会计师:吴卫平

党委委员、派驻纪检组长:唐卫兵

青阳县财政局

党委书记、局长:张益平

党委委员、副局长、主任科员:刘来胜

党委委员、副局长:光明、丁学军

党委委员、总会计师、国资委专职副主任:丁军辉

党委委员、派驻纪检组长:杨祥发

贵池区财政局

党委书记、局长:喻卫平

党委副书记:许孝怀

党委委员、副局长:李国强

党委委员:王新友

工会主席:张雯

党委委员、派驻纪检组长、纪委书记:杨成凤

副局长:苏亚球

党委委员、区政府采购中心主任:江龙

九华山风景区财政局

党组书记、局长:赵良贵

党组成员、副局长:鲍玉生、刘卫胜

党组成员:张玉平、余旭光

江南集中区财金部

部长:唐海洋

开发区财政局

局长:盛文台

平天湖财政局

局长:王双应

东至县

尧渡镇财政分局　局长:王亦斌

龙泉镇财政分局　局长:刘仁贵

青山乡财政分局　局长:徐国进

昭潭镇财政分局　局长:李志杰

泥溪镇财政分局　局长:刘仁民

官港镇财政分局　局长:汪根旺

木塔乡财政分局　局长:董华

花园乡财政分局　局长:苏英勇

香隅镇财政分局　局长:方胜昔

经开区财政分局　局长:王洪权

东流镇财政分局　支部书记:朱国平

葛公镇财政分局　局长:许继祥

洋湖镇财政分局　局长:吴维军

张溪镇财政分局　局长:刘国清

胜利镇财政分局　局长:许成顺

大渡口镇财政分局　局长:王志松

石台县

仁里镇财政分局　局长:徐华海

七都镇财政分局　局长:李贵高

横渡镇财政分局　局长:彭先果

大演乡财政分局　局长:姚小明

仙寓镇财政分局　局长:陈发根

矶滩乡财政分局　局长:查朝平

丁香镇财政分局　局长:张圣德

小河镇财政分局　局长:徐华久

青阳县

蓉城镇财政分局　局长:张洁

杨田镇财政分局　局长:柏桦

朱备镇财政分局　局长:杨大宏

新河镇财政分局　局长:李强富

木镇镇财政分局　局长:章远娟

丁桥镇财政分局　局长:胡满璋

乔木乡财政分局　局长:吴玉才

酉华镇财政分局　局长:邓继涛

庙前镇财政分局　局长:吴胜娟

杜村乡财政分局　局长:刘红

陵阳镇财政分局　局长:熊晔宏

开发区财政分局　局长:邵畅

贵池区

池阳街道财政分局　局长:包启友

秋浦街道财政分局　局长:周桃四

杏花村街道财政分局　局长:汪利

清风街道财政分局　局长:钱跃文

江口街道财政分局　局长:胡孔璋

里山街道财政分局　局长:杨韶红

涓桥街道财政分局　局长:陈敏

秋江街道财政分局　局长:方继安

乌沙镇财政分局　局长:周盾

殷汇镇财政分局　局长:胡秀青

牛头山镇财政分局　局长:卢志刚

唐田镇财政分局　局长:喻贵兵
牌楼镇财政分局　局长:王来宝
梅街镇财政分局　局长:杨颜国
棠溪镇财政分局　局长:邱毅
梅村镇财政分局　局长:何腾飞
马衙街道财政分局　局长:周迎义
墩上街道财政分局　局长:汪曙华
梅龙街道财政分局　局长:方涛

九华山风景区

九华乡财政所　负责人:孙华峰
九华镇财政所　负责人:朱磊

安庆市财政系统领导名单

安庆市财政局

党组书记、局长:何家虎
党组成员、副局长:华鹏飞
党组成员、派驻纪检组长:杨炬
党组成员、总经济师:曹凌云
党组成员、副局长:开敏、许正劲、高大敏

桐城市财政局

党组书记、局长:张早林
党组成员、派驻纪检组长:胡向红
党组成员、副局长:杨泽远
党组成员、总会计师:张仲平
党组成员、市投金办专职副主任:李立国

怀宁县财政局

党组书记、局长:郝金龙
党组成员、副局长:柴绍来、杜可诚
党组成员、总会计师:余世红
党组成员、派驻纪检组长:丁士敏
党组成员:程晓明
党组成员、投金办副主任:刘刚

潜山市财政局

党组书记、局长:张义华
党组成员、国资办主任:王生海
党组成员、监督检查局局长:王奇凌
党组成员、纪检组长:王龙
党组成员:汪萍
党组成员、总经济师:杨全胜
副局长:张超

岳西县财政局

党组书记、局长:胡知青
党组副书记、副局长:胡祥炬
党组成员、纪检组长:罗后福

太湖县财政局

党组书记、局长:汪大普
党组成员:余红玉
党组成员、副局长:刘周宝
党组成员、纪检组长:洪群来
党组成员、副局长:黄磊
党组成员、总会计师:范焱峰
党组成员、经开区财政局局长:朱建文
党组成员、副局长:孙玮玮

望江县财政局

党组书记、局长:汪华良
党组成员、副局长:蒋五毛、陈琳、童光明
党组成员、纪检组长:刘新华
党组成员、总会计师:王迪鲁
党组成员、总经济师:陈长平

迎江区财政局

党组书记、局长:黄雪莲
党组成员、副局长:张海莉

大观区财政局

党组书记、局长:曹先怀
党组成员:杨远明
党组成员、副局长:吴自龙、李琦

宜秀区财政局

党组书记、局长:耿仁平
党组副书记、大桥开发区财政局局长:鲁燕
副局长、主任科员:谢宏杰
党组成员、副局长:杨宏生
党组成员、纪检组长:陈莉

经开区财政局

局长:马加
副局长:李飞、张寿山

桐城市

文昌街道财政分局　局长:倪晋流
龙眠街道财政分局　局长:胡家旺
新渡镇财政分局　副局长:张卫东(主持工作)
范岗镇财政分局　局长:江元苗
吕亭镇财政分局　局长:许建国
大关镇财政分局　局长:汤传龙

孔城镇财政分局 局长:陈五九
金神镇财政分局 局长:吕张根
双港镇财政分局 局长:张小四
青草镇财政分局 局长:汪枢
嬉子湖镇财政所 所长:高进生
唐湾镇财政所 所长:钱诚
黄甲镇财政所 所长:李红星
鲟鱼镇财政所 所长:徐雄

怀宁县

高河镇财政分局 副局长:何侃
石牌镇财政分局 副局长:潘结和
月山镇财政分局 局长:王黄送
黄墩镇财政分局 副局长:夏效全
马庙镇财政分局 局长:张红斌
茶岭镇财政分局 副局长:陈夏节
石镜乡财政分局 局长:雍红卫
腊树镇财政所 所长:程琦
雷埠乡财政所 所长:王六春
黄龙镇财政所 所长:郭梅
平山镇财政所 副所长:汪如兵
清河乡财政所 所长:汪明求
小市镇财政所 所长:叶统发
三桥镇财政所 所长:丁长青
秀山乡财政所 所长:汪名海
公岭镇财政所 所长:杨爱平
金拱镇财政所 所长:洪志
凉亭乡财政所 所长:朱云
洪铺镇财政所 所长:马卫平
江镇镇财政所 所长:刘红兵

潜山市

王河镇财政所 所长:余本江
黄泥镇财政所 所长:方希泉
痘姆乡财政所 所长:徐立林
油坝乡财政所 所长:潘晓应
余井镇财政所 副所长:操龙坤(主持工作)
龙潭乡财政所 所长:张柏生
槎水镇财政所 所长:郝其林
水吼镇财政所 所长:葛彭旺
五庙乡财政所 所长:陈洪
天柱山镇财政所 所长:涂轶群
塔畈乡财政所 所长:杨艳根
官庄镇财政所 副所长:华德扩(主持工作)
黄柏镇财政所 副所长:徐潜峰(主持工作)
梅城镇财政分局 副局长:何激流(主持工作)
黄铺镇财政分局 副局长:凌江来(主持工作)
开发区财政分局 局长:贾华旭
旅游度假区财政分局 局长:彭阳生
源潭镇财政分局 副局长:徐斌(主持工作)

岳西县

开发区财政分局 局长:储文胜
天堂镇财政分局 局长:谢宏岳
温泉镇财政分局 局长:王萍
响肠乡财政所 所长:陈增益
莲云乡财政所 所长:徐建华
毛尖山乡财政所 所长:朱灿东
来榜镇财政所 所长:朱为民
青天乡财政所 所长:吴中华
和平乡财政所 所长:柳金焰
包家乡财政所 所长:王国庆
店前镇财政所 所长:李敬东
冶溪镇财政所 所长:殷书齐
白帽镇财政所 所长:刘文高
河图镇财政所 所长:徐自安
五河镇财政所 所长:徐声林
古坊乡财政所 所长:刘和炳
中关镇财政所 所长:蒋东贵
菖蒲镇财政所 所长:黄德国
田头乡财政所 所长:汪时宇
主簿镇财政所 所长:胡端阳
姚河乡财政所 所长:朱劲松
石关乡财政所 所长:程诗义
巍岭乡财政所 所长:余禄生
头陀镇财政所 所长:刘同春
黄尾镇财政所 所长:宛敏春

太湖县

晋熙镇财政分局 局长:周三应
徐桥镇财政分局 局长:何小平
新仓镇财政分局 局长:胡龙江
小池镇财政分局 局长:查德红
寺前镇财政分局 局长:吴武林
弥陀镇财政分局 局长:王治宇
北中镇财政所 所长:王再华
百里镇财政所 所长:陈诚
牛镇镇财政所 所长:祝勤

汤泉乡财政所　所长:汪银堂
刘畈乡财政所　所长:周宗明
天华镇财政所　所长:潘先琦
城西乡财政所　所长:潘礼革
江塘乡财政所　所长:王永华
大石乡财政所　所长:朱曙光

望江县

华阳镇财政分局　局长:王胜中
高士镇财政分局　局长:龙彬
长岭镇财政分局　局长:汪精明
雅滩镇财政分局　局长:丁仁贵
太慈镇财政分局　局长:王学明
漳湖镇财政分局　局长:方共和
杨湾镇财政分局　局长:郝结南
凉泉乡财政分局　局长:胡小兵
雷池乡财政分局　局长:周龙贵
开发区财政分局　局长:赵家武
赛口镇财政分局　副局长:徐向中(主持工作)

迎江区

龙狮桥乡财政所　所长:方亚立
长风乡财政所　所长:严利
新洲乡财政所　所长:江海芬

大观区

十里铺乡财政分局　局长:方真胜
海口镇财政分局　负责人:胡兴朗
山口乡财政所　所长:谢江娅

宜秀区

大龙山镇财政分局　局长:张韦华
白泽湖乡财政所　副所长:袁亮(主持工作)
杨桥镇财政所　所长:张莉
五横乡财政所　所长:王建军
大桥街道会计结算中心　主任:刘雪莲
罗岭镇财政所　所长:周琳琳

经开区

老峰镇财政所　所长:方亚
菱北办事处财政所　所长:汪清

黄山市财政系统领导名单

黄山市财政局

党组书记、局长:汪德宝
党组成员、国资委主任:汪德宝
党组成员、副局长:程浩良、冯家成、吴振东
党组成员、纪检组长:黄峰
党组成员、总会计师:鲍英奎

歙县财政局

党组书记、局长:程根银
党组成员、副局长:汪义元、王德跃、黄利华
党组成员、派驻纪检组长:江黎君
党组成员、办公室主任:程春淦

休宁县财政局

党组书记、局长:汪川
党组成员、副局长:余青峰、汪沁
党组成员、监督检查局局长:汪顺九

黟县财政局

党组书记、局长:余国富
党组成员、国资办主任、副局长:汪建锋
党组成员、副局长:田先贵、程瑾
党组成员、纪检组长:吴洁
党组成员、会计中心主任:王曙光
党组成员、监督检查局局长:胡朝阳

祁门县财政局

党组书记、局长:汪光辉
党组副书记、支部书记:程银汉
党组成员、扶贫办主任:廖国进
党组成员、副局长:郑忠、胡丽青
党组成员:汪跃武、黄群飞、陈建奎

屯溪区财政局

党组书记、局长、区民生办主任:徐新胜
党组成员、副局长:周艳
党组成员、派驻纪检组长:汪辉
党组成员、农村局局长:邱桂
主任科员:程敏行、周建钢

黄山区财政局

党组书记、局长:张志武
党组成员、副局长:万辉、徐祥、俞四清、俞明明
区国有资产运营有限公司总经理:刘鲲
主任科员、农村财政管理分局局长:王贵金

徽州区财政局

党组书记、局长:周国兵

党组成员、副局长:洪钟、马玉辉

党组成员、区国投、城投公司总经理(挂职):金强军

歙县

徽城镇财政分局 局长:洪绍发
桂林镇财政所 所长:叶尚忠
郑村镇财政所 所长:郑毅华
北岸镇财政分局 局长:江利伟
富堨镇财政所 所长:张伟正
深渡镇财政分局 局长:凌晨
杞梓里镇财政所 所长:吕志明
王村镇财政所 所长:姚兰芬
三阳镇财政所 所长:张醒
霞坑镇财政所 所长:吴红蓉
溪头镇财政所 所长:徐俊
武阳乡财政所 所长:严建军
岔口镇财政所 所长:张斌
许村镇财政所 所长:梅广良
坑口乡财政所 所长:叶鹤娟
小川乡财政所 所长:潘利群
昌溪乡财政所 所长:郑春
雄村镇财政所 所长:程月英
上丰乡财政所 所长:潘四清
街口镇财政所 所长:汪鹤年
璜田乡财政所 所长:江岳年
森村乡财政所 所长:曹雪英
长陔乡财政所 所长:张先进
新溪口乡财政所 所长:张春海
绍濂乡财政所 所长:毕正利
金川乡财政所 所长:潘政兆
石门乡财政所 所长:项厚海
狮石乡财政所 所长:鲍永忠

休宁县

海阳镇财政所 所长:詹光辉
万安镇财政所 所长:宋夏福
齐云山镇财政所 所长:查显才
东临溪镇财政所 所长:王玉明
五城镇财政所 所长:洪艳中
蓝田镇财政所 副所长:吕的兰(主持工作)
溪口镇财政所 所长:张荣贵
流口镇财政所 所长:谢辉煌
汪村镇财政所 所长:方金根
商山镇财政所 所长:卢建国
岭南乡财政所 所长:张思良
龙田乡财政所 所长:方录平
璜尖乡财政所 副所长:姚健勇(主持工作)
白际乡财政所 副所长:汪慧珍(主持工作)
榆村乡财政所 所长:范欣端
渭桥乡财政所 所长:陈建军
陈霞乡财政所 所长:程伟平
板桥乡财政所 所长:汪有义
山斗乡财政所 所长:姚永芳
鹤城乡财政所 所长:方林平
源芳乡财政所 所长:杨银铃

黟县

碧阳镇财政分局 局长:谢中平
宏村镇财政分局 局长:程春辉
西递镇财政分局 局长:柯峙峰
渔亭镇财政分局 局长:柯光明
柯村镇财政分局 副局长:黎德惠(主持工作)
宏潭乡财政所 所长:胡建平
美溪乡财政所 所长:洪骏川
洪星乡财政所 所长:胡小青

祁门县

祁山镇财政所 所长:胡养兰
大坦乡财政所 所长:王祁明
小路口镇财政所 所长:李祁安
金字牌镇财政所 所长:王飞煌
柏溪乡财政所 所长:詹长贵
凫峰镇财政所 所长:洪伟
平里镇财政所 所长:胡伯进
溶口乡财政所 所长:康群英
芦溪乡财政所 所长:汪伟健
祁红乡财政所 所长:洪瑶
塔坊镇财政所 所长:林征红
历口镇财政所 所长:桂云辉
渚口乡财政所 所长:倪浩均
古溪乡财政所 所长:王树辉
闪里镇财政所 所长:吴朝霞
新安乡财政所 所长:倪国振
箬坑乡财政所 所长:李君
安凌镇财政所 所长:陈秋富

屯溪区

屯光镇财政分局　局长:胡建民
黎阳镇财政分局　局长:胡娟兰
阳湖镇财政分局　局长:钱红霞
奕棋镇财政分局　局长:余海跃

黄山区

汤口镇财政分局　局长:杨剑
谭家桥镇财政所　所长:郭彩红
三口镇财政所　所长:邵莹婧
仙源镇财政所　所长:金丽琴
新明乡财政所　副所长:张连峰(主持工作)
甘棠镇财政分局　局长:陈罡
龙门乡财政所　所长:查琪
焦村镇财政所　所长:叶啸林
太平湖镇财政分局　局长:王斌
乌石镇财政所　所长:曹洁
新华乡财政所　所长:吕晓旺
新丰乡财政所　所长:严鹤鸣
永丰乡财政所　所长:吴立新
园区财政分局　局长:陈启龙

徽州区

岩寺镇财政分局　负责人:章华
西溪南镇财政分局　局长:唐淑英
潜口镇财政分局　局长:郑婕
呈坎镇财政分局　局长:吴林宝
洽舍乡财政所　所长:汪志新
杨村乡财政所　负责人:李小林
富溪乡财政所　负责人:汪雪松

广德县财政系统领导名单

广德县财政局

党组书记、局长:陈智勇
主任科员:洪立根、田宝奎、陈启亮
副局长:周燕燕
党组成员、派驻纪检组长:彭进
党组成员、副局长:朱赟
党组成员:杨世武
党组成员、副局长:汤敏
党组成员、总会计师:刘为龙

广德县

桃州镇财政分局　局长:戴启峰
邱村镇财政分局　局长:郑兴
誓节镇财政分局　局长:欧阳忠禄
柏垫镇财政分局　局长:甘恢立
新杭镇财政局　局长:高艳
东亭乡财政所　所长:蒋伟
卢村乡财政所　所长:方辉
四合乡财政所　所长:许瑞
杨滩镇财政所　所长:陈晖

宿松县财政系统领导名单

宿松县财政局

党组书记、局长:李金星
党组副书记、副局长:张火南
党组副书记、派驻纪检组长:李朝阳
党组成员、副局长:桂松寿、张华国
党组成员、总会计师:何泽

宿松县

孚玉镇财政分局　局长:张晚元
复兴镇财政分局　局长:徐文明
洲头乡财政所　所长:杨卫
汇口镇财政所　所长:杨庆丰
千岭乡财政所　所长:石先武
九姑乡财政所　所长:江荣亮
许岭镇财政所　所长:张琴军
下仓镇财政所　所长:高志
五里乡财政所　所长:胡颂保
长铺镇财政所　所长:尹睿
程岭乡财政所　所长:段益民
高岭乡财政所　所长:黎德新
佐坝乡财政所　所长:邓志海
破凉镇财政所　所长:梅兴祥
凉亭镇财政所　所长:齐长贵
河塌乡财政所　所长:虞旺国
二郎镇财政所　所长:方瑞华
隘口乡财政所　所长:齐泽皓
北浴乡财政所　所长:吴祺臻
陈汉乡财政所　所长:张青松
趾凤乡财政所　所长:吴溢波
柳坪乡财政所　所长:黄义群
经开区财政局　局长:高福荣
东北新城财政所　所长:贺行槐

全省财政系统职工统计

2018 年全省财政系统职工统计表

（2018 年 12 月 31 日）

编制单位：厅人事教育处　　　　单位：人

项目		总计	性别		民族		政治面貌				学历					
			男	女	汉	其他	中共党员	共青团员	民主党派	其他	研究生	大学本科	大学专科	中专及以下学历		
														人数	其中35岁以下	其中36岁至45岁
总计	合计	18158	11566	6592	17997	161	13145	883	156	3974	816	9907	6153	1282	38	243
	厅(局)级	9	8	1	9	0	8	0	1	0	5	4	0	0	0	0
	地市局(处)级	363	283	80	356	7	345	0	11	7	100	237	24	2	0	1
	县局(科)级	2693	1974	719	2666	27	2323	0	90	280	353	1755	544	41	0	5
	一般干部	14235	8626	5609	14119	116	9947	878	52	3358	355	7725	5189	966	30	195
	工勤人员	858	675	183	847	11	522	5	2	329	3	186	396	273	8	42
省(区、市)厅局	合计	493	352	141	485	8	416	4	14	59	182	276	28	7	0	0
	厅(局)级及以上	9	8	1	9	0	8	0	1	0	5	4	0	0	0	0
	处(局)级	142	105	37	141	1	133	0	5	4	62	71	9	0	0	0
	科级	245	173	72	241	4	211	0	6	28	83	151	11	0	0	0
	一般干部	81	52	29	78	3	53	4	2	22	31	45	4	1	0	0
	工勤人员	16	14	2	16	0	11	0	0	5	1	5	4	6	0	0
市(地、州)局	合计	2126	1266	860	2095	31	1455	108	78	485	278	1505	253	90	8	7
	局(处)级及以上	221	178	43	215	6	212	0	6	3	38	166	15	2	0	1
	科级	1016	648	368	1003	13	786	0	58	172	160	729	115	12	0	0
	一般干部	750	328	422	740	10	383	108	14	245	80	575	68	27	8	1
	工勤人员	139	112	27	137	2	74	0	0	65	0	35	55	49	0	5
县(市、区)局	合计	6944	4188	2756	6872	72	5016	357	58	1513	261	4277	2051	355	18	63
	局(科)级及以上	1432	1153	279	1422	10	1326	0	26	80	110	875	418	29	0	5
	股级	1525	1075	450	1507	18	1269	6	7	243	25	942	511	47	0	7
	一般干部	3636	1698	1938	3596	40	2209	348	23	1056	125	2375	982	154	14	33
	工勤人员	351	262	89	347	4	212	3	2	134	1	85	140	125	4	18
乡(镇)所	合计	8595	5760	2835	8545	50	6258	414	6	1917	95	3849	3821	830	12	173
	所(股)级及以上	2282	1919	363	2271	11	2080	9	1	192	45	931	1134	172	0	41
	一般干部	5961	3554	2407	5927	34	3953	403	5	1600	49	2857	2490	565	8	113
	工勤人员	352	287	65	347	5	225	2	0	125	1	61	197	93	4	19